Kristina Spohr

WENDEZEIT

Die Neuordnung der Welt
nach 1989

Aus dem Englischen von
Norbert Juraschitz und Helmut Dierlamm

Pantheon

Die Originalausgabe erschien 2019
unter dem Titel *Post Wall, Post Square. Rebuilding the World after 1989*
bei William Collins, einem Imprint von Harper Collins, London

Sollte diese Publikation Links auf Webseiten Dritter enthalten,
so übernehmen wir für deren Inhalte keine Haftung,
da wir uns diese nicht zu eigen machen, sondern lediglich
auf deren Stand zum Zeitpunkt der Erstveröffentlichung verweisen.

Penguin Random House Verlagsgruppe FSC® N001967

1. Auflage

www.pantheon-verlag.de

Für meine Patenkinder

Anna Lisa (*1997)
Daniel (*2004)
James (*2007)
Clio (*2013)

hineingeboren in die Wendezeit

INHALT

Wenn 1989 das Jahr des Wegfegens war, so muss 1990 das Jahr des Neuaufbaus werden.
James A. Baker, 1990

Wir legen keinen Wert darauf, was andere über uns sagen. Das Einzige, was uns wirklich wichtig ist, ist ein gutes Umfeld für unsere Entwicklung. Wenn die Geschichte am Ende die Überlegenheit des chinesischen sozialistischen Systems beweist, ist das genug.
Deng Xiaoping, 1989

Frankreich ist unsere Heimat, Europa ist unsere Zukunft.
François Mitterrand, 1987

Frieden ist nicht Einheit in Gleichartigkeit, sondern Einheit in Vielfalt, im Vergleich und in der Versöhnung von Unterschieden.
Michail Gorbatschow, 1991

Politik braucht Gespür für das Machbare, auch für das dem anderen Zumutbare.
Helmut Kohl, 2009

EINLEITUNG

Wirtschaftliche Krise in der Sowjetunion ... Krieg im Golf ... Unruhen in Jugoslawien ... Sturz des sowjetischen Staats- und Parteichefs Michail Gorbatschow und Machtübernahme durch Stalinisten ... Mobilmachung im Osten ... Einmarsch sowjetischer Truppen in Jugoslawien ... Der Westen ruft die Reservisten in die Kasernen, mobilisiert die Zivilverteidigung.

Im Morgengrauen des 24. Februar 1989 rollen Tausende Panzer des Warschauer Pakts über die Grenzen der Bundesrepublik – auf breiter Front, von der Ostsee bis hinunter zur tschechoslowakischen Grenze. Der Hauptangriff erfolgt über die norddeutsche Tiefebene mit einem zweiten Vorstoß Richtung Frankfurt. Zunächst gelingt es westlichen Panzerkräften, den Feind trotz einer Flut von Flüchtlingen in Schach zu halten. Dann jedoch setzt der Kreml in Großbritannien und Norddeutschland Giftgas ein. Ab dem 5. März beginnt der Widerstand der alliierten Streitkräfte zu brechen, und die NATO autorisiert den Ersteinsatz taktischer Atomwaffen. Doch die Sowjets lassen sich nicht abschrecken und setzen ihre Angriffe fort. Also unternimmt die NATO am 9. März einen zweiten, diesmal massiven Atomschlag mit 25 Atombomben und Atomraketen, die zu einem Drittel in der Bundesrepublik gestartet werden. Die Sowjetführung antwortet mit den gleichen Mitteln. Ein atomarer Feuersturm verschlingt den größten Teil der Bundesrepublik und der DDR. Die Strahlung breitet sich auch in Polen, der Tschechoslowakei und Ungarn aus ...[1]

Natürlich geschah all das nicht wirklich. Es handelte sich lediglich um das Szenario für eine der alle zwei Jahre stattfindenden Stabrahmenübungen der NATO. Im Planspiel Wintex 89 wurde Deutschland zum Schauplatz eines »begrenzten Atomkriegs«. Dieser hätte Hunderttausenden von Deutschen den sofortigen Tod gebracht, das historische

Kernland Europas atomar verseucht und Millionen weiterer Menschen zu einem langsamen, extrem schmerzhaften Tod verurteilt. Schlimmer noch, es hätte die Gefahr bestanden, dass der lokale Atomkrieg schließlich den Dritten Weltkrieg ausgelöst hätte.

Schon vor dem Beginn der Übung war das Drehbuch von Wintex 89 an die Presse durchgesickert und in den deutschen und sowjetischen Medien als Sensation gehandelt worden. So entsetzlich waren die in dem Kriegsspiel skizzierten Aussichten, dass Waldemar Schreckenberger (der Mann aus dem Kanzleramt, der bei dem Manöver den »Bundeskanzler übungshalber« spielen musste, während Kanzler Kohl seinen normalen Regierungsgeschäften nachging) die fiktive menschliche Tragödie begrenzte, indem er sich weigerte, den zweiten Atomschlag zu befehlen. Dies führte dazu, dass Wintex 89 abgebrochen wurde; und von da an hielt die NATO keine Wintex-Übungen mehr ab.

Anfang des Jahres 1989 ging das westliche Verteidigungsestablishment noch ernsthaft von der Möglichkeit aus, dass die andauernde Konfrontation zwischen den Supermächten in einem globalen nuklearen Holocaust enden könnte. Nur wenige Monate später sah die Zukunft Europas radikal anders aus. Der Kalte Krieg endete tatsächlich schnell und unerwartet, aber nicht mit dem nuklearen »Big Bang«, den zu üben die beiden bewaffneten Lager so viel Zeit, Geld und Scharfsinn aufgewendet hatten.

Ein Waffengang zwischen Ost und West fand nie statt. Das Ende des Kalten Krieges war ein weitgehend friedlicher Prozess, bei dem aus internationalen Abkommen, die in einem beispiellosen Geist der Zusammenarbeit ausgehandelt wurden, eine neue Weltordnung hervorging. Die beiden wichtigsten Katalysatoren dieses Wandels waren ein neuer sowjetischer Staatschef mit einer neuen politischen Vision und der Protest der Bevölkerung in den Straßen Osteuropas. Die Kraft des Volkes war explosiv, aber nicht im militärischen Sinne. Die Demonstranten des Jahres 1989 forderten Demokratie und Reformen. Sie entwaffneten Regierungen, die zuvor unangreifbar erschienen waren, und sie durchbrachen plötzlich und unaufhaltsam als Reisende und Migranten den einst so undurchdringlichen Eisernen Vorhang. Der symbolische Moment für das Drama jener Monate war der Fall der Berliner Mauer am Abend des 9. November.

1989 schien alles im Fluss zu sein. Strömungen revolutionärer Veränderung kamen von unten, und zugleich versuchten die kommunistischen Machteliten Reformen durchzuführen.[2] Die marxistisch-leninistische Ideologie des Sowjetkommunismus, einst der ideelle Rahmen des Sowjetblocks, verlor massiv an Glaubwürdigkeit und Einfluss. Die liberale kapitalistische Demokratie wies scheinbar den Weg in die Zukunft: Während der »Osten« große Anstrengungen unternahm, durch eine Transformation nach westeuropäischem Muster »aufzuholen«, orientierte sich die ganze Welt, so hatte man den Eindruck, zunehmend an den amerikanischen Werten. Vom »Ende der Geschichte« war die Rede.[3]

Nichts hatte die führenden Politiker auf einen so schnellen und allumfassenden Wandel vorbereitet. Sie hatten jahrzehntelang Kriegsspiele wie Wintex 89 veranstaltet, ohne je ein Szenario für einen *friedlichen* Ausgang des Kalten Krieges zu entwickeln. Schlimmstenfalls existierte lediglich eine fiktive Militärstrategie zum Überleben der atomaren Apokalypse, und bestenfalls verfügte man über diplomatische Strategien, um die komplizierte Koexistenz der beiden antagonistischen Blöcke zu managen. Auf das tatsächliche Ende des Kalten Krieges in den Jahren 1989-1991 hätten sie kaum schlechter vorbereitet sein können. Dieses Buch untersucht, warum im Jahr 1989 eine dauerhafte und scheinbar stabile Weltordnung zusammenbrach, und widmet sich dann der Frage, wie durch Improvisation eine neue Ordnung aus den Ruinen der alten geschaffen wurde.[4]

Um zu verstehen, welche Wege eingeschlagen und welche Entscheidungen getroffen wurden, schaue ich den wichtigsten Staatslenkern über die Schulter und verfolge, wie sie die neuen Kräfte, die in ihrer Welt wirksam wurden, zu verstehen und zu kontrollieren suchten. Sie erkundeten eine Vielfalt oft widersprüchlicher Optionen bei ihren Bemühungen, die Ereignisse zu steuern, Stabilität zu gewährleisten und Krieg zu vermeiden. Da sie für die künftige Weltordnung weder Blaupausen noch gemeinsame Entwürfe besaßen, naherten sie sich der Herausforderung des radikalen Wandels mit relativer Vorsicht. Sie bauten auf die Prinzipien und Institutionen, die sich während des Kalten Krieges im Westen bewährt hatten, und passten jene den neuen Verhältnissen an. Dies war zweifellos eine diplomatische Revolution, die jedoch, vielleicht paradoxerweise, auf eine konservative Art durchgeführt wurde.

Die beteiligten Politiker waren eine kleine, eng miteinander verbundene Gruppe. Das Machtdreieck, auf das es in Europa besonders ankam, wurde von der Sowjetunion, den Vereinigten Staaten und der Bundesrepublik Deutschland gebildet: auf einer Ebene durch die Staats- und Regierungschefs: Michail Gorbatschow, George H. W. Bush und Helmut Kohl;[5] auf der anderen durch die die Außenminister: Eduard Schewardnadse, James Baker und Hans-Dietrich Genscher.[6] Innerhalb dieser Kraftfelder nahm das Europa der *Wendezeit* nach dem Kalten Krieg Gestalt an. Eher am Rand standen zwei mächtige, aber zunehmend isolierte Politiker: die britische Premierministerin Margaret Thatcher, die gegen die schnelle Wiedervereinigung Deutschlands war, und der französische Staatspräsident François Mitterrand, der sie widerstrebend hinnahm, aber nur unter der Bedingung, dass ein vereinigtes Deutschland fest in Europa verankert sein würde.[7] Ihre Interaktionen mit Kohl, insbesondere was das Projekt der europäischen Einigung betraf, bildeten ein weiteres machtpolitisches Dreieck.[8]

Es ist jedoch eine zentrale Feststellung dieses Buches, dass das Europa nach dem Mauerfall, ja unsere Gegenwart, nur zu verstehen ist, wenn man auch berücksichtigt, was 1989 auf der anderen Seite der Welt geschah. Unter Deng Xiaoping erlebte die Volksrepublik China (VRC) ein ganz anderes Ende des Kalten Krieges als Europa, ein Ende, das für immer mit dem Blutvergießen auf dem Tiananmen-Platz am 4. Juni gleichgesetzt werden wird.[9] Chinas schrittweiser Eintritt in die kapitalistische Weltwirtschaft wurde durch Dengs unbedingte Entschlossenheit, die Herrschaft der Kommunistischen Partei zu erhalten, reguliert. Mit diesem Balanceakt, der sich radikal von Gorbatschows vollständigem Kontrollverlust unterschied, bahnte sich Peking seinen eigenen Weg. Für die zentrale Rolle, die die Kraft des Volkes bei der Umwälzung in Osteuropa spielte, gab es in China keine Entsprechung. Der »Erfolg« des chinesischen Regimes bei der Unterdrückung der Protestbewegung hatte enorme Auswirkungen, die bis heute spürbar sind. Die europäische Geschichte muss also im Kontext eines weiteren globalen Dreiecks gesehen werden – eine dynamische Fortsetzung der chinesisch-sowjetisch-amerikanischen »Tripolarität«, die sich in der späten Phase des Kalten Krieges herauskristallisiert hatte.[10]

Die Manager des Wandels gehörten fast alle derselben Generation an. Mit Ausnahme Mitterrands (geboren 1916) und Dengs (geboren 1904) waren sie alle zwischen 1924 und 1931 geboren und somit geprägt von der Erinnerung an eine Welt im Krieg. Auch deshalb waren sie sich der Zerbrechlichkeit des Friedens schmerzlich bewusst. Dabei ist es bemerkenswert, dass die meisten von ihnen (mit Ausnahme Kohls und Mitterrands) zwischen 1990 und 1992 die Macht verloren und daher nie als politische Akteure mit den Folgen ihres Handelns umgehen mussten.

Die ersten drei Kapitel dieses Buches befassen sich mit den Umwälzungen, die 1989 die Schlagzeilen beherrschten: die Öffnung des Eisernen Vorhangs zwischen Ungarn und Österreich, das Blutbad auf dem Tiananmen-Platz, der ungeplante Fall der Berliner Mauer. Das Hauptgewicht jedoch liegt auf der aufregenden, aber auch überaus unsicheren Zeit, die auf diese Ereignisse folgte: auf der dual geprägten *Wendezeit* nach dem Mauerfall (»*post Wall*«) und nach dem Tiananmen-Massaker (»*post Square*«). Die Hoffnung, dass die Menschheit in eine neue Ära der Freiheit und des dauerhaften Friedens eintreten werde, stand in Konkurrenz zu der keimenden Erkenntnis, dass die bipolare Stabilität des Kalten Krieges damals schon einer weniger binären und gefährlicheren Struktur Platz machte.[11]

Der Hauptteil des Buches erzählt, wie die Welt in den Jahren von 1990 bis 1991 durch eine Diplomatie neu gestaltet wurde, die vor allen Dingen bewahrend wirkte. Etablierte Institutionen des Kalten Krieges wurden an die neuen Gegebenheiten angepasst. Obwohl dieser Vorgang unter Führung des Westens und insbesondere des US-Präsidenten George Bush stattfand, hatte auch der sowjetische Staatschef Michail Gorbatschow ein ausgeprägtes Interesse, sich an dem Prozess zu beteiligen, und zwar im Rahmen seines Versuchs, die offizielle Ideologie der Sowjetunion auf die Werte, die die Sowjetbürger mit dem Westen »gemeinsam« hatten, neu zu orientieren.[12] Die daraus resultierende Annäherung kulminierte in einer kurzen Phase beispielloser Zusammenarbeit zwischen den USA und der UdSSR. Ihr partnerschaftlicher Ansatz bei der Reaktion auf die Invasion des Iraks in Kuwait sollte als Kernstück der »neuen Weltordnung«, wie Präsident Bush es nannte, dienen. Die alte konfrontative Bipolarität schien einem neuen Umgang mit dem Problem globaler Sicherheit zu weichen. Dieser sollte sich auf zwei Pfeiler stützen: die Supermächte, die sich als kooperative Kräfte in den Vereinten Nationen engagierten und sich am Völkerrecht orientierten.[13]

Sowohl Bush als auch Gorbatschow hofften, dass der neue Modus Vivendi als Grundlage für die internationalen Beziehungen nach dem Kalten Krieg dienen könnte. Amerika war dabei eindeutig der Seniorpartner, doch die Kooperation war real. Die Partnerschaft funktionierte, aber sie war fragil, gerade weil sie zu stark auf die Beziehung zwischen den beiden Männern an der Spitze zugeschnitten war. Bush, Kohl und andere führende Politiker des Westens klammerten sich lieber an Michail Gorbatschow, als sich mit den tiefgreifenden politischen und strukturellen Problemen der zusammenbrechenden Sowjetunion zu befassen. Als sich Ende 1991 die Union der Sozialistischen Sowjetrepubliken völlig auflöste, sah Bush sich gezwungen, den Mann ernst zu nehmen, der im postsowjetischen Russland am Ruder war: Boris Jelzin. Auf raschen Wandel erpicht, hatte der neue Chef im Kreml mit der gigantischen Herausforderung zu kämpfen, sein Land in eine kapitalistische Demokratie umzuwandeln.[14] Dieser erneute Umbruch in der globalen Geopolitik betraf nicht nur Europa, sondern auch Asien und nötigte Bush, seinen Ansatz mit den zwei Pfeilern zu überdenken.

Mit dem Ende der Sowjetunion gehörte die Bipolarität der Vergangenheit an, und so drängten die Vereinigten Staaten nun mit frischer Energie auf ein wirklich globales und möglichst offenes, US-dominiertes Welthandelssystem. Sie wollten das veraltete Allgemeine Zoll- und Handelsabkommen (GATT) von 1947, das der Dynamik einer zunehmend globalisierten Weltwirtschaft nicht mehr angemessen schien, durch ein neues Regelwerk ersetzen und eine neue Welthandelsorganisation gründen. Diese sollte nicht nur den Entwicklungs- und Schwellenländern mehr Unterstützung bieten, sondern irgendwann auch die großen Akteure Russland und China aufnehmen, sobald sie sich von ihrer jeweiligen relativ geschlossenen Zentralplanwirtschaft verabschiedeten. Doch die USA waren nicht die Einzigen, die sich im globalen ökonomischen Powerplay positionieren wollten. Auch Japan, dank seiner phänomenalen Wachstumsraten zweitgrößte Wirtschaftsmacht der Welt, wurde damals als kommender globaler Hegemon eines »pazifischen Jahrhunderts«, gehandelt, in der Erwartung, dass es mit seiner ökonomischen Stärke das durch den Zusammenbruch der Sowjet-union entstandene geopolitische Vakuum füllen würde. Die Führung des kommunistischen Chinas hatte ihre eigenen Ambitionen. Das dor-tige Regime überlebte das »Tiananmen-Ereignis«, festigte seine Herr-schaft über das Land und konnte schon bald auf einen atemberauben-den, unaufhaltsamen wirtschaftlichen Aufstieg der VRC verweisen. Eine Entwicklung, die sich langfristig geostrategisch als sehr viel wich-tiger erweisen sollte als die falsche Morgendämmerung im Land der aufgehenden Sonne.[15]

Auch in Europa wurden Frieden und Stabilität der Nachkriegsära brüchig, als Jugoslawien in einem genozidalen Bürgerkrieg versank. Der einst so kohärent erscheinende Balkanstaat zerfiel in mehrere sich bekämpfende Kleinstaaten, was einen gewaltigen Flüchtlingsstrom aus-löste. Die neuen Balkankriege führten nicht wie die von 1914 zu einem europäischen oder globalen Krieg, doch die internationale Politik tat sich schwer, die Flammen zu löschen.[16]

Die Zersplitterung Jugoslawiens weckte außerdem Befürchtungen, was eine mögliche Entwicklung betraf, die Gorbatschow selbst 1991 als »Balkanisierung« der Sowjetunion bezeichnete.[17] Eine Zeitlang schien sich der Machtkampf zwischen Moskau und Kiew, in dem es um die Krim und weitere Territorien in der Ukraine ging, tatsächlich am Rand eines Krieges zu bewegen. Und 1992 entfachten sich Meinungsver-schiedenheiten und Auseinandersetzungen über den Besitz der ehe-mals sowjetischen Schwarzmeerflotte und strategisch wichtiger Häfen, über russische Stationierungsrechte und über die russische Nutzung ukrainischer Militäreinrichtungen. Washington war besonders besorgt über das Schicksal der sowjetischen Atomwaffen, die nun auf Russland und drei weitere unabhängig gewordene ehemalige Sowjetrepubliken (Weißrussland, Ukraine und Kasachstan) verteilt waren.

Zudem führte der Zusammenbruch der Sowjetmacht dazu, dass frü-here Klientelstaaten rund um den Erdball in ihrer Ambition, sich zu behaupten, »abtrünnig« wurden. So blieb auch nach dem Zweiten Golf-krieg (1991) das Problem Saddam Hussein ungelöst, und zugleich wurde das von Kim Il Sung regierte Nordkorea mit seinem Geheimpro-gramm zur Herstellung von Atomwaffen zu einer immer dringlicheren Sorge.[18] Um diese Entwicklung nachzuzeichnen, sind die letzten zwei

Kapitel dieses Buchs den globalen Ereignissen des Jahres 1992 gewidmet – eines Jahres, das in den meisten Studien über das Ende des Ost-
West-Konflikts weitgehend ignoriert wird, in dem allerdings Probleme
entstanden, die uns im 21. Jahrhundert immer noch zu schaffen machen.
Dem verfrühten Triumphalismus einiger Kommentatoren, insbesondere
in den USA, zum Trotz endete der Kalte Krieg nicht schlicht mit einem
Sieg der Vereinigten Staaten über die Sowjetunion; und die Welt wurde
nicht einfach nach dem Bild der Vereinigten Staaten neu erschaffen.[19]

Nirgends brachte die internationale Diplomatie schnellere und ein-
drucksvollere Ergebnisse als bei der deutschen Widervereinigung.
Wegen der problematischen Lage Deutschlands in Europa, wegen der
zentralen Rolle, die es beim Ausbruch zweier Weltkriege gespielt hatte,
und wegen seiner Position als Hauptschauplatz der Ost-West-Konfron-
tation nach 1945 war die Deutsche Frage eine riesige Herausforderung.
Bei der Bewerkstelligung der Wiedervereinigung wurden zwei wichtige westliche Bündnisse des Kalten Krieges, die NATO und die Europäische Gemeinschaft, erhalten, modifiziert und schließlich so vergrößert,
dass sie auch die Staaten Mittel- und Osteuropas miteinbezogen.[20]

Bei der »Neuordnung der Welt nach 1989« waren die zur Stabilisierung Europas ergriffenen Maßnahmen also im Wesentlichen konservativ in dem Sinne, dass von bereits bestehenden westlichen Institutionen und Strukturen Gebrauch gemacht wurde und nicht etwa neue
Strukturen geschaffen wurden, die auf die Herausforderungen einer
neuen Ära zugeschnitten waren. Zwar bemühten sich einige europäische Staatsmänner, insbesondere Genscher, Gorbatschow und Mitterrand, in den Jahren 1989–1991 um eine neue paneuropäische Architektur, die beide Hälften des Kontinents umfasst und Russland in eine
gemeinsame Sicherheitsstruktur eingebunden hätte, aber diese wurde
letztlich nicht geschaffen. Aus der 1975 in Helsinki gegründeten Konferenz über Sicherheit und Zusammenarbeit in Europa (KSZE) hätte eine
solche Struktur werden können, doch die KSZE wurde nie in eine operative Sicherheitsorganisation umgewandelt. Die politische Realität
nach dem Mauerfall – mit den Vereinigten Staaten, die fest entschlossen
waren, eine »europäische Macht« zu bleiben – machte es unmöglich,
solch paneuropäische Pfade einzuschlagen. Und die Anziehungskraft
eines unter der Ägide einer immer stärker integrierten Europäischen

Union stehenden und durch eine neu erfundene NATO gesicherten Europas war einfach zu stark.²¹

Als anschließend die verstreuten Bruchstücke aus der alten Ordnung des Kalten Kriegs zu einer neuen, immer größeren, westlich dominierten Struktur wieder zusammengesetzt wurden, verstärkte sich die Asymmetrie zwischen West und Ost allmählich immer mehr. Das so entstandene Ungleichgewicht sollten Gorbatschows Nachfolger, Boris Jelzin und Wladimir Putin, als unerträglich empfinden. Ein immer noch mächtiger und statusbewusster russischer Rumpfstaat wurde sich selbst überlassen, und, seinem Gefühl nach, marginalisiert und an die Peripherie des neuen Europas abgedrängt, wo er seine Wunden leckte. Mit den Folgen haben wir heute noch zu kämpfen.²²

Diese Neubetrachtung des Zeitraums zwischen 1989 und 1992 stützt sich auf Archivalien in verschiedenen Sprachen von beiden Seiten des früheren Eisernen Vorhangs. Dabei profitiert sie stark von erst kürzlich freigegebenen oder bisher vernachlässigten Dokumenten. Diese reichen von Memoranden bis zu Gesprächsprotokollen, vom persönlichen Brief bis zum Geheimdienstbericht, und liegen in den nationalen, präsidentiellen und außenministeriellen Archiven der Vereinigten Staaten und der Sowjetunion (Russlands), Deutschlands, Großbritanniens, Frankreichs und Estlands. Andere wichtige Quellensammlungen befinden sich im IMF Archiv, im Hoover Institution Archive, sowie im National Security Archive, im Woodrow Wilson Center und dem mit ihm verbundenen Cold War International History Project in Washington, DC, mit seiner Fülle von Electronic Briefing Books und publizierten Dokumentensammlungen aus dem Westen, Osteuropa, Russland und China (inklusive Materialien der Parteien und Politbüros). Weitere Primärquellen sind die Tagebücher und Privatpapiere führender Politiker und ihrer Berater sowie deren zahlreiche Memoiren.²³

Wendezeit kombiniert die detaillierte Rekonstruktion wichtiger Episoden mit der synoptischen Untersuchung des makrohistorischen Wandels. Um die Ära der Transformation richtig zu begreifen, gilt es die verwirrenden Ereignisse gleichsam von einem künstlichen Aussichtspunkt, quasi aus der Vogelperspektive, in den Blick zu nehmen. Aber eine erfolgreiche Analyse muss auch den Narrativen Raum geben, mit denen die führenden Protagonisten ihrer Welt Sinn verliehen und ihre

Handlungen rechtfertigten. Schließlich nahmen die wichtigsten
Akteure maßgebenden Einfluss auf die Ereignisse jener Jahre. Sie waren
nie nur Figuren in einer Geschichte, die von anderen erzählt wurde,
sondern mit all ihren Unzulänglichkeiten starke Gestalter ihrer eigenen
Zeit.

Im Jahr 1995 charakterisierte der deutsche Bundespräsident Roman
Herzog seine Ära als eine »Zeit, die noch keinen Namen hat«.[24] Fünf-
undzwanzig Jahre später hat dieser Aphorismus kaum etwas von seiner
Schärfe verloren, da die besonderen Kennzeichen der Epoche nach dem
Kalten Krieg immer noch schwer zu erkennen oder zu verstehen sind.
Manche mögen der Meinung sein, dass das übergreifende Narrativ, da
1989 immer weiter in die Vergangenheit rückt, ein ökonomisches sein
müsse, das sich vom Zusammenbruch des Finanzsystems von Bretton
Woods in den Siebzigerjahren bis zum Finanzkollaps des Jahres 2008
erstreckt.[25] Ich selbst vertrete jedoch die Ansicht, dass wir durch eine
gründlichere Analyse der entscheidenden »Scharnierjahre« von 1989
bis 1992 die geopolitische Ordnung besser verstehen können, auf deren
Grundlage sich die Umwälzungen des globalen Kapitalismus vollziehen.
Und es ist diese Ordnung, die nun bedroht ist.

Die Erfolge der konservativen Manager waren eindrucksvoll: Insbesondere stabilisierten sie Mitteleuropa in einer Periode des schnellen
geopolitischen Wandels. Doch das (vor allem von amerikanischer Seite)
an den Tag gelegte Selbstbewusstsein, dass sich die Welt künftig im
Rahmen einer zunehmend auf Washington ausgerichteten Weltordnung
immer mehr an den amerikanischen Werten orientieren werde, hat sich
im Lauf der Zeit als Illusion entpuppt. Der Gedanke, ein gekränktes,
aber wiedererstarkendes Russland[26] oder die stets ihrem eigenen Kom-
pass folgende Volksrepublik China[27] könnten in einer unipolaren Welt
einen untergeordneten Status akzeptieren, wirkt heute hoffnungslos
naiv.[28] Das Europa des Maastricht-Vertrags wiederum hat nicht die notwendige Vision und Energie für einen ungeteilten, freien und dynamischen Kontinent entwickelt. Es ist eingeengt durch Dogmen, die nach
1945 geschmiedet worden waren, und gefesselt durch ihren chronischen
Mangel an unabhängiger politischer und militärischer Macht.

Die neue Europäische Union von 1992 kooptierte die Logik der Nach-
kriegsentwicklung des westdeutschen Staates. Die Bundesrepublik

hatte schon lange auf die historischen Ambitionen Deutschlands als Militärmacht verzichtet. Gleichwohl wurde die europäische Integration als deutsch-französisches Friedensprojekt auf der Grundlage wirtschaftlicher Prosperität und sozialer Sicherheit begriffen. Als die EU nach dem Kalten Krieg die Friedensdividende ernten wollte, sah sie sich im deutschen Modus als strahlendes Beispiel nicht einer Militär-, sondern einer »Zivilmacht«.[29]

Dies war eine lineare Interpretation der Zukunft nach dem Mauerfall, die die friedliche Vereinigung Deutschlands auf die europäische Ebene ableitete. Doch die Plausibilität dieses idealistischen Traums wird durch den Aufstieg von Populismus, Nationalismus und Antiliberalismus seit den Zehnerjahren des 21. Jahrhunderts in Frage gestellt: Die Grundüberzeugung, dass das europäische Integrationsprojekt irreversibel sei, wurde durch das »Brexit«-Votum erschüttert und der Glaube an die Unzerstörbarkeit des transatlantischen Bündnisses durch den amerikanischen Präsidenten Donald Trump untergraben. Die amerikanische Vision von »einer Weltgemeinschaft der Nationen«[30] − einer Ordnung, die sich auf das Völkerrecht, liberale Werte, den begrenzten Einsatz von Gewalt und eine legitime internationale Autorität zur Vermittlung bei Konflikten stützt − nimmt sich heute utopisch aus.[31] Die alte Rivalität zwischen den Großmächten ist mit Vehemenz zurückgekehrt, und die traditionellen westlichen Wahrheiten von Demokratie und Freihandel werden auf der ganzen Welt in Frage gestellt. Dies gilt insbesondere für Russland und China, aber auch für Amerika selbst.

Die Schwächen der internationalen Regelung, die den Kalten Krieg beendete, sind heute offensichtlich: eingefrorene Konflikte, Auflösung von Rüstungskontrollabkommen, Verknöcherung internationaler Institutionen, Aufstieg mächtiger autoritärer Regime, gewachsene Bedrohung durch Massenvernichtungswaffen, dies sind nur einige der nicht vorhergesehenen oder teils auch einfach ausgeblendeten Folgen von Konstruktionsfehlern der neuen Ordnung, die von den Gestaltern der Weltpolitik in den Jahren von 1989 bis 1992 mit solcher Hast und solchem Erfindungsgeist improvisiert wurde.[32] Genau deshalb ist es heute notwendiger denn je, die Ursprünge der *Wendezeit* und ihre schwierige Geburt zu verstehen.

KAPITEL 1

DIE NEUERFINDUNG DES KOMMUNISMUS: RUSSLAND UND CHINA

»Gorbi-Manie« in Manhattan

Siebter Dezember 1988. Manhattan war in heller Aufregung an diesem Abend. Tausende New Yorker und Touristen säumten die Straßen hinter den Polizeisperren, jubelten, winkten und reckten die Daumen hoch, als Michail Gorbatschow in einem Korso von 47 Autos den Broadway hinunterrollte.

Plötzlich, vor dem Winter Garden Theatre, in dem das Musical *Cats* Erfolge feierte, stoppte die Stretchlimo. Gorbatschow und seine Frau Raissa stiegen lächelnd aus und ließen sich fotografieren. Die Bilder zeigen den Generalsekretär aus der Sowjetunion unter einer riesigen

Neonreklame für Coca-Cola, die geballten Fäuste im Triumph erhoben –
wie Robert »Rocky« Balboa aus dem gleichnamigen Boxdrama von Syl-
vester Stallone.

Gorbatschow sonnte sich hemmungslos in der amerikanischen
Bewunderung. Einen Block weiter südlich, mitten auf dem Times
Square, dem Mekka der Werbewelt des Weltkapitalismus, leuchteten
rot Hammer und Sichel auf einer elektronischen Werbetafel, gepaart
mit der Botschaft »Willkommen Generalsekretär Gorbatschow«. Der
Staatsgast stand an der Spitze der mit Amerika konkurrierenden Supermacht. In seinem Herzen war er wohl immer noch Kommunist, aber in
dieser Nacht in New York war er »Gorbi«, ein Superstar, der vor allem
als Friedensstifter verehrt wurde. In Manhattan war er die meiste Zeit
umgeben von Prominenten, Milliardären und Mitgliedern der oberen
Zehntausend, statt amerikanischen Arbeitern die Hände zu drücken.[1]

So stand auch ein Besuch des Trump Tower auf seiner Agenda. Der
Immobilieninvestor konnte es kaum erwarten, Mrs. Gorbatschow durch
die glamourösen Geschäfte im marmornen Atrium seines Wolkenkrat-
zers zu führen. Trump brannte darauf, den Gorbatschows eine Suite
im 60. Stock zu zeigen, weil sie über einen Swimmingpool verfügte, der
seiner Aussage nach »praktisch Normgröße hatte, obwohl er sich in
einer Wohnung befand«. Und natürlich wollte Trump unbedingt mit
seinem eigenen opulent ausgestatteten 19-Millionen-Dollar-Apparte-
ment im 68. Stock angeben. Sie sollten »einen ordentlichen Eindruck
bekommen, worum es in New York und in den Vereinigten Staaten
eigentlich geht«, sagte er und hoffte, sie würden finden, dass der
Trump Tower »etwas Besonderes« sei. Letztendlich wurde die Besichti-
gungsroute der Gorbatschows geändert und der Tower von der Liste
der Sightseeing-Highlights gestrichen. An jenem Nachmittag jedoch
wurde ein Gorbatschow-Doppelgänger erspäht, wie er, gefolgt von einer
Horde von Kamerateams und Massen von Neugierigen, am Juwelier-
laden *Tiffany & Co.* vorbei die Fifth Avenue hinabschlenderte. Als
Trump Wind davon bekam, eilte er mit den Leibwächtern aus seinem
Büro hinunter auf die Straße, weil er dachte, der Generalsekretär habe
seinen Plan geändert und sei nun doch scharf darauf, seinen Kon-
sumtempel zu besichtigen. Deshalb kämpfte er sich zum Gehweg durch
und drückte dem falschen Gorbatschow begeistert die Hand.

Der echte Gorbatschow saß zu diesem Zeitpunkt in der sowjetischen Gesandtschaft in New York. Bei seinem Irrtum ertappt, erklärte Trump den Journalisten, er habe das Ganze natürlich durchschaut. »In seiner Limo habe ich vier attraktive Frauen auf dem Rücksitz gesehen. Ich wusste natürlich, dass die kapitalistische Dekadenz bei denen noch nicht so weit fortgeschritten ist.« Mit Trumps Ideal der Dekadenz hatte Gorbatschow gewiss nichts am Hut. Von der Marktwirtschaft allerdings war er fasziniert. Der Passant Joe Peters meinte gar, dass Gorbatschow »alle unsere kapitalistischen Tricks lernen und der Donald Trumpski der Sowjetunion werden wird«.[2]

Wandel lag in der Luft. Man ahnte, dass sich etwas verändern würde. An jenem Morgen errang Gorbatschow seinen bis dahin vermutlich größten internationalen Triumph. Er hielt vor der Generalversammlung der Vereinten Nationen eine wirklich erstaunliche Rede, eine Rede, die für die künftige Außenpolitik der Sowjetunion und für den Verlauf der Weltpolitik wegweisend werden sollte. Gorbatschow wollte das »genaue Gegenteil« von dem erreichen, was Winston Churchill 1946 in seiner berühmten Rede über den »eisernen Vorhang« formuliert hatte: Er wollte die Welt aus dem Kalten Krieg herausführen.

Im Laufe einer Stunde ließ der Generalsekretär in Bezug auf bestimmte politische Streitfragen eine Bombe nach der anderen platzen. Am meisten verblüffte er, als er das Ende des Klassenkampfes proklamierte: »Gewalt und Gewaltandrohung können und dürfen ... nicht länger ein Instrument der Außenpolitik sein«. Stattdessen appellierte er an die Welt, »den Primat der *universellen* Idee des Menschlichen« anzuerkennen, und hob die Bedeutung der Allgemeinen Erklärung der Menschenrechte hervor, die die UNO 1948, fast auf den Tag genau 40 Jahre zuvor, verabschiedet hatte.[3]

Das waren außergewöhnliche Worte für jeden Moskauer Politiker, vom Generalsekretär der Kommunistischen Partei der Sowjetunion ganz zu schweigen. An diesem Tag Ende 1988 erschien Gorbatschow der Welt als Herr der Reformen, der offenbar alles unter Kontrolle hatte.

Tatsächlich jedoch löste er eine Revolution aus, die alles hinwegfegen sollte – am Ende auch ihn selbst. Und der Mann, der im Westen an der Spitze stand und mit den Folgen dieser Umwälzungen zurechtkommen musste, war von Natur aus eher vorsichtig und auch gerade erst zum

Präsidenten gewählt worden. George H. W. Bush hegte eine erhebliche Skepsis seinem unwiderstehlichen Sowjetkollegen gegenüber und
fragte sich, welche wahren Absichten sich wohl hinter den schlagzeilen-
trächtigen Reformen in der Sowjetunion verbargen. Bush hatte Ronald
Reagan die vollen acht Jahre seiner Präsidentschaft (1981–1989) als Vizepräsident gedient. Als Präsident war er nun fest entschlossen, die amerikanisch-sowjetischen Beziehungen einer Bestandsaufnahme zu unterziehen, die Prioritätensetzung zu überdenken, während er daranging,
eine neue Agenda zu entwickeln, mit der er sich von der Politik der
Regierung Reagan unterscheiden würde.[4] Sein Hauptanliegen Anfang
1989 war allerdings das Problem, wie er mit der »Neuerfindung« des
Kommunismus in Asien umgehen sollte – und nicht mit der in Europa.

*

Michail Sergejewitsch Gorbatschow war kein »normaler« sowjetischer
Spitzenpolitiker. 1931 in Priwolnoje, einem kleinen Dorf in der Nähe
von Stawropol im Nordkaukasus geboren, hatte der Junge mit seiner
Familie unter Stalins Kollektivierung und später unter der großen Säuberung gelitten. Als er zehn war, wurde sein Vater zur Armee eingezogen und kehrte erst fünf Jahre später wieder zurück. Priwolnoje wurde
während des Großen Vaterländischen Krieges nicht zerstört, aber Stawropol war 1942/43 fünf Monate von den Deutschen besetzt. Gorbatschow erlebte also die Verwüstungen des Krieges aus nächster Nähe
und vergaß sie nie. Der begabte und politisch interessierte junge Mann
war ein sehr guter Schüler und wurde von Anfang an durch die lokale
Führung der Kommunistischen Partei gefördert. Dank dieser Förderung
kam er an die Staatliche Universität Moskau (MGU), wo er Rechtswis-
senschaften studierte. Noch als Schüler hatte er eine Abschlussarbeit
mit dem Titel »Stalin ist unser Kriegsruhm, Stalin verleiht unserer
Jugend Flügel« geschrieben, ein Beweis dafür, dass er »wie wir alle
damals noch ein lupenreiner Stalinist war«, wie es Zdeněk Mlynář, sein
bester Freund an der Universität, später ausdrücken sollte. Auf einer
Tanzveranstaltung der Universität lernte Gorbatschow Raissa Maxi-
mowna Titarenko, eine elegante und kluge Philosophiestudentin, kennen. Ein Jahr später, 1954, waren die beiden verheiratet.

Nach dem Studium kehrte Gorbatschow nach Stawropol zurück und begann seinen steten Aufstieg in der sowjetischen Nomenklatura. Unterdessen lehrte Raissa an der lokalen Hochschule Marxismus und recherchierte für eine Doktorarbeit über die Bauern in den Kolchosen der Region. Gorbatschows stalinistische Überzeugungen wurden 1956 durch Chruschtschows »Geheimrede« erschüttert. Der neue Generalsekretär beschuldigte seinen Vorgänger Stalin monströser Verbrechen und legte die chronischen Probleme der sowjetischen Industrie und Landwirtschaft offen. Danach glaubte Gorbatschow zwar immer noch fest an die kommunistische Ideologie, war sich aber bewusst, wie mangelhaft sie in der Sowjetunion in die Praxis umgesetzt wurde. Bei Reisen nach Frankreich, Italien und Schweden, die er ab den Sechzigerjahren mit Raissa machte, lernte er den Westen kennen und konnte einen Blick auf eine alternative Zukunft werfen. Inzwischen beschleunigte sich seine politische Karriere. Im Jahr 1967 wurde Gorbatschow mit nur 35 Jahren Parteichef der Region und zwölf Jahre darauf Erster Sekretär für Landwirtschaft im Zentralkomitee. Er zog in das Machtzentrum Moskau, und Raissa erhielt einen Lehrauftrag an der Moskauer Universität. Einer von Gorbatschows wichtigsten Mentoren war der KGB-Chef Juri Andropow, der im November 1982 Breschnews Nachfolger als Generalsekretär der Kommunistischen Partei der Sowjetunion (KPdSU) wurde.[5]

Obwohl Gorbatschow inzwischen auf die fünfzig zuging, war er nach den Maßstäben des sowjetischen Politbüros noch ein junger Mann. Der beinahe 17 Jahre ältere Andropow erlag im Februar 1984 einem akuten Nierenversagen. Sein Nachfolger Konstantin Tschernenko war 20 Jahre älter als Gorbatschow, hatte Herz- und Lungenprobleme und verstarb im März 1985. Schließlich beschlossen die alten Männer im Kreml, eine Generation zu überspringen, und wählten Gorbatschow. Als er sich gegenüber Raissa für die Annahme des Postens rechtfertigte, sagte er: »Jetzt bin ich das siebte Jahr in Moskau. Aber es ist unmöglich, etwas Bedeutendes zu leisten, irgendetwas im größeren Maßstab zu bewegen, worauf das Land wartet. Es ist, als liefe man gegen eine Wand. Aber das Leben fordert es, schon lange. Nein! So kann es einfach nicht weitergehen.«[6] Wie es freilich weitergehen sollte, war viel schwerer zu entscheiden. Zuerst versuchte er es mit einer Kampagne gegen den Alkohol; als sie scheiterte, suchte er nach anderer Abhilfe und neuen Parolen. Dabei verfiel er zuerst auf *uskorenje* (Beschleunigung) und dann auf *perestroika* (Umgestaltung) und *glasnost* (Transparenz). Doch diese Mittel beinhalteten keine revolutionären Veränderungen: Gorbatschow war immer noch ein Mann der Partei und er wollte ganz buchstäblich das Sowjetsystem re-formieren, um es lebens- und wettbewerbsfähiger zu machen: Sein Motto war: »Zurück zu Lenin«.

Dass er sich oft auf Lenin berief, sollte einerseits die Politik der Erneuerung und Umgestaltung vor der Partei rechtfertigen – eine Politik, die sich radikal von der stalinistischen Tradition und der Praxis unter Breschnew unterschied, die seiner Ansicht nach den »Sozialismus« pervertiert hatten. Noch wichtiger aber war, dass er seine eigene Fundamentalreform des Sowjetsystems im Rahmen der Perestroika mit Lenins Neuer Ökonomischer Politik in den Zwanzigerjahren, einem gelenkten und begrenzten System freien Unternehmertums, identifizierte. Sein Ziel im damaligen Stadium seiner Amtszeit war nicht die Wende zum Kapitalismus oder zur Sozialdemokratie. Für ihn blieb Lenin die Legitimationsquelle für politische Veränderungen innerhalb der KPdSU – der reine Urquell der Sowjetdoktrin. Er wollte die traditionelle sozialpolitische Ordnung der Sowjetunion »systemimmanent« umgestalten. Deshalb gab er im Rahmen von Glasnost auch dem »sozialistischen Pluralismus« den Vorrang vor einem vollen »politischen Pluralismus«. Das übergeordnete Ziel blieb selbstverständlich, die Sowjetunion wiedererstarken zu lassen.[7]

Damit sich die UdSSR reformieren und regenerieren konnte, musste Gorbatschow die Belastung der sowjetischen Volkswirtschaft durch den militärisch-industriellen Komplex reduzieren, die in den Achtzigerjahren durch den Krieg in Afghanistan und das Wettrüsten mit den USA immer größer geworden war.

Natürlich funktionierte die sowjetische Planwirtschaft aus rein strukturellen Gründen schlecht, eine Tatsache, die in den Siebzigerjahren durch den globalen Anstieg der Ölpreise und die riesigen sibirischen Energiereserven des Landes verdeckt wurde, da diese dem sowjetischen BIP zwischen 1970 und 1980 Wachstumsraten von 2 bis 3,5 Prozent bescherten. Als jedoch der Ölpreis im folgenden Jahrzehnt fiel, ging auch das sowjetische Nationaleinkommen stark zurück. Tatsächlich hatte die UdSSR von 1980–1985 so gut wie kein Wachstum mehr zu verzeichnen. Die zunehmende Unzufriedenheit der sowjetischen Verbraucher wurde durch einen sinkenden Lebensstandard und fehlenden Zugang zu technisch hochwertigen Konsumgütern noch verschärft. Dies lag zwar auch an der mangelnden Flexibilität des Plans und fehlender industrieller Modernisierung, aber der Kern des Problems bestand darin, dass die Militärausgaben auf Kosten der zivilen Produktion etwa ein Viertel des sowjetischen BIPs verschlangen.[8]

Um die Wirtschaft seines Landes in Schwung zu bringen und langsam für die Welt zu öffnen, musste sich Gorbatschow für ein stabiles internationales Umfeld einsetzen und zugleich die »imperiale Überdehnung« der UdSSR in Osteuropa und in den Entwicklungsländern reduzieren. Dies bedeutete eine Verminderung der US-amerikanischen Feindseligkeit (durch den Ausstieg aus dem Rüstungswettlauf) und eine kompromissbereite Politik in der »Dritten Welt« (einschließlich einer ideellen Anerkennung des Rechts auf Selbstbestimmung). Die sowjetische Innenpolitik war somit unauflöslich mit der Außenpolitik verbunden. Um also eine weniger konfrontative Beziehung zu den Vereinigten Staaten aufzubauen, brannte Gorbatschow ab Mitte der Achtzigerjahre darauf, mit seinem amerikanischen Gegenüber ins Gespräch zu kommen.[9]

Auf den ersten Blick schien der US-amerikanische Präsident Ronald Reagan für dieses Anliegen freilich ein denkbar ungeeigneter Kandidat zu sein. Der 1911 geborene Reagan war genauso alt wie der Mann, dessen Nachfolge Gorbatschow gerade angetreten hatte. Er war ein leidenschaftlicher Antikommunist. Kaum im Amt, hatte er ab 1981 das Wettrüsten intensiviert. Und er war berühmt-berüchtigt, weil er die Sowjetunion als »Reich des Bösen« bezeichnet hatte, gefolgt von der Voraussage: »Freiheit und Demokratie sind auf dem Vormarsch und werden den Marxismus-Leninismus auf dem Müllhaufen der Geschichte zurücklassen«.[10] Dieser massive ideologische Konflikt rechtfertigte Reagans Ansicht nach die militärische Aufrüstung in seinen ersten Amtsjahren. Doch er hatte auch noch eine andere Seite: er wollte ein Friedensstifter sein und betrachtete militärische Macht als Grundlage für diplomatische Anstrengungen, um »Frieden durch Stärke« zu erreichen. Noch verblüffender war, dass der nüchterne Realist Reagan den utopischen Glauben an eine atomwaffenfreie Welt hegte.[11]

In seiner ersten Amtszeit hatte Reagan es nicht geschafft, mit den kranken alten Männern im Kreml in einen Dialog zu kommen. Mit dem Amtsantritt Gorbatschows jedoch waren plötzlich nicht nur Gespräche, sondern ernsthafte Verhandlungen möglich geworden. Bei den nun folgenden vier Gipfeltreffen, von Genf im November 1985 bis Moskau im Mai 1988, waren die Diskussionen oft heftig gewesen, aber mit der Zeit hatten die beiden Politiker eine Beziehung zueinander aufgebaut, die auf gegenseitigem Vertrauen und sogar Zuneigung basierte. Gorbatschows radikale Abrüstungsvorschläge in Reykjavík im Oktober 1986 hätten Reagan, zum Entsetzen seiner hartleibigen Berater, fast mitgerissen. Bis zum Gipfeltreffen in Washington im Dezember 1987 hatten sich Ronald und Michail sogar das Du angeboten. Aber nicht nur die Symbolik stimmte, die neue Beziehung hatte auch Substanz. In Washington schafften Reagan und Gorbatschow durch den Vertrag über nukleare Mittelstreckensysteme (INF-Vertrag) eine ganze Kategorie von Atomwaffen ab – das erste Mal, dass sich die Supermächte auf eine *Reduktion* ihres Nuklearwaffenarsenals einigten. Der Vertrag war ein wichtiger Schritt zur Entschärfung des Ost-West-Konflikts. Durch ihn wurde der Ausbruch eines Atomkriegs weniger wahrscheinlich, und die Atomwissenschaftler konnten ihre »Weltuntergangsuhr« von drei Minuten vor zwölf auf sechs Minuten vor zwölf zurückstellen. Schließlich antwortete Reagan am 31. Mai 1988 auf dem Roten Platz auf die Frage, ob die UdSSR für ihn immer noch das »Reich des Bösen« sei, mit den Worten: »Nein, das war eine andere Zeit, eine andere Ära.«[12]

Reagan hatte sich bewegt und Gorbatschow ebenfalls. Sechs Monate nach Reagans Staatsbesuch in Moskau, am Morgen des 7. Dezember 1988, hielt der Generalsekretär seine, bereits erwähnte, spektakuläre Rede vor der UNO-Vollversammlung – ein, wie er selbst meinte, »bahnbrechender« Moment. Er wollte sich als ein Mann präsentieren, der die Entwicklung der Weltpolitik dauerhaft prägte. Und durch seine Gestaltungskraft zielte er darauf, die Amerikaner auf dem falschen Fuß zu erwischen, insbesondere in einer Zeit des Übergangs zwischen zwei Präsidenten, solange ihre Außenpolitik in der Schwebe war. »Die Amerikaner haben Angst, dass wir etwas im Geist von Reykjavík tun könnten«, sagte er. Mit der Arbeit an der Rede hatte er schon Monate zuvor, gleich nach Reagans Kreml-Visite, begonnen. Es hatte zahlreiche Entwürfe gegeben, und sie war bis zur letzten Minute optimiert worden. Denn Gorbatschow hatte sich vorgenommen, die Gelegenheit zu nutzen, der Welt zu zeigen, dass er an die strahlende Zukunft einer wiedererstarkten Sowjetunion glaubte, und er wollte seine persönliche Glaubwürdigkeit als visionärer Friedensstifter festigen. Außerdem hoffte er, westliche Kredite und Wirtschaftshilfe zu bekommen, wenn er sein neues politisches Denken auf eine so prägnante Art präsentierte.[13]

Die riesige Generalversammlungshalle war gesteckt voll, als er im UNO-Hauptquartier ankam. Alle 1800 Sitze waren belegt. Angeregtes Gemurmel erfüllte den Raum. Die Erwartungen waren hoch. Gorbatschow, in einem dunklen, gutgeschnittenen Anzug mit weißem Hemd und burgunderroter Krawatte, trat ans Rednerpult. Er begann seine Ansprache langsam und bedächtig, aber dann wurde er schneller und redete mit zunehmendem Schwung und wachsender Überzeugungskraft. Er schilderte sein ideologisches Konzept für die Weiterentwicklung des Marxismus-Leninismus und den Weg, der die Welt aus dem Kalten Krieg herausführen sollte.[14]

Zunächst ging er auf die Rolle der Revolutionen in der Geschichte West- und Osteuropas ein: »Die zwei großen Revolutionen – die Französische von 1789 und die Russische von 1917 – haben sich auf den Charakter des historischen Prozesses stark ausgewirkt und den Verlauf der Ereignisse in der Welt radikal verändert. Sie haben dem Fortschritt der Mehrheit, jede auf ihre Art, einen gewaltigen Impuls gegeben.« Nachdem Gorbatschow den Begriff der Revolution auf diese Weise entgiftet und für den gespaltenen Kontinent eine gemeinsame Grundlage geschaffen hatte, kam er auf die Universalität der menschlichen Erfahrung zu sprechen: »Wir sind heute in ein Zeitalter eingetreten, in dem der Fortschritt auf den Interessen der gesamten Menschheit beruhen wird.« Und er betonte, dass weiterer Fortschritt nur durch einen echten globalen Konsens zu erzielen sei, durch eine Entwicklung »zu einer neuen Weltordnung«. Wenn dem so ist, fügte er hinzu, »lohnt es sich auch, sich auf die wesentlichen, tatsächlich universalen Voraussetzungen und Prinzipien solcher Maßnahmen zu einigen. So ist es zum Beispiel klar, dass Gewalt und Gewaltandrohung keine Instrumente der Außenpolitik mehr sein dürfen.«

Dies war eine explizite Abkehr von der »Breschnew-Doktrin« – dem von Moskau beanspruchten Recht, zur Rettung eines sozialistischen Brudervolks in seinem direkten Einflussbereich mit der Roten Armee zu intervenieren. Mit dieser Doktrin hatte die Sowjetunion 1968 den Panzereinsatz zur Niederschlagung des Prager Frühlings begründet. Stattdessen verkündete Gorbatschow nun, angesichts der »Verschiedenartigkeit der gesellschaftspolitischen Strukturen«, »die Freiheit der Wahl« als ein »allgemein gültiges Prinzip, das keine Ausnahme kennen soll«.[15]

Er machte sich offenbar sehr grundsätzliche Gedanken, weit über die traditionelle Bipolarität zwischen Ost und West hinaus. Nach mehr als 40 Jahren Kaltem Krieg befürwortete er ausdrücklich die »Entideologisierung der zwischenstaatlichen Beziehungen« und verkündete damit ein Ende des Interventionismus in den Entwicklungsländern. Tatsächlich sprach er sich angesichts der Tatsache, dass die Welt in ihrer Gesamtheit inzwischen ernsthaft Hunger, Krankheit, Analphabetismus und »andere massenhaft verbreitete Missstände« bekämpfte, dafür aus, gemeinsam den Weg zum »Primat der *universellen* Idee des Menschlichen« zu suchen. Dennoch hatte er nicht die Absicht, die sowjetischen Werte aufzugeben: »Es bleibt eine fundamentale Tatsache, dass die friedliche Periode unter den Bedingungen der Existenz und Rivalität verschiedener sozialökonomischer und politischer Systeme Gestalt annehmen wird.« Freilich, fuhr er fort, bestehe »der Sinn unserer internationalen Anstrengungen, eine der Grundüberzeugungen des neuen Denkens, gerade darin, dieser Rivalität die Qualität eines vernünftigen Wettbewerbs unter den Bedingungen des Respekts vor Entscheidungsfreiheit und Interessenausgleich zu verleihen«. Die beiden Systeme sollten also nicht ineinander verschwimmen, sondern ihre Beziehung sollte von einer friedlichen »Ko-Entwicklung« geprägt sein. Durch diese Art von Koexistenz und Zusammenarbeit seien die Supermächte in der Lage, »die Gefahren eines Atomkriegs und des Militarismus aus der Welt zu schaffen«.

Zusätzlich zu seiner umfassenden Vision machte Gorbatschow konkrete Vorschläge insbesondere zur Beendigung der neunjährigen Intervention in Afghanistan, dem sowjetischen Äquivalent des Vietnamkriegs, und zur Abrüstung, dem »wichtigsten Thema, ohne das kein einziges Problem des kommenden Jahrhunderts gelöst werden kann«. Er sprach von der Notwendigkeit eines neuen Vertrags zur Reduktion

strategischer Waffen (START), durch den das Arsenal beider Supermächte um jeweils 50 Prozent verkleinert werden sollte. Und um die
Vereinigten Staaten unter Druck zu setzen, versprach er, die Truppen
der Sowjetunion in Europa in den folgenden zwei Jahren um eine halbe
Million Mann zu vermindern. Auf diese Weise wollte er den Wechsel
von einer »Rüstungswirtschaft zu einer Abrüstungswirtschaft« einleiten.

Diese Konversion war als Stütze seines Projekts einer »tiefgreifenden
Erneuerung« der gesamten sozialistischen Gesellschaft absolut essenziell geworden – eines Projekts, das gewaltig an Umfang zugenommen
hatte, seit er 1985 begonnen hatte, seine großen Ideen Perestroika und
Glasnost zu entwickeln. »Im Zeichen der Demokratisierung«, erklärte
er, »erstreckt sich die Perestroika jetzt auch auf die Politik, die Wirtschaft, das geistige Leben und die Ideologie.« Die sowjetische Demokratie werde »auf eine feste normative Basis gestellt«, auch was »die
Gesetze über Gewissensfreiheit, Glasnost und gesellschaftliche Vereini-
gungen und Organisationen« betreffe. Dennoch beharrte Gorbatschow
darauf, die sowjetische Verteidigungsfähigkeit auf dem, wie er sagte,
»Niveau des vernünftigen und zuverlässigen Mindestmaßes« aufrechtzuerhalten, um niemanden in Versuchung zu führen, »die Sicherheit
der UdSSR und ihrer Verbündeten zu gefährden«, solange der Kreml die
dringend nötigen »kühnen revolutionären Umgestaltungen« vornahm.
Diese Aussagen waren eine markante Abweichung vom Ziel der »Überlegenheit«, das die Ost-West-Beziehungen den größten Teil des Kalten
Krieges dominiert hatte. Ernsthafte Differenzen bestünden immer noch,
räumte der Generalsekretär ein, und schwierige Probleme müssten zwischen den Supermächten gelöst werden. Aber generell war er optimistisch, was die Zukunft betraf, als er den Blick durch die Halle schweifen
ließ: »Wir haben die Grundschule der gegenseitigen Verständigung
schon hinter uns und suchen nach Lösungen, die sowohl in unserem
eigenen als auch im allgemeinen Interesse liegen.«[16]

Gegen Ende der Rede lobte er die Arbeit, die Präsident Reagan und
sein Außenminister George Shultz beim Aushandeln der Abkommen
geleistet hatten. »Das alles«, sagte er, »ist Kapital, das in ein gemeinsames Unternehmen von historischer Tragweite investiert worden ist. Es
darf nicht verschwendet werden oder ungenutzt bleiben. Die künftige

US-Administration mit dem designierten Präsidenten George Bush an der Spitze wird in uns einen Partner finden, der bereit ist, ohne lange Pausen und Rückschritte, den Dialog in einem Geist des Realismus, der Transparenz und des guten Willens fortzusetzen und in dem Bestreben, konkrete Resultate zu erzielen bei einer Agenda, die die wichtigsten Probleme der sowjetisch-US-amerikanischen Beziehungen und der internationalen Politik umfasst.«[17] Bush war nicht unter den Zuhörern. Er sah die Rede nur im Fernsehen, aber ihre Bedeutung kann ihm nicht entgangen sein. Wie Gorbatschow im Politbüro richtig vorausgesagt hatte, ließ seine diplomatische Offensive Bush »keinen Ausweg«.[18]

Gorbatschows Berater Anatoli Tschernajew war unter den Zuhörern. Er hatte geholfen, die Rede zu schreiben, und durchaus erwartet, dass sie Eindruck machen würde, aber auf die Reaktion an diesem Morgen war er nicht vorbereitet. »Mehr als eine Stunde machte niemand einen Mucks. Und dann brachen die Zuhörer in Begeisterungsstürme aus und ließen M. S. lange nicht gehen. Er musste sogar aufstehen und sich verbeugen, als ob er auf einer Bühne stünde.«[19] Der begnadete Showman Michail Sergejewitsch Gorbatschow genoss das alles in vollen Zügen. Die meisten Pressereaktionen waren ebenfalls positiv. Die *New York Times* kommentierte: »Seit Woodrow Wilson 1918 seine Vierzehn Punkte vorstellte oder Franklin Roosevelt und Winston Churchill im Jahr 1941 die Atlantikcharta promulgierten, hat vermutlich kein Weltpolitiker mehr eine Vision wie die Gorbatschows vorgestellt.«[20] Andere jedoch hinterfragten den Anlass und die Rhetorik. So lenkte etwa der *Christian Science Monitor* die Aufmerksamkeit auf das, was Gorbatschow nicht gesagt hatte: Es gebe keinen Hinweis, dass sich der Kreml ganz aus den am weitesten vorgeschobenen Einflussgebieten zurückziehen wollte, die er, in Ostdeutschland und Ostasien, im Zweiten Weltkrieg gewonnen habe. Tatsächlich kam Asien in der Rede so gut wie gar nicht vor. Zwar versprach Gorbatschow eine Reduktion der Streitkräfte in der asiatischen Sowjetunion und sagte, ein »wesentlicher Teil« der vorübergehend in der Mongolischen Volksrepublik stationierten Truppen werde »in die Heimat zurückkehren«. Keine Erwähnung jedoch hatten, laut dem *Monitor,* die Stützpunkte in Vietnam gefunden, und auch die vier nordjapanischen Inseln, die Stalin 1945 annektiert hatte und wegen deren umstrittenem Status der Kriegszustand zwischen

Japan und der Sowjetunion nie durch einen Friedensvertrag beendet worden war, habe er mit keinem Wort erwähnt.[21] Die Zeitung hatte nicht ganz unrecht: Gorbatschows Vision für die Zeit nach dem Kalten Krieg war selektiv. Doch er hatte in seiner Rede klargemacht, dass sich die Kampfarena des Kalten Krieges seiner Ansicht nach in Europa befand. Und genau dort mussten die Spannungen abgebaut werden.

Nach seinem Auftritt im UNO-Hauptquartier wandte Gorbatschow sich dem nächsten Punkt in seinem dichten New Yorker Terminkalender zu: es ging nach Governors Island vor der Südspitze Manhattans zu einem Gespräch mit Präsident Reagan und Vizepräsident Bush. Auf der Fahrt zur Bootsanlegestelle im Battery Park bekam Gorbatschow einen dringenden Telefonanruf aus Moskau: Ein schweres Erdbeben hatte den Kaukasus erschüttert, und den jüngsten Meldungen zufolge waren in Armenien etwa 25000 Menschen ums Leben gekommen. Gorbatschow beschloss, am folgenden Morgen in die Sowjetunion zurückzukehren und auf die ursprünglich geplanten Zwischenstopps in Kuba und London zu verzichten.[22] Zunächst galt es aber, sich nicht von den Sorgen um die Situation im Kaukasus vereinnahmen zu lassen. Auf der kurzen Fahrt mit der Fähre konzentrierte sich Gorbatschow stattdessen voll und ganz auf die bevorstehende Begegnung mit Ronald Reagan. Es war sein fünftes und letztes Treffen mit dem Mann, den er nicht länger als einen »unverbesserlichen Kalten Krieger« betrachtete und für den er allen Widrigkeiten zum Trotz echte Zuneigung und Freundschaft entwickelt hatte.[23]

Bush spürte die gespannte Erwartung bei den amerikanischen und sowjetischen Regierungsvertretern um ihn herum, als er die Fähre über die bewegte See des New Yorker Hafens auf sich zukommen sah. Auch er stand natürlich unter Hochspannung. Als neugewählter Präsident, wenige Wochen vor seiner Amtseinsetzungszeremonie und noch ohne politische Richtlinienkompetenz, musste er seine künftige Rolle zu der noch bestehenden als bloßer Stellvertreter Reagans in das richtige Verhältnis setzen. Er wusste, dass Gorbatschow unbedingt wissen wollte, wie er als Präsident die Beziehungen mit der Sowjetunion zu gestalten gedachte, aber noch war Reagan der Mann im Oval Office. Und an diesem besonderen Tag wollte Bush alles vermeiden, was man als Untergrabung der Autorität des amtierenden Präsidenten interpretieren oder was seine eigene künftige politische Handlungsfreiheit beeinträchtigen konnte.[24]

Gorbatschow verließ das Boot, winkte den versammelten Zuschauern mit einem breiten Lächeln zu und wurde von dem ebenfalls strahlenden Reagan am Kai begrüßt. Bald darauf saßen die beiden Delegationen in der Residenz des Kommandanten auf Governors Island. Das Gespräch war größtenteils entspannt und nostalgisch: Es war keine »Verhandlungssitzung«, wie Gorbatschow zu den anwesenden Medienvertretern sagte. Dennoch hatte die Begegnung, wie Bush es formulierte, etwas »Besonderes«, und zwar wegen seiner eigenen Doppelrolle, die zugleich in die Vergangenheit und in die Zukunft wies.[25]

Als die Journalisten und Fotografen gegangen waren, erinnerten sich Gorbatschow und Reagan gemeinsam an ihre erst drei Jahre zurückliegende erste Begegnung in der Schweiz. Der Präsident schenkte dem Generalsekretär ein Andenken: ein Foto des Augenblicks, als sie sich auf dem Parkplatz getroffen hatten. Reagan hatte es mit der handschriftlichen Bemerkung versehen, dass sie »zusammen einen weiten Weg zurückgelegt hätten, um dem Frieden einen Weg zu bahnen. Genf 1985 – New York 1988«. Gorbatschow war gerührt und betonte, dass er ihr »harmonisches Verhältnis« sehr schätze. Reagan erwiderte, er sei stolz, »was sie zusammen erreicht« hätten. Zwei Führer mit der »Fähigkeit, den nächsten Weltkrieg auszulösen«, hätten beschlossen, »den Frieden auf der Welt zu erhalten«,[26] so hätten sie ein »starkes Fundament für die Zukunft gelegt«. Das sei möglich gewesen, weil sie miteinander immer »direkt und offen« gewesen seien. Reagan erwähnte bei dem bewusst harmonisch gestalteten Erinnerungsaustausch natürlich nicht, dass der Moskauer Gipfel im Juni die Serie der Gipfeltreffen nicht, wie Gorbatschow gehofft hatte, durch einen Vertrag über die Reduktion der strategischen Angriffswaffen gekrönt hatte. START I war, wie Gorbatschow in seiner UNO-Rede betont hatte, noch eine wichtige unerledigte Aufgabe.[27]

Reagan fragte Bush, ob er etwas hinzufügen wolle. Doch der künftige Präsident äußerte sich lediglich zur Symbolik des Erinnerungsfotos. Beide Länder hätten in den letzten drei Jahren eine weite Wegstrecke zurückgelegt, sagte er, und brachte seine Hoffnung zum Ausdruck, dass es in weiteren drei Jahren »ein weiteres solches Foto mit derselben Bedeutung« geben werde. Er sagte, er wolle darauf aufbauen, was Präsident Reagan in der Zusammenarbeit mit Gorbatschow erzielt habe. Nichts, was realisiert worden sei, müsse rückgängig gemacht werden. Doch er fügte hinzu, dass er ein bisschen Zeit brauchen werde, »um sich über die verschiedenen Fragen und Themenkomplexe einen Überblick zu verschaffen«. Gorbatschow wollte Zusagen, dass Bush den von Reagan eingeschlagenen Pfad fortsetzen werde. Doch der Vizepräsident ließ sich dazu nicht verleiten und redete sich damit heraus, dass er erst einmal ein neues Kabinett bilden müsse. Er gehe davon aus, dass man »den Dingen durch den Einsatz neuer Leute neues Leben einhauchen« könne. Er wolle »eine kluge Politik der nationalen Sicherheit formulieren«, wobei er die Dinge weder »zum Stillstand bringen« noch »die Uhr zurückdrehen« wolle. Der künftige Präsident versuchte, die Diskussion unbestimmt und vage zu halten, und gab Plattitüden von sich, um sich seinen Handlungsspielraum zu erhalten.[28]

Aber Gorbatschow ließ sich nicht abwimmeln. Die Augen fest auf die Zukunft gerichtet, löcherte er Bush beim Mittagessen weiter. Er wollte seinen Gesprächspartnern substanzielle Reaktionen auf die UNO-Rede entlocken. Shultz sagte lediglich, die Zuhörer hätten »sehr aufmerksam« gelauscht, und der Applaus am Ende sei total »echt« gewesen. Und Bush meinte, Gorbatschow habe offenbar »ein volles Haus gehabt – bis zum letzten Platz«, aber ansonsten schwieg er sich aus. Der Sowjetführer unterstrich, dass er hinter allem stehe, was er in der Rede über die Zusammenarbeit zwischen ihren Ländern gesagt habe.[29] Er räumte ein, dass es, insbesondere in regionalen Fragen, »echte Gegensätze« gebe, betonte aber, dass Washington der Sowjetunion nicht misstrauen dürfe. Direkt an Bush gewandt sagte er, »es sei ein guter Zeitpunkt, um dem Vizepräsidenten dies zu versichern«. Dann machte er eine schnelle *tour d'horizon* durch die bedeutendsten akuten Krisen auf der Welt und griff sein wichtigstes Thema wieder auf: die Zusammenarbeit, die er und Präsident Reagan aufgebaut hatten. Mit einem bedeutungsvollen Blick sowohl auf Bush als auch auf Reagan erklärte er, »Kontinuität sei der Name des Spiels«, und »wir sollten deshalb bei regionalen Problemen zu konstruktiver Zusammenarbeit in der Lage sein«. Von Bush kam immer noch keine Reaktion, also versuchte Gorbatschow, ihn in Zugzwang zu bringen. »Wenn der künftige Präsident Studien in Auftrag

Der Mann am Rande des Geschehens: George H. W. Bush

gegeben und zu diesen Themen Bemerkungen oder Vorschläge zu machen hat, würde ich sie gerne hören.« Wieder ließ sich Bush zu nichts hinreißen. Am Ende machte Gorbatschow nur noch den Witz, es sei das »Wichtigste, dem nächsten Präsidenten das Leben leichter zu machen.«[30]

Während des gesamten Treffens blieb Bush zugeknöpft und hielt sich so am Rand, dass er, wie der Journalist Steven V. Roberts schrieb, manchmal »ungelenk ins Bild hineinragte«.

Auch als er später an jenem Tag mit der Presse sprach, blieb er bei seinem unverbindlichen Ton: »Ich habe dem Generalsekretär klargemacht, dass ich selbstverständlich an die Fortschritte anknüpfen will, die die Regierung Reagan mit den Sowjets gemacht hat, und ich habe auch klargemacht, dass wir etwas Zeit brauchen, und er hat das verstanden.«[31]

*

George H. W. Bush wurde am 20. Januar 1989 als 41. Präsident der Vereinigten Staaten in sein Amt eingeführt. Er war seit Martin van Buren im Jahr 1836 der erste amtierende Vizepräsident, der ins höchste politische Amt gewählt worden war. Tatsächlich war der Eindruck weit verbreitet gewesen, dass Bush für immer im Vorzimmer der Geschichte sitzen bleiben und nützliche Dinge erledigen würde, ohne je wirkliche Größe zu erringen: Botschafter bei den Vereinten Nationen, diplomatischer Vertreter in der Volksrepublik China und Chef der CIA in den Siebzigerjahren. Als Bush sich 1980 endlich hervorgewagt und um die republikanische Nominierung als Präsidentschaftskandidat beworben hatte, war er von dem deutlich telegeneren Reagan aus dem Feld geschlagen worden – einem ehemaligen Hollywoodschauspieler, dessen Finanzpolitik er verächtlich als »Voodoo Economics« bezeichnet hatte.[32]

Reagan hatte ursprünglich gehofft, den früheren Präsidenten Gerald Ford zu seinem Kandidaten für die Vizepräsidentschaft küren zu können, aber die Verhandlungen mit Ford scheiterten nur zwei Stunden, bevor er den Kandidaten bekanntgeben musste. Also bot er Bush den Posten an, und der akzeptierte die Ernennung trotz des schmerzhaften Nominierungswahlkampfs umgehend. Er war ein loyaler Mensch und ein Teamplayer. In seinem Tagebuch finden sich Einträge wie: »Ich werde darauf verzichten, mir eine eigene Wählerschaft aufzubauen oder Hintergrundkonferenzen zu machen, um der Welt zu beweisen, dass ich einen guten Job mache«, oder: »Der Präsident muss wissen, dass er sich auf den Vizepräsidenten verlassen kann. Er darf nicht das Gefühl haben, dass er ihm auf die Finger schauen muss.«[33]

In Reagans zweiter Amtszeit, als Bush begann, seinen eigenen Wahlkampf zu planen, wurde ihm diese Loyalität manchmal vorgeworfen und als Beweis dafür gewertet, dass er stets bereit sei, die zweite Geige zu spielen.[34] Auch soll er, als man ihn drängte, eine eigene Agenda zu formulieren, »Ah, das Ding mit der Vision!« gerufen haben, eine Äußerung, die in der Folge oft gegen ihn verwendet werden sollte.[35] Hatte Bush wirklich das Rückgrat und das Selbstvertrauen, um den letzten großen Schritt ins Oval Office zu tun?[36] Schließlich fehlte es ihm an Reagans sorgfältig kultivierter volksnaher Eloquenz. Die Rede, mit der er im Juli 1988 die republikanische Nominierung als Präsidentschaftskandidat annahm, wurde zwar gelobt, enthielt aber auch das Versprechen: »Nehmen Sie mich beim Wort: keine neuen Steuern. (*Read my lips: no more taxes*)« Bush hatte den Satz in die Rede geschmuggelt, um der republikanischen Rechten zu gefallen, auf die er im Vergleich zu Reagan unannehmbar gemäßigt wirkte. Später sollte ihn dieses Steuerversprechen einholen, aber damals waren diese Aussagen typisch für seine Bewerbung um die Präsidentschaft, die eher wirtschaftliche und soziale und weniger außenpolitische Themen in den Vordergrund stellte.[37] In dem stark personalisierten, manchmal wirklich hässlichen Wahlkampf denunzierten die Republikaner Bushs demokratischen Gegner Michael Dukakis, einen früheren Gouverneur von Massachusetts, als verweichlichten Liberalen von der Harvard University, der schwach in Verbrechensbekämpfung und stark im Geldausgeben sei. Am 8. November 1988 wurde die Nummer zwei endlich Nummer eins, und zwar durch einen Erdrutschsieg in 40 von 50 Staaten und mit 80 Prozent der Stimmen des Wahlkollegiums.[38]

Viele nahmen an, Bush werde die Politik der scheidenden Regierung sowohl in der Innen- als auch in der Außenpolitik einfach fortsetzen, doch der neue Präsident war fest entschlossen, keine dritte Reagan-Amtszeit zu absolvieren. Tatsächlich waren er und Reagan sich nie sonderlich nahegestanden. Bush hatte privat keine große Achtung vor dem Ex-Gouverneur von Kalifornien, sondern hielt ihn für einen Mann, der »in vielen Angelegenheiten eher dumm oder allzu einfach« war. Der Amtswechsel war also in Wahrheit eine »Übernahme«, wenn auch eine freundliche. Außerdem sollte die Außenpolitik, wenngleich Bushs Wahlkampf vielleicht einen anderen Eindruck vermittelt hatte, nicht in den Hintergrund treten. Mehr noch: Bushs Diplomatie unterschied sich in Stil und Agenda von der seines Vorgängers. So würde also der »echte« George Bush auf dem Feld der internationalen Politik aus Reagans Schatten treten.[39]

Der neue Ansatz in den amerikanischen Außenbeziehungen wurde während des Interregnums von November bis Januar ausgearbeitet. Die beiden wichtigsten Berater Bushs waren hierbei James A. Baker III, der neue Außenminister, und Brent Scowcroft, der Nationale Sicherheitsberater. Ihre enge Beziehung zum Präsidenten führte zu einer Art konstruktiven Spannung, da sie in der Diplomatie des Präsidenten verschiedene Rollen spielten. Beide stimmten darin überein, dass Washington gegenüber dem Kreml ein starkes Blatt hatte, unterschieden sich aber erheblich in der Einschätzung, wie es zu spielen war.[40]

Baker und Bush kannten sich aus alten Zeiten in Texas. 1930 in Houston geboren, war Baker sechs Jahre jünger als der Präsident. Die beiden waren seit mehr als 30 Jahren eng befreundet: Und für Bush war Baker fast wie ein kleiner Bruder. Als junger Mann war er bei den Marines gewesen, hatte später als erfolgreicher Anwalt gearbeitet und wurde schließlich ein Politik-Insider in Washington. So organisierte er 1976 den Wahlkampf für Gerald Ford und 1984 den für Ronald Reagan, dem er in beiden Amtszeiten zunächst als Stabschef im Weißen Haus und dann als Finanzminister diente. Laut Dennis Ross, einem Veteranen der Washingtoner Politszene, der unter Bush zum Direktor des Planungsstabs im Weißen Haus ernannt wurde, war Baker ein Verhandlungsgenie mit hervorragender Intuition, einem natürlichen Talent für den Umgang mit Menschen und einer seltenen Begabung für das Erkennen von Prioritäten. In Bezug auf die Sowjetunion trat Baker für fortgesetzte, intensive diplomatische Anstrengungen ein. Er wollte Gorbatschows Ernsthaftigkeit auf die Probe stellen und ihn zu weiteren Reformen im In- und Ausland ermutigen.[41]

Scowcroft stand im Zentrum einer zweiten Beratergruppe, die Gorbatschow und seinen Reformen sehr viel skeptischer gegenüberstanden und fürchteten, dass deren eigentliches Ziel die Wiedererstarkung der Sowjetmacht sei. Moskau, warnte Scowcroft, könne »den Westen durch Freundlichkeit ersticken« und dadurch die Entschlossenheit und den Zusammenhalt der NATO schwächen. Er sprach sich vehement gegen ein frühes Gipfeltreffen zwischen Bush und Gorbatschow aus, weil es nur der sowjetischen Propaganda nutzen könne. Eine Haltung, die er später wie folgt begründete: Ohne substanzielle Erfolge etwa bei der Rüstungskontrolle würden die Sowjets aus dem einzigen anderen Ergebnis Kapital schlagen – dem guten Gefühl, das durch das Gipfeltreffen entstünde. Sie würden die so entstandene Begeisterung nutzen, um die Entschlossenheit des Westens zu untergraben. Eine allgemeine Stimmung des Wohlbehagens aber werde manche zu der Annahme verführen, dass die Vereinigten Staaten in ihrer Wachsamkeit nachlassen könnten. Die Sowjets im Allgemeinen und Gorbatschow im Besonderen verstünden es meisterhaft, diese enervierende Kuschelatmosphäre herzustellen. Der Generalsekretär habe bei seiner UNO-Rede vor allem mit Hilfe geschickt eingesetzter rhetorischer Mittel eine rauschhaft

optimistische Stimmung erzeugt. Er könne ein frühes Treffen mit dem
Präsidenten nutzen, um den Kalten Krieg ohne substanzielle Taten der
»neuen« Sowjetunion für beendet zu erklären.[42]
Scowcroft und Bush waren etwa gleich alt. Beide waren Flieger gewesen. Bushs Air-Force-Karriere hatte sich aber auf den Kriegsdienst im
Pazifik beschränkt, während Scowcroft nach dem Krieg Berufsoffizier
bei der USAF geworden war, bis er 1972 unter Nixon ins Weiße Haus
ging. Dort hatte er später (1975–1977) Gerald Ford als Nationaler Sicherheitsberater gedient. In den Jahren unter Ford lernte Scowcroft Bush
näher kennen, der damals zunächst als amerikanischer Vertreter in
China und dann als Direktor der CIA tätig war. Beide hatten dieselbe
Weltanschauung, definiert durch den Zweiten Weltkrieg, den Kalten
Krieg und Vietnam. Beide glaubten an die amerikanische Führungsrolle
in der Welt, an die zentrale Wichtigkeit der NATO und an die Notwendigkeit, wenn erforderlich, massiv und erfolgreich militärische Macht
anzuwenden. Beide glaubten auch an die Effizienz persönlicher Diplomatie und an die enorme Wichtigkeit verlässlicher nachrichtendienst-
licher Erkenntnisse. Bush hatte absolutes Vertrauen in Scowcroft. Er
nannte ihn seinen »besten Freund in allen Dingen«: sowohl auf dem
Golfplatz als auch im Oval Office.[43] Scowcroft sah sich als persönlicher
Berater des Präsidenten und außerdem als ein ehrlicher Makler, der, im
Gegensatz zu Baker, nicht die Interessen eines bestimmten Ministeri-
ums vertreten musste. Außerdem stand er als Nationaler Sicherheitsberater an der Schaltstelle von Bushs Außen- und Sicherheitspolitik. In
seiner Amtszeit auf diesem Posten entwickelte er ein eigenes »System«,
einen hocheffektiven Entscheidungsfindungsprozess. Dessen Merkmale waren regelmäßige Stabssitzungen des National Security Councils
(NSC) und die rigorose Bekämpfung undichter Stellen, sodass alle Informationen über Scowcroft zum Präsidenten liefen. Im Gegensatz zum
NSC unter Henry Kissinger oder Zbigniew Brzezinski in den Siebzigerjahren war die Atmosphäre jedoch eher kollegial als konspirativ. Außerdem gelang es Scowcroft und Baker, trotz unvermeidlicher Spannungen
produktiv zusammenzuarbeiten.[44]
    Insgesamt verfügte die Regierung Bush also über große außenpoliti-
sche Expertise, und dem Präsidenten selbst war die Außenpolitik sehr
wichtig. Bush las gern Informationsmaterial und Memoranden und

hatte, im Gegensatz zu seinen drei unmittelbaren Vorgängern Reagan, Carter und Ford, schon bei seinem Amtsantritt durchaus beträchtliche außenpolitische Erfahrung vorzuweisen. Nicht nur hatte er schon in den Siebzigerjahren wichtige Ämter bekleidet, er war auch acht Jahre Vizepräsident gewesen und hatte dabei viele ausländische Regierungsvertreter und die meisten Regierungschefs kennengelernt. Persönlich war er bescheiden und vorsichtig, aber auch sehr ehrgeizig und selbstsicher. Er war vielleicht kein strategisch denkender Visionär, doch sein Politikverständnis war von soliden Grundüberzeugungen und klaren Zielen geprägt. Eine stabile Weltordnung bedurfte der Führung, und trotz der relativ pessimistischen allgemeinen Stimmung in den Achtzigerjahren, hatte Bush keinen Zweifel, dass diese Führung und Gestaltungskraft allein von den Vereinigten Staaten kommen konnte; er war nicht der Ansicht, dass sich Amerika im »Niedergang« befand.

Natürlich hatten sich bestimmte Kreise in Amerika das Narrativ vom »Niedergang« zu eigen gemacht, kombiniert mit deprimiertem Gerede von einem »pazifischen Jahrhundert«, mit Japan an der Spitze wegen seines enormen Wirtschaftswachstums. Auch gab es Sorgen wegen einer »Festung Europa«, da sich die Europäische Gemeinschaft wirtschaftlich und politisch immer stärker integrierte und dadurch potenziell protektionistischer wurde. Für das Weiße Haus unter Bush jedoch stand die seiner Ansicht nach weltweit wachsende Popularität und Verbreitung der liberalen Werte Amerikas im Vordergrund. Es engagierte sich für die Schaffung eines neuen, wirklich globalen Handelssystems (unter Führung der Vereinigten Staaten) – ein System, das das 1947 geschlossene Zoll- und Handelsabkommen GATT ablösen und die Sowjetunion, China und die »Dritte Welt« mit umfassen sollte.

Bush war zuversichtlich, dass die USA in Wirklichkeit vor einer neuen Ära des Aufstiegs standen; das 21. Jahrhundert würde ein amerikanisches Jahrhundert sein. Die Vereinigten Staaten, so konstatierte er im November 1988, unmittelbar bevor er zum Präsidenten gewählt wurde, hatten »in der Welt von heute die wichtigsten Veränderungen in Gang gesetzt: die wachsende Demokratisierung, die Ausbreitung des freien Unternehmertums, den Aufbau eines Weltmarkts für Waren und Ideen. In absehbarer Zukunft wird keine andere Nation oder Gruppe von Nationen einen Anspruch auf die Führungsrolle erheben.«[45]

Diese Themen der globalen Veränderung und der amerikanischen Chancen wurden in Bushs Inaugurationsrede am 20. Januar, gehalten vor der Westfront des Kapitols mit Blick über die Mall auf das Lincoln Memorial, weiterentwickelt. Nach der üblichen Anrufung Gottes und der amerikanischen Geschichte positionierte sich Bush an der Schwelle zu einer noch unbestimmten neuen Ära. »In manchen Zeiten scheint die Zukunft hinter einem dicken Nebel verborgen; man sitzt da und wartet und hofft, dass sich der Nebel lichtet und der richtige Weg zum Vorschein kommt. In unserer Zeit jedoch wirkt die Zukunft wie eine Tür, die man einfach durchschreiten kann, um in einen Raum namens Morgen zu kommen.« Und Bush war bereit dazu. »Wir leben in friedlichen, prosperierenden Zeiten, aber wir können es noch besser machen. Es weht nämlich ein neuer Wind, und offenbar wird eine durch die Freiheit erfrischte Welt wiedergeboren. Denn im Herzen des Menschen, wenn nicht gar in Wirklichkeit, sind die Zeiten der Diktatoren vorüber.« Der neue Präsident nahm keinen direkten Bezug auf die erstaunlichen Veränderungen, die sich im Sowjetblock und in China vollzogen, aber niemand konnte Zweifel daran haben, was er meinte. »Die Ära des Totalitarismus geht zu Ende, ihre alten Ideen werden wie die Blätter eines alten leblosen Baums weggeweht ... Große Nationen dieser Welt ... sind im Begriff, die Tür der Freiheit Richtung Demokratie zu durchschreiten.« Und Amerika war der Torwächter. »Wir wissen, was funktioniert: Freiheit funktioniert. Wir wissen, was richtig ist: Freiheit ist richtig.« Der Präsident formulierte die Mission seines Landes: »Amerika ist nie ganz es selbst, wenn es nicht für ein hohes moralisches Prinzip eintritt. Wir als Volk haben heute eine solche Bestimmung. Sie besteht darin, das Gesicht der Nation liebenswürdiger zu machen und das Antlitz der Welt freundlicher. Meine Freunde, wir haben Arbeit zu tun.«[46] Dies war der historische Moment Amerikas, und Bush wollte ihn ergreifen.

Wo aber sollte er mit der Arbeit beginnen? Man hätte erwarten können, dass er die Tür Richtung Moskau geöffnet hätte: Nach Gorbatschows bahnbrechender Rede bei der UNO und angesichts des politischen Wandels in Polen und Ungarn war der größte Teil der Welt auf die Veränderungen in der Sowjetunion und den Gärungsprozess in Osteuropa fixiert. Dennoch begann Bush, geleitet von dem Skeptizismus

Scowcrofts und entschlossen, mit dem zwischen Reagan und Gorbatschow etablierten Schmusekurs zu brechen, seine Präsidentschaft mit einer bewusst herbeigeführten »Pause« in der Diplomatie zwischen den Supermächten.[47] Da die Regierung Reagan, mit der bemerkenswerten Ausnahme START I, kaum Unerledigtes auf der Agenda hinterlassen hatte, beschloss Bush, eine Reihe von Studien in Auftrag zu geben, die die »bestehende Politik und ihre Ziele Region für Region auch im Hinblick auf die Rüstungskontrolle einer Prüfung unterziehen« sollte. Herauszuarbeiten, wie die Vereinigten Staaten mit Moskau umgehen sollten, war, wie sich Scowcroft später erinnerte, »natürlich unsere höchste Priorität«, doch es dauerte seine Zeit, bis die Studien fertig waren. Tatsächlich kam der Bericht des Nationalen Sicherheitsrats über die Sowjetunion (NSR 3) erst am 14. März auf den Schreibtisch des Präsidenten, und die Gutachten über Osteuropa (NSR 4) und Westeuropa (NSR 5, das auf eine engere Union bis 1992 fokussierte) erhielt er weitere zwei Wochen später.[48]

In der Zwischenzeit hatte Bush nicht nur die Tür Richtung China geöffnet, sondern war auch durch sie hindurchgegangen. Am 25. und 26. Februar hatte er Gespräche mit dem kommunistischen Regime in Peking geführt. Es war das erste Mal in der amerikanischen Geschichte, dass ein neuer Präsident nach Asien reiste, bevor er nach Europa fuhr.[49]

*

Bush hielt sich für einen Experten, was China betraf, und brannte darauf, Peking in eine transpazifische Partnerschaft aufzunehmen. »Mir ist klar, wie wichtig China ist«, hatte er zwei Wochen nach seiner Wahl zu Brzezinski gesagt. »Ich würde gern nach China zurückkehren, bevor Deng sein Amt ganz aufgibt. Meiner Ansicht nach habe ich eine besondere Beziehung zu dem Land.«[50] Deng Xiaoping war der führende Kopf bei Chinas Politik »der Öffnung und der Reform« – der Kampagne, durch die nach Maos Tod die autarke Planwirtschaft aufgegeben wurde und China vorsichtig begann, sich in den Weltmarkt zu integrieren. Im Jahr 1989 war der körperlich sehr kleine Deng bereits vierundachtzig, und Bush wollte unbedingt noch von der außergewöhnlichen, langjährigen Beziehung profitieren, die 1974–1975 zwischen den beiden entstanden war, als Bush in China als De-facto-Botschafter fungierte. Mit anderen Worten, China bedeutete Deng für Bush. Dass er von China fasziniert war, hatte weniger mit dem Land als solchem (seiner Sprache, seiner Landschaft oder seiner Kultur) zu tun als mit dem sozialen und wirtschaftlichen Potenzial, das Deng zu entfesseln und auf die Weltwirtschaft loszulassen im Begriff war. Umgekehrt bezeichneten die Chinesen Bush als einen *lao pengyou* – ihr Begriff für einen wirklich vertrauenswürdigen »alten Freund«, der sich für den Aufbau positiver Beziehungen engagiert und als Vermittler zwischen der Volksrepublik China (VRC) und dem Rest der Welt agiert. Gleichzeitig genießt dieser Freund aber auch besonderes Vertrauen, und man kann mit ihm ein offenes Wort sprechen. Vor Bush waren unter anderem Nixon und Kissinger mit dem Ehrennamen ausgezeichnet worden, aber weder Carter noch Reagan galten als *lao pengyou*.[51]

Mit Dengs Reformkurs seit 1978 begann eine der bedeutendsten Transformationsphasen, die im 20. Jahrhundert den Lauf der Geschichte veränderten. Unter seiner Führung setzte Peking auf eine schnelle Modernisierung durch stärkeres Engagement in einer zunehmend interdependenten Welt, insbesondere was die technologisch führenden Volkswirtschaften Europas und Amerikas betraf. Im Inneren wurden Maßnahmen getroffen, um die politische Strategie mehr auf wirtschaftliche Anreize auszurichten. Sie umfassten die Entkollektivierung der Landwirtschaft und die Erlaubnis für Bauern, Gewinne zu machen, Belohnungen für besonders effektive industrielle Leistungen und die Förderung kleiner privater Unternehmen.

Mit Blick auf die Weltwirtschaft und die internationalen Machtverhältnisse lockerte Deng allmählich die Kontrollen von Auslandsinvestitionen und Außenhandel und strebte eine Mitgliedschaft in den globalen Finanzinstitutionen an. Er hatte das erklärte Ziel, noch vor Ende des Jahrhunderts die vollständige sozioökonomische Transformation seines Landes zu erreichen, das in den Achtzigerjahren im weltweiten Vergleich noch zum ärmsten Drittel der Staatenwelt gehörte. Als Bush Präsident wurde, zahlten sich Dengs Reformen bereits aus: In etwas mehr als einem Jahrzehnt hatte sich das BIP der Volksrepublik China von 150 Milliarden Dollar im Jahr 1978 auf über 310 Milliarden Dollar im Jahr 1988 mehr als verdoppelt.[52]

Das bevölkerungsreichste Land der Welt erlebte eine ökonomische Revolution, die ganz anders als jene in Gorbatschows Sowjetunion sehr sorgfältig von der Kommunistischen Partei Chinas (KPCh) gemanagt wurde. Nur allmählich, Schritt für Schritt, vollzog sie sich. Nicht nur begann die wirtschaftliche Liberalisierung unter Gorbatschow viel später, im Jahr 1985 und nicht schon 1978, die begleitenden politischen Reformen zerstörten auch Stück für Stück das Machtmonopol der KPdSU und liefen letztlich auf ein neues Regierungssystem hinaus. Dieser Prozess führte wiederum zu destruktiven ethnischen Konflikten in einer im Vergleich zu China viel weniger homogenen Gesellschaft. Kurz gesagt, der Prozess der Wirtschaftsreformen in der VRC wurde von oben gesteuert, wohingegen die Perestroika in der Kombination mit Glasnost letztlich den sowjetischen Staat unterminierte.[53]

Beim Verlauf der chinesischen Revolution spielten die Vereinigten Staaten eine wichtige Rolle. Zwar wollte sich Deng anfänglich unbedingt an Westeuropa orientieren, doch die Vereinigten Staaten waren sein wichtigstes Modell. Vor allem sein Besuch Anfang 1979 öffnete ihm die Augen: »Was er in den Vereinigten Staaten sah, wünschte er sich in Zukunft für China«. Während dieser Reise nahmen die beiden Länder reguläre diplomatische Beziehungen zueinander auf. In der einen Woche, die Deng wie ein Wirbelwind von Washington bis Seattle durch die USA brauste, war er von den amerikanischen Fabriken und Farmen »einfach hingerissen«. So beeindruckt war er von der amerikanischen Technologie und Produktivität, dass er, wie er selbst einräumte, mehrere Wochen nicht schlafen konnte.[54]

Die Regierung Carter war sehr darauf erpicht, dass Dengs Reformen Erfolg hatten. Außerdem wollte sie China stärker an die USA binden in einer Zeit, in der die Entspannungspolitik im Laufe der Siebzigerjahre in eine Krise geriet und die Beziehungen zu Moskau am Ende der Dekade zu einem »neuen Kalten Krieg« abgekühlt waren. Carter nahm nicht nur wieder reguläre diplomatische Beziehungen zu China auf, sondern räumte dem Land auch zwölf Monate darauf den Status einer meistbegünstigten Nation ein, der für einen erweiterten bilateralen Handel eine entscheidende Vorbedingung war. Im April 1980 wurde die Volksrepublik außerdem Mitglied der Weltbank und übernahm noch im selben Monat Taiwans Platz beim Internationalen Währungsfonds (IWF). Um die Entwicklung zu beschleunigen, schloss die Regierung Carter im September 1980 vier Handelsabkommen mit der Volksrepublik: über Luftfahrt, Schifffahrt, Textilien und eine erweiterte konsularische Vertretung. Bei der Verkündung der Abkommen bezeichnete Carter die chinesisch-amerikanischen Beziehungen als »eine neue und wichtige Triebkraft für Frieden und Stabilität in der internationalen Politik«, die beiden Ländern »stetig wachsenden Gewinn im Handel und anderen Formen des Austausches verspricht«.[55]

Reagan setzte Carters Politik fort und verfolgte sie sogar noch energischer. Eine der Prioritäten seiner neuen »globalen Strategie« war die Integration des pazifischen Raums in die Weltwirtschaft. In diesem erweiterten Markt war China potenziell der größte Akteur, und seine erfolgreiche Öffnung konnte für den amerikanischen Handel und amerikanische Investoren außerordentliche Chancen eröffnen. Es gab auch eine strategische Dimension: Durch die Kampagne für ökonomische Modernisierung würde sich China in die kapitalistische Ordnung einfügen und zu einem stabilen Bollwerk gegen die Sowjetunion werden. In diesem Zusammenhang bot die Regierung Reagan Deng 1981 eine »strategische Partnerschaft« mit den USA an, die praktisch einem Bündnis gleichkam. Die chinesisch-amerikanische Sicherheitskooperation wurde also ausgebaut, während der Kalte Krieg einen neuen Gefrierpunkt erreichte. Peking bekam amerikanische Waffentechnologie und koordinierte die antikommunistischen Kampagnen in Afghanistan, Angola und Kambodscha mit Washington.[56] Obwohl Reagan China 1984 selbst besuchte, profitierte er mit Freuden davon, dass sein Vizepräsident bei den Chinesen den Status eines alten Freundes besaß. So hielt sich Bush im Mai 1982 und im Oktober 1985 jeweils zwei Wochen in Peking auf. Bei seiner zweiten Reise äußerte er sich besonders optimistisch, was den chinesisch-amerikanischen Handel betraf: »Der Himmel ist die Grenze, das Tor ist weit offen«, sagte er auf einer Pressekonferenz und fügte hinzu, dass er jetzt »viel mehr Offenheit« vorfinde als drei Jahre zuvor. Natürlich hingen die weiteren Fortschritte von dem inzwischen 81-jährigen »Überragenden Führer« ab. Allen Beobachtern war sehr bewusst, dass in der Zeit zwischen den beiden Chinabesuchen Bushs im Kreml drei Gerontokraten das Zeitliche gesegnet hatten. Demgegenüber konnte Bush der Presse freudestrahlend mitteilen, dass Deng ihm versichert habe: »die lebenswichtigen Organe meines Körpers funktionieren sehr gut«.[57]

Die Entwicklung der chinesisch-amerikanischen Beziehungen war für beide Seiten ein Gewinn. Im Jahr 1983 hatte die Regierung Reagan den entscheidenden Schritt gemacht, die im Kalten Krieg verhängten Kontrollen von Handel, Technologie und Investitionen zu liberalisieren, wodurch sich die amerikanische Privatwirtschaft mit minimalen Kosten für den amerikanischen Steuerzahler in China engagieren konnte. Deng wiederum war verzweifelt bemüht, amerikanisches Know-how jeglicher Art zu erwerben. Zwischen 1982 und 1984 verdoppelten sich die Exportgenehmigungen, und der Verkauf von Hightech-Gütern wie Computern, Halbleitern, Wasserturbinen und Ausrüstung für die chemische Industrie versiebenfachte sich von 144 Millionen Dollar im Jahr 1982 auf 1 Milliarde Dollar im Jahr 1986.[58] Dadurch entstanden Joint Ventures mit China auf Gebieten wie Energiegewinnung, Transport und Elektronik. Auch Konsumgüter waren ein wichtiger Bereich der Zusammenarbeit, in dem sich unter anderem die bekannten US-Firmen Coca-Cola und Pepsi, Heinz, AT&T, Bell South, American Express und Eastman Kodak engagierten.[59] In all diesen Bereichen agierte die amerikanische Regierung als kostengünstiger Vermittler und Türöffner für die amerikanische Privatwirtschaft und nutzte die natürlichen Kräfte des Marktes, um China im Lauf der Achtzigerjahre aus seiner alten Isolation herauszuholen. In einem Dutzend Reformjahren wurden Peking und Washington zu wichtigen Handelspartnern: Der bilaterale Handel zwischen China und den Vereinigten Staaten wuchs von 374 Millionen Dollar im Jahr 1977 auf beinahe 18 Milliarden Dollar im Jahr 1989.[60]

Gegen Ende von Reagans zweiter Amtszeit herrschte in Washington eine Art Triumphgefühl, was Peking betraf. Außenminister George Shultz sprach von Chinas »langem Marsch zum Markt« als »wahrhaft historischem Ereignis: Eine große Nation wirft obsolete ökonomische Theorien über Bord und setzt die Energien von einer Milliarde begabter Menschen frei.« Als Bush sein Amt antrat, wirkte es deshalb wie eine unumstößliche Tatsache, dass Dengs Wirtschaftsreformen fest verankert waren und weiterhin von Erfolg zu Erfolg schreiten würden. Die Frage, die man sich nun in Washington stellte, lautete, wie schnell der ökonomische Wandel zu einem politischen Wandel, also ähnlichen

Veränderungen wie im Sowjetblock unter Gorbatschow, führen würde. Wie eine Vielzahl führender amerikanischer Politiker seit der Ära von Franklin Roosevelt und Cordell Hull neigte auch Bush zu der Annahme, dass eine Form des Wandels die andere nach sich ziehen werde: Aus seiner Sicht lautete die Frage nicht ob, sondern nur wann sich China demokratisieren würde.[61]

Doch die Folgen von Dengs Reformen waren zweischneidig. Sie weckten nicht nur das Bedürfnis nach einer offeneren Gesellschaft, sondern führten Ende der Achtzigerjahre auch zu wachsender Unzufriedenheit. Maos Kulturrevolution war bei einer ganzen Generation auf Kosten der höheren Bildung gegangen, und als Deng China auf den richtigen Kurs brachte, um in der Zukunft mit den Industrienationen gleichziehen zu können, verwandelten frustrierte Radikale Peking, Shanghai, Wuhan und andere Universitätsstädte in Brutstätten der Opposition. Dies ereignete sich zu einem Zeitpunkt, als die Inflation mit der Lockerung der Kommandowirtschaft (mit 8,8 Prozent im Jahr 1985) ein beispielloses Ausmaß erreichte und das Regime vorsichtige politische Reformen durchführte. So bekamen auch Intellektuelle und Akademiker mehr Spielraum – Wissenschaftler wie Fang Lizhi, Astrophysiker und Vizekanzler der Universität für Wissenschaft und Technik in Hefei, der im Westen gefeiert wurde, weil er für die Menschenrechte eintrat und die Studentenproteste unterstützte. Der Journalist Liu Binyan wiederum wurde durch die Äußerung berühmt, dass »die wirtschaftlichen Reformen in China ein sehr langes Bein sind und die politischen ein sehr kurzes. Das eine kommt nicht vorwärts, ohne über das andere zu stolpern.« Und als Erklärung fügte er hinzu: Mitte der Achtzigerjahre »explodierte die Studentenbewegung, weil die politischen Reformen noch kaum begonnen hatten.«[62]

Chinas Führung war nicht bereit für die Demokratie. Auf Anfälle politischer Offenheit folgten brutale Interventionen, wenn Proteste außer Kontrolle gerieten. Das Problem beschränkte sich nicht nur auf die Straße und die Universitäten, sondern nagte auch an der Partei, die sich in eine Schlacht zwischen Hardlinern und Reformern verstrickte. In einer Gegenreaktion auf die sogenannte »bürgerliche Liberalisierung« enthob die Mehrheit der konservativen Parteiführer im Januar 1987 den reformistischen Generalsekretär Hu Yaobang seines Amtes.[63]

Und es gab noch eine weitere Herausforderung: Der alternde Deng wusste, dass er die Macht bald an eine neue Generation übergeben musste. Er sorgte dafür, dass Hu durch einen weiteren gemäßigten Politiker ersetzt wurde: Zhao Zhiang, der auf dem Parteitag der KPCh im Herbst ein verwässertes politisches Reformprogramm durchgesetzt hatte. Auf das Programm hatte fast die Hälfte der ZK-Mitglieder mit Rücktritt reagiert, ein wichtiger Schritt zur Verjüngung der Partei. Zu den Zurückgetretenen gehörte auch Deng selbst, der freilich den wichtigen Posten des Vorsitzenden der Zentralen Militärkommission behielt. Ein zeitweiser Waffenstillstand wurde geschlossen zwischen den rivalisierenden Fraktionen der KPCh und dem ständigen Ausschuss des Politbüro, in dem ein unbehagliches Gleichgewicht zwischen den von Zhao geführten Reformern und den von Li Peng geführten Konservativen bestand.[64]

Im Lauf des Jahres 1988 stieg die Inflationsrate auf beispiellose 18,5 Prozent,[65] und die Studentenproteste gegen Preiserhöhungen, Überfüllung der Universitäten und Korruption erreichten einen neuen Höhepunkt. 1989 wurde es noch schlimmer. Medienberichte über die politische Umstrukturierung in den sowjetischen Satellitenstaaten schweißten die Protestierenden zusammen. Außerdem nahte der 70. Jahrestag der berühmten Bewegung des Vierten Mai, des Studentenaufstands gegen die Demütigungen, die China 1919 durch den Versailler Vertrag erlitten hatte.[66] Deng, der einräumte, dass er eine Ansteckung durch die Reformen in Osteuropa und der Sowjetunion mehr fürchtete als die politischen Ideen des Westens, sagte in einer Rede am 25. April 1989: »Dies ist keine normale Studentenbewegung, sondern ein Aufstand ... Durch den jugoslawischen, polnischen, ungarischen und sowjetischen Liberalismus beeinflusste Kräfte destabilisieren unsere Gesellschaft mit dem Ziel, die Herrschaft der Kommunistischen Partei zu brechen. Dies gefährdet die Zukunft unseres Landes und unserer Nation.« Die Kommunistische Partei Chinas hatte immer noch nicht die geringste Absicht, ihre Herrschaft über die Gesellschaft zu lockern und politischen Pluralismus à la Gorbatschow zuzulassen.[67]

Das alles jedoch schien George Bush nicht zu stören. Er hatte Vertrauen in Deng als einen progressiven Führer. Gorbatschow dagegen war immer noch eine unbekannte Größe, und die Sowjetunion stellte eine viel existenziellere Bedrohung für die USA und die NATO dar. Als Bush Präsident wurde, sah er deshalb keinen Grund, in den amerikanisch-chinesischen Beziehungen irgendeine »Pause« einzulegen. Ganz im Gegenteil wollte er, wie er im November 1988 zu Brzezinski gesagt hatte, seine »besondere Beziehung« zu Deng und der Volksrepublik China unbedingt möglichst bald festigen und ausbauen.

Noch ein weiteres dringendes Problem beschäftigte ihn. Nichts, was China betraf, konnte bedacht werden, ohne das Verhältnis zwischen China und der Sowjetunion zu berücksichtigen. Washington, Moskau und Peking bildeten ein Dreieck, dessen Dynamik sich stets im Fluss befand. Bush war sich sehr bewusst, dass Gorbatschow der chinesischen Führung schon ein Jahr vor seinem Amtsantritt ein Gipfeltreffen vorgeschlagen hatte – das erste seit der Begegnung zwischen Chruschtschow und Mao im Jahr 1959, kurz vor dem chinesisch-sowjetischen Bruch, der zehn Jahre später fast zum Krieg geführt hatte.

Gorbatschows Vorschlag entsprang nicht nur seinem Wunsch nach normalen Beziehungen zwischen den beiden größten kommunistischen Ländern, sondern war auch durch sein Bedürfnis nach internationaler Stabilität motiviert, die er brauchte, um sich auf seine innenpolitischen Reformen konzentrieren zu können. Deng wiederum hatte schon immer klare Bedingungen für ein solches Gipfeltreffen gestellt: 1) Moskau sollte seine Truppenpräsenz an der chinesisch-sowjetischen Grenze reduzieren; 2) die Sowjets sollten ihre Truppen aus Afghanistan abziehen und 3) der Kreml sollte seine Unterstützung für die vietnamesischen Besatzer Kambodschas einstellen. Ende 1988 waren die Chinesen so zufrieden mit den sowjetischen Zugeständnissen, dass sie Gorbatschow für Mai 1989 offiziell zu Gipfelgesprächen mit Deng nach Peking einluden. Der Besuch sollte nach drei Jahrzehnten der Entfremdung, ja Feindseligkeit eine chinesisch-sowjetische Wiederannäherung symbolisieren.[68]

Gorbatschow kannte Deng nicht persönlich. Er war nie in China gewesen und galt dort keineswegs als *lao pengyou*. Er war 27 Jahre jünger als Deng und hatte kaum Erinnerungen an die chinesisch-sowjetischen Beziehungen vor dem Bruch, der sich ereignet hatte, als er noch keine 30 Jahre alt war. Dennoch war für ihn – darin war er Bush nicht unähnlich – seit seinem Amtsantritt als Generalsekretär ein Durchbruch in den Beziehungen zu China ein zentrales Ziel. Deng jedoch war auf der Hut. Er wollte zwar engere wirtschaftliche Beziehungen mit der Sowjetunion, teilte aber Gorbatschows Begeisterung für politische Reformen nicht und bezeichnete diesen sogar einmal als einen »Idioten«, weil ihm die Politik wichtiger sei als die Ökonomie.[69] Gorbatschow wiederum war skeptisch, weil China sein ökonomisches Reformprogramm ohne die politische Generalüberholung durchzog, die seiner Ansicht nach für eine vollwertige und erfolgreiche Perestroika Voraussetzung war. Deshalb spielte er die chinesischen Reformen herunter und sagte sogar ihr Scheitern voraus. Außerdem betrachtete er die Chinesen als bloße Nachahmer. »Sie behaupten jetzt alle, sie hätten vor uns mit der Perestroika begonnen«, sagte er verächtlich. »Sie übernehmen unsere Ansätze.« Seine negative Einstellung beruhte sowohl auf dem traditionell negativen Klischeebild der VRC, das in der Sowjetunion herrschte, als auch auf seinem ehrgeizigen, fast schon messianischen Bestreben, die Perestroika, wie es im Untertitel seines Buches *Perestroika* hieß, als »neue Politik für Europa und die Welt« und nicht nur für die Sowjetunion zu propagieren.[70]

Tatsächlich präsentierte sich Gorbatschow praktisch als der neue Lenin. Er behauptete, sein Land sei der führende Staat des sozialistischen Systems und, wie es sein Berater Georgi Schachnasarow formulierte, eine der »größten Mächte oder Supermächte der modernen Welt, von denen das Schicksal der Welt abhängt«. In dieser Perspektive, die bei den Politikern im Kreml und insbesondere in Gorbatschows eigener Entourage vorherrschte, war China trotz seines gerade erst erfolgten bemerkenswerten Aufstiegs aus Armut und Rückständigkeit immer noch eine zweitrangige Macht. Moskau selbst hatte sich stets nach der Anerkennung des Westens gesehnt und diesen, manchmal neurotischerweise, zum einzigen Maßstab der eigenen Erfolge gemacht. Angesichts dieses Ringens um internationales Ansehen war es fast unvermeidlich, dass es die chinesische Erfahrung und die chinesischen Erfolge kleinreden musste.[71]

In Peking sah man die Beziehung natürlich ganz anders. Deng beharrte eisern darauf, dass China nicht als »jüngerer Bruder« der Sowjetunion betrachtet werden dürfe. Auf diese Weise hatte Stalin zynischerweise Mao behandelt. Natürlich gab Gorbatschow sich, als er den Ausbau der chinesisch-sowjetischen Beziehungen in Angriff nahm, alle Mühe, den Chinesen zu versichern, dass er keine solchen Ansichten hegte. China, sagte er, sei aus dieser Rolle herausgewachsen. Dennoch gemahnte die Empfindlichkeit beider Seiten daran, dass sich 30 Jahre Entfremdung nicht über Nacht überwinden lassen. Außerdem beobachtete die chinesische Führung schweigend, was ihr als völlig chaotische Entwicklung in der Sowjetunion erschien, und zog ihre Schlüsse daraus.[72]

Anfang 1989, als das Gipfeltreffen zwischen Gorbatschow und Deng schon für Mai angesetzt war, befanden sich die chinesisch-sowjetischen Beziehungen also in einem besonders heiklen Stadium. In Washington, einer weiteren Ecke des Dreiecks, wollten Bush und Scowcroft unbedingt vor Gorbatschow nach China reisen. Wenngleich der Kalte Krieg im Abklingen war, waren die alten Wahrheiten von der kompetitiven Triangularität aus der Ära Nixon für sie immer ein strategischer Imperativ. Bush und seine Berater fürchteten, Gorbatschow werde die Chinesen genau wie die Europäer mit einer Charmeoffensive einwickeln, den Konflikt an der gemeinsamen Grenze beilegen und das ideologische Kriegsbeil begraben. Oder wie Scowcroft es formulierte: »Wir rechneten damit, dass er eine Annäherung zwischen Moskau und Peking anstrebte, und hofften, dass sie nicht auf unsere Kosten gehen würde. Es gab jedoch keine Möglichkeit, im ersten Viertel des ersten Amtsjahrs des Präsidenten eine Reise nach China zu rechtfertigen.«[73]

Dann kam Bush das Schicksal zu Hilfe. Am 7. Januar 1989 starb der japanische Kaiser Hirohito.

*

Dass Bush am 24. Februar in Tokio an Hirohitos Beisetzung teilnahm, bedeutete den Japanern viel. Der Präsident war nicht nur das Staatsoberhaupt von Japans großem Verbündeten und Beschützer, sondern auch ein Veteran des Pazifikkriegs, in dem Hirohito an der Spitze einer der mit Amerika verfeindeten Achsenmächte gestanden hatte. Der Besuch war deshalb ein Symbol für die bemerkenswerte Versöhnung, die seit 1945 zwischen den beiden Staaten stattgefunden hatte. Doch er spielte auch in anderer Hinsicht eine Rolle. Durch die Teilnahme des amerikanischen Präsidenten sahen sich auch andere Staatsmänner veranlasst, an der Trauerfeier teilzunehmen. Dies erhöhte einerseits das Prestige der Veranstaltung und verschaffte andererseits Bush die Gelegenheit, Begräbnisdiplomatie zu betreiben. Er hatte mehr als 20 Gespräche am Rande der Feierlichkeiten, so etwa mit dem französischen Präsidenten François Mitterrand und dem deutschen Bundespräsidenten Richard von Weizsäcker. Tokio war die perfekte Gelegenheit für Bush, der Weltpolitik die Temperatur zu messen, ohne sich dabei in das Kleinklein hochkarätiger Gipfeltreffen zu verstricken.[74]

Insbesondere jedoch verschaffte die überraschende Japanreise Bush den idealen Vorwand, auch China einen Besuch abzustatten. Gleich nach Bushs Amtseinführung hatte sich Scowcroft mit dem chinesischen Botschafter Han Xu verabredet, um detaillierte Pläne für ein Treffen auszuarbeiten. Die Zeit war zu kurz für eine ausgewachsene Staatsvisite, also wurde nur ein »Arbeitsbesuch« vereinbart, eine Reise ohne besondere Agenda, die lediglich dazu dienen sollte, dass Bush den Kontakt zu den führenden chinesischen Politikern erneuerte und sein Engagement für die asiatisch-pazifische Region bekräftigte.[75] Unmittelbar bevor Bush von Tokio nach Peking flog, hatte er mit Japans Premierminister Noboru Takeshita einen Meinungsaustausch. Es sei »wichtig für die USA und Japan, China bei der Modernisierung zu helfen«, sagte Takeshita zu Bush. Und er betonte, dass er nicht damit rechne, dass die chinesisch-sowjetischen Beziehungen »irgendeine Bedrohung für Japan darstellen« könnten. Der Präsident wiederum versuchte, die Japaner zu beruhigen, indem er versicherte, dass die Politik gegenüber der Sowjetunion und die Rüstungskontrollpolitik, die er bald bekanntgeben werde, keinerlei nachteilige Auswirkungen auf Japan oder China haben würden. Kurz zusammengefasst lautete Bushs Botschaft: Keine Sorge, wir bleiben ein verlässlicher Verbündeter Japans.[76]

Nach seiner Ankunft in Peking am Abend des 25. Februar wurde Bush in der Großen Halle des Volkes von dem chinesischen Präsidenten Yang Shangkun herzlich empfangen, und dieser bekräftigte Bushs besonderen Status als *lao pengyou*. In einem sehr freundlichen 45-minütigen Gespräch bezeichnete Yang Bushs ersten Besuch als Präsident in Peking (und seine fünfte Chinareise, seit er dort 1974/5 amerikanischer Gesandter gewesen war) als »sehr bedeutend«. Es gab ein gerüttelt Maß

*Glückliche Wiederkehr: George und Barbara Bush
in der Verbotenen Stadt*

an persönlichen Schmeicheleien, mit denen die Chinesen ihre »besonderen Freunde« gerne überhäufen. Präsident Yang machte Äußerungen wie: »Sie haben großartige Beiträge zu den chinesisch-amerikanischen Beziehungen und der Zusammenarbeit zwischen unseren Ländern geleistet ... Ich glaube, das beweist, dass Sie, Herr Präsident, unseren bilateralen Beziehungen große Aufmerksamkeit schenken ... Wie ich Botschafter Lord schon oft gesagt habe, würde ich persönlich, wenn ich wählen könnte, für Bush stimmen.«[77]

Aber außer all diesem Süßholzgeraspel gab es auch substanzielle Themen. Beide Seiten machten deutlich, dass sie generell großen Wert auf eine Vertiefung der bilateralen Beziehungen legten – nicht nur, um ein Gegengewicht zur Macht der Sowjetunion zu schaffen. »Meiner Ansicht nach«, erklärte Bush, »beruhen die Beziehungen, die wir heute haben, nicht auf irgendeiner Facette der Beziehungen zur Sowjetunion, sondern auf ihren eigenen Vorzügen. Zum Beispiel haben wir inzwischen kulturelle sowie Bildungs- und Handelsbeziehungen. Sie beruhen nicht nur auf Sorgen wegen der Sowjets, auch wenn wir in dieser Hinsicht immer noch einigermaßen beunruhigt sind.« Yang stimmte ihm zu: »Wir sind zwei große Länder auf beiden Seiten des Pazifischen Ozeans. Deshalb wird die freundliche Zusammenarbeit zwischen unseren beiden Ländern die Zusammenarbeit im Pazifik und auch in der Welt fördern. Dies ist ausgesprochen wichtig für die Erhaltung von Frieden, Stabilität und Sicherheit auf der Welt.«[78]

All das war nur ein Vorspiel zu dem Treffen, das Bush wirklich anstrebte, dem Treffen mit Chinas kleinem »Überragenden Führer«.[79] Er und Deng sprachen am 26. Februar in einem Nebenraum der Großen Halle des Volkes eine Stunde miteinander, und Bush gab sich alle Mühe, Deng zu versichern, dass er nicht nach Peking geeilt sei, um Gorbatschow zuvorzukommen. Die meiste Zeit jedoch sprachen die beiden über die große Unwägbarkeit, wie sich die Sowjetunion entwickeln würde. In einem langen historischen Exkurs stellte Deng heraus, dass zwei Länder China im letzten Jahrhundert das größte Leid und die größte »Demütigung« zugefügt hätten: Japan und Russland. Japan habe China zwar »Dutzende Millionen Leben« gekostet und »unermesslichen« finanziellen Schaden zugefügt, doch der Einfluss der Sowjetunion sei viel tiefgreifender gewesen, weil die UdSSR sich drei Millionen Quadratkilometer chinesischen Territoriums angeeignet habe. Vor diesem Hintergrund fragte sich Deng, wie sich die Lage weiterentwickeln würde, selbst wenn der Gipfel mit Gorbatschow gut verliefe und die Beziehungen sich normalisierten. »Ich persönlich bin der Meinung«, sagte er, »dass das immer noch unkalkulierbar ist. Tatsächlich haben sich viele Probleme angesammelt. Und was noch wichtiger ist, sie haben tiefe historische Wurzeln.«[80]

Bush teilte Dengs Einschätzung, dass ein einziger Mann den Lauf der Geschichte nicht ändern könne. »Gorbatschow ist ein charmanter Mensch, und die Sowjetunion befindet sich in einem Stadium des Wandels. Doch für die USA ist Vorsicht geboten ... Unserer Erfahrung nach kann man allein auf der Grundlage der Persönlichkeit oder der Hoffnungen eines einzigen Mannes keine großen außenpolitischen Entscheidungen treffen. Man muss den Trend der gesamten Gesellschaft und des gesamten Landes berücksichtigen.«[81]

Am Ende formulierte Deng sein Anliegen sehr viel deutlicher als zuvor. »In Bezug auf die Probleme, mit denen China zu kämpfen hat, darf ich Ihnen sagen, dass die absolut dringendste Notwendigkeit darin besteht, die Stabilität zu bewahren. Ohne Stabilität ist alles dahin; selbst Errungenschaften werden zerstört.« Er sah Bush direkt ins Gesicht und sagte: »Wir hoffen, dass unsere Freunde im Ausland diesen Punkt verstehen.« Bush zögerte nicht: »Absolut.« Dengs Botschaft war klar. Egal wie man zu Perestroika und Glasnost, zur Entscheidungsfreiheit in Osteuropa und zu großartigen Proklamationen über universelle Werte stehen mochte, in China würde es keine Gorbatschows geben. Menschenrechte und politische Reformen waren keine angemessenen Diskussionsthemen, nicht einmal mit einem *lao pengyou*. Bush begriff das, und er dachte nicht daran zu widersprechen. Die beiden Staatsmänner verstanden sich. »In Ordnung«, sagte Deng, »gehen wir mittagessen.«[82]

Bush verließ Peking voller Zuversicht, eine gute Grundlage für eine, wie er es nannte, »produktive Periode« der diplomatischen Beziehungen gelegt zu haben – trotz der Turbulenzen in der chinesischen Innenpolitik. Der Präsident erinnerte sich positiv an den »herzlichen und aufrichtigen Händedruck zwischen alten Freunden«. Pragmatischer gedacht fand er, dass er mit der chinesischen Führung[83] offen hatte sprechen können und beide Seiten »auf einem echten Vertrauensniveau« eine praktische Arbeitsbeziehung entwickeln könnten. Nichts würde leicht sein mit Peking, das war ihm klar, deshalb warb er dafür, frei und geradeheraus über alle Probleme zu reden. Er wusste aber auch, dass Kritik, insbesondere was die Menschenrechte betraf, nicht öffentlich geäußert werden durfte. »Ich begriff, dass starke Worte und klare Ansichten am besten privat ausgetauscht würden, so wie bei diesem Besuch, nicht jedoch in Form von Presseerklärungen und wütenden Reden.«[84]

Auf dem Rückflug von seiner ersten Auslandsreise als Präsident dachte Bush über die Gespräche der zurückliegenden Tage nach. Bei der Landung auf der Andrews Air Force Base am 27. Februar erklärte er der versammelten Presse, durch die Blitzreise nach Japan, China und Südkorea habe sich bei ihm die Auffassung gefestigt, dass Amerika heute und morgen eine »pazifische Macht« sei. Von den intensiven

Diskussionen habe er besonders im Gedächtnis behalten, dass »die Welt von Amerika Führung erwartet«. Dies, versicherte er, gelte nicht nur, »weil wir militärisch stark sind, und nicht nur, weil wir die größte Volkswirtschaft der Welt haben, sondern weil die Ideen, für die wir eintreten, inzwischen die herrschenden sind. Freiheit und Demokratie, Offenheit und der Wohlstand, der durch die Initiativen Einzelner auf dem freien Markt entsteht – diese Gedanken, die einst für rein amerikanisch gehalten wurden, sind nun in ganz Asien zu Zielen der Menschheit geworden.«[85]

Dies war ein verblüffend pompöser ideologischer Vorstoß von einem Mann, der kein geborener Redner war. Weniger als drei Monate nach Gorbatschows Selbstdarstellung bei der UNO schlug der amerikanische Präsident seine eigenen Pflöcke ein. Der Generalsekretär hatte seinen neuen Sozialismus als Lösung nicht nur für die Sowjetunion, sondern für die ganze Welt präsentiert. Nun propagierte Bush die amerikanischen Werte in einer Weise, fast als ob der Kalte Krieg immer noch tobte. Zwar bezog er sich an diesem Februarabend auf dem Luftwaffenstützpunkt Andrews vor allem auf die amerikanische Rolle in Asien, aber Mitte April sollte er mit Blick auf Osteuropa einen ähnlichen Ton anschlagen

*

Schon am 24. Februar hatte Bush in Tokio Richard von Weizsäcker erklärt, dass »wir nicht wollen, dass Gorbatschow eine Propagandaoffensive gewinnt«. Er betonte, dass die atlantischen Verbündeten »zusammenhalten müssen«.[86] Sechs Wochen darauf, am 12. April, erläuterte er seine Gedanken im Gespräch mit dem NATO-Generalsekretär Manfred Wörner. Bush sagte, er beabsichtige, die Solidarität in der Allianz zu stärken, indem er eine führende Rolle übernehme. Er sei besorgt, weil »Gorbatschow die Schlagzeilen in Europa beherrschte und Spannungen in Bezug auf Verteidigungsangelegenheiten der NATO verursachte«. Insbesondere habe Gorbatschow in der Bundesrepublik die Unterstützung für atomare Kurzstreckenraketen geschwächt. Nun sei es an der Zeit, dafür zu sorgen, dass die NATO nicht »aus den Fugen gerate«. Wörner stimmte zu: Er betrachtete den kommenden NATO-

Gipfel im Mai als eine »einzigartige Chance« in einer wahrhaft »historischen« Situation. Die Herausforderung bestehe darin, dass »wir zwar
erfolgreich sind, aber in der öffentlichen Wahrnehmung Gorbatschow
die Geschichte vorantreibt«. Es sei an Bush, »diese öffentliche Wahrnehmung umzukehren«. Die NATO solle Moskau nicht nur im Bereich
der Rüstungskontrolle herausfordern, sondern auch auf dem »politischen Schlachtfeld«. Sie solle sich für »ein Europa der Selbstbestimmung und Freiheit, ohne Berliner Mauer und Breschnew-Doktrin« einsetzen. Bei dieser Anstrengung baue die NATO auf amerikanische
»Ideen und Konzepte und auf die Zusammenarbeit« mit Amerika, weil
die anderen Alliierten nicht in der Lage seien, »viel zu leisten«. Bush
teilte seine Ansicht. Gorbatschow habe »wie eine Art Surfer eine Welle
öffentlicher Unterstützung erwischt«. Es sei wichtig, dass man sich auf
dem kommenden NATO-Gipfel Ende Mai »auf eine umfassende eigene
Vision einigen« könne.[87]

Der Präsident war nun bereit für das »Ding mit der Vision« und enthüllte in einer sorgfältig geplanten Serie von Reden zwischen April und
Mai Stück für Stück sein groß angelegtes Szenario für ein Europa nach
dem Kalten Krieg. Die erste Ansprache hielt er bewusst in Hamtramck,
einer vorwiegend polnisch-amerikanischen Vorstadt Detroits, und zwar
am 17. April, zwölf Tage nachdem Polen wichtige Verfassungsreformen
bekanntgegeben hatte: die Schaffung eines Senats und eines Präsiden-
tenamts und die Legalisierung der Freien Gewerkschaft Solidarność.
Diese bedeutenden strukturellen Veränderungen in Warschau waren
das Ergebnis zweimonatiger Gespräche, die die Vertreter der Oppositionsbewegung am Runden Tisch mit Vertretern des kommunistischen
Regimes unter General Wojciech Jaruzelski geführt hatten. Demokratische Wahlen sollten im Sommer folgen. Die »Ideen der Demokratie«,
wie Bush es formulierte, kehrten in Europa »eindeutig mit neuer Kraft
zurück« – mit den Polen als Vorhut. Deshalb auch die an sich eher überraschende Wahl Hamtramcks als Schauplatz dieser Rede.

Gedanken aus seiner Inaugurationsrede aufgreifend, sprach er über
das Ende des Totalitarismus, über die Ausbreitung der Freiheit und
über das Recht auf Selbstbestimmung. »Der Westen kann heute eine
kühne Vision für die Zukunft Europas präsentieren«, erklärte Bush.
»Wir träumen von dem Tag, an dem es keine Hindernisse mehr für die

Freizügigkeit von Menschen, Waren und Ideen geben wird. Wir träumen von dem Tag, an dem die osteuropäischen Völker die Freiheit haben werden, ihr Regierungssystem frei zu wählen und in ordentlichen, freien Wahlen zwischen konkurrierenden Kandidaten zu entscheiden ... Und wir haben die Vision von einem Osteuropa, in dem die Sowjetunion auf militärische Interventionen als Instrument ihrer Politik verzichtet.« Bushs wiederholte Beschwörung von »Träumen« und »Visionen« füllte mit Inhalt, was er fünf Tage zuvor mit Wörner besprochen hatte. Er war von der immer stärker werdenden Überzeugung getrieben, dass sich Amerika als Führungsmacht des Westens in diesem Moment eine beispiellose Gelegenheit bot, Europa durch seine Staatskunst eine neue Gestalt zu geben. »Was hat uns diese Möglichkeit verschafft?«, fragte er. »Die Einheit und Stärke der Demokratien, ja, und noch etwas anderes: das kühne neue Denken in der Sowjetunion, das angeborene Bedürfnis nach Freiheit im Herzen aller Menschen.« Schließlich verkündete der Präsident: »Wenn wir klug und einig und bereit sind, die Gelegenheit zu ergreifen, werden wir als die Generation in die Geschichte eingehen, die ganz Europa befreit hat.«[88]

Scowcroft bezeichnete die Rede von Hamtramck als »den ersten wichtigen Schritt [der Regierung], was Osteuropa betrifft«. Wie er einräumte, fand die Rede in Amerika »kaum Beachtung«, in Europa und der UdSSR jedoch erregte sie viel mehr Aufmerksamkeit. Tatsächlich brachte die *Prawda* in der Sowjetunion einen recht freundlichen Bericht. Dabei legte sie das Schwergewicht auf Bushs positive Bewertung der sowjetischen Reformen und die Aussicht auf bessere Beziehungen zwischen den Supermächten.[89]

Im Mai kam die lange schleppend verlaufene Beurteilung der sowjetischen Politik durch die US-Regierung endlich auf Touren. Am 12. Mai nutzte Bush die akademische Abschlussfeier an der Texas A&M University in seinem selbstgewählten Heimatstaat, um einen Teil seiner neuen Strategie für die Beziehungen zwischen den Supermächten vorzustellen, den er in dem Schlüsselkonzept »Beyond Containment« (»Jenseits der Eindämmung«) zusammenfasste. Das Konzept tat kund, dass er die defensive Haltung überwinden wollte, die die Politik der USA auf dem Höhepunkt des Kalten Krieges bestimmt hatte. Der neue Bush nahm eine deutlich forschere Haltung ein als der vorsichtige Zuschauer des Gipfeltreffens zwischen Reagan und Gorbatschow auf Governors Island im Dezember zuvor. Er wusste genau, wohin *er* gehen wollte:

> Wir nähern uns dem Ende eines historischen Kampfes, der nach dem Krieg zwischen zwei Visionen stattgefunden hat: einer von Tyrannei und Konflikt und einer von Demokratie und Freiheit. Die Bestandsaufnahme der Beziehungen zwischen den Vereinigten Staaten und der Sowjetunion, die meine Regierung gerade abgeschlossen hat, weist einen neuen Weg zur Beendigung dieses Kampfes … Unsere Bestandsaufnahme lässt darauf schließen, dass wir durch vierzigjährige Beharrlichkeit eine kostbare Chance errungen haben und es jetzt an der Zeit ist, von der Politik der Eindämmung zu einer neuen Politik für die Neunzigerjahre zu schreiten – einer Politik, die das ganze Ausmaß des Wandels zur Kenntnis nimmt, der rund um den Erdball und in der Sowjetunion selbst stattfindet. Kurz gesagt, die Vereinigten Staaten haben nun ein viel größeres Ziel als die schlichte Eindämmung des sowjetischen Expansionismus. Sie streben die Integration der Sowjetunion in die Gemeinschaft der Nationen an.

Bush formulierte auch die Bedingungen, unter denen die UdSSR »wieder in der Weltordnung« willkommen geheißen würde. Goldene Worte Gorbatschows reichten nicht aus: »Versprechungen sind nie genug«. Der Kreml müsse einige konkrete »positive Schritte« gehen. Ganz oben auf der Liste stand eine Verkleinerung der Streitkräfte der Sowjetunion (im Rahmen ihrer legitimen Sicherheitsinteressen); Unterstützung der Selbstbestimmung: *»Tear down the iron curtain«* (»Reißen Sie den Eisernen Vorhang nieder«) und, in Zusammenarbeit mit dem Westen, die Entwicklung diplomatischer Lösungen für die regionalen Konflikte auf der Welt, etwa in Afghanistan, Angola und Nicaragua. Diese Schritte würden eine qualitativ neue Beziehung zwischen den beiden Supermächten möglich machen.[90]

Dennoch seien die militärischen Fähigkeiten der Sowjetunion natürlich »furchterregend«. Abschreckung sei deshalb immer noch lebenswichtig, und dafür sei eine starke NATO erforderlich – so der Tenor der

Rede, die Bush am 24. Mai an der US Coast Guard Academy in New London, Connecticut, hielt. Dort skizzierte er die Militärstrategie und die Rüstungskontrollpolitik der USA für das nächste Jahrzehnt. »Es ist unsere Politik, jede Gelegenheit, und ich meine wirklich jede, zu ergreifen, um eine bessere, stabilere Beziehung zur Sowjetunion aufzubauen, genau wie es unsere Politik ist, die amerikanischen Interessen angesichts der immer noch bestehenden militärischen Macht der Sowjetunion zu verteidigen.« Er räumte ein, dass »zu den vielen Herausforderungen, vor denen wir stehen, auch Risiken gehören. Aber ich darf ihnen versichern, dass auch mehr als genug Chancen vor uns liegen … Wir haben die Chance, eine neue Welt zu gestalten.«

Eine neue Welt war seiner Ansicht nach möglich, weil »wir das Ende einer Idee erleben: das letzte Kapitel des kommunistischen Experiments. Der Kommunismus wird heute … als ein gescheitertes System erkannt … Doch das Ende des Kommunismus ist nur die halbe Geschichte unserer Zeit. Die andere Hälfte ist der Aufstieg der demokratischen Idee« – unübersehbar auf der ganzen Welt von den Gewerkschaftlern in Warschau bis zu den Studenten in Peking. »Während wir heute sprechen«, erklärte er den jungen amerikanischen Hochschulabsolventen, »verändert sich die Welt durch die dramatischen Ereignisse auf dem Platz des Himmlischen Friedens. Überall erheben sich die Stimmen für Demokratie und Freiheit.«[91]

Mit der Rede an der Coast Guard Academy beendete Bush die öffentliche Vorstellung der neuen Strategie, die seine Regierung vor dem NATO-Gipfel am 30. Mai in Brüssel in Bezug auf die europäische Schaltzentrale der Ost-West-Beziehungen verfolgte.[92] Seine visionären Aussagen über Frieden und Freiheit, über globale freie Märkte und eine Gemeinschaft der Demokratien strafen spätere Behauptungen Lügen, er habe eine ziellose oder nur reaktive Außenpolitik verfolgt und sei »nicht bereit [gewesen], sich in fremde Gewässer vorzuwagen«. Insbesondere hob Bush immer wieder die Rolle der amerikanischen Führung in der Welt hervor und trat für das ein, was seine Regierung regelmäßig als »gemeinsame Werte des Westens« bezeichnete. Wie er schon bei seinem kurzen Auftritt auf Governors Island betont hatte: Er wollte sich in einer Periode, da die Fundamente der internationalen Beziehungen erschüttert waren wie seit 1945 nicht mehr, Zeit für besonnenes

Handeln nehmen. »Besonnenheit« sollte tatsächlich die Parole von Bushs Diplomatie werden, eine Besonnenheit aber, die weder Visionen noch Hoffnung ausschloss. [93] Die Reden im April und Mai 1989, die die Kommentatoren angesichts der Dramen in der zweiten Hälfte des Jahres oft vernachlässigen, machen die Ziele seiner Außenpolitik mehr als deutlich.

Diese Ziele auch zu erreichen, war freilich eine andere Herausforderung, und die erste Probe, auf die der neue Präsident gestellt wurde, war besonders anspruchsvoll. Der NATO-Sommergipfel 1989 in Brüssel fand mehr Beachtung als sonst, weil er mit dem 40. Geburtstag der Allianz zusammenfiel und weil es unbedingt notwendig war, auf die Fülle von Abrüstungsvorschlägen, die Gorbatschow in seiner UNO-Rede gemacht hatte, mit einer überzeugenden Antwort zu reagieren. Zusätzlich erschwerte die Lage, dass sich die NATO-Bündnispartner, insbesondere wegen grundsätzlicher Meinungsverschiedenheiten über die nuklearen Kurzstreckenraketen (SNF oder *Short Range Nuclear Forces*: Raketen mit einer Reichweite von weniger als 500 Kilometern), vor der Konferenz nicht auf eine gemeinsame Position hatten einigen können. Auch könnte man die Auseinandersetzungen im Umfeld des NATO-Gipfels als Anzeichen für eine subtile, aber signifikante Verlagerung der amerikanischen Bündnisprioritäten in Westeuropa weg von Großbritannien und hin zur Bundesrepublik interpretieren. [94]

Großbritannien, vertreten durch Premierministerin Margaret Thatcher, die berühmt-berüchtigte »Eiserne Lady«, verlangte die schnelle Umsetzung eines 1985 gefassten NATO-Beschlusses, ihre SNF (88 Startvorrichtungen und etwa 700 Sprengköpfe für Lance-Raketen) zu modernisieren. Thatcher war auf die Abschreckungswirkung der Kurzstreckenraketen und die Verteidigungsfähigkeit der NATO fixiert. Dagegen drängte die schwarz-gelbe Koalition der Bundesrepublik, wo die meisten SNF stationiert waren, die USA, mit der Sowjetunion Verhandlungen über eine Reduktion dieser Waffenkategorie aufzunehmen, die auf dem erfolgreichen Vertrag zur weltweiten Abschaffung der Mittelstreckenraketen (INF) von 1987 aufbauen sollten. Der liberale Außenminister Hans-Dietrich Genscher trat sogar, wie Gorbatschow, für die völlige Abschaffung der SNF ein. Sein Vorschlag wurde im Zusammenhang mit der »zweiten Nulllösung«: der Abschaffung der

Mittelstreckenraketen in Europa und Asien, als »dritte Nulllösung« bezeichnet. Für Thatcher, die sich in ihrem Inselkönigreich relativ sicher fühlen konnte, waren die atomaren Kurzstreckenwaffen lediglich ein militärstrategisches Instrument, doch für Genscher, aber auch die Sozialdemokraten und die Grünen in Bonn waren sie eine Sache auf Leben und Tod, weil Deutschland unvermeidlich im Zentrum eines europäischen Krieges stehen würde. Kohl war Genschers Position viel zu extrem. Dennoch musste er den kleineren Koalitionspartner zufriedenstellen und auf die öffentliche Meinung in der Bundesrepublik Rücksicht nehmen, indem er für irgendeine Form von Abrüstungsgesprächen eintrat. Gleichzeitig musste er aber auch »diese Frau«, wie er Thatcher nannte, im Blick behalten und die Stärke der NATO bekräftigen.[95]

Sowohl die Briten als auch die Deutschen hatten im Vorfeld des Gipfels ihre Vorbereitungen getroffen. Thatcher hatte Gorbatschow am 6. April in London empfangen. Auf der menschlichen Ebene harmonierten die beiden schon seit ihrer ersten Begegnung im Dezember 1984, noch bevor Gorbatschow Generalsekretär wurde. Thatcher hatte damals verkündet, dass sie »miteinander auskommen« könnten.[96] Bei dem Treffen im Jahr 1989 stimmte die persönliche Chemie immer noch, aber in der Atomwaffen-Politik waren die Meinungsverschiedenheiten fundamental. Gorbatschow hielt einen leidenschaftlichen Monolog für ihre Abschaffung und für ein »atomwaffenfreies Europa« – das Thatcher total ablehnte. Und er äußerte sich enttäuscht darüber, dass Bush auf seine Abrüstungsinitiativen nicht positiver reagierte. Die Premierministerin spielte ihre Lieblingsrolle als erfahrene Regierungschefin und gab sich alle Mühe, ihn zu beruhigen: »Bush ist ein ganz anderer Mensch als Reagan. Reagan war ein Idealist, der seine Überzeugungen energisch verteidigte ... Bush ist ein ausgeglichener Mensch, er schenkt den Details mehr Aufmerksamkeit als Reagan. Insgesamt jedoch wird er Reagans Linie fortsetzen, auch in Bezug auf die sowjetisch-amerikanischen Beziehungen. Er wird versuchen, Abkommen zu schließen, die in unserem gemeinsamen Interesse liegen.«

Gorbatschow sprach sofort auf diese letzten Worte an: »Das ist die Frage: in unserem gemeinsamen Interesse oder in Ihrem westlichen Interesse?« Thatcher antwortete: »Im gemeinsamen Interesse, da bin ich überzeugt.« Der Subtext war klar: Thatcher (und Großbritannien) konnte in der Beziehung zwischen den beiden Supermächten vermitteln.[97]

Insgeheim jedoch war sie wegen des neuen amerikanischen Präsidenten besorgt. Sie hatte ein enges, wenn auch manchmal manipulatives Verhältnis zu »Ronnie« entwickelt und keinen Zweifel gehabt, dass die vielgepriesene »besondere Beziehung« zwischen Großbritannien und Amerika wirklich im Mittelpunkt der amerikanischen Politik stand.[98] Bei Bush jedoch war das nicht mehr so klar. Allem Anschein nach hatte in der »Pause« der neuen Regierung auch eine Neubewertung der Beziehungen zu Großbritannien stattgefunden. Thatcher fürchtete außerdem, dass das Außenministerium unter Baker Vorurteile gegen sie hegte und dazu neigte, eher Bonn als London zu begünstigen.[99] Ihr Verdacht hatte einen wahren Kern. Bush, dem Pragmatiker, missfiel ihr Dogmatismus, und er hatte nicht die geringste Absicht, sie das Bündnis führen zu lassen. Sowohl er als auch Baker fanden es schwierig, mit ihr zurecht zu kommen, Kohl dagegen war für sie offenbar ein angenehmerer Partner.[100]

Das Problem mit Bonn lag, wegen des heftigen Zwists in der Koalition, nicht auf der persönlichen, sondern auf der politischen Ebene. In mehreren Telefongesprächen zwischen April und Mai versuchte Kohl, Bush von seiner Loyalität zur transatlantischen Partnerschaft zu überzeugen, und versicherte ihm, dass das Thema SNF nicht den NATO-Gipfel ruinieren werde. Er sprach dabei mit geradezu verzweifelter Eindringlichkeit, ein Aspekt, der sogar in den offiziellen amerikanischen »Telcon«-Protokollen der Gespräche deutlich wird. »Er wollte, dass der Gipfel ein Erfolg wurde ... Er wollte, dass der Präsident einen Erfolg hatte. Es werde Bushs erste Reise als Präsident nach Europa sein. Der Präsident sei ein erprobter Freund der Europäer und der Deutschen.«[101]

Die europäischen Auseinandersetzungen vor dem Gipfel ließen Bush kalt. Er wusste, dass Kohl für »eine starke NATO« war und »seine politische Existenz mit diesem Ziel verbunden hatte«.[102] Dennoch waren die Prognosen vor dem Gipfel entschieden negativ. »Bush kommt zu Gesprächen mit einer gespaltenen NATO«, lautete die Schlagzeile der *New York Times* am 29. Mai. Wie die Zeitung behauptete, bestand Bonn auf einer Reduktion der Bedrohung des deutschen Territoriums durch

SNF und weckte in Washington, London und Paris die Furcht vor einer »Entnuklearisierung« der zentralen Front der NATO. So tief sei die Spaltung, schrieb die *Times*, dass man sich im Vorfeld nicht auf ein Kommuniqué geeinigt habe, weshalb sich die 16 führenden Politiker der NATO auf dem Gipfel »selbst zusammenraufen« müssten. »Ich weiß ehrlich gesagt nicht, ob ein Kompromiss möglich ist«, gestand ein Delegierter.[103]

Der Präsident jedoch hatte ein Ass im Ärmel, als er in Brüssel eintraf. Er machte seinen Verbündeten nicht in Bezug auf die SNF, sondern auf die konventionellen Streitkräfte in Europa (KSE) einen radikalen Abrüstungsvorschlag. Der Vorschlag war in Washington nicht leicht durchzusetzen gewesen, doch die Angst vor einer Krise der Allianz in Brüssel hatte es Bush ermöglicht, den nötigen Druck auszuüben. Was der Präsident als »conventional parity initiative« (Initiative zur Parität bei den konventionellen Streitkräften) bezeichnete, sah vor, dass die Amerikaner etwa 30000 Mann aus Westeuropa und die Sowjets etwa 320000 Soldaten aus Osteuropa abzogen, damit auf beiden Seiten je 275000 Mann verblieben. Auf diesen Vorschlag sollten sich die Supermächte in sechs bis zwölf Monaten einigen. Bush wollte mit seiner Initiative auf längere Sicht erproben, ob Gorbatschow bereit war, ungleiche Reduzierungen hinzunehmen, obwohl sie die Rote Armee in Osteuropa ihre Überlegenheit kosten würden, von der die Herrschaft der Sowjetunion über ihre Satellitenstaaten immer abhängig gewesen war. Die unmittelbarere Absicht jedoch bestand laut *New York Times* darin, »eine dramatische Veränderung in der Agenda des Gipfels herbeizuführen« und »die Diskussion über die Raketen dadurch zu begraben«. Und genau das geschah. Nach neun Stunden intensiver Debatte akzeptierten die Verbündeten Bushs Vorschläge zu einer Reduzierung der konventionellen Streitkräfte in Europa und insbesondere auch einen verkürzten Zeitplan. Als Gegenleistung versprachen die Vereinigten Staaten »in Verhandlungen über eine teilweise Reduktion der landgestützten amerikanischen und sowjetischen nuklearen Raketensysteme« einzutreten, sobald die Durchführung eines Abkommens über die konventionellen Streitkräfte »auf dem Weg« sei. Dieser Deal stellte die Anhänger Genschers wegen der Aussicht auf baldige SNF-Verhandlungen zufrieden. Dagegen waren Thatcher und Mitterrand, die die beiden europäischen Atommächte vertraten, froh, dass es nicht zu einer weiteren Erosion der Grundsätze der atomaren Abschreckung als solcher gekommen war. Auch Bush kam das Ergebnis zupass: Da er unbedingt die Bedrohung durch einen konventionellen Krieg in Europa reduzieren wollte, hatte er eisern darauf bestanden, dass es bei den Atomraketen »keine dritte Nulllösung« geben durfte.[104]

Und so endete der NATO-Gipfel, der vorab so problematisch erschienen war, mit einem durchschlagenden Erfolg. »Eine fast schon euphorische Stimmung« prägte die Abschlusspressekonferenz. Kohl verkündete überschwänglich, dass er nun »eine historische Chance« für einen »realistischen und signifikanten« Fortschritt in der Rüstungskontrolle sehe. Er konnte der Versuchung nicht widerstehen, über seine Lieblingsgegnerin Margaret Thatcher zu spotten, die, wie er sagte, nach Brüssel gekommen war, um eine sehr harte Linie gegen SNF-Verhandlungen zu vertreten, und Konzessionen an die Deutschen heftig abgelehnt habe. Margaret Thatcher habe sich mit ihrem stürmischen Temperament für ihre Interessen eingesetzt, sagte er. Sie hätten verschiedene Persönlichkeiten. Sie sei eine Frau und er nicht.[105]

Das bemerkenswert harmonische Ende der Brüsseler Konferenz: Sie seien alle Gewinner, hatte Kohl verkündet[106] – gab der NATO im 40. Jahr ihres Bestehens großen Auftrieb. Tatsächlich war die Ansicht naheliegend, dass es sich »um die beste Art von Geburtstagsgeschenk« handelte, die das Bündnis hatte bekommen können.[107] Doch das Ergebnis war auch ein großer Segen für Bush, der im eigenen Land unter Beschuss geraten war, weil er die Allianz angeblich nicht energisch genug führte und Gorbatschow die Initiative überließ. Nun jedoch hatte er mit seinem Kompromisspaket alles verändert. Scowcroft sollte später zufrieden feststellen, dass die Presse nach diesem »fantastischen Ergebnis ... nie wieder zu ihrem Thema jenes Frühjahrs, dass wir weder eine Vision noch eine Strategie hätten, zurückkehrte«.[108] Brüssel, stellten die amerikanischen Medien lakonisch fest, sei »Bushs Stunde« gewesen.[109]

Sobald die Pressekonferenz der NATO vorbei war, reiste der Präsident weiter nach Bonn, wo er an einem sonnigen Frühlingsabend im warmen Licht seines Erfolgs badete.[110] Auf dem Staatsbankett, das in einem altehrwürdigen Restaurant aus dem 18. Jahrhundert stattfand, brachte er einen Toast auf einen weiteren 40. Geburtstag aus, den der

Bundesrepublik. »Im Jahr 1989«, erklärte er, »sind wir näher an unseren Zielen des Friedens und der europäischen Versöhnung als zu irgendeiner anderen Zeit seit der Gründung der NATO und der Bundesrepublik.« Und er fügte hinzu: »Ich glaube nicht, dass die deutsch-amerikanischen Beziehungen je besser waren.«[111]

Am folgenden Morgen, dem 31. Mai, schipperten Bush und Kohl mit ihrer Entourage den Rhein hinunter nach Mainz.[112] »Die Amerikaner und die Bundesrepublik waren immer enge Freunde und Verbündete«, verkündete der Präsident, »Heute übernehmen wir darüber hinaus noch eine gemeinsame Aufgabe – als Partner in einer Führungsrolle.«[113]

Das war eine verblüffende Äußerung, ein Zeugnis für die über vier Jahrzehnte gereifte Partnerschaft zwischen Amerika und Westdeutschland – verstärkt durch die Degradierung, die Thatcher, und implizit auch der »besonderen Beziehung« zwischen den USA und Großbritannien, auf dem Gipfel widerfahren war. Dass Bonn von Bush als Washingtons Partner in einer Führungsrolle gesehen wurde, stieß Thatcher definitiv übel auf und »bestätigte«, wie sie traurig einräumte, ihren »Verdacht über den europapolitischen Kurs der Amerikaner«.[114]

Während Thatcher sich – deutlich verstimmt – vor allem auf den Aspekt der Partnerwahl in Bushs Rede konzentrierte, lag der eigentliche Schwerpunkt auf der Frage, was Führung bedeutete. »Natürlich«, erklärte nämlich Bush, »ist diese Führungsrolle fest mit einem weiteren Element verbunden – Verantwortung. Und unsere Verantwortung besteht darin, dass wir vorausschauen und die Verheißungen der Zukunft verwirklichen können … Seit vierzig Jahren liegt die Saat der Demokratie in Osteuropa brach, begraben unter der im Kalten Krieg gefrorenen Erde der Tundra … Aber der leidenschaftliche Wunsch nach Freiheit kann nicht ewig verwehrt werden. Die Welt hat lange genug gewartet. Die Zeit ist reif. Europa muss ungeteilt und frei sein … Berlin muss die nächste Station sein.«[115]

Zwei Jahre zuvor hatte Bushs Vorgänger Ronald Reagan vor dem Brandenburger Tor gestanden und dem Generalsekretär zugerufen: »Mr. Gorbachev, tear down this wall.«[116] Nun, im Juni 1989, warf ein neuer US-Präsident dem Charismatiker in Moskau den Fehdehandschuh hin und startete eine neue Propagandaoffensive. »Berlin muss die nächste Station sein« (»*Let Berlin be next!*«) war eine ähnlich schlagzeilentaugliche Parole wie »*Tear down this wall!*« und signalisierte zugleich, dass sich die Regierung Bush bereits mit dem Thema deutsche Wiedervereinigung befasste. Wie Bush in seiner Mainzer Rede gesagt hatte: »Die Grenze aus Stacheldraht und Minenfeldern zwischen Ungarn und Österreich wird Fuß um Fuß, Meile um Meile beseitigt. Ebenso wie in Ungarn müssen diese Schranken in ganz Osteuropa fallen.« Nirgends war die Teilung zwischen Ost und West krasser als in Berlin. »Dort trennt eine brutale Mauer Nachbarn und Brüder. Diese Mauer steht als Monument für das Scheitern des Kommunismus. Sie muss fallen.«

Trotz dieser Betonung der Deutschen Frage war Bushs Vision jedoch wesentlich umfassender. Die Sehnsucht nach Freiheit und Demokratie, betonte er noch einmal, sei ein wirklich globales Phänomen. »Diese eine Idee fegt über Eurasien hinweg. Diese eine Idee bewirkt einen Umbruch in der kommunistischen Welt von Budapest bis Peking.«[117] Im Juni 1989 war Ungarn zweifellos auf dem Weg in ein neues System, und der Wandel vollzog sich friedlich. Auf der anderen Seite der Welt hingegen, in Chinas Verbotener Stadt, kollidierten die Kräfte des demokratischen Protests und der kommunistischen Unterdrückung gewaltsam und mit dramatischen globalen Folgen.

*

Am 15. Mai kurz vor 12 Uhr landete Michail Gorbatschow auf dem Flughafen in Peking und begann seinen historischen viertägigen Besuch in China. Auf dem Rollfeld, am Fuße der Treppe seines blau-weißen Aeroflot-Jets, begrüßte ihn der chinesischen Präsident Yang Shangkun. Die beiden Männer passierten eine Ehrenwache von mehreren hundert chinesischen Soldaten in olivgrünen Uniformen mit weißen Handschuhen. Einundzwanzig Salutschüsse donnerten im Hintergrund.

Der lange erwartete chinesisch-sowjetische Gipfel bewies, dass sich die Beziehungen zwischen den beiden Ländern nach drei Jahrzehnten ideologischer Streitigkeiten, militärischer Konfrontation und regionaler Rivalitäten wieder halbwegs »normalisiert« hatten. Der Generalsekretär betrachtete seinen Besuch zweifellos als »Wendepunkt«. In einer schriftlichen Stellungnahme, die an die Reporter auf dem Flughafen verteilt wurde, meinte er:»Wir sind im Frühjahr nach China gekommen ... Auf der ganzen Welt verbinden die Menschen diese Jahreszeit mit Erneuerung und Hoffnung. Das entspricht unserer Stimmung.« Tatsächlich wurde erwartet, dass er die Versöhnung zwischen den beiden mächtigsten kommunistischen Staaten der Erde zu einem Zeitpunkt besiegeln könnte, da beide mit grundlegenden wirtschaftlichen und politischen Veränderungen zu kämpfen hatten. »Wir haben einander als kommunistische Parteien eine Menge zu sagen, sogar auf praktischem Gebiet«, bemerkte Jewgeni Primakow, ein führender sowjetischer Asienexperte, vor dem Besuch. »Die Normalisierung findet zu einem Zeitpunkt statt, an dem vielfach darüber nachgedacht wird, wie kommunistische Länder mit dem Kapitalismus umgehen sollten. China und die Sowjetunion waren bisher der Ansicht, dass der Sozialismus nur durch eine Revolution weiterverbreitet werden kann. Heute betonen wir beide die Evolution.« Aufgrund solcher Aussagen gab es in Amerika und Asien Befürchtungen, dass sich mit dem Gipfeltreffen womöglich eine neue chinesisch-sowjetische Achse ankündigte, nachdem die Vereinigten Staaten jahrzehntelang von dem Streit zwischen Moskau und Peking profitiert hatten.[118]

Allerdings kam Gorbatschow in eine von politischen Unruhen erschütterte Stadt. Seit mehr als einem Monat waren Studenten aus dem ganzen Land, insbesondere jedoch aus Peking, auf der Straße. Ihre Enttäuschung über die Staatsmacht hatte schon seit Jahren geschwelt, doch die unmittelbare Ursache des Protests war der Tod Hu Yaobangs, des früheren Generalsekretärs der KPCh (1982–1987) und des Mannes, der 1986 zu sagen gewagt hatte, dass Deng »altmodisch« sei und zurücktreten solle. Stattdessen hatten ihn Deng und die Hardliner im Jahr 1987 aus dem Amt gedrängt. Unter den Studenten war Hu Yaobang seither als Reformer verehrt worden. In den Wochen nach Hus Tod am 15. April 1989 gingen in Peking mehr als eine Million Menschen auf die Straße. Sie protestierten gegen die wachsende soziale Ungleichheit, gegen Nepotismus und Korruption und forderten die Demokratie als Allheilmittel. Was als gesetzestreuer Protest begonnen hatte, schwoll schnell zu einer radikalen Bewegung an. Und der Einsatz für beide Seiten erhöhte sich massiv, als die Parteizeitung *People's Daily* in einem

Leitartikel vom 26. April die Demonstrationen als »Aufruhr« bezeichnete und die Studenten als »Aufrührer« mit einem »wohldurchdachten Plan« zur Herbeiführung anarchischer Zustände denunzierte. Sie wurden des unpatriotischen Verhaltens, der »Angriffe« auf die Kommunistische Partei Chinas und des sozialistischen Systems, ja sogar deren Ablehnung bezichtigt.[119]

Am 13. Mai, zwei Tage vor Gorbatschows Ankunft, begannen 1000 Studenten auf dem Tiananmen-Platz einen Hungerstreik und ließen sich in der Nähe des Denkmals für die Helden der Nation auf Decken und Zeitungen nieder. Der Besuch des sowjetischen Generalsekretärs war ein entscheidender Moment für die jungen chinesischen Demonstranten, weil er eine beispiellose Gelegenheit bot, ihrem Unmut öffentlich Luft zu machen, während die Augen der Welt auf ihnen ruhten. Sie trugen Transparente in russischer, englischer und chinesischer Sprache. Auf einem stand: »Wir begrüßen einen echten Reformer« und auf einem anderen: »Demokratie ist unser gemeinsamer Traum«.[120] In Gorbatschow, allgemein bekannt durch die Medien, sahen die Studenten alles, was die chinesischen Führer nicht waren: einen Demokraten, einen Reformer, einen Weltveränderer. Die Demonstranten wollten sich mit ihrem Anliegen direkt an ihn wenden, über den Kopf des Regimes hinweg, und die Parteispitze so in Verlegenheit bringen, dass sie Konzessionen machten. Sie übergaben in der sowjetischen Botschaft einen von 6000 Personen unterzeichneten Brief und baten um ein Treffen mit Gorbatschow. Die Reaktion war vorsichtig. Die Botschaft verkündete, dass der Generalsekretär mit Mitgliedern der Bevölkerung sprechen werde, machte aber keine Angaben, wo und wann.[121]

Die Führung der KPCh befand sich in einer verzwickten Lage. Sie hatte die Gipfelgespräche wochenlang aufs Sorgfältigste vorbreitet und wollte, dass alles reibungslos über die Bühne ging. Stattdessen hatte sich das Zentrum ihrer Hauptstadt in ein Meer von Demonstranten verwandelt, die die Medien der Welt mit dem Sprechchor begrüßten: »Ihr habt Gorbatschow, und was haben wir?«[122] Die massiven Studentenproteste waren also eine große Peinlichkeit, insbesondere da nicht weniger als 1200 ausländische Journalisten im Land waren. Sie hätten eigentlich über das Gipfeltreffen berichten sollen, interviewten nun jedoch bei jeder Gelegenheit Demonstranten und sendeten Live-Bilder

Die Hoffnung auf Öffnung und Reformen in China

von dem Chaos, in dem Peking versunken war. Und die Regierung konnte nichts tun, um die Protestierenden aufzuhalten, weil sie fürchten musste, dass die Unterdrückungsmaßnahmen rund um den Erdball ausgestrahlt würden. Es war, wie Deng zähneknirschend einräumte, ein »Schlamassel!«. Insidern sagte er: »Der Tiananmen ist das Symbol der Volksrepublik China. Der Platz muss in Ordnung sein, wenn Gorbatschow kommt. Wir müssen unser internationales Image wahren.«[123]

Am Sonntag, dem 14. Mai, einen Tag vor den Gipfelgesprächen, machten die Studenten klar, dass sie nicht die Absicht hatten, den Appellen der chinesischen Staatsmacht an ihren Patriotismus zu folgen und den Platz zu räumen. Im Gegenteil, etwa 10 000 hielten in der Mitte des Platzes über Nacht Wache, und als es am Montag hell wurde, war die Menge auf geschätzte 250 000 Personen angeschwollen. Führende Parteimitglieder sprachen mehrfach mit den Studenten. Sie versprachen, ihre Forderung nach einem Dialog zu erfüllen, und warnten vor einer schweren internationalen Demütigung Chinas, wenn sie ihre Proteste fortsetzten. All das nutzte nichts. Tatsächlich führte die Hartnäckigkeit der Studenten in letzter Minute zu einer Änderung des chinesischen Protokolls, die die gesamte Dynamik des Gipfels verändern sollte.[124]

Der Plan, dass Gorbatschow auf einem roten Teppich die breite Treppe der Großen Halle des Volkes vis-à-vis des Tiananmen-Platzes emporschreiten sollte, musste aufgegeben werden. Stattdessen fand auf dem alten Flughafen Pekings eine hastige Begrüßungsfeier statt, und Gorbatschows Konvoi fuhr unerkannt über Seitenstraßen und kleine Gassen zum Gebäude des Nationalen Volkskongresses, das man durch einen Nebeneingang betrat. Erst als Gorbatschow sicher dort eingetroffen war, konnte er das von Präsident Yang ausgerichtete üppige Staatsbankett genießen.[125]

Auch für Gorbatschow gestaltete sich die Situation schwierig. Die einzig angemessene Reaktion bestand offensichtlich darin, sich völlig aus der chinesischen Innenpolitik herauszuhalten und so zu tun, als ob alles ganz normal sei. Insgeheim jedoch war die sowjetische Delegation schockiert. Über die Vorgänge weitgehend im Dunklen gelassen, überlegten die Russen, ob China dabei war auseinanderzufallen. Womöglich befand sich das Land in einer ausgewachsenen »Revolution« und pfiff politisch aus dem letzten Loch. Gorbatschow versuchte, mit der erforderlichen »Zurückhaltung und Klugheit« zu handeln, wie er es später formulierte, aber als er direkt mit der Lage konfrontiert wurde, kam er zu dem Schluss, dass er mit seinen Leuten sobald wie möglich abreisen sollte.[126] Gezwungen, während des Besuchs mit der Presse zu sprechen, gab er nur vage Antworten. Fragen über die Proteste wich er aus. Er räumte ein, dass er Transparente mit der Forderung nach Dengs Rücktritt gesehen hatte, meinte aber, er werde sich nicht die »Rolle eines Richters« anmaßen oder auch nur »Einschätzungen liefern« über die Ereignisse.[127] Natürlich, sagte er, sei er persönlich für Glasnost, Perestroika und politischen Dialog, aber China sei in einer anderen Situation, und er sei nicht in der Position, »Chinas Gorbatschow« zu sein. Zu seinem Stab hatte er freilich bei der Ankunft gesagt, er sei nicht scharf darauf, den chinesischen Weg einzuschlagen, denn er wolle nicht, dass der Rote Platz so aussehe wie der Tiananmen.[128]

Umgekehrt wollte die chinesische Führung nicht, dass Peking den ungarischen oder den polnischen Weg einschlug, weshalb der Besuch des wichtigsten kommunistischen Reformers zu einer heftigen Debatte innerhalb der KPCh führte. Am 13. Mai hatte Deng Zhao Ziyang, der politische Erneuerungen anstrebte, klargemacht, dass er an einer dogmatischen harten Linie festhalten würde. »Wir dürfen keinen Millimeter nachgeben, was die prinzipielle Aufrechterhaltung der Herrschaft der Kommunistischen Partei und die Ablehnung eines westlichen Mehrparteiensystems betrifft.« Parteichef Zhao war nicht überzeugt: »Wenn wir etwas Demokratie zulassen, mag das an der Oberfläche chaotisch wirken; aber diese kleinen ›Schwierigkeiten‹ sind in einem demokratischen und rechtlichen Rahmen normal. Sie verhindern große Aufstände und sind tatsächlich langfristig ein Beitrag zu Stabilität und Frieden.«[129]

Premierminister Li Peng vertrat eine ähnliche Position wie Deng und hatte außerdem eine vorgefasste, ausgesprochen negative Meinung, was den Mann aus dem Kreml und seine Reformagenda betraf: »Gorbatschow schreit viel und tut wenig«, schrieb er in sein Tagebuch. Auch habe er, indem er das Machtmonopol der Partei zersetzte, »eine Opposition gegen sich selbst geschaffen«. Demgegenüber habe die KPCh die alleinige Kontrolle behalten und dadurch die »große Mehrheit der Funktionäre vereinigt«. Außerdem machte Li Glasnost für die ethnischen Unruhen in der UdSSR, und insbesondere im Kaukasus, sowie für die politischen Umwälzungen in Osteuropa verantwortlich. Er warnte davor, dass ein derart hemmungsloses Verhalten zum völligen Zerfall des sowjetischen Imperiums führen und auch China anstecken könne. Deng und Li sprachen für den größten Teil des inneren Zirkels der chinesischen Führung. Dieser war extrem auf der Hut vor dem sowjetischen Besucher, insbesondere wegen der Inspiration, die er zweifellos für seinen jungen chinesischen Fanclub darstellte.[130]

Wie Bush drei Monate zuvor traf auch Gorbatschow mit allen führenden chinesischen Politikern zusammen. Aber anders als bei dem amerikanischen Präsidenten gab es keine warmen Erinnerungen an frühere gemeinsame Zeiten, keine vertraulichen Gespräche und kein entspanntes Geplauder. Obwohl Yang wie auch Li eine Weile in der UdSSR studiert hatten und recht gut Russisch sprachen, entstand keine persönliche Verbindung zwischen Gorbatschow und seinen Gesprächspartnern.

Aber genau wie für Bush war auch für Gorbatschow das Gespräch mit Deng das Wichtigste.

»Gorbatschow 58, Deng 85« stand auf einigen Transparenten der Demonstranten. Dies bezog sich natürlich auf das Alter der beiden Politiker, vor allem jedoch sollte es die Dynamik des »jungen« russischen Generalsekretärs und den Konservatismus des »alten« chinesischen Staatsführers hervorheben, der im August seinen 85. Geburtstag feiern würde. Gorbatschow wollte auf Deng unbedingt einen guten Eindruck machen: Er versuchte taktvoll und ehrerbietig zu sein, und verlegte sich dieses eine Mal tatsächlich mehr aufs Zuhören als aufs Reden. »Im Osten wird es geschätzt«, wenn man den älteren Mann sprechen lässt, so seine Überlegung. Auch die Chinesen waren sensibel für stilistische und symbolische Fragen. Sie wollten all die Umarmungen und Bruderküsse vermeiden, mit denen kommunistische Führer einander so oft traktierten. Stattdessen sollte die »neue« chinesisch-sowjetische Beziehung durch einen respektvollen Händedruck symbolisiert werden. Dies entspräche den internationalen Normen und würde außerdem die formale Gleichberechtigung unterstreichen, die jetzt zwischen Peking und Moskau hergestellt war.[131]

Deng und Gorbatschow sprachen am 16. Mai zwei Stunden in der Großen Halle des Volkes miteinander. Die ersten Minuten wurden im Fernsehen übertragen, um der Welt offiziell die Normalisierung der Beziehungen zu verkünden. Gorbatschows Neubewertung der sowjetischen Außenpolitik und sein Abrücken vom Kalten Krieg mit dem Westen und von Konflikten mit anderen Ländern, so führte Deng aus, habe seit 1985 wie ein Katalysator der Versöhnung gewirkt. Besonders lobte er Gorbatschows Rede von Wladiwostok im Juli 1986, wo dieser ein großes Angebot an China gemacht hatte. »Genosse Gorbatschow, alle Menschen auf der Welt und auch ich sahen neue Inhalte im politischen Denken der Sowjetunion. Ich erkannte, dass es einen Wendepunkt in Ihren Beziehungen mit den Vereinigten Staaten geben könnte und es vielleicht möglich wäre, einen Weg aus der Konfrontation zu finden und einen Dialog zu beginnen.« Seit damals, fügte er hinzu, habe Gorbatschow Schritt für Schritt die drei großen Hindernisse abgebaut oder verkleinert: Afghanistan, die Truppen an der umstrittenen chinesisch-sowjetischen Grenze und den Krieg in Kambodscha. Dadurch sei

Ein fester Griff: Deng Xiaoping mit Michail und Raissa Gorbatschow

es möglich gewesen, sowohl die Beziehungen zwischen der UdSSR und der VRC als auch jene zwischen den beiden kommunistischen Parteien zu normalisieren.[132]

Für die Öffentlichkeit herrschte also eitel Harmonie. Aber sobald die Fernsehkameras abgeschaltet waren, änderte Deng den Ton. »Ich möchte gern ein paar Worte über den Marxismus-Leninismus sagen. Wir haben ihn viele Jahre erforscht.« Vieles, was in den vergangenen 30 Jahren gesagt worden sei, habe sich »als inhaltsleer erwiesen«, bemerkte er. Die Welt habe sich seit der Zeit von Marx verändert, und die marxistische Doktrin müsse sich ebenfalls ändern. Gorbatschow sagte, die 30 Jahre seien »nicht vergeblich gewesen ... im Gegenteil, wir haben im Verständnis des Sozialismus eine neue Ebene erreicht« und, fügte er hinzu, »heute studieren wir Lenins Erbe aufmerksamer«. Aber, warf Deng ein, der Leninismus habe sich mit der Zeit ebenfalls ändern müssen, nicht zuletzt, weil »sich die Lage auf der Welt permanent ändert ... wer den Marxismus-Leninismus nicht unter Berücksichtigung der neuen Bedingungen weiterentwickeln kann, ist kein echter Kommunist.« Deng zielte offenbar darauf ab, dass sich die Ideologie angesichts neuer nationaler und internationaler Verhältnisse weiterent-

wickeln musste: »Es gibt keinerlei Patentrezept«, sagte er, aber ein sozi-
alistischer ideologischer Rahmen sei dennoch notwendig, um das Chaos
des Pragmatismus und des bloßen Experimentierens zu vermeiden.[133]

Dies war eine verschlüsselte, aber deutliche Kritik an Gorbatschows
Reformansatz beim »Aufbau des Sozialismus«, doch der Generalsekretär, der ja ehrerbietig sein wollte, beschloss, die Kritik zu überhören,
und sagte lieber zustimmend zu seinem Gesprächspartner, dass sie
»nun einen Strich unter die Vergangenheit ziehen und den Blick in die
Zukunft richten müssten«. Ja, sagte Deng, »aber es wäre falsch, wenn
ich heute nichts über die Vergangenheit sagen würde«. Beide Seiten,
fügte er hinzu, hätten »das Recht, ihre Meinung zu sagen«, und er
werde den Ball ins Rollen bringen. »Gut«, sagte Gorbatschow, und handelte sich dadurch einen langen, weitschweifigen Monolog des alten
chinesischen Führers über die Schäden und Entwürdigungen ein, die
seinem Land im Lauf des 20. Jahrhunderts zugefügt worden waren.
Deng zählte nacheinander die territorialen Plünderungen durch Großbritannien, Portugal und Japan sowie durch das zaristische Russland
und durch die UdSSR unter Stalin und Chruschtschow auf und kam
dann noch speziell auf die militärische Bedrohung durch die Sowjetunion an der chinesischen Grenze, insbesondere nach dem chinesisch-
sowjetischen Bruch, zu sprechen. Dann jedoch erklärte er die ideologischen Meinungsverschiedenheiten der Vergangenheit für unwichtig
und meinte: »Wir hatten ebenfalls Unrecht«. Dennoch bürdete er die
Hauptverantwortung für die bilateralen Spannungen eindeutig dem
Kreml auf: »Die Sowjetunion hat Chinas Platz in der Welt nicht richtig
wahrgenommen … Der Kern aller Probleme bestand darin, dass wir in
einer ungleichen Lage waren, dass wir zurückgesetzt und unterdrückt
wurden.«[134]

Schließlich bekam Gorbatschow Gelegenheit, auch ein paar Worte
zu sagen. Er meinte, dass er die Dinge anders sehe, gab jedoch in Bezug
auf die jüngste Vergangenheit »eine gewisse Schuld und Verantwortung unsererseits« zu. Der ganze Rest, insbesondere die territorialen
Veränderungen des 20. Jahrhunderts, sei bereits Geschichte. »Wie viele
Staaten sind verschwunden, und wie viele neue sind aufgetaucht? …
Die Geschichte kann nicht neu geschrieben werden; sie kann nicht
neu gemacht werden. Wenn wir die Grenzen der Vergangenheit auf

der Grundlage wiederherstellen wollten, welche Bedingungen früher herrschten und wer in welchem Territorium lebte, müssten wir die ganze Weltkarte neu zeichnen. Das würde zu einem weltweiten Rauf-handel führen.« Gorbatschow betonte, dass er an die geopolitischen »Realitäten« glaubte, daran, dass das »Prinzip der Unverletzlichkeit der Grenzen« der Welt Stabilität verleiht – und er erinnerte Deng daran, dass seine Generation »im Geist der Freundschaft mit China« aufge-wachsen sei.

Die versöhnlichen Worte schienen den alten Mann aus seinen histo-rischen Reminiszenzen herauszureißen. »Das war nur eine Geschichte«, brummte er. »Gehen wir davon aus, dass die Vergangenheit vorbei ist.« »Gut«, antwortete Gorbatschow. »Schließen wir das Thema ab.« Nach ein paar letzten vagen Worten über die »Entwicklung« der chinesisch-sowjetischen Beziehungen ging das Gespräch zu Ende. Sie hatten, wie es schien, die Vergangenheit hinter sich gelassen, ohne eine klare Vor-stellung von der Zukunft zu haben.[135]

Genauso war es. Als Gorbatschow mit Li Peng über die chinesisch-sowjetischen Handelsbeziehungen und gemeinsame Wirtschaftspro-jekte reden wollte, machten die beiden keine Fortschritte. Gorbatschow hatte die üblichen Exportgüter der Sowjetunion, Öl und Gas, im Ange-bot, doch die Chinesen waren nicht sonderlich interessiert. Als er nach sowjetischen Investitionen gefragt wurde, war er nicht in der Lage, einen Vorschlag zu machen. Und was moderne Technologien und ins-besondere Informationstechnik anging, machte Li klar, dass sich China an den Vereinigten Staaten und auch an Japan orientiere. Weitere sub-stanzielle Gespräche fanden nicht statt.[136] Tatsächlich saß Gorbatschow an seinem letzten Tag in Peking fast gänzlich isoliert in einem Gäste-haus am Stadtrand fest, weil er aufgrund der Proteste nicht wie ursprünglich geplant in die Verbotene Stadt gehen oder die Oper besu-chen konnte. Nach einer Stippvisite in Shanghai kehrte er am 19. Mai in die Sowjetunion zurück – mit sehr gemischten Gefühlen, was die gesamte Reise betraf: mit echter Befriedigung über die Normalisierung der Beziehungen – einem »bahnbrechenden Moment« von »epoche-machender Bedeutung«, aber auch gründlich verunsichert, was die Zukunft nicht nur der chinesisch-sowjetischen Beziehungen, sondern der Volksrepublik insgesamt betraf.[137]

Sobald Gorbatschow Peking verlassen hatte, wandte sich Deng dem Problem mit den Studenten zu. Ihre dreiste Weigerung, den Tiananmen freiwillig zu verlassen, hatte den »Überragenden Führer« gedemütigt, aber mit dem sowjetischen Staatsgast in der Stadt waren ihm die Hände gebunden gewesen. Nun jedoch ließ er seinem Zorn freien Lauf. Die chinesische Hauptstadt war praktisch gelähmt durch eine Million Demonstranten, die auf dem Platz saßen oder durch die Prachtstraßen zogen. Den Studenten hatten sich Arbeiter, Ladenbesitzer, Beamte, Lehrer und Bauern angeschlossen und sogar Rekruten der Pekinger Polizeiakademie in Uniform.[138] Die Ordnung schien zusammenzubrechen, das Regime selbst in Gefahr zu schweben.

Am Wochenende des 20. Mai verhängte Deng in Peking das Kriegsrecht. Die Regierung holte Tausende mit Sturmgewehren und Tränengas ausgerüstete Soldaten in die Stadt, die von Panzern und Wasserwerfern unterstützt wurden.[139] Die Medien wurden einer scharfen Zensur unterworfen, und der liberale Parteichef Zhao wurde wegen seiner versöhnlichen Haltung gegenüber den Demonstranten seines Amtes enthoben. Die Hardliner hatten die Herrschaft übernommen. Doch es sollte weitere zwei Wochen mit wachsenden Spannungen dauern, bis die Krise beendet wurde. Die bloße Anwesenheit der Volksbefreiungsarmee auf den Straßen der Stadt reichte nicht aus: Die Truppen hatten zur Sicherheit die Anweisung erhalten, kein Blut zu vergießen. Die Studenten waren keineswegs eingeschüchtert und begegneten den Soldaten mit Techniken des gewaltfreien Widerstands. Obwohl ihre Zahl Ende Mai auf etwa 100 000 Personen geschrumpft war, hielten sie die kommunistische Führung Chinas sowohl politisch als auch ideologisch gefangen.[140]

Das, wofür die Protestierenden standen, wurde, wenigstens für die globalen Medien, durch die Göttin der Demokratie symbolisiert. Die zehn Meter hohe Figur aus weißem Gips und Styropor, die der New Yorker Freiheitsstatue ähnelte, wurde am 29. Mai im Zentrum des Tiananmen-Platzes vor dem Kaiserpalast aufgestellt. Pressefotografien zeigen die Statue, wie sie trotzig dem großen Bild Maos ins Gesicht schaut. Sie war zum gefeierten Symbol für die Forderungen der Studenten nach einer Demokratie amerikanischen Musters geworden. Die chinesische Regierung befahl offiziell die Entfernung der Statue, die

Die Brutalität der Staatsgewalt und
die Verletzlichkeit der Menschen

sie als »Gräuel« bezeichneten, und erklärte, »dies ist China, nicht Amerika«.[141]

Außer sich vor Zorn und Frustration befahl Deng schließlich dem Militär, Gewalt gegen diejenigen anzuwenden, die, wie er sagte, versuchten, die Regierung zu stürzen. Seine Rechtfertigung lautete, dass China ein friedliches und stabiles Umfeld brauche, um seinen Kurs der Modernisierung und der Öffnung hin zur kapitalistischen Welt fortzusetzen. Die Reformen bedeuteten, wie er insistierte, nicht den Verzicht auf vier zentrale Prinzipien: die Bewahrung des Sozialismus, die Aufrechterhaltung der Führung und des Parteimonopols der KPCh, die Unterstützung der »Volksdemokratie« und des Festhaltens an der marxistisch-leninistischen Philosophie. Die reine Lehre, durchgesetzt durch eine autokratische Einparteienherrschaft, musste erhalten bleiben.[142]

Am Sonntag dem 4. Juni im Morgengrauen überfluteten Zehntausende chinesischer Soldaten den Tiananmen – den Platz des Himmlischen

Friedens – und die umliegenden Straßen und feuerten mit ihren Sturmgewehren in die Massen von Männern und Frauen, die sich weigerten,
die Straßen zu räumen. Dutzende von Studenten und Arbeitern wurden
getötet oder verwundet. Mehrere tausend verließen am Rand des Gemetzels friedlich den Platz, wobei sie immer noch trotzig ihre Universitäts-
fahnen trugen. Das Lager der Studenten wurde zerstört: gepanzerte
Truppentransporter überrollten die Zelte und überfuhren rücksichtslos
alle, die sich zum Bleiben entschlossen hatten. Als einige der Demonstranten zur Vergeltung Armeefahrzeuge umstürzten und die Große Halle
des Volkes mit Steinen bewarfen, setzten die Soldaten Tränengas und
Knüppel ein. Bald waren die Krankenhäuser der Stadt voll von Verletzten. »Als Ärzte sehen wir oft Tote«, sagte ein Mediziner im Tongren-
Krankenhaus, »aber eine solche Tragödie haben wir noch nie erlebt. Alle
Räume im Krankenhaus sind mit Blut bedeckt.«[143]

Die genaue Zahl der Toten lässt sich bis heute nicht feststellen:
Schätzungen reichen von 300 bis 2600. Die staatlichen Nachrichten
in China berichteten am 4. Juli euphorisch über die Niederschlagung
einer »konterrevolutionären Rebellion« und erwähnten vor allem die
Verletzten bei Polizei und Armee. Die Demonstranten dagegen wurden
schon bald aus der offiziellen chinesischen Geschichte getilgt. Worauf
es wirklich ankam, war jedoch, dass die kurze und traumatische
Schlacht für die Demokratie durch die Weltpresse unsterblich geworden war. Nicht nur weil diese sich in ihren Berichten im Gegensatz
zum Regime auf das Gemetzel und die toten Zivilisten konzentrierte,
sondern auch durch Bilder, die zu Ikonen wurden: von Reformern als
Symbole für Chinas verlorenes »1989« weltweit verehrt. Zwei Fotos
wurden besonders bekannt: Das eine Bild zeigt einen einsamen Mann,
der offensichtlich einem Konvoi von Panzern trotzt und dessen Schicksal bis heute unbekannt ist. Das andere Foto sollte das klassische
Symbol für das globale 1989 werden: die Macht des Volkes. Das Bild
zeigt die Göttin der Demokratie, die auf prägnante und plakative Art
das Ziel symbolisiert, für das die Demonstranten kämpften. Sie wurde
am Morgen des 4. Juni hastig zerschlagen, von Säuberungstrupps
zusammengefegt und zusammen mit dem restlichen Schutt der gescheiterten Revolution vom Platz gespült. Doch die Welt würde nicht vergessen.[144]

Panzer rollen auf dem Platz des Himmlischen Friedens

Und so erfand China den Kommunismus neu – mit Gewalt. Im Westen wurde die Tragödie live im Fernsehen übertragen, und die Studenten wurden im Kontext des Kalten Krieges mit den westlichen Idealen der Freiheit, der Demokratie und der Menschenrechte identifiziert. Dass die chinesische Regierung Panzer gegen unbewaffnete Studenten einsetzte, weckte außerdem Erinnerungen an 1968, und zwar nicht nur an die damaligen globalen Studentenproteste, sondern auch an die Unterdrückung des Prager Frühlings durch die Rote Armee, die den europäischen Kommunismus bis ins Mark erschüttert hatte. Für viele war Deng nun der böse Feind der Freiheit, und viele fragten sich auch, ob Gorbatschow seiner UNO-Rede, in der er die Breschnew-Doktrin aufgegeben hatte und für »Entscheidungsfreiheit« eingetreten war, treu bleiben würde. Würde er angesichts der wachsenden Unzufriedenheit im Sowjetblock und in der UdSSR womöglich auch Dengs Weg einschlagen? Würden die Panzer in Osteuropa rollen?

*

Fünf Tage nach dem Blutvergießen gab Moskau eine lahme Erklärung des »Bedauerns« heraus, verbunden mit der »Hoffnung«, dass in der VRC der gesunde Menschenverstand siegen und der Reformprozess fortgesetzt werde. Regierungssprecher Gennadi Gerassimow räumte ein, dass die sowjetischen Offiziellen überrascht waren, mit welcher Brutalität die chinesische Führung gegen die studentischen Demonstranten vorgegangen war. »Wir hatten so etwas nicht erwartet.«[145] Gorbatschow teilte Kohl persönlich mit, dass er über die Vorgänge in China »bestürzt« sei, ohne seine Äußerung näher zu erläutern.[146] Er fühlte sich durch die Konfrontation in Peking in seiner schon lange gehegten Ansicht bestätigt, dass Dengs Reformansatz zu Spannungen führen musste und politische Liberalisierung das einzige Mittel war, diese Spannungen ohne Blutvergießen abzubauen. Das heißt, er fühlte sich bestärkt in der Einschätzung, dass seine eigene Strategie, die darauf abzielte, Gewalt zu vermeiden und eine »gemischte Wirtschaft« ohne die Extreme kapitalistischer Privatisierung und sozialer Ungleichheit aufzubauen, der einzig vernünftige Weg in die Zukunft sei. Kurz gesagt, für Gorbatschow mussten »Wirtschaftsreformen« durch »politische Reformen« ergänzt werden – was immer das auch heißen mochte.[147]

Andere Sowjetbürger wollten, dass Gorbatschow die chinesische Regierung ausdrücklich verurteilte. Der radikale Politiker Boris Jelzin und der Menschenrechtler Andrej Sacharow kritisierten Dengs Verhalten als »Verbrechen gegen das Volk« und zogen Parallelen zwischen dem chinesischen Vorgehen und der »Unterdrückung« der Demonstrationen in der georgischen Hauptstadt Tiflis durch das sowjetische Militär im April 1989, nur wenige Wochen vor Gorbatschows Chinareise. (Interessanterweise hatte Deng diese Aktion gegenüber seinen Leuten als Beispiel für gute Disziplin genannt.) Gorbatschow jedoch hatte nicht die Absicht, die Position Jelzins und Sacharows zu übernehmen. Er war nicht bereit, die hart errungenen Erfolge seiner persönlichen Diplomatie für abstrakte Prinzipien zu opfern.[148] China war für die UdSSR zu wichtig, um Deng durch ein Verhalten zu erzürnen, das beide Seiten als »Einmischung in innere Angelegenheiten« charakterisiert hätten.

Bushs Reaktion auf den Tiananmen war ähnlich vorsichtig. Die Amerikaner waren von den Ereignissen nicht überrascht worden: James Lilley, der neue amerikanische Botschafter in Peking, hatte seit Wochen eine Niederschlagung der Demonstrationen vorausgesagt, und Bush hatte darauf geachtet, keine Äußerungen zu machen, durch die sich die Demonstranten bestärkt fühlen konnten.[149] Außerdem sagte er am 30. Mai auf einer Pressekonferenz: »Ich bin alt genug, um mich an Ungarn im Jahr 1956 zu erinnern, und ich will keinerlei Stellungnahme oder Ermahnung abgeben, die zu einer Wiederholung solcher Ereignisses ermutigen könnte.«[150]

Drei Tage zuvor hatte er Deng einen vertraulichen Brief geschickt, in dem er ihn als alter Freund ganz offen bat, auf »Gewalt, Unterdrückung und Blutvergießen« zu verzichten, weil dies die chinesisch-amerikanischen Beziehungen beschädigen könne.[151] Deng hatte nicht reagiert. Am 4. Juni versuchte Bush ihn telefonisch zu erreichen, doch er nahm den Anruf einfach nicht an. Es war eine klare Brüskierung: Selbst ein *lao pengyou* hatte keinen Einfluss, wenn es China nicht passte.[152]

Deng war zweifellos der Ansicht, dass er die Niederschlagung der Demonstrationen wagen konnte. Er sagte voraus, dass der Westen die Sache bald vergessen werde und ihm der Handel mit China ohnehin zu wichtig sei, um die Beziehungen ganz abzubrechen. Tatsächlich hatte Deng sorgfältig darauf geachtet, Washington zu versichern, wie viel ihm die gegenseitigen Beziehungen bedeuteten. Und seine Einschätzung sollte sich als richtig erweisen. Aus Washington kamen gemischte Signale. Einerseits »bedauerte« Bush Dengs Entscheidung, mit Gewalt gegen friedliche Demonstranten vorzugehen,[153] und stellte vorübergehend die Waffenverkäufe und die Kontakte zwischen hochrangigen Regierungsvertretern ein. Außerdem bot er allen Verletzten der Tiananmen-Tragödie humanitäre und medizinische Hilfe an. Andererseits hatte er nicht die Absicht, die diplomatischen Beziehungen abzubrechen oder für strenge Sanktionen einzutreten, unter denen nur die chinesischen Normalbürger leiden würden. Aufgrund seiner persönlichen Verbindung zu Deng und seines Vertrauens in die magnetische Anziehungskraft der Marktwirtschaft wollte er jede Konfrontation vermeiden, die die aufblühenden chinesisch-amerikanischen Beziehungen langfristig in Gefahr bringen konnte. China war in seinen Augen schon sehr weit gekommen. Wenn er nun zu hart reagierte, half er womöglich den antireformistischen Hardlinern in Peking, die Uhr zurückzudrehen, was er unter allen Umständen vermeiden wollte. Wurde er dagegen als zu weich wahrgenommen, fühlten sich die kommunistischen Regime in Osteuropa einschließlich der Sowjetunion möglicherweise ermutigt, ebenfalls Gewalt gegen ihre politischen Gegner anzuwenden. Das Problem für Bush bestand darin, dass sein Handlungsspielraum sehr begrenzt war – insbesondere im eigenen Land, wo der Kongress nach schärferen Sanktionen rief und die Menschenrechtslobby die »Metzger des Tiananmen« bestrafen wollte und ihn der Appeasementpolitik gegenüber Peking beschuldigte.[154]

Angesichts dieses Drucks aus verschiedenen Richtungen und nachdem er öffentlich die Vorrangstellung des Präsidenten in außenpolitischen Angelegenheiten gegen die Einmischung durch den Kongress verteidigt hatte, versuchte er am 21. Juni erneut, Deng zu erreichen. Dieses Mal schickte er ihm einen, wie er sagte, »schweren Herzens« verfassten, handgeschriebenen Brief. Er berief sich auf ihre »echte« Freundschaft, bekundete seinen persönlichen Respekt vor Deng und verwies demonstrativ auf »seine große Verehrung für die chinesische Geschichte, Kultur und Tradition«. Er betonte, dass er nichts diktieren und sich nicht einmischen wolle, appellierte aber an Deng, »nicht zuzulassen, dass die Folgen des tragischen Ereignisses eine lebenswichtige Beziehung unterminieren, die im Lauf der letzten 17 Jahre aufgebaut worden ist«. Eingedenk der Brüskierung am 4. Juni fügte er am Schluss noch hinzu: »Über eine persönliche Antwort auf diesen Brief würde ich mich natürlich freuen. Die Sache ist zu wichtig, um sie unseren Bürokratien zu überlassen.«[155]

Dieses Mal funktionierte die persönliche Diplomatie. Bush bekam innerhalb von 24 Stunden eine Antwort, die so positiv ausfiel, dass er Anfang Juli Scowcroft bat, heimlich zu Gesprächen mit Deng und Li nach China zu fliegen. Der Flug entwickelte sich zu einem unglaublichen Abenteuer, ähnlich dem Besuch Kissingers, der als eine Art später Marco Polo im Juli 1971 Peking besucht hatte. Scowcroft startete am Morgen des 30. Juni 1989 auf dem Luftwaffenstützpunkt Andrews mit einer militärischen Transportmaschine vom Typ C-141, »in der man eine euphemistisch als transportable ›Komfortpalette‹ bezeichnete Vorrichtung installiert hatte, einen riesigen Kasten mit Schlafkabinen und einem Platz zum Sitzen«. Das Flugzeug konnte in der Luft aufgetankt werden, musste also nicht zwischenlanden, und sein offizieller Bestimmungsort war Okinawa, was jedoch unterwegs geändert wurde. Alle Markierungen der amerikanischen Luftwaffe wurden entfernt, und die Crew startete in Militäruniform, legte aber vor der Ankunft in Peking Zivilkleidung an. Die Mission war so geheim, dass die chinesische Luftverteidigung nicht informiert war. Glücklicherweise wurde der Anruf, mit dem sie anfragte, ob sie das nicht identifizierte Flugzeug abschießen solle, das bei Shanghai in den chinesischen Luftraum eindrang, direkt zu Präsident Yang Shankun durchgestellt, und dieser gab Anweisung, nicht zu feuern. Die Amerikaner landeten unversehrt am 1. Juli um die Mittagszeit und erholten sich den Rest des Tages in einem staatlichen Gästehaus von der Aufregung.[156]

Scowcrofts Gespräch mit Deng am 2. Juli in der Großen Halle des Volkes setzte den Rahmen für die künftige Politik beider Seiten, und zwar in einem solchen Ausmaß, dass es sich lohnt, die dabei vertretenen Positionen detailliert zu beschreiben.[157] Deng eröffnete das Gespräch mit der Aussage, dass er Bush als besonderen Freund »auserwählt« habe, weil er ihn seit ihrer ersten Begegnung »vertrauenswürdig« gefunden habe. Natürlich könnten die Probleme der chinesisch-amerikanischen Beziehungen nicht »von zwei Personen auf der Basis ihrer Freundschaft gelöst werden«, sagte der chinesische Führer. Deshalb sei er erfreut, dass Bush Scowcroft »als seinen Gesandten« geschickt habe. Es zeige, dass Bush die komplizierten Probleme der Situation verstehe. Er habe eine »kluge und besonnene Maßnahme ergriffen, eine Maßnahme, die von uns gut aufgenommen wird«. Also »besteht offenbar immer noch Hoffnung, dass wir unsere ursprünglich guten Beziehungen aufrechterhalten können«.[158]

Dennoch sei es, wie Deng sagte, die reine Wahrheit, dass »die USA in einem großen Ausmaß chinesische Interessen in Zweifel gezogen« und die »chinesische Würde« verletzt hätten. Das sei für ihn »die Crux an der Sache«. Einige Amerikaner, die die VRC und ihr sozialistisches System unbedingt stürzen wollten, hätten dabei geholfen, zu einer »konterrevolutionären Rebellion« aufzustacheln. Und, um ein chinesisches Sprichwort zu zitieren, die USA hätten den Knoten geknüpft, also »haben wir die Hoffnung, dass sie in Zukunft versuchen werden, den Knoten wieder zu lösen«. Mit anderen Worten, es war an Bush, die Situation zu retten.

Seine Regierung, fügte Deng hinzu, sei entschlossen, die »konterrevolutionären Führer« in Übereinstimmung mit den »chinesischen
Gesetzen« niederzuwerfen. Und er betonte, dass »China in seiner Entschlossenheit keinesfalls wanken wird«. Wie sonst, fragte er rhetorisch,
»kann die VRC weiter existieren?« Deng ließ keinen Zweifel daran, dass
China keinerlei Einmischung in seine inneren Angelegenheiten dulden
werde, und er warnte den Kongress und die amerikanischen Medien,
nicht noch mehr Öl ins Feuer zu gießen. Tatsächlich erwartete er, dass
Washington einen »gangbaren Weg« finden werde, um ihre Meinungsverschiedenheiten in Bezug auf die Ereignisse auf dem Tiananmen zu
klären.[159]

Scowcroft reagierte mit der kalkulierten Höflichkeit, die bei den
amerikanischen Beziehungen zu China stets eine Rolle spielte. Er sprach
ausführlich über die persönliche Bindung zwischen Bush und China
und seine eigenen tiefen Gefühle für das Land. Er betonte, wie stark
sich die Vereinigten Staaten bei der steten »Vertiefung« der Beziehungen mit Peking seit 1972 engagiert hätten und dass beide Seiten strategisch und ökonomisch, aber auch auf der menschlichen Ebene von der
Beziehung profitiert hätten. Außerdem unterstrich er die Bedeutung
seines Besuchs. »Dass wir nach einer Reise von Tausenden von Kilometern hier sind, und zwar vertraulich, damit der Besuch nichts anderes impliziert, als den Versuch zu kommunizieren, ist ein deutliches
Zeichen für die Wichtigkeit, die Präsident Bush den Beziehungen bei-
misst, und für die Anstrengungen, die er für ihre Erhaltung zu machen
bereit ist.«[160]

Nachdem Scowcroft auf diese Weise klargemacht hatte, dass nicht
nur Deng, sondern auch der Präsident den Wert dieser persönlichen
Freundschaft überaus schätzte, kam er auf die unverzichtbaren amerikanischen Anliegen zu sprechen. »Das bilaterale Klima immer inten-
siverer Zusammenarbeit und wachsender Sympathie ist durch die
Ereignisse auf dem Tiananmen belastet worden.« Er erklärte, dass der
Präsident mit der emotionalen Reaktion seiner Wähler fertigwerden
müsse. Dies sei eine »innere Angelegenheit« Amerikas, eine Angelegenheit, die die Grundwerte des amerikanischen Volkes berühre, welche von Bush in beträchtlichem Ausmaß geteilt würden. Mit anderen
Worten, der Präsident stehe zu dem Engagement für »Freiheit« und

»Demokratie«, zu dem er sich in seiner Inaugurationsrede bekannt habe. Und weil er damit auch Amerikas Haltung zu den Menschenrechten verteidige, könne er Peking nicht offiziell persönlich besuchen. Er würde Dengs Regime dadurch eine Legitimität verleihen, die es durch das Blutvergießen auf dem Tiananmen verloren habe. Dennoch, sagte Scowcroft, wolle Bush »die Dinge so regeln, dass dabei langfristig eine gesunde Beziehung herauskommt«. Und er sei »sehr sensibel gegenüber den chinesischen Anliegen«. Diplomatie über inoffizielle Kanäle sei deshalb der einzige Weg, die bilaterale Beziehung wiederherzustellen, zu bewahren und zu stärken.[161]

Deng antwortete nicht direkt, sondern mit drei Maximen, die China antrieben. »Meiner Ansicht nach muss man die Geschichte verstehen«, sagte er. China habe 22 Jahre lang Krieg geführt und dabei 22 Millionen Menschen verloren. Der Konflikt sei vom chinesischen Volk unter Führung der Kommunistischen Partei ausgetragen worden. »Wenn man auch noch den dreijährigen Krieg dazurechnet, um Korea gegen die amerikanische Aggression zu unterstützen, waren es sogar fünfundzwanzig Jahre.« Als zweite Maxime unterstrich er Chinas Unabhängigkeit: Es lasse sich nicht von einem anderen Land bestimmen, »gleichgültig, welche Schwierigkeiten wir bekommen sollten«. China werde unabhängig vom »internationalen Makroklima« seinem eigenen Entwicklungskurs folgen. Die dritte Maxime lautete: »Keine andere Kraft« außer der Kommunistischen Partei könne China repräsentieren. Dies sei in »mehreren Jahrzehnten« bewiesen worden.[162]

Scowcroft hatte eine ähnliche Diskussion mit Li. Als er später darüber nachdachte, spürte er eine tiefe Kluft und einen »Konflikt der Kulturen«,[163] der in dem Moment nicht überbrückt werden konnte. Dennoch hatte die heimliche Reise ihren wichtigsten Zweck erfüllt. Sie hatte die Kommunikationskanäle offengehalten und so in aller Stille auch die ökonomischen Verbindungen gerettet. Bush schrieb »Ich hielt die Tür offen« in sein Tagebuch.[164]

Der Kreml und das Weiße Haus reagierten also vorsichtig auf die Ereignisse am Tiananmen. Aber hinter den Kulissen war das Denken in Fluss geraten. Auf verschiedene Arten hatten sich sowohl Gorbatschow als auch Bush in den ersten Monaten des Jahres 1989 durch große Staatsbesuche auf die Beziehungen zu China konzentriert. Nun jedoch gab es, wenigstens für die absehbare Zukunft, nicht mehr viel, was man in Bezug auf die negative Reaktion der chinesischen Hardliner auf die studentische Revolte unternehmen konnte.[165] Mitte 1989 kalibrierten sowohl Gorbatschow als auch Bush ihre Politik neu.

Der Generalsekretär schaute immer noch gerne nach Osten. Als er am 15. Juli 1989 in Moskau mit Rajiv Gandhi, dem Premierminister Indiens, über Ereignisse auf dem Tiananmen-Platz diskutierte, wischte er das gefühlsgeladene Thema der Todesopfer beiseite und sagte: »Politiker müssen in diesen Dingen vorsichtig sein. Insbesondere, wenn sie über ein Land wie China reden, ein Land mit einer Bevölkerung von mehr als einer Milliarde Menschen. Das ist eine ganze Zivilisation!« Er suchte nach positiven Aspekten und fand trotz Chinas Entfremdung und der Empörung der Welt über das »Tiananmen-Massaker« einen Licht- schimmer am Horizont. Peking brauche jetzt Freunde, und das könne an einem Punkt, an dem Deng von Bushs Verschleppungstaktik genug habe, für Moskau und Neu-Delhi eine echte Chance darstellen. »Die Amerikaner wollen, dass hier alles schlecht läuft, oder Schlimmeres. Also müssen wir vor allem auf uns selber hoffen.« Dasselbe, überlegte er, gelte vielleicht auch für weitere freundlich gesinnte Länder, die den Strapazen von Modernisierung und Entwicklung ausgesetzt seien. »Gestern haben wir mit dem Wissenschafts- und Entwicklungsminister der VRC gesprochen. Wir sprachen über eine Zusammenarbeit. Er ist nicht abgeneigt.« Gorbatschow erinnerte Gandhi an frühere Gespräche über »das Dreieck«, einen neuen Rahmen für eine trilaterale Koopera- tion zwischen der Sowjetunion, Indien und China. »Vielleicht ist jetzt genau der Augenblick, an dem sie wirklich an Verbindungen mit euch und uns interessiert sind?«[166]

Gorbatschows Überlegungen waren symptomatisch für die Unsicher- heiten in der internationalen Szene des verwirrenden Sommers 1989. Andere in seiner Entourage dagegen betrachteten den Tiananmen im Kontext der direkteren Herausforderungen in Europa. So zeigten die Ereignisse des 4. Juni laut Wladimir Lukin, dem Chef von Gorbat- schows Planungsstab, dass sich die VRC »immer offensichtlicher auf die Gruppe der sozialistischen Länder mit traditioneller Ideologie« zube- wege, womit er die DDR, Kuba, Rumänien und Nordkorea meinte. »Und dass sie gleichzeitig jene Länder mit Furcht und Misstrauen behandelt, die das administrativ-bürokratische System reformieren«, mit anderen Worten: Polen und Ungarn. Dies, sagte Lukin, »ist natürlich eine unangenehme Tatsache. Dennoch wäre es ein Fehler, sie bei unseren Kontakten mit den Chinesen nicht zu berücksichtigen.« Statt des offenen Versuchs, eine asiatische Achse aufzubauen, empfahl er eine Haltung der »wohlwollenden Zurückhaltung« ohne irgendwelche extravagante Gesten. Eine solche Politik werde es der Sowjetunion erlauben, »die gegenwärtige schwierige Periode zu überbrücken, ohne die Beziehungen mit dem offiziellen Peking zu verderben, und sich zugleich die Achtung der fortschrittlichsten Teile der chinesischen Gesellschaft zu erhalten«. Diese würden, wie Lukin voraussagte, in der »nicht allzu fernen Periode nach Deng« eine Rolle spielen und die Sowjetunion unterstützen, »wenn wir uns außenpolitisch weiter in ›westlicher Richtung‹ vorwärtsbewegen«. Dies war eine verblüffende Mahnung. Lukin warnte nicht nur, dass sich China bei der Neuerfindung des Kommunismus nun fest mit der Nachhut und nicht mit der Vorhut verbinde (wenngleich er eindeutig davon ausging, dass die Ära Deng zu Ende ging), sondern er vertrat auch ausdrücklich die Ansicht, dass Russlands Zukunft nicht in Asien, sondern in Europa und in der westlichen Welt liege.[167]

Angesichts all des Aufruhrs, den die Ereignisse auf dem Tiananmen verursachten, vergisst man leicht, dass der 4. Juni nicht nur für China ein wichtiges Datum war. An diesem Tag kam Solidarność in Polen an die Macht. In Osteuropa war also die Demokratie auf dem Vormarsch. Und zwar im ganz wörtlichen Sinne, denn nur vier Wochen zuvor hatte die kommunistische Regierung in Ungarn den entscheidenden Schritt gemacht, ihre stacheldrahtbewehrte Grenze zu Österreich zu öffnen. Damit entstand ein Schlupfloch in den Westen, das insbesondere von DDR-Bürgern genutzt wurde, die ein Recht auf Staatsbürgerschaft in der Bundesrepublik hatten. In einer Zeit, als China sich in seiner seltsamen Mischform eines kommunistisch kontrollierten embryonischen Kapitalismus einigelte, löste sich der Eiserne Vorhang in Europa auf. Dies war eine Herausforderung für die gesamte Ordnung des Kalten Krieges und eine, der sich nur die beiden Supermächte stellen konnten. George Bush hatte Michail Gorbatschow fast ein halbes Jahr gemieden; nun musste er in die Offensive gehen.

KAPITEL 2

DER STURZ DES KOMMUNISMUS: POLEN UND UNGARN

Vierter Juni 1989. Dieser Sonntag war nicht nur ein Wendepunkt in der neueren Geschichte Chinas, sondern auch ein Meilenstein für Polen, ja für ganz Osteuropa auf dem Weg aus dem Kalten Krieg. Viele Beobachter erklärten ihn zum Tag der ersten »freien« und demokratischen Wahlen in Polen seit dem Zweiten Weltkrieg.

Das war so nicht ganz richtig. Polens Abschied von der kommunistischen Diktatur begann damit, dass eine manipulierte Wahl scheiterte. Die polnische kommunistische Partei – seit 1980 in einen nervenaufreibenden Machtkampf mit der Gewerkschaftsbewegung Solidarność verstrickt – gab der Forderung nach Wahlen nach, weil sie hoffte, den Reformprozess kontrollieren zu können. Es sollte die Neuerfindung des Kommunismus nach polnischer Art werden. Parteichef General Wojciech Jaruzelski wollte laut US-Reporter John Tagliabue »die Wahl dazu nutzen, reformorientierte Führungskräfte in Schlüsselpositionen zu katapultieren« und »Apparatschiks aus dem Weg zu räumen, die sich gegen den Wandel wehrten, damit der Partei neues Blut zugeführt werden konnte« – wie Gorbatschow es in der UdSSR versucht hatte.[1]

Allerdings war der Wechsel des Regimes zur »Demokratie« im Großen und Ganzen eine Fassade. Jeder einzelne der 100 Sitze im Oberhaus, dem Senat, war zwar offen umkämpft, doch im viel wichtigeren Unterhaus, dem Sejm, galt das nur für 161 (35 Prozent) der 460 Sitze. Die restlichen 299 Sitze waren den Kommunisten (38 Prozent) und ihren Gesinnungsgenossen (27 Prozent) vorbehalten. Zudem waren 35 Sitze des kommunistischen Anteils für prominente Regierungs- und Parteivertreter reserviert. Diese Kandidaten hatten keine Herausforderer und standen auf einer separaten »nationalen Liste«. Den Wählern blieb nur die »Wahlmöglichkeit«, so viele Namen von den verschiedenen Listen zu streichen, wie sie wollten. Das Regime war sich darüber im Klaren, dass sicher einige davon Gebrauch machen würden, erwartete jedoch nicht, dass diese Praxis Schule machen würde: Deshalb galt für die besondere »nationale Liste« die Bedingung, dass jeder Kandidat die Unterstützung von 50 Prozent der Wähler erlangen sollte. Auf den ersten Blick bestand folglich kein Grund zu der Annahme, dass das Machtmonopol der polnischen kommunistischen Partei durch dieses Demokratieexperiment gefährdet würde.[2]

Tatsächlich verfolgten viele Menschen an jenem Sonntag aufmerksam, was der »Demokratie« da gerade auf der anderen Seite des Globus widerfuhr. Eine Geschichte der Kugeln, nicht eine der Stimmzettel. Die Presse und das Fernsehen berichteten unablässig über die Ereignisse auf dem Tiananmen-Platz, mit einer Zeitverschiebung von sechs Stunden bis Warschau und zwölf bis Washington. Der britische Historiker Timothy Garton Ash, der sich in der polnischen Hauptstadt aufhielt, um über die Wahlen zu berichten, saß an jenem Morgen in den behelfsmäßigen Büroräumen der unlängst gegründeten oppositionellen Tageszeitung *Gazeta Wyborcza* (Motto: *Nie ma wolności bez Solidarności* »Es gibt keine Freiheit ohne Solidarität«). Aber er und seine polnischen Freunde verfolgten geradezu hypnotisiert die Meldungen von toten oder verwundeten chinesischen Demonstranten, die aus der Verbotenen Stadt getragen wurden.[3] Die *New York Times* brachte an diesem Morgen eine Schlagzeile quer über die Titelseite: »SOLDATEN GREIFEN PROTEST IN PEKING AN UND SCHLAGEN IHN NIEDER. TAUSENDE LEISTEN WIDERSTAND, UNZÄHLIGE TOTE«. Am unteren Rand der Seite meldete ein kleines Kästchen mit der Überschrift »Wahl in Polen«: »Manche sagen, dass in vier Jahren die Opposition an der Macht sein wird.«[4]

Der Wandel kam jedoch viel schneller. Obwohl die amtlichen Ergebnisse erst in den folgenden Tagen erwartet wurden, war schon am selben Abend klar, dass die Opposition so gut wie alle Senatssitze gewonnen hatte. Noch wichtiger: Bei den Wahlen zum Sejm boten Millionen Wähler der Regierung die Stirn, indem sie eine große Zahl der Namen auf der offiziellen Liste durchstrichen, sodass Dutzende zentraler Parteifunktionäre – darunter der Regierungschef, der Verteidigungsminister und der Innenminister – an der 50-Prozent-Hürde scheiterten. Das war ein überraschendes Ergebnis: Solidarność hatte die Kommunisten übertrumpft. Die Wahl war nicht nur ein Schlag ins Gesicht für die Partei, sie untergrub auch die Basis der geschäftsführenden Regierung. Das Regime hatte die Kontrolle über die Neuerfindung des Kommunismus verloren. Das Volk übernahm, allem Anschein nach, die Macht.

Doch an jenem sonnigen Sonntagabend herrschte in ganz Polen nicht gerade Hochstimmung. Die Bevölkerung schien vielmehr verunsichert. Solidarność-Anführer Lech Wałęsa äußerte Bedenken bezüglich der Implikationen des offenbar erdrutschartigen Sieges für seine Gewerkschaftsbewegung: »Ich denke, dass ein zu großer Prozentsatz unserer Leute, die sich durchsetzen, beunruhigend wäre.« Nach einem Jahrzehnt heftiger Auseinandersetzungen mit dem Regime war er auf der Hut vor der Reaktion der Regierung Jaruzelski. Parteisprecher Jan Bisztyga warnte: »Sollten Gefühle des Triumphs und des Abenteurertums in Polen anarchische Zustände auslösen, so wären die Demokratie und der soziale Frieden ernsthaft gefährdet.« Er fügte düster hinzu: »Die Behörden, die Koalition und die Opposition können so eine Situation nicht zulassen.«[5]

Garton Ash erlebte mit, wie die Gewerkschaftsführer »in fieberhafte Diskussionen, verzwickte Verhandlungen und spätabendliche Ränkespiele« verfielen – ihre Reaktion auf das Wahlergebnis war »eine merkwürdige Mischung aus Hochgefühl, Unglauben und Alarm. Eine Bestürzung über die neue Verantwortung, die ihnen jetzt bevorstand – tatsächlich das Problem des Erfolgs –, aber auch eine schleichende Angst, dass die Dinge nicht weiter so gut laufen könnten.«[6] Diese Angst wurde natürlich von den Meldungen aus China noch geschürt. Sowohl die Führer der Solidarność als auch der Reformkommunisten wurden schlagartig und schmerzlich daran erinnert, was geschehen konnte, wenn es zur Gewaltanwendung kam – nicht zuletzt mit Blick auf die Anwesenheit von rund 55 000 Soldaten der Roten Armee auf polnischem Boden. Also taten sie alles in ihrer Macht Stehende, um das zu verhindern.[7]

Die Solidarność-Führung erkannte jetzt, dass sie es wagen musste, sich ernsthaft in der Tagespolitik zu engagieren – aus der ursprüng-

lichen Rolle einer völlig marginalisierten »Opposition« herauszutreten
und anzufangen, die Verantwortung zu übernehmen, die mit ihrem
Wahlerfolg einherging. Die Regierung war ihrerseits ebenfalls von den
Ergebnissen ernüchtert. Sie hatte von der Bevölkerung ein qualifizier-
tes Vertrauensvotum eingefordert, die stattdessen ein vernichtendes
Urteil über mehr als 40 Jahre kommunistische Herrschaft, gestützt auf
die sowjetische Militärmacht, fällte. Da Polen nunmehr in unbekannte
Gewässer gelangte, waren beide Seiten gezwungen, zusammenzuarbeiten – nicht zuletzt aus Angst, ein zweites Tiananmen zu riskieren, falls
sie es nicht taten. Kommunisten und Solidarność waren allem Anschein
nach in einer Schicksalsgemeinschaft miteinander verbunden – außerstande, ohne den anderen viel für Polen zu bewirken.

Gorbatschow und seine Berater waren regelrecht geschockt über das
polnische Wahlergebnis. Sie hatten erwartet, dass Perestroika-ähnliche
Reformen in den Satellitenstaaten dankbar begrüßt würden und dass
es den Reformkommunisten auf diese Weise gelänge, an der Macht zu
bleiben. Der Kreml führte das Ergebnis auf polnische Besonderheiten
zurück, weshalb Polen, so sah es Gorbatschow-Berater Andrej Gratschow, auch »die Schwachstelle« im sowjetischen Block darstellte. Die
Annahme war, was auch immer in Polen geschah, bliebe auf Polen
beschränkt.[8] Aus diesem Grund hielt Gorbatschow auch an den Prinzipien fest, die er so überraschend vor den Vereinten Nationen verkündet
hatte. Die Breschnew-Doktrin war tot. In Moskau stand keinem der
Sinn nach einer militärischen Lösung. Jetzt war »Entscheidungsfreiheit« angesagt. Das polnische Volk hatte gesprochen. Dann sollte es so
sein – solange Polen Mitglied im Warschauer Pakt blieb.[9]

Niemand sah voraus, dass Polen durch seine Wahlrevolution der
erste Stein sein würde, der – quasi im Dominoeffekt – letztlich zum
Kollaps des Sowjetblocks führen würde, wobei es in den Gesellschaften
schon seit Jahren gärte.

*

Im Rückblick erscheint freilich der gesamte sowjetische Block als ein
Kartenhaus. In erster Linie, weil er sich seit dem Ende des Zweiten
Weltkriegs auf die Präsenz der Roten Armee stützte. Die sowjetische

Kontrolle über diese Territorien hatte sich schrittweise gefestigt – im Falle Polens sehr schnell, deutlich langsamer etwa in der Tschechoslowakei –, doch im Grunde waren von Moskau abhängige kommunistische Einparteienregime gewaltsam eingesetzt worden. Im Jahr 1955 wurde diese eiserne Faust von einem dünnen Samthandschuh in der Gestalt eines internationalen Bündnisses unabhängiger Staaten verhüllt, das angeblich ein Spiegelbild der NATO war und im Westen gemeinhin der Warschauer Pakt genannt wird. In Wirklichkeit war der Pakt jedoch eine praktische Tarnung für die sowjetische Dominanz. Im Jahr 1956 unterstützte der Warschauer Pakt die Rote Armee, als sie antikommunistische Proteste in Budapest niederschlug; und 1968 machte er das Gleiche, um den Prager Frühling niederzuwalzen. Letztlich wurde der Block von der Angst vor den Panzern zusammengehalten. Selbstverständlich waren die Vereinigten Staaten die unumstrittene Hegemonialmacht im westlichen NATO-Bündnis. Washington war der unersetzliche Garant der atomaren Sicherheit, der Stützpunkte auf dem Boden der Alliierten nutzte. Aber wenn Westeuropa Teil eines amerikanischen »Imperiums« war, so beruhte dieses Imperium sowohl auf »Einladung« als auch auf »Integration«. In Osteuropa hingegen war der sowjetische Block stets ein »Imperium durch Zwang«.[10]

Was die Satelliten außerdem (unter dem Dach des 1949 gegründeten RGW, des Rats für gegenseitige Wirtschaftshilfe) miteinander verband, war das gemeinsame Festhalten an Konzepten der Planwirtschaft, die von Moskau ausgingen. Der »Plan« gab Regierungsziele für die gesamte Produktion, für die Leistung in jedem Industriezweig und sogar in jeder Fabrik und auf jedem landwirtschaftlichen Großbetrieb vor. Er schaltete auf diese Weise nicht nur die Kräfte des Marktes aus, sondern auch persönliche Anreize. Gestützt auf umfassende Verstaatlichungsprogramme, die nach 1945 durchgesetzt wurden, propagierte der Plan eine rasche Industrialisierung und Urbanisierung von bislang größtenteils landwirtschaftlichen Gesellschaften und führte anfangs zu einem schnellen Anstieg des Lebensstandards und der sozialen Absicherung für weite Teile der Bevölkerung. Doch diese Gewinne waren rasch erschöpft, und in den Siebzigerjahren wurde die Inflexibilität der Kommandowirtschaften bereits deutlich spürbar. Der Unmut über den Mangel an Verbrauchsgütern und deren mindere Qualität wuchs. Weil der sowjetische Block möglichst autark sein wollte, war er auch weitgehend von externen Waren abgeschottet, selbst in den Jahren der Entspannung in den Siebzigern. Schon zu diesem Zeitpunkt konnte das System nur dank westlicher Kredite und subventionierter Preise für sowjetisches Öl überleben. Ein Jahrzehnt später, als im Westen die IT-Revolution richtig in Schwung kam, schienen die Unzulänglichkeiten des RGW und die Zerbrechlichkeit des Ostblocks allgemein unübersehbar.[11]

Aber trotz dieser gravierenden strukturellen Mängel war die »Revolution von 1989« keineswegs vorherbestimmt. Weder Analysten der CIA noch Theoretiker der internationalen Beziehungen sagten die plötzliche Auflösung des Blocks im Jahr 1989 voraus.[12] Im klassischen Sinn von einer »Revolution« zu sprechen, ist genaugenommen irreführend. Der Umbruch von 1989 war nicht einfach das Ergebnis einer allgemeinen Unzufriedenheit der Bevölkerung und der Proteste auf der Straße: Der jeweilige Wandel auf nationaler Ebene wurde zum Teil von führenden Politikern angestoßen, in einem Tauziehen zwischen Reformern und Konservativen. Es gab ebenso sehr eine »Revolution von oben« wie eine »Revolution von unten«. Die nationalen politischen Eliten wiederum agierten in einem internationalen Kontext – reagierten auf Signale, die anfangs von Gorbatschow und dann vom Westen ausgingen. Wegen dieser lateralen Dynamik könnte man von einer sich wie ein Buschfeuer quer von einem Staat zum nächsten verbreitenden »Revolution von überall« sprechen. Und zu den wichtigsten »übergreifenden« Faktoren, die über Erfolg oder Scheitern der Reform entschieden, zählte das Vorgehen der Roten Armee – weil die sowjetische Militärpräsenz Quelle und Ursprung des gesamten Blocks war.

Aber das Jahr 1989 war nicht einfach ein den ganzen Block umfassender Aufstand gegen das sowjetische »Imperium durch Zwang«. Der Wandel wurde von den jeweiligen Umständen in den einzelnen Staaten mit ihren unterschiedlichen Gesellschaften, Kulturen und Religionen ausgelöst. Die Katalysatoren kamen zu verschiedenen Zeitpunkten zum Tragen und entfalteten ihre Wirkung mit unterschiedlicher Geschwindigkeit, getrieben von den jeweiligen nationalen und lokalen Umständen. Zum großen Teil lagen die Wurzeln in seit langem schwelenden Missständen; und viele historische Bezugspunkte gingen auf frühere

Revolutionen zurück, nicht nur in der kommunistischen Ära (Berlin 1953; Posen 1956; Budapest 1956; Prag 1968), sondern sogar bis zu, sagen wir, 1848 oder 1918.

Im Falle Polens[13] wurde die nationale Abneigung gegen Fremdherrschaft von der katholischen Kirche kanalisiert, die dort, im Vergleich zu anderen Ländern im Block, eine einzigartige Autorität genoss. Jahrhundertelang hatte die Kirche die polnischen Werte sowohl gegen die russische Orthodoxie als auch gegen den preußischen Protestantismus verkörpert, insbesondere zu den Zeiten, als Polen während der verschiedenen Teilungsphasen im späten 18., 19. und bis ins 20. Jahrhundert hinein von der Landkarte verschwunden war. In der kommunistischen Ära bewahrte sie sich erfolgreich ihre Unabhängigkeit vom Staat und von der regierenden Partei und fungierte fast schon als »alternative Ideologie«. Die Wahl des charismatischen Kardinals Karol Józef Wojtyła zum ersten polnischen Papst (Johannes Paul II.) im Oktober 1978 und dessen triumphaler Besuch in der Heimat im folgenden Juni erhöhten ihn zu einer alternativen Führungsfigur, der für Menschenrechte und Redefreiheit eintrat, aber dank seines Amtes nunmehr im Westen wohnte. Seine Autorität, ja Aura war so groß, dass das Regime so gut wie machtlos war, als das Volk in ihm seinen Fürsprecher fand.[14]

Polen hatte auch eine zweite gut organisierte Kraft, die imstande war, dem Staat die Stirn zu bieten. Solidarność, die unabhängige Gewerkschaft, war im Jahr 1980 im Zuge einer Welle von Streiks gegründet worden, die sich entlang der Ostseeküste von Gdansk (Danzig) nach Norden bis Gdynia und dann nach Westen bis Szczecin (Stettin) als Reaktion auf massive Preiserhöhungen seitens der Regierung ausgebreitet hatten. Der Schmelztiegel der Bewegung war die Danziger Lenin-Werft. In Polens wichtigster Hafenstadt bildeten rund 20 000 Arbeiter und ihre Familien eine beachtliche und einheitliche Kraft des Widerstands. Ihr Anführer war Lech Wałęsa, ein tatkräftiger und temperamentvoller Organisator, der mit seinem mächtigen, buschigen Schnurrbart zu einer internationalen Ikone wurde. Nach monatelangen Unruhen verhängte das Regime – inzwischen unter Führung von General Wojciech Jaruzelski, der im Gegensatz zu seinem Vorgänger die volle Unterstützung Moskaus genoss – im Dezember 1981 das Kriegsrecht. Eine brutale, nationale Lösung, aber immerhin keine Intervention des Warschauer Paktes wie bei der Niederschlagung des »Prager Frühlings« 1968. Es folgte ein politisches Patt. Die Behörden waren außerstande, Solidarność aus dem Weg zu schaffen, doch die geächtete Gewerkschaft war ihrerseits nicht in der Lage, die Regierung zu stürzen.[15]

Die polnische Wirtschaft geriet immer weiter in eine Abwärtsspirale bis zu einer weiteren Runde von Preiserhöhungen im Winter 1988, als Teil eines, wie die Regierung sagte, breiten Programms des wirtschaftlichen und politischen Wandels. Während die Preise im Einzelhandel im ersten Quartal von 1988 um 45 Prozent und manche Artikel wie Heizmaterial sogar um 200 Prozent in die Höhe schnellten, geriet ein großer Teil des »Programms« bereits ins Stocken, kaum dass es angefangen hatte.[16] Das löste im Frühjahr und Sommer neue Streiks und Proteste aus, die sich diesmal über das ganze Land ausbreiteten und sämtliche Industriezweige erfassten, von den Werften bis hin zum Busverkehr, von den Stahlwerken bis hin zum Kohlebergbau – und das zu einer Zeit, als Gorbatschow von Moskau aus zu Reformen ermutigte und Jaruzelski zu einer weiteren »sozialistischen Erneuerung« anspornte. Als im August eine neue Streikwelle Polens Hauptexportindustrien, vor allem Kohle und Stahl, lahmlegte, bekam die zur Schau getragene Zuversicht der Regierung allmählich Risse. »Eine sehr große Sache kam bei dem letzten Streik heraus«, sagte Wiesław Wojtas, der Gewerkschaftsführer in Stalowa Wola, dem Herzen von Polens Stahlindustrie und Epizentrum der Streiks von 1988. Er und seine Arbeitskollegen hatten die Kühnheit, den Streik im August mit einem Demonstrationszug durch die Stadt zu beenden. Zusammen mit 30 000 der 70 000 Bürgerinnen und Bürgern marschierten sie direkt zur örtlichen katholischen Kirche. »Wir durchbrachen die Barrieren der Angst«, erklärte er stolz. »Und ich denke, die Behörden erkannten, dass wir gewonnen hatten.«[17]

Wojtas hatte recht. Jetzt, wo die Angst vor den Panzern gewichen war, ließ sich das polnische Volk nicht länger leise zur Unterwerfung zwingen. Jaruzelski wiederum machte dieses Mal das Zugeständnis, über wirtschaftliche, soziale und politische Reformen zu diskutieren. Die Gespräche am Runden Tisch begannen im Februar 1989, wobei sich Vertreter der Solidarność, der katholischen Kirche und der kommunistischen Partei als gleichwertige Partner an einen Tisch setzten.[18] Am 5. April erzielten sie eine Einigung, die der Verfassung von 1952 hinzu-

Polen: »Refolution« am Runden Tisch

gefügt und das polnische Staatswesen einen großen Schritt in Richtung einer repräsentativen Regierung voranbringen sollte, einschließlich eines wiederhergestellten Oberhauses als Ergänzung zum Sejm. Schließlich sollten dessen Vertreter vollständig durch freie Wahlen bestimmt werden, was den Weg zu einer Legalisierung der Solidarność und zur Wahl im Juni freimachte.

Wałęsa hatte im September 1988 weitere Streiks abgesagt, nachdem Jaruzelski die Gespräche am Runden Tisch versprochen hatte.[19] In der Folge kam es nie wieder zu so großen Massenprotesten. Seit dem Herbst 1988 entsprachen die Ereignisse in Polen »durchweg einer von der Elite gelenkten Krise, in der die Massen erst am 4. und 18. Juni 1989 wieder auf die politische Bühne traten, um ihre Stimme abzugeben«. Damit wurde das Machtmonopol der kommunistischen Partei schließlich beendet.[20] Genaugenommen handelte es sich auf beiden Seiten um eine Angelegenheit der Elite, da die Vereinbarungen im Wesentlichen zwischen den Führern der Regierung und der Opposition festgeklopft wurden. Daher kommt auch die Wortschöpfung »Refolution« des Kommentators Timothy Garton Ash, womit er eine Reform von oben, ausgelöst durch revolutionären Druck von unten meint.[21]

In Ungarn herrschte in den Jahren 1988/89 eine vergleichbare Dynamik, doch der Verlauf und das Tempo wichen von Polen ab. Es gab keine Streikwelle, die als Katalysator fungierte, und keine Gewerkschaftsbewegung, die sich um die katholische Kirche scharte; vielmehr war ein Machtkampf innerhalb der Parteiführung der entscheidende Auslöser. Im Mai 1988 wurde der angeschlagene János Kádár, inzwischen Mitte 70, der seit seiner Einsetzung durch den Kreml 1956 an der Macht war, endlich gestürzt. Sein Abgang öffnete einer neuen Generation Kommunisten die Tür, die ausnahmslos in den Vierzigern oder Fünfzigern waren und überwiegend zu den Reformern zählten.[22] Ihre Ansichten waren von dem komplexen Vermächtnis des November 1956 geprägt, als sowjetische Panzer in die Hauptstadt eingerückt waren, um Massendemonstrationen gegen die russische Unterdrückung niederzuschlagen und eine reformkommunistische Regierung zu stürzen, die freie Wahlen und den Rückzug des Landes aus dem Warschauer Pakt zugesagt hatte. Bei der blutigen Niederschlagung kamen Schätzungen zufolge 2700 Ungarn ums Leben und weitere 20000 wurden verletzt.[23]

Nachdem die sowjetischen Panzer in Budapest aufgefahren waren, erwartete der Kreml von seiner Marionette Kádár, dass er den Scherbenhaufen aufräumte. Seine erste Maßnahme bestand darin, rund 20000 Menschen ins Gefängnis zu stecken und 230 hinzurichten, darunter die Anführer der »Konterrevolution« (die offizielle sowjetische Bezeichnung für diesen Volksaufstand). Sein Vorgänger Imre Nagy wurde in einem Geheimprozess verurteilt, im Hof des Gefängnisses erhängt und mit dem Gesicht nach unten in einem nicht gekennzeichneten Grab beigesetzt, an Händen und Füßen mit Stacheldraht gefesselt. Obwohl in Ungarn jegliches Gedenken an den ehemaligen Regierungschef untersagt war, wurde Nagy für seine Landsleute und im Westen zu einer Kultfigur.[24]

Kádár hatte seine Loyalität gegenüber Moskau unter Beweis gestellt. Von nun an verabschiedete er sich allerdings schrittweise und stillschweigend von der marxistischen Lehre und erlaubte ein gewisses Maß an freiem Unternehmertum. Die Planwirtschaft wurde gelockert und somit viele Waren von den Preiskontrollen befreit. Außerdem wurde ein neues Programm für die Kollektivierung der Landwirtschaft eingeführt, einschließlich geänderter Bestimmungen für die Bewirtschaftung eigener Grundstücke, die es den Menschen erlaubten, auf privatem Land Lebensmittel für den Markt anzubauen.[25] Das war der Ursprung des sogenannten »Gulaschkommunismus« der Sechzigerjahre – unter der offiziellen Bezeichnung »neuer Wirtschaftsmechanismus«.[26] Kádárs wirtschaftliche und politische Reformen ermöglichten einen Anstieg des Lebensstandards und ein relativ entspanntes ideologisches Klima im Land. Er öffnete Ungarn auch in gesellschaftlicher Hinsicht behutsam. Fortan störte die Regierung nicht mehr westliche Rundfunksendungen und lockerte Reisebeschränkungen für Besuche auf die andere Seite des Eisernen Vorhangs. Im Jahr 1963 reisten 120000 Ungarn in den Westen, viermal so viele wie 1958. All diese Maßnahmen machten das Land zu einem der wohlhabendsten und tolerantesten Staaten im sowjetischen Block.[27] Und Kádár stieg zu einer beliebten Persönlichkeit auf – zumindest vorerst.

Mitte der Achtzigerjahre hatte der betagte ungarische Parteiführer, im Schatten von Gorbatschow, sein Haltbarkeitsdatum jedoch bereits überschritten. Dieser Ansicht war mit Sicherheit die jüngere Generation seiner Partei, die darauf brannte, die neuen Ideen und die Dynamik, die vom Kreml ausgingen, zu übernehmen. Kádár hatte seinerseits die Lust auf Veränderungen verloren, ungefähr so wie die Moskauer Gerontokraten aus der Breschnew-Ära Anfang der Achtzigerjahre. Im Jahr 1987 versuchte Kádár, seine eigene Stellung als Parteisekretär zu stärken, indem er Károly Grósz, einen Parteifunktionär mit konservativen Referenzen, zum Regierungschef ernannte. Doch dann verriet Grósz Kádár und wechselte ins Lager der Reformkommunisten, indem er staatliche Kontrollen und Zuwendungen noch weiter zurückfuhr und zu mehr Prinzipien des freien Marktes ermunterte. Allerdings ließen diese Schritte jede finanzielle Disziplin außer Acht und bescherten Ungarn die höchsten Pro-Kopf-Schulden in ganz Osteuropa.[28]

Mitten in der sich zuspitzenden Krise wuchs das Selbstvertrauen der Dissidenten, die unter stillschweigender Duldung der Partei eine Fülle oppositioneller Gruppen gründeten. Diese neuen Kräfte bestimmten zunehmend die politische Agenda. So kam es, dass die kommunistischen Reformer die konservativen auf einem Sonderparteitag im Mai 1988 besiegten und Kádár als Generalsekretär der Partei durch Grósz ersetzten; der junge Wirtschaftsexperte Miklós Németh übernahm im

Herbst das Amt des Regierungschefs von Grósz. Die Strategie der Reformer – wie die ihrer polnischen Kollegen – lautete, dass die Partei sich zurückziehen solle, ohne allerdings ihre Machtposition aufzugeben, um sich letztlich zu erneuern. Doch die Hoffnung, Herr der Lage zu bleiben, sollte sich ebenso wie in Polen als illusorisch erweisen. Ungarn wurde zum zweiten Dominostein des Blocks.

Im Februar 1989 war der Versuch der Regierung, die Opposition zu vereinnahmen, gescheitert. Es entstand so etwas wie eine rivalisierende Zusammenarbeit. Viele Oppositionsgruppen hatten sich zu politischen Parteien entwickelt, und die kommunistische Partei fühlte sich verpflichtet, ihre prinzipielle Unterstützung für den Übergang Ungarns zu einer Mehrparteiendemokratie zu erklären. Tatsächlich gab die Partei schon bald den formalen leninistischen Grundsatz eines »demokratischen Zentralismus« auf, der ihr Machtmonopol legitimiert hatte. Innerhalb dieses nervenaufreibenden politischen Prozesses spielte auch das historische Gedächtnis eine wichtige Rolle.[29] Der 15. März war traditionell Ungarns Nationalfeiertag – an dem an den Ausbruch der gescheiterten nationalen Revolte von 1848 gegen die österreichische Herrschaft erinnert wurde, die schließlich Truppen des österreichischen Verbündeten, des russischen Zaren Nikolaus I., niedergeschlagen hatten. In der kommunistischen Zeit wurden alle Feiern dieses Tages verboten, weil man fürchtete, antirussische Proteste zu schüren, doch im Jahr 1989 erklärte die reformorientierte Regierung – in der Hoffnung, die Opposition durch ein kollektives Gedenken zu beschwichtigen und dadurch für den derzeitigen politischen Kurs Rückhalt zu gewinnen – den 15. März wieder zum Nationalfeiertag. Die von der kommunistischen Regierung inszenierte Veranstaltung auf den Stufen des Nationalmuseums kam jedoch wenig zur Geltung, denn zur gleichen Zeit versammelten sich auf den Straßen Budapests mindestens 100 000 Menschen, um die historischen Ereignisse von 1848 nachzustellen.[30]

In solch verwegener Stimmung fühlten sich die Gegner des Regimes angespornt, einen Runden Tisch der Opposition zu bilden. Acht Gruppen kamen zusammen und versuchten, sich auf eine klare Verhandlungsstrategie angesichts der eigenen Reformagenda des Regimes zu einigen. Das schien unerlässlich, um der ungarischen Opposition das gleiche Gewicht und den gleichen Einfluss wie der Solidarność in Polen zu verleihen. Nach wochenlangem Tauziehen um die Strategie, wie die Gespräche zu führen seien, begannen die Verhandlungen zwischen dem Runden Tisch und der Regierung am 13. Juni ernsthaft und wurden dann (anders als in Polen) unter Ausschluss der Öffentlichkeit fortgeführt.[31]

Drei Tage später, am 16. Juni – dem 31. Jahrestag der Hinrichtung Imre Nagys – ließ die Opposition dessen Überreste exhumieren und auf dem Heldenplatz mitten in Budapest eine öffentliche Trauerfeier für ihn und einige andere prominente Persönlichkeiten der 56er-Revolution abhalten. Zu dem Ereignis strömten, wie selbst die Regierung schätzte, über 200 000 Menschen. Die ganze Zeremonie wurde im staatlichen Fernsehen übertragen, und vier Reformer der Partei mit Regierungschef Németh an der Spitze nahmen daran teil. Nicht dass ihnen das viel genützt hätte. Ein 26-jähriger Sprecher des »Bundes junger Demokraten« namens Viktor Orbán würdigte Nagy als einen Menschen, der sich, obwohl er Kommunist war, »mit der Sehnsucht der ungarischen Nation, den kommunistischen Tabus, dem blinden Gehorsam gegenüber dem Russischen Reich [sic] und der Diktatur einer einzigen Partei ein Ende zu setzen, identifizierte«. Mit einer Geste in Richtung der vier hohen Parteimitglieder fuhr er vernichtend fort: »Wir können nicht begreifen, dass jene, die die Revolution und deren Regierungschef unbedingt verunglimpfen wollten, sich auf einmal zu großen Unterstützern und Anhängern von Imre Nagy gewandelt haben. Ebenso wenig können wir verstehen, dass sich eben jene Parteiführer, die uns zwangen, aus Büchern zu lernen, die die Revolution verfälschten, jetzt beeilen, den Sarg zu berühren, als ob er ein Glücksbringer wäre.« Ein böswilliger Ton hatte sich in die Vorgänge eingeschlichen: Orbáns Äußerungen signalisierten eine scharfe Ablehnung des reformkommunistischen Narrativs von einer wohl gemanagten politischen Transformation und nationaler Versöhnung und nahmen den Geist der Ressentiments und der »Säuberungs«-Mentalität vorweg, die die ungarische Politik später durchdringen würden.[32]

Die erneute Beisetzung Nagys bewirkte einen starken antisowjetischen, antikommunistischen Nationalismus an der Basis – ganz ähnlich dem Papstbesuch in Polen, in diesem Fall allerdings ausgelöst durch

Erinnerungspolitik statt durch religiösen Eifer. Beide politischen Veränderungen wurden weitgehend durch spezifische nationale Erfahrungen geprägt und auch innerhalb der nationalen Grenzen eingedämmt. Doch sie spielten sich ungefähr zur gleichen Zeit ab und befeuerten sich durchaus gegenseitig. Was in Polen und Ungarn passierte, kam einer Befreiung von der Diktatur durch die Schaffung neuer institutioneller Strukturen für neue Regime gleich. Darüber hinaus nahmen revolutionäre Ideen weiter Fahrt auf,[33] sogar über Osteuropa hinaus. Es ist bezeichnend, dass die konservativen Hardliner in Peking dies mit einer »ansteckenden Krankheit« verglichen, die von Polen und Ungarn ausgehe.[34] Tatsächlich sollte sich die »Seuche« der Wirtschaftsreform, im Verein mit einer politischen Demokratisierung,[35] im Laufe des Jahres ausbreiten und den ganzen Ostblock von Estland an der Ostseeküste bis nach Bulgarien an den Ufern des Schwarzen Meeres infizieren.

Doch diese Ansteckung einer ganzen Fülle kommunistischer Staaten war nicht die einzige Dynamik des Jahres 1989. In einem dieser Länder, nämlich in Ungarn, hatte die Reform die Kraft, zum Lösemittel für den gesamten Sowjetblock und sogar für das Nachkriegseuropa zu werden.

*

Das wurde am 27. Juni 1989 in einer Aufnahme deutlich, die rasch um die ganze Welt ging. Zwei in elegante Geschäftsanzüge gekleidete Männer, die allerdings in freier Natur stehen, hantieren mit Bolzenschneidern, um Löcher in einen rostigen Stacheldrahtzaun zu schneiden. Das Duo – der ungarische Außenminister Gyula Horn und sein österreichischer Kollege Alois Mock – war eigens an die österreichisch-ungarische Grenze gefahren, um ein bewusstes Signal zu senden. Indem sie Seite an Seite den Stacheldraht durchtrennten, schienen sie die frohe Kunde zu verbreiten, dass die Teilung Nachkriegseuropas zu Ende ging.

Das war natürlich eine Art PR-Gag. Als Horn seinem Regierungschef die Zeremonie vorschlug, erwiderte Németh im Scherz:»Gyula, mach's, aber beeil dich – es ist kaum noch Stacheldraht übrig.«[36] Tatsächlich hatten die beiden Regierungen schon am 2. Mai angefangen, die Grenzanlagen einschließlich der Wachtürme und Warnsysteme abzubauen. Und die Entscheidung zu diesem Schritt lag noch weiter zurück, näm-

Horn und Mock durchschneiden den Eisernen Vorhang

lich Ende 1988, als Németh im Rahmen seines Reformpakets das Budget für den Erhalt der ganzen baufälligen Anlagen kurzerhand gestrichen hatte. Etwa 4000 Mal im Jahr wurde zwar noch immer Alarm ausgelöst, meist allerdings von Kaninchen, Rotwild, Fasanen und hier und da von einem Betrunkenen. Die bankrotte Regierung hatte kein Geld, um die Grenzanlagen zu reparieren, und die Reisebeschränkungen für Ungarn waren ohnehin schon früher im selben Jahr aufgehoben worden: Monate später, bis Ende 1988, waren sechs Millionen ungarische Touristen ins Ausland gefahren, hauptsächlich in den Westen.[37]

Németh besprach seine Entscheidung, den Stacheldraht rings um sein Land zu entfernen, mit Gorbatschow, als er diesen am 3. März 1989 in Moskau besuchte. Der sowjetische Parteichef hatte nichts dagegen: »Wir haben eine strenge Regelung an unseren Grenzen, aber auch wir werden offener.« Allerding war die Lage, wie Németh selbst gegenüber Gorbatschow einräumte, für Budapest etwas komplexer. Der einzige Zweck des Grenzzaunes war nämlich, Staatsbürger aus Ostdeutschland zu fassen, die versuchten, illegal über Ungarn in den Westen zu flüchten. »Natürlich«, fügte er deshalb hinzu, »werden wir mit unseren Genossen aus der DDR sprechen müssen.«[38]

Das ostdeutsche Regime, seit 1971 mit Erich Honecker an der Spitze des ZK der SED, nahm die Nachricht von der Grenzöffnung mit einer Mischung aus Wut und Angst auf. Wut wegen des ungarischen Alleingangs, weil Budapest zwar Gorbatschows Segen eingeholt, sich aber nicht mit anderen Verbündeten im Warschauer Pakt abgesprochen hatte. Und echte Angst, weil jeder Ostdeutsche mit gültigen Reisedokumenten für Ungarn nun theoretisch aus dem Block nach Österreich und von dort zur automatischen Anerkennung als Staatsbürger nach Westdeutschland flüchten konnte. Mit anderen Worten, Ungarn würde zu einem fatalen Schlupfloch im Eisernen Vorhang, um dessen Erhalt die DDR so lange gekämpft hatte, um die eigene politische Existenz zu bewahren.

Dennoch wirkte der ostdeutsche Verteidigungsminister General Heinz Keßler Anfang Mai, als Ungarn mit der Demontage begann, noch relativ entspannt. Er sagte Honecker, sein ungarischer Kollege General Ferenc Kárpáti habe ihm versichert, dass der Abbau einzig und allein aus finanziellen Gründen erfolge und dass Ungarn die Grenze offensichtlich weiterhin durch zusätzliche Beobachtungstürme und eine »Erhöhung der Intensität des Streifendienstes« mit Spürhunden sichern werde. Kárpáti befolgte natürlich die Anweisungen von Németh, der ihm gesagt hatte, auf Zeit zu spielen und sich gegenüber Ost-Berlin möglichst vage zu äußern. »Wenn wir anfangen, die Gesamtsituation zu erklären, werden wir uns nur verplappern und in noch größere Schwierigkeiten geraten.« Entscheidend ist: Keßler nahm Kárpáti beim Wort und meldete Honecker pflichtgemäß, dass der Abriss des 260 Kilometer langen Grenzzaunes schrittweise bis zum Ende des Jahres 1990 erfolgen sollte, mit einer Geschwindigkeit von etwa vier Kilometern pro Woche, angefangen in der Nähe von vier der acht Grenzübergängen. Ungarn habe »demonstrativ« zeitnah mit der Entfernung begonnen, um »die gut nachbarlichen Beziehungen zu Österreich besonders hervorzuheben«, sowie als Beitrag zur Entspannung in Europa.[39]

Da jeden Tag mehr Stacheldraht verschwand, blieb Ost-Berlin jedoch in Alarmstimmung. Honecker schickte seinen Außenminister Oskar Fischer nach Moskau, um sich bei seinem sowjetischen Kollegen Eduard Schewardnadse zu beschweren. Allerdings sagte dieser ihm lediglich, dass die DDR diese Angelegenheit direkt mit Ungarn regeln müsse.[40]

Ost-Berlin war also auf sich gestellt, ohne Rückhalt aus dem Kreml – eingezwängt zwischen ein sich reformierendes Polen im Osten, dem kapitalistischen deutschen Rivalen im Westen und einem immer liberaleren und offeneren Ungarn weiter im Süden.

Anfangs fingen ungarische Grenzwachen, wie Kárpáti versprochen hatte, tatsächlich ostdeutsche »Republikflüchtlinge« an den ersten abgebauten Abschnitten in der Nähe von Grenzübergängen ab. Der Eiserne Vorhang schien noch zu halten. Aber als die Neuigkeit sich herumsprach und insbesondere nachdem die Bilder von Horn und Mock am 27. Juni veröffentlicht wurden, fühlten sich die Menschen immer stärker angespornt. Also bot, während die Wochen ins Land gingen, die sogenannte »grüne Grenze« (die weiter von Grenzübergängen entfernten Abschnitte, die deshalb nicht so sorgfältig kontrolliert wurden) all jenen, die fliehen wollten, größere Erfolgsaussichten. Bis August waren bereits rund 1600 Ostdeutsche auf diesem Weg in den Westen gelangt.[41]

Das Honecker-Regime tat sein Möglichstes, damit all diese Informationen nicht in der Presse oder gar im Fernsehen verbreitet wurden. Aber es war zu spät. Die Ostdeutschen hatten die Botschaft bereits gehört: Ungarn war ihr Tor zur Freiheit.

*

Die Lage in Ungarn entwickelte sich daher mehr und mehr zu einer schwelenden internationalen Krise. Sie stand ganz oben auf der Agenda, als Gorbatschow im Sommer 1989 zu seinem ersten Staatsbesuch seit Amtsantritt in die Bundesrepublik reiste und am 12. Juni Kohl traf.[42] »Er [Kohl] habe das große Interesse der Bundesrepublik Deutschland an Ungarn erläutert«, erklärte der Kanzler. »Aber sowohl Präsident Bush wie auch er würden beide gemeinsam den Ungarn immer wieder sagen, dass sie die Kirche im Dorf lassen sollten.« Das sei ein altes deutsches Sprichwort und heiße so viel wie: die Ungarn sollten ihr Handeln nicht zu sehr hochspielen. Gorbatschow stimmte ihm zu: »Wir haben ein ähnliches Sprichwort: Mit der eigenen Urkunde geht man nicht zum Kloster eines anderen.« Beide lachten, und Kohl schwärmte von der wunderbaren Volksweisheit.

Dann wurde der sowjetische Generalsekretär ernst und meinte, er wolle ganz offen sprechen:»In der sozialistischen Welt gebe es große Veränderungen, die sehr tiefgreifend seien. Die Absichten, die mit diesen Veränderungen verbunden seien, sollten dem Westen keine Furcht einflößen oder ihn einschüchtern.« Die ganze Tendenz weise in die Richtung einer Stärkung der demokratischen Basis. Das war Gorbatschows Plädoyer für eine sozialistische Erneuerung auf nationaler Grundlage. Doch er sprach auch eine versteckte Warnung an Kohl aus, da er wusste, wie sehr der Kanzler unter Druck gesetzt wurde, oppositionelle Gruppen im Sowjetblock finanziell zu unterstützen. Jedes Land müsse selbst entscheiden, wie es das umsetze. Das sei deren innere Angelegenheit.»Es handle sich um sehr sensible Prozesse. Man müsse wissen, dass große Wirkungen ausgelöst würden, wenn jetzt jemand von außen mit einem Stock in diesem aufgewühlten Ameisenhaufen herumwühlen würde.« Ein solches Vorgehen könne absolut unvorhersehbare Konsequenzen haben.

Statt sich auf eine Diskussion einzulassen, erklärte Kohl einfach, »ihm ginge es darum, dies zu vermeiden«. In der UdSSR, in den USA und in der Bundesrepublik sei man sich einig, dass man sich in die Entwicklung von niemandem einmischen solle. Aus westlicher Sicht habe »all dies« mit »einer Kreuzzugsideologie nichts zu tun«. Aber Gorbatschow wollte seinen Standpunkt unterstreichen.»Wenn jemand versuchen sollte, von außen Einfluss zu nehmen«, erklärte er, »müsse dies zu Destabilisierung und Vertrauensverlust führen und gefährde die Verständigung zwischen West und Ost.«[43] Einen Tag später, am 13. Juni, unterzeichneten die beiden nicht weniger als elf Abkommen über eine Ausdehnung der wirtschaftlichen, technologischen und kulturellen Beziehungen sowie eine gemeinsame Erklärung, die das Recht der Völker und Staaten auf Selbstbestimmung bestätigte – ein wichtiger Schritt, insbesondere nach westdeutscher Auffassung.[44]

Doch die »Bonner Erklärung« war viel mehr als das. Sie war das Kernstück eines Staatsbesuchs, dessen Hauptbedeutung für die Bundesregierung in der symbolischen Versöhnung zweier Nationen bestand, deren grausamer Kampf Deutschland und Europa am Ende gespalten hatte. Die Erklärung definierte, was beide für eine neue und vielversprechendere Phase in den deutsch-sowjetischen Beziehungen hielten.

Kohl und Gorbatschow: Ein Toast auf den Frieden und die Völkerverständigung

Das äußerte sich in der Schlussformel, die den »tiefen und langgehegten Wunsch der Völker« ausdrückte, »mit Verständigung und Versöhnung die Wunden der Vergangenheit zu heilen und gemeinsam eine
bessere Zukunft zu bauen«.[45]

Von dem Erfolg und der guten Atmosphäre angespornt, kamen sich
die beiden Männer im Lauf der drei Tage (12.–14. Juni) tatsächlich
näher. Sie sprachen insgesamt drei Mal unter vier Augen miteinander.
Und ganz anders als bei den gewöhnlich gekünstelten Begegnungen
zwischen einem westlichen Regierungschef und einem Kommunisten,
entwickelten sie das nötige Vertrauen, um ganz offene Einschätzungen
über ihre »gemeinsamen Freunde« auszutauschen. Beide respektierten
Jaruzelski; beide legten Wert darauf, Polens Wandel unter seiner Führung sowie den Reformkurs Ungarns zu unterstützen, solange Letzterer
nicht außer Kontrolle geriet. Beide hatten ihre Schwierigkeiten mit dem
hartgesottenen sozialistischen Regime Erich Honeckers, und keiner von
beiden konnte Nicolae Ceaușescu ausstehen. Nach Kohls Meinung habe
der alte Diktator sein Land in Finsternis und Stagnation gestürzt; Gorbatschow nannte Rumänien »ein primitives Phänomen«, vergleichbar
mit Nordkorea, »im Herz des zivilisierten Europas«.[46]

Auch menschlich entwickelten sie eine echte Nähe, tauschten Kindheitserinnerungen aus und sprachen über das Leid ihrer Familien im Krieg: »Sie seien ja nicht nur Politiker, sondern auch Menschen«, sinnierte Kohl, »die das Schicksal der eigenen Familie interessiere. So habe er zwei Söhne bei der Bundeswehr gehabt, und sein Bruder sei im Zweiten Weltkrieg gefallen.«[47] Er sagte zu Gorbatschow, seine Regierung betrachte den Besuch als Signal für nichts Geringeres als das Ende der Feindseligkeiten zwischen Russen und Deutschen, als den Beginn einer Phase echt freundschaftlicher, gut nachbarschaftlicher Beziehungen. Das seien Worte, fügte er hinzu, die von dem Willen des ganzen Volkes getragen werden, von dem Willen des Volkes, das den Generalsekretär auf den Straßen und Plätzen grüße. Zweifellos war dies ein weiteres verblüffendes Merkmal des Besuchs gewesen. Gorbatschow war in Westdeutschland geradezu ekstatisch gefeiert worden – in den Kleinstädten im Rheinland ebenso wie in den Stahlwerken an der Ruhr, die er besuchte – überall waren aus der Menschenmenge begeisterte »Gorbi, Gorbi«-Rufe erschollen. Die Unterhaltung zwischen den beiden Politikern wurde immer vertrauter. Ihm gefalle Gorbatschows Politik, und er gefalle ihm auch als Mensch, gestand Kohl. Er regte an, sie sollten doch häufiger miteinander kommunizieren, am Telefon miteinander reden. Seiner Meinung nach könne man auf diese Weise viel selbst erreichen, ohne es an den bürokratischen Apparat zu delegieren. Gorbatschow stimmte zu: Er hatte das Gefühl, das gegenseitige Vertrauen wachse »bei jeder Begegnung«.[48]

An ihrem letzten Abend, nach einem langen und entspannten Essen im Kanzlerbungalow, spazierten Kohl und Gorbatschow nur mit einem Übersetzer im Schlepptau in den Park und die Stufen zum Rhein hinunter. Dort saßen sie auf einer niedrigen Mauer, plauderten hier und da mit Passanten und blickten auf die Hügel des Siebengebirges am anderen Ufer. Kohl hat diesen Moment nie vergessen. Die beiden Männer malten sich eine umfassende Neuordnung der deutsch-sowjetischen Beziehungen aus, die man in einem »Großen Vertrag« festhalten müsse,[49] der für die Zukunft neue Perspektiven eröffnen würde. Kohl warnte jedoch, dass dies unmöglich sei, solange Deutschland geteilt bleibe. Gorbatschow erwiderte ungerührt: »Die Teilung sei die logische Folge der geschichtlichen Entwicklung.« Kohl ließ nicht locker. In jener sanften Nacht, berauscht vom Wein und guten Willen, spürte er eine Gelegenheit, die er auf keinen Fall verpassen durfte. Der Kanzler wies auf den breiten, stetig fließenden Rhein und philosophierte: »Schauen Sie sich den Fluss an, ... Er symbolisiert die Geschichte; sie ist nichts Statisches. Sie können diesen Fluss stauen, technisch ist das möglich. Doch dann wird er über die Ufer treten und sich auf andere Weise den Weg zum Meer bahnen. So ist es auch mit der deutschen Einheit. Sie können ihr Zustandekommen zu verhindern versuchen. Dann erleben wir beide sie vielleicht nicht mehr. Aber so sicher wie der Rhein zum Meer fließt, so sicher wird die deutsche Einheit kommen – und auch die europäische Einheit.«

Gorbatschow hörte zu und erhob diesmal keinen Einspruch. Jener Abend am Rheinufer sei, so meinte Kohl im Rückblick, wahrhaftig ein Wendepunkt in Gorbatschows Denken und in ihrer ganzen Beziehung gewesen. Als sie auseinandergingen, umarmten sich die beiden Männer. Ein ungewohnter Anblick: der stämmige Mann aus dem Kreml und der massige, 1,93 Meter große Kanzler, der gut 125 Kilo auf die Waage brachte. Doch das Gefühl trog nicht: eine politische Freundschaft war geboren. Noch bemerkenswerter: Für Gorbatschow war die Bundesrepublik zu Moskaus, wie er sagte, »wichtigstem Auslandspartner« – nach den Vereinigten Staaten – geworden und spielte deshalb nicht weniger als eine »globale Rolle«.[50]

Kohl konnte sich nunmehr im Glanz rasch aufeinanderfolgender, enorm erfolgreicher Staatsbesuche seitens Bush und Gorbatschow sonnen. Er erklärte in Hochstimmung vor der Presse sinngemäß: Innerhalb von drei Wochen hätten die beiden mächtigsten Männer aus zwei verschiedenen Systemen Deutschland einen Besuch abgestattet. Diese neue Ära bringe neue Verantwortungen für die Bundesrepublik mit sich, und auch, fügte er hinzu, für den Frieden.[51]

Auch Gorbatschows Beurteilung des Gipfeltreffens war freundschaftlich und positiv. »Ich glaube, wir haben eine Phase des Kalten Krieges verlassen, selbst wenn manches noch nicht ausgereift ist«, erklärte er vor der Abreise. »Wir sind einfach zu einer neuen Phase der Beziehungen verpflichtet, eine, die ich die friedliche Phase in der Entwicklung der internationalen Beziehungen nennen möchte.« Er deutete sogar an, dass die Berliner Mauer verschwinden könnte, sofern »jene

Bedingungen, die sie entstehen ließen, wegfallen. Ich sehe da kein größeres Problem.« Das war ein kaum verhohlener Seitenhieb gegen das Honecker-Regime. Und mit Blick auf die Teilung Deutschlands selbst erklärte er:»Wir hoffen, die Zeit wird das lösen.« Doch während Gorbatschow über das Ende einer großen geopolitischen Barriere spekulierte, äußerte er auch Ängste vor einer neuen »undurchdringlichen Mauer quer durch Europa« – und spielte damit auf die Pläne der Europäischen Gemeinschaft zur Schaffung eines völlig integrierten einheitlichen Marktes bis 1992 an. »Bislang haben wir noch keine wirtschaftlichen oder politischen Argumente gehört, die so überzeugend waren, dass sie derartige Befürchtungen zerstreut hätten.« Das erinnert daran, dass der Prozess der »europäischen Integration« im Juni 1989 in Osteuropa als ein Weg zur Vertiefung der Spaltung zwischen den beiden Hälften des Kontinents erschien, und nicht als vereinigende Kraft von der Art, die Gorbatschow vorschwebte, wenn er von einem »gemeinsamen europäischen Haus« sprach, das sich vom Atlantik bis zum Ural erstreckte.[52]

Für Gorbatschow war Bonn eine Station auf einer Reihe von Besuchen in ganz Europa, die er Mitte 1989 absolvierte. Er präsentierte auf dieser Reise – ähnlich wie Bush auf seiner Tour im Frühjahr – heranreifende Ideen zu einem neuen Osteuropa, das sich durch sein Programm politischer und wirtschaftlicher Reformen herausbildete.

Drei Wochen später in Paris führte er weiter aus, was er gegenüber Kohl im Hinblick auf Polen und Ungarn bereits hatte anklingen lassen. Gorbatschow zufolge würden die »derzeit im Übergang befindlichen« kommunistischen Länder »eine neue Lebensqualität innerhalb eines sozialistischen Systems, einer sozialistischen Demokratie, finden«, wenn der »Prozess der Demokratisierung« letztlich ganz Osteuropa verändert habe. Mit anderen Worten, was sich derzeit im Sowjetblock abspielte, war ein Umbau, kein Abbau. Unter Verweis auf die historischen Verbindungen zwischen 1789 und 1917 erklärte er die Perestroika sogar zu einer »Revolution«.

Gorbatschow sprach vor vollem Haus an der Sorbonne – Professoren, Schriftsteller und Studenten lauschten ihm aufmerksam. Er hatte ausdrücklich um diese Veranstaltung gebeten und fühlte sich nun wie der Intellektuelle, der er gerne sein wollte. Er philosophierte über die

»neuen, globalen Probleme, mit denen sich die Menschheit am Ende des 20. Jahrhunderts konfrontiert sehe« und auf die sein »Neues Denken« Antworten biete. Er warnte den Westen, nicht Osteuropas »Rückkehr in den Schoß des Kapitalismus« zu erwarten, geschweige denn sich der »Illusion hinzugeben, dass lediglich die bürgerliche Gesellschaft ewige Werte repräsentiere«.[53]

Hinter diesen Äußerungen verbarg sich Gorbatschows echter Ärger über die Reden, die Bush im April und Mai gehalten hatte. Diese Stellungnahmen seien »weder realistisch noch konstruktiv« gewesen, und Gorbatschow hielt sie in der Tat für »sehr unerfreulich«, wie er Kohl in Bonn hatte wissen lassen. »Sie hätten ihn vielmehr an die Rede von Präsident Reagan in London erinnert, als dieser damals zum Kreuzzug gegen die Sowjetunion aufgerufen habe.« Genau wie Reagan spreche auch Bush »von den Kräften der Freiheit, die die Sowjetunion verdrängen und den Status quo verändern werden«. Ja, der ganze Sozialismus müsse zurückgedrängt werden. Und das, so Gorbatschow wütend weiter, zu einem Zeitpunkt, wo man in der UdSSR »von der Notwendigkeit der De-Ideologisierung« spräche. »Dies alles führe dazu, dass er darüber nachdenke, welcher nun der echte Bush sei, der, der der Rhetorik Tribut zolle, oder der, der in der Konzeption zum Ausdruck komme?«[54]

Als das Thema am 5. Juli zwischen Mitterrand und Gorbatschow im Élysée-Palast angesprochen wurde, verhehlte der französische Präsident nicht, dass er ganz andere Ansichten habe. »George Bush verfolgt eine sehr gemäßigte Politik, auch ohne Einschränkungen durch den Kongress, weil er konservativ ist.« Tatsächlich habe Bush, fügte Mitterrand hinzu, »einen sehr großen Nachteil … Ihm fehlt jegliches originelle Denken.« Mitterrands Frustration über seinen mangelnden Einfluss und Frankreichs reduzierten weltpolitischen Status war greifbar. Er fühlte sich durch Bushs und Kohls Europapolitik marginalisiert – ein Thema, das uns in Kapitel vier und fünf noch beschäftigen wird. Dahingegen dürfte dem sowjetischen Staatslenker die Spitze seines französischen Kollegen gegen den auf Zeit spielenden US-Präsidenten gut getan haben, ebenso wie er das Bekenntnis Mitterrands schätzte, dass er »an die Perestroika glaube«.[55]

Dennoch zog Gorbatschow, weil er dem in seinen Augen aggressiv »missionierenden« Bush das Heft aus der Hand nehmen und wieder die

moralische Überlegenheit zurückgewinnen wollte, in seiner Rede vor
dem Europarat in Straßburg alle Register. Nach der Erklärung, dass »die
Nachkriegsperiode und der Kalte Krieg in die Vergangenheit rücken«,
präsentierte Gorbatschow ein sensationelles Abrüstungspaket und
schlug einen, falls die NATO einwillige, »unverzüglichen« Abbau der
sowjetischen Kurzstreckenraketen vor, sowie das ultimative Ziel, all
diese Waffen abzuschaffen. Mit Blick auf die unlängst vorgebrachten
Argumente der Allianz zur »dritten Null« verkündete er spitzbübisch,
die UdSSR halte an ihrem »Ideal der Kernwaffenfreiheit« fest, während
sich der Westen an sein veraltetes Konzept der »minimalen Abschreckung« klammere.

Der Generalsekretär schilderte auch seine Vision eines gemeinsamen
europäischen Hauses näher. Sie schloss »selbst die Möglichkeit der
Anwendung oder Androhung von Gewalt« aus und forderte, »die Doktrin der Abschreckung durch die Doktrin der Zurückhaltung zu ersetzen«. Er malte sich, wenn die Sowjetunion weitere Schritte in Richtung einer »offeneren Wirtschaft« unternehme, am Ende die »Bildung
eines umfassenden ökonomischen Raums vom Atlantik bis zum Ural«
aus, in dem eine starke »wechselseitige Abhängigkeit der Wirtschaft
von Ost und West« herrschen würde. Er glaubte immer noch an den
»Wettbewerb zwischen verschiedenen Gesellschaftsformen« und war
überzeugt, dass diese Form der Spannungen letztlich »bessere materielle und geistige Lebensbedingungen« schaffen werde. Doch er freute
sich bereits auf den Tag, an dem »die für den Handel offenen Märkte
und die für Ideen offenen Geister das einzige Schlachtfeld sein werden«.

Nach dem Eingeständnis, dass er kein »fertiges Projekt« für das
»gesamteuropäische Haus« in der Tasche habe, erinnerte er seine Zuhörer mahnend an die Arbeit der Konferenz über Sicherheit und Zusammenarbeit in Europa (KSZE) 1975 in Helsinki, als sich 35 Nationen auf
gemeinsame Grundsätze und Werte geeinigt hätten. Es sei nunmehr
an der Zeit, erklärte er, dass die derzeitigen Generationen von Politikern in Europa und Nordamerika »neben den dringendsten unmittelbaren Fragen auch darüber sprechen, wie sie die künftigen Phasen
des Fortschritts in Richtung einer Europäischen Gemeinschaft des
21. Jahrhunderts planten«. Eckpfeiler von Helsinki 1975 seien die bei-

den Supermächte gewesen, und die Situation, davon war Gorbatschow überzeugt, habe sich seither nicht verändert. »Die Realitäten des heutigen Tages und die Perspektiven für die absehbare Zukunft liegen auf der Hand: Die Sowjetunion und die Vereinigten Staaten sind ein natürlicher Teil der internationalen politischen Struktur Europas. Ihre Beteiligung an der europäischen Entwicklung ist nicht nur berechtigt, sondern auch historisch bedingt. Jede andere Betrachtungsweise ist unannehmbar.«[56]

Auf dem Rückweg nach Moskau legte Gorbatschow einen Stopp in Rumänien ein, wo er eine Sitzung des Warschauer Paktes leitete und öffentlich die Breschnew-Doktrin widerrief. Damit unterstrich er seine Äußerungen in New York und Straßburg, dass keine Gewalt eingesetzt werde, um die Entwicklung der einzelnen sozialistischen Staaten zu kontrollieren. Diese Bekundung zusammen mit Gorbatschows PR-Offensive eines drastischen, unilateralen sowjetischen Truppenabbaus in Osteuropa und seinem ausdrücklichen Wunsch, dass die Staaten des Warschauer Paktes mit den NATO-Ländern Fortschritte bei einem Abkommen zur konventionellen Rüstung bis 1992 erzielten,[57] war ein weiterer zutiefst beunruhigender Moment für Honecker und die anderen Hardliner im Block (Ceauşescu und Miloš Jakeš aus der Tschechoslowakei). Dies umso mehr angesichts der Tatsache, dass sie auf dem Gipfel vehement eine militärische Intervention in Ungarn gefordert hatten. Als Fürsprecher der Repression und Verteidiger der Unnachgiebigkeit müssen sie den Eindruck gehabt haben, dass der Kreml sie im Stich lasse.[58] Gorbatschow verhehlte den anwesenden Parteiführern keineswegs, was er von den Dinosauriern unter ihnen hielt. Er machte deutlich, dass »neue Veränderungen in der Partei und in der Wirtschaft notwendig« seien. »Sogar W. I. Lenin sagte, dass neue politische Maßnahmen neue Leute bräuchten. Und das hängt nicht mehr von subjektiven Wünschen ab. Allein der Prozess der Demokratisierung verlangt es.«[59]

Gorbatschow verließ Bukarest am 9. Juli, genau an dem Tag, als der US-Präsident in Warschau eintraf. Jede Supermacht setzte Wegzeichen in einem Europa in Aufruhr.

*

Bush war alarmiert angesichts der Friedensoffensive Gorbatschows in ganz Europa, nicht zuletzt, weil Amerikas NATO-Verbündete allem Anschein nach von einer Art »Gorbi-Manie« erfasst worden waren, die sie für die sowjetischen Einflüsterungen zur Abrüstung empfänglich machte. Seine eigene Europareise – nach Polen und Ungarn vor dem G7-Treffen in Frankreich – war im Mai geplant worden, aber inzwischen war sie dringlicher denn je, um »die Popularität« von Gorbatschows Botschaft auszuschalten.[60]

Tatsächlich legte Bush noch vor der Abreise nach Europa Wert darauf, rasch und energisch Gorbatschows Vorschläge von Paris zurückzuweisen: »Ich sehe keinen Grund, mich hier hinzustellen und eine kollektiv von der NATO getroffene Entscheidung ändern zu wollen«, erklärte er und wiederholte, dass es keine Verhandlungen über atomare Kurzstreckenwaffen (SNF) geben werde, solange in Wien keine Einigung über eine Reduzierung der konventionellen Truppen in Europa erzielt sei. Schließlich war die UdSSR auf diesem Feld weit überlegen. In seinen Memoiren äußert er sich sarkastisch über Gorbatschows Versuch, dem Westen einzureden, dass er »nicht auf konkrete Schritte der Sowjetunion zu warten brauche, bevor wir selber nicht mehr so achtsam und militärisch vorbereitet sein mussten«.[61]

Gleichwohl ging es Bush bei seiner Europareise nicht darum, gegenüber Gorbatschow zu punkten. Der Präsident hatte bereits im Frühjahr seine ideologischen Grundsätze verkündet. Er hatte keineswegs vor, einen »Kreuzzug« zu inszenieren, vielmehr hatte er durchaus Verständnis für die unsichere Situation in Osteuropa und für Gorbatschows heikle politische Stellung im eigenen Land. Dabei beabsichtigte er nicht, von seinen eigenen Werten der Freiheit und Demokratie »abzulassen«, war sich aber sehr wohl bewusst, dass »wilde Rhetorik … nur die militanten Elemente in der Sowjetunion und dem Warschauer Pakt auf den Plan rufen« würden. Er machte sich sogar Sorgen darüber, wie seine bloße Anwesenheit wirken würde, unabhängig von dem, was er sagte. So bekräftigte er zwar, dass er sich seiner »Verantwortung als Katalysator für den demokratischen Wandel in Osteuropa« bewusst sei, wollte aber keinesfalls Unruhen schüren: »Wenn sich große Menschenmengen zusammenfanden, die ihrem Widerstand gegen die sowjetische Dominanz Ausdruck verleihen wollten, konnte das außer Kontrolle geraten.

Ein enthusiastischer Empfang konnte sich in einem gewalttätigen Aufstand gegen das Regime entladen.« Obwohl er und Gorbatschow um die beste Ausgangsposition rangelten, waren sich die beiden Führer der Bedeutung der Stabilität innerhalb eines Blocks einig, der in Bewegung war.[62]

Bush und sein Gefolge trafen am 9. Juli gegen 22 Uhr auf dem Militärflughafen von Warschau ein. Es war ein schwüler Sommerabend, als die Air Force One landete und der Präsident anschließend von einer großen offiziellen Begrüßungsdelegation empfangen wurde. Jaruzelski stand an der Spitze, doch zum ersten Mal bei einem Staatsbesuch waren auch Vertreter von Solidarność dabei. In der Nähe des Flugzeugs waren keine Zuschauer zugelassen, aber auf dem Weg vom Flughafen zum Gästehaus der Regierung in der Stadtmitte, wo George und Barbara Bush untergebracht waren, säumten Tausende von Menschen in Dreier- oder Viererreihen die Straße, schwenkten Fahnen und machten das »V« der Solidarność als Siegeszeichen. Andere lehnten sich von den Balkonen ihrer Wohnungen und warfen Blumen auf die vorbeifahrende Wagenkolonne. Es herrschte, entgegen der Befürchtungen Bushs, die Stimmung eines freundschaftlichen Empfangs, nicht einer politischen Demonstration.[63] Tatsächlich sollte das für die gesamte Reise typisch sein. Es gab keine dicht gedrängten Menschenmassen, die vor Begeisterung jubelten – nicht wie bei Papst Johannes Paul II. 1979 oder bei Kennedy in Berlin 1963. Die Stimmung schien unsicher, geprägt von einer, wie die amerikanische Journalistin Maureen Dowd schrieb, Mischung aus »Dringlichkeit und Zögern«, in der die Polen nun über eine seltsame Zukunft nachdachten, in der die »Kerkermeister« und diejenigen, die man ins Gefängnis gesteckt hatte, jetzt versuchen mussten, zusammen zu regieren.[64]

Bush und Jaruzelski gelang es, aus der geplanten »zehnminütigen Kaffeepause« am Vormittag des 10. Juli ein langes und offenes Gespräch zu machen, das eine knappe Stunde dauerte. Ihre Themenpalette erstreckte sich über die polnische Politik und die Wirtschaftsreformen, US-amerikanische Finanzhilfe, die Beziehungen der Supermächte, die Deutsche Frage und Bushs Vision »eines vereinigten Europas ohne ausländische Truppen«.[65] Das Treffen des Präsidenten mit Polens Ministerpräsident Mieczysław Rakowski – einem langjährigen kommunistischen

Journalisten, der im vorangegangenen September unvermutet zum
Regierungschef ernannt worden war – verlief ähnlich geschäftsmäßig.
Erkennbar wurde nun auch, dass der aalglatte Begriff »Reform« durchaus komplex war. Das »Hauptproblem« Polens, erklärte Rakowski,
bestehe darin, »Reformen einzuführen und zugleich ernste Unruhen zu
vermeiden«. Privatisierung sei ein wichtiger Schritt, doch er warnte, es
werde »eine volle Generation« dauern, ehe die Polen eine »Verteilung
des Reichtums« nach westlichem Muster akzeptieren würden, die sich
zwangsläufig daraus ergebe. Was das polnische Volk auf keinen Fall
brauche, fügte er hinzu, sei ein amerikanischer »Blankoscheck« – mit
anderen Worten »uneingeschränkte Darlehen« vom Westen. Stattdessen hoffte er, dass Bush die Weltbank und den IWF anspornen werde,
bei Polens Rückzahlung seiner gigantischen Schulden eine gewisse
Flexibilität an den Tag zu legen. Rakowski räumte die »wirtschaftlichen Irrtümer der Vergangenheit« seiner Partei ein, bestand aber darauf, dass sie »ein abgeschlossenes Kapitel« seien und dass polnische
Politiker nunmehr begriffen hätten, dass es notwendig sei, ein neues
aufzuschlagen. Bush versprach, dass der Westen helfen werde, erklärte
aber, dass er nicht die Absicht habe, die radikalen, sogar regelrecht
utopischen Forderungen der Gewerkschaften zu unterstützen, die
»die Staatskasse überfordern« würden. In der Beziehung stand Bush
den Zielen der polnischen kommunistischen Reformer wie Jaruzelski
und Rakowski, die eine gelenkte wirtschaftliche Zusammenarbeit mit
den USA und dem Westen anstrebte, näher als Wałęsa und der Opposition, die sofortige und umfassende Direkthilfen wünschten, um den
Schmerz des Übergangs zu lindern und so weiterhin die Unterstützung
im Volk zu haben.[66]
    Der Präsident sprach in seiner Rede vor dem polnischen Parlament
am Nachmittag des 10. Juli von Wirtschaftshilfe, doch das, was großspurig als sein »Sechs-Punkte-Plan« angekündigt wurde, stieß auf
gemischte Reaktionen. Freilich, die dringende Notwendigkeit lag auf
der Hand: Polens Schulden gegenüber westlichen Geldgebern beliefen
sich im Sommer 1989 auf rund 40 Milliarden Dollar, dabei lag die
Wachstumsrate des Landes nur knapp über 1 Prozent, während die
Inflation mit fast 60 Prozent davongaloppierte. Aber auch wenn Bush
versprach, den US-Kongress um einen Unternehmerfonds in Höhe von

100 Millionen Dollar zu bitten, um den privaten Sektor Polens zu stärken, hoffte er, dass der Rest des versprochenen Hilfspakets (325 Millionen Dollar neuer Darlehen und eine Umschuldung in Höhe von
5 Milliarden Dollar) von der Weltbank, dem Pariser Club, den G7 und
anderen westlichen Einrichtungen kommen würde.[67] Das Ganze war
ein bisschen vage und mit Sicherheit nicht vergleichbar mit den 10 Milliarden Dollar, die allen voran Wałęsa gefordert hatte. Es war noch nicht
einmal annähernd so viel wie die 740 Millionen Dollar Hilfsmittel, die
Reagan der kommunistischen Regierung auf dem Höhepunkt des Kalten Krieges angeboten hatte, bevor im Dezember 1981 das Kriegsrecht
verhängt worden war.[68] Allerdings waren in der Zwischenzeit die amerikanischen Auslandsschulden im Zuge der sogenannten »Reagano-
mics« – der Reagan'schen Wirtschaftspolitik – explodiert: von 500 Milliarden Dollar im Jahr 1981 auf 1,7 Billionen 1989.[69]

Die Reaktion auf Bushs Angebote in der polnischen Öffentlichkeit
war recht unverhohlen kritisch. »Sehr wenig Konkretes«, beklagte sich
ein Sprecher der Regierung, und »zu viel wiederholte Betonung der
Notwendigkeit weiterer Opfer durch das polnische Volk«. So viel zu
den Hoffnungen in Warschau auf einen »Mini-Marshall-Plan«. Während Bush sich selbst als »vorsichtig« einschätzte, rechtfertigte Scowcroft gegenüber Journalisten, der Wert der Hilfe sei ebenso sehr »politischer und psychologischer Natur« wie »substanziell«.[70]

Einen Tag später flog Bush nach Gdansk, um sich mit Wałęsa zum
Mittagessen in dessen bescheidenem, aber gemütlichem zweistöckigem
Stuckhaus am Rand der Stadt zu treffen. Das war ein bewusst inoffizi-
eller Anlass im kleinen Rahmen. George und Barbara plauderten als
»private Bürger« mit Lech und Danuta, weil sich der Solidarność-Führer
nicht zur Wahl gestellt hatte und deshalb jetzt keine offizielle politische
Funktion innehatte. Als der Präsident sich in den Zimmern umsah, war
er verblüfft über das Fehlen der »modernen Geräte und Einrichtungs-
gegenstände, die die meisten amerikanischen Familien für selbstverständlich halten«. »Elegante Kellner« aus einem Hotel in der Nachbarschaft und die »raffinierten Speisen« aus der Ostsee, die auf Silbertabletts
serviert wurden, konnten dies nicht kaschieren. Erneut bat Wałęsa um
finanzielle Hilfe für Reformprojekte, die Bush jedoch unsicher und
unrealistisch vorkamen. Auch warnte der Gewerkschaftsführer vor

einem »zweiten Massaker wie auf dem Platz des Himmlischen Friedens mitten in Europa«, falls die polnischen Wirtschaftsreformen scheitern sollten. Der Präsident war also froh, als er die unbehagliche Zusammenkunft anschließend verlassen und zur Lenin-Schiffswerft fahren konnte, um eine Rede vor 25 000 Werftarbeitern zu halten. Bei diesem Auftritt, den er für den emotionalen Höhepunkt seiner Polenreise hielt, stand er vor dem Fabriktor, hinter ihm das Monument zum Andenken an die 45 Arbeiter, die bei den Streiks von 1970 von Sicherheitskräften getötet worden waren: drei an riesige Stahlkreuze genagelte Anker. Bush war »emotional völlig ergriffen«, während er sprach, und hatte »das ungestüme Gefühl, dass ich Zeuge geworden war, wie hier Geschichte gemacht wurde«.[71]

Die Reise nach Polen war kurz gewesen (9.–11. Juli), aber sie hatte das Ausmaß der politischen und wirtschaftlichen Schwierigkeiten hervorgehoben, die überwunden werden mussten. Ein Präsidialberater sagte der Presse, es würden »Hunderte Millionen Dollar von uns und vielen anderen Leuten benötigt, und selbst dann wäre der Erfolg nicht garantiert«.[72]

Am selben Abend traf Bush in Budapest ein, wo ein heftiges Gewitter tobte. Er und Barbara wurden direkt zum Kossuth-Platz gefahren – benannt nach dem Führer der gescheiterten ungarischen Revolution von 1848 und eins der Zentren des Aufstands von 1956 gegen die sowjetische Herrschaft. Als die Wagenkolonne auf den Platz vor dem Parlamentsgebäude fuhr, wurde sie von rund 100 000 Menschen begrüßt – eine Menge in überschwänglicher Stimmung, voller Erwartungen, obwohl der Regen sie bis auf die Haut durchnässt hatte. Auch Bush war sehr aufgeregt, schließlich war es der allererste Besuch eines amerikanischen Präsidenten in Ungarn.[73]

Es regnete weiter in Strömen, während Ungarns Präsident Bruno Straub eine volle Viertelstunde lang ermüdende Begrüßungsfloskeln herunterleierte. Als Bush endlich zu Wort kam, lehnte er einen Regenschirm ab, verzichtete auf seine Notizen und sprach »aus dem Stegreif« einige Worte, die ihm aus dem Herzen kamen, über die Veränderungen, die derzeit in Ungarn stattfanden, und über dessen reformorientierte Führung. Genau in dem Moment, als er endete, brach die Abendsonne durch die dunklen Wolken. Und es kam zu einem weiteren besonderen

Lenin übertrumpfen: Bush und Wałęsa
in der Danziger Werft

Moment. Im Augenwinkel bemerkte Bush eine pudelnasse ältere Dame in der Nähe des Podiums. Er nahm seinen Regenmantel (der in Wirklichkeit einem seiner Sicherheitsleute gehörte) und legte ihn ihr um die Schulter. Die Zuschauer johlten geradezu vor Begeisterung. Dann stürzte sich Bush in die Menge, schüttelte unzählige Hände und wünschte ihnen alles Gute. Scowcroft kommentierte: »Die totale Verbundenheit zwischen ihm und der Menschenmasse.«[74]

Am nächsten Tag, dem 12. Juli, hielt sich Bush an ein ähnliches Drehbuch wie in Warschau. Er achtete darauf, dass er nicht in allzu großer Nähe von Repräsentanten der Opposition gesehen wurde. Genaugenommen fanden seine Begegnungen mit Vertretern sowohl der Opposition als auch der kommunistischen Partei hinter verschlossenen Türen statt, während er in der Öffentlichkeit den kommunistischen Reformern, die die Regierung leiteten, seine Unterstützung zusagte. Die allgemeine Stimmung in Budapest aber war so ganz anders als jene in Warschau:

Ungarn, so schrieb die amerikanische Presse, hatte bereits zwei Jahrzehnte lang »größere politische Freiheit – Nachtclubs, in denen bissige
satirische Witze über die Regierung gerissen wurden – und mehr wirtschaftliche Energie als jedes andere Land des Warschauer Pakts« genossen, wobei die Wochenmärkte von Obst und Gemüse geradezu über-
quollen.[75]

Bei seinen Gesprächen mit Bush unterstrich Regierungschef Miklós
Németh die feste Überzeugung, dass sich die Ungarische Sozialistische
Arbeiterpartei (USAP) erneuern könne und »imstande sei, über den
Weg der Wahl eine dominierende Stellung in der Koalition zu erlangen.
Es besteht die Gefahr, dass die Opposition, falls die USAP verlieren
sollte, für die Regierung noch nicht bereit ist.« Bush stimmte dem zu.
Was das »politische System für Ungarn« angehe, erklärte der Präsident,
seien »die vom Regierungschef geäußerten Prinzipien von der Art,
wie Amerika sie unterstütze«. Er versprach ferner, dass er »nichts
unternehmen werde, um den Reformprozess zu erschweren«. Da er zu
Stabilität neigte, glaubte Bush, dass eben die Reformkommunisten einzigartig gerüstet wären, um erfolgreich einen schrittweisen Ausstieg
aus dem Orbit Moskaus einzuleiten.[76]

In Ungarn lautete – anders als in Polen, wo die politische Lage im
Zuge der Wahlen sehr prekär war – die Frage nicht, ob, sondern wie
schnell und zu welchen Bedingungen die Erneuerungen Fortschritte
machen würden. Momentan trieben die Reformkommunisten den Wandel voran, und zwar voller Selbstvertrauen. Auf internationaler Ebene
hatte Ungarn einen größeren Handlungsspielraum als Polen – ein Land,
das für die Sowjetunion strategisch weit wichtiger war. Außerdem
wusste Budapest, dass es davon profitierte, in Warschaus Windschatten
zu fahren. Polen war es offensichtlich gelungen, den eigenen Reformkurs zu halten, indem es im Warschauer Pakt blieb; und die ungarischen Reformer sahen darin ebenfalls den besten Weg – insbesondere
nachdem Gorbatschow auf dem Bukarester Gipfeltreffen erneut seine
Haltung der Nichtintervention bekräftigt hatte. 1956, auch das hatte
man in Budapest noch lebhaft in Erinnerung, war der Austritt aus dem
Warschauer Pakt ein Schritt zu viel gewesen.

Da die Ungarn die neuen Spielregeln begriffen, waren sie auch bereit,
die Grenzen des Möglichen auszuloten. Genaugenommen hatten sie das

schon mit dem Abbau des Stacheldrahtzauns getan. Wie Imre Pozsgay –
im Grunde Ungarns Vize-Regierungschef unter Németh – Bush erklärte,
gab es nur zwei Szenarien, die möglicherweise eine sowjetische Intervention auslösen konnten: »das Aufkommen eines Bürgerkriegs« oder
»eine ungarische Neutralitätserklärung«. Ersteres hielt er für unwahrscheinlich; er war sicher, dass Ungarn einen »friedlichen« Wandel
durchlaufen werde. Und Letzteres war für Ungarn schlicht »unmöglich«. Wie im Falle Polens war die Mitgliedschaft Ungarns im Warschauer Pakt nicht verhandelbar, um den Kreml nicht zu provozieren.
Bush stimmte absolut zu, dass sich die Ungarn auf keinen Fall zwischen
Ost und West entscheiden mussten. Das Wichtigste sei, erklärte er, dass
»die sowjetischen Reformen vorankommen«, während die Vereinigten
Staaten »Gorbatschows Lage nicht verschärften, geschweige denn den
ungarischen Kurs erschwerten«.[77]

Bush hielt die Begeisterung und den Tatendrang der Reformer für
ansteckend. Ganz anders als ein Polen, das düster, niedergeschlagen
und besorgt wegen des neuen politischen Pluralismus wirkte, schien
das sich rasch dem Westen öffnende Ungarn, tatsächlich voller Vitalität.
Und Bush sprach dies in seiner Rede am Nachmittag des 12. Juli in der
Karl-Marx-Universität auch aus: »Ich sehe Menschen in Bewegung«,
sagte er. »Ich sehe Farben, Kreativität, Experimentierfreude. Schon die
Atmosphäre in Budapest ist elektrisiert, voller Optimismus.« Bush
wünschte sich, dass seine Worte noch vor Mehrparteienwahlen als ein
Beschleuniger des Wandels wirkten, damit das Land nicht bei halbherzigen Maßnahmen stehen blieb. »Die Vereinigten Staaten werden nicht
Unterstützung anbieten, um den Status quo zu erhalten, sondern um
Reformen zu fördern«, erklärte er, ehe er das Publikum ermahnte, dass
es hier, genau wie in Polen und im ganzen Block, keine einfachen
Lösungen gebe: »Es gibt Überreste der stalinistischen Wirtschaft – riesige, ineffiziente Fabriken und ein verwirrendes Preissystem, das kaum
jemand begreift, und jene massiven Subventionen, die wirtschaftliche Entscheidungen trüben.« Doch die ungarische Regierung, fügte er
hinzu, »lernt zunehmend, die Leitung der Geschäfte den Ladenbe-
sitzern und der Bauernhöfe den Bauern zu überlassen. Und der kreative Elan des Volkes wird, wenn er einmal entfesselt ist, eine eigene
Stoßkraft entwickeln. Und das wird ... jedem Einzelnen von Ihnen die

Kontrolle über das eigene Schicksal in die Hand geben – ein ungarisches Schicksal.«[78] Ungeachtet dieser leidenschaftlichen Worte bot der Präsident genau wie in Warschau relativ magere Wirtschaftshilfe an: 25 Millionen Dollar für einen Fonds für privates Unternehmertum; 5 Millionen Dollar für ein regionales Umweltzentrum und das Versprechen des Status einer meistbegünstigten Nation, sobald Ungarn seine Auswanderungsgesetze liberalisiert hatte. Außerdem machte er viel Aufhebens darum, eine Delegation Freiwilliger zu entsenden, um den Ungarn Englisch beizubringen.[79]

Das Publikum hörte während seiner ganzen Rede ruhig, aber aufmerksam zu. Der emotionalste Moment waren Bushs Äußerungen zu dem »hässlichen Symbol der Spaltung Europas und der Isolation Ungarns« – den Stacheldrahtzäunen, die derzeit »zusammengerollt und zu Bündeln gestapelt« würden. Bush erklärte feierlich: »Zum ersten Mal hat der Eiserne Vorhang angefangen, sich zu verabschieden. ... Und Ungarn, Ihr großartiges Land, weist den Weg.« Wichtiger noch, nach dem Abzug der sowjetischen Truppen, so sein Versprechen, sei er »entschlossen, dass wir zusammenarbeiten werden, um die Eindämmung, den Kalten Krieg hinter uns zu lassen«. Er schloss eindringlich mit dem Appell: »Möge die Geschichte einmal über uns schreiben, dass wir die Generation waren, die Europa ungeteilt und frei gemacht hat.« Dafür bekam er stehende Ovationen.[80]

*

Am Donnerstag, dem 13. Juli, als Bush von Budapest nach Paris zum G7-Gipfel flog, dachten er und Scowcroft über das »neue Europa nach, das gerade geboren wurde«. Auf dem Flug teilte der Präsident seine Eindrücke auch den Mitgliedern des Pressekorps mit, die sich an Bord von Air Force One um ihn scharten. Er sagte, er habe »dieses wirkliche, intensive Gefühl« des Wandels mitgenommen, der sich derzeit auf dem europäischen Kontinent abspiele – eines Wandels, den er als »absolut faszinierend«, »dynamisch« und »lebenswichtig« beschrieb. Er erklärte seine Entschlossenheit, »eine konstruktive Rolle« bei diesem Prozess des Wandels zu spielen. Die Begegnungen, insbesondere mit den unga-

rischen Politikern, seien »sehr gut, sehr offen« gewesen. Da Bush allmählich in Fahrt kam, fügte er hinzu: »Ich meine, es war voller Emotion,
und nicht eure herkömmliche Diplomatie nach dem Motto ›Ich lese
meine Karten, und du liest deine Karten‹.« Die Angelegenheit hatte
»eine Intensität, einen Eifer« gehabt, so Bush, »die mich sehr berührte«.[81]

Der Präsident konnte nicht ahnen, was noch kommen würde, und
blieb deshalb vorsichtig, aber zweifellos war er angespornt von dem,
was er gesehen hatte. »Ich bin fest überzeugt, dass diese Welle der Freiheit, wenn Sie so wollen, die Welle der Zukunft ist«, sagte Bush enthu-
siastisch. In den Augen mancher agierte er zu vorsichtig und schien
eine zu große Sympathie für die kommunistische Alte Garde zu hegen.
Andere wie sein stellvertretender Nationaler Sicherheitsberater Robert
Gates versicherten jedoch, dass der Präsident ein weit komplexeres
Spiel spiele. Während er vor Menschenmengen demokratische Freiheiten und nationale Unabhängigkeit predige, spreche er mit den Führern der Alten Garde die Sprache des Pragmatismus und der Versöhnung – in der bewussten Absicht, »ihren Abschied von der Macht zu
schmieren«.[82]

Gewiss stand seine Regierung vor der schweren Aufgabe, Reformen
in Osteuropa zu fördern, ohne so weit und zu schnell vorzupreschen,
dass Unruhen und danach eine Gegenreaktion provoziert wurden. Ein
hektischer wirtschaftlicher Wandel konnte leicht in Inflation, Arbeitslosigkeit und Lebensmittelknappheit ausarten – was in jedem Fall die
reformorientierten Führer zwingen würde, den Kurs zu ändern. Vor
allen Dingen wollte Bush unbedingt vermeiden, eine sowjetische Reaktion auszulösen – womöglich ein Vorgehen nach dem Muster von 1953,
1956 und 1968. Der Schlüssel zu einem erfolgreichen Wandel im Ostblock war das sowjetische Einvernehmen, und Bush wollte es Gorbatschow unbedingt erleichtern, dieses auszusprechen. »Wir sind nicht
hier, um Herrn Gorbatschow zu ärgern«, sagte er den Reportern. »Im
Gegenteil – um eben jene Reformen zu fördern, für die er plädiert, und
noch mehr Reformen.«[83]

Als Augenzeuge eines revolutionären Wandels traf Bush in einer
Stadt ein, die ihrerseits ganz vom Gedenken an eine Revolution
beherrscht war. Der 14. Juli 1989 markierte den 200. Jahrestag des
Sturms auf die Bastille, der Startschuss in Frankreich für eine ein

Vierteljahrhundert während Achterbahnfahrt aus volksnaher Politik und imperialer Autokratie. Der französische Präsident François Mitterrand wollte seinen internationalen Gästen unbedingt ein einzigartiges Spektakel zur Feier der Größe Frankreichs präsentieren – sowie seine eigene quasi-königliche Stellung unterstreichen. Doch in Anbetracht der dramatischen Unruhen in Osteuropa stieß der historische Festzug Frankreichs im Juli 1989 auf besonders große Resonanz.

Gleich nach seiner Ankunft wurde Bush zum Place du Trocadéro gegenüber dem Eiffelturm chauffiert. In der Gruppe der sechs anderen Regierungschefs der großen Industrienationen nahm er gemeinsam mit über 20 Staats- und Regierungschefs von Entwicklungsländern aus Afrika, Asien und Lateinamerika an einer Zeremonie zum Andenken an die Erklärung der Menschenrechte von 1789 teil. Schauspieler verlasen Auszüge aus der Erklärung und Zitate von Führern der Revolution, Kränze wurden an einer steinernen Inschrift des Dokuments niedergelegt, und 500 Tauben flatterten in den blauen Himmel über Paris. Mitterrands Absicht lag auf der Hand: Wenn man sich an die bahnbrechende Französische Revolution erinnerte, sollte man nicht an die Straßen voller Blut denken, sondern an ihre ewigen Werte – *liberté*, *fraternité*, *égalité*. Es folgte eine Abendveranstaltung im brandneuen, glänzenden Opernhaus am Place de la Bastille, am Ort des einst gefürchteten königlichen Kerkers. Auch diesmal waren Mitterrands 20 besondere Gäste anwesend, zusammen mit den Führern der G7 – genau wie an der Parade zum Tag des Sturms auf die Bastille am nächsten Morgen, als der französische Präsident eine gigantische Demonstration der militärischen »Weltklasse« Frankreichs entlang der Champs-Élysées inszenieren ließ. Als er die 300 Panzer, 5000 Soldaten und eine fahrbare Atomraketeneinheit auf der Pariser Prachtallee sah, fühlte sich Scowcroft an »eine sowjetische Parade zum Maifeiertag« erinnert.[84]

Mitterrands Freunde aus der »Dritten Welt« irritierten die Amerikaner. Sie wollten nämlich auf keinen Fall, dass der G7-Wirtschaftsgipfel über Schuldenerleichterungen und die Umwelt verschmolzen werde mit einer spontanen Nord-Süd-Zusammenkunft am Rande der französischen Feierlichkeiten, zumal die Schuldnerstaaten bereits die Gelegenheit in Paris genutzt hatten, um zu einer Befreiung der sich entwickelnden Länder von der Schuldenlast in Höhe von 1,3 Billionen Dollar aufzurufen. Das Weiße Haus machte sich Sorgen, dass der »Süden« bei einer Ex-tempore-Begegnung zwischen Geldgebern und Geldnehmern, wie es Frankreich befürwortete, als Block seine Forderungen an den »Norden« als »Reparationen« für die Jahre der kolonialen »Ausbeutung« verbrämen würde, gewürzt mit vom Marxismus-Leninismus inspirierter Rhetorik. Überhaupt wehrten sich die Vereinigten Staaten vehement gegen eine kollektive Schuldneraktion. In ihren Augen sollte das Schuldenproblem von Land zu Land gelöst werden, und in diesem Sinne kündigten die Amerikaner ein kurzfristiges Darlehen in Höhe von 1,2 Milliarden Dollar für das benachbarte Mexiko an und stürzten sich danach fast schon eifrig auf den Fall Polen.[85]

Vor diesem Hintergrund – eines G7-Gipfels zum Thema Schuldenerleichterung – war es kein Zufall, dass Jaruzelski seine Chance gesehen und am 13. Juli an die Großen Sieben appelliert hatte, Polen ein zweijähriges Rettungsprogramm in Höhe von mehreren Milliarden Dollar zuzugestehen. Sein in allen großen polnischen Parteizeitungen veröffentlichtes Sechs-Punkte-Programm umfasste eine Bitte um 1 Milliarde Dollar, um die Lebensmittelversorgung neu zu organisieren, neue Darlehen in Höhe von 2 Milliarden Dollar und eine Verringerung und Umschuldung der Verpflichtungen Polens in Höhe von rund 40 Milliarden Dollar sowie die Finanzierung einer Reihe von Hilfsleistungen für konkrete Projekte. Bezeichnenderweise schloss sich die Bewegung Solidarność dem Appell an; Wałęsa hatte sich sogar erst kürzlich für einen anerkannten Kandidaten der kommunistischen Partei für das Amt des Präsidenten ausgesprochen, was die Erfolgschancen General Jaruzelskis deutlich erhöhte. Das politische Patt, das sich nach der Wahl ergeben hatte, konnte so beendet werden.[86]

Da Bush Polen und Ungarn so lebhaft in Erinnerung hatte, setzte er bereitwillig Jaruzelskis finanzielle Forderungen ganz oben auf die Agenda des Gipfels und entriss damit Mitterrand und seiner Schar globaler Nebenschauspieler die Initiative. Aber wenn der demokratische Wandel das Kernstück des Treffens sein sollte, dann hieß das auch, dass sich der Gipfel mit einem für die Amerikaner unbequemeren Thema befassen musste: mit den gewaltsam unterdrückten Protesten in China. Folglich wurde der Pariser G7-Gipfel von den brennenden politischen

Themen des Augenblicks dominiert – von zwei Problemen, die potenziell die Weltordnung gefährdeten.

Das Treffen im neuen Glaspyramideneingang des Louvre hatte am
Nachmittag des 14. Juli kaum begonnen, da stritten sich die Staats- und
Regierungschef darüber, wie weit sie bei ihrer Verurteilung Chinas
gehen sollten. Die meisten Europäer, allen voran der französische Präsident, wollten die Volksrepublik mit exemplarischen Sanktionen
bestrafen, doch Bush (sowie Premierministerin Thatcher, die sich
wegen des Schicksals von Hongkong Sorgen machte)[87] drängte zur
Zurückhaltung. Der US-Präsident wollte die amerikanisch-chinesischen
Beziehungen, die für den Weltfrieden so wichtig waren, so wenig wie
möglich belasten. Doch auch aus der Heimat bekam er hier Gegenwind:
am selben Tag beschloss der US-Senat mit 81 zu 10 Stimmen, strengere
Sanktionen gegen China zu verhängen.

Japans Ministerpräsident Sosuke Uno, die einzige asiatische Stimme
unter den G7, drängte ebenfalls zur Zurückhaltung. Tokio wollte nicht,
dass Peking isoliert und zwangsläufig Moskau in die Arme getrieben
wurde. Hinzu kam, dass sich Tokio angesichts der langen Geschichte
japanischer Invasionen in China kein moralisches Urteil über Peking
anmaßen konnte. Japan sah sich selbst in einer einzigartigen Position:
Wenn es ihm gelänge, die Kanäle zu China offenzuhalten, während es
zugleich seine Stellung als Amerikas Hauptverbündeter im Pazifik
nutzte, könnte Japan als Vermittler fungieren und so dabei helfen, die
chinesisch-amerikanische Zusammenarbeit wieder in Gang zu bringen.
Da Bush den realen Vorteil dieser Mittlerrolle erkannte, setzte er sich
zusammen mit Uno sehr dafür ein, die Wortwahl gegenüber China im
Kommuniqué des Gipfels abzumildern. Am Ende veröffentlichten die
Staats- und Regierungschefs eine scharfe Verurteilung der »gewaltsamen Repression« durch die Volksrepublik, kündigten aber keine zusätzlichen Sanktionen an und drängten die chinesische Regierung lediglich,
»Bedingungen zu schaffen, die es ihr ermöglichten, eine Isolation zu
vermeiden«.[88]

Nachdem das heikle Thema China vom Tisch war, trafen die sieben
Staaten rasch Vorkehrungen, um ein Abkommen mit Polen und Ungarn
zu erreichen. Ihre »Erklärung zu den Ost-West-Beziehungen« lautete:
»Wir erkennen an, dass die politischen Veränderungen, die sich derzeit

in diesen Ländern abspielen, ohne wirtschaftlichen Fortschritt schwierig zu halten sein werden.«[89] Um diesen Fortschritt zu erleichtern, einigten sie sich darauf, etwas günstigere Konditionen als bei einem üblichen Darlehen des IWF anzubieten, indem sie Polen gestatteten, die Rückzahlung der Auslandsschulden in Höhe von 5 Milliarden Dollar, die im Jahr 1989 fällig wäre, aufzuschieben. Sie vereinbarten ferner, eine Reihe von Wirtschaftshilfen für Polen und Ungarn (Investitionen, Joint Ventures, Ausbildungsprogramme und die Entsendung geschulter Führungskräfte) sowie dringende Lebensmittellieferungen in Betracht zu ziehen.

Das alles war nicht sonderlich überraschend. Viel erstaunlicher und am Ende bedeutsamer war die Entscheidung, dass die Wirtschafts- und Lebensmittelhilfe für Länder im Ostblock von der Europäischen Gemeinschaft koordiniert werden sollte – ein absolutes Novum in der internationalen Politik.[90] Was die politische Linie anging, bekam Bush, was er wollte, indem er Unterstützer für Osteuropa warb, um seinen weitgehend symbolischen Besuchen in Warschau, Danzig und Budapest etwas Substanz zu verleihen. Doch er wollte die Bürde nie allein tragen. Letztlich übernahmen die Sieben bereitwillig sein Konzept einer »konzertierten westlichen Aktion« zur Unterstützung Polens und Ungarns, durch die, wie Bush hoffte, das westliche Engagement in Osteuropa aufhören würde, eine Domäne der Supermächte zu sein, die Last auf mehrere Schultern verteilt und eine umfassendere, besser koordinierte und weniger rivalisierende westliche Anstrengung ermöglicht würde. Das Weiße Haus glaubte darüber hinaus, dass eine US-amerikanische Aktion, eingebettet in diesen breiteren, multilateralen Rahmen, den Sowjets nicht so bedrohlich erscheinen würde. Ein Handeln mit und durch die Verbündeten sollte zum Wahrzeichen der Diplomatie Bushs werden.

Es war Bundeskanzler Kohl, der den Vorschlag machte, die Europäische Kommission zu bitten, sich an die Spitze einer Gruppe von Geberländern zu stellen, um Polen und Ungarn Hilfe zukommen zu lassen. Dabei stieß er spontan auf Zustimmung bei den Übrigen. Hieraus sollte sich die G24 entwickeln: 24 industrialisierte Staaten sowohl innerhalb der EG als auch außerhalb. Kommissionspräsident Jacques Delors – stets darauf erpicht, eine größere Rolle für sich an der Spitze dieses

supranationalen Gremiums zu übernehmen – war sofort bereit, eine Art
»Verrechnungsstelle für Hilfsleistungen« zu beaufsichtigen. Immerhin
hatte die EG schon im Jahr 1988 lose Beziehungen zum RGW als Han-
delsgemeinschaft geknüpft, und Ungarn hatte bereits den Wunsch
angedeutet, auf ein Assoziierungsabkommen hinzuarbeiten. Während
sich die Vereinigten Staaten also mit einer Stellung im Hintergrund
zufriedengaben, geriet die Europäische Gemeinschaft in eine Führungs-
position, die ihre wachsende politische Macht signalisierte.

Die EG war zum ersten Mal als Nachfolgeorgan für eine Entscheidung
der G7 ausgewählt worden. Und die Zusammenarbeit in Sachen Hilfs-
paket für Osteuropa war gewissermaßen ein Vorbote der kommenden
Ereignisse. Nur drei Wochen zuvor, am 26./27. Juni, hatte sich die
Gemeinschaft in Madrid darauf geeinigt, im Jahr 1992 eine engere
Union – politisch ebenso wie wirtschaftlich – zu bilden. Und es war
kein Zufall, dass die konkreten Pläne für eine engere Wirtschafts- und
Währungsunion von Delors persönlich ausgearbeitet worden waren.[91]

Jacques Delors war im Jahr 1984 zum Präsidenten der Europäischen
Kommission ernannt worden, nach einer außerordentlich erfolgreichen
dreijährigen Amtszeit als französischer Finanzminister unter Mitterrand, in der er sein Geschick als politischer Makler unter Beweis gestellt
hatte. Seinen bekanntlich eigensinnigen Chef hatte er überreden können, seinen sozialistischen Keynesianismus mit einer Politik der Auste-
rität und Konsolidierung der Staatskasse zu mäßigen. Das stützte den
angeschlagenen Franc und ermöglichte es Frankreich, im Europäischen
Währungssystem zu bleiben. Angespornt von diesen Erfolgen, lenkte
Delors nun in der Brüsseler Kommission geschickt die zwölf Mitglieder
der Europäischen Gemeinschaft. Das war keine leichte Aufgabe, da sie
häufig unterschiedliche Meinungen vertraten. Dennoch brachte Delors
sie 1986 dazu, die Einheitliche Europäische Akte zu unterzeichnen, die
eine feste Zusage zur Entwicklung einer vollständigen Wirtschafts- und
Währungsunion (WWU) enthielt. Delors betrachtete die WWU zweifellos als ein Mittel, um die europäische Integration voranzutreiben, aber
er war kein eifriger Föderalist, der sich leidenschaftlich für die Gründung der Vereinigten Staaten von Europa ausgesprochen hätte. Seine
Bedenken, sowohl praktischer als auch philosophischer Natur, bezüglich eines europäischen Föderalismus erklären nicht zuletzt, weshalb er,

als man daranging, den Keim für den »Euro-Raum« zu legen, Forderungen nach einem allzu starken Zentralismus mit Zurückhaltung begegnete. Auf der Ratssitzung der Europäischen Gemeinschaft im Jahr 1988 in Hannover bevollmächtigten die europäischen Staats- und Regierungschefs Delors, ein Komitee aus Zentralbankgouverneuren und anderen Experten zu leiten, das konkrete Schritte in Richtung der WWU vorschlagen sollte. Auch hier zeigte sich sein Geschick bei der Suche nach Kompromissen zwischen den Verfechtern unterschiedlicher wirtschaftlicher Ansätze, insbesondere beim Bau einer Brücke zwischen Frankreich und Deutschland.[92]

Und so wurde im Juni 1989 in Madrid von den Staats- und Regierungschefs der EG der Zwölf entschieden, dass die erste Phase der Wirtschafts- und Währungsunion im Sommer des folgenden Jahres lanciert würde. Das sollte die Abschaffung sämtlicher Devisenkontrollen, einen freien Markt bei den Finanzdienstleistungen und eine Stärkung des Wettbewerbs umfassen – was wiederum eine radikale Kürzung staatlicher Subventionen nach sich zog. Die zweite Stoßrichtung dieser Linie war die Stärkung des sozialen Zusammenhalts: die Bewegungsfreiheit unter den Staaten und garantierte Arbeitnehmerrechte. Die Schaffung des einheitlichen Marktes mit einem gestärkten Zusammenhalt stand für dieses neue und aufregende Kapitel in der Geschichte der Gemeinschaft ganz oben auf der Agenda. Und mit ihm kam auch eine sichtlich größere Rolle in der internationalen Politik für die EG – und für den Kommissionspräsidenten. Nicht von ungefähr pochte Bush auf ein Treffen mit Delors im Juni in Washington, nur zwei Wochen vor Madrid und fünf Wochen vor dem G7-Gipfel.

Die Begegnung war als Signal gedacht, dass die Vereinigten Staaten die Gemeinschaft und das Projekt »EG '92« (wie es die Amerikaner nannten) ernst nahmen. In dem Bestreben, die Gefahr einer protektionistischen Festung Europa abzuwehren, machten Bush und Baker sehr deutlich, dass Amerika die Vollendung des einheitlichen europäischen Marktes gerne mit echten Fortschritten bei den Gesprächen der sogenannten Uruguay-Runde über ein neues Abkommen zu weltweiten Zollen und Handel verknüpft sähe – ein Abkommen, das das überholte GATT-System ablösen sollte. Delors stimmte zu, dass man die Gespräche über EG '92 (beziehungsweise die EU) und den Welthandel zusammenführen musste: »Wenn die Uruguay-Runde keinen Erfolg hätte, wäre es der EG nicht möglich, ihre Ziele für '92 zu erreichen.« Tatsächlich wäre es, betonte er, »ein Widerspruch, wenn die Uruguay-Runde scheitern und das Projekt EG '92 vorankommen würde.« Die Knackpunkte bei all diesen Themen waren jedoch zum einen die französische Landwirtschaft wegen der verwurzelten Agrarlobby des Landes und Japan mit seiner starken Exportwirtschaft, aber einem extrem protegierten Binnenmarkt. Delors hoffte, dass »die USA, die EG und Kanada in der Zukunft gemeinsam die Japaner unter Druck setzen könnten«.[93]

Auch wenn sich die Europäische Gemeinschaft offenbar allmählich zu einem unabhängigen Akteur entwickelte, war sie, wollte sie effektiv sein, auf ihre wichtigsten Mitgliedstaaten angewiesen. Delors hat dies, bei all seinen Ambitionen, nie vergessen. Die größte Wirtschaftsmacht in der EG war die Bundesrepublik. Folglich war es unerlässlich, eng mit Bundeskanzler Kohl zusammenzuarbeiten. Das wusste Bush natürlich; und er begriff nur zu gut, dass die deutsch-amerikanische Achse ein Weg war, sich mit dem westeuropäischen Apparat einzulassen. Immerhin war der Kanzler ein echter Befürworter der WWU, wie Delors Bush versicherte: »Kohl bekräftigt die Ziele der Europäischen Gemeinschaft.« Natürlich bestand im Sommer 1989 die Gefahr, dass eine weitere Integration Westeuropas durch den beginnenden Zerfall Osteuropas vom Kurs abkommen könnte. Aber auch in dieser Beziehung erwies sich Deutschland als zentrale Stütze.

Das zeigte sich auf dem Pariser G7-Gipfel bei der Frage, auf welchem Weg man Polen und Ungarn die Hilfsmittel zukommen lassen sollte. Kohl sprach sich für die Idee aus, die EG als Kanal für die westliche Finanzhilfe zu nutzen. Für den Kanzler – der stets die Deutsche Frage im Blick hatte – hatte dieser Weg mehrere Vorteile. Erstens legte Westdeutschland (genau wie die USA) großen Wert darauf, den Elan des Wandels innerhalb des Ostblocks zu erhalten, wollte aber auch, dass der Prozess friedlich und ohne Blutvergießen ablief. Eine konzertierte westliche wirtschaftliche Initiative verhinderte unter Umständen anarchische Zustände und beugte einer sowjetischen Militärintervention vor. Und wenn sich die Bundesrepublik unter das Dach der EG stellte, konnte zweitens niemand Kohl vorwerfen, einen Alleingang anzustreben – also etwa Distanzierung vom Westen, Anbiederung an den Osten oder gar eine Demonstration der deutschen Macht auf eine Art und Weise, die das Schreckgespenst des Kaisers oder gar des »Führers« heraufbeschwor.

Hinzu kommt, dass Kohl im Gegensatz zu bereit war, eine beträchtliche Summe in die Hand zu nehmen. Er hatte Bush schòn am 28. Juni mitgeteilt, dass er die Absicht habe, Ungarn eine weitere Milliarde D-Mark (knapp 500 Millionen Dollar) »frisches Geld« anzubieten, zusätzlich zu einem Darlehen über eine Milliarde D-Mark ohne Bedingungen, das er bereits 1987 gewährt hatte. Auch wenn aus dem Kleingedruckten hervorging, dass es sich bei diesen Geldern in Wirklichkeit um Darlehen und Kredite für den Kauf deutscher Produkte und Dienstleistungen statt um direkte Hilfsmittel handelte, war die Summe das Vierzigfache dessen, was der Präsident selbst Budapest angeboten hatte. Der Kanzler wollte auch unbedingt Polen auf bilateraler Basis helfen, doch dieses Vorhaben lag derzeit auf Eis, weil die Frage der Hilfszahlungen mit der Lage der deutschen Minderheit in Polen verflochten war – ein heikles Thema für die Polen und für die politische Rechte in der Bundesrepublik. Eben diese Kontroverse, die auf das ungeklärte territoriale Vermächtnis des Zweiten Weltkrieges zurückzuführen war, erinnerte einmal mehr daran, dass dem unabhängigen Agieren der Bundesrepublik auf internationaler Bühne noch immer Grenzen gesetzt waren. Die Sackgasse in dieser Frage machte auch Kohls Wunsch zunichte, nach Warschau zu fahren. Der ursprünglich für Sommer geplante Staatsbesuch in Polen, unmittelbar nach Mitterrand und Bush, sollte nicht vor dem 9. November stattfinden.[94]

Delors und die G24 beeilten sich, weil Warschau und Budapest fürchteten, ein wirtschaftlicher Zusammenbruch könne demokratische Reformen gefährden. Regierungsvertreter machten jedoch einen Unterschied zwischen Ungarn und Polen, weil nur Letzteres um kurzfristige Lebensmittellieferungen gebeten hatte, um ernste Versorgungsengpässe zu beseitigen. Die 24-seitige Wunschliste Ungarns konzentrierte sich auf günstigere Handelsbedingungen mit der industrialisierten Welt und auf die Liberalisierung der Auslandsinvestitionen. Die Polen kamen selbstverständlich für ähnliche Überlegungen in Betracht, sobald die unmittelbare Versorgungskrise abgewendet war. Am 18. August gab die EG bekannt, dass die erste Lieferung von 10000 Tonnen Rindfleisch

Anfang September Polen erreichen sollte. Sie war Teil eines 120-Millionen-Dollar-Hilfspakets mit Fleisch, Getreide, Zitrusfrüchten und Olivenöl. Eine weitere Lieferung von 200000 Tonnen Weizen, die in Deutschland gelagert waren, sowie 75000 Tonnen Gerste aus Frankreich und 25000 Tonnen aus Belgien sollte in Kürze folgen – und weitere 500000 standen bereit. Es war geplant, dass die polnische Regierung die kostenlosen Lebensmittel an die Bevölkerung verkaufte und den Gewinn anschließend wieder in die Wirtschaft investierte, insbesondere in den privaten Agrarsektor. Diese Vereinbarung wurde förmlich in einem Partnerfondsabkommen festgehalten, das die G24 aushandelten. Die Rolle der EG/G24 im Spätsommer 1989 sollte als eine Art Schablone für künftige Hilfspakete nach Osten dienen.[95]

Letztlich beaufsichtigte also Brüssel, nicht Washington, die westliche Unterstützung des Wandels in Mittel- und Osteuropa. Ein Stück weit untergrub dies Bushs Behauptungen, er und die Vereinigten Staaten seien diejenigen gewesen, die die Reform in Polen und Ungarn »vorangetrieben« hätten. Auch wenn er seit dem Frühjahr mutigere Worte gebrauchte, so enthüllten Bushs Handlungen doch seine Vorliebe für eine Evolution gegenüber einer Revolution. Er zog Stabilität und Ordnung vor, unterstützt von einer bewussten Strategie, die Bürde mit den Bündnispartnern zu teilen.[96] Eine leichte Rezession in den USA und ein Schuldenberg als Vermächtnis der Amtszeit Reagans, die das Haushaltsdefizit dramatisch gesteigert hatten, verstärkten lediglich Bushs angeborene Vorsicht bezüglich einer möglichen Anarchie in Europa, das zu einem Fass ohne Boden für US-Dollar werden könnte. Deshalb war der US-Präsident über das Ergebnis des G7-Gipfels erfreut. Was ihn allerdings überaus beunruhigte, war ein Brief, den Mitterrand am Tag des Sturms auf die Bastille gleich zu Beginn des Gipfels verlas.

*

Der Brief kam von Gorbatschow – das erste Mal, dass ein Generalsekretär der KPdSU ein offizielles Schreiben an die G7 richtete. Und auch das erste Mal, dass die UdSSR nicht nur eine erweiterte wirtschaftliche Kooperation vorschlug, sondern auch eine direkte sowjetische Beteiligung an derartigen Bemühungen.

»Die Entstehung einer zusammenhängenden Weltwirtschaft bringt es mit sich, dass die multilaterale wirtschaftliche Partnerschaft auf ein qualitativ neues Niveau gehoben wird«, schrieb Gorbatschow. »Die multilaterale Ost-West-Kooperation bei globalen Wirtschaftsproblemen hinkt weit hinter der Entwicklung bilateraler Beziehungen zurück. Dieser Zustand scheint nicht gerechtfertigt, wenn man bedenkt, welches Gewicht unsere Länder in der Weltwirtschaft haben.« Dies sei, so Gorbatschow, die logische Erweiterung seines Programms einer inneren wirtschaftlichen Umstrukturierung. »Unsere Perestroika ist untrennbar von einer Politik, die unsere volle Teilnahme an der Weltwirtschaft zum Ziel hat«, erklärte er. »Die Welt kann nur davon gewinnen, dass ein so großer Markt wie die Sowjetunion geöffnet wird.«[97]

Wie bei allen Äußerungen Gorbatschows war die Wortwahl beeindruckend, ja sogar überzeugend. Es konnte kein Zweifel daran bestehen, dass er der G7 beitreten wollte. Aber Bush war vor den Sowjets auf der Hut. Ihre Reformen waren noch längst nicht so weit gediehen, dass sie die Aufnahme als vollwertiger Partner im Elite-Club der freien Marktwirtschaften gerechtfertigt hätten.[98] Außerdem war ihm klar, dass eine sowjetische Mitgliedschaft in erster Linie zum Nutzen Moskaus wäre. Allerdings war es unmöglich, Gorbatschows Brief, der in der internationalen Presse weithin zitiert wurde, einfach zu ignorieren. Genaugenommen hing Gorbatschows fehlende Präsenz über dem ganzen Gipfeltreffen, genau wie schon bei Bushs Besuchen in Warschau und Budapest. Das andere Gespenst beim G7-Festessen war der Schatten von Tiananmen – die dunkle Mahnung, was passieren konnte, wenn politische Reformen scheiterten.

Nach Ende des Gipfels am Sonntagmorgen, dem 16. Juli, saßen Bush, Baker und Scowcroft auf der Treppe der US-Botschaft in Paris mit Blick auf den Park; sie redeten über all ihre Eindrücke und Erlebnisse der letzten Tage. Da kündigte der Präsident auf einmal an, dass es für ihn an der Zeit sei, sich mit Gorbatschow zu treffen – und sprach dabei, wie Scowcroft sich später erinnerte, »in jener Weise, die deutlich macht, dass er sich bereits entschieden hat. Weder Baker noch ich protestierten. Baker hatte einem frühen Treffen mit Gorbatschow ohnehin nie so ablehnend gegenübergestanden wie ich, und auch ich konnte mich jetzt mit dem Gedanken anfreunden.«[99]

Obwohl dies als ein plötzlicher Einfall erschien – fast schon ein Damaskus-Erlebnis –, hatte Bush bereits seit Wochen darüber nachgedacht. Vor allem von den Westdeutschen waren Impulse in diese Richtung gekommen. Am 6. Juni hatte Bundespräsident Richard von Weizsäcker den US-Präsidenten im Oval Office vor den Implikationen der jüngsten Unruhen in Polen und Ungarn gewarnt. Es wäre hilfreich, wenn die Vereinigten Staaten heimlich mit Moskau über die Zukunft Osteuropas sprächen, meinte er sinngemäß. Die westeuropäischen Verbündeten würden, wie er sagte, das Gleiche auf der Basis der Werte des atlantischen Bündnisses tun, und die Bundesrepublik werde innerhalb dieses Rahmens handeln, um jeden Eindruck einer unabhängigen Ostpolitik zu vermeiden. Weizsäcker kehrte später im Gespräch zu diesem Thema zurück und warnte Bush offener, dass sich die Sowjets bei den auswärtigen Beziehungen einer Phase näherten, die ihnen völlig unbekannt sei und dass sie zu Recht beunruhigt wären. Er fügte entschieden hinzu: Der Westen müsse mit Moskau reden, um diese Ängste zu lindern. Der US-Präsident antwortete darauf nicht direkt, sondern leitete zu China über. Er konstatierte, dass er »den Eindruck habe, dass die Sowjets sagten ›da lang gehe ich, so wahr mir Gott helfe‹. Sie fürchten womöglich, dass die Reform sie in der gleichen Weise betreffen könnte.«[100]

Dieses Gespräch fand am 15. Juni Bestätigung, als Kanzler Kohl – unmittelbar nach seinen Gesprächen mit Gorbatschow in Bonn – Bush anrief, um ihm seine Eindrücke mitzuteilen. Der Mann aus dem Kreml, sagte Kohl, sei »in guter Verfassung« und »wesentlich optimistischer« und zeige sich selbst bemüht, die polnischen und ungarischen Reformanstrengungen zu unterstützen. Aber Kohl kam immer wieder auf ein Thema zurück: Gorbatschow wolle »die Kontakte vertiefen, und zwar auch zu Bush persönlich«. Ein wenig dick auftragend behauptete der Kanzler, er und Gorbatschow hätten »lange« über den Präsidenten gesprochen. Es sei offensichtlich, so Kohl, dass Gorbatschow ein »prinzipielles Misstrauen« gegenüber den Vereinigten Staaten hege, aber auch die Hoffnung habe, zu Bush den gleichen guten Draht zu finden wie zu Präsident Reagan. Auf intellektueller Ebene stimme Gorbatschow mit dem Präsidenten völlig überein. Kohl drängte Bush, Gorbatschow hin und wieder direkte und persönliche Nachrichten zu schicken. Das wäre, so Kohl, »ein Zeichen des wachsenden Vertrauens zwischen den USA und der SU«. Vertrauen sei für Gorbatschow ein Schlüsselwort, da »die ›Chemistry‹ stimmen« müsse. Bush nahm das Ganze vermutlich mit einiger Zurückhaltung zur Kenntnis – am Ende dankte er dem Bundeskanzler, wie es in den amtlichen Unterlagen heißt, »für die schnelle und ausführliche Unterrichtung. Er habe genau zugehört« –, doch den wesentlichen Punkt hatte er mit Sicherheit registriert.[101]

Am Wochenende hatte Bush Gelegenheit, über die Ereignisse der vorangegangenen Tage nachzudenken. Am 18. Juni, drei Tage nach dem Gespräch mit Kohl, schrieb er in sein Tagebuch: »In meinem Hinterkopf überlege ich, wie wir das mit einem Treffen mit Gorbatschow machen könnten. Ich will ein Treffen haben; aber ich will nicht, dass es im Thema Rüstungskontrolle versandet.« Bush hoffte, dass vielleicht »ein umwälzendes Ereignis von weltweiter Bedeutung« eintrat, das ihm und Gorbatschow die Gelegenheit bot, »unsere Zusammenarbeit« zu demonstrieren und »uns in Ruhe zu unterhalten«, ohne Erwartungen eines dramatischen Durchbruchs bei der Rüstungskontrolle zu schüren. Kurzum, der Präsident wünschte sich ein nettes Gespräch, kein Gipfeltreffen.[102]

Bushs Besuche in Polen und Ungarn schärften seine Wahrnehmung, dass Reformen ohne weiteres außer Kontrolle geraten und gewaltsam werden könnten. Er war außerstande, die Bilder vom Tiananmen-Platz zu vergessen, geschweige denn konnte er die »traumatischen Aufstände« Osteuropas in der Vergangenheit ignorieren: Ostdeutschland 1953; Ungarn 1956; Tschechoslowakei 1968; Polen 1981. Wenn sich Osteuropa jetzt in einer Übergangsphase befand, dann musste dieser Wandel von den Supermächten gelenkt werden: Ihm wurde bewusst, »dass es langsam gefährlich wurde, ein Treffen mit Gorbatschow weiter hinauszuzögern«.[103] Und auch Mitterrand hatte am 13. Juli, dem Vorabend des G7-Gipfels, darauf hingewiesen. Bushs Bedenken, wie man eine Begegnung organisieren konnte, ohne Erwartungen zu wecken, hatte der Franzose beiseitegeschoben. Der französische Präsident sagte, die beiden könnten »sich einfach als Präsidenten treffen, die sich noch nicht persönlich begegnet waren« – um Meinungen auszutauschen.[104]

Der Druck von seinen europäischen Bündnispartnern war stark
geworden, aber Bush war dickköpfig und zugleich umsichtig: Er musste
selbst den Entschluss fassen, zu dem von ihm gewählten Zeitpunkt.
Mitte Juli 1989 war er endlich so weit. Sieben Monate nach Amtsantritt – nachdem er in die Rolle des Präsidenten hineingewachsen war
und seine anfängliche China-Initiative zwangsweise auf Eis lag – konzentrierte er sich ganz auf Europa und hatte seine eigene Führungspo-
sition auf dem NATO-Gipfel im Mai und dem jüngsten G7-Treffen gefestigt. Bush war einen weiten Weg gekommen seit jener Nebenrolle auf
Governors Island am Rande von Gorbatschows mitreißendem Auftritt
in Manhattan. Er fühlte sich jetzt psychologisch bereit, es mit dem
»Verführer« aus dem Kreml aufzunehmen.

Just als Bush allmählich erkannte, was seine Präsidentschaft in geopolitischer Hinsicht bedeuten könnte, hatte sich die Welt auch an seine
spezielle Vorgehensweise gewöhnt. Der Bush-Stil war gekennzeichnet
von einer gewissen Bedächtigkeit bei der Entscheidungsfindung und
war so ganz anders als jener Ronald Reagans, der die Beinamen »der
Große Kommunikator« und der »Cowboy-Präsident« bekommen hatte.
Bei Bush gab es weder Überschwang noch Blendwerk. Sein Ansatz war
maßvoll und pragmatisch, gestützt auf eine lange Erfahrung in der
Regierungsarbeit. Manche Kommentatoren fassten Bushs unaufdringli-
che Art und seine Vorliebe für das Einholen von Ratschlägen irrtümlich
als Zeichen der Schwäche auf – oder gar als Anzeichen, dass Amerikas
Macht im Schwinden sei. Doch Bush fasste Kooperation, Kollegialität
und Überzeugungskraft als die Kennzeichen von Führungsqualität auf,
und diese erforderten persönlichen Kontakt und den Aufbau von Vertrauen. Als der G7-Gipfel vorbei war, wusste Bush, dass diese Techniken bei seinen westlichen Partnern gewirkt hatten, und fühlte sich
bereit und imstande, sie an seinem Supermacht-Gegner zu testen. Insgeheim war er zuversichtlich, dass er mit Gorbatschows verwirrender
Mischung aus schönen Worten und dem Geschick, »den anderen aus-
zustechen«, umgehen konnte. Gorbatschow hatte zu Reagan gesagt,
dass es für einen Tango immer zwei brauche. Inzwischen war Bush
bereit mitzutanzen.[105]

Auf dem Rückflug an Bord der Air Force One verfasste der Präsident
einen persönlichen Brief an Gorbatschow, um zu erklären, dass er man-

ches »jetzt anders sehe«, wie er sich ausdrückte. Bislang sei er, so Bush, der Ansicht gewesen, ein Treffen zwischen ihnen müsse unbedingt wichtige Abkommen hervorbringen, vor allem zur Rüstungskontrolle – nicht zuletzt wegen der Hoffnungen der »zuschauenden Welt«. Doch jetzt, nachdem er den sowjetischen Block mit eigenen Augen gesehen, »faszinierende Gespräche« mit anderen Staats- und Regierungschefs in Paris geführt und von Gorbatschows jüngsten Besuchen in Frankreich und Westdeutschland gehört habe, halte er es für unerlässlich, dass sie beide eine persönliche Beziehung zueinander aufbauten, um »die Wahrscheinlichkeit [zu] verringern, dass es zwischen uns zu Missverständnissen kommen könnte«.

Somit schlug der Präsident eine informelle Begegnung ohne große Tagesordnung vor und »ohne Tausende von Assistenten, die über unseren Schultern schweben, ohne die allgegenwärtigen Briefings und ganz sicher ohne die Presse, die uns alle fünf Minuten zuruft: Wer gewinnt …?« und ob das Treffen ein Erfolg oder ein Fehlschlag war. Eigentlich, fügte Bush entschlossen hinzu, »wäre es am besten, den Begriff ›Gipfeltreffen‹ zu vermeiden«. Er hoffte auf ein baldiges Zusammenkommen, wollte aber Gorbatschow keinesfalls unnötig unter Druck setzen.

Schon Anfang August antwortete Gorbatschow, zu Bushs Zufriedenheit, positiv auf seinen Vorschlag. Es sollte aber noch einige Wochen dauern, bis ein Termin und geeigneter Ort gefunden wurde.[106]

*

Unterdessen setzte sich der Wandel in dem einst überaus trägen Osteuropa mit einer verblüffenden Geschwindigkeit fort. Und immer noch zählte Polen zu den Vorreitern. Das Patt wegen des neuen Amts des Präsidenten löste sich auf einen Schlag auf. Am 18. Juli gab Jaruzelski bekannt, dass er tatsächlich kandidieren werde. Einen Tag später traten die beiden Kammern des Parlaments, Sejm und Senat, zusammen und wählten den General ohne Gegenkandidaten. Einige widerspenstige Parlamentarier der Solidarność allerdings konnten sich nur aufgrund der Überredungskünste ihrer Führer dazu durchringen. Jaruzelski versprach »ein Präsident des Konsenses, ein Repräsentant aller

Polen« zu sein. Es war natürlich eine bittere Ironie der Geschichte, dass
ausgerechnet dieser hartgesottene Kommunist und jahrzehntelange
Unterdrücker der Gewerkschaftsbewegung jetzt im Tarnmantel eines
»Reformers« zu Polens Präsident gewählt wurde – und das in einer
wirklich freien Wahl im Wesentlichen durch jene, die er zuvor ins
Gefängnis gesteckt hatte. Viele einfache Gewerkschaftsmitglieder
waren wütend. Aber ihre politische Führung erklärte, dies sei das best-
mögliche Ergebnis, um die Freiheit zu fördern und zugleich die Stabilität zu bewahren. Gleichzeitig bewies der außerordentlich knappe Sieg
Jaruzelskis (er bekam nur eine Stimme mehr als die notwendige Mehrheit), wer die wahre Legitimität und politische Stärke im Land hatte:
die Solidarność.[107]

Im nächsten Schritt musste die geschäftsführende Regierung unter
Ministerpräsident Rakowski abgelöst werden. Laut dem Abkommen
vom Runden Tisch sollte Solidarność in der Opposition bleiben, während eine neue Regierung unter kommunistischer Führung das Land
lenkte. Doch das dramatische Wahlergebnis vom 4. Juni hatte das
ursprüngliche Abkommen vom Frühjahr ad absurdum geführt. Daher
strebten die Kommunisten nunmehr eine große Koalition mit Solidarność an (nicht zuletzt in dem Versuch, die Verantwortung für die sich
zuspitzende Wirtschaftskrise zumindest teilweise abzugeben). Doch
Solidarność war diesbezüglich gespalten; die meisten Mitglieder wollten sich nicht an einer Regierung beteiligen, in der die Kommunisten
das Sagen hätten. Außerdem waren sie ohnehin überzeugt, dass nach
den Wahlergebnissen vom Juni in Wirklichkeit sie das Mandat hätten,
das Land zu regieren.

Letztlich ernannte Jaruzelski am 2. August seinen kommunistischen
Genossen General Czesław Kiszczak zum Ministerpräsidenten. Diesem
gelang es jedoch nicht, ein Kabinett zu bilden, denn die Verbündeten
der kommunistischen Partei, die Bauernpartei und die Demokratische
Allianz, weigerten sich kurzerhand, zu kooperieren. Also kündigte
Lech Wałęsa an, er werde eine Regierung unter Führung von Solidarność
zusammenstellen. Mit diesem gewagten Schritt ging Wałęsa weit über
das Abkommen vom Runden Tisch hinaus. Zu der ohnehin überaus
angespannten politischen Lage kam in den ersten Augustwochen noch
eine wachsende Instabilität hinzu, als eine neue Streikwelle gegen die

ungezügelte Inflation und die Lebensmittelknappheit im industriellen Süden um Katowice und in den Werften an der Ostsee losbrach. Jaruzelski steckte in der Klemme. Sollte er nachgeben und das beschleunigte Tempo des politischen Wandels akzeptieren? Oder sollte er standhaft bleiben und das Parlament auflösen? Neue und nicht eingeschränkte Wahlen würden zweifellos eine völlige Katastrophe für die Kommunisten bedeuten. Der US-Botschafter in Warschau warnte, dass Polen inzwischen »unmittelbar am Abgrund« stehe. Wie lange noch werde »sich die verfallende Machtelite nicht selbst verteidigen«, falls die Lage eskalierte? Wie konnte ein konservativer Gegenschlag verhindert werden? Oder gar ein Bürgerkrieg?[108]

Mehrere Tage quälte sich Jaruzelski mit diesen Fragen herum. Was letztlich den Ausschlag gegen eine harte Linie gab, war die Aussicht eines politischen und wirtschaftlichen Chaos sowie ein klammheimlicher, aber starker Druck seitens Gorbatschows und des Kremls. Außerdem machte Wałęsa wichtige Zugeständnisse: Er versprach, dass Polen im Warschauer Pakt bleiben werde, und bot den Kommunisten die Schlüsselressorts Verteidigung und Innenpolitik an, sprich: die Kontrolle über die Armee und die Polizei. Beides waren wichtige an Moskau gerichtete Gesten – oder zumindest an das Moskau von 1956 und 1968, nur für den Fall, dass die Vergangenheit des Kalten Krieges nicht ganz so tot war, wie Gorbatschow behauptete. Unter diesen Bedingungen entschloss sich Jaruzelski zu dem Schritt, der das polnische politische System stärker veränderte als alle Modelle, die sonst im Ostblock getestet wurden: eine »partnerschaftliche Kooperation« zwischen Partei und Bewegung. Der kommunistische Präsident akzeptierte einen Ministerpräsidenten der Solidarność.[109]

Der Chefredakteur der oppositionellen Zeitung *Gazeta Wyborcza* hatte – nach der Regel »einen für uns und einen für sie« – schon einen Monat zuvor in einem Kommentar mit der Überschrift »Euer Präsident, unser Ministerpräsident« diese Lösung vorgeschlagen. So ging der Kelch weiter an Tadeusz Mazowiecki, einen Journalisten und seit den Fünfzigerjahren prominenten katholischen Laien. Seit den ersten Tagen der Gewerkschaftsbewegung war er ein wichtiges Bindeglied zwischen der progressiven Intelligenz und den militanten Arbeitern gewesen und hatte als Chefredakteur der *Tygodnik Solidarność*, einer neuen

Wochenzeitung, gearbeitet, ehe er unter dem Kriegsrecht ein Jahr lang in Haft genommen wurde. In den Jahren 1988/89 half er, das Ende der Massenstreiks und die Vereinbarungen am Runden Tisch auszuhandeln.[110]

Am 24. August 1989 wurde Mazowiecki vom Sejm als Ministerpräsident bestätigt, mit den Stimmen der meisten kommunistischen Abgeordneten, die damit ihre grundsätzliche Bereitschaft signalisierten, unter ihm zu dienen. In Osteuropa gab es nun den ersten nichtkommunistischen Regierungschef seit der unmittelbaren Nachkriegszeit, doch im Westen war niemand allzu euphorisch. »Ein historischer Schritt«, erklärte ein Vertreter des US-Außenministeriums, aber »hier herrscht nicht die geringste Schadenfreude« in Anbetracht der gewaltigen wirtschaftlichen Herausforderungen, vor denen Mazowiecki stehe.[111] Tatsächlich bestritt der neue polnische Regierungschef dies auch gar nicht und räumte ein: »Niemand hat bislang den Weg eingeschlagen, der vom Sozialismus zum Kapitalismus führt.«[112]

Es dauerte nur drei Wochen, bis der neuen polnische Regierungschef sein Kabinett dem Parlament präsentierte – wo es einmütig mit 402 Stimmen ohne Gegenstimme, bei 13 Enthaltungen, bestätigt wurde. Doch es war vielleicht symbolträchtig, dass der 62-jährige Mazowiecki am 12. September bei seiner Antrittsrede einen Schwindelanfall erlitt, der ihn zwang, eine Pause von einer knappen Stunde einzulegen. Als er unter donnerndem Beifall wieder ans Pult trat, sagte er im Scherz: »Entschuldigen Sie bitte, aber ich habe den gleichen Zustand wie die polnische Wirtschaft erreicht.« Nachdem das Gelächter abgeklungen war, fügte er hinzu: »Ich habe mich erholt – und ich hoffe, die Wirtschaft wird sich auch erholen.« Am Ende stand Mazowiecki »als Mann der Solidarność« an der Regierungsbank, die Arme mit dem Siegeszeichen der Solidarność triumphierend in die Höhe gereckt.[113]

Nachdem sie sich fast ein Jahrzehnt lang erbittert bekämpft hatten, arbeiteten Solidarność und Kommunisten jetzt Seite an Seite in einem ungemütlichen Schulterschluss, während der größte Teil des Regierungsapparats einfach im Amt blieb und sich, in vielen Fällen eifrig, an die neuen Ziele und ein frisches Ethos anpasste. An die Stelle des sich gegenseitig lähmenden Dreiecks Partei-Solidarność-Kirche wurde das Land jetzt von einer neuen Machtkonstellation geleitet: Regierung, Parlament und Präsident, wobei das Aushängeschild und der Stratege der Solidarność Lech Wałęsa zusah – de facto als Präsident in spe.

Polens arg angeschlagene Wirtschaft hatte mit dem Wechsel von der Plan- zur Marktwirtschaft zwar kaum begonnen, doch die erste und entscheidende Phase eines politischen Übergangs – gelenkt, aber nicht vorgegeben von dem Abkommen am Runden Tisch – war ohne Konflikte abgeschlossen worden. Es war weder zu einem Bürgerkrieg noch zu einer sowjetischen Militärintervention gekommen. Diese friedliche »Refolution« hatte nicht nur in Polen eine dynamische Wirkung, sondern auch in anderen kommunistisch regierten Ländern, da sie signalisierte, dass das einst Undenkbare inzwischen möglich war.

Während sich in Polen die Ereignisse überschlugen, sahen die Supermächte wie Beobachter zu. Das US-Außenministerium plädierte freilich für eine mutigere Linie, die ganz offen Unterstützung signalisierte. Doch das Weiße Haus blieb zurückhaltend – schob die Verantwortung allein Warschau zu. »Nur die Polen können dafür sorgen, dass sie Erfolg haben«, sagte Scowcroft dem Sender CNN auf die Frage, warum der Präsident den Polen nicht so schnell wie möglich mehr finanzielle Hilfe anbot. »Wir können helfen, aber wir können nur dann helfen, wenn das Geld in Strukturen fließt, die dafür sorgen, dass es ordentlich genutzt wird.« Seine Botschaft war unmissverständlich: Warten wir erst mal ab. Bush hielt es für »wichtig, vorsichtig vorzugehen und es zu vermeiden, Geld in einen Abgrund zu schütten«.[114]

Gorbatschow, der Lenker der anderen Supermacht, schien sich an die Illusion zu klammern, dass der »demokratisierende Sozialismus« Polens und Ungarns eine Zukunft habe. Wie dem auch sei, der Kreml hatte weder den Willen noch die Ressourcen, Osteuropa nach der Art Stalins, Chruschtschows oder Breschnews im Zaum zu halten. Auf jeden Fall hatte Gorbatschow schon alle Hände voll zu tun damit, im eigenen Land die Macht zu bewahren und die Sowjetunion zusammenzuhalten. Er agierte mittlerweile in einem völlig veränderten politischen System, die Folge der ersten freien Wahlen in der UdSSR seit 1917. Nachdem er die Kommunistische Partei überredet hatte, den Obersten Sowjet abzuschaffen und im März 1989 ein funktionsfähiges Parlament, den Kongress der Volksdeputierten, zu gründen, musste er feststellen, dass dieser Triumph der Perestroika ein viel unabhängigeres Gremium schuf, das allmählich seine eigene Macht untergrub. Wie sein Biograf William Taubman kommentierte: »Er ersetzte das alte politische ›Spiel‹, das er hervorragend beherrschte, durch ein neues, das er nie wirklich meisterte.« Neue nationalistische, ja sogar separatistische Energien wurden im Laufe dieses Prozesses freigesetzt, als immer mehr Befugnisse an die Republiken delegiert wurden. In Georgien traten diese zentrifugalen Kräfte im April dramatisch zutage, woraufhin die Rote Armee in Tiflis intervenierte und 21 Menschen ums Leben kamen. In Europa war diese Entwicklung in den baltischen Sowjetrepubliken am westlichen Rand der UdSSR immer deutlicher zu sehen.[115]

Am 23. August, einen Tag bevor Mazowiecki als Ministerpräsident bestätigt wurde, bildeten schätzungsweise zwei Millionen Frauen und Männer eine weit über 600 Kilometer lange Menschenkette quer durch Estland, Lettland und Litauen, um an den 50. Jahrestag von Stalins Pakt mit Hitler im Jahr 1939 zu erinnern, der diese drei baltischen Staaten, die seit 1918 unabhängig gewesen waren, der Sowjetunion zuteilte. Die »Baltische Kette« oder »Kette der Freiheit« war eine eindrückliche Erinnerung daran, dass die UdSSR und das sowjetische Imperium von Gewalt zusammengehalten wurden. Sowohl der polnische Sejm als auch die polnische kommunistische Partei verurteilten öffentlich den Pakt, genau wie Gorbatschow persönlich nur wenige Tage zuvor. Aber keiner von ihnen war, bislang, bereit, sich mit der logischen Folge ihrer Worte auseinanderzusetzen. Der Pakt hatte nicht nur die baltischen Staaten in die UdSSR eingegliedert, sondern auch einen großen Teil Ostpolens. Eine Verurteilung der stalinistischen Politik war deshalb nicht einfach nur ein politischer Akt; es war ein weiteres Zeichen, dass die aufkeimende Umwälzung im sowjetischen Block zugleich vergrabene Fragen zur europäischen Geopolitik aufwarf – Fragen, die sich auf die elementaren Beziehungen zwischen den Supermächten auswirkten.[116]

Man könnte also sagen, Polen diente im Sommer 1989 als Eisbrecher des Kalten Krieges. Ungarn folgte ihm auf dem Fuße und veranstaltete eigene Gespräche am Runden Tisch zur Reform des Wahlverfahrens und der Regierungsstruktur. In diesem Fall war der Tisch jedoch nicht rund, sondern dreieckig – wie es sich für die komplizierte Zusammensetzung der ungarischen Politik gehörte, in der die Kommunisten, die

Oppositionsparteien und die nichtparteilichen Organisationen die Hauptakteure waren. Am 13. Juni begannen die Gespräche, rund zwei Monate später, am 18. September, erzielten die drei Gruppen eine Einigung: Freie, landesweite Wahlen sollten den Weg zu einer parlamentarischen Mehrparteiendemokratie bereiten. Dem Plan zufolge sollte noch vor den Wahlen vom alten, bestehenden Parlament ein Präsident gewählt werden – es bestand sogar ein gewisses Einvernehmen, dass Imre Pozsgay der wahrscheinlichste Kandidat sei. Doch in dem Moment, als diese Idee in Umlauf kam, lehnten die Freien Demokraten, Jungen Demokraten und unabhängigen Gewerkschaften den Konsens ab und weigerten sich, das Abkommen zu unterzeichnen. Rasch begann die ungarische trilaterale Politik auseinanderzufallen. Die Oppositionsparteien fingen an, sich gegenseitig zu bekämpfen, während die kommunistische Partei (genauer die Ungarische Sozialistische Arbeiterpartei) am 7. Oktober beschloss, sich aufzulösen und sich anschließend als Ungarische Sozialistische Partei unter der Führung von Rezső Nyers neu zu gründen. Das erwies sich als fataler Fehler, weil die Öffentlichkeit die kosmetische Veränderung durchschaute. Im Lauf der folgenden Monate, unmittelbar vor den Wahlen, gelang es der »neuen-alten Partei«, im Gegensatz zu ihren Rivalen der Opposition, nicht, ihre Mitgliederzahl zu erhöhen. Unterdessen bildeten einige Kommunisten um Károly Grósz unter dem alten Namen ihre eigene »neue-alte« Splitterpartei, die im ungarischen politischen Leben eine noch marginalere Rolle spielen sollte.[117]

Nach diesen dramatischen Veränderungen hing die ungarische Politik völlig in der Luft. Am 18. Oktober preschte das Parlament vor und verabschiedete die Verfassungsänderungen, die am landesweiten Runden Tisch vereinbart worden waren, nicht zuletzt die Umbenennung des Lands in »Ungarische Republik«. Die Volksrepublik gehörte der Vergangenheit an. Freie Parlamentswahlen wurden für den 25. März 1990 anberaumt, und die Präsidentschaftswahl für kommenden Sommer. Und so war Ungarn zu einer Mehrparteienpolitik übergegangen, bevor es eine Demokratie wurde. Länger als in Polen sollte die alte – wenn auch inzwischen reformorientierte – Regierung unter Führung der umbenannten Kommunisten weiterhin die politischen Angelegenheiten leiten.

Also gehörten die Polen zur Avantgarde der Demokratisierung. Doch hier handelte es sich um einen Prozess, der sich innerhalb der Grenzen eines einzelnen Staates abspielte, genau wie in den Sowjetrepubliken Estland, Lettland und Litauen. In Ungarn hingegen wurde der Eiserne Vorhang geöffnet.

*

August war der Hauptferienmonat in Europa. Paris hatte vorübergehend geschlossen. Die Italiener kühlten sich in den Ferienorten am Mittelmeer und an der Adria ab. Westdeutsche verzogen sich in die bayerischen Alpen oder an die Nordseeküste. Im kommunistischen Osten machten sich die Sonnenanbeter an die bulgarischen Strände des Schwarzen Meers auf oder erholten sich an der Ostsee, während sich die Ostdeutschen scharenweise in ihre kleinen, bunten Trabis zwängten und nach Ungarn fuhren. Die Ufer des Plattensees waren für Freunde des Zeltens ein besonders beliebtes Ziel. Aber in diesem Jahr planten viele Camper eine Reise ohne Wiederkehr, nachdem sie vom Abbau des Stacheldrahts in Ungarn erfahren hatten. Sie sahen eine Chance, in den Westen zu kommen. Wie die Historikerin Mary Sarotte herausgestellt hat, schrieb die Stasi eine »verblüffend aufrichtige interne Zusammenfassung« der Motive ihrer Bürger für den Wunsch, die DDR zu verlassen: Mangel an Konsumgütern, unzureichende Dienstleistungen, schlechte medizinische Versorgung, begrenzte Reisemöglichkeiten, schlechte Arbeitsbedingungen, die unerbittlich bürokratische Haltung des Staates und das Fehlen freier Medien.[118]

Von den materiellen Gründen einmal abgesehen, gab es auch ein eher politisches Motiv für die Flucht. Inspiriert von den erstaunlichen politischen Veränderungen in Polen und Ungarn – Ländern, die die DDR-Bürger gut kannten und zu Hunderttausenden auch besucht hatten –, sahen viele in Honecker ein unerschütterliches Hindernis für den Fortschritt in ihrem eigenen Land. Er gebe »gestrige Antworten auf die heutigen Fragen«. Der Unmut brach sich zum ersten Mal bei Kommunalwahlen im Mai Bahn. Viele Ostdeutsche hatten gehofft, der Geist der Demokratisierung, der in der UdSSR neuerdings herrschte, würde einen gewissen Einfluss haben auf diesen Urnengang. Doch sie mussten rasch feststellen, dass dieser genauso streng wie eh und je von der Partei kontrolliert wurde. In den Wahlbüros wurde von allen Bürgern lediglich erwartet, dass sie die von der herrschenden Partei vorgelegte Kandidatenliste bestätigten. Es gab weder eine Opposition noch eine Wahlmöglichkeit – abgesehen davon, Kandidaten abzulehnen, was viele auch taten. Wer »vergessen hatte«, zur Wahl zu gehen, bekam prompt Besuch von einem hilfsbereiten Mitarbeiter der Stasi. Als am Wahlabend, dem 7. Mai 1989, die Ergebnisse bekanntgegeben wurden, hatten 98,85 Prozent für die offizielle Liste gestimmt. Alles war also »in Ordnung« – zumindest laut der öffentlichen Verlautbarung durch den Wahlleiter Egon Krenz.[119]

In Wirklichkeit war die Wahl eine absolute Farce, und das Ergebnis stand in keinem Verhältnis zur wahren Stimmung der DDR-Bürger. Sie kamen sich regelrecht verschaukelt vor von dieser Scharade einer Demokratie. Auf einem Protestplakat stand sarkastisch: »Nie genug vom Wahlbetrug«. Man hatte den Eindruck, die Ostdeutschen würden wie Kleinkinder im Laufstall behandelt, während es den Polen und Ungarn erlaubt wurde, sich wie Erwachsene zu benehmen – mit der Freiheit, unabhängige politische Anschauungen zu äußern und den politischen Wandel selbst zu gestalten. Viele Menschen würden diese Kindergartenatmosphäre nicht länger ertragen, meinte Reinhard Schult, ein führender ostdeutscher Aktivist. Sie hätten die Nase voll davon, dass sie unablässig an allen Fronten an der Nase herumgeführt würden. Die Menschen würden Ostdeutschland verlassen, weil sie jede Hoffnung auf eine Veränderung verloren hätten.[120] Im Jahr 1988 waren 29000 Menschen legal aus der DDR in den Westen emigriert. Schon in den ersten sechs Monaten des Jahres 1989 hatten 37000 die Auswanderungserlaubnis erhalten.[121]

Die wirtschaftlichen Aussichten und die politische Verzweiflung waren die treibenden Kräfte. Auf der Seite der Anreize war die immer durchlässigere Grenze Ungarns zu Österreich offensichtlich von großer Bedeutung. Aber das allein war nicht ausreichend, weil die ungarischen Behörden, wenn sie Menschen bei der »Vorbereitung« oder dem »Versuch« des illegalen Grenzübertritts ertappten, gemäß eines Geheimprotokolls zu einem bilateralen Vertrag von 1969 verpflichtet waren, sie in die DDR zurückzuschicken. Doch am 12. Juni 1989 änderte sich

die Gesetzeslage, als die ungarische Regierung begann, sich an die
Genfer Flüchtlingskonvention von 1951 zu halten – gemäß einer Zusage,
die sie im März abgegeben hatte. Dieser bemerkenswerte Wechsel der
politischen Grundsätze legte die Vermutung nahe, dass Ungarn die
Ostdeutschen nicht länger zwangsweise in die DDR zurückschicken
würde: In Anlehnung an Gorbatschows Worte stellte die Regierung
jetzt die Beachtung allgemeiner Werte über irgendwelche Verpflichtungen gegenüber kommunistischen Bündnispartnern. Statt als illegale
»Republikflüchtlinge« zu gelten, konnten Ostdeutsche nunmehr hoffen, den Status eines »politischen Flüchtlings« nach internationalem
Recht zu erhalten, und ihrer Flucht damit eine gewisse Legitimität verleihen.[122]

Die reale Lage vor Ort war jedoch immer noch ziemlich undurchsich-
tig. Die ungarischen Behörden hatten bislang noch keine Entscheidung
zum Status der DDR-Bürger getroffen; sie erklärten, dass »ausreisewillige DDR-Bürger« nicht in die gleiche Kategorie wie »politisch Verfolgte« gemäß der UN-Konvention gehörten. Aber auch wenn ungarische Grenzbeamte immer noch Fluchtversuche der Ostdeutschen
verhinderten, vereinzelt sogar mit Schusswaffen wie etwa am 21. August,
so ging die Zahl derjenigen zurück, die an die Sicherheitskräfte der
DDR ausgeliefert oder auch nur namentlich nach Ost-Berlin als beim
Fluchtversuch ertappte Bürger gemeldet wurden. Die enge Kooperation
zwischen der Stasi und den ungarischen Sicherheitskräften (wie auch
den polnischen) gehörte eindeutig der Vergangenheit an – ein weiteres
Anzeichen dafür, dass sich der Block allmählich auflöste.[123]

Ende August machten schätzungsweise 150 bis 200 000 Ostdeutsche
in Ungarn Urlaub, hauptsächlich in der Nähe des Plattensees. Die Cam-
pingplätze waren voll und die Straßen verstopft von Autos. Viele
DDR-Besucher hatten ihren ursprünglich geplanten und offiziell genehmigten zwei- oder dreiwöchigen Aufenthalt kurzerhand überzogen.
Manche blieben einfach in der Hoffnung auf dramatische neue politische Entwicklungen; andere warteten den richtigen Moment ab, um
durch die wachsende Zahl der offenen Grenzabschnitte an stillen Feldern oder in abgelegenen Waldstücken zu schlüpfen. Hunderte andere
versuchten ihr Glück auf einem anderen Weg in die Freiheit, indem sie
sich auf dem Gelände der westdeutschen Botschaft in Budapest nieder-

ließen, wo sie ihre automatische bundesdeutsche Staatsangehörigkeit in Anspruch nehmen wollten. Aber welchen Weg sie auch wählten, die Ostdeutschen wurden für Ungarn zu einem ernsten Flüchtlingsproblem.[124]

Der 19. August sollte sich als der Wendepunkt erweisen. Das Mitglied des Europäischen Parlaments Otto von Habsburg – der älteste Sohn des letzten österreichisch-ungarischen Kaisers – hatte zusammen mit Menschenrechtsaktivisten und dem oppositionellen Ungarischen Demokratischen Forum eine kleine Party geplant, um »sich von dem Eisernen Vorhang zu verabschieden«. Die Veranstaltung, die als das »Paneuropäische Picknick« in die Geschichte einging, war als fröhliche Zusammenkunft von Österreichern und Ungarn geplant. Man wollte an einem sonnigen Sommernachmittag auf den Wiesen in der Nähe eines Grenzübergangs an der Straße von Sopron (Ungarn) nach Sankt Margarethen im Burgenland (Österreich) die Freiheit feiern – und zwar genau an der Stelle, wo einige Wochen zuvor die Außenminister Horn und Mock den Stacheldrahtzaun zwischen Ost und West durchtrennt hatten.[125]

Die bescheidenen, lokalen Feierlichkeiten verwandelten sich jedoch in eine viel stärker politisch geprägte Veranstaltung, als sich in letzter Minute auch der ungarische Staatsminister Imre Pozsgay zur Party ankündigte. Er arrangierte zusammen mit seinem alten Freund István Horváth, dem reformorientierten Innenminister, sowie mit Ministerpräsident Németh, dass als symbolische Geste der Grenzbaum an jenem Nachmittag drei Stunden lang offen sein sollte. Die Grenzwächter wurden angewiesen, keine Waffen zu tragen und nicht in das Geschehen einzugreifen. Während das Picknick ungarische und österreichische Staatsbürger in keinerlei rechtliche Schwierigkeiten brachte, sah die Sache für Ostdeutsche anders aus. Es wurden Flyer mit der Veranstaltungsankündigung auf Deutsch gedruckt und im Vorfeld verteilt; diese enthielten auch eine Karte, die Interessierte an den Ort des Picknicks und an Stellen leitete, wo sie »einen Teil des Eisernen Vorhangs abschneiden« konnten. Rasch füllte sich die kleine Grenzstadt Sopron mit rund 9000 Menschen. Sie campten oder mieteten sich in Pensionen ein. Das westdeutsche Außenministerium hatte sogar eigens Konsulatsbeamte an Ort und Stelle geschickt, um den deutschen Landsleuten zu helfen. Der Druck auf die ungarischen Grenzwächter erhöhte sich auf diese Weise beträchtlich, weil sie jetzt im Grunde von westlichen Diplomaten beobachtet wurden.[126]

Dennoch hatten die meisten DDR-Bürger, die mit dem Gedanken an Flucht spielten, große Angst. Sie wussten nichts von den Anweisungen, die die ungarischen Soldaten erhalten hatten. Dann begann das Picknick. Eine Kapelle spielte, das Bier floss in Strömen, und Volkstänzer in traditioneller ungarischer und burgenländischer Tracht mischten sich unter die Menge. Gut 660 Ostdeutsche, die an dem Picknick teilnahmen, fassten sich an dem Tag ein Herz. Sobald das Holztor geöffnet wurde, kam es zu einem Massenexodus. Sie liefen über die Grenze und betraten, ungehindert von den Grenzwächtern, österreichischen Boden – zugleich geschockt und euphorisch. Es handelte sich um die größte Massenflucht von Ostdeutschen seit dem Bau der Berliner Mauer im Jahr 1961. Weiteren 320 Ostdeutschen gelang am selben Wochenende an anderen Punkten der Grenzübertritt in die Freiheit.[127]

Diese Zahlen an sich waren nicht spektakulär. Tausende weitere Ostdeutsche blieben zurück, zögerten. In den kommenden Tagen erhöhte die ungarische Regierung die Zahl der Wächter, die an der österreichischen Grenze patrouillierten, sodass deutlich weniger Flüchtlinge in den Westen gelangten. Dennoch strömten jeden Tag mehr Ostdeutsche nach Ungarn. Hinter den Kulissen drängte die bundesdeutsche Regierung die ungarischen Behörden unablässig, den UN-Flüchtlingsstatus der Ostdeutschen zu klären. Dabei hatte Bonn keineswegs die Absicht, den Strom zu einer Flut anschwellen zu lassen – im Gegenteil: Die Bundesrepublik wollte Chaos und Instabilität um jeden Preis vermeiden. Hektische Anstrengungen wurden unternommen, um zu verhindern, dass die Medien einen Flüchtling, der die Grenze überschritten hatte, in die Finger bekamen, oder gar einen Botschaftsbesetzer. Man fürchtete, diese Form von Publicity würde ostdeutsche Hoffnungen auf eine einfache Ausreise noch zusätzlich nähren und das zu einem Zeitpunkt, an dem Bonn weder mit Budapest noch mit Ost-Berlin eine offizielle Vereinbarung getroffen hatte. Außerdem schwebte über all dem der historische Schatten der Roten Armee. Was wäre, wenn die Situation plötzlich außer Kontrolle geriet? Was, wenn eine Schar Flüchtlinge randalierte oder Soldaten beziehungsweise Geheimpolizisten in Panik gerieten und das Feuer eröffneten? Würden die Sowjets dann letzten Endes doch hineingezogen werden? In dieser angespannten Atmosphäre gewann die transnationale Flüchtlingskrise an Eigendynamik und erschreckenderweise gab es immer noch keine internationale Lösung.[128]

Letztlich forcierte jedoch nicht das Hin und Her an den ungarischen Grenzen die Angelegenheit, sondern die humanitäre Krise im Zentrum der Landeshauptstadt. Die Regierung Németh erkannte, dass sie nicht länger die Hände in den Schoß legen und dem Gang der Ereignisse zusehen konnte: Vor ihren Augen wuchs tagtäglich die Zahl der DDR-Flüchtlinge außerhalb der bundesdeutschen Botschaft. Rund 800 Menschen campierten inzwischen in der Nähe des Gebäudes. Auf dem Gelände befanden sich weitere 181, und die Gesandtschaft selbst musste am 13. August notgedrungen für den Publikumsverkehr geschlossen werden. Daraufhin wurden vom Roten Kreuz, dem Malteser Hilfsdienst und anderen Hilfsorganisationen mehrere Notaufnahmelager in der Nähe aufgeschlagen: in den Budapester Vororten Zugliget (Kapazität 600 Personen) und Cilleberc (2200 Personen) und später um den Plattensee für weitere rund 2000 Menschen. In allen Lagern herrschte ein akuter Mangel an Lebensmitteln und Wasser. Es gab nicht genügend Toiletten und Duschen, geschweige denn Schlafsäcke, Kissen, Kleidung und Hygieneartikel.[129]

Im Rampenlicht der weltweiten Medien bemühte sich Bonn verzweifelt, das Leid der Ostdeutschen zu lindern und gleichzeitig die internationale Krise einzudämmen. Doch die beiden deutschen Regierungen steckten in der Frage, was mit diesen Leuten geschehen sollte, in einer Sackgasse. Das Honecker-Regime klammerte sich wie besessen an die orthodoxe kommunistische Lehre und daran, dass die DDR auf keinen Fall »ins bürgerliche Lager« abdriften dürfe. Es dauerte sechs Gesprächsrunden zwischen dem 11. und dem 31. August 1989, ehe Ost-Berlin zähneknirschend versprach, dass es die Botschaftsbesetzer nicht »strafrechtlich verfolgen« und die Ausreiseanträge bearbeiten würde – allerdings ohne Zusage, eine sofortige, dauerhafte Ausreise positiv zu bescheiden. Unterdessen stieg in Ost-Berlin der Druck, derartige Genehmigungen zu erteilen, geradezu exponentiell von Tag zu Tag, wegen der restriktiven Praktiken der DDR und der Entfremdung ihrer Bürger in Anbetracht der Liberalisierung Polens und Ungarns.[130]

Um die Krise zu entspannen, ergriff die westdeutsche Führung die Initiative und versuchte, auf höchster Ebene die Angelegenheit mit Ost-Berlin ebenso wie mit Budapest zu regeln.[131] Für gewöhnlich fielen ostdeutsche Ausreisewillige oder Flüchtlinge in die Zuständigkeit des Kanzleramtes, schließlich handelte es sich nicht um »auswärtige« Beziehungen, sondern um eine deutsch-deutsche Angelegenheit. Doch die meisten Flüchtlinge befanden sich nun in Drittländern, meist in oder um bundesdeutsche Botschaften, und deshalb musste auch das von Hans-Dietrich Genscher geleitete Auswärtige Amt eingebunden werden. Der 1927 in Halle geborene Genscher fühlte sich geradezu berufen, diese Angelegenheit zu regeln – ein Engagement, das weit über die Pflicht hinausging. Der Kanzler musste seinem tatkräftigen FDP-Außenminister ein gewisses Maß an Unabhängigkeit zugestehen, wobei die Beziehung zwischen den beiden Männern nicht frei war von Rivalität. Das Ergebnis war eine Art zweigleisige Politik. Das Außenministerium verhandelte mit Budapest (sowie Warschau und Prag) und Gyula Horn, das Kanzleramt hingegen befasste sich mit Ost-Berlin und Erich Honecker.[132]

Schnell zeigte sich, dass der deutsch-deutsche Weg in jenem Sommer nicht sonderlich hilfreich war. Die westdeutsche »ständige Vertretung« in Ost-Berlin war ebenfalls notgedrungen geschlossen worden, nicht zuletzt wegen des Ansturms potenzieller Flüchtlinge. Außerdem stellte sich heraus, dass Honecker schwer an Krebs erkrankt war. Daher nahm er von Juli bis Ende September nicht aktiv an der Politik teil, während Parteigenossen aus dem zweiten Glied anfingen, um die Macht zu rangeln.[133]

Somit musste sich die ungarische Regierung, neben all den politischen und wirtschaftlichen Problemen, die bei ihr auf der Tagesordnung standen, mit dieser Quadratur des diplomatischen Kreises befassen, während sich in den trostlosen Lagern ein menschliches Drama abspielte. Sie war gezwungen, auf völlig neuartige Weise mit der Bundesrepublik umzugehen, um die Krise im Herzen von Budapest zu beseitigen. Gleichzeitig hatte die Regierung jedoch nicht den geringsten Wunsch, endgültig und ganz offen mit der DDR zu brechen: Horn wollte Ungarns bilateralen Geheimvertrag von 1969, der den Umgang mit »Straftätern« regelte, die bei der Planung oder beim Versuch der »Republikflucht« gefasst wurden, nicht auflösen. Gleichzeitig wehrte

Horn sich hartnäckig gegen den westdeutschen Druck, die DDR-Bürger offiziell als »Flüchtlinge« nach dem Völkerrecht anzuerkennen und das Flüchtlingswerk der Vereinten Nationen anzurufen. Kurzum, seine Regierung befand sich in einer Art Niemandsland zwischen der einen internationalen Ordnung und der anderen. Am Ende seiner Kraft sagte Horn zu einem Mitarbeiter Genschers: »Ungarn befinde sich in einer prekären Lage.«[134]

Was immer das Protokoll des zweigleisigen Kurses von Bonn vorsehen mochte, es benötigte die direkte Intervention des Bundeskanzlers, um eine Entscheidung herbeizuführen. Am 25. August reisten Ministerpräsident Németh und Horn heimlich zu einem Treffen nach Bonn, um sich mit Kohl und Genscher auf Schloss Gymnich – einem restaurierten Wasserschloss, das als Gästehaus der Regierung diente – zu beraten. In einem zweieinhalbstündigen Gespräch, gefolgt von einem Mittagessen, bemühten sich die Ungarn und die Westdeutschen um eine Lösung der Angelegenheit, unabhängig von dem, was das Honecker-Regime wollte.[135]

Kohl und Genscher überzeugten ihre ungarischen Gäste, dass es das Vernünftigste war, bei der Angelegenheit der ostdeutschen Flüchtlinge rückhaltlos mit dem Westen zusammenzuarbeiten. Es war ein sehr emotionaler Moment. Németh versicherte Kohl, dass »eine Abschiebung« zurück in die DDR »nicht in Frage« komme, und fügte hinzu: »Wir öffnen die Grenze. Wenn uns keine militärische oder politische Kraft von außen zu einem anderen Verhalten zwingt, werden wir die Grenze für DDR-Bürger geöffnet halten« – als Fluchtroute. Als Kohl die Bedeutung dieser Worte klarwurde, fiel es ihm schwer, seine Gefühle zurückzuhalten. Er war tatsächlich zu Tränen gerührt.[136]

Németh pflichtete Kohl anschließend bei, dass er, angesichts der Ausmaße der ungarischen Wirtschaftskrise zu deren Überwindung die Hilfe des Westens benötige. Die DDR hingegen könne für Ungarn nichts tun; ebenso wie Gorbatschow wegen seiner »schwierigen Lage« im eigenen Land. Németh sagte jedoch, es sei »das Ziel der ungarischen Regierung, alles zu tun, um den Erfolg der Gorbatschow-Politik zu sichern«, weil das der einzige Weg sei, um den Frieden im Block zu bewahren. Kurzum, indem Németh mit Blick auf das heiße Thema der Ostdeutschen im Sinne der Bundesregierung handelte, hoffte er allem

Anschein nach, sowohl Bonn als auch Washington zu einem Angebot von Finanzhilfen für Ungarn und zum Aufbau umfassenderer Handelsbeziehungen zu ermuntern. Kohl machte damals keine konkreten Zusagen, versprach aber, mit westdeutschen Bankiers (und Bush) zu sprechen. Prompt folgte ein beträchtliches Hilfspaket in Höhe von einer Milliarde D-Mark für die Demokratisierung und Marktreformen Ungarns – das eine Kreditgarantie in Höhe von 500 Millionen D-Mark seitens der Bundesländer Bayern und Baden-Württemberg und 500 Millionen D-Mark von der Bundesregierung umfasste. So hatte Németh am Ende seines Besuchs eine schicksalsschwere Entscheidung getroffen: Ungarn würde die Grenze in den Westen für DDR-Bürger ganz öffnen, im Gegenzug für Kohls D-Mark, um seinem Land beim Wechsel aus dem Ostblock in die westliche Welt zu helfen.[137]

Es war ein Zeichen der *Wendezeit*, dass diese Übereinkunft getroffen wurde, bevor Budapest offiziell den Kreml über seine Entscheidung zu den Grenzen informierte. Intensive Tage der »Pendeldiplomatie« folgten. Doch sobald Horn mit Schewardnadse gesprochen hatte, stand fest, dass die Sowjets bereit waren, den Ungarn bei ihren Aktionen freie Hand zu lassen.[138] Und Kohls Telefonat mit Gorbatschow persönlich gab ebenfalls grünes Licht. Dieser kommentierte lakonisch, um nicht zu sagen banal: »Die Ungarn sind gute Leute.«[139]

Sich mit der DDR auf ein Vorgehen zu einigen, sollte für die Ungarn weitaus schwieriger werden. Am 31. August teilte Horn DDR-Außenminister Oskar Fischer mit, er sei bereit, die Ostdeutschen zurückzuschicken, wenn Ost-Berlin zusage, den Flüchtlingen Straffreiheit zu gewähren und ihr Recht auf legale Ausreise zu garantieren. Fischer bot jedoch lediglich Straffreiheit an und bestand hartnäckig darauf, dass nach der Rückkehr individuelle »Ausreiseanträge« mit juristischem Beistand gestellt würden. Er gab kein Versprechen, dass automatisch dauerhafte Ausreisegenehmigungen erteilt würden. Fischer forderte darüber hinaus, dass Ungarn seine Grenze für Ostdeutsche schließe, was Horn ablehnte. Ost-Berlin versuchte auch, ein Treffen der Außenminister des Warschauer Paktes einzuberufen, um Budapest unter Druck zu setzen – aber sowjetische, polnische und ungarische Regierungsvertreter lehnten allesamt ab, mit dem Argument, der Pakt sei nicht das geeignete Forum für die Regelung dieser Angelegenheit. Folglich war die Sitzung des SED-Politbüros vom 5. September geprägt von altmodischem, kommunistischem Getöse. Von Ungarn hieß es, das Land würde nach Bonns Pfeife tanzen – oder schlimmer: »den Sozialismus verraten«.[140]

Am 10. September gab Horn bekannt, dass die ungarische Regierung es den Ostdeutschen erlauben werde, ungehindert die Grenze nach Österreich zu überschreiten, von wo aus sie in die Bundesrepublik weiterreisen konnten. Ungarn wolle, erklärte Horn, nicht »ein Land der Flüchtlingslager« werden und sei entschlossen, diese »aus humanitären Gründen aufzulösen«. Sein Stellvertreter Ferencz Somogyi sagte der internationalen Presse – indem er die Worte der auf Englisch gehaltenen Erklärung sorgfältig wählte: »Wir möchten uns öffnen und die Beziehungen zu Westeuropa und zum Westen allgemein diversifizieren.« In diesem Sinne, so Somogyi, habe Ungarn eine generell europäische Haltung eingenommen und sei damit »näher zum Westen« gerückt, indem es »den universalen, humanitären Werten absoluten Vorrang« einräume. Überdies, fügte er billigend hinzu, charakterisierten inzwischen »ähnliche Überlegungen« auch die sowjetische Politik.[141]

Das Drama, das sich anschließend entfaltete, konnte weltweit auf den Fernsehbildschirmen verfolgt werden. Der Massenexodus begann in den frühen Morgenstunden des 11. September. Die Ostdeutschen, meist junge Menschen in den Zwanzigern und Dreißigern (hauptsächlich Handwerker wie Maurer und Steinmetze, Installateure und Elektriker), strömten in Autos, Bussen und Zügen über die österreichische Grenze. Beamte des österreichischen Innenministeriums gaben an, bis zum Abend seien 8100 Ostdeutsche in Österreich eingereist – Zielrichtung Bundesrepublik – und der Strom nehme ständig zu. Und mit diesem Menschenstrom, kommentierte Craig Whitney von der *New York Times,* wurde die »Deutsche Frage« und der Traum von, aber auch die Angst vor »der deutschen Wiedervereinigung zu neuem Leben erweckt«. Er zitierte einen hohen US-Diplomaten: »Es wird noch nicht allzu bald geschehen, aber man denkt allmählich ernsthaft darüber nach. Es ist nicht länger nur eine fromme Plattitüde.«[142]

Am 12. September dankte Kohl in einem Telegramm Németh für den »großherzigen Akt der Menschlichkeit«. Gleichzeitig kam ihm die Hochstimmung in Westdeutschland sehr gelegen. Auf dem Parteitag in

Bremen sägte eine Gruppe um CDU-Generalsekretär Heiner Geißler schwer am Stuhl des Kanzlers und Parteivorsitzenden. Kohl erklärte, dass es niemals die Linie verantwortungsvoller westdeutscher Beamter sein dürfe, Ostdeutsche zur Flucht zu drängen. Aber es sei »eine Selbstverständlichkeit, dass jeder, der aus der DDR zu uns k[ommt], bei uns als Deutscher unter Deutschen aufgenommen« werde. Mit dem Appell an die nationalen Gefühle und indem er sich als wahrhaft patriotischer Kanzler präsentierte, gelang es Kohl, den Angriff auf seine Parteiführung abzuwehren und sich die Bestätigung als Parteivorsitzender zu sichern. Nicht zum ersten und nicht zum letzten Mal in diesen turbulenten Jahren hallte die internationale Politik bei innenpolitischen Angelegenheiten nach.[143]

Bis Ende September waren zwischen 30 und 40 000 Menschen – weit mehr als selbst informierte Kreise jemals angenommen hätten – über die Ungarn-Österreich-Route in den Westen gelangt.[144] Das Honecker-Regime schäumte vor Wut, aber die DDR war im Warschauer Pakt inzwischen isoliert. Das Entscheidende war: Moskau protestierte kaum. Im Gegenteil, Gennadi Gerassimow, der Sprecher des sowjetischen Außenministeriums, erklärte lediglich, die Grenzöffnung sei »ein sehr ungewöhnlicher und unerwarteter Schritt« gewesen, betreffe jedoch die UdSSR nicht unmittelbar. Der Umstand, dass die Sowjetunion die ungarische Entscheidung scheinbar guthieß und der Kreml sich noch weiter von Ost-Berlin distanzierte, war für die Moral des Honecker-Regimes ein schwerer Schlag. Sogar die ersehnte Teilnahme Gorbatschows an den bevorstehenden Feierlichkeiten zum 40. Jahrestag der Gründung der DDR am 7. Oktober stand in Frage. Es war kein Geheimnis, dass Gorbatschow den »Drecksack« Honecker nicht ausstehen konnte. Und er wollte ganz gewiss nicht als jemand betrachtet werden, der Honeckers harte Haltung gegenüber reformorientierteren ostdeutschen Kommunisten unterstützte. Tatsächlich hatte Gorbatschow nach seiner triumphalen Reise nach Bonn gegenüber Honecker unmissverständlich erklärt, dass sich die UdSSR derzeit verändere. »Das sei das Schicksal der Sowjetunion«, erklärte er, »aber nicht nur ihr Schicksal, sondern unser gemeinsames Schicksal.« Außerdem wollte er auf keinen Fall die aufkeimende politische Freundschaft mit Kohl aufs Spiel setzen: Wie bei Németh wurde Gorbatschows Haltung gegenüber der DDR nun-

*Warten auf die Freiheit: Ostdeutsche belagern die
westdeutsche Botschaft in Prag*

mehr von der Hoffnung auf westdeutsche Finanzhilfen beeinflusst, die
der Kanzler in Aussicht gestellt hatte.[145]

Da es der ostdeutschen Regierung nicht gelang, den Warschauer Pakt
zur eigenen Unterstützung zu mobilisieren, setzte sie ihre Befugnisse
bis zum Äußersten ein. Im September verhängte sie strenge Beschränkungen für DDR-Bürger, die nach Ungarn reisten. Auch wenn immer
noch viele es schafften durchzukommen, hatte diese Linie vor allem
den Effekt, dass der Menschenstrom zu den westdeutschen Botschaften
in Warschau und Prag umgeleitet wurde. Bis zum 27. September suchten 500 Ostdeutsche Zuflucht an der Botschaft in Warschau und 1300
in der Prager Gesandtschaft.[146]

Prag war deshalb besonders stark betroffen, weil die Tschechoslowa-
kei ohnehin die Transitroute für Ostdeutsche war, die hofften, über
Ungarn in den Westen zu gelangen. Und in dem Moment, als Ost-Berlin
Reisen nach Ungarn verbot, blieben die Emigranten einfach in der
Tschechoslowakei, statt nach Hause zurückzukehren. Es handelte sich
also um Personen, die bislang weder ein ständiges Ausreisevisum nach
Westdeutschland beantragt hatten noch geeignete Papiere für die Ein-

reise nach Ungarn besaßen. Aus Angst, von den tschechoslowakischen Behörden aufgegriffen und in die DDR abgeschoben zu werden, hofften sie, ihr Ziel einer Ausreise in den Westen zu erreichen, indem sie sich auf dem Gelände der westdeutschen Botschaft niederließen – einem Palast aus dem 18. Jahrhundert im Zentrum von Prag, dessen Garten alsbald zu einem erbärmlichen und unhygienischen Flüchtlingslager wurde.

Zum Ende des Monats hausten über 3000 Menschen in und um das Hauptgebäude der Botschaft, darunter 800 Kinder. Sie teilten sich vier Toiletten. Die Frauen und Kinder legten sich nachts auf Schaumgummi-matratzen schlafen, während die Männer schichtweise in Zelten schliefen, die wahllos in dem einst prächtigen Park neben barocken Skulpturen aufgestellt worden waren. Die Nahrung war allenfalls einfach: Kaffee, Tee, Brot und Marmelade zum Frühstück und Eintopf zu den anderen Mahlzeiten – serviert in dampfenden und qualmenden Feldküchen hinter den schmiedeeisernen Toren. Hier und da gebe es für alle zwei oder drei Kinder eine Orange, wegen der Vitamine, erzählte eine junge Mutter düster einem amerikanischen Korrespondenten.[147]

Bonn bemühte sich verzweifelt, eine Einigung auszuhandeln, damit diese Botschaftsbesetzer in den Westen reisen durften, und die UNO-Vollversammlung vom 27. bis 29. September in New York bot Genscher die ideale Gelegenheit. Am Rande der Versammlung gelang es ihm, in aller Stille mit seinen sowjetischen, tschechoslowakischen und ostdeutschen Kollegen die Angelegenheit zu besprechen.[148] Auf Genschers Drängen hin setzte Schewardnadse offenbar Ost-Berlin unter Druck, »etwas zu unternehmen«, und Honecker bot am 29., mit der Zustimmung des Politbüros, Bonn ein einmaliges Abkommen an: Die Besetzer durften in den Westen gehen, solange ihre »Ausreise« in die BRD als eine »Ausweisung« aus der DDR ausgegeben würde. Honecker wäre auf diese Weise imstande zu beweisen, dass er das Sagen habe, indem er scheinbar diese Verräter aus seinem Staat verjagte. Um zu demonstrieren, dass er die ganze Angelegenheit inszenierte, bestand der ostdeutsche Parteichef darauf, dass die Flüchtlinge in versiegelten Eisenbahnwaggons aus Prag wieder in die DDR fuhren, bevor sie nach Westdeutschland weitergeleitet wurden. Honecker wollte mit Hilfe der Zugfahrt die Identitäten der Flüchtlinge feststellen, damit die DDR-

Behörden deren Besitz beschlagnahmen konnten. Versiegelte Waggons hatten natürlich eine finstere historische Konnotation, da sie Bilder von den nationalsozialistischen Deportationen in die Konzentrationslager heraufbeschworen. Dennoch stimmte die Regierung Kohl dem Angebot Honeckers zu, weil es immerhin eine Regelung war, nach der die ostdeutschen Flüchtlinge als legale Emigranten und nicht als illegale Flüchtlinge behandelt wurden – ein Teil der allgemeinen Bemühungen, die Krise in die Domäne des internationalen Rechts und der universalen humanitären Werte zu lenken.[149]

Kaum war Genscher am frühen Morgen des 30. September aus New York nach Bonn zurückgekehrt, da trat er schon eine Mission an, um den Plan auszuführen. Mit einer kleinen Gruppe Regierungsvertreter reiste er nach Prag. Andere bundesdeutsche Diplomaten fuhren zu einer ähnlichen Mission nach Warschau. Beide Gruppen hatten die beängstigende Aufgabe, einen geordneten Auszug zu beaufsichtigen und dafür zu sorgen, dass die DDR die zähneknirschend abgegebenen Zugeständnisse auch einhielt. Genscher landete am Nachmittag in der tschechoslowakischen Hauptstadt, erfuhr dann jedoch, dass es ihm – entgegen der früheren Absprachen – nicht erlaubt wäre, persönlich die Flüchtlinge in ihrem Freiheitszug zu begleiten. Honecker hatte inzwischen beschlossen, dass dies lediglich unteren westdeutschen Beamten gestattet werden solle: Er wollte auf keinen Fall die zusätzliche Publicity einer Anwesenheit des Bundesaußenministers bei den Freiheitsfahrern.[150]

Unverdrossen begab sich Genscher eilig zur westdeutschen Botschaft. Dort hatte sich im Laufe des Tages eine erregte Stimmung aufgebaut. Plötzlich, kurz nach Anbruch der Dämmerung und ohne Tusch, trat Genscher auf den barocken Balkon und blickte auf die große Menge unter sich. Sichtlich bewegt gab er bekannt: »Liebe Landsleute, wir sind gekommen, um Ihnen zu sagen, dass Ihre Ausreise [nach Westdeutschland genehmigt worden ist]«. Das magische Wort »Ausreise« reichte aus: Der Rest seines Satzes ging in Jubelrufen unter.[151]

Es sei unglaublich gewesen, rief ein Mann aus Leipzig aus, Genscher habe wie die Inkarnation der Freiheit dagestanden. Die Menschen an der Prager Botschaft, von denen sich einige bereits seit elf Wochen dort aufhielten, fingen eilends an zu packen. Es sei »wie Ostern und Weihnachten an einem Tag«, sagte ein junger Mann einem Journalisten, bevor er eilig mit seiner Frau und einem Kleinkind im Schlepptau in einen Bus zum Bahnhof stieg.[152]

Für Hans-Dietrich Genscher war dieser Abend ein sehr emotionaler Moment. Das Schicksal der Deutschen in der DDR war eine Herzensangelegenheit für ihn, und zwar auf eine Weise, wie es für Kohl, einen Mann aus dem französisch-deutschen Grenzgebiet Rheinland-Pfalz, niemals gelten konnte. Genscher war schließlich selbst einmal ein ostdeutscher Flüchtling gewesen, als er 1952 nach Westdeutschland floh. Und er hatte auch seinen charakteristischen, sächsischen Akzent nie ganz abgelegt. Sein noch in der DDR begonnenes Jurastudium schloss er in Hamburg ab, bevor er in die westdeutsche Politik ging.[153] Diese persönlichen Wurzeln erklären Genschers tiefes Engagement für die deutsche Wiedervereinigung und auch seine Überzeugung, dass sie über gesetzliche Vereinbarungen als friedliche Umarmung des Sowjetblocks erfolgen sollte. Daher rührte seine Leidenschaft für die westdeutsche»Ostpolitik« und für die in der Schlussakte von Helsinki 1975 verankerten Grundsätze. Sein großes Ziel war es, den Kalten Krieg und die deutsche Teilung nicht durch unilaterale Aktionen des Westens zu überwinden, sondern durch einvernehmliche paneuropäische Lösungen. Es schien daher nur gerecht, dass er, nicht sein verbündeter Rivale Bundeskanzler Kohl, die frohe Botschaft in Prag überbrachte. Und es ist kein Wunder, dass Genscher diesen Moment auf dem Balkon wenige Tage später als »die bewegendste Stunde meines politischen Lebens« bezeichnete. Der Kreis hatte sich für ihn geschlossen, als er den Flüchtlingen einer jüngeren Generation begegnete, die den gleichen Weg gehen wollten. Man könne hier sehen, was Menschen in Kauf nehmen würden, um so leben zu können wie im Westen, fügte er hinzu, nicht im materiellen Sinn, sondern um das Recht zu haben, selbst zu entscheiden, was sie mit ihrem Leben anfangen.[154]

Also leitete an jenem Abend des 30. September die Prager Polizei den üblichen Verkehr um, damit ein Dutzend Busse die westdeutsche Botschaft evakuieren konnte. Am Bahnhof Prag-Liben, außerhalb der Stadt, wurde die Schlange euphorischer Ostdeutscher, die auf ihre Züge warteten, immer länger. Bei der Ankunft des westdeutschen Botschafters in der Tschechoslowakei Hermann Huber ertönte Beifall aus der Menge. Gesichter strahlten vor Aufregung, sie drängten sich zu ihm, umarmten und küssten ihn, hielten ihm sogar ihre Kinder für eine Art Segnung hin. Ein Trupp tschechoslowakischer Polizeibeamter stand abseits, beobachtete das Geschehen, griff aber nicht ein. Nach unzähligen Verzögerungen rollten endlich sechs Züge aus Prag. Mit an Bord einige westdeutsche Alibi-Regierungsvertreter, die hofften, die Menschen beruhigen zu können.[155]

Die Züge mussten von Prag umständlich sieben Stunden lang über Schönau, Reichenbach, Dresden, Karl-Marx-Stadt (Chemnitz), Plauen, Zwickau und Gutenfürst fahren. Zu den angespanntesten Momenten kam es auf dem Gebiet der DDR, als ostdeutsche Sicherheitsbeamte in die Züge stiegen. Niemand konnte sicher sein, dass sie nicht versuchen würden, den Zug zu entladen und die Reise der Flüchtlinge in die Freiheit zu beenden. Doch es passierte nichts Schlimmeres, als dass die Namen der Ausreisenden notiert und deren amtliche Ausweise eingezogen wurden. Das lief alles ohne Zwischenfälle ab. Der Zug machte in Dresden und Karl-Marx-Stadt halt, wo es noch ein paar DDR-Bürgern gelang, an Bord zu klettern – ohne dass sie gehindert oder bestraft wurden. Andere Ostdeutsche stellten sich entlang der Gleise auf und winkten, als die Sonderzüge der Deutschen Bahn vorüberrollten.[156]

Bei deren Ankunft in Hof im Nordosten Bayerns drängten sich Hunderte von Westdeutschen in dem Bahnhof, jubelten und winkten. Sie hatten für die Neuankömmlinge riesige Stapel an gebrauchter Kleidung, Schuhen, Spielsachen und Kinderwägen gesammelt. Einige drückten erschöpften Eltern ein paar Scheine in die Hand oder gaben den Kindern Süßigkeiten. Andere waren einfach überwältigt: Sie standen schweigend, unterdrückten ihre Emotionen, die sie nicht in Worte fassen konnten. In den Köpfen vieler älterer Schaulustiger in dieser Grenzstadt weckte die Szene Erinnerungen an die Zeit, als sie einst – wie Genscher – nach dem Krieg ihre Sachen gepackt hatten, um im Westen ein neues Leben anzufangen.

Auch wenn es Genscher nicht gestattet war, an dem eigentlichen Exodus teilzunehmen, spürte er, dass hier Geschichte gemacht wurde, und freute sich über seine persönliche Rolle dabei. Jener Moment auf dem Balkon der Prager Botschaft hatte ihn in das Rampenlicht des Dramas der Wiedervereinigung gestellt, noch vor Kohl, der sich ebenfalls nach einem Platz in der Geschichte sehnte. Das Geschehene zeige, dass man sich derzeit in einer historischen Phase des Wandels befände, die nicht rückgängig gemacht werden könne und weitergehen werde, sagte Genscher der amerikanischen Presse. Er hoffe, dass die ostdeutsche Führung dies erkenne und sich nicht selbst isoliere, indem sie sich der Veränderung verweigere. Gorbatschow werde kommen, und er, Genscher, hoffe, der Generalsekretär werde Ostdeutschland überzeugen, dass eine Reform in ihrem besten Interesse liege, dass Reform mehr, nicht weniger Stabilität bedeute.[157]

Doch genau das Gegenteil trat ein: Der kranke und völlig überforderte Honecker beschloss, sich abzuschotten. Nur wenige Tage vor den großen Feierlichkeiten zum 40. Geburtstag seines Landes fühlte er sich gedemütigt, ja sogar bedroht. Die eindrucksvollen TV-Bilder, die unzählige Ostdeutsche zeigten, die über Zäune kletterten, Züge belagerten, Botschaften überrannten und schließlich triumphierend auf westdeutschem Boden die Fäuste reckten, waren eine offenkundige Anklage gegen seine Regierung.[158]

Am 3. Oktober riegelte Honecker die DDR komplett von der Außenwelt ab. So etwas hatte es noch nie gegeben. Zum ersten Mal erforderte jetzt die Überquerung *jedes* Grenzübergangs sowohl einen Reisepass, den nur eine Minderheit der Bürger besaß, als auch eine besondere Reiseerlaubnis – bei den derzeitigen Umständen war es äußerst unwahrscheinlich, dass solche Papiere ausgestellt würden.[159] Die Ostdeutschen waren wütend. Die Herbstferien standen unmittelbar vor der Tür und Tausende hatten bereits Reisen in oder durch die Tschechoslowakei gebucht. Nachdem nun der »pass- und visafreie Reiseverkehr« ausgesetzt worden war, saßen sie an der deutsch-tschechoslowakischen Grenze in Sachsen fest. Daraufhin kam es hier zu den größten Demonstrationen in der DDR überhaupt. Und nun, da die letzten Ventile geschlossen wurden, verwandelte sich der ostdeutsche Staat in einen Dampfdrucktopf.[160]

Ironischerweise waren vom 1. bis zum 3. Oktober weitere 6000 Ostdeutsche in die westdeutsche Prager Botschaft geströmt. Insgesamt hielten sich rund 10 oder 11 000 Ausreisewillige im Großraum Prag auf und hingen nun völlig in der Luft. Wenn auch in einem geringeren Ausmaß, sah es in Warschau nicht viel anders aus. Also wurden eilends weitere versiegelte Züge bereitgestellt – deren Abreise aufmerksam von einer Vielzahl lokaler und ausländischer Fernsehsender und von der internationalen Presse dokumentiert wurde. Acht Züge von Prag nach Hof waren nötig, um den Rückstau in der Tschechoslowakei aufzulösen, zwei weitere mit 1445 Personen verließen Warschau in Richtung Hannover.[161] Während dieser letzten Transitaktion strömten in der DDR Tausende von Ostdeutschen – die sich inzwischen wie Gefangene im eigenen Staat vorkamen – zu den Gleisen und Bahnhöfen, um die »letzten Züge in die Freiheit«, wie man sie nannte, zu verfolgen. Viele hofften, an Bord zu springen. In Dresden war die Situation so angespannt, dass die Polizei Gewalt einsetzen musste, um den Bahnhof und die Gleise – von rund 2500 Menschen überrannt – zu räumen. Die Türen der Züge wurden wiederum von außen verplombt. Es dauerte bis in die Morgenstunden des 5. Oktober, um drei Züge durch den Dresdener Hauptbahnhof zu manövrieren. Die übrigen mussten über andere Städte umgeleitet werden.[162]

Unterdessen blieb eine Menge von 20 000 aufgebrachten Menschen auf Dresdens Lenin-Platz (heute Wiener Platz) und in den angrenzenden Straßen zurück. Polizei und Soldaten griffen mit Gummiknüppeln und Wasserwerfern hart durch, um die Menge zu zerstreuen. Die Demonstranten wehrten sich jedoch und warfen Pflastersteine auf die Polizei. Augenzeugen sprachen vom schlimmsten Ausbruch zivilen Ungehorsams seit 1953.[163]

Die ostdeutschen Sicherheitskräfte schwangen die Knüppel unter den wachsamen Augen von Vertretern der Dresdener Dienststelle des KGB – unter ihnen vermutlich ein junger Geheimoffizier namens Wladimir Wladimirowitsch Putin. Als KGB-Vertreter sympathisierte Putin mit dem Honecker-Regime und seinem harten Vorgehen gegen die »Staatsverräter«. Was ihn allerdings zutiefst verstörte, war die unüberhörbare Stille seitens seiner Vorgesetzten in Moskau: Es kam kein Anruf aus dem Kreml. Kein einziger Soldat der Roten Armee wurde abkommandiert, um den ostdeutschen Genossen bei der Wiederherstellung der Ordnung zu helfen. Tatsächlich hatte Gorbatschow für den alternden Honecker und seine stalinistischen Helfershelfer nur Verachtung übrig. Getreu seiner Mission als Reformer hatte der Sowjetführer dieses Land, das keinerlei Absicht hatte, sich zu erneuern, bereits aufgegeben. Sein Berater Anatoli Tschernajew beklagte »furchtbare Szenen« der

Gewalt, die dem ostdeutschen ebenso wie dem sowjetischen Regime schadeten. Genaugenommen vertieften die Szenen des brutalen Vorgehens aus Dresden, die in den Medien gezeigt wurden, lediglich die Kluft zwischen Honecker und Gorbatschow, zwischen Ost-Berlin und seinem sowjetischen Schutzherrn.[164]

Honecker hingegen, der die Nase vom Kremlchef voll hatte, wandte sich dem anderen großen kommunistischen Verbündeten zu: der Volksrepublik China. Schon im Juni hatte sein Regime überschwängliche Unterstützung für den Einsatz von Gewalt durch Peking kundgetan. Die Art, wie Deng Xiaopings China »die gewaltsamen, blutigen Ausschreitungen verfassungsfeindlicher Elemente«, wie es in einer Erklärung hieß, auf dem Tiananmen-Platz einfach niedergeschlagen hatte, war in Honeckers Augen ein Vorbild für den ganzen Block und ein Hoffnungsstrahl für die Zukunft des realen Sozialismus in Anbetracht des Versäumnisses von Gorbatschow, den Protest und die Subversion zu zerschlagen.[165] Der Sommer hatte gezeigt, wie, als unmittelbare Folge der Zurückhaltung der UdSSR, die polnische und ungarische Liberalisierung ganz Osteuropa ansteckte. Sie hatte auch die DDR selbst infiziert und zuerst einen Aderlass an Menschen und jetzt, wie Dresden zeigte, Unruhen auf den Straßen des einst so sicheren Polizeistaats geschürt. Mitten in diesen innenpolitischen Unruhen war die DDR entschlossen, die internationale Fahne des Kommunismus hochzuhalten. Aus diesem Grund schickte Honecker Egon Krenz, seine Nummer zwei, zu einem hochkarätigen, einwöchigen Besuch nach Peking, um den 40. Jahrestag der Volksrepublik China am 1. Oktober 1989 zu feiern, nur wenige Tage vor dem 40. Jahrestag der DDR. Jetzt war eindeutig eine Zeit der Solidarität unter wahren Kommunisten.

Auf seiner Reise war Krenz darauf aus, sich von der chinesischen kommunistischen Führung abzuschauen, wie man mit Demonstranten umging und den Status quo stabilisierte.[166] In seinem Gespräch mit dem neuen KPCh-Parteichef Jiang Zemin am 26. September äußerte Krenz seine Freude darüber, eine »unüberwindliche Bastion des Sozialismus in Asien« zu besuchen, wo »unter Führung der Kommunistischen Partei das größte Volk der Welt von seinen halbkolonialen Fesseln befreit« worden sei. Jiang und Krenz waren sich einig, dass die Ereignisse vom Juni 1989 die wahre feindliche Absicht hinter der westlichen Strategie des »sogenannten friedlichen Wandels« bei den Beziehungen zu China enthüllt, ja diese gar als »aggressives Programm zur Unterminierung des Sozialismus« entlarvt hätten.[167] Qiao Shi, ein weiteres hohes chinesisches Politbüromitglied und eine Schlüsselfigur bei der Verhängung des Kriegsrechts, schärfte Krenz ein, wie genau er und seine Kollegen die Ereignisse in Europa, insbesondere die »Entwicklungen in Polen und Ungarn« verfolgten. Diese gäben zwar Anlass zu höchster Besorgnis, doch Qiao äußerte seine große Zufriedenheit über die ostdeutsche Weigerung, den gleichen Weg einzuschlagen, und die Entschlossenheit, »am Sozialismus festzuhalten«. Denn, »wir alle sind Kommunisten, unser Leben besteht im Kampf« – auf den Gebieten »der Politik, der Ideologie und der Wirtschaft«.[168] Der alles »Überragende Führer« Deng Xiaoping sagte Krenz mit Nachdruck: »Wir verteidigen den Sozialismus gemeinsam, ihr in der DDR, wir in der VR China.«[169] Krenz erklärte seinerseits: »In den Kämpfen unserer Zeit stehen DDR und China Seite an Seite.«[170] Sie betrachteten sich als Leuchttürme des Sozialismus, die ihr Licht in eine finstere und feindliche Welt strahlten.

Krenz zählte zu den sehr wenigen bekannten Persönlichkeiten auf der auffallend kümmerlichen offiziellen Liste an Ausländern, um die Feierlichkeiten zum 40. Jahrestag der Volksrepublik China zu schmücken. Die übrigen Vertreter waren untergeordnete Funktionäre aus relativ marginalen Ländern: ein Politbüromitglied aus der Tschechoslowakei, ein Vertreter der kubanischen kommunistischen Partei und Kabinettsminister aus Ecuador und der Mongolei. Die Sowjetunion wurde von dem stellvertretenden Vorsitzenden der Gesellschaft für sowjetisch-chinesische Freundschaft vertreten. Vor allem wegen der internationalen Empörung über die Ereignisse vom 4. Juni waren keine Regierungschefs gekommen. Sogar viele Botschafter blieben fern – aus den Vereinigten Staaten, Kanada, Westeuropa und Japan. Krenz war in seiner Funktion als Stellvertreter des Staatschefs eines großen kommunistischen Staates in Europa, neben seinem nordkoreanischen Kollegen Vizepräsident Li Jong Ok, der ranghöchste auswärtige Freund, der zusammen mit der alternden chinesischen Elite auf der Rednerbühne saß, während sie auf die wiederhergestellte Beschaulichkeit des Platzes des Himmlischen Friedens blickten. Wie Deng zu Li Jong sagte: »Wenn Sie nach Hause zurückkehren, sagen Sie bitte Präsident Kim Il Sung,

dass Chinas gesellschaftliche Ordnung wieder zur Normalität zurückgekehrt ist. … Was in Peking vor nicht allzu langer Zeit passiert ist, war
schlecht, aber letztlich ist es für uns hilfreich, weil es uns besonnener
gemacht hat.« Li erwiderte: »Ich bin sicher, dass Präsident Kim sehr
froh darüber sein wird.«[171]

Die ausländischen Würdenträger bekamen ein gigantisches Feuer-
werk und eine farbenfrohe Aufführung von 100 000 Tänzern der kommunistischen Jugend zu sehen. Ihre Stimmung wirkte jedoch eher
»gelangweilt« als »fröhlich«. Und anstelle einer riesigen Militärparade
wie fünf Jahre zuvor marschierte nur eine kleine Gruppe aus 45 Soldaten im Stechschritt an der Bühne vorbei, um die Macht des Staates zu
symbolisieren. Wegen der strengen Sicherheitsvorschriften war es einfachen Chinesen nicht möglich, sich den Jubiläumsfeierlichkeiten für
ihre »Volksrepublik« auf weniger als einer Meile zu nähern. Hinzu kam:
Das Kriegsrecht blieb in Peking weiter in Kraft, fast drei Monate nachdem es auf dem Höhepunkt der Studentendemonstrationen verhängt
worden war. Deshalb patrouillierten mit Maschinenpistolen bewaffnete
Soldaten immer noch im Stadtzentrum. Bei der KPCh herrschte folglich
anlässlich des 40. Jahrestags keine überschäumende Jubelstimmung;
genaugenommen hatte man bis vor kurzem noch eine sehr bescheidene,
sogar nüchterne Feier geplant. Doch im Oktober wollte die Partei mit
der wiedergewonnenen inneren Zuversicht die Tatsache demonstrieren und feiern, dass sie alles unter Kontrolle hatte. »Der Nationalfeiertag ist dieses Jahr von ungewöhnlicher Bedeutung«, erklärte Li Rui-
huan, ein hohes Politbüromitglied, das für Propaganda zuständig war.
Weil, fügte er hinzu, »wir soeben einen Sieg bei der Zähmung der Unruhen und bei der Unterdrückung der konterrevolutionären Rebellion
errungen haben«.[172]

*

Während das kommunistische China seinen 40. Gründungstag mit
einer eher verhaltenen Zuversicht feierte, die von den Ereignissen am
4. Juni zwar erschüttert war, aber einen klaren Weg nach vorn propagierte, planten die deutschen Genossen schon seit Monaten ein staatliches Großereignis, nur um im letzten Moment mit wachsenden sozialen

Unruhen konfrontiert zu werden, die schließlich zu einer echten Gefahr für ihre politische Kontrolle wurden. Man hatte die Absicht, am 6./7. Oktober ein opulentes Medienspektakel zu veranstalten, mit Paraden des Militärs und der Parteijugend, üppigen Banketten im glitzernden Palast der Republik und endlosen sich selbst beweihräuchernden Reden. In einem weiteren Gegensatz zu Peking sollten die meisten Persönlichkeiten der kommunistischen Hautevolee anwesend sein, allen voran Chinas Vize-Regierungschef Yao Yilin und Michail Gorbatschow persönlich. Honecker wollte eine großartige Show. Zwei Jahrzehnte stand er nun an der Spitze dieses Staates – das musste gefeiert werden und sollte außerdem eine weitere Anerkennung des Status der DDR in der kommunistischen Welt signalisieren. Um sicherzugehen, dass alles nach Plan lief, wurden Besuche von West-Berlinern für die Dauer der Feierlichkeiten eingeschränkt, während eine exakt »organisierte und koordinierte« Operation des Nachrichtenaustauschs und der Sicherheitskräfte gestartet wurde, um zu gewährleisten, dass jeder Protestversuch im Keim erstickt wurde. Mit einem Wort, man nahm sich Peking zum Vorbild, nicht Moskau.[173]

Anfangs schien alles nach Plan zu laufen. Als Gorbatschow am 6. Oktober auf dem Flughafen Schönefeld eintraf, zeigten er und Honecker demonstrativ für die Kameras ein Bild der sozialistischen Bruderschaft. Eine innige Umarmung samt Bruderkuss, dann die Fahrt in eine »mit Bannern geschmückte und unter sich überkreuzenden Lichtstrahlen leuchtende« Stadt, wo sie Schulter an Schulter am späten Abend die riesige Fackelparade von 100 000 Mitgliedern der kommunistischen Jugendorganisation FDJ abnahmen. Den ganzen Abend lang zeigte das DDR-Fernsehen Gorbatschow und Honecker, wie sie lächelten und winkten, während der jugendliche Menschenstrom mit Fahnen und Fackeln die Prachtallee Unter den Linden entlangzog. Gelegentlich registrierte der Sowjetführer Jubelrufe und Gesänge wie »Gorbi, Gorbi!« von einigen bewundernden jungen Deutschen. Dann fingen zu Gorbatschows Verblüffung rund 300 FDJ-Mitglieder an, »Gorbi hilf uns! Gorbi rette uns!« zu skandieren – fast schon als Code für die Reformen, die sie von ihrer unnachgiebigen Regierung forderten. Mit Sicherheit tobte Honecker innerlich vor Wut über diese Wende der Ereignisse, aber noch war es nur eine geringfügige Abweichung von der sonst

Geburtstagsfeier oder letztes Geleit? Die Ehrenparade
zum 40. Jahrestag der DDR

perfekt inszenierten Veranstaltung, bei der sich die beiden Politiker in völliger Harmonie zusammen präsentierten.[174]

Am nächsten Morgen herrschte jedoch eine ganz andere Stimmung. Gorbatschow stand wieder an Honeckers Seite, diesmal auf der VIP-Tribüne an der Karl-Marx-Allee, während sie die alljährliche Militärparade abnahmen, die in diesem Jahr allerdings beträchtlich kleiner war, um den Einsatz des Warschauer Paktes für Abrüstung zu demonstrieren. Doch Gorbatschow wirkte jetzt »zerstreut und ungeduldig«, während eine Reihe Soldaten nach der anderen vorüberzog: Die gekünstelten Feierlichkeiten schienen ihren Tribut zu fordern.[175]

Nach der Parade redeten »Gorbi« und »Honni« fast drei Stunden lang unter vier Augen und anschließend in Anwesenheit des gesamten Politbüros. Und hier lief kaum etwas nach Plan; Honecker und Gorbatschow waren einfach nicht auf der gleichen Wellenlänge. Letztlich redeten sie aneinander vorbei. Gorbatschow begeisterte sich in einem für ihn typischen groß angelegten Auftritt für sein neues Denken und die gegenwärtige »Revolution innerhalb der Revolution« (anders ausgedrückt, ohne den Oktober 1917 zu verneinen), während er gleichzei-

Deine Zeit läuft ab, Erich! Gorbatschow und Honecker in Ost-Berlin

tig den andauernden historischen Wettstreit des Kommunismus mit dem Kapitalismus betonte, allerdings in einer sich verändernden Welt. Honecker hingegen lobte die DDR in den Himmel und pries sie als eine der erfolgreichsten Volkswirtschaften der Welt. Er leierte statistische Zahlen herunter, wies einmal mehr auf die 15 Milliarden Ostmark an Investitionen in die Mikrochip-Industrie hin, vergaß nicht, die Errungenschaften der großen staatlichen Mischkonzerne Mikroelektronik Erfurt, Carl Zeiss Jena und Robotron Dresden zu erwähnen, und tönte von automatisierten Systemen und einer Produktionssteigerung um 300 bis 700 Prozent. Er ließ auch niemanden in Zweifel darüber, dass er entschlossen war, an der alten repressiven Form des Staatssozialismus festzuhalten. Sie würden ihre Probleme mit sozialistischen Methoden lösen, beharrte er.

Die Reden der beiden vor dem Politbüro verliefen in ähnlich voneinander abweichenden Bahnen. Aber inzwischen hatte Gorbatschow genug gehört. Er erzählte seinen ostdeutschen Zuhörern eine Anekdote von Bergleuten in Donezk, die dem Sekretär des regionalen Parteikomitees »eine gute Lektion erteilten«: »Wir beobachten oft, dass manche Führer den Karren nicht mehr ziehen können, aber wir ersetzen sie nicht, wir haben Angst, sie zu beleidigen.« Als er sich vielsagend unter den Politbüromitgliedern umsah, dürfte kaum einer daran gezweifelt haben, dass dies eine direkte Anspielung auf den 77-jährigen Hardliner Honecker war. »Wenn wir zurückbleiben, bestraft uns das Leben sofort«, stellte Gorbatschow treffend fest. Später machte sein Pressesprecher Gerassimow vor den weltweiten Medien den Satz daraus, der zu einem berühmten Aphorismus wurde: »Wer zu spät kommt, den bestraft das Leben.«[176]

Es waren 24 Stunden voller widersprüchlicher Botschaften. Gorbatschows eindeutige Absicht war gewesen, nachdem er seinen Entschluss gefasst hatte, an den Feierlichkeiten in der DDR teilzunehmen, dem meistgeschätzten Verbündeten der Sowjetunion im Kalten Krieg ein gewisses Maß an Solidarität zu bekunden. Die außergewöhnlichen Bilder des jüngsten Exodus vor Augen und die immer eindringlicheren Forderungen des Volks nach Reformen und Demokratie, veranlassten ihn, die Beruhigung der angespannten Nerven in Ost-Berlin als seine Hauptaufgabe zu sehen. Er wollte verhindern, dass eine Kombination aus gesellschaftlicher Frustration und politischer Lähmung bis zu einem Punkt eskalierte, wo sie den ostdeutschen Staat destabilisieren konnte. Gleichzeitig stellte Gorbatschow jedoch klar, dass Moskau sich nicht in die Probleme Ostdeutschlands einmischen werde. Probleme, bei denen sich zeige, dass, wie Gorbatschow es ausdrückte, »viel Wurst und viel Brot noch nicht alles sind«. Vielmehr verlangten die Menschen »eine neue Atmosphäre, mehr Sauerstoff, einen neuen Atem« in der Gesellschaft und dies erforderte einen völlig neuen Ansatz seitens der DDR. Letztlich musste Honecker selbst den Mut aufbringen, politische Reformen einzuleiten. Gorbatschow war nicht länger bereit, ihn zu stützen.[177]

Was die internationale Lage betraf, gab sich der Mann aus dem Kreml hier, an der vordersten Front des Kalten Krieges im Herzen Europas, jedoch kampfbereit. In seiner Rede während des Gala-Diners im Palast der Republik am 6. Oktober hatte er Anklagen zurückgewiesen, dass Moskau die alleinige Verantwortung für die Spaltung des Kontinents nach dem Krieg trage, und kritisierte Westdeutschland dafür, dass es seine Reformen dafür instrumentalisiere, über eine »Wiederherstellung Deutschlands in den Grenzen von 1937« zu spekulieren. Er wies ferner ausdrücklich Forderungen zurück, dass Moskau die Berliner Mauer abreiße – ein Aufruf, den Reagan im Jahr 1987 und Bush 1989 erneut geäußert hatte. »Man fordert uns unaufhörlich auf, Maßnahmen zur Beseitigung dieser Spaltung zu unternehmen«, beklagte sich Gorbatschow. »Wir haben schon Aufforderungen gehört wie: ›Die UdSSR soll die Berliner Mauer beseitigen, dann könne man erst endgültig an ihre friedlichen Absichten glauben.‹« Was die in Europa entstandene Ordnung betraf, so blieb er unerschütterlich: »Wir idealisieren sie nicht. Das Wesentliche aber ist, dass bis jetzt gerade die Anerkennung der Nachkriegsrealitäten den Frieden in Europa sicherte. … Jedes Mal, wenn im Westen auf die Änderung der Nachkriegskarte Europas gesetzt wurde, führte dies zu einer erneuten Spannung der internationalen Lage.« Gorbatschow wollte, dass seine sozialistischen Genossen die Erneuerung begrüßten, hatte jedoch nicht die Absicht, den Warschauer Pakt aufzulösen oder schlagartig die Grenzen des Kalten Krieges aufzuheben, die dem Kontinent in den vergangenen 40 Jahren eine gewisse Stabilität verliehen hatten.[178]

So klebten diese beiden kommunistischen Führer, jeder auf seine Weise, an der Vergangenheit. Gorbatschow hielt an den bestehenden geopolitischen Realitäten fest, ungeachtet der Risse, die sich im Eisernen Vorhang bereits auftaten. Honecker hingegen klammerte sich an die Illusion der sozialistischen Nation, die Fassade einer ostdeutschen Einigkeit realisiert durch die Sozialistische Einheitspartei, obwohl das Land in Wirklichkeit ein inzwischen gefährlich gespaltenes Haus war.

Die ideologische Kompromisslosigkeit des DDR-Regimes, die während der Feierlichkeiten zur Schau gestellt wurde, und die zunehmenden sozialen Unruhen der jüngsten Wochen bargen die reale Gefahr, einen revolutionären Flächenbrand zu entfachen. Tatsächlich wurde Honecker keine zwei Wochen später abgesetzt. Und nur einen Monat nach dem 40. Jahrestag der DDR, am 9. November, fiel die Berliner Mauer ohne jeden Kampf. Die Mauer war das herausragende Symbol des Kalten Krieges gewesen, jene Barriere, die Ostdeutsche in ihrem Pferch einsperrte, und jenes Bauwerk, das den ganzen Block zusammenhielt. Die Feier vom 7. Oktober entpuppte sich somit als Schauspiel der Illusionen. Doch war in keiner Weise vorherbestimmt, was als Nächstes kommen würde.

KAPITEL 3

DEUTSCHLAND WIEDERVEREINIGEN, DEN OSTBLOCK AUFLÖSEN

Am neunten November 1989. Helmut Kohl war außer sich. Da saß er nun in wunderbar festlicher Atmosphäre mit einer 70-köpfigen deutschen Delegation, zu der auch sein Außenminister Hans-Dietrich Genscher und sechs weitere Minister aus seinem Kabinett gehörten, in einem großen Bankett im Warschauer Präsidentenpalast mit der neuen Führung Polens zusammen: Mazowiecki, Jaruzelski und Wałęsa. Aber überall um ihn herum wurde geflüstert: »Die Mauer ist gefallen! Die Mauer ist gefallen!« Während des gesamten Abends wurde der Kanzler immer wieder beim höflichen Gespräch mit den Gastgebern unterbrochen. Man reichte ihm entweder Zettel mit neuen Nachrichten herein oder er wurde nach draußen gerufen, um Telefonanrufe aus Bonn anzunehmen. Bei alledem versuchte Kohl, einen klaren Gedanken zu fassen.[1] Er war zur rechten Zeit am falschen Ort – im spannendsten Moment seiner Kanzlerschaft, ja vielleicht seines ganzen Lebens. Was sollte er tun?

Zu Beginn des Banketts, bei seiner Festansprache, war Kohls Stimmung noch eine ganz andere gewesen. Der seit Monaten geplante fünftägige Besuch sollte ein Meilenstein in den Beziehungen der Bundesrepublik mit einem ihrer empfindlichsten Nachbarn werden. Die Geschichte wog schwer im Jahr 1989. Fünfzig Jahre zuvor war Hitler brutal in Polen einmarschiert. Im Verlauf des Zweiten Weltkriegs waren sechs Millionen Polen, davon drei Millionen polnische Juden, ermordet worden. Warschau war nach einem gescheiterten Aufstand im Jahr 1944 dem Erdboden gleichgemacht und Polen nach Kriegsende als Volksrepublik in den sowjetischen Block eingegliedert worden. Deutschland war verantwortlich für schwere Verbrechen, und der Versöhnungs-

Ein Moment der Versöhnung: Kohl, Mazowiecki und Genscher beim Staatsdiner in Warschau

prozess zog sich lang und schmerzhaft. Der sozialdemokratische Kanzler Willy Brandt hatte im Dezember 1970 den ersten dramatischen Schritt gemacht, als er in stiller Trauer am Ehrenmal für die Toten des Warschauer Ghettos niederkniete. Kohls Reise war der erste Besuch eines christdemokratischen Kanzlers in Polen. Sie hatte nicht nur den Zweck, mit seinen politischen Rivalen gleichzuziehen und ein Zeichen in Sachen Vergangenheitsbewältigung zu setzen, sondern sollte auch in die Zukunft weisen und bekunden, dass sich die Bundesrepublik zur polnischen Wiedergeburt als freies postkommunistisches Land bekannte. Aus all diesen Gründen war der Bundeskanzler hocherfreut gewesen, an jenem Abend an dem Bankett teilzunehmen – freilich nur so lange, bis er die Nachrichten aus Berlin bekam.[2]

Sobald das Bankett vorbei war, trafen sich die Deutschen bei Kaffee zu einer Krisensitzung. Die Situation war extrem kritisch. Die Polen wollten verhindern, dass Kohl nach Berlin fuhr, und warnten, dass dies als offene Brüskierung verstanden würde. Horst Teltschik, der führende außenpolitische Berater des Kanzlers, zögerte ebenfalls: »Zu viel ist in diesen Besuch hier in Warschau investiert worden, zu viel hängt

davon ab für das zukünftige deutsch-polnische Verhältnis.« Auf Kohls
Reiseplan stand auch ein Besuch in Auschwitz. Hier wollte der deutsche Regierungschef des Holocausts gedenken. Vor ihm war nur Bundeskanzler Schmidt im Jahr 1977 an diesem Ort des Grauens gewesen.
Außerdem wollten Kohl und Mazowiecki in Niederschlesien an einer
zweisprachigen katholischen Messe teilnehmen. Sie sollte die Versöhnung mit den Polen symbolisieren und auf Gut Kreisau stattfinden, das
Helmuth James Graf von Moltke, einem der christlich-konservativen
Widerstandskämpfer des 20. Juli 1944, gehört hatte – ein Ort, den Kohl
in seinen Memoiren als »ein Symbol für das andere, für das bessere
Deutschland auch im dunkelsten Abschnitt unserer Geschichte«
bezeichnete. Der Friedenskuss für Mazowiecki sollte eine Geste sein,
die an jenen anderen ikonischen Versöhnungsakt fünf Jahre zuvor
anknüpfte. 1984 hatten der deutsche Bundeskanzler und der französi-
sche Staatspräsident Mitterrand Hand in Hand vor dem Gebeinhaus in
Verdun gestanden. Die Versöhnungsgeste in Schlesien aber war auch für
die Vertriebenen gedacht, die stets aufsässigen Mitglieder des rechten
CDU- und CSU-Flügels, die man aus den östlichen Gebieten des alten
Reichs vertrieben hatte, als diese nach 1945 dem neuen Polen (und der
Sowjetunion) zugeschlagen worden waren.[3]

Sobald Kohl den Warschauer Präsidentenpalast verlassen hatte, eilte
er ins Marriott Hotel, um die Fragen der dort einquartierten westdeutschen Pressekorps zu beantworten. Er blieb mehrere Stunden, denn
nur in einem westlichen Hotel war es möglich, die Nachrichten im
deutschen Fernsehen zu sehen und problemlos mit dem Westen zu tele-
fonieren. Um Mitternacht, als Kohl noch einmal mit dem Kanzleramt
sprach, bestätigten die dortigen Beamten, dass die Grenzübergänge in
Berlin offen seien. Sie vermittelten ihm auch ein Gefühl für die massiven Menschenströme und die glückliche Atmosphäre in der eben noch
geteilten Stadt. Kohl, erfasst von einem heftigen Adrenalinstoß angesichts dieser Nachricht, sagte, als er aufgelegt hatte, zu den wartenden
Journalisten: »Jetzt wird *Weltgeschichte* geschrieben ... das Rad der
Geschichte dreht sich schneller.«[4]

Er beschloss, nach Bonn zurückzukehren, sobald dies diplomatisch
möglich war. »Abbrechen können wir die Reise nicht«, sagte er, »aber
unterbrechen [ist] möglich.« Am folgenden Morgen, dem 10. November,

besänftigte er seine polnischen Gastgeber, indem er wie vor ihm Brandt das Denkmal des Warschauer Ghettos besuchte und versprach, dass er binnen 24 Stunden zurückkehren werde. Dann verließ er Warschau um 14.30 Uhr mit Genscher und einer Handvoll Journalisten. Inzwischen hatte sich jedoch sein Zielort geändert. Er hatte am Denkmal weitere verstörende Nachrichten erhalten: Walter Momper, SPD-Mitglied und Regierender Bürgermeister West-Berlins, organisierte mit seinem sozialdemokratischen Parteigenossen, dem früheren Bundeskanzler Willy Brandt, eine große Presseveranstaltung auf der Treppe vor dem Schöneberger Rathaus, die am selben Nachmittag um 16.30 Uhr stattfinden sollte. Brandt – Regierender Bürgermeister West-Berlins während des Mauerbaus im August 1961 und danach gefeierter Kanzler der Ostpolitik – würde nun, da die Mauer fiel, alle Aufmerksamkeit auf sich ziehen. Ein knappes Jahr vor den nächsten Bundestagswahlen konnte sich Kohl nicht die Schau stehlen lassen – insbesondere, da Konrad Adenauer in jenen schicksalhaften Tagen im Sommer 1961, als der Ostteil der Stadt eingemauert worden war, in Berlin durch Abwesenheit geglänzt hatte.

Kohl musste also unbedingt nach Berlin. Doch im November 1989 war das gar nicht so leicht. Den Bestimmungen der Vier Mächte zufolge durften Flugzeuge der Bundesrepublik nicht über DDR-Territorium fliegen oder in West-Berlin landen – ein weiteres Erbe des Zweiten Weltkriegs. Und so ging es durch schwedischen und dänischen Luftraum nach Hamburg, wo Kohl und Genscher für den Flug nach Berlin eine von der amerikanischen Luftwaffe zur Verfügung gestellte Maschine bestiegen. Beide Männer nutzten die Reise, um fieberhaft an ihren Reden zu schreiben. Sie waren nicht nur Partner, sondern auch politische Rivalen, die um die bessere Position kämpften. Nach dem demütigenden Umweg landeten sie schließlich auf dem Flughafen Tempelhof im Zentrum der Stadt, unmittelbar bevor die Feier vor dem Schöneberger Rathaus begann. Dort, auf denselben Stufen, auf denen Präsident John F. Kennedy 1963 ausgerufen hatte: »Ich bin ein Berliner«, standen sie nun vor einer 20 000-köpfigen Menschenmenge und der Weltpresse und mussten sich das Scheinwerferlicht mit Brandt teilen.[5]

An jenem Abend gaben so drei Schlüsselfiguren der bundesrepublikanischen Politik ihre jeweils eigene Interpretation der schicksalhaften

Ereignisse der letzten 24 Stunden. Brandt sprach in Übereinstimmung mit seiner Strategie der »kleinen Schritte« in der Ostpolitik davon, dass die »beiden Staaten ... zusammenfinden« müssten und erklärte: »Keiner sollte in diesem Augenblick so tun, als wüsste er ganz genau, in welcher konkreten Form die Menschen in den beiden Staaten in ein neues Verhältnis zueinander geraten werden.« Genscher begann seine Rede mit einer emotionalen Erinnerung an seine Jugend in Ostdeutschland: »Mein besonderer Gruß geht in dieser Stunde an die Menschen in meiner Heimat.« Er bezog sich viel nachdrücklicher auf die grundlegende Tatsache der nationalen Einheit als Brandt: »In den Straßen Berlins wird in diesen Stunden bezeugt, dass vierzig Jahre der Trennung aus einer deutschen Nation nicht zwei Nationen gemacht haben. Es gibt keine kapitalistische, es gibt keine sozialistische, es gibt nur eine auf Freiheit und Frieden verpflichtete deutsche Nation.« Als Außenminister jedoch war ihm auch wichtig, die deutschen Nachbarn und insbesondere die Polen zu beruhigen. »Kein Volk dieser Welt, kein Volk in Europa muss sich fürchten, wenn sich jetzt die Tore öffnen zwischen West und Ost.«[6]

Kohl sprach als Letzter. Das Meer aus Berliner Linken auf dem John F. Kennedy-Platz hatte Brandt und Genscher zugejubelt, aber bei dem korpulenten, konservativen, katholischen Politiker aus dem Rheinland kannte man keine Nachsicht. Parteifeindschaft, Regionalstolz und starke Emotionen waren eine allzu explosive Mischung; die Zuhörer versuchten, jedes Wort in Kohls Rede mit Buhs, Zwischenrufen und Pfiffen zu übertönen. Der Kanzler empfand wachsende Wut über das Verhalten des »linken Pöbels«, wie er die Störenfriede voller Verachtung nannte. Doch er unterdrückte seinen Zorn und sprach stoisch weiter. Im Bewusstsein der bald anstehenden Wahlen, aber auch im Wissen um die ikonische Stellung Brandts, vor allem, wenn es um die Deutschlandpolitik ging, und um den historischen Moment, den Genscher auf dem Balkon in Prag genutzt hatte, ignorierte der Kanzler die Menge, die er vor sich hatte, und sprach bewusst zu den Millionen von Fernsehzuschauern, insbesondere in der DDR. Er versuchte, sich als ein Mann darzustellen, der alles unter Kontrolle hatte, als echte Führungspersönlichkeit und wahren Staatsmann. Er forderte die Ostdeutschen auf, »besonnen zu bleiben und klug zu handeln«, und er versicherte ihnen: »Wir stehen an eurer Seite. Wir sind und bleiben eine Nation und wir gehören zusammen.« Auch dankte er ausdrücklich »unseren … Freunden«, den Westalliierten, für ihre unermüdliche Unterstützung, und er schloss, indem er die Europakarte spielte: »Es lebe ein freies deutsches Vaterland, es lebe ein freies einiges Europa.«[7]

Vielen, in Deutschland und im Ausland, gingen Kohls nationalistische Töne zu weit. Während der Veranstaltung kam eine unheilverkündende telefonische Botschaft von Gorbatschow herein. Er warnte, dass die Erklärungen der Regierung »die Emotionen und Leidenschaften anheizen könnten« und betonte die Existenz zweier souveräner deutscher Staaten. Jeder, der diese Realität verleugne, habe nur ein Ziel: die Destabilisierung der DDR. Ihm seien außerdem Gerüchte zu Ohren gekommen, dass ein wütender Mob sowjetische Militäreinrichtungen stürmen wolle. Ob das stimme. Dann bat er Kohl, alles zu tun, »um eine Verschärfung der Lage zu verhindern und der Destabilisierung vorzubeugen«.[8]

Gorbatschows Mitteilung brachte den Aufruhr der vergangenen Tage zum Ausdruck, und sie schien auch für die Zukunft nichts Gutes zu verheißen. Kohl schickte ihm eine Antwort, in der er ihm versicherte, dass er sich keine Sorgen zu machen brauche: Die Atmosphäre in Berlin sei wie auf einem Familienfest, und niemand werde einen Aufstand gegen die UdSSR beginnen.[9] Dennoch lag ein ausgeprägtes Gefühl von Gefahr in der Luft. Es war ein nervenaufreibender und unsicherer Moment für den Bundeskanzler. Würden die drei Westalliierten ähnlich negativ reagieren wie Gorbatschow? Sobald Kohl am Abend wieder im Kanzleramt war, versuchte er Thatcher, Bush und Mitterrand ans Telefon zu bekommen.

Das Gespräch mit Thatcher um 22 Uhr kam als Erstes, weil er erwartete, dass es »am schwierigsten« würde.[10] Tatsächlich jedoch lief es den Umständen entsprechend relativ gut. Die Premierministerin hatte das Geschehen im Fernsehen verfolgt und sagte, »es seien in der Tat historische Szenen, die sich dort abspielten«. Sie hob die Notwendigkeit hervor, in Ostdeutschland eine echte Demokratie aufzubauen, vereinbarte mit Kohl, enge Verbindung zu halten, und machte sogar den Vorschlag, vor der Konferenz des Europäischen Rats, die im Dezember in Straßburg stattfinden sollte, einen halben Tag nach Bonn zu kommen.

Während des ganzen Telefonats wurde das Wort »Einheit« nicht erwähnt, doch der Kanzler spürte deutlich, dass die möglichen Folgen der bestehenden Lage Thatcher »Unbehagen« verursachten.[11]

Er schaffte es, den Anruf in weniger als einer halben Stunde zu beenden, damit er das für 22.30 Uhr anberaumte Telefonat mit George Bush führen konnte, bei dem er auf einen explizit enthusiastischeren Widerhall hoffte. Der Bundeskanzler begann mit einem Überblick über seine Warschau-Reise und die wirtschaftlichen Schwierigkeiten Polens, aber Bush interessierte sich nicht dafür. Er schnitt Kohl das Wort ab und sagte, er wolle alles über die DDR hören. Kohl sprach offen über das Ausmaß des Flüchtlingsproblems und äußerte sich skeptisch über den neuen SED-Generalsekretär Egon Krenz und seine Fähigkeiten als Reformer. Außerdem berichtete er empört, »viel linker Pöbel« habe versucht, ihn am Reden zu hindern. Sein Gesamturteil jedoch war sehr positiv: In Berlin habe »eine unglaubliche Stimmung geherrscht«, »optimistisch« und »wie auf einem riesigen Jahrmarkt«, und »ohne die USA«, so Kohl, »wäre dieser Tag nicht möglich gewesen«. Der Kanzler machte unmissverständlich klar, dass das, »was man derzeit erlebe …, eine historische Stunde« sei. Am Ende war auch Bush begeistert. Er wünschte »dem Bundeskanzler viel Erfolg« und sagte: »Er solle wissen, dass die amerikanische Regierung sehr stolz darauf sei, wie er die Dinge handhabe«. Dabei stellte er fest, »seine bevorstehende Begegnung mit Generalsekretär Gorbatschow werde sehr wichtig sein«. Bush hatte recht: Es war höchste Zeit für das Tête-à-Tête zwischen ihm und dem Generalsekretär, erst kurz zuvor für den 2. und 3. Dezember auf Malta terminiert.[12]

Mitterrand war in jener Nacht nicht mehr zu erreichen. Als der Bundeskanzler und der französische Präsident am folgenden Morgen um 9.15 Uhr miteinander sprachen, vertrat Kohl ihm gegenüber die gleiche Meinung wie gegenüber Thatcher und Bush, allerdings auf eine dem neuen Gesprächspartner angepasste Art. Mit Bezug auf den 1989 gefeierten 200. Jahrestag der Französischen Revolution verglich er die Stimmung auf dem Ku'damm mit der auf den Champs-Élysées am 14. Juli, fügte jedoch hinzu, dass der Prozess in Deutschland »nicht revolutionär, sondern evolutionär« sei. Der französische Präsident antwortete in einem ähnlichen Ton, die Ereignisse in Berlin seien »in der Tat ein großer Augenblick in der Geschichte. Es sei die Stunde des Volkes. Wir hätten jetzt die Chance, dass diese Bewegung in die Entwicklung Europas einmünde.« Das alles war natürlich sehr positiv, aber vielleicht auch eine Erinnerung an das traditionelle französische Anliegen, ein starkes Deutschland fest in das europäische Integrationsprojekt eingebunden zu sehen. Kohl hatte damit kein Problem und war glücklich, dass sie beide die Stärke der deutsch-französischen Freundschaft hervorhoben.[13]

Nach dem Austausch mit Mitterrand nahm Kohl einen Anruf von Krenz entgegen, der dringend um ein Gespräch gebeten hatte. Sie redeten neun Minuten miteinander, beide höflich im Ton, aber hart in der Sache. Krenz machte klar,»dass gegenwärtig die Wiedervereinigung nicht auf der Tagesordnung stünde«. Kohl sagte, sie seien in diesem Punkt verschiedener Meinung, da sich seine Position auf das bundesdeutsche Grundgesetz von 1949 stütze (in dem das Prinzip der deutschen Einheit garantiert war). Doch sei dies nicht das Thema, das sie im Moment am meisten beschäftigen sollte.»Es sei sein dringender Wunsch, mit dem Staatsratsvorsitzenden in naher Zukunft zusammenzutreffen.« Er freue sich darauf, für eine erste persönliche Begegnung mit der neuen Führung in die DDR zu reisen. Freilich solle die Zusammenkunft (wegen des bekannten Bestrebens der Bundesrepublik, jeden Anschein einer Anerkennung Ost-Berlins als Hauptstadt der DDR zu vermeiden) *nicht* in Berlin stattfinden.[14]

Das wichtigste Telefongespräch, das zugleich das heikelste war, fand am späten Vormittag des 11. November mit Gorbatschow statt. Kohl schilderte einige der schwerwiegenden wirtschaftlichen und sozialen Probleme, mit denen die DDR jetzt konfrontiert war, berichtete aber auch eingehend von der positiven Stimmung in Berlin. Gorbatschow, nicht mehr so gereizt wie bei seiner telefonischen Botschaft am Vortag, brachte sein Vertrauen in den»politischen Einfluss« des Kanzlers zum Ausdruck. Dies seien»historische Veränderungen in Richtung auf neue Beziehungen und eine neue Welt«. Dennoch betonte er die die überragende Notwendigkeit von»Stabilität«. Kohl stimmte ihm voll und ganz zu und beendete das Gespräch laut Teltschik sichtbar erleichtert. »De Bärn is g'schält« (»die Birne ist geschält«), sagte er mit einem strahlenden Lächeln in breitem Pfälzisch zu seinem Berater: Es war klar, dass

Gorbatschow sich nicht in die inneren Angelegenheiten der DDR einmischen würde, wie es der Kreml im Juni 1953 getan hatte.[15]

Kohl konnte sich jetzt sicher fühlen, was seine Verbündeten und die
Russen betraf, aber das war nicht seine einzige Sorge. Als er mit den
Telefonaten fertig war, galt es über die eigene Deutschlandpolitik nachzudenken, über ihre künftige Richtung und über die Verantwortung,
die nun auf ihm lastete. Dies umso mehr, als er am Morgen im Kabinett
erfahren hatte, wie instabil die Lage tatsächlich war.

Inzwischen waren laut Innenministerium 243 000 DDR-Bürger im
Westen angekommen, dazu weitere 300 000 Aussiedler, die in der Bundesrepublik Anspruch auf Staatsbürgerschaft hatten – mehr als eine
halbe Million Zuwanderer in zehn Monaten, und das alles schon *vor*
dem Mauerfall. So nahmen auch die wirtschaftlichen Kosten rapide zu.
Laut Finanzministerium musste der Haushalt von 1990, allein um Not-
unterkünfte für die jüngst aus der DDR gekommenen Flüchtlinge
bereitzustellen, um 500 Millionen DM erweitert werden. Weitere
10 Milliarden DM im Jahr würden vermutlich in den folgenden 10 Jahren für den Bau permanenter Wohnungen und für Sozialhilfe und
Arbeitslosenunterstützung gebraucht werden. Außerdem subventio-
nierte die Bundesrepublik die Wirtschaft der DDR schon jetzt mit mehreren Milliarden DM pro Jahr. Doch das reichte bei weitem nicht, um
sie so weit wiederaufzupäppeln, dass die Abwanderung ihrer Bürger
aufhörte. Wie lang war all das durchzuhalten? Und was würde bei einer
Wiedervereinigung Deutschlands passieren? Der Osten wurde zweifellos durch eine Revolution auf den Kopf gestellt, aber auch das Leben
der Westdeutschen änderte sich, und keineswegs waren all diese Veränderungen willkommen.[16]

Selbst wenn die Ausgaben für die DDR und die Neuankömmlinge
wirtschaftlich kurzfristig tragbar waren, war es für Kohl und seinen
Koalitionspartner in einem Wahljahr politisch undenkbar, zur Deckung
der Kosten Steuererhöhungen ins Gespräch zu bringen. Der kurz zuvor
eingetretene Aufstieg der neuen rechtsextremen Partei der Republikaner war unter anderem auch der wachsenden Unzufriedenheit wegen
der Immigrationskrise und dem Unwillen über die finanzielle Belastung
westdeutscher Bürger durch diese Entwicklung zu verdanken.[17]

Obwohl der Bundeskanzler Gorbatschow und seinen westlichen Verbündeten »Stabilität« versprochen hatte, muss ihm klargewesen sein, wie schwer es war, die DDR funktionsfähig zu halten, als er am Nachmittag des 11. November zur Fortsetzung seines Polenbesuchs nach Warschau zurückflog. In Wirklichkeit hatte er natürlich nicht das Bedürfnis, die DDR langfristig zu erhalten. Die Art von »Stabilität«, die er von nun an in Betracht zu ziehen begann, war die Ermöglichung eines friedlichen und einvernehmlichen Übergangs zu einem vereinigten deutschen Staat,[18] ein Projekt, das nur zwei Tage zuvor noch unvorstellbar gewesen war.

*

Wie war man nur fünf Wochen nach den großen Feiern zum 40. Jahrestag der DDR an den Rubikon gelangt?

Tatsächlich war das große Fest am 7. Oktober nur eine Fassade gewesen, um die gewaltigen und wachsenden Risse in dem kommunistischen Staat zu kaschieren. Sobald Gorbatschow Berlin verlassen hatte, um nach Moskau zurückzukehren, kam es in Berlin und anderswo in der DDR zu Demonstrationen, gegen die die Staatsmacht hart vorging. An jedem 7. des Monats wurde in der DDR gegen den Betrug bei den Maiwahlen protestiert. Obwohl schon Zehntausende aus dem Land geflohen waren, war die Zahl der Oppositionellen und offenen Regimegegner immer noch recht klein, insbesondere, wenn man von den großen Städten wie Dresden, Leipzig und Ost-Berlin absah. Die Protestveranstaltungen und Demonstrationen im Sommer 1989 waren relativ begrenzt, zählten nie mehr als ein paar hundert Teilnehmer. Offizielle Oppositionsgruppen waren erst nach der Öffnung der österreichisch-ungarischen Grenze entstanden: Anfang Oktober hatten das Neue Forum und Demokratie Jetzt, der Demokratische Aufbruch, die SDP (Sozialdemokratische Partei in der DDR) und die Vereinigte Linke zusammen nur etwa 10 000 Mitglieder, wobei die kleineren Gruppen fast alle mit dem Neuen Forum verbunden waren. Millionen DDR-Bürger blieben passiv und Hunderttausende waren immer noch bereit, den Staat zu verteidigen.[19]

Die Atmosphäre in jenen Tagen war angespannt und von Unsicherheit geprägt. Die Gerüchteküche über mögliche künftige Ereignisse lief auf Hochtouren. An der Staatsspitze fasste Erich Honecker eine »chinesische Lösung« ins Auge, um den wachsenden Protesten am Wochenende des Jahrestags (6.–9. Oktober)[20] Herr zu werden – wie in Ost-Berlin, wo Stasi-Chef Erich Mielke am 7. Oktober aus der gepanzerten Limousine sprang und die Polizei anschrie: »Haut sie doch zusammen, die Schweine!«[21] An jenem Abend griffen in der Nähe der Gethsemanekirche auf dem Prenzlauer Berg Polizeibeamte, Sicherheitsleute in Zivil und »Ordnungsgruppen« der FDJ etwa 6000 Demonstranten, aber auch passive Zuschauer an. Die Demonstranten riefen »Freiheit!«, »Keine Gewalt!« und »Wir wollen bleiben!«, als die Beamten mit Hunden und Wasserwerfern gegen sie vorgingen, friedliche Bürger schlugen und traten und Hunderte ins Gefängnis warfen. Frauen und Mädchen wurden nackt ausgezogen; man erlaubte festgenommenen Demonstranten nicht, auf die Toilette zu gehen, und sagte, sie sollten doch in die Hose machen. Wer fragte, wo er hingebracht würde, bekam die Antwort: »Auf eine Müllkippe«.[22]

Ähnliche Szenen gab es auch in anderen Städten der DDR, zu denen ausländische Journalisten keinen Zutritt hatten. Doch die Bilder aus Ost-Berlin gingen um die Welt. Und als die Festgenommenen freigelassen wurden und vor den laufenden Kameras ihre Geschichte erzählten, waren ihre Berichte über die gnadenlose Brutalität der Polizei und die Misshandlungen durch Vernehmungsbeamte der Stasi sowohl schockierend als auch absolut glaubhaft, weil viele von ihnen ganz normale Bürger oder sogar SED-Mitglieder und keineswegs militante Demonstranten oder eingefleischte Oppositionelle waren.[23]

Am Montag, dem 9. Oktober, spitzte sich die Lage zu, als in Leipzig, das in den Wochen zuvor das Epizentrum des Protests gewesen war, eine Großdemonstration stattfand. Seit der ersten spontanen Veranstaltung mit ein paar hundert Teilnehmern hatte hier jeden Montag ein Protestmarsch stattgefunden. All diese Demonstrationen begannen mit einem Friedensgebet in der Nikolaikirche im Stadtzentrum und endeten mit einer Veranstaltung an der Ringstraße. Die Zahl der Demonstranten war von Woche zu Woche rapide gestiegen. Am Abend des 25. September waren auf der vierten Montagsdemonstration 5000 Teilnehmer, eine Woche darauf skandierten schon 15 000 »Demokratie, jetzt oder nie!« und »Freiheit, Gleichheit, Brüderlichkeit!«. Auf ihrem

Marsch durch die Stadt riefen sie trotzig »Wir bleiben hier!« (im Gegen-satz zu dem früheren »Wir wollen raus!«), und sie forderten: »Erich lass die Faxen sein, lass die Perestroika rein!« Jede Woche wurden die Aktionen der Leipziger kühner und ihre Forderungen radikaler.[24]

Am 9. Oktober rechnete man mit den bislang größten Kundgebun-gen – und dem massivsten Aufgebot an Sicherheitskräften. In dieser gefährlichen Situation riefen die Leipziger Oppositionsgruppen und die Kirchen zu vorsichtigem und gewaltfreiem Verhalten auf. Kurt Masur, der weltbekannte Dirigent des Gewandhausorchesters, und zwei lokale Prominente gewannen die Unterstützung dreier führender Funktionäre der SED-Bezirksleitung und brachten zusammen einen öffentlichen Aufruf zu Gewaltfreiheit heraus. Darin hieß es: »Wir alle brauchen freien Meinungsaustausch über die Weiterführung des Sozialismus in unserem Land.« Außerdem vertraten sie die Ansicht, dass der Dialog nicht nur in Leipzig, sondern auch mit der Regierung in Ost-Berlin geführt werden sollte. Dieser sogenannte »Aufruf der Sechs« wurde über den Leipziger Stadtfunk verbreitet und beim Abendgottesdienst in den Kirchen verlesen.[25]

Honecker dagegen war fest entschlossen, in Leipzig ein Exempel zu statuieren. Die staatlichen Medien brachten Filmmaterial über den Tiananmen und verkündeten unablässig die Solidarität der Regierung mit den Genossen in Peking.[26] Nach einem Gespräch am 9. Oktober erklärten Honecker und sein Staatsgast Yao Yilin, der stellvertretende Ministerpräsident Chinas, »dass in der Gegenwart ein besonders aggres-sives antisozialistisches Auftreten des imperialistischen Klassengegners zu beobachten« ist, der »die sozialistische Entwicklung umkehren« will. In dieser Hinsicht »besteht eine grundsätzliche Lehre aus dem konterrevolutionären Aufruhr in Peking und der gegenwärtigen Hetz-kampagne gegen die DDR.« Honecker selbst erklärte schwülstig, jeder Versuch des Imperialismus, jetzt oder in Zukunft den Aufbau des Sozi-alismus zu sabotieren oder dessen Leistungen herabzusetzen, gleiche dem vergeblichen Anrennen Don Quixotes gegen die stetig sich dre-henden Flügel einer Windmühle.[27]

Viele, die die Brutalität der Polizei in Berlin noch in frischer Erinne-rung hatten, rechneten mit einem Blutbad, als an jenem 9. Oktober in Leipzig die Nacht hereinbrach. Honecker hatte verkündet, dass jeder

Ein Marsch für die Demokratie: Demonstranten auf dem
Leipziger Innenstadtring

»Aufstand im Keim erstickt« werden müsse. Etwa 1500 Soldaten, 3000 Volkspolizisten und etwa 600 Paramilitärs, unterstützt von Hunderten Stasi-Agenten, standen bereit. »Entweder die oder wir«, wurden die Polizisten von ihren Vorgesetzten instruiert, und der Innenminister ordnete den »Einsatz aller geeigneter Mittel« an. Gasmasken und scharfe Munition wurden an die Soldaten ausgegeben; die Stasi wurde von Mielke persönlich instruiert;[28] Nach dem Gebet in der Nikolaikirche und den benachbarten Kirchen strömte die Menge gegen 18 Uhr auf die Straßen. Immer mehr Menschen schlossen sich der Demonstration an, bis sich etwa 70000 Personen langsam Richtung Ringstraße schoben.[29]

Doch die gefürchtete Konfrontation blieb aus. Die lokale Parteiführung war nicht bereit, ohne detaillierte Instruktionen aus Ost-Berlin zu handeln. Armee und Polizei waren auf eine solch große Menschenmenge nicht vorbereitet; man hatte nur mit der Hälfte gerechnet. Vor allem jedoch war Honeckers Wort nicht mehr Gesetz. In Ost-Berlin tobte inzwischen ein heftiger Machtkampf. Egon Krenz, 25 Jahre jünger als Honecker, plante schon seit einiger Zeit dessen Sturz. Und er hatte trotz seines kurz zuvor erfolgten »brüderlichen« Besuchs in Peking nicht das Bedürfnis, sich nun von Honecker die Schande einer Tiananmen-Lösung aufbürden zu lassen. Es wären dann nämlich seine Hände, die mit Blut befleckt wären, und nicht die des Alten, der ihn allerdings für das Blutvergießen verantwortlich machen könnte. Also war die Partei gelähmt, weil sich Hardliner, Zauderer und Reformer nicht einigen konnten. Ohne ein klares Wort aus Berlin machte der lokale Parteichef in Leipzig eine Kehrtwende. Er beherzigte den Aufruf der Sechs und befahl seinen Männern, nur zur Selbstverteidigung aktiv zu werden. Unterdessen erhielt General Boris Snetkow, Kommandeur der Gruppe der sowjetischen Streitkräfte in Deutschland mit Hauptquartier in Wünsdorf nahe Berlin, aus dem Kreml den Befehl, sich nicht in die Ereignisse in der DDR einzumischen. Die in Deutschland stationierten Soldaten der Roten Armee blieben in den Kasernen.

So kam es, dass die »chinesische Karte« nie gespielt wurde – nicht etwa, weil die SED-Führung ihre Meinung geändert und sich bewusst dagegen entschieden hätte, sondern weil überhaupt keine Entscheidung getroffen wurde. Die Zeit verging. Die Massen marschierten. Es gab keine Gewalt. Die Sicherheitskräfte, die Mielke zusammengezogen hatte, stießen nicht auf furchterregende »Staatsfeinde« und »Rowdies«, sondern bekamen es mit ausgesprochen disziplinierten Normalbürgern zu tun, die ihnen Kerzen oder Blumen überreichten und die Sprache der Gewaltfreiheit sprachen. Sie wollten, dass die regierende Partei ihr legitimes Streben nach grundlegenden Freiheiten und politischen Reformen anerkannte. Ihre Parole war: »Wir sind das Volk«.[30]

An der Basis waren neue Fakten geschaffen worden. Und eine neue Demonstrationskultur war entstanden. Weil das Regime an jenem Abend passiv blieb, verflog das allgegenwärtige Klima der Angst. Das veränderte das Gesicht der DDR. Die Bürgerrechtsaktivisten und die Massen der Demonstranten begannen zu verschmelzen.

Die friedlichen Demonstranten hatten einen gewaltigen Sieg errungen, während das Regime eine ungeheure Niederlage hinnehmen musste. »Die Lage ist so beschissen, wie sie noch nie in der SED war«, fasste ein Mitglied des Politbüros am 17. Oktober zusammen.[31] Am folgenden Tag trat Honecker, offiziell aus gesundheitlichen Gründen, zurück, und Krenz übernahm seinen Posten als Parteichef.[32] Doch das verbesserte

Egon Krenz, der neue Parteisekretär der SED, vor der Volkskammer

die Stimmung der Öffentlichkeit nicht: Die Leute interpretierten den Machtwechsel als Reaktion auf den Druck von unten und nicht als Ergebnis der Machenschaften und Intrigen, die sich in der Partei abspielten, seit Honecker im Juli auf dem Bukarester Gipfeltreffen des Warschauer Pakts ernsthaft erkrankt war.[33]

Krenz versprach dem Zentralkomitee der Partei am 18. Oktober, dass er eine »Wende« herbeiführen werde. Er bekannte sich unter zwei Bedingungen zum »Dialog« mit der Opposition: Erstens »den Sozialismus in der DDR weiter auszubauen … und keine unserer gemeinsamen Errungenschaften preiszugeben«, und zweitens die DDR als »souveränes Land« zu erhalten. Dies bedeutete, dass seine »Wende« kaum mehr war als eine rhetorische Justierung der normalen Parteidoktrin. Auch die personellen Veränderungen waren weitgehend kosmetisch. Kurz gesagt, es war keine wirkliche »Erneuerung«, kein wahrer »Wandel« geplant: Krenz' »Wende« war nicht mit »Umbruch« zu verwechseln.[34]

Nicht nur waren die eher reformistischen Elemente in der SED über Krenz' Machtantritt enttäuscht, er selbst wusste offenbar die Stimmung der Bevölkerung überhaupt nicht zu deuten. Nach seiner Wahl zum Generalsekretär der SED fragte er die protestantische Kirchenleitung,

wann endlich »Schluss mit diesen Demonstrationen sei, denn man
könne ja nicht jeden Tag auf die Straße gehen«.[35]

Jedenfalls war Krenz in dieser Position nicht glaubwürdig. Gerüchte
über seinen Gesundheitszustand und Alkoholprobleme machten die
Runde. Der Mann mit dem »ewig lachenden Gebiss« war seit mehr
als 30 Jahren eingefleischter Parteifunktionär und als »Reformer« völlig inakzeptabel. Deshalb wirkte seine Regierungsübernahme keineswegs stabilisierend auf die SED-Herrschaft, sondern verstärkte noch
die öffentliche Unzufriedenheit mit der Partei und die Erosion ihres
Machtmonopols. Auch als die Regierung Krenz offiziell auf den Einsatz
von Gewalt verzichtete, ermutigte dieses wohlfeile Zugeständnis lediglich die Massen, einen noch grundlegenderen Wandel zu fordern. Die
Demonstranten hatten jetzt das Gefühl, eine offene Tür einzurennen:
»Die Macht der Straße« erschütterte den »Turm«.[36]

Nach Honeckers Sturz am 18. Oktober breitete sich der Protest gegen
die Regierung in Form von Friedensgebeten, Massendemonstrationen
und öffentlichen Diskussionen im ganzen Land aus. Dabei vereinigten
sich mehrere Strömungen der Kritik zu einer steigenden Flut: altgediente Oppositionelle aus den Kirchen; Schriftsteller und Intellektuelle
der alternativen Linken; Kritiker der SED in der Partei und die auf die
Straßen strömenden Massen. Sie alle schlossen sich zu einer Art unabhängiger öffentlicher Sphäre zusammen und sprachen sich gemeinsam
für die Souveränität des Volkes aus. Der Unmut war jetzt offen. Der
lange Bann des Schweigens war gebrochen.

Am 23. Oktober nahmen in Leipzig 300 000 Personen an der Montagsdemonstration auf der Ringstraße teil. In Schwerin an der Ostsee
schlossen sich die »zuverlässigen Kräfte«, die eigentlich für das Regime
hatten demonstrieren sollen, in Massen der parallel stattfindenden
Demonstration des Neuen Forums an. Am folgenden Tag kehrte der
Protest wieder nach Ost-Berlin zurück, auf dessen Straßen und Plätzen seit der brutalen Niederschlagung der Demonstrationen am 7. und
8. Oktober Ruhe geherrscht hatte. Insgesamt fanden in der DDR in der
letzten Woche des Monats Oktober 145 Demonstrationen gegen die
Regierung statt und weitere 210 in der ersten Novemberwoche. Nicht
nur wuchs die Zahl der Demonstranten, auch ihre Forderungen wurden
differenzierter und pointierter:

Die führende Rolle dem Volk! (16. Oktober)

Egon, leit Reformen ein, sonst wirst Du der Nächste sein!
(23. Oktober)

Visafrei bis Hawaii! (23. Oktober)

Demokratie statt Machtmonopol der SED! (30. Oktober)

Im Gegensatz dazu fiel der SED-Führung offenbar nichts mehr ein. Weil das Politbüro unter Krenz kaum mehr eine verbale Auseinandersetzung gewann, versteckte es sich hinter traditionellem Dogmatismus.[37] Insbesondere war es absolut nicht bereit, den verfassungsrechtlich garantierten Führungsanspruch der Partei aufzugeben. Genau das war jedoch die wichtigste Forderung all derer, die für Demokratisierung und Liberalisierung eintraten.[38] Zusätzlich verschärft wurde die Lage dadurch, dass das Regime versuchte, seine Herrschaft wieder zu festigen, aber zugleich verwirrt und hilflos auf die sich verschlechternde wirtschaftliche Lage der DDR reagierte. Dabei drehten sich die Diskussionen im Politbüro allerdings nicht um die Lösung der Strukturprobleme der Wirtschaft, sondern um imminente praktische Belange: Wie konnte man mehr Reifen, mehr Kinderanoraks, mehr Möbel, billigere Walkmen für die Verbraucher beschaffen?; wie sollte man auf die IT-Revolution im Westen reagieren und die Massenproduktion von PCs und Ein-Mega-Bit-Chips einleiten?[39]

Erst auf der Politbürositzung am 31. Oktober wurde die katastrophale Wirtschaftslage der DDR schließlich durch einen offiziellen Bericht des Vorsitzenden der Staatlichen Plankommission Gerhard Schürer offengelegt. Die Produktivität des Landes war 40 Prozent geringer als die der Bundesrepublik. Das System der staatlichen Planung hatte sich als völlig ungeeignet erwiesen. Und die DDR stand kurz vor dem Staatsbankrott. Die Verschuldung im Westen war von 2 Milliarden VM (Valutamark) im Jahr 1970 auf 49 Milliarden VM im Jahr 1989 gestiegen.[40] Allein durch den Verzicht auf weitere Kreditaufnahmen, um die bereits gemachten Schulden zu bedienen, wäre der Lebensstandard in der DDR um 25–30 Prozent gesunken. Doch jeder Verzug bei der Rückzahlung der Schulden setzte das Land dem Risiko aus, dass der IWF ihm die Einführung einer Marktwirtschaft mit strengsten Sparmaßnahmen vorschrieb. Für die SED war dies ideologisch nicht vertretbar. Im Mai hatte Krenz erklärt, Wirtschafts- und Sozialpolitik seien untrennbar miteinander verknüpft und müssten so fortgesetzt werden, weil dies den Kern des Sozialismus in der DDR ausmache. Das Regime steckte in einem unlösbaren Dilemma: Der Sozialismus beruhte auf dem Plan, und das Überleben der Planwirtschaft hing von externen Krediten ab in einem Umfang, der die DDR vom Westen und insbesondere von der Bundesrepublik völlig abhängig machte.[41]

Unmittelbar nach jener schicksalhaften Politbürositzung flog Krenz für seinen ersten Besuch als Generalsekretär der DDR nach Moskau. Dort gestand er am 1. November Gorbatschow die bittere ökonomische Wahrheit. Doch dieser zeigte wenig Mitgefühl. Er informierte Krenz, dass die UdSSR schon lange von den Schwierigkeiten der DDR wisse; deshalb habe er bei Honecker auf Reformen gedrungen. Dennoch war Gorbatschow zunächst einmal sprachlos (was bei ihm wirklich selten vorkam), als er die genauen Zahlen hörte: Die DDR benötigte 4,5 Milliarden US-Dollar, allein um die Zinsen für ihre Schulden zu zahlen. Der Kreml war nicht in der Lage, ihr zu helfen; Gorbatschow konnte Krenz nur raten, seinen Bürgern die Wahrheit zu sagen. Das jedoch verhieß nichts Gutes für ein Land, das seit Anfang 1989 bereits mehr als 240 000 enttäuschte Bürger verloren hatte.[42]

Nach dem Gespräch versuchte Krenz auf einer 70-minütigen Konferenz mit der Auslandspresse das Beste aus der desolaten Lage zu machen, indem er sich als enger Freund Gorbatschows darstellte und bestritt, ein Hardliner zu sein. Doch er konnte die Medien nicht überzeugen. Wenn Krenz über Politik redete, hörte er sich genauso an wie sein politischer Mentor Erich Honecker. Er lehnte jede mögliche Wiedervereinigung mit der Bundesrepublik oder eine Beseitigung der Berliner Mauer entschieden ab:»Es ist nichts wiederzuvereinigen, weil Sozialismus und Kapitalismus auf deutschem Boden so noch nie zusammengestanden haben«, konstatierte er. Und dann hatte er noch eine positive Interpretation zu bieten:»Was die Demonstranten betrifft, so möchte ich sagen, dass viele von ihnen auf der Straße sind, um zu bekunden, dass sie für einen besseren Sozialismus, dass sie für die Erneuerung des Sozialismus eintreten. Und insofern bin ich der Meinung, dass dies ein gutes Zeichen ist und dass dies ein Ausdruck dafür ist, dass wir einen Aufbruch erleben in unserer deutschen demokratischen Republik.« Er fügte hinzu, dass die SED die Forderungen der Demonstranten ernsthaft in Betracht ziehe. Die ersten Schritte würden auf der Parteikonferenz in der kommenden Woche beschlossen.[43]

In Wirklichkeit stand die SED mit dem Rücken zur Wand. In ihrer Verzweiflung kam sie den Demonstranten auf dem Gebiet der Reisebeschränkungen entgegen, um wenigstens einen Anschein von Freiheit zu erwecken. So kam es, dass die DDR am 1. November die Grenzen zur Tschechoslowakei wieder öffnete. Das Ergebnis war keine Überraschung, außer vielleicht für das Politbüro selbst. Wieder stimmten die Menschen mit den Füßen ab: Etwa 8000 verließen gleich am ersten Tag ihre Heimat. Am 3. November öffnete Miloš Jakeš, der Generalsekretär der kommunistischen Partei in Prag (nachdem er vorher Krenz' Zustimmung eingeholt hatte), offiziell die Grenzübergänge zwischen der Tschechoslowakei und der Bundesrepublik. Damit gab es für DDR-Bürger eine legale direkte Transitroute in den Westen. Doch das hielt die rasende Flucht nicht auf, im Gegenteil, die Flüchtlingsströme schwollen immer mehr an: Am Wochenende des 4.–5. November kamen 23 000 DDR-Bürger in die Bundesrepublik, und bis zum 8. waren es 50 000.[44]

Krenz richtete in einer Fernseh- und Rundfunkansprache nach seiner Rückkehr einen Appell an alle DDR-Bürger, die eine Auswanderung erwogen: »Vertrauen Sie unserer Politik der Erneuerung. Ihr Platz, liebe Mitbürger, ist hier. Wir brauchen Sie«, sagte er.[45] Der letzte Satz entsprach der Wahrheit. Die Massenflucht in jenem Herbst verursachte, insbesondere im Gesundheitsbereich, damals schon einen erheblichen Arbeitskräftemangel. Krankenhäuser und Kliniken meldeten, sie hätten erschreckende 30 Prozent ihres Personals verloren, weil viele Ärzte und Krankenschwestern der Verlockung durch die Freiheit, die viel bessere Bezahlung und die technisch besser ausgerüsteten Arbeitsplätze im Westen erlagen.[46]

Inzwischen hörte kaum mehr jemand auf den SED-Chef. Am 4. November versammelte sich eine halbe Million Menschen auf dem Alexanderplatz in Ost-Berlin zu einer »Demonstration gegen Gewalt und für verfassungsmäßige Rechte«. Angemeldet war die Veranstaltung vom Verband der Bildenden Künstler, dem Verband der Film- und Fernsehschaffenden und dem Komitee für Unterhaltungskunst. Zum ersten Mal seit dem Wochenende des 40. Jahrestags der DDR griff die Polizei in der

Hauptstadt nicht ein. Tatsächlich wurde die Veranstaltung, an der Parteifunktionäre, führende Oppositionelle, Geistliche, Schriftsteller und
verschiedene Prominente teilnahmen, live im DDR-Fernsehen übertragen. Sprecher der Regierung wurden mit Sprechchören wie »Krenz
Xiaoping? Nein Danke!« niedergeschrien. Dagegen wurde die Roman-
schriftstellerin Christa Wolf bejubelt, als sie ihr Missfallen über den
von der Partei benutzten Begriff der »Wende« zum Ausdruck brachte.
Sie sagte: »Revolutionen gehen von unten aus«, und sie zöge den Begriff
»revolutionäre Erneuerung« vor.

Wolf war eine von Tausenden Aktivisten und Aktivistinnen der
Opposition, die sich eine bessere, wirklich demokratische und unabhängige DDR wünschten. Die Bundesrepublik sahen sie ganz und gar
nicht als ihr Ideal. Sie wollten nicht, dass die dominierende größere
Hälfte Deutschlands ihr Land verschlang – durch einen Billigausver-
kauf an den Kapitalismus. Oppositionelle wie Christa Wolf und Bärbel
Bohley, die Künstlerin, die das Neue Forum gegründet hatte, waren
trotz aller Frustrationen in der DDR geblieben; ihrer Ansicht nach war
Weglaufen der Weg des geringsten Widerstands. Und nun wollten sie
die Früchte ihrer harten Oppositionsarbeit ernten. Sie waren Idealisten,
die einen demokratischen Sozialismus anstrebten und im Herbst 1989
die Chance zu seiner Verwirklichung sahen.[47]

Am Montag, dem 6. November, demonstrierten in acht Großstädten
der DDR nahezu eine Million Menschen für freie Wahlen und Reisefreiheit, davon etwa 400000 in Leipzig und 300000 in Dresden. Sie kritisierten die letzte Änderung des Reisegesetzes, die an jenem Morgen
in der staatlichen Tageszeitung *Neues Deutschland* publiziert worden
war, als völlig ungenügend, weil sie die Dauer von Auslandsreisen auf
30 Tage begrenzte (»365 Tage Reisefreiheit und nicht 30 Tage Gnade«),
und widmeten sich noch einer weiteren Frage: Wie viel Geld durften
DDR-Bürger in westliches Geld umtauschen? Die Ostmark war nicht frei
konvertierbar, und bis dahin hatten die DDR-Bürger nur einmal pro
Jahr 15 Ostmark, trefflich »Pinkelgeld« genannt, umtauschen dürfen,
zum offiziellen Kurs von eins zu eins in DM. Das reichte gerade mal für
ein Essen, aber keine längere Reise. »Ohne Moos ist nichts los«, meinte
eine Leipzigerin vor den Fernsehkameras. Und folglich war auch die
Parole »Egon, rück das Westgeld raus« immer häufiger zu hören.[48]

Der Druck war also enorm, als das Zentralkomitee der SED am 8. November für eine dreitägige Sitzung zusammenkam. Gleich zu Beginn trat das gesamte Politbüro zurück, und man wählte ein von 21 auf 11 Mitglieder reduziertes, um wenigstens den Anschein einer Veränderung zu wecken. Am Ende behielten sechs alte Politbüromitglieder ihre Sitze und fünf neue wurden ernannt. Drei von Krenz bevorzugte neue Kandidaten wurden abgelehnt. Außerdem machte die Partei mit Hans Modrow, dem SED-Chef von Dresden, einen echten Reformer zum Vorsitzenden des Ministerrats. Damit war die Parteiführung sichtbar gespalten. Und, wichtiger noch, vor der Parteizentrale demonstrierten 5000 SED-Mitglieder offen gegen ihre eigene Führung.[49]

Am folgenden Tag, dem 9. November, diskutierte die Partei fieberhaft, wie sie auf die Forderungen der Demonstranten reagieren sollte. Und so kam am späten Nachmittag das Zentralkomitee wieder auf das Problem der Reisebestimmungen zu sprechen. Eine kurze Presseerklärung wurde verfasst und an den ZK-Sekretär Günter Schabowski weitergegeben. Er war erst an diesem Morgen zu dem für die Medien zuständigen ZK-Sekretär ernannt worden, hatte aber dann an der Sitzung über das Reiseproblem nicht teilgenommen. Dennoch informierte er um 18 Uhr in einer vom DDR-Fernsehen live übertragenen Pressekonferenz die Weltmedien über den Verlauf der ZK-Beratungen.[50]

Die Kundgebung war langweilig und zog sich hin. Als sie sich schließlich dem Ende näherte, fragte ein Journalist Schabowski nach den Veränderungen im Reisegesetz der DDR. Dieser gab eine ziemlich inkohärente Zusammenfassung, und las letztlich hastig Teile der Presseerklärung vor, die er erst kurz zuvor erhalten hatte. Durch weitere Fragen abgelenkt, ließ er diejenigen Abschnitte aus, in denen die »Versagungsgründe« bei Genehmigungen sowohl für private Reisen als auch für die endgültige Auswanderung genannt wurden. Diese Auslassungen verstärkten die Verwirrung nur noch mehr. Hatte das Zentralkomitee einen radikalen Kurswechsel vollzogen? Die Fragen prasselten auf ihn ein und Schabowski geriet zunehmend unter Druck, als er dann von dem Beschluss sprach, Bürgern die ständige Ausreise zu erlauben. Im Presseraum wurde es unruhig. Die Journalisten bissen sich an dem Thema fest.

Was war mit Ferien? Mit kurzen Westreisen? Mit Besuchen in West-

Berlin? Welche Grenzübergänge? Wann traten die neuen Bestimmungen in Kraft? Inzwischen komplett aus der Fassung geraten, stammelte Schabowski: »Das tritt nach meiner Kenntnis ... ist das sofort ... unverzüglich.« Weil das Pressekorps keine offizielle schriftliche Erklärung erhalten hatte, hingen die Journalisten fassungslos an Schabowskis Lippen und pressten jedem Wort möglichst viel Bedeutung ab.

Schließlich stellte jemand die entscheidende Frage.

»Herr Schabowski, was wird mit der Berliner Mauer jetzt geschehen?«

Schabowski: Ich werde darauf aufmerksam gemacht, dass es 19.00 Uhr ist. Es ist die letzte Frage, ja! Haben Sie Verständnis dafür.

(Äh) Was wird mit der Berliner Mauer? Es sind dazu schon Auskünfte gegeben worden im Zusammenhang mit der Reisetätigkeit. (Äh) Die Frage des Reisens, (äh) die Durchlässigkeit also der Mauer von unserer Seite, beantwortet noch nicht und ausschließlich die Frage nach dem Sinn, also dieser, ich sag's mal so, befestigten Staatsgrenze der DDR. (Äh) Wir haben immer gesagt, dass dafür noch einige andere Faktoren (äh) mit in Betracht gezogen werden müssen. Und die betreffen den Komplex von Fragen, den Genosse Krenz in seinem Referat in der – in Hinsicht auf die Beziehungen zwischen der DDR und der BRD geäußert hat, in Hinsicht auf (äh) die Notwendigkeit, den Friedenssicherungsprozess mit neuen Initiativen fortzusetzen. Und (äh) sicherlich wird die Debatte über diese Frage (äh) positiv beeinflusst werden können, wenn sich auch die BRD und wenn sich die NATO zu Abrüstungsschritten entschließt und sie durchsetzt, so oder ähnlich wie die DDR das und andere sozialistische Staaten schon mit bestimmten Vorleistungen getan haben. Herzlichen Dank![51]

Mit diesem Gestammel konnten die Medien machen, was sie wollten. In Sekundenschnelle leerte sich der Presseraum. Die Meldung verbreitete sich über die Nachrichtenagenturen wie ein Lauffeuer und gelangte mittels Fernsehen und Radio schnell in die Wohnstuben und auf die Straßen Berlins: »Ausreisewillige DDR-Bürger können ab sofort über alle Grenzübergänge der DDR in die Bundesrepublik ausreisen«, so Reuters um 19.02 Uhr. »DDR öffnet Grenze«, folgte drei Minuten später AP. Um 20 Uhr eröffnete die *Tagesschau*, die Millionen DDR-Bürger empfangen konnten, mit derselben Nachricht. Obwohl in der Substanz korrekt, waren die Meldungen natürlich alle sehr viel klarer, kühner und weitreichender formuliert als das Kleingedruckte der tatsächlichen ostdeutschen Reiseregelung. Auch in der Realität sah die bestehende Praxis noch anders aus.[52]

Doch im Laufe dieses feuchten und sehr kalten Novemberabends holte die Realität auf – und zwar in großen Schritten.

In den folgenden paar Stunden versammelten sich Tausende von Ost-Berlinern vor den verschiedenen Grenzübergängen der Mauer und insbesondere im Zentrum der Stadt, um selbst zu sehen, ob und wann sie die Grenze überqueren könnten. Sie ließen sich nicht abwimmeln, als ihnen via DDR-Fernsehen oder vor Ort von der Polizei mitgeteilt wurde, sie sollten am nächsten Morgen um acht Uhr wiederkommen. Dann seien die nötigen Verwaltungsmaßnahmen getroffen. Stattdessen blieben sie und riefen: »Tor auf! Tor auf!« An der Bornholmer Straße saßen etwa 60 bewaffnete Grenzsoldaten unter dem Kommando von Oberstleutnant Harald Jäger, der den Job seit 1964 machte, in ihren kleinen Wachhäuschen. Sie waren den DDR-Bürgern, die sich vor dem Übergang drängten, zahlenmäßig total unterlegen und hatten keinerlei Instruktionen von oben. Sowohl das Zentralkomitee als auch die Militärführung hielten Sitzungen ab und waren unerreichbar. Die Männer vor Ort mussten selbst entscheiden. Gegen 21 Uhr ließen sie die ersten Leute durch. Zuerst nur langsam, einen nach dem anderen und jeweils mit einem Stempel im Personalausweis, mit dem man ihnen später die Wiedereinreise verweigern konnte. Dann, gegen 22.30 Uhr, öffneten die Grenzer die Schlagbäume in beide Richtungen. Es war, als würden Schleusentore geöffnet. In Scharen strömten die Menschen nach West-Berlin. Kein ost- oder westdeutscher Politiker war anwesend, auch kein Vertreter der vier Besatzungsmächte. Nur ein paar verblüffte ostdeutsche Uniformierte, denen bald darauf die Tränen kamen vor Rührung angesichts des historischen Moments.[53]

Innerhalb von 30 Minuten hatten sich mehrere tausend Menschen auf die andere Seite geschoben. Irgendwo in der Menge trieb auch die

junge ostdeutsche Physikerin Angela Merkel. Nach einem ruhigen
Abend in der Sauna mit ihren Freundinnen war sie noch aufgebrochen, um mit eigenen Augen zu sehen, wie Geschichte geschrieben
wurde. Auf der Westseite der Mauer angelangt, rief sie ihre Tante in
Hamburg an. Dann feierte sie eine Weile mit und ging wieder nach
Hause. Sie fragte sich, was der 9. November wohl für sie bedeuten
werde.[54]

Als es Mitternacht schlug, waren nach 28 Jahren geschlossener Grenzen alle Berliner Übergänge offen; die Nachricht verbreitete sich und
nach und nach wurden noch weitere Übergänge an der deutsch-deutschen Grenze geöffnet. Weder die Sicherheitskräfte der DDR noch die
Rote Armee unternahmen irgendetwas, um dies zu verhindern. Kein
einziger Schuss wurde abgefeuert und kein sowjetischer Soldat verließ
die Kaserne. Tausende von Ost-Berlinern, Jung und Alt, kamen zu Fuß,
mit dem Fahrrad oder mit dem Auto in die Westhälfte der Stadt, an
einen bis dahin verbotenen Ort, den sie nur von ferne gesehen hatten.
Am Checkpoint Charlie, wo sich im August 1961, als die Mauer gebaut
worden war, alliierte und sowjetische Panzer in gespannter Konfrontation gegenübergestanden hatten, wurden die jubelnden Scharen der
Besucher aus dem Osten von fahnenschwenkenden Westdeutschen mit
Blumen und Sekt in Empfang genommen.

Er wisse noch nicht, was er tun würde, einfach rumfahren und
gucken, was los sei, sagte ein 34-jähriger Ost-Berliner, der am Steuer
eines orangefarbenen Trabis den glitzernden Kurfürstendamm entlang-
tuckerte. Er sei zum ersten Mal im Westen. In ein paar Stunden fahre
er wieder nach Hause. Seine Frau und seine Kinder warteten dort auf
ihn. Aber das habe er nicht verpassen wollen.[55]

Am Brandenburger Tor, dem wichtigsten Symbol für die Teilung der
Stadt, riefen Hunderte auf der Westseite: »Die Mauer muss weg!« Dann
kletterten einige an der Betonwand hoch und tanzten auf ihr; andere
sprangen auf der Ostseite wieder hinunter und gingen direkt durch das
historische Tor, das für die Berliner in Ost und West so lange unpassier-
bar gewesen war. Sie lieferten absolut unglaubliche Bilder – fröhlich
gefilmt von Kamerateams des amerikanischen Fernsehens und zur besten Sendezeit in den USA übertragen.[56]

Die ganze Nacht und in den folgenden Tagen strömten Unmengen

Die Mauer ist gefallen: Der Potsdamer Platz am 12. November 1989

Ost-Berliner nach West-Berlin: drei Millionen in drei Tagen, von denen freilich die meisten wieder zurückkehrten.

Sie sahen das Gelobte Land – und wurden bestochen, damit sie es zu schätzen wussten. Während die Banken und Reisebüros im Osten nicht genug ausländische Währungsreserven (DM) hatten, um allen Reisenden wenigstens die erlaubten 15 Ostmark umzutauschen, standen die Ost-Berliner vor den Banken im Westen in langen Schlangen und holten sich ihre 100 DM »Begrüßungsgeld« ab. Dann gaben sie das geschenkte Geld in den Konsumtempeln des Westens gleich wieder aus und kehrten mit Plastiktüten voller Kostbarkeiten – meist Bananen, Orangen oder Kinderspielzeug – in die grauen Straßen ihres sozialistischen Utopia zurück.[57]

In jenen Tagen löste sich die Vision von Revolution und Erneuerung in der DDR als glaubwürdiges politisches Projekt in Luft auf.[58] Nicht für die oppositionellen Intellektuellen natürlich, nicht für die idealistische alternative Linke und für ernsthafte sozialistische Reformer wie Bohley und Wolf und nicht einmal für die neue Gruppe jüngerer SED-Funktionäre. Sie prangerten alles Gerede von einer Wiedervereinigung als reaktionären »Heim-ins-Reich-Patriotismus« an, kritisierten die Kultur des Kapitalismus als materialistischen Müll und verdammten Konsum und Auslandsreisen als Opium des Volkes.[59] Doch die »Massen« schenkten ihnen kaum noch Beachtung. Für sie hatte der Gedanke, die DDR zu reformieren und zwischen dem Staatssozialismus der SED und dem Kapitalismus des Westens einen »dritten Weg«[60] zu beschreiten, inzwischen jede Anziehungskraft verloren. Dies war die wahre Revolution: die Ablehnung des alten Regimes und die fehlende Bejahung irgendeiner neuen sozialistisch-demokratischen Vision der Gesellschaft. Warum in einem bankrotten kommunistischen Staat bleiben, wenn man zwischen den Tempeln des Kapitalismus ein neues Leben beginnen oder sogar die Vereinigung Ostdeutschlands mit dem Westen verlangen kann?

*

Wie kam es, dass die Entwicklung in der DDR so anders verlief als jene in Polen oder Ungarn? Ein Grund war, dass der Übergang vom Kommunismus zum Kapitalismus in der DDR viel später einsetzte und sich viel schneller entwickelte. In Polen und Ungarn hatte die Transformation schon im Sommer 1988 ernsthaft begonnen; in der DDR gab es die ersten Proteste erst im Mai 1989, und die Straßendemonstrationen begannen erst im September. Ein weiterer Grund bestand darin, dass die Volkswirtschaften Polens und Ungarns in einem viel schlechteren Zustand waren als die der DDR. Deshalb war der Weg dieser Länder von der Kommandowirtschaft zur Marktwirtschaft für die DDR wenig attraktiv. Tatsächlich führte der politisch-ökonomische Übergang dort zu mehr Unterversorgung und Elend, als die Bevölkerung erwartet hatte. Aber ein wichtiger Grund war auch, dass es dem ostdeutschen Einparteienstaat trotz 40 Jahren heftiger Anstrengungen nicht gelungen war, so etwas wie einen DDR-Patriotismus zu wecken. In Ungarn und Polen gründeten die Veränderungen auf nationaler Einheit, nicht so in der DDR, wo die Einheit auf *ganz* Deutschland und nicht nur auf Ostdeutschland bezogen wurde.

Das DDR-Regime verfolgte außerdem viel länger als die meisten anderen Staaten des Ostblocks einen politisch harten Kurs und verweigerte jede Reform. Ost-Berlin allein erwog ernsthaft eine »chinesische Lösung«, und das nicht nur, weil sich das Tiananmen-Massaker erst ereignete, als die Reformen in Polen und Ungarn schon in Gang gekommen waren. Honecker war der Vergangenheit verhaftet; für ihn gab es schlicht keine Alternative zu seiner Version des realen Sozialismus. Die DDR mochte zwar der technologisch fortgeschrittenste Staat des Ostblocks sein, allerdings war sie wegen der hohen sowjetischen Truppenpräsenz und als ein von Moskau geschaffener und am Leben erhaltener Staat auch abhängiger von der UdSSR als ihre Nachbarn. Breschnew hatte Honecker schon 1970 gewarnt: »Erich, ich sage dir ganz offen, vergesse das nie: die DDR kann ohne uns, ohne die SU, ihre Macht und Stärke, nicht existieren. Ohne uns gibt es keine DDR.«[61] 1989 wurde für Honecker zum Problem, dass Gorbatschow definitiv nicht Breschnew war. Gorbatschow wollte radikale Reformen und, wichtiger noch, er hatte auf den Einsatz militärischer Mittel verzichtet. Für Honecker bedeutete dies das Ende seiner Herrschaft und für die SED das Ende ihrer Existenz.

Der Konflikt mit dem Kreml führte zu einer innenpolitischen Lähmung Ost-Berlins. Am 9. Oktober in Leipzig erfolgte keine gewaltsame Niederschlagung der Demonstration nach chinesischem Muster, also keine Übertragung des »Tiananmen-Bazillus« nach Europa. Offenbar bestand zwischen der asiatischen und der europäischen Transformation ein fundamentaler Unterschied, nämlich der zwischen staatlicher Repression und dem Konsens der Gewaltfreiheit. In der DDR war die politische Lähmung auch nach Honeckers Sturz nicht zu Ende, weil auch Krenz bis nach dem Mauerfall auf dem Machtmonopol der SED beharrte.

Tatsächlich hatten die Reformen in Polen und Ungarn geringe Auswirkungen auf die Entwicklung in der DDR. Ungarn wirkte nicht als Vorbild, sondern vor allem als Tor zum Westen. Es war die Öffnung der ungarischen Grenze zu Österreich und der darauffolgende Exodus von Ostdeutschen, der sich als der wirkliche Katalysator für den politischen Wandel in der DDR erwies. Dieser wurde noch mehr beschleunigt, als auch die Tschechoslowakei ihre Grenze zur Bundesrepublik öffnete und schließlich auch die innerdeutsche Grenze zusammenbrach. Sobald sich die DDR-Bürger massenweise in Bewegung setzten, wurde die Deutsche Frage wieder aktuell. Deshalb war der Moment der politischen Konvergenz mit Polen und Ungarn nur so kurz, dauerte nur etwa

drei Wochen. Dann machte der Mauerfall, gefolgt von Kohls politischer
Offensive, die Träume des Neuen Forums und seiner Verbündeten von
einem reformierten Sozialismus zunichte. Auch die Anstrengungen
Hans Modrows, den viele in der DDR als deutschen Gorbatschow prie-
sen, hatten danach keine Erfolgschance mehr. Er versuchte, eine neue
stabile Regierung zu bilden und in Gesprächen am Runden Tisch nach
polnischem Muster mit der Opposition zu verhandeln. Aber noch bevor
die Gespräche überhaupt begannen, löste sich die SED unter Korrupti-
onsskandalen und einer Serie von Rücktritten auf allen Ebenen auf. Sie
wurde Anfang Dezember in Partei des Demokratischen Sozialismus
(PDS) umbenannt und ihr Führungsanspruch aus der Verfassung gestrichen. Die kurze Ära Krenz war Geschichte.

Auch das Neue Forum und andere oppositionelle Gruppen wie der
Demokratische Aufbruch wurden durch die Divergenz zwischen den
politischen Aktivisten und der Masse der DDR-Bürger in der Wende-
zeit ausgehöhlt. Gerade als der Traum der Bürgerrechtler von einem
»dritten Weg« einer demokratischen und reformierten sozialistischen
DDR endlich in Reichweite zu kommen schien, und, wie der Historiker
Timothy Garton Ash schrieb, das »D für demokratisch« im Namen DDR
Wirklichkeit wurde, erwies sich die ganze Idee als Totgeburt. Die
Gespräche am Runden Tisch sollten am 7. Dezember beginnen, aber in
den vier Wochen zuvor emigrierten weitere 130 000 DDR-Bürger in die
Bundesrepublik. Auf den Leipziger Montagsdemonstrationen ertönte
schon am 13. November zum ersten Mal der Sprechchor »Deutschland
einig Vaterland«, und eine Woche darauf hatte sich die Parole »Wir
sind das Volk« in »Wir sind ein Volk« verwandelt. Im Gegensatz zu
Ungarn und Polen spielten in der DDR die Öffnung nach Westen und
die Aussicht auf eine Vereinigung mit der Bundesrepublik die entscheidende Rolle. Ungarn und Polen mussten in ihren eigenen Ländern
eine alternative Zukunft für sich selbst entwickeln; die Bürger der DDR
konnten sich an einer bereits existierenden Alternative vor der eigenen
Tür orientieren: dem von ihren eigenen Landsleuten geführten, funkti-
onierenden und prosperierenden westdeutschen Staat. Wie Garton Ash
ebenfalls bemerkte, war es für die DDR zugleich Chance und Tragödie,
dass »die Grenzen der sozialen und der nationalen Selbstbestimmung
nicht dieselben waren«.[62]

Und Deutschlands Nationalgeschichte hatte noch weitergehende Folgen. Wenn wir heute vom Fall der Mauer sprechen, kommt uns das Bild des Brandenburger Tors mit den auf der Mauer tanzenden Menschen in den Sinn. Tatsächlich jedoch stand das Tor im Niemandsland; es war kein Grenzübergang und blieb nach der außerordentlichen Nacht des 9. November noch weitere sechs Wochen geschlossen. Erst am 22. Dezember wurde dort ein Übergang geschaffen. Dies gemahnt an die Tatsache, dass die Medien bei den Ereignissen zugleich als Katalysator, gestaltende Kraft und Multiplikator wirkten. Von einem Tag auf den anderen änderten sich die Schlagzeilen: »Die DDR öffnet ihre Grenzen zum Westen« *(Tagesspiegel,* 10. November) zu »Mauer und Stacheldraht trennen nicht mehr« *(FAZ,* 11. November). Ein lokaler Moment, der sich eher zufällig ergeben hatte, wurde so in Windeseile in ein Ereignis von universeller Bedeutung verwandelt. Als Erfahrung von Freiheit durch die Aufhebung physischer Trennung hatte der Fall der Mauer eine Bedeutung und eine Resonanz, die sich rasch weit über Berlin hinaus verbreiten sollten.

Durch diese Verwandlung verlagerte sich der Schwerpunkt des Narrativs schnell weg von den Politikern, die (wie insbesondere Schabowski und seine verpfuschte Pressekonferenz) durch Fehler und Zufälle Geschichte machten, auf gewöhnliche Leute, die revolutionäre Veränderungen herbeiführten. Und später, als man die DDR-Politiker und die westlichen Journalisten, die das Geschehen in jener Nacht vorangetrieben hatten, aus dem Narrativ herausredigiert hatte, wurde »Mauerfall« zu einem magischen und höchst symbolischen historischen Augenblick. Die am Brandenburger Tor auf der Mauer tanzenden Menschen wurden zum ultimativen Symbol der Freiheit des Jahres 1989. Ganz ähnlich wie der Mann vor dem Panzer in der Nähe des Tiananmen zum ultimativen Symbol der gewaltsamen Unterdrückung desselben Jahres geworden war.[63]

*

Der Mauerfall war nicht gerade Kohls großer Augenblick gewesen, und er kämpfte die folgenden drei Wochen darum, den Rückstand auf die Geschehnisse aufzuholen. Dann aber ergriff er mit Macht die Initiative.

Den größten Teil des November reagierte er auf die Anforderungen anderer, statt an seiner eigenen Agenda zu arbeiten. In der schicksalhaften Nacht des 9. November war er nicht einmal im Land gewesen. Als er sich schließlich in Polen loseisen konnte und am folgenden Tag in Berlin eintraf, wurde er von der Menge niedergeschrien. Kurz darauf musste er wieder nach Warschau zurückfliegen, um seinen unterbrochenen Staatsbesuch fortzusetzen. Und die Polen waren nun noch schwerer zu versöhnen, weil es nicht mehr nur um die Bewältigung der Vergangenheit, sondern um eine neue Angst vor der Zukunft ging. Nach drei Tagen, die man in Auschwitz und Schlesien dem kulturellen Austausch und der Aussöhnung gewidmet hatte, endete die Reise mit einem sorgfältig geplanten Finale: Kohl versprach ein Hilfspaket von insgesamt 2,2 Milliarden Dollar – bei weitem das größte aller westlichen Regierungen (Bush hatte auf seiner Polenreise Anfang Juli 100 Millionen Dollar angeboten). Zusätzlich verzichtete der Kanzler auf die Rückzahlung von deutschen Krediten in Höhe von 400 Millionen Dollar, die seit den Siebzigerjahren nach Polen geflossen waren. Durch diese Maßnahmen wollte er jegliche Diskussion über einen Friedensvertrag (verbunden mit unangenehmen Themen wie Reparationszahlungen und der Oder-Neiße-Grenze) unterbinden. Also antwortete er, als ihm schließlich doch die peinliche Frage nach der »Wiedervereinigung« gestellt wurde, seine Regierung spreche nicht von Wiedervereinigung, sondern von »Selbstbestimmung«.[64]

Kohl war unverkennbar vorsichtig, wenn er öffentlich über die Einheit sprach, und führte lieber das allgemein anerkannte Recht der Ostdeutschen auf Selbstbestimmung an, und speziell die in der Präambel des Grundgesetzes enthaltene Aufforderung, »in freier Selbstbestimmung die Einheit und Freiheit Deutschlands zu vollenden«. Er ging natürlich davon aus, dass sich die Ostdeutschen, wenn sie die Gelegenheit bekämen, für die Wiedervereinigung entscheiden würden. Dies hatte er schon vor dem Mauerfall in seinem *Bericht zur Lage der Nation* am 8. November geschrieben, und nun sagte er es, ausführlicher, erneut am 16. November im Bundestag.

»Unsere Landsleute in der DDR müssen selbst entscheiden können, welchen Weg in die Zukunft sie gehen wollen«, erklärte er. »Wir werden jede Entscheidung, die die Menschen in der DDR in freier Selbst-

Ein Moment der Buße: Helmut Kohl in Auschwitz

bestimmung treffen, selbstverständlich respektieren.« Zur Frage der Wirtschaftshilfe sagte er: »Ohne eine grundlegende Reform des Wirtschaftssystems, ohne den Abbau bürokratischer Planwirtschaft und den Aufbau einer marktwirtschaftlichen Ordnung« wird wirtschaftliche Hilfe letztlich vergeblich bleiben.« Mit anderen Worten, die Selbstbestimmung war im Prinzip völlig frei, aber auch mit ein wenig Bestechung verbunden.

In der Rede kam Kohl ganz bewusst auch auf die westlichen Verbündeten Bonns und ihre mühsam unterdrückten Bedenken wegen eines eventuellen Wiedererwachens des deutschen Nationalismus zu sprechen. »Wir sind und bleiben Teil der westlichen Wertegemeinschaft«, sagte er und fügte hinzu, dass es ein »verhängnisvoller Irrtum« wäre, »die westeuropäische Integration ... zu verlangsamen«.[65]

Sein vager Hinweis auf die europäische Integration reichte freilich nicht aus, um alle Ängste zu beseitigen. Dies wurde deutlich, als Kohl am 18. November an einem Sondergipfel der Staats- und Regierungschefs der Europäischen Gemeinschaft in Paris teilnahm. Mitterrand, der damals gerade die rotierende Präsidentschaft des Europäischen Rats bekleidete, hatte seine Kollegen sehr kurzfristig zu einem Dinner im

Élysée-Palast eingeladen. Er wollte unbedingt dafür sorgen, dass die
zwölf Mitglieder der EG bei der Reform der mittel- und osteuropäischen Staaten eine aktive Rolle spielten. Gleichzeitig aber wollte er verhindern, dass die Gemeinschaft von den Prozessen größerer wirtschaftlicher und politischer Integration, die bereits im Gange waren, abgelenkt
würde. Insbesondere befürchtete der französische Präsident, dass die
Pläne für eine Wirtschafts- und Währungsunion (WWU) bei der bevorstehenden Tagung des Europarats am 8. und 9. Dezember in Straßburg
nicht mehr im Mittelpunkt stehen könnten. Er selbst war aber überzeugt, dass sie angesichts des großen Wandels, der den Ostblock erfasst
hatte, umso wichtiger waren. Und er drängte darauf, dass der Europarat diese Position schon einige Zeit vor dem für den 2. und 3. Dezember
geplanten Gipfeltreffen zwischen Bush und Gorbatschow an die Öffentlichkeit brachte.[66]

Mitterrand hatte also eine klare Agenda, wenn er für »Europa«
sprach. Als französischer Staatschef jedoch machte er sich Sorgen, in
welche Richtung sich Deutschland entwickeln würde. Seit der epoche-
machenden Nacht des 9. November hatten Kohl und er sich nicht
getroffen. So wollte er den Pariser Gipfel nutzen, um persönlich mit
dem Bundeskanzler zu reden. Dies geschah laut Kohls Memoiren kurz
vor dem Essen. Mitterrand brachte die Wiedervereinigung nicht zur
Sprache, aber Kohl war klar, dass das Thema in der Luft lag, und er
schnitt es daher selbst an: »Ich spreche zu Ihnen als Deutscher, doch
zugleich als Kanzler.« Dann verpflichtete er sich feierlich, aktiv am Aufbau Europas mitzuwirken, und fügte nachdenklich hinzu: »Ich sehe
zwei Ursachen der Entwicklung im Osten: dass die Allianz durch ihren
Doppelbeschluss[67] fest geblieben ist, und die Tatsache, dass sich die
Europäische Gemeinschaft dynamisch entwickelt hat.« Auf diese Weise
unterstrich er nachdrücklich die miteinander verknüpfte Loyalität
Bonns zur NATO und zum europäischen Projekt.[68]

Nachdem er seine Karten auf den Tisch gelegt hatte, ging er mit Mitterrand zu dem Dinner mit den anderen Staats- und Regierungschefs
der EG. Das Essen in einem der prunkvollen Säle des Élysée-Palasts
verlief zunächst reibungslos. Wie sich Kohl später erinnerte, wurde
über die Wiedervereinigung »noch nicht einmal geflüstert«. Stattdessen forderte Mitterrand seine Gäste auf, den gesamten Demokratisie-

rungsprozess im Osten zu unterstützen. Er sprach sich für große Besonnenheit aus und dafür, alles zu vermeiden, was Gorbatschows Regierung destabilisieren konnte. Bei alledem stand die Deutsche Frage unausgesprochen, aber deutlich spürbar im Raum.

Schließlich konnte sich Margaret Thatcher nicht mehr beherrschen und startete beim Nachtisch einen heftigen Angriff auf Kohl. »Von einer Grenzverschiebung dürfe nicht die Rede sein, und die Schlussakte von Helsinki müsse weiterhin Anwendung finden«, sagte sie. »Jegliches Bestreben … die deutsche Wiedervereinigung zu diskutieren, werde Gorbatschows Autorität untergraben und zudem in ganz Mitteleuropa im Hinblick auf Grenzstreitigkeiten eine wahre Büchse der Pandora öffnen.« Kohl war sichtbar schockiert über ihren Ausbruch, der die Stimmung des Dinners gründlich verdarb. Um eine Antwort ringend, zitierte er die Erklärung eines NATO-Gipfels von 1970, in der das Bündnis seine Unterstützung für die deutsche Wiedervereinigung bekräftigte. Thatcher entgegnete, die Erklärung sei zu einem Zeitpunkt abgegeben worden, als kein Mensch ernsthaft an die Möglichkeit einer Wiedervereinigung geglaubt habe. Aber Kohl ließ sich nicht beirren. Die NATO habe diese Entscheidung getroffen, und sie gelte immer noch. Nicht einmal Thatcher könne das deutsche Volk daran hindern, sein Schicksal selbst zu bestimmen. Er lehnte sich mit seinem ganzen erheblichen Gewicht auf seinem Stuhl zurück und sah ihr direkt in die Augen. Sie stampfte wütend mit dem Fuß auf und schrie: »Das sehen *Sie* so, *Sie* sehen das so!«[69]

Kohl war klar, dass die Eiserne Lady den Status quo auf keinen Fall ändern wollte. Für sie waren Grenzen unantastbar; selbst deren friedliche Änderung stand für sie schlicht nicht zur Debatte. Dies galt offenbar auch für die innerdeutsche Grenze, die Kohl, wie die meisten Deutschen, nicht als internationale Grenze betrachtete, von der Oder-Neiße-Grenze mit Polen ganz zu schweigen.

Trotz seines Schocks über Thatchers massiven Angriff war sich Kohl bewusst, dass ihre tief sitzende Antipathie gegen das europäische Projekt sie bei der Entscheidungsfindung des Europarats zur Außenseiterin machte. Und wie Kohl bereits sicher wusste, konnte sie die amerikanische Karte nicht spielen, weil Bush die deutsche Vereinigung grundsätzlich unterstützte. Mehr Sorgen machte er sich wegen Mitterrand, der schweigend am Tisch saß und Thatchers Position zu teilen schien. Hatte er sie womöglich aufgestachelt? Entstand da etwa gerade eine anglo-französische Achse? Der Bundeskanzler begann sich zu fragen, ob der Franzose womöglich ein doppeltes Spiel spielte.[70]

Erst zwei Wochen zuvor hatte Mitterrand in Bonn zu Kohl gesagt, dass er eine deutsche Wiedervereinigung nicht fürchte. Anderseits hatte er am Ende des Gesprächs den Vorbehalt gemacht, dass er immer im Blick behalten müsse, was den Interessen Frankreichs und Europas am besten diene. Es gab, mit anderen Worten, eine Ambivalenz in der französischen Position: Mitterrand fand, dass man sich für die deutsche Einigung viel Zeit lassen (»la nécessaire durée du processus«) und gleichzeitig den Prozess der europäischen Integration beschleunigen solle. Diese doppelte Dynamik von largo und accelerando war ihm offenbar wichtig, und sie verursachte dem Kanzler ein leichtes Unbehagen. Dennoch hatte Kohl Vertrauen auf ihre gemeinsame Geschichte von Partnerschaft und Zusammenarbeit, die bis 1982 zurückreichte.[71]

Allerdings wurde Kohl allmählich klar, dass die EG, oder wenigstens eines ihrer führenden Mitglieder, eine Gegenleistung verlangen würde, wenn sie ihn in seinem Streben nach einem vereinigten Deutschland unterstützten. Als er die Gespräche mit Mitterrand in Bonn und in Paris noch einmal durchdachte, kam er zu dem Schluss, dass er den Franzosen unbedingt davon überzeugen musste, dass die Bundesrepublik nach wie vor an einer Vollendung der politischen Union Europas mit einer gemeinsamen Währung interessiert war, und zwar nicht nur als Trittbrettfahrerin, sondern als mitgestaltende Kraft in einem französisch–deutschen Tandem. Dies war umso wichtiger, als sich Kohl keine Illusionen über die mangelnde Begeisterung machte, die in vielen europäischen Hauptstädten, insbesondere jedoch unter Italienern und Niederländern, über eine deutsche Vereinigung herrschte.

Deshalb ging er auf einer Sondersitzung des Europäischen Parlaments am 22. November in Straßburg, die man zur Diskussion der Ereignisse in Osteuropa einberufen hatte, in die Offensive. In seiner Rede rief er leidenschaftlich dazu auf, die Teilung Europas und Deutschlands zu überwinden. Nicht nur London, Rom, Dublin und Paris gehörten zu Europa, sondern auch Warschau und Budapest, Prag und Sofia. Und natürlich auch Berlin, Leipzig und Dresden. Und die deutsche

Einheit könne nur im Rahmen dieses größeren gesamteuropäischen Einigungsprozesses erreicht werden: »in einem freien und geeinten Europa ein freies und geeintes Deutschland«. Deutschlandpolitik und Europapolitik seien, sagte Kohl, »zwei Seiten derselben Medaille«.[72]

Der Bundeskanzler hatte großen Wert darauf gelegt, dass Mitterrand bei der Rede unter den Zuhörern saß. Als der Präsident dann tatsächlich an der Sitzung teilnahm, wurde dies als klare Unterstützung für den Kanzler interpretiert. Straßburg wurde für Kohl ein großer Erfolg. Am Ende verabschiedete das Europäische Parlament fast einstimmig (mit nur 2 Nein-Stimmen bei 518 Abgeordneten) eine Resolution, die den Deutschen in der DDR das Recht zubilligte, »Teil eines vereinigten Deutschlands und eines vereinigten Europas« zu sein.[73]

Der deutsche Kanzler hatte zu Europa gesprochen und dessen Zustimmung erhalten. Und da Bush über die Sache nicht sonderlich beunruhigt war und die Initiative Kohl überließ, bestand durchaus Hoffnung, dass mit Hilfe der Amerikaner sogar Thatcher zu einem späteren Zeitpunkt noch auf Linie gebracht werden könnte, auf jeden Fall aber die Franzosen und die EG. Nichts von alledem konnte jedoch von der Tatsache ablenken, dass Kohl daheim in der Bundesrepublik unter wachsendem Druck stand, klar und deutlich zu sagen, wie er die deutsche Wiedervereinigung zu erreichen gedachte. Was die Details betraf, war der Kanzler mit seinen Äußerungen bislang überaus zurückhaltend gewesen. Nun wurde er von allen Seiten gedrängt.

Eine der vielen Stimmen, die vom Bundeskanzler eine klare Stellungnahme für die Wiedervereinigung verlangten, war der Herausgeber des *Spiegel* Rudolf Augstein. Er schrieb in seinem Nachrichtenmagazin am 20. November einen Kommentar mit dem Titel: »Sagen, was ist« und konnte seine Ungeduld kaum verbergen. Statt sich hinter dem Gerede von der europäischen Einigung zu verstecken, schrieb er, solle die Regierung Kohl der Tatsache ins Gesicht sehen, dass die Deutschen die Einheit wollten. Die Frage, mit der man sich befassen müsse, sei nicht ob, sondern wie die Vereinigung zu verwirklichen sei.[74]

Ähnlich dezidiert plädierte auch Alfred Herrhausen, Chef der Deutschen Bank, Befürworter der wirtschaftlichen Integration Europas und Berater des Bundeskanzlers, für die Vereinigung. Er wies in einem Interview auf die Tatsache hin, dass die westdeutsche Volkswirtschaft

die östliche sehr schnell schlucken werde, sobald in der DDR Auslandsinvestitionen erlaubt würden. In Bezug auf den damals diskutierten
Gedanken einer möglichen EG-Mitgliedschaft der DDR sagte er, als Ban-
ker halte er dies kurzfristig für erstrebenswert, als deutscher Staatsbürger jedoch wolle er die historische Chance auf eine Wiedervereinigung
keinesfalls verspielen. Sie erscheine ihm wichtiger als alles andere.[75]

Aber Kohl wurde auch von denen unter Druck gesetzt, die nicht an
eine Wiedervereinigung glaubten.

So sprach sich zum Beispiel der Schriftsteller Günter Grass entschieden gegen eine »Machtballung« im Herzen Europas aus und forderte
stattdessen »eine Konföderation zweier Staaten, die sich neu definieren
müsste«. Mit anderen Worten, er wollte eine »Einigung« zwischen Ost
und West. Die Vergangenheit, so Grass, sei tot. »Da hilft kein Rückblick
auf das Deutsche Reich, sei es in den Grenzen von 1945, sei es in den
Grenzen von 1937; das ist alles weg. Wir müssen uns neu definieren.«[76]

Auch Sozialdemokrat Oskar Lafontaine, Kohls direkter Konkurrent
um die Kanzlerschaft, vertrat eine Meinung, die der des Kanzlers diametral entgegengesetzt war. Während des Aufruhrs vor dem Fall der
Mauer hatte er vor dem »Gespenst eines starken Vierten Reichs«
gewarnt, das »unsere westlichen nicht weniger als unsere östlichen
Nachbarn« erschreckt.[77] Und am 8. November, nachdem Kohl die Wiedervereinigung durch Selbstbestimmung gepriesen hatte, nannte
Lafontaine das Ziel eines wiedervereinigten Nationalstaats »falsch und
anachronistisch«.[78] Als die Grenzen offen waren, kritisierte er die
rauschhafte, geradezu irre Begeisterung als nationale »Besoffenheit«
und fragte ganz pragmatisch, ob es richtig sei, dass alle DDR-Bürger, die
in den Westen kämen, in den Genuss der Sozialleistungen der Bundesrepublik kämen. Er versuchte, im Hinblick auf die bevorstehende Bundestagswahl von den Ängsten der Westdeutschen zu profitieren, die
laut einer Gallup-Umfrage bereit waren, den Ostdeutschen finanziell zu
helfen, aber nur wenn das ohne Steuererhöhungen für sie selbst
abging.[79]

Besonders verblüffend war, dass auch Egon Bahr die Wiedervereinigung scheinbar ablehnte. Er hatte in den Sechzigerjahren die neue Ostpolitik konzipiert, die auf dem Gedanken beruhte, dass der »Wandel
durch Annäherung« den Weg zur Einheit bahnen werde. Allerdings

hatte er vor dem 9. November gesagt, die Leute sollten aufhören, »von der Einheit zu träumen oder zu schwätzen«.[80] Und noch im Dezember protestierte er gegen die hohe Priorität, die der »Lüge« von der Wiedervereinigung eingeräumt werde, weil sie die Atmosphäre vergifte und »politische Umweltverschmutzung« sei. Später verfolgte er dann eine vorsichtigere Linie, plädierte für eine langsamere Annäherung an die Wiedervereinigung und versteckte sich ansonsten hinter Lafontaine.[81]

Innerhalb der SPD sprach sich nur Bahrs alter Förderer Willy Brandt sofort voll für eine Wiedervereinigung aus. Es könne »keine Rede davon sein, im Westen die Schotten dicht zu machen«.[82] Die deutsche Einheit sei jetzt nur noch eine Frage der Zeit, und sie solle nicht erst kommen, wenn die Einheit Europas schon erreicht sei. Auf diese Art distanzierte sich Brandt von der Linie Bahr-Lafontaine in seiner Partei, noch deutlicher aber von den weiter links stehenden Kräften, die zunächst einmal einen gesamteuropäischen Rahmen wünschten oder von Gorbatschows gemeinsamem Haus Europa träumten, in dem sich dann Deutschland wiedervereinigen könnte.[83] Brandt distanzierte sich auch von dem im Oktober veröffentlichten »Europa-Plan« Genschers, der leichthin vorschlug, die Osteuropäer einschließlich der DDR in die EG zu integrieren, während Brüssel weiter auf eine politische Union mit gemeinsamer Währung zumarschierte.[84]

So kam es, dass Bahr und Lafontaine mit ihrer Position der politischen Opposition in der DDR (und sogar manchen Reformern in der SED) näherstanden als der eigenen Regierung in Bonn. Tatsächlich forderten die Schriftsteller und Geistlichen, die die Opposition in Ost-Berlin vertraten, am 26. November »Eigenständigkeit« für die DDR in dem Glauben, sie hätten immer noch die Möglichkeit, »in gleichberechtigter Nachbarschaft zu allen Staaten Europas eine sozialistische Alternative zur Bundesrepublik zu entwickeln«.[85]

Kohl und Teltschik waren besonders über eine Aussage von Hans Modrow beunruhigt. Der neue Vorsitzende des DDR-Ministerrats versprach in seiner ersten Regierungserklärung am 17. November für das Jahr 1990 eine geheime Wahl zwischen verschiedenen Parteien und eine grundlegende Reform der Kommandowirtschaft, nicht jedoch einen eindeutigen Wechsel zur Marktwirtschaft. Modrow sagte ferner, er sei zuversichtlich, dass ein entschlossener Wandel in der DDR »den

ebenso unrealistischen wie gefährlichen Spekulationen über eine Wiedervereinigung« ein Ende setzen werde. »Mit der angestrebten, ja
bereits begonnenen Reform unseres politischen Systems wird auch der
Weg zur Wahrung und Durchsetzung des Selbstbestimmungsprozesses
des Volkes der DDR auf neuer Grundlage gegangen.« Die Stabilisierung
der DDR sei eine wichtige Bedingung für die Stabilität in Mitteleuropa,
ja in Europa insgesamt. In diesem Zusammenhang erklärte er im Hinblick auf Bonn, seine Regierung sei »gesprächsbereit«, um die Beziehungen mit der Bundesrepublik »auf eine neue Stufe zu heben«. Ziel
sei eine »Vertragsgemeinschaft«, die auf dem Komplex politischer und
wirtschaftlicher Verträge aufbauen solle, die die beiden Staaten im Rahmen von Osthandel und Ostpolitik in den Jahrzehnten zuvor geschlossen hätten.[86]

Damit hatte die DDR als erstes der beiden Länder offiziell erklärt, wie
die Beziehungen zwischen den beiden deutschen Staaten weiterentwickelt werden sollten. Modrow war Kohl zuvorgekommen und hatte
außerdem eindeutig versucht, dem Streben nach Einheit den Wind aus
den Segeln zu nehmen. In der Bundesrepublik wurde der Kanzler
immer schärfer kritisiert. »Lassen wir uns die Einheit von anderen vorformulieren?«, fragte Herbert Kremp, der Chefredakteur der *Welt*, am
19. November in seiner Zeitung.[87] Der rechtsextreme Mitbegründer der
Republikaner Franz Schönhuber erkannte jetzt in Kohls Schweigen die
Chance, das Profil seiner eigenen Partei zu schärfen, und schrieb die
»Wiedervereinigung« unter Einschluss der »deutschen Ostgebiete«
ganz oben auf die Wunschliste in seinem Wahlprogramm.[88]

Aber Kohl hielt sich immer noch zurück. Am Montag, dem 20. November, schrieb ein besorgter Horst Teltschik in sein Tagebuch: »Die internationale wie die innenpolitische Diskussion über die Chancen einer
Wiedervereinigung Deutschlands ist voll entbrannt und nicht mehr
aufzuhalten. Mehr und mehr sind wir uns dessen bewusst, doch die
Weisung des Bundeskanzlers bleibt, in der öffentlichen Diskussion
Zurückhaltung zu üben. Weder innerhalb der Koalition, und damit
innenpolitisch, noch außenpolitisch will er Angriffsflächen bieten.«

In Teltschiks Augen hatte Kohl innen- wie außenpolitisch einen entscheidenden Punkt erreicht. Als Kohls innerer Zirkel an diesem Abend
die Probleme, auch mit Blick auf den bevorstehenden »Wahlkampf-

marathon«, durchkaute, kam man zu dem Schluss, dass die »hohe internationale Reputation des Bundeskanzlers innenpolitisch stärker genutzt werden müsse und die Deutsche Frage als Brücke zu einem besseren Image des Bundeskanzlers dienen könne.« Ferner wurde beschlossen, »eine Strategie zur Auseinandersetzung mit der Opposition« zu entwickeln.[89]

All das schwirrte Teltschik im Kopf herum, als er am nächsten Tag in der frühmorgendlichen Besprechung mit Kohl über die Bedeutung der montäglichen Massendemonstrationen in der ganzen DDR und deren unmissverständliche neue Parole: »Wir sind ein Volk« diskutierte. »Der Funke zündet«, dachte er. Auch eine Zeile aus Augsteins Kommentar beschäftigte ihn, in der der *Spiegel*-Herausgeber einen berühmten Satz Adenauers zitierte, nämlich »dass der Schlüssel [zur Wiedervereinigung] im Kreml liegt«.[90]

Das erste große Thema in Teltschiks Tagebuch am 21. November war ein Gespräch, das er um 10.30 Uhr mit Nikolai Portugalow führte, einem Funktionär des sowjetischen Zentralkomitees, mit dem er recht häufig Unterredungen hatte. Zwar empfand er Portugalow als »extrem schlitzohrig« und »fast übertrieben freundlich«, hatte jedoch Respekt vor seinem scharfen Verstand und seiner guten Kenntnis der deutschen Szene. Außerdem wusste er es immer zu schätzen, wenn er direkt aus der Sowjetunion Informationen bekam und nicht auf jene aus dem Außenministerium des Erzrivalen Genscher angewiesen war. Dieses Mal jedoch war Portugalow ungewöhnlich ernst. Er sagte, er überbringe eine Botschaft für den Kanzler persönlich und übergab Teltschik mehrere handgeschriebene Seiten mit sowjetischen Überlegungen zum Thema Wiedervereinigung, die sich in einen »amtlichen« Teil und einen Teil mit »weiterführenden Überlegungen« gliederten.

Im amtlichen Teil wurden hauptsächlich die Zusagen bestätigt, die Gorbatschow Kohl in Bezug auf die Nichteinmischung in DDR-Angelegenheiten gegeben hatte, und er enthielt Bezüge zu dem Gipfeltreffen, das am 12. Juni mit ihm stattgefunden hatte. Zunächst einmal gelte es einen Modus Vivendi zwischen den beiden deutschen Staaten zu finden. Dabei könne man Modrows Vorschlag einer Vertragsgemeinschaft als Möglichkeit ins Auge fassen. Sonst werde sich die DDR in ihrer Existenz bedroht fühlen. Interessanterweise hieß es in dem Dokument auch

ganz unverblümt, dass eine gesamteuropäische Friedensordnung eine
»unabdingbare Voraussetzung« für die Lösung der Deutschen Frage
sei.[91] Die Verabschiedung einer solchen Friedensordnung würde natürlich Jahre in Anspruch nehmen. Dennoch enthielt das Dokument auch
Anzeichen, dass sich die Sowjetunion bewegte. Es ließ vermuten, dass
die Sowjets die Idee einer deutsch-deutschen Wiederannäherung in
Form einer Konföderation bereits im Politbüro diskutierten und dass
sie prinzipiell bereit waren, es zu akzeptieren. Tatsächlich entsprach
dies einer Meldung, die Bonn von der deutschen Botschaft in Moskau
erhalten hatte. Sie besagte, dass Schewardnadse in Äußerungen am
17. November unilaterale Veränderungen des Status quo abgelehnt, aber
friedlichen Veränderungen im »gesamteuropäischen Konsens« zugestimmt habe.[92] Wirklich fasziniert jedoch war Teltschik von den weiterführenden
Überlegungen. Sie begannen geradezu theatralisch:»Jetzt sei die
Stunde gekommen, das Verhältnis der Bundesrepublik Deutschland zur
DDR von allen Relikten aus der Vergangenheit zu befreien.« Nach ein
paar allgemeinen Bemerkungen über die unmittelbare Situation wurde
Teltschik durch einen fast beiläufigen geäußerten Gedanken verblüfft:
»Rein theoretisch gefragt: Wenn die Bundesregierung beabsichtigen
würde, die Frage der Wiedervereinigung bzw. Neuvereinigung in die
praktische Politik einzuführen ...« In Bezug auf diese Hypothese
enthielt das Papier die Feststellung, dass man in jenem Zusammenhang
über die zukünftige Bündnismitgliedschaft beider deutscher Staaten
reden müsse oder, genauer gesagt, darüber, wie die Bundesrepublik
sowohl aus dem atlantischen Bündnis als auch aus der Europäischen
Gemeinschaft austreten könne. Oder man müsse andererseits darüber
sprechen, was die Folgen einer künftigen deutschen Konföderation mit
der EG wären. Eine solche, wurde in dem Papier spekuliert, könne der
Keim eines gesamteuropäischen Integrationsprojekts werden. Wie aber
solle, wenn man schon dabei sei, die Sowjetunion dann mit der DDR via
Brüssel Handel treiben und mit den Zöllen und anderen Bestimmungen
der EG zurechtkommen? In dem Papier hieß es ganz offen, »die SU
denke im Zusammenhang mit der deutschen Frage bereits über alle
möglichen Alternativen nach, sogar über gewissermaßen ›Undenkba-
res‹.« Zum Schluss des Papiers hieß es, die Sowjetunion könne »mittel-

fristig« einer deutschen Konföderation »grünes Licht« geben, vorausgesetzt, dass auf deren Boden keinerlei ausländische Atomwaffen mehr
stationiert wären.[93]

Teltschik war elektrisiert. Die Kombination von wilder Spekulation
und diplomatischer Flexibilität war beispiellos und sensationell. Es war
nicht leicht, den »amtlichen« und »weiterführenden« Teil jeweils richtig zu gewichten, aber beide waren ein klarer Beweis, dass die öffentlichen Äußerungen Moskaus nicht unbedingt dem entsprachen, was es
tatsächlich zu tun bereit war. Nach dem Gedankenaustausch mit Portugalow eilte Teltschik sofort zu Kohl und schaffte es, ein paar Worte mit
dem Kanzler zu wechseln, bevor dieser seinen nächsten Termin hatte.
Obwohl das Gespräch nur kurz war, brachte Teltschik Kohl auf den
Gedanken, dass es angesichts der Signale aus Moskau an der Zeit sei, in
die Offensive zu gehen. Er wurde am Nachmittag in diesem Vorsatz
bestätigt, als Rudolf Seiters von einer Reise nach Ost-Berlin mit einer
Fülle von Nachrichten über in Angriff genommene Reformen und Dis-
kussionen über eine Vertragsgemeinschaft zurückkehrte. Bevor Kohl
nach Straßburg aufbrach (um sich mit François Mitterrand und dem
Europarat zu verständigen), gab er Teltschik den Auftrag, bis zu seiner
Rückkehr etwas für ihn vorzubereiten. Zum ersten Mal kam ihm »die
Idee eines stufenweisen Vorgehens« in Bezug auf die Deutsche Frage.
Endlich begann eine politische Gesamtstrategie zu keimen.[94]

Während Kohls Abwesenheit erfuhr Teltschik die beunruhigenden
Neuigkeiten, dass Mitterrand noch vor Weihnachten die DDR besuchen und sich am 6. Dezember in Kiew mit Gorbatschow treffen werde.
Noch befremdlicher war der Umstand, dass Paris Bonn erst informiert
hatte, als die Nachricht bereits von den Nachrichtenagenturen gemeldet wurde. Teltschik fragte sich, was die Franzosen und die Sowjets
wohl planten? Die Nachrichten über Genschers Besuch in Washington
waren viel positiver: Der Bundesaußenminister hatte auf die Dynamik
der »Wiedervereinigung von unten« hingewiesen und vor jedem Ein-
mischungsversuch der Vier Mächte gewarnt. Zu seiner Freude hatte
Baker im State Department darauf mit der Zusage reagiert, dass die USA
die deutsche Wiedervereinigung unterstützten, und zwar vorbehaltlos.
So kam es, dass Teltschik mit grünem Licht aus Washington, positiven
Signalen aus Moskau und zumindest öffentlicher Rückendeckung der

EG und Mitterrands fieberhaft an einer Rede für Kohl arbeitete, die als Zehn-Punkte-Programm in die Geschichte eingehen sollte.[95]

Bei ihrem abendlichen Gespräch am Donnerstag, dem 23. November, waren Kohl und Teltschik sich darüber einig, dass die Deutschland-politik Chefsache sei und sie nun sowohl in Anbetracht der Bundes-tagswahlen im folgenden Jahr als auch gegenüber den Vier Mächten die Meinungsführerschaft übernehmen sollten. Sonst werde die Bundes-regierung noch mit einem Diktat konfrontiert.[96] Außerdem beschlossen die beiden, dass Kohl seine Vorschläge zur Verwirklichung der deut-schen Einheit zum ersten möglichen Termin, nämlich fünf Tage später, am 28. November, in der Haushaltsdebatte des Bundestags vorstellen sollte. Danach arbeitete ein kleines Team von acht Personen unter Teltschiks Führung rund um die Uhr unter nahezu absoluter Geheim-haltung an einem Entwurf für die Rede. Am Samstag, dem 25. Novem-ber, wurde dieser mit dem Auto von Bonn zum Kanzler gefahren, der das Wochenende zuhause in Oggersheim verbrachte.[97]

Kohl war so besessen von der Befürchtung, dass von der Rede etwas an die Öffentlichkeit dringen oder vielleicht sogar einer seiner NATO-Verbündeten oder sein Koalitionspartner ihm sein Vorhaben ausreden könnte, dass er alle Eingeweihten zu absolutem Stillschweigen verdon-nerte. Das restliche Wochenende arbeitete er mit einer Handvoll zuver-lässiger Freunde und seiner Frau Hannelore den Entwurf durch. Er schrieb Korrekturen und Fragen an den Rand und rief in regelmäßigen Abständen Teltschik an. Schließlich, am Sonntagabend, bat er Hanne-lore, die Endversion mit ihrer Reiseschreibmaschine zu tippen.[98]

Bei der Fertigstellung des Entwurfs hatte er mehrere wichtige Anlie-gen im Kopf gehabt: Er wollte sich im Vorfeld der Bundestagswahlen als deutscher Patriot und Kanzler der Einheit positionieren, und zwar vor dem liberalen Genscher, der seinen eigenen »Europa-Plan« vorgelegt und Kohl auf dem Balkon in Prag schon einmal die Schau gestohlen hatte. Auch von der charismatischen Leitfigur der SPD, Altkanzler Willy Brandt, der ihn am 10. November in Berlin beinahe in den Hinter-grund gedrängt hatte und die Wiedervereinigung nun als Krönung sei-ner Ostpolitik präsentierte, wollte er sich nicht mehr in den Schatten stellen lassen. Aus wahlpolitischen Gründen vermied er jede Erwäh-nung der Oder-Neiße-Linie, obwohl er diese persönlich als Ostgrenze

Deutschlands akzeptierte. Schließlich hatte er, um noch den letzten Stolperstein vor der Polenreise zu beseitigen, am 8. November einer Resolution des Bundestags zugestimmt, die die Unverletzlichkeit der polnischen Nachkriegsgrenzen garantierte.[99] Nun jedoch sprach er die Grenze nicht an, weil er mit den Vertriebenen nicht noch stärker in Konflikt geraten wollte. Er konnte sonst nicht sicher sein, dass sich diese traditionellen CDU-Wähler nicht von Schönhubers Republikanern verführen ließen, die eine Wiederherstellung Deutschlands in den Grenzen von 1937 forderten.

Eine weitere Überlegung galt den Bezeichnungen für die verschiedenen Stufen der Wiederannäherung und der Verschmelzung Deutschlands zu einem vereinigten Staat. Statt Modrows Begriff einer »Konföderation« zu übernehmen, benutzte er lieber den Begriff »konföderative Strukturen«, damit ihn niemand in der CDU beschuldigen konnte, die Existenz zweier souveräner deutscher Staaten in Stein zu meißeln, wie dies offenbar von Lafontaine, Bahr und anderen politischen Gegnern in der SPD angestrebt wurde. Zugleich sollte die vergleichsweise lockere Formulierung sowohl die Sowjets und die ostdeutschen Offiziellen als auch die Oppositionsgruppen in der DDR beruhigen, die alle einen unverhohlenen Anschluss nach dem bösen Vorbild von 1938 fürchteten: die sozialistische DDR geschluckt von der kapitalistischen Bundesrepublik. Auf lange Sicht wollte Kohl natürlich eine echte »Föderation«, mit anderen Worten, einen vereinigten Staat. Doch er hatte noch keine klare Vorstellung, wie dieses neue Deutschland aussehen sollte, selbst wenn er genau wusste, dass es ein Bundesstaat werden sollte und nicht der Staatenbund, den die ostdeutschen Eliten anstrebten. Indem er in seiner Rede von einer späteren »Einheit« sprach, hoffte Kohl, die noch diffuse, aber immer deutlicher artikulierte Sehnsucht nach Einheit in der DDR, die sich in neuen Parolen wie »Deutschland einig Vaterland« und »Wir sind ein Volk« ausdrückte, zugleich spiegeln und verstärken zu können. Tatsächlich konnte Kohl, indem er von der Einheit als letztendlichem Ziel redete, eine Vision anbieten, die die ostdeutsche Bevölkerung dazu brachte, nach Westen (und) zum Bundeskanzler zu blicken.

Noch gab es so viele Unwägbarkeiten, dass Kohl die möglichen Folgen kaum fassen konnte. Er stellte sich damals noch vor, dass der

Unter den Schwingen des Bundesadlers:
Helmut Kohl präsentiert dem Bundestag in
Bonn sein »Zehn-Punkte-Programm«

gesamte schwierige Prozess des Rapprochements, der engeren Zusammenarbeit und der letztlichen Vereinigung, mindestens ein Jahrzehnt dauern würde. Über den wichtigsten Punkt jedoch war er sich im Klaren. An jenem Wochenende in Oggersheim bereitete er sich mental auf seine Überraschungsoffensive vor, mit der er die deutsche Wiedervereinigung unmissverständlich auf die internationale Tagesordnung setzen wollte.[100]

Am Dienstag, dem 28. November, um 10 Uhr sprach Helmut Kohl im Bundestag. Anstatt den Saal wie erwartet mit einer routinemäßigen Haushaltsrede zu langweilen, ließ er eine Bombe platzen, indem er sein »Zehn-Punkte-Programm zur Überwindung der Teilung Deutschlands und Europas« vorstellte.[101] Erstens, sagte er, seien »Sofortmaßnahmen« zu treffen, die durch die »Fluchtbewegung und die neue Dimension des Reiseverkehrs« erforderlich würden. Zweitens versprach er, in wirtschaftlichen, wissenschaftlich-technologischen und kulturellen Angelegenheiten weiterhin mit der DDR zusammenzuarbeiten, und, drittens, die Finanzhilfen für die DDR massiv zu erhöhen, wenn diese »verbindlich« und »unumkehrbar« eine fundamentale Transformation ihres politischen und wirtschaftlichen Systems in Angriff nehme. Zu diesem Zweck müsse die SED ihr Machtmonopol aufgeben und durch ein neues Wahlgesetz die Forderung nach »freien, gleichen und geheimen Wahlen« erfüllen. Angesichts der offensichtlichen Sehnsucht der Ostdeutschen nach wirtschaftlicher und politischer Freiheit sei er nicht bereit, »unhaltbar gewordene Zustände [zu] stabilisieren«. Dies war eigentlich kein Verhandlungsangebot, sondern eher ein Ultimatum.

Kern der Rede (Punkt vier bis acht) war der vom Kanzler ins Auge gefasste Weg zur Einheit, nämlich »konföderative Strukturen zwischen beiden Staaten in Deutschland zu entwickeln mit dem Ziel, eine Föderation … zu schaffen«. All das werde in Übereinstimmung mit der 1975 verabschiedeten Schlussakte der Konferenz von Helsinki als Teil eines größeren gesamteuropäischen Prozesses geschehen: »Die künftige Architektur Deutschlands muss sich einfügen in die künftige Architektur Gesamteuropas.« Kohl wies darauf hin, dass sein Plan auch mit Gorbatschows Vision eines »gemeinsamen europäischen Hauses« sowie mit dessen Konzept der Wahlfreiheit im Sinne einer »Achtung des Selbstbestimmungsrechts der Völker« übereinstimme, so wie es in der KSZE-Schlussakte formuliert sei. Tatsächlich, erinnerte Kohl den Bundestag, hätten er und Gorbatschow ihre Einigkeit in diesen Dingen schon in der »Gemeinsamen Erklärung« vom Juni 1989 zum Ausdruck gebracht. Nun jedoch, unter dem Eindruck der dramatischen Geschehnisse im November, wollte er weitergehen. Er vertrat die Ansicht, dass die Europäische Gemeinschaft auf die reformorientierten Staaten des Ostblocks, einschließlich der DDR, zugehen müsse, und verkündete: »Die EG darf nicht an der Elbe enden.« Eine Öffnung nach Osten werde »Grundlage einer wirklich umfassenden europäischen Einigung werden«. Durch diesen Vorschlag neutralisierte und absorbierte er praktisch Genschers »Europa Plan«.

Das zentrale Thema seiner Rede war es, »auf einen Zustand des Friedens in Europa« hinzuwirken, in dem Deutschland seine Einheit wiedergewinnen konnte. Dies, so machte er zum Schluss der Rede deutlich, könne nicht von weitreichenderen Fragen der internationalen Weltordnung getrennt werden. »Die Verknüpfung der deutschen Frage mit der gesamteuropäischen Entwicklung und den West-Ost-Beziehungen«, erklärte er, ermögliche »eine organische Entwicklung, die den Interessen aller Beteiligten Rechnung« trage, und bahne »einer friedlichen und freiheitlichen Entwicklung in Europa den Weg«. Schnelles Handeln auf den Gebieten Abrüstung und Rüstungskontrolle sei erforderlich. In dieser Sache appellierte der Bundeskanzler direkt an die Supermächte und seine europäischen Verbündeten.

Was Kohl nicht sagte, war genauso aufschlussreich wie das, was er proklamierte. So erwähnte er weder die polnische Grenze, noch verlor er ein Wort über Deutschlands gegenwärtige und künftige Mitgliedschaft in der NATO oder über die Vorrechte der alliierten Besatzungsmächte auf deutschem Boden. Selbst in Bezug auf sein ultimatives Ziel, die Wiedervereinigung, war er sehr vorsichtig. »Wie ein wiedervereinigtes Deutschland schließlich aussehen wird, das weiß heute niemand.« Doch er betonte das »Recht« auf nationale Selbstbestimmung und stellte nachdrücklich fest: »Dass aber die Einheit kommen wird, wenn die Menschen in Deutschland sie wollen, dessen bin ich sicher.« Er verwies darauf, dass das »Zusammenwachsen ... in der Kontinuität der deutschen Geschichte« liege. Staatliche Organisation in Deutschland habe »fast immer auch Konföderation und Föderation« bedeutet. »Wir können doch auf diese historischen Erfahrungen zurückgreifen.« Kohl dachte dabei vielleicht auch an die Bismarck-Ära (den Norddeutschen Bund von 1867 und das Reich von 1871), bestimmt jedoch bezog er sich auf seine eigene Lebenszeit und die nach dem Krieg entstandene Bundesrepublik.[102]

Am Ende war der Bundeskanzler erleichtert, dass er die Rede gehalten hatte, und begeistert von ihrer Wirkung. In der Mittagspause sagte er zu seinen Beratern, die Reaktion der Abgeordneten sei »fast überschäumend« gewesen. Und was ist mit Genscher?, fragte Teltschik wohl wissend, dass der Außenminister nicht einmal ansatzweise eingeweiht gewesen war. Kohl grinste. Genscher kam zu mir herüber und sagte: »Helmut, das war eine große Rede.«[103]

Durch Kohls Plan wurde erstmals klar, dass der Prozess der deutschen Wiedervereinigung und der der europäischen Integration miteinander verknüpft, aber dennoch unabhängig waren. Sie sollten sich wechselseitig nicht behindern, und sie konnten sich mit verschiedenen Geschwindigkeiten vollziehen. Die deutsche Wiedervereinigung musste im Rahmen der EG bewerkstelligt werden, aber über die genaue Entwicklung und Gestalt der künftigen innerdeutschen Beziehungen sollten die Deutschen selbst entscheiden.

Alles in allem hatte Kohl einen Entwurf für die neuen Beziehungen zwischen den beiden deutschen Staaten vorgeschlagen, und zwar einen, der klar auf den Bonner Bedingungen beruhte. Getragen von dem »größeren politischen Selbstbewusstsein« der Bundesrepublik, die »schon allgemein als gewichtige Wirtschaftsmacht anerkannt war«, wie es der amerikanische Botschafter in der Bundesrepublik Vernon Walters formulierte, hatte Kohl die Welt vor vollendete Tatsachen gestellt und die Tagesordnung bestimmt.[104] Und da die DDR nun viel schneller zerfiel, als irgendjemand erwartet hatte, mussten die anderen Staats- und Regierungschefs auf das reagieren, was der Kanzler auf den Tisch gelegt hatte. Für einen Mann, dessen Parteivorsitz noch drei Monate zuvor von der eigenen Partei ernsthaft in Frage gestellt worden war und der in den vorangegangenen drei Wochen fast nur reagiert statt agiert hatte, war die Rede eine überaus gelungene Demonstration politischer Führungskunst.

*

Aus heutiger Sicht erscheint es verblüffend, wie wenig öffentliche Aufmerksamkeit Kohls Rede im Ausland geschenkt wurde. Bedenkt man allerdings das Drama, das sich zeitgleich in der Tschechoslowakei entfaltete, so kann dies nicht überraschen. An dem Tag, als Kohl im Bundestag sprach, titelte die *New York Times* auf ihrer Seite 1 »MILLIONEN TSCHECHOSLOWAKEN ERHÖHEN DURCH EINEN ZWEISTÜNDIGEN GENERALSTREIK DEN DRUCK AUF DIE PARTEI«. Ein Vorgeschmack auf Kohls Rede war dagegen auf Seite 14 begraben. Dort hieß es, er werde »für eine Form der Konföderation« plädieren, um die Kritik zu entkräften, dass »seine Reaktion auf die spektakulären Veränderungen in Ostdeutschland passiv und von der westdeutschen Parteipolitik bestimmt gewesen sei«.[105] Am Mittwoch, dem 29. November, brachte die *New*

York Times erneut eine Meldung über die Tschechoslowakei, und zwar mit einer Balkenüberschrift, die sich quer über die erste Seite erstreckte: »IN PRAG GIBT DIE PARTEI EIN PAAR MINISTERPOSTEN AUF UND BESTEHT NICHT MEHR AUF DER VORHERRSCHAFT IN DER GESELL-SCHAFT.« Kohl und sein »Entwurf für eine Konföderation« waren in ein kleineres Kästchen weit unten auf der Seite verbannt.[106] Danach verschwand Deutschland für den Rest der Woche ganz von den Titelseiten der US-Presse, während Prag und der amerikanisch-sowjetische Gipfel auf Malta gänzlich das Feld beherrschten. Selbst in der Bundesrepublik galt Kohls Programm als primär innenpolitisches Thema. Außerdem dominierten ab Donnerstag die Meldungen über die Ermordung des Kohl-Vertrauten Alfred Herrhausen durch die Terrorgruppe Rote Armee Fraktion die Schlagzeilen, sodass andere Nachrichten kaum noch zur Kenntnis genommen wurden.[107]

Obwohl der Zehn-Punkte-Plan zunächst nur wenig öffentliches Aufsehen erregte, hatte er eine enorme Langzeitwirkung. Was immer sich Kohl von der Rede versprochen haben mochte, sie wurde jedenfalls von allen wichtigen Mächten, in der Regel kritisch, kommentiert. Kritisch, weil Kohl, um eine Formulierung des amerikanischen Botschafters Walters zu gebrauchen, die Vorstellung hatte, dass »die deutschen Staaten, praktisch allein, ihre Zukunft planen würden«.[108] Nun, da sich der Kanzler so weit vorgewagt hatte, musste er in der internationalen Diplomatie in eine zweite Runde gehen, um die Kritik an seinem Plan zurückzuweisen und wenn nicht Akzeptanz, so doch Toleranz für die deutsche Selbstbestimmung zu wecken. Die zweite Runde sollte bis Mitte Dezember dauern.

Die erste und wichtigste Person, die Kohl bei Laune halten musste, war Bush. Der Kanzler hatte ihm am Morgen der Rede einen vorbereitenden Brief gesandt, die einzige Vorwarnung, die er verschickte. Kohl wollte den Brief als Hinweis verstanden wissen, wie der US-Präsident auf Malta mit Gorbatschow umgehen sollte, doch das lange Schreiben enthielt eine weitreichende Analyse der revolutionären Prozesse in Europa, der Lage in der Sowjetunion und der dringenden Notwendigkeit atomarer und konventioneller Abrüstung. All das war allerdings nur Vorspiel zu Kohls wirklichem Anliegen, nämlich wie Bush auf Malta die Deutsche Frage diskutieren sollte. In seinen Ausführungen brachte

Kohl geschickt die von Gorbatschow 1989 postulierte »Freiheit der Wahl« mit dem in der amerikanischen Unabhängigkeitserklärung 1776 verkündeten Recht auf »life, liberty and the pursuit of happiness« in Verbindung. Er betonte, dass das aktuelle Streben nach Freiheit von den Menschen selbst, den Polen, den Ungarn, den Tschechen und den Ostdeutschen, artikuliert werde, und es sich dabei nicht nur um eine einfache Wendung nach Westen, sondern um eine historisch bedeutsame Reformbewegung handle, die in jeder Nation aus deren spezifischer Kultur hervorgehe. Mit dieser Erklärung versuchte sich Kohl geschickt von jeder westlichen Siegesrhetorik zu distanzieren und zugleich dem Kernthema seines Briefes, dem für seinen Ansatz zur Lösung der Deutschen Frage so wichtigen Konzept der »Selbstbestimmung« mehr Gewicht zu verleihen. Erst nach diesen Vorbereitungen thematisierte er im längsten Abschnitt seines Schreibens die Wiedervereinigung und führte seine Zehn Punkte aus. Im Hinblick auf den bevorstehenden Gipfel bat er Bush ausdrücklich um seine Unterstützung und machte darauf aufmerksam, dass die Supermächte nicht wie Roosevelt und Stalin 1945 ohne deutsche Mitsprache über das Schicksal Deutschlands entscheiden dürften. In diesem Zusammenhang dankte er Bush explizit, dass er »jede Parallele zwischen Jalta und Malta« zu vermeiden gedachte.[109]

Interessanterweise schrieb Krenz nach Kohls Rede ebenfalls an Bush – eine etwas frappierende, aber zeittypische Reaktion, weil ihm zweifellos klar war, dass die Unterstützung Moskaus nicht mehr ausreichte, um das Überleben der DDR zu sichern. Er warnte in seinem Brief vor übertriebenem Nationalismus und einer Wiederbelebung nazistischen Gedankenguts, wobei er eindeutig mit dem Finger auf Bonn zeigte. Außerdem bat er den Präsidenten, sich für die Erhaltung des Status quo, mit anderen Worten für die Existenz zweier deutscher Staaten als Mitglieder verschiedener Bündnisse, einzusetzen. Er bekam nie eine Antwort. Bush wusste, dass Krenz ein Niemand war und seine Tage im Amt gezählt waren.[110]

Kohl wiederum stand sehr wohl auf der Agenda des Präsidenten. Am folgenden Morgen (der Brief aus Bonn war inzwischen mit Verspätung eingetroffen) griff er zum Telefonhörer und rief den Kanzler an. Im Weißen Haus hatte man die Bedeutung des Zehn-Punkte-Plans sofort

verstanden und sah ihn als einen strategischen Schachzug und nicht
nur als taktisches Spiel von ausschließlich innenpolitischer Relevanz.
Scowcroft war über Kohls kühnen, unilateralen Schritt besorgt. Bush
dagegen war zwar überrascht, aber nicht sonderlich beunruhigt. Er
wusste, dass Kohl die Wiedervereinigung nicht allein bewerkstelligen
konnte, und bezweifelte, dass er seinen engsten Verbündeten verprellen wollte. »Es war sicher, dass er uns konsultieren würde, bevor er
weiterging«, sollte Bush später schreiben. »Er brauchte uns.«[111]

An diesem 29. November sprachen Präsident und Bundeskanzler
30 Minuten miteinander. Zuerst diskutierten sie die Vorbereitungen für
eine Begegnung als »persönliche Freunde« unmittelbar nach dem Gipfel von Malta. Dabei kamen sie überein, dass Genscher nicht mit von
der Partie sein sollte. Kohl wollte nur seinen Vereinigungsvordenker
Teltschik mitbringen, ein Beschluss, der einmal mehr die institutionelle
und persönliche Rivalität zwischen Außenministerium und Kanzleramt unterstrich. Dann erklärte Kohl genauer, wie er sich den Weg zur
Wiedervereinigung vorstellte. Obwohl sich Mitterrand eine Woche
zuvor in Straßburg solidarisch gezeigt hatte, war der Kanzler besorgt,
wie weit die Unterstützung des Franzosen reichen würde. Außerdem
bekräftigte er nachdrücklich sein Vertrauen in die Vereinigten Staaten.
Die Geschichte habe den Deutschen gute Karten auf die Hand gegeben,
sagte er zu Bush. Er hoffe, dass sie sie mit Hilfe ihrer amerikanischen
Freunde auch gut ausspielen könnten. Der Präsident machte wie üblich
nicht viele Worte. »Ich bin sehr für Ihren allgemeinen Ansatz. Ich
merke, wie viel Wert Sie auf Stabilität legen. Uns geht es genauso. Stabilität ist das Schlüsselwort. Wir haben nichts versucht, das die UdSSR zu
einer Reaktion zwingen würde.« Diesen Punkt führte Bush näher aus.
Er räumte ein, dass es der Sowjetunion wirtschaftlich sehr viel schlechter gehe, als ihm zuvor klargewesen sei. Schewardnadse habe jedoch
stolz verkündet, die Sowjets wollten nicht, dass ihnen Amerika »aus
der Patsche hilft«. Deshalb müsse man die Hilfe auf »eine sensible Art«
anbieten. Bush und Kohl waren sich jedoch darüber einig, dass westliche Hilfe nötig sei, »weil wir wollen, dass er Erfolg hat«. Der Kanzler
war über das Gespräch erfreut und dankte Bush für seine guten Worte.
Die Deutschen in Ost und West hörten sehr genau zu. Jedes Wort der
Sympathie für Selbstbestimmung und Einheit sei jetzt sehr wichtig.[112]

Unmittelbar nach dem Gespräch informierte Bush die Presse: »Ich habe ein gutes Gefühl. Ich glaube, wir sind auf dem richtigen Weg.« Nachdem man sich einst darüber lustig gemacht hatte, dass er sich als Vizepräsident dem »Ding mit der Vision« verweigert hatte, wurde er nun gefragt, wie er Europas Zukunft für die nächsten fünf oder zehn Jahre sehe. Bush war inzwischen diesbezüglich so entspannt, dass er einen Witz machte: »Was das ›Ding mit der Vision‹[113], also meine Ziele betrifft, so habe ich diese letzten Frühling und Sommer in wenig beachteten Reden dargelegt, die noch einmal zu lesen ich allen empfehlen möchte. Ich veranstalte dann ein Quiz darüber.« Als das Gelächter verebbt war, fuhr er fort: »Sie werden dort ein Stück von meiner ›Vision‹ finden: ein ungeteiltes und freies Europa.« Und, fügte er hinzu: »Ich glaube, ein ungeteiltes und freies Europa ist heute schon mehr als eine bloße Vision und vielleicht bald schon Realität.« Dann musste er allerdings folgende Einschränkung machen: »Wie wir da hinkommen, und was das bedeutet, und wann die Deutsche Frage gelöst wird und all diese Dinge, kann ich nicht genauer beantworten.«[114]

In Moskau war die Stimmung sehr viel weniger positiv. Kohl gehe zu schnell vor und plane die Zukunft Europas, »ohne die Ansichten des anderen deutschen Staates in Betracht zu ziehen«, erklärte Wadim Sagladin, einer der Berater Gorbatschows. Der Generalsekretär selbst, damals gerade auf einem Staatsbesuch in Rom, sagte ganz offen zum italienischen Ministerpräsidenten Giulio Andreotti, »dass zwei Deutschlands Realität seien« und »die Wiedervereinigung von BRD und DDR … keine aktuelle Frage«. Und bezüglich Kohl formulierte er: »ich sehe, dass am Vorabend der Wahlen bei ihm die Versuchung aufkommt, einen revanchistischen Unterton anzuschlagen«. Später in der Pressekonferenz konstatierte er: »Lassen wir die Geschichte entscheiden. Es ist nicht nötig, etwas anzustoßen und unausgereifte Prozesse zu forcieren«.[115] Auch in vielen westeuropäischen Hauptstädten war die Reaktion negativ. Thatcher teilte Kohl in aller Deutlichkeit mit, dass eine Wiedervereinigung »nicht auf der Tagesordnung« stehe, und französische Diplomaten brachten öffentlich starke Vorbehalte gegen die »überstürzte« Aktion des Kanzlers zum Ausdruck.[116]

Kohl hatte offenbar einen Feuersturm entfesselt, und Genscher war der Mann, der den Brand nun löschen sollte. Der Außenminister war völlig überrumpelt gewesen, als Kohl einige Tage zuvor die Zehn-Punkte-Bombe platzen ließ, doch er hatte wohl oder übel in den sauren Apfel gebissen. Er hatte Kohl im Bundestag notgedrungen gratuliert und dann der Welt verkündet, dass die Zehn Punkte »der Kontinuität unserer Außen-, Sicherheits- und Deutschlandpolitik« entsprechen. Natürlich war er verärgert, weil er als Kohls Koalitionspartner nicht eingeweiht worden war.[117] Doch er hatte einige Monate zuvor auf dem Prager Balkon mit Kohl dasselbe getan. Und die beiden hatten unterschiedliche intuitive Vorstellungen, wie die Wiedervereinigung zu bewerkstelligen sei: Kohl bevorzugte die Adenauer-Linie der Westbindung und wollte Ostdeutschland in die Bundesrepublik und das westliche Verteidigungsbündnis integrieren, Genscher dagegen hätte es vorgezogen, in Erweiterung der Ostpolitik eine vollständige gesamteuropäische Architektur zu schaffen. Trotz ihrer Rivalität und trotz ihrer Meinungsverschiedenheiten über die Mittel waren sich beide Politiker jedoch über das Ziel grundsätzlich einig: die deutsche Wiedervereinigung. Für Genscher war die Einheit nicht nur ein rationales politisches Ziel, sondern auch eine Herzensangelegenheit. Deshalb schluckte er seinen Stolz hinunter und war bereit, den Feuerwehrmann zu spielen und in London, Paris und Moskau für die Zehn Punkte zu werben.

Offiziell war der Außenminister natürlich nicht für die Deutschlandpolitik zuständig, weil die innerdeutschen Beziehungen nicht als »Außenpolitik« galten. Dennoch wurde er nun voll in das Wiedervereinigungsproblem hineingezogen wegen der außenpolitischen Bereiche, auf die es sich auswirkte: die Beziehungen zu den Nachbarn der Bundesrepublik, die Rechte der Vier Mächte, die Prärogativen der Supermächte, die Rolle der internationalen Organisationen und die territorialen und sicherheitspolitischen Fragen. Genscher sah es als seine Pflicht, einen internationalen Konsens zu stiften und den Weg zur Wiedervereinigung zu bahnen.

Die problematischste Hürde war zweifellos Moskau; dort war größte Überredungskunst gefragt. Außerdem hatten die Sowjets die besten Karten: Sie waren eine nukleare Supermacht, eine der Großen Vier, und sie hatten mehr als eine halbe Million eigene und verbündete Soldaten in der DDR stehen. Damit hatte der Kreml mehrere Möglichkeiten: Er konnte sich für eine gesamteuropäische Struktur einsetzen. Er konnte Deutschland die Wiedervereinigung gegen Neutralität anbieten, wie es Stalin 1952 versucht hatte. Er konnte einfach *njet* zur Einheit sagen oder beschließen, die DDR mit Gewalt im Warschauer Pakt zu halten. Aber war die Lage im Kreml wirklich stabil? Wie stand es um die Perestroika? Würde sie rückgängig gemacht? Was war mit dem wirtschaftlichen Niedergang? Konnten die Unabhängigkeitsbestrebungen mancher Sowjetrepubliken im Zaum gehalten werden? Würde es womöglich sogar einen Putsch geben?

Und so flog Genscher eine Woche nach Kohls historischer Rede, am 5. Dezember, nach Moskau, wo er an einem dunklen, trüben Nachmittag mitten in einem Schneesturm ankam. Als sein Autokorso langsam in die Innenstadt kroch, kam ihm eine andere Fahrzeugkolonne mit Krenz, Modrow und anderen hohen SED-Funktionären entgegen, die gerade in eigenen Angelegenheiten im Kreml gewesen waren. Genscher mutmaßte später, dass die Sowjets vermutlich eine peinliche deutsch-deutsche Begegnung auf dem Flughafen verhindern wollten.[118]

Schon bei seiner Ankunft lag also eine gewisse Spannung in der Luft. Und was folgte, war denn auch die »unerfreulichste Begegnung« mit den Sowjets, an die Genscher sich erinnern konnte. Sein Gespräch mit Gorbatschow war so gereizt, dass er später den deutschen Protokollanten bat, die Begegnung in einem etwas gemäßigteren Ton zu dokumentieren.[119] »Niemals zuvor und danach habe ich Gorbatschow so erregt und so bitter erlebt«, schrieb er in seinen Memoiren. Der Generalsekretär konnte seinen Zorn darüber, dass Kohl ihn nicht konsultiert hatte, nicht im Zaum halten. Laut Tschernajew war er schon seit Tagen wütend gewesen, obwohl dieser Zustand vielleicht auch dem Druck im eigenen Land geschuldet war oder der Tatsache, dass sich die Lage in Osteuropa aus sowjetischer Sicht insgesamt verschlechterte. Was auch immer in Gorbatschows Kopf vorgegangen sein mochte, Genscher war jedenfalls eine bequeme Zielscheibe für seinen Zorn. Tatsächlich war er laut Genscher streckenweise so aufgebracht, dass man wichtige Angelegenheiten nicht mehr ernsthaft mit ihm diskutieren konnte.[120]

Doch der deutsche Außenminister ließ sich nicht einschüchtern und verteidigte loyal die Politik seines Kanzlers. Er erklärte, dass Deutschland »keinen nationalen Alleingang« machen werde, dass die Bundesrepublik fest in die EG und die KSZE eingebunden sei und das »Zusammenwachsen der beiden deutschen Staaten« in diesen Rahmen passen müsse. Er sagte außerdem, die Bundesrepublik werde ihre »Politik der Verantwortung« fortsetzen, und betonte, dass sie sich an ihre vertraglichen Verpflichtungen halte, und das insbesondere, was die polnische Grenze betreffe. Dies sei immens wichtig für die Deutschen, »und zwar aufgrund ihrer Geschichte, ihrer geographischen Lage und der Größe des Volkes«.

Gorbatschow ließ ihn seine Argumente vortragen, entgegnete dann jedoch ärgerlich, Kohls Zehn Punkte seien ein »politischer Fehler«. Gegenüber der DDR würden »ultimative Forderungen gestellt«; das sei »rücksichtsloseste Einmischung in die inneren Angelegenheiten eines souveränen Staates«.

»Selbst Hitler hat sich so etwas nicht erlaubt«, warf Schewardnadse ein.

Gorbatschow war inzwischen außer sich vor Wut. Kohls Programm sei »waschechter Revanchismus«, »eine Ansprache an Untertanen« und geradezu eine »Beerdigung des europäischen Prozesses«. Er kam nun richtig in Fahrt. Auf keinen Fall könne man Kohls politischen Stil als »verantwortungsbewusst und berechenbar« bezeichnen. Die deutsche Politik sei ein absoluter »Wirrwarr«. »Die Deutschen sind ein emotionales Volk … Und sie sollten sich daran erinnern, wohin eine kopflose Politik in der Vergangenheit geführt hat.«

»Wir kennen unsere historischen Fehler und haben nicht die Absicht, sie zu wiederholen«, entgegnete Genscher.

»Sie«, sagte Gorbatschow, »hatten eine direkte Beziehung zur Ausarbeitung der ›Ostpolitik‹. Jetzt bringen sie »sehr viel in Gefahr.« Und das, wie ich fürchte, nur des »Wahlkampfes« wegen. Immer wieder kritisierte Gorbatschow den Kanzler, weil er »es eilig hat, die Ereignisse künstlich forciert und so den mühsam in die Wege geleiteten gesamteuropäischen Prozess untergräbt«. Er versuchte auch, einen Keil zwischen Kohl und Genscher zu treiben. »Übrigens, es scheint mir, Herr Genscher, dass Sie von seinen Zehn Punkten erst aus der entsprechenden Rede im Bundestag erfahren haben.«

Genscher räumte ein, dass dies stimmte, fügte aber hinzu: »Das ist unsere innere Angelegenheit. Wir werden sie selbst klären.«

»Sie sehen selbst«, versetzte Gorbatschow trocken, »dass Ihre innere Angelegenheit alle verstimmt.« Dann beendete er das Gespräch jedoch, indem er Genscher eine Art Ölzweig reichte: »Beziehen Sie nicht alles, was ich gesagt habe, auf sich persönlich, Herr Genscher. Sie wissen, dass wir zu Ihnen ein anderes Verhältnis haben, als zu anderen.«

Die Bedeutung der Bemerkung schien klar: Genscher war nicht Kohl. Der Außenminister bezog Prügel, weil der Kanzler nicht da war. Gorbatschow fühlte sich offen gesagt von Kohl verraten. Der milde Juniabend am Rheinufer war nur noch eine ferne Erinnerung. Es würde ganz klar einige Zeit dauern, bis sich die Beziehungen wieder normalisiert hatten.[121]

Zwar waren Gorbatschow und die Sowjetunion das Hauptproblem, aber Kohl und Genscher hatten auch an ihrer Westfront Probleme: In London regierte Margaret Thatcher, die mindestens genauso wütend werden konnte wie Gorbatschow und jedem Schritt Richtung Wiedervereinigung mindestens genauso kritisch gegenüberstand. Eine der Hauptursachen dieser Haltung war historisch bedingt. Geboren 1925 und aufgewachsen in der ländlichen Kleinstadt Grantham, hatte der Zweite Weltkrieg sie tief geprägt. Churchills Rede von Großbritanniens »größter Stunde« und die darin formulierte Aufgabe, Hitler die Stirn zu bieten, hatte sie nie vergessen. Ihre Sicht auf Deutschland blieb auch als Erwachsene davon beeinflusst. Sie studierte Chemie, nach ihrer Heirat auch noch Jura und wurde 1959 auf dem Höhepunkt des Kalten Krieges konservative Abgeordnete und 1979 just in dem Moment Premierministerin, als die Entspannung einer neuen Eiszeit Platz machte. Seit ihrem Amtsantritt hatte sie ein radikales Programm der wirtschaftlichen Liberalisierung und des engagierten Nationalismus verfolgt, was ihr den Spitznamen die »Eiserne Lady« eingebracht hatte (den sie sehr schätzte).

Ihre Außenpolitik war traditionell und beruhte auf der Vorstellung vom Gleichgewicht der Kräfte. Sie schwärmte von der »besonderen Beziehung«, die sie zu Ronald Reagan gehabt und sorgfältig gepflegt hatte. Ebenso wichtig war ihr die nukleare Abschreckung; sie befürwortete eine Modernisierung der atomaren Gefechtsfeldwaffen der NATO und setzte, gegen heftigen Widerstand der Linken, die Stationierung von Cruise Missiles durch. Sie war genauso überzeugt wie Reagan, dass der Kommunismus eine Ideologie der Vergangenheit war, und unterstützte deshalb die Reformpolitik Gorbatschows, ohne freilich die Bedrohung durch die sowjetische Militärmacht aus den Augen zu verlieren. Innereuropäisch war sie eine heftige Kritikerin einer stärkeren wirtschaftlichen und politischen Integration und insbesondere des Delors-Plans, wenngleich sie sich 1986 für den europäischen »Binnenmarkt« begeistert hatte. Als dann der Sowjetblock 1989 zerfiel, war ihre größte Furcht, dass eine neue deutsche Hegemonialmacht das in vier Jahrzehnten sorgfältig aufgebaute europäische Gleichgewicht zerstören würde. Die Kombination einer Währungsunion und eines wiedervereinigten Deutschlands im Zentrum Europas wäre »unerträglich«, sagte sie am 1. September zu Mitterrand. Sie hatte, wie sie berichtete, »im Urlaub viel über die deutsche Geschichte gelesen und war sehr beunruhigt«.[122] Drei Wochen darauf informierte sie Gorbatschow mit vergleichbarer Deutlichkeit, dass »die NATO zwar traditionell Erklärungen abgegeben hat, in der sie den deutschen Wunsch nach einer Wiedervereinigung befürwortet, eine solche in der Praxis jedoch überhaupt nicht gutheißen würde«.[123] Mit anderen Worten, schon vor dem Fall der Mauer war sie »auf dem Kriegspfad« gegen die deutsche Einheit.[124]

Thatcher schien gegen so ziemlich alles zu sein, und sie verhehlte es nicht. Doch sie hatte kaum praktische Alternativen zu bieten. Sie sehnte ein Ende des Kommunismus herbei, fürchtete aber die möglichen Auswirkungen auf das Kräftegleichgewicht in Europa. Als Genscher sie am Tag nach Kohls Rede besuchte, machte sie sich über das mögliche Schicksal Gorbatschows Sorgen. Wenn die deutsche Wiedervereinigung zu seinem Sturz führe und der Warschauer Pakt zerfiele, was dann? Es sei unbedingt notwendig, predigte sie Genscher, in Osteuropa zuerst demokratische Strukturen zu entwickeln. Sie bestand darauf, dass die politische Freiheit in Osteuropa nur nach einer ordentlich durchgeführten wirtschaftlichen Liberalisierung Bestand haben werde, und warf Gorbatschow vor, zu sehr auf die Reparatur des Sozialismus fixiert zu sein, statt diesen zu verwerfen. Die auf Freiheit und Demokratie gerichteten »Veränderungen«, die in Osteuropa jetzt im Gange seien, »sollten sich vor einem stabilen Hintergrund vollziehen, d. h., man solle die anderen Dinge lassen, wie sie seien«. Die Geschichte habe gezeigt, dass die Schwierigkeiten in Mitteleuropa immer mit Minderheitenproblemen begännen; wenn man an den Grenzen herumpfusche, werde sich alles auflösen. So sei der Zweite Weltkrieg ausgebrochen. Zehn Tage zuvor in Paris hätten weder die Wiedervereinigung noch die Grenzen zur Debatte gestanden, nun jedoch habe Kohls Rede alle Fundamente erschüttert.

Genscher versuchte, sie zu beruhigen, indem er auf das Thema einer Stabilisierung Mitteleuropas durch Verhandlungen über konventionelle Abrüstung zu sprechen kam. In diesem Zusammenhang wollte er natürlich die Sowjets davon überzeugen, ihre Truppen aus Ostdeutschland abzuziehen. Aber Thatcher reagierte ausgesprochen negativ auf diesen Plan. Sie wollte nicht, dass die sowjetischen Truppen abzogen, wenn dann auch die Amerikaner abzogen. Für sie ging es bei der Truppenstationierung nicht nur um das strategische Gleichgewicht oder um die Sicherheit Europas, sondern auch darum, die Deutschen unter Kontrolle zu halten.[125]

Der britische Außenminister Douglas Hurd war bei dem gesamten Gespräch mit dabei, sagte aber kaum ein Wort. Allerdings hatte er auch wenig Gelegenheit dazu, wenn Thatcher in Rage geriet. Dennoch war man im britischen Außenministerium ernsthaft besorgt über die Linie, die die Premierministerin vertrat.[126] In einem internen Memorandum des Foreign and Commonwealth Office (FCO) vom Tag von Genschers Besuch hieß es, dass die Deutschen »finden, dass unsere Position außerhalb des Mainstreams liegt«. Dies gelte auch für Washington: Der Präsident »geht auf Abstand zu uns, was den Warschauer Pakt und die deutsche Wiedervereinigung betrifft«. Was Thatchers Obsession mit der politischen Verwundbarkeit Gorbatschows anging, hielt man ihre Befürchtungen im FCO für extrem übertrieben, da Gorbatschow selbst »nicht interveniert, um zu verhindern, dass der Kommunismus in Osteuropa weggefegt wird«. Es bestehe also die reale Gefahr, dass »wir päpstlicher sind als der Papst«. Außerdem warnte das Ministerium vor einer Politik zur Erhaltung des Status quo und davor, den Anschluss zu verlieren, wenn man Bushs Vision von einem »ungeteilten und freien Europa« nicht mittrage. Falls die Premierministerin, im Extremfall, beschließen sollte, die deutsche Wiedervereinigung zu blockieren, indem sie ihre Position als Regierungschefin einer der vier Siegermächte durchsetze, »sollten wir nicht damit rechnen, irgendjemanden auf unserer Seite zu haben«.[127]

Thatcher war schlicht und einfach anderer Meinung als ihre Diplomaten. Nicht nur, dass sie gegenüber Genscher von brutaler Offenheit war, sie zögerte auch nicht, Kohl anzugreifen. Sie hegte gegen den Kanzler nicht nur eine Abneigung, weil er für sie das Urbild des fetten, Wurst fressenden Teutonen darstellte, sondern auch weil er ihr als Verkörperung des europäischen Kolosses galt.[128]

Die britische Premierministerin war die heftigste Kritikerin der Zehn Punkte, aber Genscher hatte auch mit dem französischen Präsidenten seine Schwierigkeiten. Mitterrand war schockiert, weil Kohl ihn im Dunkeln gelassen hatte – insbesondere nach den intensiven Gesprächen, die sie den ganzen November über in Bonn, Paris und Straßburg geführt hatten. Kohl hatte ihm am 27. sogar einen langen Brief über die Zukunft der Europäischen Währungsunion geschrieben, ohne den geringsten Hinweis darauf, was er am folgenden Tag in Bezug auf die Wiedervereinigung verkünden würde. Dennoch erklärte der französische Präsident zähneknirschend auf einer Pressekonferenz in Athen, wo er gerade einen Staatsbesuch machte, er erwarte zwar, dass die Vier Mächte von Bonn auf dem Laufenden gehalten würden, doch das deutsche Streben nach einer Wiedervereinigung sei »legitim«, und er habe nicht die Absicht, sich diesen Bestrebungen zu widersetzen. Wichtiger noch, er sagte auch, er vertraue darauf, dass die Deutschen die anderen europäischen Völker nicht vor vollendete Tatsachen stellen würden.[129]

Das 45-minütige Gespräch, zu dem Mitterrand Genscher am 30. November im Élysée-Palast empfing, war höflich, aber recht distanziert. Genscher wurde eingeladen, zuerst zu sprechen. Dieser hob sogleich seine Glaubwürdigkeit als Europäer hervor und unterstrich, dass sich die Bundesrepublik stark für die europäische Integration engagiere und »zur Zusammenarbeit mit dem Osten« bereit sei. Das Schicksal Deutschlands müsse mit dem Schicksal Europas verknüpft werden. Eine Wieder-Vereinigung Europas könne nicht ohne Wiedervereinigung Deutschlands stattfinden. Auch wolle er nicht, dass der europäische Einigungsprozess an Dynamik verliere, weil zu viel Energie für eine Neugestaltung der Ost-West-Beziehungen aufgewendet werde. Die NATO solle zudem mit einbezogen werden, nicht zuletzt weil die amerikanischen Präsenz in Europa und auf deutschem Boden »lebensnotwendig« sei.[130]

Mitterrand ließ seinen Gast ausreden, aber dann hielt er seinen eigenen Vortrag, in dem er mit zunehmender Intensität über seine Odyssee in zwei Weltkriegen reflektierte. Geboren im Jahr 1916, dem Jahr des deutsch-französischen Gemetzels in Verdun, war er selbst ein Veteran des Zweiten Weltkriegs. Und wie alle patriotischen Franzosen hatte er gewisse Obsessionen, was Deutschland betraf. Dennoch fühlte er sich wie die meisten führenden französischen Politiker nach dem Krieg insbesondere seit der 1963 von de Gaulle und Adenauer geschlossenen Entente der französisch-deutschen Versöhnung und der Förderung besonderer »Beziehungen« zwischen Frankreich und der Bundesrepublik zutiefst verpflichtet und wollte, dass Frankreich und Deutschland bei der europäischen Einigung eine führende Rolle spielten.[131] Ungeachtet der Tatsache, dass der Sozialist Mitterrand und der Christdemokraten Kohl parteipolitisch auf entgegengesetzten Spektren angesiedelt waren, hatte sich eine Freundschaft zwischen ihnen entwickelt. Und dennoch – trotz öffentlicher Freundschaftsbekundungen und offizieller Aussöhnungsgestik wie 1984 in Verdun – blieb Mitterand ambivalent, was den deutschen Staat betraf.[132]

Die deutsche Einheit war schön und gut, solange sie eine ferne Zukunftshoffnung war. Noch im September hatte Mitterrand zu Thatcher gesagt, er sei weniger besorgt als sie, nicht nur, weil er glaube, dass sowohl die EG als auch insbesondere die gemeinsame Währung zähmend wirken würden, sondern auch weil er nicht mit einer schnellen Wiedervereinigung rechne. Gorbatschow, so hatte er zuversichtlich hinzugefügt, werde die NATO-Mitgliedschaft eines wiedervereinigten Deutschland nie akzeptieren, und Washington werde niemals dulden, dass die Bundesrepublik das Bündnis verlasse: »Machen wir uns also keine Sorgen: Lasst uns sagen, dass [die Einheit] kommen wird, wenn die Deutschen es entscheiden, aber im Wissen, dass die beiden Großen uns beschützen werden.«[133]

Nun jedoch, sagte Mitterrand zu Genscher, hätten sich die Dinge zweifellos weiterentwickelt. Durch die aktuelle Umwälzung in Europa würden alte territoriale Fragen wieder relevant. Man könne nicht einmal eine Rückkehr zu der Welt von 1913 ausschließen, einer Welt an der Schwelle des Krieges. Es sei unbedingt notwendig, dass eine Wiedervereinigung, wann immer sie stattfinde, durch das Sicherheitsnetz

einer gefestigteren Europäischen Gemeinschaft aufgefangen werde. Bei
einer Störung dieses Integrationsprozesses sei zu befürchten, dass der
Kontinent in die Zeit der Bündnispolitik zurückfallen werde. Dann
machte Mitterrand Genscher klar, dass er in Kohl einen Störer sehe,
einen Mann, der die EG auf dem Weg zur Europäischen Währungsunion »bremse«. Bis jetzt sei die Bundesrepublik stets ein Motor beim
europäischen Einigungsprozess gewesen. Nun halte sie ihn auf. Wenn
aber Deutschland und Frankreich auf dem Straßburger Gipfel nicht
den gleichen Standpunkt einnähmen, würden andere profitieren. Thatcher werde nicht nur jeden Fortschritt in Europa blockieren, sondern
sich auch mit anderen gegen die deutsche Wiedervereinigung verbünden.

Mitterrand hatte sich im Gegensatz zu Thatcher damit abgefunden,
dass die Wiedervereinigung nicht aufzuhalten und tatsächlich auch zu
rechtfertigen war. Doch er bestand darauf, diesen unaufhaltsamen Prozess ordentlich in das EG-Projekt zu integrieren. »Europa« half ihm
nicht nur, sein tief verwurzeltes Misstrauen gegen die Deutschen zu
zügeln, er hatte auch das Gefühl, dass es ihm gewisse Druckmittel
gegenüber Bonn verschaffte: Das war der Vorteil, wenn die DM in der
gemeinsamen Währung aufging. Thatcher dagegen, die viel deutsch-
feindlicher war, hatte keine solchen Waffen in ihrem Arsenal: Sie verabscheute die europäische Integration und hasste das Projekt einer
gemeinsamen Währung. Deshalb geriet sie immer weiter an den Rand
der europäischen Politik. Nicht dass ihr das Sorgen gemacht hätte. Sie
war offenbar gern in der Minderheit, so überzeugt war sie, dass sie
recht hatte.[134]

Unter diesen Bedingungen also kamen die Staats- und Regierungschefs der EG vom 8. bis zum 9. Dezember in Straßburg zusammen. Nun
hatte sich Kohl und nicht Genscher der Kritik zu stellen. Und es gefiel
ihm ganz und gar nicht. Wie er später in seinen Erinnerungen schrieb,
hatte er nie zuvor eine Konferenz erlebt, »die in einer so angespannten
und unfreundlichen Atmosphäre stattfand«. Er hatte das Gefühl, vor
Gericht zu stehen.[135] Die Wiedervereinigung schwirrte durch alle Köpfe.
Altgediente Kollegen, die immer fest an den europafreundlichen Kurs
der Bundesrepublik geglaubt hatten, wirkten nun entsetzt, weil sie
dachten, dass Bonn seinen eigenen Weg gehen werde, wie ein Zug, der

»Helmut, können wir anfangen?«
»Ich komme, ich komme!«: Prioritäten
beim Europäischen Rat in Straßburg

plötzlich immer schneller und schneller wird und vielleicht in eine ganz andere Richtung fährt, als alle erwartet haben. Kohl hatte das Gefühl, dass lauter Fragen im Raum standen: War er noch vertrauenswürdig? War die Bundesrepublik immer noch ein verlässlicher Partner? Würden die Deutschen dem Westen gegenüber loyal bleiben? Nur die Vertreter Spaniens und Irlands begrüßten die deutsche Wiedervereinigung ohne Vorbehalt. Und Kohl war sich recht sicher, dass auch Belgien und Luxemburg keine Probleme verursachen würden. Alle anderen jedoch hatten ihre Befürchtungen und verbargen sie nicht. Der Italiener Giulio Andreotti warnte offen vor einem neuen »Pangermanismus«; und selbst Ruud Lubbers, Kohls christdemokratischer Kollege aus den Niederlanden, konnte seine Abneigung gegen die deutschen Wiedervereinigungsbestrebungen nicht verbergen.[136]

Doch es war Thatcher, die Kohl am meisten zusetzte. Sie ritt zwei Tage lang auf der »Unverletzlichkeit der Grenzen« herum. Gleich beim ersten Arbeitstreffen brachte sie das Thema zur Sprache, und Kohl war sehr verärgert, weil er witterte, dass es ihr nicht um die polnische Westgrenze, sondern um die Grenze zwischen der DDR und der Bundesrepublik ging. Als beim Abendessen über den Wortlaut des gemeinsamen Kommuniqués gestritten wurde, drohte Thatcher sogar, die Schlusserklärung mit ihrem Veto zum Scheitern zu bringen, wenn das KSZE-Prinzip der »Unverletzlichkeit der Grenzen« nicht explizit erwähnt werde. Kohl platzte der Kragen. Er erinnerte sie daran, dass die Staats- und Regierungschefs der EG schon bei vielen Gelegenheiten bestätigt hätten, was sie nun bezweifelte: Die deutsche Wiedervereinigung durch Selbstbestimmung gemäß der Schlussakte von Helsinki. Thatcher explodierte: »Zweimal haben wir die Deutschen geschlagen! Jetzt sind sie wieder da!« Kohl biss sich auf die Lippen. Er wusste, dass sie offen aussprach, was viele andere am Tisch dachten.[137]

Er war besonders auf der Hut, weil Thatcher und Mitterrand ja an diesem Tag ein Vier-Augen-Gespräch geführt hatten. Was er nicht wusste, war, dass Thatcher während des Gesprächs zwei Landkarten aus ihrer berühmten Handtasche gezogen hatte. Diese zeigten Deutschland in den Grenzen von 1937 und 1945. Thatcher deutete auf Schlesien, Pommern und Ostpreußen und verkündete: »All das werden Sie sich nehmen und die Tschechoslowakei.« Mitterrand spielte ein Stück weit mit: »Wir müssen wie 1914 und 1938 besondere Beziehungen zwischen Frankreich und Großbritannien aufbauen«, meinte er. Doch dann stellte er ganz ruhig fest, dass die Wiedervereinigung nicht verhindert werden könne, und fügte hinzu, dass »wir mit den Deutschen reden und die Verträge respektieren« müssen, in denen das Prinzip der Wiedervereinigung bestätigt wird. Thatcher wollte nichts davon hören: »Wenn Deutschland die Entwicklung kontrolliert, wird es Osteuropa unter seine Herrschaft bringen, genau wie Japan es mit dem Pazifik getan hat, und das ist aus unserer Sicht inakzeptabel. Die anderen müssen sich miteinander verbünden, um das zu vermeiden.«[138]

Doch das taten sie nicht. Bei der Veröffentlichung des EG-Kommuniqués wurde klar, dass Frankreich und Deutschland zusammengehalten und ein klares Bekenntnis zur Währungsunion und zur deutschen Wiedervereinigung abgelegt hatten. Wichtiger noch, auch die Staaten, die zunächst gemurrt hatten, waren nun alle mit an Bord.

Was die WWU betraf, hatten sich die zwölf Mitgliedstaaten der EG über heftigen Widerspruch von Thatcher hinweggesetzt und einen neuen und wichtigen Schritt zur Gründung einer Zentralbank und einer gemeinsamen Währung unternommen. Sie beschlossen für Dezember 1990 einen Sondergipfel der Staats- und Regierungschefs – nach der für Juli angesetzten engeren Koordination der Wirtschaftspolitik gemäß Stufe eins des Delors-Berichts und (um Kohl zufriedenzustellen) nach den Wahlen in der Bundesrepublik. Der Wandel in Osteuropa wirkte ganz klar beschleunigend auf die wirtschaftliche Integration Europas. Mitterrand vertrat die Ansicht, dass die Gemeinschaft gestärkt werden müsse, um »den in Osteuropa entstehenden Demokratien bei ihrer Entwicklung zu mehr Freiheit zu helfen und um die immer wahrscheinlicher werdende deutsche Wiedervereinigung zu bewältigen«. Durch diesen Konsens unter französischer Führung geriet Thatcher einmal mehr in die vertraute Position als einzige Gegnerin einer beschleunigten Integration. Diese Opposition erstreckte sich bei ihr auch auf die von allen anderen Mitgliedern eifrig befürwortete Gemeinschaftscharta der sozialen Grundrechte der Arbeitnehmer, der sie die Zustimmung verweigerte. Die Bestimmungen dieser Sozialcharta wurden von den anderen Mitgliedstaaten als wichtiges Gegengewicht zu der ausgesprochen wirtschaftsfreundlichen Orientierung des größten Teils der Integrationsagenda gesehen und befürwortet.[139]

In einer separaten Erklärung zu Mittel- und Osteuropa unterstützten die Staats- und Regierungschefs auch offiziell die Idee eines einzigen deutschen Staates, verknüpften dies jedoch mit mehreren Bedingungen, die gewährleisten sollten, dass Europa durch die deutsche Einheit nicht destabilisiert würde: »Wir streben die Stärkung des Zustands des Friedens in Europa an, in dem das deutsche Volk in freier Selbstbestimmung seine Einheit wiedererlangt. Dieser Prozess muss sich auf friedliche und demokratische Weise, unter Wahrung der Abkommen und Verträge sowie sämtlicher in der Schlussakte von Helsinki niedergelegten Prinzipien im Kontext des Dialogs und der Ost-West-Zusammenarbeit vollziehen. Er muss auch in die Perspektive der europäischen Integration eingebettet sein.« Mit anderen Worten, die Integration des Westens und ein von den USA mitgetragenes gesamteuropäisches Sicherheitssystem waren integrale Bestandteile des deutschen Wiedervereinigungsprozesses, unabhängig von dessen genauer zukünftiger Form.

In der Erklärung bekannte sich der »Europäische Rat zur Verantwortung der Gemeinschaft in dieser für Europa entscheidenden Zeit«. Ins-

besondere hob er seine Bereitschaft hervor, in den osteuropäischen
Ländern Wirtschaftsreformen zu unterstützen. Auch die künftige Rolle
der Europäischen Gemeinschaft wurde bekräftigt: »Sie bleibt der Eck-
stein einer neuen europäischen Architektur und – in ihrem Willen zur
Öffnung – der ruhende Pol eines künftigen europäischen Gleichgewichts.«[140]

Kohl war ungeheuer erleichtert. Trotz aller Auseinandersetzungen
hatte sich die Präsentation des Zehn-Punkte-Programms gelohnt. Mit
voller Unterstützung Europas und der Vereinigten Staaten[141] war er nun
offenbar frei, die Deutschlandpolitik so zu gestalten, wie er wollte.

*

Sobald Kohl wieder in Bonn war, begann er mit den Vorbereitungen für
seinen Besuch bei Hans Modrow in Dresden am 19. Dezember. Aber
kein deutscher Bundeskanzler konnte irgendetwas als selbstverständlich voraussetzen. Das war offenbar die Lehre aus 40 Jahren Geschichte,
in denen die Bundesrepublik stets den Besatzungsmächten gegenüber
verpflichtet gewesen war, die Last der Hitler-Ära getragen und unter
ihrer begrenzten Souveränität gelitten hatte.

Ein Problem war die DDR-Reise Mitterrands am 20. Dezember, die
Frankreich am 22. November angekündigt hatte. Warum gerade jetzt?
Offiziell war der Besuch nur eine Erwiderung von Honeckers Visite in
Paris im Januar 1988, aber Kohl war gekränkt, dass man ihm die Schau
stehlen wollte, schließlich war das doch in erster Linie eine deutsch-
deutsche Angelegenheit. Mehr noch, er wurde einfach das Gefühl nicht
los, Mitterrand treibe ein Doppelspiel. Einerseits unterstützte dieser
ihn und seine Kampagne für die Wiedervereinigung. Andererseits
pflegte Mitterand aus französischem Eigeninteresse die Beziehung zur
DDR, einem scheiternden Staat, zementierte damit ihre Existenz und
legitimierte das Ost-Berliner Regime. Außerdem hatte Mitterrand Gorbatschow am 6. Dezember in Kiew besucht und mit ihm über Deutschland und Osteuropa gesprochen. Kohl wollte also unbedingt vor Mitterrand in die DDR reisen und Präsenz zeigen, deswegen hatte er sein
Gespräch mit Modrow auf den 19. gelegt.[142]

Am 8. Dezember platzte eine weitere Bombe: Kohl erfuhr, dass die

Botschafter der Vier Mächte im Begriff waren, sich zu einer Besprechung über die aktuelle Lage in Berlin zu treffen. Aber damit nicht genug: Die Zusammenkunft sollte im Gebäude der Alliierten Kommandantur stattfinden, welches seit 18 Jahren, seit dem Abschluss des Viermächteabkommens über den Zugang zur Stadt, nicht mehr genutzt worden war. Die Deutschen erinnerte dieser Sitz der Viermächteverwaltung Berlins unangenehm an das Besatzungsregime der Vierzigerjahre und Bonn empfand die neuerliche Viermächteinitiative als Affront. Scheinbar hatten die Sowjets den EG-Gipfel genutzt, um für den 11. Dezember das Treffen anzuberaumen. Auf die Frage, ob das Treffen Bonn missfallen werde, antwortete ein ranghoher französischer Offizieller:»Genau deshalb findet es statt.« Die Bundesregierung war außer sich; und ihr Zorn ebbte erst ab, als die Amerikaner versprachen, dafür zu sorgen, dass die Tagesordnung auf Berlin beschränkt bleiben und sich nicht auf ganz Deutschland erstrecken werde. Bei den Verhandlungen war denn auch eine massive diplomatische Anstrengung der Amerikaner notwendig, um das doch sehr durchschaubare Spiel der Sowjets zu durchkreuzen, die den Vier Mächten offizielles Mitspracherecht bei der Entscheidung über die Deutsche Frage verschaffen wollten.[143]

Nur ein paar Tage nach Gorbatschows Wutanfall bei dem Gespräch mit Genscher überzeugte der heftige Auftritt der Sowjets in der Kommandantur den Bundeskanzler endgültig, dass er sich große Mühe geben müsse, um Gorbatschow seine Zehn Punkte zu erklären und die sowjetische Kritik zu entschärfen. Also wies er Teltschik an, einen persönlichen Brief an den Generalsekretär zu entwerfen, dessen sehr sorgfältig aufgebaute Argumentation in der Endversion ganze elf Schreibmaschinenseiten umfasste.

In dem Brief erklärte Kohl, er habe das Zehn-Punkte-Programm verfasst, um nicht länger bloß im Nachhinein auf die Ereignisse zu reagieren, sondern die Zukunft politisch mitgestalten zu können. Aber er machte auch klar, dass er seine Rede in einem größeren internationalen Kontext formuliert habe und sie auch so verstanden werden müsse. Er bezog sich konkret auf die »parallel ablaufenden und sich gegenseitig bedingenden« Prozesse des Ost-West-Rapprochements, wie sie auf Malta deutlich geworden seien, auf die stärkere Integration der EG, wie in Straßburg vereinbart, und auf die vermutliche Transformation der bestehenden Militärbündnisse in Richtung auf eine eher politische Funktion. Außerdem plädierte er für eine konsequente Fortsetzung des KSZE-Prozesses durch eine Folgekonferenz – ein Helsinki-II-Sondergipfeltreffen. In diese Prozesse, das war dem Kanzler wichtig zu betonen, müsse der Weg zur deutschen Einheit eingebettet sein. Die Zehn Punkte seien nicht, wie Gorbatschow irrtümlich angenommen habe, ein »Fahrplan«. Sie enthielten keinerlei »Terminvorgabe«, noch stellten sie »Vorbedingungen« dar. Vielmehr zeigten sie der DDR Handlungsmöglichkeiten auf und seien ein gradueller, schrittweiser Weg, um viele politische Prozesse miteinander zu verknüpfen. Danach fasste Kohl seine Zehn Punkte ausführlich zusammen und schrieb am Ende des Briefes, er wolle die Teilung Deutschlands und Europas »organisch überwinden«. Gorbatschow müsse keine deutschen »Alleingänge« oder »Sonderwege« fürchten und auch keinen »rückwärtsgewandten Nationalismus«, denn: »Die Zukunft aller Deutschen heißt Europa.« Seiner Ansicht nach stünden sie an einem Wendepunkt »der Entwicklung in Europa und in der ganzen Welt, und die Politiker [würden] vom historischen Prozess einer Prüfung unterzogen, ob und wie sie gemeinsam an die Probleme herangegangen sind«. In diesem Sinne schlug er vor, die Lage in einem persönlichen Gespräch zu erörtern, und bot Gorbatschow an, sich an einem Ort seiner Wahl mit ihm zu treffen.[144]

Doch das inhaltsschwere Schreiben schien keine Wirkung zu zeigen. Am 18. Dezember, dem Abend vor seinem Besuch in Dresden, bekam Kohl einen Brief aus Moskau. Kohl hielt diesen zunächst für Gorbatschows Antwort auf seine Zeilen, doch der Kremlchef behandelte andere Themen.[145] In dem schroffen zweiseitigen Schreiben bezog er sich nur auf Genschers Besuch und wiederholte die sowjetische Ansicht, die Zehn Punkte seien »ultimativ« gefasst. Wie die DDR hielten auch die Sowjets ein solches Vorgehen für »unannehmbar« und für eine Verletzung des Helsinki-Abkommens und der im Lauf des Jahres getroffenen Vereinbarungen. Schließlich betonte Gorbatschow mit Bezug auf die Rede, die er am 9. Dezember vor dem Zentralkomitee der KPdSU gehalten hatte, die Mitgliedschaft der DDR im Warschauer Pakt und ihren Status als »strategischer Verbündeter« der UdSSR und versicherte, die Sowjetunion werde alles tun, um jede Einmischung in die »inneren Angelegenheiten« der DDR zu »neutralisieren«.[146]

Kohl hatte diese Positionen schon größtenteils von Genscher gehört und trug den Brief mit Fassung. Seiner Ansicht nach belegten Gorbatschows Worte nur, wie sehr er noch unter dem Bann von Modrow stand, der Moskau vom 4.–5. Dezember besucht hatte. Der Generalsekretär hatte die DDR seit den Feiern am 7. Oktober nicht mehr besucht und kannte so die Lage oder die Stimmung der Bevölkerung gar nicht aus erster Hand. In Reaktion auf Modrow, der bestimmt von einem reformierten Kommunismus, einem Fortbestand der Unabhängigkeit der DDR und einer Vertragsgemeinschaft mit der Bundesrepublik gesprochen hatte, wollte Gorbatschow nun vermutlich seine Treue zur DDR beweisen. Das jedenfalls war die positivste Interpretation des Briefes. Eine pessimistischere Bewertung konzentrierte sich auf die Ablehnung von »Tempo und Finalität des deutsch-deutschen Einigungsprozesses« durch die Kreml-Führung und auf die offensichtliche Besorgnis der Sowjetunion wegen der »Rückwirkungen auf ihre eigene geopolitische und strategische Situation«.[147]

Der briefliche Schlagabtausch bestärkte Kohl in der Absicht, das Zeitfenster vor Weihnachten für eine persönliche Begegnung mit Modrow zu nutzen und endlich selbst und ganz direkt Fühlung aufzunehmen mit dem revolutionären Geschehen in der DDR. Ironischerweise war Kohl nämlich seit dem Mauerfall zwar nach West-Berlin, nach Polen, nach Frankreich und zuletzt nach Ungarn, nicht jedoch in die DDR gereist. Dieses Versäumnis holte er nun nach, als er am Morgen des 19. Dezember mit Teltschik und einer kleinen Entourage aus dem Kanzleramt, aber ohne Außenminister Genscher in Sachsen landete.

Kohl war volksnah und hatte ein gutes Gespür für Stimmungen in der Bevölkerung. Er mochte im Bundestag leidenschaftlich über die deutsche Wiedervereinigung gesprochen haben, aber, wie er in seinen Memoiren einräumt, war es erst die jubelnde Menge auf dem Dresdener Flughafen an jenem Dienstagmorgen, die ihm wirklich auf die Sprünge half. »Tausende von Menschen erwarteten uns ... ein Meer von schwarzrotgoldenen Fahnen wehte in der Dezemberluft«, erinnerte er sich. Da »wurde mir schlagartig bewusst: Dieses Regime ist am Ende. Die Einheit kommt!« Als er die Gangway des Flugzeugs hinunterging, registrierte er ein weiteres positives Vorzeichen: Modrow empfing ihn leichenblass und mit »versteinerter Miene«. Kohl drehte sich rasch zu seinem Kanzleramtsminister Rudolf Seiters um und sagte: »Die Sache ist gelaufen«.[148]

Die Chefs der zwei deutschen Staaten saßen im Auto nebeneinander, als sie im Schneckentempo durch die Stadt fuhren. Sie machten Smalltalk, tauschten sich über ihre Jugend aus. Modrow erzählte leise und befangen, dass er aus einer Arbeiterfamilie stammte und nach einer Ausbildung als Schlosser im Fernstudium ein Diplom in Wirtschaftswissenschaften gemacht und anschließend an der Humboldt-Universität zu Berlin promoviert hatte. Aber Kohl hörte nicht wirklich zu. Seine Augen waren auf die Menschen am Straßenrand gerichtet. Er konnte kaum glauben, was er sah. Teltschik ging es nicht anders. Er hielt die Szenen in seinem Tagebuch fest: »Tausende säumten die Straßen: Belegschaften von Betrieben in blauen Drillichanzügen: Frauen, Kinder, ganze Schulklassen, auffallend viele junge Menschen. Sie klatschen, winken mit großen weißen Tüchern, lachen, freuen sich; viele stehen aber auch einfach nur am Straßenrand und weinen. Freude, Hoffnung, Erwartung drücken sich in ihren Gesichtern aus, aber auch Bangigkeit, Unsicherheit, Zweifel.« Vor dem Hotel Bellevue, wo die offiziellen Gespräche stattfinden sollten, hatten sich weitere Tausende versammelt und riefen: »Helmut, Helmut.« Einige trugen Spruchbänder mit der Aufschrift »Keine Gewalt.«[149]

Kohl und seine Berater waren begeistert. Bei einer kurzen Verschnaufpause im Hotel brachten sie ihre Gefühle zum Ausdruck: ein »großer Tag«, ein »historischer Tag«, ein »Erlebnis, das sich nicht wiederholen kann«. Nach alledem waren die offiziellen Gespräche eine Art Antiklimax. Der ostdeutsche Regierungschef, total gestresst und mit gesenktem Blick, hielt auf Parteichinesisch einen Vortrag über die Notwendigkeit wirtschaftlicher Hilfe und die Realität zweier deutscher Staaten, der Kohl völlig kalt ließ. Als Modrow dann vorschlug, die beiden deutschen Staaten sollten eine »Vertragsgemeinschaft« bilden und »in etwa zwei Jahren über die nächsten Schritte reden«, glaubte der Bundeskanzler seinen Ohren nicht zu trauen. Er verlangte ein offenes und realistisches Gespräch über eine Zusammenarbeit und sagte Modrow, dass er unter der historisch belasteten Bezeichnung »Lastenausgleich« weder 15 Milliarden DM noch sonst irgendeine Summe zur Verfügung stellen werde.

Wer hat hier das Sagen? Helmut Kohl und Hans Modrow in Dresden

Am Ende des 45-minütigen Treffens hatte der erschütterte Modrow begriffen, dass er sich Kohls Bedingungen beugen musste. Das heißt, er musste darauf verzichten, in die gemeinsame Abschlusserklärung die Formulierung aufzunehmen, »dass die ›Vertragsgemeinschaft‹ von zwei souveränen Staaten auszugehen habe«. Der Kanzler wollte auf keinen Fall die Wendung »zwei Staaten« verwenden, weil das den Status quo zementiert und die leere Hülle des ostdeutschen Staates aufgewertet hätte. Stattdessen rückte er das deutsche Volk und sein Recht auf Selbstbestimmung in den Fokus. Für ihn stand fest: Die Deutschen, die Nation wollte ein einziges, wiedervereinigtes Deutschland.[150]

Nach einem ziemlich steifen Mittagessen und einer Pressekonferenz besuchte der Kanzler die Ruine der 1945 durch Brandbomben der Alliierten zerstörten Frauenkirche. Dort hielt er eine Rede, die er in der Nacht zuvor zusammen mit Teltschik vorbereitet hatte. Zwischen den geschwärzten Steinen der Kirche aus dem 18. Jahrhundert, die zu einem »Mahnmal gegen den Krieg« und 1989 zu einem wichtigen Schauplatz der Proteste gegen das Regime geworden war, stieg Kohl an dem dunkler werdenden Winterabend auf ein behelfsmäßig errichtetes hölzernes Podium. Er ließ den Blick über die etwa 10000 Zuhörer schweifen.

Viele trugen Transparente mit Parolen wie: »Kohl, Kanzler der Deutschen«, »Wir sind ein Volk« und »Einheit jetzt«.¹⁵¹ Vermutlich hatten sich wie immer Mitarbeiter der Stasi und sowjetischer Sicherheitsdienste unter das Publikum gemischt. Womöglich auch Wladimir Putin, der damals, wie bereits erwähnt, als KGB-Agent in Dresden stationiert war.

Überwältigt von seinen Emotionen und der Last der auf ihn gerichteten Erwartungen begann der Kanzler mit zugeschnürter Kehle langsam zu sprechen. Er überbrachte den Dresdenern herzliche Grüße von ihren Landsleuten aus der Bundesrepublik. Frenetischer Jubel. Dann machte er eine beschwichtigende Geste, weil er weiterreden wollte. Es wurde mucksmäuschenstill. Kohl sprach über Frieden, Selbstbestimmung und freie Wahlen. Er erzählte ein wenig von seinen Gesprächen mit Modrow und machte längere Exkurse zu den Themen der künftigen wirtschaftlichen Zusammenarbeit und der Entwicklung konföderativer Strukturen. Dann kam er zum Höhepunkt seiner Rede. »Und auch das das lassen Sie mich hier auf diesem traditionsreichen Platz sagen: Mein Ziel bleibt – wenn die geschichtliche Stunde es zulässt – die Einheit unserer Nation.« Donnernder Applaus. »Liebe Freunde, ich weiß, dass wir dieses Ziel erreichen können und dass diese Stunde kommt, wenn wir gemeinsam dafür arbeiten – und wenn wir es mit Vernunft und mit Augenmaß tun, mit Sinn für das Mögliche.«

Um die aufwallenden Gefühle zu beruhigen, fuhr er nun sachlich und nüchtern fort und beschrieb den langen und schwierigen Weg zu dieser gemeinsamen Zukunft. Dabei wiederholte er Sätze, die er schon in West-Berlin nach dem Mauerfall gebraucht hatte. »Wir, die Deutschen, leben nun einmal nicht allein in Europa und in der Welt. Ein Blick auf die Landkarte zeigt, dass alles, was sich hier bei uns verändert, Auswirkungen auf unsere Nachbarn haben muss, auf die Nachbarn im Osten und auf die Nachbarn im Westen … Das Haus Deutschland – unser gemeinsames Haus – muss unter einem europäischen Dach gebaut werden. Das muss das Ziel unserer Politik sein.« Kohl endete seine Rede sichtlich ergriffen: »Weihnachten, das ist das Fest der Familie, der Freunde. Gerade in diesen Tagen empfinden wir uns in Deutschland wieder als eine deutsche Familie … Ich grüße hier von Dresden aus alle

unsere Landsleute in der DDR und in der Bundesrepublik Deutschland ... Gott segne unser deutsches Vaterland!«

Als er fertig war, wirkten die Leute heiter und gelassen, wie gebannt
von dem Moment. Niemand machte Anstalten, den Platz zu verlassen.
Dann stieg eine ältere Frau auf das Podium, umarmte Kohl, begann zu
weinen und sagte leise: »Wir alle danken Ihnen!«[152]

An diesem Abend und am folgenden Morgen tauschte sich Kohl mit
protestantischen und katholischen Kirchenvertretern aus der DDR und
mit den Spitzen der neu gegründeten Oppositionsparteien aus.[153] All
diese Gespräche waren für ihn schlicht und einfach der Beweis, dass
die DDR-Eliten die Wünsche einer breiten Mehrheit der DDR-Bevölke-
rung nicht zur Kenntnis nahmen. Die meisten Ostdeutschen wollten
weder eine erneuerte, von der Bundesrepublik separate DDR, für die
sich die Opposition einsetzte, noch ein Update des alten Regimes, das
von Modrow und einer in PDS umbenannten SED regiert wurde und
irgendeine Konföderation mit der Bundesrepublik zu begründen
gedachte. Sie wollten die Einheit. Folglich war dem Bundeskanzler
nach 24 Stunden mit den Einwohnern von Dresden klar, dass selbst
sein Zehn-Punkte-Plan schon dabei war, zu veralten. In dem Wettlauf
gegen die Zeit, der nun begann, waren »konföderative Strukturen«,
wie er sie noch tags zuvor befürwortet hatte, zu schwerfällig und ihre
Etablierung zu langwierig. Auch hatte der Kanzler keine Lust mehr, die
Regierung Modrow zu stützen – eine unbestreitbar schwache Über-
gangslösung, der jede demokratische Legitimation fehlte und die nur
noch danach trachtete, den Untergang eines sinkenden Schiffes zu verlangsamen.[154]

Inmitten der Krise sah Kohl plötzlich das Zeitfenster, das sich geöffnet hatte. Der Jubel der Menschenmassen in Ostdeutschland spornte
ihn an und diente ihm als Rechtfertigung für drastische Maßnahmen.
Als Lokführer des Wiedervereinigungszugs wollte er nicht mehr auf
die Stimmen hören, die ihm zum Bremsen rieten, sondern mit Voll-
dampf auf sein Ziel zufahren. Ein zusätzlicher Ansporn war das positive
Echo, das der Besuch in den deutschen und ausländischen Medien aus-
löste. Ein westdeutscher Kanzler, so der Tenor am folgenden Tag, habe
die Grundlage für die Wiedervereinigung gelegt und dies auf ostdeut-
schem Boden.[155]

Im Gefolge von Dresden begann eine radikale Veränderung in der öffentlichen Wahrnehmung Kohls. Er hatte sich mit der Bevölkerung verbunden. Er hatte die Ostdeutschen wiederholt als »liebe Freunde« angesprochen. Er hatte unübersehbar in der Bewunderung der Massen geschwelgt. Die Helmut-Helmut-Sprechchöre hatten gezeigt, wie verwandt sich die Ostdeutschen plötzlich dem Bundeskanzler fühlten. All das war in beiden deutschen Staaten live im Fernsehen zu sehen. Kohl und sein überschwänglicher Patriotismus wurden von Berlin bis Köln und von Rostock bis München in die Wohnzimmer übertragen.[156]

Ähnlich wurde am selben Tag auf einer SDP-Veranstaltung in Magdeburg Willy Brandt bejubelt. Und auch Hans-Dietrich Genscher war begeistert empfangen worden, als er am 17. Dezember nach Ostdeutschland zurückkehrte und in seiner Heimatstadt Halle sprach.[157] Kohl in Dresden jedoch stellte beide meilenweit in den Schatten. In der Bundesrepublik hatte der, oft als plumper Provinzler verhöhnte, Kanzler selten solche Begeisterungsstürme ausgelöst. Angesichts der in einem knappen Jahr bevorstehenden Bundestagswahl, bei der die deutsche Wiedervereinigung das beherrschende Thema zu werden versprach, war Dresden der beste PR-Coup, den sich der Kanzler nur wünschen konnte.

Auch international hatte er keine starken Konkurrenten. Am 19. Dezember, dem Tag, als Kohl in Dresden sprach, besuchte Eduard Schewardnadse als erster sowjetischer Außenminister das Hauptquartier der NATO in Brüssel[158] – ein weiterer symbolträchtiger Akt im Endspiel des Kalten Krieges. Am 20. Dezember stattete François Mitterrand als erster führender Politiker der Westalliierten Ost-Berlin einen Besuch ab – ein weiterer, wenn auch nicht unkomplizierter, Brückenschlag über die bröckelnde Mauer hinweg.[159] Und doch waren beide Ereignisse beinahe Nebengeräusche im Vergleich zu Kohls großem Knall. Mehr noch, sie waren vor allem in Bezug auf die Vergangenheit etwas Besonderes. Kohl dagegen blickte in die Zukunft, und alle wussten es jetzt.[160]

Ganz klar wurde das am 22. Dezember, als Kohl und Modrow an einem regnerischen Freitagnachmittag kurz vor Weihnachten offizielle Übergänge am Brandenburger Tor öffneten. Unter dem Eindruck der ausgelassenen Stimmung der Berliner, die die Einheit ihrer Stadt feierten, sagte Kohl: »Für mich ist das eine der glücklichsten Stunden meines Lebens.« Am Ende eines ereignisreichen Jahres, weniger als einen Monat, nachdem er seine Zehn-Punkte-Rede gehalten hatte − waren Dresden und Berlin tatsächlich Erinnerungen, die zu bewahren sich lohnte.[161]

*

Das Revolutionsjahr 1989 endete dabei nicht für alle glücklich. Während die Menschen im Westen beim Weihnachtsessen zusammensaßen, flimmerten die letzten Momente von Elena und Nicolae Ceaușescu über die Bildschirme. Der Mann, der Rumänien 24 Jahre lang wie ein absoluter Herrscher regiert hatte, wurde zusammen mit seiner Frau von Soldaten einer Armee hingerichtet, die er wenige Tage zuvor noch kommandiert hatte.

Rumänien war das letzte Land im Sowjetblock, das eine revolutionäre Umwälzung erlebte, und das einzige, wo es 1989 zu Ausschreitungen und massiver Gewaltanwendung kam. Den offiziellen Zahlen zufolge wurden 1104 Menschen getötet und 3352 verwundet.[162] Nur in Rumänien rollten wie in China Panzer durch die Straßen und nur hier nahmen Exekutionskommandos blutige Rache. All das war das Ergebnis von Ceaușescus ausgesprochen persönlicher und extrem willkürlicher Diktatur, der grausamsten in Osteuropa. Nicolae Ceaușescu war seit Mitte der Sechzigerjahre zu Moskau auf Distanz gegangen. Aber er war auch nicht Gorbatschows Reformkurs und seiner Idee vom friedlichen Wandel gefolgt.

Warum kam es in diesem repressiven Polizeistaat dennoch zum Aufstand? Im Gegensatz zu den anderen sowjetischen Satellitenstaaten hatte es Ceaușescu geschafft, fast alle Auslandsschulden zurückzuzahlen − allerdings zu einem enormen Preis für sein Volk. Die Sparmaßnahmen im eigenen Land waren so rigoros, dass die Regale in den Läden leer waren, viele Menschen kein Heizmaterial mehr hatten und es nur noch ein paar Stunden pro Tag Strom gab. Unterdessen lebten Nicolae und Elena in groteskem Pomp.

Trotz brutaler Unterdrückung wurde ihr Sturz jedoch nicht durch sozialen Protest, sondern durch ethnische Spannungen ausgelöst. Rumänien hatte, bei einer Gesamtbevölkerung von 23 Millionen Ein-

wohnern, eine beachtliche ungarischstämmige Minderheit von etwa
2 Millionen, die wie Bürger zweiter Klasse behandelt wurden. Zum Ausbruch kam die Rebellion gegen das Regime im Westen Rumäniens in
der Stadt Timişoara, als der Pfarrer und Menschenrechtsaktivist László
Tőkés aus der Stadt ausgewiesen werden sollte. Am Wochenende des
17. und 18. Dezember demonstrierten etwa 10 000 Menschen für Tőkés
und riefen: »Freiheit«, »Rumänen, erhebt euch« und »Nieder mit
Ceauşescu!« Die Sicherheitskräfte des Regimes (die Securitate) und
Armeeeinheiten reagierten mit Wasserwerfern, Tränengas und Gewehr-
schüssen. Sechzig unbewaffnete Zivilisten wurden getötet.[163]

Nun breitete sich der Protest im ganzen Land aus, als die Menschen,
ermutigt durch die Vorgänge in Polen, Ungarn und der DDR, auf die
Straße gingen. Das Regime schlug zurück, und es gab schreckliche
Berichte über bis zu 2000 Tote. Am 19. Dezember, dem Tag, als Kohl in
Dresden war, verurteilten Washington und Moskau unabhängig von-
einander die »brutale Gewalt«.[164]

Am 21. Dezember versuchte Ceauşescu, der jeden Realitätsbezug verloren hatte, durch eine Rede vor einer riesigen Menschenmenge in
Bukarest das Chaos in den Griff zu kriegen. Auch dieses Ereignis wurde
in Rumänien und im Ausland vom Fernsehen übertragen. Doch die
trotzige Geste des Diktators erwies sich als hohl. Auf dem Balkon des
Präsidentenpalasts wirkte der inzwischen 71-jährige Despot plötzlich
alt und gebrechlich, verwirrt und verunsichert, also alles andere als
stark und unfehlbar. Die Menge spürte die Schwäche und unterbrach
seine Rede ständig mit Zwischenrufen, Buhs und Pfiffen, sodass er an
einem Punkt für geschlagene drei Minuten nicht fortfahren konnte,
sondern zum Schweigen verdonnert war. Offensichtlich war der Bann
gebrochen. Als sich Soldaten und sogar einige Männer der Securitate
mit den Demonstranten auf den Straßen verbrüderten, implodierte das
Regime. Am nächsten Morgen versuchte das Ehepaar Ceauşescu möglichst unauffällig mit einem Hubschrauber vom Dach des Palasts zu
fliehen, wurde aber alsbald aufgespürt und festgenommen, von einem
Militärgericht im Schnellverfahren verurteilt und erschossen, oder
besser gesagt mit einer Salve von mehr als 100 Kugeln niedergemäht.
Danach wurden die blutüberströmten Leichen eifrigen Kameraleuten
vorgeführt.[165]

Rumänien jedoch war 1989 die Ausnahme. Überall sonst war der Regimewechsel bemerkenswert friedlich verlaufen. Im benachbarten Bulgarien stürzte Todor Schiwkow am 10. November, nachdem er 35 Jahre und damit länger als alle anderen Staats- und Regierungschefs des Sowjetblocks regiert hatte. Doch die Welt nahm seinen Sturz kaum zur Kenntnis, so gebannt war sie vom Fall der Mauer in der Nacht zuvor. Außerdem war Schiwkows Sturz zunächst nur eine Palastrevolution: Er wurde durch seinen Außenminister Petar Mladenow ersetzt, und es dauerte noch eine Weile, bis die Macht des Volkes spürbar wurde. Die ersten Demonstrationen mit der Forderung nach Demokratie und freien Wahlen begannen auf den Straßen der Hauptstadt Sofia erst eine Woche nach Schiwkows Sturz, am 18. November. Am 7. Dezember bildeten die verschiedenen Oppositionsgruppen die sogenannte Union der Demokratischen Kräfte. Unter ihrem Druck machte die Staatsmacht weitere Zugeständnisse: Am 11. Dezember verkündete Mladenow, dass die Kommunistische Partei auf ihr Machtmonopol verzichte und im Frühjahr eine Mehrparteienwahl stattfinden werde. Dennoch führte Schiwkows Sturz nicht zu einer radikalen Übertragung der Macht auf das Volk wie in Polen oder zu einem radikalen Reformprogramm wie in Ungarn. Deshalb lautete der bevorzugte Begriff für den Machtwechsel von 1989 in Bulgarien »Veränderung« *(promianata)* und nicht »Revolution«. Innerhalb nur weniger Wochen und mit wenig Blutvergießen war dieser echte Dinosaurier des Warschauer Pakts der Geschichte übergeben worden.[166]

Besonders symbolhaft für die nationalen Revolutionen von 1989 war die in der Tschechoslowakei. Sie begann relativ spät. Die kommunistische Führung in Prag hatte den Ruf, aus kompromisslosen Hardlinern zu bestehen. Miloš Jakeš, der Parteichef, hatte jegliche Reformen von oben verweigert, wie sie in Ungarn und Polen stattgefunden hatten. Doch die Umwälzung in der Tschechoslowakei hatte ihren eigenen Kontext. Die Erinnerungen an 1968 – nur zwei Jahrzehnte zuvor – waren immer noch sehr lebendig und sehr schmerzhaft. Auch wurden die Tschechen Zeugen des Zusammenbruchs der DDR und sahen mit eigenen Augen, wie bonbonfarbene Trabis über tschechische Landstraßen tuckerten und DDR-Flüchtlinge nach Prag strömten.

Wenig später beobachtete man auch in der Tschechoslowakei gebannt die Szenen, die sich am 9. und 10. November in Berlin abspielten. Eine

Auf dem Weg in die Freiheit: Trabi-Kolonne in der Tschechoslowakei

Woche darauf, am 17. November, entwickelte sich die Gedenkveranstaltung für einen 50 Jahre zuvor von den Nazis ermordeten tschechischen Studenten zu einer Demonstration gegen das Regime. Sie wurde von der Polizei mit Gewalt auseinandergetrieben. Das war der zündende Funke. In der folgenden Woche erlebten die Studentendemonstrationen immer größeren Zulauf, breiteten sich auf das ganze Land aus und rissen auch Intellektuelle, Dissidenten und Arbeiter mit. Am 19. gründeten Oppositionsgruppen in Prag das »Bürgerforum« (in Bratislava, der Hauptstadt der Slowakei, hieß die entsprechende Organisation »Öffentlichkeit gegen Gewalt«), und schon am 24. führten beide Organisationen die ersten Gespräche mit der kommunistischen Regierung, die nach dem Rücktritt von Jakeš und der alten Garde inzwischen von gemäßigten Politikern dominiert wurde. Die beiden Schlüsselfiguren der Opposition waren der tschechische Schriftsteller Václav Havel und der slowakische Politiker Alexander Dubček. Havel war erst kurz zuvor aus dem Gefängnis entlassen worden, wo er für seine oppositionellen Aktivitäten als Mitglied der Charta 77 inhaftiert gewesen war, und Dubček war 1968 die Leitfigur des Prager Frühlings gewesen. Die offiziellen Round-Table-Gespräche fanden am 8. und am 9. Dezember statt.

Am folgenden Tag ernannte Staatspräsident Gustáv Husák die erste mehrheitlich nicht aus Kommunisten bestehende tschechoslowakische Regierung seit 1948 und trat zurück.[167]

Das Tempo des Wandels war atemberaubend. Am Abend des 23. November plauderte Timothy Garton Ash, der im Juni Zeuge der polnischen Umwälzung geworden war, in Havels Lieblingskneipe bei einem Bier mit dem Oppositionsführer. »In Polen hat es zehn Jahre gedauert, in Ungarn zehn Monate, in Ostdeutschland zehn Wochen und in der Tschechoslowakei vielleicht nur zehn Tage«, scherzte der britische Journalist. Havel nahm ihn bei der Hand, setzte sein berühmtes gewinnendes Lächeln auf, rief ein Videoteam herbei, das zufällig in einer Ecke der Kneipe saß, und bat Garton Ash, das Gleiche noch einmal vor der Kamera zu sagen. »Es wäre fabelhaft, wenn dem so wäre«, seufzte Havel.[168] Sein Skeptizismus war nicht ganz grundlos. Tatsächlich dauerte die Revolution noch 24 und nicht nur noch 10 Tage, aber am 29. Dezember wurde Václav Havel von der Föderalversammlung in den heiligen Hallen der Prager Burg zum Präsidenten der Tschechoslowakei gewählt.

Selbst wenn es sich zunächst nur um eine Übergangsregierung handelte – freie Wahlen sollten erst im Juni 1990 stattfinden – war die Transformation fundamental. Eine »Samtene Revolution« hatte stattgefunden: schnell und reibungslos und gelegentlich sogar heiter. Im Vergleich zu Polen, Ungarn und der DDR hatten in Prag Amateure die Oppositionspolitik improvisiert, doch sie hatten aus den Fehlern – und den Erfolgen – ihrer Vorgänger gelernt. Bezeichnenderweise hatte sich die Revolution in der Tschechoslowakei ohne die Qual einer sich vertiefenden wirtschaftlichen Krise ereignet, mit der die neuen Regierungen in Warschau und Budapest zu kämpfen hatten. So kam es, dass sich die Tschechoslowakei bis Neujahr auf einem sicheren Weg zur politischen Demokratie und zur Marktwirtschaft befand.[169]

Sehr viel hatte sich in nur zwei Monaten geändert. Anfang November 1989 war es in Osteuropa immer noch möglich gewesen, sich eine Zukunft für einen, wenn auch reformierten, Kommunismus vorzustellen. Wenige Wochen später jedoch konnte niemand mehr daran zweifeln, dass sich der Kommunismus im irreversiblen Niedergang befand. Bis zum Jahresende bestrafte, wie es Gorbatschow in Ost-Berlin damals

Der Dramatiker wird Präsident: Václav Havel

formuliert hatte, das Leben jene, »die zu spät kamen« (Ceauşescu, Schiwkow und Honecker), und diejenigen, die sich (wie insbesondere Havel und Mazowiecki) nie zum Schweigen hatten bringen lassen, ersetzten nun die Führer, an denen sie zuvor Kritik geübt hatten.

Auch die Tatsache, dass Gorbatschow der Vielfalt nationaler Ausstiege aus dem Kommunismus zuschaute, ohne einzugreifen, verschaffte Kohl mehr Spielraum und gab ihm Hoffnung für die Aufgabe, die er sich für 1990 gesetzt hatte: die Vereinigung der beiden deutschen Staaten voranzutreiben. Er wies in seiner Neujahrsansprache die Richtung, als er die Hoffnung zum Ausdruck brachte, das kommende Jahrzehnt werde für sein Volk »das glücklichste dieses Jahrhunderts werden«, weil es »die Chance auf ein freies und geeintes Deutschland in einem freien und geeinten Europa« in sich berge. Dabei, sagte er, *»kommt es entscheidend auf unseren Beitrag an«*. Mit anderen Worten, er erinnerte seine deutschen Landsleute, die so lange von der Last der Vergangen-

Die Samtene Revolution in Prag

heit niedergedrückt worden waren, dass sie nun die Gelegenheit hatten, ihre Zukunft selbst zu gestalten.[170]

Doch die neue Architektur konnte nicht von den Deutschen allein entworfen werden. Durch den Rückgang des kommunistischen Gletschers, der buchstäblich vor den Augen der Weltöffentlichkeit dahinschmolz, und den Aufstieg Westeuropas, das sich vereinigte und auszudehnen begann, war die fest aus zwei Blöcken bestehende Struktur Europas zerbrochen. Die Bruchstücke mussten nun in einem neuen Mosaik zusammengesetzt werden, und dies bedurfte nicht nur der Zustimmung, sondern der kreativen Beteiligung der Supermächte.

Mit anderen Worten, Kohl hatte vielleicht seine Probleme mit Mitterrand und insbesondere mit Thatcher, aber sie waren lediglich Stolpersteine. Wenn es darum ging, eine neue Ordnung aufzubauen, konnte dies nur in Kooperation mit Bush und Gorbatschow bewerkstelligt werden. Doch diese beiden Staatsmänner waren Ende 1989 stark mit ihren eigenen Problemen beschäftigt: Wie sollten sie, nach ihrem langsamen und verspäteten, zuweilen frostigen Start eine effektive persönliche Beziehung aufbauen? Und mehr als das, wie sollten sie die schwierige Aufgabe meistern, Europa aus dem Kalten Krieg herauszuführen?

KAPITEL 4

DER PLATZ DES GEEINTEN DEUTSCHLANDS IN DER WELT NACH 1989

Dritter Dezember 1989. Es war eigentlich unglaublich. Nur einen Monat nach dem Fall der Mauer und kaum eine Woche nach Kohls überraschender Ankündigung seines Zehn-Punkte-Plans im Bundestag saßen George Bush und Michail Gorbatschow, die Staatschefs der Vereinigten Staaten und der Sowjetunion, am Ende ihres Gipfeltreffens in Malta ganz ungezwungen vor der Weltpresse beisammen und scherzten miteinander.

Fröhliche Tage: George Bush und Michail Gorbatschow an Bord der Maxim Gorki

»Wir stehen an der Schwelle zu einer völlig neuen Ära der amerikanisch-sowjetischen Beziehungen«, erklärte Bush. »Und es steht in
unserer Macht, jeder auf seine Weise, einen Beitrag zur Überwindung
der Spaltung Europas und zur Beendigung der militärischen Konfrontation dort zu leisten.« Der Präsident war optimistisch, dass sie zusammen »einen dauerhaften Frieden verwirklichen und die Ost-West-
Beziehungen zu Beziehungen einer dauerhaften Kooperation umwandeln
können«. Das sei, so Bush, »die Zukunft, die Generalsekretär Gorbatschow und ich hier in Malta eingeläutet« hätten.[1]

Der Kremlchef stimmte dem voll und ganz zu. »Wir beide haben in
unseren Gesprächen festgestellt, dass die Welt eine Epoche des Kalten
Krieges verlässt und in eine andere Epoche eintritt. Wir sind am Beginn
unseres langen Weges zu einer dauerhaften friedvollen Periode.« Mit
Blick in die Zukunft erklärte er freiheraus: »Die neue Ära erfordert
einen neuen Ansatz … Vieles, das für den Kalten Krieg typisch war,
sollte aufgegeben werden.« Unter anderem »Gewalt, Wettrüsten, Misstrauen, psychologische und ideologische Kriegführung … All das sollte
der Vergangenheit angehören.«[2]

Auf Malta gab es keine neuen Abkommen, nicht einmal ein gemeinsames Kommuniqué. Aber die Botschaft des Gipfeltreffens war eindeutig – symbolträchtig veranschaulicht in dieser *allerersten gemeinsamen*
Pressekonferenz der Lenker der zwei Supermächte. Der Kalte Krieg, der
über 40 Jahre lang die internationalen Beziehungen geprägt hatte,
schien der Vergangenheit anzugehören.

*

Ein ganzes Jahr war vergangen, seit sich die beiden Männer auf Governors Island in New York 1988 zuletzt gesehen hatten. Damals hatte Bush
Gorbatschow versichert, er hoffe, auf das aufzubauen, was in den amerikanisch-sowjetischen Beziehungen bereits erreicht worden sei, brauche aber »etwas Zeit«, um etliche Fragen zu prüfen. Aus »etwas Zeit«
waren zwölf Monate geworden, in denen die Welt buchstäblich auf den
Kopf gestellt worden war.[3]

Anfangs hatte Bush der Öffnung zu China diplomatische Priorität
eingeräumt, doch das war nach Tiananmen schwierig. Erst durch seinen

Europa-Besuch erkannte der Präsident wirklich das ganze Ausmaß des Wandels im Ostblock. Und als ihm am 14. Juli 1989 anlässlich der großen Feierlichkeiten in Paris unablässig das Wort Revolution begegnete, beschloss er, dass es an der Zeit war, eine persönliche Beziehung zu Gorbatschow aufzubauen, damit sie die wachsenden Unruhen steuern konnten. Das war ein veritabler »Sinneswandel« – genaugenommen, wie Bush später auf Malta einräumte, eine Kehrtwende »um 180 Grad«.[4]

Gorbatschow hatte natürlich schon lange ein Treffen herbeigesehnt, doch erst am 1. November war es gelungen, sich endlich auf Ort und Zeit zu einigen. Als sie, einen Monat später, dann tatsächlich zusammenkamen, war der Eiserne Vorhang bereits gefallen. Bush befürchtete, dass es den politischen Führern in Europa womöglich nicht gelingen würde, die revolutionären Wogen zu zähmen. Insbesondere hatte er Angst, dass Gorbatschow doch noch unter Druck geraten könnte, militärische Mittel einzusetzen, sowohl um an seinem Block festzuhalten als auch um die sowjetische Macht abzusichern. Aus diesem Grund widerstand der US-Präsident der Versuchung, den Triumph der Demokratie groß zu feiern – zur Verwunderung vieler Amerikaner, vor allem in Politik und Presse. Nach Bushs Auffassung war es im nationalen Interesse der USA, erstens Gorbatschow mit Blick auf sein anhaltendes Engagement für Reformen an der Macht zu halten, und zweitens weiterhin amerikanische Soldaten in Europa zu stationieren, um den Einfluss der USA auf dem Kontinent zu bewahren. Da sich die geopolitische Landkarte gerade veränderte, war ein Meinungsaustausch unter den Supermächten über die friedliche Lenkung der Ereignisse unerlässlich geworden. Aus diesem Grund mussten er und Gorbatschow miteinander reden, auch wenn es kein Abkommen zu unterschreiben gab.

Zehn Tage vor ihrer Begegnung, am 22. November, telegrafierte Bush nach Moskau: »Ich möchte, dass diese Begegnung dazu beiträgt, unser gegenseitiges Verständnis zu fördern und das Fundament für eine gute Beziehung zu legen.« Ferner: »Ich möchte, dass das Treffen als ein Erfolg gewertet wird.« Er betonte allerdings: »Erfolg heißt, in meinen Augen, nicht unbedingt unterschriebene Verträge. Es heißt, dass Sie und ich so offen miteinander sprechen, dass unsere beiden großartigen Länder keine Spannungen untereinander haben, die aufkommen, weil wir nicht die innersten Gedanken des anderen kennen.«[5]

Beide Seiten hatten sich bereits darauf geeinigt, dass es ein Treffen »ohne Agenda« sein würde, aber der Präsident wollte Gorbatschow eine allgemeine Vorstellung von dem vermitteln, was er im Sinn hatte. Er zählte sechs Hauptthemen auf: Osteuropa; regionale Konflikte (von Mittelamerika bis Asien); Verteidigungsausgaben; Visionen der Welt für das nächste Jahrhundert; Menschenrechte und Rüstungskontrolle. »Selbstverständlich«, fügte Bush hinzu, »werden Sie Ihre eigenen Prioritäten haben.«[6]

Es wird deutlich, dass der Präsident sich einen gewissen Improvisations-Spielraum in Malta freihalten wollte. Scowcroft und der Stab des Sicherheitsrates waren darüber nicht gerade begeistert. Sie hatten ein Gipfeltreffen ohne Agenda nie befürwortet, denn sie befürchteten ein zweites Reykjavík – als sich Reagan, zumindest in ihren Augen, von Gorbatschow hatte um den Finger wickeln lassen. Ihrer Meinung nach war es dringend nötig, Bush davor zu bewahren, dass er dem Schönredner aus dem Kreml mit seinen süßen Worten wie »Frieden«, »Abrüstung« und »Zusammenarbeit«, die im Westen eine gewaltige Anhängerschar gefunden hatten, auf den Leim ging. Die meisten in Bushs Umfeld meinten, man müsse den Präsidenten dazu überreden, mit einer konkreten Agenda zu dem Treffen zu gehen, und zwar basierend auf einem Paket »von Initiativen zu jedem Thema«. Damit könne Gorbatschow in die Defensive gedrängt werden. Und es würde dazu beitragen, den Präsidenten an der kurzen Leine zu halten und die Gefahr unkluger Zugeständnisse seitens der USA – in einem derart bedeutsamen historischen Moment – zu minimieren.[7]

Bush und Gorbatschow flogen mit ihren Außenministern und einer Handvoll engster Berater nach Valetta. Das mit Gesprächen vollgepackte Wochenende, am 2. und 3. Dezember 1989, war ursprünglich so geplant, dass man sich abwechselnd auf einem amerikanischen und einem sowjetischen Kriegsschiff zusammensetzen sollte. Allerdings zog ein schwerer Sturm auf, weshalb die Veranstaltung auf das große sowjetische Kreuzfahrtschiff *Maxim Gorki* verlegt wurde, das in der maltesischen Bucht von Marsaxlokk sicher verankert war. Dennoch mussten die Nachmittags- und Abendbegegnungen am Samstag abgesagt werden. Bush schrieb in sein Tagebuch: »Es ist das furchtbarste Wetter, das man je erlebt hat ... die höchsten Wellen, die man je gesehen hat, und das brachte alles durcheinander. ... Das Schiff schlingert wahnsinnig ... Hier sind wir nun, zwei Führer der Supermächte, nur ein paar hundert Meter voneinander entfernt, und können trotzdem wegen der aufgebrachten See nicht miteinander reden.« Scowcroft erinnerte sich: »Gorbatschow war es unmöglich, an jenem Abend zum Essen zur USS Belknap zu gelangen, also nahmen wir ein köstliches Mahl zu uns, das eigentlich für ihn gedacht war: Schwertfisch, Hummer und dergleichen.«[8]

Dem Sturm zum Trotz schafften der Präsident und der Generalsekretär es dennoch, gute, fruchtbare Besprechungen über die zwei Tage hinweg zu führen. Die beiden Männer kamen auf Anhieb gut miteinander aus: Bush lobte sogar Gorbatschows Modegeschmack. »Er trug einen dunkelblauen Nadelstreifenanzug, ein cremefarbenes, weißes Hemd (genau wie das, das mir so gefällt) und eine rote Krawatte (fast wie die eine von der Londoner Firma mit einem Schwert).« Und, fügte der Präsident hinzu, er hatte ein »nettes Lächeln«.[9]

Bei der ersten Sitzung im Plenum schlug Gorbatschow vor, dass sie einen »dem Tempo des Wandels angemessenen Dialog« entwickeln sollten. Ferner sagte er voraus, dass Malta, obwohl es offiziell nur das Vorspiel zu einem richtigen Gipfeltreffen kommenden Sommer war, »eine eigene Bedeutung« erhalten werde. Bush stimmte dem zu, bevor er versuchte, den üblichen hochtrabenden Redeschwall des Kremlchefs zu durchbrechen. Er ging sofort ans Eingemachte und benannte seine konkreten »positiven Initiativen«, die er hoffte, bis zum Gipfel von 1990 voranzubringen.[10]

Der Präsident versicherte Gorbatschow, er sei überzeugt, die Welt werde besser werden, »wenn die Perestroika erfolgreich ist«. Zu diesem Zweck wolle er gerne das Jackson-Vanik-Amendment aufheben, das seit 1974/75 offene Wirtschaftsbeziehungen zum sowjetischen Block verhinderte. Verhandlungen über den Handel im Verein mit Exportkrediten würden es der UdSSR ermöglichen, so Bush, die moderne Technologie zu importieren, die sie dringend brauche. Er sei »bemüht, Vorschläge zu machen, die nicht den Eindruck entstehen lassen, Amerika ›rette‹ die Sowjetunion«; ja, er handle im echten Geist der »Zusammenarbeit«.[11]

So war der Präsident inzwischen auch bereit, offen als Fürsprecher für einen sowjetischen »Beobachterstatus« bei den GATT-Verhandlungen zu plädieren,»damit wir gemeinsam lernen können«. Er versprach, das Bestreben Moskaus zu unterstützen, sobald die letzte Runde multilateraler Handelsgespräche – die sogenannte»Uruguay-Runde« – abgeschlossen sei. Er scherzte, dass die Aussicht einer baldigen Assoziierung der Sowjetunion womöglich sogar ein»Anreiz für die EG-Länder« sein könne, ihre»Kämpfe« untereinander und mit den USA um das vertrackte Thema»Landwirtschaft« zu beenden. Darüber hinaus empfahl er, dass der Kreml unterdessen»Schritte in Richtung der Einführung von Marktpreisen auf dem Niveau des Großhandels unternehme, damit die östlichen und westlichen Wirtschaften besser vereinbar wurden«. Zu diesem Zeitpunkt hoffte Bush, die Uruguay-Runde in weniger als einem Jahr abzuschließen.[12]

Gorbatschow war ebenso optimistisch bezüglich der Aussichten seines Landes, möglichst schnell am Welthandel teilzunehmen, und konnte es kaum erwarten,»in die internationalen Finanzinstitutionen eingebunden zu werden«. Er erklärte:»Wir müssen lernen, die Weltwirtschaft in die Perestroika einzubeziehen.« Und er wusste die»Bereitschaft« der USA, der Sowjetunion zu helfen, sich zu öffnen, wirklich zu schätzen. Aber genauso unerbittlich forderte der Mann aus dem Kreml die Amerikaner auf, sie sollten endlich aufhören, die Sowjets zu verdächtigen, dass sie diese Organisationen»politisieren« wollten. Die Zeiten hätten sich geändert, sagte er und hob hervor, *beide* Seiten hätten ihre»Ideologie« aufgegeben, damit sie jetzt»aufgrund von neuen Kriterien zusammenarbeiten« könnten.[13]

Es war jedoch nicht alles eitel Sonnenschein. Der US-Präsident sprach die Menschenrechte (und das Thema getrennter Familien) an, ehe er sich den Brennpunkten des Kalten Krieges Kuba und Nicaragua zuwandte. Er sagte zu Gorbatschow, dieser müsse aufhören, Fidel Castro Geld und Waffen zu schicken. Der kubanische Staatschef»exportiere die Revolution« und verschärfe die Spannungen in Mittelamerika, insbesondere in Nicaragua, El Salvador und Panama. Gorbatschow in die Ecke drängend, merkte er an, einfache Amerikaner würden fragen, wie die Sowjets»dieses ganze Geld nach Kuba schicken, aber gleichzeitig Kredite erwarten könnten«? Schließlich ging Bush zum Feld der Rüstungskontrolle über und unterstrich, dass er auf ein Chemiewaffenabkommen, auf den Abschluss eines Vertrags zu den konventionellen

Streitkräften in Europa (KSE) und auf einen Vertrag zur Verringerung strategischer Waffen (START) im Jahr 1990 hoffe.[14]

Gorbatschow antwortete mit einer eigenen Tour d'Horizon: Sie alle »hätten das Gefühl, sich an einem historischen Wendepunkt zu befinden«. Die internationale Politik wechsle von einer »bipolaren« in eine »multipolare« Welt, während die ganze Menschheit vor wahrhaft globalen Herausforderungen wie dem Klimawandel stehe. Ganz konkret würden die amerikanische und die sowjetische Bevölkerung dem starken Wunsch folgen, »aufeinander zuzugehen«; die Regierungen hinkten allerdings hinterher. Dabei machte er nachdrücklich klar, dass er auf keinen Fall von den Amerikanern belehrt oder unter Druck gesetzt werden wolle. Vielmehr wollte er »Brücken über Flüsse bauen statt parallel zu ihnen«; er hielt nach neuen Ansätzen und neuen »Mustern der Zusammenarbeit« Ausschau, die den »neuen Realitäten« angemessen waren. Er wies auch auf die produktive, kooperative Beziehung hin, die er am Ende mit Ronald Reagan trotz »Zeiten des Stillstands« aufgebaut hatte. Er wünschte sich immer noch mehr Rüstungskontrolle, aber darüber hinaus verfolgte er die komplette Einbindung der UdSSR in das Weltwirtschaftssystem. Das waren ungewöhnliche Worte für einen sowjetischen Spitzenpolitiker.[15]

Ein großer Teil der ersten Sitzung war die übliche gegenseitige Positionierung für das Protokoll sowie das ideologische Tauziehen, das zu Beginn eines jeden Treffens der Supermächte anstand. Doch hinter den Worten deutete sich bereits etwas Persönlicheres und Bedeutenderes an. Bush kam Gorbatschow ganz bewusst ein Stück entgegen: »Ich hoffe, Sie haben bemerkt, dass wir während der rasanten Dynamik der letzten Monate nicht mit Angeberei oder Überheblichkeit reagiert und die Beziehungen zur Sowjetunion belastet haben. ... Aber ich habe versucht, mich in einer Weise zu verhalten, die dazu angetan war, Ihnen Ihr Leben nicht schwerer als nötig zu machen.« Deswegen sei er, fügte er hinzu, »auch nicht auf der Mauer herumgesprungen.«[16] Gorbatschow schätzte Bushs Weigerung, die Leidenschaften zu schüren, sehr. Er selbst machte eine ebenso überraschendes Statement: »Die Vereinigten Staaten und die UdSSR sind dazu verdammt, noch lange Zeit zusammenzuarbeiten«, aber für eine fruchtbare Zusammenarbeit müssten sie »die Überreste der gegenseitigen Feindbilder aufgeben«.[17] Zur »Zusam-

menarbeit verdammt« war eine besondere Formulierung – ein Nachhall
von Reykjavík 1985, als Gorbatschow erklärt hatte: »So schwierig es
auch sein mag, mit den Vereinigten Staaten Geschäfte zu machen, wir
sind dazu verdammt. Wir haben keine andere Wahl.«[18] Diese Wendung
hinterfragte einen Schwarz-Weiß-Ansatz bei den Beziehungen, trieb
die Russen doch die existenzielle Frage um, ob nun in der Behauptung
gegen den Westen oder in der Integration in die (westliche) Welt der
Schlüssel zu nationaler Identität und internationalem Ansehen lag.

Nach einer kurzen Pause ging es dann im Vieraugengespräch der
beiden Staatschefs – mit nur einem Berater und einem Dolmetscher auf
jeder Seite – richtig zur Sache. Was Gorbatschow vor allem beschäftigte,
waren Washingtons Aktivitäten in seinem eigenen Hinterhof Lateinamerika. Er machte den provokativen Vorschlag, dass Kuba und die
USA ihre Beziehungen normalisieren sollten, und beschwerte sich
danach im Allgemeinen über amerikanische Interventionen in »unabhängigen Ländern«. Bush versuchte, dies alles beiseitezuwischen, tönte
pathetisch von Amerikas Krieg gegen Drogen in Panama und Kolum-
bien und erinnerte den Sowjetführer daran, dass es sich in Manila um
eine *demokratisch gewählte* Regierung handelte, die die USA um Unterstützung gegen die Rebellen im eigenen Land gebeten hätte. Die Retour-
kutsche kam prompt. In der Sowjetunion gäbe es Stimmen, die sagten,
»die Breschnew-Doktrin sei durch die Bush-Doktrin ersetzt worden«.
Gorbatschow hob hervor, dass er, wie sein Verhalten in Osteuropa
exemplarisch bewies, ein Fürsprecher des »friedlichen Wandels« und
der »Nichteinmischung« sei. Diese neue sowjetische Haltung, erklärte
er Bush, »bringt uns einander näher«.[19]

Nach jener Runde des verbalen Kräftemessens über die Brennpunkte
im globalen Kalten Krieg widmete sich der Kremlchef dem Thema
Deutschland. »Herr Kohl hat es bei der Deutschen Frage allzu eilig«, rief
Gorbatschow aus. »Das ist nicht gut.« Die Sowjetunion könne die deutsche Vereinigung nicht gutheißen. Schließlich gäbe es »zwei Staaten,
die von der Geschichte geschaffen worden sind«. Der Generalsekretär
wollte auch nicht über Deutschlands Zukunft inner- oder außerhalb
von Bündnissen wie der NATO spekulieren. Derartiges Gerede sei »zu
früh«, erklärte er: »Lassen wir die Geschichte entscheiden, was
geschieht. Wir müssen uns hier richtig verstehen.« Gorbatschow

drängte Bush vehement, den Enthusiasmus für eine rasche Wiedervereinigung, den der Kanzler mit seinem Zehn-Punkte-Plan in der Woche
zuvor entfesselt hatte, zu zügeln.[20]
Eine derartige Tirade war für jeden Gorbatschow-Gipfel typisch.
Bush versuchte, die Wogen zu glätten, und meinte, Kohls Worte seien
in Anbetracht der jüngsten Ereignisse verständlicherweise »emotional«. Er versprach Gorbatschow: »Wir werden nichts tun, was fahrläs-
sig die Wiedervereinigung beschleunigen könnte.« An diesem Punkt
waren sich die beiden Männer einig: Die Deutsche Frage konnte weder
von den Deutschen allein angegangen werden, noch würde es hier eine
rasche Lösung geben. Bush und Gorbatschow stimmten ebenfalls in
ihrer Bewertung überein, dass dies als eine Zeit sowohl der »großen
Möglichkeiten« als auch der »großen Verantwortung« für alle Beteiligten zu betrachten sei. Dieser Dualismus der Chance und der Verantwortung sollte ein immer wiederkehrendes Motiv ihrer Beziehung als Lenker der Supermächte werden.[21]
Auch die ideologische Rivalität bereitete Gorbatschow großes Kopfzerbrechen. Er wollte, dass Bush seine Anschauung und seine gesamte
Wortwahl mit Blick auf die sowjetisch-amerikanischen Beziehungen
änderte. Perestroika und Glasnost sollten die UdSSR verjüngen, während sie zugleich den Wettbewerb mit den USA auf eine friedliche
Ebene verlagerten. Gorbatschows langfristiges Ziel war es, die sowjetische Gesellschaft in Einklang mit dem restlichen Europa zu bringen
und sie in die Weltgemeinschaft zu integrieren. Er träumte von einer
modernisierten »sozialistisch-demokratischen« Sowjetunion für das
21. Jahrhundert. Doch für diesen Wandel müsse der Westen seine langgehegten Anschauungen über die Sowjets und selbst über das russische Zarenreich, denen zufolge die Russen dem Westen fremd seien,
aufgeben. Gorbatschow protestierte energisch, dass man der UdSSR zu
Unrecht vorwerfe, ihre »Ideologie zu exportieren«. Er sagte Bush ganz
unverblümt, dass er sich von der Idee der (Welt-)revolution verabschiedet habe. Und er lehnte die Vorstellung »mancher US-Politiker« – Bush
explizit ausgenommen – ab, die erklärten, die »Einheit Europas müsse
auf der Basis der westlichen Werte verwirklicht werden«. Überhaupt
war das Thema Werte, neben dem Thema Deutschland, ein ganz zentrales. Am nächsten Tag sollten sie darauf zurückkommen.[22]

An das Tête-à-Tête mit Gorbatschow am Sonntagvormittag hatte Bush recht positive Erinnerungen: »Er war äußerst jovial und wieder einmal sehr direkt – ein weiteres entspanntes Treffen. ... Während wir miteinander sprachen, merkte ich, dass wir auf der gleichen Wellenlänge lagen.«[23] Dabei hielten sich die beiden keineswegs zurück. Zu Beginn eines einstündigen Vieraugengesprächs konfrontierte Bush Gorbatschow direkt mit dem Nationalitätenproblem und kam »sofort auf das Baltikum« zu sprechen. Gorbatschow räumte ein, das sei ein heikles Thema, erklärte jedoch, er habe die Absicht, die Frage »durch größere Autonomie« zu lösen. Eher halbherzig gab er zu, dass es »dramatisch« wäre, wenn der Separatismus sich durchsetzen sollte. Bush warnte seinerseits, der Einsatz von Gewalt werde »einen Feuersturm hervorrufen«. Gorbatschow unterstrich noch einmal: »Wir engagieren uns für eine demokratische Entwicklung und hoffen, dass Sie das verstehen.« Mit anderen Worten: Drängt mich bitte nicht in dieser Frage.[24]

Dann gingen sie zum Lunch. In der letzten Plenarsitzung am Nachmittag befassten sie sich mit den großen Fragen der Ost-West-Beziehungen, die ihre Vorgänger während des gesamten Kalten Krieges beschäftigt hatten. Gorbatschows eröffnete das Gespräch erneut mit einer Überraschung. »Ich möchte Ihnen und den Vereinigten Staaten sagen, dass die Sowjetunion unter keinen Umständen einen Krieg beginnen wird – das ist sehr wichtig.« Er erklärte ferner, dass die Vereinigten Staaten nicht länger als der »Feind« der Sowjetunion angesehen würden, und nannte ihre Beziehung »kooperativ«. Einmal mehr – bemerkenswerte Worte aus dem Munde eines Generalsekretärs des ZK der KPdSU.[25]

Obgleich ein wenig beruhigt, wollte Bush doch auch etwas Handfesteres. »Wie sehen Sie die Entwicklungsmöglichkeiten jenseits des Status quo?«, fragte er. Gorbatschow erwiderte, dass der Warschauer Pakt und das Atlantische Bündnis weiterhin wesentliche Stützpfeiler blieben, wenn Europa sich weiterentwickelt – sie seien, sagte er, »die Instrumente zur Aufrechterhaltung des Gleichgewichts« in Europa –, er machte jedoch klar, dass sie künftig »nicht allein militärische Organisationen bleiben, sondern mehr und mehr zu politischen werden« sollten. Gorbatschows Herangehensweise an die revolutionären Umbrüche war, genau wie Bushs, zurückhaltend, geradezu konservativ.

Seiner Darstellung zufolge veränderte sich Osteuropa dahingehend, dass es »für die ganze Menschheit geltende Werte respektierte« und näher an die wirtschaftlichen Arrangements des »Weltmarktes« heranrückte. Mit einem Verweis auf die erste paneuropäische Konferenz über Sicherheit und Zusammenarbeit in Helsinki 1975, als 35 Nationen aus Ost und West die berühmte Schlussakte unterzeichnet hatten, plädierte Gorbatschow für ein Helsinki-II-Gipfeltreffen, »wo wir alle die neue Lage zu erörtern sowie gemeinsame Kriterien und Orientierungen« für diese neue Phase zu entwickeln haben. Für ihn führte die Dynamik Ost und West näher zusammen und ließ die Lager kompatibler werden. Das nannte er einen »objektiven Prozess«.[26]

Der Präsident wollte das so nicht stehen lassen. Er erklärte, es seien dezidiert »westliche« Werte – wie eine »lebendige Debatte, Pluralismus und Offenheit« sowie »freie Märkte« – gewesen, die über einen langen Zeitraum hinweg in den Ländern des atlantischen Bündnisses und der ganzen Welt Fuß gefasst hätten. Aber Bush achtete darauf, dies seinem Gegenüber nicht mit »chauvinistischem Stolz« unter die Nase zu reiben. Er und seine Berater suchten nach einer Art des Diskurses, die es Gorbatschow gestattete, da er ja die Sowjetunion in die Welt integrieren wollte, diese Werte zu befürworten, ohne sein Gesicht zu verlieren. Für die Vereinigten Staaten stand fest, dass Europa friedlich verändert werden musste, und dass dies, in einem großen Ausmaß, von Gorbatschow abhing. Eine großzügige Haltung im Verein mit ein wenig Gerangel um Worte war deshalb aus taktischer Sicht für die Amerikaner notwendig. Doch im Verlauf sollten beide Seiten davon profitieren.[27]

Das Gerangel zeigte sich am deutlichsten bei der deutschen Wiedervereinigung. Bush erklärte, er könne dieses Ereignis nicht »missbilligen«. Baker fügte hinzu, es sei mit Sicherheit das Beste für Deutschland, wenn es auf der Basis beiderseitig akzeptabler »gemeinsamer« oder »demokratischer Werte« vereinigt werde – nämlich Selbstbestimmung, Offenheit und Pluralismus. Gorbatschow stimmte zu; es war offensichtlich, dass er nicht gerade begeistert über diese Aussicht war, aber er würde sie tolerieren. Heute habe, sagte er, jedes Land in Osteuropa das Recht, »seine eigene Entscheidung zu treffen«. Die Breschnew-Doktrin, so viel stand fest, war aufgehoben. Da die Gefahr der Panzer gebannt war und es quasi ein »gelbes Licht« aus Moskau für die deutsche

Wiedervereinigung gab, hatten beide Seiten das Gefühl, dass zwischen Ost und West »eine neue Beziehung« anbrach.²⁸

Die beiderseitige Kompromissbereitschaft in der Schlusssitzung war symptomatisch für Malta insgesamt. Die Bemühungen der zwei Staatsoberhäupter, eine gemeinsame Sprache zu finden, waren nicht nur leere Worte; sie spiegelten den aufrichtigen Wunsch wider, eine gemeinsame Basis zu schaffen. In der Tat war es sowohl für Bush als auch für Gorbatschow ein besonderes Anliegen, diese Begegnung zwischen den Supermächten als eine Win-Win-Situation zu betrachten. Sie arbeiteten nicht auf einen Sieg für die eine oder andere Seite hin, sondern auf ein Ergebnis, von dem beide Seiten profitieren würden. Obwohl Bush das bessere Blatt hatte, wusste er genau, dass er es nicht überreizen durfte. Um eine konfliktfreie Entwicklung in Europa zu gewährleisten, musste er genau wie Gorbatschow bereit sein, Kompromisse einzugehen. Beide betrachteten sich als Manager, die versuchten, gesellschaftliche Kräfte zu kanalisieren, den Ausbruch von Gewalt zu verhindern und die internationale Politik zu stabilisieren, um wiederum eine Form der Berechenbarkeit herzustellen. Sie waren sich schmerzlich dessen bewusst, was Gorbatschow ihre »besondere Verantwortung« als Spitzen der Supermächte für die Gestaltung einer friedlicheren Zukunft nannte.

Malta stand auch sinnbildlich für den großen Reiz persönlicher Gipfeltreffen. Gorbatschow betonte, während man nach der Begegnung gemeinsam vor der Presse Fragen beantwortete, dass »persönliche Kontakte ein sehr wichtiges Element in den Beziehungen zwischen Staatschefs« seien. Er sagte, sie würden helfen, »der jeweiligen Verantwortung besser gerecht zu werden und im Interesse beider Staaten sowie der internationalen Staatengemeinschaft miteinander auszukommen«. Bush sprach seinerseits positiv über »regelmäßige Begegnungen«, um auf dem »guten persönlichen Verhältnis« aufzubauen, das sie gefunden hätten. Weder der eine noch der andere ging davon aus, sein Gegenüber völlig zu bekehren, doch sie waren imstande gewesen, konstruktiv »ohne Groll« und »so offen wie möglich« über ihre Meinungsverschiedenheiten zu sprechen. Der Präsident fuhr fort: »Ich denke, wenn wir uns nicht hier an den Tisch gesetzt und miteinander gesprochen hätten, wäre uns vielleicht klargeworden, wie der andere über diese wichtigen Themen denkt.« Somit, schloss er, hätte er sich »kein besseres Ergebnis dieses Nichtgipfel-Gipfeltreffens wünschen können.« Diese letzte Formulierung löste allgemeine Heiterkeit aus, gab aber trefflich wieder, was Bush wirklich wollte: eine informelle, persönliche Begegnung mit spontaner Diskussion, ohne irgendwelchen Druck, bestimmte Ergebnisse zu produzieren.[29]

In seinem Tagebuch fing Gorbatschows außenpolitischer Berater Anatoli Tschernajew die Stimmung von Malta sehr treffend ein: »Trotz des sensationellen Charakters des Ereignisses wirkte es wie eine ganz gewöhnliche Angelegenheit.« Gorbatschow benahm sich, »als wären er und Bush alte Freunde – direkt und einfach, offen wohlgesonnen«. Vor allem, so Tschernajew, »sind die UdSSR und die USA nicht länger Feinde. Das war das Allerwichtigste.«[30] Er hatte recht. Der Durchbruch in Malta war bemerkenswert. Doch die Umsetzung freundlicher Worte in eine wirklich neue europäische Sicherheitsstruktur erforderte eine nachhaltige und behutsame Diplomatie. Und die größte Herausforderung für alle war der Umgang mit Deutschland.

*

Der Präsident flog am 3. Dezember um 18 Uhr von Valetta ab. Drei Stunden später bereits speiste er zusammen mit dem Bundeskanzler im ehemals königlichen Château du Stuyvenberg in Laeken bei Brüssel. Es war der Vorabend zur NATO-Ratssitzung, und dieses Dinner in Belgien war ihre erste Begegnung seit dem Mauerfall. Bedenkt man, dass Kohl nur wenige Tage vor Malta und dem NATO-Gipfel seine Bombe mit den Zehn Punkten hatte platzen lassen, hätte der US-Präsident womöglich Grund gehabt, wütend zu sein. Doch das war nicht der Fall. Er schien sehr glücklich, bemerkte Kohls Berater Horst Teltschik, wenn auch etwas müde – was nach acht Stunden intensiver Diskussion mit Gorbatschow nicht wirklich verwunderte.[31]

Bush war ein energischer Befürworter der deutschen Wiedervereinigung. Dafür war Kohl ihm sehr dankbar. Doch der Präsident warnte den Kanzler, er gehe nach Gorbatschows Ansicht »zu schnell voran«. Kohl versicherte, »dass er nichts tun werde, was unvernünftig sei«. Er machte deutlich, dass er die Bundesrepublik als festen Bestandteil

Europas betrachte und es somit an ihrem Platz in der NATO und in der
EG keinerlei Zweifel gebe. Ihm schwebte ein schrittweiser Einigungsprozess vor, der möglicherweise bis zu zehn Jahre dauern könnte. In
den Zeitungen werde so viel »Unsinn« geschrieben, sagte er – sogar
Henry Kissinger habe unlängst im deutschen Fernsehen über eine Wiedervereinigung binnen zwei Jahren spekuliert. Es wäre »ein wirtschaftliches Abenteuer …, wenn dies schon in zwei Jahren der Fall sei«, erei-
ferte sich Kohl. »Das wirtschaftliche Gefälle sei zu groß.«[32]

Beim Thema Sicherheit hielt der Kanzler sich bedeckt. Es fiel kein
Wort über eine künftige NATO-Mitgliedschaft des vereinigten Deutschlands oder die Konstruktion eines alternativen europäischen Sicher-
heitssystems. Er brachte lediglich sein Engagement für eine tiefere
europäische Integration zum Ausdruck – ein Prozess, den er gemeinsam mit Mitterrand vorantrieb und den er zugleich als »Voraussetzung« für eine erfolgreiche Reform in Osteuropa betrachtete. Bush kam
daher auf Gorbatschows Unbehagen angesichts der Deutschlandfrage
zurück: »Man müsse eine Formel finden, die Gorbatschow nicht in
Bedrängnis bringe und den Westen trotzdem zusammenhalte.« Kohl
wusste um die damit verbundenen Empfindlichkeiten – »Er wolle …
Gorbatschow nicht in die Ecke drängen« – und hatte prompt eine
Lösung auf Lager: »Die Akte [Schlussakte von Helsinki] lasse auch die
Möglichkeiten der friedlichen Vereinbarung von Grenzänderungen
zu.« Bush teilte diese Anschauung und meinte seinerseits, die Selbstbe-
stimmung sei »die Antwort«. Sobald man sich darauf geeinigt habe, so
Bush, könne man »den Dingen ihren Lauf« lassen.[33]

Alles in allem war es ein erfolgreiches Abendessen. Laut Scowcroft
war dieses Treffen zwischen Bush und Kohl »ein Wendepunkt«. Dabei
hätten sie nicht nur »eine völlige Übereinstimmung ihrer Meinung über
die Wiedervereinigung« erreicht, auch »die kameradschaftliche Atmosphäre in diesem großen Wagnis« war »förmlich mit Händen zu
greifen«.[34] Tatsächlich war der 3. Dezember ein sehr guter Tag für George
Bush gewesen. Er wusste jetzt seinen Hauptwidersacher an der Seite
und hatte auch seinen wichtigsten, aber schwierigsten Verbündeten in
die Schranken gewiesen. Dank Malta und Laeken war Bush zuversichtlich, dass es ihm mit Hilfe der NATO-Ratssitzung gelingen würde, wiederum das Ruder zu übernehmen und die westliche Politik zu gestalten.

Am nächsten Morgen, dem 4. Dezember, sprach Bush im NATO-Hauptquartier in Brüssel vor seinen europäischen Partnern. Vor allem wollte er sie beruhigen, dass »es keine amerikanisch-sowjetische Gemeinherrschaft, keinen Deal zu Osteuropa nach dem Muster Jaltas geben werde«. Er blickte zurück auf den Ursprung der Allianz im Jahr 1949 und erinnerte den Rat, dass die NATO eben deshalb gegründet worden war, »um die Grundlage für genau die außerordentliche Entwicklung zu bieten, die heute in Osteuropa stattfindet«. Nur eine gesunde, starke und einige NATO könne als »zuverlässiger Garant des Friedens in Europa« fungieren – indem sie »sowohl Schritte in Richtung einer größeren Einheit innerhalb Westeuropas als auch die Auflösung der Barrieren zum Osten« unterstütze. Er freute sich darauf, »ein neues Europa und einen neuen atlantischen Bund zu schaffen, wo Selbstbestimmung und individuelle Freiheit überall Zwang und Tyrannei ablösen, wo wirtschaftliche Freiheit überall an die Stelle von wirtschaftlichen Kontrollen und Stagnation tritt und wo ein dauerhafter Frieden überall durch die gemeinsame Achtung der Menschenrechte bekräftigt werde«. Letztlich hänge jedoch alles von den Maßnahmen ab, die »wir als Regierungen und als Einzelpersonen treffen, um Führung, Schutz und Ansporn für diesen Prozess eines friedlichen Wandels zu bieten«.[35]

Vor der Presse bekräftigte Bush, dass »die Vereinigten Staaten eine europäische Macht« blieben und dass Washington weiterhin »beträchtliche militärische Kräfte in Europa halten werde, solange unsere Verbündeten unsere Präsenz als Teil einer gemeinsamen Verteidigungsanstrengung wünschen«.[36] Damit schlug er einen Pflock ein, der wegweisend war für die künftige US-amerikanische Politik. Und dennoch war er nicht bereit, öffentlich zu erklären, dass der Ost-West-Konflikt vorüber sei. Auf die Aufforderung eines amerikanischen Reporters hin, sich dazu zu äußern, wich er aus und fabulierte: »Wir albern hier mit semantischen Spitzfindigkeiten herum. Ich möchte Ihnen keine Schlagzeile liefern. Ich habe Ihnen gesagt, auf welchen Feldern wir meiner Meinung nach Fortschritte gemacht haben. Warum greifen wir zu diesen Codewörtern, die unterschiedliche Signale an verschiedene Leute aussenden? Ich werde darauf nicht antworten.« Schließlich formulierte er die Frage um: »Ist der Kalte Krieg noch derselbe – ich meine, tobt er immer

noch wie früher, zu Zeiten der Berliner Blockade? Definitiv nicht. Die
Dinge haben sich dramatisch entwickelt. Aber wenn ich Ihnen jetzt signalisiere, dass es keinen Kalten Krieg mehr gibt, heißt es prompt: ›Was
machen Sie dann noch mit Soldaten in Europa?‹ Also, was soll das.«[37]
Da die beiden Bündnisse sich immer noch über ein Deutschland im
Aufruhr hinweg gegenüberstanden, hielt Bush es für nicht angebracht,
das Ende des Kalten Krieges zu verkünden. Der Ost-West-Konflikt
wütete jedoch nicht mehr so heftig wie Ende der Vierzigerjahre. Eine
sowjetische Militärintervention in Europa – von einem Dritten Weltkrieg ganz zu schweigen – schien äußerst unwahrscheinlich. Der atomare Rüstungswettlauf war abgeebbt und der ideologische Wettstreit
ebenfalls entschärft; vor allem aber hatte sich der Tenor in den persönlichen Beziehungen zwischen den zwei führenden Männern der beiden
Supermächte von Grund auf verändert. Was das Deutschland-Problem
mit all dem historischen Ballast, der daran hing, betraf, war Bush dennoch fest überzeugt, dass hier eine zielstrebige, aber subtile Vorgehensweise angesagt war; ein Prozess, bei dem Washington die Führung
übernehmen musste.

Auf dieser Pressekonferenz verlas der Präsident vier Prinzipien, die
allesamt die amerikanische Haltung zur deutschen Wiedervereinigung
zusammenfassten:

Erstens muss die Selbstbestimmung ungeachtet des Ergebnisses
erfolgen. Zu diesem Zeitpunkt sollten wir eine bestimmte Vorstellung von Einheit weder befürworten noch ausschließen.
Zweitens sollte die Wiederherstellung der Einheit im Rahmen der
anhaltenden Verpflichtung der Bundesrepublik Deutschland
gegenüber der NATO und einer immer zunehmend integrierten
Europäischen Gemeinschaft und unter Berücksichtigung der
Rechte und Pflichten der alliierten Mächte erfolgen.
Drittens muss die Wiederherstellung der Einheit im Interesse der
allgemeinen europäischen Stabilität, friedlich und schrittweise
erfolgen.
Viertens sollten wir in der Frage der Grenzen unsere Unterstüt-
zung für die in der Schlussakte von Helsinki niedergelegten
Grundsätze bekräftigen.[38]

Der zweite Grundsatz war die Hauptsorge der Amerikaner. Das vereinigte Deutschland musste in der NATO bleiben. Für Washington stand zudem außer Frage, dass die Atlantische Allianz in der Sicherheitsordnung Europas nach dem Kalten Krieg eine Schlüsselrolle spielen sollte.

Im Grunde wiederholte Bush am 4. Dezember, was Baker am 29. November zum ersten Mal öffentlich vorgetragen hatte, damals aus dem Stegreif als Antwort auf Pressefragen zu Kohls Zehn-Punkte-Plan vom Vortag.[39] Tatsächlich aber waren die vier Prinzipien das Ergebnis wochenlanger interner Beratungen über die Krise in Deutschland auf den höchsten Ebenen des US-Außenministeriums, die schon vor dem Fall der Mauer begonnen hatten. Und diese Ideen flossen in eine wichtige Rede ein, die Baker am 12. Dezember in Berlin halten sollte.

*

Wie alle anderen hatten auch US-Politiker ihre liebe Mühe, zu verstehen und zu deuten, was sich da in den vergangenen Wochen in Europa ereignet hatte. Im Oktober 1989 hatte Baker an den oberen Rand eines, die Beziehungen der Supermächte betreffenden, Dokuments des Außenministeriums die Bemerkung gekritzelt: »Von *Konfrontation* zum *Dialog* und jetzt: zur *Kooperation*«. Dieses Arbeitspapier hob die Notwendigkeit guter Beziehungen »für die Weltpolitik« hervor. Um die globale Stabilität zu garantieren, sei es offensichtlich in Amerikas Interesse, dass »die Perestroika Erfolg hat«. Im Namen der »Berechenbarkeit« in Zeiten des »grundlegenden Wandels« hielt Baker es für unabdingbar, dass Washington seine Politik nicht isoliert von den Ereignissen in der Sowjetunion entwickelte. Das Ziel sei deshalb, »über Grenzfragen hinweg engagiert zu bleiben« und »bei der Suche nach für beide Seiten vorteilhaften Punkten *kreativ*« zu sein.

Da kein Mensch sicher sein konnte, dass Gorbatschow sein Reformprogramm auch wirklich durchzog, hielt das US-Außenministerium es für umso wichtiger, aus der, wie man meinte, »günstigen Situation« für die Vereinigten Staaten und für die NATO »einen Vorteil zu ziehen«, vor allem mit Blick auf Fortschritte bei der Rüstungskontrolle. Und um eine

dauerhafte Basis für die europäische Sicherheit zu schaffen, sollte der
Fokus darauf liegen, den Vertrag über die konventionellen Streitkräfte
in Europa zum Abschluss zu bringen. Denn, so meinte Baker, eben dieses massive sowjetische Übergewicht bei den konventionellen Streitkräften lasse »einen Krieg denkbar erscheinen und werfe einen Schatten auf das politische Europa«. Wenn die Amerikaner mit Gorbatschow
beim KSE-Vertrag Fortschritte machten – dabei jedoch nicht das eigene
Verteidigungsprogramm aus den Augen verloren –, war Baker überzeugt, dass sie wirkungsvoll die militärischen Optionen auch für künftige sowjetische Führer verringern würden, die für eine Kooperation
womöglich weniger offen waren als Gorbatschow.[40]

Um die gleiche Zeit, als Baker seine Gedanken niederschrieb, stellte
einer seiner wichtigsten Berater, Robert Zoellick, seinerseits eine ganze
Reihe verschiedener Überlegungen an. In seinem Arbeitspapier vom
17. Oktober wimmelte es nur so vor Hervorhebungen und Unterstreichungen. Laut Zoellick sahen sich die USA mit einer Situation konfrontiert, die »analog zu der Aufgabe nach 1945 ist: *die Ausarbeitung einer
neuen Weltordnung für veränderte Gegebenheiten*«. Die Hauptaufgabe sei
es, »die *Veränderung* wirkungsvoll im Interesse der USA zu *lenken*«.
Eine »neue Form der US-amerikanischen Führung« werde benötigt,
eine, die »diplomatischen Verstand ebenso wie wirtschaftliche Mus-
keln einsetzte«. Insbesondere werde »Geschick bei der *Lenkung multilateraler Prozesse*« benötigt (vergleichbar mit den »G7 für internationales Wirtschaftsmanagement«). Zu diesem Zweck sei es nicht nur
notwendig, auf eine Stärkung oder gar Institutionalisierung der Verbindungen Amerikas zur Europäischen Gemeinschaft hinzuarbeiten, vielleicht sogar mit Hilfe eines umfassenden Vertrags parallel zur anstehenden Umwandlung der EG im Jahr 1992 in die Europäische Union (EU).
Zoellick führte ferner aus, dass die NATO-Bindungen bei dem »Nachlassen des alten antisowjetischen Zusammenhalts der Nachkriegsbünd-
nisse« auf eine »neue Basis« gestellt werden müssten, die auf »gemeinsamen politischen und wirtschaftlichen Werten« beruhe. Aus diesem
Grund, so Zoellick, würden die Amerikaner unablässig von den »westlichen Werten« sprechen.[41]

Bis zum 27. November 1989, nach dem Fall der Mauer, aber noch vor
Kohls Zehn-Punkte-Plan, kristallisierte sich allmählich die Haltung im

US-Außenministerium heraus. Zoellick tippte einige »Punkte zur Beratung mit europäischen Staats- und Regierungschefs« mit den gewohn-
ten Unterstreichungen in die Schreibmaschine und gab sie Baker, der
von Hand mit seinem ebenso charakteristischen Filzstift kommentierte.
(Diese Ergänzungen sind hier kursiv gesetzt.) Das Ergebnis ist ein fas-
zinierender Einblick in das Denken des Außenministeriums im Vorfeld
des Treffens von Malta.

> Überblicksmotiv: Der Kalte Krieg ist noch nicht vorbei, tritt aber
> in die Endphase ein *(Friedensstruktur)* ... Während wir in diese
> ~~Endphase des Kalten Krieges~~ *Post-Nachkriegsära* eintreten,
> müssen wir uns auf den Aufbau einer neuen Ära des Friedens,
> der Demokratie und der wirtschaftlichen Freiheit konzentrieren:
> Ein Neuer Atlantizismus und ein Neues Europa, das noch weiter
> nach Osten reicht. ...
>
> *S[owjetunion] wird ein europäischer Partner bleiben*
>
> Allgemein: Architektur des Neuen Atlantizismus und Neuen
> Europa sollte nicht versuchen, eine übergreifende Struktur zu
> entwickeln. Vielmehr wird sie sich auf eine Reihe komplementä-
> rer Institutionen stützen, die sich gegenseitig verstärken werden:
> NATO, EG, KSZE, WEU, Europarat.[42]

Der Außenminister zweifelte nicht daran, dass man an einem historischen Wendepunkt angelangt war. Die Welt trat in die, wie er es mit
der trefflichen Wendung nannte, »Post-Nachkriegsära« *(post-postwar
era)* ein, eine Ära, in der Moskau in Europa »bleiben« werde, aber jetzt
als »Partner«. Diese Anmerkungen enthüllten, dass Baker einer der ersten politischen Entscheidungsträger war, der die Idee einer Überwindung nicht nur des Kalten Krieges, sondern auch der Ära artikulierte,
die 1945 begonnen hatte.[43]
  Doch ungeachtet der neuen Denkweise erkennen wir hier einmal
mehr eine im Wesentlichen konservative Herangehensweise an die
Zukunft, insbesondere der Gedanke, die bestehenden internationalen Organisationen für die Gestaltung der neuen Struktur Europas zu

nutzen. Ja, zur Deutschen Frage selbst billigte das Außenministerium
zwar nicht das »ganze Programm« Kohls, wie er es in den Zehn Punkten
dargelegt hatte, doch Baker merkte an: »Wir teilen seine Ansicht, dass
die Schlüsselinstitutionen, die westliche Werte fördern und schützen,
wie die EG und das [Atlantische] Bündnis, die Ecksteine für die deutsche Einheit sein werden.«[44]

Dieses Brainstorming von Baker und Zoellick war in die Gipfeltreffen
von Malta und Brüssel eingeflossen. Nach den spektakulären Begegnungen des US-Präsidenten mit Gorbatschow, Kohl und den NATO-Verbündeten, die zwischen dem 2. und 4. Dezember stattgefunden hatten,
arbeitete Baker seine bislang noch unausgegorenen Ideen zu einer
umfassenderen Blaupause für die künftige US-Politik aus. Sie nahm in
der Rede vom 12. Dezember Gestalt an, die Zoellick anhand des Materials von Experten des Außenministeriums entworfen hatte.

Diese Ansprache vor dem Berliner Presseclub wurde für die Mittagszeit angesetzt. Zuvor traf sich Baker, nach einem Frühstück mit Kohl
und einer kurzen Begegnung mit dem Bürgermeister von West-Berlin,
mit Hans-Dietrich Genscher zu einem Spaziergang entlang der Mauer
in der Nähe der Ruine des Reichstagsgebäudes. Es war der erste Besuch
des US-Außenministers im ungeteilten Berlin und deshalb ein Moment,
den man auskosten musste. Er spähte »durch ein Loch in der Mauer«
und erblickte die, wie er schrieb, »Farblosigkeit in Hochauflösung«,
die für den östlichen Teil der Stadt so typisch war. Wie er da an einem
»bedeckten, trüben Tag« in seinen beigefarbenen Trenchcoat gehüllt
heimlich die Banalität des Lebens hinter dem Eisernen Vorhang beobachtete, kam Baker sich vor »wie einem [Spionage-]Roman von John
Le Carré entsprungen«. Zugleich aber war er auch beeindruckt. Schon
dieser kurze Blick »führte mir … noch einmal mit aller Deutlichkeit
vor Augen, weshalb die Männer und Frauen in der DDR mit friedlicher Entschlossenheit die Dinge in die eigenen Hände genommen hatten. Dies war ihre Revolution, und es war die Aufgabe von Männern
wie mir, ihnen zu helfen, die Freiheit zu sichern, um die sie sich so sehr
bemühten.«[45] Mit anderen Worten, Baker spürte die historische Kraft
der Macht des Volkes, aber auch die Pflicht, die sie den Männern an der
Spitze auferlegte, allen voran den Amerikanern. Diese Empfindung von
Pflicht und Chance nahm er sehr persönlich: Er, James A. Baker III,

Spaziergang an der Mauer:
James Baker mit Walter Momper und
Hans-Dietrich Genscher

musste die glühende Energie der Massen in eine neue und stabile europäische Struktur leiten und umwandeln, errichtet auf den Ruinen der
Mauer und des Kalten Krieges.

Der Besuch an der Mauer spornte ihn für seine Rede vor dem Presseclub zusätzlich an. Baker sagte seinen Zuhörern, die westliche Welt
brauche nicht weniger als eine neue »Architektur für eine neue Ära«.
Diese sollte um »einen neuen Atlantizismus« aufgebaut werden, in dem
»Amerikas Sicherheit mit der europäischen Sicherheit« und »einem
neuen Europa, das weiter nach Osten reicht«, verknüpft bleibe, sobald
die Spaltung überwunden war. Die NATO werde sich von »einer militärischen Organisation« in ein »politischeres Bündnis« wandeln müssen.
Unabhängig vom Schicksal des Warschauer Paktes stellte Baker klar,
dass die NATO und die Europäische Gemeinschaft Fixpunkte dieses
neuen Europas sein würden. Außerdem, betonte er, müsse der neue

deutsche Staat, wie immer er auch aussehen mochte, weiterhin in diesen beiden Organisationen Mitglied bleiben.[46]

Die Bush-Administration machte somit als Erste den Vorschlag, ein vereinigtes Deutschland weiterhin in westlichen Institutionen verankert zu lassen. Mit dem Festhalten an der NATO würde der Präsident außerdem eine fortgesetzte amerikanische Militärpräsenz in Europa garantieren. Und weil die Gemeinschaft der Zwölf im Begriff war, sich in die Europäische Union zu verwandeln, war Washington erpicht darauf, die Beziehungen zu jener Organisation zu stärken, die es als künftigen Kern des neuen Europa ansah. Die EU würde dazu beitragen, das vereinigte Deutschland im westlichen Lager zu verankern. Und amerikanische Kommentatoren sagten zudem voraus, dass sie als mächtiger »Magnet« dienen werde, der Osteuropa zur »freien Welt« hinzöge. Die EU befand sich, anders als die NATO, nicht unter amerikanischer Ägide und war potenziell ein Rivale für die Vereinigten Staaten; also hoffte Washington, die Unterstützung für eine vertiefte Integration werde es ihm gestatten, innerhalb der Organisation stärker Fuß zu fassen.[47]

Bakers Rede in Berlin war, laut *New York Times*, »das umfassendste und detaillierteste Sortiment an Ideen, die bisher aus der Bush-Administration gekommen waren, um mit den Umbrüchen umzugehen, die derzeit Europas politische Landschaft neu gestalten«.[48] Tatsächlich stehen die Äußerungen exemplarisch für die Rolle, die Baker häufig bei der Gestaltung der US-Außenpolitik spielte. Er war es, der aus den unausgereiften Ideen des Präsidenten, insbesondere bezüglich der Zukunft nach dem Kalten Krieg, ein Konzept entwickelte. Und er war dazu in der Lage, weil er als langjähriger Freund Bushs das Ohr des Präsidenten hatte und dieser ihm vertraute.

Doch die Wirkung der Äußerungen Bakers vom Vormittag schienen – zumindest kurzfristig – von dem untergraben zu werden, was er am Nachmittag tat. Schlagzeilen machte nämlich seine spontane (erst am Abend zuvor vereinbarte) Begegnung mit dem ostdeutschen Regierungschef Hans Modrow und mehreren Oppositionspolitikern. Diese fand ausgerechnet in Potsdam statt, nicht weit von dem Ort, wo sich Churchill, Stalin und Truman anno 1945 getroffen hatten, um den Krieg in Europa zu beenden und die Nachkriegsbesetzung Deutschlands zu planen. Baker hatte 1952 in seiner Examensarbeit in Princeton über diese Konferenz geschrieben.[49]

Kaum hatte er seine Rede vor dem Presseclub beendet, da stahl Baker sich davon und wurde in einer Mercedes-Limousine nach Brandenburg chauffiert, zum ersten (und letzten) Besuch eines amerikanischen Außenministers in der Deutschen Demokratischen Republik. »Die Fahrt nach Potsdam gehört zu den surrealsten Reisen, die ich je als Außenminister unternommen habe«, erinnerte sich Baker später. Sie seien »in den Südosten West-Berlins zur Glienicker Brücke«, einer rostenden Stahlkonstruktion, gefahren, die ihre »Berühmtheit als Szenerie für den Austausch unzähliger Spione erworben hatte«. Als sie sich der Brücke näherten, scherte in wahrer Le-Carré-Manier die westdeutsche Polizei aus, »wie eine Raupe, die ihren Kokon abstößt«, und übergab die Kolonne an ihre ostdeutschen Kollegen. Der Übergang von West nach Ost sei, so eine Mitarbeiterin Bakers, »als fahre man aus der Farbe ins Schwarz-Weiß«.[50]

In Potsdam, als sie sich dem Inter-Hotel näherten, wurde es noch schlimmer. Die verblasste Größe vom Preußen des 18. Jahrhunderts verschwamm im Nieselregen zum bombastischen Beton der DDR-Moderne. »Alles war grau – Kleidung, Gebäude, Menschen, Stimmung. Die Straßen waren wie leergefegt, von ein paar winzigen Trabants mit schwachen Scheinwerfern abgesehen, die wie Küchenschaben über den dunklen, schmutzigen Boden krochen.« Baker war nie ein großer Fan West-Berlins gewesen – »nicht die farbigste aller Städte« –, aber verglichen mit dem grauen Einerlei Potsdams war es »der reinste Times Square oder Piccadilly Circus«.[51]

Bei dem Treffen mit den DDR-Spitzen im Hotel hob Baker die Schlagworte »Gewaltlosigkeit«, »friedliche Reformen«, »freie Wahlen« und »Stabilität« hervor, doch die Details ihres Gesprächs hatten keine größere Bedeutung.[52] Die Erinnerung an die Begegnung mit Modrow war »genauso schnell entschwunden wie Modrows Regime«, schrieb Baker später. Aber schon die Tatsache, dass er mit der ostdeutschen Regierung gesprochen hatte, war wichtig, denn Mitterrand wurde in der kommenden Woche in Ost-Berlin erwartet. Baker war nun zuerst dort gewesen und hatte so die amerikanische Führungsrolle bei der Deutschen Frage demonstriert. Das Ganze hatte jedoch eine Kehrseite:

Manche Korrespondenten interpretierten Bakers Potsdam-Visite nämlich als Versuch, die DDR-Regierung zu »stützen« und Bonns Drängen
auf eine rasche Vereinigung zu bremsen. In dieser Lesart wurde Bakers
Abstecher nach Brandenburg mit dem Treffen der Botschafter der Vier
Mächte im ehemaligen alliierten Kontrollratsgebäude vom Vortag in Verbindung gebracht, das Kohl so sehr gekränkt hatte.[53]

Erschwerend kam noch hinzu: Während die Großen Vier sich in
Klausur begeben hatten, hielt der Kanzler vor dem CDU-Bundesaus-
schuss, dem kleinen Parteitag, der in West-Berlin tagte, einen Vortrag
über die Zukunft Deutschlands. Um die Siegermächte zu besänftigen,
die, von den USA mal abgesehen, wegen seiner Zehn Punkte alle irri-
tiert waren, gab er sich große Mühe zu erklären, dass er keineswegs ein
übermächtiges Deutschland schaffen wolle, und dass er keine Schritte
ohne Konsultierung der Großen Vier unternehmen werde.[54] Doch dann
hatten die Alliierten, wie es schien, ihn einfach ungeniert übergangen,
und der US-Außenminister hatte darüber hinaus, indem er auf die
Kränkung einen regelrechten Affront folgen ließ, auf eigene Faust
gehandelt: Er hatte unilateral, öffentlich und beispiellos mit den Ostdeutschen gesprochen. Da derartige Versionen der Ereignisse in der
Weltpresse kursierten, wurde Bakers ganzer Berlin-Trip gemeinhin als
völliges PR-Desaster betrachtet. Später schrieb der US-Außenminister
dem Bundeskanzler eine aufrichtige Entschuldigung.[55] Es sollte noch
einige Zeit dauern, bis die Ideen in seiner Rede vor dem Presseclub
entsprechend gewürdigt wurden.

Am 16. Dezember, auf der Rückreise aus Europa, traf Baker auf der
französischen Insel St. Martin, in den Kleinen Antillen, noch mit Bush
und Scowcroft zusammen, um gemeinsam mit François Mitterrand und
dessen Außenminister Roland Dumas die Lage zu besprechen. »In lege-
rer Kleidung unter einem gestreiften Zeltdach« entspannten sie sich
und plauderten eine Stunde lang bei einem Mittagessen bestehend aus
»Hummer, Ziegenkäse, einem Wein aus Chassagne Montrachet und
Schokoladentorte«. Für Baker waren der blaue Himmel und die sanfte
Brise nach dem feuchtkalten Berlin ein wahrer Genuss. Am Nachmittag
setzte man die Diskussionen bei einem Spaziergang auf dem »pulver-
artigen Sand« fort. Alle Gespräche wurden auf Englisch geführt, ohne
Übersetzer, was den inoffiziellen Charakter und die Intimität der Begeg-

nung unterstrich. Das war umso bedeutsamer, weil Frankreich bekanntlich ein empfindlicher Verbündeter war.[56]

Der Gedankenaustausch drehte sich ganz allgemein um die Zukunft
Europas. Von Deutschland war kaum die Rede, aber es lag auf der Hand,
dass die Amerikaner die Franzosen mit diesem Mini-Gipfel auf ihre
Seite bringen wollten. Dies umso mehr, als Thatcher, wie Kohl sich bei
seinem Essen mit dem US-Präsidenten in Brüssel ausgedrückt hatte,
bei der Vereinigung eher zurückhaltend sei. Bush hatte einen Lachan-
fall bekommen: »Das ist die Untertreibung des Jahres.«[57] Mitterrand
war eine Woche zuvor in Straßburg zur selben Erkenntnis gelangt, als
Thatcher ihre Europakarten aus Kriegszeiten hervorgeholt und erklärte
hatte: »Wir müssen den Deutschen Grenzen setzen.«[58]

Zu diesem Zeitpunkt hatte sich Mitterrand schon längst mit der deutschen Vereinigung abgefunden. Dennoch warnte er Bush: »Es könnte
eine diplomatische Krise auslösen, falls es zu schnell geht. Das hätte
den falschen Effekt und würde die Ost-West-Beziehungen in einem
Moment belasten, wo der Westen mühelos gewinnt.« Wie die Amerikaner fürchtete auch er anarchische Zustände in der DDR und war deshalb
überzeugt, dass »die Entwicklungen in Deutschland mit den Entwicklungen in der NATO und der EG verknüpft werden müssen«. Mitterrand bekräftigte gegenüber Bush, wie schon im Gespräch mit Kohl:
»Wir müssen gleichzeitig bei der Rüstungskontrolle, bei der EG-Integration, bei der Europäischen Währungsunion und bei der Kooperation
zwischen USA und EG Fortschritte erzielen, um ein neues Europa zu
schaffen. Sonst sind wir schnell wieder zurück im Jahr 1913 und könnten alles verlieren.« Wenn man Deutschland die Wiedervereinigung
erlaube und es sich anschließend wie ein unsicherer Kantonist gebaren
sollte, könnte Europa an den Rand eines neuen Großen Krieges tau-
meln. Die Geschichte lastete schwer in den Augen des Franzosen – aber
als Anhänger des europäischen Projekts sah er einen Weg aus der Finsternis der Vergangenheit.[59]

Nach der gemeinsamen Pressekonferenz äußerte sich Mitterrand
öffentlich zu Deutschland. »Ich stelle häufig folgenden Vergleich an,
auch bei Präsident Bush: Wenn die Pferde des Teams nicht mit gleicher
Geschwindigkeit laufen, gibt es einen Unfall. Und wir müssen uns mit
der Deutschen Frage, insbesondere, und mit der Frage Osteuropas in

einer Gangart befassen, die harmonisch ist, quasi im Gleichschritt mit der des Aufbaus von Europa.«[60] Mitterrands Wendung von den »Pferden eines Teams« war hübsch zweideutig. Sie konnte die EG als Ganzes oder speziell die vier alliierten Mächte bezeichnen. Was auch immer er meinte, es war klar, dass sich der schlaue französische Präsident an der amerikanischen Linie orientierte, während Thatcher mit ihrem ätzenden Misstrauen gegenüber den Deutschen ihr Land an den Rand des Geschehens manövrierte. Während sie für Reagan bei den Beziehungen zur UdSSR ein besonderer Partner gewesen war, hielt Bush eine enge Beziehung zu Mitterrand, sowie zu Kohl, in puncto Europa und Deutscher Frage für wertvoller.

Ende des Jahres 1989 basierten die Aktionen Bushs und Bakers noch auf der Annahme, dass Ostdeutschland ein lebensfähiger Staat bleibe, zumindest in unmittelbarer Zukunft, und dass die Veränderung allmählich von oben von den alliierten Mächten, im Zusammenspiel mit Kohl, gesteuert werden könne. Auch wenn sich Thatcher als widerspenstig erwies, würde der allgemeine Konsens, den der US-Präsident mit Gorbatschow und Mitterrand erzielt hatte, letztlich doch ausreichen, sie zum Einlenken zu zwingen. Bush sah Amerikas Rolle als der führende Partner in einem, wie er es später nannte, »vorsichtigen Tanz«. Insbesondere musste er unbedingt vermeiden, Gorbatschow auf die Zehen zu treten. »Ich wusste«, schrieb er, »wenn wir Fortschritte bei der Wiedervereinigung sehen wollten, mussten wir mit Moskau als gleichberechtigtem Partner an der Sache arbeiten. Wir mussten Gorbatschow zeigen, dass wir ohne jeden Zweifel die enormen Probleme verstanden, die ein vereintes Deutschland der Sowjetunion bereiten könnte.«[61]

*

Auch wenn Bush das noch nicht wissen konnte, so fing Gorbatschow allmählich an, einzulenken. Am 4. Dezember 1989 – dem Tag, als Bush vor seinen NATO-Verbündeten in Brüssel sprach – schilderte Gorbatschow in Moskau den Staats- und Regierungschefs des Warschauer Paktes seine Version des Malta-Gipfels. Indem er sein Mantra von der gegenseitigen Konvergenz wiederholte, erklärte er, dass Bush zugestimmt habe, *beide* Bündnisse müssten als Basis der Stabilität und

Sicherheit in Europa dienen. Er verurteilte außerdem die Invasion in der Tschechoslowakei von 1968. Und zur Deutschen Frage führte er aus, Bush habe zugegeben, dass Großbritannien und Frankreich die gleichen Bedenken wie die Sowjetunion bezüglich der Wiedervereinigung hätten.[62] Die Situation spitzte sich auch dahingehend zu, weil Gorbatschow angesichts der wachsenden nationalen Unruhen in Georgien, Aserbaidschan und den baltischen Republiken zunehmend innenpolitisch unter Druck geriet, zumal er es nicht schaffte, den Block zusammenzuhalten. Dieser Druck erklärte nicht zuletzt seine heftigen Äußerungen gegenüber Genscher am 5. Dezember. Vier Tage später, auf einem Treffen des Zentralkomitees der KPdSU, wurde er von mehreren Teilnehmern dafür kritisiert, dass er die Außenpolitik ohne Rücksicht auf die Partei führe. Gorbatschow verlor die Geduld und bot seinen Rücktritt an. Es dauerte einige Zeit, die Sitzung zu beruhigen, und unter den gegebenen Umständen beschloss er, erst gar nicht auf den Gipfel in Malta zu verweisen. Es lag auf der Hand, dass es Gorbatschow nicht gelang, seinen Erfolg im Ausland in Unterstützung im eigenen Land umzumünzen. Das Ende des Kalten Krieges – so willkommen es im Westen war – führte in Moskau selbst zu wachsender Verstimmung.[63]

Gorbatschows Hauptproblem war, dass er kaum Einfluss auf die Ereignisse hatte, insbesondere in Deutschland. An Neujahr war bereits offensichtlich, dass die Tage der DDR gezählt waren: Da sich die Wirtschaft im freien Fall befand, war der Staat nicht länger lebensfähig. Folglich arbeitete Kohl nun fieberhaft auf eine totale Fusion hin.

Mittlerweile hatte der Kanzler seine Schätzung des wahrscheinlichen Zeitrahmens für die Vereinigung korrigiert und war zu dem Urteil gekommen, dass das Ganze weniger als fünf Jahre, womöglich nur zwei oder drei dauern könnte.[64] Sein Optimismus stützte sich auf die neue Zuversicht, dass Mitterrand mit im Boot war. Die Befürchtungen bezüglich einer finsteren französisch-sowjetischen Entente, die Kohl im Dezember umgetrieben hatten, angesichts der Reisen des französischen Präsidenten nach Kiew und Ost-Berlin, wurden am 4. Januar 1990 zerstreut. Der deutsche Kanzler verbrachte den Tag in Mitterrands Ferienhaus bei Latché in der Nähe von Biarritz. Die Spaziergänge am Atlantik halfen, reinen Tisch zu machen. An diesem Tag gelang es Kohl, so sein Eindruck, Mitterrand zu überzeugen, dass er wirklich meinte, was er über die untrennbare Zusammengehörigkeit der deutschen und der europäischen Vereinigung sagte.[65]

Das war eine große Erleichterung für den Kanzler. Er nahm aber auch sehr ernst, was Mitterrand unablässig über Gorbatschow sagte, über dessen Sorge, dass »die Lösung des deutschen Problems ... ein russisches Drama hervorrufen« könnte. Die Befürchtung wuchs, dass, wenn Gorbatschow stürzen und ein Hardliner an die Macht kommen sollte, alles viel schwieriger werden würde. Mitterrand drehte jedoch den Spieß um und sagte zu Kohl: »Das Schicksal Gorbatschows hänge von Helmut Kohl mehr ab«, als von dem, was die Hardliner unternehmen mochten. Kohl warf ein, »er wisse das und Gorbatschow wisse dies auch«. Die Bundesrepublik war bereits der Haupthelfer Osteuropas, potenziell auch der UdSSR, wenn man an Bushs Zurückhaltung denkt, und hatte vermutlich auch den größten Einfluss darauf, dass sich die Auflösung Ostdeutschlands nicht zu einer schweren Krise im Herzen Europas zuspitzte. Kohl erkannte immer klarer, dass er durch die Macht der Deutschen Mark über ein reales politisches Druckmittel verfügte. Nach Gorbatschows Ausbrüchen im Dezember wusste er jedoch auch, dass er diese Stärke umsichtig einsetzen musste, ohne den Anschein allzu großer Eile zu erwecken.[66]

Kohl zweifelte nicht mehr daran, dass die DDR dabei war, zugrunde zu gehen. Am 11. Januar kündigte Modrow einen Plan an, in modifizierter Form die Arbeit der Stasi wiederaufzunehmen, inzwischen umbenannt in Amt für nationale Sicherheit. Das war ein eklatanter Bruch früherer Versprechen am Runden Tisch, die Stasi abzuschaffen. Als Reaktion auf diese Entwicklung, die wie eine Konterrevolution aussah, kam es in Ost-Berlin und anderen Städten zu Streiks und Protesten. Das Neue Forum rief am 15. Januar zu einer Demonstration vor dem Stasi-Hauptquartier auf. Die Veranstaltung geriet völlig außer Kontrolle, als Demonstranten das Gebäude stürmten und plünderten. Drei Wochen später rief der Ministerrat ein Komitee ins Leben, um die restlose Auflösung des ganzen inneren Sicherheitsapparats durchzuführen. Die Stasi hatte die DDR zusammengehalten, sowohl durch die Angst, die sie den Bürgern einflößte, als auch durch die Jobs, die sie anbot (Beschäftigung für fast 1,2 Prozent der Bevölkerung). Überdies hatte Modrows Regierung inzwischen ihre ganze Legitimierung verloren. Auch wenn er jetzt die Wahlen auf den 18. März vorzog und einen halbherzigen Plan für die deutsche Vereinigung (»Deutschland einig Vaterland«) vorlegte, war offensichtlich, dass seine Tage und die seiner Partei gezählt waren.

Tatsächlich verlor die DDR allein im Januar weitere 58 000 junge Bürger, ohne dass ein Nachlassen des Stroms in Sicht war. Die in SED-PDS umbenannte kommunistische Partei verlor rund 1,6 Millionen ihrer 2,3 Millionen Mitglieder; und schon bald finanzierte die West-CDU wie alle anderen großen westdeutschen Parteien (SPD, FDP und Grüne) den Wahlkampf ihrer Schwesterparteien oder zugehörigen Listen und gestalteten ihn damit auch. Kohl, Brandt und Genscher wurden für viele Ostdeutsche zu politischen Ikonen. Als Modrow Kohl am Rand des Weltwirtschaftsforums von Davos um weitere 15 Milliarden DM bat, diesmal nur, um bis zu den Wahlen zu überleben, sagte der Kanzler nicht einfach nein, sondern erklärte dreist, die einzige Option für das weitere Vorgehen sei eine rasche Wirtschaftsunion auf der Basis der D-Mark. Modrow blieb nichts anderes übrig, als klein beizugeben.[67]

Die dramatische Wende der Ereignisse in Ost-Berlin wirkte sich unweigerlich auch auf Moskau aus. Bei einem Treffen mit hohen Beratern am 26. Januar, unmittelbar nach einer angespannten Reise in das abtrünnige Litauen, wo die Rufe nach Unabhängigkeit täglich lauter wurden, stellte Gorbatschow klar, dass er die deutsche Einheit inzwischen letztlich für unausweichlich hielt – ungeachtet der Tatsache, dass die Bundesrepublik »einige Jahre« brauchen werde, um »die DDR wirtschaftlich zu schlucken«. Ganz fixiert darauf, sich auf das »Gesamteuropäische Treffen auf höchster Ebene« und auf den KSZE-Prozess insgesamt gut vorzubereiten, wurde es nun Gorbatschows taktische Priorität, die Vereinigung nicht länger zu blockieren, sondern zu bremsen. Er betonte jedoch weiterhin nachdrücklich, dass »niemand damit rechnen sollte, dass ein vereinigtes Deutschland in die NATO eintritt«. Das beste Druckmittel der UdSSR ging in seinen Augen von den Verantwortlichkeiten und Rechten der Vier Mächte und der Präsenz der Roten Armee in der DDR aus – auch wenn er erklärte, es stehe fest, dass »es keinen Einsatz unserer Truppen geben werde«. Wie die Amerikaner wollte er die Deutsche Frage über Gespräche unter den alliierten Mächten regeln, war allerdings bereit, Bonn und vielleicht auch Ost-Berlin an den »Fünf« oder »Sechs«, wie er es nannte, zu beteiligen. All das behielt er aber vorerst für sich: Er war zu diesem Zeitpunkt nicht bereit, öffentlich grünes Licht für die Vereinigung zu geben.[68] Zu Jahresbeginn war die sowjetische Führung deshalb im Wesentlichen noch optimistisch, dass sie genügend Zeit habe, sowohl die deutsche Vereinigung als auch die europäische Geopolitik zu gestalten. Sie glaubte, die UdSSR könne jede Aushöhlung der sowjetischen Sicherheitsinteressen verhindern und der Warschauer Pakt werde die Revolutionen von 1989 überleben. Letzteres war nicht völlig abwegig, weil die Meinungen in Osteuropa weit auseinandergingen. Ungarn und die Tschechoslowakei forderten nachdrücklich einen restlosen Abzug der sowjetischen Truppen von ihren Territorien; und im Februar hatte der Kreml zugesagt, dass dieser bis Juli 1991 abgeschlossen sein werde. Polen dagegen hatte, ungeachtet des historischen Antagonismus gegenüber Russland, noch mehr Angst vor einem wieder aufstrebenden, vereinigten Deutschland und dessen möglichen territorialen Ambitionen; zum jetzigen Zeitpunkt wollte es daher den Warschauer Pakt sogar stärken. Tatsächlich forderte die Regierung Mazowiecki am 29. Januar bei einer Sitzung des Paktes die anhaltende Präsenz von mindestens 275 000 sowjetischen Soldaten in der DDR und in Polen. Dieses Kontingent war nicht zuletzt als Verhandlungsmasse gedacht, um die endgültige Anerkennung der Oder-Neiße-Grenze durch Deutschland zu bekommen.[69]

Auf der amerikanischen Seite konzentrierte sich die Bush-Administration im Januar auf die Aufarbeitung von Malta und auf die Vorbereitung eines richtigen Gipfeltreffens in Washington gegen Ende des Frühjahrs. Geplant war die Unterzeichnung von Rüstungskontrollverträgen zu strategischen Atomwaffen (START) und zu konventionellen Streitkräften in Europa (KSE). Vor allem wollte das Weiße Haus Moskau zum weiteren Abzug sowjetischer Truppen aus Osteuropa anspornen – sowohl um den Kalten Krieg allgemein weiter zu entschärfen als auch um die Gefahr eines zweiten »Tiananmen« zu verringern. Da weit mehr Soldaten der Roten Armee als amerikanische in Europa stationiert waren, erforderte jede ausgehandelte Reduzierung bis auf Parität zwangsläufig viel stärkere Kürzungen auf sowjetischer Seite und barg den zusätzlichen Vorteil, dass die anhaltende amerikanische Militärpräsenz in Europa legitimiert würde. Bush dachte an eine Truppenstärke von 195 000 Mann auf beiden Seiten in der zentralen Zone und hatte die Absicht, diese neue KSE-Initiative in der bevorstehenden Rede zur Lage der Nation Ende des Monats anzukündigen.[70]

In dem Bestreben, die Initiative im Voraus Thatcher, Mitterrand und Kohl zu erklären – damit sie nicht Anzeichen eines möglichen amerikanischen Truppenabzugs aus Europa befürchteten –, schickte Bush den Vize-Außenminister Lawrence Eagleburger und den stellvertretenden Sicherheitsberater Robert Gates zu einer Stippvisite nach Westeuropa. Die beiden waren ein bewährtes Duo, in Washington bekannt unter den Spitznamen »Tweedledum« und »Tweedledee«.[71] Das aufschlussreichste Gespräch führten sie mit Kohl, weil er zum ersten Mal begann, seine Haltung zu den Beziehungen eines vereinigten Deutschlands zur NATO offenzulegen. Die Gesandten des Präsidenten erklärten, Bush hoffe, die UdSSR werde sich auf den KSE-Vorschlag einlassen, weil Gorbatschow damit zuhause das Gesicht wahren könnte und im Ausland imstande wäre, den Abzug sowjetischer Truppen als Teil der Rüstungskontrollverhandlungen bekanntzugeben, statt als Folge des Drucks postkommunistischer Regierungen in Osteuropa.

Der Kanzler billigte den amerikanischen Plan. Er sagte, er lege Wert darauf, dass die Vereinigten Staaten weiterhin mit Europa verknüpft blieben. Damit hoffte er, das Weiße Haus zu beruhigen und die amerikanische Skepsis gegenüber einem KSZE-Gipfeltreffen über die Zukunft Europas noch im Jahr 1990 zu zerstreuen. Überdies könnte dieser Plan, in seinen Augen, konkrete Vorteile für Deutschland haben. Eine Kürzung auf 195 000 Mann auf beiden Seiten implizierte einen Abzug von bis zur Hälfte der in der DDR stationierten sowjetischen Soldaten (aktuell 380 000). Ein derartiger Schritt würde die Sicherheit der Bundesrepublik enorm erhöhen.[72]

Nachdem Bush die europäischen Verbündeten auf seiner Seite wusste, ging er in seiner Rede auf dem Kapitol am Abend des 31. Januar mit dem Plan zum Abbau konventioneller Truppen an die Öffentlichkeit. Er präsentierte das Projekt im Kontext einer größeren Vision, die die Richtung wies, in welche sich Europa und die ganze Welt gerade bewegten. »Es gibt einzigartige Momente in der Geschichte, Daten, die alles, was davor kommt, von dem trennen, was danach kommt«, sagte er vor dem

Kongress. »Das Jahr 1945 bot den gemeinsamen Bezugsrahmen, die Orientierungspunkte der Nachkriegsära, auf die wir uns beriefen, um uns zu verständigen. Und das war unsere Welt, bis heute. Die Ereignisse des soeben zu Ende gegangenen Jahres, die Revolution von 1989, sind eine Kettenreaktion gewesen, so unglaubliche Veränderungen, dass sie den Beginn einer neuen Ära der Weltpolitik markieren.«[73]

Am gleichen Tag hatte bereits Hans-Dietrich Genscher seine eigene, spezielle Sicht der Zukunft in einem Vortrag an der Evangelischen Akademie im bayerischen Tutzing vorgestellt – an dem Ort, wo 27 Jahre zuvor Egon Bahr seine gefeierte Rede über eine neue Ostpolitik gehalten hatte. Im Gegensatz zu der großen Bedeutung, die Bush und Baker der NATO als Hauptakteur beimaßen, wollte der westdeutsche Außenminister den Kalten Krieg und die Spaltung Deutschlands durch einvernehmliche gesamteuropäische Lösungen überwinden. Statt eine Institution von der einen Seite des Eisernen Vorhangs umzubauen, hoffte er, etwas Neues zu schaffen, zu dem beide Seiten gleichermaßen einen Beitrag leisteten. Sein Maßstab war deshalb nicht die Nordatlantische Allianz, sondern die Konferenz über Sicherheit und Zusammenarbeit in Europa, die 1975 zum ersten Mal in Helsinki getagt hatte. Dieser Prozess aus der Ära der Entspannungspolitik würde, in seinen Augen, eine wirklich »gesamteuropäische« Ausstiegsstrategie aus dem Kalten Krieg bieten.[74]

Das war ein völlig anderer Ansatz als der, den Baker sieben Wochen zuvor im Berliner Presseclub präsentiert hatte. Dieser Gegensatz war keineswegs überraschend. Die beiden Außenminister gingen aus diametral entgegengesetzten Richtungen an die Deutsche Frage heran. Baker hatte am 12. Dezember aus einer zutiefst amerikanischen Sichtweise ungläubig durch ein Loch in der Mauer auf das geschaut, was von Ostdeutschland übrig war. Sein deutscher Kollege neben ihm aber sah, wenn er durch dieses Loch blickte, seine verlorene Heimat, die jetzt womöglich wiedergewonnen werden konnte.

Auch wenn Genscher zu einem ganz Großen der bundesdeutschen Politik geworden war, ging seine tiefe und offene Unterstützung der deutschen Vereinigung ebenso sehr auf diese emotionalen Wurzeln in einer ostdeutschen Heimat wie auf seinen Ehrgeiz zurück, einen Platz in der Geschichte zu erringen. Und sein Werdegang erklärt nicht zuletzt seine Überzeugung, dass die Einheit über gesetzliche Vereinbarungen erreicht werden sollte, als eine friedliche Einbeziehung des Sowjetblocks. Für Genscher war die Überwindung der Spaltung Deutschlands deshalb sowohl eine Angelegenheit des Herzens als auch des Kopfes. Trotz ihrer unterschiedlichen Sichtweisen hatten Genscher und Baker miteinander gemeinsam, dass sie Juristen waren, die in einer aus den Fugen geratenen Welt geordnete Lösungen anstrebten. Während der amerikanische Präsident und der deutsche Kanzler dazu tendierten, ihrem Impuls und politischen Instinkt zu folgen, richteten die beiden Außenminister ihr Augenmerk auf Prinzipien und Institutionen – auf der Suche nach einem Gerüst für eine neue Ordnung. In ihren Memoiren benutzten beide diese Metapher: Baker sprach von einer »Diplomatie als Architektur«; Die englische Ausgabe von Genschers Erinnerungen trug wiederum den Titel »Wiederaufbau eines geteilten Hauses«.[75]

Die von Genscher vorgeschlagene Struktur stand in einem eklatanten Widerspruch zu den bislang groben Entwürfen seines eigenen Kanzlers. Die Spannung verschärfend, achtete Genscher eifersüchtig auf sein Vorrecht als Außenminister, während Kohl seinerseits darauf bestand, dass Deutschlandpolitik eben Chefsache sei. Die bewusst nicht mit dem Kanzleramt abgesprochene Rede des Bundesaußenministers in Tutzing kann man als nächste Runde im Ringen zwischen den beiden betrachten. Kohl hatte lediglich im privaten Kreis und auch nur in Andeutungen darüber gesprochen, wie er sich die Sicherheitsarchitektur für ein vereinigtes Deutschland vorstellte. Tutzing bot Genscher die Gelegenheit, hervorzutreten und eine Marke zu setzen. Und um das internationale Klima zu testen, streckte er wie ein Insekt gleichsam seine Fühler aus.[76]

Genscher hatte ein besonders feines Gespür dafür, wie die Ereignisse sich von der anderen Seite des sich auflösenden Eisernen Vorhangs ausnehmen mochten. Daher widmete er sich in seiner Rede den Befürchtungen Moskaus. Gerade nach den Umwälzungen im Vorjahr müsse, betonte er, der Westen »auch der Einsicht Rechnung tragen, dass der Wandel in Osteuropa und der deutsche Vereinigungsprozess nicht zu einer Beeinträchtigung der sowjetischen Sicherheitsinteressen führen darf«, und jede Einmischung in die Angelegenheiten des Warschauer Paktes vermeiden. Er plädierte dafür, dass die NATO unmissverständlich erklären sollte:»Was immer im Warschauer Pakt geschieht, eine Ausdehnung des NATO-Territoriums nach Osten, das heißt, näher an die Grenzen der Sowjetunion heran, wird es nicht geben. Diese Sicherheitsgarantien sind für die Sowjetunion und ihr Verhalten bedeutsam.« Vor allem warnte er, dass eine Annäherung zwischen den beiden deutschen Staaten von der UdSSR blockiert werde, falls der Westen vorschlagen sollte, »dass der Teil Deutschlands, der heute die DDR bildet, in die militärischen Strukturen der NATO einbezogen werden solle«. Ihm schwebte vor, dass beide Bündnisse vorläufig weiterhin bestehen blieben, aber mit der Zeit »von einer Konfrontation zur Kooperation hinübergehen« und am Ende »Elemente« eines Konstrukts würden, das er neue »kooperative Sicherheitsstrukturen in ganz Europa« nannte.[77]

Genscher ging in Tutzing nicht zu sehr ins Detail – die Rede warf ebenso viele Fragen auf, wie sie beantwortete –, doch allem Anschein nach befürwortete der deutsche Außenminister letztlich die Auflösung sowohl der NATO als auch des Warschauer Paktes in einer gesamteuropäischen Sicherheitsstruktur unter der Ägide der KSZE. Das stand, natürlich, im Widerspruch zu dem Szenario Bushs und Bakers für einen neuen Atlantizismus. Für Gorbatschow jedoch waren Genschers Ideen außerordentlich reizvoll. In Malta hatte der Generalsekretär von einem »Helsinki-II-Gipfel« zur Umsetzung seines eigenen Konzeptes von einem »gemeinsamen Haus Europa« gesprochen und hatte für die Umwandlung der NATO und des Warschauer Paktes in »mehr und mehr politische« Bündnisse plädiert.[78]

Deshalb stellte die Rede von Tutzing am 31. Januar eine potenzielle Provokation für die Bush-Administration dar. Als Genscher am 2. Februar nach Washington kam, wurde er prompt von Baker gedrängt, seine Haltung klarzustellen. Wie sich das Gespräch genau entwickelte, ist unklar, weil offenbar von keiner Seite ein Protokoll existiert. Doch der sensible Charakter dieser Unterhaltung wird ein Stück weit von einem Bericht erhellt, den Baker am 3. Februar an den US-Botschafter in Bonn Vernon Walters telegrafierte, mit der ausdrücklichen Anweisung, »den Inhalt zu prüfen« und anschließend mit Teltschik zu erörtern, »um sicherzugehen, dass das Kanzleramt und das Außenministerium ganz auf dem aktuellen Stand unseres Dialogs zu diesen Themen sind«.

Die beiden Männer sprachen zwei volle Stunden miteinander: Die deutsche Vereinigung sei ein schnell fahrender Zug, meinte Genscher. Nur die rasche Aussicht auf eine Vereinigung könne eine sich rasant verschlechternde Lage in der DDR stabilisieren und die Flüchtlingsflut von Ost nach West aufhalten. Er bestätigte, dass eine »Neutralität« für das vereinigte Deutschland außer Frage stehe und dass der neue deutsche Staat in der NATO bleiben werde, weil die Allianz ein wesentlicher Baustein für ein neues Europa sei. In diesem Kontext wiederholte er die in Tutzing vorgetragene Ansicht, dass es notwendig sei, den Sowjets zu versichern, dass die NATO ihr Territorium nicht auf das Gebiet der DDR, geschweige denn anderswo in Osteuropa ausdehnen werde. Doch im Anschluss daran – und »er verbrachte viel Zeit damit, ausführlich von seiner jüngsten Rede zu erzählen« – unterstrich Genscher die zentrale Rolle des »KSZE-Prozesses« für die breitere europäische Architektur der Vereinigung. Sie würde nicht nur den Sowjets helfen, das Gesicht zu wahren; langfristig werde die KSZE alle anderen Sicherheitsabsprachen ersetzen, indem sie de facto zu Übergangslösungen gemacht werden. Seiner Vision der Zukunft zufolge bilde die KSZE das Vehikel für neue Sicherheitsvorkehrungen in ganz Europa. Genscher hätte dieses paneuropäische Forum am liebsten über zwei KSZE-Gipfeltreffen im Jahr 1990 (in Paris) und 1992 (in Helsinki) institutionalisiert. Doch Baker wollte nicht so weit gehen und gab zu verstehen, dass er nicht glaube, die KSZE allein werde »das Bedürfnis der Sowjets, sich beteiligt zu fühlen, zufriedenstellen«. Weiter kommentierte der amerikanische Außenminister die KSZE-Idee nicht.[79]

Anschließend teilten die beiden Außenminister den weltweiten Medien mit, dass unter ihnen »volle Übereinstimmung« herrsche, was die NATO-Mitgliedschaft Deutschlands betreffe. Genscher erklärte noch einmal, dass man keinesfalls die Absicht habe, das NATO-Gebiet der Verteidigung und Sicherheit nach Osten auszudehnen. Als die Journalisten jedoch nähere Details wissen wollten, gab er sinngemäß folgende Wendung von sich: Es werde keine halbe Mitgliedschaft geben, weder in der einen noch in der anderen Form.[80] Mit anderen Worten, das ganze vereinigte Deutschland würde NATO-Mitglied werden (gemäß den Artikeln 5 und 6 des Bündnisvertrags), doch das Territorium der ehemaligen DDR werde weder für NATO-Truppen noch für Rüstungsgüter genutzt. Genscher versuchte, eine legalistische Unterscheidung zwischen der »politischen« NATO (Mitgliedschaft) und der »militärischen« NATO (Gebiet der Verteidigung) zu treffen. Man sollte an dieser Stelle anmerken, dass eine Erweiterung des Bündnisses über Deutschland hinaus in der Öffentlichkeit nicht angesprochen wurde, geschweige denn damals offenbar ein großes politisches Thema war, zumal auch der Warschauer Pakt noch fortbestand.[81] Dennoch war es Genscher am 2. Februar gelungen, sein Tutzinger Konzept ein wenig zu schärfen, und es hatte den Anschein, als lägen er und Baker nun mehr auf der gleichen Wellenlänge. Damit handelte der US-Außenminister jedoch auf eigene Faust, ohne Instruktion vom Weißen Haus, genauso wie der Bundesaußenminister oftmals ohne Absegnung des Kanzleramts seine eigene Linie verfolgte.[82]

Außerdem blieben praktische Dinge weitgehend ausgeklammert. Und im weiteren Verlauf tauchte noch ein zentraler Unterschied bei Verfahrensfragen auf. Baker forderte nachdrücklich einen Zwei-plus-Vier-Prozess, welcher die beiden deutschen Staaten und die vier Siegermächte umfasste. In diesem Rahmen sollten die neuen Sicherheitsabkommen Deutschlands ausgehandelt werden. Genscher, mit seiner Fixierung auf die KSZE, habe, laut Bakers Telegramm, offenbar derartige Verhandlungen im kleinen Kreis vorerst »nicht unterstützt, aber für den Zeitpunkt nach den Wahlen am 18. März in der DDR nicht ausgeschlossen«. Für ihn war die Leitmaxime, dass nichts getan werden solle, das »den Sowjets das Gefühl vermittle, sie würden diskriminiert«.[83]

Eine Woche später, am 9. und 10. Februar, besuchten zuerst Baker und dann Kohl Moskau – als deutliches Signal, dass die Amerikaner und Deutschen in der Tat »Partner in der Führungsrolle« seien. Sie machten in der Frage der Vereinigung Fortschritte, aber nicht bei der allumfassenden Sicherheitsstruktur.

Bakers Besuch sollte den Boden für einen Gipfel zwischen Bush und Gorbatschow bereiten, der die in Malta erzielten Übereinkünfte weiterentwickelte. Die angedachte Agenda, die er mit Gorbatschow und Schewardnadse diskutierte, deckte die übliche Palette an Themen des Kalten Krieges ab. Baker drängte auf Fortschritte bei KSE und START.

Die Russen protestierten vehement, als er die anhaltende sowjetische Unterstützung für das Regime Nadschibullahs in Afghanistan kritisierte. Gorbatschow griff Baker wegen der jüngsten amerikanischen Militärintervention in Panama an. Hinsichtlich Nicaraguas gestand Baker zu, dass die USA die sandinistische Regierung anerkennen würden, sofern faire Wahlen durchgeführt würden. Dann kamen sie zu dem Thema, das sich nicht umgehen ließ: Deutschland.

Die Zwei-plus-Vier-Formel bereitete keine allzu großen Schwierigkeiten. Schewardnadse befürwortete den KSZE-Prozess, aber Baker nannte ihn »zu schwerfällig« und appellierte an die gemeinsame Geschichte: »Wir haben gemeinsam einen Krieg geführt, um Frieden nach Europa zu bringen. Weniger gut sind wir mit dem Frieden im Kalten Krieg umgegangen. Nun stehen wir vor rapiden, fundamentalen Veränderungen und sind besser in der Lage, für den Erhalt des Friedens zusammenzuarbeiten.« Gorbatschow stimmte Baker zu: »Vier-plus-Zwei oder Zwei-plus-Vier – beides ist, vorausgesetzt es basiert auf internationalem Recht, der Situation angemessen.« Diese Aussage Gorbatschows »verbuchte« Baker, wie er sich ausdrückte, »augenblicklich stillschweigend als Zustimmung«. Allerdings merkte er an, dass er es zum ersten Mal erlebte, »dass Schewardnadse einen Punkt ablehnte, zu dem sich Gorbatschow offen bekannte«. Hier deutete sich etwas an, was für die kommende Entwicklung Bedeutung gewinnen sollte – auch wenn der US-Außenminister das noch nicht wissen konnte.[84]

Baker erklärte anschließend, dass Washington, genau wie Bonn, die Idee einer deutschen Neutralität und damit die Forderung des Kremls, ein vereinigtes Deutschland müsse außerhalb der NATO und des Warschauer Paktes stehen, ablehne. Er führte aus, eine Neutralität würde eine mögliche deutsche Remilitarisierung nicht verhindern; im Gegenteil, ein Deutschland ohne Bündnis könnte sich angespornt fühlen, eigene Atomwaffen zu erwerben. Und eben deshalb, sagte er, hätten die westeuropäischen Bündnispartner Amerikas und mehrere osteuropäische Regierungen tatsächlich um eine fortgesetzte US-amerikanische Präsenz auf dem Kontinent gebeten. Aber wenn die Verbündeten einen Abzug der US-Truppen forderten, würde Washington dem Wunsch selbstverständlich nachkommen. Für den Fall, dass »die Vereinigten Staaten ihre Anwesenheit in Deutschland im Rahmen der NATO aufrechterhalten«, versprach er, dass »die Jurisdiktion oder militärische Präsenz der NATO in östlicher Richtung um keinen einzigen Zoll ausgedehnt wird«. Im Grunde gab Baker Genschers Ideen zu Deutschland und der NATO wieder und präsentierte sie als Position der USA zu diesen Fragen.[85] Seine Wortwahl war jedoch präziser als Genschers Formel in Tutzing: keine »Ausdehnung des NATO-Territoriums nach Osten«. Allerdings brachte größere Präzision nicht größere Klarheit. Meinte Baker das Nichtüberschreiten der innerdeutschen Grenze oder auch die Grenze zu Polen? Was genau bedeutete »Jurisdiktion« und »militärischer Präsenz«? Das Gebiet der Verteidigung? Truppen? Konventionelle Streitkräfte? Atomwaffen?

Baker hatte mehrere Minuten lang fast ununterbrochen geredet. Gorbatschow antwortete vage: »Ich möchte sagen, dass wir im Großen und Ganzen diese Art von Überlegungen teilen.« Dann gab er die bislang wohl eindeutigste Stellungnahme ab. Die Aussicht auf ein vereintes Deutschland sei für die Sowjets »genauso wenig erschreckend wie für Sie«. Großbritannien und Frankreich mochten ihre Bedenken haben, aber für die Sowjets und die Amerikaner gelte dies nicht. »Wir sind große Staaten und haben unser eigenes Gewicht.« Die Frage der NATO-Mitgliedschaft blieb jedoch ungeklärt. Deshalb kam Baker am Ende des Treffens noch einmal darauf zurück und stellte eine ganz konkrete Frage. Er wollte wissen, ob Gorbatschow ein nicht gebundenes, vereinigtes Deutschland ohne US-Soldaten auf deutschem Boden oder ein vereinigtes Deutschland in der NATO mit der Garantie einer Nichterweiterung der Jurisdiktion der NATO oder der NATO-Truppen über die derzeitige Linie hinaus (nach Ostdeutschland) lieber wäre. Gorbatschow erklärte, dass die Sowjets die Absicht hätten, über sämtliche Optionen nachzudenken. Aber, fügte er hinzu, es sei klar, »dass eine Ausdehnung der NATO-Zone inakzeptabel ist«. Baker erwiderte: »Wir stimmen dem zu.« Und dennoch sah Gorbatschow durchaus die Möglichkeit, dass die »Anwesenheit der amerikanischen Streitkräfte eine mäßigende Rolle« spielen könne. »Lassen Sie uns nachdenken. Man kann derzeit kein Fazit ziehen.«[86]

Einen Tag später, am 10. Februar, holte sich Kohl im Kreml seine eigenen Zusicherungen zur deutschen Einheit. Die Stimmung bei der zweieinhalbstündigen Begegnung sei, laut Kohl, sachlich und konzentriert gewesen. Gorbatschow, der sich im Dezember so sehr über den Zehn-Punkte-Plan aufgeregt hatte, äußerte kein einziges Wort der Kritik an Kohl oder seiner Politik. Der Generalsekretär erwähnte ausdrücklich die wirtschaftlichen Vorteile der Vereinigung für Moskau und sagte dem Kanzler, dass die Entscheidung, Vereinigung oder nicht, allein bei den Deutschen selbst liege. Laut sowjetischem Protokoll der Begegnung führte Gorbatschow aus:

>»Wahrscheinlich kann man behaupten, dass zwischen der Sowjetunion, der Bundesrepublik und der DDR in der Frage der Einheit der deutschen Nation keine Meinungsverschiedenheiten bestehen und dass die Deutschen diese Frage selbst entscheiden werden. Kurzum, im wichtigsten Ausgangspunkt besteht Einvernehmen: Die Deutschen müssen ihre Wahl treffen. Und sie sollen diese unsere Position kennen.«
>»Die Deutschen wissen das«, erwiderte Kohl. »Sie wollen sagen, dass die Frage der Einheit die Wahl der Deutschen selbst ist.«
>»Aber im Kontext der Realitäten.«
>»Damit bin ich einverstanden«, erklärte der Kanzler.[87]

Bislang hatte Kohl nur über Dritte von der »Selbstbestimmung« gehört. Jetzt bekam er aus erster Hand diese Zusage. Vor Freude den Tränen nahe, versicherte Kohl Gorbatschow, dass von deutschem Boden nur Frieden ausgehen werde, und bedeutete seinem Mitarbeiter Horst Teltschik, unbedingt alles aufzuschreiben. »Das ist der Durchbruch«, notierte Teltschik später in seinem Tagebuch: »Wieder eine Sensation … Keine Einforderung eines Preises und schon gar keine Drohung. Welch ein Treffen!«[88]

Die Neuigkeit wurde um 22 Uhr nach einem fröhlichen Bankett im Kreml der Weltpresse enthüllt. »Dies ist ein guter Tag für Deutschland und ein glücklicher Tag für mich persönlich«, erklärte der Kanzler. »Der Generalsekretär hat mir unmissverständlich zugesagt, dass die Sowjetunion die Entscheidung der Deutschen, in einem Staat zu leben, respektieren wird; und dass es Sache der Deutschen ist, den Zeitpunkt und den Weg zur Einigung selbst zu bestimmen.«[89] Die sowjetische Nachrichtenagentur *TASS* veröffentlichte die Erklärung und unterstrich »das persönliche Vertrauen« zwischen Kohl und Gorbatschow. Die *Süddeutsche Zeitung* schrieb, der Kremlchef habe dem Bundeskanzler den »Schlüssel zur Lösung der deutschen Frage überreicht«.[90] Innerhalb von zwei Tagen kehrten die Amerikaner und die Deutschen tatsächlich mit »grünem Licht« für die deutsche Vereinigung aus Moskau zurück. Wie sich das mit der Sicherheit Europas vereinbaren ließ, musste noch entschieden werden. Aber bei dem Thema sollte Bush das Sagen haben.

*

Die Reaktion des US-Präsidenten auf die Ideen, die Genscher in Tutzing vorgetragen und in Washington am 2. Februar näher ausgeführt hatte, war eine andere gewesen als die Bakers. Nachdem er seine Nationalen Sicherheitsberater angehört hatte, legte Bush seine eigene Sicht der Dinge am 9. Februar in einem Schreiben an Kohl dar. Er erklärte, dass die fortgesetzte Anwesenheit von US-Truppen auf deutschem Boden und die Beibehaltung der atomaren Abschreckung zusammen »ausschlaggebend für die Sicherung der Stabilität in diesen Zeiten des Wandels und der Ungewissheit« wären. Deshalb schlug er Kohl vor, dass die NATO-Mitgliedschaft eines vereinten Deutschlands einen, wie er sagte, »Sondermilitärstatus für das heutige Territorium der DDR« beinhalten könnte.[91]

Dieser Ansatz unterschied sich insofern von dem Genschers und Bakers, als, wie Scowcroft es formulierte, »das *ganze* vereinte Deutschland innerhalb des NATO-Gebietes und der Jurisdiktion und somit auch von der Sicherheitsgarantie der NATO abgedeckt wäre«. Und dieser Status ginge einher mit »substanziellen, letztlich vielleicht völligen sowjetischen Truppenabzügen aus Mittel- und Osteuropa«. Das hätte zur Folge, dass die Rote Armee vollständig aus der ehemaligen DDR abziehen musste, weil das ganze vereinte Deutschland in der NATO wäre. Das sei, so Scowcroft, »eine wichtige Korrektur« gewesen, um zu verhindern, »dass Gorbatschow uns mit Genschers Idee den Kopf verdrehte«. Allerdings war sich der Präsident darüber im Klaren – genau wie Genscher und Baker auf ihre Weise –, dass man Gorbatschow die NATO schmackhafter machen musste. Er regte erneut an, dass das

Bündnis »einen anderen Auftrag, mit stärkerem Nachdruck auf der politischen Rolle« haben sollte.[92]

Die von Baker und Genscher gewählte Wendung schränkte die Optionen ein – schloss sie doch scheinbar jede militärische Expansion der NATO aus –, während Bushs Sondermilitärstatus potenziell jede Option offenließ, was Deutschland anging. Das war keineswegs Haarspalterei. Es kam einem bedeutenden Wandel in der politischen Vorgehensweise gleich, von einer rein defensiven amerikanischen Haltung zu einer deutlich entschiedeneren.

Das Weiße Haus war inzwischen offensichtlich zur Ansicht gelangt, dass die Vereinigung unmissverständlich zu den westlichen, genauer amerikanischen, Bedingungen erfolgen sollte. Die NATO sollte nicht nur überleben, sondern als das Vehikel dienen, um die führende Rolle der Vereinigten Staaten bei Europas Sicherheit auch nach dem Kalten Krieg aufrechtzuerhalten. Diese geopolitische Sichtweise wurde von dem derzeitigen NATO-Generalsekretär Manfred Wörner unterstrichen – einem ehemaligen CDU-Politiker, vor dem Bush großen Respekt hatte. »Dies ist eine einzigartige Gelegenheit, ein entscheidender Moment«, sagte Wörner am 24. Februar in Camp David dem US-Präsidenten. »Wir müssen die klassische deutsche Versuchung vermeiden: frei zwischen Ost und West zu schwanken und mit beiden Seiten zu feilschen. ... Das ist Ihre historische Aufgabe.«[93] Die Bush-Administration betrachtete das Atlantische Bündnis als »Kraft der Stabilität«, die »sich mit anderen multilateralen Institutionen wie die EG und die KSZE überschneiden sollte, um einen gemeinsamen Sicherheits- und Politikrahmen zur Ergänzung der Rolle wirtschaftlicher und politischer Gruppierungen zu bieten«.[94] Oder mit den Worten Bakers: »Wenn Geschichte als Leitlinie dient, dann wären anhaltende US-Präsenz und Einfluss konstruktiv.«[95]

Die amerikanische Diplomatie kam jetzt richtig in Fahrt. Auf dem ersten Treffen der Außenminister der NATO und des Warschauer Paktes seit dem Mauerfall, das am 11./12. Februar in Ottawa stattfand, überredete Baker seine Kollegen, den Zwei-plus-Vier-Rahmen zu akzeptieren. Er und Genscher wiesen die Proteste kleinerer Mächte wie Italien und Polen brüsk zurück. Eine Abfuhr bekamen auch jene, die an eine große Friedenskonferenz gedacht hatten – quasi um die nicht erledigte Arbeit von Potsdam anno 1945 zum Abschluss zu bringen.[96] Nachdem diese Hürde überwunden war, lud Bush Kohl zu einem persönlichen Gespräch über grundsätzliche Fragen und die Parameter von Deutschlands NATO-Mitgliedschaft ein. Das war jetzt die Gretchenfrage.[97] Das Weiße Haus hatte Angst, dass die Deutschen in einem Wahljahr womöglich der Versuchung einer pazifistisch-nationalistischen Denkweise erliegen könnten. Deshalb hielt Bush es für unabdingbar, »von Kohl die Zusage zu bekommen, dass ein vereintes Deutschland ein volles Mitglied der NATO und Teilnehmer an deren integrierter militärischer Struktur sein würde«, im Gegensatz zu Frankreich, das sich 1966 unter de Gaulle aus der integrierten Kommandostruktur der NATO zurückgezogen hatte. Ebenso wollte er, dass Kohl »das öffentlich« während ihrer für den 24./25. Februar 1990 geplanten Begegnung in Camp David erklärte.[98]

Kurz vor Kohls Ankunft im rustikalen Ferienhaus des Präsidenten in Maryland rief Bush den kanadischen Premierminister Brian Mulroney an – zu dem er ein besonders gutes Verhältnis hatte –, um mit ihm zu besprechen, wie er sich dem Kanzler gegenüber am besten verhalten sollte. Bush vertraute Mulroney an, dass ihm ein wiedererstarkendes Deutschland durchaus Angst mache und dass grundlegende Spannungen mit Baker bestünden. »Ich glaube nicht, dass wir uns der Vereinigung in den Weg stellen können. Helmut hat eine tiefe emotionale Bindung an das Vaterland. Ich habe mit Jim Baker gesprochen. Er möchte, dass wir die Sowjets in Ostdeutschland bleiben lassen. Das bereitet mir allerdings Sodbrennen ... Das ist genau das, wogegen wir uns all die Jahre stark gemacht haben.« Mulroney stimmte zu: »Ich sehe bei aller Fairness nicht, wie wir das akzeptieren können. Der Preis für die deutsche Einheit müssen zumindest die volle deutsche Mitgliedschaft und die volle Unterstützung in allen westlichen Organisationen sowie für die amerikanische Führung des Bündnisses sein.« Der kanadische Premier wurde richtig emotional: »Und eins will ich Ihnen sagen: Wir geben unseren Platz in Europa nicht auf. Wir haben dafür bezahlt. Wenn die Leute wissen wollen, wie Kanada für seinen Platz in Europa bezahlt hat, dann sollen sie die Gräber in Belgien und Frankreich besuchen. Wir waren in zwei Kriegen dort und zahlten einen enormen Tribut. Es ist nicht unangemessen zu sagen, dass Veränderungen anstehen, aber die NATO hat uns bis hierher gebracht. Die Solidarität im Bündnis wird uns noch weiter bringen.« Bush war beruhigt. Er merkte in seinen Memoiren dazu an: »Mulroney hatte es voll erfasst.«[99]

Vor allem beeindruckte den Präsidenten ein Satz von Mulroney: »Sie sind der Einzige, der dieses Bündnis führen kann – Sie müssen es machen.« Diese Botschaft wurde noch verstärkt, als Manfred Wörner, Bushs Gast beim Mittagessen, insistierte: »Ein amerikanischer Präsident, der ein ungeteiltes und freies Europa will, kann die Neutralisierung eines vereinten Deutschlands nicht akzeptieren.« Neutralität würde keinen Sicherheitsrahmen innerhalb der EG zulassen, da diese Organisation nur eine »kleine Sicherheitsrolle« hatte. Was die WEU anbelangte, so bot sie viel »Diskussionsraum«, aber »keine Hardware«, während die KSZE in seinen Augen nicht mehr war als ein »Quasselclub«. Aus diesem Grund, so der NATO-Chef gegenüber Bush, »müssen [Sie] Ihre starke Position beibehalten, dass Deutschland Mitglied der NATO sein muss. Es kann keine Mehrdeutigkeit geben. Es kann keine ›Assoziation‹ mit der NATO geben.« In der Tat, betonte Wörner, »müssen Sie und Deutschland sich jetzt auf eine deutsche Einheit innerhalb der NATO einigen und diese an den Russen verkaufen«.

Während Bush auf den Bundeskanzler wartete, dachte er über Mulroneys und Wörners Aussagen nach: »Ich glaube, wir haben eine unverhältnismäßige Rolle bei der Stabilität. Wir haben willensstarke Akteure – große und kleine in Europa, aber nur die Vereinigten Staaten sind dazu imstande.« Natürlich würde es nicht leicht werden. »Ich muss bei all dem nach den US-amerikanischen Interessen schauen, ohne in eine isolationistische oder friedensbewegte Sichtweise auf den Ort zu verfallen, wo wir in der Welt stehen.« Außerdem musste er über Amerikas Rolle in einer verwirrend neuen Welt nachdenken. »Wer ist der Feind? Das werde ich unablässig gefragt« – weil es eben nicht mehr das »Reich des Bösen« war. »Es ist die Apathie; es ist die Unfähigkeit, etwas exakt vorherzusagen; es ist der dramatische Wandel, der nicht vorhergesehen werden kann; und es sind Ereignisse, die man nicht voraussagen kann.« Das war für Bush die große neue Herausforderung: »Es gibt alle möglichen Ereignisse, die wir nicht voraussehen können, die eine starke NATO erfordern, und es gibt die verschiedensten Formen einer potenziellen Instabilität, die eine starke US-Präsenz erfordern.«[100]

Seine Überlegungen wurden von dem Lärm des herannahenden Hubschraubers unterbrochen. Kohl und seine Frau Hannelore flogen an jenem trüben und wolkenverhangenen Morgen vom Dulles Airport in Washington ein. Es war kalt – ein eisiger Wind blies oben am Berg und hartgefrorener Schnee lag am Boden. Die deutschen Besucher wurden von Scowcroft und Baker begleitet – Letzterer »strahlend in einem roten Flanellhemd, Cowboy-Stiefeln und Hut« –, wie Bush notierte. Es war das erste Mal in der 40-jährigen Geschichte der Bundesrepublik, dass ein Bundeskanzler das Privileg eines Aufenthalts im Refugium des Präsidenten genießen sollte.

Ebenso wichtig war: Genscher war von Kohl und Bush bewusst ausgeschlossen worden. Nachdem die Gäste Freizeitkleidung angezogen und ein »anregendes Essen« zu sich genommen hatten, begaben sich die Staatsmänner in das geräumige holzgetäfelte Wohnzimmer des größten Ferienhauses, wo sie ihren Austausch fortsetzten.[101]

Kohl verkündete sogleich den kategorischen Ausschluss der Möglichkeit, dass sowjetische Soldaten auf deutschem Boden blieben. Er räumte jedoch ein, dass ein geordneter, stufenweiser Abzug einige Zeit dauern werde. Zumindest während dieser Übergangsphase sollten keine westlichen Streitkräfte, nicht einmal aus der Bundeswehr, auf ehemaliges DDR-Gebiet verlegt werden. Bush war genau wie Kohl zuversichtlich, dass es Gorbatschow letztlich nicht gelingen werde, eine NATO-Mitgliedschaft des vereinten Deutschlands zu verhindern. Der Kanzler sah hier den US-Präsidenten in der Verantwortung, weil in der deutschen Frage »jetzt viel Prestige im Spiel« sei. »Die Sowjetunion habe aus der Sicht Gorbatschows in Wahrheit nur einen Partner, nämlich die USA.« Die Hauptlast würde deshalb bei dem bevorstehenden Gipfeltreffen der Supermächte in Washington liegen, weniger beim Zwei-plus-Vier-Prozess. Andererseits war Kohl überzeugt, dass Reden nicht ausreichen werde. »Am Ende werde die Frage nach Bargeld stehen«, sagte er den Amerikanern und kam später erneut darauf zurück: »Die Sowjets brauchen Geld«. Außerdem seien sie »im Grunde ganz froh, wenn die Deutschen in der NATO seien«. Anders als andere hätten sie keine grundlegenden Bedenken, »aber sie wollten einen Preis«. Bush spielte prompt den Ball an Kohl zurück: »Der Bundeskanzler habe große Taschen.«

Ein gemütlicher Plausch: Helmut Kohl, George Bush und James Baker in Camp David

Die Ergebnisse wurden wie folgt zusammengefasst:

Anknüpfend an das Tischgespräch betont Präsident Bush, die USA hätten großes Interesse, dass GS [Generalsekretär] Gorbatschow Erfolg habe. Deshalb wolle man den bevorstehenden Gipfel USA-SU zum Erfolg machen, insbesondere auf dem Gebiet der Abrüstungs- und Rüstungskontrolle, und zwar zu einem Erfolg, den GS Gorbatschow auch nach innen vorzeigen könne. So hoffe er noch in diesem Jahr auf [die Unterzeichnung eines KSE-Vertrags,] einen START-Vertrag ...[und einen] KSZE-Gipfel. Nehme man alles zusammen, so komme man zur Schlussfolgerung, dass die SU nicht in einer Position sci, dem Westen diktieren zu können, ob Deutschland in der NATO bleibt oder nicht. In diesem Zusammenhang wolle er seine Sorge wiederholen, dass einige Leute sagten, die Sowjets sollten wegen der deutschen Wiedervereinigung bleiben. Bei aller Unterstützung der Sowjets dürfe man ihnen nicht erlauben, »den Sieg aus den Klauen der Niederlage zu reißen«.[102]

Bush und Kohl waren sich einig, was bei einer gemeinsamen Abschlusspressekonferenz überdeutlich wurde. Bush erklärte:

> Wir teilen die Überzeugung, dass ein vereintes Deutschland ein
> volles Mitglied der NATO bleiben soll, was die Teilnahme an der
> militärischen Kommandostruktur einschließt. Wir stimmen darin
> überein, dass Truppen der USA weiterhin in einem vereinten
> Deutschland und andernorts in Europa als Garant fortgesetzter
> Stabilität stationiert bleiben sollten. Der Kanzler und ich sind
> uns auch darüber einig, dass das frühere Gebiet der DDR in
> einem vereinten Staat einen besonderen militärischen Status
> haben sollte und dass dieser die legitimen Sicherheitsinteressen
> aller betroffenen Staaten einschließlich der Sowjetunion berück-
> sichtigen muss.

Kohl stimmte ein: »Der Sicherheitsverbund zwischen Nordamerika und
Europa ist und bleibt für uns Deutsche heute und in Zukunft – das
heißt auch für ein geeintes Deutschland – von existenzieller Bedeutung.
Deshalb brauchen wir die Präsenz unserer amerikanischen Freunde in
Europa und in Deutschland. Dazu gehört auch die Präsenz amerikani-
scher Streitkräfte.« Es war offensichtlich, dass Kohl inzwischen Bushs
Kurs und Formulierungen verinnerlicht hatte, mit anderen Worten,
dass Genschers Weg nicht weiterverfolgt wurde.[103]
    Aber Genscher kapitulierte nicht sofort. Auch wenn er inzwischen
das Gerüst der NATO für die deutsche Vereinigung akzeptierte, hielt er
gleichzeitig an der KSZE als der Architektur für die Einheit Europas fest.
Am 21. März, einen Monat nach Kohls und Bushs Begegnung in Camp
David, nutzte Genscher die Gelegenheit eines Treffens mit Baker und
Schewardnadse bei den Unabhängigkeitsfeiern im namibischen Windhuk, um über künftige Optionen für das neue, freie Europa und die
Gefahr einer »Balkanisierung« zu sprechen.[104] Aus ihrer Unterhaltung
gewann Baker den Eindruck, dass Genscher an dem atlantischen Bündnis festhalte, aber davon ausging, dass die KSZE »die NATO ergänzen,
nicht sie ablösen« werde.[105] Genscher äußerte seine Befürchtungen
bezüglich eines entstehenden Machtvakuums zwischen der UdSSR und
der NATO, falls und sobald ganz Deutschland in das Bündnis eintrete

und der Warschauer Pakt allmählich auseinanderfalle. Er und Baker waren sich einig, dass man dem Wunsch der Mittel- und Osteuropäer nach engerer Bindung zur Allianz am besten ablehnend begegne. Mit Blick auf deren Bestrebungen sagte Genscher:»Dies sei eine Frage, an der wir gegenwärtig nicht rühren sollten.« [106]

Dennoch beweist ihre Diskussion, dass westliche Politiker bereits spürten, dass die NATO unter Umständen nicht nur von den Deutschen, sondern auch von weiter östlich gelegenen Ländern als tragfähige Lösung ihrer Sicherheitsprobleme angesehen werden könnte. Genscher hoffte natürlich, dass seine paneuropäischen Visionen langfristig jedes osteuropäische Interesse an der NATO obsolet machen würden.[107] Angespornt von seinen Gesprächen in Windhuk wandte er sich zwei Tage später, am 23. März, in einer Rede in Luxemburg an die Öffentlichkeit. Ausführlich ging er auf seinen Traum einer Institutionalisierung der KSZE und möglichen Auflösung des Warschauer Paktes und der NATO in einen neuen, europäischen »Verbund gemeinsamer kollektiver Sicherheit« ein. Die NATO, deutete Genscher an, in ihrer jetzigen Form und Funktion werde nur für eine Übergangsphase von unbestimmter Dauer gebraucht.[108]

Diese Ideen mögen eine für Genscher typische Last-Minute-Initiative gewesen sein, doch die Rede an sich wurde als offene Provokation für das Kanzleramt gewertet. Vermutlich war sie sogar von Genschers Ausschluss in Camp David motiviert. Natürlich war Kohl absolut empört. Noch am gleichen Tag schickte er seinem Außenminister einen wütenden Brief, in dem er erklärte, »dass ich beide Positionen nicht teile und unterstütze«. Insbesondere lehnte er die Idee ab, die beiden Bündnisse sollten letztlich in einer neuen europäischen Struktur »aufgehen«. Er fügte hinzu:»Darüber hinaus bin ich nicht bereit zu akzeptieren, dass die Bundesregierung in diesen Fragen ohne jede Rücksprache festgelegt wird.« Anders ausgedrückt, Kohl bestand auf einer abgestimmten Position für die deutsche Regierung und auf seinem Vorrecht als Kanzler, diese zu bestimmen.[109]

Kohls Tadel hatte den gewünschten Effekt. Von da an schwieg Genscher, zumindest in der Öffentlichkeit, und Washington und Bonn fingen an, auf die in Camp David vereinbarten Ziele hinzuarbeiten. Die anderen beiden Mitglieder der alliierten Großen Vier waren im Boot.

Trotz einiger Bedenken bezüglich der deutschen Vereinigung hielten Frankreich und Großbritannien die NATO-Mitgliedschaft sowohl für einen geeigneten Rahmen, um das zukünftig größere und stärkere Deutschland an den Westen zu binden, als auch für eine gewisse Absicherung gegen die UdSSR.[110] Jetzt lautete die Aufgabe, Moskaus Zustimmung zu einer NATO-Mitgliedschaft des vereinigten Deutschlands zu bekommen, in Anbetracht der Tatsache, dass die UdSSR im Begriff war, ihren meistgeschätzten Bündnispartner im Warschauer Pakt, die DDR, an die gegnerische Seite zu verlieren.

*

Gorbatschow hatte, als er im Februar Baker in Moskau traf, erklärt, dass »eine Erweiterung des NATO-Gebietes inakzeptabel« sei. Dennoch meinte er, dass er sämtliche Optionen prüfen werde. Unter den kursierenden Modellen war auch das Konzept eines Sicherheitsarrangements auf der Basis einer neuen Partnerschaft zwischen der UdSSR und dem Westen, die eine europäische Friedensordnung ohne die NATO und ohne Warschauer Pakt ermöglichen würde. Für diese Idee warb Egon Bahr. Er erklärte am 27. Februar bei einem Besuch in Moskau, dass in Deutschland außerhalb der CDU/CSU niemand eine rasche Vereinigung wünsche. Folglich sei die beste Strategie, um Frieden und Stabilität zu garantieren, tatsächlich der Aufbau eines gemeinsamen Hauses Europa, das sich auf eine mitteleuropäische Sicherheitszone gründe, bestehend aus Dänemark, den Benelux-Staaten, den beiden deutschen Staaten, Polen, der Tschechoslowakei und Ungarn sowie den USA und der UdSSR, ausgestattet mit einem gemeinsamen europäischen »Sicherheitsrat«. Außerdem sollten alle nationalen Streitkräfte einem integrierten Kommando unterstellt werden.[111]

Den ganzen Winter über und bis weit ins Frühjahr hinein hatten sich Gorbatschow und Schewardnadse, öffentlich und im privaten Kreis, konsequent gegen eine volle deutsche NATO-Mitgliedschaft ausgesprochen. Sie spielten mit einer Vielzahl möglicher Lösungen für die deutsche Sicherheitsfrage, ohne sich für eine davon zu entscheiden. Wie Bush ganz richtig gesagt hatte, war die Unberechenbarkeit der große neue Feind.

Zumindest war die Lage in Ostdeutschland nach den Wahlen am 18. März nicht mehr das Hauptproblem. Kohls Schwesterpartei, die CDU-Ost, hatte als Teil des Wahlbündnisses Allianz für Deutschland einen überragenden Sieg errungen, sodass der Kanzler beim Verlauf der Vereinigung innerhalb ganz Deutschlands klar das Sagen hatte. Das hieß eine Wirtschafts- und Währungsunion – bereits für den 1. Juli geplant – und die Eingliederung des Staatsgebiets der DDR in die Bundesrepublik. Beide Ergebnisse waren das Resultat schlauer taktischer Manöver im Vorfeld der Wahlen in der DDR, nicht zuletzt um den chronischen Migrationsstrom von Ost nach West einzudämmen. Bezüglich der Währungsunion hatte Kohl im Winter – über die Köpfe der Bundesbank-Chefs hinweg – den Ostdeutschen die Deutsche Mark als Antwort auf ihre immer lauteren Parolen versprochen, darunter folgende scherzhafte Drohung: »Kommt die D-Mark, bleiben wir. Kommt sie nicht, gehen wir zu ihr.« Was die Vereinigung der beiden Staaten anging, so handelte Kohl gemäß seiner Überzeugung, dass man die schnellste und unkomplizierteste Methode anwenden müsse. Sie sollte nicht, wie von Oskar Lafontaines SPD bevorzugt, über Artikel 146 des Grundgesetzes erfolgen, der den Zusammenschluss zweier gleichwertiger Hälften zu einer neuen Einheit vorsah, sondern über Artikel 23, demzufolge die ostdeutschen Länder der Bundesrepublik einfach beitraten. Anders gesagt, sie würden die Verfassung, das Strafgesetzbuch, das politische System, die Währung, etc. der Bundesrepublik übernehmen, während die DDR »abwickelt« würde, wie es damals hieß.[112]

Das wirklich unberechenbare Element bei der Suche nach einer Lösung für das europäische Sicherheitsproblem war jetzt die UdSSR selbst. Die sowjetische Wirtschaft stand am Abgrund. Gorbatschows Privatisierungsmaßnahmen waren praktisch gescheitert: Die Produktivität war minimal, die Inflation grassierte, während Löhne und Renten stagnierten. Der Generalsekretär bemühte sich verzweifelt, mit den Vereinigten Staaten ein Handelsabkommen abzuschließen. Und Lebensmittel waren so knapp, dass er in Betracht ziehen musste, den Westen um Spenden zu bitten. Damit hatte er sich insbesondere an Kohl gewandt, und der Kanzler hatte mit einer Hilfszahlung in Höhe von 220 Millionen DM für Nahrungsmittel und Kleidung geantwortet.[113] In der sowjetischen Politik hatten die verstärkte Dezentralisierung der

Macht zugunsten der Republiken und die Einführung freier Parlamentswahlen mit mehreren Parteien allmählich eine, wie Gorbatschow es nannte, »Parade der Souveränitäten« hervorgebracht – mit Litauen an der Spitze. Eine kohärente Entscheidungsfindung in der internationalen Politik wurde dadurch gewiss nicht erleichtert.

Während es Bush und seinen westlichen Bündnispartnern gelungen war, in der Frage der deutschen NATO-Mitgliedschaft die Reihen zu schließen, war Moskau tief gespalten. Beispielsweise hatte Schewardnadse in Windhuk in seinem Gespräch mit Genscher vier mögliche Optionen angegeben:

> Die erste: ein vereinigtes Deutschland in der NATO;
> die zweite: ein neutrales, vereinigtes Deutschland;
> die dritte: eine Revision der Potsdamer Beschlüsse [also, ein
> voller Friedensvertrag, um einen Schlussstrich unter den Zweiten
> Weltkrieg zu ziehen, ausgehandelt unter der Ägide der KSZE];
> die vierte: [Genschers] Variante [die gleichzeitige Auflösung
> beider Bündnisse und die Gründung einer paneuropäischen
> Sicherheitsstruktur].[114]

Andere vom Kreml ins Gespräch gebrachte Varianten umfassten eine entmilitarisierte Zone in Deutschland oder sogar eine deutsche »Doppelmitgliedschaft« in beiden Bündnissen – das hieße NATO-Truppen auf dem Gebiet des ehemaligen Westdeutschland und sowjetische Truppen im ehemaligen Ostdeutschland.

Moskaus Unschlüssigkeit hinsichtlich der politischen Linie spiegelte Meinungsverschiedenheiten bei den persönlichen Anschauungen und dem taktischen Kalkül sowie, auf einer tieferen Ebene, die wachsende Kluft zwischen Reformern und Hardlinern wider. Gorbatschows engste Berater Anatoli Tschernajew und Georgi Schachnasarow waren offen für eine NATO-Mitgliedschaft Deutschlands, doch die Deutschland-Experten im sowjetischen Außenministerium und im Zentralkomitee der KPdSU um Valentin Falin waren vehement dagegen.[115] Tatsächlich hatte diese Gruppe nur zähneknirschend Gorbatschows frühere Zustimmung zur Vereinigung im Rahmen der Selbstbestimmung toleriert. Ganz fixiert auf die herkömmlichen Konzepte der geopolitischen und sicherheitspolitischen Interessen der UdSSR bestanden sie darauf, dass das neue Deutschland absolut neutral sein müsse.[116]

Als es Mai wurde und auf sowjetischer Seite immer noch kein kohärenter Kurs ersichtlich war, wurden westliche Entscheidungsträger immer optimistischer. Sie deuteten die Debatte in Russland als Beweis für eine Flexibilität in der sowjetischen Haltung.[117] Andererseits sorgte man sich wegen des Drucks, dem Gorbatschow im eigenen Land ausgesetzt war – politisch ebenso wie ökonomisch. Thatcher legte besonders großen Wert darauf, »Gorbatschow im Sattel zu halten«. Sie hatte Bush Ende März gesagt, dass sie »tief beunruhigt« sei: Gorbatschow sei »trübsinnig, pessimistisch« gewesen und habe den Eindruck vermittelt, »unter Beschuss zu stehen«.[118]

Washington und Bonn waren sich einig, dass der Westen Gorbatschow helfen musste. Kohl und Genscher sprachen bei ihrem Besuch im Weißen Haus am 17. Mai mit Bush und Baker darüber. Sie wollten versuchen, das westliche Bündnis in sowjetischen Augen zu »entdämonisieren«. Mittlerweile teilte das deutsche Außenministerium diese Auffassung vorbehaltlos, von einer Auflösung der NATO war keine Rede mehr, und auf deutscher Seite drängte man inzwischen regelrecht zur Eile: »Auch das vom Bundeskanzler geschilderte deutsche Interesse, die Ernte so bald wie möglich einzufahren, wirke beschleunigend auf die 2-plus-4-Gespräche.« Bonn dachte an Schewardnadses beklemmende Frage in Windhuk: »Was ist, wenn die Perestroika abgebrochen wird und ein Diktator an die Macht kommt?«[119] Wenn man in der Deutschen Frage nicht bald eine Einigung erzielte, dann würde die Lösung aller umfassenderen Fragen der europäischen Sicherheit verzögert werden. Das wäre für den Westen und für die UdSSR schlecht. »Es gelte deshalb, die bedeutsame Rolle der Vereinigten Staaten und des westlichen Bündnisses für die Stabilität in Deutschland und in ganz Europa herauszustellen«, sagte Genscher zu Bush, weil in Osteuropa immer noch viele Probleme mit dem Nationalismus bestünden. Unheilvoll fügte er hinzu: Dort werde »die Gedankenwelt des Jahres 1913 wiederbelebt«. Aus diesem Grund erfülle die NATO neben ihrer militärischen Funktion einen wichtigen politischen Zweck. Er drängte den US-Präsidenten, bei Gorbatschows Besuch in ein paar Wochen »zum Ausdruck [zu] bringen, dass der 2-plus-4-Prozess bis zum KSZE-Gipfel abgeschlossen sein sollte« und dass damit die Bündnisfrage geklärt werden müsse. Diese Punkte sollten allesamt noch vor einem KSZE-Gipfel im Herbst unterschrieben und unter Dach und Fach sein. Mit anderen Worten, Bonn wollte zuerst die Deutsche Frage lösen, intern ebenso wie extern, bevor es sich dem größeren Kreis Europa widmete. Diese beiden Fragen sollten nacheinander, nicht gleichzeitig angegangen werden.[120]

Wie sollte man also den Sowjets die Idee verkaufen, ein vereinigtes Deutschland in die NATO einzugliedern? Kohl verließ sich ganz auf finanzielle Anreize. Wie Bush in Camp David gesagt hatte, hatte der Kanzler in der Tat »große Taschen« – dank der ausgezeichneten wirtschaftlichen Lage seines Landes nach acht Jahren ununterbrochenen Wachstums. Anfang 1990 lag die Inflation bei 2,3 Prozent, das Wachstum für das ganze Jahr wurde auf potenziell 4 Prozent prognostiziert, und es bestand ein Exportüberschuss in Höhe von 36,9 Milliarden DM. Im Gegensatz dazu belief sich die US-amerikanische Inflationsrate auf über 5 Prozent, die Wachstumsrate auf unter 2 Prozent; während bei den Exporten ein Defizit von 88,53 Milliarden Dollar bestand. Kurzum, Kohl verfügte über reichlich DM, die er als Hebel in Moskau einsetzen konnte.[121] Er berichtete Bush von dem verblüffenden Austausch, der unlängst zwischen Gorbatschow und Teltschik stattgefunden hätte, insbesondere die vertrauliche Bitte Gorbatschows um 5 Milliarden DM mit einer Garantie der Bundesregierung und um weitere 10 bis 15 Milliarden Dollar von anderen Banken, auch in den USA, um amerikanischen Weizen zu kaufen. Das zeige, so Kohl, Gorbatschows enorme Schwierigkeiten mit der Kreditlinie, kurzfristig ebenso wie mittelfristig, und das eröffne reale Optionen für ein Feilschen seitens des Westens. Kohl konnte es kaum erwarten, diese Form der Scheckbuchdiplomatie zu praktizieren, solange dies von der Öffentlichkeit ferngehalten werden könne.[122]

Genscher hingegen wollte auf grundsätzlicher Ebene an die Sowjets appellieren. Er verwies auf das in der Schlussakte von Helsinki verbriefte »Recht jedes Staates … einem Bündnis anzugehören oder nicht anzugehören«. Alle konzentrierten sich offenbar ganz auf »den zweiten Teil« dieses Satzes, dass die Osteuropäer das Recht hätten, den Warschauer Pakt zu *verlassen,* doch das war nicht die richtige Methode, um Gorbatschow den Fall Deutschland nahezubringen. Stattdessen meinte

Genscher, der Westen solle den Sowjets, die ja selbst die Schlussakte von Helsinki unterzeichnet hatten, »den ersten Teil« des Satzes vor Augen halten und verdeutlichen, dass es der Bundesrepublik lediglich um das Recht ging, in einem Bündnis zu »bleiben«. Genscher versuchte, sich einen vereinbarten Grundsatz zunutze zu machen: das Recht auf Selbstbestimmung, noch dazu einen Grundsatz, den Gorbatschow bereits zugestanden hatte. Diese Taktik hatte auch schon vorher funktioniert: zuerst in Malta im Dezember 1989, als der Kremlchef das Recht des deutschen Volkes auf Selbstbestimmung akzeptiert hatte, und dann in Moskau im Februar 1990, als er den Deutschen das Recht, sich zu vereinigen, zusprach, wenn sie es wünschten.[123]

Als Gorbatschow Ende Mai nach Washington kam, war Bush also dafür gerüstet, diesen Ansatz erneut zu versuchen. Geholfen hatte vielleicht auch Mitterrands Besuch in Moskau am 25. Mai, denn der französische Präsident hatte dem Kreml jede Hoffnung genommen, dass Frankreich eine deutsche Mitgliedschaft in der NATO blockieren werde.[124] Der Hauptbündnispartner für Bush war jedoch Deutschland. Zwischen Washington und Bonn herrschte um diese Zeit eine besonders intensive Kommunikation. Der Kanzler wollte dafür sorgen, dass der Präsident auf seiner Linie war; Bush seinerseits wollte Kohl besänftigen, aber er betrachtete den Kanzler mittlerweile auch als wertvollen Resonanzboden.

Am 30. Mai, dem Tag, an dem der Gipfel in Washington beginnen sollte, rief Kohl gleich morgens früh Bush an. Nach Austausch der üblichen Nettigkeiten – »Er wisse es zu schätzen, was der Präsident in diesen Tagen für uns getan habe. Er sei dankbar für die Freundschaft und Zuverlässigkeit der USA« – brachte der Kanzler seine zentralen Anliegen vor. »Wichtig sei, dass Gorbatschow jetzt begreife, dass die USA und die Bundesrepublik Deutschland eng zusammenstünden, gleichgültig, wie sich die Dinge entwickelten. Ausdruck hierfür sei die Mitgliedschaft eines künftigen, wiedervereinigten Deutschland in der NATO, und zwar ohne jede Einschränkung.« Geradeheraus forderte Kohl: »Der Präsident solle Gorbatschow das ebenso freundlich wie deutlich sagen. Dies sei auch seine [Kohls] ganz feste Position.« Dann kam er auf die Geldfrage zurück: »Er glaube, dass man sich vernünftig auf dem Wirtschaftsgebiet mit der SU arrangieren könne. Gorbatschow

brauche auf diesem Feld Unterstützung. Seine Lage sei kritisch. Gorbatschow solle aber auch wissen, dass wir seine Schwäche nicht ausnutzen
wollen.« Etwas kryptischer sprach der Kanzler noch einen letzten
Punkt an, »die Abrüstungsverhandlungen«: Es sei von immenser
Bedeutung, dass hier weitere Fortschritte erzielt würden. Dabei
schwebte ihm eine Verringerung der Truppenstärke der Bundeswehr
als Gegenleistung für den Abzug der Roten Armee aus Ostdeutschland
vor. Und eben dieser Truppenabbau sollte in dem neuen Abkommen
über eine Verringerung der konventionellen Streitkräfte in Europa
verankert werden, damit Deutschland nicht als Sonderfall behandelt
wurde.[125]

Bush antwortete ebenso aufrichtig. Er sagte, er erwarte bei seinem
Treffen mit Gorbatschow keinen »Durchbruch« bezüglich der Deutschen Frage, versprach aber, dass es »keine neuen Einschränkungen
der deutschen Souveränität« geben werde, nachdem der Viermächte-
status aufgehoben war. »Auf der wirtschaftlichen Seite« erinnerte er an
ihr voriges Gespräch, wies aber darauf hin, dass das Litauen-Problem
bleibe. Dennoch versprach er, Kohls »Ratschlag« bezüglich Gorbatschow zu beherzigen, denn: »Ich will nicht, dass er glaubt, wir würden
ihn wegen seiner Schwäche übervorteilen. Wir werden das Thema der
Rüstungskontrolle vorantreiben, aber er muss sich darüber im Klaren
sein, dass dies bei den konventionellen Streitkräften Entscheidungen
des Bündnisses sind.« Über die Obergrenzen der Bundeswehr sollte
deshalb im Kontext der Truppenstärken aller Länder in den beiden
Militärbündnissen verhandelt werden. Das sei eine Entscheidung für
den NATO-Gipfel; nicht für Amerika oder für die Wiedervereinigungs-
verhandlungen. Kohl war einverstanden: Alles stehe zur Diskussion.
Allerdings, sagte er zu Bush, müssten sie sich zuerst einigen, ehe eine
allgemeine Vereinbarung, die auch die Bündnispartner betreffe, erzielt
werden könne.[126]

Dass Kohl ein wenig dreinredete, war an sich schön und gut, aber als
Bush Gorbatschow schließlich gegenübersaß, verlief das Treffen alles
andere als locker, sodass der Präsident erst einmal andere Sorgen hatte.[127]

In der Nachmittagssitzung bemühte sich Baker, den Boden für die
sicherheitspolitischen Fragen vorzubereiten, indem er Gorbatschow
darauf hinwies, wie sehr die US-Regierung versucht hatte, »die Inter-

essen der Sowjetunion so weit wie möglich zu berücksichtigen«. Er verwies auf die »Stärkung der politischen Komponente« der NATO, die Begrenzung der Bundeswehr und schlug auch eine Übergangsphase vor, in der keine NATO-Truppen »in der DDR« stationiert wären, während es den sowjetischen Truppen gestattet sein würde, »einen kurzen Zeitraum« dort zu bleiben.[128]

Schewardnadse wechselte daraufhin zu einem der sowjetischen Lieblingsthemen, dem der kollektiven Sicherheit, und sprach davon, die beiden Blöcke »enger zusammenzuführen«.

Der US-Präsident erwiderte scharf: »Die NATO ist der Anker der Stabilität.«

»Zwei Anker sind besser«, erwiderte Gorbatschow mit einem Lächeln. »Als Seemann sollten Sie das wissen.«

»Und wo finden wir den zweiten Anker?«, wollte Bush wissen.

»Im Osten. Lasst unsere Minister darüber nachdenken, wie das konkret aussehen könnte.«

Das war ein typischer Gorbatschow-Schachzug. Er versuchte, Zeit zu gewinnen. Dann brachte er die Option ins Spiel, dass das vereinigte Deutschland gleichzeitig im Warschauer Pakt und in der NATO Mitglied sein könnte, weil, erklärte er unheilvoll, »wenn sie die Spaltung des Kontinents ein für allemal beenden wollten, die militärisch-politischen Strukturen im Einklang mit den Vereinigungstendenzen des gesamteuropäischen Prozesses synchronisiert werden sollten«.

Bush wiederholte, dass ein Mechanismus nach dem Muster der KSZE »zu schwerfällig« sei, »um ein schnelles und konkretes Ergebnis zu erwarten«. In Anbetracht des »außerordentlichen Tempos« der Ereignisse in Deutschland, sagte er, könnten sie »sich nur auf die NATO stützen«.

Mehrere Minuten lang kreisten die beiden Politiker um diese Fragen und schaukelten sich gegenseitig hoch.

»Wenn Sie Ihr psychologisches Klischee nicht überwinden«, behauptete Bush, »werden wir es schwer haben, eine Einigung zu erzielen.«

»Wir haben vor niemandem Angst«, gab Gorbatschow zurück, »weder vor den USA noch vor der Bundesrepublik.« Kampflustig schob er nach: »Ich hoffe, hier glaubt keiner den Unsinn, dass eine Seite den Kalten Krieg gewonnen habe.«

Gorbatschow versuchte, wieder die Initiative zu übernehmen. »Wenden wir uns dem Vertrauen zu. Sie behaupten, wir hätten kein Vertrauen zu den Deutschen. Warum haben wir denn dann unser Placet zu ihrem Vereinigungswunsch gegeben? Wir hätten auch auf Rot schalten können, entsprechende Mechanismen standen uns ja zur Verfügung. Wir gaben ihnen jedoch die Möglichkeit, ihre Entscheidung auf demokratischem Wege zu treffen. Andererseits erklären Sie, Sie vertrauen der Bundesrepublik, zerren sie aber trotzdem in die NATO, geben ihr keine Chance, ihr Schicksal nach der endgültigen Regelung selbst zu bestimmen. Lassen wir Deutschland selbst entscheiden, in welchem Bündnis es sein möchte.«

»Dem stimme ich voll und ganz zu«, erwiderte der US-Präsident. »Doch die Deutschen haben ihre Entscheidung bereits recht deutlich gemacht.«

»Nein, Sie versuchen lediglich, sie unter Ihre Kontrolle zu bringen.«

»Wenn Deutschland nicht in der NATO bleiben will, steht es ihm frei, einen anderen Weg zu wählen. Das besagt auch die Schlussakte.«[129]

Am Ende waren sie bei Helsinki angelangt. Die Memoiren der Amerikaner erwecken den Eindruck, der Präsident hätte Gorbatschow rasch und geschickt in seinem eigenen Netz gefangen. In Wirklichkeit geht aus dem Gesprächsprotokoll hervor, dass zu diesem Punkt eine langwierige, hin und her wogende Diskussion stattgefunden hatte, ehe Gorbatschow seinerseits das Thema der Selbstbestimmung ansprach, indem er andeutete, dem vereinigten Deutschland zu erlauben, »selbst über die eigene Zukunft zu entscheiden«, und zu wählen, »welchem Bündnis es angehören möchte«. Erst dann war Bush imstande, ihn mit der Schlussakte von Helsinki festzunageln.[130]

Gorbatschow regte an, dass sie sich zu der Frage »öffentlich« äußern sollten. Er wollte, dass sie sich darauf einigten, dass das neue Deutschland, nach der Vereinigung, »selbst entscheiden wird, welchem Bündnis es angehören möchte«.

Bush schlug eine andere Formulierung vor: »Die Vereinigten Staaten befürworten eindeutig die Mitgliedschaft des vereinigten Deutschlands in der NATO; falls es sich anders entscheidet, so werden wir das jedoch nicht anfechten, wir werden es respektieren.«

Gorbatschow antwortete: »Ich stimme zu. Ich akzeptiere Ihre Formulierung.«[131]

Bei diesen Worten herrschte sichtliche Unruhe im sowjetischen Lager. Die Augen von Gorbatschows Militärberater Marschall Sergej Achromejew funkelten wütend, während er unüberhörbar im Flüsterton mit Valentin Falin diskutierte. Gorbatschow bedeutete Letzterem, das Wort zu ergreifen. Daraufhin wiederholte Falin die ursprüngliche sowjetische Haltung zum ultimativen Ziel eines paneuropäischen Systems, dem ein Austritt Deutschlands aus der NATO vorausgehen müsse.[132]

Doch Gorbatschow hatte das Spiel bereits aus der Hand gegeben, und es gab kein Zurück.[133] In der gemeinsamen Pressekonferenz am Ende des Gipfels am 3. Juni gelang es Bush, dies deutlich zu machen, ohne zusätzlich Salz in die Wunde zu streuen:

> In der Frage der deutschen Bündnisse bin ich, genau wie Kanzler Kohl und die Mitglieder der Allianz, überzeugt, dass das vereinigte Deutschland ein Vollmitglied der NATO sein sollte. Präsident Gorbatschow teilt diese Ansicht offen gesagt nicht. Aber wir stimmen darin überein, dass die Frage der Bündnismitgliedschaft entsprechend der Schlussakte von Helsinki eine Sache ist, die die Deutschen entscheiden müssen.[134]

Der Grundsatz war das eine, die konkrete Umsetzung etwas ganz anderes.[135] Was Gorbatschow wirklich Kopfzerbrechen bereitete, war der Umstand, dass die UdSSR 380000 Soldaten und militärisches Personal in Ostdeutschland stationiert hatte, dazu 164000 Angehörige an mehr als 1000 Orten. Zusammengenommen deckten diese Einrichtungen ein Gebiet ab, das der Fläche des Saarlands entsprach. Die Zahlen zur Ausrüstung waren ebenso beeindruckend: 4100 Panzer, 7900 Panzerfahrzeuge, 3500 Geschütze, 1300 Flugzeuge und 800000 Tonnen Munition. Wenn das alles, wie Kohl es wünschte, als Folge der deutschen Vereinigung abgezogen werden musste, dann müsste Gorbatschow 10 Prozent der Truppenstärke der Roten Armee und 7,5 Prozent der Ausrüstung zurück in die UdSSR verlegen. Ein logistischer Alptraum, mit gravierenden sozialen Nebenwirkungen. Darüber hinaus würde der ganze

Abzug einer sowjetischen Regierung enorme Kosten auferlegen, die ohnehin am Rande der Insolvenz taumelte.[136]

Da der Kanzler über Gorbatschows missliche Lage Bescheid wusste, fing er im Juni an, mit der Aussicht auf westdeutsche Gelder zu winken, um die Kosten des Übergangs abzufedern. Allerdings war Kohls eigene Position ebenfalls heikel. Er ging davon aus, dass Moskau hart um die Finanzhilfe als Preis für seine förmliche Zustimmung zu einer vollen Souveränität Deutschlands als Mitglied des westlichen Bündnisses feilschen würde. Bei einem Besuch im Weißen Haus teilte er Bush am 8. Juni mit: »Würde Deutschland aus der NATO ausscheiden, so wäre dies eine qualitative Veränderung, mit der man zunichtemache, was man in 40 Jahren erreicht habe. Die erste Konsequenz wäre, dass die Amerikaner über kurz oder lang Europa verlassen würden. Dann würde man es mit einem anderen Europa zu tun haben.« Womöglich würden Großbritannien und Frankreich eine atomare Entente bilden, und die kleinen Mächte wären im Stich gelassen. Wenn man jetzt etwas an der Sicherheitslage änderte, hätte das eine katastrophale Wirkung auf die EG. Es würde zwei Atommächte, ein neutrales Deutschland und die kleinen Mächte geben, die sich nirgendwohin wenden könnten. Dann fange in Deutschland eine Debatte an, warum es keine eigenen Atomwaffen habe. Kohl blieb unerschütterlich dabei, dass aus den genannten Gründen Deutschlands Mitgliedschaft in der NATO nicht verhandelbar sei. Sonst wären vier Jahrzehnte verschwendet worden. Die NATO würde auseinanderfallen, und die USA würden aus Europa abziehen.[137]

Gerade weil es um so viel ging, zweifelte Kohl nicht daran, dass sie auch einen hohen Preis würden zahlen müssen. »Die Sowjets erwarteten, dass der Westen ihnen mit rund 20 bis 25 Milliarden helfen würde.« Kohl sprach von DM, aber Baker merkte an, dass die Sowjets ihm die gleiche Zahl bereits in Dollar genannt hatten – also fast die doppelte Summe. Es liege auf der Hand, so Kohl, dass Gorbatschow Poker spiele, während er ein »Geschäft auf Gegenseitigkeit« anstrebe. Bush stellte sich auf den üblichen Standpunkt: »Unsere Hände sind in dieser Frage gebunden.« Für Kohl galt das nicht. Er merkte an, dass Mitterrand erst kürzlich gesagt hatte: »Helmut, jetzt haben Sie alle Fäden in der Hand« – eine Anspielung auf die außerordentlich hohe Wirtschaftsleistung der Bundesrepublik im Vergleich selbst zu den Vereinigten Staaten.

Wie Bush in seinen Memoiren schrieb: »Wir konnten ihnen nicht die 20 Milliarden Dollar Finanzhilfe aushändigen, die sie wollten, solange sie keine tiefgreifenden Reformen umsetzten – und selbst dann hatten wir schlicht das Geld nicht.«[138] Bushs Botschaft war offenkundig: Sobald es um Geld für Moskau ging, musste Deutschland die Führung übernehmen.[139]

Bundeskanzler Kohl, der inzwischen erpicht war auf ein persönliches Treffen mit Gorbatschow, fing an, tröpfchenweise D-Mark fließen zu lassen. Zunächst kamen Anfang Juni von westdeutschen Banken Kreditzusagen in Höhe von 5 Milliarden DM – ein Angebot, auf das Gorbatschow geradezu »euphorisch« reagierte.[140] Am 11. Juni antwortete er mit der lang ersehnten Einladung zu einem Treffen Mitte Juli.[141] Zwei Wochen danach schob der Kanzler noch einen Leckerbissen nach, indem er weitere 1,25 Milliarden DM anbot, um die »Stationierungskosten« für sowjetische Soldaten für das restliche Jahr 1990 zu übernehmen. Mit Blick darauf, dass die Ostmark inzwischen wertlos war, erlaubte er den sowjetischen Soldaten auch, ihre Ersparnisse auf Banken vor Ort zu einem günstigen Kurs in D-Mark umzutauschen, nachdem die deutsche Wirtschafts- und Währungsunion am 1. Juli in Kraft getreten war.[142]

Diese finanziellen Offerten kamen zu einem für Gorbatschow politisch absolut kritischen Zeitpunkt. Der 28. Parteitag der Kommunistischen Partei der Sowjetunion (KPdSU) sollte am 2. Juli eröffnet werden. Der Kremlchef stand vor der schweren Herausforderung, die Wiederwahl zum Generalsekretär zu gewinnen, und das angesichts einer beträchtlichen Zahl an Delegierten, die inzwischen am liebsten seinen Sturz gesehen hätten. Hardliner kritisierten sein nachgiebiges Vorgehen bei der deutschen Frage. General Albert Maschakow beschwerte sich bitter, dass »die sowjetische Armee kampflos aus den Ländern abziehe, die unsere Väter vom Faschismus befreit hatten«. Deshalb mussten Gorbatschow und Schewardnadse unbedingt den Nachweis erbringen, dass die deutsche Vereinigung keine Gefahr sei. Bei der Begegnung mit Baker am 23. Juni hob der sowjetische Außenminister mehrfach die Bedeutung des bevorstehenden NATO-Gipfels hervor. Es müsse, sagte er, ein Signal ausgesendet werden, dass sich das Bündnis verändere und ein »neues Europa« geboren werde: Das sei für Gorbatschows ganze »politische Situation« unerlässlich.[143]

Baker nahm sich dieses Gespräch zu Herzen und stimmte die Bündnispartner um.[144] In der Londoner Erklärung »Die Nordatlantische Allianz
im Wandel« vom 5. Juli hieß es, dass sich die NATO zu einem politi-
scheren Bündnis mit kleineren Streitkräften, einer verminderten Stützung auf Atomwaffen und mit »ständige[n] diplomatische[n] Verbindungen« zur UdSSR und zu den osteuropäischen Staaten entwickle.[145]
NATO-Generalsekretär Wörner verkündete auf dem Gipfel: »Der Kalte
Krieg ist Geschichte. Unser Bündnis geht von Konfrontation zur Kooperation über. Wir betrachten die Sowjetunion und die Länder Mittel-
und Osteuropas als potenzielle Partner und Freunde.« Wörner warnte
jedoch, dass Europa keineswegs immun gegen künftige Risiken oder
Gefahren sei. Die NATO müsse immer noch eine wichtige Rolle spielen.
Dieses Bündnis, das so sehr zur Überwindung der schmerzlichen Spaltung Europas beigetragen habe, müsse neben anderen westlichen Institutionen vollen Anteil an der Ausdehnung der Stabilität und Sicherheit, die sie derzeit genießen, auf alle europäischen Nationen haben.[146]
Anders gesagt, die NATO werde für die Sowjetunion keine Gefahr mehr
sein, für die europäische Stabilität aber sei sie noch immer unerlässlich.[147]

Die Londoner Erklärung der NATO half Gorbatschow, den Parteitag
zu überstehen, ohne dass ihm die Flügel gestutzt wurden. Jetzt konnte
er sich ungehindert auf die bevorstehende Begegnung mit Kohl konzentrieren.

Der Gipfel sollte am 15. Juli in Moskau beginnen. In Bonn gaben sich
im Vorfeld Horst Teltschik und andere Berater alle Mühe, in der Öffentlichkeit die Hoffnungen auf allzu große Entwicklungen zu dämpfen.
Sie hoben die übergeordneten Ziele hervor, etwa einen möglichen sowjetisch-deutschen Freundschaftsvertrag. Kurz bevor Kohl an Bord ging,
meinte er, das werde eine überaus persönliche Angelegenheit werden,
nicht nur eine offizielle Veranstaltung in der sowjetischen Hauptstadt.
Gorbatschow hatte ihn auch nach Stawropol im Kaukasus eingeladen,
nahe seines Geburtsorts.[148]

Teltschik war aufgeregt: Angesichts einer so persönlichen Geste seitens des Generalsekretärs schienen die Chancen, dass dieser Staatsbesuch mit einem öffentlichen Scheitern enden würde, minimal. Die
Einladung nach Stawropol, sinnierte er, könne doch nur als Zeichen

gedeutet werden, dass die Russen den Zwei-plus-Vier-Verhandlungen nicht negativ gegenüberstünden. Auch Kohl war aufgekratzt. Er betrachtete Gorbatschows Nachricht als Beweis für »das gute persönliche Verhältnis, das sich in den letzten Monaten« zwischen den beiden entwickelt habe, und zweifellos für ein Signal, dass die deutsche Politik auf dem richtigen Kurs sei. Allerdings erwartete der Kanzler keine großen Durchbrüche in Russland und meinte, die Verhandlungen würden sich bis ins Jahr 1991 hinziehen. Insgeheim fürchtete er, die Frage der NATO-Mitgliedschaft werde sich als »Quadratur des Kreises« erweisen.[149]

In Wirklichkeit war der Besuch des Kanzlers ein Teil – wenn auch der wohl wichtigste – einer Charmeoffensive des Westens. Der sowjetisch-deutsche Gipfel fand unmittelbar nach Wörners Besuch im Kreml statt. Das war ein weiteres bemerkenswertes Ereignis gewesen: der erste Besuch eines NATO-Chefs – jenes Bündnisses, das der Kreml als Erzfeind betrachtete – in der Sowjetunion.[150] Und auf Kohls Besuch wiederum folgte eine Reise des Präsidenten der Europäischen Kommission Jacques Delors. Anders gesagt, die Reise des Kanzlers sollte nicht als unilaterales deutsches Vorgehen angesehen werden. Sie war in eine Reihe internationaler Initiativen durch zentrale westliche Institutionen eingebettet, in die Deutschland seinerseits eingebunden war.

Kohl kam am späten Abend des 14. Juli mit einer Boeing 707 der Bundesluftwaffe in Moskau an. Ein zweites Flugzeug folgte mit einem riesigen Gefolge an Presse- und Medienvertretern. Auf dem Flug gab es etliche Spekulationen, ob dies womöglich die bislang wichtigste Auslandsreise des Kanzlers sei. Was immer Teltschik der Presse offiziell mitgeteilt hatte, die Erwartungen waren enorm hoch.

*

Der sowjetisch-deutsche Gipfel begann am Sonntag, dem 15. Juli, vormittags in Moskau. Ort des Geschehens war das Hauptgästehaus des sowjetischen Außenministeriums – ein prunkvoller neugotischer Bau, der ehemalige Wohnsitz eines Moskauer Textilmagnaten. Gorbatschow und Kohl trafen sich nur mit ihren jeweiligen Dolmetschern sowie den außenpolitischen Beratern Tschernajew und Teltschik.[151] Von Anfang an legte Kohl Wert darauf, die üblichen Formalitäten zu überwinden, um eine angenehme Atmosphäre zu schaffen und die Tragweite ihrer Begegnung zu verdeutlichen.

Kohl erklärte, »dass es sich jetzt um historisch bedeutsame Jahre handle. Solche Jahre kämen und gingen. Man müsse die Chancen nutzen. Wenn man nicht handele, seien sie vorbei.« In einer Anspielung auf das berühmte Bismarck-Zitat sagte er zu Gorbatschow, »dass man den Mantel der Geschichte ergreifen müsse«. Kohl versuchte, die einzigartige Verantwortung zum Ausdruck zu bringen, die nunmehr auf ihnen beiden lastete. Er bezeichnete dies als »besondere Chance der Generation«, der er und Gorbatschow angehörten – einer Generation, »die im Zweiten Weltkrieg noch zu jung gewesen sei, um persönlich in Schuld geraten zu können, andererseits aber alt genug, um diese Jahre bewusst mitzuerleben«. Jetzt sei es, so Kohl, ihre Pflicht, die vor ihnen liegende Chance zu nutzen, die Welt neu zu gestalten. Gorbatschow wiederum ging auf Kohl ein, betonte, er wünsche sich ebenfalls, dass sie die »großen Chancen«, die sich eröffnet hätten, auch nutzten. Ein gemeinsamer Ausgangspunkt sei das »Verständnis von *einer* Welt«. Er sagte dem Kanzler, die Pflege der sowjetisch-deutschen Beziehungen habe für ihn die gleiche Bedeutung wie die laufende »Normalisierung der Beziehungen mit den USA«. Kohl und Deutschland waren, zumindest in Gorbatschows Augen, quasi in den Rang einer Supermacht erhöht worden.[152]

Die Begegnungen im Kreml waren überwiegend förmlich und zeremoniell. Das harte Alltagsgeschäft sollte im Kaukasus erledigt werden. Auf einer Pressekonferenz vor der Abreise aus Moskau strahlten Kohl und Gorbatschow Kameradschaft aus. »Lächelnd und sich wie alte Freunde neckend«, wie der amerikanische Journalist Serge Schmemann schrieb, erklärten die beiden, sie würden nunmehr einen »großen Fortschritt bei ihren Gesprächen zur Beseitigung der letzten Hindernisse für die deutsche Einheit erwarten«.[153]

Dann zog die Gipfel-Karawane weiter nach Stawropol im Süden. Keinem anderen westlichen Staatsmann, nicht einmal dem US-Präsidenten, hatte Gorbatschow dieses ungewöhnliche Privileg gewährt. Als Geste war dies sogar noch persönlicher als Kohls Besuch in Camp David – dem offiziellen Ferienort der US-Präsidenten –, weil der Kanzler in diesem

Aussöhnung: Helmut Kohl und Michail Gorbatschow
im Gespräch mit sowjetischen Veteranen

Fall tatsächlich in der Heimat des sowjetischen Staatschefs empfangen wurde. Und indem sich Gorbatschow auf diese Weise Kohl öffnete, ließ er die Gespenster der Vergangenheit ruhen. In einem symbolischen Akt der deutsch-sowjetischen Versöhnung legten die beiden Politiker an dem riesigen Kriegsdenkmal für die gefallenen Helden der Roten Armee Kränze nieder, in einer Stadt, die keine 50 Jahre zuvor unter der NS-Knechtschaft gelegen hatte. Dort trafen sie auch auf russische Kriegsveteranen. Das hätte ein heikler Moment werden können, aber Gorbatschow drehte die Situation zu ihren Gunsten, indem er den ehemaligen Soldaten erklärte, dass Kohl und er, gerade weil sie den Krieg selbst erlebt hätten, eine Verantwortung hätten, miteinander Frieden zu schließen und Europa vor einer Wiederholung derartiger Gräuel zu schützen.[154]

Durch solche vertraute Gesten unterstrich der Sowjetführer die Bedeutung, die er diesem Treffen mit dem Mann zuschrieb, der höchstwahrscheinlich der erste Kanzler eines vereinigten Deutschlands werden würde. Gorbatschow gab sich vor den Journalisten schwärmerisch und sogar ein wenig poetisch. Stawropol liege auf einer Höhe von

Auf zu neuen Ufern: Helmut Kohl und
Michail Gorbatschow im Kaukasus

620 Meter. Er wies auf die Gipfel des Kaukasus, die in der Ferne auf-
ragten: »Wir möchten unsere Beziehungen weiter nach oben entwickeln ... Es wird einige Zeit dauern, bis wir die Höhe des Elbrus erreichen, aber bei unseren Zukunftsaussichten möchten wir sogar noch
darüber hinausgehen.«[155]

Am selben Abend wurden die beiden Politiker und ihre Delegationen
von einem Hubschrauber zu Gorbatschows Datscha in den Bergen in
der Nähe des Ferienortes Archys gebracht. Gleich nach der Ankunft
zogen sie bequeme Kleidung an: Gorbatschow Turnschuhe, Chinos und
einen kuscheligen schwarzen Pullover, Kohl legte seine Krawatte ab
und schlüpfte in eine blaue Strickjacke. Freundschaftlich miteinander
plaudernd spazierten sie dann über das Gelände und in Richtung des
dichten Waldes, durch hohes Gras und Bergblumen, vorbei an aufra-
genden Nadelbäumen – dicht gefolgt von einem Rudel russischer und
deutscher Journalisten.

Irgendwann gelangten sie an einen rauschenden Gebirgsfluss, gut 20 Meter breit. Gorbatschow kletterte das steile Ufer bis an den Rand des eiskalten Stroms hinab und streckte dann die Hand aus als Aufforderung an den beleibten Kanzler, zu ihm zu kommen und die Stromschnellen zu bewundern. »Wenn Sie jetzt ins Wasser fallen«, sagte ein deutscher Journalist im Scherz, »gibt's die Schlagzeile: ›Gorbatschow gestürzt − riss Kohl mit‹.« Alle lachten. Die Stimmung war entspannt. Unablässig klickten die Kameras. Für die Presse war das ein idealer Fototermin. Aber es war auch aus diplomatischer Sicht ein ikonischer Moment seltener Spontaneität für ein Gipfeltreffen, insbesondere ein Treffen, das in der Sowjetunion stattfand, wo bislang alle derartigen Ereignisse überaus förmlich und bis ins Kleinste inszeniert gewesen waren.[156]

Schon bald schlenderten die Politiker zurück zur Datscha, einer modernen Jagdhütte im Stil eines alten Herrenhauses mit Turm und Innenhof. Es handelte sich um eine exzentrische Mischung aus alt und neu: In der Eingangshalle gegenüber der Tür stand ein ausgestopfter kaukasischer Steinbock neben einem Schuhputzautomaten. Die Russen und Deutschen setzten sich ungezwungen im rustikalen Speisesaal um einen Tisch, an dem 20 Personen knapp Platz fanden, und kosteten eine Auswahl lokaler Gerichte und Getränke: Bliny, Kaviar, Schaschlik und panierte Hühnerschenkel und als Nachtisch Erdbeereis. Hinuntergespült wurde das Ganze mit Krimsekt, georgischem Wein, armenischem Cognac, bayerischem Bier und dem unvermeidlichen Wodka.[157]

Am nächsten Morgen, dem 16. Juli, kam man jedoch auf den Boden der harten Realität zurück. Es war an der Zeit, die sprichwörtliche Quadratur des Kreises zu versuchen. An dem Tisch, an dem sie am Vorabend so gemütlich gespeist hatten, saßen Kohl und Genscher Gorbatschow und seinem Außenminister Eduard Schewardnadse gegenüber. Und jetzt ging es ans Eingemachte.[158]

Die Deutschen wollten die Abkommen zu den vier Hauptfeldern nationale Souveränität, NATO-Mitgliedschaft, Truppenabzug und materielle Hilfe festklopfen. Aber die sowjetische Seite verschanzte sich bei all diesen Themen geradezu. Gorbatschow erklärte, er werde Deutschlands volle Souveränität nur dann akzeptieren, wenn »die Nichtausdehnung der militärischen Strukturen der NATO auf das Gebiet der heutigen DDR« festgeschrieben werde. Genscher hielt dem entgegen, dass sie am Ende ein Dokument unterzeichnen müssten, in dem stehe, dass Deutschland »das Recht habe, sich dem Bündnis seiner Wahl anzuschließen«. Mit dem Wort »Recht« wollte er Gorbatschow auf den Grundsatz von Helsinki der »Selbstbestimmung« festnageln, den der Sowjetführer sechs Wochen zuvor bei seinem Gipfel mit Bush gebilligt hatte. »Es sei klar«, fügte Genscher hinzu, »dass dies die NATO sein werde«.

In Zugzwang geraten, stimmte Gorbatschow zu, schob aber sofort nach, dass es ihm am liebsten wäre, wenn eine deutsche Mitgliedschaft in der NATO möglichst »nicht ausdrücklich« erwähnt würde. Nachdem sie noch einige Minuten über die Angelegenheit diskutiert hatten, fasste Kohl das Ergebnis wie folgt zusammen: Sie hatten sich geeinigt, dass die volle Souveränität für das vereinigte Deutschland »das Recht zur Bündniszugehörigkeit [enthalte], diese Bündniszugehörigkeit sei die NATO« – aber die NATO müsse in dem abschließenden Dokument nicht ausdrücklich genannt werden. Mit dieser hübschen Formulierung konnte sich Gorbatschow allem Anschein nach anfreunden.[159]

Anschließend feilschten sie lange um die Präsenz der Roten Armee und die Kosten für einen frühen Abzug. Kohl war überzeugt, dass er und Gorbatschow sich am Vortag in Moskau noch auf eine drei- bis vierjährige Übergangsphase für den Abzug der sowjetischen Truppen geeinigt hätten. Doch jetzt in Archys sprach Gorbatschow auf einmal von fünf bis sieben Jahren: Nach einem ersten Abzug würde die UdSSR für den Rest der Zeit eine dauerhafte Präsenz von rund 195 000 sowjetischen Soldaten unterhalten. Kohl erinnerte Gorbatschow im Gegenzug an ihr Gespräch in Moskau und unterstrich zugleich, dass es doch im Interesse der sowjetischen Soldaten sei, eher früher als später nach Hause zurückkehren zu dürfen, wenn man an die völlig veränderte wirtschaftliche Umgebung denke, nicht zuletzt den Wechsel von der Ost- zur D-Mark, mit dem sie in der (ehemaligen) DDR konfrontiert wären. Nach seiner Vorstellung musste bis 1994 unbedingt jedes Mitglied der Westgruppe der sowjetischen Streitkräfte und ihrer Angehörigen – rund 600 000 Menschen[160] – vollständig abgezogen sein. Es sei dabei nicht wichtig, wie Genscher unterstrich, »wann der erste Soldat gehe, sondern wann der letzte Soldat gehe«. Auch durften die Unterhaltszahlungen des vereinten Deutschlands für die restlichen sowjetischen Soldaten (die fortan in DM bezahlt würden) nach 1991 auf keinen Fall »Stationierungskosten« genannt werden. Tatsächlich sollte all das in einem bilateralen »Überleitungsvertrag« geregelt werden.[161]

Diese Diskussion war jetzt eng mit der Frage der deutschen Finanzhilfe verflochten – immer schon Gorbatschows oberste Priorität. Der Kanzler erklärte, er sei außerstande, bei der Unterbringung der zurückkehrenden Soldaten in die UdSSR direkt zu helfen – die Bauarbeit müsse die sowjetische Seite selbst erledigen –, aber Deutschland sei bereit, den sowjetischen Bausektor über ein Paket der Wirtschaftshilfe zu fördern. In diesem Kontext sprachen sie über die DDR-Importe von sowjetischem Gas und Öl, die Kohl zusagte einzuhalten, wenn nicht sogar zu erhöhen. Er versprach auch, bei der EG und den G7-Staaten für mehr westliche Hilfszahlungen zu werben.[162]

Kohl und Genscher fühlten sich jetzt dafür gerüstet, ihre detaillierten Vorschläge für die Verringerung der Truppenstärke der Bundeswehr zu präsentieren. Sie schlugen eine Zahl von 370000 Mann bis 1994 vor, im Vergleich zu den gegenwärtig 480000 Soldaten der Bundeswehr und 160000 der Nationalen Volksarmee. Sie regten an, diesen Truppenabbau anzukündigen, sobald die laufenden Verhandlungen über die Reduzierung konventioneller Waffen im Herbst abgeschlossen wären. Diese sollten im sogenannten »Wien I« kulminieren, der Unterzeichnung des Vertrags über konventionelle Streitkräfte in Europa (KSE).[163]

Gorbatschow stimmte zu. Er gab auch relativ rasch beim Zeitplan für den sowjetischen Truppenabzug nach und merkte an, er werde den deutschen Finanzminister bitten, ein angemessenes Kompensationspaket auszuarbeiten. Größeres Kopfzerbrechen bereite dem Sowjetführer allerdings das Thema NATO. In typisch sowjetischer Verhandlungsmanier ging er in die Offensive – indem er zu Punkten zurückkehrte, die die Deutschen für bereits geklärt hielten –, um die Hartnäckigkeit der Gegenseite auf die Probe zu stellen. Während er immer weiter verhandelte, hatte es sogar den Anschein, dass er sich von seinen früheren Zugeständnissen zur NATO-Mitgliedschaft Deutschlands verabschieden wolle. Denn er wünsche, dass »das neue souveräne Deutschland erkläre, dass es Verständnis für die sowjetischen Sorgen habe und keine Erstreckung der NATO auf das Gebiet der DDR erfolge«. Schewardnadse

meldete sich zu dieser, wie er sagte, »sehr ernsten Frage« zu Wort. Die
Frage der Atomwaffen bekam jetzt eine neue Wendung: »Man dürfe
nicht zulassen, dass nach einem Abzug der sowjetischen Truppen die
NATO-Strukturen auf das Gebiet der DDR erstreckt und dort Nuklearwaffen stationiert würden.«[164]

Fast vier Stunden lang kam es zu einem Tauziehen zwischen den
beiden Seiten um diese überaus wichtige Wortklauberei zur NATO-Mitgliedschaft. Manchmal gab Gorbatschow den Deutschen ein Stück weit
nach, nur um dann einen Rückzieher zu machen und alte Positionen
zu wiederholen. Die Verhandlungen mit so einem Gesprächspartner
waren außerordentlich ermüdend und erforderten große Aufmerksamkeit und Geschick von Kohl und Genscher, die die Nerven behalten
und konzentriert bleiben mussten – was ihnen auch gelang. Die Taktik,
die sich unter diesem Druck herauskristallisierte, bestand darin, dass
Kohl in regelmäßigen Abständen die Punkte der Einigung nüchtern
und eindeutig (eins, zwei, drei) zusammenfasste, während er für den
Moment bleibende Streitfragen und umstrittene Formulierungen ignorierte. Allerdings kehrte er zu diesen Problemen zurück, sobald sie auf
anderen Feldern Fortschritte erzielt hatten. Genscher neigte seinerseits
dazu, sich – häufig sehr wirkungsvoll – in die Diskussionen einzuschal-
ten, indem er Grundsatzerklärungen abgab, die die Sowjets schwerlich
abstreiten konnten.

Mit dieser Verhandlungstaktik und Zusammenarbeit gelang es dem
deutschen Tandem, eine Einigung in so vielen kleinen Punkten zu
erzielen, dass sie am Ende den großen Deal unter Dach und Fach brachten, den sie sich für ihr Land ersehnten: volle Souveränität nach der
Vereinigung, NATO-Mitgliedschaft und vollständiger Abzug der Roten
Armee innerhalb von vier Jahren. Außerdem wurde vereinbart, dass
sämtliche externen Aspekte der deutschen Einheit noch vor dem für
November in Paris geplanten KSZE-Gipfeltreffen geregelt werden sollten. Tatsächlich hatten Kohl und Genscher nur in zwei Punkten nach-
gegeben: Erstens würden keine ausländischen (NATO-)Truppen ostdeutschen Boden betreten, solange die Sowjets dort noch stationiert
waren; nur die Bundeswehr und territoriale Kräfte, die nicht dem
NATO-Kommando unterstanden, durften einrücken. Und zweitens
würde das vereinigte Deutschland, wie schon die BRD im Jahr 1954,[165]

auf den Erwerb von atomaren, biologischen und chemischen Waffen verzichten.[166]

Erschöpft, aber in Hochstimmung brachen die Deutschen noch am selben Abend zum Rückflug auf.[167] Am nächsten Morgen gab Kohl eine euphorische Pressekonferenz über das historische Abkommen. Dabei hob er die doppelte Verpflichtung zur deutschen Einigung und zur fortgesetzten Mitgliedschaft in der NATO hervor. Mit einem unerlässlichen Blick auf Polen erklärte der Kanzler, dass der neue deutsche Staat das Gebiet der Bundesrepublik, der DDR und Berlins umfasse, und erkannte damit implizit die bestehenden Außengrenzen von Ost- und Westdeutschland an. Darüber hinaus kündigte er auch bilaterale Gespräche mit Moskau über eine wirtschaftliche Kooperation an. Einem amerikanischen Journalisten zufolge strotzte der lächelnde Kanzler vor Selbstvertrauen und strahlte zugleich »selbstsichere Bescheidenheit« aus – hocherfreut über das, was er erreicht hatte, aber wegen der historischen Ängste der deutschen Nachbarn sorgsam darauf bedacht, nicht allzu dick aufzutragen. Kohl versprach, dass ein vereinigtes Deutschland seinen Platz im Herzen Europas auf friedlichem Wege zurückerobern werde, ohne jemals wieder zu einer Bedrohung zu werden. Wie üblich betonte er, dass ein verändertes Deutschland ein überzeugter Anhänger der europäischen Integration und der europäischen Ideale der Demokratie bleiben werde.[168]

In Washington begrüßte Bush öffentlich das bilaterale Abkommen aus dem Kaukasus als »im besten Interesse aller Länder Europas, einschließlich der Sowjetunion«. Und mit einiger Berechtigung wies er darauf hin, dass die Vereinigten Staaten seit dem Fall der Mauer an »vorderster Front« der Verhandlungen zu einem vereinigten Deutschland gestanden hätten. Doch im privaten Kreis waren sich Vertreter der US-Regierung »des Symbolgehalts schmerzlich bewusst«: Das war ein von Kohl und Gorbatschow im Kaukasus ausgehandeltes Abkommen, während Bush »mehr als 8000 Kilometer entfernt« war. Und auch Baker war bei der ganzen Sache völlig außen vor geblieben, bis er über die Medien die Neuigkeit erfuhr, als sein Flugzeug auf dem Shannon Airport in Irland zum Nachtanken zwischenlandete.[169]

Bushs politische Gegner nutzten prompt die Gelegenheit, um den Präsidenten öffentlich zu kritisieren. Lee Hamilton, ein wichtiger und altgedienter demokratischer Kongressabgeordneter, versetzte ihm einen tiefen Stich:»Dies macht deutlicher als je zuvor, dass die Deutschen die Politik des Westens [gegenüber der UdSSR] anführen. Ich will nicht behaupten, dass dies George Bushs Fehler war«, fügte Hamilton kokett hinzu,»und ich behaupte nicht, dass wir eine Ohn-Macht geworden sind« – aber seine Anspielung war überdeutlich. Tatsächlich blieb, wie ein westeuropäischer Botschafter beobachtete,»nicht einmal ein Feigenblatt«, um die Tatsache zu verschleiern, dass Bonn die deutsche Vereinigung zu seinen eigenen Bedingungen ausgehandelt hatte. Sogar Mitglieder von Bushs eigener politischer Partei räumten ein, dass der Kanzler die internationale Stellung Deutschlands verändert hatte.»Kohl kam früher als Bittsteller her«, merkte ein republikanischer Senator an, »aber jetzt kommt er in ein Zimmer hier oben und hohe Tiere erweisen ihm die Ehre. Er ist selbstverständlich höflich und gut gelaunt, aber er dominiert die Gespräche.«[170]

In Moskau hob die sowjetische Presse die positiven Aspekte hervor (»Der Osten und der Westen hätten den ›Kriegspfad‹ verlassen und den Weg des Vertrauens und der Zusammenarbeit eingeschlagen«, schrieb die *Iswestija),*[171] aber im Kreml waren Gorbatschows Kampfgenossen – von denen sich viele als politische Gegner entpuppten – absolut entsetzt über das Geschehen: nicht weniger als die»Liquidierung der DDR«, um Valentin Falin, den Leiter der Internationalen Abteilung des Zentralkomitees, zu zitieren. Sie waren empört darüber, dass man ihnen kaum mehr als das mitteilte, was auch in den sowjetischen Zeitungen nachzulesen war. Falin beschwerte sich in seinen Memoiren, dass man wichtige Gesprächsnotizen von Begegnungen Gorbatschows und Schewardnadses mit ihren westlichen Kollegen nicht den Mitgliedern des Politbüros zukommen ließ. Er ärgerte sich darüber, dass man ihn marginalisiert hatte. Ähnliche Beschwerden äußerten auch KGB-Chef Wladimir Krjutschkow, Verteidigungsminister Dmitri Jasow sowie Nikolai Ryschkow, der Vorsitzende des Ministerrates. Diese interne Kritik und eigene Positionierung beschränkte sich vorläufig auf die Korridore des Kreml sollte aber zu einem wachsenden Problem für Gorbatschow werden.[172]

Die konservativen Kritiker sahen in Gorbatschow fast schon einen Verräter, der die großen Triumphe der UdSSR im Großen Vaterländi-

Das Ende des Zweiten Weltkriegs:
Der Spiegel *feiert Helmut Kohl und*
Michail Gorbatschow als Friedensstifter

schen Krieg verschleudert hatte – indem er die hart erkämpfte sowjetische Einflusssphäre in Osteuropa aufgab, Ostdeutschland verscherbelte und die UdSSR auf Gedeih und Verderb der Gnade seiner Feinde im Kalten Krieg auslieferte.[173] Desto bitterer war deshalb der internationale Beifall für Gorbatschow als großer Friedensstifter, vor allem nach dem Treffen in Archys, wo er den Krieg mit den Deutschen beendet hatte.[174]

Diese »Gorbi-Manie« erreichte am 15. Oktober einen neuen Höhepunkt mit der Ankündigung aus Oslo, dass man dem sowjetischen Staatschef den Friedensnobelpreis 1990 »für seine führende Rolle bei dem Friedensprozess, der heute wichtige Teile der internationalen Gemeinschaft charakterisierte«, verleihen werde. Gorbatschow wurde vom Nobelpreiskomitee als Mann gepriesen, der einen umfassenden politischen Wandel in der Sowjetunion herbeigeführt und die Außen-

politik seit seiner Machtübernahme revolutioniert hatte. Er wurde
dafür gelobt, dass er den grundlegenden Charakter der Beziehungen
zwischen den Supermächten verändert hatte, und für seine Rüstungskontrollabkommen. Außerdem wurde erwähnt, wie er die sowjetischen
Truppen aus Afghanistan abgezogen und es zugelassen hatte, dass hartgesottene kommunistische Regimes in Osteuropa durch Volksaufstände
und Revolution gestürzt wurden, was den Weg zur deutschen Einheit
frei gemacht habe. Es gebe zwar viele Gründe für diese historischen
Veränderungen, so das Nobelkomitee, doch Gorbatschow war der Mann,
der entscheidend dazu beigetragen hat, eine größere Offenheit und
mehr Vertrauen in die internationale Politik einzuführen. Kein sowjetischer Spitzenpolitiker hatte jemals einen Friedensnobelpreis erhalten –
geschweige denn eine so starke internationale Anerkennung.[175]

*

Ungeachtet dieses Beifalls für Gorbatschow war Helmut Kohl der Haupt-
architekt der neuen sowjetisch-deutschen Entspannung gewesen – und
auch ihr Hauptnutznießer. Bei dem Gipfeltreffen im Kaukasus – der im
Wesentlichen zu seinen Bedingungen zu Ende ging – bekam er in der
Tat einen Zipfel des Mantels der Geschichte zu fassen. Und mit diesem
diplomatischen Coup war jetzt so gut wie sicher, dass er als »der Kanzler der Einheit« in die Geschichte eingehen würde. Mit Hilfe der bilateralen Verhandlungen praktisch auf Augenhöhe mit den beiden Supermächten hatte er geschickt die Briten und Franzosen an den Rand
gedrängt und die Emanzipation Deutschlands als Akteur auf der internationalen Bühne ermöglicht.

Nach neun Monaten harter Arbeit kein schlechtes Ergebnis. Es war
Zeit für einen Urlaub.[176] Kohl (und Teltschik) nahm sich einen ganzen
Monat, von Mitte Juli bis Mitte August, frei. Es blieb den Delegationen des Zwei-plus-Vier-Prozesses überlassen, den »Vertrag über die
abschließende Regelung in Bezug auf Deutschland« zu schreiben.
Unterdessen mussten die beiden deutschen Regierungsapparate die
»innenpolitischen« gesetzlichen Dokumente für die Vereinigung über
intensive innerdeutsche Verhandlungen zum Abschluss bringen. Und
Finanzminister Theo Waigel bekam den Auftrag, die exakte Summe für

den »Scheck« an die UdSSR auszurechnen. Wie viel würde das Zugeständnis kosten, die Deutschen ziehen zu lassen?

Auf dem Pariser Zwei-plus-Vier-Treffen der Außenminister vom 17. Juli – dem Tag nach dem deutsch-sowjetischen Gipfeltreffen – wurden die Neuigkeiten aus dem Kaukasus von Baker, Hurd und Dumas herzlich begrüßt. Doch das Hauptthema waren die deutschen Grenzen, und aus diesem Grund war Polen, ausnahmsweise, eingeladen worden, an der Sitzung teilzunehmen. Inzwischen war den Polen klargeworden, dass ihr eigener Einfluss in der Sache, nun, nachdem die deutsche Einheit den Segen Moskaus hatte, drastisch abgenommen hatte. Andererseits erklärten die vier Siegermächte in Paris, dass die Grenzen des vereinigten Deutschlands endgültig und definitiv seien. Warschau war zufrieden, und in diesem Kontext stimmte der polnische Außenminister Krzysztof Skubiszewski zu, dass zwischen Polen und dem vereinigten Deutschland zwei bilaterale Verträge – über den Grenzverlauf und über Kooperation und Freundschaft – unmittelbar nach der Vereinigung unterzeichnet werden könnten.[177] Im Spätsommer, am 23. August, erhielt die DDR-Regierung die parlamentarische Billigung für einen Beitritt der DDR zur Bundesrepublik nach Artikel 23 des Grundgesetzes. Eine Woche später wurde der innerdeutsche Einigungsvertrag in Bonn und in Ost-Berlin verabschiedet und als Datum für die förmliche Wiedervereinigung der 3. Oktober festgesetzt. Das gestattete es Kohl, den polnischen Regierungschef Tadeusz Mazowiecki für den Herbst zu einem Besuch in Deutschland einzuladen. Das informelle Treffen sollte am 8. November im polnisch-deutschen Grenzgebiet stattfinden. Das Datum wurde bewusst auf den Vorabend des ersten Jahrestags des Mauerfalls und Kohls Versöhnungsbesuchs in Warschau gelegt. Genau in diesem besonderen Moment würden sie sich auf einen Pakt einigen, um die Grenzfrage ein für allemal zu regeln.[178]

Zwei Tage nach dem Treffen im Kaukasus, am 18. Juli, schickte Ryschkow Bonn die Liste der Forderungen des Kreml im Gegenzug für Gorbatschows Zugeständnisse. Er wollte Bares auf die Hand, über 20 Milliarden DM. Die Hauptposten waren die Finanzierung des Unterhalts der sowjetischen Truppen in Deutschland (4 Milliarden), die Kosten für ihre Rückführung in die UdSSR (3 Milliarden) und die Rechnung für den Bau von 36 000 neuen Unterkünften (11 Milliarden).

Ryschkow meinte, das vereinigte Deutschland sollte die UdSSR für alle
potenziellen wirtschaftlichen Nachteile entschädigen, die aus der Vereinigung entstehen könnten. Deshalb schlug er auch die Gründung
einer trilateralen (UdSSR-D-DDR) Kommission vor, die bestehende west-
und ostdeutsche Verträge mit der UdSSR prüfen und für die Zeit nach
der Vereinigung aktualisieren sollte. Darüber hinaus verlangte er Verhandlungen über die Konsequenzen der Eingliederung der DDR in die
EG und wollte möglichst umfassende Handels- und Wirtschaftsbeziehungen zwischen der UdSSR und dem vereinigten Deutschland etablieren.[179] Eine Woche später ließ Gorbatschow der umfassenden Wunschliste Ryschkows ein eigenes Schreiben folgen, in dem er Kohl zur
Aufnahme von Gesprächen zu einem Vertrag mit der Überschrift »über
gute Nachbarschaft, Partnerschaft und Zusammenarbeit« zwischen der
UdSSR und der Bundesrepublik einlud.[180]

Der Kanzler antwortete erst nach der Rückkehr aus dem Urlaub und
dann – am 22. August – erklärte er schlicht, dass das Finanzministerium alle derartigen Verhandlungen regeln werde.[181] Es folgte ein Hin
und Her zwischen Moskau und Bonn um die genauen Konditionen.
Dabei spielten die Vereinigten Staaten kaum eine Rolle. Bush hatte
bereits deutlich gemacht, dass Washington der UdSSR keine nennenswerte finanzielle Unterstützung anbieten werde. Die Ausformulierung
des Kleingedruckten nach dem Kaukasus-Gipfel sollte zu einem Test
der neuen sowjetisch-deutschen Beziehung werden.

Kohl hatte im Urlaub in Österreich neue Kraft getankt und wurde nun,
um die Dynamik des Vereinigungsprozesses zu erhalten, gleich an mehreren Fronten außerordentlich aktiv. Er einigte sich mit Jacques Delors
von der Europäischen Kommission darauf, dass die Bewerkstelligung der
deutschen Einheit »unter keinen Umständen« mit einer Erhöhung des
EG-Haushalts in Zusammenhang gebracht werden dürfe. Er wollte den
anderen Europäern keinen Vorwand liefern, sich zu beschweren, dass
sie dank der deutschen Gier europäische Gelder verloren hätten.[182] In
Gedanken bereits bei den Wahlen legte er außerdem Wert darauf, sämtliche Spekulationen über die Kosten der Vereinigung aus den Schlagzeilen zu verbannen. Zu diesem Zeitpunkt sprach der Kanzler im privaten
Kreis von einer zu erwartenden Rechnung in Höhe von 30–40 Milliarden DM im Jahr 1990 und weiteren 60 Milliarden für 1991.[183]

Kohls Hauptziel war es, die Einheit bis Oktober unter Dach und Fach zu bekommen – sprich: zwei Monate vor den ersten gesamtdeutschen Bundeswahlen, die inzwischen auf den 2. Dezember angesetzt waren. Folglich war Geld sekundär. Das hieß, dass die Zwei-plus-Vier-Gespräche bei dem Treffen in Moskau abgeschlossen werden mussten, das für den 12. September geplant war. Um das zu erreichen, musste Finanzminister Theo Waigel den Preis des Kremls absegnen. Es war alles eine Frage der Verhandlungskunst. Folglich hatten er und Teltschik einen sehr engen Zeitplan einzuhalten. Das Hauptthema waren die Bestimmungen und Bedingungen des Vertrags über den geplanten Abzug der Roten Armee. Bei einem Gespräch mit Botschafter Kwizinski am 28. August erfuhr Teltschik, dass Gorbatschow unter enormem innenpolitischem Druck stand. Es hieß, Schewardnadse befinde sich auf dem »Kriegsfuß« mit hohen Tieren im Militär, die auf stur geschaltet hätten. Man argumentierte, dass Unterkünfte für rund 80000 Familien aus der DDR gebaut werden müssten, und das zu einer Zeit, als weitere 80000 Familien auch aus Ungarn und der Tschechoslowakei ins Land zurückkehrten. Man warnte, falls Waigel nicht kooperiere, werde es zu einem »Aufstand« in der Roten Armee kommen. Ferner wurde behauptet, es sei ausgeschlossen, alle Truppen in nur vier Jahren abzuziehen. Die Frist für den Aufenthalt in der DDR müsse verlängert werden.[184]

Am 6. September warnte Waigel Kohl, dass sich die sowjetischen Forderungen auf mindestens 18,5 Milliarden DM beliefen. Er war jedoch überzeugt, dass schon die Zahlung von 6 Milliarden DM den Haushalt bis zum Äußersten belasten würde.[185] Der Kanzler nahm die Sache nun selbst in die Hand und rief Gorbatschow am nächsten Morgen um 10 Uhr an. Das war ihr erstes Gespräch seit Archys. Kohl begann mit ein paar schwärmerischen Worten über ihre Begegnung und dessen positives und konstruktives Ambiente. Er wiederholte auch seine generelle Verpflichtung zur Kooperation und insbesondere zu dem »Großen Vertrag« zwischen ihren beiden Ländern, den er hoffte, nicht lange nach dem 3. Oktober zu unterzeichnen. Nach dieser freundschaftlichen Eröffnung machte sich Kohl an den eigentlichen Zankapfel. Er bot maximal 8 Milliarden DM für den Truppenabzug (2 Milliarden mehr, als Waigel für machbar angesehen hatte). Um sich einen gewissen Spielraum zu verschaffen, versprach er außerdem, sich bei den anstehenden

Verhandlungen mit westlichen Partnern für eine multilaterale Hilfe für die UdSSR stark zu machen.[186]

Gorbatschow wollte davon nichts wissen. Bonn, meinte er, fehle es durchaus nicht an Geld, . Er betonte, dass es sich keineswegs um »Bettelei« handle (eindeutig in Sorge um den Verlust des Ansehens der UdSSR), und verwarf Kohls Angebot von 8 Milliarden verächtlich, weil es »in eine Sackgasse« führe. Das würde seiner Ansicht nach alles untergraben, was sie gemeinsam erreicht hätten. Dann erklärte er, fast schon weinerlich: »Es komme ihm so vor, als sei er in eine Falle geraten.« Kohl wies Gorbatschows Vorwurf zurück und sagte, so könnten sie nicht miteinander reden: Sie müssten sich an die realen Gegebenheiten halten. Da sie außerstande waren, die Angelegenheit in ihrem 40-minütigen Telefongespräch zu klären, vereinbarten sie, die folgende Woche erneut zu sprechen.[187] Über das Wochenende arbeitete Kohl fieberhaft mit seinen Beratern und bemühte sich, noch ein bisschen mehr Geld zusammenzukratzen.[188] Am Montag, dem 10. September, verhandelte er erneut mit Gorbatschow und bot 11–12 Milliarden DM an, Gorbatschow hingegen verlangte 15–16 Milliarden. Am Ende einigten sie sich auf 12 Milliarden DM in bar, plus ein zinsfreies Darlehen in Höhe von 3 Milliarden DM. »Ich drücke Ihre Hand, Herr Kanzler«, sagte Gorbatschow am anderen Ende der Leitung. Damit war der Deal perfekt.[189]

Dieses hektische Gefeilsche machte nur zwei Tage später schließlich den Weg frei für die Unterzeichnung des Zwei-plus-Vier-Vertrags in Moskau am 12. September. In seiner Endfassung unterstrich das Abkommen auch die Dauerhaftigkeit des speziellen militärischen Status' des ehemaligen Territoriums der DDR. Auch nach Abschluss des Abzugs der sowjetischen Streitkräfte 1994 würden keine ausländischen Streitkräfte und Atomwaffen oder deren Träger in diesem Teil Deutschlands stationiert oder verlegt.[190] Einen Tag danach paraphierten Genscher und Schewardnadse bereits den deutsch-sowjetischen Nachbarschaftspakt. Bonn war entschlossen gewesen, diesen Vertrag noch vor einem ähnlichen Abkommen zwischen der Sowjetunion und Frankreich abzuschließen. Der deutsche Pakt umfasste Erklärungen, die jede Aggression gegen den anderen untersagten und zu jährlichen Gipfeltreffen, Konsultationen in Krisenzeiten und einer Ausweitung des Handels, des Reiseverkehrs und der wissenschaftlichen Zusammenarbeit aufriefen. Die Details wurden nicht näher ausformuliert: Es waren separate Abkommen über die Wirtschaftsbeziehungen geplant, die in der Folge ausgehandelt werden sollten. Deshalb hatte der Pakt eine weitgehend symbolische Bedeutung; beide Seiten wünschten offensichtlich in diesem Moment, ihn zusammen mit dem »Zwei-plus-Vier-Dokument« bekanntzugeben, sowie zur Feier des 35. Jahrestages der Wiederaufnahme der Beziehungen zwischen der UdSSR und der Bundesrepublik nach dem Zweiten Weltkrieg am 13. September 1955.

Mit anderen Worten, eine neue Ära brach an. Beide Außenminister strahlten. Der Nachbarschaftsvertrag führe ihre beiden Länder in das 21. Jahrhundert und sei geprägt von Verantwortung, Vertrauen und Kooperation, erklärte Genscher, während Schewardnadse das Abkommen ein »historisches Dokument nach seinem Geist und Inhalt« nannte. Er fügte hinzu: »Es ist ein Schlussstrich unter den Ergebnissen des Zweiten Weltkriegs; eine neue Zeitrechnung hat begonnen.« Die sowjetische Regierung sei zufrieden, dass die Bundesrepublik und sie wiederum als Partner erscheinen. Das sei eine großartige Sache.[191]

In diesem Sinne erklärten am 1. Oktober in New York – am Rand des Außenministertreffens der KSZE – die vier Siegermächte förmlich die Aufhebung der den Alliierten vorbehaltenen Rechte und Zuständigkeiten über Deutschland und Berlin, sodass die beiden deutschen Staaten volle Souveränität hatten. Zwei Tage später vereinigten sie sich. Genscher erklärte: »Besinnung auf Geschichte und Verantwortung, nicht nationalistischer Überschwang bestimmen die Gefühle der Deutschen an einem historischen Tag. Das unendliche Leid, das in deutschem Namen über die Völker Europas und der Welt gebracht wurde, werden wir nicht vergessen. Wir gedenken aller Opfer des Krieges und der Gewaltherrschaft. Wir gedenken in besonderer Weise der unsäglichen Leiden des jüdischen Volkes. ... Wir Deutsche vereinen uns in dem Willen, dass alles das nie wieder geschehen darf. ... Wenn sich in der Nacht vom 2. zum 3. Oktober 1990 die Deutschen vereinen, so werden sie dabei von Dankbarkeit und Freude, von Besinnung und Verantwortung bestimmt sein.« Baker rundete dies mit den Worten ab, dass die KSZE allen Europäern die Menschlichkeit zurückgebracht habe, und deshalb beginne jetzt »eine neue Ära, für Deutschland, für Europa und für die Welt«.[192]

In Berlin feierte am 2. und 3. Oktober eine Million Menschen ekstatisch die Vollendung der deutschen Einheit. Was die internationale Diplomatie anging, waren die Feierlichkeiten eher ein Non-Event. Kohl hatte Gorbatschow und Bush zur Teilnahme eingeladen, aber beide hatten abgelehnt. Jeder hatte so seine Probleme im eigenen Land und andere, weit größere außenpolitische Prioritäten. In der Sowjetunion hatte Gorbatschow mit einem immer lauteren kommunistisch-konservativen Rückschlag zu kämpfen – insbesondere nachdem er sich in deren Wahrnehmung an Deutschland und den Westen verkauft hatte – sowie mit nationalistischen Protesten an den Rändern der UdSSR, ausgerechnet als er danach trachtete, Rückhalt für sein Reformprogramm zu bekommen. Auf der anderen Seite des Atlantiks stritt sich Bush mit dem Kongress um den Haushalt, während er gleichzeitig versuchte, eine internationale Koalition zu bilden, um die Krise am Golf in den Griff zu bekommen. Wenn man daranging, eine neue Ordnung nach dem Kalten Krieg abzustecken, kam tatsächlich Kuwait bereits jetzt mehr Bedeutung zu als Deutschland und Europa.[193] Letztlich verdarb die Abwesenheit Gorbatschows und Bushs in Berlin Kohl in keiner Weise die Feierlichkeiten. Im Grunde gestattete dies dem neuen Deutschland, selbst die Bühne einzunehmen und jubelnd den eigenen Geburtstag zu feiern.[194]

Im Lauf der folgenden Monate griff Deutschland die losen Fäden der Vereinigung mit Blick auf die östlichen Nachbarn auf. Am 12. Oktober unterzeichneten Bonn und Moskau den Überleitungsvertrag, der die Finanzhilfe in Höhe von 15 Milliarden DM an die UdSSR festschrieb, sowie den Vertrag über »die Bedingungen des befristeten Aufenthalts und die Modalitäten des planmäßigen Abzugs der sowjetischen Truppen« von deutschem Boden.[195] Kurz danach legten die Deutschen und die Polen ihren Grenzstreit ein für allemal ad acta. Nach einer symbolischen Begegnung der Versöhnung am 8. November durch Kanzler Kohl und den polnischen Regierungschef Mazowiecki in Frankfurt an der Oder und in Slubice, direkt an der Grenze,[196] unterzeichnete Genscher am 14. November in Warschau den Grenzvertrag im Rahmen einer schlichten Zeremonie an einem einfachen Holztisch im Ballsaal eines Regierungsgebäudes – ganz anders als die großartige Zeremonie der deutsch-polnischen Begegnung ein Jahr zuvor. Der Vertrag, der sofort in Kraft trat, nahm den Polen die Ängste, die sie Monate lang gequält hatten, bezüglich der Absichten ihres westlichen Nachbarn.[197]

Mazowiecki gemahnte die Welt an das enorme Leid, das Deutschland den Polen im Zweiten Weltkrieg zugefügt hatte, und erklärte: »Die Unterzeichnung dieses Vertrages beendet die Phase, in der das Problem der Grenze unsere beiden Nationen spaltete und für uns Polen das Gefühl der Angst und Bedrohung hervorrief.« Doch in einem Geist der Gegenseitigkeit bat er auch um »die Verzeihung der deutschen Nation für das Leid, das durch die Verschiebung Polens von Ost nach West verursacht wurde« – und spielte damit auf die über 7 Millionen Vertriebenen an, die nach Westen hatten flüchten müssen. »Jedes Unrecht bleibt Unrecht, jedes Unglück bleibt Unglück«, gab er zu bedenken. »Beim Zählen der Opfer ist nicht die Arithmetik entscheidend und das Leiden wird bleiben, unabhängig davon, wer es ihnen beibrachte.«[198]

Mit Blick auf die Zukunft schlug der Vertrag ein neues Kapitel in den deutsch-polnischen Beziehungen auf, in denen die wichtigsten Fragen zwischen den beiden Nationen nicht länger politischer, sondern wirtschaftlicher Natur sein würden. Genscher – ein Mann aus dem Osten Deutschlands, seine Frau kam aus Schlesien – räumte ein, dass der Vertrag der Beweis für die historische »Verantwortung« seiner Nation für den Frieden in Europa sei. Er wusste aber auch, dass ein dauerhafter Frieden nur möglich war, wenn es echten Wohlstand gab: Das war die Lehre der europäischen Integration. Deshalb müssten sie gemeinsam dafür sorgen, dass die Grenze nicht zu einer »Wohlstandsscheide zwischen Arm und Reich« wird. Der polnische Wunsch nach Assoziierung mit der Europäischen Gemeinschaft finde volle Unterstützung in Bonn, so Genscher. Gemeinsam mit der EG würde die Bundesregierung daran arbeiten, »Polen und andere Reformstaaten Mitteleuropas in ein marktwirtschaftlich ausgerichtetes Handels- und Wirtschaftssystem einzubeziehen«, nun da sie ihre Freiheit wiedererlangt hätten.[199]

Somit war der Grenzgarantievertrag mehr als eine spezielle und bilaterale Angelegenheit. Und es war aus diesem Grund für Genscher nicht nur ein schmerzlicher Moment, als Deutschland auf sämtliche Ansprüche auf Schlesien, das östliche Brandenburg, Pommern, Posen-Westpreußen, Danzig und Ostpreußen – das Kernland des historischen

Staates Preußen – verzichtete, sondern vor allem auch ein erster Schritt auf dem Weg zur »Wiedervereinigung Europas«.[200]

Noch bedeutsamer war der 9. November 1990. An diesem Tag – dem ersten Jahrestag des Mauerfalls – kam Gorbatschow nach Bonn, um den deutsch-sowjetischen Vertrag über gute Nachbarschaft, Partnerschaft und Zusammenarbeit zu unterzeichnen.[201] Anders als im Jahr 1989 war Kohl diesmal zur rechten Zeit am rechten Ort und auch Gorbatschow auf der richtigen Seite der Geschichte. Im Gegensatz zu seiner Teilnahme an der grotesken Scharade anlässlich des 40. Jahrestages des sterbenden ostdeutschen Staates, wurde Gorbatschow, der in der deutschen Bevölkerung immer noch beliebt und geschätzt war, jetzt zum ersten ausländischen Staatschef, der einen Staatsbesuch im wiedervereinigten Deutschland machte.

Allerdings war auch offensichtlich, dass Gorbatschow nicht mehr der Gleiche war, der bei seinem ersten Aufenthalt in Bonn im Juni 1989 begeisterte »Gorbi! Gorbi«-Rufe ausgelöst hatte. Damals war er noch der unumstrittene Herr der Sowjetunion gewesen, mit Einfluss über die Deutschen in Ost und West. Im November 1990 hingegen war seine wacklige Position im eigenen Land schon daran abzulesen, dass er seinen Besuch wegen »sowjetischer Probleme« um einige Tage hatte verschieben müssen. Erkennbar wurde sein Machtverlust auch an seinem eher lahmen Appell an die Deutschen, die sowjetischen Soldaten, die noch im Osten ihres neuen Landes wären, freundlich zu behandeln: »als Probe für die Fähigkeit, Beziehungen zwischen Menschen wahrhaft auf der Basis der Menschlichkeit und der Freundschaft zu knüpfen«.

Da er womöglich einen leisen Nachhall des berüchtigten Hitler-Stalin-Paktes von 1939 spürte, schien er sehr darum berühmt, jeden Eindruck auszuschließen, dass der Nachbarschaftsvertrag irgendeine Sonderbeziehung zwischen Deutschland und der UdSSR schaffe. Er erklärte, dass die neue Beziehung zu Deutschland das Produkt der allgemeinen Verbesserung der sowjetischen Beziehungen zu den anderen drei Kriegsalliierten, insbesondere zu den Vereinigten Staaten, sei. »Der sowjetisch-deutsche Vertrag richtet sich gegen niemanden«, fuhr er fort; geschweige denn sei er »einzigartig«. Ein ähnlicher Pakt war mit Frankreich unterzeichnet worden, wobei die Franzosen sich geweigert hatten, eine Nichtangriffsklausel zu unterschreiben.

Die Bundesrepublik hingegen war mit ihrer NS-Vergangenheit und den 28 Millionen sowjetischen Todesopfern, die auf das deutsche Konto gingen, nicht in der Position, dies anzufechten. Tatsächlich war Kohls Ton feierlich: »Mit großer Dankbarkeit wissen gerade wir Deutschen Ihren sehr persönlichen Beitrag zu einer glücklichen Wende unserer Geschichte zu würdigen«, sagte er zu Gorbatschow auf einem Staatsbankett vor unablässig klickenden Kameras. Er versprach, dass Deutschland der Sowjetunion »mit Rat und Tat« helfen und als Moskaus Hauptlobbyist bei der EG, G7 und anderen finanziellen Gremien auftreten werde. Allerdings wurde auch offensichtlich, dass sich der Charakter der deutschen Hilfe in Zukunft verändern werde. Von jetzt an war es nicht länger nötig, tief in die Tasche zu greifen, um die Einheit zu kaufen; und die deutsche Politik bestand darin, sich für multilaterale Hilfen auszusprechen, statt allein die Bürde der Unterstützung zu tragen.[202]

Kaum einen Monat später erlebte Kohl seinen eigenen Triumph und sehr persönlichen historischen Moment. Am 2. Dezember bekam er den Lohn für die Verwirklichung der deutschen Einheit – jenes Ziel, das kein anderer seiner Vorgänger als Bundeskanzler erreicht hatte – mit einem weiteren gewaltigen Sieg für seine Regierungskoalition. Seine Partei CDU bekam zusammen mit ihrem Partner FDP bei den ersten freien, gesamtdeutschen Wahlen seit 58 Jahren – seit 1932 – mehr als die Hälfte der Stimmen. Kohl hatte einen gewagten, persönlichen Wahlkampf geführt: Plakate mit einem strahlenden »Kanzler für Deutschland« waren überall zu sehen. Er beschränkte sich auf 28 Wahlkampfauftritte – sein Rivale Lafontaine von der SPD absolvierte rund 100 –, weil er es nicht nötig hatte, durch das Land zu hetzen. Indem er im Ausland Schlagzeilen machte, war der Kanzler jeden Abend in den Fernsehnachrichten zu sehen, und das ermöglichte es ihm auch, den Eindruck zu erwecken, er stünde als wahrer Weltpolitiker über der hässlichen Innenpolitik. Bei Kohls großartigem Erfolg hatten die Parteien, die bezüglich der Einheit geschwankt hatten oder gar dagegen waren (die SPD, Grünen und die PDS), allesamt Federn gelassen. Die CDU/CSU-FDP-Koalition errang 398 von 662 Sitzen des Bundestages. Kohl war in Hochstimmung und sprach von einem »Freudentag«. Der 1,93 Meter große und 125 Kilo schwere Kanzler der Einheit überragte

Der Beginn einer neuen Ära:
Angela Merkel mit Richard von Weizsäcker,
Helmut Kohl und den anderen Mitgliedern
des ersten gesamtdeutschen Kabinetts

seine Berater und die Reporter, als er freudestrahlend vor dem CDU-
Hauptquartier in Bonn stand, an einem Abend, den er nie vergessen
sollte.

Über Weihnachten bildete er ein neues Kabinett, das ein Alibi-Trio
aus Ministern der ehemaligen DDR enthielt. Dieser Akt unterstrich die
wesentliche Kontinuität des westdeutschen Staates – das Aufgehen des
ehemaligen Ostens in den so gut wie unveränderten Institutionen der
Bundesrepublik. Als Fußnote für die noch kommende Geschichte ist

interessant, dass die neue Ministerin für Frauen und Jugend die 35-jäh-rige ehemalige stellvertretende Sprecherin der letzten ostdeutschen Regierung war. So zog also Angela Merkel aus einer einfachen Woh-nung im grauen Ost-Berlin in den grünen Provinzialismus des Rhein-lands, um ihren Fuß auf die erste Stufe der politischen Karriereleiter zu setzen.[203]

Kohl hatte gemeinsam mit Genscher eine weitere vierjährige Amtszeit errungen. Sie konnten jetzt an der etwas überstürzten Vereinigung der beiden sehr verschiedenen Hälften Deutschlands arbeiten. Wie die kürzlich abgeschlossenen Verträge zeigten, musste dies im Einklang mit den immer noch misstrauischen Nachbarn bewerkstelligt werden. Und dieses neue Vertragsnetzwerk musste eigenwoben werden in eine noch komplexere Tapisserie der bestehenden europäischen Institutionen – NATO, EG und KSZE – die alle im Prozess waren, an die aufregenden, aber instabilen Realitäten eines jetzt ungeteilten Kontinents angepasst zu werden.

Die Aufgabe lautete nunmehr, von der Nachkriegsordnung überzu-gehen zu dem, was James Baker nach dem Gipfel von Malta die »Post-Nachkriegswelt« genannt hatte.

KAPITEL 5

DER AUFBAU EINES FREIEN UND GANZEN EUROPAS

Das Nach-Wende-Europa um einen Tisch versammelt

19. November 1990: Sechs Wochen nach der deutschen Wiedervereinigung kamen 34 Staats- und Regierungschefs im Kléber International Conference Center in der Nähe des Arc de Triomphe in Paris zusammen. Angeführt wurde die Liste von George Bush und Michail Gorbatschow, aber Helmut Kohl, François Mitterrand und Margaret Thatcher waren natürlich ebenfalls anwesend; dazu auch Vàclav Havel aus der Tschechoslowakei und Tadeusz Mazowiccki aus Polen. Alle mit ihren Außenministern oder anderen hohen Beratern. Sie saßen an einem sechseckigen Tisch rings um 90 Zentimeter hohe Modelle von Nordamerika und Europa, die wie Teile aus einem gigantischen Puzzle aussahen. Insgesamt

waren es 69 Delegierte, 67 Männer und zwei weibliche Regierungschefs: Margaret Thatcher aus Großbritannien und Gro Harlem Brundtland aus Norwegen.

In seiner Begrüßungsansprache als Gastgeber unterstrich François
Mitterrand die Bedeutung des Moments. »Es ist das erste Mal in der
Geschichte, dass wir eine tiefgreifende Veränderung der europäischen
Landschaft erleben, die nicht Folge eines Krieges oder einer blutigen Re-
volution ist«, erklärte er. »Um diesen Tisch sitzen weder Sieger noch Be-
siegte, sondern versammeln sich in Würde 34 gleichrangige freie Länder.«[1]

So ein paneuropäisches Gipfeltreffen hatte es seit 1975 nicht mehr
gegeben, als die Schlussakte von Helsinki unterzeichnet worden war,
die sowohl den Grenzverlauf Nachkriegseuropas als auch die gemeinsamen Werte der allgemeinen Menschenrechte bestätigt hatte. Die Pariser
Zusammenkunft galt als eine Art Helsinki II, denn hier wurde die
Schlussakte bekräftigt, aktualisiert und in der »Charta von Paris für ein
neues Europa« an die Ära nach dem Kalten Krieg angepasst. Gorbatschow hatte seit seinen Gesprächen mit Bush in Malta auf eine solche
Konferenz gedrängt, und ihm zuliebe war sie von 1992 auf Herbst 1990
vorverlegt worden.[2] Der Kremlchef hielt diesen neuerlichen Sondergipfel über Sicherheit und Zusammenarbeit in Europa für unerlässlich, um
seine Vision zu verwirklichen, der zufolge sich die NATO und der Warschauer Pakt schrittweise in ein »gemeinsames Haus Europa« auflösen
sollten. Er hatte sich für diese Formulierung entschieden, aber andere
plädierten für Varianten der gleichen Idee: Mitterrands »europäische
Konföderation« und ein Projekt, das Genscher eine »gesamteuropäische
Sicherheitsarchitektur« nannte.

Es gab tatsächlich viele Szenarien für das neue Europa. Kohls Version
basierte auf einer Anpassung der Europäischen Gemeinschaft, durch
eine Vertiefung der Integration wie auch durch die Ausweitung der
Mitgliedschaft nach Osten. Das war schließlich das, was er sich als
Bedingung für die deutsche Wiedervereinigung auf die Fahne geschrieben hatte.[3] Für Bush hatte der Fortbestand der NATO absolute Vorrang – wenn auch als stärker politisch ausgerichtetes Bündnis –, sowohl
um zur Sicherung der Ordnung auf dem Kontinent beizutragen, als
auch um zu gewährleisten, dass die USA weiterhin in Europa präsent
waren. In dem Punkt stimmte Kohl ihm ebenfalls zu.

In den Jahren 1990/91 wurden diese rivalisierenden Visionen – gemeinsames Haus Europa, Europäische Konföderation, KSZE, EG und NATO – mitten in einer sich rasch verändernden europäischen Lage parallel zueinander verfolgt. Während Deutschland das Wagnis der Wiedervereinigung in Angriff nahm, behaupteten die Staaten des ehemaligen sowjetischen Blocks ihre frisch erlangte Unabhängigkeit und machten gleichzeitig klar, wo ihre Bedürfnisse lagen. Wie Baker in Prag erklärte:»Wenn 1989 das Jahr des Hinwegfegens war, so muss 1990 das Jahr des Neuaufbaus werden.« Es sollte sich jedoch zeigen, dass es leichter war, sich die Architektur für ein neues Europa in dieser Ära vorzustellen, als sie zu entwerfen und aufzubauen.[4] Für Europa, genau wie für Deutschland, war das Jahr 1990 eine Zeit der Entscheidungen.

*

Unter diesen Visionen einer neuen europäischen Ordnung war Gorbatschows gemeinsames Haus Europa das weitreichendste und integrativste.

Seit seiner Rede vor den Vereinten Nationen im Dezember 1988 hatte der Sowjetführer geglaubt, dass eine Neuordnung der europäischen Sicherheit ebenso notwendig wie wünschenswert sei – nicht nur wegen der schwindenden strategischen Bedeutung der Satellitenstaaten für die sowjetische Sicherheit, sondern auch wegen der ideologischen Revolution, die seiner Außenpolitik zugrunde lag. Wie stark er auch immer im Leninismus verwurzelt sein mochte, erkannte er doch die wirtschaftliche Vitalität des Westens und die eigene Unfähigkeit an, sich dem Kapitalismus in einem revolutionären Kampf zu stellen, und sei es nur wegen der Gefahr der atomaren Vernichtung. Der beste Kurs bestand für ihn darin, die Zusammenarbeit mit dem Westen durch die Entschärfung des nuklearen Wettrüstens zu vertiefen und ein Geflecht positiver Interaktionen vom Handel bis hin zu Kultur, Technologie sowie Umweltfragen zu entwickeln. Der sowjetische Außenminister Eduard Schewardnadse unterstrich Gorbatschows Credo, als er erklärte, dass der Status der UdSSR als »zivilisiertes Land« von der erfolgreichen Konstruktion eines neuen »von Gesetzen regierten und demokratischen Staates« und dessen Rolle bei der »Schaffung eines integralen, europäischen, ökonomischen, legalen, humanitären, kulturellen und ökologischen Raums« abhänge.[5]

Diese inklusive Herangehensweise an die internationale Politik konzentrierte sich, auch wenn sie globale Auswirkungen hatte, vor allem auf Sicherheit und Stabilität in Europa. Gorbatschows Vision war in Wirklichkeit stärker westlich als sowjetisch inspiriert, doch er betonte gerne, dass sie auf den »allgemein menschlichen« Werten basiere. Und es gelang ihm, seine Grenzen als strategischer Denker durch diplomatisches Geschick auszugleichen – indem er wann immer möglich die Initiative ergriff und sich ins Rampenlicht stellte.

Folglich war Gorbatschows Politik der Zugeständnisse in den Jahren 1989/90 nicht einfach nur ein Zeichen der sowjetischen Schwäche, sondern drückte auch ganz klar sein neues politisches Denken aus und spiegelte aktuelle Entwicklungen in der europäischen Sicherheit wider. Seine Losungen der »beiderseitigen Sicherheit«, der »defensiven Verteidigung« und der »vernünftigen Angemessenheit« bei der Rüstung waren im INF-Vertrag von 1987 verwirklicht worden und sollten von neuem in dem Vertrag über konventionelle Streitkräfte in Europa (KSE) zum Ausdruck gebracht werden, der in Paris zur gleichen Zeit wie die Charta unterzeichnet wurde. Die Parolen von der »Freiheit der Entscheidung« und dem »Recht auf Selbstbestimmung« dienten dazu, die sowjetische Nichteinmischung in Osteuropa im Jahr 1989 und die Anerkennung der deutschen Wiedervereinigung innerhalb der NATO 1990 zu rechtfertigen. Auch sein Traum von einem »gemeinsamen Haus Europa« schien in den Entscheidungen Realität zu werden, die in Paris getroffen wurden, um die KSZE über jährliche Treffen der Außenminister, einen ständigen Mitarbeiterstab in Prag, ein Konfliktvermeidungszentrum in Wien und eine »parlamentarische Versammlung« in Straßburg zu institutionalisieren.[6]

Im Rückblick mögen Gorbatschows große Hoffnungen auf ein völlig neues gesamteuropäisches System der »kollektiven Sicherheit«,[7] gestützt auf die KSZE, illusorisch erscheinen. Eine ganze Weile aber wurde er von maßgeblichen Stimmen aus dem Westen in seinen Vorstellungen angespornt. Ende 1989 hatten Baker und Kohl von einer neuen Rolle für die KSZE innerhalb der europäischen »Architektur« der Zukunft gesprochen. Genscher engagierte sich noch stärker für dieses Konzept. In seiner Grundsatzrede in Tutzing am 31. Januar 1990 hatte er für »ganz Europa« in der KSZE verwurzelte »kooperative Sicherheitsstrukturen« gefordert. Später (in Potsdam und Luxemburg) setzte er sich für eine neue paneuropäische Ordnung ein – speziell für einen »Verbund gemeinsamer kollektiver Sicherheit«, in dem NATO und Warschauer Pakt aufgelöst würden.[8] Allerdings war er schon im April, nach dem Rüffel des Kanzlers, der zu diesem Zeitpunkt bereits auf ein möglichst schnelles Bewerkstelligen der deutschen Einigung fixiert war, auf die damit verbundene NATO-Linie von Bush und Kohl eingeschwenkt.[9]

Mut machte Gorbatschow vor allem die europäische Vision François Mitterrands. In seiner Neujahrsansprache am 31. Dezember 1989[10] rief der französische Präsident zur Gründung einer »europäischen Konföderation« auf.[11] Indem er den größten Teil seiner im Fernsehen übertragenen Ansprache den friedlichen Revolutionen in Osteuropa widmete, bettete er diese Ereignisse in die *longue durée* der Französischen Revolution ein – den Kampf um Freiheit, Gleichheit und Brüderlichkeit–, deren 200. Jahrestag im vorigen Sommer mit so großem Pomp gefeiert worden war. Die »samtenen Revolutionen« rühmte er als einen »Sieg der Demokratie, 1789–1989« über die »Tyrannei«. Mitterrand versäumte es jedoch nicht, auf die dunklere Seite hinzuweisen, die erst kürzlich die blutigen Vorfälle in Rumänien aufgezeigt hatten. Die Osteuropäer brauchten ganz eindeutig die Hilfe des Westens nach einer, wie er sagte, »so langen Nacht«.[12]

In seiner Ansprache bekräftigte Mitterrand, dass Europa, nachdem es ein halbes Jahrhundert lang von den beiden Supermächten dominiert worden sei, nunmehr eine »Heimkehr« und »Wiederauferstehung der eigenen Geschichte und der eigenen Geografie« erfahre. Da er mit dem Thema der Veränderbarkeit der Grenzen rang und sich um das Wiederaufleben des Nationalismus sorgte, skizzierte er zwei alternative Szenarien für Europa. Einerseits das Risiko des Chaos und der Instabilität, eines Kontinents, der zerfällt und womöglich wie einst das »Europa von 1919« explodiert. Andererseits ein Europa, das »sich selbst erbaut« – und dadurch die friedliche Entwicklung einer neuen stabilen Ordnung nach dem Kalten Krieg erleichtert. Letzteres, erklärte Mitterrand, könne in zwei Stufen geschehen. Zuerst müssten die Strukturen der Europäischen Gemeinschaft »gestärkt« werden. Das war notwendig, weil die EG, in Mitterrands Augen, eine wichtige Rolle bei der »Auferweckung« der Menschen Osteuropas gespielt und als ein Magnet für die Länder hinter dem Eisernen Vorhang gedient hatte. Die zweite Phase hingegen musste noch »erfunden« werden, auch wenn er die Helsinki-Schlussakte von 1975 als deren Basis betrachtete. Mitterrand sagte für die Neunzigerjahre die Gründung einer echten europäischen Konföderation voraus – ein Bund, der »alle Staaten unseres Kontinents in einer gemeinsamen und dauerhaften Organisation für den Austausch, Frieden und Sicherheit« miteinander vereinte. Als Voraussetzung mussten die osteuropäischen Staaten natürlich einen politischen Pluralismus, freie Wahlen und eine repräsentative Regierung einführen. Aber, so der Franzose, dieser Tag sei »womöglich nicht mehr allzu fern«.[13]

Mitterrands Neujahrsansprache sorgte für einige Überraschung – nicht nur im Ausland, sondern auch im engeren Kreis des Präsidenten –, weil er mit keinem seiner Mitarbeiter im Élysée-Palast auch nur darüber gesprochen hatte. Immerhin begrüßten die meisten, da die Rede ganz offensichtlich eine bedeutende Initiative ankündigte, die Idee begeistert als Frankreichs ganz eigenen Beitrag zu der grundlegenden Debatte darüber, wie die Architektur »Groß-Europas« in der Ära nach dem Kalten Krieg aussehen sollte.[14]

Allerdings hatte der französische Präsident durchaus komplexe Motive, sein *grand projet* ausgerechnet jetzt zu lancieren.

Seine Ideen für den Aufbau des neuen Europas hatten Ende 1989, als »die Geschichte sich beschleunigte«, geschwankt.[15] Im Oktober und November war die KSZE eine Zeitlang als eine attraktive Option erschienen, um die herum man eine paneuropäische »Post-Jalta«-Ordnung bauen könnte. Aus diesem Grund äußerte sich Mitterrand bei seiner Begegnung mit Gorbatschow in Kiew am 6. Dezember auch positiv zu dem Vorschlag des sowjetischen Generalsekretärs bezüglich eines Helsinki-II-Gipfeltreffens der »35« im Jahr 1990 und hinsichtlich der Institutionalisierung der KSZE, nicht zuletzt als unerlässlicher Rahmen, innerhalb dessen die Deutsche Frage geregelt werden könnte. Er sagte zu Gorbatschow, Kohls Zehn-Punkte-Plan habe »alles von den Füßen auf den Kopf gestellt«. »Die Reihenfolge der Prozesse darf man nicht ändern«, erklärte er. »An erster Stelle muss bei uns … die europäische Integration, die Evolution in Osteuropa und der gesamteuropäische Prozess sowie die Schaffung einer Friedensordnung in Europa stehen.«[16] Hinter Mitterrands Denkweise steckte möglicherweise auch folgendes Kalkül: Da die beiden Supermächte den gleichen »Konservatismus der Blöcke« teilten, wie sich bei dem Gipfel in Malta gezeigt hatte, könnte die Stärkung der KSZE dazu dienen, jede Gefahr einer allzu engen Einbindung der EG in den neuen Atlantizismus zu verringern, und damit dazu beitragen, beide Militärbündnisse zu erhalten.

Mitterrands Denkweise nahm schon bald eine neue Wende – unter dem Eindruck des Straßburger EG-Gipfeltreffens am 8. Dezember 1989 und vor allem, als die Zerbrechlichkeit des ostdeutschen Staates im selben Monat während die DDR-Besuche von Kohl und Mitterrand deutlich wurde. Der französische Präsident hielt immer noch eisern daran fest, dass die deutsche Vereinigung den Wandel Europas begleiten, nicht ihm vorausgehen solle. Als sich aber abzeichnete, dass die beiden deutschen Staaten unaufhaltsam und rasch vereinigt würden, musste er dringend den Aufbau Europas beschleunigen. Dabei war sein Problem, dass er und Kohl sich über die Prioritäten nicht einig waren.[17]

Mitterrand konzentrierte sich auf die Währungsunion, während Kohl die politische Union und Erweiterung der EG viel wichtiger waren. Letzteres wurde klar in Punkt 7 des Zehn-Punkte-Plan des Kanzlers: »Die EG darf nicht an der Elbe enden, sondern muss die Offenheit auch nach Osten wahren. Nur in diesem Sinne – wir haben das Europa der Zwölf immer nur als einen Teil und nicht als das Ganze verstanden – kann die Europäische Gemeinschaft Grundlage einer wirklich umfassenden europäischen Einigung werden.«[18] Der Quai d'Orsay hingegen befürchtete eine »Verwässerung« des Projektes EG/WWU. Daher nahm das französische Außenministerium die Position ein, es sei zwar »unerlässlich, den Aufbau Europas mit der Öffnung nach Osten zu kombinieren«, doch die Erweiterung könne »erst nach einer Stärkung [der EG] erfolgen«. Eben deshalb müsse man den osteuropäischen Ländern »Alternativen zur Mitgliedschaft anbieten«.[19]

Dieser Konflikt zwischen »Erweiterung« und »Vertiefung« war ein Hauptmotiv hinter Mitterrands Plädoyer für eine europäische Konfö-

deration – ein Konzept, das bequemerweise eine Vielzahl an Zwischen-
stationen für das restliche Europa bot, während die EG der Zwölf weiter
in Richtung einer engeren Union marschierte. Das war das Konzept, das
Jacques Delors als Europa »konzentrischer Kreise« vorgestellt hatte.[20]
Dabei ließen Delors' Kreise – EG, EFTA, Osteuropa – die Sowjetunion
außen vor, während Mitterrands mutmaßliche Konföderation zugleich
loser und inklusiver war. Sie bestand aus einem engeren französisch-
deutschen Kern, um den ein zweiter Kreis gebildet werden sollte, der
den Rest der EG enthielt, die inzwischen in Richtung einer Währungsunion ging. Um ihn herum legte sich dann der letzte Kreis, der alles
andere umfasste: die Sowjetunion und ihre ehemaligen Satellitenstaaten,
sowie Nord- und Südosteuropa. Mitterrand sah die Aufnahme in den
zweiten Kreis vieler dieser Staaten nicht in den nächsten zehn oder
zwanzig Jahren vor.[21]

Das war, in rudimentärer Form, etwas, was man als westliche Antwort auf Gorbatschows »gemeinsames Haus Europa« betrachten
könnte – eine Antwort, die Moskaus Zielen bezüglich einer politischen
und sicherheitspolitischen Struktur von Vancouver bis Wladiwostok
entsprach. Die Idee einer Konföderation schien dem Kreml einen Weg
in Richtung einer politisch-wirtschaftlichen Einbindung in Europa
zu bieten, während sie zugleich die Sowjets davor bewahrte, nach einer
vertieften EG-Integration völlig ausgegrenzt zu sein. Anstelle einer
Trennlinie zwischen zwei Blöcken – abgesteckt von Mauern, Zäunen
und einem Eisernen Vorhang – würde Europas politische Geometrie in
Kreisen beschrieben werden, innerhalb derer eine reformierte UdSSR
irgendwo ihren Platz finden würde.[22]

Die Worte, mit denen Gorbatschow und Mitterrand ihre Visionen von
Europa zum Ausdruck brachten, waren idealistisch und vage. Sie schienen austauschbar und flossen deshalb problemlos zu einer gemeinsamen Idee mit geringfügigen Unterschieden zusammen, die überbrück-
bar waren. Der außenpolitische Berater Gorbatschows Tschernajew
etwa stellte fest, dass Gorbatschow und Mitterrand »verblüffend ähnliche Ansichten zu den weltweiten Entwicklungen« hätten, »zumindest
auf ›theoretischer‹ Ebene«.[23]

Doch die Unterschiede waren nicht zu leugnen. Für Gorbatschow
war das gemeinsame Haus Europa – mit anderen Worten, ein Kontinent

im Frieden mit sich selbst – im Wesentlichen eine Sicherheitsstruktur, die aus der KSZE hervorgehen sollte (und somit Kanada und die USA mit einbezog). Für Mitterrand gestattete das Konzept einer europäischen Konföderation der EG, die eigene Einheit zu vertiefen, während der Rest des Kontinents, auch die UdSSR, in Wartestellung blieb und die Vereinigten Staaten dezidiert ausgeschlossen waren. Es bot ein Gerüst oder *cadre de règlement*, wie die Franzosen es nannten, für die Stabilisierung der östlichen Nachbarn der Gemeinschaft, während die neue Europäische Union des Jahres 1992 entstand. Doch mit Hilfe dehnbarer Phrasen wie »europäischer Aufbau« gelang es dem gewieften Präsidenten tatsächlich, die Offenheit der beiden Konzepte für seine eigenen Zwecke zu nutzen – und Gorbatschow in dem Glauben zu bestärken, sie hätten Gleiches im Sinn.[24] Aus dem selbigen Grund war er auch bereit, den von Gorbatschow angestrebten KSZE-Gipfel in Paris zu veranstalten.[25]

Dabei war Mitterrands Konföderation keinesfalls nur eine taktische Finte. In mindestens zwei grundlegenden Aspekten war es wirklich ein *grand projet*. Zum einen in Bezug auf die finsteren Lehren der Geschichte: immer wieder äußerte Mitterrand seine Befürchtung, das Ende des »Europas von Jalta«, wie die Franzosen gerne sagten, könne zu Unruhen führen, vergleichbar mit jenen der ersten Hälfte des 20. Jahrhunderts. Seine Kurzformel dafür war das »Europa von 1913« – ein Kontinent im Begriff, in den Abgrund zu stürzen. Oder noch düsterer, das »Europa von Sarajevo«.[26] Zum anderen aber blickte das *grand projet* auch nach vorn. In einem Europa, das nach einem halben Jahrhundert endlich offen war – einer Zeitspanne, in dem Frankreich ein launischer Untergebener der Vereinigten Staaten gewesen war –, schien jetzt zumindest eine Chance zu bestehen, die verlockende, bisher unerreichbare gaullistische Vision zu verwirklichen. Nämlich, dass jetzt die Konföderation womöglich zum Vehikel eines Europas unter französischer Führung »vom Atlantik bis zum Ural« werden könnte. Wie der französische General selbst in den Sechzigerjahren war auch Mitterrand der Auffassung, dass die atlantische Grenze bei Lissabon, und nicht in Washington, beginne. Er bestritt zwar keineswegs die Bedeutung der NATO für die Garantie des Kräftegleichgewichts auf dem Kontinent, doch Mitterrand betrachtete die Konföderation als neuen Raum, inner-

halb dessen Europa – mit Frankreich am Ruder – aus eigener Kraft
wachsen könnte.[27]

Es verbarg sich also eine ganze Menge hinter Mitterrands fünfminütiger Ansprache am Neujahrsabend 1989. Sein Szenario einer Konföderation für die Ordnung nach dem Kalten Krieg war keine beiläufige
Anmerkung und es ist kein Wunder, dass es zum Hauptgesprächsthema
wurde, als er und Kohl einige Tage später, am 4.Januar 1990, ihren
Strandspaziergang bei Latché machten. Die beiden Politiker besprachen sich eingehend, bemühten sich, die aktuelle Lage zu begreifen.
Was dabei schließlich herauskam, waren klare Argumentationslinien
zur Beziehung zwischen der EG der Zwölf und Osteuropa.[28]

Ganz fixiert auf eine eurozentrische Vision der Zukunft erklärte Mitterrand Kohl, dass er derzeit zwei miteinander verflochtene Probleme
sehe – das russische und das deutsche –, doch das eine lasse sich nicht
ohne weiteres mit dem anderen in Einklang bringen.

Das »Experiment Gorbatschow« werde gewiss noch eine Zeitlang
weitergehen, sagte der Präsident. Aber »was komme danach, wenn er
scheitere? Ultras!« Eine unnachgiebige Militärdiktatur, weil der Kommunismus tot war. Das sei allen klar. Außerdem auch ein Wiederaufleben des russischen Nationalismus. Und wenn das Militär siege, dann
käme es zu Blutvergießen, wenn sie die separatistischen Republiken in
der Sowjetunion unterdrückten. Kohl stimmte dem zu.

Zum Glück, so Mitterrand, gebe es, was die Deutsche Frage betreffe,
zum ersten Mal seit 1000 Jahren inzwischen eine Antwort, nämlich
»die enge Verbindung zwischen Deutschland, Frankreich und Europa.
Anstelle eines bewaffneten [Kräfte-]Gleichgewichts sei ein friedliches
Gleichgewicht getreten.«[29]

Kohl hatte selbstverständlich kein Problem mit der Notwendigkeit,
Deutschland in der EG zu verankern. Unter Berufung auf ein Adenauer-
Zitat sagte er: »Die deutschen Probleme können nur unter einem europäischen Dach gelöst werden.« Zu diesem Zeitpunkt dachte der Bundeskanzler noch an eine Übergangsphase der deutsch-deutschen
Kooperation (jeder in seinem Block), doch für ihn stand bereits fest,
dass eine volle Wiedervereinigung folgen würde, und erst dann die
Vollendung der »europäischen Integration«. Diese letztere Phase sollte
auch für Staaten offen sein, die beitreten wollten und zu diesem Zweck

einen Teil ihrer Souveränität an die Gemeinschaft abgaben. Mit Blick auf seine hervorragende persönliche Beziehung zu Mitterrand bezeichnete er sie beide als diejenigen, »die den Europa-Motor wieder angeworfen hätten«. In der Geschichte sei die Entwicklung der Gemeinschaft auf politische Persönlichkeiten und deren Visionen angewiesen gewesen; er war sicher, dass dies auch für die Zukunft gelten müsse.[30]

Mit dem Augenmerk darauf, ein vereinigtes Deutschland in einer vertieften EG einzubinden, wies Kohl darauf hin, dass man für Länder, die derzeit nicht für eine Mitgliedschaft in der Gemeinschaft in Frage kämen − wie Ungarn, Polen und die Tschechoslowakei, aber auch Österreich und die Türkei −, einen Sonderstatus finden und geeignete Strukturen schaffen müsse. Er dachte an ein System politischer Verträge mit diesen Staaten, womöglich auch mit der UdSSR. Er ging davon aus, dass die EG bis zum Jahr 1995 hinreichend gestärkt wäre, um sich in dieser Form mit dem Osten zu befassen. Wenn die Sowjetunion den nötigen Grad der Demokratisierung nicht erreichte, würde sie isoliert werden.[31]

In der folgenden Pressekonferenz vertuschten Mitterrand und Kohl ihre Meinungsverschiedenheiten und hoben die Felder der Übereinstimmung hervor. Der Kanzler unterstrich unablässig seine Verpflichtung zum französisch-deutschen Tandem und zu Europa und wiederholte das Adenauer-Zitat zur deutschen und europäischen Einheit. Er sagte, er sei sich mit Mitterrand einig, dass es nunmehr von großer Wichtigkeit wäre, auf dem Weg der Gemeinschaft weiter voranzukommen, während den osteuropäischen Nachbarn eine Perspektive für die Zukunft geboten werde. »Der Begriff der Konföderation«, so Kohl, »gelte für diese Entwicklung. Er gelte nicht für die innerdeutsche Situation.«[32]

Fest entschlossen, jetzt seine Deutschlandpolitik voranzutreiben, war Kohl für den Moment bereit, die Konföderation mit Blick auf Osteuropa im Spiel zu halten − und sei es nur, um Mitterrand gnädig zu stimmen.

Nach der Begegnung in Latché fing Mitterrand seinerseits an, bei den wichtigsten Staaten Ostmitteleuropas für das Konföderationsmodell zu werben. In Gesprächen mit Politikern in Budapest erklärte er, die EG könne sich nicht »endlos auf alle Länder ausdehnen«, und schlug deshalb die Konföderation als eine andere Art »organisches Bindeglied zu Westeuropa« vor. Die Reaktion der Ungarn war positiv, genau wie anschließend die der Tschechen und Slowaken.[33]

Doch im Laufe der folgenden Wochen veränderten sich die Rahmenbedingungen der Debatte grundlegend, als Kohl die deutsch-deutsche Währungsunion durchsetzte,[34] der Zwei-plus-Vier-Prozess begann und die KSZE zu einem Erfüllungsgehilfen degradiert wurde, der das Ergebnis ratifizieren durfte.[35] Ein CDU-Sieg bei den DDR-Wahlen im März vorausgesetzt, war der Weg zur deutschen Wiedervereinigung nach Kohls Bedingungen inzwischen so gut wie beschlossene Sache.

Unterdessen zeichnete sich allmählich ab, dass die Organisation, die die Sicherheitsordnung rings um Deutschland gestalten würde, nicht die KSZE sein sollte, geschweige denn Mitterrands vager Traum einer europäischen Konföderation. Auch wenn Moskau weiterhin darauf beharrte, dass ein vereinigtes Deutschland neutral sein müsse, zeigte die Einigkeit der westlichen Verbündeten auf der Konferenz der Außenminister von NATO und Warschauer Pakt Mitte Februar in Ottawa unter dem Motto »Open Skies«, dass das neue Deutschland in der NATO bleiben müsse.[36] Bemerkenswert ist, dass sich osteuropäische Vertreter, nicht zuletzt wegen ihrer historischen Ängste, ebenso stark für die Idee der NATO als Bindemittel Deutschlands einsetzten. Andernfalls könnte, wie der polnische Außenminister Krzysztof Skubiszewski in Ottawa warnte, die deutsche Nation »eine Macht oder Supermacht auf der europäischen Bühne« werden.[37] Die Diplomatie zur Wiedervereinigung und der Erhalt der NATO hatten Vorrang vor spekulativen Entwürfen für eine paneuropäische Sicherheitsarchitektur.

Diese allgemeineren Entwicklungen in den ersten Wochen des Jahres 1990 nahmen Mitterrand den Wind aus den Segeln; und dennoch kam er auf das Konzept einer Konföderation zurück, als er Kohl am 15. Februar zum Abendessen traf.[38] Das offensichtliche Auseinanderfallen des Warschauer Paktes – beide waren sich einig, dass dieser »nur noch eine Fiktion« sei – gestattete es Mitterrand, erneut seine Argumente hervorzubringen. Er betonte zwar, dass die weitere Integration der Gemeinschaft der Zwölf beschleunigt werden müsse, wies aber darauf hin, dass sich die Staaten, die sich aus dem sowjetischen Umfeld befreiten, danach noch kleiner und allein gelassen fühlen würden. Es wäre

ein »gefährlicher Weg«, zumal manche EG-Staaten womöglich danach
trachteten, regionale Bündnisse zu schließen – beispielsweise wollten
die Italiener »eine Föderation mit Jugoslawien, Österreich und Ungarn
eingehen«. Die Konföderation würde dagegen diese Gefahr abwehren,
indem sie eine lose Dachorganisation bot, mit wenigen festgelegten Verpflichtungen.[39]

Kohl war nicht in allem anderer Meinung, sagte aber – ein typisches
Beispiel für seine konservative Haltung –, entscheidend sei es, beim
Thema künftiger Kandidaten die »bereits vorhandenen Institutionen«
zu beteiligen. Auf jeden Fall sah er den Vereinigungsprozess eng verflochten mit dem Integrationsprozess der EG, und in dieser Beziehung
sollte Deutschland ein Hauptgestalter der EG-Angelegenheiten werden.
In seiner Replik erinnerte Mitterrand Kohl an Genschers Vorschlag,
dass sich die KSZE mit der Frage der deutschen Wiedervereinigung und
genaugenommen mit allen anderen Fragen befassen sollte, über die die
beiden beim Essen gesprochen hatten. Kohl gab dem Staatspräsidenten
mehr oder weniger deutlich zu verstehen, dass in Bonn die Richtlinienkompetenz beim Kanzler liege: Kurz, das Kanzleramt gibt die außenpolitische Richtung vor, nicht der Außenminister. Die Rolle der KSZE
werde schlicht darin bestehen, die Beschlüsse der Zwei-plus-Vier abzu-
segnen.[40]

Am Ende des Essens waren zwei Dinge klargeworden. Im Hinblick
auf die Gestaltung Europas insgesamt blieben der KSZE-Gipfel im
November 1990 und die Idee einer Konföderation auf der internationalen Agenda. Deutlich wurde aber auch, dass Deutschlands forcierter
Drang in Richtung Vereinigung keineswegs die Vertiefung der EG
gefährdete, sondern in Wirklichkeit den ganzen Prozess noch vorantrieb. In der Beziehung konnten sich Kohl und Mitterrand einigen. Was
die engere Einheit der EG genau hieß, musste jedoch erst noch ausgearbeitet werden.

*

Die Währungsunion war ein zentraler Bestandteil des *relance européenne*,
also der europäischen Wiederbelebung, die von Kommissionspräsident
Jacques Delors seit 1985 propagiert wurde. Frankreich legte darauf

besonderen Wert, weil es die wachsende Dominanz der westdeutschen Wirtschaft und der Bundesbank innerhalb des Europäischen Währungssystems fürchtete, das seit 1979 existierte. Eine förmliche WWU wäre ein Mittel, die Stärke der deutschen Währung und Volkswirtschaft zu zügeln und das zu entschärfen, was die Franzosen die »Atombombe« der Deutschen Mark nannten.[41] Als Vertreter des wirtschaftlichen Liberalismus seiner Partei begrüßte Genscher die Idee einer europäischen Währungsunion, Finanzminister Gerhard Stoltenberg von der CDU und andere Verfechter der Preisstabilität, niedrigen Inflation und sozialen Marktwirtschaft hingegen äußerten diesbezüglich Bedenken. Kohl tendierte anfangs zu Stoltenberg, unterstützte dann aber Genscher und Delors bei der Gründung des sogenannten Delors-Komitees auf dem Ratstreffen der EG im Juni 1988 in Hannover.[42]

Dieses Expertenkomitee, dessen Vorsitz der Kommissionspräsident selbst innehatte, wurde beauftragt, mögliche Wege zu einer Währungsunion auszuarbeiten. Ein wichtiges Mitglied war Otto Pöhl, der Präsident der Bundesbank. Der von Anfang an skeptische Pöhl hatte Angst, die Autonomie der Bundesbank zu verlieren, und machte sich Sorgen wegen des Übergewichts eines ungehemmten »lateinischen« Keynesianismus im Komitee, der sich womöglich gegenüber der eingefleischten, westdeutschen Verpflichtung zur Währungsstabilität durchsetzen könnte. Kohl wollte Pöhl unbedingt vom Primat der Politik über die Wirtschaft überzeugen und argumentierte, die deutsch-französischen Beziehungen würden über die Wirtschaft hinausgehen. Er wies auch darauf hin, dass Österreich und die nordischen Länder mit Sicherheit schon bald den Beitritt in die EG beantragen und damit Bonns Sichtweise der wirtschaftlichen Imperative untermauern würden.[43]

Auf einer tieferen Ebene hatte der Kanzler jedoch selbst Bedenken, was den Weg zur WWU betraf. Er betrachtete die Währungsunion als das Endergebnis, nicht als den Ausgangspunkt. Zuerst musste eine Angleichung unter den Volkswirtschaften der EG erreicht werden, und das würde ein langer Prozess sein, der von der Öffnung der Märkte und einer völligen Liberalisierung der Kapitalbewegungen abhing. Diese Auffassung teilten auch die Briten, Dänen und Niederländer. Doch Delors – unter Übernahme des Ansatzes von Frankreich, Italien und Belgien – räumte der Schaffung einer neuen Währungsinstitution Vorrang ein und behauptete, dieser Schritt würde die EG-Länder zu einem »Prozess der wirtschaftlichen Angleichung durch ein verändertes Marktverhalten« drängen.[44]

Der Delors-Bericht wurde von der Europäischen Kommission im April 1989 gebilligt. Er legte drei Bedingungen für ein Vorantreiben der Wirtschafts- und Währungsunion fest, nämlich die volle und unumkehrbare Konvertierbarkeit der Währungen, freie Bewegung des Kapitals und unveränderlich festgelegte Wechselkurse. Diese wurden im Juni 1989 auf dem EG-Ratstreffen in Madrid einstimmig angenommen. Sogar die Bundesbank hielt dies für ein »optimales« Ergebnis – da anfangs das System nationaler Zentralbanken erhalten blieb, weil man sich vehement zur Preisstabilität bekannte und die Idee verworfen hatte, eine Einheitswährung einzuführen, bevor die drei Bedingungen erfüllt waren.[45]

Es gab jedoch einen schwerwiegenden Vorbehalt. Pöhl lehnte nachdrücklich die Idee einer Europäischen Zentralbank (EZB) ab. Er missbilligte jede Abtretung der Währungssouveränität von der Bundesbank, die historisch von den meisten Westdeutschen als der Garant der starken D-Mark und damit des Wohlstands der Bundesrepublik nach dem Krieg angesehen wurde. Schon die Schaffung einer EZB als langfristiges Ziel anzustreben, wäre seiner Meinung nach ein Fehler. Wenn Westdeutsche erst einmal herausfänden, dass ihr Geld die Währungsunion stützte, ihre eigene Zentralbank aber nicht die Währungspolitik kontrollierte, könnte dies das öffentliche Zutrauen in das ganze Unterfangen erschüttern.[46]

Daher ist es nicht erstaunlich, dass es zwischen Paris und Bonn über die Frage der künftigen Gestalt der WWU zu Spannungen kam. Für Mitterrand, der 1988 für eine weitere Amtszeit von sieben Jahren wiedergewählt worden war, wurde die WWU »das alles überragende Ziel« seiner restlichen Präsidentschaft. Er wünschte, dass die EG schon bald eine Regierungskonferenz einberief, um den Delors-Bericht umzusetzen. Mitterrand hielt auch an seiner Überzeugung fest, dass die WWU bis Ende 1992 ratifiziert werden müsse. Die »anderen institutionellen Fragen«, wie er sich ausdrückte, also eine verstärkte politische Integration, sollten erst dann in Angriff genommen werden, wenn die Verhandlungen zur Wirtschafts- und Währungsunion abgeschlossen waren. Kohl hingegen zögerte, ein Datum für die Regierungskonferenz festzusetzen. Im Herbst 1989 hätte er am liebsten die WWU-Verhandlungen von den Bundestagswahlen im Dezember 1990 entkoppelt. Außerdem hoffte er, die WWU mit der »europäischen politischen Union« zu verknüpfen. Der Kanzler wollte nicht, dass weitere Schritte in Richtung WWU ohne eine parallel dazu laufende politische Reform der EG-Institutionen unternommen wurden. Er wünschte sich eine Verflechtung der wirtschaftlichen und politischen Integrationsprozesse, mit dem Ziel, die Ratifizierung durch jeden Mitgliedstaat unmittelbar vor den Wahlen zum Europäischen Parlament im Jahr 1994 zu erreichen.[47]

Am 27. November 1989 schilderte Kohl in einem Brief an Mitterrand seine Bedenken. Er erklärte, der Prozess einer wirtschaftlichen Anglei-chung – sprich Wechselkursstabilität, niedrige Haushaltsdefizite und Harmonisierung der Mehrwertsteuersätze – sei nicht hinreichend fort-geschritten, um schon im Juli 1990 in die erste Phase einer Wirtschafts- und Währungsunion einzutreten: die Vollendung des einheitlichen Marktes und die Einbindung aller EG-Währungen in das Wechselkurs-system. Dem Brief legte er auch einen »Arbeitskalender« bei, der eine Verschiebung der tatsächlichen Entscheidung über die Gründung der Regierungskonferenz um ein Jahr vorschlug, vom Straßburger Gipfel, der zwei Wochen später stattfinden sollte, auf Ende Dezember 1990. Dann hätte Italien die Präsidentschaft inne.[48]

Mitterrand hielt das Ganze für eine politisch motivierte Verzö-gerungstaktik, ja sogar für einen deutschen Trick, die WWU ganz zu umgehen. Hinzu kam, dass Kohls Brief in Paris am 28. November zuge-stellt wurde – ausgerechnet an dem Tag, als der Kanzler im Bundestag seinen Zehn-Punkte-Plan präsentierte, ohne die WWU und die Regie-rungskonferenz auch nur mit einem Wort zu erwähnen.

Kein Wunder also, dass Mitterrand sofort Verdacht schöpfte.

Am 30. November, als Genscher in Paris zu Besuch war, gab Mitter-rand ihm auf unmissverständliche Weise zu verstehen, dass die Wieder-vereinigung zwar »eine unaufhaltsame Sache« sei, aber dass man »diese unaufhaltsame Sache integrieren« müsse. Er fügte hinzu: »Deutschland und Frankreich müssten in jeder Phase dieser Entwicklung gemeinsam vorgehen.« Darauf folgte sein übliches Mantra: »Erste Priorität habe dabei die europäische Einigung.«[49]

Eine schwierige Partnerschaft:
François Mitterrand und Helmut Kohl

In einem scharfen Antwortschreiben auf Kohls Brief bestand Mitterrand darauf, in Straßburg die unmissverständliche Zusage zu erreichen und bekanntzugeben, dass die EG zwölf Monate später die Regierungskonferenz zur WWU ins Leben rufen werde. Er sagte, er werde jede Verschiebung ablehnen. Außerdem werde er bei seiner Ansicht bleiben, dass die Konferenz sich erst nach der Einigung auf einen Vertrag zur Währungsunion mit der politischen Reform beschäftigen solle – irgendwann Anfang 1991.[50] Kohls EG-Berater Joachim Bitterlich gab zu bedenken, dass die Währungsunion für Mitterrand offensichtlich die unerlässliche Ergänzung zum einheitlichen Markt war – nicht zuletzt, um französischen Ängsten vor der Deutschen Mark entgegenzutreten. Hinzu kam, vermerkte Bitterlich, diese »notwendige Beschleunigung« der wirtschaftlichen Integration könne von Mitterrand in Straßburg binnen weniger Tage als die Antwort auf die »Herausforderung aus dem Osten« präsentiert werden.[51]

Mitterrands Denkweise zog krasse Implikationen nach sich. Die Währungsunion war notwendig, um alle deutschen Träume von einem eigenen, unabhängigen Einflussbereich in Mitteleuropa im Keim zu ersticken und somit eine DM-Zone innerhalb des bestehenden Europä-

ischen Währungssystems zu vermeiden. Stattdessen sollte die D-Mark
in einer neuen, einheitlichen europäischen Währung aufgehen. Darüber hinaus wollte Mitterrand, über die Regierungskonferenz zur Währungsunion, dafür sorgen, dass der Delors-Bericht nicht das Schicksal
früherer gescheiterter EG-Pläne für eine Wirtschaftsunion erlitt.

Die WWU diente dem französischen Präsidenten also gleich zu drei
Zwecken: erstens, um Deutschland daran zu hindern, nicht nur Westeuropa, sondern auch gleich die aufkeimenden Märkte des Ostens zu
dominieren. Zweitens, um den Kern der EG-12 zu festigen, dieses große
symbolträchtige Projekt weiterzuführen und so die Gefahr abzuwen-
den, dass die Gemeinschaft von dem grandiosen Gerede über eine Wiedervereinigung des ganzen Kontinents abgelenkt werde. Drittens, um
zu garantieren, dass ein vereinigtes Deutschland wirklich in europäische Strukturen integriert war, indem es an eine einheitliche europäische Währung gekettet wurde. Die Franzosen betrachteten all dies
als »Nagelprobe« für Deutschland, um seine »Bereitschaft, die deutsche
mit der europäischen Identität in Einklang zu bringen«, unter Beweis
zu stellen. Demnach war die Festlegung eines Termins für die Regierungskonferenz der Prüfstein von Mitterrands Strategie für die Zukunft,
wie üblich geprägt von den Lehren der Vergangenheit.[52]

Mitterrands Szenario gab die allgemeine Stimmung in Frankreich
wieder. Kohls Zehn Punkte zur Wiedervereinigung ließen die Alarmglocken in Anbetracht der deutschen Vergangenheit schrillen. Am Tag
der Kundmachung konnte sich die Schaltzentrale im Élysée-Palast der
ängstlichen Anrufe kaum erwehren. Ob der Präsident im Voraus darüber informiert worden sei? Schob Kohls Plan denn nicht die Interessen
der EG insgesamt beiseite? Bot der Kanzler irgendwelche Garantien
bezüglich seines Engagements für Europa? Beinahe über Nacht wurde
deutlich, dass jedes Schwanken bei der Währungsunion seitens der
Bundesregierung als Signal gedeutet würde, dass Bonn die DDR der EG
vorziehe. Wie ein verärgerter Horst Teltschik am 1. Dezember einem
Journalisten von *Le Monde* mitteilte, befinde sich die Bundesregierung
inzwischen in der Lage, »praktisch jeder französischen Initiative für
Europa zustimmen zu müssen«.[53]

Kohl erkannte, dass er in Straßburg kaum noch Handlungsspielraum
haben würde. Also schrieb er am 5. Dezember Mitterrand erneut und

billigte diesmal die französische Linie für den Europäischen Rat. Diese sah ein rasches Vorgehen in Richtung WWU vor, indem der Dezember 1990 als Termin für die Regierungskonferenz festgelegt wurde. Über die wirtschaftliche Angleichung würde man sich später Gedanken machen. In seinem Brief drängte der Kanzler, der Rat müsse »ein klares politisches Signal setzen«, dass die EG darüber hinaus auch »entschieden auf dem Wege zur Politischen Union« voranschreiten werde.[54] Dieser Einschränkung schenkte man in Straßburg jedoch kaum Beachtung. Was Kohl stattdessen – im Gegenzug für die Unterzeichnung der Beschleunigung der WWU zu den Bedingungen Frankreichs – auf dem Gipfel bekam, war eine Erklärung der EG zugunsten der deutschen Einheit. Es gab keinen offiziellen Kuhhandel, aber offensichtlich bestand eine implizite Verknüpfung. Allerdings war das nicht der Kompromiss, auf den Kohl ursprünglich gehofft hatte: eine frühe Währungsunion im Tausch gegen Fortschritte in Richtung politischer Union.[55]

Mitterrand dagegen konnte das Gipfeltreffen in Straßburg als echten Erfolg werten. Er hatte sein oberstes Ziel erreicht, die ambitionierte wirtschaftliche Integrationsagenda Europas in die Wege zu leiten. Die abschließende Erklärung enthielt die Einigung, eine besondere Regierungskonferenz einzuberufen, um auf dem Ratstreffen in Rom im Dezember 1990 die WWU zu starten. Sie konstatierte ferner, dass die EG »in dieser Zeit der tiefgreifenden und raschen Veränderungen« den »ruhenden Pol eines künftigen europäischen Gleichgewichts« bilden müsse. Kurzum, »der Aufbau der Europäischen Union muss deshalb voranschreiten: Die Verwirklichung der Europäischen Union wird es ermöglichen, ein Geflecht wirksamer und harmonischer Beziehungen mit den anderen europäischen Ländern weiterzuentwickeln.«[56]

Das waren schöne Worte, gewiss, doch in der Realität nur ein Übertünchen der bestehenden Risse. Frankreich hatte eine Bestätigung hinsichtlich Bonns Verpflichtung zu Europa und der gemeinsamen Wahrung bekommen. Kohl hatte grünes Licht für die Fortsetzung der deutschen Wiedervereinigung erhalten, was ihm ein neues Druckmittel gegenüber Mitterrand verschaffte. Und jetzt, wo er das Prinzip der Währungsunion rückhaltlos akzeptiert hatte, beabsichtigte er, im Gegenzug Mitterrand zu Zugeständnissen zu bewegen: die Akzeptanz der Unabhängigkeit einer europäischen Zentralbank (nach dem Vorbild

der Bundesbank) und der politischen Union mit starken föderalisti-
schen Merkmalen.

Kohls Handeln in Straßburg war von der Politik gelenkt. Gegenüber
US-Außenminister James Baker erklärte er seine Überlegungen einmal
wie folgt: Er habe Frankreich gerne den Ruhm von Straßburg gegönnt,
aber ohne den Bundeskanzler, merkte er ironisch an, »wäre die Sache
dort nicht gelaufen«. Er habe diese Entscheidung, die Wirtschafts- und
Währungsunion mitzutragen, »gegen deutsche Interessen« getroffen:
Sogar der Präsident der Bundesbank sei dagegen gewesen. Der Schritt
sei jedoch, so Kohl, »politisch wichtig, denn Deutschland brauche
Freunde. Es dürfe uns gegenüber kein Misstrauen in Europa geben.«
Selbstverständlich, fügte er mit einem Grinsen hinzu, sei die Bundesrepublik »schon jetzt ... wirtschaftlich Nummer eins in Europa«, und
wenn 17 Millionen weitere Deutsche hinzukämen, sei dies »eben für
manche ein Alptraum«. Als echter Europäer, um nicht zu sagen Föderalist, erkläre er schon seit Jahren, dass »wir den weiteren Zusammenschluss Europas brauchen«. Und jetzt sei noch dringender denn je
geboten, »die Bundesrepublik Deutschland so stark wie möglich in der
Europäischen Gemeinschaft zu verankern«.[57]

Mitterrand war sich seinerseits absolut darüber im Klaren, dass –
ungeachtet seines Coups in Straßburg – Frankreichs Zeitfenster eng
war. Sein Ziel war es, die Währungsunion unumkehrbar zu machen,
bevor Deutschland in eine Position gelangte, die Debatte in die eigene
Richtung zu lenken – oder schlimmer: sich aus dem ganzen Prozess zu
verabschieden. Den ganzen Winter über hegte er außerdem noch Hoffnungen, den deutschen Drang in Richtung Wiedervereinigung irgendwie zu bremsen. Wie er Baker am 16. Dezember anvertraute: »Die deutsche Wiedervereinigung darf nicht schneller vorankommen als die
EG.«[58] Auch wollte er Kohls föderalistisches Projekt für eine politische
Union zügeln. Dessen sicherheitspolitische Dimensionen waren ihm ein
Gräuel wegen der Gefahr, die sie für Frankreichs Stellung als einzige
kontinentale Atommacht darstellten. Schließlich war Mitterrands Konzeption der EG, gemäß der französischen Tradition, im Wesentlichen
zwischenstaatlich, nicht supranational. So hieß in seinen Augen eine
engere politische Union mehr Macht für den Rat – anders gesagt, die
Regierungschefs.[59]

Schon am Strand von Latché hatte Kohl versucht, Mitterrands Befürchtungen zu zerstreuen. Und da er erkannte, dass er dies auch in der Öffentlichkeit tun müsse, gab er sich am 17. Januar, als er in Paris vor dem *Institut français des relations internationals* sprach, große Mühe, seine Treue zu dem bilateralen Band und zur europäischen Idee zu demonstrieren. »Die Bundesrepublik steht ohne Wenn und Aber zu ihrer europäischen Verantwortung – denn gerade für uns Deutsche gilt: Europa ist unser Schicksal!« Um deutlich zu machen, dass dies nicht reiner Determinismus war, verkündete er: »Die Bundesrepublik Deutschland ist heute untrennbar mit dem freien und demokratischen Europa verschmolzen, und es wird auch künftig nicht darum gehen, nationalstaatliche Strukturen des 19. Jahrhunderts zu restaurieren. Die ›deutsche Herausforderung‹ ... ist in Wirklichkeit eine europäische Herausforderung. Dieser Herausforderung sollten wir uns als Europäer gemeinsam stellen. Es liegt in unserer gemeinsamen europäischen Verantwortung, mit Weitblick und Beharrlichkeit an die Lösung der vor uns liegenden Aufgaben heranzugehen.«[60]

Mitterrand war jedoch keineswegs beruhigt. Da er wusste, dass der Kanzler über die Wiedervereinigung und ein föderales Europa sprechen würde, boykottierte er bewusst die Veranstaltung in Paris und lehnte sogar eine Zusammenkunft ab. Als Mitterand Margaret Thatcher drei Tage später sah, kam er darauf zu sprechen und sagte, dies sei »das erste Mal seit Jahren, dass sie sich bei so einem Anlass nicht getroffen hätten«. Er ließ ein wenig Dampf ab und erklärte: »Die plötzliche Aussicht der Vereinigung« habe dem deutschen Volk »eine Art mentalen Schock versetzt« und sie »erneut zu den ›schlechten‹ Deutschen von einst« werden lassen. Sie benähmen sich, so Mitterrand, »mit einer gewissen Rücksichtslosigkeit und konzentrierten sich auf die Wiedervereinigung, unter Ausschluss von allem anderen. Es war schwierig, in dieser Stimmung gute Beziehungen zu ihnen zu pflegen.« So »überaus freundlich und höflich« Mitterrand zwar laut dem Privatsekretär Thatchers blieb, nahm er doch kein Blatt vor den Mund: »Man darf den Deutschen nicht gestatten, sich derart wichtig zu machen.«[61]

Mitterrand ärgerte sich über eine weitere Rede vom 17. Januar, und zwar über jene von Jacques Delors vor dem Europäischen Parlament in Straßburg, als dieser das »Arbeitsprogramm der Kommission für 1990«

vorstellte. Delors gab zu verstehen, dass die WWU mit einer Stärkung der EG-weiten Institutionen einhergehen müsse. Mit dieser verschlüsselten Botschaft eröffnete er erneut die Debatte um ein politisches Europa. Er sprach sogar das heikle Thema an, was man mit der DDR tun solle, und erinnerte die Abgeordneten daran, dass die Römischen Verträge vor langer Zeit die EG verpflichtet hätten, eine spätere deutsche Vereinigung zu unterstützen. »Ostdeutschland ist also ein Sonderfall. Es hat, wie ich bereits erklärt habe – und ich möchte dies heute noch einmal mit aller Deutlichkeit betonen – seinen Platz in der Gemeinschaft, falls es dies wünscht. Voraussetzung ist allerdings – und darauf hat auch der Europäische Rat in Straßburg hingewiesen –, dass sich dieser Prozess [die Vereinigung] in freier Selbstbestimmung, auf friedlichem und demokratischem Wege vollzieht und dass er unter Beachtung der Grundsätze der Schlussakte von Helsinki, eingebunden in den Dialog zwischen Ost und West und in der Perspektive der europäischen Integration, verwirklicht wird. In welcher Form dies geschehen wird, ist in erster Linie Sache der Deutschen.« Laut Delors war Ostdeutschland somit ausdrücklich kein Präzedenzfall für den Umgang mit den restlichen osteuropäischen Staaten. Dieses Konzept der DDR als Sonderfall war ganz im Sinne Bonns.[62]

In beiden Perspektiven – zur Europäischen Politischen Union (EPU) und zur DDR – half die Rede des Kommissionspräsidenten Kohl. Aber Delors' Sichtweise der politischen Union war nicht ganz nach dem Geschmack des Kanzlers. Während Kohl insbesondere die Macht und Autorität des Europäischen Parlaments über direkte Wahlen stärken wollte, um ihm eine demokratische Legitimierung zu verleihen, forderte Delors eine gestärkte Rolle für die Europäische Kommission selbst.

Ungeachtet dieser unterschiedlichen Ansätze kehrte die politische Union mit Vehemenz auf die Tagesordnung zurück. Dieses Projekt konnte jedoch nur über eine enge deutsch-französische Zusammenarbeit vorangetrieben werden, zu der sich Mitterrand – immer noch lähmend ambivalent bezüglich Deutschlands Einheit – zu diesem Zeitpunkt auf keinen Fall verpflichten wollte. Er war weiterhin überzeugt, der beste Weg zu einer Vertiefung Europas führe über die Währungsunion, nicht zuletzt, um die Deutsche Frage in den Griff zu bekommen. In diesem Sinn sagte er dem italienischen Ministerpräsidenten Giulio

Andreotti am 13. Februar, der »Nahverkehrszug« (er meinte Europa) müsse beschleunigen und den »Eilzug« (Deutschland) einholen. Er kritisierte erneut Kohls Neigung, im Alleingang vorzupreschen, und beschwerte sich bitter, dass sich der Kanzler bezüglich seines Plans für die deutsche Währungsunion nicht mit ihm besprochen hatte, bevor er sie eine Woche zuvor bekanntgab – obwohl dies durchaus Konsequenzen für die WWU haben könnte.[63]

Am selben Tag meldete sich Delors mit der Idee einer »außerordentlichen Tagung« der EG-Regierungschefs zu Wort, um die Konsequenzen einer deutschen Vereinigung für die Gemeinschaft zu prüfen. Bei der Rechtfertigung dieser Idee vor den Abgeordneten holte er weit aus. »Diejenigen …, die heute die Europäische Gemeinschaft für abgetan erklären, weil sie angeblich ein Produkt des Kalten Krieges war und weil nun Großeuropa aktuell ist, begreifen nicht, welche Anstrengungen es in mehr als dreißig Jahren die Sechs … und schließlich die Zwölf gekostet hat, etwas entstehen zu lassen, was ich als Familiensinn bezeichnen würde.« Ferner warnte er vor der Gefahr, »ein Experiment zu demontieren, das in der Geschichte einmalig ist und auch bereits seine Bedeutung hat«; ein Experiment, das versucht, eine wahre »Gemeinschaft« und nicht lediglich eine »internationale Organisation« zu schaffen.[64]

Die Schwierigkeiten beständen, so Delors, darin, dass der Fortschritt beim Aufbau der Gemeinschaft »nicht schnell genug vorangeht« und dass ihre derzeitigen Dimensionen zu begrenzt seien. Aus diesem Grund müsse man »nun über das politische Europa« reden. »Vor einigen Jahren waren wir noch nicht so weit. Die 1985 von der Kommission vorgeschlagene Neubelebung spielte sich nur im Wirtschaftlichen ab und war die Antwort auf die schlichte Frage: Überleben unsere Volkswirtschaften oder gehen sie unter? Wir haben die Antwort geliefert. Heute geht es jedoch um die Politik; denn wie könnte man von der sozialen Dimension reden, ohne politische Überlegungen anzustellen und ohne unsere Gemeinschaft mit einem gesicherten institutionellen Gebäude auszustatten? Ohne einen solchen Überbau ist die soziale Dimension nur Makulatur.« Wie könne man, fragte Delors – insbesondere nach 1989 – »sonst von einem Europa der Bürger reden«?[65]

Delors' Vorschlag eines »außerordentlichen« EG-Ratstreffens wurde von Kohl am 15. Februar beim Abendessen mit Mitterrand aufgegriffen.

Der Kanzler war dafür, das Gipfeltreffen in der zweiten Aprilhälfte stattfinden zu lassen, wenn die Lage in der DDR durch die Wahlen geklärt sei. Mit dieser Idee unterstrich der Kanzler seine Zusage zu der Straßburger Entscheidung, die offizielle Diskussion einer europäischen Währungsunion auf der Regierungskonferenz im Dezember zu beginnen – und betonte dabei, dass »Deutschland jeden denkbaren Beitrag zu Fortschritten bei der Integration leiste«. Allerdings ist auch anzunehmen, dass er versuchte, in EG-Angelegenheiten wieder das Steuer zu übernehmen, weil er davon ausging, der Gipfel werde naturgemäß von dem deutsch-französischen Tandem geleitet. Kohl sagte, er wolle mit Frankreich zusammenarbeiten, und wies darauf hin, dass die Franzosen von der künftigen wirtschaftlichen Stärke des vereinten Deutschlands profitieren würden.[66]

Mitterrand räumte seinerseits ein, dass ein vereinigtes Deutschland für die Gemeinschaft kein Problem wäre. Ihm schmeckte die Vorstellung eines vergrößerten Deutschlands ohnehin besser als die Aufnahme der DDR als dreizehnter Staat. Seine nagenden Zweifel konnte er jedoch noch nicht abschütteln. Selbstverständlich befinde sich Deutschland wegen seiner Wirtschaft in einer sehr starken Position. Das Gleiche habe schon für das Deutschland Kaiser Wilhelms II. gegolten. Doch dessen Außenpolitik, fügte er provokativ hinzu, »sei schlecht gewesen, was zum Krieg geführt habe«. Heute gebe es immerhin »ein demokratisches Deutschland, das in die Europäische Gemeinschaft eingebunden sei«, und um dieses Band zu stärken, schlug er vor, die für den Dezember 1990 angesetzte Regierungskonferenz zur Währungsunion terminlich vorzuziehen. Kohl wies dies kurzerhand zurück. Er ließ sich nicht mit billigen historischen Analogien zu einem noch schnelleren WWU-Zeitplan als den, auf den man sich bereits geeinigt hatte, drängen. Immerhin war es in seinem persönlichen ebenso wie im Interesse Bonns, die Regierungskonferenz erst *nach* den ersten gesamtdeutschen Bundestagswahlen abzuhalten.[67]

Dieses Dinner war ein regelrechtes diplomatisches Tauziehen gewesen. Alles in allem war das Resultat jedoch ein positiver Schritt nach vorn. Frankreich und Deutschland hatten sich zu einem EG-Sondergipfel innerhalb von zwei Monaten verpflichtet, um über die Zukunft der Gemeinschaft zu entscheiden. Die Details mussten noch geklärt werden, etwa das Verhältnis und die gegenseitige Kopplung zwischen Politischer Union und WWU, aber der »Motor Europas«, wie Kohl das deutsch-französische Tandem auch genannt hatte, fing wieder an zu laufen.

*

Kohls und Mitterrands Idee eines EG-Sondergipfels wurde rasch von der übrigen Gemeinschaft gebilligt. Er sollte im April in Dublin stattfinden, mit dem irischen Premier und damaligen Ratspräsidenten Charles Haughey als Gastgeber. Frankreich und Deutschland pflegten jetzt eine »viel intensivere« bilaterale Beziehung, mit ständigem Kontakt zwischen Regierungsvertretern.

Auf dem Weg nach Dublin mussten allerdings durchaus noch einige Hindernisse aus dem Weg geräumt werden.[68] Aber etliche französische Bedenken waren endgültig von der Liste gestrichen. Mitte März wurden die Zwei-plus-Vier-Verhandlungen aufgenommen, und das Wahlergebnis in der DDR brachte Kohl die erwünschte massive Unterstützung für *seine* Vision einer raschen Wiedervereinigung. Die Angst vor Anarchie im Herzen Europas nahm allmählich ab. Außerdem erschien die Wiedervereinigung nicht länger als bürokratischer und politischer Alptraum, dank Kohls Entschluss diese auf Grundlage von Artikel 23 des Grundgesetzes zu gestalten – was in der Praxis schlicht die Ausdehnung westdeutscher Staatsstrukturen nach Osten bedeutete. Damit würde Deutschland die EG sicher nicht in eine angespannte Debatte um eine Erweiterung hineinziehen, wie dies in den Achtzigerjahren im Fall Griechenlands, Spaniens und Portugals der Fall gewesen war und wie man sie für die Staaten des ehemaligen Ostblocks in der Zukunft befürchtete.

Mitterrand ließ sich mittlerweile ebenfalls auf eine Form der Politischen Union ein. Er erkannte, dass er sich, wenn er das Ergebnis auf seine Weise beeinflussen wollte, für das, was Delors und Kohl vorschlugen, auch engagieren musste. Inzwischen überzeugt davon, dass die Deutschen die Währungsunion nicht blockieren würden, war er bereit, eine institutionelle Reform in Betracht zu ziehen. Er war nicht *per se* gegen eine stärkere Rolle des Europäischen Parlaments. Aber er wollte, dass sie über den Rat der Minister durch eine zwischenstaatliche

Kooperation ausgeglichen wurde. Im Gegensatz zu Delors vertrat Mitterrand nämlich den Standpunkt, dass die Rolle des Rats gestärkt werden müsse – weil die Kommission, so erklärte er scharf, gewiss »nicht die Regierung Europas« sei.[69]

Es gab darüber hinaus noch anderen externen Druck, die Sache ins Rollen zu bringen. Am 22. März machte Belgien den Vorschlag, dass die EG eine Regierungskonferenz eigens für institutionelle Fragen einberufen solle. Dies wiederum veranlasste Mitterrand und auch Kohl, ihren eigenen Vorstoß für ein politisches Europa auszuarbeiten.[70]

Da Mitterrand jetzt unbedingt den Eindruck eines französisch-deutschen Streits zerstreuen wollte, erklärte er am 25. März im französischen Fernsehen, dass Deutschland »fest in der europäischen Politik verankert« sei und dass er dies »in den kommenden Wochen zusammen mit Kohl zeigen« werde.[71] Drei Tage danach, bei Haugheys Besuch in Bonn, schlug Kohl vor, dass die EG der Zwölf bei ihrem Treffen am 28. April in Dublin ein eigens für die Politische Union gedachtes Komitee fordern sollten. Schon am nächsten Tag gab Mitterrand seine Zustimmung bekannt.

So hatte Kohl den Boden wiedergutgemacht, den er wegen der Ablenkungen nach dem Fall der Mauer verloren hatte. Bis Ende März war es ihm gelungen, die Vereinigung in seine Vision für eine engere Europäische Union einzubauen. Dabei hatte Delors als wertvoller Verbündeter gedient: Dessen Unterstützung war nicht nur rückhaltlos, sondern verlieh dem Ganzen auch einen überaus wichtigen französischen Akzent. In einem Brief vertraute der deutsche Kanzler dem europäischen Kommissar an, wie sehr er die offene Haltung der Gemeinschaft gegenüber den Ostdeutschen schätze, und erklärte, seiner Meinung nach sei ein Vorantreiben der politischen Union in Dublin das beste Mittel, Vertrauen aufzubauen und das Image von Deutschland als der »Dampfwalze« des europäischen Kontinents zu zerstreuen.[72]

Am 3. April gab der Kanzler seinen Mitarbeitern grünes Licht, sich allmählich mit den »Elementen von Schlussfolgerungen« des Élysée-Palastes für Dublin anzufreunden. Hinter diesem bürokratischen Jargon verbarg sich eine wichtige Instruktion, weil sie den Wunsch Kohls signalisierte, dass aus dem Sondergipfel ein gemeinsames Ergebnis hervorging. Sie bekundete auch seine Bereitschaft, sich mit den Franzosen zu einigen, um dorthin zu gelangen. In Paris hatte man jedoch immer noch Bedenken bezüglich der Form und des Charakters der politischen Union, und es erwies sich als schwierig, sich auf einen exakten Wortlaut zu einigen. Am Ende fand sich Bonn, weil es erkannte, dass die Uhr für den Start einer französisch-deutschen Initiative noch vor dem Gipfel ablief, damit ab, dass es sich mit einer Reihe allgemeiner Prinzipien statt einer detaillierten Blaupause zufriedengeben musste.

Also schrieben am 18. April, zehn Tage vor Dublin, Mitterrand und Kohl einen gemeinsamen öffentlichen Brief an Haughey in seiner Funktion als EG-Ratspräsident. Sie erklärten, dass es inzwischen »notwendig sei, den politischen Aufbau des Europas der Zwölf zu beschleunigen«, mit dem Ziel, dass, nach Ratifizierung durch die Landesparlamente, am 1. Januar 1993 ein Vertrag in Kraft tritt, der sowohl die Währungs- als auch die Politische Union verkörperte. Zu diesem Zweck schlugen sie die Intensivierung der Vorbereitungsarbeit des Komitees zur WWU im Dezember vor sowie die Schaffung einer separaten, »parallelen« Regierungskonferenz zur Politischen Union. Das EPU-Gremium sollte vier konkrete Ziele verfolgen: Stärkung der demokratischen Legitimation der Union; Steigerung der Effizienz ihrer Institutionen; Gewährleistung der »Einheit und Kohärenz« der »politischen Maßnahmen« der EG und Festlegung und Umsetzung einer »gemeinsamen Außen- und Sicherheitspolitik«.[73]

Obwohl das Dokument mit viel Tamtam verkündet wurde, war sein Inhalt längst nicht so ambitioniert, wie Kohl es sich gewünscht hätte. Er hatte gehofft, einen Prozess in Gang zu setzen, der zu einer gemeinsam vereinbarten Verfassung eines wirklich föderativen Europas führen würde. Dieses Europa wäre dann auch, wie jeder staatliche Akteur, in der Lage zu einer kohärenten Außenpolitik. Stattdessen bekam er ein paar verwässerte Zielsetzungen, die in unverbindlichen Worten ausformuliert waren. Es gab auch keine kategorische Erklärung zum Anfangstermin der politischen Konferenz. Der Kompromiss mit den Franzosen zog den Vorschlag nach sich, dass die Außenminister nach dem Gipfel vom 28. April, der inzwischen Dublin I genannt wurde, die Vorarbeit leisten und einen ersten Fortschrittsbericht für das reguläre Ratstreffen im Juni (Dublin II) ausarbeiten sollten. Ein Abschlussbericht für die Diskussion auf dem Ratstreffen in Rom im Dezember sollte dann folgen.

Im Rahmen von Dublin II wiederum sollten die EG-Staats- und Regierungschefs die Einberufung einer EPU-Konferenz bis zum Ende des Jahres beschließen.

Bezeichnenderweise brachten die Franzosen ihre Idee einer Konföderation hier nicht vor; vielmehr konzentrierten sie sich darauf, die EG selbst zu »vertiefen«. Sie waren ganz auf den Aspekt der »Kohärenz« fixiert, die in ihren Augen nur der Ministerrat gewährleisten konnte. Und in Anbetracht der Tatsache, dass bislang ein gewisses Maß an politischer Einheit über den Rat durch die Koordinierung der nationalen Außenpolitik erreicht wurde, hoffte Frankreich auch, über dieses Organ eine gemeinsame Außen- und Sicherheitspolitik zu entwickeln.

Die Felder der Übereinstimmung, die dem Brief Kohls und Mitterrands zugrunde lagen, waren deshalb recht begrenzt, und die Initiative kaschierte in Wirklichkeit ungelöste Differenzen hinsichtlich Perspektive und Prioritäten. Die Presse kommentierte: »Frankreich und Westdeutschland scheinen sich eher über die Methode als über den Inhalt einig zu sein«, da Kohl von der Unvermeidlichkeit eines »föderativen Europas« spreche, während französische Regierungsvertreter unter vier Augen einräumen: »Uns gefällt das Wort Föderation nicht.«[74]

Dennoch konnte kein Zweifel daran bestehen, dass Bonn und Paris gemeinsam eine neue Dynamik zur Erneuerung Europas angestoßen hatten. So hatte Kohl drei Tage vor dem Sondergipfel Dublin I auf den halbjährlichen deutsch-französischen Konsultationen am 25. April – inzwischen die 55. – auch voller Zufriedenheit erklärt: Die europäische Einheit und die deutsche Einheit würden zusammen gestaltet; das sei schon immer der europäische Traum gewesen. Sie hätten die Pflicht, das miteinander zu machen. Mitterrand stimmte nachdrücklich zu. Nach monatelangen unterschwelligen Spannungen war dies, laut Teltschik, ein froher Anlass für den Kanzler und den Präsidenten. Beide Männer spürten, dass sie an der Schwelle des Aufbaus eines neuen Europas standen, und handelten gemäß den Lehren der Geschichte, und zwar Frankreich und Deutschland endlich im Einklang miteinander.[75]

Das Entscheidende daran war: Diese Bereitschaft zur Annäherung war möglich, weil die Franzosen mittlerweile davon ausgingen, dass ihr nationales Interesse grundlegend mit dem Schicksal Europas verflochten war. Das künftige, vereinigte Deutschland wurde nicht durch das traditionelle Kräftegleichgewicht gezähmt (wie Thatcher es sich vorstellte, die sich lautstark für ein »dezentrales« und gegen ein »föderales« Europa aussprach),[76] sondern durch die Integration in eine immer stabilere Architektur der Gemeinschaft. Also war Mitterrands Europapolitik damals nicht allein vom Pragmatismus geleitet – von der wirtschaftlichen Notwendigkeit und dem Bedürfnis, die deutsche Macht zu zügeln. Vielmehr handelte er aus der Überzeugung, dass eine engere wirtschaftliche, politische und verteidigungspolitische Gemeinschaft in Europa generell zum Vorteil Frankreichs sein werde. Die »Zukunft Europas« wurde so zu »einer Funktion der deutsch-französischen Zusammenarbeit« – die für Thatcher ein absoluter Gräuel war.[77]

In dieser neuen Stimmung endete Dublin I am 28. April mit einem positiven Ergebnis. Die Staats- und Regierungschefs bestätigten die Bonner und Pariser Agenda einer politischen Erneuerung, ebenfalls unter der irischen Präsidentschaft, auf Dublin II. Und die meisten Partner der Gemeinschaft stellten sich begeistert hinter das französisch-deutsche Ziel, eine europäische »Union« zu gründen – auch wenn vorerst offen blieb, was das genau hieß.[78]

Die Deutschen lösten zudem einige Probleme mit der Vereinigung, die einer europäischen Integration im Weg stehen konnten. Durch die Eingliederung der DDR in die Bundesrepublik würden die bereits bestehenden EG-Verträge schlicht fortbestehen. Und mit der Klarstellung, dass Bonn keine regionalen EG-Entwicklungsgelder oder landwirtschaftlichen Subventionen beantragen würde, unterstrich Kohl einmal mehr, dass die Deutschen nicht die geringste Absicht hatten, in die Tasche der Europäischen Gemeinschaft zu greifen. Weil außerdem die Einführung der D-Mark im Osten für den selben Tag, den 1. Juli 1990, geplant war wie der Start der ersten Stufe der WWU, schien alles in bester Ordnung. Sogar noch vor der politischen Vereinigung Deutschlands würde der vergrößerte deutsche Markt voll in den offenen Wirtschaftsraum der EG integriert sein.[79]

Der Bundeskanzler gab sich auch – da er um die Empfindlichkeiten seiner Partner wusste – alle Mühe, jedes Gerede von einer Erhöhung des deutschen Stimmrechts in der EG im Keim zu ersticken. Man kam überein, dass sämtliche Anpassungen, die möglicherweise beim Verhältnis der Kommission oder im Ministerrat nötig wären, später als Teil der Gespräche über eine institutionelle Reform erörtert würden. Unterdessen sollte die Kommission einige »Übergangsvorschriften« für die östlichen Länder ausarbeiten, die sich auf das beschränkten, was absolut notwendig war.[80] Beispielsweise blieben die Handelsverträge der DDR mit den RGW-Ländern, auch mit der UdSSR, in Kraft, und das Regelwerk der EG – zu Themen von der Lebensmittelqualität bis hin zum Umweltschutz – sollte erst nach Vollendung des Binnenmarktes am 31. Dezember 1992 angewandt werden.

Auf dem zweiten Ratstreffen in Dublin am 25. und 26. Juni wurden weitere Fortschritte erzielt. Da der 13. Dezember schon längst als Datum für den Start der WWU-Regierungskonferenz feststand, schluckte die EG der Zwölf schließlich die bittere Pille und beschloss, einen Tag später, am 14. Dezember, auch die EPU Konferenz ins Leben zu rufen. Das Mandat der zweiten Regierungskonferenz bestand darin, eine immer noch überwiegend wirtschaftliche Europäische Gemeinschaft in eine »Politische Union« mit einer eigenen gemeinsamen Außen- und Sicherheitspolitik umzuwandeln. Wie viel Souveränität jedes Land abgeben musste, sollte jedoch erst im Laufe der kommenden Verhandlungen entschieden werden. Zunächst war es, und das war für Kohl die Hauptsache, eine weitreichende und hart errungene Grundsatzentscheidung.[81]

In all diesen hektischen Monaten seit dem Fall der Mauer und bei all seinen Drehungen und Wendungen hatte der deutsche Kanzler durchweg an einer Perspektive festgehalten. Die Verknüpfung des nationalen und europäischen Interesses diente nicht allein der Sicherung der deutschen Vereinigung, sondern trieb auch seine eigene ambitionierte europäische Integrationsagenda voran. Diese Leidenschaft für Europa ging weit über das hinaus, was die wirtschaftliche Lage oder die politischen Imperative verlangt hätten. Vielmehr war es das erklärte Ziel des Kanzlers, an der Gestaltung der Architektur Europas nach dem Kalten Krieg mitzuarbeiten.

Und diese Architektur war vielschichtig. Sie umfasste die wirtschaftliche und währungspolitische Integration. Diese sollte durch die formalisierte Währungsunion der Gemeinschaft eine große Zone der Währungsstabilität schaffen und damit die deutschen wirtschaftlichen

Interessen gegenüber dem Dollar und der Weltwirtschaft insgesamt schützen. Aber sie umfasste auch eine weitere Föderalisierung durch die Stärkung des Europaparlaments, eine gemeinsame Außenpolitik und langfristig eine Öffnung der »EG-92« nach Osten. Bei all diesen Optionen war Kohl viel stärker als Mitterrand daran interessiert, einer, wie es sich die Gründungsväter vorgestellt und die Römischen Verträge von 1957 förmlich festgehalten hatten, »immer engeren Union« eine neue Form zu geben. Für ihn, wie schon für Adenauer, waren die deutsche Einheit und die europäische Einheit zwei Seiten derselben Münze. Aber während der erste deutsche Bundeskanzler die europäische Integration als ein Mittel angesehen hatte, um die deutsche Einheit zu verwirklichen, nutzte Kohl 1990 die Wiedervereinigung als Anstoß zu einer tieferen Integration.[82]

Kohl nannte sich sogar selbst den »Enkel« Adenauers.[83] Damit spielte er sowohl auf Adenauers Engagement für die deutsch-französische Aussöhnung als auch auf seine Überzeugung an, dass »Westbindung« zugleich eine »Selbstbindung« sei – sprich: die Einbindung des »ruhelosen« deutschen Volkes in Organisationen, die dessen potenziell aggressive Tendenzen einschränkten. Der Umstand, dass die Bundesrepublik in diesem »institutionellen Westen« verankert war, hatte dem Land selbst ebenso wie auch Westeuropa im Kalten Krieg sehr geholfen. Jetzt würde diese Einbindung, davon war Kohl überzeugt, dem vereinigten Deutschland zu einer Zeit, als Europa sich nach Osten wendete, ebenso gute Dienste leisten. Im Kern war Europa für Adenauer und Kohl eine Frage von Krieg und Frieden. Kohl hatte am 3. Februar 1990 vor dem Weltwirtschaftsforum in Davos erklärt, dass es in Westeuropa keinen Weg zurück zu den machtpolitischen Rivalitäten der Vergangenheit geben werde. Menschenrechte und Menschenwürde, freie Selbstbestimmung, eine freiheitliche Gesellschaftsordnung, private Initiative, Marktwirtschaft, so der Kanzler, das seien die Bausteine für eine künftige europäische Friedensordnung, die die Spaltung Europas und die Spaltung Deutschlands überwindet.[84]

Also war der Drang in Richtung Europäische Union keineswegs eine »übereilte« Reaktion auf »französische Bestürzung und Enttäuschung wegen der Entwicklungen in Deutschland«, wie manche Historiker postuliert haben,[85] sondern die Fortsetzung eines langfristigen Prozesses der Annäherung und Partnerschaft. Auf dieses historische Fundament aufbauend, wurden Frankreich und Deutschland zu aktiven Gestaltern der Zukunft des Kontinents.

Das wiederum konnte man von Großbritannien nicht gerade sagen.

*

Tatsächlich schaffte Margaret Thatcher es, sich selbst von dem Prozess des Aufbaus eines neuen Europas völlig zu isolieren.[86] Der Journalist George Urban – Mitglied ihres informellen Kreises außenpolitischer Berater – dokumentierte ein, wie er es nannte, »denkwürdiges Mittagessen« in Number Ten Downing Street am 19. Dezember 1989. »›Wissen Sie, George‹, sagte Thatcher, während sie sich zu mir beugte, ›es gibt Dinge, die Menschen Ihrer Generation und meiner niemals vergessen sollten. Wir haben den Krieg durchgemacht, und wir wissen ganz genau, wie die Deutschen sind und wozu Diktatoren fähig sind und wie sich der nationale Charakter nicht grundlegend ändert …‹ Sie fügte hinzu, dass es ›nunmehr in der Macht der Deutschen sei, sich zu einem wirtschaftlich dominierenden Imperium auszudehnen, und was sie nicht über Weltkriege erreichen konnten, werden sie durch wirtschaftlichen Imperialismus zu erreichen suchen. Ganz Osteuropa werde in ihren Einflussbereich geraten; sie nehmen bereits Ostdeutschland ein; und das alles wird für Großbritannien eine Bedrohung schaffen.‹«[87]

Was Deutschland betraf, bestand eine reale Spannung zwischen Downing Street und dem Foreign and Commonwealth Office (FCO), dem britischen Außenministerium,[88] das davon ausging, die britische Politik in dieser Angelegenheit vorzugeben. Das Außenministerium hatte auch die Absicht, dies gemäß der Linie zu tun, an die sich Großbritannien seit den Fünfzigerjahren gehalten hatte, nämlich das Prinzip einer späteren Vereinigung auf der Basis des Rechts auf Selbstbestimmung zu unterstützen. Für die britischen Diplomaten war der Zwei-plus-Vier-Prozess die geeignete Vorgehensweise, um dieses Ziel geordnet zu erreichen. Thatcher hingegen teilte am 4. Dezember 1989 ihren NATO-Partnern – darunter Kohl – kategorisch mit, dass »die Wiedervereinigung erst in zehn oder 15 Jahren stattfinden solle«.[89] Sechs Wochen später bestand sie darauf, dass »Ostdeutschland sich in der Schlange für die

Mitgliedschaft in der [Europäischen] Gemeinschaft anstellen müsse«.[90] Ihre unablässigen Bemühungen – telefonisch und persönlich –, Gorbatschow und Mitterrand zu überreden, sich ihrem Widerstand gegen die deutsche Vereinigung anzuschließen, waren vollständige Alleingänge, ohne Rückhalt ihrer Kabinettskollegen oder des britischen Außenministeriums.

Die einzige nennenswerte Ausnahme war Charles Powell, seit 1983 Thatchers Privatsekretär für auswärtige Angelegenheiten, der zu einem ihrer engsten Berater geworden war. Wie Scowcroft sich später erinnerte: »Ich gelangte zu der absoluten Überzeugung, dass er [Powell] als einziger ernsthaft Einfluss auf Thatchers Ansichten zur Außenpolitik hatte. Er stand ihr sehr nahe, hatte frappierende Einblicke in ihre Denkweise und konnte, in Anbetracht ihrer starken Persönlichkeit, sehr überzeugend auftreten.« Es war offensichtlich, dass Powell die Premierministerin mit seinen kühnen Noten und Denkschriften antrieb, die er so raffiniert komponierte, dass sie mit ihrer eigenen Partitur übereinstimmten. Zum Beispiel schrieb er vor ihrer Begegnung mit François Mitterrand Ende Januar 1990:

Das FCO hat einen Stapel Papiere für Ihr Treffen vorbereitet … Die Papiere sind hervorragende Aufsätze, aber vielleicht ein bisschen zu intellektuell und zu kompliziert. Wir müssen einen Schritt zurücktreten und das Wesentliche in den Blick nehmen. Wir haben drei Sorgen: Erstens, dass die Abrüstung außer Kontrolle gerät … Zweitens, dass die deutsche Vereinigung schnell vollzogen und ein wirtschaftliches und politisches Monster geschaffen wird (und wir zu dem Typus Deutschland zurückkehren könnten, das wir zwei Mal in diesem Jahrhundert erlebt haben). Drittens, dass die Amerikaner ihr Interesse an Europa verlieren, uns unzureichend verteidigt und Auge in Auge mit dem deutschen Frankenstein lassen.[91]

Diese Worte sollten uns keineswegs überraschen. Thatcher selbst machte nie einen Hehl aus ihren Gefühlen gegenüber Deutschland, zu denen ihre persönliche Abneigung gegen den Kanzler selbst noch hinzukam.[92]

Mitterrand war natürlich seinerseits durchaus imstande, unter vier Augen bei Thatcher seinem Unmut über die Deutschen freien Lauf zu lassen – wie sich in deren hitzigem Gespräch über 1913 und 1938 im Dezember in Straßburg gezeigt hatte. Und als die beiden sich im Januar 1990 trafen, spekulierte der französische Staatspräsident, dass Deutschland »sogar mehr Boden als Hitler« erobern könnte.[93] Dabei äußerte er seine kritischen Bemerkungen gegenüber Deutschland hauptsächlich hinter verschlossenen Türen. Wie Sir Christopher Mallaby, der britische Botschafter in Bonn, einräumte, gelang es Mitterrands Regierung, obwohl die französischen Zweifel »eher noch stärker als unsere schienen, ein positiveres öffentliches Image zu wahren ... Als bester Freund der BRD und wichtigster europäischer Partner kann sich Frankreich eine ganze Menge herausnehmen ... Das Vereinigte Königreich hingegen wird derzeit weder als besonders wichtig noch als wohlgesinnt angesehen.«[94]

Der französische Präsident hatte nicht nur ein besseres Blatt, er verstand es auch, die Karten viel subtiler auszuspielen. Während er dazu neigte, seine Worte je nach Publikum sorgfältig zu wählen, war Thatchers Linie schonungslos konsequent und ihr Ton fast unverändert schrill. Nach zehn Jahren an der Macht war sie für Gegenargumente unempfänglich und gewohnt, ihren Kopf durchzusetzen, insbesondere bei Themen, die fast schon neuralgisch für sie waren: Deutschland, der Krieg und das Kräftegleichgewicht.

Kurzum, sie manövrierte sich selbst aus den Kreisen der kreativen Diplomatie heraus – und versäumte es, sich an dem Geschacher zu beteiligen, das sich allmählich aus dem Chaos von 1989 herauskristallisierte. Die bis dato erfolgreichsten Teilverhandlungen über die Zukunft Deutschlands waren in der europäischen Lösung für die Deutsche Frage gemündet, dem Paket, das derzeit von Bonn und Paris zugeschnürt wurde. Und hier reizte Mitterrand, schlau wie eh und je, Thatcher womöglich bewusst zu einer öffentlichen Schimpftirade über die Wiedervereinigung und drängte Großbritannien damit an den Rand des Geschehens, während er zusammen mit Kohl seine eigenen europäischen Ziele verfolgte. Wie dem auch sei, die britische Premierministerin beharrte darauf, dass »das europäische Konstrukt Deutschland nicht binden werde; eher ist es der Fall, dass Deutschland das europäische Konstrukt dominieren wird.«[95]

Zwei Monate später war sie immer noch auf dem Kriegspfad. Zum französischen Regierungschef Michel Rocard sagte sie am 26. März 1990 während ihrer allgemein »gut gelaunten« Gespräche in London, dass eine weitere europäische Integration »Zentralisierung« bedeute – und das zu einer Zeit, rief sie aus, »als die Sowjetunion und Osteuropa sich davon verabschieden«! Tatsächlich laute »auf der ganzen Welt die Lektion, dass größerer Wohlstand und Demokratie von der Delegierung der Verantwortung komme, nicht aus dem Versuch, die Macht zu zentralisieren«. Wie könne die Gemeinschaft ausgerechnet diesen Zeitpunkt wählen, um »sich in die entgegengesetzte Richtung zu bewegen«? Es sei besser, ein gewisses Maß an nationaler Unabhängigkeit zu bewahren, statt die eigene Souveränität an ein »amorphes Gemisch« abzugeben, das von Deutschland beherrscht werde.[96]

Die europäische Währungsunion lehnte Thatcher aus tiefster Überzeugung ab – schon am 20. September 1988 zog sie in ihrer berüchtigten Rede in Brügge über Delors her: »Die Lehre der wirtschaftlichen Geschichte Europas in den Siebziger- und Achtzigerjahren besteht darin, dass zentrale Planung und detaillierte Kontrolle *nicht* funktionieren … Wir haben nicht die Grenzen des Staates in Großbritannien erfolgreich zurückgedrängt, nur um zu erleben, wie sie auf europäischer Ebene durch einen europäischen Superstaat, der von Brüssel aus eine neue Herrschaft ausübt, wieder eingeführt werden.«[97] Und sie war ebenso strikt dagegen, die politische Autorität der EG zu stärken, vor allem jene der Kommission. Auf Dublin I sagte sie ihren europäischen Kollegen, dass ihre Wählerschaft Angst davor habe, Brüssel werde »ihnen die Queen wegnehmen und die Mutter der Parlamente zur Bedeutungslosigkeit verdammen«. Sie blieb eisern dabei, dass eine politische Union auf keinen Fall einen Verzicht auf »unsere Gesetzes- oder Wahlsysteme oder gar auf unsere Verteidigung durch die NATO« heißen dürfe. Sie brachte dieses Argument sogar gegenüber der Presse vor und äußerte sich geringschätzig über ihre Regierungschefkollegen: »Sie haben überhaupt keine Ahnung, was politische Union heißt. … Das erstaunt mich.«[98]

Zu der Zeit, als Dublin II im Juni näher rückte, lebte Thatcher in ihrer ganz eigenen Welt. Sie sagte, sie würde sich an den Regierungskonferenzen zur WWU und EPU beteiligen, machte aber deutlich, dass sie

Margaret Thatcher gegen Jacques Delors: »Meine Patientin denkt,
sie wäre de Gaulle.« – »Und mein Patient denkt, er wäre Napoleon.«

von beiden Integrationsprojekten wenig hielt. Im Prinzip war sie
»durchaus bereit, dem Währungssystem beizutreten«, wollte aber definitiv keine »Einheitswährung anstreben, sprich: den Pfund Sterling
aufgeben«. Sie räumte ein, dass es »eines Tages, ich weiß nicht, in ferner Zukunft vielleicht einmal eine einheitliche Währung geben könnte«,
doch glaube sie nicht, »dass es unserer Generation obliegt, diese Entscheidung zu treffen.«[99]
   Thatcher hatte es nicht nur geschafft, sich und ihr Land bei der Euro-
Politik auszumanövrieren, sie blieb auch beim zweiten großen Geschäft,
das die Zukunft des Kontinents gestalten sollte und das zwischen den
Vereinigten Staaten und der Bundesrepublik ausbaldowert wurde, eine
Randfigur: Demnach unterstützte Bush eine schnelle deutsche Wiedervereinigung, im Gegenzug für Kohls Zusage, dass das vereinte Deutschland in der NATO bleiben werde. Insbesondere nach Kohls Besuch in
Camp David im Februar 1990 wurde diese Linie energisch verfolgt – mit
Thatchers stillschweigendem Einverständnis, aber wenig Einfluss ihrerseits. Die Marginalisierung Großbritanniens war bereits seit mehr als
einem Jahr offensichtlich. Es war Kohl gewesen, der als erster ausländi-

Eine komplizierte Dreiecksbeziehung: George Bush, Helmut Kohl und Margaret Thatcher

scher Regierungschef Bush nach dessen Wahlsieg – am 15 November 1988 – einen Besuch abstattete. Und im Mai 1989 hatte der US-Präsident in seiner Mainzer Rede Deutschland zum »Partner in einer Führungsrolle« mit Amerika erhoben. Passend zu seiner Agenda und seinem Bestreben, sich von Reagan zu distanzieren, war Bush der Meinung, dass er Thatcher nicht nachgeben oder den Anschein erwecken dürfe, in ihre Fußstapfen zu treten, schon gar nicht mit Blick auf Gorbatschow.[100] Wie die *New York Times* am 10. Dezember 1989 in einer großen Schlagzeile meldete: »US-Beziehungen zu Westdeutschland stellen allmählich Beziehung zu Großbritannien in den Schatten.«

Dennoch war dies ein heikler Moment für die amerikanische Diplomatie, weil Großbritannien und die USA alte Freunde waren, auch wenn sich Deutschland auf dem aufsteigenden Ast befand. Wie ein Vertreter der US-Regierung sagte, gab sich Baker »alle Mühe, zu vermeiden, mit den beiden zu jonglieren … Das Entscheidende ist, gar nicht jonglieren zu müssen. Kaum fängt man an zu jonglieren, steckt man schon in Schwierigkeiten.« Baker hatte von 1985 bis 1988 an der Spitze des Treasury Departments gestanden und neigte seitdem dazu, die

Bonner Republik und ihre Bundesbank als das wahre Machtzentrum Europas anzusehen. Bonn war bei der eher chaotischen Liberalisierung in Osteuropa Washingtons Hauptpartner für die Steuerung des Wandels im ganzen ehemaligen Sowjetblock. Die USA traten also die Führungsrolle sowohl bei der Koordination als auch bei der Finanzierung der westlichen Hilfslieferungen für Polen und Ungarn und, nach Dublin I, auch für das restliche Osteuropa an die Bundesrepublik ab.[101]

Bush unterstützte Kohl nicht nur bei streng deutschen Angelegenheiten, er befürwortete auch eine europäische Lösung für die Deutsche Frage, was natürlich bei Thatcher für Ärger sorgte. Die Linie der US-Administration lautete, einem hohen amerikanischen Regierungsvertreter zufolge, dass die EG »eindeutig der Kern des künftigen Europas sein sollte, indem sie eine stärkere europäische politische und sicherheitspolitische Integration fördert«; Thatcher müsse dies anerkennen. »Statt sich gegen den Prozess zu wehren, sollte sie sich anschließen und ihn gestalten und keine Angst vor ihm haben. Damals in den Sechzigerjahren, als die Briten darüber diskutierten, ob sie der EWG beitreten sollten oder nicht, sagten die Fürsprecher, die Amerikaner nehmen uns nicht ernst, wenn wir nur eine kleine, dem Kontinent vorgelagerte Insel sind. Dieses Argument galt damals«, fügte der Regierungsvertreter hinzu, »und es gilt noch heute.«[102]

Es ist interessant, Thatcher und Mitterrand parallel zu betrachten. Wie sie hatte auch er anfangs eine »Weigerung zu glauben« an den Tag gelegt, »eine Leugnung dessen, was sich vor seinen Augen abspielte, weil es allem widersprach, das ihn ein halbes Jahrhundert Geschichte gelehrt hatte«.[103] Aber dann hatte sich Mitterrand auf die Vorstellung einer deutschen Wiedervereinigung eingelassen, nachdem er Kohls Beteuerungen akzeptiert hatte, dass ein vereintes Deutschland in Europa verankert sein werde. Das hieß auch, dass Frankreich und Deutschland gemeinsam den Integrationsprozess vorantreiben würden. Für Thatcher hingegen war eine europäische Lösung der Deutschen Frage ganz einfach keine Lösung. Ein transatlantischer Rahmen schien jedoch eine Antwort zu bieten – und dazu rang sie sich im Frühjahr 1990 durch, als sie sich auf Bushs Beharren auf einer Mitgliedschaft Deutschlands in der NATO und Kohls Akzeptanz der Forderung einließ. Das neue Deutschland in das westliche Bündnis einzubinden und damit zu zähmen, war eine Anpassung der alten Existenzberechtigung für die NATO: »die Amerikaner im Boot, die Russen draußen und die Deutschen klein zu halten«. Für Thatcher war dies auch deshalb attraktiv,[104] weil die Briten als NATO-Gründungsmitglied – zur Europäischen Wirtschaftsgemeinschaft (EWG) war Großbritannien erst später gestoßen – eine privilegierte Stellung in der Allianz hatten. Zudem waren sie im Gegensatz zu Frankreich eine voll in die militärische Organisationsstruktur der NATO integrierte Atommacht. Somit fand sich Thatcher mit der »Deutschland in der NATO«-Lösung ab, auch wenn sie selbst bei diesen Diskussionen nur eine Nebenrolle spielen würde – anders als Mitterrand, der eine Schlüsselposition beim Zustandebringen der »Deutschland in Europa«-Lösung einnahm.

Ende März in Cambridge, während der 40. jährlichen deutsch-britischen Königswinter-Konferenz, nahm Thatcher Kohls Versprechen an, dass das neue Deutschland Teil des atlantischen Bündnisses bleiben werde. Gemessen an den sonst eher frostigen Begegnungen zwischen Kohl und Thatcher, erwies sich dieses Treffen nicht nur als konstruktiv, sondern konnte als geradezu »herzlich« bezeichnet werden – obwohl es nicht allzu gut begann. Kohl war verärgert nach Großbritannien gekommen. Er schäumte immer noch vor Wut über die spitzen Kommentare zur Oder-Neiße-Grenze, die Thatcher unlängst in einem Interview mit dem ihm ohnehin verhassten *Spiegel* abgegeben hatte. Daher brüskierte er sie, als sie ihn am Flughafen von Cambridge empfing, und er sich weigerte, für die Fahrt zum St. Catherine's College die Limousine mit ihr zu teilen. Danach dauerte es eine ganze Weile, bis das Eis schmolz. Während des Empfangs hielt sich die Premierministerin am einen Ende des Saals auf, der Kanzler am anderen. Beim Abendessen in der College Hall hatte man vorsorglich Sir Oliver Wright – einen ehemaligen Botschafter in Bonn und in Washington – zwischen die beiden gesetzt, gewissermaßen als Puffer. Aber kaum hatte das Essen begonnen, da machte Thatcher, nach einem kurzen Blick zu Kohl, eine neckische Bemerkung über die Gewohnheit des Kanzlers, die Serviette stets über seinem beträchtlichen Bauch auszubreiten. Kohl scherzte zurück: Ob sie das denn nicht sehe? Die Serviette sei doch die weiße Flagge, zum Zeichen seiner Kapitulation vor der Eisernen Lady. Der ganze Tisch lachte – das Eis war gebrochen. Die Stimmung erwärmte sich zusehends,

als Thatcher ihn daraufhin »mit einer Liebenswürdigkeit« offiziell
begrüßte, mit der, wie Kohl sich erinnerte, »ich damals weiß Gott nicht
gerechnet hatte«.[105]

Zwei Wochen nach diesem Friedensschluss mit dem Bundeskanzler
führte die Premierministerin am 13. April auf den Bermudas mit Bush
eine produktive und weitreichende Diskussion. Der US-Präsident gab
sich besorgt über den Zustand der anglo-amerikanischen Beziehungen.
»Lassen Sie mich gleich zu Beginn klarstellen, wie wichtig es meines
Erachtens ist, dass wir auf der gleichen Wellenlänge bleiben ... Ich
möchte auf keinen Fall, dass wir versehentlich in Meinungsverschiedenheiten geraten. Unsere Beziehungen sind in einer guten Verfassung,
aber ich möchte, dass es auch so bleibt.« Er betonte gegenüber Thatcher, dass sie »beide die Notwendigkeit sähen, dass ein vereintes
Deutschland Vollmitglied des NATO-Bündnisses bleibe, einschließlich
seiner Strukturen«. Dahingehend könne das Treffen mit Mitterrand in
der folgenden Woche, »schwierig werden, weil wir mit Frankreich zur
NATO und zu manchen europäischen Themen nicht auf der gleichen
Wellenlänge liegen«, so Bush.[106]

Die Premierministerin antwortete freundlich auf seine Avancen.
»Auf dem Gebiet der europäischen Verteidigung«, sagte sie, »sollten
sämtliche Verteidigungsangelegenheiten über die NATO, die fantastisch
erfolgreich gewesen ist, erledigt werden.« Das sei, fügte sie giftig hinzu,
»ein wenig verwischt worden«, weil Frankreich nicht »der militärischen Seite der NATO« angehöre.[107] Sie sprachen auch über die Zukunft
des Bündnisses. Die NATO stehe, erklärte der Präsident, für »unsere
prinzipielle Verbindung zu Europa. Ich halte es für unerlässlich, dass
die USA selbst in Europa bleiben, aber ohne eine starke NATO sehe ich
nicht, wie das möglich wäre.« Deshalb, so Bush weiter, »weil Truppenabbau und ein ungeteiltes Europa reale Optionen werden und
der Warschauer Pakt seinen Zusammenhalt verliert«, müssten die Bündnispartner darüber nachdenken, wie man »eine erneuerte westliche
Vision für die Zukunft Europas entwerfen könne«. Bush war ganz
begeistert von dem Vorschlag des NATO-Generalsekretärs Manfred
Wörner, irgendwann im Sommer einen NATO-Gipfel zu veranstalten.
Thatcher sah das ähnlich – solange »alle im Boot sind«. Die Premierministerin begrüßte ihrerseits seine, wie Bush sagte, »Hauptbotschaft«,

der zufolge Amerikas »Versprechen, weiterhin Atomwaffen in Europa, auch in Deutschland, aufzustellen, gelte«. Sie sprach auch ausdrücklich davon, die britische Rheinarmee beizubehalten – eines ihrer Steckenpferde und weiteres Indiz für ihr bleibendes Misstrauen gegen die Deutschen.[108]

Da sie wusste, dass Bush ein energischer Befürworter des EG-92-Integrationsprojekts war, konnte sie sich einige hämische Bemerkungen zum Thema EU nicht verkneifen, obwohl Europapolitik eigentlich kaum Gegenstand ihrer Gespräche war. Gewiss legte sie großen Wert auf ein Freihandelsabkommen zwischen der EG und den USA. Doch »zur politischen Union der EG«, ätzte sie, »fallen Worte ohne große Bedeutung, und wir haben natürlich das älteste Parlament auf Erden«. Nach ihrer Überzeugung müssten sie »das Gebiet des Freihandels« über den ganzen Globus ausweiten, »statt uns in die Richtung von Blöcken zu bewegen«. Es war kein Geheimnis, welche Töne sie anschlagen musste, um das Ohr des Präsidenten zu haben. Sie wusste um Bushs Ambitionen, endlich »die Uruguay-Runde zu einem Erfolg zu führen«, seine verzweifelte Sehnsucht, einen Kompromiss zu den Zöllen zu finden, und seine chronische Enttäuschung im Zusammenhang mit der EG, insbesondere, was den scheinbar endlosen Streit um französische Agrarsubventionen betraf. »In diesem Punkt haben wir alle Dreck an den Händen, müssen aber zu einem offeneren Markt gelangen. Das ist ein furchtbar wichtiges Problem für uns«, antwortete er auf ihre Ouvertüre hin. Als Thatcher klarwurde, dass sie sich mit dem Thema einer Neuordnung des Welthandels möglicherweise wieder in den Mittelpunkt manövrieren konnte, äußerte sie sogar die Idee, eventuell »eine große, internationalistische ›Brügge II‹ Rede zu halten«.[109]

Alles in allem war der Bermuda-Gipfel für beide Seiten ein Erfolg. Am Ende bestätigte Thatcher öffentlich, dass sie und Bush »beide dem Fortbestand der NATO als dem Kern der Verteidigung des Westens und dem Erhalt amerikanischer Truppen und ihrer Atomwaffen in Europa größtmögliche Bedeutung beimessen würden ... Wir sähen es gerne, wenn die NATO eine wichtigere politische Rolle innerhalb der atlantischen Gemeinschaft spielen würde.« Der Präsident unterstrich seinerseits: »Diese Gespräche mit Premierministerin Thatcher sind für mich besonders wertvoll gewesen. Unsere beiden Länder setzen sich nun

schon seit vielen Jahren für Frieden und Freiheit ein, und wir haben
verfolgen können, wie diese Sache oftmals und an vielen Orten den Sieg
davongetragen hat … Die amerikanisch-britische Freundschaft ist von
einer Art, die man nicht mit Worten beschreiben muss. Es ist eine
besondere Freundschaft, die daran ersichtlich ist, dass wir eine gemeinsame Vision für die Zukunft der Menschheit haben.« Besonders! »Special«! Das war das magische Wort, das jeder britische Premier von
einem US-Präsidenten sehnlich hören möchte.[110]

Nach diesen symbolträchtigen Sätzen sprach Bush die Übereinkunft
mit Kanzler Kohl an, dass Deutschland »ein volles Mitglied der NATO,
einschließlich der militärischen Strukturen« bleiben müsse – eine
Ansicht, die, so Bush, »das gesamte nordatlantische Bündnis und mehrere Länder in Osteuropa« ebenfalls teilten, weil sie »im ureigenen
Sicherheitsinteresse aller europäischen Staaten« sei.[111]

Thatcher war hinsichtlich der Richtung der Europäischen Gemeinschaft zugeknöpft. Was die NATO betraf, so unterstützte sie bereitwillig die Vereinigten Staaten beim Aufbau der Verteidigungsarchitektur
des Kontinents um die Allianz herum. In Sachen KSZE allerdings warf
sie sich richtig ins Zeug und führte Bush eindringlich deren Bedeutung
und die Notwendigkeit von deren Stärkung vor Augen. Dieses Thema
bot ihr außerdem eine Gelegenheit, sich als Gesprächspartner für Gorbatschow zu präsentieren. Einige Wochen lang äußerte sie sich immer
wieder positiv über die KSZE als Rahmen, um über die europäische
Sicherheit zu sprechen – einem Rahmen, dem beide Supermächte angehörten. »Das würde nicht nur dazu beitragen, eine sowjetische Isolation zu vermeiden«, sagte sie am 24. Februar am Telefon zu Bush, »es
würde helfen, die deutsche Dominanz in Europa zu kompensieren.«[112]
Dabei griff sie Schewardnadses Appelle von Ottawa auf. Dieser hatte in
der Woche zuvor betont, dass Europa »ein Groß-Deutschland zu seiner
eigenen Sicherheit in eine neue ›paneuropäische‹ politische Struktur
einbinden« müsse.[113] Auf den Bermudas führte Thatcher ihre Argumentation unter vier Augen aus und erklärte: »Die NATO würde Verteidi-
gungsaufgaben regeln«, während die KSZE »ein politisches Forum«
wäre – genaugenommen »das einzige Ost-West-Forum, wo wir uns mit
den Osteuropäern und den Sowjets treffen«. Folglich müsse dessen
Rolle im europaweiten Dialog gestärkt werden. Darüber hinaus war

die KSZE zentraler Bestandteil ihrer Herangehensweise an Gorbatschow, den sie für einen »vernünftigen Politiker« hielt, der aber unter enormem innenpolitischem Druck stehe. Sie erklärte sogar: »Ich habe den Traum nicht aufgegeben, die KSZE für eine Demokratisierung der UdSSR zu nutzen.«[114]

Bush stimmte zu, dass die KSZE »eine maßgebliche Rolle bei der Überwindung der Spaltung Europas« spielen könnte. Auch Baker war der Ansicht, dass dies Gorbatschow »eine gewisse Deckung im eigenen Land« verschaffen würde. Und »wenn wir auch einen Vertrag über konventionelle Streitkräfte unterzeichnen könnten«, sei das sicher »einer der Vorzüge eines KSZE-Gipfels«. Bush hatte jedoch einen Vorbehalt. »Das ist in Ordnung«, sagte er, »solange der Schuss nicht nach hinten losgeht und wir auf einem KSZE-Gipfel mit Blick auf westliche Sicherheitsinteressen nicht überstimmt werden.« Deshalb wollte die Bush-Administration die Vorbereitungstreffen zu einem Gipfel verschieben, bis substanzielle Aspekte hinsichtlich der konventionellen Streitkräfte geklärt waren und ein Vertrag unterschriftsreif. Baker äußerte eine weitere Sorge der Amerikaner: »Wir möchten nicht alle politischen Funktionen in der KSZE haben. Wir müssen einige politische Funktion bei der NATO behalten. Wir dürfen nicht alles der KSZE überlassen, sonst wird die NATO zu militärisch aussehen.« Eine Neujustierung und Umorientierung der NATO war ein zentraler Bestandteil der amerikanischen Politik.[115]

*

Die NATO veränderte sich in der Tat, wenn auch nur langsam. Das für den Sommer geplante elfte Gipfeltreffen der Staats- und Regierungschefs sollte hier Abhilfe schaffen. Doch das Bündnis und vor allem Washington mussten auch ausarbeiten, in welchem Verhältnis die NATO zu jenen anderen vermeintlichen Sicherheitsinstitutionen für Europa stand, zur EG und KSZE.[116] Diese Fragen waren Gegenstand der Gespräche Bushs mit Mitterrand und Delors am 19. und 24. April – das erste in Key Largo, das zweite in Washington –, auf denen der US-Präsident die amerikanische Position formulierte. Er stellte klar, dass die Vereinigten Staaten, auch wenn sie »ihr Engagement in Europa fortsetzen« wollten, keinen »13. Sitz am Tisch der EG« anstrebten. Baker warf ein: »Wir wollen kein Veto gegen EG-Entscheidungen, aber wir möchten das institutionelle Zusammenspiel zwischen USA und EG fördern.« Was die KSZE betraf, so könne sie »kein Sicherheitsgarant in Europa« sein, sagte Bush. Vielmehr »sehen wir eine erweiterte Rolle für die NATO« – da diese »breitere US-Präsenz« zugleich die einzige Möglichkeit sei, dem amerikanischen Volk zu beweisen, dass US-Soldaten keine »Söldnertruppe« bildeten. Der Präsident nannte die NATO und die EG »sich ergänzende Institutionen«, und da beide »legitime Interessen« an der KSZE hätten, sollten sie parallel dieses Thema erörtern. Mit Blick auf die gesamteuropäische Landschaft sagte er, es sei unerlässlich, dass die Vereinigten Staaten weiterhin an den »allgemeinen Sicherheitsentscheidungen« des Kontinents beteiligt wären. In Anbetracht dieser Prioritäten war es deshalb ganz natürlich, dass sie alle übereinkamen, dass sich die Staats- und Regierungschefs der NATO vor einem KSZE-Gipfel treffen sollten.[117]

In Washington sagte Delors zu Bush, dass die EG-Kommission eine »starke NATO« befürworte. Er war sich der »anhaltenden Gefahr« seitens der Sowjetunion bewusst.[118] Mitterrand teilte diese Ansicht. Er stellte fest, dass das Kriegsrisiko zwar abgenommen hätte, war aber der Meinung, dass die Lage in der Sowjetunion nicht gerade »beruhigend« sei: »Eine Großmacht, die sich in einer geschwächten Position befindet, ist gefährlich. Die Vereinigten Staaten sollten bei allen Themen, die das Gleichgewicht in Europa betreffen, ein Wort mitreden können.«[119] Auch Delors bekräftigte die zentrale Bedeutung des Atlantischen Bündnisses. Selbst wenn der Drang der Gemeinschaft in Richtung politische Union auch eine »Sicherheitsrolle für die EG« enthalte, so würde dies »eine Art europäische Säule der NATO bilden … Herr Präsident, Sie müssen diese politische Integration als Bekräftigung des Bündnisses auffassen.«[120] Delors und Mitterrand waren sich jedoch über die KSZE und die sicherheitspolitische Rolle der EG nicht einig. Während dem Kommissionspräsidenten die KSZE als »eine Art Matrix« für die »Eingliederung osteuropäischer Länder« vorschwebte, verwarf Mitterrand die Organisation geringschätzig als, bestenfalls, am Rande nützlich für den Umgang mit den ehemaligen sowjetischen Satellitenstaaten. Sie könne lediglich als, so Mitterrand, »Treffpunkt« in »Momenten internationaler Spannung« dienen.[121]

In Key Largo saß man zusammen, umgeben von Palmen und Hibiskussträuchern, in einem privaten Park der Strandvilla eines Geschäftsfreunds des US-Präsidenten. In diesem Ambiente wagte der französische Staatschef hinsichtlich der Zukunft der europäischen Sicherheit und der transatlantischen Beziehung einen Blick in die Kristallkugel:[122] In dem Bestreben, die Amerikaner zu beruhigen, betonte er, Frankreich werde, obwohl es nicht der integrierten militärischen Kommandostruktur der NATO angehöre, stets ein vollwertiger Akteur im Bündnis sein. Mitterrand war sehr besorgt wegen der Staaten Osteuropas: »allein, arm und gedemütigt«. Was diese Länder brauchten, sei ein Ort, an dem sie arbeiten konnten, »wo sie geachtet und mit Würde behandelt werden«. Wenn man sie in die EG eintreten ließe, dann kämen sie »wie Bettler mit dem Hut in der Hand«. Die KSZE, der sie seit 1975 bereits angehörten, sei »nicht richtig geeignet«, weil es sich nicht um eine institutionalisierte »politische Einheit« handle. Was Gorbatschows europäisches Haus angehe, so sei es nur eine »Vision«. An diesem Punkt zog Mitterrand wiederum seine Idee einer Konföderation aus der Trickkiste, mit dem Argument, dass neue Zeiten auch neue Institutionen erforderten. Er sprach darüber wie über eine »Europäische Union«, deren Aufbau, wie er einräumte, »eine Generation« dauern und »nicht zu meinen Lebzeiten geschehen« werde. Eine derartige Konföderation mochte »visionär« sein, räumte er ein, aber sie würde auf der Gemeinschaft der Zwölf »aufbauen« statt sie »ersetzen«. Um Bush zu besänftigen, führte er aus, dass die europäische Konföderation »nicht so entworfen werde, dass man die Vereinigten Staaten loswerde«. Das, so rief er aus, wäre »idiotisch«. Ihm schwebte ein Vertrag oder eine Allianz zwischen der neuen Konföderation und den Vereinigten Staaten vor. Dennoch unterstrich er: »Die Europäer müssen sich wie Europäer fühlen.«[123]

Mitterrand sprach dann einfach weiter ins Blaue. Es war ein bizarrer Auftritt – gestückelt in mehrere lange Monologe vor und nach dem Mittagessen, die nicht immer miteinander zusammenhingen. Was ging da vor? Ein paar Wochen später dachte Bush in einem Gespräch mit NATO-Generalsekretär Manfred Wörner darüber nach: »Womöglich sagt er uns nur Sachen, damit wir uns gut fühlen«, vermutete der Präsident. »Oder er überlässt es der französischen Bürokratie, die uns nur übers Ohr hauen will.« Wörner bemühte sich, die gallische Denkweise ein wenig zu erhellen. Er sei erst kürzlich in Frankreich gewesen. Die Franzosen wollten die NATO auf ein militärisches Bündnis ohne echte Beteiligung an der politischen Entscheidungsfindung beschränken, denn die NATO sei für sie ein Instrument des amerikanischen Einflusses. Stattdessen wünschten sie, dass die politische Kooperation innerhalb der EG bleibe. Sein Ratschlag war überdeutlich: Sie dürften nicht zulassen, dass die Franzosen den Gipfel für diese Zwecke benutzen. Vielmehr sollten sie eine Deklaration anstreben, die ein für alle Mal die Frage kläre, weshalb die NATO notwendig sei. Die NATO dürfe nicht länger in Frage gestellt werden. Bush pflichtete ihm nachdrücklich bei.[124]

Aber ganz so einfach war es nicht, wie sich zeigte. In Dublin I am 28. April schlug die EG vor, im Juli mit den Vorbereitungen auf den KSZE-Gipfel, den sich Gorbatschow so sehnlich wünschte, zu beginnen, und die Franzosen boten Paris nun offiziell als Konferenzort an. Die Staats- und Regierungschefs der EG versprachen außerdem, innerhalb des KSZE-Rahmens an der Gründung »neuer politischer Strukturen oder Abkommen« für Europa mitzuarbeiten, machten aber klar, dass diese nicht die »bestehenden Sicherheitsmaßnahmen« der Mitgliedstaaten ersetzen würden. Dieser letzte Kommentar war eine Erinnerung an den bunt gemischten Flickenteppich der europäischen Institutionen: Irland beispielsweise war als neutrales Land nicht Mitglied der NATO – im Gegensatz zu den anderen elf EG-Partnern. Und der KSZE gehörten nicht nur die NATO- und EG-Staaten, sondern auch die Länder des Warschauer Paktes, Neutrale und die blockfreien Staaten an.[125]

Ein KSZE-Gipfel stand bei Bush nicht ganz oben auf der Agenda, er räumte ihm nicht einmal Präferenz ein, doch er musste mitspielen. Die vollendeten Tatsachen von Dublin I drängten ihn dazu, sich konkreter mit der neuen und »anderen« Rolle der NATO, nicht nur bezüglich Osteuropas, sondern auch hinsichtlich der aufkeimenden »politischen Komponente« auseinanderzusetzen und darüber zu reden.[126]

Die herausfordernde Frage, wie die NATO neu zu erfinden sei, ging Bush schon seit Monaten durch den Kopf. Sie war auch Gegenstand einer umfassenden NATO-Strategieüberprüfung in Washington. Nach den Umbrüchen von 1989 musste nun entschieden werden, ob man mit dem Modernisierungsprogramm der amerikanischen Lance-Kurzstreckenatomraketen in Europa, mit der sogenannten »Follow-on-to-Lance« (FOTL), also der Lance-Nachfolge-Rakete, fortfahren sollte. Kohl und Genscher waren vehement dagegen, und der US-Kongress weigerte sich, ohne starken Rückhalt in der NATO die Beschaffung zu finanzieren. Also war FOTL »mausetot«, wie Bush sich gegenüber Kohl äußerte. Doch wie sollte er das Programm begraben? Allgemein war man sich einig, dass eine Streichung auf keinen Fall wie eine Kapitulation vor der derzeitigen sowjetischen Friedenskampagne aussehen dürfe. Deswegen wurde der Verzicht auf FOTL in eine Reihe positiver Vorschläge für die NATO verpackt, die von Wörner am 3. Mai bekanntgegeben und am nächsten Tag von Bush in einer wichtigen Strategierede näher ausgeführt wurden.[127]

In Brüssel beendete der NATO-Generalsekretär eine Sondersitzung der Außenminister mit der Ankündigung, dass die Allianz Ende Juni oder Anfang Juli einen großen Gipfel der Staats- und Regierungschefs veranstalten werde. Dieser werde eine Reihe von Ministertreffen abrunden, die sich alle mit der zukünftigen Mission der NATO befassten. Indem Wörner in seine Ankündigung einfließen ließ, dass die Vereinigten Staaten das Projekt der Lance-Nachfolge-Raketen nicht fortführen würden, verknüpfte er diesen Punkt mit den amerikanischen Plänen für den Beginn von Gesprächen mit Moskau über die Reduzierung der Kurzstreckenraketen in Europa, sobald ein Abkommen über die konventionellen Truppen unterzeichnet sei. Die Außenminister gaben auch bekannt, dass die NATO einen KSZE-Gipfel unterstütze, und nahmen eine Reihe von Vorschlägen an, um das westliche Bündnis in eine stärker politisch ausgerichtete Organisation umzuwandeln und um die Mitgliedschaft des vereinigten Deutschlands in der NATO für die Sowjetunion annehmbar zu machen.[128]

Seit Dezember 1989, als Baker in Berlin gesprochen hatte, war keine bedeutende US-amerikanische Rede zur künftigen Sicherheitsarchitektur Europas mehr gehalten worden. Jetzt war es wichtig, sich zu Wort zu melden, Führungsstärke zu zeigen und die internationale Agenda zu gestalten, wie es der Präsident im vorigen Frühling – von Hamtramck bis Mainz – so überraschend getan hatte. All das war jedoch noch lange vor dem Mauerfall gewesen. Nun, zu Beginn des Sommers 1990, erwartete man von den Vereinigten Staaten, zum Vorkämpfer für eine sichtbare, dramatische Veränderung der Haltung der NATO zu werden und einen Konsens für die Umwandlung der KSZE in ein ergänzendes »Forum für den politischen Dialog« zu bilden. Doch dafür musste der US-Präsident seine Bündnispartner bei Laune halten und zugleich Gorbatschow besänftigen – ein heikler Balanceakt, den Bush ausführen musste, als er am 4. Mai vor der Examensklasse an der Oklahoma State University in Stillwater sprach.[129]

Da die Welt in ein, wie der Präsident es nannte, »neues Zeitalter der Freiheit eintrat … in eine Zeit der Unsicherheit, aber großer Hoffnung«, betonte er, dass die Vereinigten Staaten »im weitesten Sinn eine europäische Macht bleiben müssten: politisch, militärisch, wirtschaftlich«. Für ihn war dies nicht nur ein regionales Thema: Er verwies auf Amerikas »friedliches Engagement in Europa« durch die NATO als »Teil unserer globalen Verantwortung«. Der Präsident erklärte, dass das Bündnis, gestützt auf »die längste ununterbrochene Phase internationalen Friedens in der dokumentierten Geschichte dieses Kontinents«, nunmehr bereit sei, »eine neue westliche Strategie für neue und sich verändernde Zeiten auszuarbeiten« – ja sogar, »für das nächste Jahrhundert«.

Bush nannte »vier kritische Punkte« als Agenda für den NATO-Gipfel. Erstens »die politische Rolle, die die NATO in Europa spielen kann«. Zweitens, mit Blick auf konventionelle Truppen, was die Allianz wirklich brauche und welche Ziele sie für die Rüstungskontrolle verfolge. Drittens die Rolle der amerikanischen Atomwaffen und die westlichen Ziele bei neuen Rüstungskontrollverhandlungen unter den Supermächten. Und viertens, wie die KSZE gestärkt werden müsse, um die Rolle der »NATO zu untermauern und dazu beizutragen, die demokratischen Werte in einem Europa zu schützen, das ungeteilt und frei ist.« Bush gab zu jedem Punkt eine detaillierte Erläuterung ab und flocht dabei geschickt schmeichelnde Gesten an die Hauptakteure ein. Er lobte Thatcher ausdrücklich als »eine der größten Freiheitskämpferinnen des letzten Jahrzehnts«. Er ließ eine versteckte Anerkennung Mitterrands fallen: »Wir sollten darüber nachdenken, ob neue KSZE-Mechanismen dazu beitragen können, bei Streitigkeiten in Europa zu vermitteln und diese zu schlichten.« Schließlich enthielt die Rede ein Signal an Gorbatschow in Bushs Wendung: »Unser heutiger Feind ist Unsicherheit und

Instabilität« – mit anderen Worten, nicht länger das Reich des Bösen. Doch die wahre Botschaft richtete sich an sein eigenes Volk, insbesondere an jene, die behaupteten, der abklingende Kalte Krieg rechtfertige einen Rückzug der USA aus den transatlantischen Verpflichtungen. »Amerikas Mission in Europa«, erklärte er, »kann den entscheidenden Unterschied machen. Der Ruf nach Freiheit – in Osteuropa, in Südafrika, gleich hier in unserer kostbaren Hemisphäre südlich von uns – wurde in der Revolution von 1989 auf der ganzen Welt gehört.« Und heute, riet er den Absolventen, »in diesem neuen Zeitalter der Freiheit, stimmt ein in den donnernden Chor«.[130]

Es war eine mutige Rede, die historische Ergebnisse bei einer sehr ambitionierten Agenda versprach. Konzeptionell bot Bush eine relativ konservative Rechtfertigung dafür, dass die NATO auch weiterhin den Hauptpfeiler der Sicherheit Europas darstellte und dass die Vereinigten Staaten das Herzstück des Bündnisses blieben. Und indem er dies zwei Monate vor dem Gipfel tat, widersetzte er sich der herkömmlichen diplomatischen Weisheit, im Vorfeld von Gipfeltreffen am besten die Erwartungen herunterzuspielen. Tatsächlich ging er ein großes Risiko ein. Er musste Initiativen entwickeln, die Moskau beruhigten, während er zugleich dem Bündnis neues Leben einhauchte und in Westeuropa breite Unterstützung einforderte. Die amerikanische Strategie hing ebenso vom westlichen Zusammenhalt in unsicheren Zeiten wie von Gorbatschows Weigerung ab, entscheidend einzugreifen. Nur wenn den Sowjets die deutsche Einheit in einer wiederbelebten NATO abgerungen werden konnte, wäre ein dauerhafter amerikanischer Brückenkopf in Europa garantiert und die Allianz würde als oberste europäische Sicherheitsorganisation überleben. Unterdessen konnte die KSZE als Rahmen dienen, um den Osteuropäern das Gefühl zu geben, sie hätten Anteil an der Gestaltung der Zukunft des Kontinents, zu einer Zeit, als sie sich vom Warschauer Pakt verabschiedeten und sehnsüchtig dem Abzug der Roten Armee entgegensahen.[131]

Diese Bedenken trieben Bush um, während er sich auf den NATO-Gipfel vorbereitete, wobei er außerordentlich eng mit dem NATO-Generalsekretär und dem Bundeskanzler zusammenarbeitete. Am 7. Mai legten er und Wörner den Termin für den Gipfel auf den 5./6. Juli in London fest – klemmten ihn also zwischen Dublin II und den G7-Gipfel in Houston. Beide Männer wollten ein schnelles Vorgehen und Ergebnisse. Die NATO müsse handeln, erklärte Wörner. Der Gipfel sollte keinesfalls Fragen aufwerfen, die die NATO sechs oder acht Monate beschäftigen würden, und das in einer Zeit besonderer Herausforderungen für die Allianz. Niemandem solle das Gefühl vermittelt werden, dass bei diesen Problemen Unsicherheit herrsche. Sie kamen darüber hinaus überein, dass Gorbatschow überzeugt werden müsse, dass die NATO in der neuen Ära keine Gefahr sei – Wörner sprach sinngemäß von einer Partnerschaft in einer kooperativen Struktur. Sie waren sich über den zu erwartenden Widerstand des sowjetischen Militärs im Klaren, aber Baker, der ebenfalls bei den Gesprächen dabei war, erklärte, er sei zuversichtlich, dass die NATO gegenüber der sowjetischen Führung eine große Überzeugungskraft besitze: »Sie haben eigentlich nichts in der Hand, nur die Viermächterechte. Sie haben kaum Einfluss, also werden sie am Ende wohl einlenken müssen.« Bush und Wörner stimmten dem zwar im Grunde zu, hatten aber beide den Eindruck, dass ein paar Zuckerstückchen für Gorbatschow wünschenswert wären. »Die KSZE kann helfen«, kommentierte Baker. Und zwar nicht nur im Fall der Osteuropäer. »Wir müssen die Sowjets überzeugen, dass die KSZE auch ein Ort für sie ist.«[132]

*

Das Gerede von Zuckerstückchen traf jedoch nicht den Kern der Sache. Bush sah sich mit einem wahren diplomatisch-strategischen Vexierspiel konfrontiert, wenn er Gorbatschow überreden wollte, den Fortbestand der NATO einschließlich des vereinigten Deutschlands zu akzeptieren, obwohl er kein wirkungsvolles Druckmittel gegen den Kreml hatte, weil ihm zuhause die Hände gebunden waren. Erstens hatte eine wachsende Haushaltskrise zur Folge, dass der Präsident nicht in der Lage war, nennenswerte finanzielle Anreize zu bieten. Zweitens hatte das harte Vorgehen Moskaus gegen Litauens Freiheitsdrang im US-Kongress einen Aufschrei der Empörung ausgelöst und jede Aussicht beeinträchtigt, dass Bush der UdSSR den Handelsstatus einer meistbegünstigten Nation gewähren könnte. Diese beiden Probleme drohten den NATO-Gipfel im Juli scheitern zu lassen.

Am 18. April 1990 hatte der Kreml gegen Litauen strenge Wirtschaftssanktionen – eine Kürzung der Gaslieferungen um 70 Prozent und einen Stopp von Rohöllieferungen – verhängt, um die aufmüpfige Republik zu einer Rücknahme ihrer Unabhängigkeitserklärung vom März zu zwingen. Damit steckte auch Bush in der Klemme, weil er unterstützen wollte, was die Amerikaner als einen legitimen Anspruch auf Selbstbestimmung betrachteten: Die Vereinigten Staaten hatten die gewaltsame sowjetische Annexion der drei baltischen Staaten im Jahr 1940 niemals anerkannt. Aber Bush musste die internationale Gesamtlage bezüglich der UdSSR und Deutschlands im Blick behalten. Am 19. April äußerte er sich vor der Presse zu seinem Dilemma mit Litauen: »Mein Zögern ist auf den Versuch zurückzuführen, einen Dialog und eine Diskussion offen zu halten, die sehr viele Länder betreffen. Und ich rede von Rüstungskontrolle. Ich rede von der Konsolidierung der Demokratien in Osteuropa.« Er fügte hinzu: »Ich bin überzeugt, dass Mr. Gorbatschow genau weiß, dass es in dieser Angelegenheit Grenzen gibt. Ich glaube nicht, dass die Gefahr besteht, dass es in diesem Punkt zu einem Missverständnis kommt. Nicht die geringste.«[133]

Nach Bushs Auffassung schien die Aufforderung zu Verhandlungen zwischen Litauen und der UdSSR die pragmatischste Lösung – um die Spannungen abzubauen und um die Gefahr zu beseitigen, dass der Westen womöglich intervenieren musste. Doch das durfte er nicht offen sagen. Er wollte Gorbatschow auf keinen Fall provozieren und damit das ganze Gerüst der kooperativen Beziehungen zu Moskau belasten. Am 24. April sagte er zu Journalisten, er fürchte, »etwas Unkluges« zu tun, etwas, »das die Sache der Freiheit auf der ganzen Welt wieder zurückwirft«. Doch der Präsident machte sich ebenso große Sorgen wegen eingefleischter republikanischer Hardliner, die »Gorbatschow ernsthaft verabscheuen oder ihm misstrauen und ihn im Namen der Menschenrechte zur Rede stellen wollen«. In seinem Tagebuch sinnierte Bush: »Wie kann man unsere Beziehung erhalten, ohne genau das Verhalten gutzuheißen, das die Sowjets an den Tag legen?«[134]

Also hielt sich Bush an die Devise »Abwarten und Tee trinken«, während er hinter verschlossenen Türen über Amerikas Optionen nachdachte. Indem er eine Ankündigung, wie er im Hinblick auf Moskau reagieren wolle, aufschob, zog er den Zorn der litauischen Führung auf

sich, die über ein »zweites München« klagte.[135] Kohl und Mitterrand
hingegen fühlten sich nicht so eingeschränkt und zudem hatten sie
gute Gründe zu handeln. Der Kanzler wollte keine Entwicklung, die
die Wiedervereinigung scheitern lassen konnte; der französische Präsident war stets erpicht darauf, seine besonderen Beziehungen zu Gorbatschow zu demonstrieren; und beide sahen eine Chance, das französisch-deutsche Tandem über eine »gemeinsame Ostpolitik« in Aktion
zu präsentieren. Am 26. April schickten sie einen offenen Brief nach
Vilnius, in dem sie die litauische Führung baten, ihre Unabhängigkeitserklärung rückgängig zu machen, um substanzielle Verhandlungen mit
dem Kreml in die Wege zu leiten. Ihre Initiative sollte die Beziehungen
zu Moskau entspannen, ohne zugleich Litauen völlig zu verprellen.
Außerdem diente sie dazu, den internationalen Druck auf Bush zu lindern.[136]

Im eigenen Land verschärfte sich die Kritik an der Untätigkeit des
Präsidenten, vor allem nach der Ankündigung, dass sich US-Unter-
händler im Prinzip mit den Sowjets auf einen Pakt geeinigt hätten, der
der UdSSR, sobald der Kongress ihn gebilligt hatte, bei den Zöllen den
Status einer meistbegünstigten Nation gewährte. Das Abkommen, das
auf dem bevorstehenden Supermächtegipfel in Washington unterzeichnet werden sollte, würde anfangs für drei Jahre gelten und sich automatisch um drei Jahre verlängern, falls keine Seite Einspruch erhob.
Ehe aber das Handelsabkommen unterzeichnet werden konnte, bestand
Bush weiterhin darauf, dass Moskau ein neues Auswanderungsgesetz
verabschiedete – eine Forderung, die schon 1972 das Inkrafttreten eines
ähnlichen Handelsvertrags verhindert hatte. Doch vor allem stellte
nunmehr die Krise im Baltikum eine Zustimmung des Kongresses in
Frage. Tatsächlich beschloss der Senat am 1. Mai, Moskau Handelspri-
vilegien mit den USA vorzuenthalten, bis das künftige Schicksal Litauens geklärt war.[137]

In dieser Atmosphäre beschloss der Präsident insgeheim, dass sämtliche »wirtschaftlichen Initiativen« in Richtung Moskau ausgesetzt
werden mussten – ein Schritt, der zwar noch keine Sanktionen vorsah,
aber die Gespräche über das Handelsabkommen und die Gewährung
der Meistbegünstigung stoppte. Das erschien ihm als eine »maßvolle,
angemessene Antwort«, die, wie er hoffte, für den Kreml Anreize schaf-

fen würde, das Energieembargo gegen Litauen aufzuheben. So brauchten die Vereinigten Staaten keine Drohungen auszusprechen, die »Gorbatschow ein Nachgeben schwergemacht hätten, ohne einen hohen politischen Preis zu zahlen und sein Gesicht zu verlieren«. Am 29. April schickte Bush dem Sowjetführer einen Brief, in dem er ihn warnte, dass er, statt die Vorbereitungen für die Unterzeichnungen eines umfassenden Wirtschaftsabkommens auf dem Gipfel abzuschließen, vorerst alles auf Eis legen werde. »Ich habe keine andere Wahl, als mich mit unserer starken Überzeugung zu identifizieren, dass Litauen ein Recht auf Selbstbestimmung und die Kontrolle seines eigenen Schicksals hat.« Dennoch sei er »entschlossen, das Treffen trotz der bestehenden Spannungen abzuhalten. Es steht viel auf dem Spiel.«[138]

Gorbatschow reagierte eisig auf diese Zeilen und warf Bush eine »Eskalation« und Einmischung in die »inneren Angelegenheiten« der UdSSR vor. Der Präsident wiederum hielt diese Antwort für »enttäuschend«. Er machte sich Sorgen, dass es im Baltikum zu einer »gewaltsamen Niederschlagung« durch das sowjetische Militär kommen könnte, dessen Position sich verhärtet hatte. Denn die Militärs vertraten den Standpunkt, dass es keine weiteren Zugeständnisse weder im eigenen Land noch im Ausland geben sollte, die die strategische Position der UdSSR in Osteuropa gefährden konnten. Und so warf die Litauen-Krise einen dunklen Schatten auf die gesamte amerikanische außenpolitische Agenda: rasche deutsche Wiedervereinigung, Liberalisierung Mitteleuropas und die geplante Reihe an Gipfeltreffen zur neuen Architektur.[139]

Bush äußerte in seinem Gespräch mit Kohl am 17. Mai, zwei Wochen vor dem Gipfel der Supermächte, seine Befürchtungen. Er wollte auf keinen Fall das Scheitern Gorbatschows, aber »was wir über die sowjetische Wirtschaft hören, ist sehr entmutigend«. Ohne eine Garantie seiner Regierung, sagte er, würden US-Banken »die Sowjetunion nicht als ein lohnendes Risiko einstufen«. Und ohnehin: »Ich sehe ohne Reform schwarz. Er klingt verzweifelt.« Kohl war da optimistischer: Für die Deutschen sei das kein finanzielles Problem. Als Schuldner seien die Sowjets zuverlässig gewesen. Auch war der Bundeskanzler überzeugt, dass er die Litauer beruhigen könne. Bush wiederum bereitete die Wirkung der sowjetischen Sanktionen gegen das Baltikum größeres Kopf-

zerbrechen, weil diese seinen Handlungsspielraum einschränkten.
»Wenn wir das Litauen-Problem nur lösen könnten ... Wir wollen auf
keinen Fall, dass der Gipfel scheitert ... Ich versuche, die Beziehung
aufrechtzuhalten«, aber »wir können jetzt nicht die Meistbegünstigung gewähren.«[140]

Und es lag noch eine weitere Sorge auf Bushs Herzen. Er wollte Kohls
»ehrliche Ansicht« zum Verbleib amerikanischer Soldaten in Deutschland. »Ich glaube, ich kann Gorbatschow überzeugen«, aber »ich muss
wissen, dass Deutschland auch US-Truppen möchte.« Der Kanzler
äußerte sich ganz eindeutig: Wenn die Vereinigten Staaten abzögen,
dann würde sich die NATO auflösen, und es bliebe womöglich nur die
KSZE. Ein weiterer Punkt kam für ihn hinzu. Selbst wenn die Rote
Armee abziehe, so Kohl, befinde sich die UdSSR geografisch und politisch noch in Europa. Wenn die USA aber abzögen, seien sie 6000 Kilometer entfernt. Das sei ein großer Unterschied. Auf unmissverständliche Weise fasste der Kanzler zusammen: Wenn er sich die Zukunft
Europas ansehe, dann sehe er die USA dort. Im Jahr 2000 müsse es eine
Selbstverständlichkeit sein, die Vereinigten Staaten vor Ort zu haben.[141]

Bush wandte ein: »Aber wir können nicht das politische Klima hier
oder in Deutschland bis dahin vorhersagen.« Das sei richtig, erwiderte
Kohl, aber sie könnten Fakten schaffen. Mit dem vereinten Deutschland
in der NATO werde das Bündnis überleben und folglich würden die
Vereinigten Staaten eine europäische Macht bleiben. Aber wenn die
Europäer die Amerikaner gehen ließen, so Kohl weiter, wäre dies die
größte Niederlage für sie alle. Man müsse nur an Wilson im Jahr 1918
denken. Doch trotz dieser Beteuerungen war Bush immer noch nicht
beruhigt. Also stellte Kohl ein für alle Mal fest: Der Präsident (er nannte
ihn »George«) brauche sich keine Sorgen über jene in der Bundesrepublik zu machen, die Parallelen zwischen den US-Streitkräften in der
Bundesrepublik und sowjetischen Truppen in der DDR zögen. Sie beide,
er und Bush, würden das durchsetzen, und sie würden ihre politische
Existenz für die NATO und für das politische Engagement der USA in
Europa aufs Spiel setzen.[142]

Anschließend sprachen sie über die kommenden Monate und die
Notwendigkeit einer engen Koordination untereinander. »Mit dem
Treffen Präsident Bushs mit Gorbatschow, mit dem NATO-Gipfel und

dem Wirtschaftsgipfel seien drei außerordentlich wichtige Termine angesprochen«, stellte Kohl fest. Insbesondere den dritten dürfe man nicht unterschätzen, fügte er hinzu. Insgesamt würden diese drei Termine bestimmen, wer die »Führungskraft des Westens« sei, und für Kohl stand hierbei außer Frage, dass diese Rolle natürlich vom Präsidenten der USA übernommen werden musste. Der Bundeskanzler mochte eine ausreichend volle Haushaltskasse haben, um effektive Scheckbuchdiplomatie zu betreiben, doch auf lange Sicht, im Gesamtbild der Dinge, lag es, nach Kohl, eindeutig bei Bush, »politische Führungskraft« zu zeigen.[143]

Zumindest hinsichtlich einer Schwierigkeit wurde während des Gipfels der Supermächte in Washington ein Fortschritt erzielt. Am 31. Mai ging Gorbatschow scharf mit Bush wegen der Wirtschaftsbeziehungen ins Gericht. »Er sagte mir«, notierte der Präsident, »dass es einem Desaster gleichkäme, wenn wir kein Handelsabkommen abschlössen.« Gorbatschow führte sogar aus, die Sowjets würden die Meistbegünstigungsklausel für »genauso wichtig« wie START erachten: die Umrisse dieses neuen Abrüstungsabkommens über strategische Waffen sollten ebenfalls auf dem Gipfel unterzeichnet werden. Bush blieb dabei, dass er nichts tun könne, solange Gorbatschow bei Litauen nicht nachgebe. Aber das Thema ließ ihm fast die ganze Nacht über keine Ruhe.[144]

Früh am nächsten Morgen bekam die Öffentlichkeit einen Einblick, wie gespalten das amerikanisch-sowjetische Verhältnis wirklich war, als Gorbatschow – flankiert von einem Dutzend Berater – ein einstündiges, im Fernsehen übertragenes Treffen mit einem Dutzend Sprecher des Senats und des Repräsentantenhauses veranstaltete. Es fand in dem geschmückten Goldzimmer der sowjetischen Botschaft statt. Im Großen und Ganzen war die Begegnung zwar freundlich, doch auf zwei Punkte reagierte Gorbatschow gereizt: das Baltikum und die Meistbegunstigungsklausel. »Was müssen wir denn tun, damit Sie uns den Status einer meistbegünstigten Nation gewähren?«, fragte er und fügte sarkastisch hinzu: »Vielleicht sollten wir im Baltikum die Präsidialherrschaft einführen und mal ein paar Schüsse abgeben!« Die Amerikaner waren unbeeindruckt. »Die Meistbegünstigungsklausel ist eine Möglichkeit, genau wie Schneefall«, erwiderte der republikanische Wortführer im Senat Bob Dole trocken. Gorbatschow gab zurück: »Warum ließen Sie Ihre Regierung in Panama intervenieren, wenn Sie die Freiheit so sehr lieben?« – eine Anspielung auf den Sturz des Regimes von General Manuel Noriega Ende 1989. Und er setzte nach: »Sie haben den Status der meistbegünstigten Nation selbst nach Tiananmen China gewährt.« Der demokratische Führer im Senat George Mitchell erinnerte Gorbatschow prompt daran, dass sich damals auch etliche Mitglieder des Kongresses »sehr vehement dagegen« ausgesprochen hätten. Es wurde klar, dass das Weiße Haus sowohl mit dem Kreml als auch mit dem Kongress durch unruhige Gewässer navigieren musste.[145]

Über Nacht war es jedoch Bush und Baker gelungen, einen Kompromiss auszuarbeiten, damit Gorbatschow, wie der Präsident sich ausdrückte, »mit etwas Handfestem nach Hause fahren« konnte. Zum Erstaunen der versammelten Presse war das Handelsabkommen (ein erster Schritt in Richtung Meistbegünstigungsklausel) eines von über 15 Abkommen, die die beiden Spitzenpolitiker im East Room des Weißen Hauses am 1. Juni unterschrieben. So kehrte Gorbatschow nicht mit leeren Händen nach Moskau zurück. Doch gleichzeitig hielt Bush auch das Kapitol bei Laune, indem er erklärte, er werde weder das Abkommen dem Kongress zur Billigung vorlegen noch das Jackson-Vanik-Amendment (durch das der Kongress in den Siebzigerjahren als Zeichen des Protests gegen Menschenrechtsverstöße in der Sowjetunion die Handelsbeschränkungen erlassen hatte) aufheben, solange Gorbatschow nicht ein lange aufgeschobenes Auswanderungsgesetz verabschiedete. Was die Öffentlichkeit allerdings nicht kannte, war die geheime Bedingung, die Bush zusätzlich damit verknüpft hatte: nämlich dass überhaupt nichts passieren würde, solange Moskau nicht mit Vilnius die Verhandlungen aufgenommen und das Wirtschaftsembargo aufgehoben hatte.[146]

Das war eine komplizierte Strategie, aber sie trug im kommenden Monat Früchte. Unter dem Druck der Franzosen und Deutschen legte Litauen seine Unabhängigkeitserklärung auf Eis, und die UdSSR beendete die Sanktionen, nicht zuletzt mit Blick auf die Verknüpfung mit dem Handelsabkommen. Somit war im Juli diese spezielle sowjetisch-litauische Krise vorüber und der baltische Unabhängigkeitskampf de facto von der Diplomatie im Umfeld der Deutschen Frage und der

Sicherheitsarchitektur Europas abgekoppelt – wobei Bushs Augenmerk auf der Zukunft der NATO in einer sich verändernden und unsicheren Welt lag.[147]

*

Die NATO war jedoch nur die Hälfte von Europas Puzzle im Kalten Krieg. Trotz der Revolutionen von 1989 existierte der Warschauer Pakt noch. Bush wurde auf den neuesten Stand der internen Überlegungen des Paktes gebracht, als Lothar de Maizière, Ministerpräsident der DDR und derzeitiger Vorsitzende des Paktes, am 11. Juni 1990 dem Weißen Haus einen Besuch abstattete. Er berichtete über das kürzlich stattgefundene Gipfeltreffen der Mitgliedstaaten in Moskau. Die Teilnehmer hatten eine Erklärung abgegeben, dass die Auflösung der beiden Militärblöcke unumkehrbar werde und dass der Pakt die eigene Umwandlung in einen Vertrag souveräner Staaten mit gleichen Rechten auf einer demokratischen Basis in die Wege leite.[148]

Doch das sei reine Schönfärberei, gab de Maizière Bush zu verstehen: Offen gesagt, werde der Pakt »nicht mehr sehr lange überleben«. Deshalb sei es unerlässlich, »neue Strukturen aufzubauen«, weil einzelne Länder, wenn sie sich isoliert und marginalisiert fühlten, womöglich danach trachteten, den Warschauer Pakt in irgendeiner Gestalt oder Form nachzuahmen. Er fuhr sinngemäß fort:

> Deshalb sei es wichtig, dass sich Westeuropa auf allen Ebenen Osteuropa öffne – wirtschaftlich über die EG, und außerdem gemeinsame Sicherheitsstrukturen aufbaue. Sämtliche Teilnehmer des Moskauer Gipfels würden den KSZE-Prozess begrüßen, nicht in einer Weise, dass die KSZE die bislang erfolgten Anstrengungen zur europäischen Einigung ersetzen sollte, sondern als eine Art Dachorganisation. Alle hätten deutlich gemacht, dass der Sozialismus, wie er existiert habe, gescheitert sei und sich mittlerweile auf dem Weg zu einem völligen Niedergang befinde. Er sei ökonomisch ebenso gescheitert wie als Regierungsmethode, und seine Werte hätten sich als nicht haltbar erwiesen. Das bedeute eine Niederlage: sie alle würden das sehr

klar erkennen. Doch es liege eine Gefahr darin, dies [von Seiten des Westens] als eine Niederlage für die andere Seite auszugeben.

Bush war da ganz offen. »Wir werden Anfang Juli einen NATO-Gipfel veranstalten, und wir werden über Schritte zur Umgestaltung des Bündnisses sprechen. Wir haben über eine neue politische Rolle und eine veränderte Bedrohung gesprochen. Daraus wollen wir eine gemeinsame Haltung zur KSZE entwickeln. Indem wir das tun, hoffen wir, dass es ein gewisser Trost für die andere Seite sein wird, damit sie unseren Absichten nicht misstrauen … Wir glauben, die KSZE hat Anteil daran, den Ländern Mittel- und Osteuropas beim Aufbau freier Gesellschaften zu helfen und den Sowjets und Osteuropäern eine Rolle in dem neuen Europa zuzuweisen.« Auch wenn sie »schwerfällig« sei, fügte er hinzu, biete die KSZE »für viele Länder eine Heimat, auch für die USA«.[149]

Auf diese Weise wurde Bush sensibilisiert für das, was die Deutschen ebenso wie die Sowjets benötigten, um das Thema Deutschland in der NATO unter Dach und Fach zu bringen, und was es drum herum brauchte, um eine stabile Architektur für die europäische Sicherheit zu konstruieren. Unterdessen verfeinerte eine kleine Arbeitsgruppe aus verschiedenen Bereichen der US-Administration die vier Punkte des Präsidenten vom 4. Mai in Oklahoma, um sie beim NATO-Gipfel in London am 5./6. Juli vorzulegen. Das Ergebnis war eine 22 Artikel umfassende Grundsatzerklärung zum Wandel des Bündnisses. Obwohl das Papier in erster Linie dafür gedacht war, dass Moskau sein Gesicht wahren konnte, war es zu wichtig, um es wie üblich mit jedem Verbündeten einzeln zu besprechen und dadurch ein verwässertes »Kompromisspaket« zu riskieren. Also beschloss Bush, den bürokratischen Apparat zu umgehen und den Entwurf vorab nur einigen Führungspersonen im Bündnis zuzuschicken, unter anderen Wörner, Kohl, Thatcher und Mitterrand. Die ersten beiden waren begeistert, Letztere eher skeptisch. Als Atommächte waren sie unzufrieden mit der Erklärung, dass Nuklearwaffen die »Waffen des letzten Rückgriffs« seien; außerdem gefiel ihnen die Idee einer engeren Zusammenarbeit der Allianz mit den Staaten des Warschauer Paktes nicht – sie präferierten eine NATO, die sich auch weiterhin primär auf die Sicherheit des Westens konzentrieren würde.[150]

Bush hatte nicht die Absicht, um Kleinigkeiten zu feilschen. Er sagte, der Text werde auf dem Gipfel finalisiert, und schickte dann das Dokument samt Appell an die Bündnistreue auch den anderen Mitgliedern. Darüber hinaus telefonierte er auch mit einigen Kollegen aus den kleineren Staaten, um sich so im Vorfeld ihre Unterstützung zu sichern. »Aus unserer Sicht ist die Hauptsache«, sagte er zu Ruud Lubbers, dem niederländischen Regierungschef, »dass wir demonstrieren, dass dieser Gipfel an einem Wendepunkt in der Geschichte des Bündnisses kommt und somit eine wichtige Rolle bei der Gestaltung der Zukunft Europas spielen wird. Unser Papier wurde mit diesem Gedanken im Hinterkopf ausgearbeitet.«[151]

Am Morgen des Gipfels selbst, der im Londoner Lancaster House stattfand, sprach Bush die Choreografie mit Wörner ab. Der Präsident betonte, dass die NATO-Deklaration ein amerikanischer Entwurf sei – er wollte die amerikanische Führungsrolle hervorheben – und dass er kein Interesse daran habe, eine langwierige Diskussion unter den Verbündeten zuzulassen. Die Außenminister sollten ein paar Stunden Zeit bekommen, um die restlichen Details zu klären, während ihre Chefs Reden hielten und eine »freie Diskussion« führten. Die Deklaration sollte am nächsten Morgen, dem 6. Juli, veröffentlicht werden. Wörner war völlig einverstanden. Es liege auf der Hand, dass die USA mit ihrem Alleingang einige vor den Kopf gestoßen hätten, doch das sei ein altes Dilemma. Alle seien scharf auf Führung aus Washington, aber keiner wolle es zugeben.[152]

Die »Londoner Erklärung« zeigte Wirkung.[153] »NATO-Bündnispartner verkünden nach 40 Jahren Ende des Kalten Krieges«, lautete die Schlagzeile der *New York Times* nach dem Gipfel am 7. Juli. »Die NATO erklärt dem Warschauer Pakt den Frieden«, titelte *The Independent* in London.[154] Nach einigen geschickt geführten Verhandlungsrunden hatte man sich auf eine Endfassung geeinigt, die starke Ähnlichkeit mit dem ursprünglichen amerikanischen Entwurf hatte.[155]

Der Wortlaut war bewusst so gewählt, dass er an den Ton und die historische Bedeutung des NATO-Gründungsvertrags im April 1949 anklang. »Europa ist in eine neue, verheißungsvollere Ära eingetreten. Mittel- und Osteuropa erringt seine Freiheit … Sie wählen Frieden. Sie wählen das eine und freie Europa.« Aber wie sollte man diese neue Ära

absichern? »Das Nordatlantische Bündnis ist das erfolgreichste Verteidigungsbündnis der Geschichte. Beim Eintritt in sein fünftes Jahrzehnt
richtet unser Bündnis den Blick in ein neues Jahrhundert. Es muss auch
künftig die gemeinsame Verteidigung gewährleisten.«[156]

Desweiteren unterstrich die Erklärung: »Doch muss unser Bündnis
noch stärker eine treibende Kraft des Wandels sein.« Dabei kann es »am
Bau der Strukturen eines einigeren Kontinents mitwirken«. Das hieß
wiederum, dass »die Atlantische Gemeinschaft ... sich den Ländern
Mittel- und Osteuropas [zuwendet], die im Kalten Krieg unsere Gegner
waren, und ... ihnen die Hand der Freundschaft [reicht]«. Zu den Vorschlägen der NATO für den »Aufbau einer neuen Partnerschaft mit allen
Ländern Europas« zählte eine gemeinsame Erklärung mit den Mitgliedern des Warschauer Paktes, dass die Ära der gegenseitigen, feindseligen Blöcke vorbei sei. Die Bündnispartner regten an, dass die NATO,
der Warschauer Pakt und andere Mitglieder der KSZE gemeinsam eine
»Verpflichtung zur Nichtaggression« abgaben. Sie luden Gorbatschow
ein, nach Brüssel zu kommen und im NATO-Hauptquartier zu reden,
und ermunterten die Länder des Warschauer Paktes, »ständige diplomatische Verbindungen« mit dem Bündnis aufzunehmen. Außerdem
verkündeten sie ihre Unterstützung für eine stärkere Rolle der KSZE in
Europas Zukunft.[157]

Die Erklärung skizzierte darüber hinaus Änderungen an der NATO-
Doktrin selbst. »Wir bekräftigen, dass Sicherheit und Stabilität nicht
allein in der militärischen Dimension liegen; wir beabsichtigen, die
politische Komponente unserer Allianz, wie sie in Artikel 2 unseres Vertrages niedergelegt ist, zu stärken.« Diese Formulierung einer Anpassung wurde bewusst gewählt, um eine historische Entwicklung anzu-
deuten, anstelle eines völligen Bruchs mit der Vergangenheit. Und die
Verteidigung der NATO werde sich zwar weiterhin auf »die Präsenz
bedeutender nordamerikanischer konventioneller und amerikanischer
nuklearer Streitkräfte in Europa« stützen, die von »dem tiefen politischen Einvernehmen« zeuge, welches Nordamerika und die europäischen Demokratien miteinander verbinde. Doch die westlichen Führer
versprachen eine neue Verteidigungsstrategie, durch die sie sowohl die
nukleare NATO-Abschreckungsstrategie der flexiblen Erwiderung
(»flexible response«) modifizieren als auch vom Prinzip der Vornevertei-

digung abrücken wollten. Sie erklärten, dass sie »niemals und unter keinen Umständen als Erste Gewalt anwenden« werden und dass Atomwaffen »wahrhaft zu Waffen des letzten Rückgriffs« werden sollen. Schließlich machten sie auch ein großes Zugeständnis an sowjetische Befürchtungen wegen eines vereinigten Deutschlands in der NATO, indem sie zusagten, die Truppenstärke für die deutschen Streitkräfte festzulegen, sobald der KSE-Vertrag später im Herbst 1990 unterschrieben sei.[158]

Die erste Reaktion aus Moskau war positiv. Gorbatschow sagte dem US-Sender ABC News, er sehe »sehr konstruktive Zeichen von diesem Gipfel ausgehen«, und gab an, er sei »jederzeit bereit«, zu einem Treffen mit den westlichen Alliierten nach Brüssel zu kommen. Bush war hocherfreut: Er hatte einen wegweisenden Wandel in der Allianz zustande gebracht – und dabei diesem Prozess seinen Stempel aufgedrückt. Auf der Pressekonferenz erklärte der Präsident, er gehe davon aus, dass die Erklärung Gorbatschow und den Mitgliedern des Warschauer Paktes helfen werde. »Die Londoner Erklärung verändert die Vision der Allianz für die KSZE. ... Wir wissen, dass der KSZE-Prozess – indem er Nordamerika und ganz Europa zusammenführt – eine Struktur für Europas weitere politische Entwicklung bieten kann; und das heißt neue Standards für freie Wahlen, für die Rechtsstaatlichkeit, wirtschaftliche Freiheit und umweltpolitische Zusammenarbeit.« Mit einigem Pathos äußerte er sich auch über die historische Bedeutung der NATO-Erklärung: »Mehr als 40 Jahre lang haben wir auf diesen Tag gewartet – einen Tag, an dem wir über die Eindämmung hinausgeschritten sind, wo die Einheit auf diesem Kontinent die Spaltung überwindet. Und jetzt ist dieser Tag gekommen, und alle Völker vom Atlantik bis zum Ural, von der Ostsee bis zur Adria können an seinem Versprechen teilhaben.« Mit diesem verbalen Anklang an Winston Churchills Rede in Fulton 1946 gab der Präsident zu verstehen, dass der Eiserne Vorhang der Vergangenheit angehörte.[159]

Kohl war ebenfalls zufrieden. Die amerikanische Presse kommentierte: »Tatsächlich war der Regierungschef, der nach dem [US-]Präsidenten mit dem in London Erreichten am glücklichsten schien, zweifellos Kanzler Kohl, der in den letzten beiden Tagen seine eigenen Hintergrund-Briefings, im eigenen Hotel, mit seinen eigenen Worten gab, während sich die anderen Regierungschefs mit den üblichen Einrichtungen begnügten, die ihre britischen Gastgeber zur Verfügung stellten.« Der Kanzler räumte auch ganz offen ein, dass die Erklärung ohne den US-Präsidenten nicht erreicht worden wäre. Was ihn angehe, erklärte er, so stimme die Chemie mit George Bush. Die derzeitige amerikanische Regierung habe eine klare Sichtweise der Dinge.[160]

Doch in einem Punkt waren die beiden Männer weiterhin verschiedener Meinung. Bush wehrte sich hartnäckig dagegen, der Sowjetunion direkte amerikanische Wirtschaftshilfe zukommen zu lassen, um die Gorbatschow in einem Brief an Bush vom 4. Juli ausdrücklich gebeten hatte.[161] Der sowjetische Staatspräsident hatte auch ein Schreiben an Thatcher als Gastgeberin des NATO-Gipfels geschickt, in dem er seine Sorgen im Detail schilderte. Wie die NATO, so Gorbatschow, »teilen wir die Anschauung, dass Stabilität in Europa eine unerlässliche Vorbedingung für dessen demokratische Entwicklung ist«. Er fügte jedoch hinzu, dass dies »wiederum ohne den Erfolg der Perestroika unmöglich« sei, welche seiner Überzeugung nach innerhalb »der nächsten zwei oder drei Jahre« abgeschlossen werden müsse. Um das zu bewerkstelligen, brauche er von der EG und den G7 in zweierlei Hinsicht »Hilfe«: 1) »dringende Darlehen«, um die Zahlungsbilanz auszugleichen und Konsumgüter zu kaufen; 2) »Finanzmittel« für konkrete Investitionsprogramme unter Beteiligung internationaler Konsortien. Trotz all seines Drängens war Finanzhilfe für die Sowjets jedoch kein offizieller Tagesordnungspunkt in London. Somit hing das Thema weiter in der Luft und sollte erst in Texas zur Sprache kommen.[162]

Als Bush bei der Pressekonferenz auf Gorbatschows Vorstoß wegen umfassender finanzieller Hilfe angesprochen wurde, sagte er, die Allianz habe zu diesem Thema noch keine Entscheidung getroffen. Allerdings habe er »damit große Schwierigkeiten« und, so der US-Präsident, »Ich denke, die Amerikaner auch.« Ein Problem bestehe darin, dass, so fügte er an, »ein großer Anteil ihres Bruttosozialprodukts in das Militär fließt«. Ein zweites seien die sowjetischen »Ausgaben in Höhe von 5 Milliarden Dollar jährlich beispielsweise für Kuba, um ein totalitäres Regime zu stützen«. Auf die Frage, ob er dagegen sei, dass andere Länder der UdSSR Finanzhilfe zukommen ließen, erwiderte Bush: »Wenn die Deutschen beschließen, dass sie das tun wollen, dann ist das ihre Sache.«[163]

Baker führte in einem Interview für CNN die Bedenken der USA weiter aus. »Ehe wir die Dollars unserer Steuerzahler für direkte Wirtschaftshilfe an die Sowjetunion ausgeben, sollten wir eine vernünftige Vorstellung oder ein gewisses Vertrauen haben, dass das Geld gut ausgegeben wird«, sagte er. »Manche Länder hier werden mit direkter Wirtschaftshilfe vorpreschen wollen. Andere Länder, die Vereinigten Staaten eingeschlossen, sagen, wir sollten deutliche Fortschritte in Richtung Wirtschaftsreform sehen, bevor wir den gleichen Fehler machen, den wir in den Siebzigerjahren im Falle Polens begingen.«[164]

Bakers Äußerungen waren keine beiläufigen Randbemerkungen. Sie kamen nur eine Woche, nachdem der Präsident einen grundlegenden Wandel in der Haushaltspolitik der USA eingeleitet hatte, eine Entscheidung, die ihn Monate lang geplagt hatte. »Wenn dieses Problem mit dem Haushaltsdefizit nicht über meinem Kopf hinge«, notierte Bush in sein Tagebuch, »dann würde ich diesen Job lieben.«[165] Der US-Haushalt war für ihn zu einer Qual geworden. Sein zentrales Wahlversprechen von 1988 hatte gelautet: »Nehmen Sie mich beim Wort: keine neuen Steuern. (*Read my lips: no more taxes*)«. Aber am 26. Juni 1990 gab er widerwillig eine schriftliche, mit der Parteiführung der Demokraten auf dem Kapitol abgesprochene Erklärung heraus, dass er und der Kongress, um das für 1991 prognostizierte klaffende Haushaltsloch in Höhe von 160 Milliarden Dollar zu decken, an einem Maßnahmenpaket arbeiteten, das eine »Erhöhung der Steuereinnahmen« und »ordnungsgemäße Kürzungen der Verteidigungsausgaben« umfasste. Das entsprach einem klaren Wortbruch, doch die Alternative wäre – so hatte man Bush gewarnt –, eine schwere Rezession in Kauf zu nehmen.[166]

Die *New York Times* brachte diese Meldung auf einer enthüllenden Titelseite. Unter dem Hauptbeitrag zu Bushs Steuererhöhungen schrieb die Zeitung in einer weiteren Schlagzeile: »Republikaner fürchten den Todeskuss, wenn Bush seine fetten Lippen den Steuern nähert«, und in einem kleineren Kasten darunter hieß es: »Europäische Regierungschefs unterstützen Kohls Gesuch, den Sowjets zu helfen«. Uns heutigen Kennern der damaligen Zukunft dürfte auch eine Schlagzeile unten rechts über »Den Gürtel enger schnallen« gefallen: »Banken billigen

Darlehen für Trump, übernehmen jedoch die Kontrolle über seine
Finanzen«. Der verarmte New Yorker Casino-Betreiber müsse, hieß es
in der Zeitung,»lernen, von 450 000 Dollar im Monat zu leben, und in
den kommenden Jahren von noch weniger«. Es waren schwere Zeiten
für alle.[167]

Bush erwähnte in seiner Antwort auf Gorbatschows Bitte um Finanzhilfe, die er an Bord von Air Force One von London auf dem Weg zum
G7-Gipfel in Houston verfasste, mit keinem Wort die eigenen Haus-
haltsprobleme. Er sprach auch das Thema Hilfsleistungen erst gar nicht
an, sondern beschränkte sich auf das, was auf dem NATO-Gipfel passiert war, vor allem wie, seiner Meinung nach, die Londoner Erklärung
die sowjetischen Sicherheitsbedenken ausräume:»Mr. President« –
Gorbatschow hatte im Zuge seiner politischen Reformen und in Anlehnung an westliche Regierungsformen im März 1990 ein sowjetisches
Präsidialamt geschaffen –,»uns stehen wichtige Entscheidungen bevor,
während wir auf Europas Versöhnung hinarbeiten … Ich hoffe, dass die
heutige NATO-Erklärung Sie überzeugen wird, dass die NATO den
Sicherheitsinteressen von ganz Europa dienen kann und wird.« Der
Brief wurde dann während des Fluges per Funk an die US-Botschaft in
Moskau weitergeleitet und eilends dem umstrittenen Gorbatschow auf
dem Parteikongress der KPdSU gebracht. Tschernajew überflog ihn
kurz und rief, obwohl er kein Wort von Dollars las, aus:»Das ist in der
Tat ein wichtiger Brief.« Er gab ihn sofort an seinen Chef weiter. Bushs
Zusage, die NATO umzuwandeln, half Gorbatschow, die Hardliner zu
besänftigen und seine Wiederwahl als Generalsekretär der KPdSU mit
einer Dreiviertelmehrheit zu sichern. Für den US-Präsidenten waren
das gute Neuigkeiten.[168]

Der G7-Gipfel in Houston war für Bush eine Chance, den aktuellen
Fortschritt bei der deutschen Frage und der NATO zu feiern, und außerdem die einmalige Gelegenheit, den Lenkern der großen Industrienationen seine und Bakers Heimatstadt zu präsentieren. Am Abend des
8. Juli, bevor die offiziellen Sitzungen tags drauf begannen, nahm er
einige Kollegen zu einem Rodeo mit. Das dortige Unterhaltungspro-
gramm bestand des Weiteren aus einer bunten Mischung aus Square
Dance und Bullenreiten, aber auch so exotischen Vergnügungen wie
einem Gürteltierrennen. Die internationalen Gäste ließen sich zwei-

Beim G7-Rodeo in Texas: Toshiki Kaifu und Brian Mulroney

fellos von der ausgelassenen Stimmung anstecken. Der kanadische Premierminister Brian Mulroney kam in Bluejeans samt Cowboyhut und -gürtel, während sein japanischer Kollege ein buntes Hawaii-Shirt trug. Mrs. Thatcher dagegen erschien in einem karierten Hosenanzug mit weißer Handtasche. So tummelten sie sich zwischen vergnügten Texanern und Dutzenden von Deko-Kakteen aus Styropor. Der deutsche Kanzler war besonders gut gelaunt, weil Deutschland Argentinien im Finale der Fußballweltmeisterschaft 2:1 geschlagen hatte, zum Verdruss Präsident Mitterrands, der gehofft hatte, mit dem Überschallflugzeug Concorde einen dramatischen Auftritt in letzter Sekunde hinzulegen.[169]

Am nächsten Morgen fanden sie sich alle auf den Boden der harten Realität wieder. Man traf sich in den Räumlichkeiten der Rice University, wo die Stimmung längst nicht so einmütig war wie wenige Tage zuvor in London. Die Großen Sieben »G7« waren nicht wie die NATO ein von den USA angeführtes Bündnis, und Bush konnte deshalb nicht das Drehbuch vorschreiben. Weil sich die zentralen Fragen um Hilfe für die UdSSR und die Weltwirtschaft drehten, sah sich Bush überdies wegen der eigenen Finanzkrise in einer schwächeren Stellung. Kompromisse waren an der Tagesordnung. Im Schlusskommuniqué wurden keine großen Durchbrüche präsentiert.

Trotz tatkräftiger Lobbyarbeit seitens Kohls und Mitterrands für beträchtliche Kredite an Moskau blieben die anderen vehement dagegen. Thatcher formulierte es am offensten: »Es war den G7 unmöglich, einem Land mit 280 Millionen [Einwohnern] auf die Sprünge zu helfen, das sich von der Arktis bis zu den Tropen erstreckt, mit unterschiedlichen Religionen und Nationalitäten. Die Wirtschaftsdirektoren der Sowjetunion kennen weder ihre Inputs noch ihre Produktionsleistung. Sie haben keine Ahnung, was sie tun sollen.« Folglich einigten sich die G7 darauf, dass man nicht einer Meinung war.[170] »Jedes Land hat andere politische Imperative«, sagte ein amerikanischer Regierungsvertreter. »Der Präsident überlässt es gern jedem einzelnen, der Sowjetunion auf ergänzende Weise zu helfen.« Hubert Védrine, der Sprecher des französischen Präsidenten, drückte sich weniger diplomatisch aus. Auf die Frage eines Reporters, ob man Houston als einen Gipfel des »warmherzigen Missverständnisses« bezeichnen könne, erwiderte er knapp: »Das überlasse ich Ihnen.«[171]

Damit in dem Kommuniqué auch etwas Positives verlautbart werden konnte, forderten die Staats- und Regierungschefs den IWF auf – in Zusammenarbeit mit der Weltbank, der OECD und der Europäischen Bank für Wiederaufbau und Entwicklung (EBWE) –, eine detaillierte Studie zum Zustand der sowjetischen Wirtschaft anzufertigen und ihre nichtbindenden Empfehlungen bis zum Jahresende vorzulegen. Diese IWF-Studie sollte einen ähnlichen (im Oktober fälligen) Report ergänzen, den der EG-Rat auf Dublin II von den Dienststellen der Europäischen Kommission angefordert hatte. Das letztere Dokument sollte analysieren, inwiefern kurzfristige Kredite und langfristige Unterstützung für strukturelle Reformen in der Sowjetunion überhaupt möglich und erwünscht waren, sowie ausloten, wie die UdSSR in die Weltwirtschaft integriert werden konnte.[172]

Unterdessen waren die Verhandlungen über einen Abbau der weltweiten Handels- und Zollbarrieren weiterhin blockiert, und zwar wegen der hohen, von den Franzosen eifersüchtig gehüteten Agrarsubventionen der EG, die immer noch den Großteil der EG-Ausgaben ausmachten. Das war zum jetzigen Zeitpunkt besonders peinlich, wo alle

Welt von der Auflösung der Blöcke und Öffnung der Märkte sprach. »Die Kommandowirtschaften sind gescheitert«, verkündete Thatcher. »Wir haben die Chance, die Neunzigerjahre zu einem Erfolg zu machen. Wir haben die Chance, die marktwirtschaftlichen Demokratien zu konsolidieren.« Ein Erfolg in der GATT-Runde würde auch »den ärmeren Nationen« der sich entwickelnden Welt helfen, da es ihnen erlauben würde, mehr Produkte in die reicheren Nationen zu exportieren. Aber während der EG beträchtliche Opfer abverlangt würden, müsste auch Japan seine Finanzdienstleistungen weiter liberalisieren und die Vereinigten Staaten ihre Rüstungseinkäufe. Nur diese Schritte würden einen »so frei wie möglichen Handel im größtmöglichen Raum« gewährleisten.[173]

Es wurden jedoch kaum Fortschritte beim GATT-Abkommen erzielt, und Informanten der Journalisten meldeten »ungewöhnlich bittere Worte« zwischen Bush und Delors als Repräsentant der EG der Zwölf. »Sie haben sich einfach nicht richtig eingelassen auf den Prozess«, beschwerte sich Bushs Landwirtschaftsminister Clayton Yeutter. Sein europäischer Kollege Guy Legras gab zurück, »wenn man die Subventionen kürzt«, hätte das so große Preisschwankungen zur Folge, dass »die Bauern pleitegehen würden«.[174]

Für Bush unterstrich dieses Thema die Komplexität der Beziehungen zu »Europa«. Länder, die sich unlängst in London als so zuverlässige Verbündete innerhalb des Sicherheitsrahmens der NATO erwiesen hatten, verhielten sich als EG-Mitglieder völlig anders, wenn es um ihre wirtschaftlichen Interessen ging. Sogar Kohl unternahm wenig, um die EG-Linie zu ändern – er versteckte sich lieber hinter dem Argument, die Subventionen seien ein Problem, das Bush bilateral mit Mitterrand lösen müsse.

Bill Brock, ein ehemaliger Sonderbevollmächtigter in der Reagan-Administration, der in einer inoffiziellen Funktion nach Houston gekommen war, zeichnete für die US-Medien ein düsteres Bild – er sagte gar einen Abschied von den Handelsgesprächen nicht nur seitens der Vereinigten Staaten, sondern auch seitens der Entwicklungsländer voraus, wenn die Agrarsubventionen nicht beendet würden. Denn diese Länder, so Brock, »haben nichts anderes zu verkaufen als ihre landwirtschaftlichen Erzeugnisse«. Das Ergebnis eines solchen Abschieds wäre,

prophezeite er, ein »grassierender Protektionismus und wirtschaftlicher Niedergang«. Obwohl die nächste GATT-Sitzung bereits in zwei
Wochen in Genf geplant war und die Uruguay-Runde im Dezember in
Brüssel abgeschlossen werden sollte, schienen die Erfolgsaussichten
wenig vielversprechend. Tatsächlich sollten die Landwirtschaft und die
Uruguay-Runde Bush für den Rest seiner Präsidentschaft Kopfschmer-
zen bereiten. Ein neues Welthandelsabkommen kam erst im Dezember
1993 zustande – nach acht Jahren intensiver Verhandlungen. Der damalige Abteilungsleiter für europäische Angelegenheiten im Nationalen
Sicherheitsrat Robert Hutchings schrieb später sogar, dass diese Verhandlungen »die amerikanisch-europäischen Beziehungen nach 1990
wenigstens ebenso sehr wie die Sicherheitsfragen belasteten«.[175]

Allerdings half ein allgemeines Erfolgsgefühl in Anbetracht dessen,
wie sich die Welt in den vergangenen zwölf Monaten verändert hatte,
die Meinungsverschiedenheiten unter den G7-Staaten in Houston zu
kaschieren. »Da der Westen dem endgültigen Sieg mit Blick auf unsere
Auseinandersetzungen in den letzten 40 Jahren so nahe war«, erklärte
Gianni De Michelis, der italienische Außenminister, »wäre es eine geradezu verbrecherische Dummheit, jetzt die West-West-Spannungen zu
verschärfen.« So ging der G7-Gipfel in Houston am 11. Juli doch noch
in einer Atmosphäre der allgemeinen Zufriedenheit zu Ende.

Hinter dieser Stimmungsmache nahmen manche Kommentatoren ein
tieferes Muster war. Der langjährige Korrespondent der New York Times
R. W. (»Johnny«) Apple zitierte Bushs Äußerungen auf der Begrü-
ßungszeremonie der Konferenz, dass dieser Wirtschaftsgipfel »nicht
der Nachkriegsära« angehöre, sondern der erste der »Post-Nachkriegsära« sei. Damit hatte Bush öffentlich verkündet, was Baker nach Malta
unter vier Augen gesagt hatte. Apple beobachtete außerdem, dass sich
Houston »als eine Art Coming-Out-Party für Kanzler Helmut Kohl aus
Westdeutschland erwies, die das neue, subtilere Kräftegleichgewicht
auf der Welt widerspiegelte«. Noch stärker als in London habe sich
Kohl, merkte Apple an, »als dominierende Figur bei diesen internationalen Erörterungen« erwiesen, »als Chef«, wie ein französischer Diplomat sich ausdrückte, »des reichsten, strategisch am günstigsten gelegenen und bevölkerungsreichsten Landes in Europa, der genauso auch
handelte.« Sogar Thatcher räumte ein, dass es »auf diesem Gipfel drei

regionale Gruppen gegeben habe: eine auf den Dollar gestützt, eine auf
den Yen und eine auf die Deutsche Mark«.[176]

*

Der Hochsommer 1990 war in vieler Hinsicht eine entscheidende Phase
bei Europas Abschied vom Kalten Krieg. Nach zwei Wochen intensiver
Gipfeldiplomatie in der EG, der NATO und den G7, von Dublin über
London nach Houston, hatte sich die künftige Architektur Europas
über das Entwurfsstadium hinausentwickelt. Kaum war der G7-Gipfel
zu Ende, kehrte Kohl nach Bonn zurück, ehe er nach Moskau und in
den Kaukasus flog. Was folgte, war die Aussöhnung mit der Sowjetunion und mit Polen im Zuge der deutschen Einheit, sodass zum ersten
Jahrestag des Mauerfalls die »Deutsche Frage« mit all ihren Anklängen
an die Grenzen von 1937 und an die »Hitlerzeit« endlich – zumindest
formal – ad acta gelegt war.

Wie Bush sich ausdrückte, war der wohl »tiefgreifendste Wandel für
die europäische Politik und Sicherheit« in der jüngsten Vergangenheit
»ohne Konfrontation und ohne dass ein Schuss abgegeben worden war«,
erreicht worden. »In ganz Europa kamen alle bestens und vor allem
höchst friedlich miteinander aus.« Selbst der sonst wortkarge Scowcroft schwärmte von diesem Moment: »Wir hatten den langen Prozess
abgeschlossen, der die Konfrontation der Supermächte beendete.«
Hinzu kam, er und Bush hatten in dem, in ihren Augen, »entscheidenden« Aspekt des Prozesses Erfolg gehabt, nämlich in der Mitgliedschaft
Deutschlands im Atlantischen Bündnis. Diese Frage hatten sie als das
eine Feld erkannt, auf dem sie »tatsächlich – ja vielleicht sogar den
entscheidenden – Einfluss nehmen« und diesen über die Verhandlungen »auf höchster Ebene« ausüben konnten. Kurzum, so Scowcroft,
»das war persönliche Diplomatie im besten Sinne des Wortes«. Es gab
keine große, offizielle Friedenskonferenz: Bündnis- und Konsensbil-
dung, Verständnis, Toleranz und Kompromisswille hatten ein neues
Europa geformt. Es gab kein Versailles, es blieb keine internationale
Bitterkeit. Man hatte es bezüglich der Wortwahl vorsorglich vermieden,
»von Sieg für uns und Niederlage für sie zu sprechen«. Denn, sinnierte
Scowcroft, »wir hatten – vielleicht – aus den Fehlern der Vergangenheit

gelernt. Alle hatten ihren Anteil an dem Ergebnis.« Es war letztlich ein »gut vorbereiteter« Frieden, der gesiegt hatte.[177]

Die bewusste Einbindung der Macht, die verloren hatte – in diesem Fall die UdSSR –, war tatsächlich ein bezeichnender Unterschied gegenüber früheren Postkonfliktregelungen, insbesondere im Vergleich zu Versailles. Dennoch waren wichtige Fragen noch offen. Deutschland sollte wiedervereinigt werden, aber gleichzeitig in der NATO und in der EG bleiben. Und beide Institutionen entwickelten sich ihrerseits weiter: Die NATO öffnete sich als politische Organisation; die EG befand sich in einem Prozess der tieferen Integration, die nach dem Maastricht-Vertrag die Europäische Gemeinschaft bis Ende 1992 in eine Europäische Union verwandeln würde.

Doch das betraf hauptsächlich Westeuropa. Wie würden sich die Länder Osteuropas, nachdem sie sich von den Fesseln des Warschauer Paktes befreit hatten, zu diesem neuen »institutionellen Westen« stellen? Und was konnte man mit der einzigen Institution des Kalten Krieges, der KSZE, anstellen, die es geschafft hatte, Ost und West zusammenzuführen? Diese Fragen zum »Neuen Europa« mussten noch beantwortet werden, als sich das Jahr 1990 dem Ende näherte.

Die Waisenkinder des sowjetischen Blocks suchten in rasantem Tempo eigene Wege unter den Schlagwörtern Demokratie, Marktwirtschaft und Europa. Im Dezember 1989 schaffte das polnische Parlament die Planwirtschaft ab und hob die »Führungsrolle« der kommunistischen Partei auf. Die Kommunalwahlen im Mai 1990 waren völlig frei, und Ende des Jahres wurde Lech Wałęsa von Solidarność der erste frei gewählte Präsident des Landes seit den Zwanzigerjahren. In Ungarn fanden die ersten freien Parlamentswahlen nach dem Krieg im März/April 1990 statt. Die daraus hervorgehende Koalitionsregierung war die erste seit dem Zweiten Weltkrieg ohne kommunistische Beteiligung. Auch die Tschechoslowakei hielt im Juni 1990 ihre ersten freien Wahlen nach 1945 ab und verlieh der Regierung Präsident Havels und seiner Agenda der raschen wirtschaftlichen Liberalisierung eine demokratische Legitimierung.[178]

Diese Agenda war jedoch leichter angekündigt als umgesetzt – und zwar nicht nur in Prag, sondern im ganzen ehemaligen Sowjetblock. Die Freigabe der Preise, Privatisierung staatlicher Unternehmen, Anpassungen der Löhne und die Konvertierbarkeit der Währung waren sehr kostspielige Unterfangen. Und alle diese Länder hofften, wenn auch auf unterschiedliche Weise, auf massive Finanzhilfe aus dem Westen, um ihre aufkeimenden Demokratien zu stützen.

Die Polen (38,5 Millionen Menschen) hatten Auslandsschulden in Höhe von 40 Milliarden Dollar – 27 Milliarden davon schuldeten sie westlichen Regierungen (mit der Bundesrepublik als größtem Geldgeber), den Rest Handelsbanken. Doch im Frühjahr 1990 ging man davon aus, dass Polen die anderen osteuropäischen Länder hinter sich gelassen hätte dank seiner energischen und radikalen Wirtschaftsreformen. Die Regierung war sogar bereit, wahrhaft bittere Medizin zu verabreichen. Arbeiter wurden entlassen, Unternehmen gingen Konkurs, Zuwendungen für die Industrie ebenso wie für die Verbraucher wurden gekürzt. Polen wurde deshalb von westlichen Geldgebern als »Sonderfall« eingestuft und bekam als erster ehemaliger sowjetischer Satellitenstaat Darlehen gewährt. Diese beliefen sich auf 2,5 Milliarden Dollar mit einer Laufzeit von 3 Jahren von der Weltbank sowie einen Sofortkredit in Höhe von 423 Millionen Dollar vom IWF. Darüber hinaus beschloss der Pariser Club,[179] die Tilgung von 9,4 Milliarden Dollar Schulden Polens zu ungewöhnlich milden Bedingungen neu anzusetzen. Warschau wollte noch mehr Großzügigkeit, etwa eine Abschreibung eines Teils der polnischen Staatsschulden, doch die US-Regierung – der Polen nur 80 Millionen schuldete – war erneut nicht bereit, mit gutem Beispiel voranzugehen.[180]

Ungarn hatte 20,7 Milliarden Dollar Auslandsschulden bei einer Bevölkerung von 10,5 Millionen Menschen – die höchste Pro-Kopf-Schuldenlast in Osteuropa –, doch der Direktor der ungarischen Zentralbank war gegen jede Umschuldung. Zum Teil lag das daran, dass das Land bei seiner Transformation zur freien Marktwirtschaft bereits recht weit gekommen war: Über 75 Prozent der Preise in Ungarn waren nicht mehr reguliert, eine Börse war gegründet worden, und die Privatisierung der staatlichen Industrie war voll im Gange. »Der ›Big Bang‹ in Polen führt sie lediglich dorthin, wo wir bereits sind«, sagte Peter Bod, Ungarns Industrieminister. »Wir können keine sehr kühnen oder theatralischen Erklärungen abgeben, weil wir uns bereits in der schwierigen Phase befinden, wo die Entscheidungen weniger politisch sind, sondern eher eine Frage der Lösung alltäglicher Probleme.« Abgesehen davon aber wollte die Regierung offensichtlich auch keine wagemutigen Entscheidungen treffen. Genaugenommen willigte Budapest erst auf Druck seitens des IWF ein, das ausufernde Haushaltsdefizit zu verringern, Preissteigerungen auf Zigaretten, Alkohol und Brennstoff zu verhängen.[181]

Im Herbst 1990 wurde der stetige Rückgang des Lebensstandards zu einem politischen Problem. Deshalb sagte Ministerpräsident József Antall bei einem Besuch in Washington am 18. Oktober zu Bush, Ungarn brauche »4 Milliarden Dollar, um unsere Wirtschaft zu stützen und zu leiten – wovon wir nur die Hälfte aufbringen können. Wir sind auf Hilfszahlungen und langfristige Darlehen angewiesen.« Von großer Bedeutung sei ferner »Auslandskapital, auch amerikanisches, das politische Signale Ihrer Unterstützung aussendet«. Antall wollte so schnell wie möglich ein Abkommen mit dem IWF. Denn »wenn wir scheitern, wird das ein Signal für die ganze Region sein. Das würde zum Verlust von Hoffnung führen und die negativen Faktoren im eigenen Land stärken.« Und das könnte schlimmstenfalls, in Anbetracht des »wachsenden Potenzials für Unruhen« alte »nationale Spannungen« in Mitteleuropa, wie jene zwischen Tschechen und Slowaken, wecken. Bush versprach, nach Möglichkeiten zu suchen, um zu helfen: »Ihr wirtschaftlicher Erfolg ist uns sehr wichtig. Wir wollen nicht, dass die Uhren zurückgedreht werden.« Doch er schob seine übliche Floskel nach: »Sie wissen, welchen Einschränkungen wir unterliegen.«[182]

Die Tschechoslowakei (mit einer Bevölkerung von 15,6 Millionen Menschen) hatte im Vergleich zu ihren Nachbarstaaten mit 6,1 Milliarden Dollar relativ niedrige Auslandsschulden und hatte bislang längst nicht so eindringlich um amerikanisches Geld gebeten.[183] Im Herbst bat Prag jedoch Washington um 3,5 Milliarden Dollar, um den Übergang zur Marktwirtschaft und zu einer konvertierbaren Währung in die Wege zu leiten: »Wir brauchen nur eine erste Spritze, damit wir ohne größeres Holpern voranschreiten können.« Wie Budapest spielte auch Prag die Schwierigkeiten der aktuellen Lage hoch, indem es »Verzögerungen bei den Öllieferungen aus der Sowjetunion« und »den Zusammenbruch der Märkte« in den RGW-Staaten hervorhob, mit denen das Land bislang weitgehend gehandelt hatte. »Was hier auf dem Spiel steht, betrifft nicht nur die Wirtschaft, sondern hat auch einen Sicherheitsaspekt«, sagte Havel zu Bush. »Das Schlimmste wäre, wenn die entstehenden Demokratien stranguliert würden. Wenn der Westen einen Beitrag leistete, indem er Finanzhilfe gewährt, wäre das der günstigere Weg, um die Sicherheit zu erhalten.«[184]

Die sowjetischen Waisenkinder hielten nicht nur beim Weißen Haus die Hand auf, sondern bemühten sich auch, als Gruppe zusammenzuarbeiten. Das hatte Baker schon am 7. Februar 1990 in einer wichtigen Rede an der Karls-Universität in Prag mit dem Titel »Von Revolution zu Demokratie« festgestellt. Er begrüßte damals »die ersten Zeichen der Koordination und Assoziierung unter den neuen demokratischen Staaten« und nannte ausdrücklich die jüngsten Gespräche zwischen Ungarn, Polen und der Tschechoslowakei über ein mögliches Freihandelsabkommen. Allgemeiner erklärte er: »Der Geist der Revolution muss von den Straßen in die Regierung einziehen.« Doch politische Reform und Demokratisierung, betonte er, reichten nicht aus, um »Revolutionen der Volksmacht« zu konsolidieren. Ohne Maßnahmen zur Förderung der »wirtschaftlichen Vitalität« würde Europas Stabilität untergraben werden: Das sei »eine der schmerzlichen Lektionen der Zwischenkriegsjahre«. Wie üblich hütete sich die US-Administration jedoch, irgendwelche finanzielle Zusagen zu machen, und sprach lieber über die zentrale Rolle des privaten amerikanischen Kapitals und multilateraler internationaler Gremien.[185]

Die Staaten Ostmitteleuropas wurden tatsächlich durch die Bereitstellung westlicher Mittel angespornt. Die G24-Staaten, hauptsächlich europäische, ließen den meisten Ländern des ehemaligen Sowjetblocks Lebensmittelhilfe und finanzielle Unterstützung zukommen, und zwar über die Europäische Kommission; die neue Europäische Bank für Wiederaufbau und Entwicklung mit Mitterrands oberstem Berater Jacques Attali an der Spitze hingegen gewährte ihnen Kredite.[186] Doch die Aussicht einer offiziellen Beteiligung an kontinentalen Institutionen war wichtiger. Mitterrands »europäische Konföderation« hatte die Einbindung Osteuropas in einen weiteren Kreis um die Gemeinschaft der Zwölf vorgeschlagen; Kohls Zehn-Punkte-Plan hingegen deutete sogar eine mögliche künftige Mitgliedschaft in der Gemeinschaft an. Aus Frankreichs großem Entwurf einer Konföderation wurde am Ende nichts,[187] weil die ehemaligen sowjetischen Satelliten sehr schnell nichts weniger als die volle EG-Mitgliedschaft wollten. Der Präzedenzfall war bereits im Februar 1990 geschaffen worden, als deutlich wurde, dass die DDR so rasch wie möglich Teil der EG würde.

Damals wurde Ostdeutschland freilich ganz entschieden als Sonderfall eingegrenzt. Und vor den ehemaligen Ostblockstaaten standen andere Länder bereits in der Schlange für die EG-Mitgliedschaft. Österreich und Schweden etwa waren voll entwickelte Marktwirtschaften und blühende Demokratien, deren direkter Eintritt keine ernsthaften Übergangsprobleme bereiten würde: Sie waren bereits Mitglieder der Europäischen Freihandelszone (EFTA). Postkommunistische Bewerber wie Polen, Ungarn und die Tschechoslowakei würden bei all ihrem Eifer, sich in die EG zu integrieren, selbst für ein Assoziierungsabkommen bis Dezember 1991 warten müssen. Aber all das war immer noch attraktiver, als auf eine amorphe »Konföderation« vertröstet zu werden.

Was die zweite große westliche Institution, die NATO, anging, fühlten sich die osteuropäischen Staaten von der Londoner Erklärung im Juli 1990 angespornt. Ungarn, das sich selbst als »Vorbild für die Region insgesamt« ansah, war auf die Atlantische Allianz ebenso erpicht wie auf die europäische Integration und ernannte als erster ehemaliger Staat des Sowjetblocks einen Botschafter bei der NATO.[188] Auch die Tschechoslowakei strebte danach, sich möglichst rasch unter den amerikanischen Sicherheitsschirm zu stellen, eine slawische Nation mit einer ausgesprochen westlichen Kultur, die nunmehr versuchte, sich im Zentrum Europas als Bindeglied zwischen Ost und West neu zu positionieren. Wie Havel Bush erklärte, betrachteten die Tschechen und Slowaken das Atlantische Bündnis »als Säule, die man für den Aufbau einer neuen europäischen Sicherheitsstruktur nutzen konnte«. In Prag dachte man an ein Assoziierungsabkommen mit der NATO, »vergleichbar mit dem, das wir derzeit mit der EG aushandeln«.[189]

Die Londoner Erklärung bot jedoch nicht die Mitgliedschaft im westlichen Bündnis an. Das konnte sie auch gar nicht, weil diese Länder noch Mitglieder des Warschauer Paktes waren und auf ihrem Boden noch Tausende von Rotarmisten stationiert waren: in Polen 48000,[190] in der Tschechoslowakei 75000[191] und über 20000 in Ungarn.[192] Folglich blieb die Tür zur NATO geschlossen – zumindest vorerst.

Die unmittelbaren Hoffnungen Osteuropas konzentrierten sich deshalb auf die KSZE. Auf einer Konferenz in Bonn im März/April 1990, die auf Anregung Bonns zustande gekommen war, wollte man eine Einigung in der Frage erzielen, wie der Übergang von der Plan- zur Marktwirtschaft erfolgen sollte. Die US-Delegation präsentierte eine Liste mit zehn Prinzipien, die »politischen Pluralismus und Marktwirtschaft« miteinander verknüpften und in der Schlusserklärung der Konferenz angenommen wurden. Ein Kommentator sprach gar von einer »Magna Charta des freien Unternehmertums«.[193] Auf die Bonner Konferenz folgte im Mai eine zweite in Kopenhagen, um über Menschenrechtsfragen im Zusammenhang mit der Orientierung der Ostblockstaaten hin zum Westen zu sprechen. US-Außenminister Baker hielt die Keynote. Indem er das Schlagwort des US-Präsidenten aufgriff, sagte er: »Wir sind der Verwirklichung der langgehegten Vision der KSZE eines freien und ganzen Europas näher als je zuvor.« Außerdem bekräftigte er die zentrale Bedeutung der Organisation als »das einzige Forum, wo sich unsere Nationen auf einem gemeinsamen Nenner begegnen können, um unseren politischen Willen so zu kanalisieren, dass wir den Herausforderungen für den ganzen Kontinent entgegentreten.« Er räumte zwar ein, dass es der KSZE an »militärischer oder politischer Macht« fehle, meinte jedoch: »Sie kann an Europas kollektive Sorgen und Interessen appellieren. Sie kann, wenn Sie so wollen, zum Gewissen des Kontinents werden.«[194]

Am 17. und 18. November 1990, unmittelbar vor dem KSZE-Gipfel in Paris, sprach Bush in Prag mit Havel. Für den amerikanischen Präsidenten war dies eine besonders wichtige Reise. Sein Besuch in Ostmitteleuropa Mitte 1989, der ihm die Augen geöffnet hatte, war auf Polen und Ungarn beschränkt gewesen. Genaugenommen war es der erste Besuch eines amtierenden amerikanischen Präsidenten in der Tschechoslowakei.

Der Besuch war eine intensive Kombination aus politischem Theater und persönlicher Diplomatie. Als am 17. November allmählich die Abenddämmerung anbrach, hielt Bush vor gut 100 000 Menschen eine Rede auf dem Wenzelsplatz. Er bekam stürmischen Beifall, als er ankündigte, dass er Prag einen historischen Brief zurückgebe, den Jan Masaryk, der Gründer der ersten Tschechoslowakischen Republik, 1919 an

Präsident Woodrow Wilson geschrieben hatte. Masaryk skizzierte darin die Unabhängigkeitserklärung und neue Verfassung seines Landes. Und so sei 1989, verkündete Bush der begeisterten Menge, »das Jahr gewesen, in dem die Freiheit wieder in der Tschechoslowakei Einzug gehalten hatte; 1990 wird das Jahr sein, in dem Ihre Unabhängigkeitserklärung in die goldene Stadt Prag zurückkehrt.«

Bei dieser Kundgebung vermischten sich Symbole aus verschiedenen Kulturen, Nationen und Zeitaltern. Um den Präsidenten zu schützen, hatten sich Agenten in orangefarbenen Westen auf den Dächern der Altstadt hinter Neonanzeigen postiert, die wahlweise für das original tschechische Budweiser-Bier und Lizensintorg Werbung machten, eine inzwischen aufgelöste, sowjetische Außenhandelsbehörde. Bush sprach auf einem Platz zwischen der Statue König Wenzels, dem böhmischen Schutzheiligen, und einem ebenso ikonischen modernen Denkmal, das die Stelle markierte, an der sich der Student Jan Palach Anfang 1969 selbst in Brand gesteckt hatte, aus Protest gegen die sowjetische Invasion im Jahr zuvor. Am Mahnmal erinnerten Blumen und Kerzen an Palach und die Studentendemonstration vom 17. November 1989, deren gewaltsame Unterdrückung durch die Polizei die Endphase der Samtenen Revolution ausgelöst hatte, die letztlich die kommunistische Führung stürzte.

Bush konnte den Puls der Geschichte fühlen und sprach voller Leidenschaft über die Zukunft der Tschechoslowakei. »Vor einem Jahr sah die Welt, wie Sie der totalitären Herrschaft entgegengetreten sind. Wir haben die friedlichen Menschenmengen von Tag zu Tag in ihrer Zahl und in ihrer Entschlossenheit wachsen sehen. Wir haben die wenigen Kerzen zu einer Flamme anschwellen sehen. Wir haben gesehen, wie dieser Platz zu einem Fanal der Hoffnung für eine ganze Nation wurde, als er eure neue Ära der Freiheit gebar.« Er versicherte der Menge: »Wir haben nicht vergessen. Die Welt wird niemals vergessen, was hier auf diesem Platz geschehen ist, wo die Geschichte der Freiheit geschrieben wurde.« Doch bei all seinen hochtrabenden Worten blieb seine Brieftasche fest verschlossen − er wiederholte lediglich ein früheres Versprechen, sich um Darlehen in Höhe von 5 Milliarden Dollar vom IWF zu bemühen.[195]

Bush traf sich auch drei Mal mit dem tschechoslowakischen Präsidenten. »Ich hatte Ehrfurcht vor Havel«, gestand er später. »Hier war ein

Mann, der vor nur einem Jahr noch im Gefängnis gesessen hatte. Er war geschlagen und auf die Knie gezwungen worden, hatte sich aber geweigert aufzugeben. Ich hielt ihn für einen sehr bescheidenen, fast schon schüchternen Menschen, absolut anspruchslos und offen.« Ebenso beeindruckt, wenn auch auf ganz andere Weise, war der US-Präsident von dem Schauplatz ihrer Gespräche, einem weiteren historischen Ort: dem Hradschin. Das königliche Schloss und inzwischen Präsidentenpalast auf einem Hügel war einst, wie Havel stolz verkündete, eines der wichtigsten Machtzentren auf der Welt.[196]

Havel machte Bush gegenüber keinen Hehl aus seinen Sorgen wegen der jüngsten Krise seines Landes und der Notwendigkeit, dass der Westen diesmal seinen luftigen Versprechen von Freiheit und Demokratie auch Taten folgen ließ.»Mit dem Zusammenbruch des Kommunismus in der Tschechoslowakei, in Polen, Ungarn und anderen Ländern stehen wir womöglich vor einem vorübergehenden Vakuum, weil alle alten Verbindungen aufhören zu existieren. Das könnte der Nährboden für Chaos und Instabilität sein. Unsere Demokratien entwickeln sich soeben erst. Dieses Vakuum zu füllen, ist nicht nur unser Problem; es ist auch eine Pflicht des Westens. Jahrelang trugen Sie zum Sieg der Freiheit bei. Deshalb ist es nicht im Interesse des Westens, dass eine neue Gefahr aufkommt.«

»Da sind wir uns einig«, sagte Bush, darum bemüht, ermunternd zu klingen. »Wir denken, die KSZE bietet eine gute Struktur, und durch Ihre Gesandtschaft in der NATO haben Sie dort bereits einen ersten Fuß in der Tür.«

»Von Anfang an«, fuhr Havel fort, »hat die Tschechoslowakei große Hoffnungen auf den KSZE-Prozess gesetzt, weil wir in der KSZE eine mögliche Linie für die Gestaltung der künftigen europäischen Ordnung und die Beseitigung des Vakuums sehen.« Tatsächlich wollten sie, so Havel, »die KSZE institutionalisieren. Wir hoffen, das ständige Sekretariat könnte seinen Sitz in Prag haben.«

Bush gab sich wohlwollend bezüglich des Sekretariats und emphatisch. »Wir wollen Polen, Ungarn oder die Tschechoslowakei nicht in einem europäischen Niemandsland lassen.«[197]

*

Und so war am 19. November alles für Paris vorbereitet. Die internationale Presse spekulierte, dass der Pariser KSZE-Sondergipfel des Jahres 1990 ein zweiter Wiener Kongress werden könnte, der 1815 die Napoleonische Ära beendet und fast ein halbes Jahrhundert Frieden in Europa eingeläutet hatte.[198]

Die Konferenz wurde unter glänzenden Kerzenleuchtern im Élysée-Palast eröffnet. Es war just der fünfte Jahrestag der ersten Begegnung Gorbatschows mit Reagan in Genf, von der eine bemerkenswerte Folge von Abrüstungsinitiativen ausgegangen war. Sie hatten die Entmilitarisierung des waffenstarrenden Herzens Europas eingeleitet. Gemäß dem 1987 in Washington unterzeichneten INF-Vertrag verschrotteten die beiden Supermächte ihre nuklearen Mittelstreckenraketen auf dem Kontinent. Jetzt rundete die KSZE-Konferenz zwei Jahre mühsamer Verhandlungen in Wien zwischen der NATO und dem Warschauer Pakt ab, festgehalten in einem Vertrag, der von nicht weniger als 22 Ländern unterzeichnet wurde. Das 160 Seiten umfassende KSE-Abkommen war das wohl ehrgeizigste Rüstungskontrollabkommen der Geschichte – denn die Signatarländer versprachen, zig Tausende Panzer, Haubitzen und andere nichtnukleare Waffen in weiten Teilen Europas vom Atlantik bis zum Ural zu zerstören. »Was für einen langen Weg hat die Welt zurückgelegt«, rief Gorbatschow begeistert aus. Bush lobte den Vertrag als ein Zeichen der »neuen Weltordnung, die gerade entsteht«.

Das Ergebnis der KSE war selbstverständlich keine völlige Abrüstung. Künftig sollte die Stärke des Atlantischen Bündnisses und des Warschauer Paktes begrenzt sein auf jeweils 20 000 Panzer, 20 000 Einheiten Artillerie, 30 000 gepanzerte Kampffahrzeuge, 6800 Kampfflugzeuge und 2000 Kampfhubschrauber – absolut ausreichend, um das Zentrum Europas in Schutt und Asche zu legen. Doch die Kürzungen waren sehr beträchtlich, vor allem für den Warschauer Pakt. Um die neue Parität zu erreichen, brauchte der Westen nur ein Zehntel der Kürzungen vorzunehmen, die notwendig waren, um den langjährigen Vorteil des Paktes bei der Zahl konventioneller Waffen in Europa zu beseitigen. Die Truppenstärke war von dem KSE-Vertrag nicht betroffen: Die Obergrenzen für jede Nation sollten später in Wien ausgehandelt werden, in einem neuen Vertrag, der bis zum nächsten KSZE-Gipfel im Jahr 1992 abgeschlossen sein sollte. Doch nach dem Gipfeltreffen zwischen Kohl und Gorbatschow im Kaukasus hatten sich die Vereinigten Staaten und Deutschland bereits auf Obergrenzen außerhalb des formalen Abkommens geeinigt: nicht mehr als 195 000 US-Soldaten in der »zentralen Zone« Europas und nicht mehr als 370 000 Mann in den Streitkräften des vereinigten Deutschlands. Doch die Zahlen, die immer wieder genannt wurden, standen nur auf dem Papier, weil höchstwahrscheinlich keine der beiden Supermächte die volle, ihnen zustehende Truppenstärke in der Region halten würde. In der neuen Ära schienen große Landheere bedeutungslos. In diesem Kontext war es deshalb nicht überraschend, dass die Führer der NATO und des Warschauer Paktes auch eine Deklaration unterzeichneten, in der sie ausdrücklich erklärten, dass sie »nicht länger Gegner wären und auf der Basis von Partnerschaft und gegenseitiger Freundschaft neue Beziehungen aufbauen würden«.[199]

Gestützt auf dieses Bekenntnis war die Hauptfunktion der Konferenz die Verabschiedung der »Charta von Paris für ein neues Europa«, die von 34 KSZE-Ländern unterzeichnet wurde (die beiden deutschen Staaten mittlerweile vereint). Die Charta verkündete: »Das Zeitalter der Konfrontation und der Teilung Europas ist zu Ende gegangen. Wir erklären, dass sich unsere Beziehungen künftig auf Achtung und Zusammenarbeit gründen werden. Europa befreit sich vom Erbe der Vergangenheit«, erklärten die Signatarmächte, und trete in »ein neues Zeitalter der Demokratie, des Friedens und der Einheit« ein.[200]

Die begleitende Rhetorik war ebenso ausgefallen. Kohl sprach vom Aufbau »eines Europas des Friedens« – ein Anklang an die Wendung Immanuel Kants, der schon im 18. Jahrhundert von einer europäischen Einheit geschwärmt hatte. Der Kanzler drängte seine Kollegen auch, den Blick zurück auf die Französische Revolution, die amerikanische Unabhängigkeitserklärung und die englische Magna Charta zu werfen. Die Alternative, so Kohl, liege auf der Hand. In den letzten beiden Jahrhunderten sei Europa und insbesondere sein Land zum Epizentrum weltweiter Katastrophen geworden. Sein französischer Gastgeber verkündete mit einem Blick in die Zukunft: »Über 40 Jahre lang hatten wir Stabilität ohne Freiheit. Künftig wollen wir Freiheit in Stabilität.«[201]

So sehr Kohl und Mitterrand sich auf die historischen europäischen Ideale beriefen, ihre Worte waren, man könnte sagen, ebenso asymme-

trisch wie die Truppenreduzierungen. Die Werte, die in Paris unterschrieben wurden, waren jene, die der Westen lange verfochten hatte:
demokratische Regierung, wirtschaftliche Freiheit, Menschenrechte
und andere »grundlegende Freiheiten«. Sie waren bereits 1975 von
allen KSZE-Mitgliedstaaten, zumindest dem Namen nach, gebilligt worden und wurden jetzt Stück für Stück in den ehemaligen sowjetischen
Satelliten Osteuropas eingeführt. Und auch Gorbatschow selbst fing
allem Anschein nach an, in der Sowjetunion die Grundsätze in die Praxis umzusetzen.

Tatsächlich war die Pariser Charta ein besonders auffälliges Beispiel
für Gorbatschows diplomatische Klimmzüge. Kein sowjetischer Spitzenpolitiker vor ihm hätte im Traum daran gedacht, eine derartige Billigung der pluralistischen Demokratie und des wirtschaftlichen Liberalismus zu unterschreiben, doch Gorbatschow präsentierte diesen Verrat
der marxistisch-leninistischen Prinzipien als *grand tournant* für die
Menschheit insgesamt, »ein Wendepunkt in der Geschichte unseres
Zeitalters … Wir treten in eine Welt neuer Dimensionen ein, in der allgemeine menschliche Werte für alle die gleiche Bedeutung bekommen.«
Der ganze Prozess, sagte er auf dem Pariser KSZE-Gipfel am 19. November, zeige eine neue Form der »internationalen Solidarität«, die auf der
Fähigkeit basiere, »sich auf halbem Weg entgegenzukommen … Unser
Land ist zwar immer noch eine Großmacht, doch es hat sich verändert
und wird nie wieder so sein wie zuvor. Wir haben uns der Welt geöffnet, und die Welt hat sich als Antwort darauf uns geöffnet.«[202]

So hochtrabend diese Worte klingen mögen, waren sie doch auch
vage. Eine wichtige Funktion der KSZE war es nunmehr, dafür zu sorgen, dass die UdSSR und die neuen postkommunistischen Demokratien
Osteuropas in den politischen und wirtschaftlichen Fortschritt des
Westens eingebunden wurden.[203] Am Ende war die Pariser Charta für
ein neues Europa jedoch – genau wie die ursprüngliche Schlussakte
von Helsinki 15 Jahre zuvor – nur ein Blatt Papier, das gemeinsame
Werte für Europas »Gewissen« bekräftigte, aber keine lebensfähige Institution für Europas Sicherheit gründete. Diese Form der weichen Politik befasste sich letztlich nicht mit den harten Realitäten des Kontinents
nach dem Kalten Krieg. Die Vereinigten Staaten hatten keine Zeit für die
hartnäckigen, aber wirkungslosen Bemühungen Gorbatschows und

Mitterrands, aus der KSZE eine Sicherheitsorganisation zu machen. Reale Sicherheit konnte, in Bushs Augen, nur von der Atlantischen Allianz garantiert werden. Seiner Meinung nach war die KSZE hauptsächlich als Trostpflaster für jene nützlich, die nicht dem inneren Kreis der NATO und der EG angehörten. Aber jene außerhalb fühlten sich in Wirklichkeit, um Havel zu zitieren, »in einem politischen und Sicherheitsvakuum«. Und das lag eben daran, dass die »Hauptsäulen des neuen Europas jene des alten Westeuropas« blieben.[204]

Deshalb ist es auch kein Wunder, dass das KSE-Abkommen und die Charta, auch wenn sie die Schlagzeilen beherrschten, nicht die Themen waren, die die Lenker der Großmächte in jenen glänzenden drei Tagen in der französischen Hauptstadt am meisten beschäftigten.

Für François Mitterrand war dies nicht der Frieden von Paris, den er sich erhofft hatte – ein Schlussstrich unter den Kalten Krieg, wie es einst Wien 1815 für die Ära Napoleons und Paris 1919 für das deutsche Kaiserreich gewesen war. Stattdessen war das heikle Thema der deutschen Vereinigung bereits gelöst worden – und zwar über den Zwei-plus-Vier-Prozess und über Kohls doppelte Diplomatie mit Bush und Gorbatschow, und nicht, wie Mitterrand es sich gewünscht hatte, über die KSZE. Wie Hubert Védrine später anmerkte, war dies nicht »das Ereignis des Jahrhunderts«, das Mitterrand vorgeschwebt hatte.[205]

Für Margaret Thatcher sah die Realität von Paris noch härter aus. Während ihrer Abwesenheit in London spitzte sich der seit langem schwelende Unmut in ihrem Kabinett zu. Mit ihrem beleidigten Nationalismus hatte sie Großbritannien bei den großen Themen der deutschen Vereinigung und der europäischen Integration, zur Verzweiflung vieler Kollegen, an den Rand der Geschehnisse bugsiert. Und nach mehr als einem Jahrzehnt an der Macht hatte die Eiserne Lady allem Anschein nach merklich etwas Rost angesetzt. Die Konservativen, die Tories, waren bereit für einen Wechsel. Noch während des Pariser Gipfels erhielt Thatcher die vernichtende Nachricht, dass sie bei einer Abstimmung zur Wiederwahl als Parteivorsitzende die Unterstützung von nur 55 Prozent der Tory-Abgeordneten im Parlament erhalten hatte. Schwer gekränkt kehrte sie in die Downing Street zurück. Zunächst fest entschlossen weiterzukämpfen, wurde sie dann jedoch überredet,

auf eine zweite Kandidatur zu verzichten. Am 28. November ging die
Ära Thatcher zu Ende.[206]

Diese Nachricht löste Erstaunen aus, selbst in Moskau. Der sowjetische Botschafter in London übergab eine persönliche Note an »Margaret« von Gorbatschow, in der er seine »Bestürzung« über die Wende
der Ereignisse zum Ausdruck brachte. Offenbar hatte der sowjetische
Staatspräsident seinen Außenminister eigens aus einem Treffen der
Führungsebene im Kreml geschickt, um in der Londoner Botschaft
anzurufen und sich zu erkundigen, wie das überhaupt möglich sei. Der
Botschafter meinte, es sei schwer zu erklären. Tatsächlich erscheine es
jedoch als eine Ironie der Geschichte. »Vor fünf Jahren gab es Parteiput-
sche in der Sowjetunion und Wahlen in Großbritannien. Jetzt schien es
genau umgekehrt zu sein.«[207]

Während des Pariser Gipfeltreffens war auch Gorbatschow ganz mit
den Problemen im eigenen Land beschäftigt – es ging um nichts weniger als den Zusammenhalt der UdSSR als Einheitsstaat. Die baltischen
Republiken waren, nachdem sie alle ihre Absicht erklärt hatten, die
Unabhängigkeit zurückzuerlangen, von der französischen Regierung
zur Teilnahme am Gipfel eingeladen worden. Sie sollten dort Beobach-
ter-Status haben, doch Gorbatschow und Schewardnadse verhinderten
in aller Öffentlichkeit ihren Einlass in den Konferenzsaal. Die Anwesenheit aller drei baltischer Außenminister[208] in Paris war für eine sowjetische Führung überaus peinlich, bekräftigte sie doch ausgerechnet in
diesem Moment die großen Werte der Demokratie und Selbstbestimmung. In dem Bestreben, von dem moralischen Argument abzulenken,
warnte Gorbatschow, dass »militanter Nationalismus und sinnloser
Separatismus ohne weiteres zu Konflikt und Feindschaft, zu einer Balkanisierung und sogar, was noch schlimmer wäre, einer Libanonisie-
rung verschiedener Regionen« führen könnten. Er beschwor die Gefahr
des Separatismus und ethnischen Konflikts herauf und merkte an:
»Beide könnten die europäische Kooperation bremsen und dem europäischen Prozess widersprechen.«[209]

George H. W. Bush seinerseits verbrachte, auch wenn er sich vermeintlich auf Europa konzentrierte, die meiste Zeit auf dem KSZE-Gipfel mit einem noch größeren Problem von Krieg und Frieden. Das Problem lag weit jenseits des Kontinents selbst und warf zugleich ernste

Fragen auf, was denn die Ära der Wendezeit für die ganze Welt bedeutete. Als Bush und Gorbatschow sich am 19. November zu ihrem einzigen substanziellen Vieraugengespräch in Paris trafen, erwähnten sie Europa kaum. Stattdessen konzentrierte sich der US-Präsident auf den Nahen Osten, wo drei Monate zuvor der irakische Präsident Saddam Hussein Kuwait annektiert hatte. »Er ist der zweite Hitler«, sagte Bush zu Gorbatschow. »Aus diesem Grund bitte ich Sie, mir zu helfen.« Es war im Zuge der militärischen Operationen »Desert Shield« und »Desert Storm«, dass die neue Post-Nachkriegsbeziehung zwischen den Vereinigten Staaten und der Sowjetunion wirklich auf die Probe gestellt würde.[210]

KAPITEL 6

»EINE NEUE WELTORDNUNG«

29. Januar 1991. »Kongressmitglieder der Vereinigten Staaten ...« Als Bush sich an diesem Wintertag an die Abgeordneten wandte, war sein Ton nüchtern und gemäßigt – im Gegensatz zu seiner triumphierenden Rede zur Lage der Nation im Jahr zuvor. Damals hatte er vom Zusammenbruch des Kommunismus und dem Anbruch einer neuen Zeit gesprochen. Nun jedoch war er der erste Präsident seit Vietnam, der die State-of-the-Union-Ansprache für die Amerikaner hielt, während sich das Land im Krieg befand.[1]

Die Lufthoheit der Vereinigten Staaten: Amerikanische Kampfjets über brennenden Ölfeldern in Kuwait

»Dies ist eine entscheidende Stunde. Auf der anderen Seite der Erde führen wir in der Luft, zur See und in der Wüste einen großen Kampf ...

Dabei geht es nicht nur um ein kleines Land; es geht um eine große Idee: eine neue Weltordnung, in der sich verschiedene Nationen verbunden fühlen durch das gemeinsame Anliegen, die Sehnsucht der ganzen Menschheit nach Frieden und Sicherheit, Freiheit und Rechtsstaatlichkeit zu erfüllen.«

Am 2. August 1990 waren Saddam Husseins Streitkräfte in dem kleinen Emirat Kuwait einmarschiert und hatten innerhalb von 48 Stunden das ölreiche Scheichtum brutal unter ihre Kontrolle gebracht. Die Grenzstreitigkeiten und politischen Rivalitäten zwischen den Nachbarländern hatten eine lange und leidvolle Geschichte, doch für Bush war die irakische Invasion in Kuwait ein krasser und simpler Fall »gesetzeswidriger Aggression«. »Saddam Husseins grundlose Invasion«, mahnte er den Kongress in seiner Rede, »seine brutale, systematische Vergewaltigung eines friedlichen Nachbarn, verstößt gegen alles, was der Völkergemeinschaft wichtig ist. Die Welt hat gesagt, dass er mit seiner Aggression nicht durchkommen wird, und er wird nicht durchkommen. Zusammen haben wir der Falle von Appeasement, Zynismus und Isolation widerstanden, die Tyrannen zum Handeln verführen.«

Mit dieser Argumentation hatte Bush in den vorangegangenen Monaten nicht nur die amerikanischen Kapazitäten – zivile wie militärische – mobilisiert, sondern auch eine auf die Vereinten Nationen gestützte internationale Koalition aufgebaut. Es war wirklich ein bemerkenswertes Bündnis: 28 Länder aus sechs Kontinenten, darunter traditionelle Verbündete der USA wie Großbritannien und Australien, aber auch schwierigere Partner wie Frankreich und sogar arabische Staaten wie Ägypten, Syrien und Saudi-Arabien.

Was jedoch am meisten verblüffte, war die Zusammenarbeit zwischen den Vereinigten Staaten und der Sowjetunion, obwohl Saddam Hussein ein alter Moskauer Verbündeter war. Die Kooperation beruhte auf dem inzwischen freundschaftlichen persönlichen Verhältnis zwischen Bush und Gorbatschow und auf den gemeinsamen »universellen Werten«, zu denen sie sich seit dem Gipfel von Malta im Dezember 1989 beide bekannten. Bush lobte diese neue Eintracht in seiner Rede vor dem Kongress in den höchsten Tönen: »Unsere Beziehung zur Sowjetunion ist wichtig, nicht nur für uns, sondern für die Welt ... Wenn möglich, möchte ich damit fortfahren, eine dauerhafte Grundlage für eine amerikanisch-sowjetische Zusammenarbeit zu schaffen – für eine friedlichere Zukunft der ganzen Menschheit.«

»Wenn möglich …« Hinter der großen Klarheit jenes Abends auf dem Capitol Hill verbarg sich in Wahrheit ein kompliziertes Bild: Moskaus gewaltsames Eingreifen in Litauen warf einen Schatten auf die strahlende Rhetorik von Freiheit und Unabhängigkeit. Bush hatte Probleme, sein prinzipielles Eintreten für demokratische Werte in der UdSSR mit der praktischen Notwendigkeit einer Zusammenarbeit mit Gorbatschow in dem Konflikt am Golf und beim Aufbau einer neuen Weltordnung in Einklang zu bringen.[2]

Und es gab noch weitere Spannungen hinter dem scheinbar so harmonischen Bild des Abends. Die amerikanische Öffentlichkeit hatte offensichtlich Angst vor einem Krieg, weil sie große Verluste fürchtete. War die Nation bereit, für die neue Ordnung nach dem Kalten Krieg »jede Last zu tragen«[3], wie es John F. Kennedy formuliert hatte? Bush gab seine eigene Antwort: »Jeder Preis an Menschenleben – jeder Preis – übersteigt unsere Vorstellungskraft. Wenn wir jedoch die Augen verschlössen, würde der Preis die Vorstellungskraft der Menschheit übersteigen.« Um diese Aussage zu untermauern, berief er sich auf die Lehren der Geschichte. »Als Amerikaner wissen wir, dass es Zeiten gibt, in denen wir vortreten und uns der Aufgabe stellen müssen, die Welt herauszuführen aus dem finsteren Chaos der Diktatoren hin zu einem leuchtenden Versprechen besserer Zeiten. Vor fast 50 Jahren haben wir einen langen Kampf gegen den Totalitarismus begonnen. Heute stehen wir vor einer weiteren entscheidenden Stunde für Amerika und für die Welt.«[4]

Nicht alle teilten die Ansicht, dass Kuwait die entscheidende Herausforderung sei. »So gefährlich der Konflikt am Golf auch ist, die übrigen Staatsgeschäfte werden nicht warten«, erklärte der demokratische Mehrheitsführer im Senat George Mitchell. »Der Präsident sagt, er strebe eine neue Weltordnung an. Wir bitten ihn, mit uns zusammen unser eigenes Haus in Ordnung zu bringen. Wir haben eine Krise im Ausland, aber wir haben auch eine Krise im eigenen Land.« Mitchell bezog sich darauf, dass die Vereinigten Staaten gerade erst in eine Rezession gerutscht waren – für die Mehrheit der Amerikaner von weitaus größerer Bedeutung als entfernte Konflikte im Wüstensand

oder im Baltikum. Bushs schlichte Versicherung, »dass wir diese Rezession hinter uns lassen und zum Wachstum zurückkehren, und zwar
bald«, konnte die Meinungsverschiedenheiten über Steuererhöhungen
und das Haushaltsdefizit zwischen dem Weißen Haus und dem Kongress nicht übertünchen. Die Macht, im Ausland zu führen, hing von
der Mobilisierung der politischen Zustimmung im eigenen Land ab.

Wie viele amerikanische Präsidenten stellte Bush die Außenpolitik
deshalb als eine moralische Angelegenheit dar. »Ja, die Vereinigten
Staaten haben einen wichtigen Teil der Führung bei diesem Unternehmen. Von allen Nationen der Welt haben nur die Vereinigten Staaten
von Amerika sowohl das moralische Ansehen als auch die Mittel, es zu
unterstützen. Wir sind die einzige Nation auf der Erde, die die Frie-
densstreitkräfte sammeln konnte. Das ist die Bürde der Führung und
zugleich die Stärke, die Amerika in einer suchenden Welt zum Leucht-
feuer der Freiheit macht.«[5] Für Bush war die Kooperation der Sowjetunion eine notwendige, aber keine hinreichende Bedingung für sein
Projekt. Letztlich würde die neue Weltordnung von nachhaltiger amerikanischer Macht und entschiedener präsidentieller Führung abhängen.[6]

*

Wie war der Friedenspräsident zum Kriegspräsidenten geworden,
einem Staatschef, der im Nahen Osten an der alten Peripherie des Kalten
Krieges einen heißen Krieg zur Sicherung einer friedlicheren neuen
Weltordnung führte? Am Mittwoch, dem 1. August 1990, um 20.20 Uhr
hatte er eine schicksalsschwere Nachricht erhalten. Er befand sich
gerade im Basement des Weißen Hauses zur Behandlung von akuten
Schulterproblemen, die vom Nachmittag stammten, als er »einen ganzen Eimer voll Golfbälle« geschlagen hatte – nicht gerade ein harter
Arbeitstag im Amt. Dann jedoch kam mit ernstem Gesicht Scowcroft
herein und sagte: »Herr Präsident, es sieht sehr schlecht aus. Der Irak
ist vermutlich dabei, in Kuwait einzumarschieren.« Richard Haass, Nah-
ostexperte im NSC, lieferte detaillierte Informationen zur Lage und
schlug vor, einen warnenden Anruf bei Saddam Hussein zu machen.
Diese Idee zerschlug sich allerdings, als die Meldung eintraf, dass die
irakischen Truppen schon in Kuwait City standen.[7]

Binnen zwei Tagen war der Emir von Kuwait mit seiner Familie geflohen, und das ganze Land war von etwa 140 000 irakischen Soldaten mit etwa 1800 Panzern besetzt. Saddam wollte nichts weniger, als Kuwait von der Landkarte zu tilgen und es unter der Bezeichnung »Gouvernement 19« zur neuesten und zweifellos reichsten Provinz seines Staates zu machen, die laut seiner Propaganda für alle Ewigkeit zum Irak gehören sollte.[8] In kaum mehr als 24 Stunden hatte der irakische Diktator nicht nur die Grenzen neu gezogen, sondern auch die Golfregion in eine Krise gestürzt, die die ganze Welt in Schrecken versetzte. Nach der Annexion Kuwaits kontrollierte er ein Fünftel der bekannten Ölreserven der Welt. Zudem war er nun weniger als 400 Kilometer von den wichtigsten Ölfeldern Saudi-Arabiens entfernt, das über ein weiteres Fünftel der Weltölreserven verfügte, und niemand konnte voraussagen, wo er haltmachen würde. Die Ölpreise schossen in die Höhe, die Kurse an den meisten Börsen der Welt dagegen stürzten steil ab.[9]

Bis dahin war es ein guter Sommer gewesen. Bush war »überzeugt, dass wir, was das Gesamtbild betrifft, auf dem richtigen Weg sind«.[10] Er hatte mehrere Ziele erreicht, die ihm wirklich wichtig waren: Deutschland war, bei weiterer Vollmitgliedschaft in der NATO, auf dem besten Weg zu einer schnellen Wiedervereinigung; Gorbatschow hatte sich, insbesondere, nachdem ihn der Parteitag der KPdSU im Amt des Generalsekretärs bestätigt hatte, zu einem bedeutenden Partner entwickelt; die früheren Satellitenstaaten der Sowjetunion bewegten sich stetig auf ein demokratisches und kapitalistisches System zu; und auf dem NATO-Gipfel, der kurz zuvor stattgefunden hatte, war die Führungsrolle der USA in einem Europa der Zeit nach dem Mauerfall bestätigt worden. »Es ist eine spannende und sehr aufregende Zeit, um Präsident der Vereinigten Staaten zu sein«, hatte Bush am 17. Juli in einer Gesprächsrunde mit Vertretern der *Magazine Publishers Association* gesagt. »Ist es nicht aufregend, wenn man bedenkt, wie weit wir in den letzten eineinhalb Jahren gekommen sind?«[11]

Auch zu Hause lief es für ihn gar nicht so schlecht. In den Meinungsumfragen lag er stabil bei etwa 60 Prozent Zustimmung. Bush schrieb in sein Tagebuch: »Wenn ich im Land herumfahre, wird mir warm ums Herz.«[12] Was ihm freilich zu schaffen machte, waren die immer noch virulenten Nachwirkungen der Tatsache, dass er am 26. Juni 1989 Steuererhöhungen zur Bekämpfung des Haushaltsdefizits zugestimmt hatte, eine Nachricht, die wie eine Bombe eingeschlagen hatte. Die darauffolgenden Verhandlungen zwischen dem Weißen Haus und dem Kongress gerieten schnell in eine Sackgasse. Vielen Projekten auf Bundesebene drohten Kürzungen, auch den Verteidigungsausgaben, die Bush unbedingt auf dem bestehenden Niveau halten wollte, nachdem es ihm gelungen war, gegen die Isolationisten eine weitere Stationierung amerikanischer Truppen in Deutschland, in Europa und anderswo durchzusetzen.

Auch am 1. August war der Präsident noch besorgt wegen des Budgetstreits. »Ich hatte an diesem Abend andere Dinge im Kopf als den Irak«, räumte er ein. »Wir waren mitten in einer Rezession und einer hässlichen, von Parteienstreit geprägten Haushaltsdebatte.«[13] Und diese Aufgabe, einen Kompromiss auszuhandeln, sollte ihn bis in den Herbst hinein von der Außenpolitik ablenken.

Saddam Husseins gewaltsame Annexion überraschte Bush nicht wirklich. Schon im Jahr zuvor hatte der Diktator einen immer aggressiveren Ton angeschlagen, der auf einer unberechenbaren Mischung aus Stärke und Schwäche beruhte: Stärke wegen seines Sieges in dem brutalen Krieg gegen den Iran, der von 1980 bis 1988 getobt hatte und aus dem der Irak als die führende Militärmacht der Region hervorgegangen war, und Schwäche wegen ruinöser Auslandsschulden und wachsender innenpolitischer Instabilität im Gefolge des Konfliktes. Nach der Niederlage des Irans suchte Saddam nun nach anderen Gegnern. Er drohte zunächst, Israel mit chemischen Waffen zu vernichten, nahm dann jedoch zunehmend Kuwait ins Visier, dem er vorwarf, es versuche den Irak zu destabilisieren, indem es in einem umstrittenen Grenzgebiet illegal irakische Ölfelder anzapfe und die internationalen Märkte mit billigem Öl überflute. Als der Emir von Kuwait auf die Vorwürfe und Einschüchterungsversuche nicht wunschgemäß reagierte, hatte Saddam seinen überaus reichen, aber militärisch ohnmächtigen kleinen Nachbarn kurzerhand überwältigt.[14]

Noch stärker zu seinem Vorgehen angetrieben aber hatte ihn wohl sein Amerikabild. Er beäugte Bushs Engagement in der Region argwöhnisch, und sein Misstrauen verstärkte sich noch durch den Niedergang der Sowjetunion, der Washington seiner Ansicht nach zur globalen

Hegemonialmacht machte, welche den Nahen Osten jetzt nach Belieben dominieren konnte. Saddam Hussein unterstellte den USA nicht nur, dass sie Israel zu Militäraktionen gegen den Irak ermunterten und mit der irakischen Opposition konspirierten, um ihn zu stürzen, sondern auch, dass sie die treibende Kraft hinter einer kuwaitischen Politik waren, die er als eine Politik der ökonomischen Strangulierung bezeichnete. »Imperialistische und zionistische Kreise« seien darauf aus, den Irak zu zerstören, behauptete er. Im Juli 1990, am 22. Jahrestag der Machtergreifung seiner Baath-Partei im Jahr 1968, warnte er die reichen arabischen Nachbarn, wobei Kuwait ganz oben auf seiner Liste stand: Die Iraker »werden den Grundsatz nicht vergessen, dass es besser ist, Köpfe abzuschneiden, als den eigenen Lebensunterhalt. Oh Allmächtiger Gott, du bist Zeuge, dass wir sie gewarnt haben.«[15]

Einem politischen Führer mit einer derart kriegerischen Mentalität muss ein Blitzangriff gegen Kuwait als schnelle Lösung für die wirtschaftlichen Probleme seines Landes und als wirksames Mittel gegen die angebliche amerikanisch geführte Verschwörung gegen sein Regime erschienen sein. Außerdem warnte er am 25. Juli die amerikanische Botschafterin April Glaspie: »Ihre Gesellschaft kann nicht akzeptieren, wenn es in einer einzigen Schlacht 10 000 Tote gibt«, eine Anspielung auf das Vietnamsyndrom und die implizite Voraussage, dass Bushs Amerika zu weich wäre, um in den Krieg zu ziehen. Gleichzeitig jedoch versprach Saddam in dem Gespräch mit der Botschafterin, er werde nicht losschlagen, solange die Verhandlungen andauerten. »Wir wollen keinen Krieg, weil wir wissen, was ein Krieg bedeutet«, sagte er. Die politischen Entscheidungsträger in den USA wurden in Sicherheit gewiegt. Als eine Woche darauf das böse Erwachen kam, war laut Haass »Improvisation das Gebot der Stunde. Es gab kein Drehbuch und keinen Katastrophenplan für den Umgang mit diesem oder einem ähnlichen Szenario.«[16]

Improvisation oder nicht, Bush hatte jedenfalls sofort das Gefühl, dass Saddam Husseins militärisches Vabanquespiel einen entscheidenden Moment seiner Präsidentschaft darstellte. In der Tat entwickelte es sich zu einer fundamentalen Herausforderung, was den amerikanischen Anspruch als führende Weltmacht und Bushs eigene Ziele in der internationalen Politik betraf.[17] Der Präsident hoffte zwar auf eine neue Ära

des Friedens, jetzt, wo die Spannungen zwischen Ost und West abebb-
ten, fürchtete jedoch die Entstehung neuer Konflikte an einer neuen
Front: zwischen Norden und Süden. Die zunehmende Volatilität der
Weltpolitik konnte leicht in die Anarchie führen; und wenn sich die
USA mit der Aggression Saddam Husseins abfanden, würden sich weitere Despoten vielleicht ermutig fühlen. Scowcroft brachte es auf den
Punkt: Bei amerikanischer Untätigkeit würde »ein schrecklicher Präzedenzfall« geschaffen, »der die gewaltsamen zentrifugalen Tendenzen in
der gerade entstehenden Ära nach dem Kalten Krieg nur verstärken
konnte«.[18] Die Reaktion des Weißen Hauses an diesem kritischen Schei-
deweg hatte also einen prägenden Einfluss auf die Zukunft.

In der Regierung war man sich einig, dass Passivität ein Abgleiten
ins Chaos bedeuten, entschiedenes Handeln jedoch zur Entstehung
einer wirklich neuen Weltordnung führen konnte. Unter diesem
Gesichtspunkt war die Golfkrise auch als Chance zu sehen. Aus einem
streng amerikanischen Blickwinkel bot sie die Möglichkeit, die Zukunft
im Nahen Osten zu gestalten und den amerikanischen Zugang zum Öl
der Region zu sichern. In einer weiter gefassten Perspektive konnten
die USA durch ein erfolgreiches Management des Konflikts ihre Führung in der Welt nach dem Kalten Kriegs geltend machen, als Katalysator für die internationale Zusammenarbeit gegen eine militärische
Aggression fungieren und die Grundlagen für ein neues globales System legen, das stabiler war als das zuvor und von gemeinsamen Werten
und Gesetzen getragen wurde.[19]

Aus all diesen Gründen reagierte Bush sofort, entschieden und öffentlich. Obwohl er, wie er sagte, »bereit war, die Krise, wenn notwendig,
allein zu bewältigen«, telefonierte er noch am selben Abend, bevor er
zu Bett ging, mit dem amerikanischen UN-Botschafter Tom Pickering.
»Ich wollte«, sollte er später schreiben, »dass die Vereinten Nationen
gleich an unserer ersten Reaktion beteiligt waren, durch eine starke
Verurteilung des irakischen Angriffs auf ein anderes Mitgliedsland.«
Seiner Ansicht nach war »ein entschiedenes Handeln der UNO wichtig,
um den internationalen Widerstand gegen die Invasion zu mobilisieren
und sie rückgängig zu machen«. Er instruierte Pickering, auf eine
sofortige Sondersitzung des Weltsicherheitsrats zu drängen. Dies war
der erste Test für den Rat nach dem Kalten Krieg – dessen war sich der

Präsident bewusst. Wie schon Truman in den Fünfzigerjahren, als die Nordkoreaner in Südkorea einmarschiert waren, hatte nun auch Bush vor Augen, »was in den Dreißigerjahren passiert war, als ein schwacher und führungsloser Völkerbund es versäumt hatte, der japanischen, italienischen und deutschen Aggression entschieden entgegenzutreten«. Im Gegensatz zu Truman hoffte Bush auf die Möglichkeit, dass die UdSSR und China »mit uns kooperieren, wenn wir ein internationales Bündnis gegen den Irak schmieden« – immerhin wurden die Beziehungen zu Moskau immer besser und jene zu Peking waren durchaus befriedigend.[20]

Für Bush waren die Sowjets der Schlüssel, »in erster Linie wegen ihres Vetorechts im Weltsicherheitsrat, aber auch weil sie die Isolation des Iraks komplettieren könnten«. Freilich stand dieses Anliegen im Widerspruch zu tief verwurzelten sowjetischen Interessen, da Moskau schon lange der wichtigste militärische Unterstützer des Regimes in Bagdad war. »Dank meiner gefestigten Beziehung zu Gorbatschow und jener Jims zu Schewardnadse war mit gutem Willen zu rechnen«, reflektierte Bush später, »aber wie weit sie mit uns gehen wollten (oder konnten), war noch nicht absehbar«.[21] In den folgenden 24 Stunden machten der Präsident und sein Außenminister (Bush in Washington und Baker in der Sowjetunion) die entscheidenden Schachzüge, indem jeder von ihnen eine öffentliche Erklärung verfasste, die für die folgenden Monate bestimmend sein sollte.

Bush bekam nur ein paar Stunden Schlaf, seine Berater noch weniger oder gar keinen. Kurz vor 5 Uhr morgens brachte Scowcroft »sichtbar erschöpft« das neuste Update ins Schlafzimmer des Präsidenten. Anschließend kommandierte Bush einen amerikanischen Flottenverband im Indischen Ozean in den Persischen Golf ab. Er unterzeichnete außerdem einen Präsidentenerlass, die insgesamt 30 Milliarden Dollar an kuwaitischen und irakischen Guthaben in den USA einfror – in erster Linie, um zu verhindern, dass Saddam sich das Vermögen des Emirats unter den Nagel riss – und er verhängte ein Handelsembargo gegen das Regime, von dem nur Informationsmaterial und humanitäre Versorgungsgüter ausgenommen waren.[22]

Dann kamen gute Nachrichten aus New York. Am 2. August hatte der 15-köpfige Weltsicherheitsrat bereits um sechs Uhr morgens mit 14 zu 0

für die Resolution 660 gestimmt, die die irakische Aggression verurteilte und einen sofortigen, bedingungslosen Rückzug aus Kuwait und
eine Verhandlungslösung für den Konflikt forderte. Nur der Jemen
hatte sich der Stimme enthalten. Bush war erfreut. Hier war ein erstes
Zeichen, dass sowohl die Sowjets als auch die Chinesen geneigt waren,
die amerikanische Politik zu unterstützen. Für den Präsidenten war
dies »Schritt eins beim Aufbau von Widerstand«.[23] Er rief um 7.30 Uhr,
während des täglichen Briefings durch die CIA, James Baker an, der
gerade 1600 Kilometer entfernt in der mongolischen Hauptstadt Ulan
Bator weilte, nachdem er zuvor in Irkutsk mit Schewardnadse Rüstungskontrollverhandlungen geführt hatte. Bei diesen Gesprächen hatte
Baker seinen Kollegen gebeten, die sowjetischen Waffenlieferungen an
den verbündeten Irak einzustellen, und Schewardnadse war nach Moskau geflogen, um sich mit Gorbatschow zu beraten. Nach dem Telefonat
mit Bush änderte Baker nun seinen eigenen Reiseplan und steuerte
ebenfalls Moskau an, wo nach hastig arrangierten Gesprächen eine
gemeinsame amerikanisch-sowjetische Stellungnahme abgegeben werden sollte.[24]

Derweil trat der Präsident in Washington um 8.05 Uhr im Cabinet
Room des Weißen Hauses vor die Medien und gab eine Erklärung ab.
Er war entschieden, aber besonnen und verurteilte die Invasion aufs
Schärfste, indem er erklärte:»Diese Art von nackter Aggression hat
keinen Platz in der Welt von heute.« Dann beschwor er die internationale Gemeinschaft, »gemeinsam dafür zu sorgen, dass die irakischen
Streitkräfte Kuwait sofort verlassen«. Er wollte jedoch nicht »in seiner
ersten öffentlichen Erklärung mit dem Einsatz amerikanischer Militärmacht drohen«. Deshalb sagte er:»Wir reden hier nicht über eine Intervention ... Ich ziehe eine solche Aktion nicht in Erwägung«. Allerdings
schob er nach:»Ich würde über militärische Optionen auch dann nicht
reden, wenn wir uns auf sie geeinigt hätten.« Tatsächlich hatte er, wie
er später einräumte, am 2. August noch »keine Ahnung, was für Optionen wir hatten«. Vorerst wollte er sich lediglich möglichst unvorein-
genommen über alle Fakten informieren. So beendete er die Frage-Ant-
wort-Runde mit dem Statement:»Ich bin sicher, dass es eine Menge
fieberhafter diplomatischer Aktivitäten geben wird. An einigen davon
will ich selbst teilnehmen, weil es in dieser Zeit wichtig ist, dass wir mit

unseren vielen Freunden rund um den Erdball in Verbindung bleiben und mit ihnen zusammenarbeiten.«[25]

Von den »vielen Freunden« war Gorbatschow derjenige, auf den es wirklich ankam. Angesichts seiner scharf und öffentlich formulierten Ablehnung militärischer Lösungen internationaler Konflikte, aber auch in Anbetracht der traditionell engen Verbindungen zwischen Moskau und Bagdad, wussten selbst seine engsten Berater nicht, wie ihr Chef reagieren würde. Immerhin schloss die amerikanische Position, trotz Bushs öffentlicher Zurückhaltung, ein künftiges militärisches Eingreifen nicht aus. Und doch wäre es schwierig für Gorbatschow angesichts seiner innenpolitischen Probleme, seines verzweifelten Bedarfs an westlicher Technologie und Hilfe und der Notwendigkeit, die Handelsbeziehungen mit dem Westen zu stärken, den Amerikanern eine Abfuhr zu erteilen. Hinzu kam, dass er seit seiner UNO-Rede im Jahr 1988 auf Gipfeltreffen immer wieder sein Bekenntnis zu den allgemeinen demokratischen Werten beteuert hatte.[26]

So trafen sich Baker und Schewardnadse am 3. August um 19.30 Uhr im VIP-Bereich des Moskauer Flughafens Wnukowo II erneut, während die Vertreter des internationalen Pressecorps gespannt warteten. Würden die beiden Außenminister sich zu einem gemeinsamen Kommuniqué durchringen? Oder würden sie nur eine Mogelpackung liefern? Baker gab eine Erklärung ab: »Ich bin hierhergekommen, um zu zeigen, dass wir angesichts der Herausforderungen, die sich der internationalen Sicherheit gegenwärtig stellen, als Partner agieren können und wollen.« Dieses gemeinsame Handeln werde »der Welt und den Irakern signalisieren, dass es diese amerikanisch-sowjetische Partnerschaft wirklich gibt … dass wir zusammen in eine neue Ära eingetreten sind« und »bereit sind, im Fall einer Krise schnell und positiv und sinnvoll zu handeln«. Schewardnadse stimmte ihm zu: Sowohl er als auch Gorbatschow seien der Ansicht, dass eine gemeinsame Erklärung »richtig und korrekt« sei. Neunzig Minuten saßen Baker und Schewardnadse nebeneinander auf einem Sofa in der VIP-Lounge, mit ihren Dolmetschern, und gaben der Deklaration, die die Berater beider Seiten im Laufe des Tages vorbereitet hatten, den letzten Schliff.[27]

Gegen 21 Uhr lasen die zwei Außenminister den Journalisten, jeder in seiner Sprache, den Text vor. Sie beschuldigten Saddam Hussein der

»eklatanten Verletzung grundlegender Normen zivilisierten Verhaltens« durch seine »brutale und illegale Invasion in Kuwait«. Sie unterstrichen, dass »Regierungen, die eine brutale Aggression begehen, wissen müssen, dass die internationale Gemeinschaft diese weder dulden noch begünstigen wird.« Und sie verkündeten: »Heute unternehmen wir den ungewöhnlichen Schritt, die internationale Gemeinschaft gemeinsam dazu aufzurufen, mit uns zusammen sämtliche Waffenlieferungen an den Irak zu unterbinden.« Danach gaben beide noch einige spontane Kommentare ab. Für Baker war diese gemeinsame Erklärung, verlesen in der schäbigen, überfüllten Flughafenlounge, ein wahrhaft historischer Augenblick. In seinen fünf Jahre später publizierten Memoiren sah er darin nichts Geringeres als das Ende des Kalten Krieges.[28]

Doch der gemeinsame Augenblick war auch ein sehr persönlicher Moment. Für Baker war Schewardnadse nicht nur der Vertreter einer konkurrierenden Macht, sondern zudem ein Diplomat, für den er im Lauf der Zeit Bewunderung, Vertrauen und wirkliche Sympathie entwickelt hatte. Und er wusste, dass sein Kollege von den Hardlinern im Politbüro und den Nahostspezialisten in seinem eigenen Ministerium unter enormen Druck gesetzt wurde. Sie warnten ihn, er werde »Blut an den Händen haben«, wenn er mit den Amerikanern gemeinsame Sache mache. Schewardnadse jedoch blieb standhaft. »Diese Aggression«, sagte er in einem spontanen Kommentar auf dem Flughafen, »steht im Widerspruch zu den Prinzipien des neuen politischen Denkens und auch zu zivilisierten Beziehungen zwischen den Völkern.« Jene Bemerkung war ein weiterer Grund, warum Baker fand, dass an diesem Tag »Geschichte gemacht wurde«, denn zum ersten Mal seit 1945 »waren die Vereinigten Staaten und die Sowjetunion in einer Kriegsfrage Verbündete«.[29]

Dass er die Sowjetunion ins Boot geholt hatte, war ein großer Erfolg für den amerikanischen Außenminister. Unterdessen hatte Bush mit seinen Beratern rund um die Uhr daran gearbeitet, die größere internationale Koalition zusammenzubringen, die die Iraker aus Kuwait vertreiben sollte. Die Zeit, einen Kompromiss mit dem irakischen Diktator zu suchen, war vorbei. »Praktisch über Nacht«, so Baker, »gingen wir von dem Versuch, mit Saddam zusammenzuarbeiten, dazu über, ihn mit Hitler zu vergleichen.«[30]

Das Tempo der Entwicklungen war enorm. Kurz nach der Pressekonferenz am Morgen des 2. August flog Bush nach Aspen, Colorado, wo er eine schon länger geplante Rede über Sicherheitsfragen nach dem Ende des Kalten Krieges hielt. Er wollte den Termin nicht absagen, da er fürchtete, man könne ihm Verunsicherung unterstellen. Außerdem ermöglichte ihm die Reise auch, einen Termin mit Thatcher wahrzunehmen, die ihn erwartungsgemäß unterstützte: »Er wird nicht aufhören«, sagte sie über Saddam Hussein. Aber »es muss aufhören. Wir müssen unser Möglichstes tun.« Die Invasion, so erklärte sie nach dem Gespräch den versammelten Medienvertretern, ist »absolut inakzeptabel, und wenn man sie andauern lässt, werden sich viele andere kleine Staaten nie mehr sicher fühlen«. Bush nutzte den gemeinsamen Auftritt in Aspen, um die Äußerungen, die er am frühen Morgen über den Einsatz von Gewalt gemacht hatte, klarer zu formulieren: »Wir verpflichten uns zu nichts, aber wir schließen auch keine Möglichkeit aus.« Mit anderen Worten, die militärische Karte lag nun definitiv auf dem Tisch.[31]

Im Flugzeug sprach Bush über eine abhörsichere Verbindung mit zwei wichtigen arabischen Staatenlenkern, Präsident Hosni Mubarak von Ägypten und König Hussein von Jordanien, die gerade in Alexandria zusammentrafen. Im Gegensatz zu Thatcher, aber ähnlich voraussehbar, wollten beide auf Zeit spielen. »Ich bitte Sie inständig, Ruhe zu bewahren, Sir«, sagte Hussein. »Wir wollen mit dem Ereignis in einem arabischen Kontext fertig werden.« Bush war höflich, aber unnachgiebig: »Wir versuchen, Ruhe zu bewahren, aber wir können uns mit dem Status quo nicht abfinden.« Mubarak pflichtete König Hussein bei: »Wir versuchen, eine Lösung zu finden, eine gute Lösung für einen Rückzug ohne Regimesturz ... George, geben Sie uns zwei Tage, um eine Lösung zu finden.« Der Präsident war einverstanden. Er wusste, dass die Koalition nicht erzwungen werden konnte. Aber er wollte nicht lange warten.[32]

König Fahd von Saudi-Arabien erwies sich als aufgeschlossener. Er hatte eine schreckliche Wut auf Saddam und schrie: »Er stört die Weltordnung. Er denkt offenbar nur an sich. Er verhält sich wie Hitler.« Dann sagte er ganz unverblümt: »Bei Saddam hilft nur Gewalt«. Doch als ihm Bush Luftwaffenunterstützung anbot, schwieg er und lenkte das Thema lieber auf den arabischen Gipfel, den er zusammen mit

Mubarak zwei Tage später einberufen wollte. »Ich fürchte, dass sie irgendwie versuchen, eine Lösung zu kaufen«, vertraute der Präsident seinem Tagebuch an, es gebe ja eine »historischen Neigung der Araber, ›Deals‹ auszuhandeln.«[33]

Am 3. August um 2.30 Uhr landete Bush wieder in Washington. Nach ein paar Stunden Schlaf beriet er sich mit dem Nationalen Sicherheitsrat. Die Stimmung war entschieden kämpferisch. »Dem Irak entgegenzukommen, sollte keine politische Option sein. Es steht viel auf dem Spiel« (Scowcroft). »Mit dem neuen Geld kann er … neue Waffen kaufen, auch Atomwaffen. Das Problem wird schlimmer werden, nicht weniger schlimm« (Verteidigungsminister Dick Cheney). »Wenn er Erfolg hat, versuchen andere womöglich dasselbe. Das wäre eine schlechte Lehre« (Stellvertretender Außenminister Lawrence Eagleburger). Der Präsident verließ die Konferenz bestärkt in seiner Entschlossenheit, dem Irak die Stirn zu bieten.[34]

Auch führende NATO-Mitglieder, mit denen er am Nachmittag telefonierte, plädierten dafür, hart zu bleiben. Mitterrand drängte Bush besonders heftig. »Wenn wir über militärische Maßnahmen reden, was für militärische Maßnahmen? … Eine rein platonische Drohung wird nicht viel Wirkung haben. Wie weit gehen Sie in Ihren eigenen Überlegungen?«[35] Ebenfalls wichtig war die Unterredung mit dem türkischen Präsidenten Turgut Özal, der an der Spitze des einzigen NATO-Landes stand mit direkter Grenze zum Irak und einer größtenteils muslimischen Bevölkerung. Saddam »muss eine Lehre erteilt bekommen«, sagte Özal zu Bush. »Wenn er bleibt, wird es wieder Probleme geben.« Und »wenn der Irak abzieht und Kuwait zahlt, ist das keine Lösung, sondern ein weiteres München … Wir sollten die Fehler nicht wiederholen, die zu Beginn des Zweiten Weltkriegs gemacht worden sind.« Özal versprach, Gespräche mit Syrien und dem Iran zu führen.[36]

Solchermaßen bestärkt, telefonierte Bush auch mit dem japanischen Ministerpräsidenten Toshiki Kaifu. Er zählte die verschiedenen Kontakte auf, die er bereits mit Staats- und Regierungschefs von NATO-Ländern gehabt hatte, und betonte, dass auch die UdSSR mit von der Partie sei. Nun brauche er noch einen wichtigen asiatischen Verbündeten, ein Mitglied der G7, das ebenfalls vom Öl aus der Golfregion abhängig sei. »Toshiki«, sagte er, »ich weiß, dass der Irak in Japan Schulden

hat, aber ich hoffe, das wird Sie nicht davon abhalten, sich uns anzuschließen, wenn wir Bagdad so bald wie möglich zeigen, dass es mit
weltweitem Widerstand konfrontiert ist. Unserer Ansicht nach ist die
Lage sehr ernst. Saddam Hussein darf mit dieser Sache einfach nicht
durchkommen. Wenn er damit durchkommt, kann kein Mensch sagen,
was er mit dem Öl und der neuen Macht anfangen wird. Der Status quo
muss wirklich rückgängig gemacht werden.« Doch der Präsident
musste nicht lange predigen. Kaifu machte klar, dass Japan maximale
Sanktionen rückhaltlos unterstützen werde.[37]

Inzwischen war Saudi-Arabien Bushs größte Sorge. »Versuchen, den
Saudis den Rücken zu stärken«, notierte er in sein Tagebuch. Als er
und seine wichtigsten Berater sich, dieses Mal in Camp David, am Sams-
tagmorgen, dem 4. August, zu einem zweieinhalbstündigen Gespräch
versammelten, ging es darum, wie sich Saudi-Arabien verteidigen ließe
und wie die USA und ihre Verbündeten eine lückenlose Wirtschaftsblo-
ckade des Iraks durchsetzen könnten. Außerdem war der Präsident
immer noch besorgt wegen des arabischen Gipfels, den König Hussein
und Hosni Mubarak einberufen wollten. »Die zwei ringen verzweifelt
mit den Händen, aber keiner der beiden zeigt sich irgendwie konstruktiv oder legt positives Handeln an den Tag.«

Die Amerikaner hatten nicht die Absicht zu warten, während Saddam Hussein stärker wurde und seinen nächsten Schachzug plante –
am wahrscheinlichsten einen Schlag gegen Saudi-Arabien. Deshalb
kam man bei dem Treffen in Camp David schnell zu dem Schluss, dass
der saudische König militärische Verstärkung aus den USA brauchte,
um sein Land zu schützen. Tatsächlich wollten die Amerikaner in
Saudi-Arabien Truppen stationieren, und zwar schnell, damit das Öl
des Königreichs nicht Saddam in die Hände fiel. Bush erklärte dem
Nationalen Sicherheitsrat (NSR), dass ihm die »Willenlosigkeit« der
Saudis Sorgen mache. (In Saudi-Arabien wiederum fürchtete man
natürlich die Reaktionen der muslimischen Welt auf die Anwesenheit
amerikanischer Soldaten in dem Land mit den heiligsten Stätten des
Islams.)[38]

Als der Präsident direkt nach der NSR-Runde in Riad anrief, wich
ihm König Fahd immer noch aus. »Wir brauchen Ihre Stellungnahme zu
einer amerikanischen Truppenpräsenz«, beharrte Bush hartnäckig.

»Ich bin sehr besorgt, dass die Iraker über Ihre Grenze nach Süden vorrücken könnten.« Immer noch bezog der König keine klare Position. Da trug Bush dick auf: »Ich habe großen Respekt vor Ihrer Führung. Deshalb sind wir Amerikaner bereit, ein großes Opfer zu bringen und Sie in jeder Hinsicht zu unterstützen.« Weiter sagte er dem König: »Die Sicherheit Saudi-Arabiens ist lebenswichtig – wirklich grundlegend – für die amerikanischen Interessen und auch für die Interessen der westlichen Welt. Und ich bin fest entschlossen, Saddam mit seiner Schandtat nicht durchkommen zu lassen. Wenn wir einen Plan ausarbeiten, sobald wir da sind, bleiben wir, bis wir gebeten werden zu gehen – mein Ehrenwort. Ich habe wirklich die Nase voll von Saddam und davon, wie er andere Länder belügt.« Zum Schluss brachte Bush noch sein Bedauern darüber zum Ausdruck, dass der arabische Gipfel, in den König Hussein und Mubarak so große Hoffnung gesetzt hatten, nun wegen Uneinigkeit zwischen den arabischen Staaten abgesagt worden war. »Ich nenne keine Namen bei diesem Anruf«, sagte der Präsident. »Wie man hört, übt Saddam Hussein einigen Druck auf diese Länder aus.« Er hatte besonders Jordanien im Sinn, das alte Verbindungen zum Westen hatte, sich in jüngster Zeit jedoch zu einem der stärksten Unterstützer Saddams entwickelt hatte. König Hussein persönlich hatte öffentlich verkündet, er sei »absolut zuversichtlich«, dass Saddam »sein Wort halten« und seine Truppen aus Kuwait abziehen werde, und er hatte vor einer militärischen Intervention nichtarabischer Länder gewarnt, weil das »die ganze Region in Brand setzen könnte«. Die Araber zur Selbsthilfe zu überreden, würde zweifellos keine leichte Aufgabe sein.[39]

Als Bush mit seinen direkten Vorstößen scheiterte, versuchte er es indirekt. Der türkische Präsident Özal war ein wertvoller Mittelsmann zwischen dem Westen und der arabischen Welt. Und der kanadische Premierminister Mulroney, bei dem in diesen Tagen die Telefondrähte ebenfalls heiß liefen, war ein wichtiger Vertrauter. »Wir schicken eine ranghohe Delegation nach Saudi-Arabien, um die Möglichkeiten zu konkretisieren«, berichtete er Mulroney nach seinem Gespräch mit Fahd. »Sie fliegt morgen ab. Die Sache ist nicht öffentlich gemacht worden.« Erneut verschaffte er seinem Zorn auf Saddam Luft: »Ich bin fest entschlossen, diesen Mann nicht gewinnen zu lassen.«[40]

Nach dem Scheitern der arabischen Vermittlung hatte Fahd trotz scheinbarer Unnachgiebigkeit kaum noch Möglichkeiten. An der Spitze der von Bush erwähnten Delegation stand Dick Cheney. Als Bedingung für ihren Aufbruch in Washington musste Fahd insgeheim zusagen, dass amerikanische Soldaten in Saudi-Arabien willkommen wären. Der König ignorierte die vielen Skeptiker in seiner Regierung und sagte zu Cheney schließlich vor Ort:»Okay, wir machen es. Unter zwei Bedingungen. Erstens, es kommen genug, um den Job zu erledigen, und zweitens, sie gehen wieder, wenn er getan ist.«[41] Cheney nahm das Angebot im Namen des Präsidenten an. Am Montagmorgen, dem 6. August, nach achtzehn Telefongesprächen des Präsidenten mit zwölf Staats- und Regierungschefs im Lauf von fünf Tagen und dem Riad-Besuch der Cheney-Delegation, war Saudi-Arabien schließlich bereit, die US-Truppen aufzunehmen. Doch der Präsident hatte im Vertrauen auf sein eigenes Urteilsvermögen schon in der Nacht zuvor den Vorsitzenden des Vereinigten Generalstabs General Colin Powell autorisiert, mit der Zusammenstellung der Truppen für die Entsendung nach Saudi-Arabien zu beginnen. Operation Desert Shield hatte begonnen.[42]

Auf dem Rückflug von Camp David nach Washington hatte Bush ein wenig Zeit zum Nachdenken:»Das waren die hektischsten 48 Stunden, seit ich Präsident bin«, schrieb er in sein Tagebuch. »Die Ungeheuerlichkeit des Iraks nimmt mich voll in Anspruch. Ich telefoniere unaufhörlich … Entscheidend ist, dass der Westen zusammensteht.« Dazu gehörte auch Japan: An jenem Morgen hatte Bush ein weiteres positives Gespräch mit Kaifu geführt. Der japanische Ministerpräsident hatte seine volle Unterstützung bei der Verhängung umfassender Wirtschaftssanktionen zugesagt. Noch im Hubschrauber schrieb Bush, der Irak ist »das schwierigste Problem, seit ich Präsident bin, weil das Risiko so gewaltig ist«. Wenn es zu einer Invasion in Saudi-Arabien käme und die USA einen Befreiungskrieg fuhren müssten, »wären wir tatsächlich in etwas verwickelt, das die Größe eines neuen Weltkriegs haben könnte«.[43]

Mit diesen Gedanken im Kopf landete er auf dem Südrasen des Weißen Hauses und wandte sich anschließend an die gespannt lauschenden Medienvertreter. Er gab einen kurzen Überblick über die Fakten, wobei er insbesondere die hektischen diplomatischen Aktivitäten beschrieb. Dann jedoch, als er Fragen beantwortete, bahnten sich seine aufgestauten Gefühle ihren Weg:»Ich werde nicht darüber reden, was wir in Bezug auf die Verlegung von Streitkräften tun, kein Wort über diesen Aspekt. Aber die Sache ist meiner Ansicht nach sehr ernst … Bitte glauben Sie mir, eine Menge Länder sind absolut mit dem einig, was ich gerade gesagt habe, und ich ziehe den Hut vor ihnen. Sie sind treue Freunde und Verbündete, und wir werden mit ihnen allen in einer gemeinsamen Aktion zusammenarbeiten. Diese Sache wird keinen Bestand haben. Sie wird keinen Bestand haben, diese Aggression gegen Kuwait.«

Ein zitierfähiger Schlusssatz – aber Bush war kein Meister des politischen Theaters wie Ronald Reagan. Und so war der Satz nicht sein letztes Wort. »Ich muss gehen«, fügte er noch hinzu. »Ich muss zur Arbeit gehen. Ich muss an die Arbeit.«[44]

Teil dieser Arbeit war, die Vereinten Nationen mit ins Boot zu bekommen.[45] Am Montag, dem 6. August, stimmte der Weltsicherheitsrat dreizehn zu null für umfassende Wirtschaftssanktionen gegen den Irak: Resolution 661. Nur Kuba und der Jemen enthielten sich. Was China betraf, war Bush unsicher gewesen. Die VRC hatte die Aggression zwar verurteilt (indem sie für die UN-Resolution 660 stimmte) und sich bereit erklärt, ihre Waffenverkäufe an den Irak einzustellen. Aber würde sie auch umfassende Sanktionen unterstützen? Bei diesem Problem erwies sich der italienische Ministerpräsident und damalige Präsident der EG Giulio Andreotti als nützliche Informationsquelle. »Sind Sie sicher, was China betrifft?«, fragte Bush am Montagmorgen am Telefon. Andreotti war zuversichtlich: »Laut den letzten Informationen, die ich bekommen habe, würde bei einer allgemeinen Verurteilung auch China mitmachen.« Der Präsident antwortete: »Ich glaube, das stimmt. Aber ich habe keine direkten Informationen«. Doch seine Sorgen in Bezug auf Peking sollten sich, wenigstens vorerst, als unbegründet erweisen.[46]

Unterdessen hatte sich Baker um die Sowjets gekümmert und mit Schewardnadse telefoniert – und sich erst einmal entschuldigt, weil dieser gerade im Urlaub war. Aber, sagte Baker, er finde es dennoch »wichtig anzurufen« und »in enger Verbindung zu bleiben«, weil sie »gut abgestimmt« sein müssten. Nachdem er die Lage im Irak erklärt und Schewardnadse über Dick Cheneys Reise nach Saudi-Arabien informiert hatte, kam er zu seinem Hauptanliegen: »Lassen Sie mich Ihnen wie schon in Moskau versichern, dass wir nicht nach einem Vorwand suchen, um Gewalt anzuwenden. Aber wir haben genau wie Sie wichtige Interessen in dieser Region, und wir werden diese Interessen schützen. Wir wollen eng mit Ihnen zusammenarbeiten, aber wir werden die amerikanischen Interessen schützen müssen.« Er betonte außerdem, dass »wir es für die wichtigste Pflicht der internationalen Gemeinschaft halten, auf die Aggression des Iraks zu reagieren« und dass er hoffe, dass die USA und die Sowjetunion in diesem Punkt bei der UNO »zusammenhalten« würden. Baker hätte sich keine Sorgen zu machen brauchen. Schewardnadse teilte ihm mit, dass Gorbatschow nach einem erfolglosen Versuch, Saddam in letzter Minute zum Rückzug zu bewegen, nun bereit war, UNO-Maßnahmen zu ergreifen. Und so stellten die Supermächte fest, dass sie auch bei der UNO in New York an einem Strang zogen.[47]

An jenem Tag flog auch NATO-Generalsekretär Manfred Wörner nach Washington, um verschiedene Möglichkeiten zu diskutieren, wie die Allianz die amerikanischen Maßnahmen unterstützen könnte. Thatcher schloss sich auf dem Rückweg von Colorado den Gesprächen an. Wie Bush äußerte sie sich sehr positiv über die UNO-Resolution (selbst wenn sie persönlich der Ansicht war, dass der Weg über die Vereinten Nationen den USA zu sehr die Hände band), und sie war auch bereit, sich an der De-facto-Seeblockade im Golf zu beteiligen, mit der das internationale Sanktionsregime durchgesetzt werden sollte. Der Präsident ließ sich nicht die Gelegenheit entgehen, Thatcher und Wörner auf den Rasen des Weißen Hauses zu führen, um sich dort den Medienvertretern zu präsentieren. »Ich kann mich nicht erinnern, dass die Welt je so stark wie heute gegen eine Aktion zusammengehalten hätte«, verkündete Thatcher, »und ich hoffe, die Sanktionen werden ordentlich und effektiv durchgeführt, als eine positive Maßnahme gegen eine Tat, die wir alle absolut und total verurteilen.« Wörner stimmte ihr voll zu.

Für Bush war ein gemeinsames Foto mit wichtigen Verbündeten ein Gottesgeschenk – trotz des strömenden Regens an diesem Nachmittag. Wie die *New York Times* bemerkte: »Die Regierung versucht, eine möglichst breite Koalition gegen den Irak zusammenzubringen, sowohl um

Bagdad zu isolieren als auch um dafür zu sorgen, dass sich die Anstrengungen zur Wiederherstellung der Unabhängigkeit Kuwaits nicht in ein symbolisches Duell verwandeln.« Jedes Anzeichen für eine persönliche Konfrontation zwischen Bush und Saddam »könnte viele arabische Länder dazu bringen, zu dem irakischen Präsidenten zu halten«. Stattdessen habe praktisch über Nacht eine multinationale Militärstreitmacht Gestalt angenommen, zu der insbesondere auch Marokko und Ägypten gehörten. Mehr noch, selbst wenn Moskau hinter den Kulissen versuche, den Dialog mit seinem früheren Klientelstaat aufrechtzuerhalten, stelle der feierlich verkündete Beschluss, einen Zerstörer und ein Schiff zur U-Boot-Bekämpfung an den Persischen Golf zu entsenden, ein beispielloses Maß an Koordination mit Amerika dar.[48]

Der Präsident war nun bereit, offen zum amerikanischen Volk zu sprechen. Am Mittwoch, dem 8. August, um neun Uhr hielt er im Oval Office eine Fernsehansprache, in der er über die Verlegung amerikanischer Truppen nach Saudi-Arabien und die von ihm aufgebaute Koalition informierte.[49] Er begann mit einem Appell an den Patriotismus der Amerikaner: »Im Leben einer Nation sind wir aufgerufen zu definieren, wer wir sind und woran wir glauben. Manchmal sind solche Entscheidungen nicht einfach. Aber heute als Präsident bitte ich Sie um Ihre Unterstützung für meine Entscheidung, mich für das einzusetzen, was richtig ist, und das zu bekämpfen, was falsch ist, und das alles im Namen des Friedens.« Dann erklärte er, warum er wichtige Einheiten der amerikanischen Luftwaffe und der 82. Luftlandedivision auf die Arabische Halbinsel entsandt hatte: »Es gibt keinerlei Rechtfertigung für diesen schändlichen und brutalen Akt der Aggression. Ein von außen aufgezwungenes Marionettenregime ist inakzeptabel. Gewaltsamer Landraub ist inakzeptabel. Kein Mensch, weder Freund noch Feind, sollte an unserer Friedensliebe zweifeln; und keiner sollte unsere Entschlossenheit, einer Aggression entgegenzutreten, unterschätzen.«

Aber, fuhr Bush fort, »wir sind uns darüber einig, dass dies weder ein amerikanisches noch ein europäisches noch ein nahöstliches Problem ist: Es ist ein Weltproblem.« Und es sei auch historisch ein äußerst signifikanter Moment. »Wie sind im Kampf für Freiheit in Europa erfolgreich gewesen, weil wir und unsere Verbündeten standhaft blieben. Zur Erhaltung des Friedens im Nahen Osten wird dies ebenfalls erforderlich sein. Wir stehen am Beginn einer neuen Ära. Diese neue Ära kann sehr vielversprechend sein, eine Zeit der Freiheit, eine Zeit des Friedens für alle Völker. Aber wenn uns die Geschichte eines lehrt, dann, dass wir gegen die Aggression Widerstand leisten müssen, weil sie sonst unsere Freiheiten zerstört. Appeasement funktioniert nicht. Wie es schon in den Dreißigerjahren der Fall war, haben wir in Saddam Hussein auch heute einen aggressiven Diktator, der seine Nachbarn bedroht.«

Der Friedenspräsident bereitete sich auf die Möglichkeit vor, zu einem Kriegspräsidenten werden zu müssen. So sagte er auf einer Pressekonferenz später am selben Morgen: »Wir haben Truppen zur Verteidigung Saudi-Arabiens entsandt«, wobei er freilich betonte, dass »wir uns nicht in einem Krieg befinden«. Dies war völkerrechtlich korrekt, und die Vertreter der Regierung gaben sich alle Mühe hervorzuheben, dass es den USA entschieden lieber wäre, wenn der Irak durch Sanktionen und nicht durch den Einsatz amerikanischer Militärmacht zum Rückzug aus Kuwait gezwungen würde – Sanktionen wie die Schließung irakischer Pipelines durch Saudi-Arabien und die Türkei, die den Irak seiner wichtigsten ausländischen Einnahmequellen beraubte. Strategisch gesehen jedoch war die Mobilisierung von zunächst 50 000–100 000 amerikanischen Soldaten, unterstützt durch Flugzeugträger, Raketen, Jagdflugzeuge, Bomber, Panzer und alle möglichen anderen Waffen, die in Saudi-Arabien stationiert werden sollten, zusammen mit dem Handelsembargo eine offene amerikanische Machtdemonstration, die Saddam Hussein zum Rückzug bewegen sollte. Oder wie Bush es ausdrückte: »Wir haben eine Linie im Sand gezogen.«[50]

*

Die Reaktionen auf die Rede waren rund um den Globus positiv. »Ich habe Sie auf CNN gesehen«, sagte Özal bei einem Telefonat mit Bush. »Sie waren sehr gut.«[51] Ähnlich Thatcher: »Ich habe Ihre Übertragung im Fernsehen gesehen. Sie war fantastisch. Sie bekommt eine sehr gute Presse im UK.« Bush revanchierte sich, indem er ihr für ihren letzten Besuch dankte, der »der ganzen Situation ein ökumenisches Aussehen verliehen« hatte – und er lobte ihre »Führung«. Worauf sie ungewöhnlich demütig antwortete: »Es war Ihre Führung. Ich war eine Kameradin.« Thatcher fuhr ganz offensichtlich eine Charme-Offensive, weil sie in dem Konflikt mit dem Irak eine Chance sah, die anglo-amerikanischen Beziehungen nach Bushs Flirt mit Kohl wieder in die Spur zu bringen und den Präsidenten daran zu erinnern, dass nur die Beziehung zu Großbritannien »special« war, wenn es um echte Probleme wie Krieg und Frieden ging.[52]

Neben den alten europäischen Verbündeten boten auch schwierigere arabische Staaten offen ihre Unterstützung an – nicht nur Ägypten, Marokko und Syrien, sondern sogar Oman, Bahrain und die Vereinigten Arabischen Emirate. Ganz entscheidend war hier, dass die Teilnehmer des Gipfeltreffens der Arabischen Liga am 10. August mit einer knappen, aber entschlossenen Mehrheit (12 von 21 Teilnehmern) dafür stimmten, zur Unterstützung der Saudis Truppen zu entsenden – ein Beschluss, den (außer dem Irak selbst) nur Libyen und die PLO offen ablehnten. Sogar König Hussein von Jordanien stimmte für den Beschluss, der Riad helfen sollte, »seine Gebiete und seine regionale Sicherheit gegen einen ausländischen Angriff zu schützen«, selbst wenn er einige Einschränkungen machte. Saddam Hussein ahnte das Ergebnis voraus und hielt eine emotionale Radiorede, in der er an die arabischen Massen appellierte, sich gegen die ausländische Intervention und die »Schändung« der heiligen Stätten des Islams in Saudi-Arabien zu erheben. Er rief zu einem »heiligen Krieg« auf und verkündete: »Eure Brüder im Irak sind fest entschlossen, den Dschihad ohne zu zaudern oder zu weichen und ohne jede Furcht vor der Macht der Fremden fortzusetzen.« Trotz einiger großer Demonstrationen für Saddam in Jordanien und im Jemen war Bagdad insgesamt isoliert, und schon nach wenigen Tagen wurde gemeldet, dass der UN-Boykott des irakischen Öls nahezu hundertprozentig wirksam war.[53]

Die internationale Solidarität wurde durch die täglichen Nachrichten aus Kuwait weiter gestärkt. Die irakischen Besatzer verübten unzählige Gräueltaten gegen die Zivilbevölkerung, und es gab viele Berichte über Diebstahl und Plünderung und sogar über die Sprengung von Banken. Während Kuwait offenbar in eine Hölle auf Erden verwandelt wurde und nichts auf ein Nachgeben Saddam Husseins hindeutete, kam der amerikanische Aufmarsch auf Touren. Am 19. August wurde gemeldet, dass inzwischen »mehr als 20 000 Soldaten in Saudi-Arabien sind. Etwa weitere 35 000 befinden sich auf 59 Schiffen rund um die Arabische Halbinsel oder auf dem Weg dorthin, und bis zu 45 000 Marines sind unterwegs zum Persischen Golf.«[54] Bis zum November würde Saudi-Arabien nicht weniger als eine Viertelmillion amerikanischer Soldaten beherbergen, auch schwere Panzerkräfte.[55]

All dies war nur möglich wegen massiver Verbesserungen in Logistik und Lufttransport in den Jahren zuvor und wegen der Friedensdividende nach dem Ende des Ost-West-Konflikts. Im Sommer 1990 war der amerikanische Militärapparat größenmäßig immer noch auf dem Niveau des Kalten Krieges, aber für 100 000 aktive Armeeangehörige war inzwischen die Versetzung oder gar Entlassung geplant. Die Hälfte der Betroffenen war in Europa stationiert. Aus diesem Grund war Washington just in dem Moment, als die Golfkrise ausbrach, in der Lage, Menschen und Material auf einen nichteuropäischen Kriegsschauplatz zu verlegen. Und so verlegte man insbesondere das in Europa inzwischen überzählige VII. Korps von Europa nach Saudi-Arabien. Oder wie Colin Powell später bemerkte: »Wir konnten es uns jetzt leisten, Divisionen aus Deutschland abzuziehen, die seit 40 Jahren dort gestanden hatten, um eine sowjetische Offensive abzuwehren, die nun nicht mehr kommen würde.«[56]

Tatsächlich hatte die Regierung Bush innerhalb von zwei Wochen, während der Kongress Sommerpause machte, die Vereinigten Staaten zu ihrer seit dem Vietnamkrieg größten und risikoreichsten militärischen Unternehmung in Übersee verpflichtet. Die Strategie für den Feldzug war in der National Security Directive NSD-45 kodifiziert.[57] Sie war in einem sehr kleinen Kreis formuliert worden, der aus dem Präsidenten und einigen seiner wichtigsten Berater, insbesondere Scowcroft, Cheney, Baker und Powell bestand, was wegen der geheimen Beschlussfassung im Weißen Haus manche Kritik auf sich zog. Hinter vorgehaltener Hand wurde gemunkelt, dass Amerika nun den Preis für seine langjährige Irakpolitik zahlen müsse: Reagan hatte Saddam Mitte der Achtzigerjahre mit Waffen versorgt, damit er keine Niederlage gegen den fundamentalistischen Iran erlitt. Die öffentliche Stimmung im Spätsommer 1990 war allerdings durchaus dazu geneigt, »sich um die Fahne zu scharen«. Bisher hatte noch niemand auf dem Capitol Hill Anhörungen im Kongress

vorgeschlagen, vielmehr beeilten sich die meisten Politiker, die Entscheidung des Präsidenten zu unterstützen. »Ich glaube, wir stehen das
lange Zeit durch, solange es keine Verluste gibt«, sagte der republikanische Senator John McCain aus Arizona, Vietnamveteran und Mitglied
des Verteidigungsausschusses. Ähnlich äußerte sich auch James Schlesinger, Verteidigungsminister und CIA-Direktor der Nixon-Ford-Ära. Er
sagte, die amerikanische Öffentlichkeit werde Bushs Engagement für
Saudi-Arabien zweifellos unterstützen, um dadurch den amerikanischen Zugang zur Weltölproduktion zu sichern, warnte jedoch: »Es ist
nicht klar, ob es große Unterstützung für ein Rollback in Kuwait gibt,
insbesondere, wenn es mit schweren amerikanischen Verlusten verbunden wäre.«[58]

Bush achtete damals noch sehr darauf, von der Verhinderung eines
Krieges durch Abschreckung und nicht etwa von aktiver Kriegführung
zu sprechen.[59] Auch dank der multilateralen Struktur der militärischen
Koalition war der Vorwurf eines amerikanischen Alleingangs relativ
leicht zu kontern. So nutzte der Multilateralismus Bush in vielerlei Hinsicht. Wie er und Scowcroft später schrieben, konnte die UNO »einen
Mantel der Akzeptanz um unsere Anstrengungen werfen und die Weltmeinung durch die Prinzipien mobilisieren, die wir vermitteln wollten«. Das Engagement des Präsidenten für das Ideal einer neuen Weltordnung war nicht vorgetäuscht. Aber er und sein innerer Kreis fanden
es »sogar noch wichtiger, die Fäden fest in der eigenen Hand zu
behalten«.[60] Desert Shield diente dem Schutz vitaler amerikanischer
Interessen, für den nur das Weiße Haus sorgen konnte. Tatsächlich
demonstrierte die sich entfaltende Operation zugleich auch »die Grenzen der europäischen Macht«, wie es ein Vertreter der NATO betonte,
denn sie zeigte, dass »nur die Vereinigten Staaten die Rolle des Weltpolizisten spielen können«. Oder, wie es die britische Zeitung *The Independent* ausdrückte: »Nur die Amerikaner können auf eine Herausforderung dieser Art außerhalb des NATO-Gebiets so schnell eine
militärische Antwort geben.«[61]

Verpackt als eine tonangebende, aber auf Konsens beruhende amerikanische Führung konnte der Multilateralismus eine massive Multi-
plikatorenwirkung auf internationaler Ebene bei den Streitkräften entwickeln. Und er wirkte auch kostensenkend, weil die Länder, die sich

nicht militärisch beteiligten, einen finanziellen Beitrag leisteten. Am
29. August berichteten die Medien, dass die amerikanischen Operationen am Persischen Golf laut Schätzungen des Pentagons (über das
normale Militär-Budget hinaus) bis Ende September 2,5 Milliarden Dollar kosten würden. Die 12 Tage zuvor genannten 1,2 Milliarden Dollar
hatten sich also bereits verdoppelt. Die Regierungsbeamten machten
höhere Treibstoffkosten, die Mobilisierung von 200 000 Reservisten
und wachsende Transportkosten für die Steigerung verantwortlich.
Klar war, dass die Kosten weiterhin exponentiell steigen würden, und
das vor allem sobald die USA kämpfen müssten. »Wenn geschossen
wird«, erklärte ein Haushaltsexperte aus dem Kongress Journalisten,
»sind alle Schätzungen Makulatur. Dann verbraucht man Munition,
Treibstoff und Hardware. Man fängt an, Panzer und Flugzeuge und
Raketen zu ersetzen. Man erhöht seine Truppenstärke, und die Kosten
explodieren, je nachdem, wie heiß es wird.«

Kurz gesagt, die Entsendung von Truppen in den Nahen Osten
machte 1991 jede Hoffnung auf eine Kürzung des Militärhaushalts
zunichte. Nicht nur verschlang Desert Shield etwa 50 Milliarden Dollar
an Überschüssen, die noch auf diversen Konten des Pentagons lagerten,
einige Demokraten im Kongress forderten nun auch einen Aufschlag
auf die Einkommenssteuer, um die Rechnung zu begleichen. Ein weiterer Vorschlag lautete, dass die Länder, die keine Truppen entsandten,
stattdessen zahlen sollten. »Die Japaner haben ein verdammt großes
Interesse an der Sache«, erklärte der demokratische Senator für New
Jersey Frank R. Lautenberg, »und sie sollten einen verdammt großen
Anteil zahlen.«[62]

Lastenteilung war ein wichtiges Element von Bushs Politik. Finanzhilfe von Verbündeten und Freunden konnte auf zweierlei Hauptarten
geleistet werden: durch die Übernahme eines Teils der Stationierungskosten oder durch finanzielle und humanitäre Hilfe für Länder, die das
Handelsembargo gegen den Irak, wie etwa die Türkei und Ägypten,
besonders hart traf. Bei beiden spielten Japan und die Bundesrepublik
(damals die Volkswirtschaften mit dem zweitgrößten und dem dritt-
größten BIP der Welt) eine besonders wichtige Rolle. Außerdem
gehörte es zum Kalkül der US-Regierung, die Kritik im eigenen Land
zu besänftigen, indem sie sich vor allem um Deutsche Mark und Yen

bemühte. Schließlich, so Washingtons Argumentation, waren Japan und die Bundesrepublik nach ihrer Niederlage im Jahr 1945 beide mehr als 40 Jahre lang die Hauptnutznießer der amerikanischen Schutzmacht gewesen.[63]

Am 13. August machte Bush ordentlich Druck, als er das Thema gegenüber Kaifu erstmals zur Sprache brachte: »Ich hätte gern, dass Sie eine direkte Beteiligung an der multinationalen Seestreitmacht in Betracht ziehen«, sagte er. Er wusste, dass eine solche Teilnahme einen Wendepunkt in der japanischen Nachkriegsgeschichte darstellen würde, und erklärte, Tokio werde dadurch zeigen, dass es inzwischen »ein vollwertiges Mitglied der Allianz des Westens sei«. Bushs Ansicht nach konnten japanische Minensuchboote am Golf patrouillieren und japanische Frachter Ausrüstung nach Saudi-Arabien transportieren. Kaifu, der sich der großen Abhängigkeit seines Landes vom Rohöl aus der Golfregion sehr bewusst war, versprach zu kooperieren, blieb aber hart, was die Einhaltung »unserer verfassungsrechtlichen Bestimmungen und Parlamentsbeschlüsse« betraf – eine, wie er sagte, »national nahezu unumstrittene Politik«, dank der eine militärische Teilnahme »nahezu undenkbar« sei. »Nun, das geht in Ordnung«, antwortete Bush. Aber, »was ich eigentlich anstrebe, ist, dass Japan und die USA und ein paar andere Länder einander so gut wie möglich beigestanden haben, wenn dieses Kapitel der Geschichte geschrieben ist.«[64]

Zwei Wochen darauf, am 29. August, rief Kaifu Bush zurück und sagte: »Wir haben alle Möglichkeiten besprochen, wie wir helfen können, ohne unsere Selbstverteidigungsstreitkräfte zu entsenden, was erheblichen verfassungsrechtlichen Beschränkungen unterliegt.« Dann führte er aus, dass Japan die USA und die multinationale Streitmacht in Sachen Transport und Unterkünfte sowie mit Medikamenten und medizinischem Personal unterstützen werde – Hilfsmaßnahmen im Wert von etwa einer Milliarde Dollar. Außerdem, informierte er Bush, »werden wir den in Mitleidenschaft gezogenen Staaten wie Jordanien, der Türkei und Ägypten erhebliche Wirtschaftshilfe leisten und ihnen bei der Bewältigung des Flüchtlingsstroms helfen«. Der Präsident bedankte sich, war aber persönlich enttäuscht. Auch im US-Kongress rumorte es. Viele Mitglieder der Regierung waren »sehr unglücklich«, weil sich die Japaner einer militärischen Rolle verweigert hatten. Oder wie es ein Regierungsbeamter gegenüber den Medien sarkastisch auf den Punkt brachte:»Wenn Sie sich die Lage im Nahen Osten anschauen, handelt es sich primär um eine militärische Situation. Man hat da unten nur begrenzte Verwendung für die Heilsarmee.«[65]

Bush stand auch mit Kohl in Kontakt, der ihm am 22. August erklärte, welche Beschränkungen das Grundgesetz der Bundesrepublik in Bezug auf den Einsatz deutscher Truppen außerhalb ihres Staatsgebiets auferlegte. Außerdem war Kohls Aufmerksamkeit stark von der deutschen Wiedervereinigung – und deren Kosten – in Anspruch genommen. Dennoch sagte er zu Bush,»dass Solidarität keine Einbahnstraße sein dürfe«. Die USA hätten der Bundesrepublik immer geholfen, also könnten die Vereinigten Staaten mit»der Solidarität der Bundesrepublik rechnen«. Er versprach, die amerikanische Position»voll zu unterstützen«, und brachte die Hoffnung zum Ausdruck, dass ein starker internationaler Aufmarsch Saddam Hussein zum Rückzug bewegen werde.[66]

Es dauerte ein paar Wochen, bis klar war, in welcher Form Deutschland finanzielle Hilfe leisten würde, und währenddessen kritisierte der Auswärtige Ausschuss des US-Senats insbesondere die Bundesrepublik, weil diese sich nicht angemessen beteiligte. Das entscheidende deutsch-amerikanische Treffen fand erst statt, nachdem am 12. September in Moskau der Zwei-plus-Vier-Vertrag unterzeichnet worden war. Dann aber, drei Tage später, stellte sich Kohl persönlich in seinem Haus in Oggersheim der Herausforderung. Baker warnte ihn:»Wenn es so aussehen sollte, als knauserten Sie mit dem Geld, könnte das den Anschein erwecken, als wollten Sie von allem nur profitieren, ohne selbst einen Beitrag zu leisten.« Kohl ließ das nicht auf sich sitzen. Und sie kamen überein, dass die Bundesrepublik Hilfe im Wert von beinahe zwei Milliarden Dollar leisten werde: Unterstützungsmaterial für die amerikanischen Streitkräfte, erhöhte Militär- und Wirtschaftshilfe für die Türkei und Schiffe für den Transport ägyptischer Panzereinheiten an den Golf.[67]

Deutschland war die letzte Station auf Bakers Rundreise. Fieberhaft hatte der US-Außenminister in den vorangegangenen elf Tagen Finanzmittel eingetrieben: sein Trip durch neun Länder wurde von der amerikanischen Presse nicht zufällig als»Sammelbüchsen-Tour« bezeichnet. Dabei war die wichtigste Station zugleich die erste: Riad, wo Baker mit König Fahd verhandelte. Der saudische König überschlug sich fast vor Dankbarkeit und sagte, nur die USA stünden »jetzt noch zwischen Frieden und Katastrophe in seinem Land«. Baker meinte, 15 Milliarden Dollar wären ein angemessenes Dankeschön. Fahd antwortete, ohne mit der Wimper zu zucken, Baker solle die Sache mit seinem Außenministerium klären. Dort lautete die Botschaft: »Bitten Sie uns nicht um 15 Milliarden Dollar, solange Sie nicht 15 Milliarden von den Kuwaitern bekommen haben.« Also begab sich der amerikanische Außenminister in das Hotel Sheraton in Taif, wo der Emir von Kuwait im standesgemäßen saudischen Exil residierte. Der Scheich, laut Baker »ein schweigsamer Mann, der Rosen züchtet und dreizehn Ehefrauen hat«, erklärte sich mit der Zahlung sofort einverstanden. Insgesamt brachten Bakers zwei Tage in Saudi-Arabien einen Nettobetrag von 30 Milliarden Dollar, mit dem letztlich die Hälfte der Kosten für die Operation am Golf bestritten werden konnte.[68]

Trotz aller Vorteile des Multilateralismus waren freilich die bilateralen Beziehungen mit dem Kreml für Washington am wichtigsten. Die starke multilaterale Reaktion auf Saddams Invasion war zweifellos nur dank der sowjetischen Kooperation möglich gewesen, und nur mit der Zustimmung Moskaus (und auch Pekings) konnte der US-amerikanische Botschafter Pickering im Weltsicherheitsrat die Zustimmung für weitere Resolutionen bekommen.[69]

Operation Desert Shield begann konkrete Gestalt anzunehmen. Gleichzeitig freilich wuchsen die Spannungen in der durch das Ende des Kalten Krieges möglich gewordenen Entente. So war Schewardnadse trüber Stimmung, als ihn Baker am 7. August anrief. Der sowjetische Außenminister hatte sich weit aus dem Fenster gelehnt, als er Baker bei der gemeinsamen Erklärung in Moskau unterstützt hatte, und war seither ständigen Angriffen der Nahostexperten in seinem Ministerium ausgesetzt. Schlimmer noch, er fühlte sich jetzt auch persönlich übergangen, nun, da Bush mit der Truppenstationierung angefangen hatte. »Wann werde ich eigentlich konsultiert?«, beschwerte er sich. Seiner Ansicht nach hätte der Irak die Möglichkeit bekommen müssen, auf Resolution 661 zu reagieren, bevor die USA unilateral handelten. Er sagte Baker klar und deutlich, dass die UdSSR das Handeln Washingtons als »außerordentlich und außergewöhnlich« betrachtete, darüber hinaus müsse es zeitlich befristet sein. Die Soldaten müssten Saudi-Arabien »so bald wie möglich« wieder verlassen.[70] Dieses Szenario stimmte nicht mit dem überein, was sich allmählich im Pentagon und im Oval Office herauskristallisierte.[71] Dennoch versuchte Baker, Schewardnadse am Telefon mit dem Argument zu beruhigen, dass der Truppenaufmarsch am Golf in der Tat als eine »außerordentliche Sache« betrachtet werde. Es seien keine »offensiven Aktionen geplant«, betonte er, Desert Shield diene »einzig und allein der Abschreckung«.[72]

Trotz Bakers Anstrengungen war man in Moskau unzufrieden damit, dass die Sowjetunion von der amerikanischen Entscheidungsfindung ausgeschlossen wurde. Außerdem gab es beunruhigende Anzeichen, dass Gorbatschow und Schewardnadse nicht mehr ganz auf einer Wellenlänge waren. Der Außenminister war bereit, wenn nötig, den Druck auf Saddam zu erhöhen, weil er die amerikanische Überzeugung teilte, dass der irakische Diktator letztlich nur mit Gewalt eines Besseren belehrt werden konnte. Gorbatschow jedoch war strikt gegen eine solche Anwendung von Gewalt. Laut Anatoli Tschernajew verabscheute sein Chef »den massiven Einsatz moderner Waffen und legte größten Wert darauf, die Verluste auf ein Minimum zu beschränken«,[73] eine Haltung, die Baker gegenüber Bush wie folgt charakterisierte:»Gorbatschows Vorstellung von der neuen internationalen Ordnung ist so gepolt, dass er sich nur unter Schwierigkeiten mit der Tatsache abfinden kann, dass wir vermutlich bereits bei diesem ersten Test Gewalt anwenden müssen.«[74]

Gorbatschow sprach seit mehreren Jahren davon, dass es klug wäre, den Einsatz militärischer Gewalt aus der internationalen Politik zu verbannen, und hatte, schon lange bevor Bush Präsident wurde, damit angefangen. Außerdem hatten er und Bush seit Malta oft darüber gesprochen, dass die Diplomatie der Supermächte nun neuen Regeln folgen müsse. Deshalb hatte der Sowjetführer nicht die Absicht (und außerdem auch nicht die finanziellen Mittel), im Nahen Osten Krieg zu führen.

Zudem musste Gorbatschow sich darüber klarwerden, welche Position die Sowjetunion in der komplizierten Golfpolitik gegenüber der klaren und bestimmenden Politik der USA einnehmen sollte. Etwa zu diesem Zeitpunkt wandte er sich an Jewgeni Primakow, einen führenden

Arabisten des sowjetischen Außenministeriums und alten Bekannten, wenn nicht gar persönlichen Freund Saddam Husseins, der inzwischen zu einem wichtigen Berater aufgestiegen war, und ernannte ihn zu seinem persönlichen Gesandten in der Golfkrise – ein Schritt, der Schewardnadse in Rage versetzte und zu einem dauerhaften Zerwürfnis mit ihm führte. Primakow sagte Gorbatschow, was dieser hören wollte, nämlich, dass es möglich sei, Saddam zum Rückzug aus Kuwait zu überreden. Er spielte den unabhängigen sowjetischen Friedensstifter und plädierte für direkte bilaterale Verhandlungen mit Saddam Hussein. Dies werde die altersschwache Klientelbeziehung zum Irak retten und den sowjetischen Interessen in der Region dienen. Demgegenüber werde eine offene Unterstützung der USA womöglich die Unzufriedenheit der muslimischen Bevölkerung in den ohnehin schon unruhigen zentralasiatischen Republiken der UdSSR noch verstärken.[75]

Gorbatschow war für Primakows Argumente empfänglich und bereit, etwas auszuprobieren, was sich zu einer zweigleisigen Strategie entwickeln sollte: Er hielt stillschweigend einen bilateralen sowjetisch-irakischen Kanal offen und unterstützte gleichzeitig im Rahmen der UNO weiterhin öffentlich die USA. Im Zuge dieser Politik stimmte die Sowjetunion am 25. August, nach intensiver Telefondiplomatie zwischen Baker und Schewardnadse und nach Gorbatschows vergeblichem Versuch, Saddam zu einer Befolgung der Rückzugsaufforderungen des Weltsicherheitsrats zu bewegen, der UN-Resolution 665 zu, die jeglichen Handel mit dem Irak verbot und eine militärische Durchsetzung der Sanktionen erlaubte, die dann effektiv durch eine Schiffsblockade realisiert wurde.[76]

Bush war erleichtert: weil die Resolution durchkam und insbesondere, weil nach einigem Hin und Her auch China für sie stimmte. Der chinesische Botschafter machte allerdings den Vorbehalt, dass der Beschluss nach chinesischem Verständnis »den Einsatz von Gewalt, nicht beinhaltete«. Dennoch war die Einigkeit äußerlich gewahrt worden. Es wäre für Bush untragbar gewesen, wenn eines der fünf ständigen Mitglieder des Weltsicherheitsrats sein Veto gegen die Resolution eingelegt hätte. Peking seinerseits wollte offenbar unbedingt wieder eine Rolle als wichtiger Akteur auf der Weltbühne spielen, nachdem es im Gefolge des Tiananmen in eine selbstverschuldete diplomatische

Isolation geraten war. Um die Zustimmung der Chinesen zu erreichen, hatte Bush eine Vielzahl von Gesprächen zwischen amerikanischen und chinesischen Regierungsbeamten arrangiert und eine persönliche Botschaft an die chinesische Führung geschickt. Daraufhin konnte er den Mitgliedern des Kongresses am 29. August folgende Mitteilung machen: »Wir erleben eine internationale Zusammenarbeit von wirklich historischem Ausmaß ... Die Sowjets, die Chinesen, unsere traditionellen Verbündeten, unsere Freunde in der arabischen Welt: die Kooperation ist beispiellos.«[77]

Der Präsident war besonders darum bemüht, dass auch Gorbatschow an Bord blieb, nicht zuletzt, weil er befürchtete, dass der Sowjetführer, wenn er durch die Golfkrise verprellt würde, in letzter Minute noch in Sachen deutscher Einheit querschießen könnte. Deshalb schrieb er am 29. August unter Berufung auf ihr letztes Treffen im Juni in Camp David an Gorbatschow und griff den Gedanken auf, »öfter zusammenzukommen« und »informell, ohne Agenda miteinander zu sprechen«. Er schlug vor, sich in der Schweiz oder in Finnland zu treffen, um sich einen Tag lang über den Nahen Osten auszutauschen, was »ein gutes Signal rund um den Erdball senden« werde. Er schrieb außerdem, dass er in der Woche des 10. September eine wichtige Rede an das amerikanische Volk halten wolle und deshalb hoffe, sie könnten alsbald zusammenkommen. Ein späterer Termin sei nicht möglich, weil er dann von »inneren Haushaltsangelegenheiten« in Anspruch genommen sei. Er entschuldigte sich für die sehr kurze Frist, betonte aber, dass es für sie sehr wichtig sei, »in enger Verbindung« zu bleiben, weil sich »die Dinge auf der Welt dramatisch« veränderten.[78] Gorbatschow nahm die Einladung umgehend an und wählte Helsinki als Treffpunkt.

*

Der sowjetisch-amerikanische Gipfel wurde auf Sonntag, den 9. September, terminiert. Aus den Informationspapieren, die für den Präsidenten zur Vorbereitung des Treffens zusammengestellt wurden, ging hervor, dass sich die UdSSR wirtschaftlich in einer schwierigen Lage befand. Außerdem beleuchteten sie die politischen Probleme Gorbatschows. In einem Memorandum für den Präsidenten vertrat

Scowcroft die Ansicht, dass sich »Autorität, Popularität und Macht«
Gorbatschows in »rapidem Niedergang« befänden und die Kommunistische Partei »irreparabel geschwächt« sei. Gorbatschow habe wegen
der wachsenden Risse in der Union und seinem gespannten Verhältnis
zu den Führern der Republiken, insbesondere jedoch zu Boris Jelzin,
der an der Spitze der Russischen Republik stand, Probleme, die
Beschlüsse des Kremls umzusetzen.[79] Dennoch versicherte die CIA dem
Präsidenten, dass die Kooperation der Supermächte bei den Konflikten
in Afghanistan, Kambodscha und insbesondere Kuwait die positive
Dynamik von Moskaus »enger werdenden Beziehungen zu den Vereinigten Staaten und dem Westen« trotz dieser innenpolitischen Schwierigkeiten aufrechterhalte. Scowcroft wiederum erinnerte Bush daran,
dass »wir den Sowjets viele Male gesagt haben, dass wir ihnen helfen
wollen, die Integration ihrer Volkswirtschaft in den Weltmarkt zu
beschleunigen und unsere bilateralen Beziehungen zu normalisieren.
Doch der Zugang zu unseren privaten Kapitalmärkten und staatlich
abgesicherten Krediten hängt vom guten Willen der Sowjetunion am
Verhandlungstisch ab.«[80]

Der Präsident ging optimistisch an den Gipfel heran, informierte
aber Journalisten auf dem Weg nach Helsinki, er habe keine Pläne,
Moskau um die Entsendung von Bodentruppen für die in Saudi-Arabien versammelte internationale Streitmacht zu bitten. Die Sowjets hätten Angst vor einem militärischen Konflikt einige hundert Kilometer
von ihrer Südgrenze entfernt, weil dies qualvolle Erinnerungen an
ihren Krieg in Afghanistan wecke. Wie Scowcroft wies auch Bush auf
die inneren Spannungen zwischen den Russen und der großen islami-
schen Minderheit der Sowjetunion hin.[81]

Wie immer sensibel für die lokalen Besonderheiten eines Gipfelortes,
lobte Bush, als er am 8. September gegen 12 Uhr Mittag auf dem Flughafen Helsinki-Vantaa landete, die besondere Eigenschaft der Stadt,
häufig als Treffpunkt »für Nationen, die die Sache des Friedens zu fördern suchen«, zu dienen, und er pries die Finnen als ein Volk, das sich
»energisch« für »Freiheit und Unabhängigkeit einsetzt«. (Was er nicht
hinzufügte, war, dass sie dies vor allem im Konflikt mit der UdSSR
bewiesen hatten). Er bezeichnete das Land außerdem als eine verdiente
»Stimme für den Frieden und die Stabilität unter den Völkern in den

Ratsversammlungen der KSZE« und derzeit auch als Mitglied des Weltsicherheitsrats, eine Stimme, »die angesichts der unberechtigten
Aggression des Iraks das Völkerrecht hochhält«.[82]

Gorbatschow traf sieben Stunden später ein. So begannen die beiden
Staatschefs am 9. September mit der Arbeit.

Zunächst tagten sie nur mit ihren engsten Beratern und den Dolmetschern im Präsidentenpalast, während Baker und Schewardnadse
andernorts ihre eigenen Gespräche führten.[83] Zu Bushs Erleichterung
wirkte Gorbatschow »relativ entspannt und sogar fröhlich«. Der amerikanische Präsident setzte große Hoffnungen in das Treffen, hatte
sogar die Vorstellung, dass »diese Reise nach Helsinki mit Gorbatschow und die Irakkrise sich als die Stütze erweisen könnte, die wir
brauchen, um ein [Haushalts-]Gesetz durch den Kongress zu bringen«.
In dem Bestreben, eine öffentliche Demonstration der Partnerschaft
zwischen den Supermächten herbeizuführen, ergriff er die Initiative:
»Meiner Ansicht nach besteht die Chance, dass sich aus dieser Tragödie eine neue Weltordnung entwickeln kann«, sagte er zu Gorbatschow. Aber, fuhr er fort, das Ergebnis »muss sein, dass man Saddam
Hussein nicht erlaubt, von seiner Aggression zu profitieren«. Bush
war eisern, was die Durchsetzung der UN-Resolutionen betraf. »Ich
will keine Eskalation, und ich will keine Gewalt anwenden.« Aber
wenn sich Saddam nicht zurückzieht, »muss er wissen, dass der Status
quo nicht akzeptabel ist«. Die Amerikaner waren fest entschlossen,
sich durchzusetzen.[84]

Dann erinnerte Bush an die traditionelle Containment-Politik der
USA, die auf die Eindämmung des internationalen Einflusses der Sowjetunion abgezielt hatte. Er blickte Gorbatschow direkt in die Augen
und sagte, das habe sich nun geändert. »Die Weltordnung, die ich
dadurch entstehen sehe, ist die Kooperation zwischen den Vereinigten
Staaten und der Sowjetunion, um nicht nur dieses, sondern auch
andere Probleme im Nahen Osten zu lösen.« Es sei ein wundervolles
Signal für die Welt, dass die beiden Supermächte bis jetzt »am Golf
gemeinsam vorgehen ... Ich will mit Ihnen als gleichberechtigtem Partner an der Bewältigung dieser Krise arbeiten.« Und im Gedanken an
seine unmittelbar bevorstehende Rede vor dem Kongress fügte er hinzu:
»Ich will morgen vor das amerikanische Volk treten, um das Buch des

Kalten Krieges zu schließen und ihm die Vision dieser neuen Weltordnung anzubieten, in der wir zusammenarbeiten werden.«[85]

An diesem Punkt überreichte Gorbatschow Bush eine sowjetische
Karikatur, die ihn und Bush als Boxer zeigte – mit einem Ringrichter,
dessen Kopf die Erde war. Der Ringrichter hielt die Arme beider Männer in die Höhe. Am Boden die Gestalt des »Kalten Krieges«, die besiegt
und offenbar schmelzend zu ihren Füßen lag. »K. o.« lautete die (russische) Bildunterschrift. Die beiden Politiker lachten herzlich, und an
diesem Punkt fragte Bush sein Gegenüber schüchtern, ob man einander
nicht mit dem Vornamen anreden solle. »In Ordnung George«, sagte
Michail mit einem breiten Grinsen.[86]

Die anfängliche Jovialität konnte freilich über die harten politischen
Realitäten nicht hinwegtäuschen. Die beiden Staatschefs waren sich
schlicht und einfach nicht einig, wie man mit der Aggression Saddam
Husseins umgehen sollte. Es lag eine merkliche Schärfe in ihrem Dialog.
Gorbatschow war skeptisch, was die amerikanischen Absichten betraf.
Um ihn zu beruhigen, versprach Bush, die amerikanischen Truppen,
selbst wenn Saddam an der Macht bliebe, »nicht auf permanenter
Basis« am Golf zu lassen. »Sämtliche Maßnahmen, die zum Schutz vor
einer erneuten Aggression und dem möglichen Einsatz von Atomwaffen getroffen werden müssen, wären nicht amerikanisch, sondern international«.

Doch die unbestreitbare Fähigkeit und der Wille der USA, eine große
militärische Streitmacht nach Übersee zu verlegen, sprachen für sich in
einer Zeit, da der Kreml mit all den praktischen und psychologischen
Problemen zu kämpfen hatte, die der Rückzug der Roten Armee aus
dem Herzen Europas verursachte. In Wirklichkeit verhandelten die
beiden Supermächte nicht auf Augenhöhe, und so sehr sich Gorbatschow auch wand, er wusste es. »Meiner Ansicht nach ist diese Krise
ein Test für den Prozess, den wir in der Weltpolitik und in der neuen
sowjetisch-amerikanischen Beziehung durchmachen«, sagte er. Sie
würden ganz neu denken müssen, selbst wenn der Preis hoch sei, denn
in »dieser neuen Welt ist die amerikanisch-sowjetische Kooperation
essenziell«. Er hob hervor, dass sich die Sowjetunion außerdem streng
an die Resolutionen des Weltsicherheitsrats halte. Doch es gebe Grenzen, betonte er leidenschaftlich. Dann äußerte er seine Zweifel gegen-

*Knock-out für den Kalten Krieg: George Bush und Michail Gorbatschow
in Helsinki*

über Bushs Behauptung einer gleichberechtigten Partnerschaft und
sagte, dass »es anfangs für uns schwierig war, dass Sie beschlossen,
Truppen zu entsenden« und uns erst »im Nachhinein« informierten, als
die amerikanischen Truppen »schon unterwegs« waren. Der Mangel an
Konsultation war ein Punkt, den Gorbatschow besonders unterstrich,
was in der russischen Gesprächsnotiz klar zum Ausdruck kommt, in
der amerikanischen aber fehlt.[87]

Bush leistete brav Abbitte. »Ich nehme Ihre Worte als konstruktive
Kritik zur Kenntnis. Offensichtlich hätte ich Sie damals anrufen sollen. Ich möchte Ihnen versichern, dass wir nicht hinter Ihrem Rücken
handeln wollten.« Gorbatschow wurde etwas versöhnlicher: »Insgesamt konnten wir zusammenarbeiten, Seite an Seite. Wir konnten den
Weltsicherheitsrat und praktisch die ganze Weltgemeinschaft mobilisieren. Und das war eine riesige Leistung. Angesichts dieser Tatsache
wird die amerikanische Präsenz in der Region anders wahrgenommen.«
Dennoch sei Kuwait immer noch ein besetztes Land, und es werde
nicht leicht sein, Saddam daraus zu vertreiben. Deshalb, räumte Gorbatschow ein, sei energisches Handeln notwendig, aber er warnte vor

jeder unilateralen Aktion der Vereinigten Staaten. Das sei für Moskau völlig inakzeptabel. Außerdem verwies er auf die Gefahr innenpolitisch untragbarer Verluste, wie es sie in Vietnam und Afghanistan gegeben hatte. Und außerdem, fuhr er fort, wer könne sicher sein, dass China seine Position nicht ändern werde? Schließlich habe Peking ein Vetorecht, also könne die »Einigkeit des Sicherheitsrats zerbrechen«.[88]

Besonders wichtig war Gorbatschow, dass Saddam Hussein nicht »in die Ecke gedrängt« werde. Er bevorzugte eine Option, die es dem irakischen Diktator erlaubte, »das Gesicht zu wahren«, und schlug deshalb vor, eine »Verknüpfung« auszuhandeln. Saddam solle sich aus Kuwait zurückziehen und die rechtmäßige Regierung wieder einsetzen. Als Gegenleistung sollten die Vereinigten Staaten zusichern, den Irak nicht anzugreifen. Ihre Streitkräfte würden durch arabische Friedenstruppen der UNO ersetzt, und kurz darauf solle eine große internationale Nahostkonferenz stattfinden, bei der nicht nur der Irak, sondern auch die Dauerprobleme Libanon und Israel-Palästina auf die Tagesordnung gesetzt würden.

Gorbatschow war der Meinung, dass Saddam diesen Plan ablehnen und sich dadurch demaskieren werde. Bush war ganz anderer Ansicht. Er glaubte, dass der Diktator einen solchen Vorschlag mit Begeisterung annehmen würde. In diesem Fall, sagte er, »wäre jede Einigung auf einen Plan, der die Kuwait-Frage offenlässt, eine große Niederlage für die Befürworter kollektiven Handelns«. Schlimmer noch, sie werde die Aufmerksamkeit vom Golf auf Israel lenken und berge das Risiko, Saddam Hussein in der arabischen Welt zum Helden zu machen. Außerdem könne der Führer des Iraks mit intaktem Nuklearprogramm »wieder zur Aggression zurückkehren«, sobald die USA die Arabische Halbinsel verließen. Deshalb wollte Bush handeln, und zwar schnell.[89]

Gorbatschow beschloss, Verständnis zu zeigen, und brachte höflich sein Mitgefühl für Bushs »schwierige« Lage im eigenen Land zum Ausdruck. »Ich verstehe das sehr gut, vielleicht sogar besser als manche in den USA … Die Leute erwarten schnelle Siege von ihrem Präsidenten … Sie wollen starkes, entschiedenes Handeln.«[90] Dann kam er auf seine eigene Argumentation zurück und las einen Auszug aus einer Rede vor, die Saddam Hussein am Tag zuvor gehalten hatte. Darin behauptete der Diktator, Kuwait sei ein illegitimes Produkt des »britischen Kolonialis-

mus«, mit dem der Irak nie einverstanden gewesen sei, und schimpfte:
»Als die Amerikaner in Panama einmarschiert sind, haben der Weltsicherheitsrat und die Sowjetunion geschwiegen.« Nun jedoch, bei
einer Sache, die nur die Araber etwas angeht,»erheben alle Protest«.

»Unsinn!« Bis dahin hatte Bush die langatmigen Monologe geduldig
über sich ergehen lassen, mit denen Gorbatschow offenbar seinen irakischen Klienten verteidigte. Nun jedoch explodierte der amerikanische Präsident.[91] Den Rest der Unterredung drehten sich die beiden
Staatsmänner im Kreis, redeten aneinander vorbei und sich dabei den
Frust von der Seele. Schließlich formulierte Gorbatschow seinen wichtigsten Punkt noch einmal neu.»Wenn Saddam absolut nichts bekommt
und sich in die Ecke gedrängt fühlt, müssen wir mit sehr schwerer
Vergeltung rechnen ... Deshalb sollten wir ihn nicht in die Knie zwingen. Dabei kommt nichts Gutes heraus.[92]

»Glauben Sie, man hätte mit Hitler einen Kompromiss schließen
können?«

»Meiner Ansicht nach sind das unterschiedliche Phänomene, da gibt
es keine Analogie«, entgegnete Gorbatschow.

»Saddam Hussein ist kein globales Phänomen«, räumte Bush ein,
»aber die beiden sind vergleichbar, was die persönliche Grausamkeit
betrifft.« Diktatoren könnten nicht durch Appeasement-Politik besänf-
tigt werden, und schon gar nicht dürfe man ihnen trauen, diese Lehren
aus der Geschichte hatte der Präsident gezogen. Unersättlich, wie sie
seien, reagierten sie nur auf Gewalt. Eine Politik mit Zuckerbrot und
Peitsche gebe die falschen Signale und sei total verfehlt. Saddam dürfe
mit seiner Aggression nicht durchkommen. Die Appeasement-Politik
der Dreißigerjahre, einer Zeit, in der sich die USA auf Isolationismus
zurückgezogen hätten, sei ein entscheidender Fehler gewesen, den er
nicht zu wiederholen gedenke.[93]

Nachdem sie drei Stunden lang vor allem gestritten hatten, dass die
Fetzen geflogen waren, beendeten die beiden Staatsmänner abrupt das
Gespräch und gingen zum Mittagessen. Die Sitzung war vermutlich die
aggressivste gewesen, die die beiden je miteinander gehabt hatten, ähnlich heftig, wie die erste Begegnung zwischen Gorbatschow und Reagan
in Genf. Als in der Nachmittagsrunde die Stäbe der beiden Politiker am
Gespräch teilnahmen und sie versuchten, eine gemeinsame Erklärung

für die Presse zu formulieren, wusste niemand so recht, wie die Kluft zu überbrücken wäre. Insbesondere Scowcroft hatte böse Vorahnungen: Er fürchtete, dass Gorbatschow unter dem Einfluss Primakows stand, und hielt die Auseinandersetzung für einen Teil der größeren »Schlacht zwischen Schewardnadse und Primakow um Gorbatschow«. Düster erklärte er, dass »dies zu keinem unpassenderen Zeitpunkt hätte passieren können«. Schlimmer noch, möglicherweise strebe Moskau einen Separatfrieden mit Bagdad an: Dem müsse man »einen Riegel vorschieben.«[94]

Am Ende jedoch erwiesen sich die Befürchtungen der amerikanischen Seite als unbegründet. Die gemeinsame Erklärung wurde relativ schnell ausgehandelt. Baker und Schewardnadse und ihre Berater hatten ihre jeweiligen Positionen nämlich weniger beharrlich vertreten und bei ihrem eigenen, sehr konstruktiven Treffen einen gemeinsamen Nenner gefunden. Also legten sie in der nachmittäglichen Plenarsitzung ihren Entwurf vor. Gorbatschow ging ihn Zeile für Zeile durch, bat aber zu Bushs Überraschung nur um geringe Veränderungen. Trotz seiner langatmigen Ausführungen am Morgen war in der Endversion nicht ausdrücklich von einer Friedenskonferenz im Nahen Osten die Rede; es gab nur vage Bezüge auf eine Zusammenarbeit in der Region. Andererseits kam auch die amerikanische Forderung nach einem bedingungslosen Abzug Saddam Husseins nicht in den Text. Das endgültige, von Bush und Gorbatschow herausgegebene Kommuniqué war also glattgebügelt. Doch für die Amerikaner war es ein »guter Handel«, denn es enthielt, wie Baker es ausdrückte, »weit mehr als die Hälfte unserer ursprünglichen Vorschläge«. Für Scowcroft war die Entwicklung nach der Konfrontation am Morgen »eine erstaunliche – und extrem beruhigende – Kehrtwende«.[95]

Baker war eigentlich kein Freund von »konstruktiver Ambiguität« als diplomatischer Strategie. »Sie ist in der Regel ein gefährliches Werkzeug, das man sparsam verwenden sollte. In den meisten Fällen ist absolute Präzision das bessere Mittel.« Seiner Ansicht nach war es im Allgemeinen ratsamer, eine Begegnung mit »unzufriedener Miene« zu verlassen, als ein »Missverständnis« zu produzieren, das nur größere Probleme für die Zukunft verhieß. Bei dieser Gelegenheit in Helsinki jedoch konnte er mit dem verschwommenen Wortlaut leben, insbesondere, weil er das Gefühl hatte, dass die USA bei der Auseinandersetzung besser abgeschnitten hatten.[96]

Tatsächlich war die amerikanische Position der Stärke trotz all der schönen Worte über Partnerschaft und trotz Gorbatschows hochtrabendem Gebaren hinter verschlossenen Türen inzwischen unübersehbar geworden. Der Eindruck verstärkte sich noch, als Gorbatschow sich lang und breit über die Wirtschaftsreformen ausließ, die er am 1. Oktober verkünden wollte, und dabei auch die politischen Folgen ansprach, die er ganz offensichtlich fürchtete. Bis jetzt seien »Konfrontation oder Bürgerkrieg« in einem Land mit einer so »komplizierten Geschichte« noch vermieden worden, doch die kommenden fünf Monate würden »kritisch«. Sein größtes Problem bestehe darin, Güter in die Regale der sowjetischen Geschäfte zu bringen. »Ich hoffe, dass westliche Länder helfen können. Die wirtschaftlichen Zahlen sind nicht gerade toll.«

Wie immer biss Bush nicht an, sondern reagierte mit der üblichen Antwort: »Wie Sie wissen, haben wir nicht das Geld für große Wirtschaftshilfe.« Stattdessen machte er ein paar vage Versprechungen, was technologische Hilfe und weitere amerikanische Investitionen betraf. In Bezug auf das Handelsabkommen, auf das Gorbatschow so scharf war, stellte er fest, die Sowjets müssten zuerst die vereinbarten Emigrationsgesetze verabschieden, dann könne man Gespräche über dieses Thema beginnen. Schließlich meinte er leichthin, es gebe immer noch Reste »alten Denkens« in der Sowjetunion, aber nach dem Ergebnis des heutigen Treffens sei er zuversichtlich, »dass wir einen gemeinsamen Nenner gefunden haben«.[97]

Und es war eben vor allem dieser »gemeinsame Nenner«, der in der Pressekonferenz nach sieben Verhandlungsstunden zum Ausdruck kam. In der Finlandia-Halle war das persönliche Verhältnis der beiden Supermachtchefs erkennbar entspannt und sogar herzlich. »Die neuen Freunde kommen lächelnd ans Ziel«, lautete die Überschrift von Maureen Dowds Bericht in der *New York Times*: Inmitten der aktuellen Weltkrise hatten die dramatisch verbesserten Beziehungen zwischen Washington und Moskau die gesamte Dynamik der internationalen Politik verändert. Mit einer starken gemeinsamen Erklärung, in der die beiden Staatschefs versprachen, »individuell und gemeinschaftlich zu

handeln«, um die Eroberung Kuwaits durch den Irak rückgängig zu
machen, bestätigten sie die Deklaration von Baker und Schewardnadse
vom 3. August und ihre gemeinsame Unterstützung der UN-Resolutionen, die einen Rückzug Saddams aus Kuwait gewährleisten sollten. Gorbatschow sprach von der radikalen Umkehrung des Verhältnisses, das
im Jahr 1967 bestanden hatte, als die beiden Supermächte an der
Schwelle eines Krieges standen, weil sie im israelisch-arabischen Sechs-
Tage-Krieg verschiedene Seiten unterstützten. Bush nahm auf frühere
Gipfeltreffen wie Malta, Washington, oder Camp David Bezug, durch
die, wie er sagte, »wir eine neue Periode des Friedens einleiten und den
Kalten Krieg hinter uns lassen«. Er lobte die Fähigkeit beider Seiten
zusammenzuarbeiten und dieselben Prinzipien zu verteidigen.[98]

Dennoch waren vor der Weltpresse auch die Meinungsunterschiede,
insbesondere in Bezug auf den Einsatz von Gewalt, deutlich zu erkennen. Bush verhehlte nicht, dass er letztlich mit einem Militäreinsatz
drohte, wohingegen Gorbatschow versuchte, sich von dieser Option zu
distanzieren. Bei der Beantwortung von Fragen betonte er umständlich:
»Ich habe nicht gesagt, dass wir zu militärischen Mitteln greifen müssen, wenn sich der Irak nicht friedlich zurückzieht. So habe ich mich
nicht dazu geäußert. ... Und außerdem würde uns das meiner Ansicht
nach in Folgen hineinziehen, die wir jetzt noch nicht absehen können.«
Dennoch lehnte er einen Militäreinsatz nicht kategorisch ab. Die Tür
blieb einen kleinen Spalt offen.

Auch auf eine herablassende Bemerkung Bushs reagierte er scharf.
Dieser hatte gesagt: »Nach der bemerkenswerten Kooperation, die die
Sowjetunion bei den Vereinten Nationen gezeigt hat, neige ich dazu,
für den wirtschaftlichen Bereich eine möglichst enge Zusammenarbeit
vorzuschlagen.« Gorbatschow entgegnete, dass es »eine unzulässige
Vereinfachung und sehr oberflächlich wäre, wenn man zu dem Schluss
käme, dass sich die Sowjetunion für ein paar Dollar kaufen ließe«.[99]

Der kurze Schlagabtausch war entlarvend. Letztlich war der Gipfel
für Gorbatschow eine eher unwichtige Zerstreuung. »Innenpolitisch
bringt es nicht viel ein, sich auf die Krise zu konzentrieren«, kommentierte Maureen Dowd. »Die Menschen in der Sowjetunion interessieren
sich mehr für Brot und Zigaretten« als dafür, Saddam »zu bestrafen«.
Für die Amerikaner sah die Sache ganz anders aus. Da sie vor einem

möglichen Krieg standen, war die Art, wie Bush die Golfkrise bewältigte, ein »Test für seine Führungsqualitäten« und »würde eine Rolle bei der Bewertung seiner Präsidentschaft spielen«.[100] Dennoch stand der Präsident, obwohl er mit einer Zustimmungsrate von 76 Prozent[101] starken Aufwind hatte, Gorbatschows Problemen keineswegs gleichgültig gegenüber. Für R. W. Apple kam bei dem Treffen »Präsident Bushs Entschlossenheit zum Ausdruck, seinem in Schwierigkeiten geratenen sowjetischen Freund dabei zu helfen, sich selbst als weltläufigen Staatsmann und sein Land als wichtigen Akteur auf der Weltbühne zu präsentieren, auch wenn zu Hause alles sehr schlecht lief«. Apple meinte, es könne sich möglicherweise um einen »sleeper summit« handeln, einen Gipfel, der eine weit größere Bedeutung besaß, als es die beiden Staatschefs bis jetzt erkannt hätten, einen Gipfel, der vielleicht den Beginn einer gemeinsamen Suche nach Frieden im turbulenten Nahen Osten markiere – ein Ziel, das die Staatsmänner dieser Welt noch länger nicht erreicht hätten, als der Kalte Krieg gedauert habe.[102]

Auf dem Rückflug von Helsinki nach Hause war Bush aufgekratzt. Er telefonierte gleich mit dem saudischen König Fahd und nahm erleichtert zur Kenntnis, dass der Gipfel in der arabischen Welt ein positives Echo gehabt hatte.[103] Auch Kohl war ganz begeistert, als ihn Bush anrief. Der Gipfel habe einen hervorragenden Eindruck hinterlassen. Er habe gestern mit Gorbatschow gesprochen, und der sei sehr erfreut. Bush äußerte ebenfalls seine Zufriedenheit: »Er hat eine viel stärkere Erklärung abgegeben, als wir erwartet hatten. Wir haben alles bekommen, was wir wollten.«[104] Insgesamt lieferte Helsinki dem US-Präsidenten die ideale Basis für seine Rede vor beiden Kammern des Kongresses. Hier wollte er nochmals herausarbeiten, was bei dem Gipfeltreffen erreicht worden war, und dadurch noch mehr Unterstützung für seinen Ansatz in der Golfkrise gewinnen.

In jener Rede, die er am 11. September hielt, wiederholte er zunächst noch einmal die Ziele, die er früher schon gesetzt hatte: »Der Irak muss sich vollständig und bedingungslos aus Kuwait zurückziehen. Kuwaits rechtmäßige Regierung muss wieder eingesetzt werden. Sicherheit und Stabilität am Persischen Golf müssen garantiert werden.« Dann jedoch brachte er die Operation am Golf in einen viel größeren Zusammenhang. »Aus diesen schwierigen Zeiten«, erklärte er, »kann ... eine neue Welt-

ordnung hervorgehen ... Eine Ära, in der die Völker der Welt, Ost und
West, Nord und Süd, gedeihen und in Harmonie leben können. Hundert Generationen haben nach diesem schwer zu findenden Weg zum
Frieden gesucht, während tausend Kriege in jener Zeitspanne menschlichen Bemühens wüteten. Heute ringt diese neue Welt um ihre Geburt,
eine Welt, die anders ist als die, die wir bisher kannten. Eine Welt, in
der die Herrschaft des Rechts die Herrschaft des Dschungels ersetzt.
Eine Welt, in der die Völker die gemeinsame Verantwortung für Freiheit
und Gerechtigkeit erkennen. Eine Welt, in der der Starke die Rechte
des Schwachen achtet. Das ist die Vision, die ich mit Präsident Gorbatschow in Helsinki geteilt habe.«

An diesem Septemberabend im Kapitol präsentierte Bush vollständiger denn je seine Vorstellungen von einem neuen internationalen System. Er sah die Welt an einem Wendepunkt der Geschichte. Seine Rede
enthielt (bewusst oder unbewusst) Echos auf Woodrow Wilsons »Vierzehn Punkte« von 1918. Auch dieser Präsident hatte von einer »neuen
Welt« gesprochen, die auf »dem Prinzip der Gerechtigkeit für alle Völker und Nationalitäten beruhte und auf deren Recht, unter den gleichen Bedingungen von Freiheit und Sicherheit miteinander zu leben«.
Bush erschien die »neue Weltordnung«, die er nun, mehr als 70 Jahre
später, entwarf, erreichbar, weil sich die Geschichte allem Anschein
nach unaufhaltsam auf die Vorherrschaft der Demokratie zubewegte.
Aber auch weil eine Vielzahl von Staaten, nicht wenige davon erbitterte
Gegner in der Ära des Kalten Krieges, nun an einem Strang zog, darunter insbesondere die Sowjetunion sowie die Volksrepublik China. Dies
verband seine Vision mit der eines weiteren großen amerikanischen
Präsidenten: Franklin Delano Roosevelt, der während des gesamten
Zweiten Weltkriegs auf die Gründung der Vereinten Nationen hinge-
arbeitet hatte, nur damit sie kurz darauf durch den Ost-West-Konflikt
paralysiert wurden. Mit der Aufhebung der Blockade im Weltsicherheitsrat schienen die Vereinten Nationen 1990 erstmals zu sich selbst zu
finden – 45 Jahre nach ihrer Gründung. »Heute ist eine UNO in Sicht,
die so arbeitet, wie ihre Gründer es sich vorgestellt haben.« Bush zeichnete ein lebendiges Bild von amerikanischen Soldaten, die zusammen
mit Arabern, Europäern, Asiaten und Afrikanern dienten, um das Prinzip und den Traum von einer neuen Weltordnung zu verteidigen. »Des-

halb rackern sie sich ab und schwitzen im Sand, in der Hitze und in der Sonne.«[105]

Die US-Presse reagierte begeistert. Laut *New York Times* hatte Bush hier die vielleicht schonungsloseste und beste Rede seit der Annahme seiner Nominierung durch die Republikaner mehr als zwei Jahre zuvor gehalten. Er hatte »ein klares Ziel« und die »richtige Strategie« präsentiert. Die extravaganteste Wertung kam am 24. September 1990 von Bruce W. Nelan im Nachrichtenmagazin *Time*. »Niemand«, schrieb er, »könnte eine Bush-Rede und ihren Vortrag mit einer Rede von Churchill verwechseln. Letzte Woche jedoch hielt Bush eine Rede, nein, sagen wir ein rhetorisches Meisterwerk, das seine Zuhörer in den Bann schlug und absolut keinen Zweifel daran ließ, dass er jedes einzelne Wort meinte, das er sagte.«[106]

Ein »Adrenalinstoß« erfasste Bush bei dieser Rede. Und am Ende war er hoch erfreut über die enthusiastische Aufnahme, die seine Worte bei den Abgeordneten fanden, deren Jubel fast so sehr ihm wie den Soldaten in der Wüste zu gelten schien. Er war jetzt zuversichtlich, dass es für seine Maßnahmen zunächst einmal eine breite Unterstützung geben würde, wenngleich ihm bewusst war, dass der Einsatz von Gewalt durchaus debattiert wurde. Eifrig bestrebt, sich in jedem Stadium der Entwicklung politische Unterstützung zu sichern, musste er immer wieder an Präsident Lyndon B. Johnson denken, dem es gelungen war, 1964 im Kongress eine Abstimmung zur Unterstützung des Vietnamkriegs zu gewinnen. Johnsons Beispiel gemahnte ihn aber auch daran, wie die öffentliche Unterstützung vermutlich dahinbröckeln würde, falls sich die Abschreckungsmission zu einem echten militärischen Konflikt mit amerikanischen Verlusten entwickelte.[107]

George H. W. Bush war selbst in seinen besten rhetorischen Momenten kein blauäugiger Visionär. Seine »neue Weltordnung« war nichts völlig Neues. Er sprach von einer Welt »freier von der Bedrohung durch Terror, stärker im Streben nach Gerechtigkeit und sicherer in der Suche nach Frieden«, und er verfolgte einen konservativen Ansatz in Bezug auf globalen Wandel und Krisenmanagement. Außerdem hatte er, obwohl er von der neuen internationalen Zusammenarbeit sprach, keinen Zweifel daran, dass, wie schon im Kalten Krieg, alles von der Macht und dem Willen der Vereinigten Staaten abhing. »Die jüngsten Ereig-

nisse haben bewiesen, dass es keinen Ersatz für die amerikanische Führung gibt.« Aber, fügte er hinzu: »Unsere Fähigkeit, effektiv als Großmacht zu funktionieren, hängt davon ab, wie wir uns im eigenen Land
verhalten ... Das ist in Demokratien nie leicht, denn wir regieren nur
mit der Zustimmung der Regierten.« Er war sich völlig im Klaren darüber, dass er zu einem demokratisch kontrollierten Kongress mit aus-
geprägten parteipolitischen Animositäten sprach, und doch forderte er
die Abgeordneten auf, an die Soldaten der Koalition im Wüstensand zu
denken. »Wenn sie unter so widrigen Umständen zusammenkommen
und alte Gegner wie die Sowjetunion und die Vereinigten Staaten sich
für eine gemeinsame Sache engagieren können, dann werden sicher
auch wir in diesem großen Haus, Demokraten, Republikaner, Liberale,
Konservative, zusammenfinden und hier unsere Pflicht erfüllen.«
Besondere Sorgen machte ihm das immer noch ungelöste Steuerpro-
blem. »Um unsere Führung wieder zu stärken, unsere Fähigkeit zur
Führung, müssen wir uns um unser Haushaltsdefizit kümmern – nicht
nach dem Wahltag oder nächstes Jahr, sondern jetzt.«[108]

*

Die irakische Invasion in Kuwait, die Sanktionen der UNO, die Truppenstationierung im Nahen Osten und der Gipfel in Helsinki hatten allesamt Schlagzeilen produziert, die den heimischen Kampf um die Steuern von den Titelseiten verdrängt hatten, doch das Problem war nie
gelöst worden. Im Frühsommer hatte der Präsident beschlossen, dass er
bereit wäre, »eine bittere Pille zu schlucken«, um das Problem mit dem
Haushaltsdefizit zu lösen, wenn andere das auch täten. Er brach schweren Herzens sein Nehmt-mich-beim-Wort-Steuerversprechen, war aber
der Ansicht, dass die Demokraten als Gegenleistung »ihre Rhetorik
über Steuern und Sozialausgaben etwas mäßigen müssten«.[109] Das
Steuerjahr der Zentralregierung würde am 30. September, also drei
Wochen später, enden, und ohne eine Einigung zwischen den beiden
Parteien wäre Bush gezwungen, alle nicht lebensnotwendigen Bundesbehörden zu schließen. Eine echte Demütigung: einem Präsidenten, der
im Ausland mit dem großen Knüppel droht, sind zu Hause die Hände
gebunden – ein Widerspruch, der auch von den amerikanischen Medien

aufgegriffen wurde. So schrieb Paul A. Gigot vom *Wall Street Journal:*
»Der Außenpolitiker Bush kann hartnäckig sein in Bezug auf China,
geschickt im Umgang mit Europa und mit Michail Gorbatschow, mutig,
wenn er Manuel Noriega ausschaltet. Der Innenpolitiker Bush bricht
sein Steuerversprechen ohne Gegenleistung.«[110]

Trotz der allgemeinen Begeisterung über die außenpolitischen Aussagen in Bushs Rede vom 11. September verschaffte sie ihm an der Hei-
matfront kaum Erleichterung. Zwei Wochen nach der Ansprache
schrieb der Präsident in sein Tagebuch: »Beim Haushalt kommt es hart
auf hart.« Er wusste angesichts des gebrochenen Steuerversprechens
nicht einmal, ob die Republikaner geschlossen für ihn stimmen würden.
Anfang Oktober musste er mehrere Tage lang die Bundesbehörden
schließen, weil die republikanische Basis tatsächlich revoltierte und am
6. Oktober gegen den mit den Demokraten ausgehandelten Kompromiss
stimmte. Bush notierte: »Diese Woche war die unangenehmste oder
spannungsgeladenste der Präsidentschaft.« Andere wichtige Entscheidungen, wie die Aktion in Panama im Jahr zuvor oder die Reaktion auf
die irakische Invasion im August, hatten beide Parteien getragen. »Hier
sind wir gespalten. Es gibt Beschimpfungen und Beschuldigungen –
und mir gefällt das ganz und gar nicht.« Er rundete sein Lamento mit
einem müden Witz ab: »Es ist schon hart, wenn man den Kongress nicht
unter Kontrolle hat … Wer in Washington einen Freund braucht, sollte
sich einen Hund kaufen – ich jedenfalls habe einen guten.«[111]

Das Patt im Haushaltsstreit zog sich noch weit in den Oktober hin.
»Ich glaube, dies ist die größte Herausforderung meines Lebens – bei
weitem«, schrieb Bush am 17.[112] Am 25. Oktober[113] wurde schließlich
ein Abkommen ausgehandelt und am 5. November, einen Tag vor den
Zwischenwahlen, als Gesetz verabschiedet. Der Kongress beschloss eine
Steuererhöhung von 140 Milliarden in den folgenden 5 Jahren, in der
Hoffnung, das Defizit des Bundeshaushalts zu reduzieren. Der Spitzen-
steuersatz der vom Bund eingetriebenen Einkommensteuer wurde von
28 auf 31 Prozent erhöht – noch so eine bittere Pille, die der Präsident
schlucken musste. Und der Last Minute-Deal kam bei den Wählern
nicht gut an: Die Republikaner verloren neun Sitze im Repräsentantenhaus und einen im Senat, und die Zustimmungsrate des Präsidenten
sank auf 57 Prozent. Wie sich herausstellte, war der Bruch seines 1988

gegebenen Wahlversprechens eine echte politische Fehlentscheidung:
Er hatte in seiner eigenen Partei Verwirrung gesät, viele Wähler gegen
sich aufgebracht und seine Glaubwürdigkeit als Innenpolitiker beschädigt, und das alles keine zwei Jahre vor dem Kampf um seine Wiederwahl.[114]

Ein paar Tage dominierte der Ringkampf in Washington fast gänzlich die Schlagzeilen. Am Freitag, dem 9. November, jedoch verlagerte
sich die Aufmerksamkeit erneut, als Bush seine Absicht bekanntgab,
weitere 150 000 bis 200 000 Mann Boden-, Luft- und Seestreitkräfte an
den Persischen Golf zu entsenden. Die Maßnahme bedeutete eine Verdopplung der Truppenpräsenz und sorgte für »eine angemessene offensive militärische Option«, um die irakischen Truppen aus Kuwait zu
vertreiben. Sofort kamen Spekulationen auf, dass dieser neue Aufmarsch auf den baldigen Einsatz militärischer Gewalt schließen ließ.
Verteidigungsminister Cheney goss Öl ins Feuer, indem er verkündete,
dass das Pentagon die Truppen in Saudi-Arabien nicht mehr nach einem
Rotationssystem stationieren werde und sowohl die bereits dort stationierten als auch die im Anmarsch befindlichen Soldaten für die Dauer
der Krise im Dienst bleiben müssten. Zusammengenommen ließen die
Erklärungen Bushs und Cheneys den eindeutigen Schluss zu, dass
Washington seinen Einsatz erhöhte. Die Medien kamen zu der Einschätzung, dass Bush damit nur noch drei Möglichkeiten hatte: auf
unbestimmte Zeit Amerikaner in der Region zu stationieren; einzuknicken und seine klare Androhung militärischer Gewalt zurückzunehmen oder die Kröte zu schlucken und in den Krieg zu ziehen.[115]

Der Präsident wusste, dass er nicht auf Zeit spielen konnte. Tatenlosigkeit würde sich negativ auf die Moral der Truppen auswirken, und
außerdem hatte ihn die amerikanische Botschaft in Saudi-Arabien auf
ein enges Zeitfenster hingewiesen. Sie warnte, dass es unklug wäre, im
März zu kämpfen, weil die muslimische Fastenzeit, der Ramadan, auf
diesen Monat falle. Wenn man davon ausging, dass die USA noch bis
Anfang Dezember brauchen würden, um ihre Logistik und ihre Truppenstärke auf ein adäquates Niveau zu bringen, standen damit nur
noch Januar und Februar für militärische Operationen zur Verfügung,
bevor zudem der Frühlingsregen einsetzte. Unabhängig von diesen
Ratschlägen sah sich Bush inzwischen auch durch abstoßende Berichte

über irakische Gräueltaten zum Handeln gedrängt. »Ich habe gerade
einen schrecklichen Geheimdienstbericht über die brutale Zerstücke-
lung und Demontage von Kuwait gelesen«, schrieb er am 22. September
in sein Tagebuch: »Bürger werden in ihren Autos angehalten und
erschossen ... in den Häusern wird gewütet ... eine Oase ist in eine
Wüste verwandelt worden.«[116] Später schrieb Bush, dies sei der Punkt
gewesen, an dem er »Saddams Aggression nicht mehr nur als gefährliche strategische Bedrohung und als Unrecht, sondern ihre Beendigung
als einen moralischen Kreuzzug betrachtete«. In der wachsenden Überzeugung, dass es sich um einen Kampf zwischen Gut und Böse handelte,
fühlte sich Bush durch die Lektüre einer Studie des Historikers Martin
Gilbert über den Zweiten Weltkrieg bestärkt. »Ich sah eine direkte
Analogie zwischen den Ereignissen in Kuwait und dem, was die Nazis,
insbesondere in Polen, getan hatten.« Dass er in dem irakischen Herrscher einen neuen Hitler sah, verstärkte seine Entschlossenheit: Saddam war zum »Inbegriff des Bösen« geworden.[117]

Da sich Bushs eigene Sicht der Dinge verhärtete, war er frustriert
über die Vermittlungsversuche einiger seiner Koalitionspartner, ließ
sich aber durch sie nicht beirren. Historisch betrachtet war Frankreich
der engste westliche Partner des Iraks, und sogar als die Krise schon
ausgebrochen war, versuchte es noch, die Gesprächskanäle nach Bagdad aufrechtzuerhalten. Außerdem wollte Mitterrand jede Verpflichtung zu einer Wiedereinsetzung der kuwaitischen Herrscherfamilie
vermeiden, weil er sich für das Emirat eine demokratischere Zukunft
wünschte. Bush dagegen war der Ansicht, dass die USA »den Kuwaitern die Demokratie nicht aufzwingen sollten – sie ist eher etwas, das
im Inneren wachsen sollte«.[118] Diese Position war einmal mehr Beleg
dafür, dass Bush außenpolitisch mit Besonnenheit und wie ein vorsichtiger, eher bewahrender Manager agierte. Er spielte zwar mit Blick auf
den gesamten Nahen Osten mit der Idee des Regimewechsels (»regime
change«), wollte eine solche Politik aber im Gegensatz zu den Falken in
seiner eigenen Partei nicht mit aller Gewalt durchsetzen.

Dass Paris weiter mit den Arabern flirtete, konnte er mit der Bemerkung »Die Franzosen sind halt Franzosen« abtun. Was ihn jedoch wirklich störte, war der Schmusekurs, mit dem sie offenbar die Friedens-
angebote des Kremls an Saddam Hussein unterstützten. Der US-Präsident

war von den Sowjets ernsthaft genervt. Zwar schien Schewardnadse mit seiner Aussage: »Wenn wir von einer neuen Weltordnung sprechen, werden die amerikanisch-sowjetischen Beziehungen die wichtigste Stütze dieser Ordnung sein«, immer noch die richtige Einstellung zu haben.[119] Aber der Minister war, was den Irak betraf, inzwischen weitgehend kaltgestellt, weil Gorbatschow, hinter seinem Rücken, Primakow zum Hauptvertreter seiner Nahostpolitik gemacht hatte. Bei einem Besuch in der irakischen Hauptstadt vom 4. bis 5. Oktober versuchte der sowjetische Gesandte die alte, besondere Beziehung zu Bagdad wiederzubeleben, und bot Zugeständnisse an, die Saddam zum Rückzug aus Kuwait bewegen sollten.[120] Demgegenüber betonte Bush, dass der Irak sich bedingungslos zurückziehen müsse, ohne dafür irgendeine Belohnung zu erhalten.

Nach einem Treffen mit Mitterrand in Paris[121] verurteilte Gorbatschow Saddams »Abenteurertum« in aller Schärfe und warnte den Diktator davor, auf eine Spaltung der multinationalen Koalition zu setzen. Zugleich erklärte er jedoch öffentlich, dass »eine militärische Lösung dieser Frage inakzeptabel« sei. Offenbar hegte er die illusionäre Hoffnung, dass Primakow auf weiteren Missionen einen diplomatischen Durchbruch erzielen könnte. Mitterrand teilte diese Hoffnung nicht und verzichtete somit vor der Weltpresse auf die Aussage, dass er eine diplomatische einer militärischen Lösung vorziehe. Und, was für Washington noch wichtiger war, es kam zu keiner gemeinsamen Erklärung der Franzosen und Sowjets zum Konflikt um Kuwait. Stattdessen sagte Mitterrand, es sei sehr wichtig, den »Zusammenhalt« der internationalen Gemeinschaft zu bewahren und das Embargo gegen den Irak so lange wie nötig aufrechtzuerhalten. »Das bedeutet nicht, dass wir den Frieden einem bewaffneten Konflikt nicht vorziehen würden«, fuhr er fort. »Doch der Frieden ist dem Recht unterworfen, und er sollte auf dem Recht beruhen.« Auf seine eigene, etwas gewundene Weise hatte sich Mitterrand auf Bushs Seite gestellt.[122]

Von den wichtigsten Mitgliedern in Bushs Koalition war freilich nur Margaret Thatcher für einen baldigen Militäreinsatz. »Die Briten sind stark«, schrieb Bush in sein Tagebuch. Tatsächlich stellte er fest, dass Thatcher entschieden »ungeduldig« auf militärische Aktionen brannte. Sie hielt schon die bestehenden UN-Resolutionen für ausreichend, um (gemäß Artikel 51 der UN-Charta) loszuschlagen, und sie hatte wenig Interesse, eine weitere irakische Provokation abzuwarten, die dafür als Begründung dienen konnte. Im Gegensatz zu ihr sahen Bush und insbesondere Baker große politische Vorteile in einer weiteren UN-Resolution, die den Krieg ausdrücklich billigen würde. Thatcher hatte Bush schon ein paar Wochen zuvor gewarnt, dass dies nicht die Zeit sei zu wanken. Ihrer Ansicht nach riskierte man mit einem erneuten Gang zur UNO nur neue Beschränkungen:»Ich glaube nicht, dass wir einen weiteren Grund zum Losschlagen brauchen.«[123]

Die Amerikaner jedoch waren nicht ihrer Ansicht. Bush und Baker wussten um das Stereotyp von der »amerikanischen Cowboymentalität«, das in den Augen der Welt erst kurz zuvor, im Jahr 1983, durch Reagans Invasion in Grenada und 1989 durch Bushs Invasion in Panama bestätigt worden war. Die Sache allein durchzuziehen, war diplomatisch ungeschickt und militärisch unklug.[124] Um die Weltöffentlichkeit und die eigene Bevölkerung noch besser auf den Militäreinsatz vorzubereiten, hielt Baker am 29. Oktober eine große Rede vor dem Los Angeles World Affairs Council. Er unterstrich Amerikas Entschlossenheit, dieser »Geschichte der Barbarei in ihrer primitivsten und übelsten Gestalt« ein Ende zu setzen, und er warnte Saddam Hussein:»Zweifeln Sie nicht daran. Wir schließen einen möglichen Einsatz von Gewalt nicht aus, wenn der Irak Kuwait weiterhin besetzt hält.«[125]

Baker, der ursprünglich vorsichtiger als Bush gewesen war, was den Einsatz militärischer Gewalt betraf, hatte sich also inzwischen Bushs Meinung angeschlossen. Saddam war eindeutig unbelehrbar und Kuwait wurde systematisch zerstört. Auf einem Briefumschlag hatte sich Baker notiert:»Neue Weltordnung: muss sich auf Prinzipien gründen & und Aggression entgegentreten. ... Wenn wir reingehen, muss die Truppe eindrucksvoll sein. Gleichzeitig müssen wir uns wegen Unterstützung für möglichen Einsatz an Kongress und UN wenden.«[126]

Der US-Außenminister stimmte mit General Powell darin überein, dass »sich die gegenwärtige Politik treiben ließ«. Deshalb war es notwendig, »dem Bröckeln der Unterstützung zuvorzukommen«. Die Vereinigten Staaten mussten die Zustimmung der UNO gewinnen und durften keine Abstimmung im Weltsicherheitsrat verlieren. Es war ein glücklicher Umstand, dass sie im November die (monatlich wechselnde)

Präsidentschaft des UN-Sicherheitsrats innehatten, bevor diese im Dezember an den Jemen, einen Verbündeten des Iraks, und dann an Zaire und Simbabwe überging. Mit anderen Worten, der diplomatische Terminkalender wurde von der laut Baker schlichten und unabänderlichen Realität bestimmt, dass der beste Zeitpunkt für eine Abstimmung über den Einsatz von Gewalt vor dem Ende des Monats liege.[127]

Das Weiße Haus machte sich also daran, im Vorfeld eines Krieges die Idee der »offensiven Option«[128] international zu streuen und die Zustimmung der UNO für eine militärische Lösung der Kuwait-Krise zu gewinnen. Baker bereiste als oberster Handelsvertreter Amerikas in 18 Tagen zwölf verschiedene Länder auf drei Kontinenten. Am 3. November machte er sich auf den Weg in den Nahen Osten und nach Europa. Offiziell diente die Reise »der Beratung mit unseren Koalitionspartnern über die allgemeine Lage am Golf«, aber für das Washingtoner Pressekorps war es kein Geheimnis, dass das weitergehende Ziel darin bestand, »die Ansichten der Verbündeten darüber zu erkunden, ob überhaupt und wenn ja, wann und wie Gewalt eingesetzt werden sollte«.

Bei seinen Reisen sprach Baker persönlich mit all seinen Kollegen im Weltsicherheitsrat, »eine verzwickte Angelegenheit«, wie er später schrieb, »denn oft musste ich ihnen ihre Stimme förmlich abschwatzen, aus der Nase ziehen oder mit Drohungen oder gelegentlich sogar durch Abkaufen für uns sichern«. Das, so notierte er trocken, »ist die Kunst der Diplomatie«. Bei der Reise traf er sich auch mit den meisten Mitgliedern der Militärkoalition und bat sie um drei wichtige Zusagen für den Kriegsfall:

1) dass alle Kampfoperationen ausschließlich der Kontrolle amerikanischer Kommandeure unterlagen;
2) dass sie keine Einwände gegen eine Bombardierung des Iraks hatten;
3) dass sie nicht aus der Koalition ausscheren würden, falls Israel nach einem Angriff des Iraks Vergeltung üben würde.[129]

Die arabische Unterstützung erwies sich als solide. Insbesondere Fahds Saudi-Arabien war daran gelegen, lieber früher als später gegen Saddam loszuschlagen.[130]

Gespräche über Geld: US-Außenminister James Baker mit König Fahd
von Saudi-Arabien während der Golfkrise

Auf dem Weg vom Nahen Osten nach Moskau traf Baker – am 6. November in der VIP-Lounge des Kairoer Flughafens – den chinesischen Außenminister Qian Qichen, der selbst zu einem Treffen mit Saddam Hussein unterwegs war.[131] Baker versuchte den Chinesen von den Vorteilen einer Resolution zu überzeugen, die den Einsatz militärischer Gewalt billigte. »Das Beste, was Sie zu einer friedlichen Beilegung dieser Krise beitragen können, ist, Saddam mitzuteilen, dass China diese Resolution unterstützen wird.« Doch Qian legte sich nicht fest. Seiner Ansicht nach begannen die Sanktionen zu wirken, daher war es noch zu früh, um über den Einsatz von Gewalt zu reden. Ein Krieg würde das Kräftegleichgewicht am Golf verschieben, was nach Ansicht Pekings um jeden Preis verhindert werden musste. »Solange es noch einen Hoffnungsschimmer gibt«, sagte Qian, »wird China sein Bestes tun und sich um eine friedliche Lösung bemühen.«[132]

Qian ging von der Annahme aus, dass Amerika nicht aus Prinzipientreue handelte, sondern das hegemoniale Ziel verfolgte, die Ölreserven des Nahen Ostens unter seine Kontrolle zu bringen. Auch wollte die Führung der KPCh im Rahmen ihrer Bemühungen um eine internationale

Rehabilitation nach dem Tiananmen Massaker, dass China als eines der fünf ständigen Mitglieder des Weltsicherheitsrats eine profiliertere Rolle spielte und sich gleichzeitig in Bezug auf die kleineren Staaten des Nahen Ostens als Anwalt der Entwicklungsländer präsentierte. Außerdem hoffte sie, eine Aufhebung der Sanktionen, die die USA und die EG nach dem Tiananmen gegen China verhängt hatten, erwirken zu können, indem sie zu einer friedlichen Lösung der Golfkrise beitrug.[133]

Aber Qian erkannte, dass selbst eine Resolution, die einen Militäreinsatz billigte, für China ein nützlicher diplomatischer Hebel sein konnte. So versuchte er, die chinesische Unterstützung mit der amerikanischen Zusage zu verknüpfen, dass Bush die VRC besuchen werde, was dieser seit Februar 1989 nicht mehr getan hatte. Doch Baker ließ sich nicht darauf ein, sondern machte sehr deutlich, dass für die USA weder eine solche Bedingung noch ein Besuch in Frage kämen. Viel eher, sagte er, schulde China Bush etwas, weil er auf den Tiananmen nicht reagiert habe und trotz internationaler Sanktionen über Scowcroft einen Kanal offengehalten habe. Und er machte sehr deutlich, dass sich ein chinesisches Veto gegen eine Resolution über die Anwendung militärischer Gewalt katastrophal auf die chinesisch-amerikanischen Beziehungen auswirken würde: »Wir nehmen es unseren Freunden nicht übel, wenn sie sich uns nicht anschließen … aber wir erwarten, dass sie sich uns nicht in den Weg stellen.« Qian reagierte nicht darauf. Dennoch flog Baker gutgelaunt aus Kairo weg und telegrafierte seinem Präsidenten: »Ich glaube nicht, dass noch ein Besuch meinerseits nötig ist, um ihre Zustimmung oder Duldung der UN-Resolution zu bekommen.«[134]

Bakers Odyssee führte ihn nun in den Kreml, wo er am 8. November vier Stunden mit Schewardnadse und dann weitere zwei mit Gorbatschow sprach. Der amerikanische Außenminister stellte fest, dass sein sowjetischer Kollege von einer Militäraktion »nicht begeistert« war, aber geneigt anzuerkennen, dass sie »eines Tages einfach notwendig sein wird«. Gorbatschow dagegen war sehr viel widerspenstiger: »Wir wollen, dass sich diese Ära vom Kalten Krieg unterscheidet und auf anderen Normen basiert«, hielt er Baker entgegen. Insgesamt, telegrafierte Baker an Bush, »habe ich das Gefühl, dass sie am Ende mitmachen werden«, aber Gorbatschow »wollte sich nicht heute schon zu einer Entscheidung drängen lassen«. Der Sowjetführer versprach, dem Präsidenten in elf Tagen eine Antwort zu geben, wenn sie sich auf dem KSZE-Gipfel in Paris persönlich träfen.[135]

Am 9. November, dem ersten Jahrestag des Mauerfalls, flog Baker nach London, wo er feststellte, dass Thatcher mit der amerikanischen Politik immer weniger übereinstimmte. Sie brachte erneut ihre Skepsis bezüglich einer weiteren UN-Resolution zum Ausdruck und warnte, dass ein Chemieangriff des Iraks wahrscheinlicher werde, wenn man einen in der Zukunft liegenden Termin für den Beginn des Krieges festlege. Außerdem klagte sie darüber, dass es den Manövrierspielraum der Koalition verringere, wenn man beim Weltsicherheitsrat kleinere Staaten zufriedenstellen müsse. Als Baker sie endlich bitten konnte, zusätzlich zu den bereits versprochenen Boden-, Luft- und Seestreitkräften eine komplette Panzerdivision an den Golf zu entsenden, zögerte die Premierministerin und ihr Außenminister Douglas Hurd »zuckte erkennbar zusammen«. Thatcher erklärte, sie werde erhebliche Transportmittel der USA brauchen, um Truppen und Gerät an den Golf zu senden, und klagte er noch, dass zusätzliche Verlegungen Deutschland »entblößen« würden, weil nur wenige Soldaten dorthin zurückkehren würden.[136]

Auf London folgte ein Kurzbesuch in Paris, wo Baker erleichtert feststellte, dass Mitterrands Haltung zur nächsten Phase des Golfkriegs im Gegensatz zu der Thatchers »bemerkenswert ähnlich wie unsere eigene« war. Die Franzosen waren auf einen Krieg vorbereitet und teilten die amerikanische Ansicht, dass die UN-Charta als Rechtfertigung für einen Angriff nicht ausreichte. Außerdem erwähnte Baker in seinem Bericht an Bush noch einmal die »früher geäußerte Präferenz« des französischen Präsidenten »für ein arabisches oder arabisch-westliches Komitee, das über die künftige Regierung Kuwaits entscheiden soll (er findet den Lebensstil der Golf-Araber offensichtlich widerwärtig)«, stellte aber fest, dass man diese Idee eines Regimewechsels inzwischen aufgegeben habe. Was die Truppenstärke betraf, war Mitterrand keineswegs »geneigt, über eine Vergrößerung der bestehenden Streitmacht von 6000 Mann plus Luft- und Seestreitkräfte zu diskutieren«. Also übermittelte Baker lediglich die amerikanische Bitte um eine oder zwei zusätzliche französische Divisionen. Er glaubte, dass die Franzosen dem rechtzeitig zustimmen würden, und sagte zu Mitterrand, er denke, Bush werde über die französische Zustimmung zu einer weiteren UN-Resolution »außerordentlich erfreut« sein. Mitterand wusste nur zu gut um Frankreichs Ruf als Europas Quertreiber: »Wir werden uns gewiss mehr engagieren als einige Ihrer besten Freunde«, wobei der Staatspräsident ausdrücklich Deutschland, Japan und Italien erwähnte.[137]

Bei seiner Rückkehr war Baker zuversichtlich, dass er auf mindestens neun von 15 Mitgliedern des UN-Sicherheitsrats zählen konnte. Weitere Einzelheiten wurden von Bush am 19. November am Rand der KSZE-Konferenz in Paris ausgehandelt. Bei einem Frühstück mit Margaret Thatcher versicherte ihm diese nun, dass sie tatsächlich eine ganze britische Panzerdivision entsenden (also die bereits stationierte Panzerbrigade um eine weitere Brigade samt Unterstützungstruppen ergänzen) werde. Ebenfalls nützlich war ein Treffen Bakers mit Schewardnadse, bei dem sich die beiden auf einen Text für die UN-Resolution einigten, der so formuliert war, dass die UdSSR ihn mittragen konnte. »Aber wir wollen das nicht öffentlich sagen«, insistierte Schewardnadse. »Wir wollen noch ein letztes Mal mit den Irakern sprechen.« Schließlich gab Gorbatschow in Paris Bush die lange erwartete Antwort: »Nach langem Nachdenken und umfassender Analyse sind wir zu dem Schluss gekommen, dass wir der Verabschiedung einer Resolution des Weltsicherheitsrats zustimmen sollten.«[138]

Die Männer an der Spitze der beiden Supermächte hatten bei dieser Übereinkunft nicht nur den Golf, sondern Dinge von viel größerer Tragweite im Sinn. »Unsere Länder waren Gegner, aber heute arbeiten wir zusammen«, sagte Bush. »Was die künftige Gestaltung unserer Beziehungen betrifft, wäre Ihre Unterstützung meiner Ansicht nach ein starker Beweis für unsere Partnerschaft. Deshalb bitte ich Sie, mir zu helfen. Dabei geht es gar nicht so sehr um meine Person – wer weiß, in zwei Jahren könnte womöglich ein anderer Präsident werden. Ich bitte Sie, dabei zu helfen, das Richtige zu tun.« Gorbatschow reagierte zustimmend: »Wenn wir nicht jetzt in diesem neuen Stadium der globalen Entwicklung beweisen, dass wir in der Lage sind, mit dieser Art von Problem fertigzuwerden, dann hat das, was wir angefangen haben, nicht allzu viel zu bedeuten.« Deshalb »müssen wir eine Lösung« finden. Auch er wollte, dass der Konflikt am Golf international durch die

Vereinten Nationen gemanagt wurde, ein Forum natürlich, in dem der Kreml ein Vetorecht hatte.[139]

Bush und Gorbatschow stellten auch trianguläre machtpolitische Überlegungen an. In Paris hatte Baker aus einem weiteren Telefongespräch mit Qian in Peking geschlossen, dass die Chinesen auf stur schalteten. Der chinesische Außenminister war nicht bereit, öffentlich zu erklären, dass sein Land gegen die neue UN-Resolution kein Veto einlegen würde. Wie schon in Kairo bestand er auf einem Besuch des Präsidenten, wenn China nicht von seinem Vetorecht Gebrauch machen sollte. »Das war nicht unsere Abmachung«, erinnerte ihn Baker schroff. Dennoch lud er Qian am 19. November für den 30., den Tag nach der entscheidenden Sitzung des Weltsicherheitsrats, nach Washington ein. Und er spielte, wie er selbst sagte, seine »beste Karte«, indem er Qian mitteilte, dass der Präsident einen Tag darauf, am 1. Dezember, nach Lateinamerika aufbrechen werde. Der Chinese akzeptierte die Einladung, weil er vermutlich damit rechnete, von Bush empfangen zu werden.[140]

Noch immer unsicher, was China betraf, spekulierten Bush und Gorbatschow bei ihrem Pariser Treffen darüber, ob ihnen die Chinesen letztlich folgen würden. Bush war optimistisch. »Sie wissen, dass wir Probleme mit den Chinesen haben, sagte er zu Gorbatschow, aber wir gehen davon aus, dass sie sich nicht isolieren wollen.« Gorbatschow schlug vor, dass die USA die Post-Tiananmen-Sanktionen gegen die VRC aufheben sollten. Bush stimmte ihm prinzipiell zu, wies aber auf die rechtlichen Hindernisse hin, mit denen er »in unserem verrückten System« innenpolitisch zu kämpfen hatte. Er sei sogar gezwungen gewesen, gegen China gerichtete Resolutionen des Kongresses durch sein Veto zu blockieren. Übrigens, fügte er hinzu, »wenn Sie mit den Chinesen sprechen, sagen Sie ihnen, dass unsere Regierung permanent versucht, die Beziehungen zu normalisieren. Eine Zusammenarbeit im Rahmen der UNO wird uns erlauben, noch mehr in dieser Richtung zu unternehmen.«[141]

Der Multilateralismus im Zuge der Golfkrise bot den USA außerdem Gelegenheit, mit den Chinesen in einem größeren, weniger kontroversen Kontext über Themen zu verhandeln, die von gemeinsamem Interesse waren. Dies entschärfte die Kritik in den USA und im Ausland, die wegen der noch frischen Erinnerung an die Ereignisse des 4. Juni 1989 sonst vermutlich sehr heftig gewesen wäre. Zugleich machte die amerikanische Regierung klar, dass jeder chinesische Widerstand gegen die UN-Resolution seinen Preis haben würde. Den USA war durchaus bewusst, dass sie das dringende Bedürfnis der Sowjetunion, Chinas und anderer Staaten nach guten Beziehungen mit Amerika nutzen konnten, um wenigstens eine stillschweigende Billigung der US-Aktionen im Zusammenhang mit Kuwait zu erreichen. »Die Leute wollen uns nahe sein«, sollte Baker später schreiben. Peking selbst warb um eine Audienz für Qian bei Bush in Washington und für den Fortbestand seines Status als meistbegünstigte Nation.[142] Allerdings hatte Bush Deng schon früher in jenem Herbst mitgeteilt, dass auf chinesischer Seite mehr getan werden müsse, »bevor ich eine allgemeine Verbesserung unserer Beziehungen garantieren kann«.[143] Tatsächlich war der (seit 1980 jährlich erneuerte) Meistbegünstigungsstatus Pekings in dem feindseligen Klima nach dem Tiananmen im Kongress höchst umstritten und seine von Bush empfohlene Erneuerung für das Jahr 1991 stand auf der Kippe.[144] Der Präsident war sich sicher, dass der »Meistbegünstigungsstatus dahin sein könnte, wenn die Unterstützung [Chinas] in Sachen Irak abnahm«.[145]

Als die wichtige Abstimmung des Weltsicherheitsrats näher rückte, dachte Bush, er hätte einen Deal: die Stimme der VRC im Austausch gegen amerikanische Zugeständnisse beim Handel. Doch das erwies sich am Ende als zu optimistisch. Am 29. November wurde Resolution 678 des Weltsicherheitsrats mit zwölf zu zwei Stimmen verabschiedet. China enthielt sich. Die Resolution autorisierte »sämtliche Mitgliedstaaten, die mit der Regierung von Kuwait zusammenarbeiten«, zum Einsatz »aller notwendigen Mittel«, um den Irak aus Kuwait zu vertreiben, wenn er sich nicht bis zum 15. Januar 1991 zurückgezogen hätte. »Die Frist war gesetzt«, schrieb Scowcroft. Der Weltsicherheitsrat hatte dem Irak 47 Tage Bedenkzeit eingeräumt, die er als »Pause des guten Willens« bezeichnete, eine Entscheidung, die von einigen Partnern Amerikas ausgenutzt wurde. Dennoch war die große historische Bedeutung der Resolution nicht zu übersehen. Es war das erste Mal seit dem Beginn des Koreakriegs im Jahr 1950, dass die Vereinten Nationen ihre Macht gebraucht hatten, um den Einsatz militärischer Gewalt gegen die

Nadelstreifendiplomatie:
Saddam Hussein rührt sich nicht

Aggression eines Mitgliedslands zu genehmigen.[146] Baker hatte als Vorsitzender der Sitzung des UN-Sicherheitsrats eine leidenschaftliche
Eröffnungsrede gehalten, um den bis auf den letzten Platz gefüllten Saal
an den tödlichen Fehler zu erinnern, den die internationale Gemeinschaft gemacht hatte, als sie in den Dreißigerjahren Gewalt nicht mit
Gegengewalt beantwortet hatte. »Die Geschichte gibt uns eine zweite
Chance«, sagte er. »Wir müssen verhindern, dass die Vereinten Nationen dasselbe Schicksal erleiden wie der Völkerbund.«[147]

Chinas Verhalten erzürnte Baker. Die Enthaltung der Volksrepublik
führte dazu, dass man nicht, wie von Bush angestrebt, das volle
Gewicht der Weltmeinung für die Resolution in die Waagschale werfen
konnte. Baker wollte Qians Besuch in Washington deshalb in letzter
Minute absagen. Doch der Präsident nahm es gelassener: »Nach unserem Erfolg bei der UNO können wir keine internationale Krise gebrauchen«, sagte er.[148] Er erinnerte seinen Stab daran, dass eine Enthaltung
kein Veto sei, und vertrat die Ansicht, dass Peking das Notwendigste
getan habe. Die Vereinigten Staaten hätten es geschafft, nicht gedemütigt zu werden. Außerdem war er der Meinung, dass es die Chancen auf
eine chinesische Zustimmung zu möglicherweise nötigen weiteren Irak-

Resolutionen verbesserte, wenn er dem Außenminister der VRC die begehrte Audienz gewährte.

Also machte Qian am 30. November seinen Höflichkeitsbesuch bei Bush, und das Weiße Haus erklärte, das Treffen stelle den »höchsten offiziellen Kontakt« zwischen den beiden Regierungen seit Juni 1989 dar. Auf Kritik aus dem Kongress, dass dies »genau die falsche Botschaft« sei, betonte Bush, in Peking wisse man, dass »wir in der ganzen breiten Frage der Menschenrechte einige Meinungsverschiedenheiten haben«. Doch er hob hervor, dass beide Regierungen in Bezug auf den Irak dieselbe moralische Position verträten: »China und die Vereinigten Staaten sind sich darüber einig, dass man einer Aggression die Stirn bieten muss.«[149]

Insgesamt war Bush der Ansicht, seine vorsichtige Chinadiplomatie im Gefolge der Ereignisse des Juni 1989 habe letztlich unerwarteten Gewinn abgeworfen, selbst wenn sie das Missfallen von Menschenrechtlern erregt habe. 18 Monate zuvor war der Präsident nach seiner relativ milden Reaktion auf den Tiananmen mit einem wütenden Kongress und weltweiter Empörung konfrontiert gewesen. James Lilley, damals amerikanischer Botschafter in China, erinnerte sich noch an die »schrecklichen Angriffe«, die Bush 1989 über sich ergehen lassen hatte müssen, war jedoch der Ansicht, dass der Präsident nun, »da er die Belohnung dafür einstrich«, eine angemessene Entschädigung bekam.[150]

*

Die irakische Aggression rückgängig zu machen, war also gegen Ende 1990 zum entscheidenden Testfall für die Schaffung einer sicheren und gerechten Weltordnung im Gefolge des Kalten Krieges geworden. Und gleichzeitig war es ein Mittel, um unbestreitbar amerikanische Macht und Führung zu demonstrieren. »Wir können den Status quo ante [am Golf] nicht wiederherstellen«, versicherte das amerikanische Außenministerium, denn bei diesem hatte die Regionalmacht Irak im Zentrum gestanden. Nach der Kuwait-Krise würde eine neue »Sicherheitsarchitektur« etabliert und »von außen verstärkt« werden, und die militärische Unterstützung der USA für die Golfstaaten wäre »der Grundstein, auf dem die anderen Teile der Struktur ruhen«.[151]

Dass Washington ein langfristiges amerikanisches Engagement in der Region ins Auge fasste, machte eine militärische Lösung der aktuellen Krise für die USA attraktiver. Selbst wenn sie keinen Regimewechsel, also keinen Sturz Saddam Husseins, ins Auge fasste, bestand die Erwartung, dass die multinationale Koalition dem irakischen Militär katastrophalen Schaden zufügen würde. Dies, so hoffte man, werde, wenn nicht zur Entmachtung, so doch zur Unschädlichmachung des irakischen Despoten führen. Oder wie Bush es nur vier Tage nach der Invasion in Kuwait formulierte: »Vollständige Ruhe wird erst herrschen, wenn Saddam Hussein Geschichte ist.«[152]

So kam es, dass das Weiße Haus nach der Verabschiedung der UN-Resolution 678 keine weitere Diskussion über eine Verhandlungslösung mehr wollte. Dies würde, fürchtete die amerikanische Regierung, nur zu einem »diplomatischen Zirkus« führen, in dem eine wilde Mischung aus »Möchtegern-Unterhändlern, Friedensbefürwortern und ernsthaften Diplomaten« endlos »nach Bagdad und wieder zurück« pendelten.[153] Außerdem erhielten die Iraker durch eine solche Verzögerung mehr Zeit und Gelegenheit für Versuche, »die internationale Koalition zu schwächen«.[154] Wegen des hohen Stellenwerts, den man in den USA der arabischen Solidarität beimaß, bestand zudem die Sorge, dass Saddam Israel in den Konflikt hineinziehen könnte. Die Amerikaner hatten von den Sowjets erfahren, dass der Irak, »falls ein Krieg beginnt … Israel angreifen« werde.[155] Bush fürchtete, dass die Araber dann bei einem Gegenschlag der Israelis die Koalition verlassen könnten. Daher sagte er seinem israelischen Gegenüber Jitzchak Schamir am 11. Dezember mit aller Deutlichkeit, »dass ein israelischer Präventivschlag sehr schlecht wäre«: das Kämpfen müsse der Koalition überlassen werden. »Wenn er [Saddam] Sie angreift oder ein Angriff offensichtlich wird, haben wir die Fähigkeit, seine militärischen Strukturen zu zerstören«, so Bush. Der US-Präsident betonte jedoch, dass Amerika nicht die Absicht habe, Israels lebenswichtige Interessen zu opfern. »Wir haben eine wunderbar geplante Operation, die so kalkuliert ist, dass sie ihn [Saddam] für immer demoralisieren soll.«[156]

Auch die amerikanische Partnerschaft zur Sowjetunion stand unter Druck. Gorbatschow missachtete die Wünsche Washingtons und bestand weiterhin darauf, Primakow Friedenschancen erkunden zu lassen. Doch dieses Eintreten für eine unabhängigere sowjetische Außenpolitik vertiefte auch das Zerwürfnis des Sowjetführers mit Schewardnadse, der sich zunehmend sabotiert fühlte. Meinungsverschiedenheiten über die Krise am Persischen Golf waren der unmittelbare Anlass für den plötzlichen Rücktritt des Außenministers kurz vor Weihnachten. Doch er war auch besorgt, weil sich Gorbatschow zunehmend auf kommunistische Hardliner stützte, um die innenpolitische Lage zu stabilisieren. Diese verschlechterte sich rapide wegen der zusammenbrechenden Volkswirtschaft des Landes und weil der Separatismus insbesondere in den baltischen Staaten und dem Kaukasus immer stärker wurde. Gorbatschows Rechtsruck fand seinen dramatischen Ausdruck in der Tatsache, dass er im Herbst ein inneres Kabinett gründete, dem Verteidigungsminister Dmitri Jasow, KGB-Chef Wladimir Krjutschkow und der neue Innenminister Boris Pugo angehörten. Während Gorbatschow diese führenden kommunistisch-konservativen Kritiker umwarb, stellte er prominente Reformer in seiner Entourage unauffällig kalt. In diesem Kontext ließ Schewardnadse am 20. Dezember seine politische Bombe platzen: »Eine Diktatur ist am Entstehen … Niemand weiß, was für eine Diktatur, wer an die Macht kommen wird, und was für ein Diktator, welche Art von Ordnung errichten wird … Ich trete zurück … Das soll mein Protest gegen die kommende Diktatur sein.«[157]

In Washington beobachtete man seit Wochen, was das damalige Mitglied des Nationalen Sicherheitsrats Condoleezza Rice als »schleichenden Zusammenbruch« der UdSSR bezeichnete. Aber über Schewardnadses abrupten Rücktritt war man besonders beunruhigt. Scowcroft war »schockiert und besorgt« über die Nachricht; Bush fragte sich, »was das für die Krise, die Koalition und die Beziehungen zwischen den Supermächten im Allgemeinen bedeuten würde«.[158]

Allerdings, so viel steht fest, hätte sich der Kreml ohnehin nie mit eigenen Truppen an Desert Shield beteiligt. Als das neue Jahr begann, hatten die Sowjets die Amerikaner außerdem darüber informiert, dass die UdSSR keine britischen Hubschrauber mehr an den Golf transportieren werde. Die Amerikaner wiederum unterließen nach der Abstimmung des Weltsicherheitsrats am 29. November echte Konsultationen mit Gorbatschow über das weitere Vorgehen am Golf. Unabhängig von den zahlreichen Lippenbekenntnissen zur sowjetisch-amerikanischen

»Partnerschaft« beriet sich Washington vor allem mit seinen wichtigsten NATO-Verbündeten und mit Saudi-Arabien über die Führung des Krieges. Bushs »neue Weltordnung« ruhte auf den zwei Pfeilern USA und UdSSR, doch es gab beängstigende Anzeichen, dass der sowjetische Pfeiler dabei war, wegzubrechen.[159]

Also konzentrierte sich der Präsident nun auf eine militärische Lösung der Krise – zu amerikanischen Bedingungen. In seinen Augen kam jeder Kompromiss einem Fehlschlag gleich. »Wir werden siegen«, schrieb er am 28. November in sein Tagebuch. »Saddam Hussein wird Kuwait räumen, und die Vereinigten Staaten werden der Katalysator und der Schlüssel sein, der dies bewerkstelligt, und das ist wichtig. Unsere Rolle als führende Macht der Welt wird sich wieder einmal bestätigt haben.«[160] Bis Anfang 1991 sollten etwa 415 000 amerikanische Soldaten mit beinahe 120 000 Motorfahrzeugen und 12 000 Panzern sowie 520 000 Tonnen Munition und Versorgungsgütern am Golf sein. Zusammen mit den 108 Kriegsschiffen vor der Küste, darunter sechs Flugzeugträger und zwei Schlachtschiffe, und der in Saudi-Arabien stationierten größten Luftwaffe der Region (1350 amerikanischen Kampfflugzeugen und 1700 Hubschraubern) war diese amerikanische Streitmacht sowohl was die Größe als auch was die Geschwindigkeit ihrer Dislozierung betraf, ein erstaunliches Stück amerikanischer Machtprojektion. Insgesamt bestand die internationale Koalition aus 680 000 Soldaten: 45 000 aus Großbritannien, 10 000 aus Frankreich, 35 000 aus Ägypten, 20 000 aus Syrien, 10 000 aus Pakistan und 7000 aus Kuwait, plus mehreren 100 Kampfflugzeugen und etwa 20 Schiffen anderer Mitglieder der Koalition. Ihnen standen etwa 545 000 irakische Soldaten, die sich in Kuwait und im Südirak in den Wüstensand eingegraben hatten, gegenüber.[161]

Bei der Vorbereitung des Konflikts berücksichtigte Bush sorgfältig das, was man für die Lehren aus dem letzten amerikanischen Krieg hielt. Vietnam war noch immer der Alptraum, der die Amerikaner quälte, sowohl in der breiten Bevölkerung als auch in militärischen Kreisen. General Colin Powell, Vorsitzender des Vereinigten Generalstabs, war, wie Richard Haass es formulierte, »ein widerstrebender Krieger«, weil er in seinen prägenden Jahren in Indochina gekämpft und gelitten hatte. In den Achtzigerjahren hatte er dann Reagans

Verteidigungsminister Caspar Weinberger als Militärberater gedient. Gemäß der Strategie, die wahlweise als »Powell-Doktrin« oder als »Weinberger Plus« bezeichnet wird, hat man eine Mission genau zu definieren und zu ihrer Durchführung eine überwältigende militärische Übermacht einzusetzen. Ihr Ziel besteht darin, die massive Feuerkraft und die technologische Überlegenheit der Vereinigten Staaten einzusetzen, um die amerikanischen Verluste gering zu halten. Powell sprach sich für einen langen Luftkrieg aus, um die gegnerischen Streitkräfte zu schwächen und zu demoralisieren, bevor man ihnen mit Bodentruppen auf dem Schlachtfeld entgegentrat. Nach den vorbereitenden Luftangriffen sollten Saddams Truppen durch eine Kombination von Bewegungskrieg am Boden und Luftunterstützung überwältigt werden. Der Krieg, den Bush und Powell 1991 entfesseln wollten, sollte nicht aus einer Serie mühsamer Abnutzungsschlachten, sondern aus einem schnellen blitzkriegartigen Feldzug bestehen, bei dem alles darauf angelegt war, die Zahl der amerikanischen Todesopfer möglichst gering zu halten.[162]

Doch es war eine Sache, den Krieg auf dem Reißbrett zu planen, und eine andere, den Kongress und die amerikanische Öffentlichkeit zu überzeugen – insbesondere nach Bushs Haushaltsfiasko auf dem Capitol Hill. Sobald die Bereitstellung einer angriffsfähigen Streitmacht verkündet war, verhärtete sich der Widerstand im Kongress. Zwei Monate zuvor hatte Bush den Abgeordneten noch mit erheblichem Optimismus das Sanktionspaket und die Blockade als das verheerendste Embargo der Geschichte verkauft, das Saddam Hussein zum Rückzug zwingen werde. Nun aber ging es um die alarmierende Aussicht, in einem realen Krieg amerikanische Menschenleben zu riskieren. Dies erschien vielen als eine unannehmbare politische Kehrtwende. Vier Umfragen zwischen Mitte August und November 1990 ergaben, dass die Öffentlichkeit in Bezug auf einen Krieg gespalten war: 47 Prozent waren dafür, 43 waren dagegen und 10 Prozent unentschlossen. Nachdem der Sicherheitsrat am 29. November Resolution 678 verabschiedet hatte, die den Einsatz von Gewalt autorisierte, waren wieder 53 Prozent für einen Krieg und 40 Prozent dagegen.[163]

Die amerikanische Bevölkerung blieb in der Sache geteilter Meinung, das war Bush klar, daher behielt er beide Lager im Auge – eine Stra-

tegie, die in der dramatischen Erklärung, die er am 30. November in
einer Pressekonferenz abgab, besonders deutlich wurde. Einerseits
schilderte er leidenschaftlich die Gründe für einen Krieg: »Wir sind
am Golf, weil die Welt eine Aggression nicht belohnen kann und darf.
Wir sind dort, weil unsere vitalen Interessen auf dem Spiel stehen. Und
wir sind außerdem wegen Saddam Husseins Brutalität am Golf. Wir
haben es mit einem gefährlichen, nur allzu gewaltbereiten Diktator zu
tun. Er verfügt über Massenvernichtungswaffen und will weitere
anschaffen, und er will einen der wichtigsten Rohstoffe der Welt unter
seine Kontrolle bringen. Das alles in einer Zeit, in der die Regeln für die
Welt nach dem Kalten Krieg geschrieben werden ... Und noch nie hat
die Welt gegen Appeasement und Aggression klarer Einigkeit demonstriert.«

Bush fuhr fort: »Ich habe immer noch Hoffnung, dass wir eine
friedliche Lösung für die Krise finden. Aber wenn Gewalt notwendig
ist, werden wir und die anderen 26 Nationen, die in dem Gebiet
Soldaten haben, über genug Macht verfügen, um die Aufgabe zu
bewältigen.« Er widersprach auch all jenen Kritikern, die vor einem
»weiteren« Vietnam warnten. »Dies wird kein langer, sich hinziehen-
der Krieg. Die aufmarschierten Kräfte sind andere. Der Gegner ist ein
anderer. Der Nachschub für Saddams Militär wäre völlig anders. Die
in den Vereinten Nationen gegen ihn vereinigten Länder sind andere.
Die Topografie in Kuwait ist eine andere ... Wir werden nicht zulassen,
dass unsere Soldaten mit auf den Rücken gefesselten Händen kämpfen
müssen.«

Doch nachdem Bush allem Anschein nach zunächst heftig für einen
Krieg plädiert hatte, änderte er plötzlich seinen Ton. Er hob hervor,
dass er selbst jetzt, fünf Minuten vor zwölf, »Frieden und nicht Krieg«
wolle, und sagte, er sei bereit, »eine Extrameile für den Frieden zu
gehen«. Aus diesem Grund lud er auch den irakischen Außenminister
Tariq Aziz nach Washington ein und entschloss sich, Baker zu einem
»letzten« Gespräch mit Saddam Hussein nach Bagdad zu entsenden.
Prinz Bandar, der saudi-arabische Botschafter in Washington, hielt
diese Idee für völlig verrückt. »Für Sie«, sagte er zu Scowcroft, »bedeutet Bakers Besuch, dass Sie guten Willen zeigen, für Saddam bedeutet
er, dass sie Schiss haben.« Scowcroft sagte, die Entscheidung sei in

letzter Minute gefallen: Der Präsident meine, er müsse dem Kongress und der amerikanischen Öffentlichkeit zeigen, dass er alle diplomatischen Mittel ausschöpfe, bevor er sich für einen Krieg entscheide. Und eine Umfrage gab Bush recht, 90 Prozent der Amerikaner waren dafür, Baker nach Bagdad zu senden. Das Pentagon jedoch betrachtete den Schritt als Fehler, was auch für Haass und Scowcroft im Sicherheitsrat galt. Wie Prinz Bandar hielten auch sie Gespräche mit Aziz für »keine gute Idee, weil das so aussieht, als würden wir Saddam eine andere Möglichkeit außer der restlosen Erfüllung der UN-Resolutionen lassen«. Schlimmer noch, es sieht so aus, als »würden wir einknicken«.[164]

Trotz Bushs Beruhigungsversuchen ergab eine weitere Meinungsumfrage am 2. Dezember ferner, dass zwei Fünftel der Amerikaner es entweder für »ziemlich wahrscheinlich« oder für »sehr wahrscheinlich« hielten, dass der Krieg gegen den Irak ein ähnliches Desaster wie der Vietnamkrieg werden könnte.[165] Viele demokratische Abgeordnete im Kongress und frühere Militärs beschuldigten Bush, sich in einen Krieg zu stürzen, der Tausende von Todesopfern fordern könne. Robert McNamara, US-Verteidigungsminister während des Vietnamkriegs, sagte mindestens 30000 Opfer voraus, und der frühere Senator George McGovern sprach von mehr als 50000 toten Amerikanern und zeichnete ein grausiges Bild von Tausenden verstümmelter Leichen.[166] Am anderen Ende des Spektrums war die Brookings Institution merklich weniger pessimistisch. Sie sagte mit zweifelhafter Exaktheit, »nach 15 Tagen intensiver Gefechte zwischen 1049 und 4136 US-amerikanische Todesopfer« voraus. Selbst diese kleinere Zahl verschreckte viele einflussreiche Persönlichkeiten, insbesondere im Kongress. Dort betonten mehrere führende Demokraten, dass die Öffentlichkeit »sehr, sehr stark« gegen Verluste sei, und setzten sich immer heftiger für einen mit überlegener Technik geführten Luftkrieg ein, wie ihn Nixon in Kambodscha entfesselt hatte. Als Nation ist »unsere Reaktion auf Kriege bemerkenswert konstant«, hatte Richard Morin von der *Washington Post* in einem früheren Stadium der Krise richtig festgestellt. »Von allen komplexen Variablen, die die öffentliche Meinung beeinflussen, ist die Gesamtzahl der Verluste die bei weitem wichtigste.«[167]

Der Demokrat Sam Nunn, Vorsitzender des Verteidigungsausschusses im Senat, heizte die öffentliche Debatte mit Anhörungen zum Irak,

die im Fernsehen übertragen wurden, zusätzlich an. Zahlreiche prominente Zeugen aus dem Verteidigungsestablishment sagten aus, dass
Saddam allein durch Sanktionen zum Rückzug aus dem Irak gezwungen werden könne. »Das Problem ist nicht, ob ein Embargo funktioniert oder nicht, sondern ob wir Geduld haben, bis es funktioniert«,
sagte Admiral William J. Crowe Jr., Powells unmittelbarer Vorgänger als
Vorsitzender des Vereinigten Generalstabs. »Meiner Ansicht nach«,
fügte er hinzu, »unterschätzen wir unser Land, wenn wir den voreiligen Schluss ziehen, dass wir unseren Gegner nicht zum Nachgeben
zwingen könnten.« General David Jones, Vorsitzender des Vereinigten
Generalstabs von 1978 bis 1982, sorgte sich, dass der Truppenaufmarsch
die Politik ähnlich wie in Europa 1914 unter Zugzwang setze könnte.
Auf der anderen Seite warnte der frühere Außenminister Henry Kissinger vor einem Hinauszögern des Krieges: Er befürchtete, dass die internationale Koalition mit der Zeit erodieren könnte. Während sich die
Debatte auf dem Capitol Hill dahinschleppte, sprachen sich die meisten
Demokraten für eine Fortsetzung der Sanktionen aus. Dagegen wollten
die meisten Republikaner dem Präsidenten die Freiheit einräumen, in
den Krieg zu ziehen, wenn er es nötig fand.[168]

In den Weihnachtsfeiertagen nutzten die Kommentatoren die Atempause, um über Bushs Führungsqualitäten zu reflektieren. In der *New
York Times* zeichnete R. W. Apple das Bild einer Präsidentschaft, die in
dem kommenden »entscheidenden Jahr« »auf der Kippe zwischen
Erfolg und Scheitern steht«. Wenn die Krise im Nahen Osten entweder
in »ein Blutbad« oder in eine »langwierige Pattsituation« münde, werde
sich das, wie Apple voraussagte, »für ihn [Bush] als ebenso schädlich
erweisen wie sich Vietnam für Lyndon B. Johnson als schädlich erwies«.
Wie LBJ könne auch er es »teuflisch schwierig« finden, die beiden
Dinge zu liefern, »die der amerikanischen Wählerschaft am wichtigsten
sind: Frieden und Wohlstand«.[169] Andere Reporter widmeten sich den
beiden Aspekten dieser Dualität im Einzelnen und verwiesen auf den
Gegensatz zwischen Bush als Außen- und als Innenpolitiker. So übermittelte das Nachrichtenmagazin *Time* seine hochste Auszeichnung,
den »Mann des Jahres (1990)«, am 7. Januar 1991 auf eine bemerkenswert zweischneidige Art: Die Titelseite zeigte einen liebenswerten, aber
zweiköpfigen George H. W. Bush, der im Jahr 1990 »wie zwei Präsiden-

ten erschien«: »Der eine hatte eine eindrucksvolle Vision von einer
neuen Weltordnung; der andere hatte kaum eine Vision für sein eigenes
Land.« In einem weiteren Artikel berichtete das Magazin, wie der Präsident am 1. August sofort auf die Herausforderung von Saddams Invasion in Kuwait reagiert hatte: »Das war der Augenblick, auf den er sich
ein Leben lang vorbereitet hatte, das epochale Ereignis, bei dem sich
seine Wahlkampfparole: ›Bereit, ab dem ersten Tag ein großer Präsident
zu sein‹, bestätigte.« Bushs Außenpolitik sei, wie *Time* versicherte,
»ein Vorbild an Entschlossenheit und Meisterschaft«, doch seine
»Innenpolitik« biete ein »ebenso starkes Bild von Schwanken und Verwirrung«. Die stärkste Kritik des Magazins bestand darin, dass er während der Budgetkrise »hilflos gezappelt hatte ... wie ein gestrandeter
Blaufisch«.[170]

Am 3. Januar 1991 trat der 102. Kongress zusammen. Bush vermutete,
dass sich die Stimmung auf dem Capitol Hill weiter verhärten würde,
und beschloss, die formelle Genehmigung für den Einsatz militärischer
Gewalt zu beantragen. Sein Brief vom 8. Januar war freilich so formuliert, dass er nicht den Schluss zuließ, der Präsident benötige laut Verfassung die Zustimmung des Kongresses. Stattdessen bat er die Abgeordneten, den »Beschluss zu fassen, dass der Kongress den Einsatz aller
notwendigen Mittel zur Durchsetzung von Resolution 678 des Weltsicherheitsrats billigt«. Ein solcher Beschluss, hieß es in dem Brief,
»würde die klarstmögliche Botschaft an Saddam Hussein senden, dass
er sich bedingungslos und ohne Verzögerung aus Kuwait zurückziehen
muss. Jede mildere Formulierung würde den Irak in seiner Unnachgiebigkeit nur bestärken. Jede andere Formulierung berge das Risiko, von
der gegen die irakische Aggression aufmarschierten internationalen
Koalition abzulenken.« Der Brief machte Geschichte, war er doch der
erste solche Antrag eines Präsidenten, seit der Kongress im Jahr 1964
durch die Tonkin-Resolution den Einsatz militärischer Gewalt in Vietnam genehmigt hatte.[171]

Während der Senat und das Repräsentantenhaus über den Antrag
debattierten, verlagerte sich die Aufmerksamkeit nach Genf, wo sich
am 9. Januar Baker endlich mit Aziz traf, wie es der Präsident zuvor
versprochen hatte. Der Außenminister überreichte seinem irakischen
Kollegen einen versiegelten Brief von Bush an Saddam Hussein. Aziz

Eiskalte Wahl:
Rezession oder Krieg?

jedoch weigerte sich, den Brief zu überbringen, nachdem er eine Foto-
kopie des Schreibens gelesen hatte. Bush habe sich nicht »höflich
ausgedrückt«, sagte er. Dann schob er den Umschlag in die Mitte des
Tisches und erklärte: »Wir nehmen den Krieg an.« In dem Brief, den
Bush wenig später veröffentlichte, wurde die Forderung wiederholt,
dass Saddam seine Truppen aus Kuwait zurückziehen solle; er enthielt
aber sonst kaum Neues. Die Zurückweisung des Briefs durch Aziz
wurde jedoch als Zeichen für die unnachgiebige Haltung des Iraks
gewertet und beeinflusste die Debatte im Kongress. »Er hat uns übers
Ohr gehauen«, sagte der Kongressabgeordnete John Murtha, ein Demokrat aus Pennsylvania.[172]

Zur gleichen Zeit erreichten Bush beunruhigende Nachrichten aus
der Sowjetunion. Die baltische Sowjetrepublik Litauen war inzwischen
fest entschlossen, ihre Unabhängigkeitserklärung zu implementieren,

was 1990 noch gestoppt worden war. Am 10. Januar 1991 besuchte Gorbatschow die Hauptstadt Vilnius und forderte die litauische Führung
auf, die sowjetische Verfassung wiederherzustellen. Als dies nicht
geschah, besetzten am 12. und 13. Januar sowjetische Militäreinheiten
wichtige Regierungsgebäude und den Fernsehturm. Mehr als ein Dutzend Zivilisten wurden getötet: erschossen oder von Panzern zer-
quetscht. Im Westen gab es, nicht zuletzt im US-Kongress, einen Aufschrei der Empörung, aber Bush versuchte, die Sache herunterzuspielen.
Er sagte, er bedaure die »große Tragödie«, vermied es jedoch, Gorbatschow öffentlich, und sogar hinter verschlossenen Türen, zu kritisieren.
Am Telefon sagte er zu dem Sowjetführer lediglich: »Ich habe diese
Woche wirklich Mitgefühl mit Ihnen ... wir hoffen sehr, dass sich für
die Situation im Baltikum eine friedliche Lösung findet. Sonst würden
sich die Dinge wirklich verkomplizieren.« Der Präsident war sich sehr
bewusst, dass er die Einheit der Koalition beim Aufmarsch gegen den
Irak durch zu starke Kritik gefährden würde. Doch die Ereignisse in
Litauen waren besorgniserregend. Die EG verurteilte den Angriff offen
und drohte, eine Milliarde Euro Wirtschaftshilfe für Moskau auszusetzen. Obwohl Gorbatschow bestritt, den Einsatz befohlen zu haben,
stellte Bush fest, »wir konnten nicht umhin zu denken, dass dies genau
das war, was Schewardnadse bei seinem Rücktritt drei Wochen zuvor
vorausgesagt hatte. Es hatte den Anschein, als würde Gorbatschow die
Kontrolle verlieren.«[173]

Die leidenschaftliche Debatte auf dem Capitol Hill endete am
12. Januar mit identischen Beschlüssen beider Kammern, die Bush autorisierten, »bewaffnete Streitkräfte der USA einzusetzen«, um »die brutale Aggression gegen Kuwait und seine illegale Besetzung« zu beenden.
Der Senat stimmte mit 52 zu 47 Stimmen dafür und das Repräsentantenhaus mit 250 zu 183. Dabei wurde größtenteils nach Parteimitglied-
schaft abgestimmt. Bush verdankte seinen Sieg einem Bündnis der
Republikaner mit linken Demokraten aus dem Nordosten und konservativen Demokraten aus dem Süden, ein Sieg, der im Senat freilich sehr
knapp ausfiel.[174]

Bush hatte die Debatte besorgt verfolgt. »Der Kongress ist in Aufruhr,
und ich bin entschlossener denn je zu tun, was ich tun muss«, hatte er
ein paar Tage zuvor in sein Tagebuch geschrieben. So oder so würde

das Abstimmungsergebnis ihn nicht vom eingeschlagenen Kurs abbringen. »Wenn sie nicht in den sauren Apfel beißen, tue ich es. Sie können
dann die Papiere für ein Impeachment vorbereiten, wenn sie wollen.«
Die Möglichkeit einer Amtsenthebung beschäftigte ihn sehr; sie taucht
in seinem Tagebuch zwischen dem 12. Dezember 1990 und dem
13. Januar 1991 fünf Mal auf. Später schrieb er: »Selbst wenn der Kongress die Resolutionen nicht verabschiedet hätte, hätte ich gehandelt
und unsere Truppen ins Gefecht geschickt. Ich weiß, es hätte einen
Aufschrei verursacht, aber es war das Richtige. Ich hatte ein gutes
Gewissen, weil ich meiner Ansicht nach das verfassungsmäßige Recht
dazu besaß. Es musste getan werden.«[175]

Am 15. Januar, dem Tag, an dem die Frist ablief, die die UNO Saddam
Hussein gesetzt hatte, veröffentlichte der Präsident die National Security Directive 54, in der die Kriegsziele dargelegt waren, durch die er
den bedingungslosen Abzug der irakischen Streitkräfte aus Kuwait
erreichen und die Sicherheit Saudi-Arabiens und der Golfregion
gewährleisten wollte. Militärische Ziele waren unter anderem: die Zerstörung der »chemischen, biologischen und nuklearen Fähigkeiten des
Iraks« und die Ausschaltung der republikanischen Garde, des Elite-
korps der irakischen Streitkräfte. Die Würfel waren gefallen.[176]

Am 16. Januar um 21 Uhr hielt der Präsident im Oval Office eine Rede.
Er teilte den Vereinigten Staaten und der Welt mit, dass Operation
Desert Shield zu Operation Desert Storm geworden war. »Heute hat die
Schlacht begonnen«, sagte er. »Während ich zu Ihnen spreche, finden
Luftangriffe gegen militärische Ziele im Irak statt.« Er rekapitulierte
nochmals die Geschichte des vergangenen halben Jahres und wieder-
holte noch einmal seine Gründe für den Krieg: »Dies ist ein historischer
Augenblick. Wir haben in diesem letzten Jahr große Fortschritte bei
der Beendigung der langen Ära des Konflikts und des Kalten Krieges
gemacht. Deshalb bietet sich uns die Gelegenheit, für uns selbst und für
künftige Generationen eine neue Weltordnung zu schmieden – eine
Ordnung, in der das Recht und nicht das Gesetz des Dschungels das
Verhalten der Nationen bestimmt. Wenn wir Erfolg haben, und das werden wir, dann besteht eine echte Chance auf diese neue Weltordnung,
eine Ordnung, in der eine glaubwürdige UNO ihre friedenserhaltende
Rolle spielen kann und das Versprechen und die Vision ihrer Gründer

erfüllt.« Richard Haass, einer der Mitverfasser der Rede, hatte dabei ganz bewusst Präsident Truman vor Augen gehabt. Dieser hatte im Juli 1950, auf dem Höhepunkt des Kalten Krieges, begründet, warum die USA in einem anderen »Tausende Kilometer entfernten kleinen Land« einer Aggression die Stirn bieten mussten – in Südkorea.[177]

Bush hatte eine riesige Zuhörerschaft. Ein Journalist beschwor mit reichlich Pathos diesen »einen langen Augenblick« für die ganze Nation. »In den Häusern der Ostküsten-Vorstädte, wo das Abendessen im Ofen wartete, in den Großstadtrestaurants im Mittelwesten, in deren Bars sich die Gäste in der Happy Hour drängten, und in den Büros der Wolkenkratzer an der Westküste, wo die Leute noch arbeiteten, herrschte eine seltsame Mischung aus Besorgnis, Traurigkeit und Erleichterung.« Die Reaktion beim Militär war eine ganz andere. In etwa 10 000 Kilometer Entfernung, auf einem Luftwaffenstützpunkt in Saudi-Arabien, bezeichnete ein 44-jähriger amerikanischer Colonel die amerikanischen Luftschläge als »absolut überwältigend. Ich meine, der Boden bebte und man konnte es spüren ... Wir warten hier seit fünf Monaten; jetzt können wir endlich tun, wofür wir hergeschickt wurden. So wird Geschichte gemacht.«[178]

*

Als Bush seine Rede hielt, wurden bereits seit mehreren Stunden im ganzen Irak strategische Ziele bombardiert und mit Raketen beschossen. Der militärische Feldzug am Golf hatte mit einer Nacht massiver Luftschläge auf tief im Irak und in Kuwait gelegene Ziele begonnen. Ohne Verluste an amerikanischen Flugzeugen wurden dabei massive Schäden angerichtet. Die erste Welle umfasste seegestützte Tomahawk Cruise Missiles, Tarnkappenbomber des Typs F117A und Marineflugzeuge. Die amerikanischen Kampfflugzeuge wurden von britischen, saudischen und kuwaitischen Maschinen begleitet. Man hatte die Absicht, die irakischen Kommando- und Kontrollzentren einschließlich jener in Bagdad zu beschädigen und durch die Zerstörung der Luftabwehr und der irakischen Flugplätze die Luftüberlegenheit zu erringen. Außerdem sollten die Abschussrampen für Scud-Raketen und die Produktionsanlagen für nukleare und chemische Waffen vernichtet wer-

den. Am folgenden Morgen sagte General Colin Powell auf einer Pressekonferenz im Pentagon, dass es keinen militärischen Widerstand
durch die irakische Luftwaffe gegeben habe.[179]

Am zweiten Tag jedoch schlug Saddam Hussein mit Scud-Raketenangriffen gegen Saudi-Arabien und Israel zurück, eine Bedrohung für
die Koalitionsstrategie der Amerikaner. Aber Baker überredete die Israelis, nicht zurückzuschlagen, damit Saddam aus dem Golfkrieg nicht
einen weiteren arabisch-israelischen Konflikt machen konnte. Amerikanische Jagdbomber flogen Vergeltungsangriffe auf irakische Scud-
Abschussrampen und Washington installierte bemannte Batterien mit
Patriot-Abwehrraketen in Israel, um anfliegende Scud-Raketen abzuschießen. Es war das erste Mal, dass Amerikaner in Israel stationiert
wurden, um das Land zu verteidigen. Die Medien berichteten am
21. Januar, dass die US-amerikanische und die israelische Führung »in
den letzten drei Tagen so viel miteinander gesprochen hätten, wie sonst
in zwei Jahren«.[180]

Da die Iraker in der Luft so gut wie machtlos waren,[181] verlegte Saddam sich am Boden auf eine Politik der verbrannten Erde. Am 22. Januar
begannen seine Truppen Kuwaits Öl-Anlagen in Brand zu setzen. Dicke
schwarze Rauchwolken verfinsterten den Himmel und beschworen
Bilder aus Dantes *Inferno* herauf, aber einmal mehr war die irakische
Bedrohung mehr fiktiv als real. Der Rauch und der Staub konnten die
Hightech-Überwachung und die computergesteuerten Bombenangriffe
der Alliierten kaum beeinträchtigen, die in den gesamten sechs Wochen
des Konflikts Tag und Nacht ungebremst fortgesetzt wurden. Bis Mitte
Februar meldete der Stab der US Air Force (USAF), sie habe 30 Prozent
der irakischen Panzer und gepanzerten Fahrzeuge und mehr als 40 Prozent der Artilleriegeschütze zerstört und die Stärke der irakischen
Fronttruppen um etwa 50 Prozent vermindert.[182]

Auch in Washington sorgte der Luftkrieg im Nahen Osten für einen
bestimmten Rhythmus. Es gab täglich Berichte der CIA und des Pentagons mit zahlreichen Schätzungen über die Auswirkungen der Bombardements. Der Präsident sprach mehrmals pro Woche öffentlich, unter
anderem um den Übergang vom Luft- zum Bodenkrieg vorzubereiten.
Mit einer Fülle von Erklärungen sollte außerdem der Zusammenhalt der
Koalition und die Unterstützung im eigenen Land gestärkt werden.

Kriegsmeldungen: Dick Cheney und Colin Powell informieren die
amerikanische Bevölkerung

Der Umgang mit den Medien war im Grunde nicht anders als früher.
Und doch war dies zugleich ein Krieg eines neuen Medienzeitalters: ein
Trommelfeuer von Nachrichten, sieben Tage die Woche, rund um die

Uhr, mit Live-Material aus der stets vernetzten Welt. Es war der erste
Echtzeitkrieg, eine Rede von Saddam Hussein, ein Briefing in Washington oder sogar ein Duell zwischen Scud- und Patriot-Raketen über
Saudi-Arabien, live und überall auf den Bildschirmen. In Wirklichkeit
jedoch waren die Bilder und ihre Interpretation streng vom Pentagon
und der von General Norman Schwarzkopf geführten Koalition kontrolliert. »Sobald die tatsächlichen Kämpfe beginnen«, stellte Haass fest,
»übernimmt das Militär die Kontrolle, und die Zivilisten in der Regierung bleiben schön auf ihren Plätzen, es sei denn, es stellen sich wichtige politische Probleme.«[183]

Und diese stellten sich in der Tat. Bush konnte nie durchatmen. So
beteiligten sich die Franzosen nicht an der anfänglichen Bombenkam-
pagne gegen Ziele im Irak. Ihr Verteidigungsminister vertrat das Prinzip, nur in Kuwait selbst Krieg zu führen, um die Unabhängigkeit seines Landes in internationalen Angelegenheiten zu demonstrieren.[184]
Noch schlimmer aber fand Bush, dass die Sowjets aus seiner Sicht
immer noch Ärger machten. Am 18. Januar rief Gorbatschow Mitterrand an und schlug eine gemeinsame politische Initiative vor. Dann
sprach er mit Kohl, weil er wusste, dass Genscher sich für einige Frie-
densinitiativen eingesetzt hatte und die deutsche Öffentlichkeit in
Bezug auf den Irakkrieg gespalten war. Es gab in vielen deutschen
Großstädten Massendemonstrationen mit Hunderttausenden Menschen
unter dem Motto »Kein Blut für Öl«. Doch der Kanzler ließ sich nicht
von seinem Kurs abbringen und unterstützte die Kriegsanstrengungen
finanziell, indem er von den Ausgaben der amerikanischen Streitkräfte
bis zu 6,7 Milliarden Dollar und von denen der anderen Koalitionsstaa-
ten weitere 4,3 Milliarden zu tragen versprach. Die Bundesrepublik
sandte dem NATO-Verbündeten Türkei außerdem zur Abschreckung
ein symbolisches Kontingent von 18 Bundeswehr-Kampfflugzeugen mit
270 Mann an Piloten und Wartungspersonal. Weiter jedoch konnte
Kohl aus rechtlichen Gründen nicht gehen, war es doch politischer
Konsens, dass das Grundgesetz die Entsendung deutscher Soldaten
in Kriegsgebiete verbot, insbesondere wenn diese außerhalb des NATO-
Gebiets lagen.[185]

Gorbatschow versuchte es auch bei Bush, aber ohne Erfolg. Dafür
schien James Baker plötzlich zu schwanken. Am 29. Januar, als sich

Bush auf seine Rede zur Lage der Nation am Abend vorbereitete, informierte ihn Scowcroft über eine überraschende amerikanisch-sowjetische Erklärung, die der neue sowjetische Außenminister Alexander
Bessmertnych, der für Gespräche im State Department in die USA geflogen war, soeben vor laufender Kamera verlesen hatte. (Gorbatschow
hatte Bessmertnych erst kurz zuvor nach langem Hin und Her zu Schewardnadses Nachfolger ernannt.) Die Erklärung enthielt folgenden
Satz: »Die Außenminister glauben weiterhin, dass eine Einstellung der
Kampfhandlungen möglich ist, wenn sich der Irak unmissverständlich
verpflichtet, aus Kuwait abzuziehen«, und zwar in Verbindung mit
»sofortigen konkreten Schritten, die zu einer vollständigen Erfüllung
der UN-Resolutionen führen.« Scowcroft war »entgeistert« und Bush
»außer sich vor Zorn«. Als er auf dem Capitol Hill eintraf, löcherte man
ihn umgehend mit Fragen zu der Erklärung, und das Weiße Haus sah
sich gezwungen, auf Schadensbegrenzung umzuschalten – und das
ausgerechnet zu einem Zeitpunkt, da es nach Bushs Rede gehofft hatte,
die Schlagzeilen zu bestimmen. Nach einer »fast schlaflosen Nacht«
entschuldigte sich Baker beim Präsidenten: Es war eine der seltenen
Gelegenheiten, bei denen der knallharte Außenminister den Ball aus
den Augen verloren und nicht mit seinem Präsidenten zusammenge-
spielt hatte. Bessmertnych hatte den Lapsus sogleich voll ausgenutzt.[186]

Unmittelbar vor dem Beginn des Bodenkriegs musste Bush noch einen
weiteren diplomatischen Vorstoß Gorbatschows abwehren.[187] In drei
Telefonanrufen im Lauf von drei Tagen drängte der Sowjetführer, der
Primakow zu einem erneuten Vermittlungsversuch in den Irak geschickt
hatte, Bush, die Bombardierung zu stoppen, weil Primakow angeblich
kurz vor einem Erfolg stehe. Am 23. Februar war sich Gorbatschow seiner Sache besonders sicher. »Nach unserem gestrigen Gespräch ist etwas
passiert, was die Lage verändert hat. In Bagdad wurde eine offizielle
Erklärung herausgegeben, die dem vollständigen und bedingungslosen
Rückzug zustimmt, wie er in der UN-Resolution gefordert wird, und
versichert, dass man sich binnen vier Tagen aus Kuwait City zurückziehen wird. Das bedeutet, Saddam Hussein hat die weiße Flagge gehisst.«
Damit gebe es, fuhr Gorbatschow voller Zuversicht fort, eine »Lage, die
für uns beide neu ist. Und ich glaube, dass wir die ganze Situation sorgfältig neu bewerten und überlegen müssen, was wir als Nächstes tun.«

»Danke«, sagt Bush kühl. Mitten im Krieg hatte er keinen Sinn für dieses Partnerschaftsgetue. Er erinnerte Gorbatschow daran, dass »über Nacht ein Haufen Ölquellen in Brand gesteckt worden« seien, obwohl die Iraker ihn der Lüge bezichtigt hätten, als er diesen Vorwurf erhoben habe, und dass Saddams Truppen ihre »Politik der verbrannten Erde und der Verzögerung weiterverfolgen«. All dies, sagte er, hat »eine nachhaltige Wirkung auf mich und andere Partner in der Koalition gehabt«. Er müsse deshalb eine grundlegende Meinungsverschiedenheit zwischen Washington und Moskau feststellen. »Sie sind der Ansicht, die hätten einem bedingungslosen Rückzug zugestimmt, und wir und andere auf unserer Seite teilen diese Ansicht nicht. Wir sollten die USA und die Sowjetunion dadurch nicht auseinanderdividieren lassen«, warnte er Gorbatschow. »Es gibt weit wichtigere Dinge als diese Feuersbrunst, die sehr schnell vorbei sein wird.«

»Lass uns Ruhe bewahren, George«, reagierte der Sowjetführer. Beiden Politikern gelang es, das Gespräch in gemäßigterem Ton zu beenden, aber Bush blieb völlig unnachgiebig, was seinen wichtigsten Punkt betraf. »Ich weiß Ihre Hartnäckigkeit zu schätzen, Michail, aber ich möchte nicht den falschen Eindruck erwecken, dass wir noch Zeit hätten.«[188]

Der Bodenkrieg sollte am folgenden Tag, dem 24. Februar, beginnen. Gorbatschow räumte jetzt ein, dass »Saddams Schicksal entschieden« sei, und rief Primakow aus Bagdad zurück. »Wir sind dazu verurteilt, mit Amerika befreundet zu sein«, grollte sein Berater Anatoli Tschernajew. »Sonst würden wir isoliert, und alles würde wieder den Bach runtergehen.« Er riet Gorbatschow, jede weitere Kommunikation mit Saddam einzustellen. »Du hast recht! Das hat jetzt keinen Sinn mehr«, antwortete dieser. »Es ist eine neue Ära.«[189]

Der verheerende Luftkrieg, bis dahin 94000 Einsätze – war eine eiskalte Umsetzung der Powell-Doktrin: überlegene Stärke plus neueste Technologie. Und der Hightech-Krieg bekam eine neue Bedeutung, als die Bodentruppen in Aktion traten. Dies war keine schwerfällige Schlacht zwischen Infanteristen. Der Kriegsplan des Central Command beruhte auf synchronisierten Operationen, die sich über Hunderte von Kilometern des Schlachtfelds erstreckten. Während die Koalition die feindliche Hauptstreitmacht in Kuwait angriff, täuschten US-Marines

eine amphibische Landung an der kuwaitischen Küste vor, und mehr
als eine Viertelmillion US-amerikanischer, britischer und französischer
Soldaten, einschließlich der meisten gepanzerten Einheiten, umgin-
gen mit einem massiven linken Haken die irakische Nachhut und zer-
schnitten Kuwait in zwei Teile. Saddam Hussein hatte die »Mutter aller
Schlachten« versprochen, aber schon nach ein paar Kampftagen fiel
seine Armee auseinander – besiegt von den Bodentruppen der Koalition
und pulverisiert durch die unaufhörlichen Angriffe der Jagdbomber.
»Es war fast ein Armageddon«, sagte ein amerikanischer Offizier. Die
Autobahn zwischen Kuwait City und Basra, die später als »Highway of
Death« bezeichnet wurde, war gesäumt von »ausgebrannten, ausge-
bombten Fahrzeugen aller Art, mit verkohlten Leichen. Die Iraker hatten noch ihre Beute dabei, die vom Fernsehgerät über den Türgriff aus
Messing bis zur Badewanne reichte.«[190]
  Bilder vom Highway des Todes wurden auf der ganzen Welt im
Fernsehen gezeigt. Ein amerikanischer Journalist brachte das Geschehen mit einem Begriff auf den Punkt, der weltweit aufgegriffen wurde:
»a turkey shoot« (»ein Abschlachten«). Bush selbst war erschüttert
von den Bildern und besorgt, dass der Eindruck entstehen könnte,
dass die USA wehrlose Araber abmetzelten. Am Morgen des 27. Februar berichtete er seinem französischen Kollegen Mitterrand telefonisch: »Ich glaube, die Kämpfe sind fast vorüber. Der Süden von
Kuwait ist fast befreit. Es ist nur noch eine Division mit hoher Kampf-
fähigkeit übrig, und sogar sie ist vielleicht nicht mehr kampffähig.«
Bush hatte gerade mit seinem Verteidigungsminister Dick Cheney
gesprochen und teilte Paris mit, dass er den Bodenkrieg wahrscheinlich nach einem weiteren Tag beenden könne. »Wir beherrschen das
Schlachtfeld. Aber ich kann Ihnen versichern, dass wir so bald wie
möglich mit dem Schießen aufhören wollen«, gestand er schließlich
Mitterrand.
  Bush beschloss, den Waffenstillstand so lange hinauszuschieben, bis
sicher war, dass »wir alle unsere militärischen Ziele erreicht und die
UN-Resolutionen erfüllt hatten«. Während der täglichen Besprechung
des Präsidenten mit seinen wichtigsten Beratern an jenem Nachmittag telefonierte Powell mit General Schwarzkopf am Golf. Dessen Beurteilung der Lage war klar: »Wir haben unsere Mission erfüllt.« Als

Bush daraufhin erklärte, es sei an der Zeit aufzuhören, erhob sich kein Widerspruch. Man beschloss offiziell, die Kampfhandlungen um Mitternacht Washingtoner Ortszeit einzustellen – womit, wie jemand bemerkte, der Bodenkrieg genau 100 Stunden gedauert hatte. »Einfach zu schön«, sagte Scowcroft trocken.[191] Kurz nach 21 Uhr wandte Bush sich im Oval Office erneut an die Nation. »Kuwait ist befreit. Die irakische Armee ist geschlagen. Unsere militärischen Ziele sind erreicht. Kuwait ist wieder in den Händen der Kuwaiter, sie können ihr Schicksal wieder selbst bestimmen.« Doch der Ton des Präsidenten war nicht triumphierend: »Kein einzelnes Land kann diesen Sieg für sich allein in Anspruch nehmen. Es war nicht nur ein Sieg für Kuwait, sondern ein Sieg für alle Mitglieder der Koalition. Es war ein Sieg für die Vereinten Nationen, für die ganze Menschheit, für die Rechtsstaatlichkeit und für das, was richtig ist.«[192]

Obwohl Bush in internationalistischen Begriffen sprach, war sein Grundgefühl zutiefst national. »Es ist ein stolzer Tag für Amerika«, sagte er zu den konservativen Abgeordneten auf dem Capitol Hill. »Und bei Gott, wir sind das Vietnam-Syndrom ein für alle Mal losgeworden.« Für ihn war das ungemein wichtig. »Es ist überraschend, wie stark ich auf dem Vietnam-Syndrom herumreite«, hatte er am 26. Februar in sein Tagebuch geschrieben. »Ich habe die Spaltung des Landes in den Sechziger- und Siebzigerjahren zu spüren bekommen – ich war im Kongress.« Er hatte den Schmerz noch immer nicht vergessen, den er empfunden hatte, als ihm die Absolventen in Yale den Rücken zugedreht hatten. Er hatte damals auf dem Höhepunkt der Studentenproteste die Festrede auf der alljährlichen Abschlussfeier seiner Alma Mater gehalten. Tatsächlich hatte er schon in seiner Antrittsrede als Präsident im Januar 1989 auf das Vietnam-Syndrom angespielt. Damals sagte er dem Kongress und dem Land, dass dieser Krieg »uns immer noch spaltet«, und warnte, dass »keine große Nation es sich lange leisten kann, durch eine Erinnerung entzweit zu sein«. Deshalb erklärte er in einer am 2. März 1991 an die amerikanischen Truppen am Golf übertragenen Rede leidenschaftlich: »Wir haben versprochen, dass dies kein zweites Vietnam werden wird, und wir haben dieses Versprechen gehalten. Das Gespenst von Vietnam ist für immer im Wüstensand der Arabischen Halbinsel begraben.«[193]

Und die Beerdigung war wirklich spektakulär gewesen. Der US-amerikanische Bodenkrieg in Vietnam hatte ein Jahrzehnt gedauert, 58000 Amerikanern das Leben gekostet und in einer Niederlage für die Vereinigten Staaten geendet. Die Vertreibung Saddam Husseins aus Kuwait dauerte nur sechs Wochen und kostete 148 US-Soldaten das Leben. Die genaue finanzielle Bilanz ist weniger leicht zu ermitteln, doch den meisten Berechnungen zufolge konnten die Amerikaner ihre Kosten bemerkenswerterweise fast gänzlich decken. Bush und Baker war es gelungen, Beiträge an Geld und Sachwerten in Höhe von mehr als 53,8 Milliarden Dollar zu mobilisieren, wohingegen die USA für die Operationen am Golf insgesamt 61,1 Milliarden Dollar ausgaben. Dies war ein weiterer Beweis für die beispiellose Leistung der Koalition. Kein Wunder, dass Colin Powell tief berührt zu Bush sagte: »Das ist historisch. In der Geschichte gibt es nichts Vergleichbares.«[194]

Der Sieg schien sich außerdem für den Präsidenten persönlich auszuzahlen. Kurz nach dem Ende der Kämpfe lag sein Beliebtheitswert bei 89 Prozent, das beste Ergebnis, das je ein Präsident in einer Meinungsumfrage erzielt hatte. »Ich habe das Gefühl, dass George Bush nahezu unschlagbar ist«, erklärte Jim Ruvolo, ein Demokrat aus Ohio, im Hinblick auf die Wahl im Jahr 1992. Und in den Medien hieß es, Bush habe durch den Krieg »eine Aura der Unbesiegbarkeit« bekommen.[195]

Bei Bush selbst wollte sich allerdings kein Optimismus breitmachen. »Spüre immer noch keine Begeisterung«, schrieb er am 28. Februar. »Ich glaube, ich weiß warum. Nach meiner letzten Rede gestern sagten sie in Radio Bagdad, wir seien zur Kapitulation gezwungen worden. Ich sehe im Fernsehen, dass die öffentliche Meinung in Jordanien und auf den Straßen Bagdads ist, als ob sie gewonnen hätten. Es ist eine totale Ente, eine kleine Nebenerscheinung, aber ich finde es besorgniserregend. Es hat kein sauberes Ende gegeben, keine Kapitulation auf dem Schlachtschiff *Missouri*.« Als Veteran des Pazifikkriegs sehnte sich Bush nach einem Ereignis wie der rituellen Kapitulation Japans auf einem Schlachtschiff in der Bucht von Tokio. »Das ist es, was fehlt, damit es ähnlich ist wie im Zweiten Weltkrieg, damit sich Kuwait von Korea und Vietnam unterscheidet.«[196]

Doch das amerikanische Mantra im Jahr 1945 hatte »bedingungslose Kapitulation« gelautet. Bushs Mission 35 Jahre später war viel begrenzter gewesen. Die UN-Resolutionen autorisierten nur das Zurückdrängen des Iraks aus Kuwait und die Wiedereinsetzung der politischen Führung des Emirats. Es gab kein Mandat, um nach Bagdad zu marschieren und den irakischen Diktator zu stürzen. Und Bush wusste genau, dass jedes derartige Unterfangen die Koalition zerstört und vermutlich die arabische Welt gegen ihn aufgebracht hätte. Er machte sich keine Illusionen über Saddam Hussein. »Angesichts all der Gräueltaten und der Zerstörung der Umwelt, die er zu verantworten hat«, sagte er am 1. März zu Genscher, »wird es für uns nicht möglich sein, irgendetwas Konstruktives mit dem Irak anzufangen, solange er dort ist.« Dem deutschen Außenminister war es ein besonderes Anliegen, nicht zuzulassen, dass der Irak mit oder ohne Saddam Hussein irgendwelche Massenvernichtungswaffen oder Raketen behielte. Aber Bush hoffte, dass die schwere Niederlage in Kuwait Saddam schwächen und zu einem Staatsstreich gegen ihn führen würde. Allerdings wollte er bei dieser Lösung keinesfalls amerikanische Fingerabdrücke hinterlassen. »Ich hoffe, dass die irakische Armee oder das irakische Volk die Sache einfach in die eigene Hand nimmt und ihn absetzt«, sagte er.[197]

Am Ende blieb Saddam natürlich an der Macht, und seine Massenvernichtungswaffen standen im Zentrum eines weiteren Krieges, den Bushs Sohn zehn Jahre später führen sollte. Im Jahr 1991 jedoch lag all das noch in einer Zukunft, die sich niemand vorstellen konnte. Was die Zeitgenossen verblüffte, war nicht die Begrenztheit des amerikanischen Sieges, sondern seine Größe. In den Jahren 1989–1990 war die bipolare Rivalität und die Teilung Europas durch eine beispiellose Zusammenarbeit zwischen den Supermächten ersetzt worden. Dann jedoch hatte ein von den Fesseln des Kalten Krieges befreiter ehemaliger sowjetischer Klientelstaat die in der Entstehung begriffene »neue Weltordnung« durch eine spektakuläre Aggression bedroht. Bush hatte mit seiner »Linie im Sand« das stärkste mögliche Signal gesetzt, dass Washington die Welt nach dem Kalten Krieg nicht in die Anarchie abgleiten lassen, sondern durch den Einsatz amerikanischer Macht im Rahmen internationaler Zusammenarbeit Ordnung und Stabilität aufrechterhalten werde.

Und diese amerikanische Machtdemonstration kam einer Offenbarung gleich. Kuwait war der erste große Konflikt, in dem sich die

Vereinigten Staaten nach fast zwei Jahrzehnten engagierten, und dabei
hatten sie der Welt erlaubt, einen Blick auf ihr neues Waffenarsenal zu
werfen. Nie zuvor hatten präzisionsgelenkte Bomben und Raketen eine
entscheidende Rolle in der Kriegführung gespielt. Die Experten entwickelten eine Obsession für die Zielgenauigkeit ihrer Laser und Mini-
computer. Sprecher der Koalition behaupteten, weniger als 0,1 Prozent
dieser Waffen hätten, wenn sie auf militärische Ziele abgefeuert wurden, ihr Ziel verfehlt und zivile Objekte getroffen. Die Wirkung auf die
Armee des Iraks war verheerend. Sie kämpfte im Wesentlichen, wie
man im Kalten Krieg gekämpft hatte, und mit Waffensystemen, die
größtenteils aus der UdSSR und China stammten. Peking schenkte den
Ereignissen auf dem Schlachtfeld besondere Aufmerksamkeit und war
ganz offensichtlich aufgeschreckt über die technische Revolution, die
in Amerika stattgefunden hatte. Eine Konsequenz der chinesischen
Beobachtungen war, dass die VRC unter der Parole: »moderne lokale
Kriege unter Hightech-Bedingungen« eine radikale Revision ihres
Kriegführungskonzepts durchführte. Unabhängig von diesen Anstrengungen war freilich klar, dass die Vereinigten Staaten im Hightech-
Krieg der neuen militärischen Weltordnung in einer eigenen Liga spielten.[198]

In der Welt nach dem Kuwait-Krieg, erklärte der stellvertretende
Nationale Sicherheitsberater Robert Gates, »stellt niemand mehr die
Realität einer einzigen Supermacht und ihrer Führung in Frage«.[199]
Auch das Schwinden von Macht und Einfluss der Sowjetunion war in
der Kuwait-Krise deutlich geworden. Aber noch beruhte Bushs Konzept
der neuen Weltordnung diplomatisch auf zwei Pfeilern. Und Kohl gab
sich alle Mühe, ihn an diese Tatsache zu erinnern, als die beiden am
7. März miteinander telefonierten. Nachdem der Bundeskanzler dem
Präsidenten, wie es sich gehörte, zu seinem Sieg gratuliert hatte,
brachte er das Thema Gorbatschow zur Sprache: Der Sowjetführer
suche nach Mitteln und Wegen, wie er in Erscheinung treten könne. Er
wolle mitspielen.[200]

Bush war großzügig gestimmt und tat sogar die sowjetischen Friedensbemühungen als harmlos ab: »Ich habe mir deshalb keine Sorgen
gemacht ... wir hatten kein Problem damit, dass er versuchte, Frieden
zu schließen.« Und er versicherte Kohl: »Ich bleibe mit Gorbatschow

in Verbindung. Ich gebe ihn nicht auf. Wir sind sehr besorgt über die
Vorgänge in der Sowjetunion, aber er ist der Präsident, und wir werden
mit ihm verhandeln.«

Das war genau das, was Kohl hören wollte. Ja, das sei sehr wichtig.
Es wäre sehr gut, wenn der Präsident das von Zeit zu Zeit klarstellen
könne durch eine Bemerkung hier und eine Geste da. Psychologisch
gesehen, sei es sehr wichtig, dass Gorbatschow in dieser Sicht bestätigt
werde.

»Da ist was dran«, antwortete Bush. »Ich werde Ihren Rat beherzigen.«[201]

Dass man Gorbatschow ernst nehmen musste, war auch in einem
Gespräch Thema, das Bush am 6. Mai mit Schewardnadse führte.
Obwohl der ehemalige Außenminister die USA nur privat besuchte,
erhielt er wegen des großen Respekts, den er in Washington noch
immer genoss, eine Audienz im Weißen Haus. Er sprach ausführlich
über seine Befürchtungen, was die Zukunft seines Landes und dessen
Beziehungen zu den Vereinigten Staaten betraf. Und er zeigte sich alarmiert über die von ihm so genannte »Pause in unseren Beziehungen«,
die durch die Krise am Golf verursacht worden sei. (Der Begriff »Pause«
war natürlich eine Anspielung auf die sechsmonatige Auszeit nach
Bushs Amtsantritt, die den Kreml damals so beunruhigt hatte.) »Ich
habe Angst vor der Pause. Wir dürfen nicht zulassen, dass sich die
Dynamik dieser Beziehung zurückentwickelt. Gleichgültig was in der
Sowjetunion passiert, Mr. President, die amerikanisch-sowjetischen
Beziehungen werden das politische Klima bis zum Ende des Jahrhunderts bestimmen.«

Dann erinnerte Schewardnadse Bush daran, dass dieser Gorbatschow
seit November 1990 nicht mehr getroffen habe, und auch da nur kurz,
am Rande der Pariser KSZE-Konferenz. Für Dezember war ein Gipfeltreffen geplant gewesen, aber es war zunächst auf Februar beziehungsweise März 1991 und dann auf den Sommer verschoben worden. Also
bat Schewardnadse Bush, dringend einen festen Termin zu vereinbaren.
Daraufhin kam der Präsident zunächst auf die ungelösten Probleme
bezüglich der strategischen und konventionellen Streitkräfte zu sprechen, die einem Rüstungskontrollabkommen noch im Wege stünden.
Außerdem spielte er auf den Niedergang der sowjetischen Volkswirt-

schaft und die Unabhängigkeit der baltischen Staaten an. Schließlich sagte er jedoch:»Ich will einen Gipfel … ich würde den Gipfel gern so gestalten, dass er Gorbatschow stärkt.«

Bush erinnerte an »all die harte Arbeit, die wir in diese Beziehung investiert haben«, und betonte:»Ich will, dass sie stark bleibt. Manche kritisieren uns wegen zu großer Nähe zu Gorbatschow.« Aber, versicherte er Schewardnadse:»Wir werden respektvoll und freundschaftlich mit ihm umgehen, solange er Präsident ist.«[202]

RUSSISCHE REVOLUTION

21. August 1991, Urlaubszeit. George Bush genoss die beschaulichen Sommertage in seinem Ferienhaus in Kennebunkport an der Küste Maines. Am Morgen war er gleich nach dem Frühstück mit seinem Boot aufs Meer hinausgefahren, doch wegen der Sturmausläufer von Hurricane Bob war der Atlantik unruhig gewesen an diesem Vormittag. Als er gerade dabei war, wieder anzulegen, rannte der Chef seiner Leibwache über den Pier auf ihn zu und rief: »Sie haben einen Anruf von einem Staatschef.« – »Wer?« Bush eilte zurück ins Haus und ins Schlafzimmer ans Telefon.[1]

»Oh mein Gott, das ist wunderbar. Michail!« Der Präsident war hoch erfreut.

»Mein lieber George. Ich bin so froh, Ihre Stimme wieder zu hören«, sagte Gorbatschow.

»Mein Gott, ich bin froh, endlich mit Ihnen zu sprechen. Wie geht es Ihnen?«

Der Sowjetführer war von seinen Gefühlen überwältigt. »Mr. President, die Abenteurer hatten keinen Erfolg. Ich bin seit vier Tagen hier. Sie haben auf jede erdenkliche Weise versucht, Druck auf mich auszuüben. Sie hatten mich auf See- und Landwegen abgeschnitten. Meine Leibwache hat mich beschützt, wir haben der Provokation widerstanden.«

»Wo sind Sie jetzt?«

»Ich bin auf der Krim. Es ist erst eine Stunde her, dass ich meine Pflichten als Präsident wieder aufgenommen habe. Ich stehe wieder in dauerndem Kontakt mit den Führern der Republiken ...«[2]

Am 4. August war Gorbatschow zu einem dringend benötigten Urlaub in seine Villa in Foros abgereist. Das Domizil lag auf einem Felsvorsprung über dem Schwarzen Meer, an der Südspitze der Halbinsel Krim, knapp 40 Kilometer westlich von Jalta, wo die Großen Drei – Stalin, Churchill und Roosevelt – 1945 im Sommersitz des letzten russischen Zaren Nikolaus II. konferiert hatten. Die ersten beiden Urlaubswochen waren unspektakulär verlaufen – eine Mischung aus Arbeit, Schwimmen, Sonnenbaden und Spielen mit den Enkelkindern. Doch am 18. August, unmittelbar nachdem Gorbatschow telefonisch mit Vizepräsident Gennadi Janajew im Kreml seine Rückkehr nach Moskau besprochen hatte – am 20. August sollte dort der neue Unionsvertrag unterzeichnet werden –, waren auf einmal die Leitungen tot. Wenige Minuten später bekam Gorbatschow überraschend Besuch von seinem Stabschef, zwei Sekretären des Zentralkomitees und dem Leiter seiner KGB-Sicherheitsabteilung – sie alle hatte er persönlich ernannt und so hegte er absolutes Vertrauen zu ihnen. Das »Staatskomitee für den Ausnahmezustand« schicke sie, erklärten die Herren. Dieses habe angekündigt, dass Jelzin noch am selben Abend verhaftet werde. Gorbatschow hingegen werde in seiner Datscha unter Hausarrest gestellt. Am 19. August gaben die Anführer des Putsches im Kreml offiziell bekannt, dass Gorbatschow krank sei und dass Vizepräsident Janajew seine Befugnisse übernommen habe. Die Junta hatte das Land unter ihre Kontrolle gebracht. Live-Aufnahmen von CNN zeigten Panzer, die durch die breiten Straßen Moskaus rollten, überall in der Innenstadt geparkte Mannschaftswagen und Soldaten, die die zentralen Kreuzungen bewachten.[3]

Doch der Putsch blieb nicht ohne Widerstand. Boris Jelzin, erst vor wenigen Wochen, im Juni, zum ersten Präsidenten der Russischen Republik gewählt, appellierte an die einfachen Arbeiter, in Streik zu treten, und forderte Gorbatschows Rückkehr an die Macht. Symbolträchtige Aufnahmen zeigten, wie Jelzin sich auf einem Panzer stehend an die versammelten Soldaten und Bürger wandte. Bush war gefesselt von diesen Fernsehbildern – ein Staatschef verfolgte das Schicksal eines anderen, Tausende Kilometer weit weg. »Siebzig Prozent … der Russen haben ihm bei den letzten Wahlen ihre Stimme gegeben. Und jetzt hat er sich als verantwortlich deklariert, alle Funktionen Russlands auszuüben. Wie mag das den bösen Jungs gefallen, den Putschisten?« Vor allem aber sorgte sich der amerikanische Präsident um Gorbatschow und dachte daran, wie »fantastisch« konstruktiv der Sowjetführer sein Land gelenkt hatte. »Ich mag Sie«, notierte er in sein Tagebuch, »und ich hoffe, dass Sie wieder an die Macht kommen werden, auch wenn

Die Panzer rollen wieder: Roter Platz in Moskau, August 1991

ich da skeptisch bin.«[4] Am 19. August konnte kein Mensch in Amerika voraussagen, wer am Ende in Moskau das Sagen haben würde.

48 Stunden später wendete sich in der sowjetischen Hauptstadt jedoch allmählich das Blatt. Am 21. August strömten Zehntausende von Bürgern zum Parlamentsgebäude der Russischen Republik, dem »Weißen Haus«, wo sich Jelzin und seine Leute aufhielten, damit man es nicht stürmen konnte. Angesichts einer so großen Menschenmenge verließ das Notstandskomitee der Mut, und die Erstürmung wurde abgesagt. Stattdessen flogen mehrere Mitglieder der sogenannten Achterbande – allen voran Wladimir Krjutschkow und Dmitri Jasow – nach Foros, wobei Jelzins Leute ihnen auf den Fersen folgten, weil sie den Intentionen der Putschisten nicht trauten. Gorbatschow versuchte unterdessen, Ruhe zu bewahren – doch seine Familie war regelrecht in Panik versetzt, während sie beobachtete, wie Schiffe der Kriegsmarine in einem fort die Bucht durchkreuzten, und sie zugleich heimlich versuchten, über das Radio BBC-Nachrichten zu erhaschen. Die Anspannung war so groß, dass Raissa Gorbatschowa einen Schlaganfall erlitt. Anfangs war sie unfähig zu sprechen oder den linken Arm zu bewegen, und sie konnte sich kaum auf den Beinen halten.[5]

Als Krjutschkow und seine Kollegen schließlich ankamen, zeigte sich, dass sie gekommen waren, um Gorbatschow gnädig zu stimmen und ihn um Verzeihung zu bitten. Wie Gorbatschows Berater Anatoli Tschernajew bemerkte:»Sie waren niedergeschlagen und machten finstere Gesichter. Alle verbeugten sich vor mir! Mir war alles klar. Sie waren gekommen, um ihre Schuld einzugestehen ... Der Abschaum war mit seinen Plänen gescheitert.«[6] Gorbatschow ließ sie in Gewahrsam nehmen. Wenig später wurden alle Kommunikationsverbindungen wiederhergestellt. Sofort rief Gorbatschow Jelzin in Moskau an, der erleichtert ausrief:»Lieber Michail Sergejewitsch, Sie sind also am Leben! Die letzten 48 Stunden haben wir in Bereitschaft gestanden, für Sie zu kämpfen.« Gorbatschow sprach auch mit den Republikchefs Kasachstans und der Ukraine, bevor er den Befehl erteilte, die restlichen Verschwörer aus dem Kreml zu verbannen und von der Außenwelt zu isolieren.[7]

Dann, mit dem Ziel wieder das Steuerrad der Weltpolitik in die Hände zu nehmen, griff der sowjetische Präsident zum Hörer und ließ sich mit dem Präsidenten der Vereinigten Staaten verbinden.

Nach der emotionalen Begrüßung stellte Gorbatschow klar, dass er – ungeachtet des traumatischen Erlebnisses, welches er und seine Familie durchgemacht hatten – es kaum erwarten konnte, nach Moskau zurückzukehren. Seine Stimmung war aufgekratzt:»Wir wollen mit Ihnen weiterkommen«, sagte er zu Bush.»Das Ganze soll uns nicht ins Straucheln bringen. Es ist wichtig, dass dies hier von der Demokratie verhindert wurde. Das ist eine Garantie für uns. Wir werden weiter in und an unserem Land arbeiten, um die Zusammenarbeit fortzuführen.«

Bush lachte erleichtert.»Das klingt ja ganz wie der alte Michail Gorbatschow – voller Leben und Selbstvertrauen. Wenn Sie wieder zurück sind, sollten wir darüber reden, wie wir an dem weiterarbeiten können, womit wir bei unseren Moskauer Gipfelgesprächen begonnen haben.«

»In Ordnung, George. Machen Sie bitte auf dieser Grundlage weiter. Auf Wiederhören!«[8]

Also einfach zurück zum *business as usual*? In Wirklichkeit hatte das entscheidende Telefonat – mit Boris Jelzin – bereits vier Stunden zuvor stattgefunden. Der Ton des Gesprächs war ebenso freundlich gewesen, doch der Inhalt war völlig anders.

»Boris, wie geht es Ihnen heute?«

»Nun, ich habe die letzten zwei Tage im Parlamentsgebäude festgesessen. Mr. President, ich möchte Ihnen sagen … Heute Morgen tagte der russische Oberste Sowjet und beschloss einstimmig, kategorisch zu erklären, dass der Putschversuch gesetzwidrig sei und auf russischem Territorium keine Gültigkeit besitze. Der Oberste Sowjet unterstützte sämtliche Dekrete und Entscheidungen, die ich als Präsident Russlands getroffen habe. Sie haben mir sogar zusätzlich die Befugnis verliehen, alle lokalen Amtsträger ihres Amtes zu entheben, wenn sie die Junta unterstützen.«[9]

Genaugenommen hatten Bush und Jelzin sogar bereits am Vortag, dem 20. August, kommuniziert, als der US-Präsident, in der Hoffnung, einen Augenzeugenbericht zu bekommen, auf gut Glück beim russischen Präsidenten hatte anrufen lassen und zu seinem Erstaunen Jelzin höchst persönlich abgehoben hatte. Dieser erzählte ihm detailliert von dem, wie er sagte, »rechtsradikalen Coup«, mit dem Ziel, »die demokratisch gewählte Führung Russlands, Leningrads, Moskaus und der anderer Städte [zu] stürzen«. Er forderte Bush auf, »den Staatsmännern der Welt die Tatsache zu verdeutlichen, dass die Lage hier kritisch ist«.[10]

In beiden Anrufen betonte Bush nachdrücklich, dass er das tun werde und gab zugleich am 20. in der Öffentlichkeit eine deutliche Stellungnahme gegen den Staatsstreich ab.

»Ich danken Ihnen sehr dafür«, sagte Jelzin während des zweiten Telefongesprächs am 21. August. »Bitte betrachten Sie dies nicht als eine Einmischung in unsere inneren Angelegenheiten, dies ist eine wichtige Stellungnahme des amerikanischen Präsidenten zur Unterstützung des sowjetischen Volkes. … Wir werden versuchen, Ihre Stellungnahme an die Bevölkerung weiterzuleiten. Die Menschen verstehen, was Sie sagen, und fassen es gut auf.«

»Wir werden Sie weiterhin unterstützen«, versprach Bush. »Die ganze Welt unterstützt Sie, außer Irak, Libyen und Kuba, verrückte, kleine abtrünnige Länder. Die Leute geben Ihnen mehr Unterstützung, als Sie ahnen.«

Jelzin beendete das Gespräch mit dem Versprechen, alles zu tun, »um die Demokratie in Russland und in der ganzen UdSSR zu retten«.[11]

Schöne Worte, doch die Lage war nicht so einfach. Das Schicksal Russlands und das der Sowjetunion waren nicht länger untrennbar miteinander verflochten. Und bei allen Nettigkeiten Bushs gegenüber Gorbatschow ebenso wie gegenüber Jelzin war klar, dass es schwer werden würde, langfristig auf beide Pferde zu setzen. Am selben Tag sprach der US-Präsident auch mit John Major, dem Nachfolger Thatchers in London, dem er erklärte, weder Jelzins noch Gorbatschows Stellung untergraben zu wollen, wobei er sich nicht sicher sei, was die Ereignisse der letzten Tage zu bedeuten hätten. »Wenn das alles vorbei ist, wird die Sowjetunion vermutlich ganz anders aussehen.«[12]

*

Wie war Gorbatschow überhaupt in diese missliche Lage geraten? Rückblickend betrachtet, wurzelte die sowjetische Krise bereits im Ursprung der Perestroika. Gorbatschow war schon immer eher ein Visionär als ein Mann der Praxis gewesen, und sein anfänglicher Ehrgeiz, »zurück zu Lenin« zu gehen – sprich: den Marxismus-Leninismus in der vermeintlich reinen Form wiederherzustellen, ehe er von Stalin vergiftet worden war –, erwies sich als völlig utopisch. Seit 1987 versuchte er verstärkt, durch eine schrittweise Öffnung zum freien Markt aus der Zentralplanwirtschaft auszusteigen und zugleich die Strukturen des Einparteienstaates zu lockern, indem er behutsam ein gewisses Maß an politischer Opposition zuließ.

Im Endeffekt blieb die UdSSR mit ihrem neuen verworrenen politischen Pluralismus auch wirtschaftlich in einem Niemandsland zurück. Das lag einerseits am Fehlen einer klaren Strategie und andererseits an praktischen Hindernissen: Während er große Anstrengungen unternahm, etwas Neues aufzubauen – ohne allerdings genau zu wissen, wie das Neue aussehen sollte – sah sich Gorbatschow gezwungen, weiterhin auch mit dem alten System zu arbeiten. Osteuropäische Staatenlenker wie Jaruzelski, Németh und Havel hatten zwar mit ähnlichen Problemen zu kämpfen, aber ihre Volkswirtschaften waren kleiner und das Dogma der zentralen planwirtschaftlichen Steuerung war nicht ganz so tief verwurzelt. Außerdem leiteten Polen, Ungarn und die Tschechoslowakei nach 1989 drastische Programme ein, um uneingeschränkt die freie Marktwirtschaft einzuführen. Zu guter Letzt profitierten sie auch von beträchtlichen Finanzpaketen und Lebensmittellieferungen aus dem Westen. Dahingegen hatten die halbgaren Reformen des Kremls die UdSSR bis 1990 in ein wirtschaftliches Chaos geführt, und das zu einer Zeit eskalierender politischer Unruhen. Der Schritt in Richtung Preisliberalisierung hatte eine schwere Inflation ausgelöst – ein Phänomen, das man in der UdSSR seit dem Zweiten Weltkrieg nicht mehr erlebt hatte. Gorbatschow sah sich zu Notlösungen gezwungen – und ließ Geld drucken.[13] Aus den Daten des offiziellen sowjetischen Preisindexes geht hervor, dass die Geldmenge im Jahr 1990 um 21,5 Prozent wuchs, während die Einnahmen und die Ausgaben um jeweils über 15 Prozent stiegen. Selbst in Sektoren, die vom Staat noch völlig kontrolliert wurden, betrug die Inflation 5,3 Prozent (im Vergleich zu 0,6 Prozent 1988). Die Preise auf ganz freien Bauernmärkten stiegen noch im Jahr 1989 um 9,5 Prozent, Anfang 1990 dann bereits um 29 Prozent und im Lauf des Jahres um schwindelerregende 71 Prozent. Unterdessen verlor der Rubel gegenüber dem Dollar von 1989 bis 1991 ein Drittel seines Wertes.[14] »Die wirtschaftlichen Probleme sind tief im System verankert«, bemerkte ein CIA-Bericht, fast schon untertreibend, »und Anstrengungen, es zu reformieren, werden dadurch gebremst, dass man der Stabilisierung der Wirtschaft Priorität einräumte.«[15]

Erschwerend hinzu kam, dass Gorbatschows zögerliche Reformen das Haushaltsdefizit nur noch verschärft hatten: es stieg von vier Prozent des BIP im Jahr 1985 auf zwölf Prozent 1989, oder in Zahlen: von rund 30 Milliarden Rubel auf grob geschätzt 125 Milliarden. Der Sowjetführer hatte Importe aus dem Westen, wie Maschinenteile, gefördert, um die Modernisierung der sowjetischen Industrie zu beschleunigen. Aber dann waren die Öl- und Gaspreise auf dem Weltmarkt eingebrochen, sodass die Staatseinnahmen noch weiter zurückgingen. Das staatliche Eigentum der Produktionsmittel löste sich ebenfalls allmählich auf. Insbesondere nach Verabschiedung des Genossenschaftsgesetzes von 1988 schossen kaum kaschierte private Unternehmen aus dem Boden – obwohl die Vorstellung von »privatem Eigentum« in den Augen Gorbatschows aus ideologischen Gründen für den weltweit führenden sozialistischen Staat immer noch inakzeptabel war. »Der

»Ein bisschen Farbe, eine Veranda, ein paar Oberlichter vielleicht –
das kann ein Traumhaus werden!« – »Psst! Hat Genosse Michail zu tief
ins Glas geschaut?«

Versuch, den Privatbesitz wiederherzustellen, bedeutet einen Rück-
schritt und ist eine zutiefst abwegige Entscheidung«, so Gorbatschow.
Also bestand er darauf, von »sozialistischem Eigentum« zu sprechen.
Doch das galt auch für genossenschaftliche Unternehmen, von denen
einige ganz offen hochwertige Luxusartikel produzierten, um rasche
Gewinne zu erzielen, während gleichzeitig ein akuter Mangel an so
elementaren Produkten wie Seife und Streichhölzern, Gemüse und
Obst, Brot und Fleisch, Autos und Radioapparaten herrschte. Panische
Verbraucher begannen, Waren zu horten. Seit 1987 erlebten die Sowjet-
bürger drei Jahre in Folge eine beträchtliche Verschlechterung der
Kennziffern zum Konsum. Allein im Jahr 1990 ging das BIP um acht
Prozent zurück.[16] Unter Gorbatschow wurde das Leben für den Durch-
schnitts-Sowjetbürger schlechter, nicht besser. Wie er mit einer Spur
Sarkasmus vor dem sowjetischen Kongress der Volksdeputierten einräumte, hatte er Veteranen in einem Bus in Moskau gesehen, die Plakate hochhielten, auf denen ein mit Orden behangener Breschnew und
ein mit Lebensmittelkarten dekorierter Gorbatschow zu sehen war.[17]

Für das Jahr 1990 legte die Regierung einen »Stabilisierungsplan« vor, doch dessen hehre Ziele – wie eine Kürzung des Haushaltsdefizits um die Hälfte und die Steigerung der Produktion von Konsumgütern um zwölf Prozent – erwiesen sich als Luftschlösser. Kaum jemand hatte etwas anderes erwartet. Monat für Monat zeigten amtliche Statistiken einen sich beschleunigenden wirtschaftlichen Niedergang: Produktion gesunken, Inflation hochgeschnellt, Engpässe allerorten, Gesellschaft unruhig. Die CIA warnte vor der hohen »Wahrscheinlichkeit eines wirtschaftlichen Zusammenbruchs«.[18]

Während sich die konjunkturelle Talfahrt immer stärker beschleunigte, pendelte die sowjetische Politik bedenklich zwischen Partei, Staat und Demokratie hin und her. Im Juni 1988, auf der 19. Parteikonferenz, hatte Gorbatschow ein breites Programm politischer Reformen in die Wege geleitet, um gewählte legislative Organe auf Kosten der KPdSU zu stärken – eine Entwicklung, die schon bald die ganze politische Landschaft der UdSSR veränderte. Die Konferenz billigte die Grundsätze freier Wahlen und begrenzter Amtszeiten. In dieser Phase hielt die Partei an ihrer Führungsrolle fest, wobei sie sich dennoch ein wenig öffnete, in der Hoffnung, die gebildetere Bevölkerung zu einem Engagement im öffentlichen Leben anzuregen. Gorbatschow hatte verkündet, er wolle einen friedlichen, reibungslosen Übergang von einem politischen System zum anderen bewerkstelligen, denn die »Entwicklung der Demokratie« sei der »wichtigste Garant dafür, dass die Umgestaltung [Perestroika] unumkehrbar wird«.[19]

Das Jahr 1989 war sicherlich der Höhepunkt der Perestroika und es markierte auch die Spitze der persönlichen Beliebtheit Gorbatschows. Sein Drang zu innenpolitischen Neuerungen spornte ebenfalls die Osteuropäer an, ihrerseits Umgestaltungen in die eigene Hand zu nehmen. Dabei versuchte er weder, ihren Abschied vom Kommunismus zu stoppen, noch lernte er aus ihren Reformen – er war viel zu sehr mit seinen eigenen Demokratisierungsexperimenten in der Sowjetunion beschäftigt. Gorbatschow fasste später seine Strategie für 1989 wie folgt zusammen: die Macht von der KPdSU über freie Wahlen zu einem neuen Parlament an die sowjetische Bevölkerung übertragen und in diesem Prozess die Partei dazu bringen, wie er sagte, »freiwillig auf ihre Diktatur [zu] verzichten«.[20]

Tatsächlich veränderte sich das Wesen des sowjetischen Regimes mit den ersten weitgehend freien Wahlen seit der bolschewistischen Revolution von Grund auf. Nach einer Änderung der Verfassung wurde am 26. März 1989 ein neuer Kongress der Volksdeputierten mit 2250 Vertretern gewählt, in dem 13 Prozent der Sitze Nichtparteimitgliedern vorbehalten waren, während sich um die übrigen Sitze Kommunisten mit unterschiedlichen Anschauungen und politischen Programmen bewarben. Gorbatschow war zunächst begeistert. Am 28. März informierte er das Politbüro, dass die Wahlen in Hinsicht auf »die Verwirklichung politischer Reformen und die Demokratisierung unserer Gesellschaft ein riesiger Schritt nach vorn« seien. Einen Tag später erklärte er freudestrahlend der Presse: Die Ergebnisse würden zeigen, »dass die Menschen die Perestroika mit Herz und Verstand akzeptiert haben«.

Unter dem Strich konnte man jedoch allenfalls ein Sechstel der Deputierten als echte Reformer bezeichnen. Und so blockierten auch die Konservativen in der Partei die nächste Phase der Reform, indem sie dafür sorgten, dass die Deputierten, die anschließend aus dem Kongress in den neuen 542-köpfigen Obersten Sowjet gewählt wurden, absolut linientreu waren. Während Gorbatschow gehofft hatte, dass die neu aufgerüttelte »Mehrheit der Gesellschaft« den alten Parteiapparat unter Druck setzen würde, nutzte dieser, wie sein Biograph William Taubman herausgestellt hat, stattdessen jede Gelegenheit, ihn mit einer beispiellosen Heftigkeit zu attackieren. Die neuen Wahlgesetze und parlamentarischen Verfahren hatten weder ihm geholfen noch die Partei geeint. Nicht nur kam es zu einer noch stärkeren Entfremdung der Hardliner, zugleich gewannen die radikalen Liberalen eine neue Plattform, von der sie Gorbatschow angreifen konnten. Dabei war die Demokratisierung unerlässlich, um den Reformprozess zu fördern. Doch ausgerechnet sie schwächte maßgeblich seinen eigenen Einfluss als Reformer.[21]

So markierte das Jahr 1989 auch den Anfang vom Ende der Perestroika. Die politischen Neuerungen, die Gorbatschow für so entscheidend für die Demokratisierung hielt, bewirkten, dass gerade jene wesentliche Institution lahmgelegt wurde, die Jahrzehnte lang das sowjetische Gemeinwesen zusammengehalten hatte: die KPdSU. Zudem erwiesen sich die neuen Formen schon bald als weniger effektiv und hilfreich, als

Moskau protestiert gegen den Kommunismus: Ein System auf der Kippe

Gorbatschow gehofft hatte; ja sie verschärften sogar noch die unzähligen Krisen, die bereits seine Autorität und das sowjetische System selbst unterminierten. In der Folge zerfiel der Staat, den George Bush als die zweite Säule seiner neuen Weltordnung angesehen hatte, aufgrund des freien Falls der Wirtschaft, des nationalen Separatismus und der politischen Polarisierung inner- und außerhalb des Kremls. Am Jahresende jammerte Gorbatschow, »1989 sei das schwierigste Jahr« seit seiner Machtübernahme im Jahr 1985 gewesen.[22] Nun würde »1990 ausschlaggebend für die Perestroika sein«.[23]

Allerdings vertiefte sich die politische Polarisierung nach den europäischen Revolutionen von 1989 in der Sowjetunion nur noch mehr. Im Februar 1990 kam es zu Massendemonstrationen in Moskau, mit 200000 bis 300000 Menschen auf den Straßen, die eine »friedliche Revolution« forderten, und die Parteiführung dabei ganz unverhohlen warnten: »Denkt an Rumänien.« Die Menschenmengen skandierten Parolen und schwenkten Plakate mit Aufschriften wie »Freiheit jetzt!« und »Sowjetische Armee – Schießt nicht auf euer eigenes Volk«. Mehr noch, mit Sprüchen wie »72 Jahre lang auf der Straße ins Nichts« schrieben sie die gesamte sowjetische Geschichte in den Wind.

Gleichzeitig inszenierten regionale Parteiführer und andere reaktionäre Regierungsvertreter einen massiven Angriff auf Gorbatschow. Man verspottete ihn hämisch als »Oberdeutschen«. Und auf Sitzungen des Zentralkomitees sah er sich einer Flut von Vorwürfen ausgesetzt: er mache »aus der Partei einen Debattierclub«, führe das Land in »Anarchie« und »Ruin«, gestatte »die Zerstörung unserer Pufferzone« in Osteuropa und verwandle die »gefeierte Weltmacht« aus »Unfähigkeit, Blindheit und verzerrten Prioritäten« in einen Staat mit einer »freudlosen Gegenwart« und »ungewissen Zukunft«. Zur »Demütigung« der Sowjetunion, so Wladimir Browikow, sowjetischer Botschafter in Polen, komme noch die Freude des Westens hinzu, der »uns ein Loblied singe«, während er sich in Wirklichkeit »hämisch über den Zusammenbruch des Kommunismus und weltweiten Sozialismus freue«. Somit setzte man Gorbatschow – als Parteivorsitzendem wie auch Verfechter der Reformen – von beiden Seiten zu.[24]

Ironischerweise billigte das ZK-Plenum, das vom 5. bis zum 7. Februar tagte, dennoch Gorbatschows Vorhaben zur Erweiterung seiner eigenen Macht, während gleichzeitig der Einfluss der Partei eingeschränkt wurde. Pflichtgetreu wählte ihn der Kongress der Volksdeputierten im März auf den neu geschaffenen Posten des Präsidenten der Sowjetunion. Auch wenn er weiterhin Generalsekretär der KPdSU blieb, war Gorbatschow nun nicht mehr ihr allein verpflichtet. Ferner wurde die sowjetische Verfassung dahingehend abgeändert, dass man jeden Verweis auf die »Führungsrolle« der KPdSU strich. Ein neu geschaffener Präsidialrat löste das Politbüro ab, wodurch die Konsultationen der übrigen Parteihierarchie zu einer reinen Formalität wurden. Der 18-köpfige Präsidialrat war im Grunde eine bunte Mischung liberaler Gorbatschow-Anhänger, hoher Minister mit verschiedensten Anschauungen und ausgewählter Intellektueller. Das Ergebnis: ein ineffektives Diskussionsforum, von dem Gorbatschow schon bald die Nase voll hatte. Schließlich rief das Gesetz über die Einführung des Präsidentenamtes ein zweites beratendes Gremium ins Leben, das aus den Vorsitzenden der Obersten Sowjets aller Republiken bestand. Dieser Föderationsrat war für Nationalitätenfragen und Angelegenheiten zwischen den Republiken zuständig und hatte den Auftrag, einen neuen Unionsvertrag auszuarbeiten, auf den sich die künftigen Beziehungen zwischen Zentrum und Peripherie stützen sollten. Doch in der ersten Phase (März bis November 1990) tagte der Föderationsrat nicht nur unregelmäßig, sondern arbeitete auch die meiste Zeit über ohne die Beteiligung der baltischen Republiken, Georgiens, Armeniens und Moldawiens – sie alle hatten die Absicht, sich von der Union unabhängig zu erklären.

Nach dem Scheitern dieses letzten Reformschubs, um zu einer wohl informierten und effektiven Politikgestaltung zu gelangen, war Gorbatschow zunehmend isoliert. Statt das Machtzentrum für das ganze Land darzustellen, wie es zuvor die Kommunistische Partei gewesen war, vergrößerte sein Präsidentenamt lediglich das organisatorische Durcheinander.[25]

Ursprünglich hatte Gorbatschow die Vorstellung eines »starken Präsidentenamtes«[26] als einen zu radikalen Wandel abgelehnt, noch dazu als Veränderung, die ihm nicht recht behagte: Er wollte nicht, dass die sowjetischen Bürger glaubten, er habe sich nur deshalb für Reformen eingesetzt, weil er seine eigene Macht vergrößern wollte.[27] Doch im Frühjahr 1990 änderte er seine Meinung, als er erkannte, dass er mehr persönliche Macht benötigen würde, um seine Reformen voranzubringen. Gleichzeitig aber, indem er das Parlament von der Partei trennte und das neue Präsidentenamt schuf, bewegte sich die UdSSR auch im Hinblick auf die Verfassung in die Richtung einer Gewaltenteilung nach westlichem Muster. In diesem offeneren und stärker zersplitterten System sollte es Gorbatschow allerdings viel schwerer fallen, unter all den neuen politischen Akteuren in Moskau zu manövrieren.[28]

Hinzu kam, dass das politische System inzwischen dreidimensionaler geworden war, hatte man doch beträchtliche Machtbefugnisse an die Republiken delegiert. In dieser vielfältigen Arena gelang es Nichtkommunisten und Möchtegern-Nationalisten, die ersten Flugversuche zu unternehmen. Die Kombination aus Dezentralisierung und Demokratisierung war also außerordentlich schwierig zu steuern. Und Gorbatschow sollte rasch feststellen, dass diese Art multidimensionaler Politik eine echte Herausforderung darstellte. Dabei entpuppten sich die baltischen Republiken, der Kaukasus und vor allem Russland selbst als überaus widerspenstige Verhandlungspartner.

Gerade der baltische Nationalismus wurde im Westen aufmerksam verfolgt. Schon zur Zeit der sowjetischen Kongresswahlen im März 1989 hatten die estnische, lettische und litauische Führung ihre Republiken für »souverän« erklärt und den eigenen »nationalen« Gesetzen Vorrang vor denen der Union eingeräumt. Außerdem behielten sich die Republiken das Recht vor, gegen in Moskau getroffene Entscheidungen ein Veto einlegen zu können und die Kontrolle vor Ort auf allen Feldern auszuüben außer in verteidigungs- und außenpolitischen Angelegenheiten. Ferner musste Russisch dem Estnischen, Lettischen beziehungsweise Litauischen als Landessprache weichen. Schließlich erklärten die Obersten Sowjets in Tallinn, Riga und Vilnius ihre Republiken als wirtschaftlich autonom vom Zentrum und leiteten ein Programm für einen zügigen Übergang zur Marktwirtschaft ein, was sich etwa in Estland schon bald auszahlte[29] – wie Gorbatschow hier und da selbst anerkennend bemerkte. Weniger erfreulich für Moskau führten die Republiken jedoch auch Obergrenzen für die Einwanderung von Nichtbalten ein, die sich in erster Linie gegen Russen richteten, welche in Estland und Lettland bereits über 30 Prozent der Bevölkerung ausmachten. Bislang hatte sich Gorbatschow darauf verlassen können, dass die lokalen kommunistischen Parteien im Baltikum den ethnischen Separatismus unterdrückten, doch inzwischen näherten sie sich den unlängst gebildeten »Volksfronten« an, die bei den Wahlen zum sowjetischen Volksdeputiertenkongress 1989 überwältigende Siege errungen hatten.[30]

Die Wahlergebnisse im Baltikum hatten das Politbüro geschockt. Tschernajew schrieb am 2. Mai in sein Tagebuch, er empfinde eine wachsende »Niedergeschlagenheit und Panik« – das Gefühl »einer Krise der Gorbatschow'schen Idee«. Die ständigen Bekenntnisse des Mannes im Kreml zu »sozialistischen Werten« und den »Idealen des Oktober« klängen für die Informierten wie »Ironie«, denn hinter diesen Idealen herrsche »Leere«. Tschernajew glaubte Gorbatschow wohl, dass er »weit gehen« wolle. Aber drohte er dabei nicht »unwiderruflich« die Kontrolle über die Schalthebel zu verlieren? Überall um sich herum habe der Sowjetführer »Zerfallsprozesse« in Gang gesetzt. Tschernajew befürchtete »Kollaps« und »Chaos«.[31] Auf einer Politbürositzung in Moskau am 11. Mai notierte er, dass den drei Kommunistenführern der baltischen Republiken »die Hölle heiß gemacht« wurde. Wadim Medwedew, der führende Ideologe im Kreml, bläute ihnen unmissverständlich ein, dass es jetzt für die Partei- und Regierungsführung der Republiken an der Zeit sei, »politischen Willen und Entschlossenheit« zu beweisen, »den Kurs der KPdSU in Richtung einer Erneuerung und Stärkung des Sozialismus zu verwirklichen«. Gorbatschow war nachsichtiger. »Wir sollten die Ursprünge der Situation betrachten«, sagte er, die »Besonderheiten der Geschichte, vor allem der Geschichte der Dreißiger- und Vierzigerjahre.« Er fügte hinzu, dass »im Kontext der Perestroika ein stürmischer Prozess eines wachsenden nationalen Selbstbewusstseins in diesen Republiken aufkommt. Und es stellt sich eine sehr ernste Frage: nach einer moderneren und umfassenderen Interpretation des Begriffs ›Souveränität‹. Das ist ein echtes Problem.«[32]

Gorbatschow versuchte die Balten ganz offensichtlich zu besänftigen – bemüht, die Kontrolle zu behalten, während er seinen reformorientierten Anschauungen treu blieb. Nachdem die baltischen Parteichefs die Sitzung verlassen hatten, hielt der sowjetische Präsident dem Politbüro einen Vortrag, der uns viel über seine politische Denkweise im Frühjahr 1989 verrät: »Volksfronten, hinter denen 90 Prozent der Bevölkerung stehen, dürfen nicht mit Extremisten gleichgesetzt werden. Mit ihnen muss man sprechen können … Man muss dem gesunden Menschenverstand vertrauen.« Er lobte gar den Drang der baltischen Republiken zu größerer Autonomie und Marktreformen – »Wir dürfen keine Angst vor Experimenten mit einer vollen wirtschaftlichen Selbständigkeit der Republiken haben« – und schreckte selbst vor einer loseren Union nicht zurück: »Wir dürfen keine Angst vor einer Differenzierung unter den Republiken nach dem Ausmaß der praktizierten Souveränität haben … Wir müssen überlegen, wie unsere Föderation in der Praxis umgestaltet werden kann, sonst zerfällt sie wirklich.« Aber selbst wenn es so weit kommen sollte, stand die »Gewaltanwendung« außer Frage. »In der Außenpolitik konnten wir sie ausschließen« und auch auf nationaler Ebene »dürfen wir sie nicht gegen unsere eigenen Völker anwenden.«[33]

Hehre Worte – und sehr typisch für Gorbatschow. Die Realität sah jedoch anders aus, denn die Balten forderten inzwischen weit mehr als nur Autonomie innerhalb der UdSSR. Sie strebten ultimativ die *Wiederherstellung* der nationalen Unabhängigkeit an. Nur drei Tage nach der Politbürositzung formulierten die drei Volksfronten ihre »Ziele« in

einer öffentlichen Erklärung im Rahmen einer »Baltischen Versammlung«: Sie pochten auf »die staatliche Souveränität in einem neutralen
und entmilitarisierten Balto-Scandia«, während sie zugleich die sowjetischen Annexionen von 1940 verurteilten.[34] Das Politbüro jedenfalls
ließ sich von Gorbatschows Ideen, um die zerfallende Union zusammenzuhalten, nicht überzeugen – und hierbei spielten die Ereignisse
am südlichen Rand des Landes keine geringe Rolle.

In diesem Frühjahr war separatistische Agitation in der ganzen Sowjetunion ein Problem. Der schwelende Konflikt zwischen Aserbaidscha-
nern und Armeniern um die Region Berg-Karabach war zu offenen
Kämpfen eskaliert, und in Tiflis, der Hauptstadt der Sowjetrepublik
Georgien, waren schwere ethnische Unruhen ausgebrochen.[35] Die Spannungen dort verschärften sich bereits seit Wochen mit lautstarken Forderungen nach größerer Autonomie von Moskau. Als Streiks und
Demonstrationen jedoch immer schneller aufeinander folgten, wurde
auch die sowjetische Truppenpräsenz in den Straßen verstärkt. Am
Abend des 9. April, als Tausende nationalistischer Demonstranten sich
weigerten, die Straßen und Plätze zu verlassen, gingen die Soldaten mit
Gummiknüppeln und Klappspaten gegen die Menschenmenge vor.
»Das war richtig brutal«, schrieb Jack Matlock, US-Botschafter in Moskau, später in seinen Memoiren: »Menschen, die auf das Pflaster stürzten, wurden zu Tode geprügelt, wehrlosen Personen sprühte man Gas
direkt ins Gesicht.« Am Ende wurden über 20 Menschen getötet und
Hunderte verletzt.[36]

Das war genau die Art von Blutvergießen, die Gorbatschow verur-
teilt und gefürchtet hatte. Und dennoch sah er sich als Mann an der
Spitze der UdSSR sofort mit Fragen konfrontiert, ob er das gewaltsame
Vorgehen autorisiert habe, und, falls dies nicht der Fall sei, ob er die
Kontrolle über den Staatsapparat verloren habe. Tatsächlich hatten sich
Gorbatschow und Schewardnadse an diesem Tag in London aufgehal-
ten, und Schewardnadse, der ehemalige Parteiführer der georgischen
Kommunisten und einzige Georgier im Politbüro, wurde nach Tiflis
geschickt, um die Ruhe wiederherzustellen.[37] Zu gegebener Zeit kam
eine unabhängige Kommission zu dem Schluss, dass die Verantwortung
für das Blutbad bei den Hardlinern im Generalstab lag, die den Einsatz
geleitet und auf Geheiß der georgischen Parteiführung gehandelt hat-

ten.[38] Auch wenn es wirklich so gewesen sein sollte, dass die georgische Führung, wie Tschernajew es anschaulich ausdrückte, offenbar »die Hosen voll« hatte und »Soldaten gegen das Volk« einsetzte, bewies die Niederschlagung der Proteste in Georgien, dass das sowjetische System insgesamt immer noch über die Bereitschaft und die Fähigkeit zu skrupelloser Brutalität verfügte.[39]

Gorbatschow stellte sich öffentlich an die Seite der Kritiker des massiven Vorgehens in Tiflis – eine Position, die durch den Schock über die Fernsehbilder vom Massaker auf dem Tiananmen-Platz im selben Juni in Peking noch bekräftigt wurde. Er tadelte Krjutschkow und die Geheimdienste heftig für ihre schlampigen Analysen der Situation und schalt zugleich Jasow dafür, dass er den Einsatz der Roten Armee ohne ausdrücklichen Befehl des Politbüros genehmigt hatte. Darüber hinaus unterstrich Gorbatschow seine Verpflichtung zur Nichteinmischung in die Revolutionen Osteuropas – zur Befriedigung des Westens und zum Ärger der Retter des sowjetischen Imperiums. Mit dieser Position begrenzte er im Grunde seine künftigen Optionen, Gewalt zu Hause oder im Ausland einzusetzen. Gleichzeitig betonte Gorbatschow jedoch in einem Appell an die Arbeiter Georgiens: »Es ist nicht im Interesse des werktätigen Volks, die bestehenden Bande der Freundschaft und Zusammenarbeit zwischen unseren Völkern zu zerreißen, das sozialistische System in der Republik abzuschaffen, es in einen Tümpel nationaler Feindseligkeit zu zerren … Unsere gemeinsame Pflicht ist es, die brüderlichen Beziehungen zwischen den Völkern zu vertiefen und zu stärken. Die Neugestaltung der interethnischen Beziehungen heißt jedoch nicht ein Neuziehen der Grenzen, einen Zusammenbruch der nationalen und staatlichen Struktur des Landes.« Schewardnadse gelangte seinerseits zu dem Schluss, dass es ein Fehler gewesen war, sich seit der Übernahme des Außenministeriums 1985 aus Nationalitätenfragen herauszuhalten.[40]

Unter dem Druck, auf die innenpolitischen Unruhen zu antworten und Führungsstärke zu zeigen, legte Gorbatschow am 14. Juli dem Politbüro eine Reihe neuer Maßnahmen zur »nationalen Frage« vor. Doch zum ersten Mal tanzte Schewardnadse aus der Reihe und verwarf Gorbatschows Vorschläge als zu vage. Er forderte eine viel klarere Grundsatzerklärung und fragte auch ganz gezielt, warum Lenins

Konzept eines Austrittsrechts aus der Union mit keinem Wort erwähnt werde. Medwedew versuchte, den Streit zu schlichten, indem er die Befürchtung äußerte, dass Russland selbst in Kürze womöglich den Status einer souveränen Republik einfordern könnte. Deshalb argumentierte er, sei es unerlässlich, eine ernsthafte Debatte um einen neuen Unionsvertrag zu beginnen. Gorbatschow stimmte zu. Der sowjetische Ministerpräsident Nikolai Ryschkow hingegen wehrte sich gegen jede Tendenz in Richtung einer noch stärkeren Dezentralisierung. Das Politbüro war ganz einfach überfordert und zerstritten.[41]

Zwei Monate später, am 19. September 1989, fand endlich das Sonderplenum des Zentralkomitees zur nationalen Frage statt – ein Plenum, das Gorbatschow seit Winter 1988 gefordert hatte. Es gab viel Gerede, aber wenig Konkretes. Gorbatschow erinnerte seine Genossen an die Vorzüge des sowjetischen Föderalismus und unterstrich die gegenseitige Abhängigkeit der Republiken voneinander. Als Beispiel wies er darauf hin, dass Lettland 96 Prozent seines Brennstoffs aus anderen Teilen der UdSSR bezog; umgekehrt war Litauen ein wichtiger Produzent von Fernsehern und Computern.[42] Doch die ganze politische Rhetorik über die gegenseitige Abhängigkeit zeigte inzwischen wenig Wirkung. Für den Rest des Herbstes litten die Diskussionen im Kreml unter den endlosen Streitereien, wer an den wachsenden nationalen Unruhen, die den Fortbestand der Union gefährdeten, die Schuld trage. »Ich rieche einen allgemeinen Kollaps«, erklärte Ryschkow grimmig im Politbüro am Tag des Mauerfalls. Schewardnadse, der ein Überschwappen aus Osteuropa fürchtete, warnte Mitte November, die »Destabilisierung« Ostdeutschlands werde »als Katalysator für separatistische Tendenzen im baltischen Raum dienen« und sogar die Ukraine und andere Republiken verunsichern. Die Lage sei »völlig unvorhersehbar«: Es werde womöglich zu einer Anarchie oder gar Diktatur kommen; Gorbatschow selbst alternierte zwischen Schimpftiraden auf die baltischen Separatisten (wie er sie nannte) und Mahnungen, keine Gewalt gegen sie einzusetzen. Auf Malta sagte er zu Bush, der baltische Separatismus sei nicht weniger als eine »Gefahr für die Perestroika«. Das gehe zu weit: »Wir haben 50 Jahre lang zusammengelebt. Wir sind integriert.« In seinen Augen drängten die Sezessionisten ihr Volk in eine »historische Sackgasse«.[43]

Im Lauf des Jahres 1989 lagen die Hauptzentren der nationalen Unruhen im Baltikum und im Kaukasus. Bis zur Jahreswende war noch kein einziger Konflikt gelöst. Dabei war es eine Ironie der Geschichte, dass bei den vom Kreml tolerierten, wenn nicht befohlenen Niederschlagungen der Unabhängigkeitsproteste weniger Menschen umgekommen waren als bei interethnischer Gewalt innerhalb und zwischen den Republiken, von denen sich inzwischen mehrere für souverän erklärt hatten. Die Spannungen zwischen Aserbaidschan und Armenien dauerten an, sodass sowjetische Soldaten stationiert werden mussten, während in Usbekistan die Regierung blutige Pogrome gegen die Turk-Mescheten (die von Stalin deportiert worden waren) inszenierte.[44] Angespornt von den Massenprotesten anlässlich des 50. Jahrestages des Hitler-Stalin-Paktes von 1939 drängten die Balten auf einen vollständigen Austritt aus der Sowjetunion. Litauen erklärte im März 1990 seine Unabhängigkeit, Lettland und Estland hingegen kündigten ihre entsprechende Absicht zu einem noch unbestimmten Zeitpunkt an. Gorbatschow schlug mit dem Wirtschaftsembargo gegen die Litauische Republik zurück – das für beträchtliche Spannung mit Westeuropa und den USA sorgte. Aber Washington forcierte die Angelegenheit keineswegs. Scowcroft zweifelte nicht im Geringsten daran, dass »der ›emotionale‹ Reiz der baltischen Unabhängigkeit den ›nüchternen Realitäten‹« der amerikanisch-sowjetischen Beziehungen insgesamt untergeordnet werden müsse, denn es stehe für amerikanische Interessen »noch viel mehr auf dem Spiel«.[45] Das Duell zog sich bis in den Juli 1990, als die Litauer einwilligten, ihre Unabhängigkeitserklärung erst einmal auf Eis zu legen. Im Gegenzug eröffnete Gorbatschow Verhandlungen mit allen drei baltischen Staaten. Damit ließ der Druck im Baltikum etwas nach – wenn auch nur vorläufig.

Das größte Nationalitätenproblem allerdings lag nicht an der Peripherie der Union, sondern in seiner Mitte. Die eigentliche Herausforderung war die politische Erweckung Russlands, weil damit die existenzielle Frage aufgeworfen wurde, ob es möglich war, einen starken russischen Staat zu haben, ohne das Sowjetreich zu zerstören. Die kleinen Republiken mochten schnaufen und stöhnen. Die Russische Sozialistische Föderative Sowjetrepublik (RSFSR) aber war nicht nur bei weitem die größte der 15 Sowjetrepubliken, sie war auch das Herz der

ganzen Union, machte sie doch zwei Drittel der gesamten wirtschaftlichen Aktivität, drei Viertel des Territoriums und die Hälfte der
290 Millionen Menschen des Landes aus.

Laut Verfassung waren jedoch alle anderen 14 Republiken Russland
gleichgestellt. Zu allem Überfluss hatten die nichtrussischen Republiken eigene, wenn auch der KPdSU unterstellte, »nationale« kommunistische Parteien; Russland hingegen hatte nie eine nationale kommunistische Partei gegründet. Das spielte keine Rolle, solange Russland
die sowjetische Politik dominiert hatte, was während des größten Teils
der sowjetischen Geschichte der Fall war: Die UdSSR war de facto das
russische Zarenreich unter einer neuen bolschewistischen Führung.
Bis zum Wiederaufleben ethnischer Konflikte in den Achtzigerjahren
hatten die Russen der Unterscheidung zwischen Russland und der
Sowjetunion wenig Beachtung geschenkt. Auch für Gorbatschow war
die UdSSR so gut wie gleichbedeutend mit Russland, und seine Zugeständnisse an den Nationalismus – genau wie seinerzeit Lenins – waren
im Wesentlichen taktisch motiviert: Nach seiner Auffassung strebte
er das ursprünglich leninistische Prinzip einer sowjetischen Föderation an.[46]

In Anbetracht der naturgemäß dominanten Stellung Russlands in
der Union entwickelten sich dort vergleichsweise spät nationalistische
Strömungen. Doch im Frühjahr 1990 erfuhr der russische Nationalismus einen Aufschwung, und so wuchs auch der Druck, dass die Republik eine eigene kommunistische Partei brauche – eine Forderung insbesondere der Hardliner in der KPdSU. Die Liberalen dagegen wollten
aus dem frisch gegründeten Parlament der Russischen Republik die
treibende Kraft der raschen Reform machen. Somit sah sich Gorbatschow, der mit Blick auf Russland am liebsten alles beim Alten gelassen
hätte, von beiden Seiten mit heftigen Forderungen konfrontiert. Zudem
geschah dieses ganze politische Manövrieren nicht an der Peripherie
der UdSSR – Hunderte von Kilometern entfernt –, sondern unmittelbar
vor seiner Haustür, in Moskau.[47]

Im Sommer 1990 bekamen die Kommunisten in Russland schließlich
ihre eigene Partei.[48] Diese neue Kommunistische Partei der Russischen
Föderation (KPRF) umfasste fast 60 Prozent der gesamten Mitgliedschaft
der KPdSU. Auf dem Gründungskongress der KPRF am 20. Juni hielt

Gorbatschow sogar eine Ansprache, und zwar in zwei Funktionen: als Präsident der UdSSR nach der neuen Verfassung und in seiner alten Rolle als Vorsitzender der KPdSU, der die KPRF offiziell untergeordnet war. Doch konstitutionell bedingte Nettigkeiten hatten keine Bedeutung mehr in Anbetracht der Stimmung, die inzwischen in Russland vorherrschte. Tschernajew wunderte sich darüber, dass sein Boss dem Kongress freiwillig die gesamten fünf Tage über beiwohnte. Der wichtigste sowjetische Fernsehsender übertrug das alles live, die Zeitung *Sowetskaja Rossija* berichtete umfassend. Tatsächlich war Tschernajew sogar regelrecht geschockt von der »Misshandlung« – nicht nur »Beleidigungen«, sondern »ausgemachte Barbareien« seitens der Reaktionäre, von denen ihn viele schlichtweg »hassten« –, die der Sowjetführer »erduldete«. Es war Schewardnadse, der wenige Tage später den Kritikern scharf antwortete und die Vorwürfe seitens General Albert Makaschows, Jegor Ligatschows, des Zweiten Sekretärs der KPdSU, und anderer mit den »boshaften Hexenjagden« in den USA während der McCarthy-Ära verglich. »Es ist an der Zeit zu erkennen, dass weder Sozialismus noch Freundschaft noch gute Nachbarschaft oder Respekt durch Bajonette, Panzer oder Blut erzeugt werden kann.« Diese Wortwechsel enthüllen die Risse, die sich an der Spitze des sowjetischen Staates auftaten.[49]

Doch die russischen Hardliner waren nicht die Einzigen, die sich im Aufwind befanden. Am anderen Ende des politischen Spektrums profitierten russische radikale Reformer von der Demokratisierungswelle. Im März 1990 hatten Wahlen zum Kongress der Volksdeputierten der RSFSR stattgefunden. 1068 Sitzen waren zu besetzen und im Gegensatz zu den sowjetischen Kongresswahlen von 1989 gab es keine reservierten oder unumstrittenen Sitze. Außerdem schlossen sich diesmal Demokraten und Liberale zusammen und mobilisierten sich als Bewegung und Partei unter dem Namen *Dem Rossija* (Demokratisches Russland). Nach dem Urnengang vom 4. März erhielten sie 465 und die russischen Kommunisten 417 Sitze; 176 Deputierte lavierten frei zwischen den Blöcken. Unter diesen Deputierten war Boris Nikolajewitsch Jelzin.[50]

*

Der 1931 im Dorf Butka in der Region Swerdlowsk geborene Boris Jelzin stammte wie Gorbatschow aus einfachen Verhältnissen: Sein Vater
arbeitete auf dem Bau, seine Mutter war Näherin. Nach dem Studium
am Polytechnischen Institut in Swerdlowsk, dem heutigen Jekaterin-
burg, und dem Aufstieg über das Wohnungsbaukombinat der Stadt
wurde er 1968 in die Reihen der Nomenklatura der KPdSU aufgenommen. Im Jahr 1976 erhielt er den Posten des Ersten Sekretärs des
Gebietskomitees von Swerdlowsk, den er fast ein Jahrzehnt lang inne-
haben sollte, und wurde 1981 ins Zentralkomitee der KPdSU gewählt.

Obwohl Jelzin einen Monat älter als Gorbatschow war, hatte er in
der Parteihierarchie immer deutlich hinter seinem marginal jüngeren
Parteigenossen rangiert. Das war stets eine Quelle für Rivalität zwischen diesen beiden ehrgeizigen Männern gewesen, zusätzlich verschärft durch Jelzins streitlustigen und rebellischen Charakter. Dennoch erkannte Gorbatschow dessen politisches Talent, enorme Tatkraft
und reformorientierte Intuition. Und so war es im Dezember 1985 Gorbatschow, der – inzwischen als stärkster Mann im Kreml – Jelzin zum
Ersten Sekretär des Moskauer Stadtkomitees der KPdSU ernannte und
de facto zum »Bürgermeister« der sowjetischen Hauptstadt machte.
Nur zwei Monate später lud er ihn auch als nichtstimmberechtigtes
Mitglied ins Politbüro ein. Allerdings verstärkte diese Gönnerschaft
lediglich Jelzins Groll, weil sie ihm den Rangunterschied deutlich vor
Augen führte. Der Umstand, dass ihm in Moskau die ehemalige Datscha
Gorbatschows zugeteilt wurde, fügte seinem verletzten Ego noch eine
weitere Kränkung hinzu.[51]

Kaum in der Hauptstadt angekommen, begann Jelzin sich als kühner
Populist mit radikalen Ideen zu präsentieren, der knallharte Reden hielt
und es so verstand, die Massen zu begeistern. Auch entließ er reihen-
weise korrupte lokale Parteifunktionäre, womit er sich besonders bei
den Moskauern beliebt machte. Gorbatschow war über Jelzins leut-
seligen Stil gar nicht erfreut und außerdem eifersüchtig auf dessen
offensichtlich engen Kontakt zum Volk. Zwei Jahre später, im Oktober
1987, spitzte sich die Situation zu. Auf einer tumultartigen Plenarsitzung des Zentralkomitees kritisierte Jelzin offen die Reformen des
Kremls als zu schwerfällig und bat anschließend darum, aus dem Politbüro zurücktreten zu dürfen – das hatte es noch nie gegeben. Sprung-

haft, wie er war, verfiel Jelzin danach in eine Depression und versuchte, sich mit einer Schere das Leben zu nehmen. Nach dieser Episode wurde er kurzerhand all seiner KPdSU-Führungsposten in Moskau enthoben. So verlor Gorbatschow nicht nur einen engagierten Reformer im Politbüro, sondern machte sich auch einen lebenslangen Feind.[52]

Jelzin sagte, er werde Gorbatschow diese »unmoralische und unmenschliche« Behandlung durch die Partei nie verzeihen.[53] Gorbatschow verhielt sich in der Folge, womöglich weil er sein strenges Durchgreifen bereute, großzügiger und machte Jelzin zum ersten stellvertretenden Vorsitzenden des Staatskomitees für Bauwesen. Dieses Zugeständnis gab dem gedemütigten Jelzin die Chance, in Moskau aktiv zu bleiben. Aber er empfand deswegen keinerlei Dankbarkeit gegenüber Gorbatschow und fing an, das eigene Comeback und seine Rache zu planen. Und je mehr sich die innenpolitische Krise in der Sowjetunion verschärfte, desto schwieriger fiel es Gorbatschow, Jelzin zu ignorieren. Als er schließlich erkannte, dass Jelzin zu einem ernstzunehmenden Rivalen geworden war, war ihre Beziehung bereits unheilbar vergiftet.[54]

Ironischerweise verschaffte ausgerechnet Gorbatschows Entscheidung, einen sowjetischen Kongress der Volksdeputierten zu gründen, Jelzin eine Plattform für sein Comeback. Er wurde nicht nur Kandidat für den speziellen Moskauer Stadt-Wahlkreis, sondern gewann, dank seiner Popularität, die Stimmen von über fünf Millionen Moskowitern und damit den Sitz mit überwältigenden 89 Prozent. Etwas mehr als ein Jahr später, im März 1990, wurde er außerdem in den neu gebildeten russischen Kongress gewählt und nahm sein nächstes Ziel ins Visier, Vorsitzender des russischen Obersten Sowjets zu werden. Gorbatschow meinte, das verhindern zu können, indem er alternative Kandidaten aufbot, aber Jelzin stach sie alle aus. Am 29. Mai 1990 erlangte er den gewünschten Posten und war jetzt, de facto, das Oberhaupt der Russischen Republik. Vom Herzen des Imperiums aus konnte er nunmehr dessen Herrscher angreifen.

Manche Beobachter sahen schon damals das Menetekel an der Wand. »Gorbatschow wird zu einem König ohne Untertanen«, sagte Juri Boldyrew, ein radikaler Abgeordneter aus Leningrad im Obersten Sowjet der RSFSR. »Wenn sich Russland gegen ihn stellt, wer bleibt ihm dann noch, auf den er sich verlassen könnte? Lediglich die zentralasiatischen Republiken, aber auch diese bekommen ihre eigenen Herrscher.«[55]

Für Gorbatschow war das Phänomen Jelzin ebenso empörend wie rätselhaft.[56] Er hielt seinen Rivalen für »unbegreiflich« und sogar widerwärtig: »Sowohl hier als auch im Ausland trinkt er wie ein Fisch«, spottete Gorbatschow auf einer Politbürositzung im April geringschätzig.[57] »Jeden Montag ist sein Gesicht doppelt so groß. Er kann sich nicht ausdrücken, er kommt mit weiß der Herr was daher, er ist wie eine alte Schallplatte. Aber unaufhörlich wiederholen die Leute ›Er ist unser Mann‹, und sie sehen ihm alles nach.« Dennoch hatte der Sowjetführer geglaubt, er könne mit dem Mann aus Swerdlowsk fertigwerden.[58] Daher war Jelzins De-Facto-Machtübernahme in Russland am 29. Mai ein echter Rückschlag für den Kremlchef. Die Nachricht erreichte Gorbatschow auf dem Weg zum Gipfel mit George Bush. Als Jack Matlock Gorbatschow in Camp David fragte, ob er mit Jelzin zusammenarbeiten könne, wich er der Frage aus: »Sagen Sie es mir … Sie haben ihn unlängst öfter als ich getroffen.«[59]

Dem Diplomaten Alexander Bessmertnych zufolge machte Gorbatschows »Abneigung gegen Jelzin« ihn von da an »häufig blind«. Und sein Berater Georgi Schachnasarow schrieb später, sein »Gefühl einer Kränkung [siegte] über politisches Kalkül und sein Stolz hatte Vorrang vor dem allgemeinen Menschenverstand«.[60]

Weil Jelzin jetzt eine politische Basis hatte, durch die er sich Gorbatschows Kontrolle entziehen konnte, sah sich der Sowjetführer auf einmal in einen Zweifrontenkrieg verstrickt: gegen Jelzin, den selbsterklärten russischen Nationalisten und überzeugten Demokraten mit einer russischen Plattform in der sowjetischen Hauptstadt, und zugleich am anderen Ende des politischen Spektrums gegen die aufkeimende russische kommunistische Partei. Letztlich sollte sich Jelzin als gefährlicher für die Union erweisen als die KPRF.

Das zeigte sich bereits im Juni 1990, als Jelzin sich die Gesetzgebung sicherte, indem er russischen Gesetzen Vorrang gegenüber sowjetischen einräumte.[61] Diese Maßnahme kam unter einfachen Russen gut an, doch für ihn waren Nationalismus und Demokratie letztlich nur taktische Mittel. Im Grunde war Jelzin ein altmodischer Parteifunktionär. Er hatte seine Wurzeln nicht im Kreis der Dissidenten und unter-

Politische Verwerfungen: Boris Jelzin und Michail Gorbatschow
im Sommer 1990

hielt auch keine Kontakte zu ihnen. Ihn interessierte schlicht die Macht: für Russland und damit für ihn selbst. Auf der anderen Seite freute sich Gorbatschow über das Ergebnis des XXVIII. Parteitags der KPdSU Anfang Juli. Von den Hardlinern zwar heftig attackiert, wurde er als Generalsekretär der KPdSU wiedergewählt und somit in der Parteiführung bestätigt, was er gleichzeitig als eindeutige Billigung seiner Politik deutete. Mit einer vermeintlich vereinten Partei jetzt hinter sich, die als Band diente, um das Land zusammenzuhalten, glaubte Gorbatschow, sich den künftigen Ereignissen mit mehr Zuversicht stellen zu können.

Doch Jelzin sorgte seinerseits für die größte Dramatik. In seiner charakteristisch volksnahen Art gab er am 12. Juli seinen Austritt aus der sowjetischen kommunistischen Partei bekannt, und erklärte, dass er künftig nur noch dem russischen Volk verantwortlich sei, bevor er im Eiltempo den Plenarsaal verließ. Damit präsentierte er sich selbst als wahrer Demokrat, im Gegensatz zum KPdSU-Chef, dem er später verächtlich »Geschwätz« nachsagte.[62]

Mittlerweile befand sich die Wirtschaft im freien Fall.[63] Es ist nicht schwer zu erkennen, weshalb sich Kohls Scheckbuchdiplomatie während des Gipfeltreffens im Kaukasus und im Spätsommer als ein so

wirksames diplomatisches Instrument für die Garantie der entscheidenden Sicherheitsaspekte des Deals um die deutsche Vereinigung erwies.
Dabei machte sich Gorbatschow wenig Illusionen: »Wenn es uns nicht
gelingt, etwas zu präsentieren, was die Verbraucher rettet (und sie sind
bereits so gut wie vernichtet), dann wird das Volk explodieren.«[64] Bislang hatte der »gemäßigt radikale« Plan, der im Winter von der staatlichen Kommission für Wirtschaftsreformen des Ministerpräsidenten
Ryschkow verabschiedet worden war, kaum Fortschritte gemacht. Es
handelte sich um ein Paket struktureller Reformen und Sparmaßnahmen, mit dem Ziel, bis zum Jahr 1995 eine »gelenkte Marktwirtschaft«
zu schaffen. Auf den ersten Blick ähnelte Ryschkows Plan dem polnischen »Big Bang« oder der »Schocktherapie« für einen wirtschaftlichen Wandel, die Mazowiecki Ende 1989 lanciert hatte, um innerhalb
eines Jahres zu einer Marktwirtschaft zu gelangen. Aber auch wenn
sich das Reformpaket an Polen anlehnte, so unterschied es sich in dem
viel längeren Zeitraum und vor allem darin, dass die sowjetische Regierung sich für einen zweigleisigen Ansatz entschieden hatte. Es wurden
zwar sofort Sparanstrengungen in die Wege geleitet – was enorme
Preissteigerungen zur Folge hatte –, doch strukturelle Reformen, einschließlich der Maßnahmen gegen Monopole, eine Lockerung der Kontrolle von ausländischen Investitionen und Reformen des Bankwesens,
sollten erst 1993 voll umgesetzt werden. Dieser stufenweise Ansatz
führte schließlich dazu, dass die UdSSR am Ende in der schlimmsten
aller möglichen Situationen landete. Im Sommer 1990 kauften sowjetische Verbraucher panikartig Grundlebensmittel. Und mehrere Republiken – Russland, Weißrussland, die Ukraine sowie die Balten – stiegen
aus dem Reformprogramm aus.[65]

Nach dem Scheitern des Ryschkow-Plans hatte Gorbatschow keine
klare Vorstellung davon, welche Richtung er nun einschlagen sollte. Er
hatte erst im Januar einen richtigen Wirtschaftsberater ernannt[66] und
der neue (im März geschaffene) Präsidialrat war auch keine Hilfe. Überall um ihn herum herrschte Verwirrung. Die Direktoren der staatlichen
Unternehmen sagten eine Katastrophe voraus, wenn die Radikalen sich
durchsetzen sollten. Fürsprecher der freien Marktwirtschaft hingegen
forderten nachdrücklich eine schnellere und umfassendere Liberalisierung, während sie gleichzeitig davor warnten, zu viel auf einmal zu

unternehmen. Es gab keine einfachen Antworten. Das ganze System
hing in einem Schwebezustand. Die sowjetische Gesellschaft taumelte
am Rande des Abgrunds.[67]

Vor diesem düsteren Hintergrund trat Ende Juli 1990 Grigori Jawlinski – Jelzins neuer Vize-Ministerpräsident und ebenfalls Befürworter
der freien Marktwirtschaft – an Gorbatschows frisch gekürten Wirtschaftsberater Nikolai Petrakow heran und schlug ihm vor, gemeinsam
einen vollständigen Übergang zur Marktwirtschaft auszuarbeiten.
Innerhalb von 24 Stunden verfassten sie ein gemeinsames Arbeitspapier,
das alsbald Gorbatschow vorgelegt wurde. Dieser nahm es erfreut entgegen, und man beschloss, sämtliche Republiken in den Plan einzubeziehen. Nach überaus heiklen Verhandlungen zwischen den Lagern
Gorbatschows und Jelzins wurde Anfang August ein neues »gemeinsames« Team für die Umstellung von der Plan- in die Marktwirtschaft
gebildet, dem fast ausschließlich junge liberale Wirtschaftsexperten
angehörten. Es wurde geleitet von Stanislaw Schatalin, dem neuen
Direktor der wirtschaftswissenschaftlichen Abteilung der Akademie
der Wissenschaften und Mitglied des Präsidialrates, dessen Karriere
bislang von seinen sozialdemokratischen Ansichten gebremst worden
war. Schatalin war über seine Ernennung hocherfreut – genau wie seine
neuen Mitarbeiter; und sie machten sich voller Tatendrang und Enthusiasmus an die Arbeit. Doch aus politischen und praktischen Gründen
mussten Schatalins Team auch einige konservativere Wirtschaftsexperten aus Ryschkows staatlicher Kommission angehören, die sich aber auf
Störmanöver verlegten, indem sie etwa die Herausgabe von amtlichen
Dokumenten verweigerten. Die Zusammenarbeit zwischen den beiden
Gruppen beschränkte sich auf das Nötigste.[68]

Der Schatalin/Jawlinski-Plan versprach großspurig eine totale wirtschaftliche Revolution binnen 500 Tagen: die Schaffung eines wettbe-
werbsorientierten Marktsystems durch umfassende Privatisierungen
und die Aufhebung der staatlichen Preiskontrolle sowie durch die Integration der UdSSR in das globale Wirtschaftssystem. Auch wenn der
»500-Tage-Plan« einen zeitlichen Rahmen absteckte, diente er lediglich
dazu, das Geschehen zu beschleunigen: Es lag auf der Hand, dass man
ein System, das sich im Laufe von sieben Jahrzehnten entwickelt hatte,
nicht innerhalb von nur 18 Monaten umkrempeln konnte. Schatalin

persönlich hegte keinerlei Zweifel daran, dass es »Generationen« dauern würde, Abschied von der Kommandowirtschaft zu nehmen und in den freien Markt hineinzuwachsen. Dennoch ging diese radikale Agenda – sei sie nun durchführbar oder nicht – den Anhängern Ryschkows bereits zu weit. Sie fürchteten ein noch größeres Chaos. Daher schotteten sie sich weiter ab und arbeiteten ein eigenes Konkurrenzprogramm aus.[69]

Dabei war die politische Botschaft des »500-Tage-Plans« ebenso entscheidend wie seine wirtschaftliche Doktrin. Er signalisierte deutlich, dass der Sozialismus tot war – eine Vorstellung, die Gorbatschow stets für ketzerisch gehalten hatte. Tatsächlich versuchte er, mit Tschernajews Hilfe, ausgerechnet zu diesem Zeitpunkt, einen Artikel zu verfassen, um seinen Kritikern – und vielleicht auch sich selbst – zu beweisen, dass er aus ideologischer Sicht vernünftig handle. In seinem Essay plädierte er für einen »modernen Sozialismus«, den er als »organischen Bestandteil des Gangs der Zivilisation« darstellte. Bezeichnenderweise wurde der Aufsatz nie vollendet.[70] Doch mit Blick auf den »500-Tage-Plan« war Gorbatschow »voller Enthusiasmus« und rief Schatalin und Petrakow mehrmals täglich an, um auf den neuesten Stand gebracht zu werden. Also schien er in der Praxis – wenn auch nicht in der Theorie – dessen Inhalt uneingeschränkt zu begrüßen. Tatsächlich sagte er zu Tschernajew, dass der Schatalin-Plan »die Hauptsache« sei – nicht weniger als »der endgültige Durchbruch zu einer neuen Etappe der Perestroika«. Als politischer Zusatzbonus könnte dies, falls er und Jelzin gemeinsam an dem »500-Tage-Plan« festhielten, die Basis für eine künftige Zusammenarbeit bilden.[71]

Letztlich ließ sich die Wirtschaft jedoch nicht in Einklang bringen mit der Politik. Nachdem es im Laufe des Sommers immer wieder zu Richtungsstreitigkeiten gekommen war, befürwortete Jelzin klar die Endfassung des »500-Tage-Programms«,[72] das fast schon größenwahnsinnig die Privatisierung von 46 000 Industriebetrieben und 760 000 Handelsunternehmen vorsah – unter staatlicher Kontrolle sollten nur wenige Sektoren wie Verteidigung, Eisenbahn, Post und Energie bleiben. Auch Gorbatschow plädierte im Grunde dafür. Am 11. September ließ Jelzin das Programm sogar vom russischen Obersten Sowjet verabschieden.[73] Das ging Gorbatschow wiederum zu schnell und zu weit –

aus sozialen ebenso wie aus politischen Gründen. In seinen Augen war die Umsetzung des 500-Tage-Plans vergleichbar mit dem Sprung von einer Klippe ins Unbekannte. Wie konnten Millionen Sowjetbürger die Belastung schultern, die die »Schocktherapie« mit sich bringen würde? Eine galoppierende Inflation, Massenarbeitslosigkeit, möglicherweise den völligen Zusammenbruch der Gesellschaft. Wie würde es ihm überhaupt gelingen können, die Ordnung aufrechtzuerhalten? Überdies konnte er nicht einfach die heftigen Einwände Ryschkows ignorieren. Dieser artikulierte ebenso die Gefühle vieler Mitglieder der KPdSU wie die ureigenen Interessen des sowjetischen militärisch-industriellen Komplexes – Ryschkow war also quasi die Stimme jener, die bereits unverbesserliche Kritiker der Perestroika waren. Tatsächlich drohte Ryschkow mit seinem Rücktritt und dem Fall der gesamten Regierung, sollte Gorbatschow den 500-Tage-Plan billigen.[74]

Sich an Ryschkows Linie zu halten – und damit eben jene Moskauer Bürokraten am Ruder zu lassen, die schon früher jede Reform Gorbatschows sabotiert hatten –, würde jedoch den wirtschaftlichen Kollaps, der bereits in vollem Gange war, nur noch verschlimmern. Also hielt Gorbatschow, wie immer, Ausschau nach einem Kompromiss. Gegen jedes bessere Wissen hoffte er, dass sich die Pläne Schatalins und Ryschkows auf unerfindliche Weise miteinander vereinen ließen. Jelzin spottete gehässig, das komme dem Versuch gleich, »einen Igel mit einer Natter zu verheiraten«,[75] aber Gorbatschow gab nicht auf – so viel lag ihm an der Einigkeit. Schließlich versuchte er über mehrere Tage, die 452 Seiten des Schatalin-Plans zu einem nichtssagenden und ausweichenden 60-seitigen Dokument einzudampfen, in dem ein behutsamer, schrittweiser wirtschaftlicher Transformationsprozess beschrieben wurde. Bezeichnenderweise trug es den vagen Titel: »Hauptrichtungen zur Stabilisierung der Volkswirtschaft und dem Übergang zu einer Marktwirtschaft«. Am 19. Oktober gelang es ihm, die Zustimmung des Obersten Sowjets der UdSSR einzuholen, nachdem er eindringlich an die nationale Disziplin appelliert und heftig gegen Jelzin vom Leder gezogen hatte. Doch dieses ausgeweidete Dossier verkörperte keine klare Strategie mehr.[76]

Das hatte Konsequenzen – und zwar gewaltige: Ein wütender Jelzin warf Gorbatschow vor, dem radikalen Plan eine Absage erteilt zu haben.

Und er drohte – was noch gefährlicher war –, Russland werde eine
Unterordnung unter die zentrale sowjetische Regierung nicht länger
akzeptieren.[77] In der Tat wurde der Sowjetführer im Spätherbst von
allen Fronten scharf kritisiert. Ein großer Teil der Presse forderte seinen
Rücktritt, beschwor gar das Schreckgespenst eines Bürgerkrieges herauf, falls er sich weigern sollte. Und seine Machtbasis erodierte ebenfalls. Auf der einen Seite bröckelte die Unterstützung innerhalb der
Intelligenzija und unter reformorientierten Bürgern; auf der anderen
Seite inszenierte KGB-Chef Krjutschkow eine Kampagne, um Gorbatschow gegen Schewardnadse und andere vertraute Liberale in seinem
engeren Kreis aufzubringen. Bei einer katastrophalen Begegnung mit
über tausend Offizieren Mitte November wurde ihm offiziell mitgeteilt,
dass er die Unterstützung der Armee verloren hatte.[78]

Am 16. November versuchte Gorbatschow, den der Oberste Sowjet
um einen Dringlichkeitsbericht zur Lage der Nation gebeten hatte, in
die Offensive zu gehen. Weitschweifig wies er energisch Forderungen
zurück, eine Koalitionsregierung mit Nichtkommunisten zu bilden,
und versprach zugleich eine Umstrukturierung der Regierung und
militärischen Führung, um die öffentliche Unterstützung zurückzugewinnen. Er bestand darauf, dass die einzelnen Sowjetrepubliken einen
neuen Unionsvertrag akzeptierten, um den föderalen Aufbau des Landes zu erhalten, indem sie die Kontrolle des Zentrums über das Militär
und einen großen Teil der Wirtschaft bestätigten. Der 500-Tage-Plan
sei, bekräftigte er, eine Gefahr für die Union. Was das verbreitete
Gerede von einer Hungersnot betreffe, so seien das nichts als »nieder-
trächtige Gerüchte«. Das Land besitze ausreichend Lebensmittel und
Brennstoff, um den Winter zu überstehen. Das Problem sei nicht, so
Gorbatschow, der Mangel, sondern das Chaos im Verteilersystem. Deshalb auch seine Vorschläge zur »Reorganisation«. Denn »ohne das
öffentliche Vertrauen«, warnte er, »wird es schwierig, wenn nicht
unmöglich, eine Politik wirkungsvoll umzusetzen, die uns aus dieser
Krise führen wird«.

Gorbatschows 90-minütige Rede – voller Abstraktionen und Plattitüden – wurde von den Abgeordneten eisig aufgenommen. Die Führer
der Republiken, die der Reihe nach aufs Podium traten, um ihre Ansichten kundzutun, stellten klar, dass die Blaupause des Sowjetführers für

eine stärker dezentralisierte Föderation kaum Erfolgsaussichten hatte. Sie plädierten für einschneidende Maßnahmen, um den Zerfall der politischen Autorität und das Absinken des Lebensstandards zu stoppen. Ihre Forderungen reichten von einer landesweiten Lebensmittelrationierung bis hin zu einem staatlichen »Rettungskomitee«, das Gorbatschow ablösen und sich auf das Militär und die Polizei stützen sollte. Die Abgeordneten äußerten sich tief enttäuscht darüber, dass Gorbatschow keine konkreten neuen Vorschläge bot, um aus der Sackgasse herauszukommen, sondern lediglich über ehrgeizige Rivalen und deren »gut geplante Kampagne« gegen ihn jammerte. »Wir wollen ein Programm zum Handeln hören, keine Entschuldigungen und kein Lamentieren über Schwierigkeiten und Hindernisse«, sagte Anatoli Sobtschak, der Bürgermeister von Leningrad.[79]

Am selben Tag wurde ihm auch im Politbüro gehörig der Kopf gewaschen. In einer Situation, in der sich die Wirtschaft auf immer rasanterer Talfahrt befand, die Kriminalität außer Kontrolle war und die Menschen bis auf die Straße für Brot anstanden, verlangte der Parteichef der neuen russischen Kommunisten Iwan Poloskow von Gorbatschow, den Präsidialrat aufzulösen, die Unruhestifter in den Massenmedien zu verhaften und selbst die Macht in die Hand zu nehmen. Er fügte hinzu: »Es ist Ihre Schuld; Sie haben die Perestroika mit der Zerstörung des Fundaments begonnen, auf dem die Partei aufgebaut worden ist.«[80]

Erschüttert und wütend arbeitete Gorbatschow die ganze Nacht hindurch an einer Revision des Plans, die er am nächsten Morgen, dem 17. November, dem Obersten Sowjet vortrug. Diesmal waren seine Äußerungen knapp und konkret, dauerten nur 20 Minuten und skizzierten acht klare Punkte. Er schlug eine vollständige Reorganisation der Regierung vor, um die Macht des Präsidenten zu stärken. Er wollte den Präsidialrat und den Posten des Ministerpräsidenten abschaffen und den vom Parlament ernannten Ministerrat in ein Kabinett umwandeln, das dem Präsidenten unterstand. Ein neuer Sicherheitsrat, der direkt dem Präsidenten unterstellt war, sollte die Armee, Polizei und den KGB beaufsichtigen. Und der Föderationsrat, die Führer der 15 Republiken, in dem er den Vorsitz hatte, sollte zur Hauptexekutive des Landes werden.[81]

Diese Aufwertung des Föderationsrats wurde prompt von den drei baltischen Republiken, gefolgt von Georgien und Armenien, abgelehnt. »Wir werden uns an keiner föderativen Institution beteiligen. Die Entscheidung unseres Volkes ist ganz eindeutig«, sagte Marju Lauristin, die stellvertretende Vorsitzende des estnischen Parlaments. »Die Dezentralisierung der Macht ist inzwischen so weit fortgeschritten, dass alle Versuche, diesen Prozess umzukehren, keinen Erfolg haben werden«, fügte sie hinzu. »Das heißt, dass es viele Konflikte geben wird.« Besonders schwerwiegend für Gorbatschow war die russische Ablehnung. »Wir müssen nicht über einen Unionsvertrag reden, sondern über eine Union souveräner Staaten«, erklärte Jelzin. »Das sind zwei verschiedene Dinge.«[82]

Dennoch wurde Gorbatschows revidierter Plan insgesamt im Obersten Sowjet der UdSSR mit der überwältigenden Mehrheit von 316 zu 19 Stimmen angenommen, wobei 31 Mitglieder sich enthielten. Selbstverständlich erwartete niemand, dass dieser mitternächtliche Zauber plötzlich die Ladenregale füllen würde, und viele befürchteten bereits, dass es womöglich zu spät sei, um den Zerfall der Sowjetunion in sich bekriegende souveräne Staaten aufzuhalten.[83] Dennoch schien Gorbatschow zum ersten Mal seit vielen Monaten auf dem schlüpfrigen Boden der sowjetischen Innenpolitik wieder Fuß gefasst zu haben. Stanislaw Kondraschew, ein Kommentator der *Iswestija*, meinte, die scheinbare Sinnlosigkeit der Demokratie erhöhe die Attraktivität der Idee einer »eisernen Hand« bei der Bevölkerung, und zitierte das alte Motto der römischen Kaiser »Brot und Spiele«. Aber wenn, so Kondraschew, »die Brotrationen rasch schrumpfen, sind die Menschen bereit, parlamentarische Zirkusspiele zu opfern«.[84]

Die Kommunisten der Alten Garde begrüßten, was sie für eine Stärkung des Staates und Blaupause für einen langsameren, kontrollierten Reformkurs hielten. Umgekehrt hoffte Gorbatschow, die Liberalen würden sein Vorgehen als Zeichen werten, dass er immer noch die Dynamik für Reformen bewahren wollte, während er zugleich Kompromisse im gesamten politischen Spektrum anstrebte. Aber Gorbatschow in der »Rolle des Vereinigers, Friedensstifters und Beraters« – statt an vorderster Front zu führen – war, wie Tschernajew aufzeigte, »gefährlich«![85] Tatsächlich war der Balanceakt durch die strukturelle Neugewichtung, die er am 17. November angekündigt hatte, ein Pokerspiel, das langfristig seine Autorität schwächen konnte, weil er unrealistische Erwartungen bezüglich seiner neuen Machtbefugnisse geweckt hatte, um der nationalen Krise Herr zu werden.

Auch in der Frage, wie der Westen seine neue Rolle als Präsident aufnehmen würde, ging Gorbatschow ein beträchtliches Risiko ein. Das Programm wurde unmittelbar vor seiner Abreise zum Pariser KSZE-Gipfel bekanntgegeben. »Kein Mensch sollte vergessen, dass das halbe nukleare Potenzial der ganzen Welt in diesem Land geballt ist«, erklärte Wladimir A. Iwaschko, der stellvertretende Vorsitzende der sowjetischen kommunistischen Partei. »Durch die Stabilisierung der Lage in der Sowjetunion verringern diese Vorschläge viele Sorgen unserer Nachbarn im Ausland.« Und sie könnten, so hoffte Gorbatschow, auch seinen Einfluss in der internationalen Gemeinschaft stärken und die westlichen Geldbörsen öffnen.[86]

Doch die Begeisterung in Paris hielt sich in Grenzen. Da die UdSSR augenscheinlich kurz vor dem Zerfall stand und in ganz Osteuropa von neuem ethnische Spannungen auftraten, hatten die westlichen Staats- und Regierungschefs keine Lust, Geld in das Land zu pumpen. Der finnische Diplomat Max Jakobson machte die verbreitete Befürchtung aus, dass sich »mitten in einer wirtschaftlichen Katastrophe wohl kaum die Demokratie entwickeln« werde. Also wechselte Gorbatschow die Tonlage und griff zu einem anderen politischen Druckmittel, indem er das Schreckgespenst einer drohenden Lebensmittelkrise heraufbeschwor. Obwohl die Sowjetunion in diesem Jahr eine Rekordernte eingefahren hatte, verrottete ein großer Teil des Ertrags auf den Feldern wegen gravierender Probleme beim Einbringen der Ernte, der Lagerung und dem Transport. In Paris übergab er daher seinen westlichen Kollegen eine lange und dringende Einkaufsliste an Grundlebensmitteln: Schweine- und Rindfleisch, Mehl, Butter, Milchpulver und Erdnussöl.[87]

Viele Staats- und Regierungschefs sprachen zwar von der dringenden Notwendigkeit, der von einer Hungersnot bedrohten UdSSR zu helfen, doch das einzige ernsthafte Engagement kam von den Deutschen. Genscher sagte Gorbatschow, die EG ziehe Lebensmittellieferungen im Wert von einer Milliarde Dollar in Betracht.[88] Und Kohl erklärte im Bundestag, dass Deutschland die Lebensmittellieferungen in die

Das Brot wird knapp: Schlangestehen in Kirow

Sowjetunion steigern würde, *falls* es in diesem Winter zu einer akuten Versorgungskrise kommen sollte.[89] Diese Angebote zu machen, fiel Bonn allerdings nicht leicht, denn inzwischen war der Bundeskanzler nicht mehr der Meinung, er habe »große Taschen«. Bezeichnenderweise hatte er etwa während des Besuchs des Sowjetführers in Bonn am 9./10. November 1990 – zur Unterzeichnung des sowjetisch-deutschen Kooperationsvertrags – davon Abstand genommen, ihm zusätzlich zu den Krediten und Zuwendungen Mitte 1990 in Höhe 12 Milliarden Dollar und zu dem mehrere Milliarden D-Mark umfassenden Paket zur Finanzierung des Abzugs der Roten Armee weitere direkte Finanzspritzen anzubieten. Sie hätten ihnen bereits alles gegeben, was sie ihnen vorläufig geben könnten, so ein Diplomat im deutschen Verhandlungsteam.

Bonn plagten vor allem zwei Sorgen. Finanzminister Theo Waigel warnte, dass die staatliche Schuldenlast der Bundesrepublik im Jahr 1991 die Marke von 95 Milliarden Dollar erreichen würde – fast das Fünffache der entsprechenden Zahl im Jahr 1989. Die finanziellen Zwänge waren also akut. Gleichzeitig stand im Dezember 1990 ein Urnengang an. Wähler wollten gewonnen werden. Da schien es Kohl ratsam, die Bürde der Unterstützung Gorbatschows wenigstens zum Teil mit anderen zu teilen. Deshalb setzte Genscher so stark auf die EG und die G7-Staaten.

Die unlängst befreiten Nationen Osteuropas buhlten in jenem Winter ebenfalls um Hilfsleistungen – allerdings interessierten sie sich mehr für Brennstoff als für Lebensmittel. Diese ehemaligen sowjetischen Satellitenstaaten litten nicht nur unter der drastischen Kürzung der sowjetischen Rohöllieferungen, sondern auch unter Moskaus Entscheidung, ab 1. Januar 1991 in Dollar statt in Rubel abzurechnen, was in der ganzen Region die Energiekosten in die Höhe trieb. Deutschland unterstützte zwar eifrig die Reformbemühungen dieser Länder, beschloss jedoch, seine konkreten Hilfsleistungen nicht auszuweiten, und schob dies ebenfalls an die EG ab, die mehrere hundert Millionen Dollar zur Verfügung stellte.[90]

Ende November beschloss die Bonner Regierung jedoch, die UdSSR als Sonderfall zu behandeln. Die Politik setzte sich über wirtschaftliche Argumente hinweg. Der Bundeskanzler wollte auf keinen Fall Gorbatschows Position gefährdet sehen. »Wir wissen, Sie sind uns auf unserem schwierigen Pfad zur deutschen Vereinigung beigestanden«, sagte Kohl am 10. November zu Gorbatschow. Seiner Ansicht nach mussten sich die Deutschen, die in diesem Jahrhundert so viele katastrophale Entwicklungen an vorderster Front verursacht hätten, nun erheben und mit gutem Beispiel vorangehen. Er versicherte Gorbatschow: »Wir werden helfen, so sehr wir können.« Kohl hatte in dem sowjetischen Präsidenten nicht nur einen vertrauenswürdigen Partner gefunden, er schien ihm auch der einzige Garant auf sowjetischer Seite für die rasche Ratifizierung des Zwei-plus-Vier-Vertrags und für einen geordneten Truppenabzug von deutschem Boden. Mit anderen Worten, die Bundesrepublik hatte ein elementares nationales Interesse daran, einen wirtschaftlichen Zusammenbruch der Sowjetunion zu verhindern.[91]

Kohl verlagerte jedoch die Verantwortung in den privaten Sektor und bat Unternehmen und Wohltätigkeitsorganisationen, ein Notprogramm an Lebensmittelhilfen für die UdSSR aufzulegen. Er appellierte in einem besonderen Werbespot im Fernsehen unter dem Titel »Helft Russland!« an die ganze Nation, einen persönlichen Beitrag zu leisten. Dies sei eine schwierige Zeit für die Sowjetunion, erklärte er am

21. November. Der Winter stehe vor der Tür. In vielen Städten und
Orten drohe eine Hungersnot. Zusätzlich zu privaten Spenden, die sich
Mitte Dezember auf erstaunliche 800 Millionen D-Mark beliefen,
kamen auch Tausende Tonnen Lebensmittel aus einem geheimen Netz
an Depots in Berlin, das man in den Fünfzigerjahren angelegt hatte, für
den Fall, dass der Kreml seine Blockade der Stadt von 1948 wiederholen
sollte. Insgesamt waren ausreichend Lebensmittel vorhanden, um fast
zwei Millionen Menschen sechs Monate lang zu ernähren. Das alles hier
werde wohl nach Russland geschickt werden, meinte Dieter Melero-
wicz. Der Lagerhausleiter stand vor einem riesigen Stapel von Kisten
mit eingemachtem Apfelmus und Ananaskonserven. Momentan würden die Leute das Essen dort viel dringender brauchen als die Berliner.
Das Ende des Kalten Krieges zeitigte überraschende Dividenden.[92]

*

Während die internationale Gemeinschaft darüber diskutierte, ob man
Geld spenden solle, kam es in Moskau zu einer neuen Entwicklung. Als
Folge der von Gorbatschow veranlassten politischen Reorganisation
verschwanden nach und nach immer mehr Liberale aus seinem engeren
Kreis. Ende 1990 stand die Machterhaltung verstärkt im Fokus seiner
Handlungen, und dabei wurde er von der kommunistischen Partei,
dem Militär und dem KGB unterstützt.

   Als Teil der Umstrukturierung und als Reaktion auf die allgegenwärtige Korruption und die wirtschaftliche Dauermisere ersetzte Gorbatschow den Polizeichef des Landes durch zwei eingeschworene Zucht-
meister aus der Parteihierarchie und dem Militärkommando. Er ließ
sogar die alte bolschewistische Praxis wiederaufleben, Arbeiterkomi-
tees einzusetzen, um über Lebensmittelvorräte zu wachen und Diebe
und Spekulanten zu bestrafen. Dies schien insbesondere jetzt angera-
ten, wo die ersten Flugzeugladungen an Lebensmittelhilfe und Arznei-
mitteln aus dem Ausland eintrafen – von denen die sowjetische Öffentlichkeit fürchtete, dass der größte Teil auf dem Schwarzmarkt landen
würde.

   An der Regierungsspitze wurde Wadim Bakatin, ein eher liberales
Mitglied der sowjetischen Führung, gedrängt, das Innenministerium

an Boris Pugo abzutreten, einen Letten, der acht Jahre lang als KGB-Chef in Riga gedient hatte. Noch bezeichnender war die Ernennung General Boris Gromows – dem Befehlshaber des Militärbezirks Kiew, der zuvor den geordneten sowjetischen Truppenabzug aus Afghanistan geleitet hatte – zum Ersten Vize-Innenminister. Dies war die Antwort auf die öffentlichen Forderungen nach einem harten Durchgreifen.[93]

Manche Amerikaner spekulierten, dass Gorbatschow mit seiner Entscheidung, sich mit konservativ-kommunistischen Kritikern zu umgeben, womöglich versuchte, die Rufe nach einem Staatsstreich verstummen zu lassen. Aber man könnte ebenso gut argumentieren, dass er, indem er sie so weit ins Machtzentrum holte, die Wahrscheinlichkeit eines Putsches eher noch erhöhte. Insgesamt herrschte damals jedoch die Ansicht vor, dass er mit der Installation der neuen Männer schlicht seine Führungsstärke und Entschiedenheit demonstrieren wollte.[94]

Ferner legte Gorbatschow, um gegenüber den Republiken wieder das Heft des Handelns zu übernehmen, einen neuen Entwurf für den Unionsvertrag vor, den der Oberste Sowjet am 3. Dezember billigte. Die bestehenden 15 Republiken, hieß es dort, sollten künftig eine freiwillige Föderation bilden, umbenannt in »Union der souveränen Sowjetrepubliken«. Diese kleine Namenskorrektur wies auf eine entscheidende ideologische Veränderung hin: »Sozialistisch« war durch »souverän« ersetzt worden. Der Vertrag gestand zwar den einzelnen Republiken noch nie dagewesene Kompetenzen zu, beließ aber auch einen großen Teil der Macht im Zentrum.

Damit war allerdings niemand glücklich. Die drei baltischen Staaten und Georgien stellten klar, dass sie nicht die Absicht hatten, den Vertrag zu unterzeichnen, während die Ukraine – eine Republik mit immerhin 53 Millionen Einwohnern – wissen ließ, sie werde nichts unterschreiben, solange sie keine eigene neue Verfassung erarbeitet habe. Russlands Führung verwarf den Entwurf als völlig unzureichend. Gorbatschow gab Jelzin und den Führern im Baltikum zu verstehen, dass er zum Kampf bereit sei, falls sie den neuen Vertrag rundweg ablehnten. Lettland hatte bereits versucht, sämtliche Lieferungen, auch Lebensmittel und Brennstoff, an sowjetische Soldaten auf seinem Gebiet abzuschneiden. Dessen Regierung forderte den Kreml auf, seine militärische Präsenz aus der Republik abzuziehen. Es war durchaus bedeutsam, dass Gorbatschow ins Visier von Parteianhängern geriet, die ihm vorwarfen, er trete zu wenig Befugnisse an die Republiken ab, während er selbst danach trachte, mehr persönliche Macht als alle seine Vorgänger anzuhäufen.

Gorbatschow war empört: »Auf der einen Seite wird mir eine Lähmung der Macht vorgeworfen. Also versuchen wir uns, von dieser Lähmung der Macht zu befreien. Anschließend werde ich dann dafür kritisiert, dass ich eine Form der Diktatur schaffen möchte.« Zu allem Überfluss hatte er den Eindruck, dass Jelzin die Meinungsverschiedenheiten unter ihnen zu politischen Zwecken ausnutzen wollte. »Ich akzeptiere die Herausforderungen meiner Widersacher und habe die Absicht, einen politischen Kampf zu führen, alles im Rahmen der Verfassung«, erklärte Gorbatschow. Er insistierte beharrlich, der neue Unionsvertrag sei der »Schlüssel«. Nur so könnten die derzeitigen Konflikte um die politische Macht stabilisiert, der wirtschaftliche Zerfall gestoppt und vor allem ein Auseinanderbrechen der UdSSR verhindert werden. Letzteres wiederum, so bekräftigte er, würde zu »Blutvergießen« führen.[95]

Gorbatschow brachte sich selbst in eine Zwickmühle. So radikal er bei vielen Reformvorhaben war, so schwer tat er sich bei der Neuausrichtung der Union. Wie der Historiker Archie Brown hervorgehoben hat, konnte Gorbatschow gar nicht anders, als »an eine sowjetische Identität zu glauben, die das Zugehörigkeitsgefühl der Menschen zu bestimmten Nationalitäten transzendierte«. So geistig beweglich er auf vielen Feldern war, wollte ihm doch nicht recht in den Kopf, dass die Republiken unabhängige Staaten werden wollten, zumindest auf emotionaler Ebene. Wie Robert Service schreibt, war Gorbatschow sowohl ein »sowjetischer Patriot« als auch ein »stolzer Russe« – und schwankte zwischen den beiden hin und her. Obwohl er also Mitte 1990 Litauen und den anderen baltischen Republiken den Eindruck vermittelte, dass er sie früher oder später ziehen lassen werde, hatte er seine Meinung Ende des Jahres wieder geändert und gebrauchte immer schärfere Worte, um die Republiken vom Austritt abzuschrecken.[96] Der einstige Schirmherr und Wortführer der Liberalen wechselte nunmehr ins rechte Lager und umgab sich mit Männern, die niemals Verbündete, ja sogar häufig offene Kritiker gewesen waren. Alle diejenigen, die ihm seit 1985 im Politbüro nahegestanden hatten, sahen sich im Gegenzug an den Rand gedrängt. Und indem er seine Regierungsbefugnisse in einem verspäteten Versuch, Stabilität zu erreichen, ausweitete, wirkte er zunehmend wie ein »normaler« russischer Autokrat – in der Tradition der verstorbenen Zaren und Parteisekretäre.

Der bekannteste liberale Verbündete, der sich verabschiedete, war Gorbatschows Außenminister. Am 20. Dezember 1990 erklärte er dramatisch seinen Rücktritt. Dabei wurde Schewardnadse nicht hinausgestoßen, er sprang vielmehr ab. In seiner Rede vor dem Obersten Sowjet bekräftigte der Mann aus Tiflis erneut seine unverbrüchliche Unterstützung für die »Ideen der Erneuerung und der Demokratie«, betonte jedoch, dass er sich mit »den Ereignissen, die sich derzeit in unserem Land abspielten«, nicht versöhnen könne. Gorbatschow war verletzt und bestürzt: Er sagte danach vor dem Kongress der Volksdeputierten, dass er vorgehabt habe, Schewardnadse zu seinem Vizepräsidenten zu ernennen. Und er schrieb einen leidenschaftlichen Brief an Bush, in dem er sich bemühte, den Schaden auf diplomatischer Ebene in Grenzen zu halten. Dabei schlug er eine harte Tonart an. Er verurteilte Schewardnadses »Akt der Untreue« und versicherte Bush, dass sowohl die Politik des Kremls als auch ihre bilateralen Beziehungen »unverändert blieben«.[97]

Der US-Präsident war von dieser Nachricht zwar erschüttert, jedoch nicht bereit, Gorbatschow aufzugeben, schon gar nicht zu einer Zeit, als seine weltweite Koalition kurz vor einem Krieg um Kuwait stand. Am 30. November hatte er, mit der UN-Resolution 678 im Rücken, die der Kreml mitgetragen hatte, Saddam Hussein ein Ultimatum gestellt, seine Truppen bis zum 15. Januar 1991 abzuziehen. Zwölf Tage später, am 12. Dezember, auf einer Pressekonferenz im Rosengarten des Weißen Hauses, gab der Präsident bekannt, dass Moskau landwirtschaftliche Hilfe in Höhe von 1 Milliarde Dollar erhalten würde und dass er sich für eine rasche »Assoziierung« der Sowjetunion mit dem IWF und der Weltbank einsetze. »Keine einzige Maßnahme heute ist in irgendeiner Form eine Gegenleistung«, beeilte sich Bush anschließend zu versichern, doch das Timing sprach Bände: Hier waren zweifellos zwei außenpolitische Ziele (als »Linkage Policy«) gekoppelt worden. Innerhalb von 72 Stunden folgte die Europäische Gemeinschaft und kündigte

ein Hilfspaket in Höhe von 2,4 Milliarden Dollar an. Somit schien sich
der Westen in seiner finanziellen Unterstützung für Gorbatschows Kurs
einig.

Von wirtschaftlichen Überlegungen einmal abgesehen, freute sich
Bush auch auf die Unterzeichnung des START-Vertrages bei seinem
geplanten Gipfeltreffen mit Gorbatschow im Februar 1991 in Moskau. Da ihm viel an einer gelungenen Begegnung lag, erklärte er:
»Ich möchte, dass die Perestroika Erfolg hat.« Es gebe, so Bush, »guten
Grund, jetzt zu handeln, um der Sowjetunion zu helfen, auf dem Demo-
kratisierungskurs zu bleiben«. Er zweifle nicht daran, dass die Vereinigten Staaten ein Interesse an einer Sowjetunion hätten, die »imstande
war, eine Rolle als vollwertiges und florierendes Mitglied der internationalen Staatengemeinschaft zu spielen«.[98]

Daher hatte Bush nicht die Absicht, sich von Schewardnadses
Abschied ablenken zu lassen, so bedauerlich dieser auch war, insbesondere auch mit Blick auf Bakers konstruktive Partnerschaft mit dem
Georgier. Wie der US-Präsident dem sowjetischen Botschafter und noch
nicht bestätigten Nachfolger Schewardnadses, Alexander Bessmertnych, am 27. Dezember mitteilte, gebe es in Amerika Kritik, er habe die
Beziehung zur UdSSR zu sehr »personalisiert«. Bush wies dies vehement zurück, nicht zuletzt, wie er hinzufügte, wegen dem, »was Gorbatschow in den vergangenen fünf Jahren getan hat«. Der Präsident
setzte seine Hoffnung immer noch auf die Zukunft ihrer Partnerschaft.
Indem sie zusammenarbeiteten, könnten sie die Ära des Kalten Krieges
wirklich hinter sich lassen.[99]

In Moskau gab auch Tschernajew einen Kommentar zum Ruf seines
Chefs ab: »Sämtliche Hauptakteure auf der internationalen Bühne
betrachteten Gorbatschows Beteiligung als Garantie für die Ernsthaftigkeit und Solidität aller wichtigen Entscheidungen in der Weltpolitik.« Seine »Bedeutung und Unersetzlichkeit« für die Weltpolitik
wurde von der, wie Tschernajew sagte, »allgemeinen Auffassung (vor
allem der US-Administration)« unterstrichen, dass »er unbedingt an
der Lösung der Krise am Persischen Golf beteiligt werden muss«.[100]

Gorbatschow vollführte unterdessen, wie könnte es anders sein,
einen Balanceakt. Während Bush und europäische Staatschefs ein
gemeinsames Vorgehen mit ihm gegen den Irak anstrebten, wandte sich

Saddam Hussein gleichzeitig an Gorbatschow als Vermittler und schickte seinen Außenminister Aziz nach Moskau, in der Hoffnung den UN-Sicherheitsrat zu spalten. Gorbatschows Bereitschaft, den Kommunikationskanal zu Bagdad über Primakow offen zu halten, war für das Weiße Haus ärgerlich. Doch viel mehr Kopfzerbrechen bereitete der US-Administration das Thema Baltikum, weil die neuen amerikanischen Handelsvergünstigungen offenbar keine Garantie für eine akzeptable Lösung der Krise waren. Gorbatschow behandelte, genau wie die Hardliner, die Unabhängigkeit der baltischen Republiken zunehmend als eine rein »innere« Angelegenheit, die keine ausländische Einmischung dulde – statt deren historisch gesehen internationale Dimension zu akzeptieren.

In seinem Gespräch mit Botschafter Bessmertnych nach Weihnachten betonte Bush: »Ich möchte, dass Sie Gorb[atschow] eindringlich unsere Bedenken bezüglich eines Gewalteinsatzes nahebringen – das würde unweigerlich unsere Beziehung belasten. Es wäre eine Tragödie.« Bessmertnych erwiderte: »Was Gorbatschow braucht, sind ein, zwei Jahre Stabilität. Recht und Ordnung sind notwendig.« Bush räumte ein, dass Gorbatschow ihm in Paris gesagt habe, er müsse »nach Hause zurückkehren und hart durchgreifen«. Doch aus »US-amerikanischer Sicht«, stellte der Präsident fest, wäre es »wünschenswert«, einen Weg zu finden, um die baltischen Staaten »herauszulösen«. Gorbatschow habe versprochen, genau das zu tun, erinnerte Bush Bessmertnych, doch das müsse »verfassungsgemäß geschehen« – soll offenbar heißen: innerhalb des mühsam konstruierten Rahmens eines neuen Unionsvertrags.[101]

Nach diesem Gedankenaustausch rief Bush von Camp David aus am 1. Januar 1991 Gorbatschow an. Er begann mit einer persönlichen Anmerkung: »Wir hatten ein stilles und friedliches Weihnachtsfest und Neujahr. Ich hoffe, alles ist in Ordnung. Ich weiß die Nachricht zu schätzen, die Botschafter Bessmertnych neulich übergab.« Der Präsident wollte über eine offene Leitung auf keinen Fall etwas zum Inhalt des Schreibens sagen, den sowjetischen Führer jedoch ihrer »vollen Kooperation« und des »dringenden Interesses daran, dass sich unsere Beziehungen verbesserten«, versichern. Gorbatschow erwiderte: »George, ich wollte ungeachtet all der Dinge, die sich ereigneten haben –

KAPITEL 7

Sie wissen, dass wir hier unlängst einige heiße Tage erlebt haben –, Ihnen diesen Brief schreiben. Aufgrund dessen, was Botschafter Bessmertnych mir über ihr Gespräch gesagt hat, bin ich sicher, dass wir unsere guten Beziehungen fortsetzen werden.« Bush stimmte zu. Dann ging er zum Geschäftlichen über: »Wir möchten die Arbeit an START und an den geringfügigen Diskrepanzen zu KSE abschließen. Und natürlich möchten wir unsere totale Zusammenarbeit und den Informationsaustausch zum Golf fortsetzen.« Er bemühte sich, Gorbatschow zu beruhigen: »Uns liegt so viel an Ihren Reformen. Wo immer wir helfen können, werden wir das auch tun. Bitte, sagen Sie es uns. Wir hoffen, dass Sie diese Schwierigkeiten überwinden und Ihre Reformen weiterführen können. Sie genießen immer noch den Respekt und die Unterstützung des amerikanischen Volkes.« Natürlich stand aktuell kaum etwas Konkretes an, doch der Austausch gab den guten Willen auf beiden Seiten wieder, mit dem sie auf ein neues Jahr blickten.[102]

Tschernajew war über den Ton des Gesprächs erstaunt: »Man könnte meinen, sie wären dicke Freunde.« Gorbatschow sei »sehr emotional«, wenn er über Bush spreche. »Persönliche Zuneigung spielte eindeutig eine Rolle.«[103]

Bush gab ähnliche Gefühle der Freundschaft und des Wohlwollens in seinem Neujahrsgruß an das sowjetische Volk wieder, der nur wenig später dem Kreml überbracht wurde. Für das Jahr 1991 schlug er einen positiven Ton an: »In diesem Jahr haben unsere beiden Länder, wie auch jene auf der ganzen Welt, allen Grund, dankbar zu sein für – allem voran – die verbesserten und gestärkten Beziehungen zwischen den Vereinigten Staaten und der Sowjetunion. Unsere Länder haben große Fortschritte gemacht, insbesondere auf wichtigen politischen Feldern und dem Gebiet der Rüstungskontrolle. Und wir haben im Namen der Stabilität und des Friedens ein gemeinsames Vorgehen gegen eine neue Herausforderung gewählt. Ich applaudiere – die Welt applaudiert – dem entschiedenen Handeln der Sowjetunion, indem sie sich vehement gegen die brutale Aggression Saddam Husseins im Golf ausgesprochen hat.«[104]

Doch unabhängig von Bushs Optimismus bezüglich der Beziehungen zwischen den Supermächten ließ sich die baltische Frage nicht unter den Teppich kehren. Was immer Bush und Gorbatschow hoffen mochten, die Führungen der Volksfronten in Litauen, Lettland und Estland hatten kein Interesse daran, dass die Supermächte auf ihre Kosten das Kriegsbeil begruben. Sie wollten ihre Unabhängigkeit zurück. Persönliche Beziehungen auf höchster Ebene oder die Imperative der Geopolitik waren für sie von sekundärer Bedeutung.

*

Gorbatschow sah, im Gegensatz zu Bush, dem Jahr 1991 mit bösen Vorahnungen entgegen, gelegentlich sogar mit ohnmächtiger Wut. Sein Wirtschaftsberater Nikolai Petrakow war nach nur zwölf Monaten auf dem Posten unvermittelt ausgeschieden. »All diese Ausbrüche in den Zeitungen, in denen es heißt, einer nach dem anderen würden alle Gorbatschow verlassen«, sagte der Sowjetführer wütend zu Tschernajew, den er samt den anderen Referenten an Neujahr in sein Büro gerufen hatte. Er schob einige Blätter auf dem Schreibtisch hin und her und machte sich dann ein paar Notizen, während er unablässig weiterschimpfte. Seine Beraterriege saß still da und beobachtete peinlich berührt das Schauspiel. Es sah ganz so aus, als würde jetzt alles den Bach runtergehen.

Gorbatschows eigener Neujahrsansprache fehlte es an Leidenschaft und Inspiration. Alexander Jakowlew, sein langjähriger liberaler Berater, von dem er sich immer mehr entfremdete, sagte zu Tschernajew: »Die Worte sind nicht übermäßig banal oder so. Aber es ist einfach die Luft raus!« Tschernajew, der auch kurzzeitig an Rücktritt gedacht hatte, empfand genauso: »Ich ertappe mich selbst bei dem Gedanken, dass jetzt, ganz gleich, was Gorbatschow sagt, wirklich ›die Luft raus‹ ist! Ich empfand dies sehr schmerzlich auf dem Kongress. Er wird nicht länger mit Respekt oder Interesse behandelt; bestenfalls wird er bemitleidet. Er hat seine Errungenschaften überlebt, während Katastrophen und Chaos den Zorn der Bevölkerung auf ihn verschlimmern. Er erkennt das nicht, und daraus erwächst seine noch größere Tragik. Sein allzu großes Selbstvertrauen wirkt lächerlich, geradezu lachhaft.«[105]

Die Bezeichnung »Chaos« war keine Übertreibung. Parteiorganisationen befanden sich im Aufruhr; die Moral in der Roten Armee und in den Sicherheitsdiensten war am Boden; und Regierungsministerien bemühten sich verzweifelt, das Wirrwarr an politischen Kurswechseln umzusetzen. Die Macht im Zentrum wurde sichtlich schwächer, und das bei einem regelrechten Roulette an Neuernennungen, während Gorbatschow immer stärker nach rechts driftete. Seine Entscheidung für Gennadi Janajew, den Leiter der offiziellen Gewerkschaft und ehemaligen Führer des Komsomol, als Vizepräsident wies einmal mehr unheilvoll, wohin die Reise ging. Der nervöse und in den Augen vieler Leute schlicht vulgäre Kettenraucher Janajew wurde von der sowjetischen Intelligenzjia zutiefst verachtet. Aber aus Gorbatschows Sicht würde Janajew ihm zumindest nicht die Schau stehlen. Ende Dezember setzte der Sowjetführer diese Ernennung, gegen den Wunsch vieler Abgeordneter, auf dem Kongress durch.[106]

Darüber hinaus hatte Ministerpräsident Ryschkow am Weihnachtstag einen Herzinfarkt erlitten. Gorbatschow brauchte also einen Ersatz für ihn. Zum Ärger Tschernajews fegte sein Boss alle von den Beratern vorgeschlagenen Namen beiseite – darunter den Leningrader Bürgermeister Anatoli Sobtschak, einen fähigen und erfahrenen Reformer, der unter Umständen ein Gegengewicht zu Jelzin hätte bilden können. Stattdessen entschied sich Gorbatschow für Valentin Pawlow, seinen pummeligen Finanzminister – bei der sowjetischen Öffentlichkeit unbeliebt und von den Botschaftern nicht gerade als großer Ökonom eingestuft. US-Botschafter Jack Matlock hielt ihn für »arrogant« und »erratisch«. Er hatte »weder die Statur noch das Zeug zu einem guten Regierungschef, schon gar nicht in unruhigen Zeiten«. Zudem war Pawlow mit seinem Management der sowjetischen Finanzmisere bislang eher negativ aufgefallen. Und jetzt wagte er noch zu behaupten, die Inflation in der Sowjetunion sei gar nicht auf einen massiven Rubelüberschuss zurückzuführen; sie sei nicht Resultat seiner Entscheidung, die Notenpresse anzuwerfen, um das wachsende Haushaltsdefizit zu decken. Schuld hätten vielmehr, so Pawlow, ausländische Banken, die die UdSSR absichtlich mit Geld überschwemmten, um die Regierung zu stürzen. Es blieb offen, wie sich diese Anschauung mit Gorbatschows unablässigen Bitten um westliche Finanzhilfe vereinbaren ließ, um die Sowjetunion in eine Marktwirtschaft umzuwandeln.[107] Außenpolitik und Innenpolitik wiesen eindeutig in verschiedene Richtungen. Doch dank Gorbatschow hatte Pawlow – ein eingeschworener Gegner des

500-Tage-Plans – jetzt die Position und die Macht, um seine halbausgegorene, konservative Version einer Marktreform umzusetzen.

Auch in den internationalen Beziehungen, einst seine große Stärke,
wirkte Gorbatschow jetzt verwirrt – fast schon abgehoben. Am 7. Januar
notierte Tschernajew: »M. S. denkt nicht mehr ernsthaft über die
Außenpolitik nach. Er beschäftigt sich mit ›Strukturen‹ und ›Kleinigkeiten‹ – spricht mit der einen Person oder der nächsten, wer immer
ihm vorgesetzt wird ... Er bereitet überhaupt nichts vor, wiederholt
zehnmal dasselbe. Unterdessen rückt ein Bodenkrieg am Persischen
Golf näher. Von unserer Seite wird nichts unternommen.«[108]

Innerhalb der UdSSR nahmen zudem die Spekulationen zu, ob das
Gipfeltreffen der Supermächte im Februar überhaupt stattfinden werde.
Und der zunehmend gereizte Gorbatschow ließ sich Zeit mit der Ernennung eines neuen Außenministers. »Michail Sergejewitsch«, sagte
Tschernajew ihm ganz offen, »Sie müssen bezüglich Schewardnadse
eine Entscheidung treffen. Eine schlecht geführte Behörde ist überaus
gefährlich.« Doch inzwischen war, wie Gratschow sich ausdrückte,
Gorbatschows »strategische Reserve an Optimismus fast aufgebraucht ...
Es war, als ob ihm alles zu viel sei.«[109] Sechs Jahre an der Spitze, während der wohl turbulentesten Phase der sowjetischen Nachkriegsgeschichte, hatten zweifellos ihren Tribut gefordert.

Das zeigte sich überdeutlich, als Gorbatschow am 11. Januar Bush
anrief, also zwei Tage nach dem Scheitern der Gespräche Bakers mit
dem irakischen Außenminister Aziz und nur vier Tage vor Ablauf des
UN-Ultimatums zu Kuwait. Gorbatschow tat immer noch so, als könne
er den Friedensstifter spielen, und behauptete, dass Saddam »bereit
sei, auf Moskau zu hören. Er bittet mich um Rat.« Bush wiederholte
kühl das Ultimatum zum 15. Januar: »Wir können nicht zulassen, dass
er [Saddam] sich gegen die Meinung des Rests der Welt stellt.« Der
US-Präsident ließ sich ebenso wenig von Gorbatschows großspuri-
gen Worten zur Wirtschaft beeindrucken: »Nun, die Dinge geraten
jetzt in Bewegung, und wir haben endlich einen Haushalt« und »Kürzungen von fast 20 Prozent verabschiedet. Der Oberste Sowjet hat den
Militärhaushalt um 20 Millionen Rubel gekürzt, also kann ich melden,
dass wir abrüsten.« Bush antwortete mit einem knappen: »Sehr interessant«.

Auch bei dem wichtigsten Thema für das Weiße Haus redete Gorbatschow um den heißen Brei herum: »Wir haben im Baltikum etliche Probleme«, merkte er verschämt an. »Wir tun alles in unseren Kräften Stehende, um drastische Wendungen und radikale Schritte zu vermeiden, aber es ist eine schwierige Situation.« Bush blieb bei seiner üblichen Haltung: »Sie kennen unsere Position dazu; wir haben schon oft darüber gesprochen. Ihre Beziehungen zur ganzen Außenwelt wären besser, wenn Sie den Einsatz von Gewalt vermeiden könnten – ich denke, das wissen Sie auch.«

»George, genau das versuchen wir doch«, protestierte Gorbatschow. »Wir greifen nur ein, wenn Menschenleben in Gefahr sind.« Sich selbst präsentierte er als Möchtegern-Gemäßigter, der »unter massivem Druck« stehe, wegen der Unnachgiebigkeit der litauischen Regierung und der Proteste auf den Straßen mit der Forderung, eine präsidiale Herrschaft einzuführen. »Sie wissen, wie mein Stil in solchen Angelegenheiten aussieht«, versicherte er Bush weitschweifend: »Er ist dem Ihren Stil sehr ähnlich. Ich werde alles in meiner Macht Stehende tun, um Schritte in Richtung einer politischen Lösung zu unternehmen.«

»Das weiß ich zu schätzen«, erwiderte Bush geduldig. »Wir betrachten dies durch verschiedene Augen der Geschichte, aber ich erkenne Ihren Versuch an, es mir jetzt zu erklären.«

»Nun, wir werden sehr verantwortungsvoll handeln. Doch wir haben nicht alles unter Kontrolle. Heute fielen sogar einige Schüsse.«

»Oh, mein Gott!« Bush beschloss, wieder über den Golf zu sprechen.[110]

Hinter all der Schönfärberei hatte sich Gorbatschows Haltung schon verhärtet. Bereits am 7. Januar hatte der Befehlshaber des baltischen Militärbezirks, General Fjodor Kusmin, angeblich auf Anweisungen des sowjetischen Verteidigungsministers Jasow hin, den baltischen Regierungen mitgeteilt, dass der Kreml unverzüglich 10000 sowjetische Fallschirmspringer auf ihrem Boden stationieren würde. Als die Nachricht in den Vereinigten Staaten ankam, enthielt sich Washington einer offiziellen Stellungnahme. Am 10. Januar stellte Gorbatschow ein Ultimatum, indem er den litauischen Obersten Sowjet aufforderte, sofort »die zuvor erfolgten verfassungswidrigen Maßnahmen rückgängig zu machen«. Einen Tag später – dem Tag des Telefonats zwischen Gorbatschow und Bush – begannen sowjetische Truppen damit, in Vilnius

Gebäude zu besetzen. Kein Wunder also, dass der US-Präsident von ihrem Gespräch wenig beeindruckt war.[111]

Es sah tatsächlich so aus, als würde Gorbatschow die Muster früherer sowjetischer Führer wiederholen: Während die internationale Öffentlichkeit vollauf mit anderen Dingen beschäftigt war – nämlich mit dem imminenten Ausbruch des Kriegs im Nahen Osten –, wurde die ganze Welt mit der Meldung eines harten Durchgreifens im sowjetischen Reich überrumpelt. Handelte es sich um eine Neuauflage von Chruschtschows Vorgehen anno 1956: Panzer in Ungarn einrücken lassen, während der Westen gebannt auf den Suezkanal blickte? War Gorbatschow entlarvt? Der Friedensstifter im Ausland, der jetzt im eigenen Land die eiserne Faust auspackte?

Der sowjetische Präsident wollte seine neuen westlichen Verbündeten, vor allem die USA und Deutschland, von denen er dringend mehr Hilfe brauchte, natürlich nicht offen brüskieren. Gleichzeitig bot die Golfkrise zweifellos eine gute Gelegenheit, schlechte Nachrichten zu verbergen. Gorbatschow war entschlossen, den Zerfall der Union – sein Vermächtnis von Lenin und Stalin – aufzuhalten; und zumindest dieses eine Mal duldete er allem Anschein nach den Einsatz militärischer Gewalt, wenn er nicht sogar selbst den Befehl dazu gab. In Moskau fand diese Linie bei den Hardlinern Anklang. Er hoffte also, auf diese Art den politischen Rückhalt für seine angeschlagene Präsidentschaft zu stärken. Unter den Mitgliedstaaten der NATO forderte nur Island die Sowjets offiziell auf, keine Gewalt einzusetzen, und drängte den NATO-Generalsekretär, Maßnahmen zu ergreifen.[112]

Am Sonntag, dem 13. Januar, rollten Panzer über die Straßen von Vilnius und sowjetische Spezialeinheiten stürmten den Fernsehsender, wobei 15 von mehreren hundert litauischen Demonstranten getötet und noch viele mehr verwundet wurden. Wütende Menschenmengen versammelten sich in ganz Litauen. Das gleiche Muster wiederholte sich eine Woche später in der lettischen Hauptstadt Riga, mit vier Toten während etlicher Massenproteste.[113]

Gorbatschow und der Kreml bestritten eine Mittäterschaft an dem Blutbad,[114] doch Tschernajew hatte keinen Zweifel, wo die Schuldigen saßen: »Ich hätte nie gedacht, dass die inspirierenden Prozesse, die von Gorbatschow gestartet wurden, ein so unrühmliches Ende nehmen

Vom Panzer überrollt:
Vilnius, 13. Januar 1991

könnten«, schrieb er am 13. Januar in sein Tagebuch. »Ich bin erschöpft von der Verwirrung, und, leider, der Beliebigkeit unserer Arbeit; eine gewisse ›Spontaneität‹ in unseren Angelegenheiten ... Dies alles führte zu den ›spontanen‹ Aktionen der Kommandotrupps und Panzer im Baltikum und endete im Blutvergießen ... Diese litauische Geschichte hat Gorbatschows Ansehen endgültig ruiniert und womöglich auch seinen Posten.«[115]

Die öffentliche Scharade im Obersten Sowjet am folgenden Tag widerte Tschernajew geradezu an. Innenminister Pugo und Verteidigungsminister Jasow gaben »dumme, freche und verlogene« Stellungnahmen ab. Gorbatschow selbst sprach nach der Pause und hielt eine pathetische Rede, aber sie war »zerrissen, gestammelt ... mit sinnlosen Ausflüchten. Das Wichtigste, die Politik, fehlte. Er gab nicht die Antwort, die die ganze Welt von ihm erwartete. Das war des einstigen Gorbatschows unwürdig. Und das in dem Augenblick, in dem sich das

Schicksal seiner großen Taten entschied. Es war peinlich, das anzuhören.« Die Analyse eines weiteren langjährigen, liberalen Beraters, Georgi Schachnasarows, war ebenso subtil wie treffend: Gorbatschow war eben einerseits ein politischer Radikaler und andererseits ein sowjetischer Apparatschik.[116]

Die Hinweise bezüglich seiner Beteiligung, so verwirrend sie sein mögen, deuten stark darauf hin, dass Gorbatschow von den Plänen wusste und »zumindest eine begrenzte militärische Lösung billigte. Höchstwahrscheinlich erwartete er nicht viele Opfer und befahl auch nicht den Tod unschuldiger Menschen, aber er akzeptierte die Lösung, die zu diesem Ergebnis führte.«[117] Letztlich ist jedoch die Frage der direkten Verantwortung zweitrangig: Wie die Sache wirkte, war entscheidender als die Realität. Die Bilder des Blutbads im Baltikum waren für Gorbatschow eine Katastrophe. Seine Glaubwürdigkeit als politischer Führer mit Prinzipien – der Apostel der Perestroika und Glasnost, jener Mann, der vor der UN-Vollversammlung der ganzen Welt einen Vortrag über allgemeine Werte gehalten hatte – wurde nunmehr in Frage gestellt. Und selbst wenn er nicht persönlich schuldig geworden sein sollte, blieb die wohl noch stärker beunruhigende Frage: Entglitt ihm womöglich die Kontrolle über sein Land? Stürzte die zweite Supermacht der Welt gerade in eine Anarchie?

Und war ein neues Russland im Begriff, sein Haupt zu erheben? Am selben Tag, dem 13. Januar, als auf den Straßen von Vilnius brutal durchgriffen wurde, befand sich Boris Jelzin zu einem geplanten Besuch in der estnischen Hauptstadt Tallinn, um einen gegenseitigen Sicherheitspakt zwischen der Russischen Republik und den drei baltischen Staaten zu unterzeichnen. Das war ein wohlberechneter Akt. Er bekundete zum einen Unterstützung für die baltischen Unabhängigkeitsbestrebungen und war zugleich eine Herausforderung Gorbatschows und seiner zentralen Autorität. Dieser »3+1«-Pakt forderte alle vier Republiken auf, die Souveränität der anderen zu respektieren, niemals eine nichtgewählte Regierung unter ihnen anzuerkennen und sich gegenseitig beizustehen, falls die sowjetische Regierung gegen sie Gewalt einsetzen sollte. Darüber hinaus gaben alle vier Republikchefs einen gemeinsamen Appell an die Vereinten Nationen ab, in der baltischen Krise zu intervenieren.[118]

Jelzins Anwesenheit in Estland verhinderte vermutlich an dem Tag weitere Schüsse. Er verurteilte das Massaker in Vilnius und erkannte ausdrücklich Litauens selbsterklärte Unabhängigkeit an. Seine Äußerungen hatten verfassungsrechtlich keine Signifikanz, doch da er als Vorsitzender des russischen Obersten Sowjets sprach, kam ihnen eine beträchtliche symbolische Bedeutung zu und wurden im Ausland weithin zur Kenntnis genommen. In seinem persönlichen Machtkampf mit Gorbatschow wurde das Baltikum nunmehr zu einer der stärksten Waffen Jelzins. Und deshalb, anders als 1989 auf dem Tiananmen, hatte das scharfe Durchgreifen der Zentralregierung jetzt nicht den gewünschten Effekt, den Einheitsstaat zu stabilisieren, sondern unterminierte ihn noch stärker.[119]

In Moskau, Leningrad und anderen Städten organisierte die russische demokratische Bewegung Demonstrationen, auf denen die Protestierenden offen den sowjetischen Präsidenten angriffen. Auf Transparenten war zu lesen: »Gorbatschow ist der Saddam Hussein der Baltikums«; »Gorbatschow ist der heutige Hitler!« und: »Gib den Nobelpreis zurück«.[120] Die Stimmung unter seinen Beratern war düster. Tschernajew skizzierte am 15. Januar einen Rücktrittsbrief, in dem er gestand, er sei »nervlich am Ende«. Er schickte das Schreiben jedoch nie ab, und am 17. Januar erkannte er, dass Gorbatschow »anscheinend bedauerte«, dass die Ereignisse diese Richtung genommen hatten. »Aber wozu die Panzer?«, fragte ihn Tschernajew. »Damit stirbt doch die ganze gute Idee. Ist Litauen das etwa wert?«

»Das verstehst du nicht«, entgegnete Gorbatschow hitzig. »Ich konnte mich nicht gleich von der Armee distanzieren und sie verurteilen. Die Soldaten, Offiziere und ihre Familien wurden öffentlich verhöhnt. Sie wurden als Okkupanten und Schweine beschimpft.«[121]

Auch Gratschow verließ der Mut. Er lehnte den Posten des Leiters der internationalen Abteilung im Zentralkomitee ab, den Gorbatschow ihm angeboten hatte.[122]

In der liberalen Wochenzeitung *Moskowskije Nowosti* vom 17. Januar verurteilten rund 30 Intellektuelle (auch Petrakow und Schatalin), die so gut wie alle Gorbatschow nahegestanden hatten, den Sowjetführer wegen des »Blutsonntags« – eine Anspielung auf das berüchtigte Massaker von 1905 unter Zar Nikolaus II. »Das machte auf ihn Eindruck«,

sagte Tschernajew. Und zwar ganz gehörig: Als Gorbatschow Bessmertnych als Schewardnadses Nachfolger im Amt des Außenministers präsentierte, spielte er gar auf den Artikel an und sagte: »Sie nennen mich
bereits einen Verbrecher und Mörder.« Gorbatschow war inzwischen
von so gut wie jedem enttäuscht, nicht zuletzt von Jelzin – »diesem
Hurensohn!« –, der nicht nur den Balten den Hof gemacht, sondern
sich auch mit dem Botschafter Islands in Moskau getroffen hatte, um
über die Lage zu reden. Über das Wochenende vom 18. bis zum
21. Januar stattete der isländische Außenminister Jón Baldvin Hannibalsson demonstrativ den baltischen Republiken einen Besuch ab, unter
stillschweigender Duldung Jelzins. Gorbatschow war empört über den
russischen Führer. »Dieser Hundesohn! Was soll ich nur mit ihm
machen!«, brach es aus ihm heraus.[123]

Eine Woche lang druckste Gorbatschow herum. Dann gab er eine
mutige und völlig unerwartete Erklärung ab, in der er deutlich machte,
dass die Ereignisse in Vilnius nicht seine Politik repräsentierten. In
einem offensichtlichen Versuch der Schadensbegrenzung erschien Gorbatschow im Pressezentrum des Außenministeriums sowohl mit Alexander Jakowlew, der dem Vernehmen nach aus dem inneren Kreis des
Präsidenten ausgeschieden war, als auch mit dem neuen Außenminister Bessmertnych. Dort zeigte er sich besorgt über den Aufschrei der
Empörung sowohl im eigenen Land als auch im Ausland wegen der
Militäraktionen in Litauen und Lettland und sprach darüber, wie sehr
dies seinem Ansehen im Westen geschadet habe. Er verlas eine vorbereitete Stellungnahme. Darin behauptete er, dass die Konfrontationen
keineswegs einen Politikwechsel indizierten, und wies alle Vorwürfe
zurück, dass er seinen Reformkurs aufgegeben habe. »Die Errungenschaften der Perestroika, Demokratisierung und Glasnost waren und
bleiben ewige Werte, welche die präsidiale Macht schützen wird.«

Die Schuld an den Toten gab er den Republiken selbst: »Ungesetzli-
ches Handeln, die Verletzung der Verfassung, ... schwere Verstöße
gegen die Bürgerrechte, Diskriminierung von Menschen anderer Nationalitäten, verantwortungsloses Verhalten gegenüber der Armee, den
Armeeangehörigen und ihren Familien schafften den Nährboden und
die Atmosphäre, in der es völlig unerwartet zu solchen Zusammen-
stößen kommen kann«, sagte er. Doch die schärfsten Worte hob er sich

für Jelzin auf, weil er die Separatisten noch angespornt und eine unabhängige russische nationale Armee gefordert hatte. »Derart unverant-
wortliche Erklärungen bergen ernste Gefahren, insbesondere, wenn sie
von der Führung der Russischen Republik kommen.« Mit seinem
unwürdigen Zickzackkurs erntete Gorbatschow die Kritik der Linken
ebenso wie der Rechten. Und diejenigen, die die Operation geplant und
ausgeführt hatten, sollten später behaupten, er habe sie genehmigt.[124]

Im Ausland gelang es ihm jedoch, sich aus dem Schlamassel heraus-
zuwinden. Sobald das Ultimatum ablief und um Mitternacht vom 15.
auf den 16. Januar am Persischen Golf der von den USA angeführte
Luftkrieg begann, verschwand das Baltikum vom internationalen Radar.
Kein einziger großer westlicher Staat war darauf erpicht, mitten in Verwirrung und Gewalt die Unabhängigkeit Tallinns, Rigas und Vilnius
offiziell anzuerkennen. Und ganz sicher hatte in dieser Phase niemand
die Absicht, den Fokus der eigenen Moskaupolitik von Gorbatschow
auf Jelzin zu verlagern.

Abgesehen von Island kam die schärfste Antwort des Westens vom
Europäischen Parlament, das beschloss, die Debatte über ein Hilfspaket
der Europäischen Gemeinschaft für die UdSSR zu verschieben. Das kam
einer Aussetzung des Pakets gleich. »Wir können nicht akzeptieren,
dass sowjetische Soldaten legal gewählte Autoritäten in den baltischen
Staaten angreifen«, sagte der dänische Regierungschef Poul Schlüter.
»Niemand weiß genau, wer die Befehle erteilte, aber eines ist klar: Die
Verantwortung liegt bei der obersten Führung.«[125]

Die Deutschen hatten freilich keine Lust, durch hartes Vorgehen ihre
eigene »Moskaupolitik« aufs Spiel zu setzen. Kohl sagte der litauischen
Führung von oben herab, sie sollten doch »lieber hundert kleine
Schritte« tun, statt alles in nur einem großen Schritt erreichen zu wollen. Denn »wenn das Baltikum sich Hals über Kopf aus dem Sowjetver-
band löse«, dann, so prophezeite er, »werde in Polen binnen eines Jahres die Revision der Ostgrenze (Litauen, Ukraine) gefordert werden«;
und das würde wiederum einen »unabsehbaren Rattenschwanz anderer
Revisionismen« nach sich ziehen. Zwar habe er »Sympathien für das
Baltikum«, erklärte Kohl ein paar Tage später in der *Frankfurter Allgemeinen Zeitung*, »eine Auflösung der Sowjetunion liege aber nicht im
deutschen Interesse«.[126] So kündigten Deutschland und Frankreich an,

dass sie bei Gorbatschow einen »gemeinsamen Vorstoß« mit Blick auf
die Förderung eines Dialogs zwischen Moskau und den Republiken
machen würden. Da sie die nordischen Rufe nach Sanktionen umgin-
gen, hatten sie allen Grund, die Kommunikationslinien zum Kreml offen
zu halten.[127]

In Washington war Condoleezza Rice, die Sowjetexpertin im Sicherheitsrat, die einzige bedeutende Persönlichkeit, die den Status der baltischen Republiken zum Thema machen wollte. Am 15. Januar hatte sie
gewarnt, falls noch mehr Blut vergossen werden sollte, könne man Bush
vorwerfen, er habe stillschweigend ein zweites »Tiananmen« geduldet.
Der Kongress werde der Regierung dann in den nächsten Wochen »das
Leben schwermachen«. Am 21., nach dem scharfen Vorgehen in Riga,
sagte sie zu Scowcroft, »die Sowjets haben durch den Einsatz von
Gewalt unsere rote Linie überschritten«. Washington müsse jetzt handeln, und sei es nur, indem es das Wirtschaftspaket einfror, das man am
12. Dezember angeboten habe. Rice hatte durchaus Verständnis dafür,
dass »der Präsident zögert, die Sowjets und insbesondere Gorbatschow
zu ›bestrafen‹. Aber wir sollten dies als einen Versuch ansehen, den
Gorbatschow wiederauferstehen zu lassen, den wir letztlich respektiert
und mit dem wir so gut zusammengearbeitet haben.« Sie bat Scowcroft,
Bush diese Argumentation vorzutragen. Doch die Note wurde vier
Tage später als abgesagt gekennzeichnet. Mitten im Luftkrieg gegen
den Irak hatte der US-Präsident höhere Prioritäten als die roten Linien
im Baltikum.[128]

Vertreter aus Estland, Lettland und Litauen, die am 22. Januar von
Baker empfangen wurden, wünschten »so bald wie möglich den Besuch
einer hochkarätig besetzten Delegation der Vereinigten Staaten« in den
baltischen Republiken, doch ihr Wunsch traf auf taube Ohren. Abgesehen davon, dass die Bush-Administration öffentlich den Einsatz von
Gewalt bedauerte, beschränkte sie sich darauf, von der UdSSR eine
»Erklärung« ihres Vorgehens unter Verweis auf die Prinzipien der
Schlussakte von Helsinki aus dem Jahr 1975 zu verlangen. Im Vertrauen
betonte der Präsident jedoch in einem Schreiben an Gorbatschow vom
22. Januar, dass er in der vergangenen Woche nach den Unruhen in
Litauen »unter großer Zurückhaltung« agiert habe. Der Grund hierfür
sei die Zusage, die ihm Gorbatschow 1990 persönlich gegeben habe,

dass keine Gewalt als Mittel der Politik eingesetzt werde. Darauf vertraue er noch immer. Aber was gehe denn hier wirklich vor?, wollte er wissen. War die Perestroika tatsächlich am Ende? Und bedeute dies zugleich das Ende ihrer neuen Phase der sowjetisch-amerikanischen Annäherung? Bush machte deutlich, dass er von vielen Seiten – dem Kongress, der Presse und der US-amerikanischen Öffentlichkeit wie auch den kleineren NATO-Partnern – zunehmend unter Druck gesetzt werde, vor allem wenn der Anschein entstehe, dass Gorbatschow in der Tat den Kurs geändert habe. Deshalb drängte Bush den Sowjetführer, die Gewalt unmissverständlich zu beenden und wieder zu seinem versöhnlichen Ansatz zurückzukehren. Sonst bestehe die Gefahr, dass Amerika »viele Bestandteile unserer Wirtschaftsbeziehung einfriert«.

Ungeachtet des kühlen Tons dieser Botschaft hatte für Bush doch weiterhin das große Ganze auf globaler Ebene Priorität. Und hier war es unabdingbar, Gorbatschow an der Seite zu halten, schließlich marschierte man direkt auf einen Bodenkrieg in Kuwait zu. Daher wollte der US-Präsident die Ereignisse im Baltikum nicht allzu sehr in den Vordergrund rücken. Aber Gorbatschow musste einen Preis zahlen: Der auf den 11. Februar angesetzte Gipfel in Moskau wurde stillschweigend verschoben. Erst im Frühsommer sollte die direkte Diplomatie zwischen den Supermächten wiederaufgenommen werden.[129]

*

Unterdessen versuchte Gorbatschow, seine Stellung innerhalb der Union zu festigen. Die wirtschaftliche Lage hatte sich dramatisch verschlechtert, und gleichzeitig forderte Jelzin ihn immer schärfer heraus.

Um die sozialen Unruhen in den Griff zu bekommen, befahl Gorbatschow Ende Januar dem Militär, die lokale Polizei bei den Patrouillen durch die Städte zu unterstützen. Offiziell wurden die Patrouillen eingeführt, um Diebstahl und Korruption zu bekämpfen, aber die Öffentlichkeit sah darin eine Präventivmaßnahme gegen zu erwartende allgemeine Proteste gegen die Währungsreform und das Auslaufen der meisten staatlichen Preissubventionen.[130]

Pawlows erste wichtige Handlung als Ministerpräsident Anfang 1991 war in der Tat die Währungsreform gewesen. Ihr oberstes Ziel: Schwarzmarktpändler zu bestrafen und die Inflation zu kontrollieren. Am 23. Januar verbot er 50- und 100-Rubel-Scheine und gewährte den Bürgern drei Tage, um sie in kleinere Scheine umzutauschen. Zehntausende drängten sich nun in Banken, Flughäfen, Bahnhöfen und Rathäusern und erkundigten sich verzweifelt, wo und wie sie ihre neuerdings wertlosen Scheine eintauschen konnten. Aber überall erhielten sie die gleiche Antwort: Es gebe keinerlei Anweisungen außer dem Dekret, das in allen großen Zeitungen veröffentlicht worden sei. Dementsprechend waren viele Menschen schon am Ende des ersten Tages der Reform knapp bei Kasse.[131]

Die *Chicago Tribune* schrieb vernichtend über das Chaos: »Derart drastische Eingriffe sind nicht Maßnahmen von Reformern, die an der Einführung freier Märkte und an der Verbesserung des jämmerlichen sowjetischen Lebensstandards interessiert sind, sondern die Aktionen von Bürokraten, die händeringend versuchen, das zentrale Planungssystem zum Funktionieren zu bringen und die auseinanderbrechende sowjetische Wirtschaft vor einem völligen Zerfall zu bewahren.« Für die *Tribune* waren Pawlow und seine Leute lediglich »Verwalter« der Befehlswirtschaft – sie »probierten ein paar neue Dinge, die zusammen genommen aber noch lange keine Wirtschaftsreform ergaben«.[132]

Zu Gorbatschows Leidwesen sprach sich Jelzin vehement gegen Pawlows Maßnahmen aus. Am 19. Februar beschimpfte er Gorbatschow 40 Minuten lang im staatlichen Fernsehen und warf ihm eine »abrupte Kehrtwende nach rechts, den Einsatz der Armee in zwischenethnischen Beziehungen, den Zusammenbruch der Wirtschaft und den niedrigen Lebensstandard« sowie eine Vielzahl weiterer Vergehen vor. »Es ist ganz offensichtlich, dass er die Absicht hat, den Namen Perestroika beizubehalten, aber nicht ihr Wesen«, erklärte Jelzin. Er behauptete, Gorbatschow habe »das Volk getäuscht« mit einem gescheiterten Plan für die nationale Erneuerung und »das Land im Namen einer ›Präsidialherrschaft‹ in eine Diktatur geführt«. In offenem Widerstand kündigte Jelzin an: »Ich distanziere mich von der Position und der Politik des Präsidenten, und ich plädiere für seinen unverzüglichen Rücktritt.«[133]

Das Frühjahr begann und beinahe täglich brachen neue Krisen aus. Großes Kopfzerbrechen bereitete Gorbatschow der Umstand, dass ein Viertel der sowjetischen Bergarbeiter inzwischen die Arbeit niedergelegt hatte. Die Streiks lähmten nicht nur die Produktion, sondern hatten auch einen politischen Aspekt, weil die Bergmänner über eine verbesserte Bezahlung und Arbeitsbedingungen hinaus auch Gorbatschows politisches Ende forderten.[134]

In Moskau selbst stellten sich Jelzins Verbündete an die vorderste Front der öffentlichen Proteste. Als eingeschworene Kommunisten im russischen Parlament Vorbereitungen trafen, um den russischen Führer des Amtes zu entheben, machten dessen Anhänger zu seiner Verteidigung mobil. Am 25. März antwortete Gorbatschow mit einem dreiwöchigen Verbot sämtlicher öffentlicher Kundgebungen in der Hauptstadt. Er entzog die Kontrolle über die Moskauer Polizei den Liberalen im Moskauer Rathaus und übertrug sie Pugos Innenministerium.[135] Zwei Tage danach sah das Stadtzentrum laut David Remnick von der *Washington Post* wie ein »Militärlager« aus. Rund 50 000 Soldaten des Innenministeriums, ausgestattet mit Wasserwerfern und Tränengas, wurden zusätzlich zur Polizei eingesetzt. Am nächsten Morgen, als es anfing zu schneien, widersetzten sich schätzungsweise 100 000 Demonstranten Gorbatschows Verbot und schlossen sich einer Pro-Jelzin-Kundgebung an. »Seit Stalins Begräbnis habe ich keinen so schmählichen Einsatz von Soldaten mehr erlebt, um das Volk zu kontrollieren«, rief ein Demonstrant aus. Unter Parolen wie »Jelzin! Jelzin!« und »Gorbatschow, hau ab!« marschierten sie um das Stadtzentrum bis zum Rande des Roten Platzes.

War dies Russlands Tiananmen-Moment? Das Land schien am Rand eines Bürgerkrieges.

In Wirklichkeit aber legten beide Seiten Zurückhaltung an den Tag, und es kam zu keinerlei gewalttätigen Ausschreitungen. Angesichts des beeindruckenden Aufmarsches blieb die Menge im Grunde sogar bemerkenswert gelassen. Die Kundgebung dauerte den ganzen Tag. Erste Rufe von »Wir sind wehrlos« wichen Verachtung und danach Gelächter, als die Demonstranten erkannten, dass die Behörden nichts gegen sie unternehmen würden. Sie verspotteten die Polizeigewalt, sagte ein Journalist, »als eine Posse des Terrors, der einst den Kreml so angsteinflößend gemacht hatte«.

Am Ende des Tages war man sich einig, dass der sowjetische Präsident einen schweren politischen Rückschlag erlitten hatte. Jelzins

Anhänger wussten, dass sie erfolgreich Gorbatschows massivsten Bemühungen, ihre Bewegung zu zügeln und ihren Anführer zu vernichten, getrotzt hatten. Ironischerweise machten sie sich ausgerechnet
jenes Geschenk öffentlicher Proteste zunutze, das Gorbatschow – als
einziger unter den sowjetischen Führern – ihnen überhaupt erst gewährt hatte.[136]

Was ging während dieser Unruhen in Gorbatschows Kopf vor? Er
sagte dem US-Botschafter Jack Matlock, dass er einen Zick-Zack-Kurs
verfolge und versuche, »durch taktische Schritte Zeit [zu] gewinnen«.
Auf diese Weise wollte er erreichen, dass »der demokratische Prozess
genügend Stabilität erlangt«. In Wahrheit war er jedoch weder ein
gewiefter Taktiker, geschweige denn ein Stratege mit kühlem Kopf.
Vielmehr konzentrierte sich Gorbatschow, je mehr sein Ansehen
schwand, aufs nackte Überleben. Dieses wiederum erforderte einen
immer schwierigeren Balanceakt zwischen der Verfolgung seines Ideals
der Reform und der Bewahrung der KPdSU – der einzigen Machtbasis,
die er kannte und verstand. Doch in einer mittlerweile unwiderruflich
polarisierten Gesellschaft hieß das, sich auf die Seite der kommunistischen Konservativen zu schlagen, während die radikalen Anhänger der
Perestroika nunmehr in Jelzin ihren Wortführer gefunden hatten. Wie
zu erwarten, zehrte all das an Gorbatschows Nerven; tatsächlich war er
inzwischen ein emotionales Wrack. Tschernajew notierte, dass Gorbatschow »kleinkarierter« und »reizbarer« geworden war, dazu auch
»schlechter informiert«: Er las nicht mehr eifrig Bücher und Artikel,
um »sich zu entwickeln« und auf neue Ideen zu kommen. Wie Gratschow im Januar beobachtete auch Tschernajew traurig, dass sich Gorbatschow »intellektuell als Politiker verausgabt hatte. Er ist müde. Die
Zeit hat ihn überholt – seine eigene, von ihm geschaffene Zeit.«[137]

Doch die sowjetische Säule der neuen Weltordnung zerfiel nicht nur
von innen her. Ihr internationales Ansehen erlitt am 25. Februar einen
weiteren schweren Schlag, als der Warschauer Pakt beschloss, sich Ende
März selbst aufzulösen. Auch wenn er im Grunde nur noch Symbol-
wert gehabt hatte, glich das der Beisetzung eines Leichnams. Im Laufe
des Jahres 1990 hatte das 36-jährige Bündnis – das mit 3,7 Millionen
Mann bei einer Gesamttruppenstärke von 4,8 Millionen von der Roten
Armee dominiert worden war – de facto aufgehört zu funktionieren,

als sich die osteuropäischen Mitgliedstaaten einer nach dem anderen von Moskau lossagten.

Genaugenommen hatten Ungarn und die Tschechoslowakei schon vor der Durchführung freier Wahlen im Jahr 1990 über Abkommen zum völligen Abzug sowjetischer Truppen aus ihren Territorien bis Mitte 1991 verhandelt. Die Heimkehr der 123 000 sowjetischen Soldaten aus Ungarn und der Tschechoslowakei verlief zwar trotz Gorbatschows Wende nach rechts planmäßig, doch die Verhandlungen über den Abzugstermin für 50 000 Sowjetsoldaten aus Polen waren ins Stocken geraten und das sowjetische Parlament weigerte sich bis März 1991, das Zwei-plus-Vier-Abkommen zu ratifizieren, das die deutsche Wiedervereinigung garantierte und auch Basis war für den Rückzug der Rotarmisten aus der ehemaligen DDR bis 1994. Gleichzeitig nahmen in einem Ostmitteleuropa, das nicht länger in Blöcke gespalten war, neue Sicherheitsvorkehrungen Gestalt an. Im selben Frühling unterzeichneten Ungarn, Polen und die Tschechoslowakei einen gegenseitigen Beistandspakt. Auf wirtschaftlicher Ebene wiederholte sich das gleiche Muster. Der RGW tagte Ende Juni 1991 zum letzten Mal. Dessen Mitgliedstaaten blickten nunmehr nach Westen und strebten einen Beitritt zur EG sowie eine wichtigere Rolle in der KSZE an.[138]

Gorbatschow konnte nichts tun, um das Ende des Sowjetimperiums in Osteuropa zu verhindern. Er blieb jedoch fest entschlossen, die Erneuerung der Sowjetunion selbst fortzuführen. Am 17. März führte er ein Referendum durch, in dem er die sowjetischen Bürger befragte, ob sie für oder gegen die UdSSR als »erneuerte Föderation gleichberechtigter souveräner Staaten« seien, »in der die Rechte und Freiheiten der Bürger aller Nationalitäten zuverlässig geschützt sein werden«. Bemerkenswerterweise stimmten 76 Prozent dafür. Doch diese Zahl täuschte. Von den 15 Republiken boykottierten offiziell sechs die Abstimmung, wobei die kleinen, meist russischen Minderheiten in ihnen dennoch wählen gingen. In den neun übrigen Republiken erhielten darüber hinaus gegen den Kreml gerichtete, lokale Initiativen wie eine Bewegung für die allgemeine Wahl eines Präsidenten in Russland oder für umfassendere Autonomie oder gar Unabhängigkeit in der Ukraine große Mehrheiten. Statt eine Lösung im Machtkampf zwischen dem Kreml und den Republiken aufzuzeigen, wie Gorbatschow gehofft hatte, ent-

hüllten die 150 Millionen Wähler der UdSSR lediglich die leidenschaftlichen Gegensätze des Landes.[139]

Der heikelste Aspekt der Sache war für Gorbatschow die starke
Unterstützung eines direkt gewählten russischen Präsidenten – das
würde Jelzin eine noch stärkere Position verschaffen. Es würde auch
den Gegensatz zu Gorbatschow aufzeigen, der im Jahr 1990 einer direkten Wahl des Unionspräsidenten ausgewichen war und sich selbst
damit der Chance beraubt hatte, ein Mandat des Volkes zu erhalten.
Wie empfindlich er in diesem Punkt war, zeigte sich noch am Abend
der Bekanntgabe des Abstimmungsergebnisses. »Sollte irgendein
Wahnsinniger einen Zerfall unserer Union provozieren«, sagte er vor
Reportern, »so wäre das eine Katastrophe für dieses Land, für die Europäer, für die ganze Welt.« Am anderen Ende der Stadt beharrte Jelzin
darauf, dass es unmöglich sei, das Leben der Menschen zu verbessern,
solange das von Gorbatschow repräsentierte, zentralisierte Kreml-Sys-
tem Bestand habe: »Es müsste zerstört und ein neues geschaffen werden,
das auf demokratischen Prinzipien basiert.«[140]

Kein Mensch konnte die reale Bedrohung bestreiten, die von Jelzin
ausging. Fürs Erste konzentrierte sich Gorbatschow jedoch auf die positive Seite des Referendums: die Zustimmung, die er für einen neuen
Unionsvertrag erhalten hatte. Einen Monat später, am 23. April, verpflichtete er sich zusammen mit den neun Republikpräsidenten, die das
Referendum nicht boykottiert hatten, in Nowo-Ogarjowo – der luxuriösen staatlichen Datscha am Rande von Moskau –, einen Vertrag vorzubereiten, der eine neue Union »souveräner Staaten« schuf, und
anschließend eine neue Verfassung auszuarbeiten. Das war der Startschuss zum »Neun-plus-Eins«-Prozess oder zum Prozess von Nowo-
Ogarjowo, wie man den Vorgang auch nannte.[141]

Das Projekt war zugleich ein politisches Theater für Gorbatschow.
Die Hardliner der Partei waren jetzt isoliert worden, und die Führer der
Republiken hatte man wieder auf Linie gebracht – sogar Jelzin, der
gezwungen war, dem sowjetischen Präsidenten den Vorrang zu lassen
und die zweite Geige zu spielen, auch wenn er absichtlich als Letzter
zum Treffen kam. Gorbatschow führte klar den Vorsitz, mit Parlaments-
sprecher Lukjanow und Jelzin direkt zu seiner Rechten, während alle
anderen nach der alphabetischen Reihenfolge des von ihnen repräsen-

tierten Territoriums ihre Plätze einnahmen. Als die Sache erledigt war, herrschte eine entspannte Stimmung. Beim anschließenden Bankett gab es Trinksprüche auf das gemeinsam Erreichte, und selbst Gorbatschow und Jelzin stießen mit ihren Sektkelchen an. Der russische Führer erklärte sogar, dass Gorbatschow »zum ersten Mal auf eine menschliche Art gesprochen« habe. Es wirkte wie ein Augenblick der Erleichterung, ja gar der Hoffnung. Man hatte die Absicht, den Vertrag binnen sechs Monaten zu unterzeichnen.[142]

Die Parteiführung jedoch war bestürzt. Am nächsten Tag musste sich Gorbatschow vor dem Politbüro und anschließend vor dem 410-köpfigen Zentralkomitee der KPdSU rechtfertigen. Einige jüngere Mitglieder, größtenteils von Gorbatschow berufen, hatten tatsächlich eine Resolution verfasst, die seinen Rücktritt forderte, und meldeten sich lautstark zu Wort. Gorbatschow war außer sich. Er stapfte zum Rednerpult und hielt eine 40-minütige Rede, in der er davor warnte, dass das entstehende Machtvakuum, falls er aus dem Amt gedrängt werde, zu einer verfassungswidrigen Diktatur führen würde: »Schon jetzt werden nicht nur mit Worten, sondern mit Taten Versuche unternommen, das Land von dem Reformkurs abzubringen oder es in ein weiteres ultrarevolutionäres Abenteuer zu stürzen, das droht, unseren Staat zu zerstören oder ihn in die Vergangenheit zurückzuwerfen, in ein leicht aufpoliertes totalitäres Regime.« Er selbst, so erklärte er, stecke in einem Zangenangriff: von der hartgesottenen Fraktion »Sojus« (Union) in der Partei und der Legislative auf der einen und von der Oppositionsbewegung Demokratisches Russland, die Jelzin unterstützte, auf der anderen Seite. Als er schließlich von Kritikern im ZK ausgebuht wurde, rief Gorbatschow aus: »Ich gehe. Ich trete zurück«, und verließ den Saal. Ein Tumult brach aus. Auf einer anschließenden Sitzung der Politbüros wurde beschlossen, die Resolution von der Tagesordnung zu streichen. Einmal mehr schreckte Gorbatschow davor zurück, die Partei zu spalten, doch ein anschließender Vertrauensbeweis von 322 zu 13 Stimmen überdeckte kaum die klaffenden Risse in seiner Führung.[143]

Und der Waffenstillstand mit Jelzin war auch nicht mehr als eine vorübergehende Kampfpause. »Jetzt ist nicht die Zeit für eine totale Konfrontation«, sagte Jelzin dem Vernehmen nach den russischen Parlamentariern, als er erklärte, warum er den neuen Unionsvertrag unterzeichnet hatte. Einer seiner obersten Berater, Gennadi Burbulis, stellte heraus, der Hauptvorteil der Vereinbarung sei, dass es der Regierung der Russischen Republik ermögliche, »friedlich« ohne Einmischung seitens der sowjetischen Behörden zu arbeiten.[144] Gorbatschow zweifelte seinerseits keine Sekunde daran, dass ihr Modus vivendi reine Fassade war. Er hatte nicht den geringsten Respekt vor Jelzin: »Der Mann hat nur einen Lebenszweck«, sagte er am 8. Mai zu Schachnasarow, »die Macht zu ergreifen, auch wenn er keine Ahnung hat, was er damit anfangen soll.«[145] Einen Monat später machte Jelzin einen weiteren, enormen Schritt nach vorn, als er am 12. Juni mit 59 Prozent der Stimmen zum Präsidenten von Russland gewählt wurde. Der Mann aus Swerdlowsk erfreute sich nunmehr des Mandats der Bevölkerung, das Gorbatschow selbst verschmäht hatte. Die Autorität des Sowjetführers wurde dadurch noch stärker untergraben.[146]

Es war kein Zufall, dass Ministerpräsident Pawlow fünf Tage später seinerseits Gorbatschow herausforderte, indem er sich dessen Abwesenheit in einer Sitzung des Obersten Sowjets zunutze machte. Der Regierungschef und nach ihm Jasow und Krjutschkow hielten leidenschaftliche Reden über die Krise, in der das Land steckte, und über Gorbatschows Versäumnisse als Kremlchef. Pawlow forderte gar zusätzliche Befugnisse, die bislang Gorbatschow oder das Parlament innehatten: etwa Gesetzesinitiativen einzubringen, eine wichtigere Rolle bei der Wirtschafts- und Sozialpolitik zu spielen und die Kontrolle über die Zentralbanken und die Steuern zu übernehmen. Der liberale Moskauer Bürgermeister Gawril Popow warnte am 20. Juni im Vertrauen US-Botschafter Matlock, dass Pawlows Vorstoß lediglich der erste Schritt in Richtung Staatsstreich sei. Diese Botschaft gelangte über Bush zu Gorbatschow, der sich dankbar zeigte, das Ganze aber verächtlich abtat und sagte, dass es »zu tausend Prozent unmöglich« sei, ihn abzusetzen. Er versicherte dem US-Präsidenten, dass er die Situation »unter Kontrolle« habe. Am nächsten Tag wurden Pawlows Forderungen vom Obersten Sowjet mit 262 zu 24 Stimmen abgelehnt. Gorbatschow tadelte seine Minister, beschloss aber, keinen einzigen zu entlassen. Während die ganze Riege mit versteinerten Mienen neben ihm stand, sagte er grinsend zu den Reportern: »Der Putsch ist abgewehrt.«[147]

Einen Monat später brachten Gorbatschow und Jelzin ein geselliges Abendessen zustande, zur Feier der Zustimmung zum Entwurf eines Unionsvertrags. Dennoch handelte es sich dabei um einen Kompromiss, weil Gorbatschow eine starke Union mit einer arbeitsfähigen Zentralregierung wünschte, die weiterhin beträchtliche Befugnisse hatte, wohingegen Jelzin eine viel schwächere Vereinigung, ähnlich einer Konföderation, bevorzugte, die offensichtlich Russland als dominierende Republik begünstigen würde. Der ausgearbeitete Entwurf war eher nach Gorbatschows Geschmack, denn die neue Unionsregierung hätte demnach weiterhin die Zuständigkeit für Verteidigung, Diplomatie und den Gesamthaushalt.[148]

Dennoch löste dies, wie zu erwarten, einen weiteren politischen Proteststurm seitens der Konservativen in der Partei und der militärisch-industriellen Lobby aus – diesmal ganz öffentlich in der *Sowetskaja Rossija,* dem offiziellen Organ des russischen Obersten Sowjets. Der Aufruf »Ein Wort an das Volk«, der unter anderen von den Generalen Boris Gromow und Valentin Warennikow unterzeichnet wurde, warnte: »Unsere Heimat geht zugrunde, zerbricht, versinkt in die Finsternis und ins Nichts. Die Knochen des Volkes werden zermahlen und das Rückgrat Russlands gebrochen. ... Warum haben wir Menschen an die Macht kommen lassen, die ihr Land nicht lieben, die sich ausländischen Herren unterwerfen und sich im Ausland Rat und Anerkennung holen?« Der Empörung zum Trotz wurde der Vertragsentwurf am 25./26. Juli auf dem Parteiplenum gebilligt, zusammen mit einem Plan für ein umstrittenes neues Parteiprogramm: eher sozialdemokratisch als kommunistisch. Gorbatschow schien wieder am Ruder zu sein. Er empfand eine Befriedigung darüber, wie weit sich die UdSSR seit dem Frühjahr 1985 weiterentwickelt hatte, als er die Macht übernommen hatte. »Es hatten sich reale Voraussetzungen dafür ergeben, das Land aus der Krise herauszuführen und die demokratischen Umgestaltungen voranzutreiben«, entsann er sich später. »Daher konnte ich am 4. August in Urlaub fahren, ohne Zweifel daran zu haben, dass zwei Wochen später in Moskau der Unionsvertrag unterzeichnet und eine neue Etappe unserer Reformen eingeleitet werden würde.«[149]

*

Er verließ die Hauptstadt außerdem mit zwei bedeutenden, miteinander verknüpften außenpolitischen Erfolgen vom Juli: der erstmaligen Teilnahme der UdSSR an einem G7-Treffen und Bushs erstem Besuch in Moskau seit seiner Amtseinführung. Die Amerikaner hielten unbeirrt an Gorbatschow fest, allein schon deshalb, weil es in ihren Augen an wirklich zukunftsträchtigen Alternativen mangelte. Ihr Motto: »So viel wie möglich aus den Sowjets herausholen, bevor es zu einem noch stärkeren Rechtsruck oder gar zur Auflösung kommen würde«. Man müsse die Beziehungen zu Gorbatschow mindestens so lange »aufrechterhalten«, bis die Mission im Golf abgeschlossen, das START-Abkommen unterzeichnet und die KSE-Verhandlungen implementiert seien.[150]

»Dieser Jelzin spielt wirklich den wilden Mann, nicht wahr?«, war es Ende Februar aus Bush herausgebrochen.[151] Und die Eindrücke, die Baker im März in Moskau gewann, trugen nicht im Geringsten dazu bei, diese Einschätzung zu ändern. Bei seinem ersten Besuch in der sowjetischen Hauptstadt seit sechs Monaten stellte der US-Außenminister mit Befremden fest, dass die Stimmung sogar noch stärker als zuvor polarisiert war. Er telegrafierte Bush, dass Jelzin den öffentlichen Protest angeheizt habe, um »der Führung dieses Landes, die uns in diesen Sumpf gebracht hat, den Krieg zu erklären«. Im Kreml begegnete Baker am 15. März einem »gestressten« Gorbatschow, der sich beklagte, dass die Anforderungen des Jobs »enorm« seien. Das Herumbasteln am System hatte nicht funktioniert, und »der Ruf nach einem Diktator« wurde lauter. Er müsse jedoch »auf dem richtigen Kurs« bleiben, »die radikalen Extreme neutralisieren« und sich auf die Reform »der Union« und »der Wirtschaft« konzentrieren. Baker stimmte ihm zu und hatte Verständnis für Gorbatschows »Problem mit dem Wechsel zur Marktwirtschaft«, weil das de facto hieß, ein Wirtschaftssystem umzumodeln, »das auf der siebzigjährigen Tradition und Theorie des Kommandosystems basiert«. Allerdings machte er keinen Hehl aus dem Missfallen der amerikanischen Regierung daran, dass der »KGB geschäftliche Kooperation untersuche«. Vor allem müsse Gorbatschow, so Baker, in der Sowjetunion ein »Preissystem« einführen, »mit einer konvertierbaren Währung, Anreizen, Wettbewerb und individueller Initiative … Auf Jelzin«, so notierte Baker für Bush, »reagierte Gorbatschow absolut allergisch.« Der russische Präsident sei, dem Kremlchef zufolge, »instabil«, neige zu »populistischer Rhetorik« und habe diktatorische Ambitionen.

Die tatsächlich von Jelzin ausgehende Gefahr spielte Baker jedoch herunter und schilderte ihn als »theatralischen Vollblutpolitiker mit einem Hang zur Übertreibung«, doch vor allem als einen Mann, der »ein gutes Gespür für die Straße und die prodemokratische Stimmung [hatte], die sich im Land ausbreitete«. Genaugenommen musste jeder, »der imstande war, Hunderttausende von Menschen auf die Beine zu bringen, … von den Vereinigten Staaten ernst genommen und hofiert werden«. Als Jelzin Baker bei der Ankunft in Moskau eine Mitteilung zukommen ließ, in der er um ein vertrauliches Gespräch bat, sagte der US-Außenminister – nach Rücksprache mit Bush – also zu. Gorbatschow erfuhr jedoch davon und schäumte vor Wut, was die Begegnung schließlich verhinderte. Baker hielt den Vorfall für »symptomatisch für die komplexen Beziehungen zwischen Gorbatschow und Jelzin«, hatte aber auch den Eindruck, dass sie »das empfindliche Gleichgewicht« veranschauliche, »das wir zwischen diesen beiden Männern wahren mussten«.[152]

Der stets vorsichtige Bush wusste, an wen er sich am liebsten halten wollte. In den beiden Jahren seit dem zögerlichen Beginn auf Governors Island hatte er allmählich eine echte Partnerschaft, sogar Freundschaft, zu dem Sowjetführer entwickelt. Und praktisch gesehen war Gorbatschow derjenige, der 30 000 Atomwaffen kontrollierte; Jelzin, ob Demokrat oder nicht, hatte keine einzige. In Bushs Augen war Gorbatschow »immer noch alles, was wir haben. Und er ist auch alles, was *sie* haben.«[153] In sein Tagebuch schrieb er am 17. März: »Ich bin der Auffassung, man tanzt mit demjenigen, der sich auf der Tanzfläche befindet – man versucht nicht, dessen Nachfolge zu beeinflussen.« Ganz gewiss unternehme man nichts, um den »unverfrorenen Anschein« zu erwecken, man fördere eine »Destabilisierung«. Im Großen und Ganzen war er der Meinung: »Wir treffen uns mit den Republikchefs, aber wir übertreiben es nicht.«[154]

Soweit die grundlegende Philosophie, in der Praxis war das allerdings nicht so einfach umzusetzen. Bei der Überlegung, wann der US-Präsident Gorbatschow den heiß ersehnten Rückenwind eines sowjetisch-amerikanischen Gipfeltreffens gewähren sollte, vermerkte Bush, dass man zwar die Rüstungskontrolle »auf die Reihe bringen« müsse, er jedoch »jede Minute fliegen« würde, falls die Möglichkeit bestehe, bekanntzugeben, dass die baltischen Staaten »entlassen« worden seien. Er wollte außerdem reale Fortschritte bei den Wirtschaftsreformen sehen. Gorbatschow behauptete unablässig, dass er 100 Milliarden Dollar westlicher Hilfsmittel brauche. Bush hingegen war der Meinung, dass man sich vor allem auf den Aufbau solider Grundlagen für eine Marktwirtschaft konzentrieren müsse. Der chaotische Schlingerkurs 1990/91 von dem gescheiterten 500-Tage-Programm zu den unausgereiften Reformen Pawlows stärkten ihn nicht gerade in der Überzeugung, dass der Sowjetführer überhaupt wusste, was zu tun war. Das Chaos wiederholte sich im Frühjahr 1991, als Jawlinski, im Namen Gorbatschows, den »großen Tauschhandel« oder den »Grand Bargain« einer raschen Einführung der Marktwirtschaft vorschlug, abgefedert durch massive ausländische Unterstützung (30 bis 50 Milliarden Dollar jährlich bis 1997), nur um von Pawlows »Anti-Krisenprogramm« ausgebremst zu werden – einem weiteren Euphemismus für eine minimale, staatlich gelenkte reine Liberalisierung der Preise. Für Bush lag auf der Hand, dass seine Begegnung mit Gorbatschow erneut verschoben werden musste, bis nach dem G7-Treffen, das für Mitte Juli in London geplant war. Das wäre das geeignete Forum, um über die heikle Frage der Hilfszahlungen zu diskutieren, aber auch darüber, wie die Sowjetunion in die kapitalistische Wirtschaftsordnung und den Weltmarkt integriert werden konnte.[155]

Ein Jahr zuvor hatte der G7-Gipfel in Houston einen gemeinsamen Report des IWF, der Weltbank, der OECD und der EBWE über die sowjetische Wirtschaft in Auftrag gegeben. Deren 2000 Seiten umfassende Analyse, auf der Grundlage mehrerer »Untersuchungsmissionen« nach Moskau im Herbst 1990, die im Januar 1991 veröffentlicht wurde, empfahl nachdrücklich ein radikales Vorgehen bei der Freigabe der Preise und bei der Beschleunigung der Privatisierung. Der Jawlinski-Plan versuchte, genau dies umzusetzen; tatsächlich stützte er sich auf die Hilfe mehrerer amerikanischer Berater, darunter zwei Professoren aus der Kennedy School in Harvard, Graham Allison und Robert Blackwill. Aber die US-Administration blieb skeptisch. Baker meinte, die Russen könnten »in der Flut westlicher ›Ratschläge‹ ertrinken, weil sie nicht wussten, wie sie diese filtern und in konkrete Handlungen übertragen konnten«. Robert Zoellick, Bushs persönlicher Assistent für den G7-Gipfel 1991, warnte, dass der »große Tauschhandel« eine »gefährliche Illusion« sei. Jedenfalls lag auf der Hand, dass Gorbatschow nicht rückhaltlos hinter dem Plan stand und dem konservativen Ansatz Pawlows den Vorzug gab, was nicht gerade dazu beitrug, die Zuversicht der Amerikaner zu steigern.[156]

Damit nicht genug: Gorbatschow warf mit unerfüllbaren Bitten um Hilfszahlungen nur so um sich. Im März etwa äußerte er gegenüber Mitterrand den Gedanken, in den IWF einzutreten, unterstützt von einer fünfjährigen Vereinbarung über ein Darlehen in Höhe von 15 Milliarden Dollar jährlich. Mitte April sagte er dann zu Kohl, er brauche 30 Milliarden DM an bilateralen Hilfsmitteln und einen deutschen Beitrag zu multilateralen Initiativen. Gegenüber Bush lautete Gorbatschows Linie in diesem Frühjahr: Weizenlieferungen in Höhe von 1,5 Milliarden Dollar auf Darlehensbasis, die das Weiße Haus wegen des aus seiner Sicht weniger konstruktiven sowjetischen Verhaltens bei den KSE- und START-Verhandlungen sowie im Baltikum weiterhin verschleppte. »Der Junge begreift es scheinbar nicht. Offenbar glaubt er, dass wir ihm Wirtschaftshilfe *schulden,* weil wir ihn politisch unterstützen. Wir müssen ihm erst einmal ein paar Grundbegriffe der Marktwirtschaft beibringen. Geschäft ist Geschäft. Darlehen werden nur aus stichhaltigen finanziellen und ökonomischen Beweggründen vergeben.«[157]

Im Mai führten Gorbatschow und Bush zwei lange Telefongespräche, um die Grundlagen für das G7-Treffen – das Washington auf keinen Fall in eine Bittstelleraudienz ausarten lassen wollte[158] – und für den Gipfel der Supermächte zu schaffen. Am 11. Mai äußerte sich Gorbatschow in seinem Appell ganz offen: »Wenn ich mich an Sie, George, um Hilfe wende, so liegt das daran, dass ich mich in einer derartigen Situation befinde. Ich brauche sie wirklich.« Der US-Präsident antwortete ebenso direkt: »Ganz offen gesagt, unsere Experten glauben nicht, dass Pawlows Krisenprogramm Sie weit genug in Richtung Marktreform bringen wird. Wenn es größere Schritte in Richtung einer marktwirtschaftlichen Reform gäbe, dann könnten wir mehr tun und insbesondere zusammen mit den internationalen Finanzorganisationen helfen.« Der

*Betteln beim ehemaligen Gegner: »Gott sei Dank, Herr General,
haben Sie nie den Kapitalismus zerstört ...«*

Sowjetführer ließ sich damit nicht abspeisen und bat um direkte
Gespräche mit den G7 und um eine Einladung zum Londoner Gipfel.[159]
Am 27. Mai präsentierte Bush eindringlich seine Agenda für die lang
anvisierten Gespräche in Moskau. »Michail, wie geht es Ihnen? Ich
rufe an, um zu sagen, dass ich wirklich gerne zu einem Gipfeltreffen
kommen würde, wenn wir eine Einigung bei KSE erzielen und einen
START-Vertrag bekommen.« Beide Projekte mussten von den Experten
noch erheblich überarbeitet werden, und die konventionellen Truppen
waren besonders heikel, weil die Amerikaner wütend darüber waren,
dass sich die Sowjets von dem verabschiedet hatten, was man in Paris
bereits unterzeichnet hatte. Bush gab dem »Wechsel in der politischen
Kräftekonstellation im Kreml« die Schuld daran und drängte Gorbatschow, den toten Punkt zu überwinden und das nötige Vertrauen wiederherzustellen, nicht zuletzt, um START in trockene Tücher zu bringen. »Das wäre ein historischer Schritt, und ich möchte sehr gerne nach
Moskau kommen, Michail. Ich möchte wirklich kommen.« Der Präsident war erpicht darauf, die Arbeit an seiner neuen Weltordnung fortzusetzen.[160]

Im Juni endlich begann sich allmählich der Knoten zu lösen. Die Amerikaner zeigten sich zufrieden mit den sowjetischen Zugeständnissen bei den KSE-Verhandlungen.[161] Der US-Kongress antwortete – wegen der Lage in der UdSSR ernsthaft besorgt – positiv auf die sowjetische Bitte um einen Weizenkredit. Das lag zum großen Teil daran, dass die UdSSR endlich ein Gesetz verabschiedet hatte, das Juden die Ausreise erlaubte. Dieser Schritt ermöglichte es wiederum den USA, das Jackson-Vanik-Amendment aufzuheben, das Handelsbeziehungen zu kommunistischen Staaten untersagte, die die Menschenrechte einschränkten. Und nach Deutschland und Frankreich drängte auch Italien darauf, Gorbatschow die Teilnahme an den G7-Gesprächen zu ermöglichen. Der britische Premier John Major, der Gastgeber des Gipfels, schlug am 6. Juni öffentlich vor, eine förmliche Einladung auszusprechen. Bush hatte keine Einwände. Man kam schließlich überein, dass die G7-Staats- und Regierungschefs Gorbatschow separat in einer Diskussion außerhalb der offiziellen Sitzung treffen sollten. Gorbatschow war hocherfreut.[162]

Allerdings verkomplizierte sich die Lage erneut, nachdem Jelzin am 12. Juni zum russischen Präsidenten gewählt worden war. Nunmehr gab es quasi zwangsläufig zwei potenzielle Foci in Bushs Moskaupolitik: Gorbatschow und Jelzin. Und nur eine Woche nach der Wahl, am 20. Juni, kam Jelzin als Gast des Kongresses nach Washington und wurde auch im Weißen Haus empfangen. Bei einem Gespräch, das über eineinhalb Stunden dauerte, ging der russische Präsident seine eigene Liste an Anliegen durch – betonte dabei, dass er »direkte Gespräche« mit Bush führen wolle –, äußerte sich aber auch ganz offen positiv über den sowjetischen Staatspräsidenten. Russland stehe fest auf der Seite von Gorbatschow. »Ich kann ohne ihn nichts tun. Wir können nur zusammen etwas ausrichten. Wenn Gorbatschow die Bühne verließe und stattdessen irgendein General käme, wäre das eine Tragödie. Die Leute würden auf die Straße gehen, und es käme zu einem Bürgerkrieg.« Aber, fügte Jelzin hinzu, ich persönlich »sehe das nicht so schwarz, das ist nur Gerede«. Bush zeigte sich positiv beeindruckt von dem neuen russischen Staatschef. Nicht nur war sein Auftreten »gleichsam gewaschen und gebügelt«, im Gegensatz zu den vorigen, rüpelhaften Begegnungen, sondern Jelzin sagte »all das, was wir in Sachen Reformen hören wollten«.[163]

Bush legte jedoch großen Wert darauf, Gorbatschow über die Ergebnisse des Tête-à-Tête zu informieren; und er war erleichtert, dass gleich für den nächsten Tag ein Telefonat eingerichtet werden konnte. Gorbatschow brannte darauf, zu erfahren, ob Bush mit seinem Treffen mit Jelzin zufrieden war. »Ja, das bin ich«, sagte Bush, »und zwar viel stärker als bei unserer vorherigen Begegnung.« Der Präsident gestand, dass die Amerikaner »offen befürchtet hätten, dass eine so große Kluft zwischen euch bestehen könnte, dass wir womöglich in eine schwierige Lage geraten könnten. Aber wie Ihr Botschafter Ihnen zweifellos berichtet hat, stellte ich ganz klar, dass Sie unser Mann sind. Das ist meine Pflicht, und ich freue mich persönlich, mit Ihnen als Präsident der UdSSR zusammenzuarbeiten.« Gorbatschow klang beruhigt: »Ich denke, wir haben ein wichtiges Gespräch im Geist der Partnerschaft und Freundschaft geführt.«[164]

Und so flog Gorbatschow am 16. Juli nach London − für eine dringend benötigte Runde internationaler Schmeicheleien. Noch einmal lebte der Geist von New York jenes Dezember 1988 auf. »Während seine Wagenkolonne aus Sil-Limousinen durch das Zentrum Londons von einem Treffen zum anderen jagte«, berichtete die *New York Times,* »dominierte er völlig die Szene«. Im Opernhaus am Covent Garden wurde er bejubelt, auf einem Empfang in der Downing Street gefeiert, und er genoss sichtlich ein Dinner bei Kerzenlicht in der Admiralität, wo Churchill 1939/40 seine Kriegspläne gegen Hitler geschmiedet hatte. Und so »überlagerten oder eliminierten« seine Anliegen »in manchen Fällen sogar jegliche Diskussion über andere [nichtsowjetische] Themen«, als er bilateral mit den G7-Staats- und Regierungschefs zusammenkam. Bei Gorbatschows Audienz mit den G7 als Gruppe am Nachmittag des 17. Juli hatte es den Anschein, als würde der weltweit wichtigste kommunistische Staat nunmehr in das Allerheiligste des internationalen Kapitalismus eingeführt.[165]

Kanzler Kohl sparte nicht an pathetischen Worten: Sie hätten »einen ungewöhnlichen, einen historischen Augenblick« erlebt, der womöglich »politische Auswirkungen« auf Europa und auf die ganze Welt haben werde. Mitterrand stimmte ein: »Letztlich Endes könnten Sie sich wie Ihre Vorgänger aufführen, das Ergebnis jedoch wäre eine Katastrophe. Die Geschichte wird Ihre Haltung würdigen; sie wird nicht nur die Tatsache zu schätzen wissen, dass Sie ein Land umgestalten, das keine demokratischen Traditionen kennt, sondern auch den Umstand, wie sich die Beziehungen Ihres Landes zu anderen Staaten verändert haben.« Selbst John Major, der sonst eher skeptisch gegenüber Moskau war, hatte den Eindruck, dies sei ein Tag, »den die Geschichte möglicherweise einmal als Wendepunkt wahrnehmen wird« – als einen ersten Schritt, »um zur Integration der Sowjetunion in die Weltwirtschaft beizutragen«. Gorbatschow wollte seinerseits nicht zurückstehen und nannte ihre vierstündige Sitzung »eine der wichtigsten Begegnungen unserer Zeit«.[166]

Aber was hatte man eigentlich erreicht? Vor ihrem Treffen mit Gorbatschow hatten die G7 ausgiebig darüber diskutiert, wie man vorgehen sollte. Auf der einen Seite war es in Anbetracht der immer schwierigeren Lage der Sowjetunion unerlässlich, den sowjetischen Staatspräsidenten nicht zu düpieren. Daher plädierten Kohl und Mitterrand besonders vehement dafür, dem Land beträchtliche wirtschaftliche Unterstützung zukommen zu lassen. Sie müssten versuchen, die Ereignisse in der UdSSR zu beeinflussen, erklärte der Bundeskanzler – nicht nur wegen seiner persönlichen Sympathie für Gorbatschow, sondern auch wegen der praktischen Konsequenzen eines völligen Zusammenbruchs, der das deutsch-sowjetische Abkommen über den Abzug der Roten Armee gefährdete und womöglich eine große Flüchtlingskrise forcierte.[167] »Es sei billiger«, konstatierte ein amerikanischer Journalist, »den sowjetischen Bürgern in der Sowjetunion zu helfen, als abzuwarten, bis sie nach Deutschland strömen.«[168]

Bislang hatte Deutschland den bei weitem größten Anteil der Hilfszahlungen an Moskau geschultert: rund 40 Milliarden Dollar in den vorangegangenen zwölf Monaten. Alle anderen Staaten spielten in einer ganz anderen Liga, bemerkenswert war jedoch, dass der zweitgrößte Beitrag mit 2,9 Milliarden Dollar von Italien kam, gefolgt von den USA (2,8 Milliarden) und danach Frankreich (1 Milliarde).[169] Dennoch wurden Deutschland und Frankreich von den übrigen G7, mit Bush an der Spitze, überstimmt. Sie zeigten sich absolut unbeeindruckt von einem ausschweifenden, 23-seitigen Brief, den Gorbatschow im Vorfeld verschickt hatte, geschweige denn von seiner Bitte um 100 bis 150 Milliarden Dollar an Wirtschaftshilfe – von denen er den größten

Teil schlicht dafür verwendet hätte, die sowjetischen Auslandsschulden zu bedienen. Es herrschte allgemeine Übereinstimmung, dass es dem Brief an »Details und Glaubwürdigkeit mangle«; und Major sagte ganz unverblümt: »Einen Sack voll Geld wird es nicht geben.« Mit anderen Worten, man schwenkte ein auf die konsequente Linie Bushs, dass eine effektive sowjetische Wirtschaftsreform die unerlässliche Voraussetzung für Wirtschaftshilfe sei. Genau wie bei den Gesprächen mit Osteuropa hieß es auch jetzt: »Eine Umschuldung ist unerwünscht.« Der Umstand, dass Jawlinski sich geweigert hatte, Gorbatschow zu begleiten, aus Protest gegen den, wie er sagte, »nebulösen« Charakter der Pläne des Sowjetführers, wurde als außerordentlich belastend gewertet.[170]

Bush gab die Stimmung der Mehrheit wieder. »Es ist wichtig, dass Gorbatschow mit Respekt und einem Gefühl der Ehre empfangen wird, die ihm gebührt«, stellte er klar. »Wir sollten niemals Gorbatschows Errungenschaften vergessen.« Gleichzeitig hob er die Tatsache hervor, dass Gorbatschow »der Führer eines Landes war, das keine westliche, industrialisierte Demokratie ist« – nicht einmal eine »wirtschaftliche Supermacht«. Es handele sich einfach um ein Land mit »militärischer Macht«. Er betonte darüber hinaus, dass sie mit Blick auf die UdSSR »nichts unternehmen dürften, das Osteuropa in eine weniger privilegierte Stellung bringt. Ich möchte ihnen nicht signalisieren, dass wir sie zurücksetzen werden.« Seit 1989 hatten die USA, Westeuropa und Japan rund 40 Milliarden Dollar an staatlichen Mitteln in die kleinen Staaten Osteuropas gepumpt, um deren radikalen Übergang zu Marktwirtschaften zu beschleunigen, und die G7 hatten nicht die Absicht, den sozioökonomischen Wandel zu bremsen, der inzwischen Fahrt aufnahm. Was die UdSSR anging, betonte Bush, »können wir nicht über das Ausstellen von Schecks oder die Bereitstellung von Geld reden, solange die Reformen, von denen die Rede war, nicht umgesetzt sind.«[171]

Mitterrand brachte die gleichen Argumente vor, stellte sie allerdings in einen größeren historischen Kontext. »Das ist das Problem vom Huhn und dem Ei: Wird sich die UdSSR zuerst selbst konsolidieren oder braucht sie jetzt Hilfe? – was die Gefahr des Scheiterns beinhaltet«, falls die Sowjets gezwungen waren, die Sache allein durchzustehen. Er erinnerte seine Kollegen an die »großen Probleme«, vor denen selbst ein

entwickelter Staat wie Deutschland stand. »Es hat in 50 Jahren eine
großartige Kraft entwickelt«, und trotzdem habe es »Schwierigkeiten,
fünf [neue] Bundesländer einzubinden. Was heißt das für die UdSSR,
ohne das gleiche Ausmaß an Wohlstand [und] Einheit«, das immer
noch nach dem »System der Zaren« funktionierte, wie er es nannte. »Es
wird noch viel schwerer werden.«[172]

Das, was die G7 schließlich anboten, war denn auch eher symboli-
scher Natur als wirklich Substanzielles: Dazu zählte ein sogenannter
»besonderer assoziierter Status« im IWF und in der Weltbank, eine
intensive »technische Unterstützung« sowohl bilateral als auch über
internationale Organisationen und die Zusage eines »anhaltenden Dialogs« zwischen den G7 und der UdSSR. Es herrschte eindeutiger Konsens, dass keine neuen Institutionen für den Umgang mit der Sowjetunion geschaffen würden. »Das ist der Anfang, nicht das Ende«, sagte
Major im Namen der G7 zu Gorbatschow. »Es ist der erste Schritt in
Richtung der Integration der UdSSR als Vollmitglied in die internationale Wirtschaftsgemeinschaft.«

»Ich bin optimistisch«, antwortete Gorbatschow mit guter Miene
zum bösen Spiel. »Wir haben unsere Zusammenarbeit noch nicht aus-
geschöpft, sondern erst begonnen. Ich möchte Ihnen allen danken.«[173]
Wenig später, im kleinen Kreis mit den Amerikanern, zeigte er seinen
Unmut darüber, wie es in London gelaufen war. »Was für eine Sowjetunion möchten« die USA gerne sehen?«, fragte er Bush bei ihrer bilateralen Begegnung. Er hob hervor, wie weit sich die UdSSR in sehr kurzer
Zeit in Richtung Demokratie, Privatisierung und Entmilitarisierung
entwickelt habe. »Was wird mein Freund George Bush also tun? Was
will er?« Gorbatschow verwies auf ihre jüngste Zusammenarbeit am
Persischen Golf und rief aus: »Es ist schon seltsam. 100 Milliarden Dollar werden für einen regionalen Konflikt hinausgeworfen, nicht jedoch
für die Verwandlung der Sowjetunion in ein anderes Land. Wir brauchen gegenseitiges Verständnis und sich erwidernde Schritte. ... Die
Welt befindet sich im Übergang zu einer neuen Ordnung und braucht
die amerikanisch-sowjetische Kooperation.«[174]

Die Chemie zwischen Bush und Gorbatschow stimmte in London einfach nicht. Wie der britische Dolmetscher in seinen streng persönlichen, nach dem Gipfel niedergeschriebenen Eindrücken für den Pre-

mier vermerkte, war die Haupterkenntnis bezüglich Gorbatschow seine »(vorübergehende?) Verärgerung und Kühle« gegenüber dem amerikanischen Präsidenten im Gegensatz zu der Herzlichkeit und »Kumpanei« zwischen »Helmut« und »Mischa«. So sprach Gorbatschow zwar durchweg von den »7+1« und hob »Johns« Schlüsselrolle als »Koordinator« hervor, doch er spielte auch die Wahrnehmung einer Distanz zu den USA hoch, indem er beim Dinner anmerkte: »*Europa könnte die Welt retten oder ruinieren. ›Europa hat alles, was wir brauchen.*‹«" Hinzu kam: Die Europäer hätten keine Probleme damit, der UdSSR ihre Erfahrung zur Verfügung zu stellen, die Amerikaner hingegen sagten für gewöhnlich: »Ihr Russen solltet es so wie wir machen!«"[175]

In Anbetracht dieser Spannungen war es vielleicht nicht weiter erstaunlich, dass Gorbatschow eine Woche später, am 22. Juli, unvermittelt einen Antrag auf volle Mitgliedschaft im IWF und in der Weltbank einreichte. In den Augen der G7 jedoch zeigte dies, dass der Sowjetführer überhaupt keine realistische Vorstellung davon hatte, was die Integration in die Weltwirtschaft wirklich nach sich zog. Insider der Bush-Administration spekulierten, dass es sich um eine politisch motivierte Antwort auf innenpolitische Kritik handelte, die befand der »assoziierte Status« sei als »Staatsbürgerschaft zweiter Klasse für eine militärische Supermacht« anzusehen.[176]

Im Gegensatz dazu bestätigte das Moskauer Gipfeltreffen mit Bush am 30./31. Juli 1991 den erstklassigen militärischen Rang der UdSSR. Im Mittelpunkt des Besuchs im Kreml stand die Unterzeichnung des START-Vertrags – der ersten Vereinbarung der beiden Supermächte, ihre Arsenale an *strategischen* Kernwaffen abzubauen: Das Washingtoner Abkommen von 1987 hatte lediglich Mittelstreckenraketen beinhaltet. Der START-I-Vertrag war außerordentlich kompliziert, umfasste 700 Seiten, doch der wesentliche Punkt war eine festgelegte Gesamtobergrenze von 1600 Trägersystemen und 6000 Sprengköpfen für beide Seiten, die im Laufe von sieben Jahren erreicht werden sollte. Das zog einen substanziellen Abbau des aktuellen Stands von 10–12000 Sprengköpfen nach sich und lief deshalb auf eine Kürzung ihrer strategischen Arsenale um rund ein Drittel hinaus. De facto kehrte man zum Stand von 1982 zurück, als die Verhandlungen begonnen hatten – nun aber festgeschrieben in ein klares und verifizierbares Abkommen.[177]

»Es ist ein Ereignis von weltweiter Bedeutung«, erklärte Gorbatschow, »denn wir verleihen dem Abbau der Infrastruktur der Angst, welche die Welt beherrscht hatte, eine Stoßkraft, die so stark ist, dass sie kaum noch aufzuhalten ist.« Bush rühmte ähnlich die Umkehr eines halben Jahrhunderts des Wettrüstens und des Misstrauens. »Wir unterschreiben den START-Vertrag als Zeugnis für die neue Beziehung, die sich zwischen unseren beiden Ländern entwickelt – in dem Versprechen weiterer Fortschritte in Richtung eines dauerhaften Friedens.«[178] Eagleburger sagte zu Bush: »Da die Pariser KSZE-Konferenz gemeinhin als Ende des Kalten Krieges angesehen wird, wird das der erste Gipfel nach dem Kalten Krieg sein.«[179]

Ein treffender Kommentar. Der Rüstungsvertrag war Teil einer allgemeinen, umfassenden Diskussion globaler Probleme in Moskau, die zwischen den beiden miteinander kooperierenden Supermächten geführt wurde. Sie erörterten eine breite Palette von Themen, etwa die künftige »Integration Europas« durch die EG und die KSZE, den Nahen Osten im Zuge des Golfkrieges und die Stabilisierung afrikanischer Krisenherde wie Namibia, Angola und Südafrika. Besonders intensiv widmeten sich die beiden Staatschefs China. Gorbatschow versicherte Bush, dass er nicht die »China-Karte« spielen oder irgendetwas unternehmen werde, um »das strategische Gleichgewicht zu stören«. Er stellte kategorisch fest: »Wir würden die Rückkehr Ihrer Beziehung zu China zum Normalzustand begrüßen.« Im Mai hatte Gorbatschow KPCh Parteichef Jiang Zemin empfangen, der erste Besuch eines chinesischen Führers in der UdSSR seit 34 Jahren, seit den Tagen Nikita Chruschtschows und Mao Zedongs.[180] Bush erwiderte: »Die China-Karte zu spielen, steht völlig außer Frage«, und bekräftigte, dass er persönlich eine Normalisierung der Beziehungen wünsche. »Ich werde in Verbindung bleiben und versuchen, ihnen bei weiteren Schritten zu helfen.« Allerdings unterstrich er, mit welcher »Bitterkeit« sich die Amerikaner immer noch an Tiananmen erinnerten und dass der Kongress China weiterhin »bestrafen« wolle. Es war ihm nur mit Hilfe seines Vetos gelungen, der Volksrepublik den Status der »meistbegünstigten Nation« zu bewahren. Natürlich stimmte er zu, dass China »im globalen Kontext ein sehr wichtiges Land« sei.[181]

Sie kamen auch auf das Thema der sowjetischen Wirtschaftsentwick-

lung zu sprechen, das man in London angerissen hatte. Bei der Eröff-
nungspressekonferenz am Tag zuvor hatte Gorbatschow das G7-Treffen
als »den Beginn einer neuen Form der internationalen Wirtschaftsbeziehungen, welche das materielle Fundament für die Weltpolitik im
21. Jahrhundert bilden werden«, gelobt. Und Bush gab, trotz seiner Verärgerung in London, den Entwicklungen einen positiven Anstrich. Er
erklärte, dass sie nunmehr ihr »Ziel von Malta«, dem Gipfel von 1989,
erreicht hätten: nämlich die »Normalisierung unserer Wirtschaftsbeziehung«.[182] Bei ihrem ersten bilateralen Gespräch sagte Bush mit Blick
auf die G7-Maßnahmen recht herablassend, dass er »nicht die Absicht
habe«, die UdSSR »auf das Niveau von Burkina Faso abzusenken«, aber
bevor Darlehen abgeschlossen werden konnten, sei es unerlässlich, dass
die Sowjetunion sich an »die Spielregeln« der internationalen Finanzinstitutionen halte. In Moskau, fuhr er fort, würden sie sich »der
nächsten Herausforderung widmen, die Wirtschaftsreform in der
UdSSR voranzutreiben und eine Integration der sowjetischen Wirtschaft in das internationale System anzustreben«. Was sich Gorbatschow denn, wollte Bush wissen, vom IWF wünschen würde – »wenn
Sie einfach mit dem Zauberstab wedeln könnten?« Am wichtigsten sei,
erwiderte Gorbatschow, die Konvertierbarkeit des Rubels und eine
Umschuldung sowie ein Verlassen der »Übergangsphase so schnell wie
möglich«, um das Land für ausländische Investoren und Handel zu
öffnen.[183] Seine Bitten wurden gehört. Am Ende ihres Gipfeltreffens gab
Bush bekannt, dass er das im Juni 1990 unterzeichnete Handelsabkommen nunmehr an den Kongress zur Ratifizierung weiterleiten werde,
um der Sowjetunion »den Status einer meistbegünstigten Nation« zu
gewähren. Damit würde sich ein lang gehegter Wunsch der Sowjets
erfüllen, der bis ins Jahr 1974 zurückreichte. In Anbetracht des gerin-
gen Handelsvolumens zwischen den beiden Ländern hatte die Meistbegünstigungsklausel und der Status, der mit ihr einherging, für die
UdSSR vor allem symbolischen Wert.[184]

Bezeichnenderweise ging Bush Gorbatschows innenpolitischen Problemen keineswegs aus dem Weg. Am Vortag hatte Jelzin es abgelehnt, gemeinsam mit Gorbatschow und Bush Mittag zu essen. Er
bestand auf einer eigenen Begegnung unter vier Augen, um zu demonstrieren, dass jede Republik ihre eigene Außenpolitik verfolgen könne.

»Das war eine Illustration der Herausforderungen, die Sie erwarten«, sagte Bush zu Gorbatschow. »Er will immer mit Ihnen gleichziehen. Ich möchte Ihnen von unserer Seite versichern, dass wir keinen einzigen Schritt unternehmen werden, der Ihre Lage noch erschweren würde. Wir glauben an Sie und haben Vertrauen in Ihre Absichten.«[185] Der US-Präsident sprach auch erneut die heikle Frage der baltischen Staaten an. »Ich muss sagen, dass es unserer Meinung nach das Beste wäre, wenn Sie eine Möglichkeit fänden, diese Republiken loszuwerden, sie freizulassen. Das hätte eine fantastische Auswirkung auf die öffentliche Meinung.« Aber, schob er nach, »Sie kennen meinen Standpunkt. Das ist Ihre Angelegenheit.« Bush stellte klar, dass er Gorbatschow keine Schwierigkeiten machen wolle. Eine Einladung zu einem Besuch in Litauen auf der Heimreise hatte er abgelehnt. »Wir haben schon verstanden, dass wir das lieber nicht tun sollten.«[186] Er gab jedoch eine Erklärung ab, in der er das »bedauerliche« Blutvergießen während des Gipfels beklagte, als sechs litauische Beamte an der Grenze zu Weißrussland an einer Zollstation erschossen wurden, den die UdSSR für illegal hielt.[187]

Während des Gipfels machte Gorbatschow daraus ein großes Thema und erinnerte Bush daran, dass »70 Prozent der zwischenstaatlichen Grenzen innerhalb der Sowjetunion im Grunde nicht festgelegt sind«. Die Weißrussen beanspruchten Teile von Litauen. Der Osten Estlands war hauptsächlich von Russen bevölkert. Moldawier würden am liebsten Rumänien beitreten. Die Krim und Donezk strebten Autonomie an. Und ohnehin gebe es, fuhr Gorbatschow immer gereizter fort, in ganz Osteuropa umstrittene Gebiete: in Polen, Bulgarien, Transsilvanien. Er forderte Bush auf, gemeinsam mit ihm eine Erklärung zum Prinzip der »territorialen Integrität und zur Unverletzlichkeit der Grenzen« abzugeben. Selbstbestimmung sei, so Gorbatschow, nur »innerhalb eines konstitutionellen und gesetzlichen Rahmens« möglich. »Das ist auch bei den baltischen Staaten meine Haltung. ... Für uns ist das eine Frage des Prinzips.«[188]

Bush wich dem Thema Erklärung aus, war jedoch bereit, sich hinter Gorbatschows neuen Unionsvertrag zu stellen. Das sei, sagte er, »der richtige Weg für die weitere Entwicklung«. Der Nowo-Ogarjowo-Prozess war mittlerweile fein ausbalanciert: Die Verhandlungen waren nur langsam vorangekommen. Gorbatschow ging davon aus, dass zwei oder drei Republiken als Erste unterzeichnen würden, mit Russland und Kasachstan an der Spitze. Die übrigen, auch die Ukraine, würden anschließend nachziehen, sodass eine neue Verfassung verabschiedet werden konnte. Doch in Wirklichkeit hatten sich nur neun der 15 Republiken positiv zu dem Vertrag geäußert, und die Haltung der Ukraine war besonders problematisch. Sie war nach Russland die zweitgrößte wirtschaftliche Macht der UdSSR, aber die Lage dort war instabil, da der westliche Teil des Landes beim Referendum im März 1991 für die Unabhängigkeit gestimmt hatte.[189]

Um Gorbatschow zu unterstützen, hatte Bush beschlossen, die Ukraine zu besuchen, wo er im Obersten Sowjet der Republik eine Rede zugunsten des neuen Unionsvertrags hielt. Er war gleich nach dem Gipfeltreffen in Moskau in Begleitung des sowjetischen Vizepräsidenten Janajew nach Kiew geflogen. Und hier hatte Bush in Scowcrofts Augen einen seiner gelungensten Auftritte – eine eindringliche Bekräftigung der amerikanischen Grundsätze der Freiheit, Demokratie und Toleranz. Der Präsident hatte die Rede eigenhändig mit Verweisen auf das, was Gorbatschow erreicht hatte, aufpoliert.[190] »Manche Leute haben die USA gedrängt, sich zwischen einer Unterstützung für Gorbatschow und einer Hilfe für um Unabhängigkeit bemühte Führer überall in der UdSSR zu entscheiden. Eine solche Entscheidung halte ich nicht für richtig. Der Ehrlichkeit halber muss festgestellt werden, dass Präsident Gorbatschow Erstaunliches erreicht hat; seine Politik von Glasnost, Perestroika und Demokratisierung hat Freiheit, Demokratie und freie Wirtschaft zum Ziel.« Bei ukrainischen Nationalisten kam das nicht gut an, und noch weniger, was Bush zu den Gefahren eines gewaltsamen Separatismus in und um die UdSSR, und nicht zuletzt in Jugoslawien, ausführte. »Freiheit ist nicht das Gleiche wie Unabhängigkeit. Die Amerikaner werden niemanden unterstützen, der eine weit entfernte Tyrannei durch einheimischen Despotismus ersetzen will. Und sie werden niemandem helfen, der einen selbstmörderischen, auf ethnischem Hass beruhenden Nationalismus propagiert.« Diese Worte wurden von militanten Ukrainern als direkte Kritik an ihrem eigenen Unabhängigkeitskampf aufgefasst, und so sollte die Rede in Kiew Bush später noch erheblich zu schaffen machen.[191]

Zunächst war er nach der Reise allerdings sehr positiv gestimmt. »Ich bin entspannt und froh, weil ich den Eindruck habe, dass die Besuche in Moskau und Kiew gut liefen«, schrieb er am 1. August auf dem Rückflug nach Amerika an Gorbatschow. »Wir hatten viel Substanz, und wir hatten dabei auch ein wenig Spaß.« Er unterschrieb: »Diese aufrichtigen, guten Wünsche kommen von Ihrem Freund GB.« Scowcroft war ebenfalls zufrieden. Abgesehen von der »dunklen Wolke über dem Baltikum«, wie er es nannte, hatte er den Eindruck, dass der START-Vertrag und die allgemeine Übereinstimmung Anlass wären, »das Glas als halb voll und nicht als halb leer zu betrachten«.[192]

Allerdings quälten Bush ganz andere Dinge. Als Politiker konnte er innenpolitische Themen niemals ganz außer Acht lassen. Indem er sich während des Gipfels eine Last von der Seele redete, gestand er gegenüber Gorbatschow: »Ich habe Angst vor 1992. ... Sie wissen, das ist bei uns ein Wahljahr, eine Zeit, in der die Realität durch Rhetorik ersetzt wird, in der die Lager im politischen Kampf einander nicht schonen.«[193] Es fiel Bush schwer, sich für eine derart heftige Auseinandersetzung zu rüsten. Ungeachtet des Triumphs im Golfkrieg und der höchsten Umfragewerte hatte ihn im Frühjahr die Aussicht auf die anstehenden Wahlen deprimiert. Dazu schwächten ihn auch körperliche Beschwerden mit dem Herzen und der Schilddrüse, die jedoch inzwischen erfolgreich behandelt worden waren. So erwiderte er auf die Frage eines Reporters bei der Rückkehr aus Moskau denn auch, dass lediglich gesundheitliche Probleme ihn davon abhalten könnten, 1992 erneut zu kandidieren. Für den Fall, dass die Leute die Botschaft nicht verstanden hatten, schob er nach: »Ich fühle mich pudelwohl.«[194] Doch seine Umfragewerte sackten weiter ab; der Hype um den Golfkrieg war längst vorüber, und die Amerikaner schienen am Moskauer Gipfel nicht sonderlich interessiert. Da die US-Wirtschaft immer noch Mühe hatte, aus ihrer Rezession herauszukommen, und die Arbeitslosigkeit bei knapp sieben Prozent lag, machten sich die Bürger mehr Sorgen um den eigenen Wohlstand als um den Weltfrieden.[195] Alles in allem, so Bush, »war es ein langer Juli«. Er träumte von völliger Ruhe und Erholung in Maine und flog endlich am 6. August für seinen Sommerurlaub nach Kennebunkport.[196]

Auch Gorbatschow fühlte sich »verdammt müde« und sehnte sich nach einer Ruhepause. Aber auch er war hocherfreut darüber, wie der Gipfel gelaufen war, und somit in bester Stimmung – selbst wenn die Schüsse in Litauen am Ende den »überschwänglichen Geist« der Gespräche gedämpft hatten. Für ihn waren die Gespräche mit Bush und der START-Vertrag ebenso ein persönlich »glorreicher Augenblick« wie ein politisch großer Triumph, der sich noch dazu so rasch nach seinem Erfolg in London einstellte, wo er vom inneren Kreis der industrialisierten Welt gefeiert worden war. Hinzu kam, dass er kurz vor dem Moskauer Tête-á-Tête in Nowo-Ogarjowo ein langes und feuchtfröhliches Abendessen mit Jelzin und dem kasachischen Präsidenten Nursultan Nasarbajew genossen hatte. Optimistisch blickten die drei Herren in die Zukunft – schon bald würden sie den Unionsvertrag unterzeichnen. Gorbatschow ließ sich sogar zu indiskreten Äußerungen über Krjutschkow und Pawlow – die Hauptblockierer seiner Reformpolitik – hinreißen. Er habe vor, sie abzusetzen, verkündete er und ignorierte die Warnungen Jelzins, dass der KGB möglicherweise den Raum verwanzt habe. Am 2. August, nach dem Gipfeltreffen, gab der sowjetische Präsident bekannt, dass der Unionsvertrag inzwischen unterschriftsreif sei, und verabschiedete sich in den Urlaub auf die Krim. Er werde, sagte er seinen Mitarbeitern im Kreml, am 20. August zur Unterzeichnung zurückkehren.[197]

*

Es sollte jedoch alles ganz anders kommen. Anfangs kosteten die Männer an der Spitze der beiden Supermächte ihre Ferien am Meer voll aus. Sie nahmen sich ausgiebig Zeit, um mit den Enkelkindern zu spielen. Bush war leidenschaftlicher Angler und nutzte jede Gelegenheit, um im Atlantik zu schippern. »Auf dem Boot, wenn ich auf das Meer schaue und lausche, bin ich dankbar«, schrieb er in sein Tagebuch. »Der Kopf schaltet ganz von den anstehenden Problemen ab.« An anderen Tagen »sitze ich einfach auf der Veranda und sehe den Kindern beim Spielen auf den Felsen zu«. Doch trotz der Ferienidylle hing das bevorstehende Wahljahr unentwegt wie ein Damoklesschwert über ihm. Er spürte den Druck sehr stark. »Die Presse sagt ständig, dass es schwer wird, mich zu schlagen. Je öfter wir das hören, desto mehr Sorgen mache ich mir«, gestand er am 12. August. Was unablässig an ihm nagte, war das alte Sprichwort: »Wer hoch steigt, fällt tief.«[198]

Auch Gorbatschow am Schwarzen Meer konnte die Arbeit trotz seiner Liebe fürs Schwimmen nie ganz ruhen lassen. Er machte sich daran, seine Rede für die Zeremonie am 20. August anlässlich des neuen Unionsvertrags aufzusetzen. Nachdem er jedes Detail der Veranstaltung von der Musik bis zur Sitzverteilung geplant hatte, wollte er nunmehr geeignete Abschiedsworte für die Errungenschaften der alten Sowjetunion finden und zugleich eine inspirierende Eröffnungsrede zum Start ihrer Nachfolgerin zustande bringen. »An die Stelle des Einheitsstaates tritt die freiwillige Föderation der sowjetischen souveränen Republiken«, wollte er zu Beginn sagen. »Wir wären schlechte Patrioten, wenn wir uns von unserer Geschichte lossagen würden und die belebenden Wurzeln von Kontinuität und Wechselbeziehungen abreißen ließen.« Anschließend hieß es in dem Entwurf jedoch: »Ebenso wären wir schlechte Patrioten, wenn wir all das erhalten würden, was verschwinden muss, was wir nicht in die Zukunft mitnehmen dürfen, was uns am Aufbau des Lebens auf einem modernen demokratischen Fundament hindern würde.«

Gorbatschow fürchtete die Herausforderung Jelzins mehr als die Gefahr, die von der Alten Garde ausging. Letztere, so meinte er, habe er durch seine Wende nach rechts entschärft. In seinen Augen bot der Unionsvertrag bei allen Unwägbarkeiten eine Chance, die besten Aspekte des sowjetischen Experiments zu bewahren. Einmal mehr fühlte er sich wie ein Mann mit einer Mission, allerdings wurde seine Zukunftsvision größtenteils nicht von der allgemeinen Bevölkerung geteilt, die immer verwirrter, ja verängstigt reagierte, und sich fragte, wohin das Ganze führen würde. Noch entscheidender war aber, dass Gorbatschows Vision weder von den sowjetischen Hardlinern noch von den Reformern in den Republiken gebilligt wurde. Das zeigte sich schon bald.[199]

Um Mitternacht am Sonntag, dem 18. August, wurde Bush von einem Anruf geweckt. Scowcroft teilte mit, er habe soeben in einer Nachrichtensendung gehört, dass Gorbatschow aus gesundheitlichen Gründen zurückgetreten sei. Wenig später stellte sich heraus, dass in Moskau ein Putsch stattgefunden hatte. Janajew, Gorbatschows Stellvertreter –

jener »nette Mann« mit »Sinn für Humor« wie Bush nur wenige Wochen zuvor nach ihrem Flug mit Air Force One Richtung Kiew gesagt hatte –, bezeichnete sich nunmehr als Präsident der Sowjetunion. Dem neu gebildeten Staatskomitee, das er anführte, um den Ausnahmezustand zu verhängen, gehörten Pawlow, Jasow, Krjutschkow und Pugo an – die Gorbatschow allesamt, wie Bush erkannte, erst kürzlich selbst in seinen engeren Kreis aufgenommen hatte.[200]

Das Ganze erschien zunächst tatsächlich unheimlich und alarmierend, aber in Wirklichkeit war der »Putsch« von Anfang bis Ende eine halbausgegorene Operation. Die Motive der Verschwörer waren unklar. Sie wollten die Unterzeichnung des neuen Unionsvertrags verhindern, um dem Auseinanderbrechen der Sowjetunion, wie sie sie kannten, zuvorzukommen. Und natürlich ging es ihnen auch um ihre eigene Haut, fürchteten sie doch aufgrund Gorbatschows Indiskretionen in Nowo-Ogarjowo eine Säuberung des Kabinetts. Sie versäumten jedoch, die wichtigen Schlüsselstellen der Macht (Kommunikation, Transport, Medien und Militär) in ihre Gewalt zu bringen, geschweige denn Führer der Opposition wie Jelzin zu verhaften. Darüber hinaus zögerten sie, brutale Gewalt nach dem Muster Deng Xiaopings vom Juni 1989 einzusetzen. Im Grunde hatten die Verschwörer, allem Anschein nach, auf Gorbatschows Wende nach rechts vertraut. Sie gingen davon aus, dass ihre verspätete Einbindung in sein Kabinett bewiesen habe, dass der überzeugte Reformer endlich den Irrtum seines Handelns eingesehen habe und nunmehr ihre Agenda akzeptieren würde. Anders gesagt, sie meinten, sie hätten es nicht nötig, den kompletten sowjetischen Machtapparat zu übernehmen, sondern müssten lediglich den Führer des Staates *ganz* auf ihre Seite bringen. »Wir haben nie darüber gesprochen, was wir tun würden, falls Gorbatschow unsere Vorschläge nicht akzeptierte«, räumte einer der Putschisten später ein. In dem Moment, als der Sowjetführer jedoch nicht mitspielte, war der Coup bereits mausetot. Aus diesem Grund zeigten die Fernsehbilder Menschen, die unsicher, nervös und sogar betrunken waren; Janajews Hand zitterte sichtlich, als er die Erklärung des Ausnahmezustands verlas. Scowcroft, der die Szene im Fernsehen betrachtete, verglich die Männer mit den Marx Brothers; Gillian Braithwaite, die Frau des britischen Botschafters, nannte sie »Muppets«.[201]

Tragödie oder Farce? Im ersten Moment konnte sich niemand sicher sein. Und zunächst wusste man nichts über Gorbatschows Schicksal. Bush fragte sich, ob er nach Washington zurückkehren sollte,[202] entschloss sich aber schließlich, in Maine zu bleiben, um die Krisenstimmung oder gar Panik nicht noch anzuheizen. Jetzt bestehe der Alltag, vermerkte er am 20. August, nicht mehr nur aus »Urlaub«, sondern aus »Ruhe und Arbeit«, unterstützt von einer »aktiven«, aber nicht »hektischen« Telefondiplomatie. Er wollte der Welt die Botschaft senden, dass er den Putsch nicht akzeptiere. Gleichzeitig sollte eine Verschiebung des Fokus von Gorbatschow auf Jelzin erkennbar werden, der »mehr persönliche Aufmerksamkeit« bekommen sollte, weil er die Rückkehr Gorbatschows und die Fortführung des demokratischen Wandels forderte. Bush konnte jedoch auch den US-amerikanischen innenpolitischen Aspekt nicht vergessen. Der letzte Punkt auf seinen Notizen war eine Mahnung. Auf keinen Fall dürfe er zulassen, dass sich die sowjetische Krise noch auf seinen Wahlkampf 1992 auswirkte.[203]

In dieser Ungewissheit rief Bush nun am 20. August Jelzin an – jenen »wilden Mann«, der Demokratie predigte, aber wie ein Demagoge auftrat, und den er allmählich als ernstzunehmende politische Figur akzeptierte. Bush hatte nicht die Absicht, sich von den Emotionen des Augenblicks hinreißen zu lassen. »Ich bin entschlossen, die Sache zu regeln, ohne dass wir in einen Krieg hineingezogen werden, und doch an unseren Grundsätzen der Demokratie und Reform festzuhalten.« Wie gebannt blickte er dennoch auf die Fernsehbilder, die den russischen Präsidenten auf einem Panzer zeigten.

»Dieser mutige Mann steht zu seinen Prinzipien«, schrieb Bush in sein Tagebuch. »Im wahrsten Sinn des Wortes im Mittelpunkt der Geschichte.« Tatsächlich flößten die beiden Telefongespräche mit Jelzin am 20. und 21. August dem Präsidenten der Vereinigten Staaten beträchtlichen Respekt für den Präsidenten der Russischen Republik ein.[204]

Das beeinflusste zweifellos Bushs Haltung, als es ihm später am selben Tag endlich gelang, mit seinem alten Freund, dem Präsidenten der Sowjetunion, zu sprechen. Bushs Erleichterung – ersichtlich aus der Mitschrift ihres Gesprächs – wurde von der aufkeimenden Erkenntnis getrübt, dass er womöglich Zeuge eines Machtwechsels war. Dieser Prozess wurde offensichtlich, als Gorbatschow von Jelzins Leuten am

Auf dem Panzer: Jelzin trotzt dem Putsch

Abend des 21. August nach Moskau zurückgebracht wurde.[205] Entschlossen, seine vollen Machtbefugnisse als Präsident wiederaufzunehmen, trat Gorbatschow am 23. August vor dem russischen Obersten Sowjet auf, wo er sich bemühte, die Bedeutung des Putsches herunterzuspielen. Er behauptete sogar, das »Kabinett Pawlows« habe sich dem widersetzt. Davon wollte Jelzin aber nichts hören. Er sprang auf, marschierte auf die Bühne und wedelte mit dem Protokoll der Kabinettssitzung vom 19. August, aus der hervorging, dass alle Minister an der Verschwörung beteiligt waren. »Na los, lesen Sie es jetzt«, rief Jelzin und zielte mit seinem Zeigefinger auf Gorbatschows Gesicht. Der Sowjetführer sackte zusammen. Die Gunst der Stunde nutzend, gab Jelzin mit einem breiten Grinsen bekannt, dass er jetzt ein Dekret unterzeichnen werde, das die Kommunistische Partei der Russischen Republik verbiete. Er schenkte Gorbatschows Protest, er habe das Dokument noch gar nicht gelesen, keine Beachtung und unterschrieb es unter donnerndem Beifall. Jelzin genoss jede Sekunde der feierlichen Demütigung Gorbatschows, die live im Fernsehen übertragen wurde.[206]

Die ganze Welt sah zu. Auch Bush und Scowcroft. »Es ist vorbei«, brachte Scowcroft hervor und schüttelte den Kopf. Bush gab ihm recht:

»Ich fürchte, mit dem ist es vorbei.«[207] Zwei Wochen später kommentierte die US-Botschaft als eine Art Resümee: »Nach dem Putsch ist Boris Jelzin die mächtigste Person in der UdSSR. Gegen seinen Willen kann keine Entscheidung, die das Land insgesamt betrifft, gefällt werden.«[208]

Ungeachtet seines persönlichen Mitgefühls für Gorbatschow war Bush froh über den Ausgang. Immerhin war es nicht zu einem Blutbad gekommen: Das Militär hatte nicht auf die eigene Bevölkerung geschossen. Moskau im August 1991 war nicht Tiananmen im Juni 1989, geschweige denn Bukarest im Dezember 1990. Am Ende gaben die Verschwörer klein bei – der Geist der Demokratie hatte gesiegt. Es war nicht gerade eine Samtene Revolution wie in Prag, aber gewiss viel friedlicher, als irgendjemand vor wenigen Tagen noch erwartet hätte. Bush war auch zufrieden, dass seine gewohnt zurückhaltende, ausgewogene Diplomatie sich einmal mehr ausgezahlt hatte, genau wie als er im November 1989 nicht auf der Mauer herumgesprungen war. »Wir hätten überreagieren und Truppen verlegen und die Bevölkerung in Angst und Schrecken versetzen können. Wir hätten auch unterreagieren können, indem wir erklären: ›Okay, wir verhandeln mit demjenigen, der eben gerade dort [im Kreml] sitzt.‹ Aber ich denke, ich bin gut beraten worden. Ich denke, wir haben die angemessene Balance gefunden, in diesem Fall mit Sicherheit – von den Hauptakteuren in der Sowjetunion werden wir hochgelobt.«[209]

Zudem gab es inzwischen viel mehr »Akteure«. Während des Putsches machten sich die baltischen Staaten das Chaos zunutze und gaben die Wiederherstellung ihrer Unabhängigkeit nach einem halben Jahrhundert sowjetischer Besatzung bekannt. Jelzin beeilte sich, die neuen Staaten anzuerkennen, genau wie viele europäische Mitgliedstaaten der NATO (angeführt von Island) und Finnland. Bush hielt sich zurück und wartete Gorbatschows Antwort ab, doch am 2. September kam der US-Präsident zu dem Schluss, es bleibe ihm nichts anderes übrig, als nachzuziehen.[210] Diese kleinen Staaten kamen in die Schlagzeilen der internationalen Presse. Viel wichtiger waren jedoch die Unabhängigkeitserklärung der Ukraine am 24. August, gefolgt von Weißrussland sowie drei weiteren Gründungsmitgliedern der UdSSR – der Kaukasus-Republiken Armenien, Georgien und Aserbaidschan. »Im Lauf der kommenden Wochen und Monate«, kommentierte die US-Botschaft in Moskau, »dürfte die Lage in der UdSSR von einem Wettlauf zwischen Demokratie und Zerfall gekennzeichnet sein.«[211] Die eklatante Schwäche des Zentrums wurde durch Gorbatschows Entscheidung am 23. August, die Kommunistische Partei der Sowjetunion abzuschaffen, noch verschärft. Nach Jelzins Vorgehen in Russland blieb ihm gar nichts anderes übrig. Aber damit zerschlug er auch das letzte politische Gerüst, das die UdSSR noch zusammenhielt, und untergrub zugleich seine rasch schrumpfende Machtbasis weiter.[212]

Gorbatschow klammerte sich immer noch an sein Projekt eines neuen Unionsvertrags, an den Traum einer »Wiedervereinigung« der Union, auch ohne das Baltikum, Georgien, Moldawien und Armenien. Doch Jelzin spielte nun nicht mehr mit und weigerte sich, die Vereinbarung über die Gründung einer »allgemeinen Wirtschaftsgemeinschaft« zu ratifizieren, während die Ukraine ein Referendum über den ganzen Prozess forderte. Auf einer Staatsratssitzung in Nowo-Ogarjowo am 14. November plädierten Russland und Weißrussland für eine »Union von Staaten« – Gorbatschow hingegen wünschte immer noch einen Einheitsstaat.

»Wenn es keine arbeitsfähigen staatlichen Strukturen gibt, welchen Sinn haben dann ein Präsident und ein Parlament noch?«, fragte Gorbatschow erregt. »Wenn ihr das beschließt, dann bin ich zum Rücktritt bereit.«

»Sie lassen sich von Ihren Gefühlen mitreißen«, gab Jelzin zurück.

»Keineswegs, dafür bin ich zu müde.«

Am Ende brüteten sie einen Euphemismus als Kompromiss aus: »ein konföderativer, demokratischer Staat«. Doch bei der nächsten Sitzung zwei Wochen später stellte sich Jelzin komplett quer – zu Gorbatschows ohnmächtigem Zorn; und am 1. Dezember sprach sich die Ukraine in einem Referendum mit großer Mehrheit für die Unabhängigkeit aus. Es ist bemerkenswert, dass nicht nur von den Westukrainern eine fast einmütige Zustimmung kam, auch in den östlichsten Gebieten von Luhansk und Donczk stimmten 85 beziehungsweise 77 Prozent für den Austritt aus der Union. Sogar auf der Krim und in Sewastopol, dem Hauptstützpunkt der sowjetischen Schwarzmeerflotte, lagen die Zahlen weit über 50 Prozent. Gorbatschow war schockiert. Tags darauf schlug

Jelzin eine Konföderation aus vier Mitgliedstaaten vor: Russland, Ukraine, Weißrussland und Kasachstan. »Und welchen Platz soll ich darin
haben?«, fragte Gorbatschow wütend. »Wenn das die Abmachung ist,
dann verabschiede ich mich von diesem Spiel. Ich mache mich doch
nicht zum Affen.«[213]

Viel länger würde das Spiel auch nicht gehen. Am 8. Dezember vereinbarte Jelzin – erneut hinter Gorbatschows Rücken – mit den Spitzen
der Ukraine und Weißrusslands, eine sogenannte »Gemeinschaft Unabhängiger Staaten« zu gründen. Mit diesem Schritt verabschiedeten sie
sich de facto aus der Union der Sozialistischen Sowjetrepubliken. Es
blieb nur mehr eine leere Hülle – weder sozialistisch noch vereint.

Der Machtkampf zwischen Gorbatschow und Jelzin brachte Washington in eine Zwickmühle. Bush war im Oktober, bei seiner letzten Begegnung mit Gorbatschow in Madrid, zu der Schlussfolgerung
gelangt, dass dieser den Kampf um die Macht verloren hatte. Der US-
Präsident weigerte sich jedoch, einem Staatschef-Kollegen (»Sie sind
immer noch der Herr im Haus«, sagte er zu Gorbatschow, während er
ihm bei der gemeinsamen Pressekonferenz auf die Schulter klopfte)
und einem Mann den Rücken zuzuwenden, der zu einem persönlichen
Freund geworden war.[214] Auch Scowcroft tendierte dazu, an Gorbatschow festzuhalten. Jedenfalls trauten einige im Umfeld des US-Präsidenten Jelzin immer noch nicht. Schließlich hatte dieser nach seinem
beeindruckend mutigen Auftreten während des Putsches eine äußerst
geringschätzige Haltung gegenüber Gorbatschow an den Tag gelegt.

In der US-Regierung gab es jedoch auch Stimmen, die bekundeten,
dass Bush mit seiner Treue zu Gorbatschow eine verzerrte Politik der
Unterstützung für die Sowjetunion verfolge, welche nicht mehr im
Interesse der Vereinigten Staaten lag.[215] So hatte Dick Cheney Bush ganz
offen gedrängt, das Zentrum aufzugeben und sich an die Seite der
Republiken zu stellen. Ein solcher Kurs brachte jedoch neue Probleme,
denn die Republiken waren unbekannte Unbekannte. »Unsere Kontakte zur Sowjetunion und unser Verständnis waren Moskau-zentriert«,
räumte Robert Hutchings vom Nationalen Sicherheitsrat ein. »Die Zahl
der Experten für die nichtrussischen Republiken innerhalb der Regierung konnte man an einer Hand abzählen.«[216]

Also machte das Weiße Haus lieber einen »Rückzieher« in der Hoffnung, dass Gorbatschow mitten in den Neuverhandlungen mit den Schlüsselrepubliken irgendwie zumindest nominell im Machtzentrum bliebe, während es sich bemühte, »jene Aspekte zu steuern, die sich unmittelbar auf amerikanische Interessen auswirkten«.[217] Doch Gorbatschow hielt sich hartnäckig und verunglimpfte Jelzins »Gemeinschaft« als »ungesetzlich und gefährlich«. Auf diese Weise entstand ein »geopolitischer Alptraum« aus zwei Schwergewichten, die um die Macht rangen, das Militär aufforderten, ihnen Folge zu leisten, und damit das Schreckgespenst eines Bürgerkrieges heraufbeschworen.[218]

Die Diskussion »Gorbatschow gegen Jelzin, Zentrum gegen Republiken« hielt Washington infolgedessen den ganzen Herbst über davon ab, eine klare öffentliche Stellungnahme zur US-amerikanischen Politik abzugeben. Anfang Dezember (nach dem Referendum in der Ukraine) warnte Dennis Ross, der Leiter des politischen Planungsstabs im Außenministerium, Baker mit ernsten Worten, dass die Vereinigten Staaten »Gefahr liefen, die Kontrolle [über den Zerfall der Sowjetunion] zu verlieren«, wenn keine Grundsatzrede abgegeben werde. Immerhin existiere, wie ein Memorandum des US-Außenministeriums konstatierte, »die Sowjetunion, die wir gekannt haben, nicht mehr«.[219]

In Wirklichkeit hatte Baker schon länger über eine richtungsweisende Rede nachgedacht[220] und beschloss nun, die nächste Gelegenheit dafür zu nutzen. In einem Vortrag an seiner Alma Mater, der Princeton University, sprach er am 12. Dezember so, als gebe es die Union nicht mehr, und beschrieb die Herausforderungen der Zukunft. »Während des Kalten Krieges beargwöhnten wir einander drohend wie zwei in einer Flasche eingeschlossene Skorpione, jetzt stehen die westlichen Staaten und die ehemaligen sowjetischen Republiken wie unbeholfene Kletterer an einem steilen Berghang. Da sie an einem gemeinsamen Seil hängen, würde ein Absturz in den Faschismus oder ins totale Chaos in den Republiken auch den Westen in den Abgrund ziehen. Nur unser stetiger, starker Zug auf das Seil kann den Russen, Ukrainern und ihren Nachbarn helfen, Tritt zu fassen und gemeinsam mit uns den Gipfel der Demokratie und Freiheit zu erklimmen.«[221]

Baker betonte, dass er keineswegs eine »Blaupause« anbiete, sondern eine Reihe von »Prinzipien und Herangehensweisen, die zusammen eine Agenda für das Handeln in einer revolutionären, unvorhersehbaren Situation ergaben«. Sein Ziel war es, »Russland, die Ukraine und andere Republiken fest in der euro-atlantischen Gemeinschaft und in der demokratischen Staatengemeinschaft zu verankern«. Er betonte, dass aus den Trümmern der Sowjetunion keine neuen Atommächte hervorgehen dürften, dass START ratifiziert und umgesetzt werden müsse und dass alle Nuklearwaffen »einer einzigen, vereinigten« Befehlsgewalt unterstehen müssten. Gewissermaßen als Zuckerbrot bot er technische Unterstützung in Höhe von 100 Millionen Dollar an, um den Kapitalismus in den Republiken einzuführen. Doch diese Hilfe durfte, wie er deutlich machte, nicht aus »einheimischen [US-amerikanischen] Konten« stammen. Vielmehr signalisierte Baker, dass die postsowjetischen Republiken um das amerikanische Außenhandelsbudget wetteifern sollten und dass den traditionell großen Empfängerländern – wie die Philippinen, der afrikanische Block, Israel oder Ägypten – am Ende die Zuwendungen gekürzt würden. Auf jeden Fall sei der »Trümmerhaufen des Kommunismus« viel zu groß, als dass eine Nation allein ihn reparieren könne. Schließlich gab Baker bekannt, dass die Vereinigten Staaten die fortschrittlichen westlichen Demokratien, die mittel- und osteuropäischen Staaten, die Mitglieder der Koalition im Golfkrieg und internationale Finanzinstitutionen einluden, sich Anfang Januar in Washington zu treffen, um darüber zu diskutieren, wie man im Lauf des kommenden Jahres am besten den humanitären Herausforderungen in der ehemaligen UdSSR begegne. Diese Konferenz in Washington wurde klar als »Koordinationstreffen mit Geldgebern« definiert, nicht als Begegnung der »Bittsteller«.[222]

Gorbatschow schäumte vor Wut, wie er Bush am 13. Dezember in einem Telefongespräch mitteilte. »George, meiner Meinung nach hätte Jim Bakers Rede in Princeton auf keinen Fall gehalten werden dürfen, insbesondere die Aussage, dass die UdSSR aufgehört habe zu existieren. Wir müssen in diesen Zeiten alle vorsichtiger sein. Hauptsache ist, jede Konfrontation zu vermeiden.« Bush bemühte sich, besänftigende Worte zu finden: »Lassen Sie mich klarstellen, dass ich eine Konfrontation unbedingt vermeiden möchte. Ich möchte mich keinesfalls einmischen. Ich akzeptiere Ihre Kritik. Ich glaube nicht, dass Jim es genauso gesagt hat – er sagte nur, ›die UdSSR, wie wir sie gekannt haben‹, würde ganz anders sein.«[223]

Es ist anzunehmen, dass Bush, der immer mehr mit den bevorstehenden Präsidentschaftswahlen beschäftigt war, ganz froh darüber war, dass Baker bei der Formulierung der US-Politik gegenüber dem Kreml die Initiative übernommen hatte. Mittlerweile hatte Jelzin den Machtkampf für sich entschieden. Tatsächlich hatte der russische Präsident de facto Gorbatschow abgesetzt, indem er Bush bereits zuvor am selben Tag angerufen hatte, um ihn über die Ratifizierung der »Gemeinschaftsverträge« durch die »Parlamente der Ukraine, Weißrusslands und Russlands« am Vortag zu informieren. Ferner führte Jelzin aus, dass die Spitzen der fünf zentralasiatischen Republiken ihrerseits die Absicht erklärt hätten, bei der Zeremonie zur Unterzeichnung am 21. Dezember in Alma Ata der GUS beizutreten. Er fügte hinzu, dass er Gorbatschow täglich ermahne, »den Übergang ruhig, ohne Störungen durchzuführen. Ende Dezember, Anfang Januar wird es so sein, dass wir eine vollendete Gemeinschaft Unabhängiger Staaten haben werden und dass die Strukturen des Zentrums aufhören zu existieren. Wir behandeln Michail Sergejewitsch Gorbatschow mit dem größten Respekt und freundlich. Es liegt an ihm, über sein Schicksal zu entscheiden.« Jelzin hatte somit den politischen Nachruf auf die Sowjetunion und im Grunde auch auf Gorbatschow gesprochen.[224]

Aber wie sollte man den friedlichen Transfer der Macht fördern, mit den neuerdings unabhängigen Republiken umgehen und mit der Schreckensvorstellung eines, wie Baker sagte, »Jugoslawien mit Atomwaffen«?[225] Und wie sollte man der verstörten sowjetischen Nation helfen, den Winter zu überstehen und die auseinanderfallende Wirtschaft neu zu ordnen? Robert Strauss, seit Ende August neuer US-Botschafter in Moskau, drängte die G7-Staaten, Schuldenerleichterungen zu gewähren, und warnte, dass der wirtschaftliche Druck höchstwahrscheinlich massive soziale Unruhen auslösen werde. »Das kann uns ohne weiteres in den nächsten sechs Monaten um die Ohren fliegen.« Aus diesem Grund, argumentierte er, lohne es sich für Amerika, »ein paar Milliarden Dollar« an sowjetischer Hilfe zu riskieren, statt eine »faschistische Situation« zu erleben, falls sich die Spannungen mit einem lauten Knall lösten und die Menschen auf den Straßen protestierten. Strauss plädierte für einen anderen Kurs als die vorsichtige Linie der Bush-Administration. Aber natürlich war er auch viel näher dran an der russischen

Krise als das Weiße Haus, das sich unter Verweis auf den US-Haushalt weiterhin hütete, neue Dollar zu investieren, bis die sowjetischen Republiken ihr Haus in Ordnung gebracht hatten.[226]

Um sich einen Eindruck von den Realitäten vor Ort zu verschaffen, ließ Baker am 15.–19. Dezember seiner Princeton-Rede einen Kurztrip in die Region folgen – und traf sich dabei mit Gorbatschow, Jelzin und den Führern von Kirgisien, Kasachstan und der Ukraine. Abgesehen von der humanitären Hilfe gab es essenzielle Fragen bezüglich der Außen- und Sicherheitspolitik. Nach Gesprächen in Moskau, unter anderem mit dem sowjetischen Verteidigungsminister nach dem Putsch, General Jewgeni Schaposchnikow, fühlte sich Baker beruhigt, was die atomare Sicherheit und Weiterverbreitung sowie Aspekte der Rüstungskontrolle betraf. Er registrierte befriedigt den »allgemeinen und überwältigenden Wunsch« der Republiken, »die Vereinigten Staaten zufriedenzustellen«. Das wiederum passte zu Washingtons Wahrnehmung, nun die einzigartige Chance zu haben, Ländern Demokratie zu bringen, die keine Ahnung davon hatten. Wobei die politische Liberalisierung den neuen Staatsgebilden natürlich gleichzeitig die Möglichkeit brachte, sich für Regierungsformen zu entscheiden, die sich nicht mit amerikanischen Werten und Ideen der Demokratie vertrugen.[227]

Baker zeigte sich hocherfreut, als Jelzin die Hoffnung äußerte, dass das Militär der GUS enge Beziehungen zum ehemaligen Feind der UdSSR, der NATO, unterhalten werde. »Es wäre außerordentlich wichtig für die Sicherheit Russlands, sich mit der einzigen militärischen Allianz Europas zu verbünden.« Im Idealfall wünschte er, dass die beiden »verschmolzen«. Jelzin bat außerdem, Russland, Weißrussland und die Ukraine zu der bevorstehenden eröffnenden Ministersitzung des Nordatlantischen Kooperationsrats (NAKR) am 20. Dezember in Brüssel zuzulassen. Der NAKR war von Baker und Genscher in jenem Oktober ins Leben gerufen und auf dem NATO-Gipfel im November in Rom verabschiedet worden. Er sollte sich an die ehemaligen Staaten des Warschauer Paktes sowie an die baltischen Staaten als Teil der NATO-Bemühung wenden, sich selbst an die Welt nach dem Mauerfall anzupassen. Die »Hand der Freundschaft«, die im Juli 1990 auf dem Londoner NATO-Gipfel ausgestreckt worden war, als die Staats- und Regierungschefs des Bündnisses eine neuartige, kooperative Beziehung zu allen

Ländern in Mittel- und Osteuropa im Zuge des Kalten Krieges angeregt hatten, nahm nun gewissermaßen Gestalt an. Doch das Projekt folgte auch Bakers wichtiger Rede in Berlin im Juni 1991 (seiner zweiten dort nach der Ansprache über den »neuen Atlantizismus« 1989), in der er eine »euro-atlantische Gemeinschaft« gefordert hatte, »die sich von Vancouver bis nach Wladiwostok erstreckt«, und somit die ganze Sowjetunion umfasste. Wie auch NATO-Generalsekretär Manfred Wörner betonte, befanden sich die Vereinigten Staaten in diesem entscheidenden Moment der europäischen Geschichte in einer Position, sich an die Spitze dieses Unterfangens zu stellen. Mit Blick auf die nachfolgende NATO-Osterweiterungskontroverse ist es wichtig festzuhalten, dass es bei den anfänglichen Kontaktbemühungen der NATO zu Osteuropa und beim NAKR ausdrücklich *nicht* um eine Erhöhung der Zahl der Bündnismitglieder und damit um eine Ausdehnung der NATO-Sicherheitsgarantie nach Osten ging. Dieses Thema, das zwar im Hintergrund durchaus im Raum stand, wurde als Teil der allmählich in Gang kommenden Diskussion um eine neue Sicherheitsarchitektur auf eine unbekannte Zukunft verschoben.[228]

Jelzins Wunsch, der Sitzung des Kooperationsrats beiwohnen zu dürfen, war ein wenig delikat. Zu diesem Zeitpunkt existierte die UdSSR noch als staatliche Einheit, und die inzwischen unabhängigen Staaten waren von der internationalen Gemeinschaft noch nicht offiziell anerkannt worden. Also war es nicht möglich, Jelzins Drängen nachzukommen, dass drei wichtige europäische postsowjetische Republiken an der NAKR-Sitzung teilnahmen. In Anbetracht der vehementen Proteste Jelzins gegen die Vorstellung, dass Schewardnadse die Union repräsentieren und damit für die Republiken sprechen solle, einschließlich Russlands, verzichtete Gorbatschow jedoch darauf, seinen erst kürzlich wiederernannten Außenminister nach Brüssel zu schicken.[229]

Am 20. Dezember, beim allerersten NAKR-Treffen im NATO Hauptquartier, erlebte Baker eine bewegende Veranstaltung: »Als ich mich in dem Saal umblickte, in dem so viele Ost-West-Krisen bewältigt worden waren, sah ich die Außenminister aller ehemaligen Warschauer-Pakt-Staaten« – die Sowjetunion, Bulgarien, Tschechoslowakei, Ungarn, Polen und Rumänien, sowie die seit neuestem unabhängigen Staaten Estland, Lettland und Litauen – »ein ziemlich ungewöhnlicher

Anblick.«[230] In Abwesenheit Schewardnadses vertrat der sowjetische Botschafter in Belgien Nikolai N. Afanassjewski die UdSSR. Und um seine Person sollte ein unvergessliches Drama seinen Lauf nehmen. Afanassjewski und die sowjetischen Delegierten waren offensichtlich unruhig. Jelzin hatte am Vorabend ein Dekret erlassen, dem zufolge er den Kreml sowie die Ministerien für Auswärtige Beziehungen und Inneres übernahm. Der Botschafter war sich also voll über seine fragile Position im Klaren. Nervös begann er mit den vorbereiteten Worten und begrüßte »diese neue Zusammenarbeit zwischen ehemaligen Gegnern«. Dann verlas er einen Brief Jelzins, mit dessen Hilfe der abwesende russische Präsident versuchte, der Sitzung seinen Stempel aufzudrücken. Jelzin rief auf zu einem »Klima des gegenseitigen Verständnisses und Vertrauens, das die Stabilität und Zusammenarbeit auf dem europäischen Kontinent stärkt«. Er erklärte, er lege Wert darauf, diesen Dialog mit der NATO »in jede erdenkliche Richtung sowohl auf politischer als auch auf militärischer Ebene« zu entwickeln. In dem Schreiben hieß es sogar: »Heute werfen wir die Frage der Mitgliedschaft Russlands in der NATO auf, betrachten es jedoch als ein langfristiges politisches Ziel.«[231]

Die Minister waren überrumpelt. Wenn man das Schreiben ernst nahm, hieß das, dass der NAKR zwei im Grunde gegensätzliche Ziele in Einklang bringen musste: Zum einen das Bestreben der Staaten Mittel- und Osteuropas, dem russischen »Bären« zu entfliehen. Zum anderen den erklärten Wunsch des Bären selbst, Teil dieses disparaten westlichen Sammelsuriums zu werden.[232] Nach einer Schrecksekunde gingen die Minister jedoch wieder zur Tagesordnung über und gaben der Reihe nach ihre eigenen Erklärungen ab.

Die Sitzung dauerte vier Stunden. Mehrmals eilte Afanassjewski aus dem Saal, um Telefonanrufe aus Moskau entgegenzunehmen. Am Ende, als der NATO-Generalsekretär gerade das Schlusskommuniqué durchging, teilte ein »aschfahler« Afanassjewski Wörner mit, dass er unbedingt sofort das Wort erteilt bekommen müsse. Die bislang muntere Gruppe von Außenministern verstummte, als der sowjetische Botschafter anschließend bekanntgab, dass sein Land nicht mehr existiere. Aus Moskau hatte er tatsächlich Anweisungen erhalten, dass nach den Konsultationen unter den »souveränen Staaten, welche die Sowjetunion ablösten«, sämtliche Verweise auf die UdSSR im Schlusskommuniqué gestrichen werden müssten. Das Dokument war jedoch bereits an die Presse weitergeleitet worden, und deshalb musste Wörner eine zusätzliche Stellungnahme abgeben, welche die Aufhebung erklärte, und dem Kommuniqué auf der Pressekonferenz nach Ende des NAKR eine Ergänzung anfügen.

»Es war ein dramatischer Moment«, sagte der niederländische Außenminister Hans van den Broek später vor Reportern. »Das beweist wirklich, in was für einem Strudel wir uns befinden.« Ein Kollege fügte hinzu: »Wir begannen die Sitzung mit 25 anwesenden Nationen, und wir beendeten sie mit 24.« Ein amerikanischer Regierungsvertreter brachte es auf den Punkt: »Wir haben die Sowjetunion vor unseren Augen verschwinden sehen.«[233]

Tatsächlich konnte dieses Verschwinden von der ganzen Welt beobachtet werden; die internationalen Medien sendeten die Bilder rund um den Globus. Am ersten Weihnachtstag um 19.35 Uhr wurde die rote Fahne zum letzten Mal am Fahnenmast des Kremls eingeholt. Zehn Minuten später wurde sie durch die weiß-blau-rote Trikolore der Russischen Republik ersetzt.[234]

Noch am Vormittag hatte der Präsident der Vereinigten Staaten zum letzten Mal mit dem Sowjetführer telefoniert. Bush fand, das Gespräch habe »etwas sehr Bewegendes« gehabt – »wirklich etwas Historisches«. Gorbatschow war zwar ernst, versank aber nicht in Bitterkeit oder Schuldzuweisungen. Er wünschte Bush und seiner Familie frohe Weihnachten und dankte für ihre Freundschaft, aber er wollte auch noch zwei grundlegende geschäftliche Dinge loswerden – über das, was nach der UdSSR kommen werde, und was mit deren Atomwaffenarsenal geschehen solle.

»Die Debatte innerhalb unserer Union darüber, welche Art von Staat wir erschaffen sollten, nahm eine andere Richtung als die, die ich für richtig hielt«, räumte er ein. Doch das war bereits Schnee von gestern. »Natürlich ist es notwendig, als nächsten Schritt alle diese Länder diplomatisch anzuerkennen. Aber bitte behalten Sie im Auge, wie wichtig es für die Zukunft der neuen Gemeinschaft ist, dass die Zerfallserscheinungen der alten Union nicht noch schlimmer werden. Es ist unsere gemeinsame Pflicht, dabei zu helfen, dass der Prozess der Zusammen-

Vor den Ruinen seines Imperiums: Michail Gorbatschow Ende 1991

arbeit der Republiken funktioniert.« Er bat Bush, diese Sache wirklich ernst zu nehmen.

»Jetzt zu Russland«, fuhr er fort. »Das ist der zweitwichtigste Punkt, den ich in diesem Gespräch betonen möchte.« Er teilte Bush mit, dass er am selben Abend als Präsident der UdSSR und als Oberbefehlshaber zurücktreten und seine Vollmacht, den Einsatz ihrer Atomwaffen anzuordnen, an den Präsidenten der Russischen Föderation übertragen werde. »Ich werde die Amtsgeschäfte kommissarisch weiterführen, bis der Verfassungsprozess abgeschlossen ist. Ich kann Ihnen versichern, dass alles streng kontrolliert ablaufen wird.« Wie Gorbatschow aus früheren Gesprächen wusste, war es wichtig, dieses Thema anzusprechen, denn Bush machte sich Sorgen, die Atomwaffen könnten unkontrolliert weiterverbreitet werden, wenn das Land in eine Anarchie stürzen sollte. Er fürchtete gar ein Armageddon.

»Ich weiß Ihre Äußerungen zu den Atomwaffen zu schätzen«, antwortete Bush. »Das ist international von unermesslicher Bedeutung, und ich preise Sie und die Führer der Republiken für einen großartigen Prozess.« Dann fügte er hinzu: »Ich werde natürlich den Führer der Russischen Republik und die Führer der anderen Republiken mit Respekt behandeln, offen, und dabei hoffentlich Fortschritte erzielen. Wir werden die diplomatische Anerkennung vorantreiben und dabei größte Achtung für die Souveränität jeder einzelnen Republik deutlich machen.« Wie Gorbatschow schwelgte auch Bush ein wenig in Erinnerungen und ließ ihre persönliche Beziehung im Lauf der letzten Jahre Revue passieren. Der misslungene Pas de deux im Dezember 1988 auf Governors Island lag inzwischen weit zurück. Und stattdessen hatte ihre internationale Partnerschaft sich sogar als noch kreativer erwiesen als die Beziehung Gorbatschows zu Reagan – zudem hatte sie viel weitreichendere Konsequenzen.

Schließlich sagte Bush zu Gorbatschow: »An diesem besonderen Tag im Jahr ... möchten wir Ihnen daher Lebewohl sagen und Ihnen für all das danken, was Sie für den Weltfrieden getan haben.«

»Ich danke Ihnen, George. Ich bin sehr froh, all dies heute gehört zu haben. Ich sage auf Wiedersehen und schüttele Ihre Hand. Sie haben viele wichtige Dinge zu mir gesagt, und ich weiß das zu würdigen.«

»Alles Gute für Sie, Michail.«

»Auf Wiedersehen.«[235]

*

Am selben Abend hielt der US-Präsident eine Ansprache an sein eigenes Volk. »In den letzten Monaten haben Sie und ich eine der größten Dramen des 20. Jahrhunderts miterlebt: die historische und revolutionäre Veränderung einer totalitären Diktatur, der Sowjetunion, und die Befreiung ihrer Völker.« Er stellte auch fest, dass »neue unabhängige Nationen aus den Trümmern des sowjetischen Imperiums entstanden« seien und diese nunmehr die Gemeinschaft Unabhängiger Staaten bildeten. Dabei versprach er, dass sich seine Regierung ohne jede Selbstgefälligkeit diesen neuen Herausforderungen stellen werde: Es dürfe keinen »Ruckzug in einen Isolationismus« geben. Doch am Ende der Rede richtete der Präsident seine Aufmerksamkeit auf das, was den meisten seiner Zuhörer wirklich am Herzen lag. »Diese dramatischen Ereignisse spielen sich zu einer Zeit ab, in der Amerikaner hier im eigenen Land vor schweren Aufgaben stehen. Ich weiß, dass es für viele von Ihnen schwere Zeiten sind. Und ich möchte allen Amerikanern mitteilen, dass ich entschlossen bin, unsere wirtschaftlichen Probleme im eigenen Land mit der gleichen Entschlossenheit anzugehen, die wir für den Sieg im Kalten Krieg aufbrachten.«[236]

Diese Worte waren sorgfältig gewählt. Der Präsident selbst stellte sich bewusst den »Herausforderungen hier im eigenen Land« – denn mittlerweile zeichnete sich ab, dass seine Wiederwahl im November 1992 keineswegs bereits beschlossene Sache war und vermutlich ein schmutziges Geschäft werden dürfte. Also versuchte Bush, sich für einen, wie er fürchtete, »langen, kalten Winter« zu rüsten.[237] Er hatte sich all das in einem Brief von der Seele geredet, den er Ende Oktober geschrieben hatte. »Es gibt Tage, an denen ich diesen Job einfach hasse – nicht viele, aber einige. Die Artikel, die mich als Person herabsetzen, stehen mir auch manchmal bis hier. Die unschönen Kolumnen kommen überaus unpassend, wenn wir gerade versuchen, bei dem einen oder anderen Projekt unser Bestes zu geben – doch dann geht immer wieder die Sonne auf.«[238] Bush litt immer wieder unter solch periodischen Anfällen von Trübsinn, vor allem, als er sich auf einen Wahlkampf vorbereitete, den er natürlich gewinnen, aber im Innersten eigentlich gar nicht führen wollte.

Besonders besorgniserregend – und ärgerlich – war, dass er, obwohl er einen außerordentlich komplexen Koalitionskrieg im Nahen Osten gewonnen und einen Sieg errungen hatte, der allen seinen Vorgängern im 20. Jahrhundert versagt geblieben war – nämlich der Zusammenbruch der Sowjetunion –, nunmehr sogar um seine Wiedernominierung zum Präsidentschaftskandidaten der Republikaner kämpfen musste. Noch dazu gegen einen Kolumnisten – eine wahre Nervensäge und ehemaligen Reagan-Berater aus der zweiten Reihe – der die Dreistigkeit hatte, ihn verdrängen zu wollen. Die Kandidatur von Pat Buchanan, die jener am 11. Dezember, also zwei Wochen vor dem Ende der Sowjetunion, angekündigt hatte, musste ernst genommen werden, nicht zuletzt weil Bush genau wusste, dass die Wirtschaft seine Achillesferse war.

Buchanan führte einen aggressiven Wahlkampf auf der Basis der Behauptung, dass Bush konservative ideologische Grundsätze der Republikaner aufgegeben, den Kontakt zur Nation verloren habe und ganz von der Weltpolitik eingenommen worden sei, während die Amerikaner mit einer Rezession und verschärfter wirtschaftlicher Konkurrenz aus dem Ausland zu kämpfen hätten. »Bei 4 Billionen Dollar Schulden, bei einem chronisch unausgeglichenen US-Haushalt sollten die Vereinigten Staaten da gezwungen sein, endlos die volle Last der Verteidigung reicher und wohlhabender Verbündeter zu tragen, die Amerikas Großzügigkeit für selbstverständlich halten, während sie gleichzeitig in unsere Märkte eindringen?«, fragte Buchanan. Bush sei, sagte er, ein Mann mit »globalistischen Leidenschaften«, während »wir Nationalisten sind. Er glaubt an eine Pax universalis, wir glauben an die alte Republik. Er würde Amerikas Reichtum und Macht in den Dienst einer vagen neuen Weltordnung stellen; wir setzen Amerika an die erste Stelle (*America first*).« Buchanan war ein außenpolitischer Bilderstürmer, der behauptete, die Vereinigten Staaten müssten alle Bündnisse und Institutionen des Kalten Krieges überprüfen, die man einst zum Schutz gegen »kommunistische Gegner, die nicht länger existieren« gegründet hatte. Außerdem wies er auf die neuen wirtschaftlichen Herausforderungen auf der Weltbühne hin, die durch den »Aufstieg eines europäischen Superstaates und ein dynamisches Asien mit Japan an der Spitze« entstanden waren. Diese Stacheln waren spitz, doch die schmerzlichste Attacke von allen war Bushs Glaubwürdigkeitsproblem wegen des gebrochenen Wahlversprechens von 1988, keine neuen Steuern zu erheben. Buchanan war radikal, doch die Empfindungen, die er zum Ausdruck brachte, wurden von vielen einfachen Parteimitgliedern der Republikaner klammheimlich geteilt.

Es sollte in der Tat ein langer Winter für den Präsidenten werden – ein Kampf ums politische Überleben.[239]

KAPITEL 8

»ANBRUCH EINER NEUEN ÄRA«

30. Dezember 1992. Der alljährliche Neujahrsgruß aus dem Kreml klang vertraut:

> Lieber George,
> nehmen Sie bitte unsere aufrichtigen Neujahrs- und Weihnachts-
> grüße entgegen … Wenn ich auf das Jahr, das in Kürze zu Ende
> geht, zurückblicke, dann empfinde ich eine tiefe Dankbarkeit
> über den wahrhaft beispiellosen Stand der Beziehungen
> zwischen unseren beiden Ländern, den wir im Laufe dieser
> Zeitspanne erreichen konnten.
> Die Geschichte wird die Bemühungen anerkennen, die Sie für
> dieses Ziel unternommen haben.
> Ich bin überzeugt, dass das kommende Jahr weitere Errungen-
> schaften auf dem Weg zum Aufbau der Beziehungen einer
> strategischen Partnerschaft zwischen Russland und den Vereinig-
> ten Staaten bringen wird. Die im Zusammenhang mit dem
> START-II-Vertrag erledigte Arbeit gibt mir allen Grund, mich auf
> ein baldiges Treffen mit Ihnen zu freuen, um dieses historische
> Papier zu unterzeichnen.[1]

Allerdings handelte es sich diesmal nicht um eine weitere Botschaft von George Bushs gutem Freund Michail. Vielmehr war sie von seinem neuen Weggefährten – Boris – geschrieben worden. Außerdem kam sie am Ende eines Jahres, das in der Geschichte der Ost-West-Beziehungen häufig übersehen wird: 1992; ein Jahr, in dem George H. W. Bushs Prä sidentschaft ein so abruptes und demütigendes Ende nahm. Der Mann, der im Kalten Krieg triumphiert und Saddam Hussein aus Kuwait ver- jagt hatte, wurde von einem ungestümen, 46-jährigen Politikneuling aus Arkansas gestürzt, der noch nie ein Amt in Washington innegehabt hatte und so jung war, dass er Bushs Sohn hätte sein können.

Obgleich die Wochen im Dezember 1992 auch die letzte, perspektivlose Phase dieser nur eine Amtszeit währenden Präsidentschaft hätten sein können, erwies sich Bush als alles andere als handlungsunfähig. Jelzins Brief erhielt er auf einer weiteren Weltreise, bei der er zunächst Saudi-Arabien besuchte, um die Beziehungen nach dem Golfkrieg zu festigen, und Somalia, wo er Silvester mit US-Marines feierte, die sich bemühten, ein äußerst fragiles Stück seiner neuen Weltordnung zusammenzuhalten. Er hatte sie drei Wochen zuvor dorthin geschickt, bestrebt, dem ostafrikanischen Staat beim Kampf gegen Hunger und Anarchie im Rahmen der UN-Operation Restore Hope beizustehen. Anschließend flog der Präsident nach Moskau weiter. Dort unterzeichnete er mit Jelzin den START-II Abrüstungsvertrag, der einherging mit dem Versprechen, die jeweiligen strategischen Nuklearwaffenarsenale um zwei Drittel zu verkleinern. Das war der Höhepunkt eines bemerkenswerten Jahres in den Beziehungen der USA zum postsowjetischen Russland, den zwölf Monate zuvor kein Mensch vorhergesagt hätte.[2]

Ebenso wenig hätte sich jemand vorstellen können, wie Europa am Ende dieses Jahres 1992 aussehen würde. Die Euphorie von 1989, jene großartigen Hoffnungen auf ein freies, friedliches und ungeteiltes Europa, war inzwischen Geschichte. Am Neujahrstag 1993 löste sich die Tschechoslowakei – ein Land, das aus den Trümmern des Ersten Weltkriegs entstanden war – in zwei separate Staaten auf: die Tschechische Republik und die Slowakei. Zumindest einigte man sich auf eine »samtene« Scheidung nach der »samtenen« Revolution der Tschechoslowakei 1989. Im Gegensatz dazu war an dem Zerfall Jugoslawiens nichts friedlich und ausgehandelt. Der südslawische Staat – ebenfalls ein Produkt des Ersten Weltkrieges – war im Zuge einer Reihe grausamer ethnischer Konflikte in nationale Bruchstücke zersprungen. Kurz vor Weihnachten hatte Bush eine Erklärung abgegeben, in der sich die USA verpflichteten, die Hilfs- und Friedenssicherungsoperationen der Vereinten Nationen zu unterstützen, insbesondere in Bosnien, das sich zur Hauptkonfliktzone auf dem Balkan entwickelt hatte.[3]

Diese Krisen stellten Bushs auf Regeln gestützte Diplomatie vor neue Herausforderungen. Dazu zählte nicht zuletzt die Spannung zwischen der Respektierung der territorialen Integrität eines Staates und der Unterstützung des Selbstbestimmungsrechts seiner Bevölkerung. Doch es stellte sich auch die größere Frage, wie die Welt neu zu ordnen und Frieden und Stabilität herzustellen war: durch internationale Kooperation und gemäß allgemein anerkannter Prinzipien oder indem die Vereinigten Staaten unilateral auf Hegemonie setzten.

Als Bush und Jelzin sich im Februar 1992 in Camp David getroffen hatten, sprachen sie vom »Anbruch einer neuen Ära« in ihren Beziehungen.[4] Am Ende des Jahres wurde immer deutlicher, dass diese »neue Ära« längst nicht so rosig sein würde, wie sie gehofft hatten. Und zudem noch komplexer: In der Welt nach dem Kalten Krieg sollten Washington und Moskau die globalen Entwicklungen längst nicht so stark wie bislang kontrollieren können.

Dennoch hing die internationale Stabilität zu einem beträchtlichen Ausmaß von den politischen Führern, allen voran den zwei bedeutendsten, ab. Der Übergang von der UdSSR zu Russland, von Gorbatschow zu Jelzin, war erstaunlich glatt verlaufen, auch wenn Jelzins Herrschaft und die Richtung, die die Prozesse der Demokratisierung und der Wirtschaftsreformen des neuen Russlands nahmen, schon früh Fragen aufwarfen. Den Vereinigten Staaten stand ihrerseits ein politischer Wechsel bevor: die immer etwas mühselige demokratische Sukzession von einem Präsidenten zum nächsten, über Parteien und gar Generationen hinweg. Bei aller geschickten Lenkung der weltweiten Turbulenzen hatte Bush auf der heimischen Bühne der US-Politik die Spur – und am Ende auch die Kontrolle – der eigenen Präsidentschaft verloren.

*

In Anbetracht der Tragweite der Geschehnisse im Dezember 1991 hätte man erwarten können, dass Bush eine Atempause einlegen würde. Die Ereignisse des gerade beginnenden Jahres jedoch sollten sich mit noch größerer Rasanz entfalten. Am Weihnachtstag 1991 hatte der US-Präsident eine Rede gehalten, in der er Gorbatschow mit einer großzügigen Würdigung bedacht und erklärt hatte, dass der Sowjetführer »für eine der wichtigsten Entwicklungen dieses Jahrhunderts verantwortlich

[sei], für die revolutionäre Umwandlung einer totalitären Diktatur und die Befreiung seines Volkes aus deren erdrückender Umarmung«. Bush hatte davon gesprochen, wie Gorbatschow und Schewardnadse es mit ihrem »Neuen Denken« in der Außenpolitik den Vereinigten Staaten und der Sowjetunion ermöglicht hatten, von einer Konfrontation zur Partnerschaft überzugehen bei der Suche nach weltweitem Frieden. Er hob ausdrücklich hervor, wie sie »durch ihre Zusammenarbeit den Völkern Osteuropas geholfen hatten, die Freiheit zu erlangen, und dem deutschen Volk sein Ziel der Einheit in Frieden und Freiheit«. Ferner hatte ihre Partnerschaft zu einer beispiellosen Zusammenarbeit bei der Abwehr der irakischen Aggression in Kuwait, bei der Schaffung von Frieden in Nicaragua und Kambodscha und der Unabhängigkeit für Namibia geführt. Diese Leistung, so Bush, werde Gorbatschow »einen Ehrenplatz in der Geschichte« sichern und »schafft vor allem für die Zukunft eine solide Basis, von der aus die Vereinigten Staaten und der Westen auf ebenso konstruktive Weise mit seinen Nachfolgern zusammenarbeiten können«.[5]

Kaum hatte er den politischen Nachruf auf Gorbatschow verfasst, schaute Bush schon in die Zukunft und konzentrierte sich nun auf sein Verhältnis zum neuen Russland. In der Pressekonferenz am nächsten Tag wurde Gorbatschow von Bush nur noch beiläufig erwähnt. Seine Äußerungen galten hauptsächlich den großen Themen der nuklearen Sicherheit, wirtschaftlichen Instabilität und humanitären Hilfe; das Hauptaugenmerk lag durchweg auf Russland, dessen neuem Präsidenten und den Herausforderungen, vor denen das Land jetzt stand. Es war kein Zufall, dass der amerikanische Botschafter in der UdSSR unverzüglich zu Washingtons Gesandtem in der Russischen Föderation umbenannt wurde. Die USA legten großen Wert darauf, einen reibungslosen Wechsel auf all jenen Feldern zu bewerkstelligen, die für die internationale Politik sensibel waren. In diesem Sinn wollte Bush unbedingt die Übernahme des ständigen Sitzes im UN-Sicherheitsrat, der seit 1945 für die Sowjetunion reserviert gewesen war, durch Russland beschleunigen.[6]

Der neue russische Präsident hatte es noch eiliger als Bush, Gorbatschow zu Grabe zu tragen. Was wie ein geschmeidiger politischer Übergang aussah, war in Wirklichkeit der letzte Akt eines langjährigen per-

sönlichen Rachefeldzugs. Trotz des feierlichen Versprechens von Jelzin
an Bush, den ehemaligen Sowjetführer würdevoll zu behandeln, musste
Gorbatschow innerhalb von 24 Stunden nach seinem Rücktritt aus seiner großen Wohnung ausziehen – wobei Jelzin ihm ursprünglich nur
eine Frist von zwei Stunden gewähren wollte. Gorbatschow behielt sein
monatliches Gehalt in Höhe von 4000 Rubeln – umgerechnet inzwischen rund 40 Dollar – und bekam eine kleine, baufällige Datscha am
Stadtrand von Moskau mit minimalem Personal zugesprochen. Im
Gegenzug erklärte Gorbatschow sich bereit, seinen Nachfolger in den
nächsten sechs Monaten nicht zu kritisieren. Er versprach sogar eine
allgemeine Unterstützung Jelzins, solange dieser »den Kurs demokratischer Reformen fortsetzte«.[7]

Die Demütigung und gesellschaftliche Isolation rief vor allem bei
Raissa Abscheu hervor und doch hätte Gorbatschows Schicksal viel
schlimmer aussehen können, zumindest nach sowjetischen Maßstäben.
Er wurde nicht mundtot gemacht und erhielt zudem einen beträchtlichen Gebäudekomplex, von dem aus er einen Thinktank zu leiten
begann – die spätere Gorbachev Foundation. Und auch wenn man ihm
gemeinhin die Schuld am Niedergang des Landes gab, so wurde er
immerhin nicht ins Gefängnis gesteckt. Allerdings auch kein anderer.
Es kam lediglich zu einer Art Schauprozess gegen die KPdSU, während
die meisten Apparatschiks auf ihren Posten blieben, obwohl System
und Staat inzwischen anders aussahen. Ein klassischer Fall der Kontinuität von Eliten.[8]

Mitten in dem ganzen Tumult wollten sich Bush und Jelzin unbedingt persönlich treffen.[9] Und so nahmen Anfang des Jahres die Pläne
rasch Gestalt an: Ein Gipfel wurde schließlich auf den 1. Februar 1992
angesetzt. Jelzin sollte im Anschluss an eine Sondersitzung des UN-
Sicherheitsrats nach Camp David reisen. In New York tagte man am
31. Januar bezüglich der Gestaltung der Ära nach dem Kalten Krieg.
Außerdem würde die Russische Föderation hier auch offiziell den ständigen Sitz übernehmen, der ja durch den Zerfall der Sowjetunion plötzlich leer geworden war.[10]

Das Gipfeltreffen im UN-Hauptquartier sollte ein »Geschichte
machendes« Ereignis werden, wie Bush sagte. Es ging nicht nur um
die Namensänderung für einen Sitz der Großen Fünf. Man verband

hochfliegende Hoffnungen mit diesem Weltorgan – dem Hüter univer-
saler Rechte und Gesetze –, das nunmehr von den Fesseln des Ost-West-
Konfliktes befreit war. Die historischen Veränderungen in Mittel- und
Osteuropa, das neue Klima der russisch-amerikanischen Zusammenarbeit, der erfolgreiche Krieg im Persischen Golf, der unter der Schirm-
herrschaft der UNO geführt worden war, schufen eine optimistische
Atmosphäre, in der eine mit neuem Leben erfüllte UNO als zentrale
Ordnungskraft der »neu geschaffenen Welt« angesehen wurde. Viele
hofften und erwarteten gar, dass der Sicherheitsrat, in einem neuen
Geist der Einheit, innovative Ideen präsentieren würde, wie man die
internationale Staatengemeinschaft organisieren solle, damit sie effektiv
auf künftige Streitigkeiten, Konflikte und Krisen antworten konnte.
Tatsächlich war die Verantwortung des Sicherheitsrats »für die Wah-
rung des Weltfriedens und der Sicherheit« der einzige Punkt auf der
Tagesordnung.[11]

Die Realität sollte die Erwartungen jedoch enttäuschen. Die Führer
aller 15 Mitglieder des Sicherheitsrates hielten zu diesem Thema eine
Rede. Allerdings waren jene zusammenhanglos und vage und strotzten
nur so vor Plattitüden – es wurde um den heißen Brei herumgeredet,
über die Risiken und Chancen in dieser »Zeit des Wandels«. Das Gipfeltreffen ging zwar mit einer gemeinsamen Verpflichtung zur Einhaltung
des Völkerrechts, zur kollektiven Sicherheit und friedlichen Lösung
von Streitigkeiten zu Ende, doch die Staatschefs gaben ihre Verantwortung ab, indem sie dem neuen Generalsekretär Boutros Boutros-Ghali
den Auftrag erteilten, noch im selben Jahr praktische Empfehlungen
vorzulegen. Letztlich drückten sich die Vereinten Nationen also vor der
entscheidenden Frage – die bereits im Zuge des Golfkrieges und dann
durch Jugoslawiens Implosion aufgetaucht war –, ob sich die neue
Weltordnung auf einen wertegestützten Ansatz mit dem Ziel der Kon-
fliktvermeidung oder auf eine hegemonische Philosophie der Konflikt-
lösung stützen sollte, die von den Großmächten, allen voran den Vereinigten Staaten, dominiert wurde.[12]

Am erstaunlichsten war, dass kein Versuch unternommen wurde,
den Sicherheitsrat selbst zu reformieren, inklusive einer Neuverteilung
der ständigen Sitze. Nachdem nun der Kalte Krieg, ja im Grunde die
Nachkriegszeit an sich zu Ende gegangen war, hätte man ein radikale-

res Umdenken erwarten können. Doch auch hier herrschte eine eher konservative Haltung. Großbritannien und Frankreich meldeten sich erst gar nicht zu Wort, weil sie ihre ständigen Sitze und den zugehörigen machtpolitischen Status nicht verlieren wollten, der eher der Welt der Vierzigerjahre als der der Neunzigerjahre entsprach. Und von den potenziell aufsteigenden Mächten fühlten sich weder Japan noch Deutschland gewappnet, den politischen Rang zu beanspruchen, der ihnen gemäß ihrer wirtschaftlichen Stärke allem Anschein nach zustand. Von den Narben ihres jeweiligen kriegerischen Nationalismus des Zweiten Weltkrieges gezeichnet, waren weder Bonn noch Tokio erpicht darauf, den eigenen Wohlstand in militärische Macht zu übersetzen – das hatte sich schon bei ihrem zurückhaltenden Vorgehen im Golfkrieg gezeigt. Und der Europäischen Union, obwohl durch den Vertrag von Maastricht noch enger aneinandergebunden, mangelte es – bei allen schönen Worten – an der nötigen Geschlossenheit und Schlagkraft, um als internationaler Akteur aufzutreten.[13]

Aus diesem Grund war das New Yorker UN-Gipfeltreffen, ungeachtet der hochtrabenden Reden, in erster Linie wegen einer geringfügigen, aber bedeutsamen Namensänderung auf den Platzkärtchen des Sicherheitsrats bemerkenswert. Man verabschiedete sich ohne Schwierigkeiten von der kommunistischen Sowjetunion und hieß ein scheinbar gezähmtes, prowestliches Russland willkommen. Wie John Major als Vorsitzender des Sicherheitsrates erklärte: »Wir feiern … eine neue Weltmacht: die Russische Föderation, jene Macht, die jetzt aus einem Irrweg hervorging, der 70 Jahre dauerte.«[14]

Kurz zuvor, am 28. Januar, hatte Bush in seiner dritten Rede zur Lage der Nation selbst das Wesen jenes »Irrwegs« benannt. Sein Ton unterschied sich deutlich von seinem Abschiedsgruß für Gorbatschow am Weihnachtstag. Anstelle des ganzen Geredes von Partnerschaft schwang nun viel stärker ein Überlegenheitsgefühl mit – nicht zuletzt, versteht sich, weil 1992 für Bush ein Wahljahr war. »Der Kalte Krieg ging nicht zu Ende; er wurde gewonnen«, sagte er dem Kongress und Millionen Amerikanern, die am Fernseher zusahen. Tatsächlich sei »das Größte, das in der Welt zeit meines Lebens, zeit unseres Lebens geschah, dies: Durch die Gnade Gottes hat Amerika den Kalten Krieg gewonnen.« Ferner würdigte er die »Opfer«, die von einfachen Amerikanern

gebracht worden waren. »Alle jene G.I. Joes und Janes, all jene, die
getreu für die Freiheit kämpften, die sich aufmachten und den Staub
einatmeten und ihren Anteil an den Gräueln kannten.« Er lobte auch
die Bevölkerung der USA insgesamt, denn: »Der amerikanische Steuerzahler hat die Hauptlast getragen und verdient einen großen Anteil an
der Ehre.«

Der Präsident ließ seine Gedanken auch zurück zu seiner Rede im
Januar 1991 wandern, als US-Streitkräfte soeben die Operation Desert
Storm gestartet hatten. Nun, ein Jahr später, mit einem befreiten Kuwait,
verkündete er: »Unsere Politik war gerechtfertigt«, was beweise, so
Bush, »dass aus einem klugen Einsatz von Gewalt viel Gutes entstehen
kann. Und viel Gutes kann auch daraus erwachsen: Eine einst in zwei
bewaffnete Lager geteilte Welt erkennt jetzt eine einzige und vorherr-
schende Macht an: die Vereinigten Staaten von Amerika.« Bush hatte
seine erste Version der historischen Ereignisse geschrieben.[15]

Gleichzeitig war dies sein Szenario für die Zukunft, denn er war
überzeugt, dass sich Amerika nicht auf den Lorbeeren ausruhen durfte.
Die Veränderung Osteuropas und der Zusammenbruch der Sowjetunion
hatten eine Diskussion über die künftige globale Rolle der Vereinigten
Staaten angestoßen. Und sie nahm im neuen Jahr an Intensität zu, als
sich das Land ernsthaft für den Präsidentschaftswahlkampf rüstete,
wobei viele Stimmen zu einem neuen Isolationismus neigten. Jeane
Kirkpatrick, die ehemalige UN-Botschafterin unter Reagan, hatte schon
im Jahr 1990 deutlich gemacht, dass »es nicht in der Macht der Vereinigten Staaten stehe, die Welt zu demokratisieren«; und es sei auch
nicht »das Ziel der Amerikaner, eine ›universale Vorherrschaft‹ zu
errichten«. Vielmehr könne Amerika mit einer Rückkehr zu »normalen
Zeiten«, wie sie es nannte, auch wieder eine »normale Nation« werden.
Ganz ähnlich erklärten die Kommentatoren Robert Tucker und David
Hendrickson 1992, dass die derzeitige Besessenheit Amerikas vom
»Schicksal der freien Institutionen und dem Zustand der Weltordnung«
auf eine »imperiale Versuchung« hinauslaufe, gegen die man sich wehren müsse.[16]

In seiner Rede zur Lage der Nation war Bush entschlossen, solche
Ideen zu zerschmettern, indem er den »unipolaren Moment« als Chance
hervorhob, eine weltweite Stabilität nach Amerikas Vorbild zu schaffen:

Manche sagen, wir könnten uns nun von der Welt abwenden,
wir hätten keine besondere Rolle, keinen besonderen Platz. Aber
wir sind die Vereinigten Staaten von Amerika, die Führungsmacht des Westens, die zur Führungsmacht der Welt geworden
ist. Solange ich Präsident bin, werden wir weiterhin unsere
Führungsrolle bei der Unterstützung der Freiheit überall aus-
füllen – nicht aus Arroganz und nicht aus Altruismus, sondern
um der Sicherheit und des Schutzes unserer Kinder willen.
Dies ist eine Tatsache: Stärke beim Streben nach Frieden ist keine
Untugend. Isolationismus beim Streben nach Sicherheit ist keine
Tugend.[17]

Mit seinem Plädoyer für eine amerikanische Führungsrolle durch Inter-
nationalismus klopfte er im Grunde die außenpolitische Plattform für
seinen Wahlkampf fest.

Bushs Botschaft war nicht zu überhören: Amerika hatte die Sowjetunion überwunden; seine Werte hatten triumphiert. Es war ein Sieg
der Stärke und des Rechts. Als unumstrittene Führungsmacht der Welt
nach dem Kalten Krieg »befanden wir uns unvermutet in einer einzigartigen Position«, erinnerte sich Scowcroft, »ohne Erfahrung, ohne Präzedenzfall und ganz allein auf dem Höhepunkt der Macht«.[18] Da die
Rote Armee zersplittert war, waren die Vereinigten Staaten in der Tat
das einzige Land, das über Streitkräfte von globaler Reichweite verfügte, und die US-amerikanischen Verteidigungsausgaben sollten schon
bald so hoch sein wie jene der nächsten sechs Länder zusammengenommen (Russland eingeschlossen). Die USA waren zudem die größte
und fortschrittlichste Volkswirtschaft. Die Staaten, die auf der Liste
nach ihnen rangierten, Japan und Deutschland, folgten mit weitem
Abstand und waren außerdem militärische Zwerge. Auch in ideologischer Hinsicht hatte das US-amerikanische Modell mit seinem Evange-
lium der Demokratie und des freien Marktes eine große Anziehungskraft – nachdem es sich seit der Rezession der Siebzigerjahre in den
Entwicklungsländern ausgebreitet hatte und mittlerweile imstande
war, ungehindert in ihr bislang unzugängliche Territorien in Osteuropa
und der ehemaligen Sowjetunion vorzustoßen. Jawohl, der Kongress
pflichtete dem Präsidenten bei: *Wir* hatten gesiegt.[19]

Es war erstaunlich, wie sich Bushs Lesart im Laufe der drei Jahre seiner Präsidentschaft verändert hatte. Selbst als sich 1989 in ganz Osteuropa die revolutionären Umwälzungen ausbreiteten, hatte er gezögert, das Ende des Kalten Krieges auszurufen, und war den Fragen der Reporter häufig sogar auf geradezu peinliche Weise ausgewichen. Erst als er sich im Dezember 1989 in Malta zum ersten Mal als US-Präsident mit Gorbatschow traf, erklärte er unmissverständlich, dass die Welt nunmehr »die Epoche des Kalten Krieges« hinter sich lasse. Er hatte jedoch nicht ausdrücklich erklärt, dass die westlichen Werte den Sieg davongetragen hätten, sondern ließ sich – in Anbetracht der Behauptung Gorbatschows, dass beide Seiten auf ideologischer Ebene einander näherkämen – auf die Kompromissformel der »gemeinsamen« und »demokratischen« Werte ein. In den Jahren 1989/90 konnte man an der anhaltenden Entschärfung des Wettrüstens zwischen den Supermächten und am Umgang mit Saddam Husseins Invasion in Kuwait ablesen, dass der Kalte Krieg zu Ende ging. Nach dem Golfkrieg im März 1991 und mit der Unterzeichnung von START-I erklärten Bush und Gorbatschow ihr Treffen in Moskau vom Juli des Jahres zum »ersten Gipfel nach dem Kalten Krieg«. Später im Jahr 1991 änderte sich die Bedeutung der Wendung »Ende des Kalten Krieges« erneut. Der Warschauer Pakt und der RGW hatten sich aufgelöst, während die EU und die NATO einen Prozess der Neuerfindung einleiteten. Dann verschwand die Sowjetunion von der Landkarte, und damit auch die bipolare Ausrichtung der Welt. Ein halbes Jahrhundert der internationalen Beziehungen gehörte nun der Vergangenheit an. Die meisten Amerikaner setzten das Ende des Kalten Krieges nunmehr schlicht und einfach mit dem Zerfall der Sowjetunion gleich – bis vor kurzem noch Reagans »Reich des Bösen«. *Quod erat demonstrandum:* Wir haben *definitiv* gewonnen.

Allerdings ist wie bei jedem Krieg – ob heiß oder kalt – das Siegen nie so einfach. Es gibt immer Nebenwirkungen, mit denen man sich auseinandersetzen muss. Die Gefahr eines Atomkrieges mag verringert worden sein, aber die nuklearen Arsenale hatten sich keineswegs in Luft aufgelöst. Während des gesamten Kalten Krieges hatte man gefürchtet, dass Atomwaffen in die Hände skrupelloser Führer von Schurkenstaaten gelangen würden. Die Angst vor Saddams »Massenvernichtungswaffen« war der aktuellste Alarm gewesen. Doch in den Monaten nach dem Golfkrieg hatte sich die Lage dramatisch verändert. Die zweitgrößte Atommacht der Welt war auseinandergebrochen, und es war längst nicht geklärt, wie die einzelnen Teile wieder zusammengefügt würden. Das Nuklearwaffenarsenal der ehemaligen Sowjetunion befand sich jetzt in den Händen von vier unabhängigen Staaten, deren Beziehungen zueinander belastet waren. Jelzin behauptete zwar, er habe die volle Verantwortung für das Kommando- und Kontrollsystem. Aber konnte man seinem Wort trauen? War der russische Präsident imstande, seine Autorität über die Ukraine, Weißrussland und Kasachstan durchzusetzen?

Auf dem Balkan war zu beobachten, wie katastrophal die Dinge sich entwickeln konnten, wenn ein scheinbar starker Bundesstaat auseinanderbrach: Jugoslawien zerfiel damals in einer Reihe blutiger Nachfolgekriege. Wie viel schlimmer würde es für die ganze Welt erst sein, wenn das riesige Gebiet des ehemaligen sowjetischen Imperiums – das sich über acht Zeitzonen erstreckte – in Krieg und Anarchie stürzte? War Jelzin der Herausforderung gewachsen? Was würde passieren, wenn er den gleichen Weg wie Gorbatschow ging? Damit aus dem Sieg im Kalten Krieg wahre Stabilität entstand, brauchte Bush eine starke und zuverlässige Beziehung zum Präsidenten des neuen Russlands. Und aus diesem Grund wurde Jelzin nur sechs Wochen, nachdem er Gorbatschow aus dem Kreml vertrieben hatte, in Camp David empfangen.[20]

Am 31. Januar nutzte Jelzin seine Antrittsrede vor den Vereinten Nationen in New York für die Präsentation seiner außenpolitischen Grundsätze. Er gab sich große Mühe, seine Identität als russischer und keinesfalls als sowjetischer Führer hervorzuheben – als Präsident eines Landes, das sich vom »Joch des Totalitarismus« befreit hatte. Er gab an, einem »neuen Russland« mit einer »neuen Außenpolitik« vorzustehen. Um all das zu veranschaulichen, verfiel er in eine ganz neue Sprache. Er verkündete dem Sicherheitsrat, sein Russland sehe nunmehr »in den Vereinigten Staaten, im Westen und in den Ländern des Ostens nicht einfach Partner, sondern Verbündete« – eine Erklärung, die in der amerikanischen Presse gebührend gewürdigt wurde. Während Gorbatschow die Vorstellung zurückgewiesen hatte, dass sein Land jetzt »westliche« Werte übernehme – und darauf beharrte, dass sich die beiden Supermächte im Grunde ideologisch auf halbem Wege begegneten –, wechselte Jelzin offenbar ganz in die westliche Hemisphäre. Er unterstrich nachdrücklich sein Engagement im eigenen Land für politische Freiheit und Menschenrechte sowie auf internationaler Ebene für Zusammenarbeit, Abrüstung und Frieden.[21]

Die grandiosen Worte wurden von konkreten Maßnahmen untermauert. Jelzin schlug massive Kürzungen bei den strategischen und taktischen Atomwaffen vor, weitere Kürzungen bei den konventionellen Arsenalen und die Schaffung eines globalen Raketenabwehrschildes, der gemeinsam mit den Vereinigten Staaten entwickelt werden sollte – eine weitere bemerkenswerte Abweichung von Gorbatschows Agenda. Ferner gab er bekannt, dass in den vorangegangenen Wochen bereits sämtliche landgestützten taktischen Nuklearwaffen aus Kasachstan und Weißrussland nach Russland selbst gebracht worden seien und der Abzug aus der Ukraine bis Juli abgeschlossen sein werde. Und er versprach, dass man nach der anfänglichen Lagerung in Russland alle diese Waffen zerstören würde.[22]

Kaum war der Auftritt in Manhattan vorbei, flog Jelzin zu Bush nach Camp David, um seine Sache voranzubringen. Der russische Präsident schien selbstbewusst und gut unterrichtet, er sprach ohne Notizen. Laut Baker wirkte Jelzin »entspannt«, allerdings »eher in der Art eines Tennisspielers, der kurz vor einem Meisterschaftsmatch stand: auf der Höhe seiner Kraft, absolut vorbereitet und bereit, das Spiel zu beginnen«.[23]

Zunächst widmete sich Jelzin der Wirtschaftskrise und den Aussichten auf Reformen. »Wir sind mit dem Start fünf Jahre zu spät dran«, sagte er, denn eine wirkliche Reform sei »erst möglich geworden, nachdem das Imperium und die kommunistische Ideologie zusammengebrochen sind«. Die völlige Preisliberalisierung am 2. Januar war das Aushängeschild der »Schocktherapie« Jegor Gaidars, den Jelzin zum stellvertretenden Regierungschef, zuständig für die Wirtschaftsreform, ernannt hatte. Der 35-jährige Gaidar, der 1990 an Schatalins 500-Tage-Programm mitgearbeitet hatte, sprach sich vehement für ein sofortiges Ende der Preiskontrollen und die Öffnung des Handels aus. Gleichzeitig bemühte sich die russische Regierung, als Teil der neuen Austeritätspolitik, die Ausgaben und das Drucken von Geld unter Kontrolle zu bringen, um eine makroökonomische Stabilisierung zu erreichen.[24]

Vor diesem Hintergrund betonte Jelzin gegenüber den Amerikanern, dass Russland ein »klares Programm« habe, auch wenn noch keine Zeit dafür gewesen sei, ergänzende Veränderungen bei der Besteuerung und im Bankwesen umzusetzen. Der russische Präsident räumte Probleme mit der galoppierenden Inflation (die damals bei 240 Prozent lag) und Kritik sowohl von links als auch von rechts ein. Die kommenden Monate seien »entscheidend«, sagte er. »Wir hoffen, die Bevölkerung hält es aus.« Er dankte Bush für die jüngsten Hilfslieferungen – fast 20 Millionen Kilogramm an Lebensmitteln und Medikamenten –, sagte aber, das sei schlicht nicht genug. Außerdem warnte er vor einem Scheitern der Reform. Danach würden die Hardliner, die »Falken«, wieder zurückkehren: »Wir werden einen Polizeistaat, Repression haben, und das Wettrüsten wird von neuem beginnen. Das wäre eine Verschwendung von Milliarden Dollar für die USA und beträfe die ganze Welt.«[25]

Es war ein langer Vortrag. Jelzin versprach: »Wir sind entschlossen, an der Demokratie festzuhalten«, und betonte: »Wir brauchen Hilfe, keine Fürsorge. Wir brauchen Ihre Unterstützung und Kooperation.« Kurz bevor er endete, stellte er »eine letzte Frage« in den Raum. Wie nebenbei gesprochen, klang sie doch nach:

»Sind wir noch Feinde oder nicht?«

»Nein, sind wir nicht«, erwiderte Bush fest und übergab Jelzin die endgültige Fassung der gemeinsamen Erklärung, die er und Baker in Moskau im Voraus vorbereitet hatten. »Damit verlassen wir die alte Ära.«

Tatsächlich verkündetete die Erklärung den Anbruch einer neuen Ära der amerikanisch-russischen »Freundschaft und Partnerschaft« und beendete förmlich die mehr als 70-jährige Rivalität, die mit der bolschewistischen Revolution begonnen hatte. Jelzin wollte jedoch ein weiteres magisches Wort einfügen. Das Kommuniqué sollte besagen, dass ihre Beziehung inzwischen der von »Verbündeten« entspreche. Das aber lehnte Bush ab. Er war nicht bereit, so weit zu gehen. »Wir verwenden eine Sprache, die den Übergang widerspiegelt«, entgegnete er, »weil wir nicht so tun wollen, als seien schon alle unsere Probleme gelöst.« Damit musste sich Jelzin zufriedengeben.[26]

Nach dem Mittagessen veröffentlichten die beiden Präsidenten ihre gemeinsam vereinbarte »Erklärung zu den neuen Beziehungen« und stellten sich der Presse.[27] Der Ton der Stellungnahmen war einmal mehr ausweichend. Jelzin sagte für die Zukunft eine Beziehung der »vollen Offenheit, vollen Aufrichtigkeit« voraus. Bush konstatierte, sie werde auf »Vertrauen« beruhen, auf »ein Engagement für wirtschaftliche und politische Freiheit«, sowie auf – und er wählte seine Worte mit Bedacht – »die große Hoffnung auf eine wahre Partnerschaft«. Ihre wichtigste substanzielle Zusage war, noch vor Jahresende ein offizielles Gipfeltreffen zu veranstalten.[28]

Auf dem Rückflug nach Washington am selben Abend erinnerte sich Baker an die vielen Gespräche zwischen den Supermächten, an denen er in all den Jahren teilgenommen hatte, und erkannte, »dass diese intensive Sitzung mit Jelzin wirklich historisch« gewesen war. »Zum ersten Mal hatte sich der gewählte Führer eines demokratischen und unabhängigen Russlands mit einem amerikanischen Präsidenten zusammengesetzt. Gemeinsam hatten sie einen Kooperationskurs entwickelt.« Als er sich in seinem Sitz zurücklehnte, dachte Baker bei sich: »Nun geht es wirklich ›über die Eindämmungspolitik hinaus‹!«[29] Eine neue Ära war angebrochen.

Bush war ebenfalls hocherfreut über den Fortschritt, der mit dem neuen russischen Staatschef bereits erzielt worden war. Der Wahlkampf bedrückte ihn inzwischen weniger. Mitte Februar hatte er eine starke Herausforderung bei der entscheidenden Vorwahl von New Hampshire abgewehrt und mit 53 Prozent der Republikaner-Stimmen gegen Pat Buchanans 37 Prozent gewonnen. Am 2. März schrieb Bush in sein Tagebuch: »Ich bin insgeheim zuversichtlich, dass ich gewinnen werde. Zum Teil wegen der Opposition; zum Teil, weil ich glaube, Dinge wie der Weltfrieden und Führungserfahrung werden den Unterschied ausmachen; und, zum Teil, weil ich glaube, dass sich die Wirtschaft erholen wird.« Trotz der enormen Bürde, die es bedeutet hatte, während der letzten drei Jahre die Weltpolitik zu gestalten, war seine Lust auf diese Aufgabe ungebrochen. Am 14. März tippte er in Camp David einige Notizen für seine Redenschreiber unter der bewusst ironischen Überschrift »Das Ding mit der Vision« (*The Vision Thing*) ab. Ganz oben auf der Liste stand: »Weltweite Führungsrolle, um zu garantieren, dass unsere Kinder in Frieden leben, ohne Angst vor einem Atomkrieg in einer Welt, in der alle Menschen den Segen der Demokratie und Freiheit kennen.« Um diese Vision zu verwirklichen, fügte er hinzu, »müssen wir die aktive Führungsmacht der ganzen Welt bleiben«.[30]

Ein paar Tage später erläuterte Bush einige dieser Ideen in einer Rede in Chicago vor der Polish National Alliance. Es waren fast drei Jahre vergangen, seit der Präsident in seiner Hamtramck-Rede in den Außenbezirken Detroits vor einem anderen polnisch-amerikanischen Publikum erstmals begonnen hatte, seine »Vision der europäischen Zukunft« zu formulieren. Am 16. März 1992 konnte er voller Staunen zurückblicken. »Es ist unglaublich. Seit '88 hat sich die ganze Welt verändert. ... Heute ist der imperiale Kommunismus, jener Kommunismus, der immer jemand anderen übertreffen wollte, tot.« Aber mit Blick auf »jene, die noch nicht die volle Freiheit erlangt haben« – er sprach ausdrücklich von den Völkern des ehemaligen Jugoslawiens – betonte er: »Unsere Führungsrolle für die Freiheit muss fortbestehen.«[31]

Baker schilderte das Wesen dieser Führungsrolle am 22. April in einer eigenen Grundsatzrede ebenfalls in Chicago näher.[32] Wie Bush wies auch er all die zurück, die für einen isolationistischen »America first«-Patriotismus plädierten, da sie »den Herausforderungen unserer Zeit aus dem Weg gingen, indem sie so taten, als existierten diese gar nicht«. Stattdessen bestehe, so erklärte er, »unsere Idee darin, die gefahrvolle Phase des Kalten Krieges durch einen demokratischen Frieden abzulösen, einen Frieden, der auf den Zwillingssäulen politischer und wirtschaftlicher Freiheit basiert. Durch die Unterstützung für Demokratie und freie Märkte in Russland und Eurasien können wir die ›Zone des Friedens und Wohlstands‹ ausdehnen.« Und das sei, so Baker, »gut für amerikanische Interessen und Werte«. Der US-Außenminister mied jedoch ein Pathos à la Kennedy, dafür jeden Preis zu zahlen und jede Bürde in Kauf zu nehmen. Indem er auf die Begrenztheit der amerikanischen Ressourcen verwies, sagte er: »Die Gemeinschaft der demokratischen Nationen ist größer und stärker als am Ende des Zweiten Weltkrieges.« Aus diesem Grund verfolge die Bush-Administration eine Politik der »amerikanischen Führung«, des »kollektiven Engagements«. Er erinnerte seine Zuhörer daran, dass Deutschland, Italien und Japan – einst Kriegsgegner – heute »starke und wohlhabende Verbündete« seien. Durch die Zusammenarbeit mit ihnen und mit den anderen Partnern Amerikas sowie den zentralen internationalen Institutionen der

Nachkriegszeit (UNO, Weltbank und IWF) müssen die Vereinigten Staaten »nicht alles allein machen«. Sondern: »Wir können gemeinsam einen demokratischen Frieden aufbauen.«[33]

Als Beispiel für diese Politik verwies Baker auf die Koalition im Golfkrieg. Er erwähnte auch westliche Hilfsprogramme für die ehemaligen sowjetischen Republiken und die osteuropäischen Satellitenstaaten. Aber das war, genau wie der Krieg, durchaus kompliziert, denn es illustrierte das Gerangel um eine günstige Ausgangsposition, das Teil des Aufbaus einer neuen internationalen Ordnung war. Am 22./23 Januar 1992 wurde in Washington eine Konferenz zur Koordinierung der Hilfslieferungen für die neuen unabhängigen Staaten eröffnet, an der 47 Länder und sieben globale Finanzinstitutionen teilnahmen.

Baker hatte sie in seiner Princeton-Rede vor Weihnachten erstmals angekündigt. Dieses neue Bestreben der Amerikaner, die Führung bei den Hilfsanstrengungen in den sowjetischen Nachfolgestaaten zu übernehmen, hatte die Europäer, insbesondere die Franzosen und Deutschen, verärgert. Paris wünschte sich eine stärkere Rolle für seine neue Lieblingseinrichtung – die Europäische Bank für Wiederaufbau und Entwicklung (EBWE) –, denn der größte Teil der Hilfszahlungen für die UdSSR stammte aus der EG (genaugenommen, 90 Prozent davon aus Deutschland). Und Bonn vertrat die Auffassung, dass die USA, Japan und die arabischen Ölstaaten gleichermaßen Nachbarn des ehemaligen sowjetischen Imperiums waren.[34] In Anbetracht dieser Stimmung nutzte die Bundesrepublik die Gelegenheit, die Amerikaner mit Hilfe ihres eigenen Steckenpferds in Verlegenheit zu bringen: der Forderung nach einer angemessenen Verteilung der Lasten. Es sei immer schmerzhaft, wenn man den Spieß umdreht, nicht wahr, sagte ein Bonner Regierungsvertreter gegenüber der *Washington Post*. Bush versuchte, gute Miene zum bösen Spiel zu machen: »Ich glaube nicht, dass es darum geht, wer am meisten tut. Es geht darum, dass jedes Land ... sein Bestes gibt.«[35]

Bush hatte nicht nur die Europäer im Blick, sondern auch das amerikanische Publikum. Er zielte nicht zuletzt in Richtung Pentagon, das sich skeptisch dazu geäußert hatte, dem Erzfeind unter die Arme zu greifen. Es erforderte geradezu einen Sinneswandel seitens des US-amerikanischen Militärs zu glauben, dass Frieden und Stabilität in dieser neuen Welt mit Hilfe von Unmengen an Dollar für die russische

Hilfe koordinieren: Manfred Wörner (l.), Hans-Dietrich Genscher (M. l.)
und James Baker (M. r.) in Washington

Volkswirtschaft statt für amerikanische Waffen gesichert wurden. Bush
hatte den Kongress um die Bewilligung von 645 Millionen Dollar an
technischer und humanitärer Hilfe für die GUS einschließlich Russlands gebeten. Dazu eine massive »Luftbrücke« mit Lebensmitteln
und Medikamenten – der dramatische Effekt dieser Operation Provide Hope würde öffentliche Unterstützung befördern und sollte am
10. Februar beginnen. Als Jelzins Minister viel größere und weiter reichende Wirtschaftshilfe verlangten, erklärten die USA jedoch, die
Frage der makroökonomischen Stabilisierung gehöre in die Zuständigkeit des IWF.[36]

Nach der Hilfskonferenz in Washington war Genscher erfreut, dass
sich die Staats- und Regierungschefs zumindest dazu hatten bewegen
lassen, die zentralen Fragen zu beschleunigen. Und die USA schienen
jetzt bei Hilfszahlungen im selben Boot zu sitzen und in die gleiche
Richtung eines nachhaltigeren und langfristigeren Engagements bei
den neuen unabhängigen Staaten zu blicken.[37] Es herrschte jedoch noch
eine gewisse euro-atlantische Unstimmigkeit in der Frage, wie diese
Hilfsleistungen koordiniert werden sollten. Die USA hatten nachdrück-

lich die NATO für die Leitung der Logistik ins Spiel gebracht, doch die Franzosen sahen darin ein weiteres Zeichen dafür, dass Washington die Europäer bevormunden wolle, und lehnte dies ab.[38] Am 31. März wurde die NATO-Koordinationsstelle für die Hilfslieferungen nur drei Monate nach ihrer Gründung aufgelöst, weil die meisten EU-Staaten sie boykottiert hatten. Zudem hatte die Union sie nicht für ihr eigenes Hilfspaket in Höhe von 200 Millionen ECU genutzt, das nach dem Maastricht-Vertrag vereinbart worden war. Wie ein hoher EU-Vertreter sagte, hatte die Europäische Gemeinschaft »seit Anfang des letzten Jahres die Hilfslieferungen an die postsowjetischen Länder koordiniert« – und nicht die NATO. Hilfe gelangte sowieso eher über bilaterale Kanäle nach Russland und in die übrigen ehemals sowjetischen Staaten, auch weil verschiedene Staaten unterschiedliche Republiken unterstützten (z. B. konzentrierte sich Deutschland auf Russland, Weißrussland und die Ukraine; die Türkei hingegen auf die zentralasiatischen Republiken). Dieser institutionelle Aufruhr enthüllte jedoch vor allem, wie sehr die EU und die NATO, die Vereinigten Staaten und die Westeuropäer untereinander um ihre Rolle und Stellung in dieser Wendezeit rangelten, vor allem in Hinblick auf Russland und den ehemals sowjetischen Raum.[39]

Trotz des neuen amerikanischen Interesses an Hilfszahlungen blieb Deutschland der Hauptakteur. Am 1. April kündigten Bush und Kohl im Namen der G7 ein Hilfspaket in Höhe von 24 Milliarden Dollar an, davon sollten 4,35 Milliarden aus den USA kommen. Die Amerikaner gaben jedoch keine Versprechen zu einer Umschuldung Russlands ab. Der US-Präsident und der Bundeskanzler unterstrichen, dass Russland ein gebilligtes Wirtschaftsreformprogramm einhalten müsse, um überhaupt die Hilfszahlungen und Kredite (u. a. vom IWF und der Weltbank) zu bekommen. Beide äußerten jedoch ihre Überzeugung, dass dieses Hilfspaket den wirtschaftlichen Kollaps Russlands verhindern und dem Aufstieg eines neuen autoritären Systems aus den Trümmern der ehemaligen UdSSR einen Riegel vorschieben werde.[40]

Der Zeitpunkt ihrer Ankündigung war kein Zufall: nur fünf Tage bevor sich Jelzin vor ein feindseliges russisches Parlament stellen musste, um über tausend Volksdeputierte zu überreden, dem Land noch mehr bittere Arznei des freien Marktes zu verabreichen. Angesichts dieses innenpolitischen Drucks lautete die Ansicht der Wirt-

Für Russland nichts Bares,
nur gute Ratschläge

schaftsexperten in Russland ebenso wie im Westen, dass das Paket nicht nur Jelzins Wirtschaftspolitik »Seriosität« verlieh, sondern ganz praktisch den entscheidenden Unterschied zwischen einem unerträglichen Elend und schweren, aber gerade noch erträglichen Zeiten für einfache Russen ausmachen werde. Einige aus der Alten Garde wollten die mit der IWF-Hilfe verbundene Demütigung auf keinen Fall hinnehmen. Russland sei »nicht Peru oder Paraguay«, erklärte Sergej Poloskow, ein Abgeordneter der konservativ-zentristischen Fraktion *Smena,* und wies darauf hin, die Probleme Russlands erforderten russische Lösungen. In Anbetracht des Ernstes der Wirtschaftskrise befand er sich damals jedoch in der Minderheit.[41]

Wirtschaftsminister Gaidar war natürlich aufgeregt: Der Westen schien endlich bereit, eine Lücke in der Zahlungsbilanz von bis zu 18 Milliarden Dollar zu finanzieren und damit dazu beizutragen, das russische Haushaltsdefizit abzudecken und die Inflation unter Kontrolle zu bringen. Und darüber hinaus wollte der Westen Russland einen Stabilisierungsfonds zur Stützung eines konvertierbaren Rubels anbieten. Diese externen Mittel waren notwendig, um kurzfristig eine wirtschaftliche Stabilisierung zu erreichen, damit die Schwungkraft der Reform erhalten blieb. Allerdings benötigte man einen weit größeren Umfang als bei ähnlichen Maßnahmen 1990 in Polen. Während damals eine Milliarde Dollar nach Warschau geflossen war, um die Währung zu stabilisieren, brauchte Moskau – nach Ansicht russischer Regierungsvertreter – einen Fonds an Devisen in Höhe von 6–7 Milliarden Dollar. Und den hatten sie jetzt bekommen.[42]

Sowohl die Unterstützung für die Zahlungsbilanz als auch der Stabilisierungsfonds waren Gegenstand einer weiteren Vereinbarung zwischen Russland und dem IWF über ein detailliertes Wirtschaftsprogramm, mit konkreten Haushalts- und Finanzzielen, das allerdings erst noch ausgearbeitet werden musste. Und die Fortschritte in Russland waren keineswegs eindeutig. Die Freigabe der Preise für viele Waren hatte sich zwar als relativ erfolgreich erwiesen, doch die Privatisierung großer staatlicher Betriebe war bislang nur sehr langsam vorangekommen, und die privaten Investitionen waren niedrig geblieben. Folglich sah sich Gaidar gezwungen, sowohl die Währungs- als auch die Steuerpolitik zu lockern, um die politische Stabilität nicht zu gefährden, und auch die Liberalisierung der Energiepreise musste von April auf Mai oder Juni verschoben werden.[43]

Wirtschaftsminister Gaidar und seine Helfer waren im Westen so gut wie unbekannt, und selbst Jelzin war immer noch ein neuer Akteur auf der Bühne.[44] Die westlichen Staats- und Regierungschefs, mit Bush und Kohl an der Spitze, schienen inzwischen jedoch bereit, ihren Worten Taten folgen zu lassen und Russlands großen Umbruch mitzufinanzieren. Stabilität musste gewahrt bleiben; außerdem waren sie sich darüber im Klaren, dass Russlands Tür für westliches Engagement weit offenstand. Die Hilfe für Russland war zugleich eine Notwendigkeit und eine Chance. Auf der einen Seite herrschte die Angst, Jelzin zu verlieren, wenn er keine Dollars bekam – »was uns so aussehen ließe, als würden wir uns zurückhalten und wären Teil des Problems« (Baker). Auf der anderen Seite kursierte die Auffassung, dass sich Russland als »Fass ohne Boden« (bottomless »rathole«, Scowcroft) erweisen könnte.

Es sei nunmehr für Moskau an der Zeit, das Geld als »Hilfe zur Selbsthilfe« (Waigel) zu nutzen, nicht als Teil einer endlosen Rettungsaktion. Hinzu kam, dass abgesehen von Kohls und Bushs großartiger Ankündigung die G7-Staaten zu konkreten Zahlen gar nicht konsultiert worden waren. Daher bezeichnete Japan Bushs Erklärung als »voreilig«, während ein deutscher Regierungsvertreter darin reine Wahlkampfpropaganda seitens der Amerikaner sah. Die Ungewissheit und der fehlende Zusammenhalt unter den G7 wurde von einem Vertreter des britischen Schatzamts zusammengefasst: »Wenn man einen Schnappschuss machen würde, befinden wir uns momentan mitten in der Luft, nach etwa drei Vierteln unseres doppelten Saltos.«[45]

Inzwischen war das gewaltige Ausmaß der Aufgabe hinlänglich klar. Wie ein westlicher Diplomat am 1. April kommentierte: »Kein Mensch hat jemals versucht, eine sozialistische Kommandowirtschaft von dieser Größe in eine marktwirtschaftliche umzugestalten, und kein Mensch weiß, wie das bewerkstelligt werden soll, auch wenn sie so tun als ob.« Er hatte recht. Die radikale Herangehensweise an die postsowjetische Transformation der Wirtschaft, nämlich über einen »Big Bang«, war wohl die größte Wirtschaftsreform, die jemals in Angriff genommen wurde. China war über einen langen Zeitraum hinweg in kleinen Schritten vorgegangen und hatte dann Sonderwirtschaftszonen eingeführt – lokale Blasen einer kapitalistischen Wirtschaftsaktivität –, was zusammengenommen ein System ergab, das die VRC schließlich als »sozialistische Marktwirtschaft« bezeichnete. Und im Gegensatz zur Sowjetunion war der politische Deckel fest geschlossen geblieben: Es hatte keine gleichzeitige politische Öffnung in Richtung Demokratisierung gegeben – keinen Kurs einer »Modernisierung als Verwestlichung«. Für den Westen, wie auch für Moskau, war diese Simultanität einer wirtschaftlichen und politischen Liberalisierung in Russland zweifellos eine außerordentlich riskante Reise ins Ungewisse.[46]

Vorläufig bezeichnete die US-Presse die Ankündigung von Hilfszahlungen in Höhe von 24 Milliarden Dollar als Versuch, »Jelzin Zeit zu erkaufen«. Einige wiesen auch darauf hin, dass der neue russische Präsident etwas bekam, das Gorbatschow »niemals erhalten« hatte: »einen großen Vertrauensvorschuss bezüglich seiner Wirtschaftsreform«. Doch der einstige Sowjetführer hatte, wie Baker angemerkt hatte, obwohl er ein Reformer war, seine kommunistische Haut nie ganz abgelegt, während Jelzin eine völlig andere politische Spezies zu sein schien.[47]

Doch war er das wirklich? Der zehntägige Kongress der russischen Volksdeputierten, der am 6. April 1992 beginnen sollte, war entscheidend für den Fortschritt in Russlands Beziehungen zum Westen. Man erwartete einen Vorstoß in Richtung eines Verfassungsentwurfs, der künftigen Parlamenten mehr Macht verleihen sollte. Doch Jelzin, der zugleich Staats- und Regierungschef war, erklärte am Vorabend des Kongresses ganz offen, dass Russland sich derzeit kein parlamentarisches Regierungssystem leisten könne. »In der jetzigen Lage«, behauptete er, »kann nur von einer Präsidialregierung für die nächsten zwei oder drei Jahre die Rede sein. In einer parlamentarischen Republik ist der Präsident nicht mehr als ein Aushängeschild.« Das, so Jelzin, wäre für Russland »Selbstmord« in diesen schwierigen Übergangszeiten, »wo wir uns immer noch um eine schwerkranke Gesellschaft kümmern müssen«.[48]

Damit nicht genug musste Jelzin auch einen schwerwiegenden Angriff seitens der Rechten auf sein Regierungsprogramm der Schocktherapie abwehren. Und so führte er, während er sich darum bemühte, einen gewissen Handlungsspielraum zwischen den Forderungen der internationalen Finanzgemeinschaft und der öffentlichen Meinung im eigenen Land zu bewahren, eine Kabinettsumbildung durch, verstärkte seinen Einfluss auf die Armee und machte 200 Milliarden Rubel (2 Milliarden Dollar) an Darlehen für zahlungsunfähige Staatsbetriebe locker. Mit der Androhung eines Rücktritts der Regierung am 14. April brachte er die Deputierten schließlich dazu, eine verhaltene Erklärung zugunsten seines Programms einer radikalen Wirtschaftsreform zu verabschieden. Jelzin war es also gelungen, seine Stellung als Boss zu behaupten.[49]

Aber strebte er wirklich Macht für eine Reform an oder ging es ihm eigentlich um die Macht an sich? Stellte dieser Schritt seine demokratischen Referenzen generell in Frage? Oder war er inzwischen einfach nur zu der Erkenntnis gelangt, dass die Transformation einer Kommando- in eine Marktwirtschaft bei gleichzeitiger forcierter Demokratisierung und Erhaltung politischer Stabilität schlichtweg unmöglich waren – wie die Chinesen glaubten?

*

Wie Jelzin wirkte auch Bush wie ein Politiker auf Abruf. Im Frühjahr
1992 setzte ihn Ex-Präsident Richard Nixon massiv unter Druck. Nixon
war in den Siebzigerjahren Bushs Vorgesetzter gewesen und galt inzwischen – lange nach Watergate – als hochgeschätzter *elder statesman*. In
der Öffentlichkeit wie im privaten Kreis kritisierte Nixon den Präsidenten scharf, weil dieser das neue demokratische Russland nicht unterstützte. »Wer hat Russland verloren?«, fragte er und spielte damit auf
den politisch verheerenden Vorwurf der Republikaner an die Adresse
der Truman-Administration nach 1949 »Wer hat China verloren?« an.
Vor allem aber traf Nixon Bush mit dem Kommentar: »Das Wahrzeichen
großer politischer Führungsstärke ist nicht einfach, das zu unterstützen, was populär ist, sondern das, was unpopulär ist, eben populär zu
machen, sofern dies dem nationalen Interesse Amerikas dient.« Von
einer anderen Warte aus schaltete sich ebenfalls Nixons ehemaliger
Außenminister Henry Kissinger in die Debatte ein. Er warf Bush vor,
sich bei der Kontaktaufnahme mit den neuen unabhängigen Republiken
»bemerkenswert viel Zeit zu lassen«, und sich allzu sehr um Russlands
Würde zu sorgen. Kissinger war im Gegensatz zu Nixon kein Befürworter eines umfassenden Hilfsprogramms für Moskau – zumindest solange
Russland nicht die neuen Grenzen des postsowjetischen Raums respektiert hat. Er resümierte: »Es ist nicht an uns, Russland zu gewinnen
oder zu verlieren.«[50]

Bush beschloss, dass er eine tatkräftige Hilfspolitik für Russland im
Wahljahr zu seinem politischen Vorteil nutzen konnte. Aus diesem
Grund war auch seine Ankündigung der 24 Milliarden Dollar vom
1. April, live auf CNN, bewusst so gewählt, dass sie Bushs demokrati-
schem Hauptherausforderer, Gouverneur Bill Clinton aus Arkansas, die
Schau stahl, der nur 20 Minuten später seine erste große außenpoliti-
sche Rede vor dem Council of Foreign Relations in New York halten
sollte. Aus dem gleichen Grund wurde das Gesetz zur Genehmigung
der Hilfszahlung auch großspurig »FREEDOM Support Act« genannt
(»FREEDOM« steht hier für die Abkürzung der englischen Wendung:
»Freedom for Russia and Emerging Eurasian Democracies and Open
Markets«).

Indem er das Hilfspaket vor der amerikanischen Bevölkerung rechtfertigte, versuchte Bush, zwei Fliegen mit einer Klappe zu schlagen.

»Das ist keine so enorme Geldsumme«, versicherte er all denen, die sich um die Wirtschaft Sorgen machten. Das war richtig. Der IWF und die Weltbank würden, wie er ganz korrekt ausführte, »die Hauptgeldquelle« sein. Und überhaupt, versprach Bush, könnten »beträchtliche neue Handelsbeziehungen hier in diesem Land Arbeitsplätze schaffen«. Sich in den sprichwörtlichen Mantel der Geschichte hüllend, erklärte er außerdem: »Mehr als 45 Jahre lang war es die höchste Aufgabe von neun amerikanischen Präsidenten, Demokraten ebenso wie Republikanern, den Kalten Krieg zu führen und zu gewinnen. Ich hatte das Privileg, mit Ronald Reagan zusammen an diesen breiten Programmen zu arbeiten.« Und nunmehr werde es sein Privileg sein (implizit in der zweiten Amtszeit), »das amerikanische Volk bei der Erringung des Friedens anzuführen, indem wir die erst kürzlich von der Tyrannei befreiten Völker begrüßen und in der Gemeinschaft demokratischer Nationen willkommen heißen«.[51]

Bush verfolgte eine riskante Strategie. 55 Prozent der Amerikaner wünschten eine Kürzung der Auslandshilfe; weitere 40 Prozent waren der Meinung, sie sollte nicht erhöht werden. Aber zusammen mit seinen Beratern hatte er entschieden, aus der unbestreitbaren Tatsache, dass er ein Präsident der Außenpolitik war, eine Tugend zu machen und im Wahlkampf daraus Kapital zu schlagen. »Nichts zu unternehmen, wäre verantwortungslos«, sagte er skeptischen Pressevertretern. »Die Vereinigten Staaten müssen weiterhin die Führung übernehmen.« Baker war zufrieden. Im Dezember 1991 hatte er noch zu Bush gesagt: »Sie haben die ersten beiden Prüfungen der Geschichte bestanden – die Befreiung Osteuropas und die Befreiung Kuwaits – aber die Historiker werden diese als Fußnoten abtun im Verhältnis zu Ihrer Reaktion auf die jetzige Krise [des Zerfalls der Sowjetunion mit all seinen Konsequenzen].«[52] Nach einigen Monaten wurde deutlich, dass Bush nicht mehr nur reaktiv agierte. Die Chancen, die sich in der ganzen ehemaligen UdSSR eröffneten – nicht nur in Jelzins Russland, sondern in allen Nachfolgestaaten –, und, wie Nixon sagte, die Implikationen für die ganze Welt, falls deren demokratischer Übergang scheitern sollte, waren für alle sichtbar geworden. Im Jahr 1989, als frisch gebackener Präsident, war Bush noch zögerlich gewesen. In den Jahren 1990/91 hatte er hauptsächlich auf die Agenda anderer, allen voran

Kohls und Gorbatschows, reagiert. Doch im Jahr 1992, nach dem Sieg
der Vereinigten Staaten am Persischen Golf und dem Zusammenbruch
der UdSSR, war George H. W. Bush bereit zu führen. Er hatte seine
Stimme als internationaler Politiker gefunden und erkannte seine
Chance – und Pflicht –, die Zukunft einer neuen Welt zu beeinflussen,
ja mitzugestalten, die sich nunmehr im postsowjetischen Raum auftat.

Aber Bushs »FREEDOM Support Act« war vorerst nur ein Gesetzes-
entwurf, der von den beiden Kammern des Kongresses, die jeweils mit
großer Mehrheit von den Demokraten kontrolliert wurden, verabschiedet werden musste. Also begannen er und Baker eine Kampagne, um
die öffentliche Meinung und den Kongress für ihre Russlandhilfe zu
gewinnen – oder für, wie Bush es nannte, »die wichtigste außenpolitische Chance unserer Zeit«.[53] Am 9. April erklärte Baker vor dem Außenpolitischen Ausschuss des Senats: »Heute stehen wir vor einer völlig
anderen und neuartigen Situation, einer Chance, einen echten Frieden
auf der Basis gemeinsamer demokratischer Werte aufzubauen, einen
demokratischen Frieden mit Russland und Eurasien aufzubauen. Ein
demokratischer Frieden wäre ein echter Frieden; das wäre nicht einfach
nur das Fehlen eines Krieges. Dies ist ein Ziel, das des amerikanischen
Volkes würdig ist, und ein Ziel, das unserer Meinung nach alle Amerikaner bereit sein werden zu unterstützen.« Am selben Tag hieb Bush
vor dem amerikanischen Verband der Zeitungsherausgeber in die gleiche Kerbe. »Der Erfolg der Reform in Russland und der Ukraine, in
Armenien und Kasachstan, Weißrussland und im Baltikum wird die
allerbeste Garantie unserer Sicherheit, unseres Wohlstands und unserer
Werte sein«, weil »echte Demokratien«, betonte er, nicht gegeneinander in den Krieg ziehen. Darüber hinaus warnte der US-Präsident: »Das
Scheitern des demokratischen Experiments wird eine finstere Zukunft
bringen, eine Rückkehr autoritärer Herrschaft oder einen Sturz in die
Anarchie.«[54]

Es war nicht einfach, das Kapitol zu überzeugen, in Anbetracht der
ins Stottern geratenen US-Wirtschaft und anderer innenpolitischer
Probleme wie einer neuen Welle gewalttätiger Ausschreitungen in Los
Angeles Ende April. Viele Abgeordnete, die die Administration zuvor
gedrängt hatten, mehr für Russland zu tun, waren nunmehr nicht
bereit, die Kosten zu übernehmen. Am 1. Mai schickte der Fraktions-

vorsitzende der Demokraten im Repräsentantenhaus David Bonior dem Präsidenten einen Brief mit fast 100 Unterschriften von Kongressmitgliedern, in dem es hieß: »Wir können Ihren Plan für zusätzliche Hilfen an die ehemaligen Sowjetrepubliken nicht billigen, solange Sie sich nicht zuerst dem Thema Arbeitsplätze und Wirtschaftswachstum für Amerika gewidmet haben.«[55] Als Bush den Gesetzentwurf im April ankündigte, ging er davon aus, dass er Jelzin bei seinem Besuch im Juni in Washington ein nettes Geschenk überreichen könnte. Einen Monat später hatte er jedoch die Tonlage geändert und hoffte schlicht, dass der Staatsbesuch außenpolitisch erfolgreich genug werden würde, die innenpolitische Blockade zu überwinden.[56]

Das State Department machte Überstunden, um die unerlässliche diplomatische Vorarbeit zu leisten. Ende Mai, nach mehrmonatigen Auseinandersetzungen inmitten einer angespannten internationalen Lage – nicht zuletzt wegen des erbitterten russisch-ukrainischen Tauziehens um die Kontrolle über die sowjetischen Schwarzmeerflotte[57] – gelang es Baker endlich, sich mit Russland, der Ukraine, Weißrussland und Kasachstan auf ein Abkommen zu einigen, in dem sie sich zur Einhaltung des 1991 von den USA und der UdSSR unterzeichneten START-I-Vertrags verpflichteten. Da sich das sowjetische strategische Nuklearwaffenarsenal auf diese vier Nachfolgerepubliken verteilte, sollte das neue Abkommen dafür sorgen, dass die Ukraine, Weißrussland und Kasachstan entweder ihre Atomwaffen zerstörten oder an Russland übergaben. Folglich würde es auf dem Territorium der ehemaligen UdSSR nur noch eine Atommacht geben: Russland. »Wir haben das Fundament für eine weitere Stabilisierung der Kürzungen bei den strategischen Offensivwaffen gelegt und die Regelung der Nichtweiterverbreitung von Atomwaffen ausgeweitet«, erklärte Baker bei der Zeremonie zur Vertragsunterzeichnung in Lissabon. Er war der Meinung, dass das START-Protokoll und die Tatsache, dass sich die vier Nachfolgestaaten zur Einhaltung des Atomwaffensperrvertrags von 1968 verpflichtet hatten, das Risiko eines Atomkrieges beträchtlich senkten.[58]

Nun war der Weg für die Vereinigten Staaten und Russland also frei, Fortschritte beim Abbau ihrer noch existierenden Nuklearwaffenarsenale zu erzielen,[59] doch kaum jemand erwartete jene »außergewöhnliche Vereinbarung«, die Bush und Jelzin am 16. Juni im Rosengarten des

Weißen Hauses bekanntgeben konnten. Beide Nationen sagten zu, die eigene Atomstreitmacht bis spätestens 2003 auf 3000 bis 3500 Sprengköpfe zu verringern. Gemeinsam kontrollierten sie zum damaligen Zeitpunkt rund 22 500 Sprengköpfe – eine Zahl, die nach der vollständigen Umsetzung von START-I auf 8500 Sprengköpfe für die USA und etwa 6900 für Russland sinken würde. Der neue Vertrag START-II sah somit eine weitere Kürzung um mehr als die Hälfte vor.[60]

Bis zu diesem Morgen noch war sich in Washington niemand sicher gewesen, ob Bush ein Abkommen akzeptieren würde. Statt eine exakte Obergrenze, also die gleiche Zahl für beide Seiten, anzustreben, akzeptierte der US-Präsident am Ende Jelzins Kompromissvorschlag einer numerischen »Bandbreite«. Das gestattete es dem Kreml, sich die Untergrenze zum Ziel zu setzen, die er aus wirtschaftlichen Gründen wünschte, während die Vereinigten Staaten eine höhere Zahl an Sprengköpfen behalten durften, die sich für die Struktur der US-Streitkräfte besser eignete. Aus diesem Grund nannte Jelzin das Abkommen danach »eine beispiellose und vermutlich unerwartete Angelegenheit für Sie und die ganze Welt«. Die beiden Staatschefs zeigten sich zuversichtlich, dass der formale Vertrag binnen weniger Monate unterschriftsreif sei. Bush war über den Durchbruch hocherfreut. »Mit diesem Vertrag«, sagte er Reportern, »wird der atomare Alptraum für uns, unsere Kinder und Kindeskinder mehr und mehr verschwinden.«[61]

Die amerikanischen Medien waren überrascht und beeindruckt. »Das Abrüstungsabkommen gestattete es Mr. Bush, wieder ins internationale Rampenlicht zu treten und politisch in die Offensive zu gehen«, kommentierte der US-Journalist Johnny Apple. Das Abkommen präsentiere ihn »in seiner bevorzugten Rolle des versierten internationalen Unterhändlers und Friedensstifters« – einer Rolle, »die seit dem Krieg am Persischen Golf in der öffentlichen Meinung allmählich von Sorgen um die Gesundheitsversorgung, Arbeitsplätze, Bildung, die Umwelt und die Glaubwürdigkeit der Politiker verdrängt wurde«.[62] Bush erneuerte bei dieser Gelegenheit auch sein Plädoyer, Russland zu helfen. Das Bild von Jelzin als Friedensstifter sollte als zusätzliche Rechtfertigung gelten. Der Präsident nannte Wirtschaftshilfe »eine Investition in ein neues Jahrhundert des Friedens mit Russland«. Voller Pathos erklärte er: »Die Geschichte bietet uns eine seltene Chance, das zu erreichen, was uns zuvor in diesem Jahrhundert zweimal nicht gelungen ist. Es ist die Vision, die zweimal auf den Schlachtfeldern Europas umkam, die Vision, die uns in dem langen Kalten Krieg Hoffnung gab: der Traum von einer neuen Welt der Freiheit.«[63]

Einen Tag später, am 17. Juni, revanchierte sich Jelzin bei Bush, indem er einen mitreißenden Auftritt vor einer gemeinsamen Sitzung des Kongresses hinlegte. Er betrat den dicht gefüllten Saal unter donnerndem Beifall, der einigen Journalisten zufolge durchaus vergleichbar war mit Bushs eigenem Empfang nach Amerikas Sieg in Kuwait. Diese Begeisterung war insofern besonders erstaunlich, als vor Jelzins Ankunft in Washington kaum jemand auf dem Kapitol für möglich gehalten hätte, dass er je in der Lage sein würde, seinem Vorgänger im Kreml die Schau zu stehlen. Die Gorbi-Manie der Jahre 1987 und 1988 war allen noch gut in Erinnerung. Aber Jelzin strahlte echte Präsenz aus – eine beeindruckende Gestalt, die das Rednerpult überragte, mit dem nach hinten gekämmten silbernen Haar und einem breiten Lächeln. Unter »Boris, Boris«-Rufen erhoben sich die Kongressmitglieder sage und schreibe 13 Mal von den Sitzen und spendeten ihm Ovationen – so auch als er etwa schwor, dass der »Götze des Kommunismus zusammengebrochen sei, um sich nie wieder zu erheben«. Es gab kein vages Gerede von einem reformierten Leninismus oder einer Perestroika-ähnlichen Verjüngung: »Die Erfahrung der vergangenen Jahrzehnte hat uns gelehrt, dass der Kommunismus kein menschliches Antlitz hat. Freiheit und Kommunismus sind nicht miteinander vereinbar.« Mühelos wechselte er von Offenherzigkeit zu Humor, vom Vortragsstil zur Lobbyarbeit und versicherte so den amerikanischen Gesetzgebern, dass sie nunmehr Russland vertrauen könnten: »Es wird nie wieder Lügen geben.« Er erinnerte sie an die dramatischen Augusttage 1991, als er mit Haut und Haaren für Demokratie und Freiheit eingetreten war. »Heute wird die Freiheit Amerikas in Russland verteidigt«, erklärte er – ein weiteres Beispiel für seine Bereitschaft, sich, anders als Gorbatschow, zumindest auf rhetorischer Ebene an amerikanische Werte anzupassen.[64]

Besonders stark beeindruckte Jelzin die Demokraten unter den Kongressmitgliedern, die sich bisher massiv gegen Hilfszahlungen für Russland gewehrt hatten. »Es geht nicht so sehr darum, dass Jelzin sie alle überzeugt hätte«, sagte ein Mitarbeiter des Senats, »vielmehr

Ein Held der Demokratie: Boris Jelzin vor dem amerikanischen Kongress

hat sein Erscheinen das Klima verbessert, in dem eine Abstimmung erfolgen wird ... Es fällt den Leuten jetzt leichter, politisch dafür zu stimmen.«[65] Die Kommentatoren waren sich jedoch einig, dass das Ergebnis davon abhängen werde, wie sehr Bush die Gesetzgeber unter Druck setzen wollte, um jene zu überzeugen, die sich in einem Wahljahr naturgemäß mehr Sorgen um Finanzspritzen für Amerikaner als für Russen machten. Es war hilfreich, dass er auf dem Gipfeltreffen darauf verwiesen hatte, dass Russland der Status der meistbegünstigten Nation im Handel gewährt werden sollte und dass die Bestimmungen für US-amerikanische Investitionen dort gelockert würden. Das, wie die Regierung hervorhob, öffne wiederum der amerikanischen Wirtschaft die Tür, und schaffe dadurch neue Arbeitsplätze in den USA.[66]

Um das Gipfeltreffen abzurunden und seine Wirkung zu verstärken, unterzeichneten Bush und Jelzin ein Dokument mit dem pompösen Titel »Charta für amerikanisch-russische Partnerschaft und Freundschaft«, in der sie sich verpflichteten, »die gemeinsamen demokratischen Werte und Menschenrechte und grundlegenden Freiheiten« zu verteidigen und zu fördern.[67] Bush hatte ihre Begegnung bereits als

»neue Art des Gipfeltreffens« angepriesen, »kein Treffen zwischen zwei
Mächten, die um globale Vorherrschaft ringen, sondern zwischen zwei
Partnern, die danach trachten, einen demokratischen Frieden aufzubauen«. Nach der Unterzeichnung brachte der US-Präsident es nochmals auf den Punkt: »Ein Erfolg für die russische Demokratie wird die
Sicherheit jedes einzelnen Amerikaners erhöhen.« Er nahm Anleihen
auf Franklin D. Roosevelt, als er »eine Zukunft frei von Angst« in Aussicht stellte. Aus diesem Grund, fügte er hinzu, »fordere ich den Kongress auf, rasch beim ›FREEDOM Support Act‹ zu handeln, damit die
amerikanische Hilfe Russland dann erreicht, wenn sie am dringendsten
gebraucht wird, nämlich jetzt«.[68]

Obwohl die Pressestelle des Weißen Hauses den allerersten russisch-
amerikanischen Staatsbesuch nach Strich und Faden ausgeschlachtet
hatte, blieb der Gesetzentwurf umstritten, insbesondere die kursie-
rende Zahl von fast 1 Milliarde Dollar an neuem Geld. Tatsächlich
wurde diese Summe mehr oder weniger gleichmäßig unter Russland
und elf weiteren ehemaligen Sowjetrepubliken auf der einen Seite und
neun Staaten in Osteuropa und im Baltikum auf der anderen Seite verteilt. Dabei hatten die Balten überzeugend argumentiert, dass sie als
gefangen gehaltene Nationen keine sowjetischen Nachfolgestaaten
seien, schließlich waren sie 1939 annektiert worden. Und so traten sie
nach der Wiedererlangung ihrer Unabhängigkeit im Herbst 1991 verständlicherweise nicht der GUS bei, und der Westen behandelte die
drei genauso wie die ehemaligen Länder des Warschauer Paktes. Insgesamt war die US-amerikanische Finanzhilfe für diese ehemals kommunistischen Staaten an die kontinuierliche Fortsetzung ihrer Transformation in Richtung Demokratie und freier Marktwirtschaft geknüpft.[69]

Allerdings brachte nicht nur das Preisschild die Kritiker auf. Kissinger, der ohnehin Bushs Russlandpolitik skeptisch gegenüberstand,
stellte die Grundprämisse dessen infrage, was er die Bush-Jelzin-»Charta
der Verwirrung« nannte – insbesondere die Behauptung, dass beide
Länder jetzt »die gleichen Ziele teilten« und »keine geopolitischen Fragen« mehr zwischen ihnen ständen. »Ist es klug«, fragte Kissinger,
»eine Politik auf die Annahme zu stützen, dass eine kaum drei Jahre alte
Entwicklung bereits einem jahrhundertealten Muster folge?« Bush –
von der Geschichte weniger belastet als der altgediente Staatsmann und

Historiker – war bereit, dieses Risiko einzugehen. Allem Anschein nach setzten er und Baker zumindest auf politischer Ebene voll auf die Vorstellung, wie Kissinger sagte, dass »liberale Demokratie und Marktwirtschaft ganz allein schon überall Frieden schaffen werden«.[70]

Diesen scharfen Worten zum Trotz ermöglichte das Gipfeltreffen Bush, sein Unterstützungsgesetz mit der überwältigenden Mehrheit von 76 zu 20 Stimmen durch den Senat zu bringen – nicht weniger als 43 Demokraten stimmten mit den 33 Republikanern. Ungeachtet mancher scharfer Kritik – ein Demokrat bezeichnete den Präsidenten als »betrunken von Außenpolitik« – akzeptierten die meisten Senatoren das Argument des republikanischen Wortführers Richard Lugar, dass die Hilfe »eine Investition in politische, wirtschaftliche und soziale Reform« sei, die »ein Vielfaches an Dividenden in neuen amerikanischen Exporten und den Einsparungen in unserem Verteidigungsbudget auszahlen werde«.[71]

Das Repräsentantenhaus ließ sich, wie sich zeigte, nicht so leicht überreden. Kritiker fragten nach den 100000 Rotarmisten, die immer noch in den baltischen Ländern stationiert seien, und nach den Grenzkonflikten, unter anderem jenem zwischen den sowjetischen Nachfolgestaaten Armenien und Aserbaidschan. War die ehemalige Sowjetunion überhaupt stabil und demokratisch genug, um eine so beispiellose Freigiebigkeit von »Uncle Sam« zu rechtfertigen? Und noch wichtiger für die meisten Demokraten: Was ist mit den Leuten im eigenen Land? »Ich weiß nicht, wie wir das für Russland oder irgendjemand anderen tun und weiterhin unsere eigenen Städte ignorieren können«, monierte die Repräsentantin Maxine Waters, deren Wahlbezirk in Los Angeles sich von den Krawallen Ende April immer noch nicht ganz erholt hatte.[72]

Die Umrisse einer Einigung zeichneten sich erst Anfang August ab, als Regierungsvertreter zögerlich einwilligten, die 370 Millionen Dollar an Ausgaben für einheimische Wohnungsbauprogramme zu beschleunigen und den Kommunen sage und schreibe 2 Milliarden Dollar an neuen Darlehensgarantien zur Verfügung zu stellen. So wurde der Eindruck erweckt, dass die Amerikaner gegenüber den Russen nicht zu kurz kamen. Außerdem stellten sich vier ehemalige Präsidenten hinter Bush: Ronald Reagan, Jimmy Carter, Gerald Ford und Richard Nixon schrieben am 3. August einen offenen Brief, in dem sie erklärten, dass

dies womöglich die wichtigste Abstimmung sei, die Mitglieder des
Kongresses jemals vornehmen würden.»Es könnte kaum mehr auf dem
Spiel stehen. Wenn wir diese historische Chance jetzt nicht beim Schopf
packen, könnte in Moskau und anderswo wieder eine autoritäre Herrschaft einziehen, die erwartete Friedensdividende könnte sich in Luft
auflösen, künftige Märkte und Arbeitsplätze für Amerikaner könnten
verloren gehen und Atomwaffen wiederum das Leben unserer Kinder
bedrohen.« Mit anderen Worten, das Erringen der »Friedensdividende« erforderte US-Engagement, keine Distanzierung.

Die Führung der Demokraten im Repräsentantenhauses griff die
Losung auf:»Wir können nicht sicher und angenehm und frei leben,
wenn in einem riesigen Land, das rund 30 000 Atomsprengköpfe besitzt,
Unruhe und Chaos herrschen«, konstatierte Lee Hamilton, der Vorsitzende des Unterausschusses für Europa und den Nahen Osten im Ausschuss für Auswärtige Beziehungen.»Wenn deren Reformen scheitern
oder aus der Bahn geraten, geht es uns allen schlechter.«[73]

Am 6. August wurde der FREEDOM Support Act mit einer deutlichen
Mehrheit von 255 zu 164 Stimmen im Repräsentantenhaus verabschiedet, darunter 95 Ja-Stimmen der Demokraten und 68 Nein der Republikaner. Unter anderen stimmte der Repräsentant Jamie L. Whitten, ein
Demokrat aus Mississippi, dafür, das einzige Mitglied des Repräsentantenhauses, das dort schon im Frühjahr 1947 gesessen hatte. Damals hatte
er für das Paket von 400 Millionen Dollar gestimmt, das gemäß Truman-
Doktrin den antikommunistischen Widerstand in Griechenland und der
Türkei stützen sollte. Damit hatten 45 Jahre US-amerikanischer Hilfsleistungen begonnen, mit dem Ziel, die Sowjetunion zu bekämpfen. Jetzt,
in einer historischen Kehrtwende, war der Kongress bereit, Milliarden
Dollar fließen zu lassen, um das neue Russland und seine Nachbarn
zu unterstützen. Das Kongressmitglied Newt Gingrich, der Fraktions-
chef der Republikaner, verglich die Abstimmung mit der Annahme des
Marshall-Plans zum Wiederaufbau Nachkriegseuropas und argumentierte gar, dass der Aufstieg Hitlers und der Zweite Weltkrieg hätten
verhindert werden können, wenn die USA Ende der Zwanzigerjahre der
Weimarer Republik stärker unter die Arme gegriffen hätten.[74]

Die Sommerpause und die notwendige Vermittlung zwischen den
Gesetzentwürfen des Senats und des Repräsentantenhauses nahmen

fast drei Monate in Anspruch. Erst am 24. Oktober – nur zwei Wochen vor den US-Wahlen – unterzeichnete Bush endlich den FREEDOM Support Act und setzte ihn damit in Kraft. Zusätzlich zu der einen Milliarde US-Dollar bilateraler Unterstützung, die an den Kauf amerikanischer Lebensmittel gekoppelt war, billigte das Gesetz eine Steigerung des amerikanischen Anteils an dem begleitenden IWF-Hilfspaket um 12 Milliarden Dollar. »Ich bin stolz, dass die Vereinigten Staaten diese historische Gelegenheit haben, Demokratie und freie Märkte in diesem außerordentlich wichtigen Teil der Welt zu unterstützen«, erklärte der Präsident. »Einmal mehr hat sich das amerikanische Volk zusammengeschlossen, um die Sache der Freiheit zu fördern, den Frieden zu erringen, zur Verwandlung ehemaliger Feinde in friedliche Partner beizutragen.« Wie üblich, spielte er die innenpolitischen Vorzüge hoch. »Durch den Beitrag zu einer gesünderen Weltwirtschaft wird der IWF Märkte für US-Exportunternehmen ausdehnen und mehr Arbeitsplätze für amerikanische Arbeiter schaffen.«[75]

Das Unterstützungsgesetz wurde im Grunde zum Bravourstück der US-Administration, um zu beweisen, dass der Präsident der Außenpolitik durchaus auch für das eigene Land etwas Gutes tun konnte. Bei einer Arbeitslosenquote von weit über 7 Prozent war diese Strategie, vor allem in einem Wahljahr, durchaus riskant. Mitte Juli, selbst nach dem amerikanisch-russischen Gipfeltreffen in Washington und der Entscheidung im Senat, rangierte Bushs Zustimmungsrate mehr oder weniger auf gleicher Höhe wie die Bill Clintons, der inzwischen als Kandidat der Demokraten bestätigt war. Der junge Mann aus Georgia strahlte Zuversicht und Energie aus. Das ganze Gegenteil von Bush, der inzwischen 68 Jahre alt war.[76] Also griff der Präsident zu einer ungewöhnlichen Maßnahme: Um seinen Wahlkampf auf Touren zu bringen, bat er James Baker, sich vom US-Außenministerium beurlauben zu lassen und den Posten des Stabschefs im Weißen Haus zu übernehmen. Aber selbst Mitte August, nach dem Konvent der Republikaner – der in der Regel einen starken Aufschwung brachte – kündigten die Umfragen ein Kopf-an-Kopf-Rennen an. Bush war zunehmend frustriert und niedergeschlagen – »alles ist hässlich und alles ist gemein«, notierte er in sein Tagebuch, wobei sich dort auch einige zuversichtliche Einträge finden: »Ich kann es schaffen; ich kann Clinton aus dem Rennen werfen; ihn ausschalten; ihn überholen; ihn gedanklich übertrumpfen; einen besseren Wahlkampf führen; und dann werden wir gewinnen«, schrieb er am 13. September.[77]

Selbst nach der Verabschiedung des FREEDOM Support Act aber sollte der größte Teil der Hilfe über internationale Institutionen kommen. Jelzin wiederum hatte voll erkannt, dass Bush und der US-Kongress nicht die Einzigen waren, die er für sich gewinnen musste. Am 1. Juni 1992 wurde Russland Vollmitglied des IWF und der Weltbank, nachdem es nun endlich die notwendigen Kriterien erfüllte. Aber das bedeutete auch, dass Russland sich jetzt mit diesen internationalen Institutionen über die Bedingungen einigen musste, unter denen Hilfsmittel freigegeben werden konnten. So wünschte sich der IWF eine feste Zusage seitens Moskaus, sein riesiges Haushaltsdefizit auf null zu reduzieren und die ungezügelte Vermehrung der Geldmenge unter Kontrolle zu bringen. Außerdem lag dem IWF daran, im ganzen ehemaligen sowjetischen Raum (mit Ausnahme des Baltikums natürlich) eine stabile »Rubelzone« zu schaffen. Gaidar, nach einer Kabinettsumbildung, um die Rechte zu besänftigen, inzwischen geschäftsführender Regierungschef, sah in all dem allerdings eine Katastrophe für Russland.[78] Und nach dem Erfolg von Jelzins Besuch in Washington forderte auch die US-Administration eindringlich eine gewisse Lockerung der Kriterien des Währungsfonds. »Wenn Boris Jelzin mit der Wirtschaftsreform keinen Erfolg hat, wird es ihm schwerfallen, Staatschef in Russland zu bleiben«, warnte ein hoher Regierungsvertreter. »Das könnte die demokratischen Reformen, die so sehr in unserem Interesse sind, ernsthaft gefährden. Das IWF-Abkommen ist der Schlüssel dazu.«[79] Nach hektischen zwei Wochen, darunter ein Last-Minute-Trip nach Moskau des IWF-Direktors Michel Camdessus zu einem Vieraugengespräch mit Jelzin, erzielten Russland und der IWF eine ausreichende Einigung, um die erste Tranche der Hilfsmittel in Form eines Darlehens in Höhe von 1 Milliarde Dollar freizugeben, wobei dies erst am Vorabend des G7-Gipfels geschah, der am 6. Juli in München zusammentrat.[80]

So konnten aber die Großen Sieben das IWF-Hilfspaket für Russland billigen. Wie aus ihrer Schlusserklärung vom 8. Juli hervorgeht, herrschte eine gewisse Erleichterung:

Wir befürworten die Stufenstrategie der Kooperation zwischen der russischen Regierung und dem IWF. Das wird es dem IWF gestatten, eine erste Kredittranche zur Unterstützung der dringendsten Stabilisierungsmaßnahmen innerhalb der nächsten Wochen auszuzahlen, während er weiterhin ein umfassendes Reformprogramm mit Russland aushandelt. Dieses wird den Weg frei machen für die volle Nutzung des Hilfspakets in Höhe von 24 Milliarden Dollar, das im April angekündigt wurde.[81]

Trotz dieser Erleichterung über eine Einigung beim IWF-Paket war die Stimmung in München spürbar gedrückt. »Es herrscht das Gefühl einer institutionellen Leere, einer Verbrauchtheit«, kommentierte ein hoher US-Regierungsvertreter vertraulich. »Nach der Euphorie über das Ende des Kalten Krieges ist eine Art Montagmorgen-Stimmung eingekehrt.« Und auch die Deutschen, die sich bislang so häufig der finanziellen Herausforderung gestellt hatten, klangen inzwischen zurückhaltender. Sie könnten den Übergang nicht in Gänze finanzieren, sagte Horst Köhler, damals Staatssekretär im deutschen Finanzministerium. Das sei auf keinen Fall machbar.[82] Die meisten Staats- und Regierungschefs der G7 sahen sich mit gravierenden Wirtschaftsproblemen im eigenen Land konfrontiert, die ihre Umfragewerte belasteten. Die missliche Lage Bushs war möglicherweise die schwierigste, doch Kohl hatte nunmehr die Rechnung für die deutsche Vereinigung vor Augen – finanziell ebenso wie politisch in Form eines Rechtsrucks bei den jüngsten Landtagswahlen. Auch Mitterrands Sozialisten erreichten in Umfragen einen Rekordtiefstand, und das unmittelbar vor dem französischen Referendum zum Maastricht-Vertrag im September 1992, in dem er sein Präsidentenamt gegen eine unwahrscheinliche, aber gefährliche Koalition aus Kommunisten, Gaullisten und dem Front National ins Feld führte. Und Kiichi Miyazawa aus Japan stellte klar, dass er sich auf die Ankurbelung seiner eigenen nachlassenden Volkswirtschaft konzentrieren wolle. Hilfe für Russland war unter Japanern auch wegen ihres langjährigen Streits mit Moskau um die Kurilen unpopulär. Stalin hatte die Inselgruppe am Ende des Zweiten Weltkrieges annektiert.[83]

Die G7 sahen sich allesamt mit dem konfrontiert, was Mitterrand den »düsteren Zustand der Weltwirtschaft« nannte: mit einem langsamen

Wachstum, hohen Zinssätzen, chronischen Haushaltsdefiziten und hohen Arbeitslosenquoten (in den USA 7,8 Prozent und 9,4 Prozent in der EG). Obwohl sie alle an derselben Krankheit litten, arbeiteten sie nicht richtig zusammen, sondern stritten sich um Angelegenheiten, in denen sie verschiedener Meinung waren, und zogen sich so gegenseitig nach unten. Am erstaunlichsten war, dass es den G7 einfach nicht gelingen wollte, eine Neuauflage des GATT-Abkommens von 1947 abzuschließen – eine Version, die den Herausforderungen am Ende des 20. Jahrhunderts gewachsen war. Während die Welt auf politischer Ebene in die Ära der Wendezeit eintrat, steckte die Weltwirtschaft, und wie sie geleitet wurde, noch in den Achtzigerjahren. Auf eine kreative Führung hoffte man vergebens.[84]

Der G7-Gipfel verwies allerdings auch auf die Grenzen von Russlands Wende nach Westen. Ungeachtet der Anstrengungen Bushs, aus dem Treffen die erste richtige G8-Runde zu machen, lehnten seine Kollegen dies ab.[85] Kohl war bezüglich der künftigen Entwicklung der russischen Wirtschaft besonders skeptisch und warnte den US-Präsidenten, dass Jelzin München schlichtweg nutzen werde, um um Geld zu betteln. Hinzu kam, dass Deutschland seine Russlandhilfe abwägen musste gegen die anhaltende Unterstützung, welche von Polen, der Tschechoslowakei, Ungarn, Bulgarien und Rumänien eingefordert wurde. Des Weiteren wetteiferten die GUS-Staaten untereinander und mit Russland. Hier, so Kohls Meinung, sollte sich der Westen aber besser raushalten. Dennoch betonte er, dass das spezielle Thema der Hilfe für Russland in diesem größeren Zusammenhang betrachtet werden müsse. Scowcroft warnte, indem er den Kontext noch stärker ausweitete, vor einem bald zu erwartenden chinesischen Anspruch auf einen Sitz am Tisch der führenden Industrienationen, falls Russland die Mitgliedschaft in der Gruppe gewährt werde. Deshalb, um die G7 nicht zu »verwässern«, kam man überein, von der G8 »demokratischer Staaten« zu sprechen.[86]

In dieser kritischen Angelegenheit – dem Status – bestand jedoch in der Praxis kaum ein Unterschied zwischen Jelzin im Jahr 1992 in München und Gorbatschow ein Jahr zuvor in London: Es handelte sich um Treffen der 7 + 1. Jelzin wurde nicht eingeladen, weil er einen mächtigen oder ebenbürtigen Staat repräsentierte, sondern weil er und sein Land »so schwach waren, dass sie eine potenzielle Gefahr für die glo-

bale Stabilität darstellten«. Bei all den schönen Worten über das neue
Russland befand sich Jelzin folglich sogar in einer noch prekäreren
Lage als sein Vorgänger, der immerhin noch ein anerkanntes ideologisches System und eine unbestreitbare Macht vertreten hatte. Jelzin
und Russland hingegen suchten »immer noch nach ihrer Identität und
ihrem Platz in der Welt«.[87]

Seine Bevölkerung tat sich wirklich schwer damit, dass Russland
von einem Staat imperialen Ranges zu einem Land postimperialen Ranges wurde. Der Historikerin Angela Stent zufolge, hatten zwar viele
Russen »den Kommunismus, die bankrotte, staatlich gelenkte Wirtschaft und die messianische globale Rolle der UdSSR abgelehnt«, konnten sich aber dennoch nicht mit dem Zerfall der Sowjetunion und dem
verheerenden Abstieg Russlands abfinden. Der Abzug der Roten Armee
aus Osteuropa und dem Baltikum wurde als besonders schwere Demütigung empfunden – es herrschte das Gefühl, dass »Russland betrogen
worden sei«, wie Mitterrand Bush in München warnte. Jahrhundertelang hatte Russland seine Nachbarn beherrscht, doch jetzt war es auf
jene Grenzen zurückgeworfen, die es Mitte des 18. Jahrhunderts umgeben hatten, noch vor der Einverleibung der Ukraine und der Expansion nach Osten und Westen also, die letztlich zur Entstehung des
Zarenreiches und dessen Nachfolgers, der Sowjetunion, geführt hatte.
Der Verlust des Territoriums, Ansehens und Einflusses nach 1991
schmerzte sehr.[88]

Wie zu erwarten, hatte Jelzin nicht die Absicht, zu Kreuze zu krie-
chen. In München wie auch in Washington machte er deutlich, dass er
nicht »auf die Knie fallen« werde. Botschafter Strauss gab sich alle
Mühe, dem US-Präsidenten Jelzins Mentalität näherzubringen, und
nannte die Gipfel im Sommer »prägende Ereignisse für seinen Füh-
rungsstil, seine Politik und für Russland als Mitglied der westlichen
Gemeinschaft«. Aus diesem Grund wollte Jelzin in Washington von
Bush »nicht wie Gorbatschow in seiner Glanzzeit« empfangen werden,
also als »der exotische Besucher aus einer anderen Welt, sondern aufgenommen als bewährter Freund wie Kohl und Major«.

Da Jelzins Russland, laut Strauss, jedoch »auf der Weltbühne nicht
mehr zu unilateralen Aktionen imstande war«, war es im Grunde
gezwungen, eine »besondere bilaterale Beziehung zu den Vereinigten

Staaten« anzustreben, um den eigenen Platz am Tisch der Großen auf
Dauer zu sichern. Und auch wenn »die Ausrichtung an den USA eine
Sache der eigenen Entscheidung und eine praktische Notwendigkeit ist,
so fördert dieser Gleichschritt mit uns doch Bedenken, dass Russland
womöglich keine Großmacht mehr ist«. Das wiederum sei, führte
Strauss aus, »in Moskau politisch unzulässig«. Immerhin werde Russland von der »ständigen Entschlossenheit getrieben, eine Großmacht
zu bleiben, die andere Großmächte als ebenbürtig zu respektieren
hätten«.[89]

Auf beiden Gipfeln hatte sich Jelzin große Mühe gegeben, sein Land
als stolze Macht mit einer großen imperialen Vergangenheit zu präsentieren. Tatsächlich sagte er, in einem besonders aufschlussreichen Kommentar, unmittelbar vor dem Gipfel in Washington, Russland sei »eine
Großmacht, wenn auch nur dank seiner Geschichte«. Er war auch nicht
ganz überzeugt, dass sich der Westen von seiner Vergangenheit verabschiedet hatte. »Der Kalte Krieg ist zu Ende«, sagte er in München,
»aber bislang haben wir in unseren Wirtschaftsbeziehungen keine Partnerschaft erreicht. Die Ost-West-Spaltung besteht immer noch.«[90]

Im Nachhinein betrachtet markierte ungefähr das erste halbe Jahr
der Ära Jelzin einen kurzen Flirt mit dem Westen – geprägt von den
russischen Illusionen bezüglich des Ausmaßes an Hilfe, die das Land
vom Westen bekommen würde, und von den unrealistischen westlichen Einschätzungen, wie schnell Russland eine Demokratie werden
und die wirtschaftliche Wende schaffen würde, damit es dem GATT-
Abkommen beitreten könnte. In dieser Anfangsphase lautete das Ziel
der Regierung Jelzin, wie sein Außenminister Kosyrew erklärte, »in die
Gemeinschaft der zivilisierten Länder der nördlichen Hemisphäre aufgenommen zu werden«.[91] Nach seinen Aussagen hatte Russland jetzt
die Chance, »gemäß allgemein anerkannter Regeln voranzuschreiten«,
die vom Westen erfunden wurden. Zudem war der Westen »reich«, und
Russland müsse »sich mit ihm anfreunden«. Früher oder später werde
Russland »ein ernster wirtschaftlicher Konkurrent« werden, aber
gleichzeitig auch ein »aufrichtiger Partner, der sich an die Spielregeln
der Weltmärkte hält«. Somit war der Beitritt in den »Club der erstklassigen Staaten« für Kosyrew keine Demütigung; es war eine Chance,
endlich als eine »normale, demokratische Macht« zu Europa zu gehö-

ren, eine, die über Kooperation, nicht über militärische Dominanz Einfluss ausübte.[92]

Allerdings musste man hinter die Begriffe »normal« und »demokratisch« Fragezeichen setzen. Immerhin wollte Russland, auch wenn es offensichtlich eine Integration anstrebte, auf keinen Fall vom Westen geschluckt werden oder sich etwas vorschreiben lassen. Und bei den Beziehungen zu den ehemaligen Sowjetrepubliken, die der GUS angehörten, konnte von Gleichberechtigung und Kooperation innerhalb einer neuen »Organisation« (die keinen vertraglichen Rahmen hatte) keine Rede sein; vielmehr handelte es sich um von Russland dominierte bilaterale Verbindungen. Das lehnte allen voran die Ukraine ab, die von Anfang an eine völlige Unabhängigkeit von Moskau angestrebt hatte und unablässig auf »gleichberechtigte Beziehungen« pochte. Die Gefahr einer russischen Intervention schwang unüberhörbar in den Äußerungen selbst des westlich orientierten Kosyrew mit, der als Sprecher Jelzins von einer »Zone gutnachbarlicher Beziehungen« entlang der russischen Grenzen sprach, allerdings eingeschränkt durch das Beharren darauf, dass die Nachfolgestaaten die »Rechte, Lebensbedingungen und Würde ethnischer Russen in den Staaten der ehemaligen UdSSR« achten müssten. Tatsächlich erklärte der russische Vize-Verteidigungsminister sogar, dass der Kreml »die Pflicht habe, alle Russen notfalls mit militärischen Mitteln zu schützen«. Und so wurde in den baltischen Staaten schon bald von einer »neuen Breschnew-Doktrin« getuschelt.[93]

Jelzin schwankte rhetorisch ständig zwischen einer westlichen und einer russischen Identität. Der Umstand, dass die russische Regierung verstärkt dazu neigte, Russlands Anspruch auf den Rang einer Großmacht zu behaupten, spiegelte nicht einfach einen außenpolitischen Imperativ wider. Jelzin hatte zudem mit einem Volksdeputiertenkongress zu kämpfen, der das Land im Grunde gar nicht mehr repräsentierte, weil die Abgeordneten gewählt worden waren, als die Sowjetunion noch existiert hatte. So wurde der Präsident aus verschiedenen Richtungen unter Beschuss genommen: von Ex-Kommunisten, die sich kaum verändert hatten,[94] von Radikalen in der Bewegung Demokratisches Russland und von nationalistischen Reaktionären, die allesamt sowohl seine Regierung als auch seine Politik ablehnten. Das ganze Jahr über war es ihm gelungen, Änderungsvorschläge an der Verfassung abzuwehren, die seine präsidialen Vollmachten beschnitten hätten. Als der Kongress vom 1. bis 14. Dezember 1992 wiederum tagte, war Jelzin jedoch gezwungen, seine außerordentliche Befugnis aufzugeben, Regierungsmitglieder nach eigenem Ermessen auszuwählen.[95]

Zu seinem Leidwesen stockte die Wirtschaftsreform inzwischen vollends. Die russische Industrieproduktion und der Handel waren gegenüber 1991 um über 25 Prozent zurückgegangen, und das Haushaltsdefizit lag bei 20 Prozent des BIP. Hinzu kam die Inflation, die obwohl sie deutlich gesunken war, noch immer bei haarsträubenden 25–30 Prozent monatlich grassierte (was einer Jahresrate von 2200 Prozent entsprach).[96] Ein wütender Kongress zwang daraufhin Jelzin, Gaidar fallenzulassen, den Architekten und die Symbolfigur des wirtschaftlichen Wandels in Russland. An seiner Stelle wurde Viktor Tschernomyrdin, ein erfahrener sowjetischer Apparatschik, am 14. Dezember 1992 vom Kongress als Regierungschef bestätigt. In den Gorbatschow-Jahren hatte er die Gasindustrie geleitet und war später stellvertretender Regierungschef für Brennstoffe geworden.

Tschernomyrdin war ein lautstarker Kritiker Gaidars. »Ich bin für Reformen und für ihre Vertiefung«, erklärte er in seiner ersten öffentlichen Rede, »aber ohne dass die Menschen verarmen«. Er verabscheute die Idee, »eine Nation der Ladenbesitzer« zu schaffen, und zielte eher darauf, Subventionen für staatlich geleitete Betriebe und eine gewisse staatliche Kontrolle über die Wirtschaft wiedereinzuführen. Dadurch, dass er Anstrengungen ankündigte, um das Netz der sozialen Absicherung zu stärken und Pensionen und Gehälter gemäß der Inflation anzuheben, signalisierte er überdeutlich seine konservativen Prioritäten. Doch diese Maßnahmen führten unweigerlich dazu, dass sich das Haushaltsdefizit vergrößerte. Als schließlich neue Kredite aufgenommen werden mussten, schwanden die ohnehin schwachen Hoffnungen im Westen auf eine wirtschaftliche Stabilisierung Russlands.[97]

Wie Gorbatschow vor ihm sah sich auch Jelzin gezwungen, einige Reaktionäre in seine Regierung aufzunehmen, um sie zu besänftigen, während er gleichzeitig unablässig sein gesamtes Umfeld gängelte, um stets die Fäden in der Hand zu behalten. Im größeren Rahmen betrachtet entwickelte sich seine Außenpolitik ebenso sehr zu einem Ringen um persönliche Macht wie um den internationalen Status Russlands.

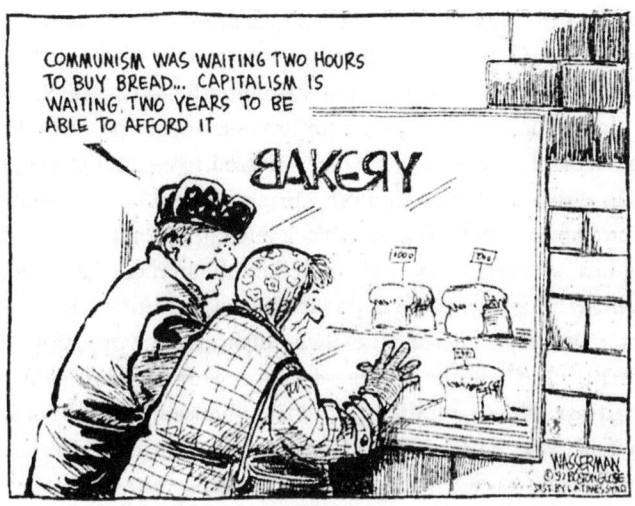

»Kommunismus hieß, zwei Stunden zu warten,
um ein Brot zu kaufen. Kapitalismus heißt, zwei Jahre zu warten,
bis man sich das Brot leisten kann.«

In Anbetracht der Unsicherheit in Russland und der Identitätskrise des Landes – trotz zunehmender sozioökonomischer Schwäche wollte es äußere Stärke demonstrieren – konzentrierte sich Kohl ebenso wie Bush ganz auf Jelzin. Bei ihm wusste man zumindest, woran man war. Und so griff der Bundeskanzler bei seinem ersten Besuch in Russland seit dem Zerfall der UdSSR (am 15./16. Dezember) noch einmal in die Tasche, in der Hoffnung, dass der Kreml seinen Kurs fortführen werde. Er kündigte einen Schuldennachlass für Moskau in Höhe von 11,2 Milliarden Dollar bis zum Jahr 2000 an und gab sich zugleich zuversichtlich, dass Jelzin die Probleme des Landes in den Griff bekommen werde. Die beiden Politiker vereinbarten darüber hinaus, den endgültigen Abzug ehemaliger sowjetischer Truppen aus Deutschland um vier Monate vorzuverlegen, auf den 31. August 1994. Im Gegenzug gab Deutschland zusätzlich 550 Millionen DM aus, um in Russland Wohnungen für die Rückkehrer zu bauen. Zu jener Stunde »erwies sich mein Moskau-Aufenthalt als richtig und notwendig«, schrieb Kohl später. »Doch ich hatte diese Reise bewusst auch als Demonstration angetreten, um Boris Jelzin zu stützen.« Gleichzeitig warnte allerdings das

Auswärtige Amt, dass die Veränderung in Russland ein nicht zu unter-
schätzendes Maß an Unsicherheit berge.[98]

Tatsächlich waren im Europa der Wendezeit keine neuen Sicherheitsinstitutionen entstanden, um das Gefühl der Ungewissheit in den Griff
zu bekommen. Der außerordentliche »Helsinki-II«-KSZE-Gipfel, der am
9./10. Juli 1992 stattgefunden hatte – jener Moment des Brückenbauens,
von dem Gorbatschow seit seinem Treffen mit Bush in Malta 1989
geträumt hatte – versagte völlig bei dem Versuch, diese Lücke zu füllen.
Die Zusammenkunft von sage und schreibe 52 Ländern[99] – die inzwischen
nicht nur sowjetische, sondern auch jugoslawische Nachfolgestaaten
involvierte – war ein viel zu schwerfälliges Forum, um ernsthafte Entscheidungen darin zu treffen, insbesondere wenn sich jeder Staats- oder
Regierungschef aus innenpolitischen Gründen gezwungen sah, zu jedem
Punkt seine Äußerungen zu Protokoll zu geben, wenn auch nur kurz.[100]

Die einzige nennenswerte Leistung der Zusammenkunft war die
Bekräftigung des Vorhabens von 1990, die konventionellen Truppen in
Europa abzubauen, das bereits auf dem Pariser KSZE-Gipfel vereinbart
worden war. Jetzt unterzeichneten 29 Länder einen Vertrag, der Obergrenzen für ihre auf europäischem Boden stationierten Streitkräfte fest-
legte.[101] Dem Abkommen zufolge, das beträchtliche Kürzungen der Zahl
der Panzer, Geschütze und Kampfflugzeuge vorsah, durfte Deutschland
345 000 Mann unterhalten, gegenüber mehr als 500 000 Soldaten zwei
Jahre zuvor. Die Obergrenze für Frankreich lag bei 325 000 Mann, für
Großbritannien bei 260 000 und für die USA bei 250 000, wobei es in
Washington auch Pläne gab, die tatsächliche Zahl auf 150 000 zu verringern. Die Obergrenze für Russland lag bei 1 450 000 und für die Ukraine bei 450 000 Mann.

Da sich Helsinki-II als Flopp entpuppte,[102] nahmen die Probleme des
neuen Europas unaufhaltsam zu. »All die alten Konflikte, Fehler, Unge-
rechtigkeiten und Animositäten erwachen auf einmal zu neuem Leben
und kommen einem wieder in den Sinn«, warnte Präsident Havel. »Der
plötzliche Ausbruch der Freiheit hat somit nicht nur die vom Kommunismus angelegte Zwangsjacke gelockert, er hat auch die jahrhunderte-
alte, häufig dornige Geschichte der Nationen enthüllt.« Ausgerechnet
sein eigenes Land stand kurz vor der Teilung. Nur eine Woche später
sollte sich das slowakische Parlament für unabhängig erklärten, gefolgt

von Verhandlungen, die den Weg frei machten für die samtene Scheidung zum neuen Jahr.[103]

Weit schlimmer waren die inzwischen in Jugoslawien tobenden grausamen ethnischen Konflikte, die mit solch einer friedlichen bilateralen Diplomatie unter den Beteiligten nicht in den Griff zu bekommen waren. Tatsächlich verbrachte Bush die meiste Zeit während des KSZE-Gipfels mit Besprechungen zum Thema ehemaliges Jugoslawien; und am Ende der Zusammenkunft schrieben alle 52 KSZE-Mitglieder förmlich Belgrad – das vom Gipfel ausgeschlossen worden war – die »Hauptverantwortung« für die Gewalt zu. Die Verpflichtung zu schärferen Sanktionen, im Verein mit einer Überwachung der Schifffahrt, kam jedoch von der NATO und den Kernstaaten der EU.[104] Die KSZE hatte sich nämlich als regionale Organisation unter der UN-Charter deklariert, welche dem Forum die Autorität gab, in Koordination mit der UNO die NATO, WEU und Streitkräfte einzelner Staaten aufzurufen, Frieden sichernde Truppen bereitzustellen.

Institutionell aber scheiterte die KSZE, da sie weder »*hard security*«- noch »*follow-through*«-Kapazitäten bieten konnte. Sie erwies sich einmal mehr weitgehend als Debattierclub.[105] Dem sogenannten »Gewissen des Kontinents« (Baker) fehlte es an echtem politischen Einfluss auf der internationalen Bühne. Es war schlichtweg »keine Sicherheitsorganisation«.[106]

Somit hing auch im Fall Jugoslawiens die Überwachung der neuen Weltordnung von den Instrumenten der alten ab. Und die Implosion des Balkans in einem völkermörderischen Krieg erwies sich als weit härtere und komplexere Herausforderung als die Vertreibung Saddam Husseins aus Kuwait – also allem, was Bush und seine Partner in den vergangenen drei Jahren erreicht hatten.

*

Der Konflikt in Jugoslawien war am 25. Juni 1991 ausgebrochen, als das kroatische und das slowenische Parlament die Unabhängigkeit ausriefen. Einen Tag später begannen erste Gefechte, als die Slowenen mit der Jugoslawischen Volksarmee (serbisch abgekürzt: JNA) um die Kontrolle über die 27 Grenzübergänge ihres Landes kämpften. Am 29. Juni

willigten die rebellischen Republiken nach einer Vermittlung durch die
EG (die zu den Abkommen von Brioni führte) ein, ihre Unabhängigkeitserklärungen für drei Monate auszusetzen, unter der Bedingung,
dass die Bundestruppen in ihre Kasernen zurückkehrten. Die Atempause war jedoch nur vorübergehend.[107]

Warum artete das Ende des Kommunismus und der territoriale Wandel in Jugoslawien in solch gewalttätigen Auseinandersetzungen aus?[108]
Der südslawische Bundesstaat war zweimal künstlich geschaffen worden: Wie die Tschechoslowakei war er 1918 nach dem Ersten Weltkrieg
als Königreich der Serben, Kroaten und Slowenen gegründet worden.
Im Jahr 1946, nach der kommunistischen Machtübernahme, wurde er
dann umbenannt in Föderative Volksrepublik Jugoslawien, später, 1963,
in Sozialistische Föderative Republik Jugoslawien. Doch diese vermeintliche nationale Eigenstaatlichkeit überdeckte die historischen Feindseligkeiten und religiösen Spannungen, die Jahrhunderte zurückreich-
ten, lediglich mit einem dünnen Firniss der Einheit. Jugoslawien war in
Wirklichkeit tief gespalten, erstreckte es sich doch über Trennlinien
zwischen Katholizismus, Orthodoxie und Islam. Zudem gab es Spannungen zwischen den Serben, der dominierenden Nationalität, und den
übrigen Volksgruppen, mit denen sie jeweils eine eigene, häufig feind-
selige Geschichte verband – vor allem mit den Muslimen (den Nach-
fahren der ehemaligen osmanischen Herrscherelite), die hauptsächlich
im Kosovo und in Bosnien vertreten waren, aber auch mit den katholischen Kroaten, denen man ihre Rolle als Klientelherrscher der National-
sozialisten während des Zweiten Weltkriegs nicht verziehen hatte.[109]

Die maßgebliche Kraft, die diesen zänkischen, multiethnischen Staat
zusammengehalten hatte, war der langjährige Anführer der Kommunisten Josip Tito gewesen. Die Einheit lag ihm im Blut – sein Vater war
Kroate und die Mutter Slowenin; zudem strahlte er als Partisanenführer,
der 1944/45 den Deutschen die Unabhängigkeit abgerungen und sich
1948 erfolgreich aus Stalins Block verabschiedet hatte, ein besonderes
Charisma aus. Mit Titos Tod im Jahr 1980 fiel nicht nur das wichtigste
einigende Element weg, sondern zugleich auch die Person, die die serbische Dominanz innerhalb des Bundesstaates kaschiert hatte. Doch der
blutige Zerfall, zu dem es ein Jahrzehnt später kam, wäre keineswegs
unvermeidlich gewesen.

Wie in den von der Sowjetunion dominierten Staaten Osteuropas begann auch in Jugoslawien in den Achtzigerjahren eine Phase der dramatischen wirtschaftlichen Verschlechterung. Und die Aushöhlung der kommunistischen Autorität während der Revolution Gorbatschows löste das ideologische Bindemittel auf, das die Föderation auf dem Balkan zusammenhielt. In diesem Kontext brachen die latenten Spannungen zwischen und innerhalb der Republiken Jugoslawiens von neuem aus und verschärften sich am Ende des Jahrzehnts rapide. Das lag nicht zuletzt daran, dass der Zusammenbruch des kommunistischen Regimes in Belgrad, ähnlich wie in Moskau, zu einem Anstieg der nationalistischen Agitation führte. Unter mehreren opportunistischen Politikern ragte Slobodan Milošević heraus − ein kommunistischer Apparatschik, der jetzt die Gelegenheit nutzte, sich als extremer serbischer Nationalist neu zu erfinden und die zunehmende nationalistische Stimmung zu seinen Zwecken zu nutzen. Sein Hauptangriffsziel war das Kosovo, eine autonome Provinz Serbiens, in der die Bevölkerung mehrheitlich aus albanischen Muslimen bestand. Er instrumentalisierte den 600. Jahrestag der Schlacht auf dem Amselfeld (Kosovo Polje) − in der Fürst Lazar von Serbien 1389 von den osmanischen Türken besiegt worden war −, um eine antimuslimische Stimmung zu schüren, indem er die Überreste Lazars durch das ganze Land tragen ließ. Wenig später hob er mit einer neuen serbischen Verfassung die Autonomie der Region auf, und die Provinz wurde komplett in die Republik Serbien integriert.[110]

Die postkommunistische Liberalisierung Osteuropas spielte Milošević ebenfalls in die Hände. Im Jahr 1990 machte Jugoslawien einen eigenen demokratischen Wandel durch, als jede einzelne Republik beschloss, Mehrparteienwahlen abzuhalten. Es sollte sich als von schicksalhafter Bedeutung erweisen, dass keine gesamtjugoslawische Bewegung als politische Kraft hervortrat. Und die neuen nichtkommunistischen Regierungen waren, wie sich zeigte, nicht so ohne weiteres bereit, sich dem serbischen Willen zu fügen. Deshalb sicherten die Wahlen von 1990 keineswegs die Einheit, geschweige denn den Frieden. Tatsächlich löste Miloševics gieriger Griff nach der Macht im ganzen Bundesstaat, gestützt auf seinen Einfluss über die serbisch dominierte Volksarmee, in ganz Jugoslawien Gegenreaktionen aus.[111]

Der Nationalismus erhebt sein hässliches Haupt: Slobodan Milošević

Die reicheren Republiken im Nordwesten, Slowenien und Kroatien, forderten nachdrücklich eine losere Konföderation souveräner Staaten, aber Milošević drängte – unter dem Vorwand als Verteidiger der jugoslawischen Einheit zu handeln – auf eine verstärkte Zentralisierung. Schlimmer noch: Wenig später forderte er ein »Groß-Serbien«, dem auch jene Teile der Nachbarrepubliken angehören sollten, die hauptsächlich von Serben bewohnt waren. Dieser Vorstoß führte unter den anderen Nationen Jugoslawiens zu großer Unsicherheit. In der Folge verschärften der von Belgrad initiierte bewaffnete Aufstand der kroatischen Serben in der Region Krajina[112], um in den Schoß Serbiens zurückzukehren, und die gewaltsame Unterwerfung der Provinz Kosovo den innerjugoslawischen Konflikt nur noch.

Im Frühjahr 1991, nach dem serbischen Auszug aus dem jugoslawischen Präsidialrat im März, war jede Hoffnung auf eine Einigung über neue jugoslawische konföderative Strukturen verflogen. Gleichzeitig brach die Wirtschaft zusammen: Der Versuch der Zentralregierung, eine Schocktherapie anzuwenden, ließ sich in den zerstrittenen Provinzen unmöglich durchsetzen. Unter diesen Umständen kam außerdem keine westliche Hilfe – die schwelende Krise heizte sich zum Siedepunkt auf. Kroaten, Slowenen und Serben hatten eine Koexistenz de facto bereits aufgegeben; und die wachsende ethnische Polarisierung innerhalb Bosnien-Herzegowinas kündigte den erbittertsten und längsten Konflikt aller Balkankriege an.[113]

Warum war das internationale Krisenmanagement so wirkungslos?[114] Warum war eine samtene Trennung nach dem Muster der Tschechoslowakei auf dem Balkan nicht möglich? Immerhin schrieb die Charta von Paris für ein neues Europa, die im November 1990 auch von Jugoslawien als Signatarstaat unterzeichnet worden war, die Verpflichtung zu »Menschenrechten und Grundfreiheiten«, insbesondere zu den Rechten nationaler Minderheiten, vor.[115] Die KSZE verfügte jedoch über keine Kapazitäten − weder militärische noch politische − für ein effektives Handeln. Und die letzte verbliebene Supermacht, die Vereinigten Staaten, waren in den Jahren 1989–1991 bei sämtlichen sezessionistischen Bewegungen im Fall der UdSSR − ihrer geopolitischen Hauptsorge − außerordentlich zurückhaltend gewesen, um bloß kein Rezept für Anarchie zu liefern. Gorbatschow sagte im Juli 1991 zu Bush: »Selbst ein teilweiser Zerfall dieses Landes [Jugoslawiens] kann eine Kettenreaktion auslösen«, schlimmer als eine Atomreaktion. Vor allem machte er sich um die UdSSR und Osteuropa Sorgen und warnte: »Hier geht es nicht allein um Jugoslawien. In der Welt gibt es eine Unmenge echter oder vermeintlicher Probleme mit nationalen und ethnischen Minderheiten. Wenn man nach diesem Kriterium Staatsgrenzen zieht, provoziert man ein heilloses Chaos.«[116] Bush musste nicht lange überredet werden. Wie Baker später erklärte: »In dieser Zeit waren die Interessen der USA sehr viel mehr durch die ständige Verschlechterung der Lage in Moskau gefährdet, und Präsident Bush wie ich zogen es vor, unsere Aufmerksamkeit auf diese Herausforderung zu konzentrieren. Sie war es, die für uns gewaltige Folgen haben konnte, man denke nur an die Atomwaffen.«[117] Washington betrachtete deshalb die Unabhängigkeitsbewegungen auf dem Balkan mit der gleichen Vorsicht wie zuvor im Baltikum und im Kaukasus − zumindest bis zum Auseinanderbrechen der UdSSR im Dezember. Und zu diesem Zeitpunkt war die Tendenz in Richtung Desintegration und Bürgerkrieg in Jugoslawien bereits weit fortgeschritten. Folglich war im Jahr 1991 eine US-amerikanische Intervention auf dem Balkan so gut wie unvorstellbar.

Freilich hatten die Vereinigten Staaten, gedeckt von mehreren Resolutionen des UN-Sicherheitsrates, im selben Jahr bereits einen Feldzug
in Kuwait geführt. Doch die Lage war dort völlig anders gewesen; und
ganz eindeutig stand für die USA das nationale Interesse auf dem Spiel:
die Sorge um den gesicherten Fluss von Erdöl aus dem Nahen Osten
und die unvergessliche Analogie zu Hitler in den Dreißigerjahren.[118]

Man hoffte natürlich, dass dieser Einsatz die neue Weltordnung
bewahren und andere Möchtegern-Potentaten abschrecken würde: Die
Vereinigten Staaten hatten keineswegs den Wunsch, ständig die Welt-
feuerwehr zu spielen. Da Bush jedoch wiederholt zu starken Worten
griff, entstand allerdings ein ganz anderer Eindruck. Am 6. März 1991
etwa erklärte er in der Euphorie nach dem Sieg am Golf vor dem Kongress, man baue an einer Welt, »in der Freiheit und Respekt für die
Menschenrechte unter allen Nationen eine Heimat finden werden«.[119]
Einen Monat später erklärte er, die neue Weltordnung definiere »eine
uns von unserem Erfolg auferlegte Verantwortung, Aggression abzuschrecken und Stabilität zu erreichen«; denn, »was uns zu Amerikanern macht, ist unsere Treue zu einer Idee, dass alle Völker auf der
ganzen Welt frei sein müssen«.[120] Natürlich nahmen viele Kroaten, Slowenen und Albaner ihn beim Wort. Doch für die USA und den Westen
war der sich zusammenbrauende Balkankonflikt letztlich eine inner-
jugoslawische Angelegenheit – kein Bruch des Völkerrechts – und gab
somit keinen Anlass für eine externe Einmischung, schon gar nicht mit
militärischen Mitteln und ohne sowjetische Zustimmung.[121]

Das schloss natürlich nicht aus, diplomatisch aktiv zu werden. In
einem Versuch, Jugoslawien noch in letzter Sekunde zusammenzuhalten, reiste Baker am 21. Juni 1991 nach Belgrad zu einem zwölfstündi-
gen Marathon, an dem alle sechs Parteien beteiligt waren. Er sprach
sich vehement für eine Deklaration aus, die zwei Tage zuvor von der
ersten Sitzung des KSZE-Ministerrats verabschiedet worden war. Die
Minister äußerten sich überaus besorgt und betonten, man unterstütze
»die demokratische Entwicklung, die Einheit und territoriale Integrität
Jugoslawiens«. Ferner riefen sie zu einem anhaltenden Dialog unter
allen Parteien auf, zur »friedlichen Lösung der gegenwärtigen Krise«.
Baker machte gegenüber den Slowenen und Kroaten deutlich, dass ihre
Unabhängigkeitserklärungen von den USA nicht anerkannt würden

und dass man sie zur Verantwortung ziehen werde, falls es zur Gewalt kommen sollte. Er deutete unter vier Augen gegenüber dem jugoslawischen Ministerpräsidenten Ante Marković sogar an, dass der Einsatz der JNA, um Slowenien gewaltsam daran zu hindern, die eigenen Grenzposten zu kontrollieren, unter Umständen eine logische Entscheidung sein könnte. Von irgendwelchen US-amerikanischen Vergeltungsmaßnahmen, sei es militärischen oder anderen, war keine Rede; allerdings warnte Baker Milošević, dass er zum Paria werde, falls er seine serbische expansionistische Agenda fortsetze.[122]

Wie zu erwarten, zeigte nichts davon große Wirkung auf die Protagonisten: Die slowenischen und kroatischen Republikchefs strebten weiter nach Unabhängigkeit und Milošević ließ sich nicht von dem Versuch abschrecken, sie dabei aufzuhalten. Tatsächlich kaschierte Bakers offensichtliche Unentschlossenheit eine Voreingenommenheit gegenüber Milošević. Wie Robert Hutchings, der für Europa zuständige Abteilungsleiter des Nationalen Sicherheitsrates der USA, festhielt:»Indem wir gleichermaßen vor unilateralen Unabhängigkeitserklärungen und dem Einsatz von Gewalt warnten, um die Föderation zusammenzuhalten, sanktionierten wir allem Anschein nach Letzteres, falls die Slowenen und Kroaten zu Ersterem greifen sollten.«[123] Milošević wusste jetzt auch − nicht zuletzt weil der SACEUR (Supreme Allied Commander, Europe) der NATO im Juni öffentlich erklärt hatte, das Bündnis werde»in Jugoslawien nicht intervenieren« −, dass Amerika also nicht die Absicht hatte, ihn mit Gewalt zu stoppen.[124]

Bushs Tagebucheinträge veranschaulichen eindrucksvoll, was in ihm vorging. Er war davon überzeugt, dass es nicht im nationalen Interesse der Vereinigten Staaten lag, nach zwei Weltkriegen und dem Kalten Krieg am Ende des 20. Jahrhunderts einen weiteren, wenn auch regionalen Krieg in Europa auszutragen, der höchstwahrscheinlich viele Menschenleben fordern würde − schon gar nicht in einer Region von unbedeutendem wirtschaftlichen oder strategischen Wert. Das deckte sich auch mit dem einheimischen Druck, insbesondere von Seiten der Demokraten, dass es an der Zeit sei, die»Friedensdividende« der Wendezeit zu kassieren, indem man einen eher zurückhaltenden außenpolitischen Kurs einschlug. Am 2. Juli 1991 schrieb der Präsident: »Jugoslawien steht am Rande eines Bürgerkrieges. ... Das ist ein Konflikt von der Sorte, wo ich den führenden Leuten gesagt habe: ›Wir wollen nicht einmal einen Hund in diesen Kampf schicken.‹ ... Die Vorstellung, dass wir jedes Problem überall auf der Welt lösen müssen, ist verrückt. Ich denke, das amerikanische Volk versteht das. Ich möchte nicht isolationistisch erscheinen; ich möchte keineswegs den Wünschen jener Amerikaner, die aus diesem Teil der Welt stammen, den Rücken zuwenden; aber ich glaube nicht, dass man von uns erwarten kann, jedes Problem an jedem beliebigen Ort auf der Welt zu lösen.«[125]

Während Washington froh darüber war, sich aus Jugoslawien herauszuhalten, war Europa bereit, sich der Herausforderung zu stellen. Nach der Operation Desert Storm hielten viele EG-Staatschefs es für nötig, in der internationalen Politik aktiver aufzutreten. Und die Verhandlungen über eine wirtschaftliche, monetäre und politische Union, die zum Gipfeltreffen in Maastricht im Dezember 1991 führen sollten, weckten die Erwartung einer europäischen Supermacht. Der förmliche Übergang von der loseren Europäischen Gemeinschaft zur engeren Europäischen Union sollte in nicht einmal einem Jahr vollzogen werden. Anlässlich des Jugoslawienkonflikts bot sich, wie es schien, eine Gelegenheit, »Europa« als unabhängige Kraft zu präsentieren, das mit einer Stimme sprach und handelte, insbesondere in einer Krise, die ein europäisches Land betraf.[126] »Dies ist die Stunde der Europäer – nicht die Stunde der Amerikaner«, erklärte Jacques Poos, der luxemburgische Außenminister, am 28. Juni 1991 hochtrabend in seiner Funktion als Vorsitzender des Auswärtigen Ausschusses der EG. »Wenn ein Problem von den Europäern gelöst werden kann, so ist es das jugoslawische Problem. Es ist ein europäisches Land, und das ist nicht die Sache der Amerikaner«, oder von irgendjemand anderem.[127]

Das Problem war, dass die Politik der EG – genau wie die der KSZE – die eigene Vergangenheit widerspiegelte und in diesen historischen Beschränkungen feststeckte. Die Europäische Gemeinschaft war als ein Friedensprojekt auf den Trümmern zweier Weltkriege in einem Versuch entstanden, aggressiven Nationalismus einzudämmen. Man durfte auf keinen Fall zulassen, dass die Jugoslawienkrise die Aussicht auf ein stabiles und friedlich vereintes Europa nach dem Kalten Krieg zunichtemachte. Tatsächlich rief der Konflikt bei manchen Erinnerungen an den Beginn des 20. Jahrhunderts wach, als der Balkan zum Pulverfass für den Ersten Weltkriegs wurde, den der amerikanische Diplomat George Kennan 1979 als »die Ur-Katastrophe dieses Jahrhunderts« bezeichnete.[128] In einer völligen Fehleinschätzung der Lage vor Ort hofften die westlichen Staats- und Regierungschefs, dass die jugoslawischen Völker, wenn man sie überreden konnte, diese europäische Vision ihrerseits zu übernehmen, gewiss ihre schon einmal überkommenen alten Streitigkeiten aufgeben würden.

Die Europäer hatten aber auch noch eine ganz praktische Überlegung im Hinterkopf: Im Hinblick auf eine mögliche Erweiterung der Gemeinschaft wäre es einfacher, ein einziges Jugoslawien zu integrieren, als sechs kleine separate Länder. Also lockte die EG mit der Mitgliedschaft in der Gemeinschaft. Dieses Zuckerbrot sollte die Jugoslawen für die Einheit gewinnen.[129] Im Namen der EG sprachen sich im Mai 1991 Jacques Delors und Jacques Santer für ein ganzes Jugoslawien aus und boten Wirtschaftshilfe in Höhe von 4–5 Milliarden Dollar an – allerdings unter der Bedingung, dass Jugoslawien ein einheitlicher Markt bleibe, mit einer einzigen Armee und einer gemeinsamen Außenpolitik, gestützt auf ein gemeinsames System zur Wahrung der Menschen- und Minderheitenrechte. Aber diese illusorische Strategie der EG spornte Milošević lediglich an, seine expansionistische Kampagne gegen Kroatien und Bosnien-Herzegowina fortzusetzen, indem er die Errichtung eines Groß-Serbiens als Verteidigung Jugoslawiens kaschierte – wenn auch bereits de facto ohne Slowenien. Der Versuch der EG, den zerbrochenen jugoslawischen Bundesstaat zu erhalten, bewirkte nur, dass die Gewalt geschürt wurde.[130]

Im Großen und Ganzen erkannten die westlichen Politiker dies damals jedoch nicht. Stattdessen überwog die Ansicht, dass die Unabhängigkeitserklärungen eine »Gefahr für die Stabilität und das Wohl der Völker Jugoslawiens« seien.[131] Anders gesagt, die aufmüpfigen, nordwestlichen Republiken trugen die Schuld an den Unruhen, nicht das aggressive Auftreten Miloševićs. Der französische Außenminister Roland Dumas warnte, das Vorgehen Sloweniens und Kroatiens könne »die Sprengung Jugoslawiens auslösen«. Natürlich strebten sie, fügte er hinzu, »mehr Freiheit« an. »Es ist das Recht eines Volkes, sein eigenes Schicksal zu bestimmen. Aber wir werden von der internationalen Ordnung eingeschränkt.« Er äußerte die Hoffnung, dass die

jugoslawischen Nationalitäten »eine neue Lösung für ein Zusammen-
leben finden« werden, und betonte ferner: »Es ist nicht die Aufgabe
der EG, die Unabhängigkeit der Völker zu fördern.«[132] Ähnlich erklärte
das britische FCO: »Wir und unsere westlichen Partner haben eine eindeutige Präferenz für den Fortbestand der jugoslawischen staatlichen
Einheit.« Die Geschichte immer vor Augen formulierte Außenminister
Douglas Hurd: »Jugoslawien wurde im Jahr 1919 ins Leben gerufen, um
das Problem zu lösen, dass unterschiedliche Völker auf dem gleichen
Teil der Balkanhalbinsel leben mit ihrer langen Geschichte einander
gegenseitig bekämpfender Volksgruppen.«[133]

Die Franzosen, die so erpicht auf eine vereinigte Europäische Union
gewesen waren, hatten andere historische Bedenken. Präsident Mitterrand warnte vor einem Europa der Stämme (»tribus«),[134] weil er fürchtete,
dass die Zersplitterung auf dem Balkan und in ganz Osteuropa womöglich Deutschlands alten »Drang nach Osten«[135] heraufbeschwören und
einen »teutonischen Block« in Mitteleuropa schaffen könnte. Das würde
nicht nur das europäische Kräftegleichgewicht destabilisieren, sondern
könnte auch die Bindungen Deutschlands an die Europäische Gemeinschaft lockern. Das finstere Schreckgespenst der Vergangenheit war im
französischen Denken allgegenwärtig, und das Misstrauen, das Mitterrands Beziehung zu Kohl im Verlauf der deutschen Vereinigung getrübt
hatte, machte sich einmal mehr bemerkbar – vor allem, weil sich die USA
aus dieser jüngsten europäischen Krise heraushielten.[136]

Dabei waren die französischen Ängste nicht völlig aus der Luft
gegriffen. Angesichts des Scheiterns der EG- und KSZE-Politik sollte
Deutschland tatsächlich in Kürze auf eigene Faust handeln – allerdings
auf eine ganz andere Art, als es sich die Franzosen ausgemalt hatten.
Das ganze Frühjahr 1991 über hatten die Deutschen an der Seite Amerikas und ihrer europäischen Partner gestanden. Höhepunkt dieser
diplomatischen Bemühungen war die Erklärung des KSZE-Ministertref-
fens zu Jugoslawien am 20. Juni in Berlin gewesen. Nach den Unabhängigkeitserklärungen wechselte Bonn jedoch die Seiten. Deutschland
hatte nicht nur die mit Abstand größten Wirtschaftsinteressen in der
Region – es war Jugoslawiens wichtigster Handelspartner, wobei die
Hälfte der Investitionen in Kroatien und Slowenien angesiedelt waren –,
es hatte auch selbst erst kurz zuvor (bei der deutschen Wiedervereini-

gung) einzigartige Erfahrungen mit der Anwendung des Prinzips der
Selbstbestimmung gemacht. Aus wirtschaftlicher Sicht und, man
könnte sagen, der eigenen mentalen Landkarte folgend, nahm Deutschland deshalb eine herausragende Stellung zwischen den beiden Hälften
des Kontinents ein.[137]

Auf dem EG-Ratstreffen in Luxemburg am 28. Juni bezog Kohl ganz
offen Partei für die Slowenen und Kroaten: Es sei inakzeptabel, dass
heutzutage in Europa Menschen erschossen würden und dass plötzlich
das Recht auf Selbstbestimmung keine Rolle mehr spielen solle. Mitterrand entgegnete:»Die Europäische Gemeinschaft sollte sich nicht gegen
Selbstbestimmung aussprechen, aber man sollte ihr auch nicht vorwerfen können, dass sie die territoriale Integrität auf die leichte Schulter
genommen habe.« Die Franzosen wurden unter anderen von den Spa-
niern unterstützt, die sich wegen der Nebeneffekte Jugoslawiens auf
ihre eigenen Minderheitenprobleme mit separatistischen Basken und
Katalanen Sorgen machten, und von den Italienern, die Angst hatten,
die Krise auf dem Balkan könne über die Grenze zu ihnen übergreifen.
Den Südeuropäern stand das deutsche Lager gegenüber, dem auch die
Dänen angehörten. Sie unterstützten die Slowenen und Kroaten ebenso
wie seinerzeit schon die baltischen Völker. Die Vereinigten Staaten hielten sich unterdessen zurück – ohne irgendwelche Anstalten zu machen,
das Patt aufzulösen.[138]

Wie Baker später anmerkte, herrschte in Washington die Auffassung,
dass die Europäer beweisen sollten, dass sie fähig waren, die europäischen Sicherheitsprobleme selbst in den Griff zu bekommen, oder –
alternativ und, nach Ansicht mancher, sogar noch besser – allen vor
Augen führen würden, dass sie dazu außerstande waren. Wie Lawrence
Eagleburger meinte:»Man sollte es darauf ankommen lassen ... [Die
Europäer] werden es vergurken, und das wird ihnen eine Lehre sein«,
zukünftig »die Lasten zu teilen«. Auf diese gehässige Anmerkung
folgte ein Bruch mit einigen Westeuropäern (vor allem den Franzosen)
im Hinblick auf die Beziehung zwischen der von den USA angeführten
NATO (aus deren Kommandostrukturen sich Frankreich ja schon unter
de Gaulle verabschiedet hatte) und der Westeuropäischen Union
(WEU) – einer von Frankreich dominierten Gruppe aus neun EG-Staaten. Die Mitglieder der WEU behaupteten von sich, ihre Organisation

sei der Embryo der separaten Verteidigungsidentität, die Europa in der Welt nach dem Kalten Krieg brauche – unabhängig von den Vereinigten Staaten. Für Kritiker in Washington wie Eagleburger wollte Europa allem Anschein nach am liebsten beides haben: Amerika sollte »dabei« sein, gleichzeitig aber wollte man die Angelegenheiten am liebsten selbst regeln. Auf jeden Fall hatten die USA nicht die Absicht, sich in etwas hineinziehen zu lassen, das sich ohne weiteres zu einem »europäischen Vietnam« auswachsen konnte.[139]

Deshalb ließen die Amerikaner die Europäer weiterwursteln, als Serbiens »Aggressionskrieg« im Jahr 1991 Tausende von Menschenleben forderte – unmittelbar vor der Haustür der Europäischen Gemeinschaft. Deutschland bekam seinen Willen, dass »Aktionen« nicht der KSZE, sondern weitgehend der EG überlassen wurden. Dabei bläute Genscher seinen europäischen Kollegen ein, dass die »serbische Verantwortung« ausdrücklich anerkannt werden müsse. Folglich verurteilte die EG den »illegalen« Einsatz von Gewalt, drohte weitere Sanktionen an, gründete einen »Schlichtungsausschuss« und berief eine Friedenskonferenz am 7. September in Den Haag ein. Doch diese Bemühungen waren größtenteils heiße Luft.[140]

Das Thema wurde danach vom UN-Sicherheitsrat in New York aufgegriffen,[141] der bislang hinter der EG und der KSZE zurückgestanden hatte. Doch alle Hoffnungen, Unterstützung für eine internationale militärische Intervention nach Kapitel VII der UN-Charta zu bekommen, lösten sich schon bald im Nichts auf. Es war nicht nur offensichtlich, dass die Vereinigten Staaten kein Interesse hatten, sich militärisch zu engagieren, darüber hinaus gab die Koalition der strammen »Verteidiger der Souveränität« im UN-Sicherheitsrat (wie China, Indien und mehrere asiatische, afrikanische und lateinamerikanische Staaten) den Ton an. Sie lehnten jegliche Einmischung in die, in ihren Augen, inneren Angelegenheiten eines anerkannten Staates ab – nicht zuletzt die eines führenden Mitglieds der blockfreien Bewegung. Somit verabschiedete der Sicherheitsrat Ende September Resolution 713, die sämtliche Staaten aufforderte, »sich jeglicher Handlungen zu enthalten, die zur Erhöhung der Spannungen und zur Behinderung oder Verzögerung eines friedlichen und auf dem Verhandlungsweg herbeigeführten Ausgangs des Konflikts in Jugoslawien beitragen könnten«. Die Resolution verhängte darüber hinaus ein »allgemeines und vollständiges Embargo« für sämtliche Lieferungen von Waffen und militärischer Ausrüstung nach Jugoslawien.[142] Mit diesem Schritt verschaffte die UNO der JNA und dem serbischen Block de facto eine optimale Ausgangsposition. Die Hauptbotschaft der UNO lautete nämlich in Wirklichkeit Nichteinmischung – also alles andere als Handeln. Die Ernennung von Cyrus Vance, dem ehemaligen US-Außenminister unter Jimmy Carter, zum Sondergesandten des UN-Generalsekretärs in der Region Anfang Oktober verlieh den Vereinigten Staaten einen gewissen indirekten Einfluss, doch es gelang ihm auf seiner Mission in Kroatien im November 1991 nicht, einen Frieden auszuhandeln.[143]

So kam es, dass Deutschland – mit seiner ersten unabhängigen diplomatischen Demarche als vereinigter Staat – auf die Weltbühne trat. Genscher hatte die Initiative ergriffen, um den Konflikt zu internationalisieren. Er handelte sowohl als deutscher Außenminister als auch unter der Ägide der KSZE. In seiner Funktion als Vorsitzender des neu gegründeten Ministerrats war er Ende Juni 1991 nach Belgrad geflogen. Seine Begegnung mit Milošević war frostig. Der Staatschef Serbiens hatte die klare Absicht, alles ausschließlich nach seinen Wünschen regeln zu wollen. Diese unmittelbare Konfrontation mit der totalen Unnachgiebigkeit Serbiens war Genschers Erleuchtung. Ein Festhalten an dem KSZE-Grundsatz der »Unverletzlichkeit der Grenzen« war offensichtlich sinnlos, und der neue KSZE-Mechanismus für Konfliktmanagement hatte sich als Papiertiger erwiesen: Mit reinen Stellungnahmen, die den Einsatz von Gewalt verurteilten, oder mit dem Entsenden von begrenzten Beobachtungsmissionen ließ sich hier nichts erreichen. Genscher war jetzt überzeugt, dass man eine andere Richtung einschlagen musste und dass Deutschland selbst die Initiative übernehmen sollte.[144]

Seine Entscheidung spiegelte auch den enormen Druck im eigenen Land wider. Im Bundestag nahm die Missbilligung der EG-Politik bei allen politischen Parteien zu. CDU, SPD und die Grünen forderten allesamt die diplomatische Anerkennung der Unabhängigkeit Sloweniens und Kroatiens. Es herrschte allgemeiner Konsens, dass der von der Regierung und der EG in der ersten Hälfte des Jahres gewählte Ansatz gescheitert sei und es an der Zeit war für einen grundlegenden Kurswechsel. Außerdem breitete sich »Anerkennungsfieber« in der deutschen politischen Elite aus, welches sogar Genschers FDP infizierte. Und Mitte Juli forderten selbst die Ministerpräsidenten der 16 deutschen Bundesländer, dass die EG die beiden Republiken anerkennen sollte, sofern die jugoslawische Armee ihren Angriff fortsetzte.[145] Der deutsche innenpolitische Konsens zum Handeln wurde mit jedem gebrochenen Waffenstillstand, jedem abgelaufenen Ultimatum und jedem gescheiterten, multilateralen Versuch, Frieden zu schaffen, nur noch entschiedener.[146] Tatsächlich verstärkten die Serben den ganzen Herbst über ihre Aggression nicht nur auf dem kroatischen Schlachtfeld, sondern dehnten es gar auf Bosnien-Herzegowina aus. In dem Streben nach einem ethnisch homogenen serbischen Territorium nahm Milošević kaum Rücksicht auf Menschenleben oder auf das kulturelle Vermächtnis historischer Orte wie Dubrovnik, Zadar und Vukovar.[147]

Die westeuropäische Diplomatie allerdings war sich weiter uneinig. Da Frankreich und Großbritannien – jeder auf seine Weise – ambivalent blieben bezüglich der Zukunft »Europas«, zögerte die EG die Entscheidung hinaus, den gescheiterten jugoslawischen Bundesstaat aufzugeben. Im Vorfeld des Gipfeltreffens in Maastricht verknüpfte Frankreich die Positionierung der EG zur Jugoslawienkrise mit dem viel allgemeineren Themenkomplex, wie es um die europäische Integration stehe und welche Richtung diese nehmen solle. Und Großbritannien mit seinen Bedenken hinsichtlich jedem weiteren Ausbau des europäischen Projektes wollte auf keinen Fall, dass Jugoslawien zu einem Argument für die Vertiefung der EG/EU-Außen- und Sicherheitspolitik wurde. Die Haltung der Gemeinschaft zu Jugoslawien wurde deshalb zur Geisel der französisch-britischen Haltungen gegenüber der EG selbst, was den Ärger der Deutschen nur noch vergrößerte.

Anfang Oktober schien sich der Knoten zu lösen. Die Gemeinschaft gab einen Entwurf für ein Abkommen mit den Kriegsparteien über die gemeinsame Formulierung »einer politischen Lösung auf der Basis der Perspektive der Anerkennung der Unabhängigkeit jener Republiken, die sie wünschten« bekannt. Zum ersten Mal begrüßte die EG also offiziell die Anerkennung und damit die Auflösung der Jugoslawischen Föderation als Basis für eine politische Lösung des Balkankonfliktes. Allerdings enthielt das Abkommen auch eine wichtige Einschränkung:

Die Anerkennung sollte gewährt werden »am Ende des in gutem Glauben und im Rahmen einer allgemeinen Regelung geführten Verhandlungsprozesses«. Mit anderen Worten, die EG würde abtrünnige Staaten erst anerkennen, wenn eine verfassungsmäßige Regelung erreicht wäre, die für alle sechs Republiken akzeptabel war.[148]

Am nächsten Tag unterschrieben die EG-Außenminister auf ihrer Sitzung in dem holländischen Schloss Haarzuilens das Abkommen. Laut Genscher war dies der kritische Wendepunkt, denn »damit bekannte sich die Europäische Gemeinschaft in ihrer Gesamtheit zum Recht auf Unabhängigkeit für die Republiken, die dies wünschten«. Ebenso wichtig war dem Bundesaußenminister der zeitliche Rahmen, der für diesen Prozess abgesteckt wurde. In einem Zeitungsinterview vom 18. Oktober setzte Hans van den Broek, der amtierende Vorsitzende des EG-Ministerrats, eine Frist von nicht mehr als zwei Monaten für die Erreichung dieser politischen Lösung und für den vollständigen Abzug der jugoslawischen Volksarmee aus Kroatien. Wenn dies nicht bis zum 10. Dezember erfolgt sei, sagte er, »wäre für die Zwölf der Zeitpunkt gekommen, über die Anerkennung derjenigen Republiken zu entscheiden, die als Ergebnis eines demokratischen Prozesses den Wunsch ausgedrückt haben, unabhängig zu werden«. Im Gegensatz zu Frankreich und Großbritannien, die immer noch versuchten, auf Zeit zu spielen, nahmen die Deutschen die Frist von zwei Monaten ernst – als festes Versprechen, dass bis zum Jahresende die Politik der Anerkennung umgesetzt werde.[149]

Die vermeintliche Zusammenarbeit Miloševićs mit der EG währte nur wenige Tage,[150] was Bonn dazu veranlasste, die Angelegenheit zu beschleunigen. Am 27. November bestätigten Kohl und Genscher im Bundestag, dass Deutschland bereit sei, noch vor Weihnachten jene jugoslawischen Republiken anzuerkennen, die sich wirklich nach Kräften bemüht hätten, die Bedingungen für eine umfassende politische Regelung zu erfüllen. Der Kanzler schloss kategorisch jeden Einsatz deutscher Streitkräfte auf dem Balkan aus, egal ob unter der Ägide der Vereinten Nationen oder einer Friedenssicherungsorganisation. Außerdem bestritt er, dass Deutschland den Wunsch habe, auf eigene Faust zu handeln. Aber in Anbetracht des Ernstes der Krise, so Kohl, sei Bonn bereit, auch ohne vollständigen Konsens der EG vorzugehen – wobei er

gleichzeitig vehementen Widerstand gegen jegliche »Alleingänge«
äußerte. Keinesfalls wolle er zurückkehren ins Jahr »1941«. Genscher
übte scharfe Kritik an den »Gebietserwerben« Serbiens und warnte vor
jeder gewaltsamen Grenzänderung zwischen den Republiken.[151]

Die Bereitschaft des Bundeskanzlers, sich zu exponieren, gründete
auf der Tatsache, dass er fünf weitere christdemokratische Regierungschefs für eine diplomatische Koalition gewonnen hatte: Belgien, Nieder-
lande, Luxemburg, Griechenland und Italien. Da sich Dänemark wenige
Tage später ebenfalls einreihte, verfügte die deutsche Initiative in Richtung Anerkennung nunmehr über echte Stoßkraft. Am 5. Dezember
sahen sich die Briten gezwungen einzuräumen, dass die Anerkennung
Sloweniens und Kroatiens unmittelbar bevorstehe und »nicht aufzuhalten« sei.[152] Die gemeinsame Ankündigung Jelzins und seiner ukrainischen und weißrussischen Kollegen am 8. Dezember 1991, dass die
UdSSR aufgelöst und durch die losere GUS ersetzt werde, entkräftete
die hartnäckigen Befürchtungen, die Explosion des Vielvölkerstaats
Jugoslawien und der damit verbundene blutige Bürgerkrieg könne
einen Präzedenzfall für die Sowjetunion darstellen. Außerdem bestand
auch ein unübersehbarer Gegensatz zwischen Moskau und Belgrad:
Anders als Milošević in Jugoslawien war Jelzins Antwort auf den Zerfall
seines Landes geordnet und vor allem friedlich. Er hatte zuvor bereits
der »Parade der Souveränitäten« innerhalb der UdSSR applaudiert und
ganz offen den Drang der baltischen Staaten nach Unabhängigkeit
unterstützt. Nicht zuletzt bemühte er sich, gute Beziehungen zu den
westlichen Mächten zu pflegen – bei Milošević sah das anders aus. Dieser Umstand unterstrich Kohls und Genschers Argumentation, dass die
Serben das Problem waren, nicht die Kroaten.[153] Da die JNA einen massiven Artilleriebeschuss der wichtigsten kroatischen Städte begann,
urteilte der Schlichtungsausschuss der EG nun endgültig, dass sich
Jugoslawien in einem Zerfallsprozess befand: Bundesweite Institutionen erfüllten nicht länger die maßgeblichen Kriterien der Teilnahme
und Repräsentation.

Damit war das letzte gesetzliche Hindernis für die Anerkennung der
Auflösung Jugoslawiens aus dem Weg geräumt. Doch eine förmliche
Entscheidung würde erst nach Abschluss des Maastricht-Vertrags am
9./10. Dezember getroffen.[154]

Europas großer Schritt hin zu einer »immer engeren Union« hatte Jahre in Anspruch genommen; und Delors und seine Kollegen hatten nicht die Absicht, diesen Triumph durch die Auseinandersetzungen auf dem Balkan zu trüben. Also begann und endete der Gipfel von Maastricht, ohne dass Jugoslawien großartig erwähnt wurde. Die Europäische Gemeinschaft aber war auf wundersame Weise zur Europäischen Union geworden, die sich auf drei Säulen stützte: die Europäischen Gemeinschaften, eine gemeinsame Außen- und Sicherheitspolitik und eine Zusammenarbeit in den Bereichen Justiz und Inneres.

Frankreich war hocherfreut, weil Maastricht den europäischen Binnenmarkt besiegelte, die Gemeinschaftswährung schließlich die lange dominante D-Mark ablösen würde. Mitterrand erklärte jubelnd: »Eine Großmacht ist entstanden, eine, die kommerziell, industriell und finanziell wenigstens ebenso stark wie die Vereinigten Staaten und Japan ist.« Großbritannien war zufrieden, dass die künftige Außenpolitik auch weiterhin nach dem Konsensprinzip gestaltet wurde, und zeigte sich zudem erleichtert darüber, dass es seine Ausstiegsklauseln aus der sozialen Charta und aus der Einheitswährung durchsetzte. Und Kohl tröstete sich, trotz der Zugeständnisse, die er insbesondere bei der D-Mark gemacht hatte, mit der Schaffung eines stärker föderativ strukturierten Europas, dessen Einheit ebenso sehr politisch wie wirtschaftlich war.[155]

Somit hatten die EG-Staats- und Regierungschefs ihre langfristige Mission erfüllt: das Ende des Kalten Krieges managen und gleichzeitig niemals ihren Plan für eine tiefere europäische Integration in der Welt der Wendezeit aus den Augen verlieren. Sie hatten sich nicht durch interne Auseinandersetzungen wegen Jugoslawien oder durch Nebenwirkungen des Auseinanderfallens der Sowjetunion von ihrem Kurs abbringen lassen. Ungeachtet der unübersehbaren Mängel der EU sah es ganz so aus, als würde Europa in eine neue Ära der Kooperation, Einigung und Erweiterung eintreten, sodass der ganze Kontinent eingebunden wäre.

Doch alle Hoffnungen, dass die Auflösung Jugoslawiens nunmehr rasch eingedämmt werden könnte, zerschlugen sich schon bald. Nicht zuletzt wurde die Sache durch die unvermittelte Einmischung der Vereinigten Staaten verkompliziert. Den ganzen Herbst über hatten die

Hauptziele der USA und der NATO gelautet, die Krise mit Hilfe europä-
ischer Anstrengungen einzudämmen und einen möglichst großen und
einigen jugoslawischen Staat zu erhalten – was de facto hieß, nach einer
Regelung unter Einbindung Miloševićs zu suchen. Washington erhob
Einspruch gegen »unkoordinierte, ad hoc fabrizierte Erklärungen und
Anerkennungen« wie sie scheinbar die Linie Europas beziehungsweise
das Fehlen einer gemeinsamen europäischen Linie hervorbrachte. Da
Baker sich darüber im Klaren war, dass Amerika kaum Einfluss auf die
Kriegsparteien hatte, hielt er die Macht, Eigenstaatlichkeit zu verweh-
ren oder zu erteilen, für das »beste zur Verfügung stehende diplomatische Instrument«. Er plädierte für das Konzept einer »verdienten
Anerkennung«,[156] die den einzelnen Republiken gewährt werden sollte,
nachdem man eine umfassende Friedensregelung ausgehandelt habe
und umsetzen könne. Aus diesem Grund stufte er die deutschen Bemühungen zugunsten einer Anerkennung als verfrüht, sogar kontrapro-
duktiv ein und betrachtete das Tandem Genscher-Kohl als Störfaktor,
der den nach Bakers optimistischer Einschätzung ansonsten geltenden
Konsens innerhalb der EG und der NATO bezüglich der Nichtanerkennung einzelner jugoslawischer Republiken untergrub.

Entsprechend setzte Washington nach Maastricht die EG-Haupt-
städte unter Druck, den Prozess der Anerkennung nicht fortzusetzen.
Dies werde lediglich zu mehr Krieg und Konflikt führen. Baker übte
über Vance auch auf UN-Generalsekretär Javier Pérez de Cuéllar Druck
aus, der nicht zuletzt auf Drängen der Briten und Franzosen die EG
förmlich vor den »explosiven Konsequenzen« der Anerkennung einer
slowenischen und kroatischen Unabhängigkeit warnte.

So appellierte Pérez de Cuéllar auch an die Bonner Regierung, die
Abspaltung jugoslawischer Republiken nicht auf eine »selektive und
unkoordinierte« Weise anzuerkennen.[157]

Darüber hinaus lancierten der britische und der französische UN-
Botschafter, unterstützt von ihrem amerikanischen Kollegen, den Entwurf einer Resolution des UN-Sicherheitsrates, die Deutschland davon
abhalten sollte, seine Absicht, die beiden Republiken anzuerkennen,
umzusetzen. Eine solche Aktion, so hieß es, würde lediglich die ethnischen Sentimente entfachen und die Aussichten auf einen Frieden
mindern. Die britisch-französischen Machenschaften richteten sich

eindeutig gegen Genscher persönlich und führten darüber hinaus den Geist der europäischen Einheit ad absurdum, der wenige Tage zuvor in Maastricht noch so überschwänglich gepriesen worden war. Großbritannien und Frankreich machten sogar viel Aufhebens um die, wie sie es sahen, ungewöhnliche Rechthaberei Deutschlands, indem sie auf Parallelen zum Zweiten Weltkrieg anspielten, als NS-Deutschland die beiden jugoslawischen Regionen beherrscht hatte. Slowenien war damals ins »Dritte Reich« eingegliedert worden; in Kroatien hingegen war ein Marionettenregime entstanden.[158]

Genscher schob dies alles beiseite. Er war sich absolut sicher, dass die Nichtanerkennung der Unabhängigkeit – mit anderen Worten die Bewahrung des Status quo – die Kämpfe wohl kaum entschärft, sondern in Wirklichkeit sogar angeheizt hatte. Tatsächlich spiegelte die Entschlossenheit Deutschlands, die Sache voranzutreiben, die wachsende Besorgnis wider, dass ein anhaltender Krieg in Jugoslawien, im Verein mit der sich verschlechternden sozioökonomischen Lage in der gesamten postsowjetischen Sphäre, ethnische Spannungen schüren und das noch wacklige Osteuropa weiter destabilisieren würde. Dies, so fürchtete man, konnte riesige Flüchtlingswellen nach Deutschland und in den Westen auslösen.

Die deutsche Regierung ließ sich deshalb durch die Umtriebe ihrer Bündnispartner nicht von ihrer Linie abbringen. Wie ein Regierungsvertreter sinngemäß vor den internationalen Medien erklärte, werde die Bundesregierung ihren Kurs fortsetzen, ganz gleich ob überhaupt ein, alle oder kein europäischer Staat sich ihr anschließe. Dennoch ging Genscher mit Blick auf den EG-Konsens, der in Haarzuliens erreicht worden war, davon aus, dass der Rest der Gemeinschaft letztlich hinter ihm stehen würde. Da London und Paris ihm allerdings nun in den Rücken fielen, konnte er sich nur auf Italien, Belgien und Dänemark unter den EG-Mitgliedern stützen, sowie auf einige Nicht-EG-Staaten, darunter Österreich (das mit der Bundesrepublik auf Schmusekurs ging, weil es die EG-Mitgliedschaft anstrebte), Island, Ungarn und die neuerdings unabhängige Ukraine.[159]

Paradoxerweise half Genscher ausgerechnet der Ausbruch neuer Kämpfe in Kroatien. Dieser Umstand ließ die Versuche, ihn bei den Vereinten Nationen und in der EG vom Kurs abzubringen, verpuffen.

Als es immer unwahrscheinlicher wurde, dass die Vereinten Nationen ihren Plan, Blauhelme zur Überwachung einer Waffenruhe zu entsenden, verwirklichen konnten, machten die Briten und Franzosen tatsächlich einen Rückzieher. Die UN-Resolution wurde verwässert, und der Sicherheitsrat stimmte am 15. Dezember geschlossen dafür, eine Alibi-Truppe aus lediglich 20 militärischen, polizeilichen und politischen »Beobachtern« nach Jugoslawien zu schicken. Dabei verzichtete er auf jegliche Stellungnahme, die die Anerkennung der abtrünnigen Republiken verurteilten.[160]

Allerdings lag es nicht allein an der Verschärfung des Konflikts, dass die Franzosen und Briten nachgaben. Sie änderten ihre Meinung auch aus Angst vor einem Bruch mit Deutschland vor dem EG-Ratstreffen am 16. Dezember, das sich mit Jugoslawien befassen sollte. Wie Dumas unmittelbar vor den Gesprächen an Mitterrand schrieb: »Für die Zwölf, und insbesondere für Frankreich und Deutschland, erscheint mir eine Spaltung wegen des Balkans weit gefährlicher als das Risiko, den Flächenbrand im ehemaligen Jugoslawien noch weiter anzufachen. Für Jugoslawien ist die Spaltung tragisch; für die Gemeinschaft wäre es eine Katastrophe, wenn sie sich spalten würde.«[161]

Ungeachtet dieses Rückziehers hinterließ die ganze Angelegenheit in Bonn einen äußerst bitteren Nachgeschmack. Sie hatte dem deutschen Vertrauen in seine beiden engsten europäischen Verbündeten geschadet. Außerdem schränkte sie Genschers Optionen ein, gerade in dem Moment, als Deutschland das Risiko einging, sich in der internationalen Diplomatie weit aus dem Fenster zu lehnen. Hinzu kam, dass sich Bonn auch vom Weißen Haus im Stich gelassen fühlte, mit dem die Bundesregierung in den vorangegangenen Jahren in den meisten zentralen Fragen so eng zusammengearbeitet hatte.

Einerseits hatten die Vereinigten Staaten die Unabhängigkeit der baltischen Republiken anerkannt und tendierten dazu, das Auseinanderbrechen der UdSSR in Russland und die neuerdings unabhängigen GUS-Staaten zu akzeptieren. Andererseits blieben sie ein vehementer Gegner jeder »selektiven Anerkennung« der beiden nördlichen Republiken auf dem Balkan. In Bonns Augen war Jugoslawien ebenso tot wie die Sowjetunion. Doch Bush erklärte, er lehne den deutschen Kurs vehement ab, weil die Lage in Jugoslawien »voller Gefahren« stecke. Amerika wolle, so Bush, »eine friedliche Entwicklung« sehen. »Wir haben die EG sehr stark unterstützt. Wir haben auch stark unterstützt, was die UN versucht hat. Ihr Rat hat gelautet, sich mit Anerkennung zurückzuhalten, und ich denke, sie hat recht.«[162]

Die Deutschen machten allerdings unbeirrt und mit dem gleichen Elan weiter. Auf dem EG-Treffen am 16. Dezember, als Carrington, Hurd, Dumas und van den Broek es mit weiteren Verzögerungstaktiken versuchten – indem sie für einen letzten Vermittlungsversuch seitens der EG plädierten –, blieb Genscher seinem Kurs treu. Die Chance auf eine Verhandlungslösung sei mit dem Ablauf der zweimonatigen Frist van den Broeks vertan worden. Jetzt sei es an der Zeit, die harten Realitäten zu akzeptieren. Serbien habe nicht nur die vergangenen Monate genutzt, um kroatische Städte zu bombardieren und Menschen zu massakrieren, darüber hinaus sei sein Land, Deutschland, anderen in Maastricht entgegengekommen. Außerdem könne seine Regierung nicht die öffentliche Verpflichtung zur Anerkennung vor Weihnachten rückgängig machen, sofern sie nicht ihre eigene Glaubwürdigkeit verlieren wolle.[163]

Bonn forderte nunmehr gewissermaßen seine »Maastricht-Schulden« ein, und zu Genschers Freude führte sein entschiedenes Vorgehen nach einer zehnstündigen, heftigen Debatte zum Erfolg. Dabei nahm der erzielte Deal allerdings die Form eines etwas umständlichen Kompromisses an.[164] Die Außenminister einigten sich auf zwei Erklärungen. Die erste umfasste eine Liste der Bedingungen, die alle jugoslawischen und sowjetischen Republiken erfüllen mussten, um die Anerkennung zu erhalten, darunter die Achtung der UN-Charta (1945), der Schlussakte von Helsinki (1975), der Charta von Paris (1990) und der Nichtweiterverbreitung von Atomwaffen. Die zweite Erklärung forderte alle jugoslawischen Republiken auf, bis zum 23. Dezember bekanntzugeben, ob sie als unabhängige Staaten anerkannt werden wollten, ob sie die Bedingungen akzeptierten und ob sie die Friedensbemühungen der UNO und der EG und deren Fortsetzung unterstützten. Nach Weihnachten sollte der Schlichtungsausschuss sämtliche Bewerbungen beurteilen und die EG-Mitgliedstaaten würden die Anerkennung aussprechen, sofern alle Bedingungen am 15. Januar erfüllt wären.[165]

In Kroatien und Slowenien wurde die Entscheidung der EG sehr begrüßt, Serbien hingegen erhob massive Anschuldigungen. »Dies ist ein direkter Angriff auf Jugoslawien«, sagte Dobrosav Vezović, der stellvertretende Außenminister, vor Journalisten. Mit der Entscheidung, behauptete er, »würde Jugoslawien von der Weltkarte ausradiert«.[166] Besonders wichtig war der Dominoeffekt. Die ethnisch gemischte, zentral gelegene Republik Bosnien-Herzegowina deutete an, dass auch sie sich von dem Rest Jugoslawiens trennen werde, falls Kroatien die internationale Anerkennung erlange. Da Milošević dies nicht hinnehmen würde, war klar, dass der Krieg damit unweigerlich vom benachbarten Kroatien nach Bosnien überschwappen würde. Noch dazu vermutlich in einer viel tödlicheren Form, da in Bosnien Serben, Kroaten und Muslime schon lange mit Waffen trainierten und sie horteten.[167]

Trotz allem kündigte Kohl am 18. Dezember an, dass seine Regierung am nächsten Tag Kroatien und Slowenien anerkennen werde. Die Entscheidung Deutschlands, betonte er, sende ein klares Warnsignal an die serbische Führung und die serbisch dominierte jugoslawische Armee, das Blutvergießen in Jugoslawien zu beenden und den Weg für UN-Friedenstruppen frei zu machen. Um dem Rest der EG die bittere Pille ein wenig zu versüßen, fügte Genscher hinzu, dass Bonn bis Januar abwarten werde, ehe es seine Konsulate in Dubrovnik und Ljubljana zu Botschaften aufwerte – anders ausgedrückt: die Aufnahme förmlicher diplomatischer Beziehungen werde um einen Monat aufgeschoben. Die Deutschen bemühten sich ganz offenbar, das Vorgehen der Gemeinschaft mit dem früheren Versprechen des Kanzlers, Kroatien und Slowenien noch vor Weihnachten als unabhängige Nationen anzuerkennen, in Einklang zu bringen. Die kleinen Balkanstaaten wussten dieses Geschenk, das gerade rechtzeitig kam, gewiss zu schätzen. Eine Karikatur in der slowenischen Jugendzeitschrift *Mladina* zeigte Kohl als den Weihnachtsmann, vor ihm kniend der Präsident des Landes, Milan Kučan. Der Handschuh an der Hand des Weihnachtsmanns, die dem kleinen Kučan einen Lutscher hinhielt, war mit dem deutschen Adler verziert.[168]

Der »Kanzler der Einheit« agierte aber auch für das einheimische Publikum. Vom 15. bis zum 17. Dezember leitete Kohl, der seit 18 Jahren Vorsitzender der Christdemokratischen Union war, den CDU-Parteitag in Dresden. Es war das erste Mal, dass diese jährliche Zusammenkunft in der ehemaligen DDR stattfand. Der Bundeskanzler nutzte die Veranstaltung für die Erklärung, dass die Kroaten nicht allein gelassen würden, und bekam dafür stehende Ovationen.[169] Im Kleingedruckten der internationalen Berichterstattung über den Parteitag versteckt, fand sich ferner eine Meldung, dass die CDU »in dem Bestreben, die Ost-West-Kluft in ihren Reihen zu überwinden, an diesem Tag eine Frau aus Ostdeutschland zu Kohls stellvertretender Parteivorsitzenden gewählt« habe. Und so machte Angela Merkel, damals 37 Jahre alt, einen weiteren wichtigen Schritt auf der politischen Bühne der Bundesrepublik und Richtung Machtzentrum der CDU.[170]

Die offizielle Anerkennung Sloweniens und Kroatiens am 19. Dezember durch Deutschland blieb nicht die einzige. Der Bundesrepublik schlossen sich wenig später Italien, Island, Schweden, Österreich, Polen, Ungarn und die Tschechoslowakei an, jeweils mit leicht abweichenden Ankündigungen bezüglich Datum und Form der Umsetzung.[171] Und als am 20. Dezember Bosnien-Herzegowina (nach Mazedonien) ebenfalls bei der EG die Anerkennung als unabhängiger Staat beantragte – obwohl eines der maßgeblichen Kriterien, nämlich der Ausdruck des Volkswillens in einem Referendum, bislang nicht erfüllt war –, gehörte die Jugoslawische Föderation der Vergangenheit an. Dieser Schritt empörte zwangsläufig die 1,4 Millionen Serben, die gut ein Drittel der Bevölkerung Bosniens ausmachten. Ein offener Krieg war nun kaum mehr zu verhindern, weil die beiden anderen großen ethnischen Gruppen der Republik – 1,7 Millionen Muslime und 800000 Kroaten – auf keinen Fall unter der Herrschaft Serbiens und der Serben leben wollten.[172]

Am 23. Dezember, dem ersten Tag, an dem der EG-Resolution zufolge ein Mitgliedstaat erklären konnte, dass eine jugoslawische Republik die Bedingungen für die Anerkennung erfüllt hatte, gab Deutschland bekannt, dass es sich hinter Slowenien und Kroatien stelle, unabhängig davon, was der Schlichtungsausschuss im neuen Jahr »empfehlen« mochte. Diese Ankündigung löste neuerliche Debatten aus, ob Bonn übereilt gehandelt und gegen den Geist der EG-Entscheidung vom Dezember verstoßen habe, wobei die schärfste Kritik wie zu erwarten erneut aus London und Paris kam. »Kohl kapert Brüsseler Strategie«, verkündete die *Times*, die Deutschland vorwarf, die anderen elf EG-Mitglieder »mit der Dampfwalze zu überrollen«. Mitterrand rief in einem weiteren anti-deutschen Anfall sogar aus: »Die Tage der ›guten Deutschen‹ sind wohl vorbei und ... die Welt muss sich auf das Schlimmste gefasst machen.«[173]

Die Kritik hatte weniger mit den Konsequenzen der deutschen Strategie für Jugoslawien an sich zu tun, als mit der sich verändernden Rolle Deutschlands in der europäischen Politik seit den Umwälzungen von 1989. Es gab sicher viele Gründe für Kohls und Genschers selbstbewusste Linie seit Juli 1991. Ihr Hauptantrieb lag jedoch schlicht in der Überzeugung, dass sie recht hatten – und zwar sowohl mit ihrer Wahrnehmung des Geschehens vor Ort als auch mit ihrem politischen Rezept.[174]

Ohne militärische Alternative, um Serbien Einhalt zu gebieten, was Bush kategorisch ausschloss, hatten weder die Vereinigten Staaten noch die EG eine stichhaltige Antwort auf die deutsche Argumentation, dass es besser sei, sich auf das Recht auf Selbstbestimmung zu berufen und den sezessionistischen Republiken die Anerkennung anzubieten, statt weiter die Hände in den Schoß zu legen, angesichts der brutalen serbischen Aggression und des anhaltenden Scheiterns, eine umfassende Friedensregelung auszuhandeln. Niemand erwartete ein Ende der Kämpfe auf dem Balkan – die Lage in Bosnien war bekanntlich hochexplosiv –, aber Genscher glaubte, dass die beiden neuen Staaten zumindest gegen Serbiens Eroberungskrieg abgeschottet werden konnten. Wie er später überzeugend herausarbeiten sollte, war Deutschland gewiss nicht die Ursache der gewaltsamen Nachfolgekriege und des Zerfalls von Jugoslawien gewesen. In Wahrheit, so Genscher, sei »es umgekehrt« gewesen. Indem Deutschland den Konflikt durch die Anerkennung Sloweniens und Kroatiens internationalisierte, war Milošević gezwungen, »den Krieg gegen diese beiden Staaten zu beenden«. Es war eine Entscheidung, die in Genschers Augen »Frieden brachte« – zumindest diesen beiden verwüsteten Ländern. »Ist das nichts?«, fragte er.[175]

Kohl pries die Diplomatie seines Außenministers als »großen Erfolg für uns und die deutsche Politik«.[176] Allerdings sah er sich mit einem Sperrfeuer der Kritik konfrontiert. Von Belgrad bis Westminster wurde geunkt, dass Deutschland inzwischen versuche, eine Einflusssphäre aufzubauen, die »alle Länder umfasse, die einst unter dem preußischen und unter dem Habsburger Reich gewesen waren«, als Basis von nicht weniger als einem »Vierten Reich«.[177] Aber auch wenn Genschers Vorstoß für manche darauf schließen ließ, dass Deutschland wieder seine große Stunde kommen sah, stand der Dezember 1991 in Wirklichkeit keineswegs für das Einschlagen eines neuen Wegs, weder was die internationale Rolle der Bundesrepublik allgemein, noch was ihre Politik speziell auf dem Balkan betraf. Letztlich blieb Deutschland der loyale Anhänger seiner Schutzmacht, die regionale Probleme – wie immer – aus einer globalen Perspektive betrachtete.

Die ganze Zeit gab sich Kohl große Mühe, alle Vorwürfe eines deutschen Expansionsdrangs zurückzuweisen. Im Gegenteil, erklärte er, befinde sich das vereinte Deutschland, eine mitteleuropäische Nation, die geografisch in der Nähe der Konfliktzone liege und ihrerseits selbst von dem Schutz ausländischer Demokratien profitiert habe, in einer besonderen Position, um die Sehnsüchte der isolierten Republiken zu verstehen. Die Deutschen seien lediglich um das Schicksal dieser Menschen und um deren Zukunft in Demokratie besorgt – um nichts anderes, betonte Kohl. Er hoffte, dass die Anerkennung insbesondere Kroatien Frieden bringen werde. Deshalb versprach Deutschland auch nicht, Militärhilfe nach Kroatien zu schicken, sondern erklärte seine Bereitschaft, ein ziviles Hilfsprogramm einzuleiten, das den Wiederaufbau der vom Krieg zerstörten Städte umfasse. Der Kanzler äußerte ferner die Hoffnung, dass die Anerkennung den serbischen Führern Jugoslawiens signalisiere, dass ihr Land zum Auseinanderbrechen verurteilt sei. Womöglich überzeuge sie dies, eine Friedensregelung zu akzeptieren.[178]

Für Kohl und Genscher hatte sich der »Erfolg« durch eine Mischung aus Prinzipientreue und Durchsetzungsvermögen eingestellt. Statt sich diplomatisch zurückzuhalten und entgegen dem geopolitischen Dogma, in Zeiten der Unruhe seien größere Staatswesen zu bewahren, hatte Deutschland den kühnen Schritt gewagt, in Jugoslawien das Tor zur Selbstbestimmung aufzustoßen. Dies machte den Weg frei für Bosnien-Herzegowina und andere, die sich auch loslösen wollten. Doch die Tatsache, dass Deutschland, wie Bonn betonte, eine derart selbstbewusste Strategie erst verfolgte, nachdem es so weit wie möglich versucht hatte, über multilaterale Kanäle (EG und KSZE) zu agieren, demonstrierte, dass seine diplomatische Agenda ausschließlich »zivil« und ihr Horizont in erster Linie europäisch blieb. Darüber hinaus war das Engagement in der Jugoslawienkrise auch eine Konsequenz aus der eigenen europäischen Erfahrung. Für die Deutschen hatte die friedliche Anwendung des Rechts auf Selbstbestimmung seit 1989 befreiend und inspirierend gewirkt. Tatsächlich bot es ihrer Auffassung nach ein Leitbild für die internationalen Beziehungen in der Welt der Wendezeit.[179]

*

Bush sah die Sache jedoch ganz anders. Er interessierte sich nicht sonderlich für einen regionalen Konflikt an der Peripherie Europas – schon gar nicht für einen mit solch entsetzlich komplexen historischen Wurzeln. Jugoslawien war ein Thema aus der Vergangenheit, kein Leitbild für die Zukunft. Sowieso war seine Regierung immer mit der Ordnung auf globaler Ebene beschäftigt. Das galt insbesondere für die zweite Hälfte des Jahres 1991, als Jugoslawien auf der Agenda des Präsidenten deutlich hinter seiner Politik gegenüber der UdSSR rangierte. Stets zur Vorsicht neigend, insbesondere inmitten internationaler Spannungen, klammerte er sich an potenzielle Quellen der Stabilität. Eine davon war Gorbatschow – als Repräsentant eines starken Zentrums –, dessen Autorität nicht ausgehöhlt werden durfte. Bush trieb die Sorge vor einer postsowjetischen nuklearen Weiterverbreitung um. Auch aus diesem Grund wollte er unter keinen Umständen als derjenige betrachtet werden, der die Auflösung der anderen atomaren Supermacht forcierte. Insofern der US-Präsident sich überhaupt mit Jugoslawien beschäftigte, geschah es innerhalb dieses Paradigmas.[180]

Nicht alle seine Berater teilten diese Meinung. So forderte Verteidigungsminister Dick Cheney nachdrücklich eine »aggressivere« Gangart gegenüber der sich im Zerfall befindlichen Sowjetunion: »Wir sollten die Führung übernehmen und die Ereignisse gestalten.« Stattdessen würde man bislang hauptsächlich »reagieren«. Auch Scowcroft war für das Ende der UdSSR, und Baker spielte tatsächlich die Balkan-Karte, um diesem Punkt noch mehr Nachdruck zu verleihen: »Die friedliche Auflösung der Sowjetunion ist in unserem Interesse. Wir wollen kein zweites Jugoslawien.« Lange Zeit hatte Bush – wie Colin Powell – eine

Position der Mitte vertreten, in der Hoffnung, dass es zu einer gelenkten Zersplitterung innerhalb des postsowjetischen Raums käme, aus der eine konföderative Struktur mehrerer schwächerer Staaten hervorging, die über ein »Zentrum« miteinander kooperierten, das für die wechselseitigen wirtschaftlichen Beziehungen zuständig war, politische Reformen förderte und die Nuklearwaffen kontrollierte. Doch all diese Überlegungen verpufften letztlich durch die Ereignisse am 25. Dezember 1991.[181]

Aus diesem Grund kann nicht genug betont werden, dass der Untergang der Sowjetunion Bush zwang, seine ganze Herangehensweise an die globale ebenso wie an die regionale Ordnung zu überdenken. Mit Blick auf die Welt insgesamt konnte er nicht länger von einem Zwei-Säulen-Modell ausgehen. Zu diesem Zeitpunkt stand er Jelzin und dem neuen Russland noch ambivalent gegenüber; genaugenommen war die Zukunft des gesamten postsowjetischen Raums noch völlig unklar. Und jetzt kam zur Auflösung der UdSSR noch die gewaltsame Eruption Jugoslawiens hinzu – die Bush im Januar 1992 nicht länger leugnen konnte. Dazu hatte er inzwischen auch gar keinen Grund mehr, weil sein leidenschaftliches Eintreten für die sowjetische Einheit inzwischen bedeutungslos geworden war. Diese beiden Entwicklungen führten dazu, dass der Präsident sich mit einem Mosaik der Unordnung, mit chaotischen Zuständen quer durch ganz Eurasien und die Balkanhalbinsel, konfrontiert sah. Der Zusammenbruch staatlicher Strukturen in diesem Ausmaß löste nicht nur ein Wiederaufleben langjähriger ethnischer Streitigkeiten aus, sondern auch massive Migrationsbewegungen. Hinzu kam ein Anstieg an Fremdenfeindlichkeit und Rassismus in westlichen Ländern, die sich bedroht fühlten. All dies war der Anstoß für eine tiefgreifende Neubewertung der US-amerikanischen Außenpolitik in einer Situation, die Bushs Formel von der »neuen Weltordnung« der Jahre 1990/91 niemals vorausgesehen hatte.

Unter jenen neuen Umständen musste Bush auch hinnehmen, dass er von der Bundesregierung keine so starke Unterstützung wie in den Jahren 1989/90 bekommen würde. Deutschland zahlte für seine selbstbewusste Jugoslawienpolitik im Jahr 1991 einen hohen diplomatischen Preis. Und der Hagel an Kritik, der auf Kohl und Genscher nach dem Treffen in Brüssel niederging, ließ nicht nach. Genaugenommen wur-

den die kritischen Stimmen sogar immer boshafter – eine bittere Erinnerung daran, dass die deutsche Vergangenheit weder vergessen noch
vergeben war.[182]

Doch es gab auch andere – innenpolitische – Gründe dafür, dass sich
Bonn wieder aus der Außenpolitik zurückzog.[183] Der Kanzler erklärte
dem US-Präsidenten diese Zwänge am 21. März 1992 in Camp David in
einem langen Gespräch. Die deutsche Wirtschaft befinde sich derzeit in
einer schwierigen Lage, räumte Kohl ein. Die Inflation liege bei 4 Prozent und die Arbeitslosigkeit bei über 8 Prozent (doppelt so hoch wie
im Vorjahr). In den neuen Ländern sah es mit 15 Prozent der Erwerbs-
tätigen ohne Arbeit noch schlimmer aus. Kohl steckte darüber hinaus
in heftigen Auseinandersetzungen um Löhne mit den Gewerkschaften.
Dies sei der härteste Kampf seit zehn Jahren, sagte er Bush. Große
Streiks seien nicht ausgeschlossen. Wenn es dazu käme, würde man ihn
verantwortlich machen. Die Situation sei ähnlich wie vor der Stationierung der Pershing II Anfang der Achtziger. Wenn Menschen protestierten, laute die Frage, wer das Sagen habe? Werde sich der Wille der
Straße behaupten oder die Regierung? Aber er, versicherte Kohl dem
US-Präsidenten, werde nicht zurücktreten.

Darüber hinaus waren die Wähler wütend, weil die Abgaben gestiegen waren, obwohl der Bundeskanzler im Wahlkampf 1990 versprochen hatte, dass die Steuern nicht erhöht würden – ein für Bush nur
allzu bekanntes Thema. In Deutschland kam der Unmut den rechtsextremen Parteien zugute. Bei Landtagswahlen am 5. April 1992 über-
sprangen in Baden-Württemberg die Republikaner und in Schleswig-
Holstein die Deutsche Volksunion (DVU) die 5-Prozent-Hürde und
zogen in die Länderparlamente ein. Das Ergebnis der Republikaner war
sogar zweistellig. Erste Alarmglocken klingelten und man fürchtete,
dass es diese rechtsextremen Parteien unter Umständen 1994 auch in
den Bundestag schaffen könnten.[184]

Bush sprach diese Entwicklung direkt gegenüber Bundespräsident
Richard von Weizsäcker im April an und fragte, ob diese Entwicklung
eine »Rückkehr der Nazis« bedeute. Weizsäcker wies das energisch
zurück: Es habe nichts mit der Wiedergeburt der Nazis zu tun. Die
vielen Asylsuchenden seien die Ursache hierfür. Von ihnen gebe es so
viele, dass es Deutschland überfordere. Dies sei ein offenes Land. Die

Deutschen würden versuchen, das Thema Asyl auf europäischer Ebene anzugehen, aber bislang sei es hauptsächlich ihr eigenes. Das war ein sachlicher Kommentar. Die Bundesrepublik hatte nicht nur mit der Übernahme der 16,5 Millionen Ostdeutschen zu kämpfen, sie sah sich auch mit einer Massenmigration von mehreren hunderttausend Wolgadeutschen konfrontiert. Und dazu kamen noch Flüchtlinge und Asylsuchende aus Jugoslawien, Polen, Rumänien, der Ukraine und Russland – allein im Jahr 1992 knapp eine halbe Million Menschen.[185]

Der Bundespräsident erklärte Bush daraufhin, das zweite große Problem sei der rechtsextreme Protest um die nationale Identität im Kontext der Europäischen Integration. Besonders große Angst bereite den Deutschen die Aufgabe ihrer geliebten Deutschen Mark für eine, wie sie befürchteten, schwächere, gemeinsame europäische Währung. Doch es gebe, wie Weizsäcker unterstrich, ähnliche nationalistische Bewegungen auch in Frankreich (Le Pen), Italien und anderswo, die jedoch, so konstatierte er nachdrücklich, nichts mit Faschismus zu tun hätten.[186]

Entscheidend war, dass Osteuropa im Jahr 1989 für den Westen ein Symbol der Hoffnung gewesen war. Drei Jahre später war es zu einer Quelle der Angst geworden. Simone Veil, ein Mitglied des Europäischen Parlaments, verdeutlichte dies anschaulich: »In der Vergangenheit lebten wir zwischen dem Atlantik und der Mauer. Wir vergossen Tränen über das Elend der Menschen im Osten, doch die Situation war eingefroren. Jetzt haben wir eine Unsicherheit, und wir wissen nicht, wohin die Reise geht.« Tatsächlich nahmen die Befürchtungen zu, dass das Chaos im ehemaligen sowjetischen Imperium zu einer massiven Zunahme der Einwanderung führen könnte und dass sich Bürgerkriege ähnlich wie in Jugoslawien mit daraus resultierenden Flüchtlingskrisen auch anderswo wiederholen könnten. Gleichzeitig weckte der Aufstieg des rechtsextremen Populismus die Furcht vor der Rückkehr der Grausamkeiten des Nationalismus im 19. und Anfang des 20. Jahrhunderts.

»Wir wussten, dass der Übergang schwierig sein würde«, sagte Simon Lunn von der Nordatlantischen Versammlung. »Wir erkannten jedoch nicht, dass, sobald der Kommunismus verschwunden war, alte Ressentiments wiederauftauchen würden.« Der ehemalige französische

Präsident Valéry Giscard d'Estaing fasste den westlichen Unmut wie folgt zusammen: »Es herrscht ein unausgesprochenes Gefühl, dass es uns besser ginge, wenn wir die Probleme Osteuropas ignorieren könnten.« Einige West-Berliner schienen sogar zu denken, das Leben wäre viel leichter, wenn die Mauer noch stände. Stattdessen wurde sie ersetzt durch eine »von uns angerichtete [soziale] Hölle«, wie der deutsche Schriftsteller Günter Grass es nannte – oder um es mit Weizsäcker zu sagen, ein »Reich gegen Arm« in einem vereinten Europa ebenso wie einem vereinigten Deutschland.[187]

Alles in allem war die Bonner Regierung – trotz ihrer wachsenden innerdeutschen Probleme – jedoch positiv gestimmt. Der ewige Optimist Kohl versicherte Bush, er glaube, dass sich in drei, vier Jahren alles einrenken werde. Immerhin sei unübersehbar, dass in Deutschland unglaubliche Veränderungen stattfänden. Inzwischen seien bereits 3000 von 6000 osteuropäischen Staatsbetrieben aus dem kommunistischen System privatisiert worden. Das sei ein gewaltiges Unterfangen. Von 1949, zu Beginn des Marshall-Plans, bis 1953, bevor (West-) Deutschland wieder auf eigenen Füßen gestanden habe, seien gut vier Jahre vergangen. Damals sei das Geld der Amerikaner die einzige Hilfe gewesen, die die Westdeutschen bekommen hätten. Die Ostdeutschen hätten es heute folglich in gewisser Weise leichter. Bonn verteile enorme Unterstützungsgelder. Auf psychologischer Ebene sei es heute jedoch anders als damals. Nach dem Krieg hätten sich alle Deutschen in einer schlechten Lage befunden. Heute gebe es einen krassen Gegensatz zwischen dem Wohlstand auf der einen Straßenseite und der Armut auf der anderen.[188]

Allerdings gab Kohl Bush keinen detaillierten Einblick, wie »enorm« die Bonner Unterstützung für die ehemalige DDR tatsächlich war. Die Bundesregierung ließ den neuen Bundesländern einen Nettotransfer von weit über 100 Milliarden DM zukommen, um ihre Bereitschaft für den »Aufbau Ost« zu demonstrieren. Dabei musste Kohl inzwischen öffentlich einräumen, dass Deutschland nicht mehr über die Mittel verfügte, um weiterhin massive Hilfszahlungen nach Osteuropa und in die ehemalige UdSSR zu pumpen, während es gleichzeitig die eigenen östlichen Länder aufbaute. Die nationalen Schulden Deutschlands waren seit 1989 exponentiell gestiegen und lagen im Jahr 1992 bei 706 Milliarden DM, im Vergleich zu 474 Milliarden DM im Jahr des Mauerfalls. Die Bundesrepublik hatte ihre »großen Taschen« für die Umgestaltung Europas 1989–1991 eingesetzt; nun machte Kohl klar, dass die USA und Japan ihrerseits tiefer in die Tasche greifen müssten.[189]

Als wäre dies alles nicht schon genug, um den Bundeskanzler im Jahr 1992 ganz mit innenpolitischen Themen zu vereinnahmen, sah er sich auch mit ernsten Problemen in der eigenen Koalition konfrontiert. Denn in jenem Frühjahr kündigten zwei zentrale Figuren der deutschen Außen- und Sicherheitspolitik ihren Rücktritt an. Ende März 1992 trat Verteidigungsminister Gerhard Stoltenberg zurück, nachdem es wegen illegaler Lieferungen von deutschen Leopard-Panzern an die Türkei zu einem Skandal gekommen war. Der Zeitpunkt war außerordentlich unglücklich, weil die bedeutendere Figur auf dem politischen Parkett, Hans-Dietrich Genscher, seinerseits beschlossen hatte, am 18. Mai 1992 zurückzutreten, genau 18 Jahre, nachdem er das Amt des Außenministers unter Helmut Schmidt im Jahr 1974 übernommen hatte.[190]

Genscher wollte selbst das Datum seines Abschieds wählen. So hatte er Kohl Anfang 1992 bereits gesagt, dass er nicht an seinem 65. Geburtstag (21. März) gehen werde. Es sollte auch nicht im Rahmen einer Kabinettsumbildung geschehen, die der Bundeskanzler für den Herbst ohnehin in Betracht gezogen hatte. Weder der eine noch der andere Moment würde seiner lange währenden, »Geschichte machenden« Amtszeit gerecht werden. Stattdessen sollte es ein Datum sein, das seinen Beitrag, über Parteigrenzen hinweg, zur Veränderung des Platzes von Deutschland in Europa und jenem Europas in der Welt in ein glänzendes Licht stellte.

Zu diesem Zeitpunkt hatte Genscher vieles von dem erreicht, was er für entscheidend hielt. Er, der in den Fünfzigerjahren als Flüchtling aus Halle gekommen war, hatte sich gewünscht, die Kontinuität von dem geteilten Deutschland zum vereinigten Deutschland zu verkörpern und die Ratifizierung des Zwei-plus-Vier-Vertrags durch die UdSSR zu überwachen. Der Mann, der an jenem denkwürdigen Abend im September 1989 auf dem Balkon in Prag gestanden hatte, war entschlossen, ein Teil der deutschen Verpflichtung zur europäischen Integration zu sein, wie sie durch den Maastricht-Vertrag besiegelt wurde. Die Ostpolitik fast schon in der eigenen DNA angelegt, wollte Genscher außerdem eine tragende Rolle bei der Bekräftigung friedlicher Beziehungen zu Deutschlands östlichen Nachbarn spielen, wie man an dem deutsch-polnischen Grenzvertrag vom November 1990 ablesen konnte, der allein seine Unterschrift im Namen der Bundesrepublik trug.[191]

Das EG-Gipfeltreffen in Brüssel am 16. Dezember 1991 – der Monat der Endfassung des Maastricht-Vertrags und des Zerfalls der UdSSR – war in vieler Hinsicht Genschers Apotheose und Abschied. Er hatte sich nicht nur für das KSZE-Prinzip des Rechts auf Selbstbestimmung in dem vom Krieg zerrissenen Jugoslawien ausgesprochen und die Anerkennung der Unabhängigkeit von Slowenien und Kroatien gefordert. Am selben Tag hatte auch der Europäische Rat Abkommen mit Repräsentanten der Tschechoslowakei, Ungarns und Polens unterzeichnet, durch die diese ehemals kommunistischen Länder zu assoziierten Mitgliedern der EG wurden.[192] Das war ein Schritt in Richtung voller Mitgliedschaft und in Richtung des alten Traums von Genscher, Europa zu vereinen – wenn auch nicht im Rahmen einer gestärkten gesamteuropäischen KSZE, wie er einst gehofft hatte, sondern unter dem Schirm der EG. Kurzum, er hatte genug getan. Es war an der Zeit, von der internationalen Bühne abzutreten.[193]

Die internationale Stellung Deutschlands hatte sich seit den Siebzigerjahren mit Sicherheit verändert, doch das Ausmaß des Wandels sollte nicht übertrieben werden. Das zeigte sich in der Entwicklung der deutschen Balkanpolitik im Jahr 1992. Nachdem die EG Slowenien und Kroatien am 15. Januar anerkannt und diplomatische Beziehungen aufgenommen hatte, ließ sie Mazedonien und Bosnien-Herzegowina hängen – ohne Anerkennung. Bonn machte daraus kein großes Thema, weil es darauf achtete, sich nicht zu übernehmen. Somit entschied sich die EG für die Linie, Milošević und seine Gefolgsleute unter den bosnischen Serben zu besänftigen. Außerdem billigte sie, dass die UNO eine sogenannte United Nations Protection Force (UNPROFOR) nach Kroatien entsandte: rund 15 000 Soldaten und zivile Mitarbeiter, die die Einhaltung eines Waffenstillstands gewährleisten und lokale serbische Enklaven beschützen sollten, während sie gleichzeitig die volle Entmilitarisierung der von der UNO ausgewiesenen Schutzzonen überwachten. Da sich die EG zurückhielt, glitt Bosnien unaufhaltsam in einen Krieg hinein. Der Vorschlag der EG, Bosnien-Herzegowina in drei

Den Frieden wahren und Einkäufe erledigen im Kriegsgebiet

konstituierende (nicht unbedingt zusammenhängende), ethnisch defi-
nierte Einheiten aufzuteilen, spielte den Serben lediglich in die Hände:
Sie fassten dies als Blankoscheck für ethnische Säuberungen auf.[194]
   Natürlich war Bosnien ein äußerst schwieriger Fall. Serben, Kroaten
und Muslime hatten alle verschiedene Ziele für das, was sie als ihr
Gebiet und Staatsvolk beanspruchten. In turbulenten Referenden am
29. Februar und 1. März stimmten die Bewohner Bosniens mit großer
Mehrheit für die Unabhängigkeit und erfüllten damit eine zentrale
Anforderung für die Anerkennung durch die EG-Staaten. Deutschland
war eine einsame Stimme, die sich dafür aussprach. Der Rest der
Gemeinschaft allerdings war anderer Ansicht – »nicht jedes Dorf kann
ein Staat sein«, stellte Mitterrand sarkastisch fest. Nicht einmal als
Baker seinen EG-Kollegen mitteilte, dass die USA ihre Ansicht geändert
hätten und dass Bosnien anerkannt werden sollte »als Möglichkeit, Stabilität zu fördern«, kam es zum Umdenken. Allgemein überwog die
Anschauung, dass die Lage »verwirrend« sei und dass Bosnien-Herzegowina sich als »richtiges Durcheinander ... als echter Schlamassel
erweisen könnte, der UN-Truppen für lange Zeit binden würde«. Wie
Major zu Bush sagte: »Wir sind sehr zurückhaltend.«[195] Erst am 6. April

1992 nach einer weiteren Eskalation, als die JNA de facto sämtliche Städte Bosniens mit Artillerie bedrohte, erklärten die EG-Außenminister, dass diese Republik ein unabhängiger Staat werden könne. Tags darauf folgten die Vereinigten Staaten und erkannten schließlich alle drei abtrünnigen Republiken an. Unterdessen billigte der UN-Sicherheitsrat vorsichtig die Entsendung von hundert unbewaffneten »Beobachtern« nach Bosnien. Das war nicht sonderlich beeindruckend zu einem Zeitpunkt, als der Nationale Sicherheitsrat Berichte über »serbische Gräueltaten: Todeslager, Folter und Massenvergewaltigung« erhielt. Die ethnische Säuberung, die in Bosnien praktiziert wurde, entsprach nicht weniger als dem Kriegsverbrechen des Völkermords.[196]

Jetzt beschloss die Bush-Administration, den Sicherheitsrat zu drängen, harte Wirtschaftssanktionen gegen die jugoslawische Regierung zu verhängen, um Belgrad zu zwingen, in Bosnien-Herzegowina Frieden zu schließen. Am 30. Mai verabschiedete der Sicherheitsrat mit 13:0 Stimmen Resolution 757 – abgesehen vom Golfkrieg war dies seit Ende des Kalten Krieges erst das zweite Mal, dass der Sicherheitsrat Strafmaßnahmen gegen einen Aggressor beschloss. Man verhängte ein Handelsembargo (einschließlich Erdöl) gegen Serbien, fror ausländische Vermögen ein und setzte den Luftverkehr nach Serbien und Montenegro aus; gleichzeitig wurde die Einrichtung einer »Sicherheitszone« um den Flughafen von Sarajevo gefordert, damit Hilfslieferungen in die bosnische Hauptstadt eingeflogen werden konnten.[197]

Bemerkenswert ist, dass China sich zwar enthielt, aber nicht damit drohte, die Sanktionen zu blockieren. Russland wiederum spielte auf ganzer Linie mit. Eine scharfe Stellungnahme aus dem Kreml konstatierte, dass Belgrad »sich die UN-Sanktionen selbst zuzuschreiben habe, indem es nicht die Forderungen der internationalen Gemeinschaft befolgte«. Bezeichnenderweise war keine Rede vom Einsatz von Gewalt, obwohl einige Ratsmitglieder bekanntlich informell über eine mögliche Seeblockade der Adriahäfen und die Schließung des bosnischen Luftraums für serbische Kampfflugzeuge diskutierten.[198]

Der UN-Sicherheitsrat hatte also gesprochen, doch die tatsächliche Kontrolle der Einhaltung von Resolution 757 – in Form einer Überwachung, Identifizierung und Meldung des Schiffsverkehrs in der Adria – wurde erst umgesetzt, nachdem sich der Nordatlantikrat am

4. Juni bereit erklärt hatte, unter einem KSZE-Mandat die Vereinten Nationen zu unterstützen. Damit wurde der NATO gestattet, die erste »außerhalb des Gebiets« (*out of area*) gelegene Friedenssicherungsoperation nach dem Kalten Krieg zu starten. Allerdings konnten sich die NATO- und WEU-Staaten erst nach dem Helsinki-II-KSZE-Gipfel im Juli 1992 auf die Durchführung einer koordinierten Operation einigen.

Die chronische Trägheit der internationalen Gemeinschaft im Fall Bosnien lag nicht zuletzt an der umfassenderen, lähmenden Debatte darüber, wie die europäische Sicherheit, trotz der Krise an der Peripherie, garantiert werden konnte und wie die Rolle der Vereinigten Staaten darin längerfristig definiert werden musste. Den USA war durchaus bewusst, dass »die Reaktion des Westens auf die Krise in Bosnien einen Präzedenzfall für die Zukunft schaffen« würde. Daher war man in Washington hin und her gerissen zwischen einem »Widerwillen, sich in Jugoslawien einzumischen«, und dem »Wunsch, die Vormachtstellung der NATO zu bewahren«.[199] Und die europäische Uneinigkeit verschaffte Mitterrands Frankreich eine Gelegenheit, Anspruch auf eine neue Führungsrolle innerhalb der EG und insbesondere in ihrem militärischen Arm, der WEU, anzumelden. Im Verein mit dem Vorstoß, ein französisch-deutsches Armeekorps zu bilden, drohte Mitterrands Plädoyer für ein europäisches Eingreifen unter französischer Führung, die Vereinigten Staaten ins Abseits zu drängen. Doch der französische Präsident nutzte nicht nur den neuen Spielraum seines Landes in der Wendezeit zu seinem machtpolitischen Vorteil. Frankreichs Verhalten war auch eine Reaktion auf die Befürchtung, dass die USA sich aus Europa zurückziehen könnten, nachdem nun der sowjetische Gegner verschwunden war.

Die Amerikaner ihrerseits betrachteten die französischen außenpolitischen Ambitionen mit Misstrauen. Sie befürchteten, dass Frankreichs selbstbewusstes Auftreten auf dem Balkan zu einer »selbsterfüllenden Prophezeiung« würde, indem es die amerikanische öffentliche Meinung beeinflusste. Bush wollte absolut nicht, dass Bonn womöglich dem französisch-deutschen Korps Vorrang vor der NATO einräumte. Deshalb bemühte er sich, Bonn (und Paris) zu versichern, dass es, ungeachtet der isolationistischen Stimmen von der anderen Seite des Atlantiks, keinen amerikanischen »Abzug« aus Europa geben werde.[200]

Auch wenn Bush wegen der französischen Muskelspiele besorgt war, blieb er bei seiner »zurückhaltenden« Herangehensweise an die Bosnienkrise – auch als die Berichte über »Gräueltaten« im Sommer 1992 zunahmen. In einer Diskussion mit NATO-Generalsekretär Manfred Wörner am Rand des Helsinki-Gipfels sagte Baker, Washington glaube, es könne unter Umständen notwendig sein, bei so einer humanitären Mission »alle erforderlichen Mittel« einzusetzen. Amerika, so betonte er, werde es nicht versäumen, seinen Anteil zu übernehmen. Er erklärte aber auch, dass die Vereinigten Staaten nicht die Absicht hätten, sich in eine »Intervention« hineinziehen zu lassen, um Bosniens »politische Probleme« zu lösen. Vorläufig waren die USA bereit, mit den Europäern bei einem »einzelnen Problem zusammenzuarbeiten«, nämlich der Überwachung der Adria im Rahmen der gemeinsamen WEU-NATO-Operation, indem sie anboten, »Luft- und Seestreitkräfte« einzusetzen. Es werde jedoch keine amerikanischen Bodentruppen geben. Bush wusste nur zu gut, dass Bodentruppen vor Ort auf glitschiges Terrain geraten konnten und der Grat zwischen humanitärer Hilfe und Friedenserzwingung schmal war. Aus diesem Grund wollte er nicht, dass sich die NATO »an die Spitze stellte«. Er hatte ernste Bedenken: »Ich sehe nicht, wie wir erklären können, die NATO macht mit, die USA aber nicht.«[201]

Scowcroft sah die Sache ganz anders. Während Bakers Begegnung mit Wörner warnte er, dass jede Entscheidung, »im Hintergrund« zu bleiben, einen Präzedenzfall schaffe. Dann würde Frankreich nämlich »sagen, dass solche Konflikte von Europäern gelöst werden sollten«.[202] Darin spiegelte sich die tiefere Befürchtung der Amerikaner wider, dass Frankreich die NATO verdrängen und deren Rolle übernehmen könnte, während sich die WEU und die KSZE mangels Alternative in echte Sicherheitsbündnisse verwandelten. Washington hatte den energischen Widerstand Frankreichs gegen die Initiativen der USA sowohl während als auch nach dem Kalten Krieg, um das transatlantische Bündnis mit neuem Leben zu erfüllen, nicht vergessen. Französische Anspielungen auf die WEU, KSZE und das französisch-deutsche Korps ließen im Weißen Haus die Alarmglocken schrillen. Die westlichen Anstrengungen sollten konzentriert – nicht verdoppelt und dadurch geschwächt werden. Frankreich sollte, wie die Deutschen, die Botschaft vermitteln, dass seine europäischen militärischen Bemühungen »ergänzend« zu denen der Atlantischen Allianz seien. Alles, was »die Uhr in die Dreißigerjahre zurückstellte«, sagte Bush nachdrücklich zu Mitterrand, müsse vermieden werden. »Unser Ziel ist es, Stabilität zu erreichen«, und deshalb sei »das beste Signal an alle« einfach »ein starkes westliches Bündnis«.[203]

Vor seinem Ausscheiden aus dem Amt hatte Genscher versucht, die amerikanischen Bedenken angesichts der Machenschaften Frankreichs und Europas künftiger Sicherheitsarchitektur zu zerstreuen. Er hatte Bush erklärt, dass Frankreich immer noch sehr stark von der Jalta-Ordnung vereinnahmt sei – dem gaullistischen Schlagwort für einen von den Supermächten 1945 gespaltenen Kontinent. Aus diesem Grund wolle Paris seine, im Vergleich zu Bonn, starke Stellung als nicht in die NATO eingebundene Atommacht mit eigenem Sitz im Sicherheitsrat auch behalten. Das französische Denken sei stets bemüht, Strukturen zu schaffen, um Deutschland zu zügeln. Bonn sei durchaus bereit, die Bedenken in Paris zu berücksichtigen, allerdings nicht auf Kosten der Beziehung zu den USA. Das transatlantische Bündnis bleibe der Schlüssel. Der amerikanischen Präsenz auf dem alten Kontinent eine neue Rechtfertigung zu verleihen, sei für die Deutschen zentral in dieser Wendezeit. Als potenzielle West-Ost-Brücke hob der deutsche Außenminister vor allem den neu gebildeten Nordatlantischen Kooperationsrat (NAKR) hervor. Dieser verleihe, so glaubte man, der NATO eine neuartige und »womöglich wichtigere Rolle« als die KSZE als Instrument, um die Staaten des ehemaligen Warschauer Paktes nicht im Regen stehen zu lassen.[204]

Osteuropa setzte mit Sicherheit große Hoffnungen in den NAKR und sogar eine mögliche NATO-Erweiterung. Der ungarische Ministerpräsident József Antall sagte in Helsinki zu Bush: »Die atlantische Idee ist für uns von überragender Bedeutung. Die Präsenz der USA in Europa ist die einzige [Option] … Unter Europäern kommt es relativ schnell zu Konflikten, und ob es ihnen gefällt oder nicht, Amerika wird auf den Plan treten müssen, also ist es besser, einfach zu bleiben.« Da er jeden Abzug ablehnte, flehte er den Präsidenten an: »Die amerikanisch-westeuropäische Solidarität muss bestehen bleiben.« Er schien auch kein allzu großes Vertrauen in die französische Verbindung zu haben: »Manchmal geben sie paradoxe Sachen von sich.«[205]

»Der Horror des neuen Holocaust«:
Titelseite des Daily Mirror
vom 7. August 1992

Diese zugrundeliegenden Debatten über den Rahmen für die europäische Sicherheit – über die Rolle Amerikas und Frankreichs, der NATO und der WEU – beeinträchtigten jeden Versuch, ein gemeinsames westliches Vorgehen im Fall Bosnien zu finden. Es dauerte schon Monate, bis die sehr begrenzte gemeinsame Operation der Adria-Kontrolle als Strafmaßnahme für Serbien überhaupt anlief. Und das war zu wenig und zu spät.[206]

Also fiel im Jahr 1992, 47 Jahre nach der Gründung am Ende des Zweiten Weltkrieges, der jugoslawische Bundesstaat unter völkermörderischer Gewalt auseinander – ein ernüchternder Kontrast zu dem friedlichen Wandel, den der größte Teil Europas seit dem Kalten Krieg vollzogen hatte.[207]

Die Hauptverantwortung dafür trug Serbien, doch die EG und die UNO unternahmen auf diplomatischem Weg nichts, um die Aggression wirklich zu stoppen, und kaum etwas, um sie zu lindern. Und die USA und die NATO waren ebenfalls nicht bereit, sich militärisch in einem Konflikt, der außerhalb des Bündnisgebietes lag, zu engagieren. Während sich Baker darüber beschwerte, dass die EG der Zwölf »immer nur den kleinsten gemeinsamen Nenner« suche, und ihre Aktionen verächtlich »pures Gerede«, beziehungsweise »fauler Zauber« nannte, wies der britische Staatsminister für auswärtige Angelegenheiten Douglas Hogg mit dem Finger über den Atlantik: »Es gibt keine Kavallerie hinter dem Hügel. Es kommt keine internationale Streitkraft, um dies zu stoppen.« Letztlich verwiesen die Deutschen und die Europäer, wie sich inzwischen gezeigt hatte, stets auf die Amerikaner, wenn es um den Einsatz von Waffen ging. Aber Bush war, so hart es klingen mag, nicht bereit, die Strategie der USA zu Jugoslawien ausgerechnet in einem Wahljahr zu ändern.[208]

Auf die Frage eines Reporters, ob die Bosnier nicht »einen gewissen Schutz verdient« hätten, in Anbetracht der Tatsache, dass es nunmehr »eine neue Weltordnung gibt, wie der Präsident der Vereinigten Staaten erklärte«, erwiderte die Sprecherin des US-Außenministeriums Margaret D. Tutweiler: »Wo steht geschrieben, dass die Regierung der Vereinigten Staaten die Militärpolizei der Welt ist?« So tragisch die Situation in Jugoslawien auch sei, für die USA ständen dort »keine nationalen Sicherheitsinteressen« auf dem Spiel. Die Verteidigung der Menschenrechte allein reiche als Grund nicht aus. Ein anderer Regierungsvertreter gab gehässig zurück: »Glauben Sie wirklich, die amerikanische Bevölkerung wolle ihr Blut für Bosnien opfern?«[209]

Das war auch Bushs Haltung. Er war überzeugt, dass jahrhundertealter, ethnischer Hass nicht durch eine rasche Intervention von außen aus der Welt geschafft werden konnte. Auf der ersten Fernsehdebatte im Präsidentschaftswahlkampf am 11. Oktober 1992 in St. Louis sagte er dazu: »Es gibt uralte Rivalitäten, die aufgebrochen sind, als Jugoslawien sich auflöste ... Das lässt sich nicht dadurch lösen, dass man das 82. Luftlanderegiment entsendet, und ich werde das als Oberbefehlshaber auch nicht tun.« Er unterstrich, dass er wegen der »ethnischen Säuberungen« sehr besorgt sei. Doch in jener Fernsehdebatte fügte Bush einen weiteren Punkt hinzu, von dem er wusste, dass er bei seinen einheimischen Zuhörern gut ankam: »Ich habe etwas geschworen, weil ich aus Vietnam etwas gelernt habe. Ich werde keine US-Streit-

kräfte einsetzen, solange ich nicht weiß, wie der Auftrag lautet, solange
das Militär mir nicht sagt, dass er erfüllt werden kann, und solange ich
nicht weiß, wie sie wieder aus der Sache herauskommen.«[210]

Bush bewegte sich auf einem schmalen Grat. Im Gegensatz zu Margaret Tutweiler scheute er sich nicht – selbst einen Monat vor der Wahl –
zu sagen: »Wir sind die einzige verbliebene Supermacht, und wir sollten das auch sein. Und wir haben eine gewisse überproportionale
Verantwortung.« In jenem Sommer hatte Bush in Helsinki den ungarischen Ministerpräsidenten Antall beruhigen wollen angesichts der
Frage der Stabilität Osteuropas nach dem Abzug der Roten Armee und
eines potenziellen Übergreifens der Jugoslawienkrise. Dabei hatte er
ganz ähnlich argumentiert: »Wir haben eine Verantwortung, als stabilisierende Kraft in Europa aufzutreten, auch hinsichtlich Russlands. In
dieser Beziehung haben wir eine einzigartige Verantwortung.« Ebenso
sprach er sich energisch gegen jene aus, die für einen Abbau der Streitkräfte plädierten: »Ich denke, es ist wichtig, dass die Vereinigten Staaten in Europa bleiben und weiterhin den Frieden garantieren. Wir können schlicht nicht abziehen.«[211]

Hinzu kam – und auch das ging aus den Äußerungen Bushs in der
Fernsehdebatte hervor –, dass er immer noch außerordentlich stolz war
auf die internationale Koalition im Golfkrieg. Er hielt sie für ein Modell,
wie die neue Weltordnung gestützt werden müsste. Allerdings war das
eine klar umrissene Mission gewesen, noch dazu im strategischen, nationalen Interesse; eine von der UNO autorisierte Militäroperation, um
die territoriale Integrität und Souveränität eines Landes nach einer illegalen Annexion durch ein anderes wiederherzustellen. Und die Mission war mit voller internationaler Billigung (einschließlich der UdSSR
und der VRC) in der Mitte seiner ersten Amtszeit ausgeführt worden.
Der Balkankonflikt hingegen war ein Alptraum der Geschichte. Hier
verfügte die USA weder über größere Interessen noch über einen klaren Aktionsplan. Zudem brach die Bosnienkrise um die gleiche Zeit aus,
als sich die Sowjetunion auflöste und als Bush mehr und mehr von
einem immer schwierigeren Wahlkampf vereinnahmt wurde. Deshalb
wehrte er sich so hartnäckig dagegen, in etwas hineingezogen zu werden, das wie ein zweites Vietnam aussah.

*

Will man Bushs Überdenken der globalen Ordnung und der Führungsrolle Amerikas nach 1991 verstehen, so ist eine weitere Episode wichtig.
Es ist aufschlussreich, seinen unerschütterlichen Widerstand gegen
eine Intervention in Bosnien mit der späteren Entscheidung für eine
militärische, humanitäre Mission in Somalia zu vergleichen.

Zu der Zeit, als die USA ihren Feldzug gegen Saddam Hussein starte-
ten und die Sowjets massiv in Litauen vorgingen, wurde in Somalia der
langjährige Diktator, Präsident Mohamed Siad Barre, durch General
Mohamed Farrah Hassan Aidid gestürzt. Schon seit Monaten hatte am
Horn von Afrika ein verheerender Bürgerkrieg getobt. Zwölf Monate
später war der somalische Staat restlos in einander bekriegende Stam-
mesgebiete zerbrochen, die gesamte Regierungsautorität und die Wirtschaft lagen am Boden, und das Land wurde zudem von einer Dürre
heimgesucht. Somalia verfiel in anarchische Zustände, bewaffnete Banden plünderten Lebensmittelvorräte, und rivalisierenden Clans be-
schlagnahmten internationale Hilfslieferungen, um sich die zivile Bevölkerung gefügig zu machen. In der Hauptstadt Mogadischu kam es
immer wieder zu Blutbädern, was zur Folge hatte, dass im Frühjahr
1992 ausländische Botschaften und internationale Einrichtungen, auch
die Vereinten Nationen, abzogen – und Somalia seinem entsetzlichen
Schicksal überließen.[212]

Rund 300 000 Somalier waren bereits an Unterernährung gestorben,
und die US-amerikanische Behörde für Katastrophenhilfe schätzte, dass
zwei Dritteln der Bevölkerung von 6,5 Millionen Menschen »wegen der
Auswirkungen der inneren Unruhen der Hungerstod droht«.[213] Doch
die internationale Gemeinschaft unternahm so gut wie nichts. Erst
nachdem die Organisation für Afrikanische Einheit, die Arabische Liga
und die Islamische Konferenz im Februar 1992 in Mogadischu einen
Waffenstillstand unter den Clanführern ausgehandelt hatten, vereinbarte der UN-Sicherheitsrat gemäß Resolution 751, 50 Beobachter zur
Überwachung des Waffenstillstands zu entsenden. Diese Alibi-Opera-
tion – UNOSOM I – wurde am 24. April genehmigt.[214] Unterdessen wurden im Sommer des Jahres 15 000 bewaffnete Friedenstruppen nach
Bosnien geschickt, sodass es aussah, sagte der Ägypter Boutros Boutros-Ghali, der Pérez de Cuéllar als UN-Generalsekretär gefolgt war,
als würde sich der Westen nur um »die Kriege des reichen Mannes«

Somalia: Der Krieg der Armen

scheren. Afrika werde hingegen sich selbst überlassen. Ein hoher US-Beamter der Katastrophenhilfe schlug einen ähnlichen Ton an: »Die Zahl der Menschen, die in Jugoslawien jeden Monat umkommt, entspricht der Zahl der Menschen, die in Somalia täglich sterben. Dennoch gibt es kaum internationale Besorgnis deswegen, geschweige denn einen Aufschrei.« Erst Mitte des Sommers, als die UN-Beobachter in Mogadischu eintrafen, griffen die internationalen Medien endlich die Story auf. Bilder von sterbenden Kindern flimmerten auf allen Bildschirmen der »Ersten Welt« und auf den Titelseiten der Zeitungen. Die *New York Times* überschrieb einen Leitartikel: »Die Hölle namens Somalia«.[215]

Der US-Kongress und das Afrika-Ressort des State Departments forderten immer nachdrücklicher den Einsatz von US-Bodentruppen, um die internationalen Hilfslieferungen zu schützen, die allmählich in Gang kamen. Doch die Abteilung für internationale Organisationen des Außenministeriums mit John Bolton an der Spitze betrachtete Somalia als humanitäres Problem, nicht als Sicherheitsproblem, und wehrte sich deshalb gegen alles, was über Unterstützungs- und Versöhnungsversuche hinausging. Auch die US-Militärs im Pentagon sahen in Somalia

»einen Höllenschlund« – eine Einschätzung, die jeder Präsident ernst nehmen musste, insbesondere wenn seine Wiederwahl bevorstand.[216]

Entscheidend war jedoch, dass die humanitäre Krise Bush persönlich naheging, hauptsächlich wegen eines Telegramms des US-Botschafters in Kenia Smith Hempstone Jr., einem ehemaligen Journalisten mit spitzer Feder. Das Telegramm vom 10. Juli mit dem Titel »Ein Tag in der Hölle« konstatierte sarkastisch: »Wenn Ihnen Beirut gefallen hat, werden Sie Mogadischu lieben.« (Beirut war Anfang der Achtzigerjahre ein Synonym für Anarchie gewesen.) Hempstone sagte voraus: »Es wird fünf Jahre dauern, bis Somalia auch nur auf die Knie kommt, von den Füßen ganz zu schweigen.« Und wenn sich in dem Land nicht etwas grundlegend ändere, so werde eine US-Intervention lediglich »im Jahr 1993 Zehntausende von somalischen Kindern vor dem Hungertod bewahren, die aller Wahrscheinlichkeit nach dann 1994 verhungern werden«. Hempstone nannte Somalia ein »Elend«, das Militär sprach von einem »Sumpf«, und die Analogie zum Libanon war alles andere als ein Trost: Die Reagan-Administration hatte sich 1983 inmitten einer Krise wiedergefunden, als 241 US-Marines, die als Friedenstruppen ins Land gekommen waren, von Selbstmordattentätern in ihren Baracken in Beirut in die Luft gesprengt worden waren. Bush kritzelte jedoch an den Rand des Telegramms von Hempstone: »Das ist eine schrecklich bewegende Situation. Lasst uns alles in unseren Kräften Stehende tun, um zu helfen.«[217]

Das Telegramm »Ein Tag in der Hölle« kam just zu dem Zeitpunkt an, als Bush Baker aus dem Außenministerium abzog, um seinen Wahlkampf zu leiten. So bat nun der Präsident Bakers ehemaligen Vize, Lawrence Eagleburger, hinsichtlich Somalias »Initiative zu ergreifen«. Und Eagleburgers Erinnerung zufolge war das einfacher, weil »es sich in Somalia um humanitäre Hilfe handelte«, während »in Bosnien tatsächlich eine militärische Intervention gefordert wurde«.[218] Ein paar Tage vor der Eröffnung des Nationalkonvents der Republikaner am 17. August kündigte Bush mehrere Initiativen zu Somalia an. Zunächst einmal würden die Vereinigten Staaten die überaus wichtige »Luftbrücken«-Kapazität für die humanitäre Mission abstellen. Man beschloss, dass amerikanische Flugzeuge jene 500 Blauhelme nach Mogadischu bringen sollten, die der Sicherheitsrat auf der Sitzung vom 28. Juli bewilligt

hatte. Eine ähnliche Unterstützung wurde angeboten, als die Vereinten
Nationen anschließend weitere 3000 Mann für UNOSOM I ankündig-
ten, um die Hilfslieferungen zu beschützen. Darüber hinaus erklärte
das Weiße Haus am 14. August, dass der »Hunger in Somalia eine
menschliche Tragödie« sei, und verkündete, dass die USA »eine führende Rolle unter anderen Nationen und Organisationen« übernähmen,
indem sie eine Luftbrücke für 145 000 Tonnen dringend benötigter
Lebensmittel anregten. Die Blauhelme sollten die Hilfskonvois beschützen und dafür sorgen, »dass das Essen diejenigen erreicht, die es so
dringend brauchen«.[219] Da die Wahl näher rückte und Bush von Clinton
kritisiert wurde, weil er keine »echten Führungsqualitäten« beweise
und nicht energisch gegen diejenigen vorging, die »nach internationalem Recht Verbrechen gegen die Menschlichkeit« begingen, lag dem
Präsidenten daran, sich als erfahrener, selbstbewusster, aber mitfühlen-
der *Commander in Chief* zu positionieren. Die Warnungen des Pentagons vor dem »glitschigen Terrain« wurden beiseitegewischt.[220]

Nach dem Schaulaufen auf dem Parteikonvent verschwand Somalia
wieder von den Titelseiten. Der Wahlkampf war in vollem Gang, und
außerdem hatte das Weiße Haus alle Hände voll mit Aufräumarbeiten
zu tun, nachdem Hurricane Andrew Ende August Süd-Florida und
Louisiana verwüstet hatte.[221] Unterdessen geriet das Hilfsprogramm am
Horn von Afrika ins Stocken. Das erste Kontingent pakistanischer UN-
Blauhelme traf erst Mitte September ein, und der Flughafen von Mogadischu konnte weitere zwei Monate lang nicht gesichert werden. Ein
Hauptgrund für diese Verzögerungen war das Fehlen eines Präzedenz-
falls für den Einsatz von UN-Truppen in einer humanitären statt einer
friedenssichernden Mission – ganz zu schweigen von der Situation
vor Ort. Es gab schlicht keine Regierung, mit der man verhandeln
konnte. In diesem Machtvakuum brachten Warlords und bewaffnete
Banden einen wachsenden Anteil der Lebensmittellieferungen durch
»Schutzzahlungsforderungen« und offenen Diebstahl in ihre Gewalt.
Angriffe auf Hilfsarbeiter eskalierten, und einige Flugzeuglandeplätze
mussten geschlossen werden.[222]

Die 500 leicht bewaffneten pakistanischen UN-Soldaten sahen sich
schließlich in einer Ecke des Flughafens in der Hauptstadt von feindli-
chen Kriegern umzingelt. Am 12. November forderte General Aidid die

UN-Soldaten auf abzuziehen. Als sie sich weigerten, ließ er das Feuer auf sie eröffnen und organisierte anschließend vor dem Hauptquartier der UNOSOM in Mogadischu eine Demonstration gegen ausländische Interventionen. Parallel zu verstärkter Gewalt gegen unbewaffnete Mitarbeiter von Nichtregierungsorganisationen eskalierte der somalische Warlord seine »Anti-UN-Kampagne«. Rasch war klar, dass die Entsendung der 3000 zusätzlichen Friedenstruppen inzwischen unmöglich geworden war. In Anbetracht der anarchischen Zustände sah es sogar so aus, als müssten die Vereinigten Staaten womöglich eine riskante Evakuierung des UN-Bataillons und übrigen Personals durchführen. Fehlende Sicherheit war inzwischen das größere Problem als fehlende Lebensmittel.[223]

Es war eine Ironie der Geschichte, dass in Bushs neuem Leitfaden für die US-Außenpolitik zu »friedenssichernden und humanitären Katastrophen«-Aktivitäten – NSD-74 vom November 1992 – weiterhin das Augenmerk darauf lag, dass die Vereinigten Staaten »einzelne« Beiträge in der Form von »Luftbrücken, Logistik, Kommunikations- und Nachrichtenkapazitäten« anboten. In Anbetracht der Ereignisse in Somalia lag auf der Hand, dass diese nationale Sicherheitsdirektive hier nicht als Muster für Aktionen dienen konnte, weil die Realität vor Ort eine Militärintervention erforderte.[224]

Doch das Pentagon schien immer noch kategorisch dagegen, dieses Sicherheitsvakuum zu füllen. Dazu sei eine »massive Militärmacht« nötig, was bedeutet hätte, rund 30000 schwer bewaffnete Soldaten ans Horn von Afrika zu entsenden. Das US-Militär hielt dies für inakzeptabel: Das Risiko hoher Verluste schien einfach zu groß. Den ganzen Herbst über blieb das Pentagon hartnäckig dabei, dass kein amerikanisches Militär eingesetzt werden sollte, um eine humanitäre Krise zu beseitigen oder auch nur zu lindern. Also schien die Operation UNOSOM mit de facto ohnmächtigen Friedenstruppen und mit ihrem schwachen UN-Mandat kurz vor dem Scheitern.[225]

Zu diesem Zeitpunkt hatte Bush die Präsidentschaftswahl am 3. November bereits gegen Bill Clinton verloren. Seine Wahlkampagne war durch den starken Auftritt des isolationistischen, unabhängigen Kandidaten Ross Perot, eines Milliardärs aus Texas, erschwert worden. Denn seinetwegen hatte Bush, was Zielgruppe und Botschaft betraf, stets beide Richtungen – die politische Rechte sowie die politische Linke – im Blick behalten müssen.

Clinton hingegen war der Mann, der dem Präsidenten wirklich zusetzte. Sein Mantra »It's the economy, stupid!« war eine unablässige Erinnerung daran, dass Bush sein Steuerversprechen von 1988 gebrochen hatte. Und gegen Ende des Wahlkampfs traf Clinton mit der nachdrücklichen Forderung einer amerikanischen Außenpolitik, die ganz offen »humanitär« und zugleich »aggressiver« war – eine, bei der die Macht von Werten getrieben wurde –, in der Bevölkerung einen Nerv. Trotz Bushs Entschlossenheit, sich präsidial zu geben, fühlte er sich unablässig geprügelt. In der ABC-Talkshow *20/20* gab er gegenüber Barbara Walters zu, dass der Bruch seines »Keine neuen Steuern«-Versprechens der größte Fehler seiner Präsidentschaft gewesen sei, »weil dies bis zu einem gewissen Grad meine Glaubwürdigkeit bei der amerikanischen Bevölkerung untergraben hat«. Tatsächlich schien während des ganzen Wahlkampfs der Präsident, der den Kalten Krieg gewonnen hatte, ständig in der Defensive zu sein.[226]

Paradoxerweise wirkte Bush nach der Niederlage wie befreit. Einem Präsidenten auf Abruf fiel es leichter, Halt zu finden. Nun, da er am 20. Januar ohnehin aus dem Amt ausscheiden würde, musste er sich nicht länger um innenpolitische Zwänge scheren und war bereit, in Somalia energisch einzugreifen. Washington konnte sich wegen der bereits bestehenden Beteiligung der Vereinigten Staaten an UNOSOM – Lufttransport von Lebensmitteln und UN-Soldaten – sowieso schlecht einfach aus dem Staub machen, als die Sache schwierig wurde. Und ganz offensichtlich war es nicht länger tragbar, lediglich als Unterstützer der Logistik zu agieren, wenn die Vereinten Nationen mit der Lage vor Ort so eindeutig überfordert waren und Boutros-Ghali die Amerikaner um Hilfe bat.

Der große Anstoß für eine US-amerikanische humanitäre Militärintervention ging jedoch nicht vom Weißen Haus aus, sondern vom US-Außenministerium und, noch erstaunlicher, vom Pentagon. Am 12. November, dem Tag, als die UN-Friedenstruppen auf dem Flughafen von Mogadischu beschossen wurden, riet der stellvertretende Außenminister Robert L. Gallucci, der für politisch-militärische Angelegenheiten zuständig war, seinem Vorgesetzten Eagleburger, sich an die Spitze einer Koalition zu stellen. Mit der Vollmacht des Sicherheitsrats, »alle erforderlichen Mittel«, auch Gewalt, einzusetzen, sollte Somalia unter der Führung der Vereinigten Staaten vor einer Hungerkatastrophe bewahrt werden. Von Galluccis Argumenten überzeugt wurde Eagleburger zum Fürsprecher eines starken Einsatzes von US-Streitkräften.[227]

Eine Woche später tagte das sogenannte Deputies Committee des Nationalen Sicherheitsrats nicht weniger als vier Mal.[228] Die Stellvertreter diskutierten verschiedene Optionen für eine stärkere Beteiligung der USA an der UN-Operation.[229] Paul Wolfowitz aus dem Verteidigungsministerium war ganz offensichtlich nicht der Ansicht, dass eine größere UN-Friedensmission Erfolg haben würde. Er plädierte für den Einsatz amerikanischer Bodentruppen. Die Vertreter der Vereinigten Stabschefs in dem Komitee stimmten zu und anschließend empfahl General Colin Powell selbst eine umfassende US-Intervention, wobei er von Verteidigungsminister Dick Cheney voll unterstützt wurde. Letzterer sagte der *Washington Post*, dass das US-Militär bereit sei, »mehr zu tun, als nur ein Pflaster aufzulegen«, weil die Lage in Somalia so krass sei und weil das, »was wir tun, einen großen Unterschied ausmachen kann«. Die Kehrtwende des Pentagons überraschte zwar das State Department, aber es war hocherfreut darüber. Im Wesentlichen war das Militär zu dem Schluss gelangt, dass es für die Vereinigten Staaten besser sei, die Initiative zu ergreifen, statt reaktiv zu intervenieren (gezwungen, belagertes UN-Personal häppchenweise zu verteidigen oder gar zu evakuieren). So sollte eine starke und substantielle »von den USA angeführte militärische Koalition« – die »unter UN-Autorität, aber nicht unter UN-Kommando« operierte – dafür sorgen, das Geschehen in Somalia unter Kontrolle zu bringen.[230]

Man bezog sich auf die Herangehensweise der »entscheidenden Streitmacht« *(decisive force)*, die im Golfkrieg 1991 gerechtfertigt und anschließend 1992 in der unter Powells Federführung ausgearbeiteten amerikanischen Militärstrategie verankert worden war. Nun sollte diese Strategie in Somalia zum Einsatz kommen – allerdings als Mission innerhalb eines Staates, mit einem kleineren Kontingent und mit einem anderen, ausdrücklich humanitären Ziel.[231]

Bush und Scowcroft ließen sich vom Konsens des Pentagons überzeugen und beschlossen, auf Powells Rat hin, rund 28000 US-Soldaten zu entsenden. Am 3. Dezember 1992 verabschiedete der UN-Sicherheitsrat Resolution 794, die das Angebot der USA begrüßte, dazu beizutragen, »so bald wie möglich ein sicheres Umfeld« für die Lieferung von humanitärer Hilfe in Somalia zu schaffen. Sie autorisierte den Einsatz »aller erforderlichen Mittel«, um dies gemäß Kapitel VII der Charta zu erreichen. Darüber hinaus forderte die Resolution andere Staaten auf, Streitkräfte abzustellen und die Operation mit Geld oder vergleichbaren Beiträgen zu unterstützen. Das einstimmige Ergebnis des Rats, einschließlich der traditionellen Skeptiker beim »Einsatz von Gewalt«, wie Indien, afrikanische Mitgliedstaaten und China (das den »außergewöhnlichen Charakter« der Resolution in Anbetracht der »chaotischen Zustände« in Somalia unterstrich), kann als Meilenstein in der Entwicklung des humanitären Rechts nach dem Kalten Krieg gelten. Es zeigte, dass die internationale Gemeinschaft und die USA an das durchsetzbare Recht, einer leidenden Bevölkerung zu helfen, glaubten. Und für UN-Generalsekretär Boutros-Ghali markierte dieser Moment einen persönlichen Triumph. Erst zu Beginn des Jahres hatte er das Amt angetreten und nun war es ihm gelungen, die Welt dazu zu bewegen, sich für eine wohltätige Mission in einem verarmten Teil Afrikas zu engagieren.[232]

Tags darauf gab Bush in einer Fernsehansprache vom Oval Office aus seine Entscheidung bekannt, die Operation Restore Hope (in der die USA das vereinte Kommando übernehmen würden) einzuleiten. In dieser Rede, die er sechs Wochen vor Ablauf seiner Amtszeit hielt, verwies er auf die »schockierenden Bilder aus Somalia«, auf die »Tragödie« und das »Leiden« und die Möglichkeit, dass in den kommenden Monaten »1,5 Millionen Menschen verhungern könnten«. Die Initiative, so Bush, sollte »ihnen helfen zu leben«, sollte »Tausende unschuldiger Menschen vor dem Tod retten«. Natürlich könnten »die Vereinigten Staaten nicht im Alleingang alle Übel der Welt heilen. Aber wir wissen auch, dass manche Krisen auf der Welt ohne amerikanische Beteiligung nicht gelöst werden können.« Der Präsident erklärte, dass nur die Vereinigten Staaten über die »globale Reichweite« verfügten, um eine große Zahl an Truppen schnell genug zu verlegen, damit die Lebensmittel auch wirklich ankamen, ehe noch mehr Menschen starben.

Wie im Fall Kuwait gab er sich große Mühe, seinen Landsleuten vor Augen zu führen, dass Amerika keinesfalls »allein handeln« würde. Da er im Vorfeld seiner Ankündigung intensive Telefondiplomatie betrieben hatte – von Tokio bis Paris und von Rom bis Riad –, konnte Bush zuversichtlich sagen, dass sich ein Dutzend weitere Nationen der von der UNO sanktionierten Operation mit Geräten, Personal und Geld anschließen würden: Die von den USA geführte United Task Force (UNITAF) in Somalia war definitiv multilateral, nicht unilateral.[233] Zudem hob Bush das »begrenzte Ziel« der Operation hervor. Es handele sich um eine »humanitäre« Mission. UNITAF, die »Koalition der *friedensschaffenden* Truppen«, werde den Weg frei machen für eine anschließende »reguläre UN-*friedenssichernde*« Mission (UNOSOM II) und war folglich im Grunde eine »Überbrückungsoperation«. Bush erklärte weiter: »Wir werden keinen Tag länger als absolut notwendig bleiben.«[234]

Seine persönlichen Bedenken bezüglich des Einsatzes äußerte Präsident Bush gegenüber Boutros-Ghali sehr klar in einem Telefongespräch am 8. Dezember. »Wir schicken eine ziemlich große Streitmacht dorthin. Ich möchte nicht, dass auch nur einer von ihnen getötet wird«, erklärte er. »Ich habe Angst, dass ein aufgeputschter Junge in so einem Toyota auf die Marines schießen könnte«, weil das direkt Konsequenzen nach sich ziehe. Der UN-Generalsekretär nahm diese Sorgen umgehend auf, wollte er doch die USA außerdem für eine Militärpräsenz vor Ort gewinnen, um die Banden zu entwaffnen. Doch Bush erkannte sofort die Gefahr einer »schleichenden Ausweitung des Einsatzes«. Er stimmte zwar zu, dass die Entwaffnung wichtig sei, betonte aber: »Wir haben das nicht zum Teil unserer Mission gemacht … Wir brauchen Friedenstruppen, die rasch nach uns kommen.«[235]

Bush blieb bei seiner Haltung. Er hatte dem Sicherheitsrat am 3. Dezember gesagt: »Ich gehe davon aus, dass die ersten Soldaten nach 40 Tagen wieder abziehen können«, und das blieb auch sein erklärtes Ziel. Die ersten Einheiten von UNITAF landeten am 9. Dezember am Strand von Mogadischu, schon bald verstärkt von 17 000 zusätzlichen Mann aus mehr als 20 Ländern. Die Operation Restore Hope hatte man als »durchführbare Mission« präsentiert, in der die überwältigende Streitmacht einen Erfolg mit einer begrenzten Zahl an Opfern garantierte. Und genauso spielte es sich im Wesentlichen auch ab. Die erste humanitäre Intervention der Vereinigten Staaten in Somalia wurde Anfang März 1993 als erfolgreich beendet gemeldet, und ihr Befehlshaber General Robert B. Johnston empfahl den Übergang zu UNOSOM II. Kein einziger Amerikaner war ums Leben gekommen.[236] Es ist bezeichnend, dass UNITAF ein überparteiliches Projekt gewesen war – was bei der Schärfe des Wahlkampfes eigentlich verwundert. Clinton wurde über die Pläne für die Operation informiert[237] und äußerte sich öffentlich sehr positiv zu Bushs Entscheidung: »Die Verhinderung der Verteilung von Hilfsgütern und insbesondere das Plündern lebensrettender Vorräte darf einfach nicht weitergehen«, erklärte der designierte Präsident. »Das Mandat, das unsere Streitkräfte und unsere Partner in der Koalition erfüllen werden, lautet, eine sichere Umgebung zu schaffen, um Menschenleben zu retten, und ich lobe Präsident Bush für seine Führungsstärke in dieser wichtigen humanitären Anstrengung.«[238] Nach seiner Amtseinführung begrüßte Clinton UNITAF fast schon als eine gemeinsame Mission. »Unser Gewissen sagte, es reicht«, stellte er in einer Rede im Oktober 1993 fest. »In der besten Tradition unseres Landes handelten wir mit überparteilicher Unterstützung. Präsident Bush schickte 28 000 amerikanische Soldaten als Teil einer humanitären Mission der Vereinten Nationen ins Land. Unsere Soldaten schufen eine sichere Umgebung, damit Lebensmittel und Medikamente zu den Menschen gelangten. Wir haben knapp eine Million Menschenleben gerettet. Und in großen Teilen Somalias, überall außer in Mogadischu, kehrte das Leben allmählich wieder zur Normalität zurück … ohne die amerikanische Führung und Amerikas Soldaten wäre das niemals geschehen.«[239]

*

Die letzten Monate von Bushs Präsidentschaft hatten die Grenzen und Probleme der »neuen Weltordnung« aufgezeigt, die er 1990/91 so kühn verkündet hatte. Freilich, im engeren militärischen Sinn war UNITAF ein Erfolg gewesen, genau wie der erste Golfkrieg. Aber längerfristig löste keine von beiden Operationen die tieferen Probleme sowohl Somalias als auch des Iraks beziehungsweise der jeweiligen Region. Nach seiner Niederlage in Kuwait begann Saddam Hussein mit einer brutalen Unterdrückung der kurdischen Bevölkerung in seinem Land, was zu einer Reihe wirkungsloser, von der UNO sanktionierter militärisch-humanitärer Operationen im Irak führte. In Somalia wiederum wurde der Waffenstillstand rasch brüchig, denn UNOSOM II schaffte es nicht, Versöhnung, Entmilitarisierung und Aufbau staatlicher Strukturen voranzutreiben, nachdem UNITAF abgezogen war.

Was die Konflikte im Nahen Osten, auf dem Balkan und in Ostafrika allesamt enthüllten, war die wahre Unordnung der »chaotischen Welt« – wie Scowcroft sie bereits im August 1990 nach dem Einmarsch von Saddams Truppen in Kuwait beschrieben hatte. Und das war nur zwei Wochen bevor Bush zum ersten Mal seine Vision einer neuen Welt umriss, »in der die Herrschaft des Rechts das Gesetz des Dschungels ablöst«, wo »Nationen die gemeinsame Verantwortung für Freiheit und Gerechtigkeit anerkennen« und wo »der Starke das Recht des Schwachen respektiert«.[240]

Das waren alles schöne Worte gewesen. Ungeachtet der globalen Ausrichtung von Bushs Vision zeigte sich 1991/92, dass diese keine definitive Roadmap für die neue Ära der Wendezeit beinhaltete. Wie Bush selbst fünf Wochen vor dem Ende seiner Amtszeit in einem abschließenden Resümee in seiner Rede an der Texas A&M University einräumte: »Einen einzigen oder einfachen Leitfaden für die Außenpolitik kann es nicht geben.«[241]

Das lag nicht zuletzt daran, dass die »neue Welt« nicht so geordnet war wie die des Kalten Krieges. Auf dem Höhepunkt der bipolaren Ordnung betraf so gut wie jeder lokale Konflikt – von Vietnam bis Israel/Palästina, von Chile bis Afghanistan, von Namibia bis Nicaragua – amerikanische Interessen und löste eine mehr oder weniger starke US-amerikanische militärische Intervention aus, weil die Sowjets die jeweilige Gegenseite unterstützten. Die Angst vor dem Ausbruch eines Atomkriegs hatte jedoch dazu beigetragen, das Prinzip der Nichteinmischung in innere Angelegenheiten aufrechtzuhalten. Und die verbreiteten totalitären oder autoritären Regime in den Entwicklungsländern hielten die zivilen Unruhen in Schach. Westliche Idealisten, die sich für die Achtung der Menschenrechte aussprachen, versuchten also hauptsächlich, diese Regime weniger grausam zu machen, indem sie Redefreiheit, Reisefreiheit und das Recht auf Auswanderung forderten sowie ein Ende der Folter und willkürlicher Inhaftierungen.[242]

Der Krieg, den man geführt hatte, um Irak aus Kuwait zu vertreiben, stellte, so anspruchsvoll die Logistik und die Diplomatie auch gewesen sein mag, in mancher Hinsicht sowohl einen einfachen Fall als auch einen Übergangsmoment dar. Es hatte sich um einen eklatanten Akt der Aggression eines Staates gegen einen anderen gehandelt. Die Sowjetunion arbeitete jetzt mit den USA zusammen, und Gorbatschow passte sich an die Grundsätze des internationalen Rechts und der Ordnung an. Die UdSSR war zwar geschwächt, aber zu diesem Zeitpunkt noch die zweite Säule des globalen Systems. Außerdem bestand die Hoffnung, dass der UN-Sicherheitsrat, da er nicht länger durch die ideologischen Antagonismen des Kalten Krieges gelähmt war, eine ganz neue Rolle als Friedenswächter spielen konnte. In dieser verheißungsvollen Situation handelten die USA als Führer eines multilateralen, internationalen Vorgehens. Oder wie Scowcroft es im Herbst 1990 ausdrückte: »Die Vereinigten Staaten waren künftig verpflichtet, wie die Irak-Krise gezeigt hatte, die Weltgemeinschaft in einem noch nie dagewesenen Ausmaß anzuführen. Außerdem sollten wir unsere nationalen Interessen, wo immer möglich, innerhalb eines Rahmens der Zusammenarbeit mit unseren Freunden und der internationalen Gemeinschaft verfolgen.«[243] Dem Weißen Haus ging es vor allem darum, dass die USA moralisch gesehen »so handeln müssen, dass das internationale Recht und nicht internationale Gesetzesbrecher die Welt nach dem Kalten Krieg regieren«.[244] Folglich zwang in den Operationen Desert Shield und Desert Storm – der ersten praktischen Umsetzung dieses groß angelegten Entwurfs – eine von den USA angeführte Koalition mit Vollmacht der Vereinten Nationen den Irak, sich an das internationale Recht zu halten. Sie befreite Kuwait, achtete allerdings dabei darauf, dass es zu keiner ernsthaften Verletzung der irakischen Souveränität kam.

Ende 1991 stürzte die sowjetische Säule jedoch ein und plötzlich fanden sich die Vereinigten Staaten in der Position des überlegenen Hegemons wieder – allein und unumstritten. Dies war der »unipolare« Moment. »Wir befanden uns auf einmal in einer einzigartigen Lage, ohne Erfahrung, ohne Präzedenzfall und allein auf dem Höhepunkt der Macht«, schrieb Scowcroft später, »eine in der Geschichte beispiellose Situation« – noch dazu eine, die den USA die »seltene Gelegenheit verschaffte, die Welt zu gestalten, sowie die tiefere Verantwortung, dies klug zu tun, nicht nur zum Nutzen der Vereinigten Staaten, sondern aller Nationen«.[245]

Auf welche Weise sollte Washington also versuchen, Frieden und Stabilität in dieser neuen Umgebung zu schaffen? Gemäß der Charta konnten die Vereinten Nationen für »friedenssichernde Operationen« eingesetzt werden, die laut Definition im Konsens der Parteien erfolgen, auf Unparteilichkeit basieren und den Einsatz von Gewalt ausschließen sollten, außer in Selbstverteidigung oder, um ein bestimmtes Mandat gemäß Kapitel VII der UN-Charta zu erfüllen. Die Vereinten Nationen hatten jedoch niemals eine eigene »friedensstiftende« Kapazität aufgebaut: Der gemäß Artikel 47 der UN-Charta geschaffene Generalstabsausschuss war seit seiner Gründung wegen der Rivalitäten im Kalten Krieg so gut wie untätig geblieben. Das unipolare Moment bot die Gelegenheit einer Militäraktion unter Führung der USA, unterstützt vom Rest des Sicherheitsrats gemäß Kapitel VII, doch die in Kuwait durchgeführte Operation erwies sich nicht als echter Präzedenzfall. Mit dem Zerfall der UdSSR und dem Ende vieler repressiver, aber stabiler Regimes tauten etliche lokale Konflikte und ethnisch-religiöse Streitigkeiten wieder auf, die im Kalten Krieg eingefroren waren. Die Frage, ob, wo und wie sich die USA einmischen sollten, stellte das Weiße Haus vor schwierige Herausforderungen.

Einerseits herrschte das deutliche Gefühl, dass die USA die Führung übernehmen mussten. »Wir können die Demokratie oder amerikanische Interessen kaum ausschließlich multilateralen Institutionen anvertrauen«, erklärte Baker im April 1992. Bush unterstrich nachdrücklich: »Jeder, der sagt, wir sollten uns in einen isolationistischen Kokon zurückziehen, lebt im vergangenen Jahrhundert.« Die nationale Sicherheitsstrategie von 1991 hatte vor einem Rückfall in die Zwanzigerjahre gewarnt. Die Nation hatte sich, als der Erste Weltkrieg vorüber war und »keine vergleichbare Bedrohung ersichtlich war, nach innen zurückgezogen. Dieser Kurs hatte damals beinahe verheerende Konsequenzen und wäre heute sogar noch gefährlicher …«

Der Präsident hatte jedoch nicht die Absicht, für die USA die Rolle des globalen *Friedensstifters* zu beanspruchen, geschweige denn des globalen *Friedenserzwingers*. »Wir sollten den Einsatz von Gewalt nur in solchen Situationen in Betracht ziehen, wo das, was auf dem Spiel steht, es rechtfertigt, wo sie Wirkung zeigen kann und die Anwendung im Ausmaß und zeitlich begrenzt ist«, bekräftigte er in seiner Rede an der A&M University in Texas. Die »Powell-Doktrin« der durchführbaren Missionen und kalkulierbaren Risiken blieb also das Fundament seiner nationalen Sicherheitsstrategie. Und er fügte eine weitere Einschränkung hinzu: »Wenn wir Menschenleben retten wollen, müssen wir stets auch an die Menschenleben denken, die wir möglicherweise einer Gefahr aussetzen müssen.«[246] Kein amerikanischer Politiker, der den Vietnamkrieg mitgemacht hatte, konnte die innenpolitischen Folgen von Kriegen ignorieren.

Nach dem Schock der Niederlage und dem Gejammer, dass er »alle Anrufe an Clinton verweisen« müsse und keine richtige Aufgabe mehr habe, außer »mit dem Hund Gassi zu gehen«, widmete sich Bush wiederum dem, was seine Berater als einen Versuch ansahen, »ein Vermächtnis seiner Präsidentschaft zu etablieren«.[247] Auf persönlicher Ebene betrachtete Bush die sorgfältig abgewogene, kurzfristige Operation am Horn von Afrika als Möglichkeit, das Amt auf einem Höhepunkt zu verlassen, statt mit eingezogenem Schwanz von der Bühne der Weltpolitik abzutreten. So hatten viele den Abschied Jimmy Carters im Januar 1980 wahrgenommen, der außerstande gewesen war, die Freilassung der US-Geiseln im Iran zu erwirken.

Insofern kam dem Timing der Operationen in Kuwait, Jugoslawien und Somalia eine große Bedeutung zu. Allerdings lagen die Fälle an sich auch jeweils anders. Während die Irak-Kuwait-Krise eine zwischenstaatliche Aggression gewesen war, wurde die Situation in Jugoslawien und Somalia – zumindest anfangs – als rein innere Angelegenheit angesehen. Die jugoslawische Krise erwuchs aus dem gewaltsamen Zerfall eines Staates; letztere hingegen aus einer Hungersnot, die aufgrund anarchischer Zustände ausgebrochen war. Bei den Nachfolgekriegen auf dem Balkan beschloss die Bush-Administration von Anfang an, sich herauszuhalten – nicht nur, weil das US-Militär die Region als Sumpf betrachtete, sondern auch weil es regionale Mächte und Institutionen gab, von denen der Präsident, nicht zuletzt aufgrund ihrer eigenen Aussagen, erwartete, dass sie dort Frieden und Ordnung bewahrten: die EG, KSZE und WEU sowie die UNO.

Die Amerikaner verspürten auch wenig Lust, mit der NATO auf dem Balkan zu intervenieren, weil sich die Allianz mitten in einer Neujustierung an die Welt der Wendezeit befand. Und dabei war sie die ein-

zige politisch-militärische Institution, die die Streitkräfte von halb
Europa integrierte und den Vereinigten Staaten und ihren Bündnispartnern die Möglichkeit bot, ihre jeweilige Politik zu beeinflussen. Historisch gesehen war die NATO gegründet worden, um einen Schutz gegen
jede sowjetische Bedrohung zu gewähren, während zugleich Deutschland eingebunden und ein dauerhaftes transatlantisches Band zwischen den USA und Europa geschmiedet wurde. Diese Daseinsberech-
tigung wurde nun in die Ära der Wendezeit importiert. Darüber hinaus
wurde die NATO jedoch von den neuen Demokratien in Osteuropa
unter Druck gesetzt, die Tore zu öffnen, was zu einer Vergrößerung des
Territoriums führen würde. Die Allianz musste folglich über ihre künftige Identität nachdenken: Sollte sie eine umfassendere, kollektive
»Verteidigungsgemeinschaft« oder womöglich ein Bündnis werden,
das sich stärker der »kollektiven Sicherheit« widmete? Als der Balkan
in Flammen aufging, bestand darüber hinaus auch die dringende Notwendigkeit, die Mission der NATO neu zu definieren, wenn sie an der
Spitze des Wandels in Europa bleiben wollte. Im Jahr 1992 nahm
schrittweise der Druck auf Bushs Vereinigte Staaten als oberste »Ord-
nungsmacht« der NATO zu, sich militärisch »außerhalb des [eigenen]
Territoriums« zu engagieren, Operationen der Friedenssicherung und
der Friedenserzwingung in Betracht zu ziehen und sogar humanitäre
Interventionen durchzuführen. Allerdings legten weder Bush noch die
amerikanische Öffentlichkeit, die mit innenpolitischen Aufgaben alle
Hände voll zu tun hatten, großen Wert darauf, eine von den USA angeführte Militärintervention in Jugoslawien einzuleiten; und die Chef-
etage des Militärs sah keine klaren Angriffsziele für US-Streitkräfte,
wusste nicht einmal recht, welche Parteien in dem Wirrwarr sie eigentlich bekämpfen sollte.[248]

Um die gleiche Zeit ließ sich Bush jedoch in das augenscheinlich
schlimmere Chaos von Somalia hineinziehen. In diesem Fall bewirkten
der »CNN-Effekt«,[249] der massive Druck seitens des ägyptischen UN-
Generalsekretärs, Bushs Gefühl der Befreiung nach der Wahl und vor
allem die plötzliche Billigung des US-Militärs zusammengenommen,
dass das Weiße Haus seine Meinung änderte und aus einer scheiternden UN-Friedenssicherungsmission eine von den USA angeführte Frie-
denserzwingungsmission machte – *für einen bewusst kurzen Zeitraum.*

Der Commander in Chief: George Bush in Mogadischu

Die Fallbeispiele Bosnien und Somalia veranschaulichten, wie schwierig eine Friedenssicherung für kleinere Mächte, regionale Organisationen und die UNO selbst war, wenn die Gewalt erst einmal ihren freien Lauf nahm. Und sobald man übereinkam, dass in so einer Situation Gewalt erforderlich war, um Frieden zu schaffen oder zu erhalten, waren wirkungsvolle Operationen auf die überwältigende Feuerkraft sowie die konkurrenzlose »Luftbrücken«-Kapazität der Vereinigten Staaten angewiesen, um Truppen und Vorräte über die ganze Welt zu verteilen.

Unter dem Strich enthüllte die Phase 1991–1993 Bushs behutsamen und konservativen Ansatz, ungeachtet der optimistischen und universalistischen Worte, dass Amerika den demokratischen Frieden überall auf der Welt exportiere und verteidige. Und nicht einmal bei den von der UNO autorisierten und von den USA angeführten Militäroperationen, auf die der Präsident sich einließ, garantierte ein kurzfristiger Erfolg einen dauerhaften Frieden. In Somalia beispielsweise veranlasste das absehbare Scheitern von UNOSOM II, sobald die Mehrheit der US-UNI-TAF-Truppen abgezogen war, Clinton dazu, das amerikanische Kontingent wiederum aufzustocken und die Mission auf die Wiederherstellung

einer somalischen Regierung auszudehnen – bis zum Abschuss von zwei
Black-Hawk-Hubschraubern und dem Tod von 19 US-Militärs Anfang
Oktober 1993. Die Bilder ihrer Leichen, die durch die Straßen von Mogadischu geschleift wurden, brannten sich förmlich in die Erinnerung ein
und veranlassten den tief getroffenen Bill Clinton zum Truppenabzug.
Er lernte auf die harte Tour, wie wahr die nüchterne Aussage Bushs war,
man müsse auch die Leben der Amerikaner, die man aufs Spiel setzte,
berücksichtigen, wenn man das Leben anderer retten wolle. Als Führer
der »einzigen Supermacht« mussten sie anerkennen, dass die »neue
Welt« unter chronischer und regional begrenzter »Unordnung« litt.

In der Praxis erforderte »die neue Weltordnung« somit eine flexible
Reaktion statt strenge Schablonen. Inmitten der Verwirrung zeichnete
sich immer deutlicher ab, in welchem Ausmaß die vermeintlich »neue«
Welt auf der Basis überwiegend westlicher Vorstellungen, Strukturen
und Institutionen improvisiert wurde, die aus der unmittelbaren Nachkriegszeit und der langen Phase des Kalten Krieges stammten. Darüber
hinaus zeigte sich, dass Bushs Vision, die von Idealen und Machtpolitik
gleichermaßen geprägt war, nicht von allen geteilt wurde.

Da das Pentagon sich dessen bewusst war, plädierte es in einem Leitfaden für die Verteidigungsplanung vom Frühjahr 1992 ausdrücklich
dafür, dass die Vereinigten Staaten »das Aufkommen eines neuen Rivalen« vergleichbar mit der Sowjetunion verhindern und »jede feindliche
Macht davon abhalten« müsse, »eine Region zu dominieren, deren Ressourcen, unter stabiler Kontrolle, ausreichen würden, um eine globale
Macht hervorzubringen«. Mit diesen Zielen im Hinterkopf sollten die
Vereinigten Staaten ihre zentralen Bündnisse in Europa und Asien stärken (»das System der kollektiven Sicherheit unter Führung der USA«)
und darauf drängen, die »demokratische ›Friedenszone‹« auszudehnen. Das Dokument betonte: »Zu den Hauptaufgaben, vor denen wir
bei der Gestaltung der Zukunft heute stehen, zählen die Mitnahme
langjähriger Bündnisse in die neue Ära und die Überführung alter
Feindschaften in neue kooperative Beziehungen.«[250]

Das erstaunlichste Beispiel für die »Überführung alter Feindschaften
in neue kooperative Beziehungen« war natürlich der gesamte Wandel
des Verhältnisses zwischen Washington und Moskau. Reagan hatte die
Chance verpasst, die die Krönung seiner Amtszeit hätte werden sollen:

die Unterzeichnung eines Abrüstungsabkommens über strategische Waffen auf dem letzten großen Gipfeltreffen mit Gorbatschow in Moskau im Juni 1988. Dieses unvollendete Projekt START hing über der Amtszeit seines Nachfolgers, wobei dessen Verwirklichung durch die enormen Umwälzungen in Europa 1989 und 1990 behindert wurde. Doch Bush verlor die Sache nicht aus den Augen, unterzeichnete START-I im Juli 1991 gemeinsam mit Gorbatschow und profitierte von Jelzins pro-westlicher Phase, um START-II 1993 als letzten Höhepunkt am Ende seiner Präsidentschaft abzuschließen. Die Umsetzung der beiden Abkommen würde zusammen das amerikanische und sowjetische Arsenal strategischer Waffen um mehr als zwei Drittel verringern.

In der Pressekonferenz im Kreml am 3. Januar 1993 begrüßte Bush den Beginn einer »neuen Ära« nach einem halben Jahrhundert, in dem »die Sowjetunion und die Vereinigten Staaten in einem atomaren Patt steckten« und in dem »die ständige Kriegsgefahr unmittelbar zu drohen«, hier und da sogar unvermeidlich schien. Ganz ähnlich erklärte Jelzin, der Vertrag gehe »weiter als alle anderen Abkommen, die jemals auf dem Gebiet der Abrüstung unterzeichnet wurden«, und bilde somit »einen wichtigen Schritt zur Erfüllung des jahrhundertealten Traums der Menschheit«. Er sagte voraus, dass START-II »der Kern des Systems globaler Sicherheitsgarantien« werde.[251]

Die START-Verträge zogen in der Tat einen Schlussstrich unter den Kalten Krieg, indem sie die existenzielle Gefahr eines weltweiten Atomkriegs minderten. Doch das postsowjetische Russland war, ungeachtet seiner furchtbaren Massenvernichtungswaffen, nicht mehr die Macht, die es in der bipolaren Ära gewesen war. START-II war in Wirklichkeit ein asymmetrisches Abkommen – zwischen zwei Ländern, die keinesfalls ebenbürtig waren. Nachdem Russland schlagartig sein Imperium verloren hatte, klang Jelzin im Jahr 1992 fast schon peinlich erpicht auf eine Partnerschaft mit dem Westen oder gar Integration.

Allerdings tönte Jelzin um die gleiche Zeit, als er den START-II-Vertrag unterzeichnete, auch davon, Russland als Großmacht wiederaufer-stehen zu lassen und neue Optionen im Fernen Osten zu suchen. In der Asien-Pazifik-Region insgesamt hatte das Ende des Kalten Krieges keine Zerfallserscheinungen nach sich gezogen, die mit denen Europas seit 1989 vergleichbar waren; doch auch hier schien Anfang der Neunziger-

Auf dem Weg nach draußen, auf dem Weg nach oben: Bush und Jelzin
bei der Unterzeichnung des START-II-Vertrags in Moskau

jahre manches in Bewegung. Die geteilte Koreahalbinsel erschien inzwischen als die große Anomalie der Welt nach dem Mauerfall, und die dortige Situation war umso alarmierender, als Nordkorea ganz offensichtlich bestrebt war, eine Atommacht zu werden. Dahingegen wurde Japan – der standhafteste asiatische Bündnispartner der USA im Kalten Krieg mit seiner boomenden Wirtschaft, der einst als aufgehende Sonne eines anbrechenden pazifischen Jahrhunderts gepriesen worden war – nach Tiananmen allmählich immer mehr von der viel größeren und zunehmend dynamischen Volksrepublik China in den Schatten gestellt. Auch diese Themen der regionalen Sicherheit, der wirtschaftlichen Rivalität und der atomaren Proliferation in Asien beschäftigten Bush im letzten Jahr seiner Präsidentschaft.

KAPITEL 9

EIN ERSTER AUSBLICK
AUF EIN
»PAZIFISCHES JAHRHUNDERT«

Neujahr 1992. Ein Präsident rennt. Rennt er vor einem Wahlkampf davon, der anstrengend zu werden droht? Oder treibt ihn seine Mission rund um die Welt? Am 30. Dezember 1991 verließ George Bush Washington für eine 42 000 Kilometer lange Rundreise durch den Pazifik, die bis zum 10. Januar 1992 dauern sollte. Während sein Flugzeug an Silvester auf der Hickam Air Force Base in Hawaii auftankte, lief er zwei Meilen auf dem Sportplatz des Stützpunkts. Am nächsten Morgen in Sydney gab er eine Pressekonferenz, als er auf dem Campus des Scots College joggte. Auf die Frage, ob er irgendwelche persönlichen Vorsätze für das neue Jahr habe, sagte er: »Oh ja.« Er wolle »etwas schneller« joggen, damit der Secret Service seinem Chef »eine etwas bessere Leistung« attestieren könne.[1] Selbst wenn er in einem Hotel oder einem staatlichen Gästehaus ein paar Minuten freihatte, setzte er sich auf einen Hometrainer oder stieg auf einen Stairmaster. Ein aufmerksamer Reporter stellte fest, dass »Mr. Bush zweifellos gern Präsident ist, durch die Welt fliegt, Probleme anpackt und mit anderen Staatsmännern plaudert. Aber er ist offensichtlich auch unglücklich und ein bisschen entmutigt in Anbetracht der Aussicht, dass er sich dieses Jahr wieder den Wählern stellen und sie um vier weitere Amtsjahre bitten muss, während er geplagt ist von einer endlosen Rezession und rapide sinkenden Zustimmungsraten.«[2]

Angesichts der vielen Flugkilometer, die George H. W. Bush in den vier Jahren seiner Amtszeit zusammensammelte, ist es aufschlussreich, hier noch einmal auf seine ersten sechs Monate im Weißen Haus zurückzublicken.[3] Der 41. Präsident hatte sich anfangs viel Zeit gelassen, und seine erste Reise außerhalb Nordamerikas (Ende Februar 1989) hatte ihn nicht nach Europa, sondern nach Asien, nach Japan, China und Südkorea geführt. Ende Mai überquerte er erstmals den Atlantik, und das auch nur, um sich mit westeuropäischen Verbündeten zu treffen. Erst im Juli, als er Polen und Ungarn besuchte, wurden ihm verspätet die Augen für die bedeutenden Veränderungen in Osteuropa geöffnet. Von da an rückte Europa – einschließlich Sowjetrusslands – in den Mittelpunkt seines Interesses, wenn man von periodischen Besuchen in Lateinamerika absieht. Schließlich, im Januar 1992, unmittelbar nach dem Zusammenbruch der UdSSR, flog Bush erneut in den asiatisch-pazifischen Raum. Auch diese Reise war, wie ein Großteil seiner Auslandsaufenthalte, eher eine Phase intensiver Aktivität als eine wirklich lange Tour: Er hielt sich weniger als zwei Wochen im Ausland auf. Dennoch ist diese Neujahrsreise, während der er von Australien nach Singapur und weiter nach Südkorea und Japan düste, wie eine Linse, durch die man auf das oft schwindelerregende Kaleidoskop von Problemen blicken kann, mit denen er sich 1992 in seinem letzten, von der

Geschichtsschreibung wenig beachteten Jahr als Präsident kümmern musste. So erhaschen wir auch einen Blick auf eine im Aufstieg begriffene Region, deren Machtkämpfe und Werte nicht so leicht zu einer neuen amerikanischen Weltordnung passten.

»Der Geist der Demokratie fegt durch den pazifischen Raum. China spürt die Winde der Veränderung«, hatte Bush auf dem Parteitag der Republikaner im Spätsommer 1988 versichert, als er die Nominierung zum Präsidentschaftskandidaten annahm. Und, er hatte noch hinzugefügt: »Einer nach dem anderen fallen die unfreien Orte, und das nicht durch Waffengewalt, sondern durch die Macht eines Gedankens: Freiheit funktioniert.«[4]

Vielleicht, vielleicht aber auch nicht. Im Gegensatz zu dem Sturm revolutionären Wandels, der in den Jahren 1989 bis 1991 Europa erfasste, fand der Kalte Krieg in Asien relativ ruhig ein Ende – ohne große Veränderungen, was die Regimes oder die Geopolitik betraf. Sicherlich, Südkorea, die Philippinen und Taiwan, autoritäre Staaten im pazifischen Einflussbereich der USA, hatten sich in den späten Achtzigerjahren für Demokratisierung und wirtschaftliche Liberalisierung geöffnet. Doch der größte Dominostein des Kalten Krieges fiel nicht. Die Volksrepublik China blieb, nachdem sie massiv gegen die chinesische Demokratiebewegung eingeschritten war und die Proteste auf dem Tiananmen im Juni 1989 brutal niedergeschlagen hatte, bei ihrer Version des Kommunismus und des Einparteienstaats, selbst wenn die herrschende unbeugsame Parteielite zugleich einen schrittweisen Eintritt in die Welt des Kapitalismus anstrebte. Trotz dieser scheinbaren Kontinuität begann dennoch gerade im asiatisch-pazifischen Raum ein richtungsweisender Wandel. Er verhieß eine Transformation der regionalen Ordnung und des globalen ökonomischen und politischen Kräftegleichgewichts, die langfristige Auswirkungen auf Position, Stellung und das Selbstbewusstsein Amerikas in der Weltpolitik haben sollten.[5]

*

Besonders problematisch in der Region und ein Symbol für den Fortbestand des Kalten Krieges in Asien war das seit 1945 geteilte Korea. Am 23. Dezember 1991, eine Woche vor Bushs Pazifikreise und zwei Tage vor dem Zusammenbruch der Sowjetunion, brachte die *New York Times* auf der Titelseite einen Artikel mit der Überschrift »In Nordkorea sind die Neunzigerjahre noch nicht angekommen«. Kim Ill Sung dynastische Diktatur schien immun gegen die historischen Kräfte, die fast überall auf der Welt die kommunistischen Staaten schwächten. Nordkorea verharrte in der Vergötterung seines »Größten Führers« und seiner als *juche* (Autarkie) bezeichneten nationalistischen Version des Marxismus-Leninismus. Außenstehende Beobachter waren ratlos. Seit Kim 1948 an die Macht gekommen war, hatte er es geschafft, eine der geschlossensten und bizarrsten Gesellschaften der Welt zu kreieren – geplagt von wirtschaftlicher Schwäche, mageren Ernten, Nahrungsmittel- und Treibstoffmangel, einer verfallenden Schwerindustrie und einer größenwahnsinnigen Version des Totalitarismus, die in Osteuropa seit dem Sturz Ceaușescus weggefegt war.[6]

Nordkorea wurde noch mehr zum Paria, als sich die internationale Gemeinschaft in einem symbolischen Akt für die südkoreanische Hauptstadt als Austragungsort der Olympischen Sommerspiele des Jahres 1988 entschied. Ein strahlendes, modernes Seoul freute sich, die Welt willkommen heißen zu dürfen.[7] Pjöngjang dagegen war extrem renitent. Seine Vertreter verurteilten den Kapitalismus und kritisierten verächtlich die »Fehler« der schlechten kommunistischen Führer anderer Länder.[8] Einer dieser Fehler war in nordkoreanischen Augen der im Herbst 1990 gefasste Beschluss der Sowjetunion, ab dem 1. Januar 1991 diplomatische Beziehungen zu Südkorea aufzunehmen. Die Verlockung von etwa drei Milliarden Dollar verzweifelt benötigter Wirtschaftshilfe aus Seoul war für Gorbatschow stärker gewesen als die ideologische Treue zu Pjöngjang.[9] Nun beschuldigte Kim die UdSSR nicht nur, sein Land »wie abgetragene Schuhe« fallenzulassen, sich an den Kapitalismus zu verkaufen und mit den USA und Südkorea gemeinsame Sache zu machen, sondern er interpretierte dieses Verhalten sogar als bewussten Versuch, »die sozialistische Regierung in unserem Land zu stürzen«. Nordkorea, schäumte er, werde niemals kapitulieren wie Osteuropa, und es werde niemals von Südkorea annektiert werden, wie die DDR von der Bundesrepublik übernommen worden sei.[10]

Die Beziehungen zwischen Nordkorea und der UdSSR erreichten ihren absoluten Tiefpunkt. Und weil Kim nun auf die Unterstützung

Kim Jong Il im Kreis seiner Freunde

der Sowjetunion verzichten musste, kam der *Juche*-Ideologie nur noch mehr Bedeutung zu, wobei sie zugleich mit einer gewissen Flexibilität zu handhaben war. Vermutlich um der wachsenden Isolation des Landes zu begegnen, verkündete Nordkorea am 29. Mai 1991, dass es sich um eine eigene, unabhängige Mitgliedschaft in den Vereinten Nationen bewerben wolle.[11] Dies bedeutete eine politische Kehrtwende. Seit dem Ende des Koreakriegs im Jahr 1953 hatte das nordkoreanische Regime stets darauf bestanden, die einzig legitime Regierung der gesamten Halbinsel zu sein. Jetzt aber, wo der Kreml verkündete, dass er sein Vetorecht im Weltsicherheitsrat nicht mehr nutzen werde, um eine Aufnahme Südkoreas im Rat zu verhindern, sah sich Kim offenbar gezwungen, ebenfalls eine Mitgliedschaft anzustreben. Für den südkoreanischen Präsidenten Roh Tae Woo stellte der sowjetische Verzicht auf das Veto einen wichtigen Sieg in seinem aggressiven Werben um Moskau dar, das er mit der Aussicht auf koreanische Kredite, Handelsbeziehungen und Investitionen versüßte. Dieses Werben war Teil einer erweiterten »Nordpolitik« Südkoreas, mit der Roh auch bessere Beziehungen zu seinen alten Feinden Japan und China anstrebte – alles mit dem Ziel, den Druck auf Pjöngjang zu erhöhen.[12]

Jene südkoreanische Diplomatie wurde von US-Präsident Bush nicht nur begrüßt, sondern entschieden unterstützt. Im Juli 1991 versprach er, dass »wir uns stark für die Angelegenheiten des Pazifiks einsetzen« und dabei mit China, Russland und Japan ins Gespräch kommen wollen. Dennoch, versicherte er Roh, »wird die Beziehung zwischen Amerika und Südkorea niemals irgendwelchen anderen Beziehungen untergeordnet werden. Sie wird auf ihren eigenen Füßen stehen.«[13] Roh war erfreut, dies zu hören, doch er erinnerte Bush daran, dass wir »im asiatisch-pazifischen Raum noch keine neue internationale Ordnung haben«, und besaß sogar die Kühnheit, Folgendes hinzuzufügen: »Lassen Sie mich die Gelegenheit nutzen, um darauf zu drängen, dass der Präsident auf seine häufigen Europareisen verzichten und in den asiatisch-pazifischen Raum kommen möge.«[14]

Während Pjöngjang von den Großmächten zunehmend geächtet wurde, verbesserten sich die Beziehungen zwischen den beiden Koreas zusehends. Am 17. September 1991 wurden beide Länder in die UNO aufgenommen. Drei Monate später, am 13. Dezember, unterzeichneten Kim und Roh einen Versöhnungs- und Nichtangriffspakt und ein Handels- und Kooperationsabkommen. Beide Seiten vereinbarten, auf den Einsatz militärischer Gewalt gegeneinander zu verzichten, und stellten fest, dass sie den Koreakrieg formell beenden wollten. Sie verzichteten allerdings darauf, das Abkommen als einen Friedensvertrag zu bezeichnen: Die südkoreanische Presse sprach stattdessen von einem »Friedensregime«, das den Waffenstillstand von 1953 ersetzen solle. Wenngleich das Abkommen Gespräche über »eine stufenweise Abrüstung, einschließlich der Abschaffung von Massenvernichtungswaffen und der Fähigkeit zum Überraschungsangriff« vorsah, war klar, dass die meisten realen Probleme zwischen dem Norden und dem Süden durch dieses Stück Papier nicht gelöst waren. Aber, wie es ein amerikanischer Diplomat ausdrückte: »Es führte dazu, dass die Leute sich besser fühlten. Und es war etwas, das sie nach einem Jahr ernsthafter Gespräche als Fortschritt wahrnehmen konnten.«[15] Am selben Tag verkündeten die beiden Koreas außerdem, dass sie noch im gleichen Monat weitere, separate Gespräche über Atomfragen führen würden. Und tatsächlich unterzeichneten sie an Silvester eine gemeinsame Deklaration für eine atomwaffenfreie koreanische Halbinsel.[16]

Hintergrund dieser dramatischen Schritte war eine unilaterale Erklärung Bushs vom 27. September 1991 gewesen, in der er Gorbatschow einlud, mit ihm zusammen alle land- und seegestützten taktischen Nuklearwaffen abzuschaffen und die Bestückung von Interkontinentalraketen mit Mehrfachsprengköpfen zu verbieten. Bushs Vorschlag zur atomaren Abrüstung – ein Bestandteil seiner Sicherheitspolitik nach dem Putsch in der Sowjetunion – war drei Wochen zuvor im Nationalen Sicherheitsrat beschlossen worden. Die Reduktion der Atomwaffenarsenale sollte nicht nur Geld sparen (ein Beitrag zur Besänftigung der amerikanischen Wähler und Steuerzahler), sondern als Politik zur Friedenssicherung auch die internationale Stabilität erhöhen, während die UdSSR immer schneller zersplitterte. Ende September, als der Kern der Sowjetunion gerade so zusammenhielt, ging Bush noch davon aus, dass Gorbatschow fähig wäre, die Chance zu nutzen und seine Vorschläge umzusetzen. »Wir haben heute die einmalige Gelegenheit, die nukleare Aufstellung der Vereinigten Staaten und der Sowjetunion zu ändern«, sagte der amerikanische Präsident, und er fügte hinzu: »Amerika muss dabei führen, wie es immer geführt hat und wie nur Amerika führen kann.« Sein Land müsse »die Inspiration für einen dauerhaften Frieden geben«.[17]

Gorbatschow reagierte am 6. Oktober mit herzlicher Zustimmung. Dies war möglich, weil seine neuen Militärführer sehr viel zugänglicher waren als ihre putschfreundlichen Vorgänger. Bush, sagte Gorbatschow, habe eine »wichtige Initiative« ergriffen, die »eine wertvolle Fortsetzung der in Reykjavík [auf dem Gipfeltreffen von 1986] eingeleiteten Entwicklung darstellt«. Indem wir so handeln, »verfolgen wir energisch den Prozess der Abrüstung und kommen dem Ziel näher, das Anfang 1986 verkündet wurde: dem Ziel einer atomwaffenfreien Welt, einer sichereren und stabileren Welt«. Bush war erfreut über die Reaktion, die er im Gegenzug als eine »gute Nachricht für die ganze Welt« bezeichnete. Anschließend begannen die Vereinigten Staaten eilig ihre (ohnehin bereits obsoleten) nuklearen Sprengköpfe aus dem wiedervereinigten Deutschland und ihre (noch voll einsatzbereiten) Atomraketen aus Südkorea abzuziehen. Weil diese Übereinstimmung zwischen den Supermächten von globaler Natur war, konnte Pjöngjang nicht behaupten, dass die USA auf nordkoreanischen Druck mit dem Abzug aus

Südkorea begonnen hätten.[18] Noch allgemeiner betrachtet: Im Hinblick
auf das Anliegen der Nichtverbreitung von Atomwaffen war es eine
absolut gute Nachricht, dass Bushs Abrüstungspoker mit Gorbatschow
funktioniert hatte. Außerdem bildete ihr Übereinkommen bezüglich
des Abzugs und die Zerstörung Hunderter Gefechtsfeldwaffen eine
Grundlage für den START-II-Vertrag, den Jelzin und Bush im Januar
1993 unterzeichnen sollten.[19]

In Reaktion auf Bushs Initiative schlug Roh am 8. November 1991
offiziell die Entnuklearisierung der ganzen Halbinsel vor. Danach werde
Südkorea im Falle der Implemetierung auf seinem Territorium keine
Nuklearwaffen mehr besitzen oder lagern, wenngleich das Land, wie er
betonte, letztlich immer noch durch den amerikanischen Atomschirm
geschützt bliebe. Durch eine Erklärung für die Entnuklearisierung der
koreanischen Halbinsel würde Seoul auch die Wiederaufbereitung nuklearer Brennstoffe oder die Anreicherung von Uran verbieten. In diesem Zusammenhang rief Roh Nordkorea dazu auf, alle Pläne zur Entwicklung und zum Bau einer eigenen Atombombe, die es vielleicht
haben mochte, aufzugeben.[20]

Das nordkoreanische Atomprogramm war und ist bis heute eine komplizierte Geschichte.[21] Ab den Fünfzigerjahren erwarb Kim von der
Sowjetunion ganz legal mindestens zwei kleine Atomreaktoren zu For-
schungszwecken, von denen der neuere im Jahr 1987 in Nyŏngbyŏn,
etwa 90 Kilometer nördlich von Pjöngjang, in Betrieb genommen wurde.
Beide Versuchsreaktoren wurden unter die Aufsicht der Internationalen
Atomenergie-Organisation (IAEO) gestellt. Zusätzlich hatte sich Kim
1985 bei Gorbatschow einen Vertrag für den Bau eines viel größeren
Kernkraftwerks zur Stromerzeugung sichern können, allerdings nur
unter der Bedingung, dass er sich an den Atomwaffensperrvertrag halten würde. Diesem trat Nordkorea noch im selben Jahr bei, doch es
erfüllte nie die Sicherheits- und Inspektionsvereinbarungen des
Abkommens und weigerte sich Anfang September 1991 erneut, dies zu
tun. Vielmehr versuchte Kim, seine Zulassung der Inspektionen an den
Abzug der amerikanischen Atomraketen aus Südkorea zu binden. Aber
Bush ließ sich nicht erpressen. »Es kommt darauf an«, sagte er im Juli
zu Roh, »die amerikanische Präsenz nicht mit den illegalen Machenschaften der anderen Seite in Verbindung zu bringen.« Inzwischen

hatte die amerikanische Satellitenüberwachung einen offenbar selbst erbauten Reaktor in Nyŏngbyŏn gesichtet sowie ein weiteres Gebäude, bei dem es sich scheinbar um eine Wiederverarbeitungsanlage für Plutonium handelte, welches für die Herstellung von Nuklearwaffen benötigt wurde. Die Existenz dieser Anlagen hatte das Regime bislang komplett geheim gehalten. So gab es Ende 1991 hartnäckige und offenbar »unwiderlegbare« westliche Geheimdienstberichte, dass Kim nur noch ein bis fünf Jahre von der Fertigstellung einer Atombombe entfernt sei.[22]

In die Enge getrieben, verleugnete Kim am 26. Dezember 1991 schlicht und einfach, dass er Atomwaffen besaß oder bauen wollte. Und er stellte trotzig eine Reihe neuer Bedingungen für eine Inspektion des Geländes in Nyŏngbyŏn. Eine dieser Bedingungen lautete, dass er sämtliche Gespräche über das Problem der Inspektionen nur mit den USA und nicht mit der Regierung in Seoul führen werde. Doch George Bushs Amerika ließ sich vom Kim-Regime nicht erpressen. Der Präsident hatte Roh einmal erklärt: »Dass Sie sich mit Gorbatschow getroffen haben, bedeutet zum jetzigen Zeitpunkt keineswegs, dass ich mich mit Kim zusammensetze« – und genau so handhabe er die Sache.[23]

Der kalkulierte Hände-weg-Ansatz der Regierung Bush in Bezug auf die koreanische Frage sollte dazu beitragen, Nord- und Südkorea zur Entspannung zu ermutigen, und beruhte zugleich auf der Hoffnung, dass das Regime in Pjöngjang wie die kleinen kommunistischen Staaten in Europa womöglich bald zusammenbrechen werde. Er bedeutete nicht, dass Washington das Problem der Weiterverbreitung von Atomwaffen ignoriert hätte. Tatsächlich war die Sorge der Amerikaner nach dem Kuwaitkrieg im Frühjahr 1991 sogar noch gewachsen, als die Frage, ob Saddam Hussein (insbesondere atomare und chemische) Massenvernichtungswaffen besaß, Gegenstand einer intensiven öffentlichen Debatte wurde.

Bis dahin waren sowohl der Irak als auch Nordkorea Klientelstaaten der Sowjetunion gewesen. Die UdSSR hatte ihren Block streng überwacht und lange Zeit mehrere Entwicklungsländer daran gehindert, nukleare militärische Fähigkeiten zu entwickeln. China hatte sich aus dem Schatten der Sowjetunion gelöst und war 1964 zur Atommacht aufgestiegen, aber ansonsten hatte die Moskauer Alternative zum internationalen Kontrollregime des Westens die Verbreitung von Atomwaffen erfolgreich begrenzt. Mit dem Zusammenbruch der Sowjetunion löste sich freilich auch dieses Kontrollsystem auf.[24]

Als Moskau in der neuen Weltordnung von 1991/92 mit den Vereinigten Staaten zusammenzuarbeiten begann, brachen die Beziehungen zwischen dem Kreml und dem nordkoreanischen Regime ab. Gorbatschow war als Staatschef der Sowjetunion extrem frustriert über Kims Weigerung, sein Land zu reformieren, und Jelzin war als Führer Russlands erbost über Pjöngjangs Weigerung, sich zu öffnen und den Atomwaffensperrvertrag voll zu erfüllen. Da sowohl Gorbatschow als auch Jelzin nicht auf südkoreanische Kredite verzichten wollten, war der Kreml bereit, sich von Nordkorea zu trennen, und drohte Kim mit dem Einfrieren militärischer Verträge, einer Reduzierung der Treibstoffversorgung und einem Baustopp des georderten neuen Atomkraftwerks, wenn er sich weiterhin weigerte, »sich sofort dem Kontrollregime der IAEO zu unterwerfen«.[25]

Entscheidend war, dass nicht nur Russland, sondern auch China den Druck auf Nordkorea erhöhte. Jelzin hatte sich wegen eines »gemeinsamen Interesses« mit den Chinesen in Verbindung gesetzt und sie gebeten, Nordkorea zu einer Genehmigung der Inspektionen im Rahmen des Atomsperrvertrags zu drängen, um »schnellstmöglich Stabilität auf der koreanischen Halbinsel zu erreichen«.[26] Und tatsächlich – Peking zeigte Kim die kalte Schulter, während es begann, sich wirtschaftlich mehr für seinen boomenden Rivalen im Süden zu interessieren. Im Herbst 1992 erkannte die VRC offiziell die Regierung in Südkorea an und damit einen seiner letzten Feinde aus dem Kalten Krieg. Ferner gab es sogar Anzeichen für ein Rapprochement zwischen Japan, China und Südkorea, das Pjöngjang Sorgen machen musste. Peking war – nach dem Tiananmen – scharf darauf, dass die Hilfe und die Investitionen aus Japan wieder fließen würden; Tokio seinerseits träumte davon, mit dem Yen »zur Modernisierung Chinas beitragen« zu können; und Seoul wiederum verfolgte seine eigene Agenda: den Aufbau »trilateraler Beziehungen zwischen den USA, Korea und Japan«. Da Japan nach China Nordkoreas zweitgrößter Handelspartner und ebenfalls Mitglied der G7 war, setzte Kim auf Tokio, in der Hoffnung, die Japaner würden Nordkorea mit Krediten und Nahrungsmitteln helfen. Doch auch sie blieben hart, machten mögliche Hilfsleistungen von der

Die Welt – damals und heute

Einhaltung des Atomsperrvertrags abhängig und drohten sogar mit Handelssanktionen. So bedrängt, ging Kim in die Offensive und spielte ein Doppelspiel, indem er sich einerseits Seoul annäherte, aber gleichzeitig weiter an seiner eigenen »Bombe« arbeitete.[27]

Der drastische Rückgang des Moskauer Einflusses im Pazifik war Teil eines größeren geopolitischen Problems. In Ermangelung des sowjetischen »Weltpolizisten« war Amerika – nun die einzige Supermacht – mit der Herausforderung konfrontiert, in einer zunehmend instabilen Welt die Ordnung zu wahren. Washington hatte es in Lateinamerika, Afrika, dem Nahen Osten und Südostasien mit zahlreichen unruhigen und dysfunktionalen Entwicklungs- oder Schwellenländern zu tun. Die Bedrohungen für die Stabilität reichten von Drogenhandel und Bürgerkrieg bis zu Militärputsch und Hungersnot. Ganz oben auf der Liste jedoch stand nach dem Ende des Kalten Krieges die Gefahr einer Weiterverbreitung von Atomwaffen – eine Gefahr für die Nordkorea das alarmierendste Beispiel zu sein schien.[28]

Im März 1991, nach der Demütigung Saddam Husseins in Kuwait, schwenkte das Scheinwerferlicht vom Nahen Osten auf Asien. Stanley Spector und Jacqueline Smith veröffentlichten in der Zeitschrift *Arms*

Control Today einen Artikel mit dem Titel »Nordkorea: der nächste nukleare Albtraum«. Und am 10. April folgte ein scharfer Kommentar unter dem Titel »Der nächste abtrünnige Staat« des Pulitzerpreis-Trägers Leslie H. Gelb in der *New York Times*. »Geführt von einem grausamen Diktator« mit Scud-Raketen (die er nach Syrien und wohl auch in den Iran verkauft hat), »einer Million Mann unter Waffen« und vermutlich im Besitz von Atombomben sei Nordkorea, so Gelb, der wahrscheinlich gefährlichste Staat der Welt. Von nun an wurde der Begriff des »abtrünnigen« (*renegade*) Staats oder »Schurkenstaats« (*rogue state*) in den aktiven internationalen Sprachgebrauch aufgenommen.[29]

Die Beziehungen zwischen den Vereinigten Staaten und Nordkorea[30] entwickelten sich zu einem Katz-und-Maus-Spiel, bei dem Kim abwechselnd zündelte und den Ausgleich suchte. Bush reagierte, wie es typisch für ihn war, sehr vorsichtig. Bei seinem zweitägigen Zwischenstopp in Seoul vom 6. bis 7. Januar 1992 – nicht wirklich der ausgedehnte Besuch – den Roh vorgeschlagen hatte, warnte er den südkoreanischen Präsidenten unauffällig, bei seinen Verhandlungen mit Kim nichts zu überstürzen. Er lobte die »positiven Entwicklungen« bei den Anstrengungen zu Eindämmung des nordkoreanischen Atomwaffenprogramms und betonte die »Aussichten auf einen wirklichen Frieden«, die er inzwischen für »besser [hielt] als an irgendeinem anderen Punkt in den vergangenen vier Jahrzehnten«. »Und dennoch«, betonte er, würden »papierne Versprechen den Frieden nicht erhalten«. Pjöngjang müsse beweisen, »dass es die Verpflichtungen ernsthaft erfüllen will, die es mit der Unterzeichnung des Atomsperrvertrags vor sechs Jahren eingegangen ist«.[31]

Unter amerikanischem Druck stimmte Nordkorea schließlich Ende Januar den Kontrollen der IAEO zu, sodass im Sommer 1992 die Inspektionen beginnen konnten. Doch das Land verweigerte bei einigen Anlagen die Überprüfung, was den Verdacht nährte, dass es heimlich Raketen entwickelte und waffenfähiges Plutonium versteckte. Im März 1993, keine zwei Monate, nachdem Bush aus dem Amt geschieden war, geriet Kim in die Defensive und verkündete, dass er den Atomsperrvertrag kündigen wolle. In der Folge eskalierten die Spannungen bis zu einem kritischen Punkt, der alle in Krisenmodus versetzte, gefolgt von krampfhaften Versöhnungsanstrengungen.[32]

Dieses Versteckspiel dauert bis heute an. Alle Präsidenten seit George H. W. Bush haben Schurkenstaaten mit Massenvernichtungswaffen stets auf dem Schirm, wobei sich Nordkorea als der schwierigste Fall erwiesen hat. Dennoch hatte Bush am 6. Januar 1992 vor dem südkoreanischen Parlament hochtrabend verkündet, endlich sei ein Ende der 40-jährigen Teilung der koreanischen Halbinsel in Sicht. »Die Winde der Veränderung haben uns jetzt erreicht. Meine Freunde, der Tag wird unvermeidlich kommen, an dem diese letzte vom Kalten Krieg geschlagene Wunde heilen wird. Korea wird wieder ganz sein. Davon bin ich absolut überzeugt.«[33]

Die Welt wartet noch immer.

Es gab also keinen leichten Ausweg aus dem Kalten Krieg auf der koreanischen Halbinsel. Und Japan und China, die beiden anderen großen Mächte im Pazifik, waren ebenfalls in der Schwebe zwischen Vergangenheit und Zukunft und konkurrierten um ihren Platz in einer Welt, die neu gestaltet wurde.

*

Im Jahr 1989 hatte Bush China nach seiner Amtsübernahme zu seiner persönlichen Priorität gemacht, und Baker hatte sich auf Japan konzentriert. Tokio hatte, insbesondere wegen der Probleme der Marktöffnung und der Wechselkurse, schon als Baker von 1985–1988 unter Reagan Finanzminister war, viel von seiner Aufmerksamkeit in Anspruch genommen. Er hatte damals zu einer »globalen Partnerschaft« aufgerufen und brannte darauf, diese zu entwickeln, als er Außenminister wurde. Sein Ziel: Japan seine introvertierte, merkantilistische Mentalität abzugewöhnen und es in eine nach außen gerichtete wirtschaftliche und politische Macht zu verwandeln, die nicht nur starke Verbindungen zu den USA unterhielt, sondern sich auch in einer größeren pazifischen Gemeinschaft engagierte, der die kleineren, aber mächtigen asiatischen »Tigerstaaten« Südkorea, Singapur, Taiwan, Hongkong, Thailand, Malaysia und Indonesien mitangehörten.[34]

Amerikas Nachkriegsbeziehung mit Japan war komplex. Im Jahr 1945 hatte Japans Versuch, die Vorherrschaft im Pazifik zu erringen, mit einer totalen Niederlage und gleißenden Atompilzen über Hiroshima und Nagasaki geendet. Besetzt und entmilitarisiert von den Vereinigten Staaten, war das Land der aufgehenden Sonne während des Kalten Krieges ein amerikanischer Klientelstaat geworden. Dadurch jedoch hatte es sich auf seinen wirtschaftlichen Wiederaufbau konzentrieren können, dessen Gelingen es unter anderem einer starken technologischen Basis und einem bemerkenswert schnellen Übergang von einer landwirtschaftlich zu einer industriell geprägten Volkswirtschaft verdankte. Das ausgesprochen protektionistische Japan entwickelte sich ab den Siebzigerjahren zu einem der stärksten Exportländer, das den Westen wegen seiner niedrigen Arbeitskosten und überlegenen Produktionsmethoden in Bereichen wie Autos, Computern und Werkzeugmaschinen unterbieten konnte. Bis 1985 verfügte es nach den viel bevölkerungsreicheren USA über das zweitgrößte Bruttoinlandsprodukt der Welt und hatte es zum weltweit wichtigsten Kreditgeber gebracht, wohingegen Reagans Amerika der weltgrößte Kreditnehmer war. Zwei Jahre darauf überholte Tokio New York als führende Aktienbörse, was die Menge der gehandelten Aktien betraf. Dank seiner wirtschaftlichen Macht und seiner Rolle als »Nummer eins« – nach dem 1979 publizierten Buch *Japan as Number One* des Historikers Ezra Vogel – war der fernöstliche Inselstaat auch in der öffentlichen Debatte der USA zum Thema geworden. Eine Titelgeschichte des Nachrichtenmagazins *Newsweek* im Februar 1988 trug den Titel »Das pazifische Jahrhundert: Amerika im Niedergang?«[35]

Mit anderen Worten, Bakers Sorgen wegen Japan waren verständlich, und sie wurden auch nicht kleiner, als er sich in den Jahren 1989 bis 1991 vor allem mit dem großen Wandel in Europa nach dem Kalten Krieg beschäftigte. Wenn die Ökonomie die Basis der Macht war, wie es der Historiker Paul Kennedy 1987 in seinem Weltbestseller über Aufstieg und Fall von Großmächten betonte, konnten es sich die Vereinigten Staaten nicht leisten, ihre wirtschaftlichen Rivalen zu ignorieren. Außerdem imitierten und verfolgten andere höchst leistungsfähige, kostengünstig produzierende asiatische Volkswirtschaften das führende Japan, und ihr kumulativer Erfolg weckte den Verdacht, dass in Zukunft die transatlantischen Beziehungen womöglich nicht mehr die entscheidende Achse sein würden.[36] Die Auflösung der Bipolarität schärfte nur die Wahrnehmung für eine in Entstehung begriffene neue regionale Konstellation im Fernen Osten, die sich um Japan drehte. Tatsächlich gab es in Tokio im Zusammenhang mit den mächtigen Verbindungen durch japanischen Handel, japanische Hilfsleistungen und japanische Investitionen im asiatisch-pazifischen Raum Anzeichen für das Bestreben, explizit ostasiatische Institutionen zu fördern mit dem ausdrücklichen Ziel, den Westen und insbesondere die USA auszuschließen. Die mögliche Entstehung eines »Yen-Blocks« war eine große Bedrohung für die Hegemonie des amerikanischen Dollar und für das amerikanische Drängen auf eine wirklich weltweite Freihandelsorganisation in der Nachfolge von GATT – ein Ziel, für das Washington seit dem Beginn der Uruguay-Runde multilateraler Handelsverhandlungen im Jahr 1986 leidenschaftlich warb.[37]

Doch die Aufregung über den Yen war nur die Spitze des Eisbergs. Was, wenn in Asien, angetrieben durch die wirtschaftliche Macht Japans, viel größere politische und kulturelle Herausforderungen entstünden? Dann könnte womöglich die Grundannahme des Westens und insbesondere Washingtons in Frage gestellt werden, dass das Ende des Kalten Krieges (genau wie der Sieg über den Faschismus im Jahr 1945) ein »Ende der Ideologie« bedeutete. Und was würde dann aus dem Anspruch auf die Universalität westlicher Werte werden und einer auf diesen Werten beruhenden internationalen Gemeinschaft? Die Ausdehnung des japanischen »Wirtschaftswunders« auf die Entwicklungsländer Ostasiens bedeutete, dass es neben der vom Westen propagierten noch eine andere erfolgreiche Entwicklungsformel gab, und zwar eine, die auf ausgesprochen »asiatischen Werten« beruhte. So wurde also die Geschwindigkeit des wirtschaftlichen Wachstums in der asiatisch-pazifischen Region unter Führung der »wirtschaftlichen Supermacht« Japan, wie Henry Kissinger sie schon 1973 genannt hatte, von einigen als Herausforderung für die wichtigsten Normen der von den Vereinigten Staaten dominierten internationalen Nachkriegsordnung interpretiert.[38]

Die amerikanische Furcht vor einer japanischen Einflusszone im Pazifik verschärfte sich Ende der Achtzigerjahre zusätzlich durch das offen sichtliche Scheitern vieler Staaten in der traditionell als »Hinterhof der USA« geltenden »westlichen Hemisphäre«. Ende der Achtzigerjahre war der größte Teil der Entwicklungs- und Schwellenländer extrem hoch verschuldet, doch Lateinamerika war nach dem sogenannten »verlorenen Jahrzehnt« ein besonders schwieriger Fall. Drogen entwickelten sich zur wichtigsten Quelle von Beschäftigung und Exporteinnahmen, wobei die kolumbianischen Drogenkartelle Medellín und Cali das gesamte in den USA konsumierte Kokain und 80 Prozent des Marihuanas lieferten. In Bushs Augen kam das Drogenproblem einer »modernen Pest« gleich. Und das wirtschaftliche Scheitern bewirkte die Fortsetzung von Militärdiktaturen und erhöhte die Widerstandsfähigkeit von Einparteienstaaten.

Besonders Mittelamerika war in den Achtzigerjahren Schauplatz von Bürgerkriegen, deren Parteien jeweils von einer Supermacht unterstützt wurden. Während die Sowjets und ihre kubanischen Stellvertreter in El Salvador und Nicaragua revolutionäre Organisationen mit Finanzmitteln, Waffen und ideologischer Unterstützung versorgten, entsandte Reagan im Oktober 1983 amerikanische Marines auf die karibische Insel Grenada, wo sie einen marxistischen Putsch niederschlugen. Bush wiederum schickte im Dezember 1989 US-Truppen nach Panama, die den Drogenboss und Diktator Manuel Noriega stürzten und für seine Auslieferung in die USA sorgten, wo ihm der Prozess gemacht wurde. Wegen der instabilen Verhältnisse in Lateinamerika strömten Migranten und Flüchtlinge nach »El Norte«: in Uncle Sam's gelobtes Land. In dem Jahrzehnt von 1981 bis 1990 kamen 7,3 Millionen Migranten legal in die USA, davon fast ein Viertel aus Mexiko, dazu weitere Millionen »Illegale«. Bis 1990 stellten die »Hispanics« neun Prozent der offiziellen US-amerikanischen Bevölkerung.[39]

So groß die Anziehungskraft der Demokratie westlichen Stils im postsowjetischen Europa auch sein mochte, ihre Förderung in manchen Teilen der amerikanischen Einflusssphäre war ganz offenbar mit großen Schwierigkeiten verbunden – insbesondere weil man im Weißen Haus fest daran glaubte, dass demokratische Institutionen nur dann etwas taugten, wenn sie in einer liberalen Volkswirtschaft wurzelten. Deshalb folgte man, wie Baker es formulierte, »nur dem gesunden Menschenverstand, wenn die USA zur Unterstützung von Demokratie und wirtschaftlicher Freiheit in Asien, Europa sowie Nord- und Südamerika Bündnisse marktwirtschaftlicher Demokratien schmiedeten«. Besonders energisch setzte sich das Weiße Haus für freien Handel und offene

Märkte ein.[40] Diese Politik manifestierte sich auf unterschiedliche Weise. Auf globaler Ebene spielte die Regierung Bush eine zentrale Rolle in der Uruguay-Runde, selbst wenn das Abkommen, das schließlich zur Gründung der Welthandelsorganisation führte, erst 1994 endgültig geschlossen wurde. Und die von US-Finanzminister Nicolas Brady 1989 herausgebrachten Dollar-denominierten Brady-Bonds[41] waren eine neue Art, die Umschuldung für Entwicklungsländer zu erleichtern. Auf lokaler Ebene förderte die Regierung die Initiative Enterprise for the Americas (EAI), die unter dem Motto »Handel ist besser als Hilfe« Wirtschaftsreformen von der Tierra del Fuego bis zum Rio Grande unterstützte. In dieser Region leistete auch Japan einen wichtigen Beitrag mit seiner eigenen Entschuldungsinitiative, dem »Miyazawa Plan«, der später in das Brady-Programm integriert wurde und unter anderem Mexiko, Brasilien, Costa Rica, Nicaragua und Venezuela dabei half, durch die Zusammenarbeit mit einem multilateralen Investmentfonds (der in Lateinamerika und der Karibik technische Unterstützung leistete) ihre Schuldenrückstände zu begleichen. Für diese Aktionen, die in enger Zusammenarbeit mit Washington stattfanden, war Bush den Japanern wirklich dankbar.[42]

Auf der institutionellen Ebene waren das Nordamerikanische Freihandelsgebiet (North American Free Trade Area oder NAFTA) und das Asien-Pazifik-Forum (Asia-Pacific Economic Cooperation oder APEC) für Washington am wichtigsten. Bei der Schaffung der NAFTA arbeiteten die USA intensiv mit Kanada und Mexiko zusammen. Die Verhandlungen wurden größtenteils noch in der Ära Bush geführt und das Abkommen schließlich am 17. Dezember 1992 unterzeichnet.[43] Die im November 1989 gegründete APEC ging dagegen auf eine australische Initiative zurück, wurde jedoch stark von Bush unterstützt, der sie »als das beste Mittel für die Zusammenarbeit in Asien« betrachtete.[44] NAFTA und APEC sollten den amerikanischen Einfluss bei der kontinuierlichen Liberalisierung der regionalen Volkswirtschaften in Lateinamerika und Asien institutionalisieren und sichern. Diese Initiativen liefen übrigens parallel zu den Maßnahmen, mit denen die USA ihre Beziehungen mit der EG '92 formalisierten: zunächst durch eine »Transatlantische Erklärung« im Jahr 1990 und dann, in den Jahren 1995 und 1998, durch die Neue Transatlantische Agenda und die Transatlanti-

sche Wirtschaftspartnerschaft zwischen der EU und den USA. Wie
Baker am 26. Juni 1989 in New York in seiner Rede mit dem Titel »Eine
neue pazifische Partnerschaft« hervorhob: »Indem wir im internationalen System die Entwicklung und Integration von Marktwirtschaften
fördern, stärken wir die kollektive Kraft derjenigen, die unsere Prinzipien teilen.«[45]

Für die Verwirklichung dieser Vision hielt Baker die Involvierung
Japans für unverzichtbar. »Wirtschaftliche Erfolge bedeuten neue Verantwortung«, betonte er. Da Japan nun eine »Weltmacht« sei, müsse es
mit den USA »eine neue und wahrhaft globale Partnerschaft schließen«,
eine Partnerschaft, die auf der »kreativen Aufteilung globaler Verantwortung« und auf einem »neuen Mechanismus zur Steigerung der wirtschaftlichen Zusammenarbeit« beruhe.[46] Eine Grundlage dafür war im
Juni 1989 gelegt worden, als Bush und der japanische Ministerpräsident
Sosuke Uno gemeinsam die Structural Impediments Initiative (SII)
gestartet hatten, einen Versuch, die ausgesprochen asymmetrische Han-
dels- und Zahlungsbilanz zwischen den beiden Staaten anzugleichen.
Das Abkommen wurde zwölf Monate später im Juni 1990 unterzeichnet,
aber Tokio stellte klar, dass sich die Zahlen nicht über Nacht ändern
würden. Japan blieb im Wesentlichen seinem defensiven Kurs treu, was
die Beseitigung von Handelsschranken für ausländische Waren betraf,
und bezeichnete diesen Protektionismus euphemistisch als seinen langen Kampf, eine »Import-Supermacht« zu werden. Kurz gesagt: Weder
die SII noch die Handelsgespräche konnten die grundlegenderen Probleme der amerikanisch-japanischen Beziehungen beseitigen.[47]

Insgeheim machte sich Japan zunehmend Sorgen über die Belastbar-
keit seiner eigenen Volkswirtschaft. Der Erfolg im Industriesektor ver-
deckte ernsthafte Schwächen im Bankwesen und im Immobilienbereich,
und heute wissen wir, dass die Halbierung des Nikkei-Aktienindex im
Jahr 1990 ein frühes Anzeichen für das spätere Platzen der japanischen
Blase war.[48] Das jedoch konnten die Amerikaner, die von der Export-
dominanz, der finanziellen Durchsetzungskraft und der unausgeglichenen Handelsbilanz Japans besessen waren, damals nicht erkennen. Was,
wenn Tokio Washington in einer Krisensituation unter Druck setzen
würde, indem es damit drohte, seine Investitionen in den USA zurück-
zuziehen? Und warum subventionierten die USA die japanischen Ver-

teidigungsausgaben so massiv, wenn Japan ein solches ökonomisches Kraftzentrum war? In den Vereinigten Staaten herrschte rezessionsbedingt trübe Stimmung, die Präsidentschaftswahlen standen 1992 wieder an, und so wurden die amerikanisch-japanischen Beziehungen einschließlich der heißen Eisen »Protektionismus« und »Lastenteilung« plötzlich wieder zu einem wichtigen Thema. Die Reaktion der amerikanischen Politik und Öffentlichkeit war gerade deshalb besonders heftig, weil das Thema bis dahin durch die anhaltende Krise in Europa von der amerikanischen Tagesordnung verdrängt worden war.[49]

Zu Beginn seiner Präsidentschaft hatte Bush – auf seiner ersten Auslandsreise im Februar 1989 – auf dem Weg von Peking nach Seoul auch in Tokio einen Zwischenstopp gemacht und am Begräbnis für Kaiser Hirohito teilgenommen. Schon im September bekam er eine Einladung für einen richtigen Staatsbesuch,[50] den ersten, seit Reagan im November 1983 in Japan gewesen war.[51] Diese Visite, die immer wieder verschoben wurde, sollte zu einem allgemeinen Abkommen mit den wichtigsten Verbündeten der USA im Pazifik führen, einer Vereinbarung über die Gestaltung ihrer Zusammenarbeit nach dem Kalten Krieg und über die Gewährleistung von Stabilität und Sicherheit in der Region. Doch die umstrittenen Aspekte der amerikanisch-japanischen Beziehungen machten ein Vorankommen schwierig. Im April 1991 sagte Bush dem japanischen Ministerpräsidenten Kaifu ganz offen, er mache sich Sorgen über eine »antijapanische Stimmung im Kongress«. Der Zweite Weltkrieg klang noch immer nach.[52]

Aber auch Japan hatte schwer mit seiner Geschichte zu kämpfen. Die Niederlage und die Besatzung nach dem Krieg hatten in der japanischen Bevölkerung und bei den Eliten zu jener nachhaltigen Abneigung gegen alles Militärische geführt, die sich 1991 durch die Weigerung Tokios, Truppen oder Kriegsschiffe an den Golf zu entsenden, manifestierte. Für eine japanische Teilnahme selbst an den Friedensmissionen der UNO mussten in der Nationalversammlung neue Gesetze verabschiedet werden, und das wiederum machte die Überwindung historisch bedingter Skrupel und antiamerikanischer Gefühle erforderlich. Der Vorsitzende der japanischen Regierungspartei der Liberalen Ichiro Ozawa erklärte Bush Ende März 1991, in Tokio sei man sich »der Unzufriedenheit und Enttäuschung« Amerikas wegen des Beitrags seines Landes zum Golfkrieg durchaus bewusst. Er stimmte Bush zu, dass Japan bereit sein müsse, eine neue internationale Rolle zu spielen, die seinem Status als ökonomischer Supermacht entspreche. Nur dann könne es »ein wahrer Verbündeter der Vereinigten Staaten« und ein »wahres Mitglied der internationalen Gemeinschaft« sein. Dies war auch die Voraussetzung für ein von Japan eifrig angestrebtes Ziel: die ständige Mitgliedschaft im UN-Weltsicherheitsrat.[53]

Eine weitere Altlast der Geschichte war der ungelöste Konflikt zwischen Japan und der UdSSR wegen der Nördlichen Territorien, den vier Kurileninseln Habomai, Shikotan, Kunashiri and Etorofu vor der Küste Hokkaidos. Sie hatten seit 1855 zu Japan gehört. Doch im September 1945 hatte die Sowjetunion die Inseln besetzt und annektiert und bis 1949 all ihre japanischen Bewohner deportiert.[54] Im Jahr 1986 hatte Gorbatschow eine neue Asienpolitik der Sowjetunion verkündet. Er hatte die sowjetischen Truppen aus Afghanistan abgezogen, die Vietnamesen zur Zurückhaltung in Kambodscha aufgefordert, die Spannungen mit China abgebaut und vorgeschlagen, im sowjetischen Fernen Osten Sonderwirtschaftszonen einzurichten und in diesem Zusammenhang Wladiwostok zu einem offenen Hafen zu machen. Danach hatte er im Mai 1989 Deng in Peking besucht und im Juni 1990 Roh in San Francisco getroffen. Mit diesem ersten offiziellen Gespräch zwischen den Staatschefs aus Moskau und Seoul hatte die Normalisierung der sowjetischen Beziehungen mit dem amerikanischen Klientelstaat Südkorea begonnen. Gorbatschow hatte erklärt, der Pazifik werde »der Mittelmeerraum der Zukunft« werden, und er hatte eine »neue Ära« gefeiert, in der die Supermächte »bei den Revolutionen in Asien nicht mehr auf verschiedenen Seiten der Barrikaden« stünden, sondern der »von den asiatischen Staaten gesetzten neuen Standards ökonomischer Effektivität« teilhaftig würden.[55]

Trotz der Moskauer »Friedensinitiative« und des »frischen Winds«, der dort allem Anschein nach wehte,[56] blieben die Beziehungen zwischen der Sowjetunion und Japan wegen des Territorialkonflikts, den Japan als »Überbleibsel stalinistischen Expansionismus« betrachtete, jedoch belastet. Dieser Konflikt war der Grund, warum die beiden Staaten seit dem Zweiten Weltkrieg immer noch keinen Friedensvertrag unterzeichnet hatten. Und er erklärte auch, warum Japan sich 1990 in der G7 konsequent weigerte, der Sowjetunion Finanzhilfe zu leisten, obgleich es theoretisch den Yen als Hebel nutzen konnte. Selbstverständlich war Japan sehr daran gelegen, das Kurilen-Problem zu lösen.[57] Und in Anbetracht der geschickten Scheckbuchdiplomatie, die Bonn 1990 bei der Lösung der Deutschen Frage eingesetzt hatte, glaubte man in Tokio, eine offene Bestechung mit Krediten und Hilfsleistungen für die Rückgabe der Inseln könnte eine gewisse Wirkung auf den finanziell in der Klemme steckenden Gorbatschow haben. Aber zum einen überschätzte Japan massiv seine Machtmittel, zum anderen unterschätzte es, wie viel Kohl über seine »tiefen Taschen« hinaus in die Pflege politischer Freundschaften investiert hatte. Außerdem übersah die Regierung Kaifu das Geschichts- und Prestigebewusstsein und die nationalistischen Gefühle, die trotz der sozioökonomischen Notlage in Moskau herrschten. Für Gorbatschow war Japan einfach nicht wichtig genug, um das Risiko eines nationalistischen Rückschlags in der Sowjetunion einzugehen, indem er ein präventives territoriales Zugeständnis an einen früheren Feind und aktuellen Rivalen machte. Seiner Ansicht nach konnte die sowjetische Supermacht auch ohne den Yen des japanischen Emporkömmlings überleben.[58]

Gleichwohl war im Frühjahr 1991 die Lage in Moskau einer Einigung ohnehin nicht mehr förderlich. Die kommunistische alte Garde (Krjutschkow und Jasow) hatten Gorbatschow erfolgreich unter Druck gesetzt, den finanziellen Köder Japans nicht zu schlucken. Und Jelzin, der zunächst an einer Verhandlungslösung mit Japan interessiert gewesen war, forderte Gorbatschow inzwischen mit nationalistischen Parolen heraus und wandte sich ebenfalls entschlossen gegen eine Rückgabe der Kurilen. Tatsächlich hatte er im August 1990 nach einem Besuch auf der Insel Kunaschir sogar erklärt, seiner Ansicht nach sei der Ort so wunderschön, dass man ihn nicht aufgeben dürfe, sondern ihn zu einem Urlaubsort ausbauen müsse. Da Jelzin sich als Beschützer des Vaterlands gerierte, durfte Gorbatschow nicht als der Mann dastehen, der in irgendeinem zwielichtigen Handel Mutterland verkaufte. Unter diesen Umständen kam Tokio zu dem Schluss, »dass der sowjetische Staatschef offenbar nicht in der Lage ist, noch in irgendeiner Sache eine Entscheidung zu treffen«. Zwar besuchte Gorbatschow im April 1991 als erster Sowjetführer überhaupt Japan, doch der lang erwartete Gipfel war ein nahezu totaler Reinfall, weil im Konflikt um die Kurileninseln kein Durchbruch erzielt wurde.[59]

Tokio war freilich erfreut, dass sich Washington (und Peking) auf seine Seite stellten. Einige Tage vor dem Londoner G7 + 1 Treffen im Juli 1991 sprachen Bush und Kaifu ihre Positionen ab. Der US-Präsident rechnete nicht damit, dass ihn Gorbatschow um »einen Scheck« bitten werde, aber, wie er seinem japanischen Kollegen kategorisch versicherte, »wenn wir gefragt werden, haben wir keinen«. Dabei gehe es nicht darum, Gorbatschow zu brüskieren, aber »bevor es wirklich Geld gibt«, sagte Bush, »muss es wirklich Fortschritte geben«, und das hieß, dass sich die Sowjetunion gegenüber Japan in Bezug auf die Kurilen verhandlungsbereit zeigte. Die USA »unterstützen Sie, was die Nördlichen Territorien betrifft«, versprach Bush Kaifu.[60]

Im Vertrauen darauf, dass die USA hinter Japan standen, sprach Kaifu Gorbatschow direkt an, als dieser an den späteren Sitzungen der G7 teilnahm. »Das neue Denken muss sich auch auf den asiatisch-pazifischen Raum erstrecken. Wir haben in Bezug auf China und Korea einige Fortschritte erlebt; das ist positiv.« Dennoch, fügte er hinzu: »Japan ist Ihr Nachbar im Pazifik. Eine Verbesserung unserer Beziehungen ist über den bilateralen Kontext hinaus wichtig. Wir trafen uns und sprachen über den Friedensvertrag. Dieser wäre wichtig für Frieden und Wohlstand auf der Welt.«[61]

Gorbatschow vermied es, sich mit dem japanischen Premier auseinanderzusetzen. Stattdessen warnte er Bush auf dem Gipfeltreffen in Nowo-Ogarewo Ende Juli, dass sich die Japaner mit ihrem wirtschaftlichen Expansionismus nicht zufriedengeben würden, weil Tokio auch eine »Militärmacht« werden und das Verteidigungsbündnis mit den USA »für seine eigenen Zecke« nutzen wolle. Doch Bush bleib unbeeindruckt. Ohne sich um den angeblichen »japanischen Imperialismus« zu kümmern, nahm er Gorbatschow wegen des Kurilen-Konflikts ins Gebet: »Es wäre hilfreich, wenn Sie für die Nördlichen Territorien eine Lösung fänden«, sagte er und fügte hinzu: »Wenn Sie mit ihnen [den Japanern] wirtschaftliche Verbindungen knüpften, würde das dem Militarismus entgegenwirken.«[62]

Das Gespräch blieb ergebnislos, und nach dem Putsch und der anschließenden Auflösung der Sowjetunion spielte das Thema zunächst keine Rolle mehr. Beim Münchner G7-Gipfel im Juli 1992 kam es allerdings wieder auf die Tagesordnung, weil die Amerikaner mit dem Gedanken spielten, Jelzin mit einer Aufnahme Russlands in die G7 zu ködern, sobald er sich »mit allen Mitgliedern im Friedenszustand befindet, also sobald Russland einen Friedensvertrag mit Japan schließt, der das Problem der Nördlichen Territorien löst«.[63] Aber auch in München gab es keinen Durchbruch. Die Lage der russischen Volkswirtschaft war immer noch düster, und Bushs Urteil war brutal: »Jelzin gibt sich große Mühe, und wir müssen auf ihn setzen«, aber »wir wollen kein Geld zum Fenster hinauswerfen.«[64] Auch der IWF und die EG waren angesichts der Entwicklung frustriert,[65] und es war klar, dass Japan ohne eine flexible Haltung Russlands in der Kurilen-Frage den Geldhahn nicht aufdrehen würde. Im Herbst sagte dann ein von in der Heimat stetig wachsenden anti-reformistischen Gruppen bedrängter Jelzin die in Tokio geplanten Gipfelgespräche ab, was kaum jemanden überraschte. Er beschwerte sich, Japan versuche, die wirtschaftlichen Probleme Russlands auszunutzen, um es zu einer Rückgabe der vier umstrittenen Inseln zu zwingen.[66]

Damit waren alle Hoffnungen auf eine versöhnliche Lösung dahin. Die Inseln hatten offenbar eine nationale (beziehungsweise nationalistische) Bedeutung für Russland, und Japan verknüpfte jedes Angebot wirtschaftlicher Hilfe hartnäckig mit einer Rückgabe der Nördlichen Territorien. Da keine von beiden Seiten nachgeben und ihre historisch bedingte Abneigung aufgeben wollte, waren die japanisch-russischen Beziehungen in eine Sackgasse geraten. Somit hatte sich das territoriale Erbe des Zweiten Weltkriegs als ein wichtiges Hindernis beim Aufbau einer neuen Weltordnung in Asien erwiesen.[67]

Auch eine Entspannung zwischen Japan und China entpuppte sich als schwierig, wenngleich Deng Xiaoping, der noch persönlich gegen den japanischen Imperialismus in China gekämpft hatte, die Verbesserung der bilateralen Beziehungen zu Japan für enorm wichtig hielt. Eine solche erfolgte nach der diplomatischen Normalisierung im Jahr 1972, die im Prinzip ein strategisches Bündnis mit Tokio und damit auch mit Washington gegen einen gemeinsamen sowjetischen Feind ermöglichte. Deng ging ab den späten Siebzigerjahren gegenüber japanischen Politikern in die Charme-Offensive – besuchte japanische Fabriken und warb bei Regierung und Wirtschaft für Investitionen in China. Auf der anderen Seite traf Tokio die klare strategische Entscheidung, sich auf die VRC einzulassen und mit ihr zusammenzuarbeiten. In den Achtzigerjahren gingen 70 Prozent der japanischen Entwicklungshilfe an Peking. Und als wichtiger Partner in Technik und Wissenschaft leistete Japan zweifelsohne einen entscheidenden Beitrag zur Modernisierung Chinas. Die chinesische Wirtschaftsreform und Marktöffnung hätten ohne diesen Beitrag keinen so schnellen und umfassenden Erfolg gehabt.[68]

Aber Politik ist unberechenbar. Und so schloss sich Japan im Jahr 1989, nach dem Blutbad auf dem Tiananmen, den vom Westen gegen China verhängten Sanktionen an. Allerdings wollten die Japaner sobald wie möglich wieder normale Beziehungen herstellen und bekamen dafür grünes Licht von Bush, dem selbst die Hände gebunden waren.[69] Aber weder die Wiederaufnahme des japanischen Programms für Entwicklungskredite an die VRC[70] noch Kaifus Pekingreise im November 1990 noch die wechselseitigen Besuche von KPCh-Chef Jiang Zemin und Kaiser Akihito im Jahr 1992 konnten das Verhältnis zwischen den beiden Staaten grundsätzlich ändern. All diesen Anstrengungen zum Trotz blieben die chinesisch-japanischen Beziehungen angespannt. Für Tokio begann China, das von japanischen Investitionen und japanischer Entwicklungshilfe profitierte, mehr und mehr wie ein lokaler Rivale auszusehen. Und tatsächlich nahm China zwar beim Erwerb von Finanzmitteln und Technologie der Industrieländer Japans Hilfe in Anspruch, war aber zunehmend entschlossen, seine Ziele frei von jeglicher politischer Abhängigkeit zu erreichen. Außerdem hatten die Chinesen Japans Aggression und Gräueltaten in den Jahren 1937–1945 weder vergeben noch vergessen.[71] Die Last der Geschichte und der Umstand, dass Tokio nur wenig getan hatte, um sich seiner Vergangenheit zu stellen, waren nicht nur für Peking, sondern für ganz Asien ein schwerer Makel.[72]

China reagierte deshalb genau wie Russland kühl auf die japanische Bewerbung um einen ständigen Sitz im Weltsicherheitsrat. Die chinesische Regierung, die Japan wachsam hinsichtlich möglicher Anzeichen für einen neuen Imperialismus im Auge behielt, registrierte mit großem Unbehagen, dass von Tokio 1991 ein Gesetzentwurf über die Friedensmissionen der Vereinten Nationen eingebracht wurde, der es dem Land zum ersten Mal seit dem Zweiten Weltkrieg ermöglicht hätte, bis zu 2000 japanische Soldaten nach Übersee zu entsenden. Sehr zur Erleichterung Chinas, aber auch Südkoreas und Singapurs (ebenfalls frühere Opfer Japans), wurde der Gesetzentwurf am 10. Dezember 1991 im japanischen Oberhaus abgelehnt, was einen tiefen Riss in der Gesellschaft und im politischen Establishment Japans offenbarte. Tatsächlich war das Land im Vorfeld der Abstimmung von einer Welle der Furcht, das Gesetz könnte der erste Schritt auf dem Weg zur Wiederbewaffnung sein, erfasst worden. Das Timing der Debatte war dabei besonders heikel gewesen: Einerseits hatte die Angst vor japanischem Militarismus im pazifischen Raum eine Woche vor dem 50. Jahrestag des Angriffs auf Pearl Harbor einen Höhepunkt erreicht. Andererseits hatte ein mit stark rechtsgerichteten Untertönen verbundener Parteienstreit in beiden Kammern des japanischen Parlaments zum Scheitern eines Vorschlags geführt, der vorgesehen hatte, dass Japan sein Bedauern bezüglich des Zweiten Weltkriegs ausdrücken und sich bei den USA entschuldigen sollte.[73]

Japan war, als die Welt in die Wendezeit eintrat, weder bereit, sich seiner Vergangenheit im Zweiten Weltkrieg zu stellen, noch eine Führungsrolle einzunehmen, die seiner wirtschaftlichen Macht entsprochen hätte. Durch die beiden Entscheidungen der Nationalversammlung zerschlugen sich die japanischen Hoffnungen, Bushs inzwischen auf Januar 1992 verlegten Besuch zu nutzen, um einen wirklich angemessenen Beitrag zu einer gerechteren Lastenverteilung zu leisten. Ein zusätzliches Problem bestand darin, dass die japanische Volkswirtschaft Ende 1991 einen dramatischen Abschwung erlebte. Das Haushaltsdefizit war gewachsen und die Regierung schwankte zwischen den Optionen, Kredite aufzunehmen, die Steuern zu erhöhen oder beides zu tun. Japan wirkte auf vielfache Weise gelähmt und war offenbar nicht imstande, das Ende des Kalten Krieges als Einstieg in sein eigenes pazifisches Jahrhundert zu nutzen. Es waren also schwierige Zeiten, als Bush seine Rundreise in die Region antrat.

Auch in den USA sah es nicht wirklich gut aus. Das Land steckte in einer wirtschaftlichen Krise, die manche als die längste Rezession seit den Dreißigerjahren bezeichneten: Die Arbeitslosigkeit war in den 12 Monaten zuvor von 5,6 Prozent auf 7,1 Prozent gestiegen. Allein seit

Mai 1990 waren 2,3 Millionen amerikanische Arbeitsplätze verloren gegangen – eine erschreckende Zahl. Da sich Bushs Umfragewerte im freien Fall befanden, musste er dringend ernsthafte Schritte unternehmen, um die Wirtschaft anzukurbeln und seinem Wahlkampf wieder Auftrieb zu verschaffen. Deshalb hatte er seine zwölftägige Pazifik-Reise, die ursprünglich eine *Goodwill Tour* hatte sein sollen, durch eine starke wirtschaftliche Agenda ergänzt. Dieser Punkt wurde besonders dadurch demonstriert, dass ihn eine Entourage von 21 Konzernchefs, einschließlich der Bosse der drei großen Detroiter Autohersteller, begleitete.[74]

Überall, wo Bush hinkam, war der Handel ein wichtiges Thema. Er ließ keinen seiner Gastgeber im Zweifel darüber, dass ihr Bedürfnis nach Sicherheit verknüpft mit einer weiteren Anwesenheit der Amerikaner (als Schutzmacht) einhergehen musste mit besseren gegenseitigen Wirtschaftsbeziehungen. In Erfüllung seines Versprechens an die eigene Bevölkerung, sich »rückhaltlos« für die Schaffung von »Jobs, Jobs, Jobs« und für die »Wiederherstellung des Wohlstands« einzusetzen, übte er Druck auf seine Verbündeten aus, Handelsbarrieren abzubauen und mehr amerikanische Güter zu importieren. Auf diese Art wollte er in den USA Wachstum generieren, weil, wie er sagte, jede Milliarde an exportierten Waren dort für die Erhaltung von fast 20000 Arbeitsplätzen sorgte. Diese Botschaft war insbesondere an Japan gerichtet, das Anfang 1992 eine neuen massiven Anstieg seines Handelsüberschusses erlebte. Dieser belief sich gegenüber den USA inzwischen auf astronomische 45 Milliarden Dollar, von denen drei Viertel aus dem Export von Autos und Autoteilen resultierten, während Tokio zugleich nur 40 Prozent der Kosten für die massive amerikanische Militärpräsenz in Japan trug. Aber Bush verkündete seine Botschaft auch in allen anderen Ländern.[75]

Sein Besuch in Singapur, der erste, den ein amerikanischer Präsident dort machte, lief sehr gut, was seine Agenda betraf. Er gab die Vereinbarung bekannt, dass die logistischen Operationen der 7. amerikanischen Pazifikflotte im Rahmen der amerikanischen Anstrengung, »ein Sicherheitsnetz« zwischen mehreren Nationen des Pazifiks zu knüpfen, von der Subic-Bay auf den Philippinen in den Hafen von Singapur verlegt würden. Und er kündigte außerdem an, dass die USA mit Asien

»Eine neue Weizenbestellung, keine neue Weltordnung«:
Protest australischer Farmer

eine »Umweltpartnerschaft« zum Austausch ökologischer Studien und Technologien schließen würden. »Das wird gut sein«, sagte er, »gut für die Umwelt in Asien und für die Arbeitsplätze in Amerika.« In Singapur brauchte Bush sich nicht zu sorgen, dass die politischen Führer der Republik ihn der Doppelmoral bezichtigen würden, weil er den gepredigten Freihandel nicht selbst praktizierte. Die Lenker des Stadtstaates entstammten nämlich einer politischen Kultur, in der Widerspruch verpönt war; also verhandelten sie lediglich hart (und unter Ausschluss der Öffentlichkeit) über die hohen Zölle, die Washington auf ihre Textilien, elektronischen Geräte und Pharmazeutika erhob. Unter dem Strich war Singapur auf Bushs vier Länder umfassenden Odyssee eine willkommene Atempause.[76]

Ganz anders sein erster Stopp in Australien. Dort war er von Hunderten protestierender Farmer empfangen worden, die »eine neue Weizenbestellung statt einer neuen Weltordnung« forderten. Sie vertraten die Ansicht, dass die amerikanischen Subventionen (im Rahmen des Exportförderprogramms für die amerikanischen Bauern) die Ausfuhren ihres Landes erschwerten – genau der gleiche Vorwurf, den die

Vereinigten Staaten den Europäern machten. Der australische Premierminister Paul Keating warnte, dass die amerikanische Handelspolitik die Welt in konkurrierende Handelsblöcke spalten könnte.[77]

Auch in Südkorea, wo über die Bedrohung durch Nordkorea und die Wichtigkeit der Nichtverbreitung von Atomwaffen mit Amerika Konsens bestand, wurde Bush mit Demonstrationen empfangen. Sie richteten sich gegen den nach Ansicht der Demonstranten heftigen Druck, mit dem die USA Seoul zwingen wollten, seine Agrarmärkte »vollständig zu öffnen«. Auch in Japan hatten sich die Gastgeber in den Tagen vor Bushs Ankunft keine Mühe gegeben, ihre Empörung über seinen unverhüllten offenen Handelsimperialismus zu verbergen. So hatte die führende japanische Zeitung *Asahi Shimbun* dem Weißen Haus vorgeworfen, »ökonomische Kanonenbootpolitik« zu betreiben. Bush wies die Kritik höflich zurück: »Wir haben nie gesagt, dass wir völlig unschuldig sind.« Aber »wir arbeiten für einen freieren und faireren Handel«. Und das sollten seiner Ansicht nach auch die anderen tun.[78]

Die entscheidenden Diskussionen fanden vom 7. bis zum 10. Januar in Japan statt. Hinter den Kulissen arbeiteten japanische und amerikanische Unterhändler während Bushs viertägigem Besuch verzweifelt daran, zwei wichtige Dokumente auszuarbeiten: die Tokioter Erklärung über die globale Partnerschaft zwischen Japan und den Vereinigten Staaten und dem daraus folgenden Aktionsplan. Letzterer sollte auch Maßnahmen enthalten, mit denen Japan insbesondere bezüglich der Autoindustrie auf die amerikanischen Beschwerden reagieren würde. Dieser Punkt in den Verhandlungen war besonders kritisch.[79] Japan hatte 1990 mehr als 130000 in Deutschland hergestellte Autos (größtenteils Luxuskarossen von Mercedes und BMW) importiert, jedoch nur etwa 30000 in Amerika hergestellte – von denen auch noch 9500 in den USA montierte Hondas waren. Die Chefs der drei großen amerikanischen Autokonzerne, die in Tokio der Air Force One entstiegen, wollten nichts davon hören, dass es an der schlechteren Qualität der amerikanischen Autos und nicht an den japanischen Handelsbarrieren liege, wenn sich die Produkte von Chrysler, Ford und GM schlecht verkauften: »Die brauchen uns nicht zu predigen«, sagte Chrysler-Chef Lee Iacocca. Wenig hilfreich war natürlich auch die Tatsache, dass der japanische Ministerpräsident Kiichi Miyazawa, wenngleich er die Amerikaner mit angestrengter Höflichkeit behandelte, sein »Mitgefühl« wegen der amerikanischen Wirtschaftslage zum Ausdruck brachte.

Angesichts der frostigen Atmosphäre beschlossen die Berater des Präsidenten, alle Erwartungen in Bezug auf einen großen Durchbruch in Handelsfragen zu begraben. Stattdessen konzentrierten sie sich auf die internationalen Sicherheitsaspekte des Besuches: »Sie müssen das alles in dem breiteren historischen Zusammenhang des Ende des Kalten Krieges und der neusten Entwicklung der Sowjetunion sehen.« Und so warben sie für die Unterzeichnung der Tokioter Erklärung, in der der wachsende globale Einfluss Japans anerkannt und die künftige gemeinsame Verantwortung beider Länder für Weltfrieden und Wohlstand bekräftigt wurde. »Es geht um die Führung der Welt«, brachte Bush dieses Verhandlungsthema lakonisch auf den Punkt.[80]

Am Ende blieb es bei dieser symbolischen Erklärung. Zu einer Einigung über die Reduzierung der globalen Handelsschranken oder einer gemeinsamen Position für die GATT-Verhandlungen kam es nicht. Und das magere Abkommen zwischen den großen acht Autoherstellern (drei amerikanischen, fünf japanischen), den Verkauf amerikanischer Autos zu fördern, wurde zwar als »vielversprechender Schritt« zur Öffnung der riesigen japanischen Märkte für ausländische Unternehmen verkauft. Tatsächlich jedoch war jeder wirkliche »Plan« abgeschossen worden.[81]

Bush versuchte, dem Ganzen eine optimistische Note zu geben, indem er die Japan-Etappe als »sehr produktiv« bezeichnete und die Industriebosse lobte, die ihn begleitet hatten. Doch nicht alle Mitglieder seiner Delegation waren genauso positiv eingestellt: Chrysler-Chef Lee Iacocca griff Japan nach seiner Rückkehr scharf an, und demokratische Kongressmitglieder bezeichneten den Besuch des Präsidenten als einen schiefgegangenen »Fototermin«. Demgegenüber hielten sich die Republikaner eher bedeckt. Ein Stratege aus dem Kongress sagte: »Die Themen kamen einfach nicht an. Das ganze neue Programm hatte politische Gründe, und das war offensichtlich und hat nicht funktioniert.« Eigentlich, so der Berater eines führenden republikanischen Senators, besteht »dort oben [im Kapitol] die Ansicht, dass wir das [alles] am besten hinter uns lassen«.[82]

Noch am Ball? George Bush in Tokio

Für Bush selbst war die Reise eine seiner »schlimmsten Zeiten«.[83] Sie endete nicht nur als politischer Fehlschlag, sondern auch mit einer persönlichen Demütigung, die mit peinlicher Detailgenauigkeit vom japanischen Staatsfernsehen NHK übertragen wurde.[84]

Am Abend des 8. Januar 1992, dem zweiten vollen Tag, den der Präsident in Japan verbrachte und dem zehnten Tag seiner Pazifik-Tour, war Bush Ehrengast bei einem Staatsbankett in der Residenz des japanischen Ministerpräsidenten. Er saß mit Miyazawa zu seiner Linken und dessen Frau zu seiner Rechten an einer langen, blumengeschmückten Tafel, als er um 20.20 Uhr plötzlich »leichenblass wurde«, die Augen schloss, nach links kippte und sich in den Schoß seines Gastgebers übergab. »Er fiel wie ein sich senkender Vorhang«, sollte einer der Gäste des Banketts später erzählen. Wie im japanischen Fernsehen zu sehen, hatte Barbara Bush ihren Mann dabei mit wachsender Sorge beobachtet, erhob sich dann rasch, legte ihm die Arme um und wischte ihm mit einer Serviette Erbrochenes vom Mund, bevor sie sich mit den Worten »Machen Sie ihm Platz« wieder an den Tisch setzte. Miyazawa und Beamte des Secret Service legten Bush sanft auf den Boden. Sein Gesicht war unbeweglich, sein Blick verzerrt und gequält. Alles geschah sehr schnell; die Anwesenden waren vor Schreck wie gelähmt. Nach ein paar Sekunden jedoch »flatterten Bushs Lider«, wie Handelsminister Robert Mosbacher, ein alter Freund Bushs, der auch an seinem Tisch gesessen hatte, berichtete. »Das war beängstigend.«

Ein Arzt prüfte Bushs Herzschlag und maß den Blutdruck. Der Präsident blieb fast fünf Minuten liegen. Dann gelang es ihm, sich mit einem Scherz an Miyazawa zu wenden: »Warum rollen Sie mich nicht einfach unter den Tisch. Dann schlaf ich mich gesund, während Sie fertig essen.« Schließlich stand er unter allgemeinem Beifall auf. Das verschmutzte Jackett seines blauen Anzugs war beiseitegeschafft worden. Bush lächelte tapfer, hielt den linken Daumen in die Höhe, zog seine Hose hoch, drückte Miyazawa die Hand und winkte dann mit beiden Händen den Gästen zu – mit offenen Handflächen, wie um zu signalisieren, dass alles in Ordnung sei. Ein Mitarbeiter aus seinem Personenschutz hängte ihm einen olivgrünen Mantel um die Schulter, ein anderer glättete das Haar auf seinem Hinterkopf.

»Ich wollte nur ein bisschen Aufmerksamkeit«, sagte der Präsident zu den Gästen, als er um 20.31 Uhr sicheren Schrittes aufrecht und ohne Hilfe den Raum verließ. Er scherzte, schüttelte Hände und forderte die Anwesenden auf, es sich gut gehen zu lassen. Von japanischen Personenschützern durch weiße Leintücher von Fotografen und Fernsehkameras abgeschirmt, sagte er zu den Journalisten: »Es geht mir gut.« Dann stieg er in seine Limousine und wurde aufrecht sitzend in das etwa zehn Minuten entfernte staatliche Gästehaus gefahren.

Barbara Bush verweilte auf dem Bankett, das mit dem leeren Stuhl des Präsidenten fortgesetzt wurde. Miyazawa wirkte düster und aufgewühlt, als er seinen Toast ausbrachte. Dann überreichte ihm Mrs. Bush einen Zettel. Der Ministerpräsident nickte der First Lady zu, die breit lächelte, dann verkündete er: »Gerade hat das Außenministerium angerufen: dem Präsidenten geht es gut. Er ruht sich im Akasaka-Palast aus.« Nun stand Barbara Bush auf und sagte: »Ich kann nicht erklären, was da eben mit George passiert ist, weil es noch nie zuvor passiert ist.

Aber ich habe den Eindruck, dass der Botschafter schuld ist. Er und George haben heute gegen den Kaiser und den Kronprinzen Tennis gespielt. Sie mussten eine böse Niederlage einstecken, und wir Bushs sind so etwas nicht gewöhnt. Es ist ihm also schlechter gegangen, als ich gedacht habe.« Allgemeines Gelächter, dann verlas Scowcroft den Toast des Präsidenten.[85]

Der Zwischenfall schockierte die 135 prominenten Gäste des Banketts und, als die Bilder des japanischen Fernsehens um die Welt gingen, auch ein Millionenpublikum. Am Ende wurden die Live-Aufnahmen von dem Dinner zum Symbol für den ganzen Besuch.[86]

Was genau war passiert? Es wurde viel spekuliert. Hatte Bush das Essen nicht vertragen? Oder war es vielleicht die Odyssee durch 16 Zeitzonen, die ihn umgehauen hatte? Schon von Anfang an hatte er auf dieser Reise erschöpft gewirkt und auch bei einem der Dinners in Singapur erkennbar mit dem Schlaf gekämpft. Das Weiße Haus wischte natürlich jeden Verdacht beiseite, dass er seinem Amt nicht mehr gewachsen sei. Dazu sagte sein Pressesprecher Marlin Fitzwater: »Der Terminplan des Präsidenten ist seit drei Jahren mehr oder weniger derselbe, und er genießt ihn«. Ein Tagesplan, der häufig kurz nach Sonnenaufgang mit Gesprächen begann und mit großen Banketten, die weit in die Nacht hinein dauerten, endete. »Er hat einen sehr strengen Terminkalender. Er ist ein körperlich sehr fitter Mensch, und« fügte Fitzwater energisch hinzu, »ich rechne nicht damit, dass sich das ändert.« Dennoch war Bush an jenem Punkt seiner Präsidentschaft offensichtlich körperlich wie geistig total ausgelaugt.[87]

Eine wahrscheinlichere Erklärung für den Schwächeanfall[88] des Präsidenten ist jedoch, dass er Opfer seiner eigenen Entourage wurde. Die Mediziner im Weißen Haus konnten sich an keine andere Reise erinnern, auf der so viele Teilnehmer – Berater, Reporter und Sicherheitsleute – krank wurden. Die Ärzte machten eine Darmgrippe, die die Reisegesellschaft aus den Vereinigten Staaten mitgeschleppt hatte, für die Sache verantwortlich. Bush holte sich den Erreger vermutlich von Mitgliedern seines Stabs, mit denen er auf engstem Raum in der Air Force One flog.[89] Doch der Präsident hatte unbeirrt weiter seine Pflichten erfüllt, wenngleich er später seinem Tagebuch gestand: »Ich fühlte mich sehr, sehr schwach. Ich hätte heimreisen sollen, Aber ich tat es nicht.« Zumindest war es kein Vorhofflimmern des Herzens, wie im Frühjahr 1991 beim Joggen in Camp David. In Tokio wurde ein Elektrokardiogramm gemacht, das einen »absolut perfekten« Herzrhythmus zeigte, wie Bush den Weltmedien natürlich sofort am nächsten Tag mitteilte. Doch der PR-Schaden war angerichtet und nicht rückgängig zu machen.[90]

Zwar glich es fast einem Wunder, dass in den extrem hektischen vorangegangenen 36 Monaten seiner Amtszeit nichts Ähnliches passiert war, doch der Zeitpunkt des Vorfalls war eine Katastrophe für einen Präsidenten, der um seine Wiederwahl kämpfte. Die Demokraten versuchten natürlich so viel wie möglich aus dem Video herauszuholen, das Bushs Zusammenbruch in Tokio zeigte. »Es ist fast schon eine Metapher für eine kranke, wacklige Wirtschaft, die nach einer japanischen Pille sucht, die sie wieder gesund macht«, sagte Mike McCurry, ein Berater von Präsidentschaftskandidat Senator Bob Kerrey. Bush war wütend über die ganze Geschichte. »Das war eine beschissene Erfahrung« notierte er, und der Vorfall verfolgte ihn für den Rest seiner Präsidentschaft.[91] Die Reise, die ein Journalist als ein »Hüpfkästchenspiel« bezeichnet hatte und sich über zwei Kontinente und zwei Inselgruppen erstreckte, war, wie der *Spiegel* schrieb, zu einer »Höllenfahrt« geworden.[92]

Bushs Besuch änderte nichts Wesentliches am Zustand der amerikanisch-japanischen Beziehungen. Wenn überhaupt warf er ein Licht auf die fortwährenden Schwierigkeiten. Die japanische Außenpolitik war in der Vergangenheit steckengeblieben. In eindrücklichem Gegensatz zur deutschen Nachkriegspolitik waren die Japaner nicht in der Lage oder nicht willens gewesen, ihre historische Schuld gegenüber den beiden rivalisierenden Großmächten Russland und China aufzuarbeiten. Selbstverständlich hatte Japan nach 1945 seinem militaristischen Nationalismus abgeschworen, doch gerade das machte es ihm paradoxerweise schwer, sich an der internationalen Lastenverteilung nach dem Ende des Kalten Kriegs zu beteiligen.

Außerdem sollte sich das Image des »neuen« Japans als ökonomischer Supermacht als Chimäre erweisen. Das gewaltige Wirtschaftswachstum des Landes wurde nie in substanzielle politische und militärische Macht umgesetzt. Tatsächlich war Ministerpräsident Miyazawa gerne bereit, Washington »die Führungsrolle in der Welt nach dem Kalten Krieg zu überlassen«.[93] Dann platzte im Jahr 1992 die Blase des japanischen Wirtschaftswunders, was zu einer langfristigen Stagnation führte. Japans wirtschaftliche Stärke hatte auf einer aggressiven Exportförderungspolitik und einer entschlossen protektionistischen Volkswirtschaft beruht. Aber das Land war nicht bereit gewesen, sich zu öffnen, und das war symptomatisch für seine Unfähigkeit, in der internationalen Politik größeren Einfluss auszuüben.[94]

Auch schlug es zu keinem seiner wichtigen Nachbarn politisch und wirtschaftlich tragfähige Brücken, weder zu Südkorea noch zu Russland noch zu China. So viel steht fest – im gesamten pazifischen Raum gab es nichts Vergleichbares zu dem Integrationsprozess, den die EG nach dem Zweiten Weltkrieg in Westeuropa bewerkstelligte und der nach dem Mauerfall ganz Europa zu umfassen begann. Japans Außenpolitik beruhte offenbar auf der Annahme, dass seine geo-ökonomische Dominanz als Kreditgeber und Exporteur ausreichen werde, um das Kräftegleichgewicht zu erhalten. Doch der unipolare Moment der USA bewies, dass, wenngleich das Land an ökonomischen Problemen litt, Geopolitik für eine effektive internationale Führung unverzichtbar war. Das pazifische Jahrhundert Japans brach nie an.

*

Sein asiatisch-australisches Hüpfkästchenspiel im Januar 1992 führte den Präsidenten ausgerechnet nicht in das Land, das für die Zukunft des pazifischen Raums am wichtigsten war, nach China. Dabei hätte er die Volksrepublik wie schon zu Beginn seiner Präsidentschaft auch jetzt sehr gern besucht. Peking aber befand sich inzwischen in der Post-Tiananmen-Ära, und das schränkte Bushs politischen Handlungsspielraum gegenüber der VRC erheblich ein. Aufgrund des westlichen Sanktionsregimes in der Folge der chinesischen Menschenrechtsverletzungen 1989 konnte das Weiße Haus keine offenen Beziehungen zu China pflegen. Alle Kontakte mussten heimlich stattfinden – unsichtbar für die Augen der Öffentlichkeit.

Der Tiananmen war wirklich ein gewaltiger Rückschlag für die chinesisch-amerikanischen Beziehungen gewesen, so gewaltig, dass sie sich möglicherweise nie mehr ganz davon erholten. Was Anfang 1989 als eine blühende »Freundschaft« erschienen war, geriet nach den Ereignissen des 4. Juni auf einen viel konfliktreicheren Kurs.[95] Dem Soziologen Richard Madsen zufolge »belastete der Tiananmen die Amerikaner weit mehr, als durch die direkten Kosten an Menschenleben und menschlichem Leid gerechtfertigt gewesen wäre … Die Tragödie in China war für viele Amerikaner deshalb so erschütternd, weil sie dem weit verbreiteten Verständnis von der Bedeutung ihrer demokratischen Werte widersprach.« Es war ein »Drama« mit einem bösen Ende, als idealistische Studenten, die für Individualismus, das Gute und Gerechtigkeit kämpften, nicht siegten, sondern die Demokratie durch den brutalen militärischen Angriff einer Diktatur zermalmt wurde. Schlimmer noch, die böse Tat hatte ein Staatslenker angeordnet, den die Vereinigten Staaten bewundert und umworben hatten – einen Menschen, den das Nachrichtenmagazin *Time* zweimal (1978 und 1985) zum »Mann des Jahres« gekürt hatte und der den US-Präsidenten als *lao pengyou* bezeichnete. China war nicht durch das »Tor zur Freiheit« gegangen, ein Schritt, der ihm, wie Bush glaubte, Frieden und Wohlstand gesichert hätte. Stattdessen war dem Präsidenten das Tor vor der Nase zugeschlagen worden.[96]

Dennoch sorgte Bush energisch dafür, dass die Beziehungen mit China nicht in einer neuen Eiszeit erstarrten, wie es während der Kulturrevolution der Fall gewesen war. Und er erreichte dies auf zweierlei wichtige Weisen. Erstens versuchte er die inoffiziellen Kontakte aufrechtzuerhalten. Zu diesem Zweck hatte er seinen Nationalen Sicherheitsberater im Juli und im Dezember 1989 zweimal auf eine geheime Mission nach Peking geschickt, und er hatte auch die Privatbesuche begrüßt, die Ex-Präsident Richard Nixon und der frühere Außenminister Henry Kissinger im Herbst 1989 in China machten. Zweitens sicherte er seine Chinapolitik entschlossen ab, indem er seine verfassungsmäßigen Befugnisse als Präsident und Oberbefehlshaber voll ausspielte. Als der Kongress und die Presse unmittelbar nach dem Tiananmen nach Vergeltungsmaßnahmen schrien, kam Bush ihnen zuvor, indem er moderate Sanktionen, wie die Aussetzung der militärischen Zusammenarbeit, der Treffen auf hoher Ebene und die Beschneidung internationaler Kredite, verhängte. Doch er verzichtete darauf, den amerikanischen Botschafter zurückzurufen. Er hatte sich dafür entschieden, ein langes, pragmatisches Spiel zu spielen, das er selbst managte. Damit war der Boden bereitet für ein heftiges Tauziehen zwischen dem Weißen Haus und dem Kongress, was den Umgang mit Peking betraf. Sowohl das Repräsentantenhaus als auch der Senat stimmten mit überwältigender Mehrheit dafür, dass die von Bush verhängten Sanktionen nicht aufgehoben werden konnten, bis sichergestellt war, dass China bei den Menschenrechten »Fortschritte« machte. Und der Kongress beschloss noch zusätzliche Beschränkungen: Er setzte die Gespräche über die Erweiterung des amerikanisch-chinesischen Handels aus, sperrte die dafür vorgesehenen Finanzmittel, und er verbot die Lieferung von Polizeiausrüstung an die Volksrepublik. Die Mehrheiten für diese Maßnahmen waren so groß, dass Bush kein Veto einlegen konnte: Die Beschlüsse waren rote Linien, mit denen er leben musste.[97]

Er selbst favorisierte eine Strategie, die man, in Abgrenzung zu Idealismus reinen Wassers, als klugen Pragmatismus bezeichnen könnte, doch es war eine Gratwanderung. »Wie man diese Beziehung pflegt«, notierte er am 24. Juni 1989 in sein Tagebuch, ist eine »sehr delikate Angelegenheit«. Einerseits musste er einen Teil der Empörung zum Ausdruck bringen, die Millionen Amerikaner und auch viele Verbündete Washingtons empfanden. Andererseits war er sich sicher, dass man Chinas empfindliche Führer weder demütigen noch isolieren durfte: »Ich bin entschlossen, die Beziehung aufrechtzuerhalten«, schrieb er. Die chinesische Führung vom Westen abzuschneiden und »unilateral« gegen sie vorzugehen war seiner Ansicht nach gefährlich, weil sie »mit den Sowjets wieder auf einem etwas besseren Weg ist« und der Kreml »tatsächlich wieder viel mehr ins Spiel kommen« könnte. Wegen dieser Einsichten setzte sich der Präsident heftiger Kritik aus, weil er gegenüber einer hartherzigen Diktatur Appeasement betrieb. Bush selbst aber hatte keinen Zweifel, dass China ein wichtiger Player bleiben und die Dinge auf seine Art regeln würde.[98]

Und er hatte recht. Peking ließ sich von seiner eigenen Version eines von der KPCh bestimmten und von chinesischen Werten geleiteten staatlichen Autoritarismus nicht abbringen. Deng hatte Scowcroft dies bei dem Treffen im Juli 1989 unmissverständlich klargemacht. Eine weitere Folge des Tiananmen bestand darin, dass die chinesisch-sowjetische Normalisierung eine Zeit lang auf Eis gelegt wurde. Fest entschlossen, jede Diskussion über politische Liberalisierung zu unterbinden, verurteilte die KPCh Glasnost und Perestroika und beschuldigte Gorbatschow der »Subversion des Sozialismus«.[99] Tatsächlich hatte das Pekinger Regime für Gorbatschow nur Verachtung übrig, weil er die Herrschaft des Kommunismus und das Sowjetreich zerstört hatte.

»Einheit und Stabilität«, so Deng, waren für China als Staat und Gesellschaft unerlässlich. Aber, wie er nur fünf Tage nach dem Tiananmen deutlich machte, als er sich an die Soldaten wandte, die das Kriegsrecht durchsetzten, blieb er weiterhin leidenschaftlich engagiert für Wirtschaftsreformen, die Plan und Markt in der, wie er es später nennen sollte, »organischen Synthese« einer »sozialistischen Marktwirtschaft« kombinierten und gleichzeitig das »Land nach außen öffneten«.[100] Dennoch geriet sein politisch-ökonomisches Projekt 1989/90 ins Stocken. Nach der Niederschlagung der Studentenrevolte zog sich der inzwischen 85-jährige Deng aus der Öffentlichkeit zurück, und bei der parteiinternen Neuverteilung der Macht nach dem Tiananmen setzte sich der tatkräftige und konservative Premierminister Li Peng durch. Es folgte eine Periode der politischen Konsolidierung und der wirtschaftlichen Sparmaßnahmen, in der sich China auf sich selbst konzentrierte. Zusammen mit dem alten reaktionären Parteiführer Yao Yilin (der von Dengs Rivalen Chen Yun unterstützt wurde) verfolgte Li ein Programm der »Heilung und Berichtigung« – sein Euphemismus für die Rezentralisierung der Wirtschaft, die Wiederbelebung der Priorität des Plans gegenüber den Märkten und der Minimierung ausländischer Beteiligung. Ziel war es, die galoppierende Inflation in den Griff zu bekommen und das Land durch militärisch erzwungene Sparmaßnahmen (Reduzierung des Ressourcenverbrauchs der Bevölkerung) finanziell zu sanieren, in der Hoffnung, dass eine niedrige Inflation und schnelles Wachstum auch das anhaltende Demokratisierungsfieber abkühlen würden. Doch die unmittelbare Folge dieser politischen Kehrtwendung war eine heftige Rezession, weil sowohl die Produktion als auch die Nachfrage zurückgingen.[101]

Trotz dieser Entwicklung suchte Bush nach Wegen, um wieder »Elan und Bewegung« in die chinesisch-amerikanischen Beziehungen zu bringen. Er war sich jedoch stets bewusst, dass dies in einem triangulären Kontext (mit der UdSSR) geschah. Scowcrofts zweite Pekingreise Anfang Dezember – unmittelbar nach dem Malta-Gipfel von Bush und Gorbatschow – sollte sicherstellen, dass sich die Chinesen nicht ausgeschlossen fühlten. Mehr noch, seine Mission war nicht geheim, weil Bush hoffte, durch die Publicity das Veto des Kongresses gegen die amerikanische Chinapolitik brechen zu können.[102]

Scowcroft sprach mit der Presse, kaum dass er am 9. Dezember 1989 in Peking angekommen war. »Ich wäre nicht ehrlich, wenn ich nicht einräumen würde, dass wir signifikante Meinungsverschiedenheiten haben: über die Ereignisse auf dem Tiananmen, über die radikalen Veränderungen in Osteuropa«. Aber, fügte er hinzu, in den bevorstehenden Gesprächen werde man »versuchen, die großen Gebiete zu umreißen, wo eine Einigung möglich ist, und die erwähnten Bereiche der Uneinigkeit für einen späteren Zeitpunkt aussparen«.[103]

Diese Linie vertrat Scowcroft auch im persönlichen Gespräch. Er berichtete dem neuen Generalsekretär der KPCh Jiang Zemin von der Ansicht Gorbatschows, dass »die Welt multipolar wird, mit einem sich schnell einigenden Europa, einem erstarkenden Japan und mit China und potenziell auch Indien als Großmächten von globaler Bedeutung«. Scowcroft meinte, dass ein »kooperativer amerikanisch-sowjetischer Ansatz in dieser neuen multipolaren Welt« notwendig sei. Er machte deutlich, dass die USA kein besonderes Interesse an einem solchen Ansatz hätten, leugnete jedoch nicht, dass sich die Welt »rasch veränderte« und »eine andere Koalition von Kräften und Mächten« kommen könnte. In diesem Kontext betonte er, wie wertvoll es sei, die »strategische Beziehung« aufrechtzuerhalten, die sich im Lauf der Jahre zwischen den USA und der VRC entwickelt habe, zwischen denen es, wie er betonte, »keine direkten Konfliktpunkte in strategischen Angelegen« gebe. Dabei verwies er besonders auf die enge chinesisch-amerikanische Zusammenarbeit in Bezug auf Afghanistan und Kambodscha – mit »sehr positiven Ergebnissen sowohl für diese beiden Länder als auch für die Welt insgesamt«. Gleichgültig, wie sich die sowjetisch-amerikanischen Beziehungen künftig entwickeln mochten, freuten sich die USA, wie er Jiang versicherte, »auf eine Lösung der aktuellen Probleme« mit China, »um diese Beziehungen fortsetzen und intensivieren zu können«.[104]

Die USA und China Seite an Seite: Brent Scowcroft und Jiang Zemin
in Peking

Während Scowcroft die Strukturen in einem kooperativen Rahmen skizzierte, wurde sein Kollege Lawrence Eagleburger viel deutlicher. »Als der Diplomat auf dieser Reise«, sagte er zu Außenminister Qian Qichen, »lassen Sie mich bitte undiplomatisch sein. Ich habe den Eindruck, wir machen einen Kabuki-Tanz. Sie sagen, dass wir uns bewegen müssen, bevor Sie sich bewegen können, und wir sehen das ein. Wir sagen zu Ihnen, und zwar ganz im Ernst, dass Sie sich auch bewegen müssen. Nun umkreisen wir einander und jeder wartet, dass der andere sich bewegt.«[105]

Um den Dialog aufrechtzuerhalten, war in vier zentralen Punkten Bewegung nötig: der Aufhebung des Kriegsrechts, der Freilassung des Dissidenten Fang Lizhi, den Krediten der Weltbank und der Aufhebung der Sanktionen. In den ersten paar Wochen schien es einige Fortschritte zu geben. Tatsächlich bewegte sich Peking schon am 12. Dezember, gleich nach dem Besuch von Scowcroft und Eagleburger. In Reaktion auf die amerikanische Sorge wegen eines möglichen Verkaufs von Raketen an Syrien und Libyen erklärte der chinesische Außenminister, dass China mit Ausnahme des Verkaufs von ICBMs, die im Jahr 1987 an Saudi-

Arabien gingen, »nie Raketen an irgendein nahöstliches Land verkauft hat und auch nicht zu verkaufen plant«.[106] Eine Woche darauf, am 19. Dezember 1989, hob Bush das vom Kongress erlassene Verbot auf, Kredite an Unternehmen zu vergeben, die Geschäfte mit China machten, und er stimmte außerdem – unter Berufung auf die »nationalen Interessen« der USA – dem Export von drei Kommunikationssatelliten zu, die die Chinesen 1991 und 1992 mit Trägerraketen ins All schießen sollten.[107] Am 10. Januar 1990 hob China das Kriegsrecht in Peking auf. Stunden später verkündeten die Vereinigten Staaten, dass sie sowohl ihre generelle Opposition gegen Weltbankkredite für China aufgeben als auch Krediten aus humanitären Gründen von Fall zu Fall zustimmen würden.

Doch der Kabuki-Tanz verlief nicht immer geschmeidig. Am 18. Januar gab Peking die Freilassung von 573 Personen bekannt, die nach der Räumung des Tiananmen-Platzes inhaftiert worden waren, wobei Bush zu dem Schluss kam, dass die Maßnahme nur der Imagepflege diente, dazu angetan, die öffentliche Meinung in den Vereinigten Staaten zu beeinflussen. China hatte keine Generalamnestie erlassen, und die strengen Gesetze gegen oppositionelle Aktivitäten blieben in Kraft. Deshalb reagierte er nicht auf die Freilassung. Stattdessen unterzeichnete Bush, um die Zustimmung zur Verabschiedung des Haushalts des Außenministeriums zu bekommen, den Foreign Relations Authorisation Act. Dieses Gesetz enthielt Klauseln, durch die die Wirtschaftssanktionen und Beschränkungen für Waffenlieferungen Gesetz wurden, die er unmittelbar nach dem Tiananmen durch eine Präsidentenverfügung gegen die VRC verhängt hatte. Und, im Rahmen einer weiteren Anstrengung, den Kongress versöhnlich zu stimmen, nutzte er die jedes Jahr erforderliche Verlängerung von Chinas Status als »meistbegünstigtem Staat« als Druckmittel, um eine Ausreise des inhaftierten Wissenschaftlers Fang Lizhi und seiner Frau in die USA zu erreichen.[108]

Trotz aller Bemühungen des Weißen Hauses erwies es sich als schwierig, die Verbindung zu China zu halten.[109] Bei einer Anhörung vor dem ausgesprochen feindseligen Auswärtigen Ausschuss des Senats vertrat Lawrence Eagleburger die Ansicht, dass »Kontakte und Beziehungen Reformen in China fördern und die Beachtung der Menschenrechte verbessern können«. Solche Kontakte, fügte er hinzu, »tragen auch dazu bei, die von Spannungen geprägten Perioden« zwischen der VRC und den Vereinigten Staaten »zu verkürzen«. Er räumte jedoch ein, dass China »insgesamt nicht so viel getan hat«, um die Menschenrechtslage zu verbessern, dass man einen ernsthaften Schritt nach vorn machen könne. Dem Weißen Haus sei sehr wohl klar, dass China, »um seine Auslandsschulden in Höhe von fast 40 Milliarden Dollar zu bedienen, fast vollständig von Deviseneinnahmen aus seinen Exporten abhängig ist« und deshalb »verzweifelt versucht, die Exporte zu steigern«. Da es sich jedoch auf dem Gebiet der Menschenrechte nicht kaufen ließ, »waren aufwendige Versuche, ein neues Tauwetter in den chinesisch-amerikanischen Beziehungen einzuleiten«, Bakers Ansicht nach »weder gerechtfertigt noch möglich«.[110]

Deshalb unterstützte Bush im Juli 1990 auf dem G7-Gipfel in Houston mit Freuden zwei Vorschläge des japanischen Ministerpräsidenten Toshiki Kaifu. Der erste lautete, das Sanktionsregime »im Auge zu behalten«, damit der Westen auf »positive Entwicklungen« in China reagieren könne, und der zweite, dass Tokio der Volksrepublik einen großen Kredit in Yen gewähren werde. Mit dem zweiten Vorschlag stießen Kaifu und Bush allerdings bei Kohl auf Widerstand, der wiederum von Mitterrand unterstützt wurde. Wenngleich Kohls Widerspruch letztlich erfolglos blieb, war seine Begründung doch aufschlussreich. Sie lautete nämlich, dass die G7 zu viel für China und zu wenig für die Sowjetunion leiste. Die Sieben verhielten sich, als ob die Reformen in China stattfänden und nicht in der Sowjetunion, beschwerte sich Kohl. Man denke doch nur an das Gemetzel, das vor einem Jahr in China stattgefunden habe. So etwas passiere in der Sowjetunion nicht. Man dürfe China und die UdSSR nicht mit zweierlei Maß messen. Bush widersprach: »Es gibt Unterschiede zwischen China und der UdSSR. Der Export der Revolution durch China hat aufgehört oder wenigstens abgenommen.« Und »China zielt nicht mit Atomraketen auf amerikanische Städte«, fügte er hinzu. Für ihn waren die Würfel gefallen. Wenn nötig, »werden die Vereinigten Staaten alleine auf ihrem Standpunkt beharren«, sagte er. Es werde keine US-Hilfen für die UdSSR geben, aber er werde das japanische Angebot an China unterstützen. Die Beziehung zu Peking hatte eindeutig hohe Priorität für Bush – so hoch, dass er sogar einen Konflikt mit seinen auf Gorbatschow fixierten europäischen Verbündeten riskierte.[111]

Trotz dieser klaren Position wurde die Aufmerksamkeit der Regierung Bush nach dem Tiananmen zunehmend von den Ereignissen in Europa und der UdSSR in Anspruch genommen. China dagegen bereitete der Regierung in Washington bis zum Herbst 1990 kaum noch politisches Kopfzerbrechen, weil es seine strategische Wichtigkeit durch die Stagnation im eigenen Land und die mangelnde Bereitschaft, Tango zu tanzen, beeinträchtigte. Tatsächlich beschäftigten sich Li Peng und sein Außenminister Qian unter Lis Führung vor allem damit, die Beziehungen zu nichtwestlichen Ländern zu reparieren, deren Unterstützung Chinas internationale Isolation reduzieren konnte. Qian reiste sehr viel, sorgte dafür, dass die VRC sichtbar blieb, und versuchte auf eigene Initiative, alte Konflikte mit unmittelbaren Nachbarn Chinas zu lösen. So kam es, dass China Vietnam, Südkorea, Indien, die UdSSR und Japan offen umwarb und 1990 sogar offizielle diplomatische Beziehungen zu Saudi-Arabien, Indonesien und Singapur aufnehmen konnte.[112]

Unter diesen Umständen verlegten die Amerikaner, wie sich Baker erinnert, den Schwerpunkt ihrer Chinapolitik »auf multilaterale Foren, die uns dann ermöglichten, mit den Chinesen in einem größeren und weniger kontroversen Kontext über Themen von gemeinsamem Interesse zu sprechen«. Und, wie der Historiker Jeffrey Engel erklärt hat, »waren die Verbindungen mit Peking von Nutzen, als Bush bei den Sanktionen der Vereinten Nationen gegen den Irak« im Herbst 1990 und dem darauf folgenden Krieg in Kuwait Anfang 1991 »Chinas Zustimmung brauchte«. Ein chinesisches Veto im Weltsicherheitsrat hätte die Bemühungen der USA um ein internationales Mandat für einen Militäreinsatz zur Vertreibung Saddam Husseins aus Kuwait gefährden können. Dafür dass Bush die Kanäle nach Peking unter erheblichen politischen Kosten in den USA offen gehalten hatte, konnte er nun während der unerwarteten Krise am Golf die Belohnung ernten.[113]

Dasselbe multilaterale Kooperationsmuster wurde auch bei der Beendigung des Kriegs in Kambodscha deutlich. Der Krieg, in dem die kambodschanischen Roten Khmer mit Unterstützung der Volksrepublik China gegen die von der UdSSR unterstützten vietnamesischen Invasoren kämpften, tobte seit 1978 und wurde erst 1989 beendet. Im Jahr 1990 brachten die Amerikaner dann mit großer diplomatischer Hartnäckigkeit die Chinesen dazu, sich dem Engagement der Vereinten

Nationen für einen Verhandlungsfrieden anzuschließen und insbesondere die Roten Khmer zu einer Teilnahme an den Friedensgesprächen
zu drängen. Diese führten im Oktober 1991 zum Pariser Friedensabkommen und der Vereinbarung, dass eine UNO-Mission beim Wiederaufbau des durch den mörderischen Bürgerkrieg verwüsteten Landes
helfen sollte.[114]

Die United Nations Transitional Authority in Cambodia (UNTAC), die
im März 1992 ihre Arbeit aufnahm, war die erste Friedenssicherungs-
mission nach dem Kalten Krieg, oder besser gesagt eine Operation zum
staatlichen Wiederaufbau, an der 22 000 Helfer aus 22 Ländern beteiligt
waren. Besonders bemerkenswert war die Beteiligung Japans, nachdem
seine Nationalversammlung endlich die notwendigen Gesetze für die
Teilnahme an Einsätzen zur Friedenssicherung verabschiedet hatte; tatsächlich wurde die UNTAC von Yasushi Akashi geleitet, einem japanischen Diplomaten, der zum Sonderbeauftragten der Vereinten Nationen
ernannt worden war. Neben den bewaffneten Friedenstruppen waren
an der UNTAC auch 6000 Beamte, 3500 Polizisten und 1700 Zivilange-
stellte beteiligt, und bei der Wählerregistrierung und Wahlbeobach-
tung kamen 56 000 Freiwillige zum Einsatz. Obwohl Peking traditionell
gegen friedenserhaltende Resolutionen stimmte, die den Einsatz von
Gewalt genehmigten, machte es in diesem Fall eine Ausnahme. Es war
offensichtlich bestrebt, seinen internationalen Ruf aufzupolieren und
das Vertrauen seiner regionalen Nachbarn zurückzugewinnen. Beides
war durch das Tiananmen-Massaker schwer in Mitleidenschaft gezogen
worden.[115]

Ein weiteres Beispiel für den multilateralen Ansatz der USA war ihr
Engagement für die Mitte November 1991 erfolgte Aufnahme von China,
Taiwan und Hong Kong in das Asien-Pazifik-Forum (APEC).[116] Was die
Menschenrechte betraf, blieb die Situation festgefahren: China hatte
sich geweigert, die Urteile der meisten Dissidenten abzumildern. Es
hatte amerikanische Anfragen nach einer Liste der Opfer des Massakers
abschlägig beschieden, und es hatte die vom Westen geforderte Inspektion seiner Gefängnisse durch das Rote Kreuz abgelehnt. Dennoch
hoffte es inzwischen verzweifelt auf die Aufhebung der amerikanischen Sanktionen und wartete sehnlichst auf einen hochrangigen Besucher aus den Vereinigten Staaten. Washington wiederum war klar, dass

die chinesische Zusammenarbeit mit der UNO im Zusammenhang mit dem Irak und Kambodscha ungemein nützlich gewesen war.[117]

Die zunehmenden Störungen des Kräftegleichgewichts und die Volatilität der internationalen Angelegenheiten waren ein weiterer Faktor, der Bush und Baker (und in aller Stille sogar einige ihrer lautstärksten Kritiker) von der Notwendigkeit direkter Verhandlungen mit den Chinesen überzeugten. »Die schlichte Wahrheit«, sollte Baker später schreiben, »lautete, China war einfach viel zu wichtig für unsere globalen Interessen, um ignoriert werden zu dürfen.« Die VRC, so Baker, war schließlich nicht Kuba – trotz der »Kluft zwischen unseren Systemen«.[118] Bush erklärte dem südkoreanischen Präsidenten Roh Tae Woo: »Ich kümmere mich jetzt um China, weil wir in Zukunft Beziehungen haben wollen.«[119] Aus Angst vor einer möglichen Anarchie im postsowjetischen Raum zu einer Zeit, da der Balkan implodierte und die NATO sich neu einstellte, hielten Bush und Baker es für unverzichtbar, die Stabilität in Asien zu fördern. Südkorea und Japan waren strategisch gesehen relativ kleine Akteure. Die große Frage war, wie China auf das Ende der Bipolarität reagieren und welche Rolle es in der entstehenden neuen Ordnung spielen würde.

Da es auf Einmischungsversuche in seine Innenpolitik immer noch sehr empfindlich reagierte, empfand Bush es als nützlich, dass seine Verbündeten an seiner statt handeln konnten. Der japanische Premierminister Kaifu war der erste Staatsmann der G7, der nach 1989 mit dem Ziel, normale Beziehungen zu seinem Nachbarn aufzubauen, nach Peking reiste. Bei seinem dreitägigen Besuch vom 10. bis zum 12. August 1991 wurde deutlich, dass Japan viel weniger als die USA durch eine Menschenrechtslobby im eigenen Land behindert war. Japan brannte darauf, seine Handelsbeziehungen mit China und seine Hilfe für das Land wiederaufzunehmen, und Kaifu erklärte den anderen führenden Mitgliedern der G7: »Es ist wichtig, dass sich auch China entwickelt.« Er glaube »neue Anzeichen für politische Reformen« in der KPCh zu sehen, und Japan werde daran »arbeiten«, diesen Prozess zu »fördern«.[120]

Die Chinareise des britischen Premiers John Major nur wenige Wochen später, im September 1991, war sogar noch wirkungsvoller, weil sie die chinesische Isolation durch den Westen beendete. Major begann seine Gespräche mit der unvermeidlichen heftigen Kritik an der chinesischen Missachtung der Menschenrechte, worauf Li Peng bissig konterte, die Briten hätten sich während ihrer langen imperialistischen Beziehung zu China auch nicht um die Menschenrechte geschert. Nach diesem kurzen Schlagabtausch unterzeichneten Major und Li ein schon vorab angekündigtes Memorandum über ein 16 Milliarden Dollar schweres Bauprojekt für einen Flug- und einen Seehafen in Hongkong. »Wir haben nicht die gleichen Werte«, aber »wir haben gemeinsame Interessen, und Hongkong ist von ihnen das wichtigste«, sagte Major und einigte sich mit den Chinesen über weitere Aspekte der für 1997 geplanten Rückgabe der britischen Kolonie an das chinesische Mutterland. Der britische Einfluss in China ging zu Ende, aber Major erkannte genau wie Kaifu die Notwendigkeit, die Verbindungen zu Peking trotz des Tiananmen aufrechtzuerhalten.[121]

Wenngleich Bush inzwischen mehr und mehr mit seinem Wahlkampf beschäftigt war, hatte er dennoch nicht die Absicht, China ausschließlich seinen Verbündeten zu überlassen. Schließlich war Japan im Handel ein Konkurrent der USA, Großbritannien war auf Hongkong konzentriert, und es gab auch Themen, die, wie insbesondere die Nichtweiterverbreitung von Atomwaffen, für die USA von besonderem Interesse waren. China war 1991 auch das Land, das den größten Einfluss auf Kim Ill Sung und das nordkoreanische Atomprogramm hatte. Außerdem war man in Washington besorgt über geheimdienstliche Erkenntnisse, die mit großer Wahrscheinlichkeit vermuten ließen, dass China in einer aggressiven und geheimen Kampagne Waffen und Technologie an weniger entwickelte Länder in Asien, Nordafrika und dem Nahen Osten exportierte und damit die unvollkommenen Anstrengungen sabotierte, mit denen der Westen die Ausbreitung von Massenvernichtungswaffen zu verhindern suchte.[122]

Zur Durchsetzung seiner Ziele verfügte Washington zweifellos über gewisse Druckmittel, wie etwa Dollar, Spitzentechnologie und das intensive chinesische Streben nach der Aufnahme von Gesprächen. Tatsächlich drängte Peking die USA schon fast seit einem Jahr zur Wiederaufnahme offizieller Kontakte auf höchster Ebene. Doch die amerikanische Regierung musste dafür eine unauffällige Gelegenheit finden, die in den USA kein allzu großes Echo auslösen würde. Eine solche ergab sich am 27. September 1991, als Außenminister Baker am Rand der

Generalversammlung der Vereinten Nationen in New York mit seinem chinesischen Kollegen Qian sprechen konnte.[123]

Baker eröffnete das Gespräch, indem er Qian daran erinnerte, wie verheerend sich das Blutbad auf dem Tiananmen-Platz auf die chinesisch-amerikanischen Beziehungen und auf das Ansehen Chinas in der amerikanischen Bevölkerung ausgewirkt hatte. Was die Chinesen euphemistisch als das »Tiananmen-Ereignis« bezeichneten, könne nicht einfach unter den Teppich gekehrt werden. »Ich will nach China kommen«, betonte Baker. Doch er könne sich ein Scheitern der Mission nicht leisten, weil dann der größtenteils feindlich gesinnte US-Kongress die Chinapolitik bestimmen werde. Schließlich warte dieser nur darauf, »den Präsidenten ausbooten zu können«. Qians Reaktion blieb sehr zu Bakers Missfallen unerträglich vage. Also insistierte er: »Ich muss von Ihnen wissen, was ich bei diesem Besuch erreichen kann ... Können wir über Einzelheiten sprechen? Im Klartext?« Und er betonte: »Wenn ich aus China abreise, will ich etwas in Bezug auf die Menschenrechtslage und die Proliferation in der Hand haben.« Dies, versicherte er eindringlich, sei Pekings »letzte Chance«. Qian reagierte höflich und besänftigend, sagte aber letztlich nichts Genaues. Doch Baker beschloss, darauf zu vertrauen, »dass er die Botschaft verstanden hatte«.[124]

Sechs Wochen darauf, am 15. November, kehrte der amerikanische Außenminister für dreitägige Gespräche in die Verbotene Stadt zurück – die er seit Februar 1989 nicht mehr besucht hatte. In der ersten Runde, einem viereinhalbstündigen Treffen und Arbeitsessen mit Qian in dem luxuriösen staatlichen Gästehaus Diaoyutai, wo noch ein Jahrhundert zuvor gerne Mitglieder des chinesischen Herrscherhauses geweilt hatten, legten beide Seiten erst einmal ihre Standpunkte dar. Qian besaß die Kühnheit, Baker eine ganze »Liste« von Konzessionen zu präsentieren, die die Volksrepublik von den USA verlangte. Die Aufhebung der Sanktionen stand dabei ganz oben. Baker reagierte ähnlich kompromisslos mit einer 45-minütigen Predigt über die Menschenrechte und alle anderen problematischen bilateralen und multilateralen Themen, die Washington Sorgen machten. Er schloss mit schonungsloser Offenheit: »Es ist an der Zeit, dass Sie endlich handeln ... Ich erwarte keine Wunder. Ich erwarte aber, dass Sie erkennen, was letztlich in Ihrem eigenen Interesse liegt. Ich brauche konkrete Ergebnisse – keine Versprechen, keine Treffen, keine Verzögerungen.« Jede Seite handelte, als ob sie zu bestimmen hätte, und die andere nur nachgeben könnte.[125]

Am nächsten Morgen führte Baker nach einem finsteren Blickes absolvierten Fototermin mit dem Technokraten und Hardliner Li Peng das erste von insgesamt sechs Vieraugengesprächen. Wie erwartet, blieb der chinesische Ministerpräsident beim Thema Menschenrechte völlig unnachgiebig. »Wir haben unterschiedliche Werte und Ideologien, das Einzige, worauf wir uns einlassen können, sind Gespräche«, sagte er kühl. Sein wichtigster Programmpunkt war die Aufnahme Chinas in das Welthandelssystem GATT, und zwar vor Taiwan: die Volksrepublik verdiene es, wie andere Weltmächte behandelt zu werden, sagte er mit Nachdruck. Baker betonte, dass sich China liberalisieren und internationalen Standards gerecht werden müsse, bevor die USA eine GATT-Mitgliedschaft unterstützten, was Li wiederum so sehr irritierte, dass er seine Forderung mehrmals wiederholte. Als Baker das Gespräch wieder Richtung Menschenrechte lenkte, verschlechterte sich die ohnehin schon gespannte Atmosphäre nur noch weiter. »Die Aktion auf dem Tiananmen-Platz«, erklärte Li, »war eine gute Sache. Wir betrachten sie nicht als Tragödie. Sehen Sie doch nur, was mit Mittel- und Osteuropa und der Sowjetunion geschieht.« Wenn diese Länder mit der Opposition umgegangen wären, wie es die kommunistische Führung in China getan hatte, hätten sie jetzt viel weniger Schwierigkeiten. Außerdem, fügte er hinzu, habe seine Regierung »die absolute Unterstützung unseres Volkes für unser damaliges Handeln.«

Baker war entsetzt und warnte, dass Bush die Beziehungen mit China unter diesen Umständen nicht »aufrechterhalten« könne. Aber Li nahm nicht nur kein Wort zurück, sondern fügte ganz in der Tradition des Reichs der Mitte noch hinzu: »Sie sollten sich glücklich schätzen, dass ich Sie überhaupt empfange.« Baker wäre am liebsten abgereist. Doch er biss die Zähne zusammen und beschloss, so lange zu bleiben, bis er seine ganze Agenda abgearbeitet hatte, war jedoch pessimistisch, was einen Erfolg betraf. »Ich hielt dieses Gespräch für eine Katastrophe« sollte er später schreiben. Nur Jiang Zemin, Dengs Nachfolger als Parteisekretär, wirkte »ein klein wenig einsichtig«. Es sagte zwar nicht, dass der Tiananmen eine Tragödie gewesen sei, meinte aber immerhin, er sei auch »nicht gerade ein Segen« gewesen. Auch nach dem zweiten Tag war aus Bakers Sicht noch nichts erreicht.

Für die chinesische Führung jedoch stellten sich die Dinge etwas anders dar. Sie hatte ganz offensichtlich das Ziel verfolgt, Baker eine ordentliche Lehre zu erteilen, wie mit der Volksrepublik umzugehen sei. Sie hatte klargestellt, dass sie niemals auf Druck aus Washington und schon gar nicht auf Moralpredigten reagieren würde. Vielmehr seien die Vereinigten Staaten gut beraten, trotz der Differenzen in der Beziehung zwischen beiden Ländern pragmatisch und auf Augenhöhe mit China umzugehen und die strategische Bedeutung der chinesisch-amerikanischen Verbindungen stärker zu berücksichtigen. Eine Haltung, die Präsident Yang Shankun gegenüber den Weltmedien wie folgt auf den Punkt brachte: »Wenn Druck ausgeübt wird, kann das nur zu Spannungen in den bilateralen Beziehungen führen, und das hat keinen Sinn, wenn man Probleme lösen will … Einige Probleme können durch Gespräche gelöst werden, bei anderen bedarf es mehrerer Gesprächsrunden. Was heute nicht gelöst werden kann, lässt sich aufschieben. Wir nennen das ›nach Gemeinsamkeiten suchen und die Differenzen zurückstellen‹.«[126]

Erst am letzten Tag kam bei einem weiteren Gespräch zwischen Baker und Qian Bewegung in die Verhandlungen – nicht bei den Menschenrechten, aber bei den Themen Rüstungskontrolle und Nonproliferation. Baker lobte die Chinesen über den grünen Klee für die Teilnahme an den Gesprächen über die Erneuerung des Atomwaffensperrvertrags und den Druck, den sie auf Nordkorea ausübten, damit es sein Atomprogramm stoppte. Gleichzeitig kritisierte er Peking, weil es atomtechnisch mit Algerien und dem Iran zusammenarbeitete, Raketen an Pakistan und Syrien lieferte und an weiteren von Washington abgelehnten Initiativen zur weltweiten Verbreitung von Massenvernichtungswaffen beteiligt war.[127]

Qian reagierte nicht auf die die Kritik, sondern machte mehrere positive Gesten. China, sagte er, werde sich für eine Entnuklearisierung der koreanische Halbinsel einsetzen (zu der Roh kurz zuvor aufgerufen hatte), und auf dem Parteitag der KPCh werde die Ratifizierung des Atomwaffensperrvertrags beantragt werden.[128] Außerdem sei man bereit, die Richtlinien des Raketentechnologie-Kontrollregimes (Missile Technology Control Regime, MTCR) zu akzeptieren, aber nur wenn die USA ihre kurz zuvor verhängten Sanktionen gegen zwei chinesische Unternehmen aufhöben, die Lizenzen für die Produktion amerikanischer Hochgeschwindigkeitscomputer und Satelliten besäßen. Er und Baker einigten sich auch auf Abkommen über den amerikanischen Zugang zu chinesischen Märkten und über den Schutz amerikanischen geistigen Eigentums, insbesondere was Computersoftware, Patente und Publikationen betraf. Schließlich versprach Qian noch, zwei führende Kritiker des Regimes freizulassen und Dissidenten nach Verbüßung ihrer Haftstrafen nach Amerika ausreisen zu lassen. Außerdem sollten amerikanische Diplomaten chinesische Gefängnisse besuchen dürfen. Natürlich stellte keines dieser Zugeständnisse einen wirklichen Durchbruch dar.

Angesichts dieser Ergebnisse fand Baker, dass er in 18 Stunden zermürbender Verhandlungen nur das absolute Minimum erreicht hatte. Dennoch genügten die kleinen Zugeständnisse im Bereich Menschenrechte in Kombination mit der Versicherung, »China hat die Absicht«, die Regeln des MTCR umzusetzen, also den Verkauf von Raketen zu begrenzen, gerade noch, um die bilateralen Beziehungen aufrechtzuerhalten und künftige Versuche des Kongresses, China den »Status eines Meistbegünstigungsstaates« zu entziehen, zu vereiteln. Baker reagierte gelassen: Mit dem Ziel, »in den amerikanisch-chinesischen Beziehungen eine ewige Eiszeit zu vermeiden, mussten wir anfangen, miteinander zu reden«. Bush war mit dem Besuch seines Außenministers und der Politik seiner Regierung, die er gerne als Politik des »konstruktiven Kontakts« bezeichnete, zufrieden. »Ich denke, es hat sich gelohnt«, sagte er. Und »jetzt setzen wir uns zusammen und planen den nächsten Schritt«.[129]

Beide Seiten agierten pragmatisch, gingen aber von jeweils sehr unterschiedlichen Zeithorizonten aus. Baker war an den engen Terminplan der amerikanischen Wahlkämpfe gebunden und stand unter intensivem innenpolitischen Druck, sofort chinesische Zugeständnisse zu erwirken, mit denen er die amerikanische Chinapolitik im Allgemeinen und seine Pekingreise im Besonderen rechtfertigen konnte. Die Regierung Bush hielt den Zeitpunkt zudem für günstig. Sie betrachtete die

VRC als ein »geschwächtes Regime, das zu einer humaneren Behandlung seiner Staatsbürger gedrängt und auf dem Pfad des demokratischen Wandels vorangebracht werden kann«. Dem China-Experten
David Lampton zufolge verfügten die USA »dank der (durch den Sieg
im Kalten Krieg erwiesenen) Überlegenheit der amerikanischen Werte,
dank der (im Golfkrieg demonstrierten) militärischen und technologischen Macht Amerikas« und dank dem chinesischen Bedürfnis nach
freiem Handel mit Amerika und anderen westlichen Ländern über
Druckmittel im Überfluss.[130]

Die Führung der Volksrepublik wollte ebenfalls Ergebnisse erzielen,
teilte aber nicht die Washingtoner Einschätzung ihrer eigenen Schwäche. Sie ließ sich nicht drängen und reagierte schon gar nicht auf Angebote, die sie als Bestechung oder Erpressung betrachtete – daher die
grobe Behandlung Bakers während der ersten beiden Tage seines Aufenthalts. Die Chinesen dachten stets langfristig – hinsichtlich ihrer
Machtposition, ihres Status und ihrer ideologischen Identität in der
Welt nach dem Kalten Krieg. Ihr Blick war weit in die Zukunft gerichtet,
weit über den unipolaren Moment hinaus, der die Amerikaner so zu
überwältigen schien. In diesem Zusammenhang erinnerte Jiang Baker
an zwei Zeilen aus einem alten chinesischen Gedicht. »Es heißt dort,
wenn man weiter sehen will, muss man höher hinaufsteigen. Wir sollten weiter blicken, indem wir uns an einen höheren Punkt begeben
und die Augen auf die Zukunft richten.« Die Wiederherstellung der
chinesisch-amerikanischen Beziehungen würde Zeit und Geduld brauchen. Und sie sollte außerdem ein Schritt bei dem chinesischen Aufstieg zur Weltmacht sein.[131]

Das chinesische Selbstvertrauen wurde zusätzlich verstärkt durch
das atemberaubende Tempo, in dem der Zerfall der Sowjetunion in den
letzten Monaten des Jahres 1991 voranschritt, bis er in Gorbatschows
dramatischer Rücktrittserklärung am Weihnachtstag kulminierte.
Diese Entwicklung schien Li Pengs Äußerung vom September, dass der
Tiananmen eine »gute Sache« gewesen sei, im Nachhinein recht zu
geben. Und in Übereinstimmung mit den Gesetzen der klassischen
Dynamik dreiseitiger Beziehungen betrachtete Peking das geschwächte
Moskau als eine Möglichkeit, um ein arrogantes Washington unter
Druck zu setzen.

Die chinesische Führung hatte Moskau schon lange verachtet. Sie war der Ansicht, dass »die Sowjets nicht viel von Wirtschaft verstanden« und Gorbatschow unfähig sei, »irgendwelche Maßnahmen zu ergreifen«.[132] Als er Peking jedoch völlig unerwartet um »Warenkredite« bat, ergriff sie die Gelegenheit, ihn durch zwei Kredite (333 Millionen Dollar im Frühjahr 1990 und 730 Millionen im März 1991) für den Kauf von Getreide, Fleisch, Erdnüssen, Tee, Textilien und leichten Konsumgütern aus China zu unterstützen. »Der Kredit soll die Beziehung stärken«, kommentierte ein ausländischer Diplomat. »Sie wollen, dass Gorbatschow den Sozialismus aufrechterhält.«[133] Da die USA China unter Druck setzen konnten, als sie, wie Li Peng es ausdrückte, »Osteuropa genommen« hatten, musste China nun seine Moskaukarte spielen. »Verschiedene Arten internationaler Widersprüche«, sagte Li, »verschaffen uns Manövrierspielraum.«[134]

Die Führung in Peking war recht zufrieden mit der Entwicklung seit Juni 1989. In der Partei und in der Gesamtbevölkerung war der eiserne Griff der KPCh zwar vielen verhasst, doch das Regime war stolz darauf, dass es das Militär, die Partei und das Land hatte zusammenhalten können. Die Parteiführung war stets auf der Hut vor »separatistischen Aktivitäten« ethnischer Minderheiten insbesondere in Tibet, Xinjian und der Inneren Mongolei und gab sich alle Mühe, Unabhängigkeitsbestrebungen im Keim zu ersticken. Die revolutionäre und nationalistische Epidemie in Osteuropa – die am extremsten in der Hinrichtung der Ceauşescus in Rumänien zum Ausdruck gekommen war – hatte die Pekinger Elite 1989/90 in höchste Alarmbereitschaft versetzt. Doch diese Stimmung war nun verebbt. Trotz der Auflösung der UdSSR und dem Zusammenbruch des Sowjetkommunismus fühlte sich die Pekinger Führung sicher und selbstgewiss.[135]

Wenige Wochen nach dem Untergang der Sowjetunion nutzte Li Peng Chinas Status als eines von fünf ständigen Mitgliedern des Weltsicherheitsrats geschickt aus, als der damalige Vorsitzende des Weltsicherheitsrats, der britische Premierminister John Major, für den 1. und 2. Februar 1992 einen Sondergipfel der Vereinten Nationen in New York anberaumte. Zu dem Gipfel kamen alle Staats- und Regierungschefs der Mitglieder des Sicherheitsrats, um Russland als Nachfolger der Sowjetunion im Rat zu begrüßen, eine effektivere Politik gegen die Weiterverbreitung von Atomwaffen zu entwickeln und um die Rolle der Vereinten Nationen in der Zeit nach dem Kalten Krieg zu diskutieren. Unter diesen Umständen betrachtete Bush es als unmöglich, Lis Bitte um ein Vieraugengespräch am Rand des Gipfels abzulehnen. Also ignorierte er die Briefe von beinahe 30 Kongressmitgliedern, die ihn drängten, nicht mit dem Chinesen zu reden, und verkaufte seine Begegnung mit Li als eine reine »Höflichkeit«. Dennoch war dieses erste Tête-à-Tête zwischen den Führern der USA und der VRC seit dem Gipfeltreffen im Februar 1989 ein echter Coup für Li.[136]

Vermutlich war es kein Zufall, dass das amerikanische Außenministerium eine knappe Stunde vor dem Treffen seinen jährlichen globalen Menschenrechtsbericht herausbrachte, der China als ein repressives Regime bezeichnete, das »international akzeptierten Normen nicht gerecht wird«. Asia Watch – eine US-amerikanische Menschenrechtsgruppe – bezeichnete die Bilanz der VRC sogar als »einen Anachronismus in der neuen Weltordnung«.[137] Li jedoch hatte nicht die Absicht, sich von den Amerikanern an den Pranger stellen zu lassen. In seiner Rede vor dem Weltsicherheitsrat sagte er kühl, dass China »die Menschenrechte schätzt«, das Thema jedoch »unter die Souveränität« jedes einzelnen Staates falle. Peking werde in dieser Sache nur »auf Augenhöhe« verhandeln und kooperieren. Außerdem sagte er: »Die Menschenrechtslage in einem Land sollte nicht in totaler Missachtung seiner Geschichte und seiner nationalen Bedingungen beurteilt werden.« Er beharrte eisern darauf, dass es »weder angemessen noch praktikabel ist, dass alle Länder den Menschenrechtskriterien eines einzigen Landes oder einer kleinen Zahl von Ländern gerecht werden sollen«. Und so hörte er ausdruckslos zu, als Jelzin erklärte, dass es »im freien Russland keine politischen Gefangenen mehr« gebe und jetzt »eine echte Chance [bestehe], den Despotismus zu beenden und die totalitäre Ordnung aufzulösen«. Auch als der russische Staatschef die westlichen Länder als »seine Verbündeten« bezeichnete, verzog Li keine Miene.[138]

Sein Gespräch mit Bush nach dem Plenum des Gipfels war sehr formell. Man traf sich in einem kleinen Konferenzraum, und Bush tat sein Möglichstes, jeden Anschein von persönlicher Wärme zu vermeiden. Während Li lächelte, trugen er und Baker absichtlich ernste Mienen zur Schau, als ausgewählte Reporter für einen Fototermin in den Raum gelassen wurden. Außerdem saßen Bush und Li vis-à-vis an einem Tisch. Der US-Präsident verzichtete ganz bewusst auf die normalerweise obligatorischen nebeneinanderstehenden Sessel bei Gipfeltreffen, die auch in New York bei anderen Gesprächspartnern zum Einsatz kamen. Der Termin dauerte 20 Minuten.[139] Bush sagte zu Li, dass er den chinesischen Umgang mit den Menschenrechten nicht angemessen finde, und der chinesische Ministerpräsident reagierte mit seiner Standarderklärung, dass es sich um eine innere Angelegenheit der Volksrepublik handle. Eine Einmischung von außen verbiete sich. »Nach unseren Maßstäben«, so Baker danach gegenüber den Medien, »ist das nicht akzeptabel«. Auch beim Problem der Proliferation gab es keinen Fortschritt.[140]

Dennoch wirkte Li Pengs Besuch in New York wie ein persönlicher und nationaler Triumph. Er hatte die Reise genutzt, um sich möglichst wirkungsvoll in der Öffentlichkeit zu präsentieren, hatte bilaterale Gespräche mit Jelzin, Major und Miyazawa geführt. Das Treffen mit dem widerstrebenden Bush war gewissermaßen das Sahnehäubchen auf dem Ganzen gewesen. Der einzige wichtige Akteur, mit dem er nicht sprach, war Mitterrand, der nur sehr kurz in New York weilte und dessen Regierung unverhohlen exilierte chinesische Oppositionelle unterstützte. Trotz lautstarker Proteste von mehreren hundert chinesischen Studenten und Demokratiebefürwortern vor dem UN-Hauptquartier hatte niemand Zweifel, dass der chinesische Ministerpräsident, als er New York verließ, die Position Chinas und seine eigene gestärkt hatte. »Wenn er nach Peking zurückkehrt, wird er als Sieger gelten, weil es ihm gelungen ist, China wieder zurück in die Weltgemeinschaft zu führen«, sagte der Organisator der Proteste Haiching Zhao traurig. Er hatte auf 10 000 Demonstranten gehofft. Und der Studentenführer Chai Ling ergänzte: »Ich glaube nicht, dass das ein guter Anfang für die neue Weltordnung ist.«[141]

Am Ende war Lis Moment an der Spitze der chinesischen Politik von recht kurzer Dauer und sollte sich als ein dreijähriges Post-Tiananmen-Intermezzo erweisen, bevor die Reformer in der KPCh-Führung wieder den Ton angaben.[142] Die Kritik an Lis aggressiver Rezentralisierung und seinen unter strikter administrativer Kontrolle vorgenommenen strukturellen Korrekturen wurde immer heftiger. Ein führender Ökonom schickte einen scharf formulierten Brief an die staatliche Planungskommission, in dem es hieß: »Die Strategie der Geldkontrolle und Preisfreisetzung ist ein objektives Gesetz für ein reibungsloses Funktionieren des Marktmechanismus, das eingehalten werden« müsse, egal ob eine Volkswirtschaft kapitalistisch oder sozialistisch sei. Noch wichtiger als die ökonomische Kritik war das politische Rollback des Jahres 1992. Deng war nicht bereit, einfach zuzusehen, wie seine praktischen Errungenschaften und sein ideologisches Erbe von Li rückgängig gemacht wurden. »Wir können uns eine abwartende Haltung nicht mehr leisten«, erklärte er. Die Zeit sei gekommen, um erneut mit Reformen »voranzuschreiten«. Und so sammelte der »Überragende Führer« ein letztes Mal seine schwindenden Kräfte und kehrte noch einmal kurz an die vorderste politische Front zurück – knapp zwei Jahre, nachdem er im November 1989 den Vorsitz in der wichtigen Zentralen Militärkommission aufgegeben hatte und ihn die konservativen Parteiältesten einschließlich Lis gezwungen hatten, nach dem Tiananmen den liberalen Generalsekretär Zhao Ziyang zu entlassen.[143]

Jiang Zemin, der Deng als Vorsitzender der Militärkommission und Zhao Ziyang als Generalsekretär beerbt hatte, war ein Kompromisskandidat, der aber dennoch bis ins neue Jahrtausend am Ruder bleiben sollte. Anfangs jedoch hatte er, sehr zu Dengs Missfallen, seine Genossen mit antiwestlichen Parolen und dem Mantra einer auf die KPCh gestützten politischen »Stabilität« um sich geschart und wirtschaftliche Veränderungen nur noch in kleinem Maßstab und hinter den Kulissen zugelassen. Auch als im Juli 1991 am 70. Jahrestag der Gründung der KPCh politische Spannungen zwischen Deng und Li aufgetreten waren, hatte er sich vorsichtig bedeckt gehalten. Erst durch Dengs spektakuläre Rückkehr auf die politische Bühne Anfang 1992 hatte er sich ermutigt gefühlt, für eine Fortsetzung der ökonomischen Modernisierung zu plädieren. Deng hatte Anfang 1992 seine berühmte »Reise in den Süden« gemacht, Guangzhou, Shenzen, Zhuhai und auch Shanghai besucht und dabei unermüdlich einen schnelleren Übergang zur Marktwirtschaft gepredigt. Er bewies, dass er nichts von seiner politischen Schlauheit verloren hatte, und schaffte es, den Einfluss der Parteiältesten und des Militärs in der Führung der KPCh zurückzudrängen. Dadurch stärkte er Jiangs Position als sein offensichtlicher Erbe

Die Neuerfindung des Kommunismus: Jiang Zemin und Deng Xiaoping auf dem 14. Parteitag der KPCh

und verschaffte ihm größeren politischen Spielraum. Als Jiang die wirtschaftliche Liberalisierung wieder aufnahm, brachte dies fast sofort eindrucksvolle Ergebnisse: Innerhalb eines Jahres verdreifachte sich das chinesische Wirtschaftswachstum, die Devisenreserven verdoppelten sich auf 21,76 Milliarden Dollar, die ausländischen Direktinvestitionen vervierfachten sich und der gesamte Außenhandel verfünffachte sich. Schon Ende 1992 war die chinesische Volkswirtschaft wieder in einem Zustand der Hochkonjunktur.[144]

Auf dem 14. Parteitag der KPCh im Oktober jenes Jahres wurde das Ziel der chinesischen Wirtschaftsreform neu als Übergang zu einer »sozialistischen Marktwirtschaft« definiert. In Kombination mit der Feststellung, dass die VRC im März 1993 das »erste Stadium des Sozialismus erreicht« habe, wurde das Konzept feierlich in die chinesische Verfassung integriert. Außerdem nahm man die Feststellung in die Verfassung auf, dass China für eine besondere Art von »Sozialismus« mit spezifisch »chinesischen Merkmalen« stehe. Doch diese Entwicklung eines Sozialismus à la *chinoise* sollte nach dem Willen seiner Erfinder nicht im isolierten Raum ablaufen. Unter Berufung auf das klassische chinesische Sprichwort: »Steine aus anderen Hügeln können benutzt werden, um Jade zu schnitzen«, vertrat Jiang Zemin die Ansicht, dass sich aus der Entwicklung des Westens und aus dem osteuropäischen Transformationsprozess wichtige Lehren ziehen ließen. »Um das Wirtschaftswachstum zu beschleunigen«, sagte er, »müssen wir unseren Geist noch mehr befreien und den Reformprozess und die Öffnung für die Außenwelt beschleunigen.« Nur indem man sowohl aus den Fehlern als auch aus den Erfolgen anderer lerne, lasse sich »Überlegenheit über die kapitalistischen Länder erringen«. Ausländische Investitionen und ökonomisches Know-how waren willkommen, was Jiang jedoch »absolut« ablehnte, war ein »westliches parlamentarisches Mehrparteiensystem für China«. Der wirtschaftliche Wandel durfte nicht mit einer politischen Transformation einhergehen. Dennoch konsolidierte Jiang seine eigene Position in der neu formierten Führung nach dem Parteitag. Überdies war er bestrebt, seine Verbindungen zum Militär zu verbessern. Der im ideologischen Machtkampf von Jiang geschlagene Li Peng blieb trotzdem bis 1998 Premierminister – ein deutliches Signal an den Westen, dass die Führung der KPCh ungeachtet parteiinterner Richtungskämpfe einig blieb.[145]

Jiangs klare Unterscheidung zwischen wirtschaftlicher und politischer Verwestlichung stand in scharfem Gegensatz zu der typisch amerikanischen Annahme Bushs, dass erstere fast zwangsläufig zu letzterer führen müsse. Im August 1992 bekannte sich Bush in einem Gespräch mit dem Botschafter der Volksrepublik Zhu Qizhen zu dieser Anschauung. Er sagte ganz offen, dass »wir unsere Probleme mit den Menschenrechten haben«, insbesondere wenn »wir in einem heftigen Wahlkampf stecken«. Wir müssen uns dann als »zutiefst überzeugt« von diesen Rechten geben, was ich, wie er ohne Zögern hinzufügte, »tatsächlich auch bin«. Dennoch vertiefte er angesichts der chinesischen Empfindlichkeiten das Thema nicht weiter, sondern kam stattdessen auf den historischen Prozess zu sprechen. »Ich muss sagen, dass sich auf der Welt viel verändert. Natürlich sind wir Verfechter der Demokratie. Ich glaube, dass wirtschaftliche Veränderungen zu diesem Ergebnis beitragen.« Seiner Äußerung lag die klassische, an dem liberalen Richard Cobden orientierte Überzeugung zugrunde, dass der Wohlstand den Frieden fördert, einen Frieden, den Bush selbstverständlich als Akzeptanz der amerikanischen Vorstellung von einer liberalen internationalen Ordnung definierte.

Trotzdem hatte Bush im direkten Umgang mit China immer die Tendenz, mehr Rücksicht auf die chinesischen Überzeugungen zu nehmen und persönliche Freundschaft und Empathie in den Vordergrund zu stellen. So relativierte er sein Bekenntnis zu den Menschenrechten gegenüber Botschafter Zhu mit der Bemerkung: »Ich weiß noch gut, dass Ihre Führer sagten, sie müssten jeden Tag eine Milliarde Menschen ernähren. Das werde ich nie vergessen.« Und er räumte gerne ein, dass die Demokratisierung der Volksrepublik nach amerikanischem Vorbild noch in weiter Ferne liege: »Wir verlangen nicht, dass Sie im Pekinger Stadtzentrum ein Zweiparteiensystem mit Republikanern und Demokraten einführen.« Es war ihm wichtig, auf amerikanische Werte zu verweisen, und gleichzeitig stellte er klar, dass er nicht die Absicht hatte, sich in die chinesische Innenpolitik einzumischen. Seit Januar 1989 hatte sich in den chinesisch-amerikanischen Beziehungen viel geändert, doch Bush war auch am Ende seiner Präsidentschaft immer noch fest entschlossen, ein echter *lao pengyou* Chinas zu bleiben.[146]

Weil er die strategischen Grundannahmen seiner Regierung auf diese Art mit seiner persönlichen Auffassung von politischer Freundschaft kombinierte, konnte es ihn auch nicht beirren, als Clinton während der

Wahlkampfdebatte am 12. Oktober 1992 verkündete, er werde »mit Diktatoren von Bagdad bis Peking keinen Schmusekurs fahren«. Bush entgegnete, er habe zu der Politik der »Meistbegünstigung« gestanden, »weil man sehen kann, dass sich China auf eine Politik der freien Markt- wirtschaft zubewegt«. Wenn die USA jedoch »China isolieren und dazu bringen, sich nach innen zu wenden«, machten sie »einen rieseigen Fehler. Ich werde das nicht tun.« Der Tiananmen stelle Bushs Ansicht nach keine Sackgasse dar, sondern lediglich einen Rückschlag auf dem Weg der Welt in eine amerikanisierte Moderne.[147]

Dies wiederum waren aber so gar nicht die Zukunftsvorstellungen, die den Vorreitern des chinesischen Reformprogramms – Deng und Jiang – vorschwebten. Für sie war die Demokratiebewegung eine zeit- weilige Abweichung vom chinesischen Weg und ihre Niederschlagung auf dem Tiananmen-Platz eine staatspolitische Notwendigkeit gewesen. Ihr Leitstern war nicht Bushs Vision von einer neuen Weltordnung, sondern die nationalen Interessen des Reichs der Mitte, wie sie von der KPCh zur Förderung seiner Sicherheit, seines Wohlstands und seines Großmachtstatus definiert wurden. Diese Interessen wurden 1992 ener- gisch vertreten, als China wichtige Teile der unbewohnten, im südchi- nesischen Meer gelegenen Spratly-Inseln besetzte, um seine territoria- len Ansprüche etwa 1600 Kilometer südlich der letzten bewohnten chinesischen Insel Hainan abzusichern. Nicht nur errichtete die Volks- republik »Souveränitätsposten« auf Riffen, die auch von Vietnam bean- sprucht wurden, um zu demonstrieren, dass China in diesen strate- gisch bedeutsamen, aber höchst umstrittenen Gewässern (über das südchinesische Meer wird mehr als die Hälfte des Welthandels abge- wickelt und der größte Teil des Treibstoffs für Japan, Taiwan und Korea geliefert) die Kontrolle übernahm. Sie nahm auch den dortigen Meeres- boden ins Visier und schloss Ölförderungsverträge mit einem US-ame- rikanischen Unternehmen ab. Die Herausforderung, die das Reich der Mitte für amerikanische Werte und amerikanischen Einfluss im Pazifik darstellte, war Anfang der Neunzigerjahre noch relativ gering, sollte aber im 21. Jahrhundert deutlich wachsen.[148]

Lehrreich ist es auch, sich über die Unterschiede zwischen China und Sowjetrussland Gedanken zu machen. In beiden Ländern fand ein Ruck hin zu den Hardlinern statt, doch die Ergebnisse waren sehr unterschiedlich. Die dreijährige konservative Wendung unter Li Peng diente, wie sich herausstellte, sowohl einer Konsolidierung der kommunistischen Ideologie als auch der KPCh. Anschließend nahm Jiang Zemin mit seiner progressiveren Shanghaier Clique die kontrollierte Wirtschaftsreform wieder auf und entwickelte China in einen von der Partei geführten autoritären Staatskapitalismus. Im Gegensatz dazu endete der Ende 1990 in der UdSSR beginnende Rechtsruck, der Schewardnadse zum Rücktritt veranlasste und in dem versuchten Staatsstreich im August 1991 kulminierte, mit einem doppelten Fehlschlag: Erstens kamen die Putschisten nicht an die Macht, und zweitens lösten sie schlussendlich den totalen Zusammenbruch des Sowjetstaats aus, den sie ja gerade hatten verhindern wollen.

Doch die Unterschiede gehen noch tiefer. Die sowjetischen Verschwörer versuchten mit Gewalt, »das Chaos im Land zu beenden«.[149] Um dies nach dem chinesischen Vorbild zu tun, hätten sie die militärische Unterdrückung der Demokratiebewegung mit allgemeinen, wenn auch vorübergehenden Sparmaßnahmen kombinieren müssen. Doch die Putschisten wollten die sozialen Kosten einer solchen Strategie nicht in Kauf nehmen. Zu mehr »Arbeitsdisziplin« aufzurufen war eine Sache; aber ein Armeeinsatz zur Disziplinierung des Volkes und eine Absenkung des Konsumniveaus war mehr, als die sowjetische Achterbande und tatsächlich auch das Militär hätte ertragen können. Die Zeiten hatten sich geändert, seit Stalin in den Dreißigerjahren eine gewaltige Hungersnot als angemessenen Preis für die Modernisierung der Landwirtschaft betrachtet hatte – das wenigstens war ein positives Erbe Gorbatschows. Und die Putschisten begriffen nicht, dass die Institutionen, die sie schützen wollten, genau die waren, deren Vorzugsbehandlung durch den Staat eben diesen in den Bankrott trieb. Das galt insbesondere für die Rote Armee und ihre Verbündeten im militärisch-industriellen Sektor. In der UdSSR beliefen sich die Militärausgaben auf mehr als 15 Prozent des BIP; in China machten sie vermutlich etwa die Hälfte aus: etwa 8,5 Prozent. Wichtiger noch, die Reformer in der VRC hatten nicht mit mächtigen Interessengruppen zu kämpfen. Es gab keine Landwirtschaftslobby, die die Entkollektivierung zu blockieren suchte, und die Industrieproduktion spielte in der chinesischen Volkswirtschaft noch eine geringere Rolle. Außerdem hatte die chinesische

Führung die Partei und die Sicherheitsdienste geschlossen hinter sich – ganz im Gegensatz zu Gorbatschow im Jahr 1991. Kurz gesagt: In der Sowjetunion schien das konservative Element den Staat und seinen Chef zu zerstören, wohingegen das konservative Element in China die Neuerfindung der Volksrepublik erst möglich machte und dann für eine relativ kurze Periode der Konsolidierung des Staates stand, bevor die Wirtschaftsreformen wieder vorangetrieben wurden. Orientierung aber gaben dabei eher chinesische Vorbilder als westliche Werte.[150]

Das bedeutete nicht, dass China keine Verbindungen zu Jelzins Russland geknüpft hätte. Zwar ruhten die Beziehungen nach dem Ende der Sowjetunion wegen des allgemeinen Chaos einige Wochen, doch die VRC erkannte die Russische Föderation am 27. Dezember 1991 zusammen mit den anderen elf noch bestehenden ehemaligen Sowjetrepubliken an. Und trotz schwerer Bedenken wegen Jelzins Eintreten für Demokratisierung und ökonomische Schocktherapie hofierte China den russischen Präsidenten sogar. Schließlich »sind wir«, so Zhang Zheng, der chinesische Geschäftsträger in Moskau, zu Michail Titarenko, dem Direktor des Instituts für Fernost-Studien der Russischen Akademie der Wissenschaften, »gegen die Ideologisierung zwischenstaatlicher Beziehungen. Jeder hat das Recht, seine eigene Einschätzung zu den Veränderungen zu haben, die in seinem Land stattfinden.«[151]

Selbstverständlich wurden die chinesisch-russischen Beziehungen durch Jelzins kurze Flitterwochen mit dem Westen in der ersten Hälfte des Jahres 1992 beeinflusst. Der Zusammenbruch der Sowjetunion hatte anfangs zur Folge, dass Moskau seine politischen Fühler im Pazifik zurückzog. Jelzin konzentrierte sich ganz und gar darauf, eine, wie er hoffte, »gleichberechtigte Partnerschaft« mit den USA, eine Demokratie und eine voll funktionsfähige Marktwirtschaft aufzubauen. Angesichts seiner innenpolitischen Probleme und seines eigenen Machtstrebens jedoch war er letztlich gezwungen, die Konservativen und die Eurasisten, die einer »Verwestlichung« skeptisch gegenüberstanden, zu besänftigen. Deshalb schwächte der Kreml die Rhetorik von der »Freundschaft« mit den »Verbündeten« im Westen ab, und die kurze Phase der »Umarmung«, als Russland sich in dem Gedanken sonnte, »ein vollwertiger Teil der demokratischen Welt zu sein«, kam zu einem Ende.[152] Stattdessen war nun vermehrt von einer eigenständigen russischen Identität die Rede, die in der ruhmreichen russischen Geschichte wurzelte, und man hörte »Großmachtrhetorik« im Zusammenhang mit der Wichtigkeit des »nahen Auslands«[153] und der Staaten in Asien und im Nahen Osten. Mit anderen Worten: Nach einem kurzen Flirt mit den USA bewegte sich die russische Außenpolitik im Lauf des Jahres 1992 auf einen »geografisch eher ausgeglichenen« Ansatz zu, eine Entwicklung, die mit wachsender Wertschätzung für eine beiden Staaten nützende Beziehung zwischen Peking und Moskau einherging.[154]

Dennoch gab der Kreml seine grundsätzlich westzentrierte Weltsicht nicht auf – nicht nur, was Amerika und die NATO, den Dollar und die Deutsche Mark betraf, sondern auch in Bezug auf das komplizierte Thema der »westlichen Werte«. Russlands Außenminister Andrei Kosyrew, ein »Atlantiker«, hob den Unterschied zwischen Russland und China in Bezug auf die Menschenrechte hervor. Auf einer Sitzung der Menschenrechtskommission der UNO im März 1992 in Genf stimmte er dafür, das Thema Menschenrechtsverletzungen in Tibet auf die Tagesordnung zu setzen – ein direkter Affront gegen Peking. Und er verkündete sogar, dass »die Schaffung einer zivilisierten Gesellschaft in der Russischen Föderation« nicht möglich sei »ohne den vollen Schutz der Menschenrechte. In dieser Beziehung«, so Kosyrew, »versuchen wir, uns internationaler Mechanismen zu bedienen, und propagieren in einem gewissen Ausmaß die Einmischung in innere Angelegenheiten.«[155]

Die Vorzeichen waren deshalb nicht gerade günstig, was Kosyrews Besuch in Peking einige Tage später betraf. Sein 30-stündiger Zwischenstopp auf dem Weg nach Seoul und Tokio sollte sich nicht nur als kurz, sondern auch als heikel erweisen. Das chinesisch-russische Grenzabkommen wurde ratifiziert und der Versuch gemacht, »mehr Dynamik« in die Gespräche über Abrüstung und vertrauensbildende Maßnahmen in der Region zu bringen. Außerdem schloss man ein Abkommen über »Handels- und Wirtschaftsverbindungen«, das die alten Verträge aus den Jahren 1958 und 1990 ersetzen sollte. Man diskutierte auch über ein Projekt in der Tumen-Fluss-Region, wo China, Russland und Nordkorea aneinandergrenzen. Hier sollten bisher geschlossene Grenzstädte für den grenzüberschreitenden Handel geöffnet und eine Sonderwirtschaftszone gebildet werden. Ansonsten gab es nur wenige Ergebnisse. Tatsächlich hieß es in der offiziellen Abschluss-

erklärung, dass »Elemente beträchtlicher Übereinstimmung mit unterschiedlichen Ansätzen in einigen recht bedeutenden Fragen koexistie-
ren«. Kosyrew sagte außerdem in der Pressekonferenz: »Man kann sich
seine Nachbarn nicht aussuchen. Ob uns die aktuelle chinesische Führung gefällt oder nicht, wir müssen mit ihr zusammenarbeiten. Einen
anderen Weg gibt es nicht.«[156]

Trotz dieser Spannungen gab es freilich eine militärische Kooperation
zwischen den beiden Staaten: Die Volksrepublik kaufte 42 russische
Kampfflugzeuge, die Mitte 1992 geliefert wurden. Auch wurde Jelzin
zu einem Staatsbesuch nach Peking eingeladen. Der russische Staatschef war froh, dem politischen Chaos im eigenen Land eine Zeit lang
entrinnen zu können. Er hoffte, im Glanz eines asiatischen Gipfeltreffens zu erstrahlen, und träumte davon, das internationale Kräftegleichgewicht neu zu gestalten. Kurz vor seiner Reise Ende November ver-
kündigte er großartig den Beginn einer »neuen und historischen Ära«
in den chinesisch-russischen Beziehungen. China, »eine Großmacht«,
sagte er, werde von nun an »in der russischen Außenpolitik erste Priorität haben, und das nicht nur in Bezug auf Asien, sondern auch auf die
ganze Welt«.[157]

Die am 17. Dezember von Jelzin und dem chinesischen Staatspräsidenten Yang Shangkun unterzeichnete gemeinsame Erklärung sprach
sich für eine »konstruktive Zusammenarbeit« aus. Weiter hieß es, Russland und China würden einander als »befreundete Staaten« betrachten,
die »Beziehungen mit gutnachbarschaftlicher, freundschaftlicher und
für beide Seiten nützlicher Zusammenarbeit« entwickeln könnten, und
zwar in Übereinstimmung mit der UN-Charta, basierend auf den Prinzipien »gegenseitigen Respekts und territorialer Integrität, Nichtaggression, Nichteinmischung in die inneren Angelegenheiten der jeweils
anderen Nation, Gleichberechtigung und gegenseitigen Nutzens, friedlicher Koexistenz und anderer universell anerkannter Normen des internationalen Rechts«. Auch wurde festgehalten, dass die beiden Länder
unterschiedliche politische Wege gingen, aber auch, dass die »Unterschiede in Gesellschaftssystem und Ideologie eine normale Entwicklung
der zwischenstaatlichen Beziehungen nicht behindern sollten«.[158]

Die Formulierungen der gemeinsamen Erklärung über die chinesisch-
russischen Beziehungen hatten sich im Vergleich zu den Jahren 1989 und

Der Beginn einer russisch-chinesischen Freundschaft? Boris Jelzin und
Yang Shangkun

1991 merklich geändert. Man forderte, dass die Vereinten Nationen eine
größere Rolle spielen und mehr Autorität haben sollten, verwies auf die
»Entstehung einer multipolaren Welt« und verurteilte jede Form von
»Hegemonialstreben« und »Machtpolitik«. Mit dieser Beschreibung der
globalen Ordnung, die eindeutig auf realpolitischen Annahmen beruhte,
stand die Erklärung eindeutig im Widerspruch zur Linie des nach Westen orientierten Kosyrew. Ja, sie stellte eine Rückkehr zu der altbewähr-
ten sowjetischen Außenpolitik dar, die die internationalen Beziehungen
ebenso sehr geostrategisch wie geo-ideologisch gesehen hatte. Bei der
Kritik in Sachen »Hegemonialstreben« und »Machtpolitik« waren die
Vereinigten Staaten der wichtigste, wenn auch ungenannte, Bezugs-
punkt. Das Ganze war kurz gesagt eine entschiedene Rückkehr zur alten
Politik der Triangularität. Diese Dreiseitigkeit, die viele für ein konzepti-
onelles Relikt aus dem Kalten Krieg gehalten hatten, gewann als Rahmen
für ein Verständnis der Beziehungen zwischen den Großmächten am
Ende des 20. und zu Beginn des 21. Jahrhunderts neue Bedeutung.[159]
   Jelzins Bereitschaft, die Erklärung zu unterzeichnen, war ein eindeu-
tiges Anzeichen für erste Bemühungen Russlands, sich aus seiner Rolle

als Juniorpartner der USA zu befreien und die Beziehung zu Peking zu
vertiefen, um dadurch einen gewissen Druck auf Washington ausüben
zu können. Die chinesische Führung war über diese Entwicklung
erfreut. Ihre Vision von einer multipolaren Weltordnung bot einen Ausweg aus der diplomatischen Isolation, in die sie nach den Sanktionen
wegen ihres Vorgehens am Tiananmen, dem Zusammenbruch des Sowjetkommunismus und durch die harte amerikanische Linie in Bezug auf
die Menschenrechte geraten waren. Außerdem bekam Peking durch
die aufblühende Partnerschaft mit Russland Unterstützung in seinem
Bemühen, die fast gänzlich unipolare Dominanz der Vereinigten Staaten
in der Ära nach dem Kalten Krieg einzudämmen.[160]

Wenngleich es strategische und politische Anliegen waren, die die
beiden Nachbarn zusammenbrachten und die Grundlage für eine sich
abzeichnende Allianz bildeten, gab es hinsichtlich des Themas Sicherheit in Asien, aber auch bezüglich der Frage von wirtschaftlicher Entwicklung und regionaler Zusammenarbeit natürlich auch gegensätzliche Interessen, die in die entgegengesetzte Richtung wirkten und der
Partnerschaft Grenzen setzten. Unter diesen Bedingungen blieb den
USA viel Raum für diplomatische Manöver, insbesondere wenn sie ihre
finanzielle und militärische Überlegenheit nutzen konnten. Auf jeden
Fall war die Dynamik der Macht komplex und im Fluss. Russland –
stets besessen von seiner Identität als europäischer Macht und geneigt,
seinen militärischen Status an jenem der USA zu messen – konnte sich
bei einer vollständigen Hinwendung zum Fernen Osten niemals wohl
fühlen. Gleichzeitig behielten die USA nach dem Kalten Krieg nicht nur
durch die NATO in Europa einen Fuß in der Tür, sondern durch ihre
Positionen in Japan und Südkorea auch in Asien. Das heißt, sie blieben
auch eine pazifische Macht. Nicht nur für Moskau und Peking, sondern auch für Washington war also die Dynamik der transpazifischen
Beziehungen wahrhaft triangulär. Und für jede der drei großen Mächte
im Pazifik war die Trennlinie zwischen Partnerschaft und Rivalität sehr
dünn und in ständiger Veränderung begriffen. Obwohl die USA am
Ende der Präsidentschaft George H. W. Bushs nach allen Maßstäben
harter und weicher Macht regional und global der mächtigste Akteur
des Trios waren, gab diese Triangularität keine Garantie für eine langfristig stabile internationale Ordnung.

POST-MAUERFALL, POST-TIANANMEN: EINE NEU GESTALTETE WELT?

»Das Schicksal, sagt man, ist keine Frage des Glücks, sondern eine Frage der Entscheidung. Man wartet nicht darauf, sondern man erfüllt es. Und wir können nie mit Sicherheit davon ausgehen, dass unsere Zukunft im Vergleich zu unserer Vergangenheit besser sein wird. Unsere Entscheidung als Volk ist einfach: Wir können entweder unsere Zeit gestalten oder uns von ihr prägen lassen. Und prägen wird sie uns, und das zu einem moralisch, wirtschaftlich und strategisch schrecklich hohen Preis.«[1]

Diese Worte sprach George H. W. Bush am 15. Dezember 1992 bei seiner Rede an der Texas A&M University, fünf Wochen bevor er aus dem Amt schied. Während er seine politische Niederlage verarbeitete, versuchte er auch mit etwas Perspektive auf seine Präsidentschaft zurückzublicken und sie dabei in das Weltgeschehen einzuordnen. Die erstaunlichen Umwälzungen der Jahre von 1988 bis 1992 beruhten sowohl auf strukturellen Veränderungen des globalen Systems als auch auf einem zunehmend transnationalen politischen Erwachen der Menschen. Durch Massenproteste und Wahlrevolutionen erhob das Volk seine Stimme – in verschiedensten Ecken der Erde.[2] Bush war jedoch nicht der Einzige, der glaubte, dass es, in solchen Schlüsselmomenten des welthistorischen Wandels, vor allem auch auf die Staatslenker ankam.

Helmut Kohl, der Impressario der deutschen Wiedervereinigung, brachte eine ähnliche Ansicht zum Ausdruck. Beim Moskauer Gipfel im Juli 1990 hatte er zu Michail Gorbatschow gesagt, man erlebe gerade »historisch bedeutsame Jahre«. Solche Jahre kämen und gingen. »Man müsse die Chancen nutzen. Wenn man nicht handele, seien sie vorbei.

Bismarck habe einmal davon gesprochen, dass man den Mantel der Geschichte ergreifen müsse.« Gorbatschow teilte diese Ansicht: Nach dem Fall der Berliner Mauer hätten sich »große Chancen ... eröffnet«, und auch er brenne darauf, sie zu nutzen.[3]

Bush, Kohl und Gorbatschow waren nur drei Protagonisten einer ganzen Kohorte historischer Akteure, die das Drama der Jahre von 1988 bis 1992 gemeinsam erlebten und die allesamt versuchten, die Ereignisse zu beeinflussen und zu gestalten. Diese Staatsmänner und -frauen hatten Entscheidungen zu treffen. Sie alle leisteten – unter jeweils unterschiedlichen innenpolitischen Beschränkungen – ihren Beitrag dazu, welche Formen diese im Wandel begriffene Welt schließlich annehmen würde. Das Ausmaß dieses Beitrags und welche Folgen er haben würde, konnten sie vorab weder absehen noch planen. Sie alle improvisierten, reagierten auf Stimmungen und Stimmungsumschwünge in der Bevölkerung, die eigene Agenda dabei immer im Blick. Sie bemühten sich, Unruhe zu kanalisieren, entwarfen Abkommen, um Stabilität wiederherzustellen, wirkten an der Konsolidierung neuer Demokratien mit, passten alte Institutionen an veränderte Verhältnisse an oder entwickelten völlig neue. Sie handelten einzeln und gemeinsam und trugen so kumulativ dazu bei, eine neue Welt zu gestalten, nun wo die alte Ordnung zerbrochen war.[4]

In jenen stürmischen Jahren erlebten die Entscheidungsträger überwältigende Veränderungen, bekamen zu spüren, wie ihr persönliches politisches Gewicht schwankte. Im Dezember 1988, als Gorbatschow auf der UN-Generalversammlung sprach, stand er auf dem Höhepunkt seiner Macht, wohingegen Bush, überschattet von der globalen Kultfigur des Sowjetführers und erst im Begriff, in Reagans Fußstapfen zu treten, noch wie ein sprachloser Lehrling wirkte. Ende Dezember 1991 jedoch war die politische Karriere Michail Gorbatschows zu Ende, und sein Land existierte nicht mehr. George Bush dagegen schien das Schicksal der Welt zu lenken.

In drei kurzen Jahren wurde die Karte Europas vollkommen neu gezeichnet. Zwei Jahrhunderte nach der Französischen Revolution von 1789 fegte eine ähnlich folgenschwere revolutionäre Welle das *ancien régime* der kommunistischen Diktatur und Kommandowirtschaft hinweg und zerschmetterte das Sicherheitsglacis der Sowjetunion, das seit den Vierzigerjahren Bestand gehabt hatte. Im folgenden Jahr wurde das geteilte Deutschland wiedervereinigt; und als die Sowjetunion zerfiel, hatte sich die Europäische Gemeinschaft in die Europäische Union verwandelt und die NATO einen »Kooperationsrat« gebildet, in dem der »Westen« den »Osten« in eine von Vancouver bis Wladiwostok reichende neue Gemeinschaft »freier Nationen« einbeziehen konnte. Unterdessen wurde das nach der Weltwirtschaftskrise und dem Zweiten Weltkrieg geschmiedete Allgemeine Zoll- und Handelsabkommen (GATT) unter US-amerikanischem Druck in die offenere Welthandelsorganisation (WTO) umgewandelt − eine Institution, der schließlich sowohl eine kommunistisch-kapitalistische Volksrepublik China als auch ein postsowjetisches Russland angehören sollten. Manche hatten den Eindruck, dass der Westen triumphiert hatte. In einem berühmten und weithin missverstandenen Werk sprach der Politologe Francis Fukuyama von der »Universalisierung der westlichen liberalen Demokratie als endgültiger Regierungsform des Menschen«, kurz gesagt vom »Ende der Geschichte«.[5]

Doch es waren die Menschen auf den Plätzen und in den Straßen, die die revolutionäre Welle von 1989 vorantrieben. Von Tallinn bis Tirana, von Berlin bis Bukarest, protestierten, demonstrierten und rebellierten sie. DDR-Bürger fuhren Hunderte von Kilometern mit ihren Trabants, strömten in abgelegene Grenzdörfchen, standen Schlange an den Grenzübergängen, rannten über Felder in der Hoffnung, dass niemand auf sie schießen würde, und durchlöcherten so den Eisernen Vorhang an zahllosen Stellen. Politische Aktivisten forderten und bekamen Zutritt zu den Zentralen der Macht und verhandelten mit den Regierungen, die sie noch kurz zuvor unterdrückt hatten. Begeisterte Wähler drängten sich in den Wahllokalen und stimmten für neue Politiker und neue Visionen. Die Macht der Angst, vor Panzern und Geheimpolizei, schien gebrochen. Das Bild vom Schwall der Menschen, die sich durch die Öffnungen in der Berliner Mauer zwängten − wenngleich ein durch und durch deutscher Moment − war doch ein Sinnbild für den atemberaubenden Wandel, der sich in ganz Osteuropa vollzog.

Aber die revolutionären Strömungen zogen auch auf der anderen Seite der Welt, in China, die Menschen in ihren Strudel. Hier fiel das Kameraauge auf die Studenten, die sich auf dem Platz des Himmlischen

Friedens im Herzen der Verbotenen Stadt versammelt hatten. Der Polizei trotzend schrien sie nach Demokratie. Sie verehrten ebenso wie die Deutschen Gorbatschow, den Alchemisten der Reform des Kommunismus. Doch Peking war nicht Berlin. Hier sollte es keine »friedliche Revolution« geben. Soldaten schossen in die Menge; Panzer rollten über die Boulevards und auf den Platz und zermalmten Demonstranten unter ihren Ketten. Deng Xiaoping war kein Michail Gorbatschow. Denn Deng, der sogenannte »Generalarchitekt von Reform und Öffnung« und »Überragender Führer« der VRC, hatte keine Hemmungen, den Kommunismus in China durch Gewaltanwendung zu verteidigen. Und so wurde der 4. Juni 1989 zu einer historischen Wasserscheide – einer fundamentalen Divergenz am Ende des Kalten Krieges: Post-Tiananmen und Post-Mauerfall sollten nicht dasselbe sein.

Der Gegensatz zwischen Deng und Gorbatschow spricht für die große Bedeutung, die Staatslenkern in der Geschichte zukommt. Beide Männer entfesselten einen Reformprozess, ohne natürlich die damit einhergehenden Konsequenzen kalkulieren zu können, doch als der politische Prozess außer Kontrolle geriet, entschied sich der chinesische Führer für eine militärische Niederschlagung. Sein sowjetischer Kollege dagegen ließ zu, dass die Reform zur Revolution eskalierte, und verzichtete darauf, sie mit Panzern in Schach zu halten. So war die Macht des Volkes keine unwiderstehliche Gewalt: Sie konnte mit Waffengewalt gebrochen oder von Politikern gemanagt und kanalisiert werden. Wobei Letzteres nicht immer gelang.

Dengs Entscheidung, militärisch durchzugreifen, war nicht besonders schwer für einen autoritären Herrscher, der die Armee und die Sicherheitskräfte fest unter Kontrolle hatte, auch wenn in der KPCh innerparteiliche Konflikte ausgefochten wurden. Er operierte in einem Staat, der einerseits riesig war, andererseits aber auch abgeschottet, der sich durch extremen Nationalismus und autoritäre Staatsgewalt auszeichnete. China war außerdem ein Land, das durch die tief verwurzelte Erinnerung an Volksrebellion und ihre katastrophalen Auswirkungen geprägt war: Infolge des Taiping-Aufstands, der China Mitte des 19. Jahrhunderts verschlungen hatte, waren 20 bis 30 Millionen Menschen ums Leben gekommen. Dieser teilweise durch westliche Einfälle in China ausgelöste Aufstand, dessen Anstiftern auf dem Tianan-

men-Platz ein Denkmal gesetzt ist, untergrub die Macht des alten imperialen Staats und vergrößerte seine wirtschaftliche und politische
Unterlegenheit gegenüber dem Westen.

Die Verhängung internationaler Sanktionen nach der Niederschlagung der Demokratiebewegung im Jahr 1989 verursachte natürlich
ernsthafte Unbequemlichkeiten. Aber Deng wich keinen Millimeter
von seinem Vorsatz ab, »niemals zu erlauben, dass sich irgendjemand in
die inneren Angelegenheiten Chinas einmischt«, was auch immer die
Folgen sein mochten – so bitter waren die Erinnerungen an die historische Unterordnung des »Reichs der Mitte« unter den Westen.[6]

Die Lage in Europa war komplizierter. Dank des neuen Ethos im
Kreml war der Einsatz massiver Gewalt im Sowjetblock ab 1989 nicht
länger ein gangbarer Weg. Ohnehin hatte kein Staats- oder Regierungschef im Warschauer Pakt mehr die uneingeschränkte Kontrolle über das
Militär und die Sicherheitsdienste. Außerdem konnten die Auswirkungen des politischen Wandels wegen der Deutschen Frage nicht auf den
Block selbst beschränkt werden: Jede Transformation der DDR hatte
Folgen für die benachbarten kommunistischen Länder und noch mehr
für die Bundesrepublik, weil der Kalte Krieg sich in der Entscheidung
für eine Teilung Deutschlands kristallisiert hatte. Jede Diskussion über
die Wiedervereinigung hatte deshalb sofort Einfluss auf die westlichen
Alliierten, vor allem auf Frankreich und Großbritannien, wo die dunklen Erinnerungen an zwei Weltkriege noch sehr präsent waren. Zudem
wurden auf globaler Ebene die beiden Supermächte mit hineingezogen,
die sich – jede als Schutzmacht ihres deutschen Klientelstaats – 40 Jahre
lang an der innerdeutschen Grenze und in der Stadt Berlin gegenübergestanden hatten. Die europäische Revolution von 1989 war somit
zweifellos eine Herausforderung für die existierende Weltordnung.
Und um sie zu managen, war die Zusammenarbeit politischer Führer
mit grundverschiedener ideologischer Prägung und historischer Erfahrung sowie sehr unterschiedlichem innenpolitischen Handlungsspielraum erforderlich.

Eine solche Herausforderung war in der modernen Geschichte an
sich nichts Einzigartiges. In den Jahren 1814/15 in Wien und erneut
1919 in Paris hatten sich die Staats- und Regierungschefs *en masse* in
der Absicht versammelt, die historischen Veränderungen zu steuern.

Doch das waren Versammlungen von Siegern gewesen, die sich nach ungeheuer destruktiven Kriegen bemüht hatten, Frieden zu schaffen. Nach dem Zweiten Weltkrieg wurde dagegen kein allgemeiner Friedensvertrag ausgehandelt, und der Gipfel der Sieger in Potsdam im Jahr 1945 präfigurierte schon den Übergang von der Kooperation der Kriegszeit zur Konfrontation des Kalten Krieges. Im Gefolge der Ereignisse des Jahres 1989 gab es weder eine internationale Konferenz noch ein Konklave der Sieger. Nach dem Mauerfall entwickelte sich über zwei Jahre hinweg ein *Prozess* mit einer Fülle von Gipfeltreffen, Diskussionen und Telefongesprächen, in denen Stück für Stück die Beendigung des Kalten Krieges und die Annäherung früherer Feinde ausgehandelt wurden.

Die Ergebnisse waren wirklich erstaunlich. Bis Ende 1990 waren die kommunistische Ideologie und Kommandowirtschaft in ganz Osteuropa begraben. Noch bemerkenswerter: Das geteilte Deutschland war zu einem souveränen, vereinigten Staat geworden, fest verankert sowohl in der EU als auch der NATO. All dies wurde zum Triumph des Westens hochstilisiert, war doch die große Transformation der europäischen Topografie ohne Krieg und mit einem Minimum an innerstaatlichen Kämpfen erzielt worden – ein friedlicher Übergang, durch den sich 1989/90 von anderen Perioden historischen Wandels unterscheidet.

Eine wichtige Teilerklärung für das Ausbleiben eines gewaltsamen Konflikts im Herzen Europas war der Prozess des kooperativen internationalen Managements, den ich in diesem Buch dargestellt habe. Zuerst und vor allem entschärfte Gorbatschow die Spannungen des Kalten Krieges, indem er mit Reagan von 1985 bis 1988 über die atomare Abrüstung verhandelte. Im Jahr 1989 löste er durch Perestroika und Glasnost in der Sowjetunion und im gesamten Ostblock unbeabsichtigt eine Revolution aus. Schon Gorbatschow und Reagan hatten zusammen eine »Entdämonisierung« der Beziehungen zwischen der Sowjetunion und den Vereinigten Staaten vollbracht, doch es war Bush (dessen Weltsicht in Bezug auf die Sowjetunion im Vergleich zu Reagan weniger ideologisch und stärker geopolitisch geprägt war), der eine Wendung nach Westen vollzog: Er suchte 1989 grundsätzlich die Kooperation mit seinen westeuropäischen Verbündeten in der NATO, als er versuchte, eine gemäßigte Reaktion auf den in ganz Osteuropa und in der UdSSR stattfindenden Wandel zu koordinieren.

Bush war wohlvertraut mit den Veteranen der westeuropäischen Szene: Thatcher, Mitterrand, Delors und Kohl. Die konstruktivste Beziehung hatte er zum deutschen Bundeskanzler. Und im Gegensatz zu Mitterrand und insbesondere zu Margaret Thatcher hatte Bush keine historisch motivierten Ängste bezüglich der Deutschen Frage. Für ihn war Deutschland, wie er im Mai 1989 verkündete,»Partner in einer Führungsrolle«. Er unterstützte Kohls Strategie für die Wiedervereinigung weitgehend, sprach regelmäßig mit ihm über deren Bewerkstelligung und war bereit, wie der Kaukasus-Gipfel im Juli 1990 zeigte, der Bundesrepublik die Führung beim Tauziehen mit Gorbatschow zu überlassen. Als eine logische Folge dieser Politik emanzipierte sich Deutschland im Jahr nach dem Mauerfall als internationaler Akteur. Bushs Markenzeichen war seine feste Überzeugung von der Wichtigkeit regelmäßiger Kontakte mit den anderen Staats- und Regierungschefs, sowohl in der persönlichen Begegnung als auch per Telefon, und zwar in einem Ausmaß, das für einen US-Präsidenten bis dahin beispiellos war.

Dieser diplomatische Stil kam sowohl bei Gegnern als auch bei Verbündeten zur Anwendung. Nach einem zögerlichen Beginn in den ersten Monaten seiner Präsidentschaft entwickelte Bush eine herzliche Beziehung zu seinem sowjetischen Kollegen:»Mir gefiel der persönliche Kontakt mit Gorbatschow«, sollte er später schreiben. »Ich *mochte* ihn.«[7] Das Ergebnis war ein gewisses Ausmaß an echtem Vertrauen, das die Grundlage für produktive Staatskunst bildete. Bush bewies großes Feingefühl in Bezug auf die wachsenden innenpolitischen Schwierigkeiten Gorbatschows. Er machte die berühmte Zusicherung, dass er »nicht auf der Mauer herumspringen« werde, und behandelte den sowjetischen Staatschef auf allen Gipfeltreffen als gleichberechtigt. Im Jahr 1991, als die sowjetische Volkswirtschaft ernsthaft mit dem Übergang von der Plan- zur Marktwirtschaft begann und sich für den Welthandel öffnete, machte die G7 Gorbatschow sogar zum Ehrenmitglied. Außerdem tat der amerikanische Präsident stets sein Möglichstes, um der Sowjetunion im Handel mit den USA den Status eines »meistbegünstigten Staats« zu verschaffen. Als der Kongress ihm dies wegen der sowjetischen Blockade der baltischen Staaten verwehrte, war er froh, dass Kohl Finanzhilfe leistete – ein Beispiel dafür, wie Bushs Diplomatie mit Verbündeten und durch diese arbeitete.

Die Kombination des direkten persönlichen Kontakts mit einer verstärkten Zusammenarbeit im Bündnis wurde auch in Bushs Umgang mit
dem anderen großen kommunistischen Gegner Amerikas sehr deutlich:
China. Bushs älteste und engste Auslandskontakte waren mit der Führung der Volksrepublik und insbesondere mit Deng Xiaoping geknüpft
worden und reichten bis in seine Zeit als amerikanischer Gesandter in
Peking 1974/75 zurück. Die Wertschätzung, die Deng ihm als *lao pengyou* entgegenbrachte, war ein erheblicher Vorteil, den Bush gleich zu
Beginn seiner Präsidentschaft im Februar 1989 durch einen Besuch in
Peking zu nutzen suchte. Dieser politische Ansatz wurde durch die
Niederschlagung der chinesischen Demokratiebewegung zunichtege-
macht, und Bush schloss sich der fast weltweiten Verurteilung Chinas
wegen seiner Menschenrechtsverletzungen an. Dennoch betrachtete er
das Land nach wie vor als möglichen strategischen Partner bei der Tri-
angulierung des Systems der Großmächte und hielt durch Scowcrofts
geheime Missionen und auch durch die öffentlichen Reisen Nixons und
Kissingers den Kontakt aufrecht. Er tat sein Bestes, um die Auswirkungen der auf Betreiben des Kongresses verhängten Sanktionen zu minimieren, auch wenn er es sich politisch nicht leisten konnte, China im
Laufe seiner Amtszeit noch einmal zu besuchen. Stattdessen brachte er
den japanischen Ministerpräsidenten Toshiki Kaifu dazu, den offiziellen Kontakt und den wirtschaftlichen Austausch mit der nach dem
Tiananmen isolierten VRC wiederherzustellen.

Der Politikstil der damals führenden Staatsmänner kann buchstäblich als »konservativ« – als bewahrend und besonnen – bezeichnet werden. Politiker lieben »bekannte Bekannte« (*known knowns*). Da Neuhei-
ten mit Risiken verbunden sind, halten sie um der Stabilität und
Berechenbarkeit willen lieber am Bestehenden und Bewährten fest und
nehmen nur bei Bedarf Korrekturen und Anpassungen vor. Dies galt
sicherlich für die Jahre 1989 bis 1991. Die Staatslenker in dieser Zeit des
Übergangs begrüßten zwar letztlich den Wandel, versuchten ihn aber
zumindest anfangs in Kleider der Vergangenheit zu hüllen.

So ging es Gorbatschow darum, die Sowjetunion zu erhalten und
lebensfähiger zu machen. Er wollte sie reformieren und revitalisieren,
um sie für den weiterhin bestehenden, wenn auch inzwischen friedlichen, Wettbewerb mit dem Westen besser zu positionieren. Er hatte

klare, weitgesteckte Ziele, aber kaum eine Idee, wie sie zu erreichen waren. Er begann mit einer wirtschaftlichen Teilreform, wurde aber schnell radikaler, weil er der Überzeugung war, dass eine wahre Neustrukturierung nur in Kombination mit einer echten politischen Liberalisierung funktionieren konnte. Je mehr er jedoch modifizierte, umso mehr kam ihm – an der Peripherie sowie im Herzen des Landes – die Kontrolle abhanden. Schließlich verlor er die Nerven und vollzog im Winter 1990/91 einen Rechtsruck, indem er sich mit den Hardlinern im sowjetischen Regierungsapparat verbündete. Durch seinen Zickzackkurs untergrub er die Zentralplanwirtschaft und das kommunistische Machtmonopol, ohne stabile Alternativen zu schaffen. Schließlich präsidierte er über die Zerstörung des sowjetischen Vielvölkerstaats.

In der Volksrepublik China dagegen gingen Deng und die Führung der KPCh von Anfang an bewusst den Weg der schrittweisen Wirtschaftsreform. Dennoch konnten sie die galoppierende Inflation nicht verhindern, die Ende der Achtzigerjahre politische Unruhen und Forderungen nach Systemveränderung auslöste. Konfrontiert mit einer eskalierenden Krise im eigenen Land und ernüchtert durch die Erosion der kommunistischen Autorität in Osteuropa ging die KPCh im Juni 1989 mit aller Härte gegen die Demonstranten vor und übernahm wieder die eiserne Kontrolle über das politische Leben. Nach einer durch den Ministerpräsidenten Li Peng verhängten kurzen reaktionären Phase nahm der reformistische Parteivorsitzende Jiang Zemin 1992 schließlich den Kurs der Liberalisierung wieder auf, beschränkte ihn aber ausschließlich auf die Wirtschaft. Die chinesische Führung verlegte sich energisch darauf, die Einparteienherrschaft zu erhalten und jede Form von separatistischem Nationalismus zu unterbinden. Das waren die Lehren, die die Chinesen aus dem zogen, was sie als Gorbatschows Fehler betrachteten. Das Erbe der vorsichtig gemanagten langfristigen Umwandlung Chinas vom isolierten maoistischen Staat zum kommunistisch-kapitalistischen Kraftzentrum mit globalem Einfluss spielt gerade heute, im 21. Jahrhundert, eine immer wichtigere Rolle. Gorbatschow scheiterte also mit der Neugestaltung seines Staates, Deng aber hatte Erfolg: Die VRC wurde reformiert, und der chinesische Kommunismus neu erfunden.

Das Management des Wandels durch die Erhaltung und Anpassung

bestehender Strukturen wurde bei der Lösung der Deutschen Frage
besonders deutlich. Kohl fand einen einfachen und direkten Weg zur
Einheit, indem er sich auf Artikel 23 des Grundgesetzes berief, durch
den Ostdeutschland der Bundesrepublik schlicht beitreten konnte.
Außerdem gab er den DDR-Bürgern eine rasche Antwort auf ihre
»Androhung«, dass sie eben zur D-Mark kommen würden, wenn diese
nicht zu ihnen käme: Kohl machte Nägel mit Köpfen und führte die
D-Mark über eine deutsch-deutsche Wirtschafts-und Währungsunion
in den neuen Ländern ein. Im Endeffekt bestätigte somit das Ergebnis
der DDR-Wahlen im März 1990 nur noch die Tatsache, dass die DDR
praktisch von den alten Strukturen der Bundesrepublik absorbiert werden würde. Der nächste institutionelle Schritt bestand darin, dass die
ehemalige DDR durch ihre Integration in die Bonner Republik automatisch auch der Europäischen Gemeinschaft angehören würde. Dieser
Schachzug verhinderte ein endloses Tauziehen mit den europäischen
Partnern Deutschlands über die Aufnahme eines neuen sozioökono-
misch schwachen Staates und die Schaffung eines möglichen Präze-
denzfalls für die Aufnahme weiterer Staaten aus dem ehemaligen Ostblock. Darüber hinaus sollte die D-Mark, Grundstein des »deutschen
Wirtschaftswunders« seit den späten Vierzigerjahren, in einer gemeinsamen europäischen Währung und einer Europäischen Wirtschaftsunion aufgehen. Kohls europäische Lösung für die Deutsche Frage
reichte zwar nicht ganz aus, um missmutige Kommentare aus London
über ein »Viertes Reich« zu vermeiden, zerstreute aber die französische
Furcht vor einem deutschen Revanchismus und einer deutschen Übermacht auf dem Kontinent. Das Trio Kohl, Mitterrand und Delors investierte sein gemeinsames Gewicht in die Wiederbelebung des europäischen Integrationsprojekts und deren Verwirklichung im Vertrag von
Maastricht. Bush wiederum trat nicht nur dafür ein, dass Deutschland
seinen Platz in einer stärker integrierten »EG-92« einnahm, sondern
wollte auch unbedingt eine enge Partnerschaft zwischen Amerika und
diesem Europa schmieden, das sich gerade neu erfunden hatte.

In Bezug auf das nach dem Kalten Krieg entstehende neue europäische Sicherheitssystem bestand Bush schon sehr bald darauf, dass ein
wiedervereinigtes Deutschland NATO-Mitglied bleiben müsse. Kohl
war damit absolut einverstanden. Auf diese Weise wurde sowohl der

Fortbestand der Allianz nach dem Kalten Krieg gesichert als auch die weitere Präsenz der Amerikaner im Europa der Wendezeit. Gorbatschow (ebenso wie Deutschlands direkte Nachbarn) wiederum bekam dadurch eine gewisse Sicherheit, dass das vereinigte Deutschland unter internationaler Kontrolle bleiben würde. Im Gegensatz zur NATO zerfiel der Warschauer Pakt, als die osteuropäischen Staaten den Kommunismus verwarfen und sich von der sowjetischen Herrschaft befreiten. Tatsächlich nahmen sie wie auch die UdSSR selbst die Einladung an, dem neuen Nordatlantischen Kooperationsrat (NAKR) der NATO beizutreten. So kam es, dass Deutschland vereinigt und Europa fast gänzlich zu westlichen Bedingungen transformiert wurde. Die europäische Architektur nach dem Mauerfall übernahm die zentralen Merkmale der liberalen internationalen Nachkriegsordnung.

Doch damit nicht genug: In ihrem Kampf, lebensfähige kapitalistische Demokratien zu werden und in dem Europa der Wendezeit ihren Platz einzunehmen, strebten die osteuropäischen Staaten auch danach, Mitglieder in den »institutionellen« Organen des Westens zu werden. Allerdings hatte die Aufnahme neuer Mitglieder mit ganz anderen politischen Kulturen und strategischen Perspektiven die unvermeidliche Konsequenz, dass die alten Formen nicht erhalten werden konnten. »Der Aufbau eines freien und ganzen Europas« bedeutete letztlich, dass die überlebenden Organisationen des Westens, als sie sich nach Osten öffneten, neu gestaltet werden mussten.

Dieser »katalytische Moment« in der Geschichte brachte noch weitere Grenzen des konservativen Managements ans Licht. Gemäß der UN-Charta waren die Leitprinzipien dieses Managements angesichts territorialer Veränderungen in Übereinstimmung mit dem Völkerrecht Souveränität und Selbstbestimmung. Ein Beispiel für diese Haltung war die von der UNO genehmigte (und von den USA dominierte internationale) militärische Intervention in Kuwait, die das kleine souveräne Emirat von den irakischen Invasoren befreien, nicht jedoch den Krieg nach Bagdad tragen und die international anerkannte Regierung Saddam Husseins stürzen sollte. Auch als die Volksrepublik China beschloss, die Demokratiebewegung mit militärischer Gewalt niederzuschlagen und die innere Ordnung wiederherzustellen, stellte sich nie die Frage einer direkten westlichen Intervention.

Dieselben Prinzipien galten auch in Osteuropa, wo souveräne Staaten 1989/90 die volle Unabhängigkeit von der sowjetischen Vorherrschaft errangen. Und wenngleich sich die Auflösung der Sowjetunion 1991 weniger reibungslos vollzog, hatten doch die meisten Nachfolgestaaten der UdSSR vorher schon klar definierte Grenzen gehabt, weshalb sich die damals stattfindenden Grenzkriege auf historisch gespaltene Regionen wie den Kaukasus beschränkten.

Andererseits versagte das konservative Management angesichts der unerwarteten Implosion Jugoslawiens völlig. Die führenden Staatsmänner waren durch die gegensätzlichen Imperative Ordnung und Selbstbestimmung gelähmt. Gorbatschow wollte genau wie Bush und der größte Teil der NATO die territoriale Integrität der Jugoslawischen Föderation erhalten, weil er fürchtete, dass eine »Balkanisierung« auch die UdSSR und andere Teile Südosteuropas infizieren könnte. Es waren Kohl und Genscher, die dem Prinzip der nationalen Selbstbestimmung nach seiner erfolgreichen Anwendung auf Deutschland und die baltischen Staaten auch in Bezug auf Slowenien und Kroatien Geltung verschaffen wollten, als diese sich entschieden, aus dem serbisch dominierten Jugoslawien auszuscheiden. Doch Miloševićs erbitterte Verteidigung der Jugoslawischen Föderation als Instrument der serbischen Sicherheit und die starke ethno-religiöse Spaltung der Region, die sich über die Bruchlinien zwischen römisch-katholisch, serbisch-orthodox und muslimisch erstreckte, machten, insbesondere im multiethnischen Bosnien, eine geordnete Selbstbestimmung unmöglich. Tatsächlich kam es zu einer neuen Ordnung auf dem Balkan nur durch eine militärische Intervention von außen, die den Frieden erzwang, nachdem die Friedenssicherung durch die UNO gescheitert war.

Auch die neue, vertiefte Europäische Union war dieser Aufgabe des *Peace Enforcements* trotz starker Worte nicht gewachsen. Sie klebte an der »zivilen« Tradition« der alten EG,[8] verfügte über keine eigenen militärischen Kapazitäten und versuchte lediglich zu vermitteln und den Frieden zu bewahren. Fortschritte gab es somit erst, als sich ab 1995 die USA engagierten, indem sie im Rahmen der NATO Bombenangriffe flogen. Das wurde möglich, weil die Atlantische Allianz nach 1992 ihren Schwerpunkt von »kollektiver Verteidigung« auf »kollektive Sicherheit« verlagert hatte. Es diente auch als Rechtfertigung und

Begründung dafür, dass das Verteidigungsbündnis jetzt »*out of area*«, also außerhalb seines Hoheitsgebiets, und dadurch nicht nur rein defensiv, sondern intervenierend operieren konnte.[9] Der Kampfeinsatz der NATO in Bosnien führte zum Friedensabkommen von Dayton, das jedoch für die tiefgreifenden und weitreichenden Probleme des Balkans nur eine Teillösung darstellte. Außerdem enthüllte die intensive, aber kurze Phase amerikanischer Friedenserzwingung die Asymmetrien der Macht zwischen den Amerikanern und den Europäern, die immer noch mit den finsteren Gespenstern ihres 20. Jahrhunderts zu kämpfen hatten. Und sie warf ein ungünstiges Licht auf die Europäische Union, deren Standpunkte in der internationalen Politik schlecht koordiniert und mit keinerlei militärischen Sanktionsmöglichkeiten verbunden waren.

Die einzige echte Ausnahme von den Prinzipien des konservativen Managements in Bushs Amtszeit stellte die amerikanisch geführte UN-Operation in Somalia Ende 1992 dar. Sie dauerte nur etwa vier Monate, war aber eine klare äußere Einmischung in einen offiziell souveränen Staat, der auch Mitglied der Vereinten Nationen war. Operation Restore Hope wurde damit gerechtfertigt, dass sich die somalische Regierung in einem derartigen Zustand vollständiger Selbstzersetzung befand, dass der Staat das Leben, die Freiheiten und das Wohlergehen der Bevölkerung nicht mehr sichern konnte. Dieser Feldzug auf dem Horn von Afrika sollte sich als die erste von vielen sogenannten »humanitären Interventionen«[10] erweisen, die für die Ära nach dem Kalten Krieg kennzeichnend wurden.

Auch die Kluft zwischen Ost und West war, wie sich zeigte, durch konservatives Management nur schwer zu überbrücken. Der Gedanke eines wirklich integrierten, geeinten und freien Europas erwies sich als Illusion. Der NAKR war zwar ein mächtiges Symbol für die Verbindung zwischen Ost und West, tatsächlich aber wenig mehr als ein Gesprächskreis, und seine erste Sitzung im Dezember 1991 fiel praktisch mit der Desintegration der UdSSR zusammen. Sie hatte zur Folge, dass der Rat eine Ansammlung disparater und zum Teil schwacher Staaten war, die sich vom Atlantik durch Mittelasien bis zum Pazifik erstreckte und jeder Vorstellung von einer stimmigen euro-atlantischen Identität Hohn sprach. Als ähnlich hohl und unzureichend erwies sich auch die KSZE.

Das Forum von 35 Staaten hatte mit der UdSSR als gleichberechtigtem
Mitglied neben den USA Mitte der Siebzigerjahre zur Entspannung in
Europa beigetragen. Das »Gewissen des Kontinents« kümmerte sich um
Menschenrechte und ökonomische Fragen. Es sollte als Instrument für
den »Aufbau demokratischer Institutionen« fungieren und wurde von
Washington als lebenswichtiges Mittel zur Krisenprävention und Kon-
fliktlösung (etwa bei Grenzstreitigkeiten oder umstrittenen Minder-
heitsrechten) betrachtet, die den Einsatz militärischer Gewalt überflüs-
sig machen sollten.[11] Doch die KSZE verfügte weder über militärische
Fähigkeiten noch über genug politisches Gewicht. Nach ihrer Erweiterung auf 53 Mitglieder im Jahr 1992 erwies sie sich genau wie der NAKR
als unbeweglich und substanzlos und machte nicht den entscheidenden Schritt, sich zu einer Sicherheitsorganisation zu entwickeln, die
die Jugoslawienkriege hätte beenden können. Wie die Vision von einem
gemeinsamen Haus Europa, die Gorbatschow so fasziniert hatte, war
auch die KSZE nur ein weiterer paneuropäischer Traum, der in der
Wendezeit nach dem Mauerfall nicht zum Aufbau einer übergreifenden
Sicherheitsstruktur für den Kontinent zu gebrauchen war.

Es sollte sich herausstellen, dass es in den wiederbelebten Kernorga-
nisationen des neuen Europas, der EU und insbesondere der NATO »für
Russland keinen Platz« gab.[12] Dadurch dass sich die NATO sowohl in
Europa als auch »out *of area*« zur einzigen ernstzunehmenden Sicherheitsorganisation entwickelte, wurde sie langfristig immer problemati-
scher für den Kreml. Durch ihre Erweiterung bis an die russischen
Grenzen entstand in Moskau ein Gefühl der Entfremdung und Marginalisierung, das später von der Regierung Putin ausgenutzt wurde.
Diese Entwicklung war jedoch weder die Absicht noch die Schuld der
konservativen Manager von 1989 bis 1991 gewesen: Alle Staatslenker
innerhalb der NATO, Bush, Kohl, Thatcher, Mitterrand, zeigten sich
öffentlich besorgt um Gorbatschow und den Status seines Landes, auch
wenn sie insgeheim ein starkes Blatt spielten. Sie hofften, dass die Sowjetunion – gründlich reformiert – als stabiler Kern und kooperativer
Partner oder, wie Gorbatschow es formulierte, als »solider« und »verlässlicher Stützpfeiler«, einen zentralen Platz im internationalen System
einnehmen würde. Sie hatten weder den Wunsch noch die Erwartung,
dass sich die UdSSR Ende 1991 in ihre Bestandteile zerlegen würde. Und

als dies dennoch geschah, passten sie ihre Politik an, um Jelzins post-sowjetisches Russland in einer vergleichbaren Beziehung zu stützen. In der Folge gab sich der Westen alle Mühe, der Russischen Föderation beim Übergang zu einer marktwirtschaftlichen Demokratie zu helfen. Aber trotz der bewussten Anstrengungen vor allem Amerikas und Deutschlands, »Russland nicht zu isolieren« oder »von einem potenziellen Freund in einen potenziellen Gegner zu verwandeln«, erwies sich der Umgang mit Moskau als extrem komplex und angespannt.[13]

Was in den Neunzigerjahren letztlich in Russland passierte, entzog sich der Kontrolle des Westens. Unter Jelzin war die Demokratie ein quasi totgeborenes Kind. Die Korruption griff rasant um sich; Rechtsstaatlichkeit wurde nie etabliert. Und die Führer des Westens konnten den katastrophalen ökonomischen Zusammenbruch des Landes nicht verhindern. Dies rief eine heftige Gegenreaktion bei den russischen Nationalisten hervor, die sich durch die chaotische Verarmung ihres Landes und den plötzlichen Verlust seines europäischen Imperiums gedemütigt fühlten. Die in Russland immer lauter werdende Forderung nach einer Wiedergewinnung des »nahen Auslands« verstärkte die Unsicherheit seiner Nachbarstaaten und zugleich deren Forderungen nach einer Integration in den »institutionellen Westen«. Als die NATO schließlich dieser Forderung nachgab, vergrößerte sie sich nicht nur, sondern erweiterte auch die militärische Reichweite Amerikas bis weit nach Osteuropa hinein. Zusammen mit der parallel stattfindenden Ost-öffnung der EU intensivierte dies wiederum das russische Gefühl der Entfremdung und vergrößerte die Sehnsucht nach dem alten Großmachtstatus des Landes, die insbesondere auf die Niederlage Napoleons nach 1812 und den Sieg über Hitler im Großen Vaterländischen Krieg zurückging. Russland war ohnehin immer janusköpfig gewesen: ein eurasisches Reich von der Größe eines Kontinents, das sowohl nach Osten als auch nach Westen blickte, und ein Land, das historisch so eifersüchtig auf seine Souveränität bedacht war, dass es vermutlich nie ein Jota davon an die NATO oder die EU abgetreten hätte. Die Aussicht, nur noch ein Wurmfortsatz einer euro-atlantischen Vereinigung zu sein, war weder mit seinen Machtansprüchen noch mit seinem Identitätsgefühl vereinbar. Diese Probleme hätten vermutlich selbst durch die sensibelste Diplomatie nie gelöst werden können.

Dennoch waren die Erfolge der Architekten der neuen Welt nach dem Mauerfall sowohl in Bezug auf den Prozess als auch in Bezug auf das Ergebnis beispiellos. Das Urteil von Philip Zelikow und Condoleezza Rice in ihrem 1995 publizierten Buch über Europa und die Staatskunst gilt immer noch: »Die politischen Führer sahen ihre Chance und handelten mit Geschick, mit Schnelligkeit und mit Rücksicht auf die Würde der Sowjetunion. In der Folge trug Europa durch die deutsche Vereinigung zwar Narben, aber keine offenen Wunden davon. Dies ist ein Beweis für Staatskunst.« Im Wesentlichen »wurde Europa durch eine generelle Akzeptanz des westlichen Status quo umgestaltet«.[14]

*

Was auf diese Jahre des großen Wandels folgte, wird häufig als eine Ära der Unipolarität bezeichnet. Doch wie wir gesehen haben, ist dies eine zu stark vereinfachte Sicht der Dinge. Als die deutsche Wiedervereinigung friedlich vollzogen war, hatten sowohl Bush als auch Gorbatschow erwartet, dass die internationale Ordnung bipolar bleiben würde – allerdings nicht mehr geprägt von einem konfrontativen, sondern von einem kooperativen Geist. Am 11. September 1990 sprach Bush in einer Rede im Kongress von der »Gelegenheit, zu einer Periode der Zusammenarbeit zu gelangen«, die, wie er glaubte, »freier von der Bedrohung durch Terror, stärker im Streben nach Gerechtigkeit und sicherer in der Suche nach Frieden« wäre – »eine Welt, die anders ist als die, die wir bisher kannten«.[15] Dies war die Prämisse von Bushs neuer Weltordnung und der wirklich bemerkenswerten multinationalen Koalition von Syrien bis zum Senegal und von Großbritannien bis Bangladesch, die er mobilisierte, um Saddam Hussein aus Kuwait zu vertreiben – eine auf den Stützpfeilern USA und Sowjetunion aufgebaute und auf das Fundament des Völkerrechts gegründete Kriegsanstrengung. Dennoch war, wie sich in Kuwait deutlich zeigte, Washington die dominierende Kraft: Bush entschied sich für den Krieg, und die USA stellten das meiste Personal, die Logistik und die Technologie, damit der Sieg innerhalb von 100 Stunden errungen werden konnte. Die Sowjetunion war in Bushs neuer Weltordnung also in Wirklichkeit der Juniorpartner Amerikas; und die UNO war zwar von der Lähmung des Kalten Krieges befreit, konnte aber nur als Friedensstifter fungieren, wenn die Energie dazu von der amerikanischen Macht geliefert wurde.

Das Konzept einer kooperativen Bipolarität war somit irgendwie fiktiv. Doch in den Jahren 1990/91 war es ein unverzichtbares Feigenblatt, um den Niedergang der Sowjetunion zu kaschieren und Moskau den Übergang zu Kapitalismus und Demokratie zu erleichtern. Bush wollte die Arbeitsbeziehung, die er mit Gorbatschow entwickelt hatte, unbedingt aufrechterhalten. Man kann die Ansicht vertreten, ein Nachteil dieses stark personalisierten und konservativen Ansatzes in der Außenpolitik sei gewesen, dass er so sehr auf die Beziehung zwischen Bush und Gorbatschow fixiert war. Und vielleicht schätzte Bush auch die Risiken falsch ein, weil die Vereinigung der beiden deutschen Staaten so konfliktfrei verlaufen war. Angesichts der Tatsache, dass die Sowjetunion zum damaligen Zeitpunkt sieben Jahrzehnte bestanden hatte, war es freilich schwer vorstellbar, dass sie in weniger als sieben Monaten zerfallen würde. Bush erkannte langsamer als einige seiner Sowjetspezialisten und tatsächlich auch langsamer als sein eigener Außenminister, wie schwierig die Lage des historischen Antagonisten Amerikas geworden war.[16] Aber auch später verfolgte er weiter den Feigenblattansatz, als er in der ersten Hälfte des Jahres 1992 mit Boris Jelzin eine neue postsowjetische Partnerschaft gründete, indem er Russland im UN-Sicherheitsrat willkommen hieß und die G7 + 1-Beziehung fortsetzte.[17] Er widerstand auch dem Triumphalismus der Unipolarität, der damals von Neokonservativen wie dem Kolumnisten Charles Krauthammer vertreten wurde, und hielt zum Beispiel an den Verhandlungen zur Begrenzung der strategischen Atomwaffen fest, die im Januar 1993 in der Unterzeichnung des START-II-Vertrags kulminierten. Natürlich wurden diese Initiativen in einer Position der Stärke ergriffen: Russland mochte immer noch eine nukleare Supermacht sein, doch es war kaum vorstellbar, dass dieser Rumpfstaat, der Amerika um humanitäre und finanzielle Hilfe anflehte, je wieder als ein gleichberechtigter Partner der Vereinigten Staaten angesehen werden könnte.

Im Sommer 1990, als die UdSSR in Bezug auf die NATO-Mitgliedschaft Deutschlands kapitulierte, spekulierten Kommentatoren erstmals über »einen unipolaren Moment«[18] oder »die Entstehung einer unipolaren Welt«. Der Politologe Richard Spielman vertrat jedoch die

Ansicht, dass ein einziger »Pol«, der eine herausragende magnetische Anziehungskraft ausübt, nicht dasselbe sei wie ein einziger »Hegemon«: »ein hierarchisches System, dominiert von einer einzigen Macht, die die Regeln sowohl macht als auch durchsetzt«. Er stellte fest, dass »die europäischen Werte, die wir in den Vereinigten Staaten unterstützen, unserer Existenz vorausgehen und unseren imperialen Ambitionen Grenzen setzen«. Zu diesen europäischen Werten gehörte auch ein tief sitzender Respekt vor der Staatssouveränität unabhängig vom Regierungssystem und den Werten eines Staates. Die Begründung der Vereinten Nationen für den Golfkrieg im Jahr 1991 war denn auch die Verletzung der territorialen Integrität Kuwaits durch Saddam Hussein und nicht das Wesen des irakischen Regimes, und eben auch nicht das Verhältnis des Emirs von Kuwait zu den Menschenrechten.[19]

Im Sommer 1990 wurde auch von einer sich anbahnenden »Multipolarität« gesprochen. Charles Krauthammer zufolge war »Deutschland im Begriff, in Europa die regionale Supermacht zu werden, und Japan in Asien«. Auch ließ die Umwandlung der EG in die EU vermuten, dass sich »Europa« zu einem wichtigen internationalen strategischen Akteur entwickeln würde. Keines dieser Szenarien wurde Wirklichkeit. Amerika blieb sowohl für Deutschland als auch für Japan, was Krauthammer als den »Babysitter« bezeichnete. Beide Staaten beteiligten sich weder militärisch am Golfkrieg, noch bekamen sie einen ständigen Sitz im Weltsicherheitsrat. Was den Anspruch der EU auf eine tragende Rolle in der internationalen Politik und als Sicherheitsgarant betraf, so wurde dieser durch die jugoslawische Tragödie ad absurdum geführt. »Das Machtzentrum der Welt«, schrieb Krauthammer im Winter 1991 in der Zeitschrift *Foreign Affairs*, »ist die unangefochtene Supermacht der Vereinigten Staaten unterstützt von ihren westlichen Alliierten.«[20]

Doch selbst eine unipolare Welt konnte, wenigstens theoretisch, kooperativ gemanagt werden. Die EU, Bonn und Tokio bekannten sich zu einer Identität als »zivile Mächte« in einem geregelten Umfeld. Wie der Golfkrieg zeigte, trieb auch Bushs Amerika einen Prozess voran, den der deutsche Politologe Hanns Maull als »Zivilisierung« der internationalen Politik in einer immer interdependenteren Welt bezeichnete.[21] Diese Idee griff einige der großen westlichen Ziele nach dem

Zweiten Weltkrieg auf: die Vorstellung von einem Leben in einer internationalen Weltgemeinschaft unter Befolgung des Völkerrechts, mit liberalen Werten, begrenztem Gewalteinsatz und einer Institution mit legitimer Autorität als Schlichter. Bush berief sich auf diese Ideale, als er im Januar 1991 den Beginn der Operation Desert Storm verkündete und erklärte, dass das »Verhalten von Nationen« der »Herrschaft des Rechts« und nicht »dem Gesetz des Dschungels« unterworfen sein müsse. Als Multilateralist sah er das Amerika der Zukunft nicht in der Rolle eines ewigen Weltpolizisten. Eine kooperative, von den USA geführte Weltinnenpolitik kam allerdings nicht zustande, und die Vereinten Nationen wurden den hohen Erwartungen an ihre Rolle als internationaler Schlichter, die sich nach dem Mauerfall in der Wendezeit auf sie richteten, nie gerecht.[22]

Unipolarität erwies sich als die beste oder die am wenigsten unzureichende Bezeichnung für eine Post-Kalter-Kriegs-Ära, die immer noch keinen Namen hat. Sie dauerte einen langen »Augenblick«, aber, wie jede Phase der internationalen Beziehungen, war sie nicht ewig aufrechtzuerhalten. Bis zu den Zehnerjahren waren die Herausforderungen durch Russland und China nur allzu real, und zwar in Bezug auf Macht, Einfluss und Werte. Putins Abenteurertum auf der Krim, in der Ukraine und in Syrien und sein geostrategisches Projekt, die Kontrolle über die Arktis zu erringen, waren flankiert von Kampagnen, mit denen er über die sozialen Medien das Innenleben liberaler Demokratien zu manipulieren versuchte – alles mit dem Ziel, den Großmachtstatus, der Russland in seinen Augen zustand, wiederzuerringen, und ihm erneut die seiner Ansicht nach legitime Vorherrschaft im eurasischen Raum zu sichern. Noch wichtiger, aber weniger sichtbar provokativ war Xi Jinpings zielstrebige Umwandlung der demografischen und wirtschaftlichen Macht Chinas in militärische Stärke, indem er Rivalen auf dem Südchinesischen Meer verdrängte und das groß angelegte Projekt startete, China bis 2050 zur globalen Supermacht zu machen.[23] Unter der unverfänglich undurchsichtigen Bezeichnung »Ein Band, eine Straße« (one belt, one road)[24] wurde das expansive Projekt der neuen Seidenstraßen kokett als chinesischer »Multilateralismus« präsentiert.[25] Hier arbeiteten zwei Mächte – Russland und China – an der Herstellung einer kompetitiven Triangularität, wobei sie sich vorerst darauf konzentrierten, die globale Führerschaft der Vereinigten Staaten durch ihre Rhetorik von »Multipolarität« und »Polyzentrismus« zu erschüttern.[26] Die Keime für diese fundamentale geopolitische Revision existierten schon in der Zeit unmittelbar nach dem Mauerfall und dem Tiananmen.[27] Doch Amerika und seinen westlichen Partnern wurde dies nur langsam bewusst. Sie hielten an der Überzeugung fest, dass die Bejahung des Kapitalismus unvermeidlich zum Aufblühen der Demokratie führen müsse und aus ideologischen Feinden kooperative Partner würden. Deshalb investierte sowohl die Regierung Bush als auch die Regierung Clinton viel Energie in den Aufbau einer echten Welthandelsorganisation. Schließlich jedoch konnten die Vereinigten Staaten selbst in ihrem unipolaren Moment die Ziele anderer Regierungen nicht mehr langfristig leugnen. Dies galt besonders für Staaten mit weniger liberalen Regierungsformen sowie den von den USA am Ende des Kalten Krieges scheinbar besiegten kommunistischen Regimen.

Die russische und die chinesische Sehnsucht nach Weltmachtstatus entwickelte sich auf verschiedene Arten. Russland stürzte in den Neunzigerjahren unter Jelzin in einen Abgrund aus gescheiterter Demokratisierung und oligarchischem Kapitalismus. Erst Putin stabilisierte das Land wieder, behauptete die russische Identität und stellte Russlands Status einer Weltmacht wieder her. Auch Jelzin hatte freilich schon 1992 in diese Kerbe geschlagen, als in Russland die Desillusionierung über das vollmundige Gerede von der Partnerschaft mit Amerika und der Integration in den Westen immer mehr um sich griff. Westliche Versuche, Russland durch die KSZE, den NAKR, die Partnerschaft für den Frieden, den NATO-Russland-Rat oder die G8 zu integrieren, erwiesen sich alle als ineffektiv oder problematisch.

Chinas entschieden revisionistischer Kurs war die logische Konsequenz des 4. Juni 1989. Deng hatte Scowcroft schon im Dezember 1989 belehrt, dass es keine Kompromisse gab, »wenn die Souveränität, die Würde und die Unabhängigkeit Chinas zur Debatte stehen«.[28] Sobald die KPCh das Land nach dem Tiananmen wieder im Griff hatte, ging die Wirtschafreform unter dem Banner der »sozialistischen Marktwirtschaft« weiter. Parteichef Jiang Zemin setzte sich für die folgenden zehn Jahre als Vollstrecker des Deng'schen Erbes durch. Hu Jintao, sein Nachfolger von 2002 bis 2012, herrschte über ein Land, das von einem stetigen, erstaunlichen und nach westlichen Maßstäben spektakulären Wachstum geprägt war – einem Wachstum, das solide Grundlagen für Xi Jinpings geostrategische Ambitionen legte. Und während Putin mit einer Volkswirtschaft operierte, die wie eh und je von der Energie- und Rohstoffproduktion abhängig war, diente Xi die zweitgrößte Volkswirtschaft der Welt und das Zentrum der weltweiten Industrieproduktion als Basis.

Die Vereinigten Staaten, der dritte Punkt des Dreiecks und die Macht, die von China und Russland herausgefordert wurde, waren immer noch die größte und technisch hochentwickeltste Volkswirtschaft der Welt.[29] Ihre Verteidigungsausgaben im Jahr 2018 betrugen etwa 700 Milliarden Dollar und damit das Dreifache der chinesischen und der russischen zusammengenommen.[30] Und obwohl die USA Dutzende von Einrichtungen im Irak und in Afghanistan schlossen, verfügten sie immer noch über etwa 500 Militärstützpunkte rund um den Erdball, im Vergleich zu etwa 20 russischen und zu Chinas einzigem ausländischen Militärstützpunkt in Dschibuti.[31] Amerika besaß außerdem eine konkurrenzlose logistische Fähigkeit für Luftlandeoperationen. Dank dieser entsprach es der klassischen Definition einer Supermacht: »große Macht und große Mobilität der Macht«.[32]

Doch im 21. Jahrhundert veränderte sich das Wesen der internationalen Politik. Schon in der Ära Bush hatte es militärische Aggressionen oder geheime Atomprogramme von »abtrünnigen Staaten« wie dem Irak oder Nordkorea gegeben. Und der Zusammenbruch der Sowjetunion warf Fragen auf, hinsichtlich des Risikos ihrer Waffenarsenale und der Gefahr, dass Atomwaffen in die Hände nichtstaatlicher Akteure gelangen könnten. Seit 2001 haben die Vereinigten Staaten einen Großteil ihrer politischen Energie und ihrer Verteidigungsressourcen in den »Krieg gegen den Terror« investiert, und zwar insbesondere in Afghanistan und dem Irak, aber auf die eine oder andere Art auch in mehr als 70 weiteren Ländern rund um den Erdball.[33] Dies ist eine direkte Folge des 11. September: der Terroristischen Angriffe auf das World Trade Center in New York und das Pentagon in Washington DC. Amerikas Besessenheit von diesem »Krieg«, der inzwischen fast zwei Jahrzehnte währt, hat auch mit der einzigartigen Erfahrung im 20. Jahrhundert zu tun, dass sein kontinentales Kerngebiet in zwei Weltkriegen und im

Kalten Krieg niemals einem direkten Angriff ausgesetzt war, von einer
Invasion oder Besetzung ganz zu schweigen – einer Erfahrung, die es
von Russland, China, Japan und dem größten Teil Europas radikal
unterscheidet. Von zentraler Signifikanz ist auch, dass die Attacke vom
11. September kein staatlich gelenkter militärischer Angriff war, sondern eine eher kleine Operation, die mit vier Zivilflugzeugen und einer
Handvoll Selbstmordattentätern ins Werk gesetzt wurde. Seit diesem
traumatischen Ereignis haben die amerikanischen Streitkräfte »zahlreiche Einsätze niedriger Intensität und langer Dauer« gegen sogenannte
nichtstaatliche Akteure durchgeführt, und das »ohne klare Kriterien
für den Sieg und ohne Exitstrategie«.[34]

Der amerikanische Krieg gegen den Terror war fast größtenteils reaktiv: Man versuchte, an vielen verschiedenen Orten einer diffusen Ansammlung von Bedrohungen zu begegnen. Doch der unipolare Moment
hauchte auch einem alten geopolitischen Projekt neues Leben ein: der
Vorstellung von Amerika als dem weltweiten Hüter von Freiheit und
Demokratie, einem Projekt, dessen berühmteste Vertreter Woodrow
Wilson und Franklin D. Roosevelt gewesen waren. So erklärte George
H. W. Bush, als er für seine neue Weltordnung warb: »Nur die Vereinigten Staaten haben sowohl das moralische Gewicht als auch die Mittel,
sie [die neue Weltordnung] zu stützen.«[35] Er war der festen Überzeugung, dass die Vereinigten Staaten eine einzigartige Verantwortung hätten, sich nach dem Kalten Krieg für eine neue Ordnung einzusetzen, die
sich auf die Prinzipien Demokratisierung und Marktwirtschaft, aber
auch auf gestärkte internationale Institutionen und universell vereinbarte Regeln für staatliches Verhalten stützte. Unter Bill Clinton wurden die »Ausdehnung der Demokratie« und internationales »Engagement« (Eingreifen) offizielles Ziel der amerikanischen Außenpolitik.
Tatsächlich war die Intervention im Kosovo 1999 dem Urteil des Historikers John A. Thompson und anderer Beobachter zufolge »das erste
Mal seit dem Zweiten Weltkrieg, dass die Vereinigten Staaten versucht
hatten, Demokratie (oder wenigstens Selbstbestimmung) mit Gewalt zu
verbreiten«. Ab 2001 machte George W. Bush die Förderung der Demokratie weltweit zu einem Kernstück seiner Präsidentschaft, doch er
war, insbesondere nach dem 11. September, ideologischer, unilateraler
und militärischer orientiert als seine Vorgänger. Und er war außerdem

weniger als sein Vater daran interessiert, das Potenzial einer universellen kollektiven Sicherheitsorganisation wie der UNO für die Wiederherstellung der Ordnung und des Friedens zu nutzen.[36]

Als er im November 2003 seine »neue Politik« der »Vorwärtsstrategie der Freiheit« präsentierte, erklärte er: »Die Förderung der Freiheit ist die Bestimmung unserer Zeit; sie ist die Bestimmung unseres Landes.« Wenngleich er sich vor allem auf den Nahen Osten konzentrierte, war sein Blickfeld doch global und reichte von Nordkorea bis Simbabwe. Sogar der Pekinger Führung warf er den Fehdehandschuh hin:

> Unser Engagement für die Demokratie steht in China auf dem Prüfstand. Diese Nation hat bis jetzt nur ein Scheibchen, einen kleinen Bruchteil von Freiheit. Doch die chinesische Bevölkerung wird am Ende ihre Freiheit ganz und unverfälscht haben wollen. China hat entdeckt, dass wirtschaftliche Freiheit zu nationalem Wohlstand führt. Die chinesischen Führer werden auch entdecken, dass Freiheit unteilbar ist, dass auch die soziale und religiöse Freiheit für die Größe und die Würde einer Nation unentbehrlich sind. Am Ende werden Männer und Frauen, denen man erlaubt, über ihr Vermögen zu verfügen, darauf bestehen, auch über ihr Leben und ihr Land verfügen zu können.[37]

Als Prinzip genoss die Demokratisierung bei beiden Parteien – Republikanern und Demokraten – große Unterstützung, nicht zuletzt um die weltweiten Interventionen Amerikas zu rechtfertigen. Acht Jahre nach George W. Bushs Erklärung, im November 2011, verkündete Barack Obamas Außenministerin Hillary Clinton ihr eigenes Leitbild, das von Kommentatoren als »Bush-Freiheitsagenda 2.0« bezeichnet wurde.[38] Sie betonte in Bezug auf den arabischen Frühling, den wachsenden Ruf nach Freiheit, der sich ab Ende 2010 von Tunis bis Kairo und von Tripolis bis Damaskus erhob, dass ein »echter demokratischer Wandel im Nahen Osten und in Nordafrika im nationalen Interesse der Vereinigten Staaten ist«. Sie lehnte ab, was sie »als falsche Wahl zwischen Fortschritt und Stabilität« bezeichnete, und betonte, »die größte einzelne Ursache von Instabilität im heutigen Nahen Osten [sei] nicht der Ruf nach Veränderung, sondern die Weigerung, etwas zu ändern«. Sie räumte ein, »dass diese Revolutionen nicht die unseren sind. Sie sind nicht von uns, für uns oder gegen uns.« Aber dennoch, so Clinton, »spielen wir eine Rolle«: durch »unsere Anwesenheit, unseren Einfluss und unsere globale Führung« und weil »wir die Ressourcen, die Fähigkeiten und das Fachwissen haben, jene zu unterstützen, die friedliche, sinnvolle demokratische Reformen anstreben«. Amerikas Interesse an der Demokratisierung bezog sich auf den Prozess, nicht auf das Produkt: »Die Vereinigten Staaten finanzieren nicht politische Kandidaten oder politische Parteien. Aber wir schulen Parteien und Kandidaten, die sich zur Demokratie bekennen. Was wir nicht versuchen, ist, Ergebnisse zu verändern oder ein amerikanisches Modell aufzuzwingen.«[39]

Und doch hegte Clinton die Erwartung, dass sich die Demokratisierung zu Amerikas Gunsten auswirken werde: »Demokratien stimmen nicht immer mit uns überein, und im Nahen Osten und in Nordafrika sind sie mit einigen unserer politischen Ziele vermutlich überhaupt nicht einverstanden. Letztlich ist es aber kein Zufall, dass unsere engsten Verbündeten, von Großbritannien bis Südkorea, Demokratien sind.« Die unipolare Welt schien die magnetische Anziehungskraft der amerikanischen Werte zu verstärken. Und Clinton sagte klar und deutlich, dass die Freiheitsagenda der Regierung Obama globale Ausmaße habe: Sie sei eine Herausforderung für »Autokraten auf der ganzen Welt«, die sich fragen mögen, »ob sich der nächste Tahrir-Platz« womöglich in ihrer Hauptstadt befindet. Sie sagte nicht, dass der Rote Platz als Nächstes an der Reihe sein könnte. Aber Putin betrachtete ihre Rede trotzdem als eine direkte Herausforderung, insbesondere als Amerika bei der Präsidentschaftswahl von 2012 russische Oppositionsgruppen durch »Ressourcen, Fähigkeiten und Fachwissen« unterstützte und dieselbe Hilfe 2013/14 auch den Akteuren der Euromaidan-Revolte angedeihen ließ, die in der Ukraine den prorussischen Präsidenten Viktor Janukowitsch zu Fall brachten. Vor diesem Hintergrund konnte Putin behaupten, dass Washington mit der »hybriden Kriegführung« begonnen habe und Moskaus eigene Kampagne zur Unterminierung oder sogar Zurückdrängung der Demokratisierung nur eine Reaktion auf die amerikanischen Provokationen in Russland und in Russlands nahem Ausland sei.[40]

Das Projekt der »Demokratisierung«, verstärkt durch den »Krieg gegen den Terror«, wurde im ersten Jahrzehnt des 21. Jahrhunderts zu einem Markenzeichen der US-amerikanischen Außenpolitik.[41] Es war, als ob das Bewusstsein von der Unipolarität die führenden amerikanischen Politiker von der traditionellen strategischen Berücksichtigung der globalen Kräfteverhältnisse ablenkte. Sie konzentrierten sich nicht mehr auf die Großmächte, sondern auf kleine, fragile Länder oder regionale »Schurkenstaaten« mit Massenvernichtungswaffen, deren Probleme scheinbar durch Militäraktionen zum Sturz von Diktatoren und zur Zerschlagung terroristischer Bewegungen oder durch Softpower-Programme zur Mobilisierung demokratischen Wandels gelöst werden konnten. Dabei verloren sie tendenziell die schrittweisen Veränderungen in den globalen Kräfteverhältnissen aus den Augen, die Russland und China seit den Neunzigerjahren herbeiführten. Und obwohl Unipolarität ohnehin niemals von Dauer ist, beschleunigte dieser Wahrnehmungsverlust der amerikanischen Führung doch deren Erosion.

Im Gegensatz dazu hatten George H. W. Bush und seine Staatschef-Kollegen in den Jahren 1989 bis 1991 getrieben von der Hoffnung, nach dem Mauerfall eine freiere, wohlhabendere und offenere Welt aufbauen zu können, die globalen Kräfteverhältnisse stets im Blick behalten. Sie hatten außerdem begriffen, dass die amerikanische Macht in einem strukturellen Rahmen von politischen Allianzen und ökonomischer Interdependenz ausgeübt werden musste. Diese Haltung war für das westliche Bündnis seit seiner Gründung in den Vierzigerjahren typisch gewesen und schloss in den letzten Jahren des Kalten Krieges die ehemaligen kommunistischen Gegner mit ein. Die drei Nachfolger George H. W. Bushs, Bill Clinton, George W. Bush und Barack Obama schenkten diesen Bündnisbeziehungen und der damit verbundenen kooperativen Diplomatie trotz aller Differenzen in ihrer außenpolitischen Praxis eine ähnliche Aufmerksamkeit. Der 45. Präsident der Vereinigten Staaten war anders.

Schon in einem *Playboy*-Interview im März 1990, als sich Bush gerade mit den Herausforderungen der deutschen Wiedervereinigung und der sich verschärfenden Krise in der Sowjetunion herumschlug, deutete Donald J. Trump an, welche Linie er vertreten würde, falls er es je ins Oval Office schaffen sollte. Er antwortete damals auf die Frage, wie sich ein »Präsident Trump« verhalten würde: »Er würde sehr stark auf extreme militärische Stärke vertrauen. Er würde keinem Menschen trauen. Er würde den Russen nicht trauen; er würde unseren Verbündeten nicht trauen; er besäße ein riesiges Militärarsenal, würde es perfektionieren, es verstehen. Ein Teil des Problems besteht darin, dass wir einige der reichsten Staaten der Welt umsonst verteidigen …«[42]

»Warum kandidieren Sie dann nicht?«, wurde er gefragt.

»Ich würde den Job so gut wie jeder andere oder besser machen«, antwortete er. »Aber ich will nicht Präsident werden. Da bin ich mir hundert Prozent sicher. Ich würde meine Meinung nur ändern, wenn das Land weiter den Bach runtergeht.«

Als Trump 2017 dann tatsächlich Präsident wurde, handelte er nach diesen Prämissen. Er verkündete keine große Strategie, sondern beschränkte sich auf die Slogans »*America First*« und »*Make America Great Again*«. Es sei an der Zeit, erklärte er am 27. April 2018, »den Rost von der amerikanischen Außenpolitik abzukratzen«, denn diese sei »eine absolute und totale Katastrophe«. »Wir hören auf mit dem Nation-Building«, verkündete er, womit er sich klar und deutlich gegen die Leidenschaft seiner Vorgänger für Demokratisierung in aller Welt wandte. Und dann folgte eine rätselhafte Äußerung, die zu einem zentralen politischen Thema seiner Regierung werden sollte: »Wir müssen als Nation unberechenbarer werden.«[43]

Unberechenbarkeit als außenpolitisches Handlungsprinzip bedeutet, dass man seinen Einsatz aufs Spiel setzt und Risiken eingeht, wenn man meint, dass die Chancen gut stehen. Trump glaubte, als oberster Spieler der Nation mit der Kombination von Unberechenbarkeit und amerikanischer Macht die Druckmittel zu haben, um mit jedem beliebigen Gegenüber zu jedem beliebigen Zeitpunkt jedes beliebige Abkommen aushandeln zu können.[44] Dieser Ansatz bedeutete, dass er die nationale Sicherheit aufs Spiel setzte, indem er das Gewebe von Partnerschaften und Netzwerken strapazierte oder gar zerstörte, das fast sieben Jahrzehnte lang ein integraler Bestandteil von Macht und Status der Vereinigten Staaten gewesen war. Trump hatte keine Hemmungen, ausländische Staatsmänner und Staatsfrauen zu beleidigen; er attackierte mühsam aufgebaute Nachkriegsallianzen wie die NATO und erklärte die EU und altgediente europäische Partner einschließlich Deutschlands zu Feinden. Er bandelte mit Russland und Nordkorea an und trat aus Rüstungskontrollabkommen aus. Getrieben von seinem aggressiven wirtschaftlichen Nationalismus löste er in Reaktion auf Pekings rücksichtslose Handelspolitik einen ausgewachsenen Handelskrieg mit der Volksrepublik aus. Und er zerriss das Nordamerikanische Freihandelsabkommen NAFTA (ein Erbe der Ära George H. W. Bush).

Doch das Feld der Außenpolitik ist kein Pokerraum in einem Trump-Casino, noch sind Tweets und Wutanfälle ein gutes Rezept für dauerhafte Beziehungen mit Verbündeten oder Gegnern. Nadelstiche gegen Partner und die Untergrabung von Allianzen ermutigen den Gegner nur dazu, ebenfalls Risiken einzugehen, und schwächen die regionale Stabilität in Europa und im asiatisch-pazifischen Raum, vom Nahen Osten ganz zu schweigen. Trump reduzierte Diplomatie und Staatskunst generell auf eine chaotische Folge rein transaktionsorientierter Begegnungen: auf erfolgreich abgeschlossene oder gescheiterte Deals. Das war kaum die optimale Reaktion, um der systemischen und globalen Herausforderung durch Peking und Moskau zu begegnen. Diese war unter anderem zum Ausdruck gekommen in der Parole des russischen Außenministers Sergei Lawrow von der Schaffung einer »post-westlichen neuen Weltordnung« oder auch als Wladimir Putin im Juni 2019 verkündete: »Der liberale Gedanke«, der den westlichen Gesellschaften jahrzehntelang zugrunde lag, hat »seinen Zweck überlebt« und »ist obsolet geworden«.[45]

Die Welt nach dem Mauerfall und nach dem Tiananmen hat seit den Tagen von George H. W. Bush eine große Wegstrecke zurückgelegt. Aber einige seiner Worte mit Blick auf die Ära der Wendezeit wirken heute erstaunlich vorausschauend. In seiner Abschiedsrede in Texas warnte er, dass »eine Welt der zunehmenden Instabilität und des feindseligen Nationalismus die globalen Märkte stören, Handelskriege auslösen und uns auf den Weg des wirtschaftlichen Niedergangs führen wird.« Und obwohl ständig von einer auf Regeln gegründeten künftigen Ordnung (hoffentlich friedlich und demokratisch) die Rede war, ermahnte er seine Zuhörer: »Die neue Welt könnte, mit der Zeit, genauso bedrohlich sein wie die alte. Und, lassen Sie mich offen sein: Ein Verzicht auf die amerikanische Führung, auf das amerikanische Engagement, wäre ein Fehler, für den künftige Generationen, ja unsere eigenen Kinder, teuer bezahlen müssten.«[46]

ABKÜRZUNGEN

AFP	*Agence France-Presse*
AP	*Associated Press*
APEC	Asia-Pacific Economic Cooperation; Asien-Pazifik-Forum
APP	American Presidency Project
AWP	Alan Whittome Papers
BATUN	Baltic Appeal to the United Nations
CdMDA	Chronik der Mauer Digitalarchiv
CdWDA	Chronik der Wende Digitalarchiv
BRD	Bundesrepublik Deutschland (inoffizielle Abkürzung, die seit den siebziger Jahren insbesondere vom DDR-Regime verwendet wurde)
CDU	Christlich-Demokratische Union
CIA	Central Intelligence Agency
CQ	*Congressional Quarterly (Almanac)*
CSM	*Christian Science Monitor*
CSU	Christlich-Soziale Union
CT	*Chicago Tribune*
CWH	*Cold War History*
CWIHP	Cold War International History Project, Washington DC
DDE	*Diplomatie für die deutsche Einheit* (Gesprächsprotokolle und andere Dokumente)
DDR	Deutsche Demokratische Republik
DE	*Die Einheit* (Gesprächsprotokolle und andere Dokumente)
DESE	*Deutsche Einheit Sonderedition* (Gesprächsprotokolle und andere Dokumente)
DILA	Direction de l'Information Légale et Administrative
DKDW	*Der Kreml und die »Wende«* (Gesprächsprotokolle und andere Dokumente)

DM	Deutsche Mark
DVP	Discours – Vie Publique
DW	*Deutsche Welle*
EBWE	Europäische Bank für Wiederaufbau und Entwicklung
ECU	European Curreny Unit; Europäische Währungseinheit
ECWF	End of the Cold War Forum, Moscow (Gesprächsprotokolle und andere Dokumente)
EFTA	European Free Trade Association; Europäische Freihandelsassoziation
EG	Europäische Gemeinschaft
EPU	Europäische Politische Union
ESSG	European Strategy Steering Group
EU	Europäische Union
FAZ	*Frankfurter Allgemeine Zeitung*
FBIS	Foreign Broadcasting Information Service
FCO	Foreign and Commonwealth Office
FDP	Freie Demokraten / Freie Demokratische Partei
FRC	Foreign Relations Committee; Ausschuss für auswärtige Beziehungen des US-Senats
FT	*Financial Times*
G7	Gruppe der Sieben
G24	Gruppe der 24 (1989 gegründet, um Hilfslieferungen an Mittel- und Osteuropa zu koordinieren)
GASP	Gemeinsame Außen- und Sicherheitspolitik
GHDI	German History in Documents and Images
GHIDC	German Historical Institute, Washington DC
GUS	Gemeinschaft Unabhängiger Staaten
IAEO	Internationale Atomenergie-Organisation
IBRD	International Bank for Reconstruction and Development; Internationale Bank für Wiederaufbau und Entwicklung
ICBMs	intercontinental ballistic missiles; Interkontinentalraketen
INFs	intermediate-range nuclear forces; Mittelstreckenraketen
IS	*International Security*
ITAR-TASS	*Informatsionnye Telegrafnoye Agentstvto Rossii – Telegrafnoe Agentstvo Sovetskovo Soyuza*

JCWS	*Journal of Cold War Studies*
JSSE	Joint Study of the Soviet Economy
KPCh	Kommunistische Partei Chinas
KPdSU	Kommunistische Partei der Sowjetunion
KSE	Konventionelle Streitkräfte in Europa (Vertrag)
KSZE	Konferenz über Sicherheit und Zusammenarbeit in Europa
LA Times	*Los Angeles Times*
LRB	*London Review of Books*
MEP	Mitglied des Europäischen Parlaments
MGDF	*Michail Gorbatschow und die deutsche Frage* (Gesprächsprotokolle und andere Dokumente)
MoH	*Masterpieces of History* (Gesprächsprotokolle und andere Dokumente)
MFN	Most Favoured Nation; Handelsstatus der meistbegünstigten Nation
MTCR	Missile Technology Control Regime; Raketentechnologie-Kontrollregime
NAFTA	North American Free Trade Agreement; Nordamerikanisches Freihandelsabkommen
NAKR	Nordatlantischer Kooperationsrat (englisch: North Atlantic Cooperation Council, NACC)
NATO	North Atlantic Treaty Organisation; Nordatlantikpakt
ND	*Neues Deutschland*
NPT	Non-Proliferation of Nuclear Weapons Treaty; Atomwaffensperrvertrag
NSAEBB	National Security Archive Electronic Briefing Book
NSC	National Security Council; Nationaler Sicherheitsrat der USA
NSDD	National Security Decision Directive; nationale Sicherheitsdirektive
NSR	National Security Review; nationaler Sicherheitsbericht
NVA	Nationale Volksarmee der DDR
NYRB	*New York Review of Books*
NYT	*New York Times*
NZZ	*Neue Zürcher Zeitung*

OECD	Organisation for Economic Co-operation and Development; Organisation für wirtschaftliche Zusammenarbeit und Entwicklung
PDS	Partei des Demokratischen Sozialismus
PHP	Parallel History Project on Cooperative Security, Zürich
PREM	Prime Minister's Office files; Akten des Büros des Premierministers
RKP	Russische Kommunistische Partei
RSFSR	Russische Sozialistische Föderative Sowjetrepublik
SALT	Strategic Arms Limitation Talks / Treaty; Gespräche/ Verträge zur Begrenzung strategischer Rüstung
SD	*Sowjetische Dokumente*
SDP	Sozialdemokratische Partei in der DDR
SED	Sozialistische Einheitspartei Deutschlands
SII	Structural Impediments Initiative; amerikanisch-japanische Initiative zur Beseitigung struktureller Hindernisse
SNFs	short-range nuclear forces; Kurzstreckenraketen
SPD	Sozialdemokratische Partei Deutschlands
START	Strategic Arms Reduction Treaty; Vertrag zur Verringerung strategischer Waffen
SZ	*Süddeutsche Zeitung*
TASS	*Telegrafnoye agentstvo Sovetskovo Soyuza*
taz	*Die Tageszeitung*
TLSS	*The Last Superpower Summits* (Gesprächsprotokolle und andere Dokumente)
TSMP	Teimuraz Stepanov-Mamaladze Papers (Dokumente)
UdSSR	Union der Sozialistischen Sowjetrepubliken
UN/UNO	United Nations (Organization); Organisation der Vereinten Nationen
UNITAF	Unified Task Force; vereinigte UN-Einsatztruppe in Somalia
UNOSOM	United Nations Operation in Somalia
UNSC	United Nations Security Council; UN-Sicherheitsrat
UNTAC	United Nations Transitional Authority in Cambodia; Übergangsverwaltung der Vereinten Nationen in Kambodscha

UPI	*United Press International*
USAF	United States Airforce; Luftwaffe der USA
VM	Valutamark
VRC	Volksrepublik China
WP	*Washington Post*
WSJ	*Wall Street Journal*
WSJE	*Wall Street Journal Europe*
WWU	(Europäische) Wirtschafts- und Währungsunion
ZA	Zwischenarchiv
ZRP	Zelikow and Rice Papers (Dokumente)

ANMERKUNGEN

Archive
Estland
Välisministeerium arhiiv (EST VM), Tallinn
Rahvusarhiiv eraarhiiviosakond – endine Parteiarhiiv, Tallinn

Deutschland
Bundesarchiv (BArch) und Stiftung Archiv der Parteien und Massenorgani-
   sationen der DDR (SAPMO), Berlin-Lichterfelde
Bundesarchiv (BA), Koblenz
Politisches Archiv des Auswärtigen Amts (PAAA), Berlin
Behörde des Bundesbeauftragten für die Stasi-Unterlagen (BStU), Berlin

Frankreich
Ministère des Affaires Etrangères (MAE), Archives Diplomatiques (AD), Paris

Island
Ministry of Foreign Affairs Archive (ICE MFA), Reykjavik

Russland
Arkhiv Gorbachev–Fonda (AGF), Moskau
Rossiiskii Gosudarstvennyi Arkhiv Noveishei Istorii (RGANI), Moskau
State Archive of the Russian Federation (GARF), Moskau

Vereinigte Staaten
George H. W. Bush Presidential Library (GHWBPL), College Station, TX
Hoover Institution Archives (HIA), Stanford, CA
International Monetary Fund Archives (IMFA), Washington, DC
National Security Archive (NSA), George Washington University (GWU),
   Washington, DC
Seeley G. Mudd Library (SML), Princeton, NJ
Wilson Center (Digital) Archives (DAWC), Washington, DC

Vereinigtes Königreich
Churchill Archives Centre (CAC) and (Digital) Margaret Thatcher Foundation
(MTF), Cambridge
The National Archives (TNA), Kew, Surrey

Interviews und Zeitzeugenkonferenzen

Egon Bahr, 19. Mai May 1998, Bonn
Joachim Bitterlich, 6. September 1999, Brüssel, und 9. Mai 2019, Washington, DC
Lothar de Mazière, 17. April 1998, Berlin
Hans-Dietrich Genscher, 26. März 1998 und 14. April 1999, Bonn
Michael Mertes, 8. September 1999, Bonn
Ulrich Weisser, 26. März 1999, Düsseldorf
Richard von Weizsäcker, 14. April 1998 und 29. April 1999, Berlin

»FCO Witness Seminar: Berlin in the Cold War 1949–1990 & German Unification
1989–1990«, Lancaster House (16. Oktober 2009).

»Mikhail Gorbachev's 1988 Address to the UN: 30 Years Later«. SAIS – Johns
Hopkins University, Washington, DC (6. Dezember 2018). Podiumsdiskussion
mit Andrei Kozyrev, Pavel Palazhchenko, Thomas W. Simons Jr. und Kristina
Spohr. Video available at: youtube.com/watch?v=Mi6NkWIJuzo

»Open Door: NATO and Euro-Atlantic Security in the 1990s«. SAIS – Johns Hop-
kins University, Washington DC (12. März 2019). Geschlossenes Oral-History-
Seminar von Kristina Spohr und Daniel S. Hamilton mit politischen Entschei-
dungsträgern: Andrei Kozyrev, Andrei Zagorski, Sir Malcolm Rifkind, Volker
Rühe, Karsten Voigt, Benoît d'Aboville, Strobe Talbott, Robert E. Hunter,
Alexander Vershbow, Jenonne Walker, John Kornblum, Jeremy Rosner, Ste-
phen J. Flanagan, General Wesley K. Clark, Mircea Geonană, Géza Jeszensky,
András Simonyi, Jan Havránek, Jan Jireš.

»Exiting the Cold War, Entering a New World«. SAIS – Johns Hopkins Univer-
sity, Washington, DC (8. Mai 2019). Geschlossenes Oral-History-Seminar von
Kristina Spohr und Daniel S. Hamilton mit politischen Entscheidungsträgern:
Anatoly Adamishin, Pavel Palazhchenko, Joachim Bitterlich, Markus Meckel,
Horst Teltschik, Sir Rodric Braithwaite, Sir Roderic Lyne, Jón Baldvin Hanni-
balsson, Mart Laar, Adam Michnik, Avis Bohlen, David Gompert, Thomas W.
Simons, Philip Zelikow.

Für eine ausführliche Bibliografie siehe kristina-spohr.com/books/wendezeit

Einleitung

1 »Atomares Wintex«, in: *Der Spiegel* 8/1989, 20. Februar 1989, S. 17; »NATO-ÜBUNG: Schlag Zuviel«, in: *Der Spiegel* 11/1989, 13. März 1989, S. 15 f.; »Der Iwan kommt – und feste druff«, in: *Der Spiegel* 18/1989, 1. Mai 1989, S. 23–7; »Schlacht von gestern«, in: *Der Spiegel* 29/1989, 17. Juli 1989, S. 23 f.

2 Über die dramatischen revolutionären Umwälzungen von 1989 ist viel geschrieben worden. Siehe zum Beispiel Victor Sebestyen, *Revolution 1989: The Fall of the Soviet Empire*, London 2009; Michael Meyer, *1989: The Year That Changed the World – The Untold Story Behind the Fall of the Berlin Wall*, New York 2009; Ludger Kühnhardt, *Revolutionszeiten: Das Umbruchsjahr 1989 im geschichtlichen Zusammenhang*, München 1995. Zu »1989« als Produkt der »sozialen Revolution« und der »Macht des Volkes« von unten siehe zum Beispiel Padraic Kenney, *A Carnival of Revolution: Central Europe 1989*, Princeton, NJ, 2003; Charles A. Maier, *Dissolution: The Crisis of Communism and the End of East Germany*, Princeton, NJ, 1997; Konrad H. Jarausch und Martin Sabrow (Hg.), *Weg in den Untergang: Der innere Zerfall der DDR*, Göttingen 1999. Vgl. Adam Roberts und Timothy Garton Ash (Hg.), *Civil Resistance and Power Politics: The Experience of Non-violent Action from Gandhi to the Present*, Oxford 2009; April Carter, *People Power and Political Change: Key Issues and Concepts*, New York 2012. Zu »1989« als Ergebnis »der Reformen von oben« durch national-kommunistische Eliten, die von Michail Gorbatschow unterstützt wurden, siehe zum Beispiel Stephen Kotkin mit Jan T. Gross, *Uncivil Society: 1989 and the Implosion of the Communist Establishment*, New York 2009; Constantine Pleshakov, *There Is No Freedom without Bread: 1989 and the Civil War that Brought Down Communism*, New York 2009; Gordon M. Hahn, *Russia's Revolution from Above, 1985–2000: Reform, Transition and Revolution in the Fall of the Soviet Communist Regime*, New York 2001; Jacques Lévesque, *The Enigma of 1989: The USSR and the Liberation of Eastern Europe*, Berkeley, CA, 1997.

3 Francis Fukuyama, »The End of History?«, in: *The National Interest*, Nr. 16 (Sommer 1989), S. 3–18; derselbe, *The End of History and the Last Man*, London 1992. Zum »Post-1989-Optimismus« siehe Thomas Bagger, »The World According to Germany: Reassessing 1989«, in: *Washington Quarterly* 41, 4 (Winter 2019), S. 53–63.

4 Vgl. zum Beispiel George Lawson et al. (Hg.), *The Global 1989: Continuity and Change in World Politics*, Cambridge 2010; Richard K. Herrmann und Richard Ned Lebow (Hg.), *Ending the Cold War: Interpretations, Causation and the Study of International Relations*, New York 2004; Bernhard Blumenau et al. (Hg.), *New Perspectives on the End of the Cold War: Unexpected Transformations?*, Abingdon 2018.

5 Für ihre Memoiren und wichtige Biografien siehe zum Beispiel Michail S. Gorbatchev, *Memoirs*, London 1997; derselbe, *Wie es war*, Berlin 1999; William Taubman, *Gorbachev: His Life and Times*, New York 2017; Archie Brown, *The Gorbachev Factor*, New York 1996; George Bush und Brent Scowcroft, *A World Transformed*, New York 1998; George Bush, *All the Best – George Bush: My Life in Letters and Other Writings*,

New York 2013; Jon Meacham, *Destiny and Power: The American Odyssey of George Herbert Walker Bush*, New York 2015; Timothy Naftali, *George H. W. Bush – The American Presidents Series: The 41st President, 1989–1993*, New York 2007; Helmut Kohl mit Kai Diekmann, *Ich wollte Deutschlands Einheit*, Berlin 1996; derselbe, *Vom Mauerfall zur Wiedervereinigung: Meine Erinnerungen*, München 2009; derselbe, *Erinnerungen 1982–1990*, München 2005; derselbe, *Erinnerungen 1990–1994*, München 2007; Hans-Peter Schwarz, *Helmut Kohl: Eine politische Biographie*, Berlin 2014.

6   Eduard Shevardnadze, *The Future Belongs to Freedom*, London 1991; James A. Baker mit Thomas M. DeFrank, *The Politics of Diplomacy: Revolution, War and Peace, 1989–1992*, New York 1995; Hans-Dietrich Genscher, *Erinnerungen*, Berlin 1995; derselbe, *Unterwegs zur Einheit: Reden und Dokumente aus bewegter Zeit*, Berlin 1991; Gerhard A. Ritter, *Hans-Dietrich Genscher, das Auswärtige Amt und die deutsche Vereinigung*, München 2013.

7   Margaret Thatcher, *The Downing Street Years*, London 1993; George R. Urban, *Diplomacy and Disillusion at the Court of Margaret Thatcher: An Insider's View*, London 1995; François Mitterrand, *Über Deutschland*, Frankfurt 1996; Pierre Favier und Michel Martin-Roland, *La Décennie Mitterrand*, Bd. 4: *Les Déchirements (1992–1995)*, Paris 1999.

8   Siehe zum Beispiel Frédéric Bozo et al. (Hg.), *Europe and the End of the Cold War: A Reappraisal*, London 2008; Harold James, *Making the European Monetary Union*, Cambridge, MA, 2012; Kenneth Dyson und Kevin Featherstone, *The Road To Maastricht: Negotiating Economic and Monetary Union*, Oxford 1999; Werner Rouget und Joachim Bitterlich, *Schwierige Nachbarschaft am Rhein: Frankreich-Deutschland*, Bonn 1998.

9   Für freigegebene chinesische Dokumente über die Entscheidungsprozesse in Peking im Zusammenhang mit den Demonstrationen und ihrer Niederschlagung, die freilich große Kontroversen auslösten, was ihre »Verifizierbarkeit« betrifft, siehe Zhang Liang, Andrew Nathan, Perry Link und Orville Schell (Hg.), *The Tiananmen Papers: The Chinese Leadership's Decision to Use Force against Their Own People – In Their Own Words*, New York 2001, und Andrew J. Nathan, »The Tiananmen Papers«, in: *Foreign Affairs* 80, 1 (Januar/Februar 2001), S. 2–50. Kommentare zu diesen Quellen siehe Lowell Dittmer, »Review of The Tiananmen Papers«, in: *China Quarterly* 166 (Juni 2001), S. 476–83; Alfred L. Chan, »The Tiananmen Papers Revisited«, in: *China Quarterly* 177 (März 2004), S. 190–205; Andrew J. Nathan, »A Rejoinder to Alfred L. Chan«, in: *China Quarterly* 177 (März 2004), S. 206–14; Richard Baum, »Tiananmen – The Inside Story?«, in: *China Journal* 46 (Juli 2001), S. 119–23. Siehe auch Andrew J. Nathan, »The New Tiananmen Papers: Inside the Secret Meeting That Changed China«, in: *Foreign Affairs* (Mai 2019), online; Bao Pu (Hg.), *The Last Secret: The Final Documents from the June Fourth Crackdown*, Hong Kong 2019.

10   Siehe zum Beispiel Robert L. Suettinger, *Beyond Tiananmen: The Politics of U.S.-China Relations 1989–2000*, Washington, DC, 2003; David M. Lampton, *Same Bed, Different Dreams*, Berkeley, CA, 2002; Ezra F. Vogel, *Deng Xiaoping and the Transfor-*

mation of China, Cambridge, MA, 2013; Sergey Radchenko, *Unwanted Visionaries: The Soviet Failure in Asia at the End of the Cold War,* Oxford 2014. Für einen Vergleich der sowjetischen und der chinesischen Wirtschaftsreformen siehe Chris Miller, *The Struggle to Save the Soviet Economy: Mikhail Gorbachev and the Collapse of the USSR,* Chapel Hill, NC, 2016; Stephen Kotkin, »Review Essay – The Unbalanced Triangle: What Chinese-Russian Relations Mean for the United States«, in: *Foreign Affairs* 88, 5 (September/Oktober 2009), S. 130–8.

11 Siehe zum Beispiel Timothy Garton Ash, *The Magic Lantern: The Revolution of '89 Witnessed in Warsaw, Budapest, Berlin, and Prague,* London 1993; Michael Dobbs, *Down with Big Brother: The Fall of the Soviet Empire,* London 1996; Gale Stokes, *The Walls Came Tumbling Down: Collapse and Rebirth in Eastern Europe,* Oxford 2011; Mark Kramer, »The Collapse of East European Communism and the Repercussions within the Soviet Union (Parts 1–3)«, in: *Journal of Cold War Studies* 5, 4 (2003), S. 178–256 und 6, 4 (2004), S. 3–64 sowie 7, 1 (2005), S. 3–96; derselbe, »The Demise of the Soviet Bloc«, in: *The Journal of Modern History* 83 (Dezember 2011), S. 788–854; Craig Calhoun, *Neither Gods nor Emperors: Students and the Struggle for Democracy in China,* Berkeley, CA, 1997; M. E. Sarotte, »China's Fear of Contagion: Tiananmen Square and the Power of the European Example«, in: *International Security* 37, 2 (Herbst 2012), S. 156–82.

12 Siehe zum Beispiel Robert Service, *The End of the Cold War, 1985–1991,* London 2015; James Graham Wilson, *The Triumph of Improvisation: Gorbachev's Adaptability, Reagan's Engagement, and the End of the Cold War,* Ithaca, NY, 2013; Raymond L. Garthoff, *The Great Transition: American-Soviet Relations and the End of the Cold War,* Washington, DC, 1994.

13 Siehe zum Beispiel Hal Brands, *From Berlin to Baghdad: America's Search for Purpose in the Post-Cold War World,* Lexington, KT, 2008; Jeffrey A. Engel (Hg.), *Into the Desert: Reflections on the Gulf War,* Oxford 2013; Lawrence Freedman und Efraim Karsh, *The Gulf Conflict, 1990–1991,* Princeton, NJ, 1995. Siehe auch Marc Weller, *Iraq and the Use of Force in International Law,* Oxford 2010.

14 Siehe zum Beispiel Serhii Plokhy, *The Last Empire: The Final Days of the Soviet Union,* New York 2014; Vladislav M. Zubok, *A Failed Empire: The Soviet Union in the Cold War from Stalin to Gorbachev,* Chapel Hill, NC, 2009. Siehe auch Stephen Kotkin, *Armageddon Averted: The Soviet Collapse, 1970–2000,* New York 2008; Stephan G. Bierling, *Wirtschaftshilfe für Moskau: Motive und Strategien der Bundesrepublik Deutschland und der USA 1990–1996,* Paderborn 1998; Peter Rutland, »Mission Impossible? The IMF and the Failure of the Market Transition in Russia«, in: *Review of International Studies,* 25 (Dezember 1999) [The Interregnum: Controversies in World Politics 1989–1999], S. 183–200; Angela Stent, *The Limits of Partnership: U.S.-Russian Relations in the Twenty-First Century,* Princeton, NJ, 2014.

15 Zu Japan siehe zum Beispiel Ezra Vogel, *Japan as Number One: Lessons for America,* New York 1979; James Fallon, *Looking at The Sun: The Rise of The New East Asian Economic and Political System,* New York 1995; Rosemary Foot, »Power Transitions

and Great Power Management: Three Decades of China-Japan-US Relations«, in: *The Pacific Review* 30, 6 (2017), S. 829–42.

16 Siehe zum Beispiel Josip Glaurdić, *The Hour of Europe: Western Powers and the Breakup of Yugoslavia*, New Haven, CT, 2011; Richard Caplan, *Europe and the Recognition of New States in Yugoslavia*, Cambridge 2005; James Gow, *Triumph of the Lack of Will: International Diplomacy and the Yugoslav War*, London 1997. Zu China siehe zum Beispiel für eine langfristige Perspektive Odd Arne Westad, *Restless Empire: China and the World since 1750*, London 2012, und Julian Gewirtz, *Unlikely Partners, Chinese Reformers, Western Economists and the Making of Global China*, Cambridge, MA, 2017.

17 Justin Burke, »Signs of ›Balkanization‹ seen in Soviet Union«, in: *Christian Science Monitor (CSM)*, 8. Oktober 1991; siehe Kapitel 5, S. 420.

18 Siehe zum Beispiel Bruce Cumings, *North Korea: Another Country*, New York 2003; Nicholas L. Miller und Vipin Narang, »North Korea Defied the Theoretical Odds: What Can We Learn from its Successful Nuclearization?«, in: *Texas National Security Review* 1, 2 (Februar 2018).

19 Vgl. zum Beispiel Hal Brands, *Making the Unipolar Moment: U.S. Foreign Policy and the Rise of the Post-Cold War Order*, Ithaca, NY, 2016; derselbe, »Choosing Primacy: U.S. Strategy and Global Order at the Dawn of the Post-Cold War Era«, in: *Texas National Security Review* 1, 2 (2018), S. 8–33; Jeffrey A. Engel, *When the World Seemed New: George H. W. Bush and the End of the Cold War*, New York 2017. Siehe auch Charles Krauthammer, »The Unipolar Moment«, in: *Foreign Affairs* 70, 1, (1990/1991) [America and the World 1990/91], S. 23–33; derselbe, *The Unipolar Moment Revisited*, in: *The National Interest* 70 (Winter 2002/03), S. 5–18. Vgl. Odd Arne Westad, *The Global Cold War: Third World Interventions and the Making of Our Times*, Cambridge 2007, Schluss; derselbe, »The Cold War and America's Delusion of Victory«, *New York Times (NYT)*, 28. August 2017.

20 Grundlegende Studien sind unter anderem: Mary Sarotte, *1989: The Struggle to Create Post-Cold War Europe*, Princeton, NJ 2009; Andreas Rödder, *Deutschland einig Vaterland: Die Geschichte der Wiedervereinigung*, München 2009; Frédéric Bozo, *Mitterrand, la fin de la guerre froide et l'unification allemande: De Yalta à Maastricht*, Paris 2005; Philip Zelikow und Condoleezza Rice, *Germany Unified and Europe Transformed: A Study in Statecraft*, Cambridge, MA, 1995; dieselben, *To Build a Better World: Choices to End the Cold War and Create a Global Commonwealth*, New York 2019; Alexander von Plato, *Die Vereinigung Deutschlands – Ein weltpolitisches Machtspiel: Bush, Kohl, Gorbatschow und die internen Gesprächsprotokolle*, Berlin 2009; Vladislav Zubok, »With His Back Against the Wall: Gorbachev, Soviet Demise, and German Unification«, in: *Cold War History* 14, 4 (November 2014), S. 619–645; Mark Kramer, »The Myth of a no-NATO Enlargement Pledge to Russia«, in: *The Washington Quarterly* 32, 2 (2009), S. 39–61; Ron Asmus, *Opening NATO's Door: How the Alliance Remade Itself for a New Era*, New York 2004; James Goldgeier, »Bill and Boris: A Window Into a Most Important Post-Cold War Relationship«, in: *Texas*

National Security Review 1, 4 (August 2018); Kristina Spohr, »Precluded or Precedent-setting? The ›NATO Enlargement question‹ in the Triangular Bonn-Washington-Moscow Diplomacy of 1990/1991 and Beyond«, in: *Journal of Cold War Studies* 14, 4 (2012), S. 4–54; dieselbe, *Germany and the Baltic Problem after the Cold War: The Development of a New Ostpolitik 1989–2000*, London 2004.

21   Siehe Kapitel 4 und 5 für Gorbatschows Vorstellung von einem »gemeinsamen Haus Europa«, Genschers Vorschlag einer auf der KSZE basierenden »paneuropäischen Sicherheitsarchitektur« und Mitterrands Vision einer »europäischen Konföderation« mit der Europäischen Gemeinschaft als Kern.

22   Kristina Spohr und David Reynolds, »Putin's Revenge«, in: *New Statesman*, 17. Januar 2017.

23   Eine vollständige Liste der »Primärquellen« findet sich in der Bibliografie.

24   Ansprache von Bundespräsident Roman Herzog bei der Deutschen Gesellschaft für Auswärtige Politik in Bonn, 13. März 1995, http://www.bundespraesident.de/ SharedDocs/Reden/DE/Roman-Herzog/Reden/1995/03/19950313_Rede.html.

25   Vgl. Adam Tooze, *Crashed: How a Decade of Financial Crises Changed the World*, New York 2018.

26   Vgl. Stephen Kotkin, »Russia's Perpetual Geopolitics: Putin Returns to the Historical Pattern«, in: *Foreign Affairs* (Mai/Juni 2016), online.

27   Vgl. Robert D. Blackwill und Jennifer M. Harris, *War by Other Means: Geoeconomics and Statecraft*, Cambridge, MA, 2018.

28   Vgl. Bobo Lo, *Axis of Convenience: Moscow, Beijing, and the New Geopolitics*, Washington, DC, 2008; Graham Allison, *Destined for War: Can America and China Escape Thucydides's Trap?*, New York 2017.

29   Vgl. Hanns W. Maull, »Germany and Japan: The New Civilian Powers«, in: *Foreign Affairs* 69, 5 (Winter 1990), S. 91–106; derselbe und Sebastian Harnisch (Hg.), *Germany as a Civilian Power? The Foreign Policy of the Berlin Republic*, Manchester 2001; Jan Orbie, »Civilian Power Europe – Review of the Original and Current Debates«, in: *Cooperation and Conflict* 41, 1 (2006), S. 123–28; Karen E. Smith, »Beyond the Civilian Power EU Debate«, in: *Politique européenne* 17, 3 (2005), S. 63–82.

30   Unter dem Begriff »Weltinnenpolitik« hatten die Deutschen seit den Sechzigerjahren eine ähnliche Vision verfochten. Siehe Carl Friedrich von Weizsäcker, »Schachpartie der Großmächte«, in: *Die Zeit*, 7. Januar 1966; Ulrich Bartosch, *Weltinnenpolitik: Zur Theorie des Friedens von Carl Friedrich von Weizsäcker* [Beiträge zur politischen Wissenschaft, Bd. 86], Berlin 1995.

31   Vgl. Hillary Rodham Clinton, »Leading Through Civilian Power: Redefining American Diplomacy and Development«, in: *Foreign Affairs*, 89, 6 [The World Ahead] (November/Dezember 2010), S. 13–24.

32   Vgl. Henry Kissinger, *World Order*, London 2015.

Kapitel 1:
Die Neuerfindung des Kommunismus: Russland und China

1   Maureen Dowd, »Soviet Star Is a Smash in Broadway Showing«, *New York Times (NYT)*, 8. Dezember 1988.

2   James Barron, »For Gorbachev, Met Museum and Trump Tower Visits Due«, *NYT*, 1. Dezember 1988; Howard Kurtz, »Gorbachev on the Road to New Soviet Frontiers«, *Washington Post (WP)*, 4. Dezember 1988; Maureen Dowd, »Manhattan Goes Gorbachev – From Fish to Oreo Cookies«, *NYT*, 7. Dezember 1988.

3   »Excerpts from Speech to U.N. on Major Soviet Military Cuts«, *NYT*, 7. Dezember 1988.

4   George Bush and Brent Scowcroft, *A World Transformed*, S. 26. Jeffrey A. Engel, *When the World Seemed New*, S. 86–9; Jon Meacham, *Destiny and Power*, S. 368; Derek H. Chollet und James M. Goldgeier, »Once Burned, Twice Shy? The Pause of 1989?«, in: William C. Wohlforth, *Cold War Endgame: Oral History, Analysis, Debates*, University Park, PA, 2010, Kapitel 5. Siehe auch James A. Baker III Papers, Seeley G. Mudd Library, Princeton (im Folgenden JAB-SML), Box 96, Folder 6 (im Folgenden B/F), Confirm – Courtesy Calls, 1988–1989, Meeting with President Richard Nixon, 10. Dezember 1988.

5   William Taubman, *Gorbatschow: Der Mann und seine Zeit*, München 2018, Kapitel 1–5; Victor Sebestyen, *Revolution 1989*, S. 116, siehe auch Don Oberdorfer, *From the Cold War to a New Era: The United States and the Soviet Union, 1983–1991*, Baltimore/London 1998, 2. Aufl., Kapitel 4, insb. S. 107–11.

6   Raissa Gorbatschowa, *Leben heißt hoffen*, Bergisch Gladbach 1991, S. 14.

7   Archie Brown, *Seven Years that Changed the World: Perestroika in Perspective*, Oxford 2007, S. 284–94; Antony D'Agostino, »How the Soviet Union Thought itself to Death«, in: *The National Interest* (Mai–Juni 2017), online.

8   »The Soviet Economy in 1988: Gorbachev Changes Course«, CIA/DIA, April 1989; David Reynolds, *One World Divisible: A Global History since 1945*, New York 2000, S. 540. Siehe auch IMF Archives, Office of the Managing Director Allan Whittome Papers, Joint Study of the Soviet Economy, Box 1, Folder 7 (im Folgenden IMFA-AWP, JSSE, B/F), NATO Relations, NATO – Long Term Projections for the Soviet Economy, Note by the Secretary General (C-M(89)18), S. 1–6; und Office Memorandum, Vibe Christensen to Whittome, Visit by Mr. Renaud, NATO on October 5, 4. Oktober 1990, S. 1f.

9   Geir Lundestad, »›Imperial Overstretch‹, Mikhail Gorbachev, and the End of the Cold War«, in: *Cold War History* 1, 1 (2000), S. 1–20; Arne Westad, *The Global Cold War*, Cambridge 2005, S. 379.

10 Äußerungen Reagans auf der Jahreskonferenz der National Association of Evangelicals in Orlando, Florida, 8. März 1983, The American Presidency Project Website (APP); Reagan's Rede vor dem britischen Parlament, 8. Juni 1982, APP.

11 Reagan's Address to the Nation on Defense and National Security, 23. März 1983, APP.

12 Zu den Gipfeltreffen der Supermächte siehe zum Beispiel Jack F. Matlock Jr, *Reagan and Gorbachev: How the Cold War Ended,* New York 2004; James Graham Wilson, *The Triumph of Improvisation;* Svetlana Savranskaya und Thomas Blanton (Hg.), *The Last Superpower Summits: Gorbachev, Reagan and Bush – Conversations that Ended the Cold War,* Budapest 2016, [im Folgenden *TLSS*]; Jonathan Hunt und David Reynolds, »Geneva, Reykjavik, Washington, and Moscow, 1985–1991«, in: Kristina Spohr und David Reynolds (Hg.), *Transcending the Cold War: Summits, Statecraft, and the Dissolution of Bipolarity in Europe 1970–1990,* Oxford 2016, S. 151–79. Zur Weltuntergangsuhr siehe *Bulletin of the Atomic Scientists,* http://thebulletin.org/timeline.

13 »Anatoly Chernyaev, Notes from a Meeting of the Politburo«, 31. Oktober 1988, Archive of the Gorbachev Foundation, Moscow (AGF), Digital Archive Wilson Center (DAWC); Gorbachev, *Memoirs,* S. 459; Politbürositzung 24. November 1988 (Политбюро, 24 ноября 1988 года), abgedruckt in: *W Politbjuro ZK KPSS, Po sapisjam Anatolija Tschernjajewa, Wadima Medwedewa, Georgija Schachnasarowa, 1985–1991,* Moskau 2006, S. 432–6, insb. S. 433.

14 Video der UNO-Rede: https://www.c-span.org/video/?5292-1/gorbachev-united-nations.

15 »Address by Mikhail Gorbachev at the UN General Assembly Session (Excerpts)«, 7. Dezember 1988, CWIHP Archive. Für deutsche Übersetzung: Michail Gorbatschow, *Die UNO-Rede,* Freiburg im Breisgau 1989. Siehe auch: Video der Rede: https://www.c-span.org/video/?5292-1/gorbachev-united-nations; und das Video »Mikhail Gorbachev's 1988 Address to the UN: 30 Years Later«, Podiumsdiskussion mit Andrej Kosyrew, Pawel Palaschtschenko, Thomas W. Simons Jr. und Kristina Spohr, SAIS, Johns Hopkins University, Washington, DC, 6. Dezember 2018 https://www.youtube.com/watch?v=Mi6NkWIJuzo.

16 Ebenda.

17 Ebenda.

18 Sitzung des Politbüros, 24. November 1988 (Политбюро, 24 ноября 1988 года) – Zu der kommenden Rede GS des ZK der KPdSU in der UNO (О предстоящем выступлении Генерального секретаря ЦК КПСС в ООН), abgedruckt in: *W Politbjuro ZK KPSS,* S. 433.

19 Eintrag 17. Dezember 1988, *The Diary of Anatoly S. Chernyaev 1988,* National Security Archive Electronic Briefing Book (im Folgenden NSAEBB) No. 250.

20 »Gambler, Showman, Statesman«, *NYT,* 8. Dezember 1988.

21 Richard C. Hottelet, »The Enigmatic Gaps in Gorbachev's UN Speech«, *Christian Science Monitor (CSM),* 15. Dezember 1988.

22 Siehe Video von »Mikhail Gorbachev's 1988 Address to the UN: 30 Years Later«, https://www.youtube.com/watch?v=Mi6NkWIJuzo. Vgl. auch: Pavel Palazhchenko, *My Years with Gorbachev and Shevardnadze: The Memoir of a Soviet Interpreter,* University Park, PA, 1997, S. 105–8.

23 Gorbachev, *Memoirs,* S. 463; Eintrag vom 17. Dezember 1988, *The Diary of Anatoly S. Chernyaev 1988,* NSAEBB No. 250.

24 Bush und Scowcroft, *A World Transformed,* S. 3.

25 Ebenda, S. 6 ff.; Memcon, Reagan-Gorbachev, Private Meeting, Governors Island, 13.05–13.30 Uhr, 7. Dezember 1988, abgedruckt in: *TLSS*, doc. 69, S. 470.

26 Ebenda, S. 472 ff.

27 Ebenda, S. 471 f. Gorbatschows Brief an Reagan, 28. Oktober 1987, in: »The INF Treaty and the Washington Summit: 20 Years Later«, NSAEBB No. 238.

28 *TLSS*, doc. 69, S. 472 ff.

29 Memcon, Reagan-Gorbachev, Private Meeting, Governors Island, 13.40–15.10 Uhr, 7. Dezember 1988, abgedruckt in: *TLSS*, doc. 70, S. 476.

30 Ebenda, S. 477 f.

31 Steven V. Roberts, »Table for Three, With Talk of Bygones and Best Hopes«, *NYT*, 8. Dezember 1988. Siehe auch Bill Keller, »Gorbachev pledges major troop cutback, then ends trip, citing vast Soviet quake«, *NYT*, 8. Dezember 1988.

32 Siehe Engel, *When the World Seemed New,* Kap. 2; Meacham, *Destiny and Power,* Teil IV und V. »Bush Conjures Up Voodoo Economics«, *Chicago Tribune (CT)*. Was genau ist Voodoo Economics? Seit George Bush den Begriff 1980 zum ersten Mal benutzte, haben viele versucht, eine akzeptable Definition zu finden.

33 Richard V. Allen, »George Herbert Walker Bush; The Accidental Vice President«, in: *NYT Magazine*, 30. Juli 2000; Herbert S. Parmet, *George Bush: The Life of a Lone Star Yankee*, New York 1997, S. 257. Bushs Tagebucheintrag vom 21. November 1986, zitiert in: »Was Vice President Bush in the Loop? You Make the Call«, *WP*, 31. Januar 1993.

34 Zum Thema Loyalität siehe Engel, *When the World Seemed New,* S. 22.

35 Robert Ajemian, »Where is the Real George Bush? The Vice President must now step out from Reagan's shadow«, in: *Time* 26. Januar 1987, S. 20 ff.

36 Siehe Margaret Garrer Warner, »BUSH BATTLES THE ›WIMP FACTOR‹«, in: *Newsweek*, 19. Januar 1987.

37 Bush's Address Accepting the Presidential Nomination at the Republican National Convention in New Orleans, 18. August 1988, APP; Mark J. Rozell, *The Press and the Bush Presidency*, Westport, CT, 1996, S. 73–7; Jon Meacham, *Destiny and Power*, S. 339; »The Problem with Read my Lips«, *NYT*, 15. Oktober 1992.

38 Timothy Naftali, *George H. W. Bush*, S. 61 ff.; Meacham, *Destiny and Power*, S. 335–49. Vgl. John Sides, »It's time to stop the endless hype of the ›Willie Horton‹ ad«, *WP*, 6. Januar 2016.

39 Bartholomew Sparrow, *The Strategist: Brent Scowcroft and the Call of National Security*, New York 2015, S. 265. Siehe auch Russell L. Riley, »History and George Bush«, in: Michael Nelson und Barbara A. Perry, *41: Inside the Bush Presidency of George H. W. Bush*, Ithaca, NY, 2014, S. 7–11. Vgl. David Hoffman, »How Bush has Altered Views«, *WP*, 18. August 1988.

40 Sparrow, *The Strategist*, S. 265 ff.

41 Ebenda, S. 266 f. Bush und Scowcroft, *A World Transformed*, S. 18. James A. Baker mit Thomas M. DeFrank, *The Politics of Diplomacy*, S. 17–36. Siehe auch Maureen

Dowd und Thomas L. Friedman, »The Fabulous Bush & Baker Boys«, *NYT Magazine*, 6. May 1990, S. 34, 36, 58, 62, 64, 67.

42 Bush und Scowcroft, *A World Transformed*, S. 13 f., 46.

43 Sparrow, *The Strategist*, S. 271.

44 Bush und Scowcroft, *A World Transformed*, S. 19 f.

45 Andrew Rosenthal, »Differing Views of America's Global Role«, *NYT*, 2. November 1988. Siehe auch: Bush's Address Accepting the Presidential Nomination at the Republican National Convention in New Orleans, 18 August 1988, APP; Hal Brands, *Making the Unipolar Moment: U.S. Foreign Policy and the Rise of the Post Cold War Order*, Ithaca, NY 2016, S. 276–9; und Jeffrey Engel, »A Better World .... But Don't Get Carried Away: The Foreign Policy of Geroge H.W. Bush Twenty Years On«, in: *Diplomatic History* 34, 1 (2010), S. 29. Philip Zelikow und Condoleezza Rice, *To Build a Better World: Choices to End the Cold War and Create a Global Commonwealth*, New York 2019, »Introduction«.

46 Georg Bush, Inaugural Address, 20. Januar 1990, APP.

47 Sparrow, *The Strategist*, S. 296. Vgl. M. J. Heale, in dessen Schreiben an den stellvertretenden US-amerikanischen Nationalen Sicherheitsberater Robert Gates von einer »bewussten Pause« die Rede ist. Siehe Heale, *Contemporary America: Power, Dependency, and Globalization since 1980*, Oxford 2011, S. 134. JAB-SML, B96/F6, Confirm – Courtesy Calls, 1988–1989, Meeting with President Richard Nixon, 10. Dezember 1988. Bakers Notizen enthielten folgende Punkte: »Gorbi eine Weile auf einen Gipfel warten lassen. GB sollte sich vor irgendeinem Gipfel m./UdSSR Europa, Japan, China erledigen. Erstes Treffen für 1990 anstreben, nicht für 1989! NICHT ZU FRÜH ZU GORBATSCHOW GEHEN! Das ist wichtig für GB. Wird seinen Status verbessern. (RN meint, das wird hervorragend sein). Von der Wiederaufnahme der START-Verhandlungen am 15. Februar zurücktreten.«

48 Bush und Scowcroft, *A World Transformed*, S. 36, 40 f. Laut Thomas Simons waren die NSRs, die er zu Gesicht bekam, eine »Hinhalte-Übung« der Regierung Bush in Bezug auf den Kreml. Siehe seinen Beitrag auf dem Video »Mikhail Gorbachev's 1988 Address to the UN: 30 Years Later«, https://www.youtube.com/watch?v=Mi6NkWIJuzo. Für die NSR 3, NSR 4, NSR 5, siehe https://fas.org/irp/offdocs /nsr/.

49 JAB-SML, B108/F2, JAB notes – Trip w/GB to Japan China and Korea 21/2/–27/2/89: JAB Briefing, S. 1. Die Reise nach China war, wie Baker notierte, ein »Heimkommen« – aber man werde »auch strategische Ansichten über die Welt« austauschen.

50 Brief, Bush an Brzezinski, 21. November 1988, abgedruckt in: Bush, *All the Best*, S. 405.

51 See Jeffrey A. Engel (Hg.), *The China Diary of George H. W. Bush: The Making of a Global President*, Princeton, NJ, 2008; Mark S. del Vecchio, »China's ›Old Friend‹ May Call On Old Friends«, *United Press International (UPI)*, 22. Februar 1989.

52 Zu Chinas BIP siehe http://data.worldbank.org/country/china. Zur Neuorientierung der chinesischen Volkswirtschaft siehe Barry Naughton, *Growing out of the Plan: Chinese Economic Reform*, Cambridge 1995, S. 38–55, 59–96.

53 Zu Dengs Reformkurs siehe Ezra F. Vogel, *Deng Xiaoping*, MA 2013, S. 377–476.

54 Arne Westad, »The Great Transformation: China in the Long 1970s«, in: Niall Ferguson et al. (Hg.), *The Shock of the Global: The 1970s in Perspective*, Cambridge, MA, 2011, S. 77; siehe auch Vogel, *Deng Xiaoping*, S. 333–48.

55 United States-People's Republic of China Agreements Remarks at the Signing Ceremony, 17. September 1980, APP. Siehe auch Dong Wang, »U.S.-China Trade, 1971–2012 (米中貿易 1971～2012年 中日関係についての洞察)«, in: *Asia-Pacific Journal* 11, 24 (Juni 2013).

56 Treffen mit Deng Xiaoping, US Embassy Secret, Cable, 16. Juni 1981, S. 1–5, DNSA collection: China, 1960–1998; Odd Arne Westad, *Restless Empire*, S. 372 80. Siehe auch Henry S. Rowen, »China and the World Economy: The Short March from Isolation to Major Player«, in: Shuxun Chen und Charles Wolf Jr., *China, the United States, and the Global Economy*, Santa Monica, CA, 2001, S. 211–25.

57 John F. Burns, »Bush Ends China Visit on High Note«, *NYT*, 16. Oktober 1985.

58 Zum Vergleich: Die amerikanischen Exporte in die Sowjetunion gingen von 2,3 Milliarden Dollar im Jahr 1982 auf 1,6 Milliarden im Jahr 1986 zurück.

59 Wang, »U.S.-China Trade, 1971–2012« S. 1–15, insb. S. 4; Zum amerikanisch-sowjetischen Handel siehe Abraham Becker, *A Rand-Note N-2682-RC: U.S.-Soviet Trade in the 1980s*, November 1987, Santa Monica, CA, 1987, S. 1–2; und Rowen, »China and the World Economy«, S. 214.

60 Siehe Nicholas R. Lardy, »Chinese Foreign Trade«, in: *The China Quarterly* Nr. 131 (September 1992) [Die chinesische Volkswirtschaft in den Neunzigerjahren], S. 691–720; Wang, »U.S.-China Trade, 1971–2012«, S. 4; Brands, *Making the Unipolar Moment*, S. 220; Siehe auch »Trade in Goods with China«, United States Census Bureau.

61 George P. Shultz, »Shaping American Foreign Policy: New Realities and New Ways of Thinking«, in: *Foreign Affairs* 63, 4 (Frühjahr 1985), S. 711; Magdaleine D. Kalb, »Foreign Policy: Where Consensus Ends«, *NYT Magazine*, 27. Oktober 1985, S. 103 ff., 116 f., 120 f.

62 Zur Inflation Li Yunqi, »China's Inflation: Causes, Effects, and Solutions«, in: *Asian Survey* 29, 7 (Juli 1989), S. 655–68, insb. S. 658. Zur politischen Liberalisieung siehe Peter R. Moody Jr., »Political Liberalization in China: A Struggle Between Two Lines«, in: *Pacific Affairs* 57, 1 (Frühjahr 1984), S. 26–44; Nathan Gardels, »The Price China Has Paid: An Interview with Liu Binyan«, in: *New York Review of Books (NYRB)*, 19. Januar 1989.

63 Charles Krauthammer, »A Tale of Two Revolutions«, *WP*, 23. Januar 1987; Jim Mann, »China Halts Experiment in Liberalization: Student Unrest Blamed on ›Bourgeois Thought‹«, *LA Times*, 7. Januar 1987. Die Kampagne gegen bürgerliche Liberalisierung im Jahr 1987 wurde als *fandui zichanjieji ziyouhua yundong*, bezeichnet, siehe den Eintrag in Henry Yuhuai He, *Dictionary of the Political Thought of the People's Republic of China*, New York 2001.

64 Reynolds, *One World Divisible*, S. 578 f.; Suettinger, *Beyond Tiananmen*, S. 20–3; Jef-

frey A. Engel und Sergey Radchenko, »Beijing and Malta, 1989«, in: Kristina Spohr und David Reynolds (Hg.), S. 185.

65 Yunqi, »China's Inflation«, S. 655; Naughton, *Growing out of the Plan: Chinese Economic Reform, 1978–1993*, Cambridge 1995, S. 268 ff.

66 M. E. Sarotte, »China's Fear of Contagion: Tiananmen Square and the Power of the European Example«, in: *International Security* 37, 2 (Herbst 2012), S. 159. Vgl. David L. Shambaugh, *China's Communist Party: Atrophy and Adaptation*, Washington, DC, 2008, S. 43 ff.

67 Siehe Deng Xiaoping [und Chong-Pin Lin], »Deng's 25. April Speech: ›This is not an Ordinary Student Movement but Turmoil‹«, in: *World Affairs* 152, 3 (Winter 1989/90) [China's 1989 Upheaval], S. 138 ff. Vgl. Merle Goldman, »Vengeance in China«, in: *NYRB*, 9. November 1989.

68 Philip Taubman, »Chinese Visit Aims to Break the Soviet Ice«, *NYT*, 1. Dezember 1989; Engel und Radchenko, »Beijing and Malta, 1989«, S. 186.

69 Dengs jüngerer Sohn seinen Vater zitierend in: Vogel, *Deng Xiaoping,* S. 423.

70 Politbüro, 16. Juli 1987. »Nach der Reise der Delegation des Obersten Sowjet nach China« (Политбюро, 16 июля 1987 года – По итогам поездки делегации Верховного Совета в Китай), abgedruckt in: *W Politbjuro ZK KPSS*, S. 207. Michail Gorbatschow, *Perestroika: Die zweite russische Revolution. Eine neue Politik für Europa und die Welt*, München 1987.

71 Schachnasarow zitiert in: Sergey Radchenko, *Unwanted Visionaries*, S. 179 f.

72 Radchenko, *Unwanted Visionaries*, S. 160.

73 Bush und Scowcroft, *A World Transformed*, S. 91.

74 Ebenda; Sparrow, *The Strategist*, S. 314 ff. Siehe auch die Memcons der verschiedenen bilateralen Gespräche, die Bush am Rande der Beerdigungsfeierlichkeiten in Tokio (23.–25. Februar 1989) führte: Gespräche mit Regierungschefs von Belgien bis Zaire und von Ägypten bis Singapur, https://bush41library.tamu.edu/archives/memcons-telcons. Sie sind archiviert in der George H.W. Bush Presidential Library in College Station, Texas (im Folgenden GHWBPL).

75 Bush und Scowcroft, *A World Transformed*, S. 91.

76 GHWBPL, Memcon of Bush-Takeshita talks, 23. Februar 1989, 15.58–16.42 Uhr, Akasaka Palace, Tokyo.

77 GHWBPL, Memcon of Yang-Bush talks, 25. Februar 1989, 19.00–19.40 Uhr, Great Hall of the People, Heibei Room, Beijing, S. 2–5. Winston Lord war damals noch auf seinem Posten als Reagans Botschafter in Peking (6. November 1985–23. April 1989).

78 Ebenda, S. 5.

79 Bush war 1,87 m und Deng 1,50 m groß.

80 GHWBPL, Memcon of Deng-Bush talks with delegations, 26. Februar 1989, Great Hall of the People, Fujian room, 11.00–12.00 Uhr, Beijing.

81 Ebenda, S. 8 f.

82 Ebenda, S. 9. Es ist bemerkenswert, dass Li Peng in seinem Gespräch mit Bush die

kritische Sicht der KPCh auf die Entwicklung in der UdSSR sogar noch deutlicher als Deng artikulierte. Er sagte: »Eine Zeit lang haben die Sowjets den Schwerpunkt auf die Wirtschaftsreform gelegt, aber jetzt betonen sie die politische Reform und den Prozess der Demokratisierung. Dieser neue Schwerpunkt ist vielleicht ganz nach dem Geschmack der Vereinigten Staaten. ... Meiner Ansicht nach sollte sich die Sowjetunion vor allem auf ihre wirtschaftlichen Probleme konzentrieren.« GHWBPL, Memcon of Bush-Li talks, 26. Februar 1989, 9.00–11.00 Uhr, Great Hall of the People, Xingjiang Room, Beijing, China, S. 10.

83 Bush sprach nicht nur mit Deng Xiaoping und Yang Shangkun, sondern auch zweimal mit Ministerpräsident Li Peng und einmal mit Zhao Ziyang, dem Generalsekretar der KPCh. Siehe GHWBPL, Memcon of Bush-Li talks, 25. Februar 1989, 17.15–17.25 Uhr, Diaoyutai State Guest House, Beijing, China, S. 1–5; Memcon of Bush-Li talks, 26. Februar 1989, 9.00–11.00 Uhr, Great Hall of the People, Xingjiang Room, Beijing, China, S. 1–20; Memcon of Bush-Zhao talks, 26. Februar 1989, 16.00–17.40 Uhr, Great Hall of the People, South Reception Room, Beijing, China, S. 1–12.

84 Bush und Scowcroft, A World Transformed, S. 97.

85 Bush's Remarks Upon Returning From a Trip to the Far East, 27. Februar 1989, APP.

86 GHWBPL, Memcon of Bush-von Weizsäcker talks, 24. Februar 1989, 15.00–15.20 Uhr, American Ambassador's Residence, Tokyo, S. 2.

87 GHWBPL, Memcon of Bush-Wörner talks, 12. Apr. 1989, 15.45–16.05 Uhr, Oval Office, Washington, DC, 12. April 1989 S. 1–4.

88 Bush's Remarks to Citizens in Hamtramck, Michigan, 17. April 1989, APP.

89 Bush und Scowcroft, A World Transformed, S. 52 f.

90 Bush's Remarks at the Texas A&M University Commencement Ceremony in College Station, 12. Mai 1989, APP.

91 Bush's Remarks at the United States Coast Guard Academy Commencement Ceremony in New London, Connecticut, 24. Mai 1989, APP.

92 JAB-SML, B108/F5, RBZ (Zoellick) draft, NATO Summit-Possible Initiatives, 15. Mai 1989. Das fünfseitige Dokument betont »gemeinsame Werte des Westens« als historische Grundlagen der NATO und »auch als Quelle neuerer Erfolge« – die »Gorbatschows engerem, territorialem Konzept eines gemeinsamen Europas« gegenübergestellt werden sollten. Außerdem dienten die Werte als Prinzipien für die NATO, »wenn wir Osteuropa und die UdSSR in die ›Gemeinschaft der Nationen‹ einbeziehen. Beendet die Teilung Europas zu unseren Bedingungen.« Weiter hieß es in dem Dokument: »Müssen das Thema durch Reden, Initiativen und symbolische Kommunikation (wie etwa Foto-Events) vermitteln. Das Thema sollte sowohl auf dem Gipfel der NATO als auch auf den Wirtschaftsgipfeln behandelt werden.«

93 Ann Devroy, »From Promise to Performance: The Nation Changed – but Bush did Not«, WP, 17. Januar 1993. Zum Thema Besonnenheit siehe auch Engel, »A Better World«, S. 38–41, und Ryan Barilleaux und Mark Rozell, Power and Prudence: The Presidency of George H.W. Bush, College Station, TX, 2004; JAB-SML, B108/F5, RBZ (Zoellick) draft, NATO Summit-possible Initiatives, 15. Mai 1989.

94 Siehe Genscher, *Erinnerungen*, S. 611 f. Siehe auch JAB-SML, B108/F5, Note for Baker's Meeting with Stoltenberg, 19. Mai 1989.

95 Bush und Scowcroft, *A World Transformed*, S. 57–60, 64–5, 67–77. Siehe auch Schwarz, *Helmut Kohl. Eine politische Biographie*, S. 508–11.

96 Taubman, *Gorbatschow*, S. 249, 562; vgl. Charles Moore, *Margaret Thatcher: The Authorized Biography*, Bd. 2, London 2015, S. 240 f.

97 Bericht über das Gespräch Michail Gorbatschow und Margaret Thatcher, 6. April 1989, abgedruckt in: Svetlana Savranskaya, Thomas Blanton, und Vladislav Zubok (Hg.), *Masterpieces of History: The Peaceful End of the Cold War in Europe*, 1989, Budapest 2011, [im Folgenden *MoH:1989*], doc. 56, S. 438–41, insb. S. 440. Dan Fisher, »Thatcher Hears Gorbachev Complaint: No U.S. Action on Arms«, *LA Times*, 7. April 1989.

98 Zu den komplexen Unterströmungen siehe Richard Aldous, *Reagan and Thatcher: The Difficult Relationship*, New York 2012.

99 Margaret Thatcher, *Downing Street No. 10*, Düsseldorf 1993, S. 1087.

100 Bush und Scowcroft, *A World Transformed*, S. 64–7.

101 GHWBPL, Telcon of Kohl-Bush call, 5. Mai 1989, 9.16–9.34 Uhr, Oval Office, S. 2.

102 GHWBPL, Telcon of Kohl-Bush call, 21. April, 1989, 8.24–8.39 Uhr, Oval Office, S. 2.

103 James M. Markham, »Bush Arrives for Talks with a Divided NATO«, *NYT*, 29. Mai 1989.

104 Ebenda.

105 James M. Markham, »NATO Chiefs Agree to a Compromise in Missile Dispute«, *NYT*, 31. Mai 1989.

106 Bernard Weinraub, »Buoyed by Agreement, Bush Visits Bonn«, *NYT*, 31. Mai 1989.

107 Bush und Scowcroft, *A World Transformed*, S. 83.

108 Ebenda.

109 Serge Schmemann, »Bush's Hour: Taking Control, He Placates the Germans and Impresses British; Kohl Gets Respite From Political Ills«, *NYT*, 1. Juni 1989.

110 Bernard Weinraub, »Buoyed by Agreement«.

111 Bush's Toast at a Dinner Hosted by Chancellor Helmut Kohl in Bonn, Federal Republic of Germany, 30. Mai 1989, APP.

112 Weinraub, »Buoyed by Agreement«.

113 Bush's Remarks to the Citizens in Mainz, Federal Republic of Germany, 31. Mai 1989, APP; und auf Deutsch siehe: Chronik der Mauer Digitalarchiv (CdMDA) .

114 Thatcher, *Downing Street No. 10*, S. 1092 f.

115 Rede von US-Präsident George Bush in Mainz, 31. Mai 1989.

116 »Mr. Gorbatschow, reißen Sie diese Mauer nieder!«, Reagan über die Ost-West-Beziehungen vor dem Brandenburger Tor in West Berlin, 12. Juni 1987, APP.

117 Rede von US-Präsident George Bush in Mainz, 31. Mai 1989.

118 Vincent J. Schodolski und Uli Schmetzer, »Gorbachev arrives in China: Beijing talks 1st summit in 30 years«, *CT*, 15. Mai 1989; Jim Hoagl und Daniel Southerl, »Gorbachev arrives in Beijing«, *WP*, 15. Mai 1989.

119 Nathan, »The Tiananmen Papers«, S. 11, 15−18. Siehe auch GHWBPL, NSC − Sitcom, Tiananmen Square Crisis File (TSCF), China − part 1 of 5 [2] Tiananmen Square Crisis (Mai−Juni 1989), (OA/ID CF01722) CF-01722-002, Beijing amb. Lilley to Sec of State Baker, Cable, Re: Chinese Economists support students, 19. Mai 1989, S. 5; CIA research paper, »The Road to the Tiananmen Crackdown − An Analytic Chronology of Chinese Leadership Decision Making«, EA 89-10030 (Confidential/No Foreign Distribution), September 1989 [Geheimhaltung aufgehoben im März 2000], Margaret Thatcher Foundation (MTF).

120 CIA research paper, »The Road to the Tiananmen Crackdown«, S. 5; Adi Ignatius und Peter Gumbel, »Gorbachev Arrives In China as Protests Continue in Beijing«, Wall Street Journal (WSJ), 15. Mai 1989; Udo Schmetzer, »Ceremonies move to foil protestors«, CT, 15. Mai 1989. Es ist bemerkenswert, dass im Mai auch an anderen Orten Massendemonstrationen stattfanden, insbesondere in den Städten Shenyang, Harbin, Dalian und Chanchun im Nordosten. Etwa 200 000 Studenten, Lehrer, Medienvertreter und Regierungskader protestierten dort mehrere Tage hintereinander und mehr als 1000 machten einen Hungerstreik. Siehe GHWBPL, NSC − Sitcom, TSCF, China − part 1 of 5 [2], CF-01722-002, American Consul in Shenyang to Baker, 19. Mai 1989, S. 1 f.

121 Radchenko, Unwanted Visionaries, S. 162.

122 Notepad of Teimuraz Stepanov-Mamaladze, 15. Mai 1989, Hoover Institution Archive, Teimuraz Stepanov-Mamaladze Papers (HIA-TSMP): Notepad 15. Mai 1989, DAWC.

123 Nathan, »The Tiananmen Papers«, S. 14.

124 Schmetzer, »Ceremonies move to foil protestors«.

125 Nicholas D. Kristof, »Gorbachev Meets Deng in Beijing; Protest Goes On«, NYT, 16. Mai 1989; David Helley, »Gorbachev in China: The Communist Summit: Protesters Force Summit Change: China Moves Ceremony From Square«, LA Times, 15. Mai 1989.

126 Siehe Notepad Entry of Teimuraz Stepanov-Mamaladze, 17. Mai 1989, HIA-TSMP: Notizbuch, 15. Mai 1989, DAWC; und Exzerpte aus dem Gespräch zwischen Michail Gorbatschow und Rajiv Gandhi, 15. Juli 1989, AGF, DAWC.

127 »1 000 000 Protesters Force Gorbachev to Cut Itinerary: The Center of Beijing Is Paralyzed«, LA Times, 17. Mai 1989, Notepad Entry of Teimuraz Stepanov-Mamaladze, 17. Mai 1989, HIA-TSMP: Notizbuch 15. Mai 1989, DAWC.

128 Mark Kramer, »The Demise of the Soviet Bloc«, in: Terry Cox (Hg.), Reflections on 1989 in Eastern Europe, Oxford, 2013, S. 35; Radchenko, Unwanted Visionaries, S. 163. Siehe auch Diary of Teimuraz Stepanov-Mamaladze, 17. Mai 1989, HIA-TSMP: Diary No. 9, DAWC. Bill Keller, »Gorbachev Praises the Students and Declares Reform Is Necessary«, NYT, 18. May 1989.

129 Nathan, »The Tiananmen Papers«, S. 14.

130 Lis Tagebucheintrag zitiert in: Engel und Radchenko, »Beijing and Malta, 1989«, S. 192 f.

131 Radchenko, Unwanted Visionaries, S. 166; Service, The End of the Cold War 1985−1991,

S. 385. Zu »Gorbatschow 58, Deng 85« siehe auch Excerpts from the Conversation between Mikhail Gorbachev and Rajiv Gandhi, 15. Juli 1989, AGF, DAWC.

132 Michael Parks und David Holley, »30-Year Feud Ended by Gorbachev, Deng: Leaders Declare China-Soviet Ties Are Normalized«, *LA Times*, 16. Mai 1989.

133 Gespräch zwischen Michail Gorbatschow und Deng Xiaoping (Auszüge aus dem sowjetischen Protokoll), 16. Mai 1989, DAWC. Siehe auch Auszüge aus dem chinesischen Protokoll des Gorbatschow-Deng-Gesprächs am 16. Mai 1989, in: *Selected Works of Deng Xiaoping*, Bd. 3 (1982–1992), Peking 1994, S. 284–7, DAWC.

134 Ebenda.

135 Ebenda.

136 Notepad of Teimuraz Stepanov-Mamaladze, 16. Mai 1989 – Talks with Li Peng, 16. Mai, 1989, HIA-TSMP: Notepad, 15. Mai 1989, DAWC; Vladislav Zubok, »The Soviet Union and China in the 1980s: Reconciliation and Divorce«, in: *Cold War History* 17, 2 (2017) S. 121–41, hier insb. S. 138.

137 Daniel Southerl, »Leaders Fail to Sway Chinese Protestors«, *WP*; »1 000 000 Protesters Force Gorbachev to Cut Itinerary: The Center of Beijing Is Paralyzed«, *LA Times*. Zu der Reise nach Shanghai und zur Ansicht des sowjetischen Außenministers Eduard Schewardnadse, »dass die Normalisierung der sowjetisch-chinesischen Beziehungen ein historisches Ereignis ist«, siehe auch Diary of Teimuraz Stepanov-Mamaladze, 18. Mai 1989, HIA-TSMP: Diary No. 9, DAWC. Zu der chinesischen Einschätzung, dass die »Normalisierung der Beziehungen« »das wichtigste Ergebnis des Gipfels gewesen sei, siehe GHWBPL, Sitcom, TSCF, China – part 1 of 5 [2], CF-01722-002, Am. Embassy Beijing to Baker, Re: MFA Briefing on Sino-Soviet Summit, 20. Mai 1989, S. 1–4.

138 »1 000 000 Protesters Force Gorbachev to Cut Itinerary«, *LA Times*; GHWBPL, NSC – Sitcom, TSCF, China – part 1 of 5 [2], CF-01722-002, US amb. In Beijing to Baker, Cable, Subj: Beijing at Crisis, 20. Mai 1989, S. 1.

139 GHWBPL, NSC – Sitcom, TSCF, China – part 1 of 5 [2], CF-01722-002, From SSO DIA, Cable, Re: China, Beijing, 20. Mai 1989, S. 1; US amb. In Beijing to Baker, Cable, PRC State Council declares martial law, 20. Mai 1989, S. 1.

140 Vogel, *Deng Xiaoping*, S. 616–24. Siehe auch Adi Ignatius und Julia Leung, »Beijings Bind«, *WSJ*, 22. Mai 1989. Zu Zhaos Sturz und dem Zusammenhang zwischen der Inflation und dem Auftauchen von politischen Forderungen, die in den Augen der älteren Parteiführer unannehmbar waren, siehe auch Naughton, *Growing out of the Plan*, S. 269f. Es ist bemerkenswert, dass die Proteste auch Chengdu, Chonquing und Guangzhou erfassten. GHWBPL, NSC – Sitcom, TSCF, China – part 1 of 5 [2], CF-01722-002, Am. Embassy Beijing to Baker, Telex – Student Hunger Strikes in Chengdu, 19. Mai 1989; und American Consul Guangzhou to Baker, Re: Guangzhou students on the march in defiance of Li Peng (Guangzhou report no. 9), 20. Mai 1989; und Am. Embassy Beijing to Baker, Cable, Subj: Sitrep. No. 5, 0600 – The Scene from Tiananmen Square, 21. Mai 1989. GHWBPL, NSC – Sitcom, TSCF, China – part 1 of 5 [3], CF-01722-003, From SSO DIA, China: Situation report, 22. Mai 1989.

141 Claudia Rosett, »Miss Liberty Lights Her Lamp in Beijing«, *WSJ,* 31. Mai 1989.

142 GHWBPL, NSC – Sitcom, TSCF, China – part 2 of 5 [2], CF-01722-007, Am. Embassy Beijing to Baker, Subj: Sitrep. No. 18 – Central party organs endorse Deng line, 27. Mai 1989, S. 1 f.; Vogel, *Deng Xiaoping,* S. 625 ff.

143 Nicholas D. Kristof, »Crackdown in Beijing; Troops Attack and Crush Beijing Protest – Thousands Fight Back, Scores Are Killed, Square is Cleared«, *NYT,* 4. Juni 1989.

144 Ebenda; Vogel, *Deng Xiaoping,* S. 625–32; Heather Saul, »Tiananmen Square: What happened to tank man? What became of the unknown rebel who defied a column of tanks?«, *Independent,* 4. Juni 2014. Siehe auch GHWBPL, NSC – Sitcom, TSCF, China – part 3 of 5 [1], CF-01722-011, Am. Embassy Beijing to Baker, Cable, Subj: Siterep No. 32 – The morning of 6/4/1989, 4. Juni 1989, S. 1–4; und Am. Embassy Beijing to Baker, Subj: Chaos within China, 4. Juni 1989, S. 1–5; Baker to Am. Embassy Beijing, Subj: SSO TF3–3: China Task Force Situation, 4. Juni 1989, S. 1; Am. Embassy Beijing to DoS Cable – What Happened on the Night of June 3/4?, 22. Juni 1989, NSAEBB No. 16. Vgl. TNA, FCO 21/4181, UK emb. Beijing to FCO, Cable – China: Background to Military Situation (5.6.1989), 6. Juni 1989, S. 3. In seinen Bericht spekulierte der brit. Botschafter in Peking, Sir Alan Donald: »Minimum estimate of civilian dead 10,000«.

145 State Department Bureau of Intelligence and Research, »China: Aftermath of the Crisis«, 27. Juli 1989, NSAEBB No. 16; »Kremlin Dismayed, Aide Says«, *NYT/*AP, 10. Juni 1989.

146 GHWBPL, Telcon of Kohl-Bush talks, 15. Juni 1989, 7.01–7.19 Uhr, Oval Office, S. 1.

147 Siehe Excerpts from the Conversation between Mikhail Gorbachev and Rajiv Gandhi, 15. Juli 1989, AGF, DAWC.

148 State Department Bureau of Intelligence and Research, »China: Aftermath of the Crisis«, (27. Juli 1989), NSAEBB No. 16.

149 Siehe U.S. Embassy (Lilley) Beijing Cable, PLA Ready to Strike, 21 May 989, CONFIDENTIAL, 3 S., 21. Mai 1989, NSAEBB No. 47.

150 The President's News Conference Following the North Atlantic Treaty Organization Summit Meeting in Brussels, 30. Mai 1989, APP.

151 GHWBPL, NSC – Sitcom, TSCF, China – part 2 of 5 [2], CF-01722-007, From Sec State WashDC to US emb. Beijing, RE: China matters – Letter from President to Deng Xiaoping, 27. Mai 1989, S. 1 f.

152 Engel und Radchenko, »Beijing and Malta, 1989«, S. 195.

153 James R. Lilley und Jeffrey Lilley, *China Hands: Nine Decades of Adventure, Espionage, and Diplomacy in Asia,* New York 2004, S. 309; Kristof, »Crackdown in Beijing«.

154 Vogel, *Deng Xiaoping,* S. 648–652; David M. Lampton, *Same Bed, Different Dreams,* 2002, S. 21 f.; Engel, *When the World Seemed New,* S. 175–181. Siehe auch Bush und Scowcroft, *A World Transformed,* S. 98–103; GHWBPL, NSC – Sitcom, TSCF, China – part 3 of 5 [1], CF-01722-011, Am. embassy Beijing to Baker, Cable, Subj: Chaos in

China, 4. Juni 1989, S. 1–5. JAB-SML, B108/F6, RBZ draft 5.6.1989 – Response to PRC events, S. 1 f.

155 Bushs Brief an Deng, 29. Juni 1989, abgedruckt in: Bush, *All the Best*, S. 428–31.

156 GHWBPL, Scowcroft, Special Separate China Notes Files – China Files (im Folgenden SSCNF-CF), China 1989 (sensitive) (OA/ID 91136), Scowcroft Mission to Beijing, July 1989, 91136-001, Handwritten notes on the flight, 30. Juni bis 1. Juli 1989. Vgl. auch Bush und Scowcroft, *A World Transformed*, S. 105.

157 GHWBPL, Scowcroft, SSCNF-CF, China 1989 (sensitive) (OA/ID 91136), Scowcroft Mission to Beijing, Juli 1989, 91136-001, Memcon of Deng-Scowcroft talks, 2. Juli 1989, 10.00 Uhr, Great Hall of the People, Peking, S. 1–14.

158 Ebenda S. 1 ff.

159 Ebenda, S. 4.

160 Ebenda, S. 7 ff.

161 Ebenda, S. 10 ff.

162 Ebenda, S. 13 f.

163 Bush und Scowcroft, *A World Transformed*, S. 110

164 Bush, *All the Best*, S. 431.

165 Siehe Richard Baum, *Burying Mao: Chinese Politics in the Age of Deng Xiaoping*, Princeton, NJ, aktualisierte Auflage 1996, S. 18 ff.

166 Excerpts from the Conversation between Mikhail Gorbachev and Rajiv Gandhi, 15. Juli 1989, AGF, DAWC.

167 Note by Vladimir Lukin regarding Soviet-Chinese Relations, GARF, fond 10026, opis 4, delo 2870, listy 75-78, DAWC.

Kapitel 2:
Der Sturz des Kommunismus: Polen und Ungarn

1 John Tagliabue, »Poland Flirts with Pluralism Today«, *NYT*, 4. Juni 1989.

2 Zu Polens »halbfreien Wahlen« siehe Marjorie Castle, *Triggering Communisms' Collapse: Perceptions and Power in Poland's Transition,* Oxford 2003, Kap. 6. Siehe auch Tagliabue, »Poland«.

3 Timothy Garton Ash, »Revolution in Poland and Hungary«, in: *London Review of Books (LRB)*, 17. August 1989. Vgl. Timothy Garton Ash, *The Magic Lantern: The Revolution of '89 Witnessed in Warsaw, Budapest, Berlin and Prague,* New York 1999, S. 25–46, insb. S. 32.

4 Kristof, »Troops Attack and Crush Beijing Protest«.

5 John Daniszewski, »Communist Party Declares Solidarity Landslide Winner«, *AP*, 5. Juni 1989; John Tagliabue, »Stunning Vote Casts Poles into Unchartered Waters«, *NYT*, 6. Juni 1989.

6 Garton Ash, *The Magic Lantern*, S. 32.

7 Tyler Marshall, »Russian Troops Remain in Ex-Satellite States – Military: Of an esti-

mated 600,000 in Eastern Europe in the late 1980s, only about 113,000 haven't gone home«, *LA Times*, 1. April 1993.

8   Andrei Grachev, *Gorbachev's Gamble: Soviet Foreign Policy and the End of the Cold War*, Cambridge 2008, S. 172.

9   Grachev, *Gorbachev's Gamble*, S. 171 f.

10   Siehe Geir Lundestad, »Empire By Invitation? The United States and Western Europe 1945–52«, in: *Journal of Peace Research* 23, 3 (1986), S. 263–77; derselbe, »›Empire by Invitation‹ in the American Century«, in: *Diplomatic History* 23, 2 (Frühjahr 1999), S. 189–217; derselbe, *»Empire« by Integration: The United States and European Integration, 1945–1997*, Oxford 1997. Vgl. »Empire by imposition«, in: John Lewis Gaddis, *We Now Know*, Oxford 1997, S. 70, 284 ff.

11   Hilfreiche Überblicksdarstellungen bieten etwa Geoffrey Swain und Nigel Swain, *Eastern Europe since 1945*, London 1993; und Judy Batt, *East Central Europe from Reform to Transformation*, London 1991.

12   Zu den Vorhersagen der Theoretiker der internationalen Beziehungen, genauer zu deren Fehlen, siehe Lawson et al. (Hg.), *The Global 1989*, »Introduction«, insb. S. 4; oder Michael Cox, »Why Did We Get the End of the Cold War Wrong?«, in: *The British Journal of Politics and International Relations* 11, 2 (2009), S. 161–76; John Lewis Gaddis, »International Relations Theory and the End of the Cold War«, in: *International Security* 17, 3 (1992–1993), S. 5–58. Zu CIA-Analysen siehe beispielsweise Gerald K. Haines und Robert E. Leggett (Hg.), *CIA's Analysis of the Soviet Union, 1947–1991*, Washington, DC, 2001; und Benjamin B. Fischer (Hg.), *At Cold War's End: US Intelligence on the Soviet Union and Eastern Europe, 1989–1991*, Washington, DC, 2001.

13   Andrzej Paczkowski, *The Spring Will be Ours: Poland and the Poles from Occupation to Freedom*, Warschau 1998.

14   Andrej Paczkowski und Malcolm Byrne (Hg.), *From Solidarity to Martial Law: The Polish Crisis of 1980–1981 – A Documentary History*, Budapest 2007, S. 4 f.; Marcin Zaremba, »Karol Wojtyła the Pope: Complications for Comrades of the Polish United Workers' Party«, in: *Cold War History* 5, 3 (2005), S. 317–36.

15   Eine detaillierte Studie zu den Ereignissen von 1980/81 bietet Timothy Garton Ash, *The Polish Revolution: Solidarity*, New Haven, CT 2002; sowie Paczkowski und Byrne (Hg.), *From Solidarity to Martial Law*.

16   John Tagliabue, »Thousands at Gdansk Shipyard Join Polish Strike«, *NYT*, 3. Mai 1988. Siehe auch Grzegorz W. Kołodko »Polish Hyperinflation and Stabilization 1989–1990«, *Economic Journal on Eastern Europe and the Soviet Union* (1/1991), S. 9–36.

17   Andrew A. Michta, *Red Eagle: The Army in Polish Politics, 1944–1989*, Stanford 1990, S. 200; William Taubman, *Gorbatschow*, S. 569–72. Paula Butturini, »Polish Strike ›Broke the Barrier of Fear‹: Militant Steelworkers Sense Victory«, *CT*, 18. September 1989, S. 27, 32.

18   Zu den polnischen Gesprächen am Runden Tisch siehe Wiktor Osyatinski, »The Roundtable Talks in Poland«, in: Jon Elster (Hg.), *Roundtable Talks and the Breakdown of Communism*, Chicago 1996.

19   John Tagliabue, »Appeal by Walesa Fails to Resolve All Polish Strikes«, *NYT*, 2. September 1988.

20   Castle, *Triggering Communism's Collapse*, S. 47.

21   Garton Ash, *The Magic Lantern*, S. 14.

22   Rudolf L. Tőkés, *Hungary's Negotiated Revolution: Economic Reform, Social Change and Political Succession*, Cambridge 1996, Kap. 6.

23   Bridget Kendall, *The Cold War: A New Oral of Life between East and West*, London 2017, S. 180. Zum Vermächtnis des Jahres 1956 siehe Karen Dawisha, *Eastern Europe, Gorbachev and Reform: The Great Challenge*, New York 1990, S. 136–9.

24   Odd Arne Westad, *The Cold War: A World History*, London 2017, S. 202–6. Zum Begriff »Konterrevolution« gegen Volksaufstand siehe auch »Minutes of the Meeting of the HSWP CC Political Committee«, 31. Januar 1989, nachgedruckt in: *Cold War International History Bulletin*, Nummer 12/13 (Abschnitt von Békés und Melinda Kalmár Csaba: »The Political Transition in Hungary«), doc. 1, S. 73 ff., CWIHP.

25   Nigel Swain, *Collective Farms Which Work?* Cambridge 1985, S. 26.

26   Swain, *Collective Farms Which Work?*, S. 134 f.

27   Roger Gough, *A Good Comrade: Janos Kadar, Communism and Hungary*, London 2006, S. 142, 150; siehe auch Michael Getler, »›Goulash Communism‹ Savoured«, *WP*, 14. September 1977.

28   Tőkés, *Hungary's Negotiated Revolution*, S. 274–7.

29   Ebenda, Kap. 7. András Bozóki, *The Roundtable Talks of 1989: The Genesis of Hungarian Democracy*, Budapest 2002, S. 98–101.

30   Zum Jahr 1848 siehe Alice Freifeld, *Nationalism and the Crowd in Liberal Hungary, 1848–1914*, Washington 2000, S. 309-16; Tamás Hofer, »The Demonstration of March 15, 1989, in Budapest: A Struggle for Pubilc Memory«, in: *Program on Central and Eastern Europe, Working Paper Series #16*, Cambridge, MA, 1991, S. 6 ff.

31   Nigel Swain, *Hungary: The Rise and Fall of Feasible Socialism*, London 1992, S. 18–26. Siehe auch Bozóki, *The Roundtable Talks of 1989*; derselbe, »The Roundtable Talks of 1989: Participants, Political Visions, and Historical References«, in: *Hungarian Studies* 14, 2 (2000), S. 241–57.

32   Henry Kamm, »Hungarian Who Led '56 Revolt Is Buried as a Hero«, *NYT*, 17. Juni 1989. Allgemeiner zum »politischen« Wandel Ungarns siehe auch László Bruszt und David Stark, »Remaking the Political Field in Hungary: From the Politics of Confrontation to the Politics of Competition«, in: *Journal of International Affairs* 45, 1 [East Central Europe: After the Revolutions] (Sommer 1991), S. 201–45.

33   Zur Idee der Verbreitung siehe Mark R. Beissinger, »Structure and Example in Modular Political Phenomena: The Diffusion of Bulldozer/Rose/Orange/Tulip Revolutions«, in: *Perspectives on Politics* 5, 2 (Juni 2007), S. 259–76, hier S. 259; derselbe, »An Interrelated Wave«, in: *Journal of Democracy*, 20,1 (Januar 2009), S. 74–7; Peter T. Leeson und Andrea M. Dean, »The Democratic Domino Theory: An Empirical Investigation«, in: *American Journal of Political Science* 53, 3 (Juli 2009), S. 533–51. Ausführlicher zum Thema »Ansteckung« und »Verbreitung« siehe Valerie Bunce

und Sharon Wolchik, »Getting Real about ›Real Causes‹«, in: *Journal of Democracy* 20, 1 (Januar 2009), S. 69–73; Kristian Skrede Gleditsch und Michael D. Ward, »Diffusion and the International Context of Democratization«, in: *International Organization* 60, 4 (Herbst 2006), S. 911–33.

34 Zur »ansteckenden Krankheit« Osteuropas, die China erreichte, siehe Vogel, *Deng Xiaoping*, S. 626; James Miles, *The Legacy of Tiananmen: China in Disarray*, Ann Arbor, MI, 1996, S. 42 f.; Baum, *Burying Mao*, S. 250, 275–80; Shambaugh, *China's Communist Party*, S. 43–6; Sarotte, »China's Fear of Contagion«, S. 156–182. Zur Ansteckung, die sich innerhalb der UdSSR verbreitete, siehe Esther B. Fein, »Moscow Condemns Nationalist ›Virus‹ in 3 Baltic Lands«, *NYT*, 27. August 1989.

35 Vgl. Krishan Kumar, »The Revolutions of 1989: Socialism, Capitalism, and Democracy«, in: *Theory and Society* 21, 3 (Juni 1992), S. 309–56.

36 Németh zitiert in Walter Mayr, »Ungarn: Der erste Stein«, in: *Der Spiegel* 22/2009, S. 114–17, hier 114.

37 Sebestyen, *Revolution 1989*, S. 259. Mayr, »Ungarn: Der erste Stein«.

38 Zu diesem Auszug aus einer Gesprächsnotiz vom 3. März 1989 zwischen Gorbatschow und Németh in Moskau, abgedruckt in: *MoH:1989*, doc. 59, 3. März 1989, S. 412 f. Zu Erkenntnissen bezüglich der Dynamik zwischen Gorbatschow und Németh siehe einen anderen Auszug aus der gleichen Gesprächsnotiz, abgedruckt in: *Cold War International History Bulletin*, Nummer 12/13, S. 76 f.

39 Sebestyen, *Revolution 1989*, S. 261; Michael Meyer, *1989: The Year that Changed the World – The Untold Story Behind The Fall of the Berlin Wall*, London 2009, S. 68 ff. BA-MA, Strausberg AZN 32665, Bl. 78/79, »Schreiben von DDR-Verteidigungsminister Heinz Keßler an Erich Honecker zur Demontage des Grenzsignalzaunes zwischen Ungarn und Österreich«, 6. Mai 1989, S. 1 f., Chronik der Mauer Digitalarchiv (CdMDA).

40 Sebestyen, *1989 Revolution*, S. 261.

41 Gary Bruce, *The Firm: The Inside Story of the Stasi*, New York 2010, S. 165.

42 Helmut Kohl, *Ich wollte Deutschlands Einheit*, Berlin 1996, S. 35–51.

43 Zitiert nach der deutschen Gesprächsnotiz des Austauschs zwischen Bundeskanzler Kohl und Generalsekretär Gorbatschow am 12. Juni 1989, Bonn, siehe Hanns Jürgen Küsters und Daniel Hoffmann (Hg.), *Deutsche Einheit: Sonderedition aus den Akten des Bundeskanzleramtes, 1989/90* [im Folgenden: *DESE*] [Dokumente zur Deutschlandpolitik], München 1998, Dok. 2, S. 276–87, insb. S. 283 f.; vgl. Record of Conversation between M. S. Gorbachev and Chancellor of FRG H. Kohl, 12. Juni 1989, S. 2, AGF, Notes of A. S. Chernyaev, DAWC. Vgl. dazu auch: Record of Conversation between Gorbachev and Kohl, 12. Juni 1989, abgedruckt in: *MoH:1989*, doc. 63, S. 463–7.

44 Kohl, *Ich wollte Deutschlands Einheit*, S. 47 ff. *Bulletin* der Bundesregierung, Nr. 61, 15. Juni 1989, S. 542 ff. Vgl. Delegationsgespräch des Bundeskanzlers Kohl mit Generalsekretär Gorbatschow, Bonn, 13. Juni 1989, abgedruckt in: *DESE*, Dok. 4, S. 295–9. Zur Entstehung der Erklärung und dem Geschacher um sprachliche Wen-

dungen, insbesondere aus westdeutscher Sicht, siehe auch Hannes Adomeit, *Imperial Overstretch: Germany in Soviet Policy from Stalin to Gorbachev,* Baden-Baden 1998, S. 398 f.

45 Zitiert nach *Gorbatschow in Bonn – Die Zukunft der deutsch-sowjetischen Beziehungen. Reden und Dokumente vom Staatsbesuch,* Köln 1989, S. 32–7, hier S. 37; vgl. Serge Schmemann, »Bonn Declaration: ›Heal the Wounds‹«, *NYT,* 14. Juni 1989.

46 Record of Third Conversation between Gorbachev and Kohl, 14. Juni 1989, in: *MoH:1989,* doc. 67, S. 477 f. Von der Begegnung am 14. Juni liegt keine deutsche Gesprächsnotiz vor.

47 Gesprächsnotiz der Gespräche zwischen Kohl und Gorbatschow, 13. Juni 1989 (vollständiges Transkript), abgedruckt in: *DESE,* Dok. 3, S. 287–92, insb. S. 292; ein kürzerer Auszug der sowjetischen Version findet sich unter Record of Second Conversation between Gorbachev and Kohl, 13. Juni 1989, in: *MoH:1989,* doc. 66, S. 475.

48 *MoH:1989,* doc. 67, S. 476, und doc. 66, S. 475.

49 Siehe Hannes Adomeit, *Imperial Overstretch,* S. 398 f.

50 Kohl, *Ich wollte Deutschlands Einheit,* S. 43 f. Zur Bedeutung der bilateralen Beziehungen zu Bonn für Moskau und zur globalen Rolle der BRD siehe *DESE,* Dok. 2, S. 280.

51 Schmemann, »Bonn Declaration«, S. 12.

52 Serge Schmemann, »A Gorbachev Hint for Berlin Wall«, *NYT,* 16. Juni 1989; Ferdinand Protzman, »Gorbachev Urges Greater Trade and Much Closer Ties With Bonn«, *NYT,* 14. Juni 1989.

53 James M. Markham, »Gorbachev Says Change Will Sweep Bloc«, *NYT,* 6. Juli 1989. Vgl. Taubman, *Gorbatschow,* S. 565 f.

54 Zitiert nach Gespräch des Bundeskanzlers mit Gorbatschow, 12. Juni 1989, in: *DESE,* Dok. 2, S. 282. Vgl. Record of Conversation between M. S. Gorbachev and Chancellor of FRG H. Kohl, 12. Juni 1989, AGF, Notes of A. S. Chernyaev, DAWC. Siehe auch *MoH:1989,* doc. 63, S. 464 f.

55 Eine auszugsweise sowjetische Aufzeichnung der Gespräche zwischen Mitterrand und Gorbatschow vom 5. Juli 1989 ist abgedruckt in: *MoH:1989,* doc. 72, S. 490 f., vgl. auch Taubman, *Gorbatschow,* S. 565 f., sowie James M. Markham, »Gorbachev Likens Soviets to French«, *NYT,* 5. Juli 1989. Zur französischen Sichtweise von Gorbatschows Besuch in Paris siehe Frédéric Bozo, *Mitterrand, la fin de la guerre froide et l'unification allemande,* S. 60–3.

56 »Der gesamteuropäische Prozess kommt gut voran«, Rede Michail Gorbatschows vor der Parlamentarischen Versammlung des Europarates am 6. Juli 1989, abgedruckt in: Michail Gorbatschow, *Das gemeinsame Haus Europa und die Zukunft der Perestroika,* Düsseldorf 1989, S. 46–61, hier insb. S. 48, 51, 55.

57 Kramer, »The Demise of the Soviet Bloc«, S. 788–854, hier S. 806–9. Sowie U.S. National Intelligence Council, »Status of Soviet Unilateral Withdrawals«, 1. September 1989, Memorandum NIC M 89-10003 (Secret), abgedruckt in: Fischer (Hg.), *At Cold War's End,* Dok. 19, S. 304–13. »Warsaw Pact Warms to NATO Plan«, *CT,* 9. Juli 1989.

58 In der Erklärung von Bukarest heißt es: »Grundlegende Forderungen einer Politik der Sicherheit und des gegenseitigen Verständnisses sowie der Zusammenarbeit zwischen den Staaten sind die strikte Achtung der nationalen Unabhängigkeit, Souveränität und Gleichberechtigung aller Staaten, der Gleichberechtigung der Völker und des Rechts eines jeden Volkes auf Selbstbestimmung, auf freie Wahl seines sozialpolitischen Entwicklungsweges; die Nichteinmischung in die inneren Angelegenheiten, … die Achtung aller Prinzipien und Ziele der Charta der Vereinten Nationen, der Prinzipien der Schlussakte von Helsinki sowie anderer allgemein anerkannter Normen der internationalen Beziehungen.« Siehe »Für ein stabiles und sicheres Europa, frei von nuklearen und chemischen Waffen, für eine wesentliche Reduzierung der Streitkräfte, Rüstungen und Militärausgaben«, Bukarest, 8. Juli 1989, CdMDA. Zu den Protokollen der Sitzung in Bukarest siehe Parallel History Project-ETH Zürich (PHP-ETHZ).

59 Notes on the Meeting of the Warsaw Treaty Member States, 8. Juli 1989, abgedruckt in: *MoH:1989*, doc. 75, S. 499–502, insb. S. 502.

60 George Bush und Brent Scowcroft, *Eine neue Welt: Amerikanische Außenpolitik in Zeiten des Umbruchs*, Berlin 1999, S. 66. Zu Bushs Plänen, Polen einen Besuch abzustatten, siehe »Bush to Visit Hungary, Poland in July to Show U.S. Support for Their Reforms«, *LA Times*, 6. Mai 1989. Siehe auch GHWBPL, Telcon of Kohl–Bush call, 5. Mai 1989, 9.16–9.34 Uhr, Oval Office, S. 2.

61 Maureen Dowd, »Bush Rebuffs Gorbachev's Move For Swifter Cuts in Nuclear Arms«, *NYT*, 7. Juli 1989; Bush und Scowcroft, *Eine neue Welt*, S. 66. Kevin McDermott und Matthew Stibbe (Hg.), *The 1989 Revolutions in Central and Eastern Europe: From Communism to Pluralism*, Oxford 2015, S. 127.

62 Bush und Scowcroft, *Eine neue Welt*, S. 67.

63 Bush and Scowcroft, *Eine neue Welt*, S. 67 ff.; Maureen Dowd, »Bush in Warsaw on Delicate Visit to Push Changes«, *NYT*, 10. Juli 1989.

64 Maureen Dowd, »For Bush, A Polish Welcome without Fervor«, *NYT*, 11. Juli 1989.

65 GHWBPL, Memcon of Jaruzelski–Bush and Scowcroft meeting, 10. Juli 1989, 9.30–10.15 Uhr, Schloss Belvedere, Polen. Bush selbst behauptete später, das Treffen habe »zwei Stunden« gedauert, Bush und Scowcroft, *A World Transformed*, S. 117; vgl. leicht gekürzte deutsche Übersetzung S. 70 ff. Zu einer polnischen Aufzeichnung siehe »Information Note Regarding George H. W. Bush's Visit to Poland (July 9–11)«, 18. Juli 1989, abgedruckt in: *MoH:1989*, doc. 76, S. 503–5.

66 GHWBPL, Memcon of Rakowski–Bush meeting, 10. Juli 1989, 15.15–15.45 Uhr, Minsterrat, Polen, S. 2 f.

67 Bush's Remarks to the Polish National Assembly in Warsaw, 10. Juli 1989, APP.

68 Gregory F. Domber, »Skepticsm and Stability: Reevaluating U.S. Policy during Poland's Democratic Transformation in 1989«, in: *Journal of Cold War Studies* 13, 3 (Sommer 2011), S. 52–82, insb. S. 62.

69 Marshall Robinson, »America's Not-So-Troubling Debts and Deficits«, in: *Harvard Business Review* (Juli/August 1989). Bush hatte gegenüber Rakowski am 10. Juli 1989

selbst von einem US-Haushaltsdefizit in Höhe von 150 Milliarden Dollar gesprochen, das sich in der Tat von 79 Milliarden Dollar 1981 auf 153 Milliarden 1989 fast verdoppelte, laut »Statistical Comparison of US Presidential Terms, 1981–2009« unter https://reagan.procon.org/view.resource.php?resourceID=004090.

70 R. W. Apple Jr., »Bush, in Warsaw, Unveils Proposal for Aid to Poland«, *NYT*, 11. Juli 1989. Zu den wirtschaftlichen Daten siehe die Tabelle »Political Openings, Economic Straits«, *NYT*, 12. Juli 1989. Zur US-amerikanischen Finanzhilfe: Bush wollte Osteuropa helfen, aber »wir möchten unser Geld nicht ausgießen, solange die Wirtschaftsreformen nicht umgesetzt sind. Wir müssen vorsichtig sein«, sagte er zum Vorsitzenden der EG-Kommission Jacques Delors am 14. Juni. Siehe GHWBPL, Memcon of Bush's Luncheon Meeting with Jacques Delors, 14. Juni 1989, 12.00–13.00 Uhr, Roosevelt Room, Weißes Haus.

71 Zitiert nach Bush und Scowcroft, *Eine neue Welt*, S. 74–77; vgl. Maureen Dowd, »Bush urges Poles to pull together«, *NYT*, 12. Juli 1989; R. W. Apple Jr., »A Polish Journey; Bush Escapes Pitfalls in Weathering Tough Economic and Political Climate«, *NYT*, 12. Juli 1989. David Hoffman, »Walesa Pleads with Bush for Money to Spare Poland the Fate of Beijing«, *WP*, 12. Juli 1989. Siehe auch Bush's Question-and-Answer Session With Reporters Following a Luncheon With Solidarity Leader Lech Wałesa in Gdansk, 11. Juli 1989, APP, und Bush's Remarks at the Solidarity Workers' Monument in Gdansk, 11. Juli 1989, APP.

72 Apple Jr., »A Polish Journey«.

73 Bush und Scowcroft, *Eine neue Welt*, S. 79 f. Jack Nelson, »Bush Hailed in Hungary, Lauds Reforms«, *LA Times*, 12. Juli 1989; Terry Atlas und Timothy J. McNulty, »Cheers Greet Bush Call For Reform«, *CT*, 12. Juli 1989.

74 Bush und Scowcroft, *Eine neue Welt*, S. 80; George H. W. Bush, *Speaking of Freedom: The Collected Speeches*, New York 2009, S. 79 f.

75 Gregory F. Domber, »Skepticsm and Stability«, S. 72 f.; Paczkowski, *The Spring Will Be Ours*, S. 507; R. W. Apple Jr., »In Hungary, The Ideas for Change are Selling Themselves«, *NYT*, 13. Juli 1989.

76 GHWBPL, Memcon of Bush–Németh Meeting, 12. Juli 1989, 10.10–10.45 Uhr, Delegationszimmer, Parlamentsgebäude, S. 2–4.

77 GHWBPL, Memcon of Bush–Pozsgay meeting, 12. Juli 1989, 14.10–15.00 Uhr, Musikzimmer, Residenz des US-Botschafters, S. 2 f.

78 Bush's Remarks to Students and Faculty at Karl Marx University in Budapest, 12. Juli 1989, APP; und Apple Jr., »In Hungary, The Ideas for Change are Selling Themselves«.

79 Ebenda; siehe auch Bush und Scowcroft, *Eine neue Welt*, S. 81 f.

80 Apple Jr., »In Hungary, The Ideas for Change are Selling Themselves«.

81 Bush und Scowcroft, *A World Transformed*, S. 126; Bush's Interview with Members of the White House Press Corps, 13. Juli 1989, APP.

82 Robert M. Gates, *From the Shadows: The Ultimate Insider's Story of Five Presidents and How They Won the Cold War*, New York 2006, S. 466.

83 Bush's Interview with Members of the White House Press Corps, 13. Juli 1989, APP. Siehe auch Maureen Dowd, »Bush Credits Moscow with Change in East Bloc«, NYT, 14. Juli 1989.

84 Bush und Scowcroft, Eine neue Welt, S. 84; James M. Markham, »France Celebrates a Day of History«, NYT, 14. Juli 1989; R. W. Apple Jr., »Day of Wines and Bunting: 200th Anniversary for France«, NYT, 15. Juli 1989; »Bush Joins in Joie de Vivre in Paris: Dozens of World Leaders Help Mark French Revolution«, LA Times/AP, 13. Juli 1989; Constantine Pleshakov, There Is No Freedom Without Bread!, S. 173.

85 Peter T. Kilborn, »U.S. Prepares Loan to Enable Mexico to Meet Payments«, NYT, 14. Juli 1989; und Bush und Scowcroft, Eine neue Welt, S. 85. Zu den US-amerikanischen Prioritäten für den Wirtschaftsgipfel siehe auch GHWBPL, Telcon of Bush–Kohl call, 23. Juni 1989, Oval Office, 7.26–7.42 Uhr, S. 2. Bush hatte zu Kohl gesagt, bei dem Wirtschaftsgipfel sollte die internationale Schuldensituation erörtert und mehr Koordinierung im makroökonomischen Bereich erreicht werden. Man müsse zu einer guten Koordinierungspolitik zurück.« Zitiert nach der deutschen Aufzeichnung: Telefongespräch des Bundeskanzlers Kohl mit Präsident Bush, 23. Juni 1989, abgedruckt in: DESE, Dok. 10, S. 315.

86 Serge Schmemann, »Poland's Leader Asks West for Aid«, NYT, 14. Juli 1989; derselbe, »Walesa to Back A Communist Chief«, NYT, 15. Juli 1989.

87 Siehe PREM 19/2597 f139, Charles Powell's notes on Bush–Thatcher telcon, 5. Juni 1989, MTF.

88 Ezra F. Vogel, Ming Yuan, Akihiko Tanaka (Hg.), The Golden Age of the U.S.-China-Japan-Triangle, 1972–1989, Cambridge, MA, 2002, S. 105 f.; Mary Nolan, The Transatlantic Century: Europe and the United States, 1890–2010, Cambridge 2012, S. 327. R. W. Apple Jr., »Leaders in Paris Argue over China«, NYT, 14. Juli 1989.

89 Zum Wortlaut der Erklärung siehe http://www.g8.utoronto.ca/summit/1989paris/east.html.

90 Maureen Dowd, »Leaders at Summit Back Financial Aid for East Europe«, NYT, 16. Juli 1989.

91 Ebenda; Robert L. Hutchings, American Diplomacy and the End of the Cold War: An Insider's Account of U.S. Policy in Europe, 1989–1992, Washington 1997, S. 67 ff.; R. W. Apple Jr. »Mission for Europeans Signals Growing Power«, NYT, 16. Juli 1989.

92 D. Hodson, »Jacques Delors: Vision, Revisionism, and the Design of EMU«, in: Kenneth Dyson und Ivo Maes (Hg.), Architects of the Euro: Intellectuals in the Making of European Monetary Union, Oxford 2016, S. 212–32.

93 Zur Madrider Erklärung siehe http://www.europarl.europa.eu/summits/madrid/madı_de.pdf; deutscher Wortlaut: https://www.bundesregierung.de/breg-de/service/bulletin/europaeischer-rat-in-madrid-tagung-der-staats-und-regierungschefs-der-eg-am-26-und-27-juni-1989-teil-zwei-von-zwei--783274. Zum Mittagessen Bushs mit Delors siehe GHWBPL, Memcon of Bush–Delors talks, 14. Juni 1989, 12.00–13.00 Uhr, Roosevelt Room, Weißes Haus, S. 2 f.

94 Schreiben des Bundeskanzlers Kohl an Präsident Bush, 28. Juni 1989, abgedruckt in:

DESE, Dok. 12, S. 320–3. Zum Polen-Besuch siehe Serge Schmemann, »Old Prejudices and Hostilities Stall Effort by Bonn and Warsaw to Reconcile«, *NYT,* 23. Juni 1989; Hutchings, *American Diplomacy,* S. 67 f. Siehe auch Christoph Gunkel, »Helmut Kohls Polen-Reise 1989: Problemfall Mauerfall«, in: *Spiegel Online,* 6. November 2009.

95 »W. Europe to Start Giving Food Products to Poland«, *LA Times,* 18. August 1989; »Food Aid to Poland Linked to Free Markets«, *NYT,* 2. August 1989. Vgl. Gregory F. Domber, »Skepticsm and Stability«, S. 65; und die Akten in: NSArchive, Washington DC, End of the Cold War, Poland 1989, Cables.

96 Vgl. Engel, »A Better World«, S. 27; Steven Hurst, *The Foreign Policy of the Bush Administration: In Search of a New World Order,* London 2009, S. 11; Meyer, *1989: The Year that Changed the World,* S. 212–17; Melvyn Leffler, »Dreams of Freedom, Temptation of Power«, in: Jeffrey A. Engel (Hg.), *The Fall of the Berlin Wall: The Revolutionary Legacy of 1989,* New York 2009, S. 132–69.

97 Auszüge aus dem Brief in Steven Greenhouse, »Gorbachev Urges Economic Accords«, *NYT,* 16. Juli 1989.

98 Bush und Scowcroft, *Eine neue Welt,* S. 86.

99 Ebenda, S. 87.

100 GHWBPL, Memcon of Bush–Weizsäcker meeting, 6. Juni 1989, 15.50–16.15 Uhr, Oval Office, S. 2.

101 GHWBPL, Telcon of Kohl–Bush call, 15. Juni 1989, 7.01–7.19 Uhr, Oval Office, S. 1–3; zum deutschen Transkript siehe *DESE,* Dok. 5, S. 299 ff., insb. S. 300. Siehe auch Tagebucheintrag vom 15. Juni 1989, abgedruckt in: Bush, *All the Best,* S. 428. Bush war froh: Kohls »Information zu Gorbatschow« war positiv gewesen und der Kanzler regelrecht »aufgekratzt«. Generell war das »lange Telefongespräch sehr persönlich, sehr freundschaftlich« gewesen. Bush notierte ferner: »In einer persönlichen Anmerkung erwähnte Helmut eine besondere Wurst, die er mir ... schicken wolle, also muss ich mit dem Secret Service darüber sprechen, dass ich sie auch bekomme. Denen wird das nicht recht sein, aber das ist ein Fall, wo wir die Regeln ein wenig zurechtbiegen müssen, weil Kohl so viel daran liegt, und außerdem liebe ich Wurst.«

102 Tagebucheintrag vom 18. Juni 1989, abgedruckt in: Bush und Scowcroft, *Eine neue Welt,* S. 87 f.

103 Bush und Scowcroft, *A World Transformed,* S. 39, 130; Bush und Scowcroft, *Eine neue Welt,* S. 88.

104 GHWBPL, Memcon of Mitterrand–Bush meeting, 13. Juli 1989, 16.00–16.35 Uhr, Elysée-Palast, Büro Präsident Mitterrands, S. 2.

105 Jeffrey Engel, *When the World Seemed New,* S. 6; James M. Markham, »The President Tours a New Europe That Calls Its Own Shots«, *NYT,* 16. Juli 1989; Dowd, »Leaders at Summit Back Financial Aid for East Europe«. Zu Bushs Vorstellungen von einer »persönlichen Diplomatie« siehe Bush und Scowcroft, *A World Transformed,* S. 60 f. Zum Tango-Zitat siehe Memcon of Reagan–Gorbachev talks, 11. Oktober 1986,

23.40–0.30 Uhr, Reykjavik, S. 11, http://www.thereaganfiles.com/reykjavik-summit-transcript.pdf.

106 Bushs Brief an Gorbatschow, 21. Juli 1989, abgedruckt in: Bush, *All the Best*, S. 433 f. Vgl. Bush und Scowcroft, *Eine neue Welt*, S. 90.

107 John Tagliabue, »Jaruzelski Wins Polish Presidency by Minimum Votes«, *NYT*, 20. Juli 1989; Gregory F. Domber, »Skepticsm and Stability«, S. 74.

108 Garton Ash, *The Magic Lantern*, S. 39 f. NSArchive, End of the Cold War, Poland, 1989 Cables, »US embassy Warsaw to SecState, ›Coversation with Gen. Kiszczak‹, 11. August 1989«, NSAEBB No. 42; und »US Embassy Warsaw to Sec State, ›New Prime Minister May Fail to Form a Government, Will Walesa Try Next?‹, 14. August 1989«.

109 John Tagliabue, »Senior Solidarity Aide Says he is Being Named Premier; Postwar Milestone in Bloc«, *NYT*, 19. August 1989. Zu Gorbatschows Druck siehe Gorbatschow zu Mieczysław Rakowski: »Den Weg der Verständigung gehen«, Aus M. Rakowskis Polit-Tagebuch, 22. August 1989, abgedruckt in: Stefan Karner et al. (Hg.), *Der Kreml und die »Wende« 1989: Interne Analysen der sowjetischen Führung zum Fall der kommunistischen Regime – Dokumente,* Innsbruck 2014, S. 434 ff.; Francis X. Clines, »GORBACHEV CALLS, THEN POLISH PARTY DROPS ITS DEMANDS«, *NYT*, 23. August 1989. Castle, *Triggering Communism's Collapse*, S. 204–10.

110 Zitat aus Castle, *Triggering Communism's Collapse*, S. 207. John Tagliabue, »Man in the News: Tadeusz Mazowiecki – A Catholic at the Helm«, *NYT*, 19. August 1989.

111 John Tagliabue, »Jaruzelski, Moved by ›Needs And Aspirations‹ of Poland, Names Walesa Aide Premier«, *NYT*, 20. August 1989.

112 John Tagliabue, »Wider Capitalism to Be Encouraged by Polish Leaders«, *NYT*, 24. August 1989.

113 John Tagliabue, »Poles Approve Solidarity-Led Cabinet«, *NYT*, 13. September 1989.

114 Scowcroft zitiert in Thomas L. Friedman, »The Challenge of Poland; Bush Facing Problems and Opportunities In Bridging Gaps Between East and West«, *NYT*, 25. August 1989. Bush zitiert in GHWBPL, Telcon Bush–Kohl call, 23. Juni 1989, 7.26–7.42 Uhr, Oval Office, S. 2.

115 Taubman, *Gorbatschow,* S. 568–72, und 508 f.

116 Zur baltischen Frage siehe Spohr, *Germany and the Baltic Problem*, S. 20 ff.; Graham Smith (Hg.), *The Baltic States: The National Self Determination of Estonia, Latvia and Lithuania*, New York 1996, S. 132 f. Zur zeitgenössischen Berichterstattung über die Baltische Kette siehe Michael Dobbs, »Baltic States Link in Protest ›So Our Children Can be‹«, *WP*, 24. August 1989; Francis X. Clines, »Poland Condemns Nazi-Soviet Pact«, *NYT*, 24. August 1989. Vgl. Fein, »Moscow Condemns Nationalist ›Virus‹ in 3 Baltic Lands«; Michael Dobbs, »Independence Fever Sets Up Confrontation«, WP, 27. August 1989.

117 Garton Ash, *The Magic Lantern*, S. 56–59.

118 Mary Elise Sarotte, *The Collapse: The Accidental Opening of the Berlin Wall,* New York 2014, S. 24. Zu dem betreffenden Stasi-Dokument, siehe BStU, Sekretariat Mittig 27, Blatt 120–130, »STRENG GEHEIM! Zentrale Auswertungs- und Informationsgruppe:

›Hinweise auf wesentliche motivbildende Faktoren im Zusammenhang mit Anträgen auf ständige Ausreise nach dem nichtsozialistischen Ausland und dem ungesetzlichen Verlassen der DDR‹‹, Berlin 9. September 1989, insb. S. 3.

119 David Childs, *The Fall of the GDR*, London 2001, S. 66. Serge Schmemann, »Sour German Birthday; Humiliation of Exodus to West Overwhelms East Berlin's Celebration of First 40 Years«, *NYT*, 6. Oktober 1989.

120 Hans Michel Kloth, *Vom »Zettelfalten« zum freien Wählen: Die Demokratisierung der DDR 1989/90 und die »Wahlfrage«*, Berlin 2000, S. 295; »DDR: Zeugnis der Reife«, in: *Der Spiegel*, 15. Mai 1989, S. 24 f.; Schmemann, »Sour German Birthday«.

121 Politisches Archiv des Auswärtigen Amts (im Folgenden: PAAA), Berlin, Zwischen-Archiv (ZA) 139.798E, »Dr. Mulack an Bundesminister, Betr.: Vorsprache und Zufluchtnahme von Deutschen aus der DDR in unseren osteuropäischen Vertretungen«, 20. Juni 1989, S. 3.

122 BStU, ZA, ZAIG 5352, Blatt 124–134, »Zentrale Auswertungs- und Informationsgruppe: »Hinweise zum verstärkten Missbrauch des Territoriums der Ungarischen Volksrepublik durch Bürger der DDR zum Verlassen der DDR sowie zum Reiseverkehr nach der UVR«, 14. Juli 1989. Dieses Dokument enthält den Vertrag von 1969. Siehe auch Gespräch zwischen Fischer und Horn in Ost-Berlin, 31. August 1989, abgedruckt in: Horst Möller, et al. (Hg.), *Die Einheit: Das Auswärtige Amt, das DDR-Außenministerium und der Zwei-plus-Vier-Vertrag* [im Folgenden: *DE*], Göttingen 2015, Dok. 2, S. 76, Fn. 4.

123 Vermerk des stellv. Referatsleiters 513, Mulack — Ausreisewillige DDR-Bürger in Ungarn, abgedruckt in: *DE*, Dok. 1, S. 73 f. und Fn. 2; BStU, ZA, ZAIG 4021, Blatt 1–192, hier Blatt 79–89, »MfS — Der Minister: Referat auf der Sitzung der Kreisleitung der SED im MfS zur Auswertung der 8. Tagung des ZK [Auszug] 29.6.1989«.

124 Maier, *Dissolution*, S. 125 f. PAAA, ZA 178.925E, StS Dr. Sudhoff, Bonn, »Mein Gespräch mit dem ungarischen AM Horn (14.8.1989)«, 18. August 1989, S. 7. Siehe auch Ferdinand Protzman, »Westward Tide of East Germans Is a Popular No-Confidence Vote«, *NYT*, 22. August 1989. Für weitere Details zum Flüchtlingsproblem in Ungarn allgemein siehe Andreas Oplatka, *Der erste Riß in der Mauer*, Wien 2009; sowie die Akten: PAAA, ZA 139.918E, ZA 139.946-8E, 140.734E und B 85 2.338-43E.

125 Sebestyen, *Revolution 1989*, S. 311.

126 Ebenda, S. 312 f.; Meyer, *1989: The Year that Changed the World*, S. 98–102; siehe auch http://www.chronik-der-mauer.de/material/178896/laszlonagy-das-paneuropaeische-picknick-und-die-grenzoeffnung-am-11-september-1989.

127 Meyer, *1989: The Year that Changed the World*, S. 102; Richard A. Leiby, *The Unification of Germany, 1989–1990*, Westport, CT, 1999, S. 10 f.; Protzman, »Westward Tide«.

128 Siehe *DE*, Dok. 1, S. 74.

129 *DE*, Dok. 2, S. 78, Fn. 5; Kunzmann an Staatssekretär Lautenschlager, »Betr.: Versorgung der Deutschen aus der DDR in den Botschaften Prag, Warschau und in Ungarn, 5. September 1989«, in: *DE*, Dok. 3, S. 79 ff.

130 BStU, ZA, ZAIG 4021, Blatt 1–192, hier Blatt 79–89, »MfS – Der Minister: Referat auf der Sitzung der Kreisleitung der SED im MfS zur Auswertung der 8. Tagung des ZK [Auszug]«, 29. Juni 1989; *DE*, Dok. 2, S. 75.

131 Protzman, »Westward Tide«.

132 Sarotte, *The Collapse*, S. 25.

133 Vorlage des Ministerialdirigenten Stern an den Chef des Bundeskanzleramtes Seiters, 8. August 1989, und Gespräch des Ministerialdirigenten Duisberg mit dem Stellvertretenden Außenminister Nier, Berlin (Ost), 11. August 1989, abgedruckt in: *DESE*, Dok. 20 und 21, S. 351–5. Serge Schmemann, »Illness Sparks Succession Watch in East Germany«, *NYT*, 24. Juli 1989; Robert J. McCartney, »East Germany ›Paralyzed‹«, *WP*, 14. September 1989.

134 PAAA, ZA 178.925E, StS Dr. Sudhoff, Bonn, »Mein Gespräch mit dem ungarischen AM Horn (14.8.1989)«, 18. August 1989, S. 4.

135 Zu den deutschen Fassungen der Gesprächsnotizen zu den beiden Begegnungen zwischen Kohl und Genscher mit Németh & Horn, beide am 25. August 1989, siehe *DESE*, Dok. 28 und 29, S. 377–80 und 380 ff.

136 Gespräch des Bundeskanzlers Kohl und des Bundesministers Genscher mit Ministerpräsident Németh und Außenminister Horn, Schloss Gymnich, 25. August 1989, abgedruckt in: *DESE*, Dok. 28, S. 380. Helmut Kohl, *Ich wollte Deutschlands Einheit*, S. 71–4, hier insb. S. 74.

137 *DESE*, Dok. 28, S. 378 f. und NSAEBB No. 490.; Brief von Kohl an Németh, 4. Oktober 1989, sowie Gespräch zwischen Kohl und Delors, 5. Oktober 1989, abgedruckt in: *DESE*, Dok. 57 und 58, S. 442 f.; Kohl, *Ich wollte Deutschlands Einheit*, S. 74.

138 Kramer, »The Demise«, S. 834.

139 Kohl, *Ich wollte Deutschlands Einheit*, S. 75.

140 Zum Gespräch zwischen Horn und Fischer vom 31. August 1989, siehe *DE, Dok. 2*, S. 75–9, sowie Fernschreiben des Staatssekretärs Bertele an den Chef des Bundeskanzleramtes, 1. September 1989, abgedruckt in: *DESE*, Dok. 34, S. 391; SAPMO, ZPA, J IV 212/039/77, »Verlauf der SED Politbürositzung am 5. September 1989 (Streng geheim!)«, 5. September 1989; Auszüge des Transkripts der SED-Politbürositzung sind auch abgedruckt in: *MoH:1989*, doc. 79, S. 515 f.

141 Siehe Gyula Horn, *Freiheit, die ich meine: Erinnerungen des ungarischen Außenministers, der den eisernen Vorhang öffnete*, Hamburg 1991, S. 327 f.; Serge Schmemann, »Hungary Allows 7,000 East Germans to Emigrate West«, *NYT*, 11. September 1989; Henry Kamm, »Hungary's Motive: Earning Western Good Will«, *NYT*, 15. September 1989.

142 Ferdinand Protzman, »Thousands Swell Trek to the West by East Germans«, *NYT*, 12. September 1989; Craig R. Whitney, »The Dream of Reunion; Idea of One Germany Gains New Currency«, *NYT*, 12. September 1989.

143 Telegramm des Bundeskanzlers Kohl an Ministerpräsident Németh, 12. September 1989, abgedruckt in: *DESE*, Dok. 40, S. 404; zitiert nach Helmut Kohl, *Erinnerungen, 1982–1990*, S. 942; sowie derselbe, *Vom Mauerfall zur Wiedervereinigung: Meine Erinnerungen*, München 2009, S. 51–8; Protzman, »Thousands Swell Trek«.

144 Zelikow und Rice, *Germany Unified and Europe Transformed*, S. 68; Gespräch des
Bundesministers Seiters mit Botschafter Horváth, Bonn, 19. September 1989, abge-
druckt in: *DESE*, Dok. 41, S. 405; John Tagliabue, »East Germans Get Permission to
Quit Prague for West«, *NYT*, 1. Oktober 1989.

145 Zur Wut des DDR-Regimes siehe »Letter from GDR Ambassador to Hungary, Gerd
Vehres, to Foreign Minister Osker [Oskar] Fischer«, 10. September 1989, DAWC oder
abgedruckt in: *MoH:1989*, doc. 81, S. 518 ff.; zur Sichtweise des Kremls siehe Jonathan Steele, *Eternal Russia: Yeltsin, Gorbachev, and the Mirage of Democracy*, Cambridge, MA, 1994, S. 184 f.; Kramer, »The Demise«, S. 836 f.; Taubman, *Gorbatschow*,
S. 572; *MoH:1989*, doc. 90, S. 548; Zelikow und Rice, *Germany Unified*, S. 68; Gespräch
zwischen Gorbatschow und Honecker, 28. Juni 1989, Moskau, abgedruckt in: Daniel
Küchenmeister (Hg.), *Honecker – Gorbatschow: Vieraugengespräche* [im Folgenden:
Vieraugengespräche], Berlin 1993, S. 209. Zu den Diskussionen am 13. Juni 1989 zwischen Kohl und Gorbatschow in Bonn über bilaterale Wirtschaftsbeziehungen und
deutsche Unterstützung siehe Delegationsgespräch zwischen Kohl und Gorbatschow,
Bonn, 13. Juni 1989, abgedruckt in: *DESE*, Dok. 4, S. 294–9.

146 PAAA, ZA 139.798E, BStSL, »Betr.: Aktuelle Zahl der Zufluchtssuchenden«, 27. September 1989.

147 Tagliabue, »East Germans Get Permission to Quit Prague for West«.

148 Notiz der Gespräche Genschers mit dem tschechoslowakischen Außenminister Johanes am 25. September 1989 in New York, abgedruckt in: *DE*, Dok. 7, S. 97 ff.; Notiz
der Gespräche Genschers mit den Außenministern Schewardnadse (UdSSR), Johanes
(ČSSR), Fischer (DDR), Dumas (Frankreich), und Baker (USA) am 28. September 1989,
in *DE*, Dok. 8, S. 100 f. sowie Fn. 2 und 4; und Brief von Fischer an Honecker, 29. September 1989, in *DE*, Dok. 10, S. 106 f. Siehe auch PAAA, ZA 178.931E, »Vermerk,
Betr.: Gespräch BM mit AM Schewardnadse am 27.9.1989 in New York (Kleiner
Kreis)«, 27. September 1989; und PAAA, ZA 178.924E, Note von Genscher an Schewardnadse, 29. September 1989; Genscher, *Erinnerungen*, S. 14–9.

149 SAPMO, DY 30/ J IV 2/2A/3243, Protokoll der Sitzung des Politbüros, 29. September
1989. Zu den Eigentumsfragen siehe SAPMO, DY 30/ J IV 2/2A/3245; Genscher, *Erinnerungen*, S. 19 ff.

150 Genscher, *Erinnerungen*, S. 21 f.; Richard Kiessler und Frank Elbe, *Ein runder Tisch
mit scharfen Ecken: Der diplomatische Weg zur deutschen Einheit*, Baden-Baden 1993,
S. 33–38; *DESE*, Dok. 51–57, S. 429–42; Tagebucheintrag des Mitarbeiters der Prager
Botschaft Thomas Strieder 30. September–1. Oktober 1989, abgedruckt in: *DE*, Dok.
12, S. 110 f., Fn. 3.

151 *DE*, Dok. 12, S. 110–14; Genscher, *Erinnerungen*, S. 22 ff.

152 Tagliabue, »East Germans Get Permission to Quit Prague for West«, S. 1, 18.

153 Genscher, *Erinnerungen*, S. 27–204.

154 Genscher, *Erinnerungen*, S. 13 f. und 22; Genscher zitiert in Serge Schememann,
»More Than 6,000 East Germans Swell Tide of Emigres to the West«, *NYT*, 2. Oktober 1989; vgl. Kohl, *Meine Erinnerungen*, S. 60 f.

155   *DE*, Dok. 12, S. 110–14; Tagliabue, »East Germans Get Permission to Quit Prague for West«, S. 1, 18; ähnliche Szenen spielten sich an jenem Abend in Warschau ab, wo über 800 Ostdeutschen, die außerhalb der bundesdeutschen Botschaft campten, erlaubt wurde, mit dem Zug zur westdeutschen Grenzstadt Helmstedt zu reisen. Siehe Fernschreiben des Staatssekretärs Bertele an den Chef des Bundekanzleramtes, 2. Oktober 1989, abgedruckt in: *DESE*, Dok. 52, S. 430 ff. Zu den Erinnerungen von Botschafter Huber siehe https://prag.diplo.de/cz-de/botschaft/-/2176350.

156   Vorlage des Ministerialdirigenten Duisberg an Bundesminister Klein, 2. Oktober 1989, abgedruckt in: *DESE*, Dok. 54, S. 435 f.; Kiessler und Elbe, *Ein runder Tisch mit scharfen Ecken, S.* 42 ff.; Sarotte, *1989*, S. 31 ff. Zur Stimmung in den Zügen aus Polen über die DDR in die BRD, vgl. *DESE*, Dok. 52, S. 432.

157   Genscher zitiert in Schmemann, »More Than 6,000 East Germans«.

158   Schmemann, »Sour German Birthday«.

159   BStU, MfS, Rechtsstelle 100, HA Konsularische Angelegenheiten, »Reiseverkehr DDR–ČSSR«, nicht datiert, aber um den 3. Oktober 1989. Siehe auch Paula Butturini, »East Germany Closes Its Border After 10,000 More Flee To West«, *CT*, 4. Oktober 1989.

160   Vgl. BStU, MfS, ZAIG 3804, Blatt 1–6, Ministerium für Staatssicherheit: Information Nr. 438/89 »über erste Hinweise auf Reaktionen und Verhaltensweisen von Personen der DDR im Zusammenhang mit der zeitweiligen Aussetzung des pass- und visafreien Reiseverkehrs«, 4. Oktober 1989.

161   Telefongespräch des Bundeskanzlers Kohl mit Ministerpräsident Adameč, 3. Oktober 1989, und Gespräche und Kontakte des Chefs des Bundeskanzleramtes Seiters und des Ministerialdirigenten Duisberg, 3./4. Oktober 1989, abgedruckt in: *DESE*, Dok. 55 und 56, S. 437–41; *DE*, Dok. 14 und 15, S. 115–20. Ostdeutsche Quellen zur Organisation der Züge in SAPMO, DY 30/ J IV 2/2A/3245 und DY 30/IV 2/2.039/342.

162   Sarotte, *The Collapse,* S. 30 f. »Freedom Train«, in: *Time*, 16. Oktober 1989, S. 40; Serge Schmemann, »East Germans Line Emigré Routes, Some in Hope of Their Own Exit«, *NYT*, 5. Oktober 1989.

163   BStU, Außenstelle Dresden, BV Dresden, LBV 10167, Blatt 1–5, »Schilderung der Ereignisse in Dresden zwischen dem 3. und dem 8.10.1989 durch den Leiter der BVfS Dresden, Böhm«, 9. Oktober 1989; Patrick Salmon et al. (Hg.), *Documents on British Policy Overseas, Series III, Volume VII, German Unification, 1989–1990* [im Folgenden *DBPO III, VII, GU 1989–90*], London 2010, doc. 14, S. 34. Siehe auch Ferdinand Protzman, »Jubilant East Germans Cross to West in Sealed Trains«, *NYT*, 6. Oktober 1989.

164   Über Putin siehe Natalija Geworkjan, *Aus erster Hand: Gespräche mit Wladimir Putin,* München 2000, S. 90–96; Fiona Gill und Clifford G. Gaddy, »How the 1980s Explains Vladimir Putin«, in: *The Atlantic*, 14. Februar 2013. Eintrag vom 5. Oktober 1989, *The Diary of Anatoly Chernyaev 1989*, S. 36, NSAEBB No. 275.

165   »Erklärung der DDR-Volkskammer zu den aktuellen Ereignissen in der Volksrepublik China, 8. Juni 1989«, abgedruckt in: *Neues Deutschland (ND)*, 8. Juni 1989; Zu

Honeckers Gedanken über China, die er gegenüber Yao Yilin äußerte, siehe Serge Schmemann, »East Germans Let Largest Protest Proceed in Peace«, *NYT*, 10. Oktober 1989.

166 Ost-Berlin war insbesondere an den Schlussfolgerungen der KPC interessiert, welche Ursachen die Protestbewegung hatte. Siehe SAPMO, ZPA, IV 2/2.035/33, »Bericht für das Politbüro über die Lage in der VR China (III. Quartal 1989)«, abgedruckt in: Werner Meißner (Hg.), *Die DDR und China 1945–1990: Politik – Wirtschaft – Kultur. Eine* Quellensammlung [im Folgenden: *DDR–CHINA:PWK*], Berlin 1995, Dok. 201, S. 406 f.

167 SAPMO, ZPA, JIV 2/2A/3247, Vermerk über das Gespräch des Generalsekretärs des ZK der KP Chinas, Genossen Jiang Zemin, mit Genossen Egon Krenz, in Peking, 26. September 1989, abgedruckt in: *DDR–CHINA:PWK,* Dok. 204, S. 412 ff., insb. S. 413.

168 SAPMO, ZPA, JIV 2/2A/3247, Gespräch zwischen Qiao und Krenz in der Großen Halle des Volkes, 25. September 1989, abgedruckt in: *DDR–CHINA:PWK,* Dok. 203, S. 409 ff., insb. S. 410.

169 SAPMO, DY 30/ J IV 2/2A/3247, »Protocol #43 of the Meeting of the Politburo of the Central Committee of the SED«, 17. Oktober 1989, S. 5, DAWC.

170 »In den Kämpfen unserer Zeit stehen DDR und China Seite an Seite«, *ND*, 30. September 1989, S. 1. »How ›Gorbi‹ Spoiled East Germany's 40th Birthday Party«, in: *Spiegel Online,* 7. Oktober 1989.

171 David Holley, »Under Tight Wraps, China Marks 40th Anniversary of Communist Rule«, *LA Times*, 2. Oktober 1989. Siehe auch Lee Feigon, »Bush and China: What's a Massacre Between Friends?«, *CT*, 12. Dezember 1989.

172 Nicholas D. Kristof, »›People's China‹ Celebrates, but Without the People«, *NYT*, 2. Oktober 1989; Li zitiert in: »40 Years Of Communism – China To Celebrate Loudly«, *Baltimore Sun*, 16. August 1989.

173 *DBPO III, VII, GU 1989–90,* doc. 17, S. 42; Sebestyen, *Revolution 1989*, S. 332 ff.; BStU, MfS, ZAIG, 7314, Blatt 1–30, »Plan der Maßnahmen zur Gewährleistung der Sicherheit während des 40. Jahrestages der Gründung der Deutschen Demokratischen Republik – 6. bis 8. Oktober 1989«, 27. September 1989; BStU, MfS, ZAIG 8680, Blatt 1, 15–21, 3 »Hinweise für Kollegiumssitzung 3.10.1989. Hinweise zur Aktion ›Jubiläum 40‹«, 3. Oktober 1989. Die Rede Honeckers am 6. Oktober 1989 ist online erhältlich bei Deutsche Geschichte in Dokumenten und Bildern – German Historical Institute – Washington, DC (im Folgenden DGDB-GHIDC).

174 Taubman, *Gorbatschow*, S. 572 f., Serge Schmemann, »Gorbachev Lends Honecker a Hand«, *NYT*, 7. Oktober 1989. Vgl. Maier, *Dissolution*, S. 148.

175 Serge Schmemann, »Police and Protesters Clash amid East Berlin Festivity«, *NYT*, 8. Oktober 1989.

176 SAPMO, ZPA, J IV 2/2.035/60 »Gespräch zwischen Honecker und Gorbatschow, 7. Oktober 1989« und SAPMO, ZPA, J IV 2/2.035/60 »Stenografische Niederschrift des Treffens der Genossen des SED-Politbüros mit dem Generalsekretär des ZK der

KPdSU Gorbatschow, 13.00–14.30 Uhr, 7. Oktober 1989«, abgedruckt in: *Vieraugen-*
gespräche, Dok. 20 und 21, S. 240–51 und 252–66, insb. S. 241, 243, 256; zum Hone-
cker-Zitat siehe Schmemann, »Gorbachev Lends Honecker a Hand«; zur sowjetischen Version der Aufzeichnung: SED Politburo meeting with Gorbachev,
13.00–14.30 Uhr, 7. Oktober 1989, siehe *MoH:1989*, doc. 88, S. 546. Vgl. http://www.
chronik-der-mauer.de/en/chronicle/_year1989/_month10/?month=10&year=1989&
opennid=176406&moc=1.

177 SAPMO, ZPA, J IV 2/2.035/60, »Stenografische Niederschrift des Treffens der Genossen des SED-Politbüros mit Gorbatschow, 13.00–14.30 Uhr, 7. Oktober 1989«, abgedruckt in: *Vieraugengespräche,* Dok. 21, S. 256. Zur sowjetischen Version der
Gesprächsnotiz siehe *MoH:1989*, doc. 88, S. 545; Schmemann, »Gorbachev Lends
Honecker a Hand«.

178 Gorbatschows »Festansprache zum 40. Jahrestag der DDR (7.10.1989)«, in: *ND,*
9. Oktober 1989.

Kapitel 3:
Deutschland wiedervereinigen, den Ostblock auflösen

1 Gunkel, »Helmut Kohls Polen-Reise 1989«; Werner A. Perger, »Friedliche Revolu-
tion: Als Kohl einmal am falschen Platz war«, *Zeit Online*, 9. November 2009. Kohl,
Meine Erinnerungen, S. 84 ff.; Horst Teltschik, *329 Tage: Innenansichten der Einigung*,
Berlin 1991, S. 11–14, insb. S. 14.

2 Kohl, *Meine Erinnerungen*, S. 83; Teltschik, *329 Tage*, S. 11, 13–14.

3 Kohl, *Meine Erinnerungen*, S. 102 f.; Andreas Rödder, *Deutschland einig Vaterland: Die*
Geschichte der Wiedervereinigung, München 2009, S. 133 f.; Teltschik, *329 Tage*, S. 14.
Trotz der historischen Sensibilität Kohls und seiner politischen Absicht, 50 Jahre
nach 1939 eine deutsch-polnische Versöhnung herbeizuführen, waren die symbolischen Gesten seiner Reise und die Orte, die er besuchte, alle umstritten. Jede Wahl
war historisch befrachtet und verursachte den Planern beider Seiten im Vorfeld des
Besuchs erhebliches Kopfzerbrechen. »Weit weg von Aussöhnung«, in: *Der Spiegel*
45/1989, 6. November, S. 18 f.; »Helmut Kohl als Symbol der Geschichte«, in: *Der*
Spiegel 47/1989, 20. November 1989, S. 130, 132 f., insb. S. 132.

4 Kohl, *Meine Erinnerungen*, S. 86f; Teltschik, *329 Tage*, S. 15; vgl. Gunkel, »Helmut
Kohls Polen-Reise 1989«.

5 Kohl, *Meine Erinnerungen*, S. 87f; Teltschik, *329 Tage*, S. 16–19; Hans-Dietrich Genscher, *Erinnerungen*, S. 655, 657; Gunkel, »Problemfall Mauerfall«; siehe auch Perger,
»Friedliche Revolution«.

6 Serge Schmemann, »JOYOUS EAST GERMANS POUR THROUGH WALL; PARTY
PLEDGES FREEDOMS, AND CITY EXULTS«, *NYT*, 11. November 1989. Genscher,
Erinnerungen, S. 657–61; derselbe, *Unterwegs zur Einheit*, S. 228 f. Vgl. Teltschik, *329*
Tage, S. 20. Er behauptet, Genscher habe das Thema der Einheit in seiner Rede um

jeden Preis vermeiden wollen und Brandt habe in seiner Rede die berühmten Worte gesprochen: »Nun wächst zusammen, was zusammengehört«, was er nicht tat. Siehe auch Kohl, *Meine Erinnerungen,* S. 94; Rede Willy Brandts, Bundeszentrale für politische Bildung (BpB), online.

7 Schmemann, »JOYOUS EAST GERMANS POUR THROUGH WALL«, S. 1. Kohl, *Meine Erinnerungen,* S. 88–93; Teltschik, *329 Tage,* S. 20. Siehe auch »Helmut Kohl als Symbol«, S. 130, 132 f.

8 Mündliche Botschaft von Gorbatschow an Kohl, 10. November 1989, abgedruckt in: *DESE,* Dok. 80, S. 504 f.; Kohl, *Meine Erinnerungen,* S. 89 f.

9 Ebenda.

10 Kohl, *Meine Erinnerungen,* S. 94.

11 Letter, C. Powell (No. 10) to S. Wall (FCO), 10. November 1989, abgedruckt in: *DBPO III, VII, GU 1989–90,* doc. 37, S. 102; Telefongespräch zwischen Kohl und Thatcher, 10. November 1989, abgedruckt in: *DESE,* Dok. 81, S. 506 f.; Kohl, *Meine Erinnerungen,* S. 94 f.

12 Telefongespräch zwischen Kohl und Bush, 10. November 1989, abgedruckt in: *DESE,* Dok. 82, S. 507 ff; für die US-Version siehe GHWBPL, Telcon of Kohl–Bush call, 10. November 1989, 15.29–15.47 Uhr, Oval Office, S. 1–3; Kohl, *Meine Erinnerungen,* S. 95.

13 Telefongespräch zwischen Kohl und Mitterrand, 11. November 1989, abgedruckt in: *DESE,* Dok. 85, S. 512; Kohl, *Meine Erinnerungen,* S. 95 f.

14 Telefongespräch zwischen Kohl und Krenz, 11. November 1989, abgedruckt in: *DESE,* Dok. 86, S. 513 ff.; Kohl, *Meine Erinnerungen,* S. 96 f.

15 Telefongespräch zwischen Kohl und Gorbatschow, 11. November 1989, abgedruckt in: *DESE,* Dok. 87, S. 515 ff.; Kohl, *Meine Erinnerungen,* S. 97 ff.; Teltschik, *329 Tage,* S. 27 ff.

16 Brief, Waigel an Kohl, 10. November 1989, abgedruckt in: *DESE,* Dok. 84; Kohl, *Meine Erinnerungen,* S. 97. Zur jährlichen Subventionierung der Volkswirtschaft der DDR siehe auch Christian Joppke, *East German Dissidents and the Revolution of 1989: Social Movement in a Leninist Regime,* Basingstoke 1995, S. 82; Ian Jeffries, *Socialist Economies and the Transition to the Market: A Guide,* London 2002, S. 313. Zu den Problemen im Zusammenhang mit der ökonomischen Wiedervereinigung siehe Gerlinde Sinn und Hans-Werner Sinn, *Kaltstart: Volkswirtschaftliche Aspekte der deutschen Vereinigung,* München 1993. Craig R. Whitney, »BONN'S POLITICIANS APPEAR DISMAYED BY COST OF INFLUX,« *NYT,* 7. November 1989.

17 Whitney, »BONN'S POLITICIANS APPEAR DISMAYED BY COST OF INFLUX«.

18 Vgl. Kohl, *Meine Erinnerungen,* S. 100 f.; Teltschik, *329 Tage,* S. 29.

19 Ilko-Sascha Kowalczuk, *Endspiel: Die Revolution von 1989 in der DDR,* München 2009, S. 387; Detlef Pollack, »Der Zusammenbruch der DDR als Verkettung getrennter Handlungslinienen«, in: Jarausch und Sabrow (Hg.), *Weg in den Untergang,* Göttingen 1999, S. 43 f., 51.

20 See BStU, MfS, ZAIG, 7314, Blatt 1–30, Plan der Maßnahmen zur Gewährleistung der

Sicherheit während des 40. Jahrestages der Gründung der Deutschen Demokratischen Republik – 6. bis 8. Oktober 1989, 27. September 1989; BStU, MfS, ZAIG 8680, Blatt 1, 15–21, Hinweise für Kollegiumssitzung 3.10.1989. Hinweise zur Aktion »Jubiläum 40«, 3. Oktober 1989. Siehe auch Kowalczuk, Endspiel, S. 389–91.

21 Armin Wagner und Dieter Krüger (Hg.), Konspiration als Beruf: Deutsche Geheimdienstchefs im Kalten Krieg, Berlin 1999, S. 260; Sebestyen, Revolution 1989, S. 335.

22 Kowalczuk, Endspiel, S. 392 f.

23 Schmemann, »Police and Protesters Clash«; Serge Schmemann, »SECURITY FORCES STORM PROTESTERS IN EAST GERMANY«, NYT, 9. Oktober 1989; Stefan Wolle, Die heile Welt der Diktatur: Alltag und Herrschaft in der DDR 1971–1989, Berlin 2013, S. 320 ff. Die größte Demonstration relativ zur Größe der Stadt mit 76 000 Einwohnern fand in Plauen statt, wo 20 000 Personen gegen das Regime demonstrierten. Doch den westlichen Medien entgingen die Ereignisse in der kleinen Provinzstadt nahe der innerdeutschen Grenze, und dasselbe galt auch für das wesentlich größere Karl-Marx-Stadt. Siehe Kowalczuk, Endspiel, S. 396–9.

24 Siehe »Die Geduld ist zu Ende«, in: Der Spiegel 41/1989, 9. Oktober 1989, S. 18–27. Pollack, »Der Zusammenbruch der DDR«, S. 44, 52.

25 Schmemann, »East Germans let largest protest proceed in peace«, NYT, 10. Oktober 1989; »Wir bitten Sie um Besonnenheit«, ND, 8. Oktober 2014. Siehe auch Sarotte, The Collapse, S. 55 f., 69.

26 BStU, MfS, BdL/Dok 006921, Fernschreiben des SED-Generalsekretärs Honecker an die 1. Sekretäre der SED-Bezirksleitungen, von Mielke mit Begleitschreiben weitergeleitet an die Leiter der Stasi-Bezirksverwaltungen, 8. Oktober 1989. Tobias Hollitzer, »Der friedliche Verlauf des 9. Oktober in Leipzig – Kapitulation oder Reformbereitschaft?«, in: Günther Heydemann et al. (Hg.), Revolution und Transformation in der DDR 1989/1990, Berlin 1999, S. 247–88, hier S. 261; Sarotte, The Collapse, S. 43 f. Zur Angst vor einer »chinesischen Lösung« in Leipzig siehe den Tagebucheintrag des Leipziger Superintendenten Dr. Johannes Richter vom 9. Oktober 1989. abgedruckt in: Tobias Hollitzer (Hg.), Die friedliche Revolution in Leipzig, Leipzig 2012, S. 409.

27 Honecker zitiert in: Schmemann, »East Germans let largest protest proceed in peace«. Vgl. Christian Schmidt-Häuer, »Der Widerspenstigen Lähmung«, in: Die Zeit 42/1989, 13. Oktober 1989; und »Chinesische Lehre und westliche ›Hetzballons‹«, taz, 11. Oktober 1989.

28 BStU, MfS, BdL/Dok 006921, Fernschreiben des SED-Generalsekretärs Honecker an die 1. Sekretäre der SED-Bezirksleitungen, von Mielke mit Begleitschreiben weitergeleitet an die Leiter der Stasi-Bezirksverwaltungen, 8. Oktober 1989; BStU, MfS, BdL/Dok 006920, Telegrafische Weisung Mielkes an die Leiter der Diensteinheiten, 8. Oktober 1989. »9. Oktober 1989. Die Macht der Straße«, in: Der Spiegel 40/2014, 29. September 2014, S. 48–53. Siehe auch Hans-Hermann Hertle, Der Fall der Mauer: Die unbeabsichtigte Selbstauflösung des SED-Staates, Opladen 1999, S. 114 f.; Rödder, Deutschland einig Vaterland, S. 88; Sarotte, The Collapse, S. 52.

29 Rödder, *Deutschland einig Vaterland,* S. 88; Sarotte, The *Collapse,* S. 43, 53 f.; Hollitzer, »Der friedliche Verlauf«, S. 268–80.

30 Sarotte, *The Collapse,* S. 69–77; Pollack, »Der Zusammenbruch der DDR«, S. 55–64; Rödder, *Deutschland einig Vaterland,* S. 81 f.

31 BArch/P, E-1- 56321, Persönliche Aufzeichnungen Schürers über die Politbürositzung am 17. Oktober 1989, abgedruckt in: Hertle, *Der Fall der Mauer,* Dok. 4, S. 431.

32 SAPMO-BArch, SED, ZK, J IV 2/2A/3247, Protokoll der Politbürositzung vom 17. Oktober 1989 (Auszug), abgedruckt in: Gerd-Rüdiger Stephan (Hg.), »Vorwärts immer, rückwärts nimmer!«, in: *Interne Dokumente zum Zerfall von SED und DDR 1988/89,* Berlin 1994, Dok. 35, S. 166. Erklärung des Genossen Erich Honecker, Berlin, 18. Oktober 1989, CVCE.EU.

33 Pollack, »Der Zusammenbruch der DDR«, S. 65 f. Zu Honeckers Krankheit siehe Sarotte, *The Collapse,* S. 26, 28.

34 SAPMO-BArch, Ton Y 1/TD 737, Krenz' Rede vor dem Zentralkomitee, 18. Oktober 1989, abgedruckt in: Hans-Hermann Hertle und Gerd-Rüdiger Stephan (Hg.), *Das Ende der SED: Die Letzen Tage des Zentralkommittees,* Dok. 9, S. 103–33, insb. S. 112. Es ist eine Ironie der Geschichte, dass es ausgerechnet Honecker war, der fragte: »Was ist Erneuerung? Welche Richtung [soll eingeschlagen werden]? Bisher [gibt es] keine Linie«. BArch/P, E-1- 56321, Persönliche Aufzeichnungen Schürers über die Politbürositzung am 17. Oktober 1989, abgedruckt in: Hertle, *Der Fall der Mauer,* Dok. 4, S. 437. Vorlage, Duisberg an Kohl, 19. Oktober 1989; und Telefongespräch zwischen Kohl und Krenz, 26. Oktober 1989, beides abgedruckt in: *DESE,* Dok. 63 und 68, S. 455–8 und S. 468.

35 Pollack, »Der Zusammenbruch der DDR«, S. 59; SHStA Dresden, SED, 13218, Modrows Manuskript für seine Rede bei den Gesprächen zwischen Erich Honecker und den 1. Bezirkssekretären der SED, 12. Oktober 1989 in Berlin, abgedruckt in: Stephan (Hg.), *Interne Dokumente,* Dok. 33, S. 157–61 und SAPMO-BArch, Ton Y 1/TD 737, Modrows Rede vor dem Zentralkomitee, 18. Oktober 1989, abgedruckt in: Hertle und Stephan (Hg.), *Das Ende der SED,* Dok. 9, S. 123–6; Rödder, *Deutschland einig Vaterland,* S. 93 f.

36 Telex, Bertele an Chef BK, 22. September 1989, abgedruckt in: *DESE,* Dok. 45, S. 413–16, insb. S. 414; Gerhard Wettig, »Niedergang, Krise und Zusammenbruch der DDR – Ursachen und Vorgänge«, in: Eberhard Kurt et al. (Hg.), *Die SED-Herrschaft und ihr Zusammenbruch,* Opladen 1996, S. 418; Pollack, »Der Zusammenbruch der DDR«, S. 65 ff; Wolf Biermann, »Wer war Krenz«, *taz,* 18. November 1989. Siehe auch »9. Oktober 1989. Die Macht der Straße«, S. 48; Niall Ferguson, *The Square and the Tower: Networks, Hierarchies and the Struggle for Global Power,* London 2017.

37 Pollack, »Der Zusammenbruch der DDR«, S. 66 ff; Rödder, *Deutschland einig Vaterland,* S. 98–102; Wolle, *Die heile Welt der Diktatur,* S. 440 f.

38 Siehe Serge Schmemann, »East Germany's Cabinet Resigns, Bowing to Protest and Mass Flight«, *NYT,* 8. November 1989.

39 Rödder, *Deutschland einig Vaterland,* S. 95.

40 Die Valutamark war eine ostdeutsche Währungseinheit, die ausschließlich zur Berechnung des wirtschaftlichen Austauschs zwischen der DDR und nichtsozialistischen Volkswirtschaften benutzt wurde.

41 SAPMO-BArch, DY 30/5195, Gerhard Schürer, Gerhard Beil, Alexander Schalck, Ernst Höfner und Arno Donda: »Vorlage für das Politbüro des ZK der SED – Analyse der ökonomischen Lage der DDR mit Schlussfolgerungen«, 30. Oktober 1989; Hertle, *Der Fall der Mauer*, Dok. 7 und 8, S. 448–60 und S. 461; und zu Krenz' Erklärungen im Mai 1989 siehe: Rödder, *Deutschland einig Vaterland*, S. 73. Siehe auch Gerhard Heske, »Die gesamtwirtschaftliche Entwicklung in Ostdeutschland 1970 bis 2000 – Neue Ergebnisse einer volkswirtschaftlichen Gesamtrechnung«, in: *Historical Social Research* (2005), S. 238; und »Die Entwicklung der Staatsverschuldung seit der deutschen Wiedervereinigung«, *Deutsche Bundesbank Monatsbericht* (März 1997).

42 SAPMO-BArch, ZPA-SED, J IV 2/2A.3255, Memorandum über die Gespräche zwischen Gorbatschow und Krenz am 1. November 1989 in Moskau, abgedruckt in: Hertle, *Der Fall der Mauer*, Dok. 9, S. 462–82.

43 Bill Keller, »New East German Chief Hints at Election Changes«, *NYT*, 2. November 1989. Deutscher Wortlaut transkribiert aus: RIAS-Bericht über die Pressekonferenz von Egon Krenz in Moskau, 1. November 1989, CdMDA; und Auszüge aus der Pressekonferenz von Egon Krenz in Moskau anlässlich seines Treffens mit Michail Gorbatschow (CdWDA).

44 Drahtbericht, Hiller (Prag) an AA, 4. November 1989, abgedruckt in: *DE*, Dok. 18, insb. Fußnoten 1, 2, 6. Telegramm, Tschechoslowakischer DDR-Botschafter über die Grenzschließung, 3. Oktober 1989; Beschluss des Politbüros der SED zum visafreien Verkehr, 24. Oktober 1989, beide abgedruckt in: Karel Vodička, *Die Prager Botschaftsflüchtlinge 1989*, Göttingen 2014, Dok. 38 und 55, S. 380 und 407 f. Weitere Telegramme über die Prager Flüchtlingskrise: Dok. 57–67, S. 414–28; John Tagliabue, »TRAVEL BAN LIFTED AND EAST GERMANS SWARM TO PRAGUE«, *NYT*, 2. November 1989; derselbe, »More East Germans Seek Passage Through Prague«, NYT, 3 November 1989.

45 Fernseh- und Rundfunkansprache von Egon Krenz, abgedruckt in: *ND*, 4. November 1989.

46 Schmemann, »East Germany's Cabinet Resigns«.

47 Serge Schmemann, »500,000 in East Berlin Rally for Change; Emigres Are Given Passage to West«, *NYT*, 5. November 1989. Beitrag von Christa Wolf: https://www.youtube.com/watch?v=SSk-ytE9c20.

48 Serge Schmemann, »10,000 MORE FLEE AS EAST GERMANY VOWS EASY TRAVEL«, *NYT*, 6. November 1989; derselbe, »East Germany's Cabinet Resigns«; derselbe, »EAST GERMANY OPENS FRONTIER TO THE WEST FOR MIGRATION OR TRAVEL«, S. 1, 14. Siehe auch »Ostmark zum Willkür-Kurs«, in: *Der Spiegel* 49/1989, 27. November 1989, S. 112–13; Peter Brinkmann, *Zeuge vor Ort: Korrespondent in der DDR '89/90*, Berlin 2014, S. 8 f.

49 Kowalczuk, *Endspiel*, S. 454; Rödder, *Deutschland einig Vaterland*, S. 106; Serge Schmemann, »BONN TIES MORE AID FOR EAST GERMANY TO FREE ELECTIONS; »Politburo Ranks are Shaken Up by New Leader«, *NYT*, 9. November 1989.

50   Hertle, *Der Fall der Mauer*, S. 163–76; Sarotte, *The Collapse*, S. 93–119; Rödder, *Deutschland einig Vaterland*, S. 106–8.

51   Günter Schabowskis Pressekonferenz im Internationalen Pressezentrum der DDR 18.53–19.01 Uhr, 9. November 1989, Hertle, *Der Fall der Mauer*, S. 168–72; Brinkmann, *Zeuge vor Ort*, S. 23 ff.; Albrecht Hinze, »Versehentliche Zündung mit verzögerter Sprengkraft«, *Süddeutsche Zeitung (SZ)*, 9. November 1989, S. 17.

52   Reuters, 9. November 1989, 19.02 Uhr: »Ausreisewillige DDR-Bürger können ab sofort über alle Grenzübergänge der DDR in die Bundesrepublik ausreisen«, Associated Press, 9. November 1989, 19.05 Uhr; *ARD Tagesschau*, 20 Uhr, 9. November 1989, https://www.youtube.com/watch?v=llE7tCeNbro. Vgl. Brinkmann, *Zeuge vor Ort*, S. 19–27; Hertle, *Der Fall der Mauer*, S. 172 ff.

53   Hertle, *Der Fall der Mauer*, S. 180–7, 380–9; Gerhard Haase-Hindenberg, *Der Mann, der die Mauer öffnete: Warum Oberstleutnant Harald Jäger den Befehl verweigerte und damit Weltgeschichte schrieb*, München 2007, S. 194–201. Siehe auch Sarotte, *1989*, S. 41 f.; dieselbe, *The Collapse*, S. 127–50.

54   Stefan Kornelius, *Angela Merkel: The Chancellor and Her World*, Richmond 2014, S. 32.

55   Hertle, *Der Fall der Mauer*, S. 188–92; Ferdinand Protzman, »East Berliners Explore Land Long Forbidden«, *NYT*, 10. November 1989.

56   Protzman, »East Berliners Explore Land Long Forbidden«.

57   Schmemann, »JOYOUS EAST GERMANS POUR THROUGH WALL«; »Einmal Ku'damm und zurück«, *Der Morgen*, 11–12. November 1989; »DDR Reisebüro beklagt Mangel an Devisen«, *Frankfurter Allgemeine Zeitung (FAZ)*, 10. November 1989; »Eine friedliche Revolution«, in: *Der Spiegel* 46/1989, 13. November 1989, S. 18–28. Vgl. Garton Ash, *The Magic Lantern*, S. 62.

58   Auf einer Veranstaltung am 10. November nach dem Ende der dreitägigen Marathonsitzung des Zentralkomitees schwafelte Krenz immer noch von einem »Aktionsprogramm« der SED und von einem »besseren Sozialismus«. »Nach dem Gespräch im Staatsrat«, *ND*, 10. November 1989.

59   Hannes Bahrmann und Christoph Links, *Wir sind das Volk: Die DDR im Aufbruch – Eine Chronik*, Berlin 1990, S. 99; »Heim-ins-Reich-Patriotismus«: »Hurra – wir kaufen die DDR«, *taz*, 24. November 1989, S. 2.

60   Siehe Christof Geisel, *Auf der Suche nach einem dritten Weg: Das politische Selbstverständnis der DDR-Opposition in den 80er Jahren*, Berlin 2005, S. 107–24; Karsten Timmer, *Vom Aufbruch zu Umbruch: Die Bürgerbewegung in der DDR 1989*, Göttingen 2000, S. 341.

61   Hans-Hermann Hertle, *Die Berliner Mauer: Biografie eines Bauwerkes*, Berlin 2015, S. 102.

62   Garton Ash, *Magic Lantern*, S. 69, 74. Martin Sabrow, »Der vergessene ›Dritte Weg‹«, in: *Aus Politik und Zeitgeschichte (APuZ)* 11/2010, S. 6–13.

63   »Die DDR öffnet ihre Grenzen zum Westen«, *Tagesspiegel*, 10. November 1989; »Mauer und Stacheldraht trennen nicht mehr«, *FAZ*, 11. November 1989. Zu dem

Thema, wie das Fernsehen die Realität verändert, siehe Sarotte, *1989*, S. 38 f., 41, 44, 46. Siehe auch Julia Sonnevend, *Stories Without Borders: The Berlin Wall and the Making of a Global Iconic Event*, Oxford 2016, S. 89 f.

64 John Tagliabue, »A GOOD-WILL TRIP ENDS; Kohl Recalls Auschwitz and Agrees to Aid Poles«, *NYT*, 15. November 1989. Siehe auch GHWBPL, WHORM Files CO054-02, FRG Letter from Kohl to Bush, 6. November 1989, S. 2–3.

65 Craig R. Whitney, »BONN TIES MORE AID FOR EAST GERMANY TO FREE ELEC-TIONS: Kohl Says There is Less Reason Now to Accept Division of Nation«, *NYT*, 9. November 1989; *Bundestag Stenographische Berichte*, 11. Wahlperiode, 176. Sitzung, S. 13335, 13332, 13334f; Serge Schmemann, »Kohl Says Bonn Will Not Press East Germany on Reunification«, *NYT*, 17. November 1989; Rödder, *Deutschland einig Vaterland*, S. 137.

66 Alan Riding, »Western Europe Pledges to Aid East«, *NYT*, 19. November 1989.

67 Der im Dezember 1979 von der NATO gefasste »Doppelbeschluss« verband Abschre-ckung mit der Bereitschaft zu verhandeln und abzurüsten. Er beinhaltete die Stati-onierung einer neuen Generation amerikanischer Pershing-II-Raketen und Cruise Missiles in Europa nach 1982, es sei denn, der zweite Teil des Doppelbeschlusses, umfassende Abrüstungsgespräche mit der Sowjetunion, endete im Erfolg. Dieser komplexe und schwer zu erreichende Kompromiss war noch von Bundeskanzler Helmut Schmidt im Januar 1979 auf Guadeloupe mit den Führern der Vereinigten Staaten, Großbritanniens und Frankreichs ausgearbeitet worden. Der Beschluss war sehr wichtig für den Zusammenhalt des Bündnisses in einer Zeit, da es in Gefahr schien auseinanderzufallen. Noch wichtiger war, dass die Bundesrepublik dank den Verhandlungen über den Doppelbeschluss mit den Atomstaaten auf höchster Ebene über weltpolitische Themen verhandelte. Kurzfristig war der Doppelbeschluss eine Katastrophe für Schmidt, die letztlich zu seinem Sturz führte. Seine Partei war wegen der Stationierung der neuen Raketen gespalten, und Kohl gelang es, ihn durch ein konstruktives Misstrauensvotum abzulösen. Entscheidend war dabei, dass Schmidts Koalitionspartner und Außenminister Hans-Dietrich Genscher mit den Freien Demokraten die Seiten wechselte und Kohls Außenminister wurde. In der Folge konnte Kohl das Verdienst für die Stationierung der Pershing-Raketen und Cruise Missiles im Jahr 1983 für sich in Anspruch nehmen, die, wie er und Schmidt glaubten, zum INF-Vertrag von 1987 geführt hatte – dem triumphalen Kulminations-punkt von Teil zwei des Doppelbeschlusses, nach der Umsetzung seines ersten Teils.

68 Kohl, *Meine Erinnerungen*, S. 108 f. Es sind keine Aufzeichnungen über dieses Gespräch zu finden, weder in *DESE* noch in den französischen Papieren.

69 Die Berichte über das Diner im Elysée-Palast sind unterschiedlich. Siehe Kohl, *Meine Erinnerungen*, S. 110 f.; Thatcher, *Downing Street No. 10*, S. 1098 f.; Jacques Attali, *Verbatim III: Première partie, 1988–1989*, Paris 1995, S. 431 ff. Vgl. Tilo Schabert, *Wie Weltgeschichte gemacht wird: Frankreich und die deutsche Einheit*, Stuttgart 2002, S. 411–15; Bozo, *Mitterrand, la fin de la guerre froide et l'unification allemande*, S. 135 ff.; Sarotte, *1989*, S. 64.

70 Kohl, *Meine Erinnerungen*, S. 110 f.; Sarotte, *1989*, S. 64; Bozo, *Mitterrand, la fin de la guerre froide et l'unification allemande*, S. 135–8. Bushs Unterstützung für Kohl siehe GHWBPL, Telcon, Bush's call to Kohl, 17. November 1989, 7.55–8.15 Uhr, Oval Office, S. 1–4. Eine deutsche Version des Gesprächs findet sich in *DESE*, Dok. 93, S. 538 ff. Zu Bushs ebenfalls positiven öffentlichen Kommentaren über die deutsche Einheit siehe auch R.W. Apple Jr., »Possibility of a Reunited Germany Is No Cause for Alarm, Bush Says«, *NYT*, 25. Oktober 1989.

71 Bozo, *Mitterrand, la fin de la guerre froide et l'unification allemande*, S. 138 – gestützt auf Mitterrands Interviews mit *Paris Match* (23. November 1989) und dem *WSJ* (22. November 1989).

72 Kohls Rede vor dem Europäischen Parlament, 22. November 1989, Video unter https://my-european-history.ep.eu/myhouse/story/921.

73 Kohl, *Meine Erinnerungen*, S. 113; Teltschik, *329 Tage*, S. 46 f.

74 Rudolf Augstein, »Sagen, was ist«, in: *Der Spiegel* 47/1989, 20. Nov. 1989, S. 18.

75 »'Die DDR ist am Zuge' – Spiegel-Gespräch mit Deutsche-Bank-Chef Alfred Herrhausen über die ostdeutsche Wirtschaftsmisere«, in: *Der Spiegel* 47/1989, 20. November 1989, S. 28–30.

76 Siehe »Viel Gefühl, wenig Bewusstsein – Spiegel-Gespräch mit dem Schriftsteller Günter Graß über eine mögliche Wiedervereinigung Deutschlands«, in: *Der Spiegel* 47/1989, 20. November 1989, S. 75–80.

77 »'Das Gespenst des Vierten Reiches' – Der stellvertretende SPD-Vorsitzende Oskar Lafontaine über die Politik seiner Partei«, in: *Der Spiegel* 39/1989, 25. September 1989, S. 20 f.

78 Oskar Lafontaine in der deutschlandpolitischen Debatte des saarländischen Landtags, 8. November 1989.

79 Ralf Georg Reuth, »Wie Brandt Lafontaine auf Einheitskurs bringen wollte«, *Welt am Sonntag*, 11. September 2005. »Man muss auch anstößig sein«, in: *Der Spiegel* 52/1989, 25. Dezember 1989, S. 66.

80 Bahr, SPD-Präsidium: »Lasst uns um alles in der Welt aufhören, von der Einheit zu träumen oder zu schwätzen«, *Bild am Sonntag*, 1. Oktober 1989. Vgl. Bernt Conrad, »'Ich habe nichts zu korrigieren' – Egon Bahr wird 75 – Unbeirrte Rückschau eines Vordenkers«, *Die Welt*, 18. März 1997.

81 Egon Bahr, »Nachdenken über das eigene Land«, *Frankfurter Rundschau*, 13. Dezember 1988. Siehe auch Margit Roth, *Innerdeutsche Bestandsaufnahme der Bundesrepublik 1969–1989: Neue Deutung*, Wiesbaden 2014, S. 148 f.

82 Rede von Willy Brandt auf dem SPD-Parteitag, Berlin, 18. Dezember 1989, CVCE.EU.

83 Brandt sagte: »Denn nirgends steht auch geschrieben, dass sie, die Deutschen, auf einem Abstellgleis zu verharren haben, bis irgendwann ein gesamteuropäischer Zug den Bahnhof erreicht hat.« Siehe »Man muss auch anstößig sein«, S. 66–70, insb. S. 67. Siehe auch »In Angst vor der Einheit«, in: *Der Spiegel* 51/1989, 18. Dezember 1989, S. 16–25.

84 »Die Geduld ist zu Ende«, S. 18–27.

85 Rödder, *Deutschland einig Vaterland,* S. 118–24. Das Zitat aus dem Appell »Für unser Land« vom 26. November 1989: Matthias Judt (Hg.), *DDR-Geschichte in Dokumenten: Beschlüsse, Berichte, interne Materialien und Alltagszeugnisse,* Berlin 1998, S. 544.

86 Craig R. Whitney, »NEW TIES TO BONN SOUGHT BY PREMIER OF EAST GERMANY«, *NYT,* 18. November 1989. Deutscher Wortlaut der Zitate: Hans Modrow, Regierungserklärung am 17. November 1989, *ND,* 18./19. November 1989.

87 Herbert Kremp, »Lassen wir uns die Einheit vom anderen vorformulieren?«, *Die Welt,* 19. November 1989.

88 Bahrmann und Links, *Wir sind das Volk,* S. 146. Siehe auch »Republikaner – Mit Freude einschlürfen. Mit ›intellektualisiertem‹ Programm wollen die Republikaner den Einzug in den Bundestag schaffen«, in: *Der Spiegel* 48/1989, 27. November 1989, S. 74.

89 Teltschik, *329 Tage,* S. 41.

90 Ebenda, S. 42, 40.

91 Vorlage, Teltschik an Kohl, 6. Dezember 1989; und Memo, SU und »deutsche Frage« (nicht datiert), beide abgedruckt in: *DESE,* Dok. 112 und 112A, S. 616 f. Teltschik, *329 Tage,* S. 43 f. Zum Auftrag Portugalows siehe auch: »The Soviet Origins of Helmut Kohl's 10 Points«, NSAEBB No. 296; Andrei Grachev, *Gorbachev's Gamble,* S. 143–7, insb. S. 146 f.; Alexander von Plato, *Die Vereinigung Deutschlands – ein weltpolitisches Machtspiel,* S. 115–21; Zelikow und Rice, *Germany Unified and Europe Transformed,* S. 118.

92 Teltschik, *329 Tage,* S. 45.

93 *DESE,* Dok. 112A, S. 616 ff.; Teltschik, *329 Tage,* S. 43 f.

94 Teltschik, *329 Tage,* S. 44 ff.

95 Ebenda, S. 47 ff.

96 Ebenda, S. 44 f., 49.

97 Kohl, *Meine Erinnerungen,* S. 113 ff.; Teltschik, *329 Tage,* S. 50 f.

98 Helmut Kohl, *Meine Erinnerungen,* S. 114 f.

99 In der Entschließung wurde dem polnischen Volk zugesichert, »dass sein Recht, in sicheren Grenzen zu leben, von uns Deutschen weder jetzt noch in Zukunft durch Gebietsansprüche in Frage gestellt wird«. Katarzyna Stokłosa, *Polen und die deutsche Ostpolitik 1945–1990,* Göttingen 2011, S. 499.

100 »Ein Staatenbund? Ein Bundesstaat?«, in: *Der Spiegel* 49/1989, 4. Dezember 1989, S. 24–9.

101 Kohl, *Erinnerungen,* S. 115–25.

102 »Rede von Bundeskanzler Helmut Kohl im Bundestag (»10-Punkte-Programm«), 28. November 1989«, CdMDA.

103 Teltschik, *329 Tage,* S. 58.

104 Cable, AmEmb Bonn to SecState Washdc, Subject: Kohl's Ten-Point-Program – Silence on the Role of the Four Powers, 1. Dezember 1989, abgedruckt in: CWIHP, Paris Conference, 2006.

105 R. W. Apple Jr., »MILLIONS OF CZECHOSLOVAKS INCREASE PRESSURE ON PARTY

WITH 2-HOUR GENERAL STRIKE«, *NYT,* 28. November 1989; Ferdinand Protzman, »Kohl to Outline Plan for German Unity«, *NYT,* 28. November 1989.

106 R. W. Apple Jr., »PRAGUE PARTY TO YIELD SOME CABINET POSTS AND DROP INSISTENCE ON PRIMACY IN SOCIETY,« *NYT,* 29. November 1989; Ferdinand Protzman, »Kohl Offers an Outline to Create Confederation of the 2 Germanys«, *NYT,* 29. November 1989; »Excerpts from Kohl Speech on Reunification of Germany«, NYT, 29. November 1989. Im Gegensatz dazu berichtete die *Washington Post* über Kohls Zehn-Punkte-Programm auf der Titelseite: Mark Fisher, »Kohl Proposes Broad Program for Reunification«, *WP,* 29. November 1989. Bei anderen Blättern beherrschten Meldungen über CIA-Aktivitäten in Angola, der Putsch in auf den Philippinen und der Drogenkrieg in Lateinamerika die Titelseiten.

107 Ferdinand Protzman, »Head of Top West German Bank is Killed in Bombing by Terrorists«, *NYT,* 1. Dezember 1989; Siehe auch den Artikel »Wir können jeden erledigen« und die Titelseite in: *Der Spiegel* 49/1989, 4. Dezember 1989, S. 14–23.

108 Cable, AmEmb Bonn to SecState Washdc, Subject: Kohl's Ten-Point-Program – Silence on the Role of the Four Powers, 1. Dezember 1989, nachgedruckt in: CWIHP, Paris Conference, 2006.

109 Brief Kohl an Bush, 28. November 1989, abgedruckt in: *DESE,* Dok. 101, S. 567–73; Zelikow und Rice, *Germany Unified and Europe Transformed,* S. 122; Jason De Parle, »THE WORLD – The Bitter Legacy of Yalta: Four Decades of What-Ifs«, *NYT,* 26. November 1989.

110 Brief, Krenz an Präsident Bush, 28. November 1989, zitiert in: Zelikow und Rice, *Germany Unified and Europe Transformed,* S. 122.

111 Bush und Scowcroft, *Eine neue Welt,* S. 158.

112 GHWBPL, Telcon of Bush's call to Kohl, 29. November 1989, 8.27–9.02 Uhr, Oval Office, S. 1, 4. Es gibt keine freigegebene oder in *DESE* abgedruckte Version dieses Gesprächs. Kohl zitiert in: Zelikow und Rice, *Germany Unified and Europe Transformed,* S. 123.

113 Zum »Ding mit der Vision« siehe Martin J. Medhurst (Hg.), *The Rhetorical Presidency of George H. W. Bush,* College Station 2006, Kap. 2. Siehe auch Thomas Singer, *The Vision Thing: Myth, Politics and Psyche in the World,* London 2014. Tatsächlich machte sich der Präsident vielleicht sogar ein wenig über sich selber lustig, als er im Januar 1987 mit dem Bezug auf »das Ding mit der Vision« auf Kritik reagierte. Ein Journalist hatte seine Unfähigkeit kritisiert, im Gegensatz zu Reagan seine Grundüberzeugungen und politischen Strategien klar zu formulieren. Seine verächtliche Antwort: »Ah, das Ding mit der Vision!«, hatte sich im Oktober 1987 gerächt, als das Nachrichtenmagazin Newsweek einen Titel mit der Schlagzeile »GEORGE BUSH: FIGHTING THE ›WIMP FACTOR‹« (»George Bush kämpft gegen den Weichei-Faktor«) herausbrachte. Selbst nachdem er 1988 die Wahl gewonnen hatte, gelang es Bush nie, das Image des übermäßig pragmatischen Verwalters loszuwerden.

114 Bush's Interview with White House Press Corps, 29. November 1989, APP.

115 Vorlage, Lambach für Sudhoff, 1. Dezember 1989, abgedruckt in: *DE,* Dok. 25, S. 152;

Memcon of Andreotti-Gorbachev talks, Rome, 29. Oktober 1989, abgedruckt in: *MGDF:SD*, Dok. 57, S. 245 ff; Zelikow und Rice, *Germany Unified and Europe Transformed*, S. 124; Kiessler und Elbe, *Ein runder Tisch mit scharfen Ecken*, S. 52 ff.; Vorlage, Hartmann an Kohl, 1. Dezember 1989, abgedruckt in: *DESE*, Dok. 107, S. 595 f.

116 Kiessler und Elbe, *Ein runder Tisch mit scharfen Ecken*, S. 51 f.

117 Fünf Jahre später kritisierte er Kohls Zehn-Punkte-Paket in seinen Memoiren immer noch als zu zögerlich und der Entwicklung hinterherhinkend und ohne klaren Zeitplan in einer sehr dringlichen Situation. »Die Einheit Deutschlands [musste] so rasch wie möglich vollendet werden.« Genscher, *Erinnerungen*, S. 673.

118 Genscher, *Erinnerungen*, S. 682; Siehe auch: Ritter, *Hans-Dietrich Genscher, das Auswärtige Amt und die deutsche Vereinigung*, S. 39 f.

119 Werner Weidenfeld et al., *Außenpolitik für die deutsche Einheit: Die Entscheidungsjahre 1989/90* [Geschichte der deutschen Einheit, Band 4], München 1998, S. 646.

120 Genscher, *Erinnerungen*, S. 683 f. Zum Vergleich siehe Gorbatschows vergleichsweise kurze Erinnerungen in: Gorbachev, *Memoirs*, S. 527 f.

121 Für die abgeschwächte Gesprächsnotiz siehe PAAA, ZA 178.931E, Vermerk – Gesprächsnotiz über die Gespräche zwischen Gorbatschow und Genscher in Moskau am 5. Dezember 1989, von Kastrup D2, 6. Dezember 1989. Das sowjetische Protokoll (Auszug) siehe *MGDF:SD*, Dok. 61, S. 254–65.

122 Minute from Sir S. Wright to Wall, 30. Oktober 1989, abgedruckt in: *DBPO III, VII, GU 1989/90*, doc. 26, fn. 3, S. 79. Vgl. Elisabeth Guigou, *Une femme au coeur de l'Etat. Entretiens avec Pierre Favier et Michel Martin-Roland*, Paris 2000, S. 75 ff. Siehe auch TNA UK, PREM 19/2691, Charles D. Powell's »Memo for Thatcher: Meeting with President Mitterrand«, 29. August 1989.

123 *DBPO III, VII, GU 1989/90*, doc. 26, fn. 4, S. 69. Vgl. Record of Conversation between Gorbachev and Thatcher, 23. September 1989, abgedruckt in: *MoH:1989*, doc. 85, S. 530 ff.; Thatcher, *The Downing Street Years*, S. 792; Rodric Braithwaite, *Across the Moscow River: The World Turned Upside Down*, New Haven, CT, 2002, S. 135 f. Vermerk Hartmann über Londoner Gespräche, 13. Oktober 1989, abgedruckt in: *DESE*, Dok. 61, S. 450 f.

124 George R. Urban, *Diplomacy and Disillusion at the Court of Margaret Thatcher: An Insider's View*, London 2006, S. 100. Nach dem Mauerfall, sagte Thatcher am 24. November in Camp David zu Bush, »jetzt sei nicht der richtige Zeitpunkt, um eine Diskussion über die europäischen Grenzen zu eröffnen. Ein solcher Schritt werde Mr. Gorbatschows Position untergraben … Deshalb sei die deutsche Wiedervereinigung nicht nur eine Frage der Selbstbestimmung …« TNA UK, PREM 19/2892, Charles D. Powell's »Letter to Wall: Prime Minister's Meeting with President Bush at Camp David«, 25. November 1989.

125 PAAA, ZA 178.931E, Vermerk von Botschafter von Richthofen über die Gespräche zwischen Thatcher und Genscher in London, 17.10–18.05 Uhr (29.11.1989), 30. November 1989, abgedruckt in: Andreas Hilger (Hg.), *Diplomatie für die deutsche Einheit: Dokumente des Auswärtigen Amts zu den deutsch-sowjetischen Beziehungen 1989/90*, München 2011 (im Folgenden *DDE*), Dok. 10, S. 49–55.

126 Tatsächlich hatte Sir P. Wright (vom britischen Außenministerium) dafür gesorgt, dass die hetzerischen Bemerkungen, die Thatcher auf dem Treffen der Regierungschefs des Commonwealth in Kuala Lumpur vom 19. bis zum 24. Oktober 1989 gemacht hatte, aus dem im Sekretariat des Commonwealth produzierten Bericht entfernt wurden. »Aber«, schrieb er, »es kann nicht lange dauern, bis allgemeiner bekannt wird, welche Ansichten die Premierministerin über das Thema hegt.« *DBPO III, VII, GU 1989/90*, doc. 26, S. 80/Fn. 6.

127 Minute, Sir J. Fretwell to Wall, 29. November 1989, abgedruckt in: *DBPO III, VII, GU 1989/90*, doc. 62, S. 143 f.

128 Vgl. Tagebucheintrag 19. Dezember 1989, und Tagebucheintrag 25. März 1990, beide abgedruckt in: Urban, *Diplomacy*, S. 104–16 und 131 (»wurstessender, korpulenter, tapsiger Teutone«), S. 133.

129 *DE*, Dok. 25, S. 151. Brief Kohl an Mitterrand, 27. November 1989, abgedruckt in: *DESE*, Dok. 100, S. 565 f.

130 Niederschrift des bundesdeutschen Botschafters in Paris, Pfeffer, vom 30. November 1989 über das Gespräch von Genscher und Mitterrand, abgedruckt in: *DDE*, Dok. 11, S. 56 f.

131 Zur besonderen Beziehung zwischen Deutschland und Frankreich, wie Mitterrand sie beschrieb, siehe die Notiz über das Gespräch zwischen Gorbatschow und Mitterrand, Kiew, 6. Dezember 1989, abgedruckt in: *MGDF:SD*, Dok. 62, S. 268.

132 *DDE*, Dok. 11, S. 58.

133 *DBPO III, VII, GU 1989/90*, doc. 26, fn. 3, S. 79. Attali, *Verbatim III: Première partie*, S. 374.

134 *DDE*, Dok. 11, S. 56–61. Siehe auch Patrick Wright, *Behind Diplomatic Lines: Relations with Ministers*, London 2017, S. 52; Malcolm Rifkind, *Power and Pragmatism*, London 2016, S. 255; Robin Renwick, *A Journey With Margaret Thatcher: Foreign Policy Under the Iron Lady*, London 2014, S. xviii–xxi.

135 Kohl, *Meine Erinnerungen*, S. 136.

136 Ebenda, S. 138.

137 Kohl, *Erinnerungen 1982–1990*, S. 1012 f.

138 »Mitterrand and Thatcher on German Unification, December 1989«, 8. Dezember. 1989, in: Jussi Hanhimäki und Odd Arne Westad (Hg.), *The Cold War – A History in Documents and Eyewitness Accounts*, Oxford 2003, S. 609–12.

139 Alan Riding, »EUROPEAN LEADERS GIVE THEIR BACKING TO MONETARY PLAN«, *NYT*, 9. Dezember 1989. Thatchers Ansichten, dass die WWU und die Sozialcharta »dirigistisch, bürokratisch und zentralisiert« und ihre Wirkung »protektionistisch« sei und dass »wir diesen Ansatz bekämpfen« unter TNA UK, PREM 19/3981, Charles Powell to Prime Minister, Secret – Meeting with Secretary Baker, 9. Dezember 1989, S. 1 ff.

140 »Excerpts From Statement by European Community«, *NYT*, 10. Dezember 1989; Alan Riding, »Europe Backs Idea of One Germany«, *NYT*, 10. Dezember 1989. Deutscher Text: Europäischer Rat in Straßburg am 8./9. Dezember 1989: Schlussfolgerungen des Vorsitzes, *Bulletin* 147-89, 19. Dezember 1989, online.

141 In der Downing Street No. 10 dagegen war man »ein bisschen verärgert über die amerikanische Haltung zu Europa« und zu Deutschland. TNA UK, PREM 19/3981, Charles Powell an Prime Minister, Secret – Meeting with Secretary Baker, 9. Dec. 1989, S. 1 f.

142 Teltschik, *329 Tage*, S. 47, 60 f.; Siehe auch Bozo, *Mitterrand, la fin de la guerre froide, et l'unification allemande*, S. 156–60, 163–7 und S. 419 f., insb. die Fußnoten 160, 161, 167, 168. Vgl. dazu: Kiew wird nicht erwähnt in Arbeitsfrühstück von Kohl und Mitterrand, Straßburg, 9. Dezember 1989, abgedruckt in: *DESE*, Dok. 117, S. 628–31. Zu der Notiz über das Gespräch zwischen Gorbatschow und Mitterrand in Kiew am 6. Dezember siehe *MoH:1989*, doc. 114, S. 657 ff.

143 Zelikow und Rice, *Germany Unified and Europe Transformed*, S. 140 (das Zitat); Telegraphic, Mallaby to UK Delegation, Strasbourg, 9. Dezember 1989; und Telegraphic, Mallaby to Hurd, 10. Dezember 1989, beide abgedruckt in: *DBPO III, VII, GU 1989/90*, docs 72 f., S. 166–9.

144 Schreiben Kohl an Gorbatschow, abgedruckt in: *DESE*, Dok. 123, S. 645–50. Teltschik, *329 Tage*, S. 80 f.; Kohl, *Meine Erinnerungen*, S. 142 ff.

145 Brief Gorbatschow an Kohl, ohne Datum, abgedruckt in: *DESE*, Dok. 126, S. 658 f.; Kohl, *Meine Erinnerungen*, S. 143 f.; Teltschik, *329 Tage*, S. 85 f. Ironischerweise rief der sowjetische Botschafter Kwizinski Teltschik an und fragte, ob Gorbatschows Brief angekommen sei und ob Kohls Brief die Antwort auf dieses Schreiben sei. Er hatte nicht bemerkt, dass Kohl seinen Brief mehrere Tage zuvor geschrieben und vor der Ankunft von Gorbatschows Schreiben abgeschickt hatte. Teltschik aber machte das Beste daraus, indem er dem Botschafter versicherte, in Kohls Brief würden ganz bestimmt einige der Probleme geklärt, auf die Gorbatschow in seinem Brief so scharf hingewiesen habe.

146 Vorlage, Hartmann an Kohl zu Gorbatschows Brief, 18. Dezember 1989, abgedruckt in: *DESE*, Dok. 127, S. 660.

147 *Ebenda*, S. 661.

148 Kohl, *Erinnerungen 1982–1990*, S. 1020.

149 Teltschik, *329 Tage*, S. 87.

150 Ebenda, S. 87 f., 90.

151 Teltschik, *329 Tage*, S. 86 f.; Gespräch Kohl mit Modrow im erweiterten Kreis Dresden, 19. Dezember 1989, abgedruckt in: *DESE*, Dok. 129, S. 668–73. Siehe auch Vorschlag für Gesprächslinie (in Bezug auf die Gespräche in Dresden – undatiert, Mitte Dezember), abgedruckt in: *DESE*, Dok. 128 A, S. 665.

152 Rede des Bundeskanzlers auf der Kundgebung vor der Frauenkirche in Dresden, 19. Dezember 1989, *Bulletin* 150-89, 22. Dezember 1989, online; Serge Schmemann, »Upheaval in the East: Leaders of the 2 Germanys Meet – Symbolic Reconciliation Cheered«, 20. Dezember 1989.

153 Gespräch des Bundeskanzlers Kohl mit Vertretern von Oppositionsgruppen in der DDR, Dresden 20. Dezember 1989, abgedruckt in: *DESE*, Dok. 130, S. 673 ff.; Teltschik, *329 Tage*, S. 93.

154 Kohl, *Meine Erinnerungen*, S. 156–67.

155 Teltschik, *329 Tage*, S. 92.

156 Schmemann, »Leaders of the 2 Germanys Meet«. Siehe auch Rödder, *Deutschland einig Vaterland*, S. 144 f. Hans Modrow war ziemlich bedrückt über Kohls Wirkung auf die Menge und über den Besuch als ganzen. Siehe Hans Modrow, *Ich wollte ein neues Deutschland*, Berlin 1998, S. 391 f.

157 Michael Richter, *Die Friedliche Revolution: Aufbruch zur Demokratie in Sachsen 1989/90*, Göttingen 2009, S. 1094; Genscher, *Erinnerungen*, S. 697–702; derselbe, *Unterwegs zur Einheit*, S. 232–8. Vgl. Modrow, *Ich wollte ein neues Deutschland*, S. 393 f.

158 »›Cold War is Over‹ Says Shevardnadze at NATO«, *LA Times*, 19. Dezember 1989.

159 Bozo, *Mitterrand, la fin de la guerre froide, et l'unification allemande*, S. 163–7.

160 Teltschik, *329 Tage*, S. 95.

161 Ebenda, S. 96; Kohl, *Meine Erinnerungen*, S. 158–9.

162 Peter Siani-Davies, *The Romanian Revolution of Deceber 1989*, Ithaca, NY, 2007, S. 97.

163 McDermott und Stibbe (Hg.), *The 1989 Revolutions in Central and Eastern Europe*, S. 18 f.; Sebestyen, *Revolution 1989*, S. 380–6; Thomas L. Friedman, »Casualties Reported in Rumania Protest Spawned by a Clash«, *NYT*, 19. Dezember 1989.

164 Thonos L. Friedman, »Rumania's Suppression of Protest Condemned by the U.S. as ›Brutal‹«, *NYT*, 20. Dezember 1989.

165 Sebestyen, *Revolution 1989*, S. 386–98; David Binder, »At Least 13 Are Reported Killed At Protest in Rumania's Capital«, NYT, 22. Dezember 1989; derselbe, »CEAUSESCU FLEES A REVOLT IN RUMANIA BUT DIVIDED SECURITY FORCES FIGHT ON«, *NYT*, 23. Dezember 1989.

166 Sebestyen, *Revolution 1989*, S. 361–6; Jordan Baev, »1989: Bulgarian Transition to Pluralist Democracy & Documents«, *CWIHP Bulletin* 12/13, S. 165–80. Vgl. zu »der Wende«: Maria Todorova, »Daring to Remember Bulgaria, Pre-1989«, *Guardian*, 9. November 2009.

167 Oldrich Tuma, »Czechoslovak November 1989 & Documents«, CWIHP Bulletin issue 12/13, S. 181–216. Sebestyen, *Revolution 1989*, S. 367 ff.; Garton Ash, *Magic Lantern*, S. 78–130. Vgl. Michael Pullmann, »The Demise of the Communist Regime in Czechoslovakia, 1987–1989: A Socio-Economic Perspective«, in: McDermott and Stibbe (Hg.), *The 1989 Revolutions in Central and Eastern Europe*, S. 136–53.

168 Garton Ash, *Magic Lantern*, S. 78.

169 Craig R. Whitney, »Czech Parliament Unanimously Picks Dubček as Leader«, *NYT*, 29. Dezember 1989; derselbe, »Havel, Long Prague's Prisoner, Elected President«, *NYT*, 30. Dezember 1989.

170 Zu Kohls Neujahrsansprache am 31. Dezember 1989: Bundesregierung online und Martin Hartwig, »Nach dem Mauerfall«, *Deutschland Radio Berlin*, 10. November 2004, online.

Kapitel 4:
Der Platz des geeinten Deutschlands in der Welt nach 1989

1   Remarks of the President and Soviet Chairman Gorbachev and a Q&A Session with Reporters in Malta, 3. Dezember 1989, APP.

2   Ebenda.

3   GHWBPL, Memcon of President's Private Meeting with Gorbachev, 13.05–13.30 Uhr, Governor's Island, New York, 7. Dezember 1988, S. 4 f., NSAEBB No. 261; sowie Bush und Scowcroft, *A World Transformed,* S. 6 f.; hier zitiert nach deutscher Übersetzung: *Eine neue Welt,* S. 17 f.

4   GHWBPL, NSC Files, Condoleezza Rice Files, Soviet Union/USSR Subject Files, Folder: Summit at Malta December 1989: Malta Memcons (im Folgenden NSC-CRF-MM1989), First expanded bilateral session with Gorbachev, Maxim Gorki, 10.00–11.55 Uhr, 2. Dezember 1989, S. 2, DAWC.

5   Brief von Bush an Gorbatschow, 22. November 1989, abgedruckt in: Bush, *All the Best,* S. 444.

6   Ebenda.

7   Bush und Scowcroft, *Eine neue Welt,* S. 120 f.; Letter from Baker to Bush, 29. Dezember 1989, S. 1–4; End of the Cold War Forum (Forum »Konez cholodnoi woiny«) ECWF-STY-1989-11-29. Vgl. Baker, *The Politics of Diplomacy,* S. 168; deutsch: *Drei Jahre, die die Welt veränderten,* Berlin 1996, S. 161 f.

8   Tagebucheintrag, 2. Dezember 1989, abgedruckt in: Bush, *All the Best,* S. 446 ff.; Scowcroft zitiert in Bush und Scowcroft, A *World Transformed,* S. 168.

9   Tagebucheintrag, 2. Dezember 1989, abgedruckt in: Bush, *All the Best,* S. 447. Siehe auch Baker, *Drei Jahre, die die Welt veränderten,* S. 161 f.

10 GHWBPL, NSC-CRF-MM1989, First expanded bilateral session, Maxim Gorki, 10.00–11.55 Uhr, 2. Dezember 1989, S. 2 f., DAWC; zu Auszügen aus den sowjetischen Gesprächsprotokollen vgl. Michail Gorbatschow, *Gipfelgespräche. Geheime Protokolle aus meiner Amtszeit,* Berlin 1993, S. 93–129.

11 GHWBPL, NSC-CRF-MM1989, First expanded bilateral session, Maxim Gorki, 10.00–11.55 Uhr, 2. Dezember 1989, S. 2 f., DAWC.

12 Ebenda, S. 3 f.

13 Ebenda, S. 10.

14 Ebenda, S. 4 ff.

15 Ebenda, S. 6–9.

16 Ebenda, S. 9; zitiert nach Bush und Scowcroft, *Eine neue Welt,* S. 127.

17 Bush und Scowcroft, *Eine neue Welt,* S. 126.

18 Auszug aus Politbüro-Diskussionen, 26. Februar 1987, S. 2, NSAEBB Nr. 238.

19 GHWBPL, NSC-CRF-MM1989, First restricted bilateral session, Maxim Gorki, 12.00–1.00 Uhr, 2. Dezember 1989, S. 1–4, insb. S. 3, DAWC.

20 Ebenda, S. 4 f.; vgl. Bush und Scowcroft, *Eine neue Welt,* S. 130.

21 GHWBPL, NSC-CRF-MM1989, First restricted bilateral session, S. 5, DAWC.

22 Ebenda, S. 4.

23 Bush und Scowcroft, *Eine neue Welt*, S. 133.

24 GHWBPL, NSC-CRF-MM1989, Second restricted bilateral session, Maxim Gorki, 11.45–12.45 Uhr, 3. Dezember 1989, S. 1, DAWC; teilweise zitiert in Bush und Scowcroft, *Eine neue Welt*, S. 134 f.

25 GHWBPL, NSC-CRF-MM1989, Second expanded bilateral session, Maxim Gorki, 16.35–18.45 Uhr, 3. Dezember 1989, S. 2, DAWC; zitiert nach Bush und Scowcroft, *Eine neue Welt*, S. 133; dazu auch Gorbatschow, *Gipfelgespräche*, S. 115.

26 GHWBPL, NSC-CRF-MM1989, Second expanded bilateral session, S. 6 f. DAWC; vgl. Gorbatschow, *Gipfelgespräche*, S. 122 ff.

27 GHWBPL, NSC-CRF-MM1989, Second expanded bilateral session, S. 8, DAWC.

28 Ebenda, S. 6, 9.

29 Remarks of the President and Soviet Chairman Gorbachev and a Q&A Session with Reporters in Malta, 3. Dezember 1989, APP; zitiert nach Archiv der Gegenwart (AdG), 3. Dezember 1990, S. 34015.

30 Eintrag vom 2. Januar 1990, in: *Anatoly S. Chernyaev Diary 1990*, NSAEBB Nr. 317.

31 Teltschik, *329 Tage*, S. 62.

32 Zitiert nach deutschem Transkript, Gespräch des Bundeskanzlers Kohl mit Präsident Bush, Laeken bei Brüssel, 3. Dezember 1989, abgedruckt in: *DESE*, Dok. 109, S. 600–9, insb. S. 600, 604; vgl. GHWBPL, Memcon of Bush–Kohl talks, 3. Dezember 1989, 20.30–22.00 Uhr, Château Stuyvenberg, Brüssel, S. 1 f.

33 Gespräch Kohl mit Bush, 3. Dezember 1989, in: *DESE*, Dok. 109, S. 602 f.; GHWBPL, Memcon of Bush–Kohl talks, 3. Dezember 1989, 20.30–22.00 Uhr, Château Stuyvenberg, Brüssel, S. 3; vgl. Bush und Scowcroft, *Eine neue Welt*, S. 164.

34 Bush und Scowcroft, *Eine neue Welt*, S. 162–5; sowie *DESE*, Dok. 109, S. 602 ff.; vgl. Gespräch des Bundeskanzlers Kohl mit Außenminister Baker, Berlin (West), 12. Dezember 1989, abgedruckt in: *DESE*, Dok. 120, S. 639, zur Grenzfrage – allerdings eher die innerdeutsche Grenze als die Oder-Neiße-Linie – und zum Grundsatz von Helsinki über die Unverletzlichkeit / friedliche Veränderbarkeit von Grenzen und Kohls Denkweise.

35 Outline of Remarks at the North Atlantic Treaty Organization Headquarters in Brüssel, 4. Dezember 1989, APP.

36 The President's News Conference in Brussels, 4. Dezember 1989, APP.

37 Ebenda.

38 Ebenda. Außenminister Baker greift diese Prinzipien in der Rede vor dem Berliner Presseclub auf, vgl. Karl Kaiser, *Deutschlands Vereinigung Die internationalen Aspekte. Mit den wichtigen Dokumenten*, Bergisch Gladbach 1993, Dok. 18, S. 178.

39 Pressekonferenz von US-Außenminister Baker am 29. November 1989 in Washington, abgedruckt in: Kaiser, *Deutschlands Vereinigung: Die internationalen Aspekte*, Dok. 14, S. 169.

40 JAB-SML, B108/F10, US-USSR (nicht datiert, irgendwann Mitte Oktober).

41 JAB-SML, B108/F10, Zoellick (RBZ) draft, Foreign Policy View Points: Managing Change, 17. Oktober 1989.

42 JAB-SML, B108/F11, Zoellick notes for Baker, Points for Consultations with European Leaders, 27. November 1989.

43 Ebenda.

44 JAB-SML, B108/F11, Germany-Kohl's speech (kein Autor angegeben [eventuell Zoellick], nicht datiert, nach dem 28. November 1989 mit Anmerkungen JABs).

45 Baker, *Drei Jahre, die die Welt veränderten*, S. 166.

46 Rede von Außenminister James Baker vor dem Berliner Presseclub (Auszüge), 13. Dezember 1989, abgedruckt in: Lawrence Freedman (Hg.), *Europe Transformed: Documents on the End of the Cold War*, London 1990, S. 397f. Vgl. Kaiser, *Deutschlands Vereinigung*, S. 175–9, sowie Baker, *Drei Jahre, die die Welt veränderten*, S. 166f.; JAB-SML, B108/F12, Berlin Speech Initiatives, 12. Dezember 1989.

47 Thomas L. Friedman, »Baker in Berlin, Outlines Plan to Make NATO a Political Group«, *NYT*, 13. Dezember 1989.

48 Ebenda.

49 JAB-SML, B108/F12, JAB notes from 12/12/89 visit to Postdam, GDR. Zu Bakers Dissertation siehe Baker, *The Politics of Diplomacy*, S. 174; vgl. https://blogs.princeton.edu/reelmudd/2011/03/james-baker-about-post-soviet-policy-1991/.

50 Baker, *Drei Jahre, die die Welt veränderten*, S. 167f.

51 Ebenda, S. 168.

52 JAB-SML, B108/F12, JAB notes from 12/12/89 visit to Postdam, GDR.

53 Weidenfeld et al., *Außenpolitik für die deutsche Einheit*, S. 179–87. Siehe auch Craig R. Whitney, »4 Powers to Meet on German Issues – Bonn–East Berlin Ties Prompt First such Talks since ›72‹«, *NYT*, 11. Dezember 1989.

54 Craig R. Whitney, »Bonn Leader Softens his Plan for German Unity«, *NYT*, 12. Dezember 1989. Vgl. Teltschik, *329 Tage*, S. 74–5.

55 JAB-SML, B104/F1, 1989 Oct.–Dec., Letter Baker to Kohl, 17. Dezember 1989.

56 Baker, *The Politics of Diplomacy*, S. 175, vgl. deutsche Übersetzung: *Drei Jahre, die die Welt veränderten*, S. 169f.; Bush und Scowcroft, *A World Transformed*, S. 201; GHWBPL, Memcon of Bush–Mitterand talks, 16. Dezember 1989, 13.30–15.30 Uhr, St. Martin. Maureen Dowd, »Upheaval in the East: Bush Defends China Visit; Is Open to East Berlin Aid«, *NYT*, 17. Dezember 1989.

57 Kohl-Zitat aus GHWBPL, Memcon of Bush–Kohl talks, 20.30–22.00 Uhr, Château Stuyvenberg, Brüssel, 3. Dezember 1989, S. 3.

58 Jacques Attali's Notes on Conversation between Mitterrand and Thatcher on German Unification, Dezember 1989, abgedruckt in: Hanhimäki und Westad (Hg.), *The Cold War*, doc. 18.9, S. 610f.; vgl. Letter from Powell (Strasbourg) to Wall, 8. Dezember 1989, abgedruckt in: *DBPO III, VII GU 1989/90*, doc. 71, S. 164f.

59 GHWBPL, Memcon of Bush–Mitterand talks, 16. Dezember 1989, 13.30–15.30 Uhr, St. Martin, S. 9.

60 Bush and Mitterrand – Joint News Conference, St. Martin, French West Indies, 16. Dezember 1989, APP.

61 Bush und Scowcroft, *Eine neue Welt*, S. 171 und 170.

62 HIA-TSMP, T G Stepanov-Mamaladze diary, 4. Dezember 1989, box 5; und T G Stepa-
    nov-Mamaladze working notes, 4. Dezember 1989, box 2.

63 Service, *The End of the Cold War 1985–1991*, S. 425 f.

64 Kohl, *Ich wollte Deutschlands Einheit*, S. 223, 227; Adomeit, *Imperial Overstretch*,
    S. 473; Elizabeth Pond, *Beyond the Wall: Germany's Road to Unification*, Washington,
    DC, 1993, S. 170 f.; Vgl. Zelikow und Rice, *Germany Unified and Europe Transformed*,
    S. 159.

65 Gespräch des Bundeskanzlers Kohl mit Staatspräsident Mitterrand in Latché,
    4. Januar 1989, abgedruckt in: *DESE*, Dok. 135, S. 682–690; Kohl, *Meine Erinnerungen*,
    S. 169–172; Bozo, *Mitterrand, la fin de la guerre froide et l'unification allemande*,
    S. 178 f.; Rödder, *Deutschland einig Vaterland*, S. 193 ff.; Sarotte, *1989*, S. 95 f.;
    Adomeit, *Imperial Overstretch*, S. 473, Fn. 304.

66 *DESE*, Dok. 135, S. 685 ff. Siehe auch Kohl, *Meine Erinnerungen*, S. 170 ff.

67 Sarotte, *1989*, S. 96–9, 103 f.; Rödder, *Deutschland einig Vaterland*, S. 178–93, 206–25.
    Siehe auch Teltschik, *329 Tage*, S. 107–33.

68 Diskussion der deutschen Frage im Beraterstab von Generalsekretär Gorbatschow,
    26. Januar 1989, abgedruckt in: *MGDF:SD*, Dok. 66, S. 286–9; Obsuschdenije ger-
    manskogo woprossa na uskom soweschtschanii u Gorbatschowa w sdanii ZK na Sta-
    roi ploschtschadi, 26. janwarja 1990 goda, abgedruckt in: *W Politbjuro ZK KPSS*,
    S. 579–83, insb. S. 579 f. Siehe auch Kramer, »The Myth of a No-NATO-Enlargement
    Pledge to Russia«, S. 39–61, insb. S. 46, der großen Wert auf den sowjetischen Opti-
    mismus und Gorbatschows anhaltende Überzeugung legt, dass er die Vereinigung
    bremsen könne. Vgl. NSAEBB No. 613.

69 Vojtech Mastny, »German Unification, Its Eastern Neighbours, and European Secu-
    rity«, in: Frédéric Bozo et al. (Hg.), *German Reunification: A Multinational History*,
    London 2016, S. 208. Zu ostmitteleuropäischen (ungarischen und tschechoslowaki-
    schen) Forderungen nach einem Truppenabzug siehe Telegraphic, Hurd to Mallaby
    (Bonn), 6. Februar 1990, abgedruckt in: *DBPO III, VII GU 1989/90*, doc. 129, S. 263.

70 Bush und Scowcroft, *A World Transformed*, S. 210 f.; vgl. dieselben, *Eine neue Welt*,
    S. 174 f.

71 Bush und Scowcroft, *A World Transformed*, S. 211.

72 Gespräch des Bundeskanzlers Kohl mit dem stellvertretenden Außenminister Eagle-
    burger, Bonn, 30. Januar 1990, abgedruckt in: *DESE*, Dok. 153, S. 741. Siehe auch
    Teltschik, *329 Tage*, S. 123. Zu Kohls Vorsicht und Ungewissheit, wie sich die deut-
    sche Einheit mit der NATO in Einklang bringen lasse, siehe Telegraphic, Mallaby to
    Hurd, 25. Januar 1990, und Telegraphic, Aceland (Washington) to FCO, 30. Januar
    1990, abgedruckt in: *DBPO III, VII GU 1989/90*, doc. 105 und 109, S. 223 und 231.

73 Address before a Joint Session of Congress, 31. Januar 1990, APP.

74 Genschers »Rede von Tutzing«, 31. Januar 1990, abgedruckt in: Hans-Dietrich Gen-
    scher, »Zur deutschen Einheit im europäischen Rahmen«, in: *Der Bundesminister des
    Auswärtigen informiert – Mitteilung für die Presse*, Nr. 1026/90, 31. Januar 1990; in
    Auszügen nachgedruckt in: Kaiser, *Deutschlands Vereinigung*, Dok. 23, S. 190 f. Gen-

scher, *Erinnerungen*, S. 713 ff., zur KSZE-Vorgeschichte S. 299–323. Zur Entwicklung von Genschers KSZE-Ideen in seinen öffentlichen Reden siehe derselbe, *Unterwegs zur Einheit*. Vgl. Confidential Cable, US Embassy (Bonn) to Secretary of State on the Speech of the German Foreign Minister: Genscher Outlines His Vision of a New European Architecture, NSAEBB No. 613.

75 Bakers Wendung ist eine Unterüberschrift seiner englischen Ausgabe der Memoiren *The Politics of Diplomacy*, S. 171. Und Genschers englische Übersetzung der Erinnerungen hatte den Titel: *Rebuilding a House Divided – A Memoir by the Architect of Germany's Reunification*, New York 1998.

76 Siehe Kiessler und Elbe, *Ein runder Tisch mit scharfen Ecken*, S. 78 ff. Siehe auch Hutchings, *American Diplomacy and the End of the Cold War*, S. 111, 120 f.; sowie Zelikow und Rice, *Germany Unified and Europe Transformed*, S. 177.

77 Genscher, »Zur deutschen Einheit im europäischen Rahmen«. Siehe auch Kaiser, *Deutschlands Vereinigung*, Dok. 23, S. 191.

78 GHWBPL, NSC-CRF-MM1989, Second expanded bilateral session, Maxim Gorki, 16.35–18.45 Uhr, 3. Dezember 1989, S. 7, DAWC.

79 GHWBPL, Arnold Kanter Files, Germany – March 1990, Cable (drafted by Dobbins), Baker to amb. Walters in Bonn, Baker/Genscher Meeting (Feb. 2, 1990), 3. Februar 1990, S. 1–3. Ich möchte Philip Zelikow danken, dass er mir dieses Dokument zur Verfügung stellte.

80 Zitat aus Zelikow und Rice, *Germany Unified and Europe Transformed*, S. 176.

81 Ausführlicher und Näheres zur Forschungsdiskussion über die angeblichen »Zusicherungen« bzw. »keine Versprechungen« an Moskau bezüglich einer künftigen NATO-Nicht-Erweiterung nach Osten siehe beispielsweise Kristina Spohr, »Precluded or Precedent-Setting? The ›NATO Enlargement Question‹ in the Triangular Bonn-Washington-Moscow Diplomacy of 1990–1991«, in: *Journal of Cold War Studies* 14, 4 (2012), S. 18–32. Siehe auch Hannes Adomeit, »Nato-Osterweiterung – gab es gegenüber der UdSSR Garantien?«, *NZZ*, 30. Dezember 2017; sowie Zelikow und Rice, *To Build a Better World*, S. 225–39, Fußnoten 131–7 und S. 281–8, insb. Fn. 50, wo sie Josh Shifrinsons neuerliches Argument, das auf »Erkenntnissen der IR theory« basiert, entlarven, es habe »informelle [US-]Zusicherungen« die NATO nicht zu erweiter, sowie »falsche [westl.] Versprechen eines Entgegenkommens« Moskaus Interessen gegenüber gegeben. Shifrinson, »Deal or No Deal? The End of the Cold War and the US Offer to Limit NATO Expansion«, in: *IS* 40, 4 (2016), S. 34, 38, 40.

82 Siehe Gespräch des Ministerialdirektors Teltschik mit Botschafter Walters, Bonn, 4. Februar 1990, abgedruckt in: *DESE*, Dok. 159, S. 756; JAB-SML, B108/F14, JAB notes from 2/2/90 press briefing following 21/2 mtg w/FRG FM Genscher, WDC— Handwritten note.

83 *DESE*, Dok. 159, S. 756 f. Siehe auch Teltschik, *329 Tage*, S. 128 f. GHWBPL, Arnold Kanter Files, Germany – March 1990, Cable (drafted by Dobbins), Baker to amb. Walters in Bonn, Baker/Genscher Meeting (Feb. 2, 1990), 3. Februar 1990, S. 3.

84 Baker, *Drei Jahre, die die Welt veränderten*, S. 183 f.; Gespräch Gorbatschows mit
    Baker (Auszug aus sowjetischem Transkript), 9. Februar 1990, abgedruckt in:
    MGDF:SD, Dok. 71, S. 311

85 *MGDF:SD*, Dok. 71, S. 312. Hier nach der offiziellen deutschen Übersetzung der sow-
    jetischen Protokolle von dem Treffen zwischen Gorbatschow und Baker zitiert (für
    das bislang kein amerikanisches Transkript gefunden wurde).

86 Zelikow und Rice, *Germany Unified and Europe Transformed*, S. 180–3; *MGDF:SD*,
    Dok. 71, S. 313, 315 f.

87 Gespräch Gorbatschows mit Bundeskanzler Kohl, Vieraugengespräch (Auszug aus
    den sowjetischen Protokollen), 10. Februar 1990, abgedruckt in: *MGDF:SD*, Dok. 72,
    S. 317–33, hier S. 326. Die Fassung des deutschen Kanzleramts der Protokolle deckt
    sich im Wesentlichen hiermit. Vgl. *DESE*, Dok. 174, S. 795–807, hier S. 801.

88 Zweites Gespräch Gorbatschows mit Bundeskanzler Kohl (Auszug aus den sowjeti-
    schen Protokollen), 10. Februar 1990, abgedruckt in: *MGDF:SD*, Dok. 73, S. 333–40;
    sowie die deutsche Fassung: *DESE*, Dok. 175, S. 808–11; Teltschik, *329 Tage*,
    S. 137–43.

89 Presseerklärung (Faksimile), abgedruckt in *DESE*, S. 812 f.

90 Teltschik, *329 Tage*, S. 143.

91 Schreiben des Präsidenten Bush an Bundeskanzler Kohl, 9. Februar 1990, abgedruckt
    in: *DESE*, Dok. 170, S. 784 f.

92 Ebenda, S. 785. Bush und Scowcroft, *A World Transformed*, S. 241.

93 GHWBPL, Memcon of Bush–Wörner talks, 24. Februar 1990, 13.15–15.15 Uhr, Camp
    David, S. 1 f. Siehe auch Tagebucheintrag, 24. Februar 1990, abgedruckt in: Bush, *All
    the Best*, S. 460 f.; sowie Frank Costigliola, »An ›Arm Around the Shoulder‹: The
    United States, NATO and German Reunification, 1989–90«, in: *Contemporary Euro-
    pean History* 3, 1 (März 1994), S. 101 f. Laut Costigliola, der sich auf Sitzungen des
    Streitkräfteausschusses des Repräsentantenhauses im Februar, März und April 1990
    beruft, glaubte die Bush-Administration auch, das seine »robust militärische Rolle
    der USA durch die NATO, insbesondere mit Atomwaffen, dazu beitrage, allen deut-
    schen Versuchungen entgegenzuwirken, eine Palette moderner Waffen zu entwi-
    ckeln«. Wörner zitiert nach Bush und Scowcroft, *Eine neue Welt*, S. 221 f.

94 JAB-SML, B108/F14, 1990 Feb., JAB notes 2/20/90 MTG w/GB, Czechoslovak pres @
    WH.

95 JAB-SML, B108/F14, 1990 Feb., JAB notes from 2/6/90 MTG. w/Czech. Pres. Havel,
    Hradschin, Prage, Tschechoslowakei.

96 JAB-SML, B108/F14, Feb. 1990, Talking Points for Cabinet Meeting, 15. Februar 1990,
    S. 2; Telegraphic, Fall (Ottawa) to FCO, 14. Februar 1990, abgedruckt in: *DBPO III, VII
    GU 1989/90*, doc. 145, S. 291 ff. Siehe auch Telegraphic, Hurd to Acland, 14. Februar
    1990, abgedruckt in: *DBPO III, VII GU 1989/90*, doc, 146, S. 293 f. Genscher, *Erinne-
    rungen*, S. 729. Siehe auch Ritter, *Hans-Dietrich Genscher, das auswärtige Amt und die
    deutsche Vereinigung*, S. 185 f.

97 Telefongespräch des Bundeskanzlers Kohl mit Präsident Bush, 13. Februar 1990,

abgedruckt in: *DESE*, Dok. 180, S. 826 ff. Zur amerikanischen Version siehe GHWBPL, Telcon of Kohl–Bush call, 13. Februar 1990, 13.49–14.00 Uhr, Oval Office.

98 Telegraphic, Acland to FCO, 24. Februar 1990, and Letter, Powell to Wall, 24. Februar 1990, beide abgedruckt in: *DBPO III, VII, GU 1989/90*, doc. 154 und 155, S. 307 f. und 311.

99 GHWBPL, Telcon of Bush to Mulroney call, 24. Februar 1990, 9.28–9.47 Uhr, Camp David, S. 2. In der Fassung des Gesprächs in Bush und Scowcroft, *Eine neue Welt*, S. 231 f., wird die Meinungsverschiedenheit des Präsidenten mit Baker nicht ausdrücklich erwähnt.

100 Tagebucheintrag, 24. Februar 1990, abgedruckt in: Bush, *All the Best*, S. 460 f. GHWBPL, Memcon of Bush–Wörner talks, 24. Februar 1990, Camp David, S. 2 f. (Betonung von der Autorin).

101 Bush und Scowcroft, *Eine neue Welt*, S. 232.

102 Zitiert nach der deutschen Mitschrift Gespräch des Bundeskanzlers Kohl mit Präsident Bush, Camp David, 24. Februar 1990, abgedruckt in: *DESE*, Dok. 192, S. 860–73, hier 868 f., dazu auch Dok. 194, S. 877; vgl. GHWBPL, Memcon, Bush and Kohl, 24. Februar 1990, 14.37–16.50 Uhr, Camp David-First Meeting, S. 8–10; dazu auch Bush und Scowcroft, *Eine neue Welt*, S. 236.

103 Kohl and Bush Joint News Conference, 25. Februar 1990, APP; Kohls Erklärung zitiert nach: Kaiser, *Deutschlands Vereinigung*, Dok. 29, S. 200–3, hier 200.

104 PAAA, ZA 178.928E, Vermerk—Betr: Gespräch BM mit AM Baker am 21.3.1990 in Windhuk, 28. März 1990, S. 3. Vgl. HIA, Zelikow-Rice Papers 1989–1995 (ZRP), Box 1, Letter, Zelikow to Genscher, 24. Januar 1995, S. 5.

105 HIA-ZRP, Box 1, Letter, Zelikow to Genscher, 24. Januar 1995, S. 5.

106 Siehe PAAA, ZA 178.928E, Vermerk–Betr: Gespräch BM mit AM Baker am 21.3.1990 in Windhuk, S. 6. Vgl. Vermerk des Leiters des Ministerbüros Elbe über das Gespräch von BM Genscher mit US-AM Baker, Windhoek, 21. März 1990, abgedruckt in: *DDE*, Dok. 22, S. 109–113. Zur russischen Version aus den Tagebüchern von Stepanow-Mamaladse, »Friedensvertrag mit Deutschland oder ›2+4‹ – Tagebucheintrag über die Unterredung Genschers mit Schewardnadse in Windhoek«, abgedruckt in: Stefan Karner, Mark Kramer et al. (Hg.), *Der Kreml und die deutsche Wiedervereinigung 1990 – Interne sowjetische Analysen*, Berlin 2015, Dok. 18, S. 226–30.

107 PAAA, ZA 178.928E, Vermerk—Betr: Gespräch BM mit AM Baker am 21.3.1990 in Windhuk, S. 4 ff.

108 Genscher, *Unterwegs zur Einheit*, S. 258–268, insb. 265. Siehe auch HIA-ZRP, Box 1, Zelikow to Genscher, 24. Januar 1995, S. 5; Teltschik, *329 Tage*, S. 182 f., 186. Telegraphic, Mallaby to Hurd, 28. März 1990, abgedruckt in: *DBPO III, VII, GU 1989/90*, doc. 184, S. 360 f. Interessanterweise wurde ein Satz mit einer vergleichbaren Äußerung zur Auflösung der beiden Bündnisse in neuen Strukturen aus der Abschrift des Auswärtigen Amtes von den Gesprächen zwischen Genscher und Schewardnadse in Windhuk gestrichen.

109 Schreiben Kohls an Genscher, 23. März 1990 (Faksimile), abgedruckt in: Karner et al.

(Hg.), *Der Kreml und die deutsche Wiedervereinigung 1990*, S. 231. Siehe auch Teltschik, *329 Tage*, 182 f.

110 Siehe beispielsweise Telegraphic, Braithwaite (Moscow) to FCO, 26. Februar 1990, und Letter, Powell to Wall, 1. März 1990, sowie Minute from Weston to Wall, 7. März 1990, alle abgedruckt in: *DBPO III, VII, GU 1989/90*, doc. 156, 162, 165 (S. 328). Siehe auch PAAA, ZA 178.054E, Bonn AA an Botschaft in London, Fernschreiben Nr. 1002, Betr: Gespräche AM Douglas Hurd mit BK und BM am 15.5.1990, 14. Mai 1990.

111 SPD in Moskau: Keine NATO-Mitgliedschaft des vereinten Deutschlands? – Protokoll des Gesprächs von Aleksandr N. Jakowlew und Valentin M. Falin mit Egon Bahr und Karsten Voigt, 27. Februar 1990, abgedruckt in: Stefan Karner et al. (Hg.), *Der Kreml und die deutsche Wiedervereinigung 1990*, Dok. 13, S. 195–203.

112 Spohr, *Germany and the Baltic Problem*, S. 9 ff.

113 Kohl, *Meine Erinnerungen*, S. 208.

114 Karner et al. (Hg.), *Der Kreml und die deutsche Wiedervereinigung 1990*, Dok. 18, S. 228.

115 Mark Kramer, »The Collapse of East European Communism and the Repercussions Within the Soviet Union (Part 3)«, in: *JCWS* 7, 1 (2004–2005), S. 3–96, hier S. 17 ff.

116 Ebenda. Siehe auch PAAA, ZA 140.728E, Fernschreiben Nr. 1042: Betr: Erklärung des SAM zur sowjetischen Deutschlandpolitik vom 13.3.1990, aus BRD-Botschaft in Moskau, 14. März 1990; und Rödder, *Deutschland einig Vaterland*, S. 230.

117 Siehe beispielsweise PAAA, ZA 140.728E, Betr: Sowj. Sicherheitsinteressen, gez. Neubert, 14. März 1990, S. 4, 7. Telegraphic, Braithwaite to FCO, 11. April 1990; Minute, Weston to Wall, 11. April 1990; Telegraphic, Hurd to Mallaby, 6. Mai 1990; Telegraphic, Hurd to Acland, 9. Mai 1990; Minute, Butcher to Synnott, 14. Mai 1990; und Hurd to Mallaby; 23. Mai 1990, alle abgedruckt in: *DBPO III, VII, GU 1989/90*, doc. 191, 192, 196 (S. 385), 197 (S. 202), 198, 202; sowie Teltschik, *329 Tage*, S. 155, 165, 184, 186 f., 194 f., 201.

118 Urban, *Diplomacy and Dissillusion at the Court of Margaret Thatcher*, S. 128 f.; Bush und Scowcroft, *A World Transformed*, S. 218.

119 GHWBPL, Memcon of Bush–Kohl meeting incl. delegations, 17. Mai 1990, 11.40–12.55 Uhr, The Cabinet Room, S. 6; vgl. die deutsche Fassung des Transkripts, siehe *DESE*, Dok. 278, S. 1126–32, hier S. 1130; Karner et al. (Hg.), *Der Kreml und die deutsche Wiedervereinigung 1990*, Dok. 18 p. 229.

120 Delegationsgespräch des Bundeskanzlers Kohl mit Präsident Bush, Washington, 17. Mai 1990, abgedruckt in: *DESE*, Dok. 281, S. 1126–32; vgl. GHWBPL, Memcon of Bush–Kohl meeting incl. delegations, 17. Mai 1990, 11.40–12.55 Uhr, The Cabinet Room, S. 7.

121 Kohl zitiert in Ferdinand Protzman, »German Leaders Agree on a July 2 Unification Date«, *NYT*, 25. April 1990. Zu den deutschen Wirtschaftskennziffern siehe Gespräch des Bundeskanzlers Kohl mit Präsident Bush, Washington, 8. Juni, abgedruckt in: *DESE*, Dok. 305, S. 1191–9, insb. S. 1198, Fn. 25. Zu den amerikanischen Zahlen siehe https://fred.stlouisfed.org/series/NETEXP. Die westdeutsche Wirtschaft wuchs im

Jahr 1990 tatsächlich um 4,6 Prozent. Daten aus dem 1991 World Fact Book of the United States Central Intelligence Agency.

122 GHWBPL, Memcon of Bush–Kohl meeting, 17. Mai 1990, 10.30–11.35 Uhr, Oval Office, S. 2 f. Es ist keine deutsche Aufzeichnung dieses Vieraugengesprächs zwischen Bush und Kohl erhältlich, nur ein amerikanisches Transkript. Siehe auch Memcon of Bush–Kohl meeting incl. delegations, 17. Mai 1990, 11.40–12.55 Uhr, The Cabinet Room. Zum etwas ausführlicheren deutschen Pendant zu diesem amerikanischen Transkript siehe *DESE*, Dok. 281, S. 1126–32.

123 *DESE*, Dok. 281, S. 1130. Vgl. GHWBPL, Memcon of Bush–Kohl talks incl. delegations, 17. Mai 1990, 11.40–12.55 Uhr, S. 4, The Cabinet Room.

124 Wie von William Taubman angedeutet in: *Gorbatschow*, S. 647 f. Zur sowjetischen Mitschrift der Gespräche zwischen Gorbatschow und Mitterrand am 25. Mai 1989, siehe *MGDF:SD*, Dok. 95, S. 420–31.

125 Telefongespräch des Bundeskanzlers Kohl mit Präsident Bush, abgedruckt in: *DESE*, Dok. 293, S. 1161 f.; vgl. GHWBPL, Telcon Kohl to Bush, 30. Mai 1990, 7.34–7.43 Uhr, Oval Office, S. 1 f.; teilweise zitiert in Bush und Scowcroft, *Eine neue Welt*, S. 269.

126 GHWBPL, Telcon Kohl to Bush, 30. Mai 1990, 7.34–7.43 Uhr, Oval Office, S. 1 f.

127 Zelikow und Rice, *Germany Unified and Europe Transformed*, S. 277; siehe die sowjetische Mitschrift der Gespräche zwischen Bush und Gorbatschow, Washington, 16.00–18.00 Uhr, 31. Mai 1990, abgedruckt in: *TLSS*, doc. 99, S. 664–76, insb. S. 674.

128 *TLSS*, doc. 99, S. 672.

129 Ebenda, S. 673 ff.; Vgl. Gorbatschow, *Erinnerungen*, S. 722 f.

130 Ebenda; Bush und Scowcroft, *Eine neue Welt*, S. 275; Zelikow und Rice, *Germany Unified and Europe Transformed*, S. 277.

131 *TLSS*, doc. 99, S. 675.

132 Bush und Scowcroft, *Eine neue Welt*, S. 276.

133 Am 1. Juni, während der Gipfel noch in vollem Gange war, nahm Bush sich die Zeit für einen 20-minütigen Anruf bei Kohl, um ihm begeistert den Fortschritt zu schildern. GHWBPL, Telcon Bush to Kohl, 1. Juni 1989, 16.03–16.23 Uhr, Oval Office. Es existiert zurzeit keine freigegebene oder in *DESE* abgedruckte deutsche Abschrift.

134 News Conference of Bush and Gorbachev, 3. Juni 1990, APP; vgl. AdG, 4. Juni 1990, S. 34576.

135 Bush wusste das wohl. »Es gibt noch viel zu tun«, sagte er am 3. Juni in seinem Telefongespräch nach dem Gipfeltreffen Kohl. GHWBPL, Telcon Bush to Kohl, 3. Juni, 15.39–15.48 Uhr, Oval Office. Zurzeit liegt keine freigegebene oder abgedruckte deutsche Mitschrift dieses Gesprächs vor.

136 Zu den Truppenzahlen siehe Celeste A. Wallander, *Mortal Friends, Best Enemies: German-Russian Cooperation after the Cold War*, Ithaca, NY, 1999, S. 71. Zur sowjetischen Insolvenz und dem Einfluss der westlichen (insb. deutschen) Wirtschaftshilfe siehe auch GHWBPL Telcon Bush to Kohl, 3. Juni, 15.39–15.48 Uhr, Oval Office, S. 2.

137 GHWBPL, Memcon of Bush–Kohl talks, 8. Juni 1990, 19.00–21.15 Uhr, Oval Office / Old Family Dining Room, S. 3.

138 Ebenda. Zitiert nach: Gespräch des Bundeskanzlers Kohl mit Präsident Bush, Washington, 8. Juni 1990, abgedruckt in: *DESE*, Dok. 305, S. 1191–1199, und insb. S. 1194, 1197–8. (N.B. Die deutsche Fassung der Mitschrift ist deutlich länger.) Bush und Scowcroft, *A World Transformed*, S. 276, 290; vgl. dieselben, *Eine neue Welt*, S. 287.

139 Alan Riding, »Europe Hastening Integration Pace«, *NYT*, 26. Juni 1990; Craig R. Whitney, »European Leaders Back Kohl's Plea to Aid Soviets«, *NYT*, 27. Juni 1990. Siehe auch Kohls Schreiben an Staats- und Regierungschefs der EG und G7 über Wirtschaftshilfe für die Sowjetunion (13. Juni 1990) und eine Notiz des Bundesfinanzministeriums zum Thema wirtschaftlich-finanzielle Hilfsmaßnahmen für die Sowjetunion (27. Juni 1990), *DESE*, Dok. 312 und 344B, S. 1211 f. und 1313 f. Vgl. GHWBPL, Memcon of Bush–Delors talks, 16.30–16.55 Uhr, AstroArena, Houston, S. 2.

140 Sarotte, *1989*, S. 160.

141 Teltschik, *329 Tage*, S. 265.

142 Telegraphic, Mallaby to Hurd, 12. Juli 1990, abgedruckt in: *DBPO III, VII, GU 1989/90*, doc. 215, S. 429 f. Vgl. Vorlage des Ministerialdirektors Teltschik an Kohl, 19. Juni 1990, und Vorlage des Ministerialdirektors Teltschik an Kohl, 27. Juni 1990, beide abgedruckt in: *DESE*, Dok. 320 und 329, S. 1232 ff. und S. 1275 f.

143 Grachev, *Gorbachev's Gamble*, S. 185, 189 f.; JAB-SML, B109/F2, 1990 June, copy of 6/23/90, send to POTUS re: mtg w/USSR FM Shev. Siehe auch TNA UK, PREM 19/3466, Letter, Gorbachev to Thatcher, 4. Juli 1990, S. 1 f.

144 Siehe beispielsweise TNA UK, PREM 19/3466, Cable Telno 2032, Hannay (FM UK rep Brussels) to FCO, Baker's talks with Hurd re 4 July: NATO summit declaration, 4. Juli 1990, S. 1 f.

145 Zur Londoner Erklärung siehe http://www.nato.int/docu/comm/49-95/c900706a. htm; deutscher Wortlaut unter: https://www.bundesregierung.de/breg-de/service/ bulletin/nato-gipfelkonferenz-in-london-tagung-der-staats-und-regierungschefs-des-nordatlantikrats-am-5-und-6-juli-1990-788478.

146 Manfred Wörner, Eröffnungsrede zum NATO-Gipfeltreffen, London, 5. Juli 1990 http://www.nato.int/cps/en/natohq/opinions_23718.htm?selectedLocale=en; vgl. AdG, 6. Juli 1990, S. 34683.

147 Ortez des stellvertretenden Referatsleiters 012 Trautwein [5.–6.7.1990], 11. Juli 1990, abgedruckt in: *DE*, Dok. 128, S. 609–13. Vgl. Gesprächsunterlagen Kohls für das Gipfeltreffen der NATO-Mitgliedstaaten [5.–6.7.1990], ohne Datum, abgedruckt in: *DESE*, Dok. 344, S. 1309 inkl. Anhänge Dok. 344A–344I, S. 1309–23.

148 Teltschik, *329 Tage*, S. 313. Vgl. Telegraphic, Mallaby to Hurd, 12. Juli 1990, abgedruckt in: *DBPO III, VII, GU 1989/90*, doc. 215, fn. 2, S. 429 f. Botschafter Sir C. Mallaby teilte Außenminister Douglas Hurd mit, dass Peter Hartmann aus dem deutschen Kanzleramt »sich große Mühe gab, die Erwartungen zu dämpfen, dass Kohls Besuch große Ereignisse bringen werde«.

149 *DBPO III, VII, GU 1989/90*, doc. 215, S. 429 f. Teltschik, *329 Tage*, S. 310. Kohl, *Meine Erinnerungen*, S. 327; derselbe, *Erinnerungen*, Bd. 3, S. 162, 164.

150 Serge Schmemann, »Gorbachev Meets with NATO's Chief«, *NYT*, 15. Juli 1990.

151 Gespräch des Bundeskanzlers Kohl mit Präsident Gorbatschow, Moskau, 15. Juli 1990, abgedruckt in: *DESE*, Dok. 350, S. 1340; Hans Klein, *Es begann im Kaukasus*, Frankfurt a. M. 1991, S. 64.

152 *DESE*, Dok. 350, S. 1340 f.

153 Serge Schmemann, »Kohl Sees Soviets Amid Upbeat Mood«, *NYT*, 16. Juli 1990.

154 Kohl, *Meine Erinnerungen*, S. 337 f.

155 Schmemann, »Kohl Sees Soviets Amid Upbeat Mood«.

156 Klein, *Es begann im Kaukasus*, S. 203–8.

157 Ebenda, S. 216 ff.

158 Gespräch des Bundeskanzlers Kohl mit Präsident Gorbatschow im erweiterten Kreis, Archys (Stawropol), 16. Juli 1990, abgedruckt in: *DESE*, Dok. 353, S. 1355–67. Zum sowjetischen Transkript der Begegnung vom 16. Juli (Auszüge) siehe *MGDF:SD*, Dok. 104, S. 470–88.

159 *DESE*, Dok. 353, S. 1355 ff.; und *MGDF:SD*, Dok. 104, S. 470–7.

160 Laut dem Auswärtigen Amt spekulierten manche, dass bis zu 1,2 Millionen sowjetischer Bürger in der DDR lebten; andere Regierungsbehörden sprachen von 600 000 Männern und 300 000 Frauen. Alles hing davon ab, wie man die Angehörigen der Soldaten definierte. Am Ende einigten sich Moskau und Bonn auf die Gesamtzahl von 600 000. Siehe Vorlage des Vortragenden Legationsrats Westdickenberg an Teltschik, 3. September 1990, abgedruckt in: *DESE*, Dok. 410, S. 1518 f.

161 *DESE*, Dok. 353, S. 1361–5; *MGDF:SD*, Dok. 104, S. 479–88. Zu Fragen im Zusammenhang mit dem Überleitungsvertrag vgl. PAAA, ZA 178.928E, Vermerk, Betr.: Konsultationen BM-AM Schewardnadse in Moskau am 17. August 1990, gez. Neubert, 20. August 1990.

162 Ebenda.

163 *DESE*, Dok. 353, S. 1363, 1365; *MGDF:SD*, Dok. 104, S. 483–8. Am Ende wurden diese deutschen Truppenreduzierungen in einem Anhang zum KSE-Vertrag festgehalten, der im November 1990 auf dem Pariser KSZE-Gipfel unterzeichnet wurde. Siehe Kapitel 5, S. 416–7. Vgl. David Cox, *Retreating from the Cold War: Germany, Russia and the Withdrawal of the Western Group Forces*, London 1996, S. 91 f. Vgl. Frederick Zilian Jr., *From Confrontation to Cooperation: The Takeover of the National People's (East German) Army by the Bundeswehr*, Westport, Conn., 1999.

164 *DESE*, Dok. 353, S. 1357–64.

165 Brüsseler Pakt, unterzeichnet in Paris, 23. Oktober 1954, CVCE.EU. Vgl. NSAEBB No. 617.

166 *DESE*, Dok. 353, S. 1358 ff., 1366. Siehe auch Stefan G. Bierling, *Wirtschaftshilfe für Moskau*, S. 333; Vladislav Zubok, »With His Back Against the Wall: Gorbachev, Soviet Demise, and German Unification«, in: *CWH* 14, 4 (November 2014), S. 641 ff.

167 Siehe gemeinsame Pressekonferenz von Gorbatschow und Bundeskanzler Kohl, 16. Juli 1990, abgedruckt in: *MGDF:SD*, Dok. 105, S. 488–503; Klein, *Es begann im Kaukasus*, S. 274–7.

KAPITEL 4 861

168 Erklärung des BK vor der Bundespressekonferenz in Bonn, 17. Juli 1990, *Bulletin* Nr.
93 (18. Juli 1990), KAS online; Carl-Christian Kaiser, »Helmut im Glück«, in: *Die Zeit*,
20. Juli 1990; Craig R. Whitney, »Kohl Outlines a Vision: A Neighborly Vision«, *NYT*,
18. Juli 1990.

169 R. W. Apple Jr., »Bush Hails Soviet Decision«, *NYT*, 17. Juli 1990; Andrew Rosenthal,
»Bush Declares He Does Not Feel Left Out by Gorbachev and Kohl«, *NYT*, 18. Juli
1990. Zur Überraschung der Amerikaner siehe auch Zelikow und Rice, *Germany
Unified and Europe Transformed*, S. 342 f.

170 Apple Jr., »Bush Hails Soviet Decision«.

171 Siehe Teltschik, *329 Tage*, S. 345.

172 Valentin Falin, *Konflikte im Kreml: Zur Vorgeschichte der Deutschen Einheit und Auflösung der Sowjetunion*, München 1997, S. 188 f., 200–4; Weidenfeld, *Außenpolitik für
die deutsche Einheit*, S. 615–20.

173 Vgl. Gespräch des Bundeskanzlers Kohl mit Präsident Gorbatschow, Moskau, 15. Juli
1990, abgedruckt in: *DESE*, Dok. 350, S. 1344. Gorbatschow: »Bei den Militärs, die
von ihren Interessen ausgingen, und bei Journalisten gebe es das Geschrei, dass sie
jetzt die Früchte des großen Sieges im 2. Weltkrieg gegen DM verkaufen würden.«

174 Siehe Titelblatt von *Der Spiegel:* »Allianz Bonn / Moskau: Der Krieg ist zu Ende«, in:
Der Spiegel 30/1990, 23. Juli 1990.

175 Zum Friedensnobelpreis von 1990 – Presseverlautbarungen und Reden bei der-
Verleihung siehe https://www.nobelprize.org/nobel_prizes/peace/laureates/1990/
press.html. Sheila Rule, »Gorbachev Gets Nobel Peace Prize for Foreign Police
Achievements«, *NYT*, 16. Oktober 1990.

176 Siehe Teltschik, *329 Tage*, S. 345 f.

177 Drittes Treffen der Außenminister der Zwei plus Vier unter zeitweiliger Beteiligung
Polens, Paris, 17. Juli 1990, abgedruckt in: *DESE*, Dok. 354, S. 1367 f. plus Dok. 354A
und 354B; Vermerk Höynck [2+4+1 Gespräche] abgedruckt in: *DE*, Dok. 130, 18. Juli
1990), S. 615–20.

178 Schreiben der Volkskammerpräsidentin Bergmann-Pohl an Bundeskanzler Kohl,
25. August 1990, und Beschluss der Volksammer über den Beitritt der DDR zur BRD,
23. August 1990, beide abgedruckt in: *DESE*, Dok. 397 und 397A, S. 1497–8; Einigungsvertrag, 31.8.1990, abgedruckt in: Kaiser, *Deutschlands Vereinigung*, Dok. 48,
S. 256 f.; Schreiben des Bundeskanzlers Kohl an Ministerpräsident Mazowiecki,
6. September 1990, abgedruckt in: *DESE*, Dok. 412, S. 1523 f. Vgl. Schreiben des
Ministerpräsidenten Mazowiecki an Bundeskanzler Kohl, 25. Juli 1990, abgedruckt
in: *DESE*, Dok. 371, S. 1418–21.

179 Schreiben des Ministerpräsidenten Ryschkow an Bundeskanzler Kohl, 18. Juli 1990,
abgedruckt in: *DESE*, Dok. 360, S. 1400 f.

180 Schreiben Gorbatschow an Kohl, 25. Juli 1990, abgedruckt in: *MGDF:SD*, Dok. 107,
S. 506 f.

181 Schreiben des Bundeskanzlers Kohl an Ministerpräsident Ryschkow, 22. August
1990, abgedruckt in: *DESE*, Dok. 392, S. 1488.

ANMERKUNGEN

182 Telefongespräch des Bundeskanzlers Kohl mit Präsident Delors, 20. August 1990, abgedruckt in: *DESE*, Dok. 388, S. 1479 ff.

183 Siehe Gespräch des Bundeskanzlers Kohl mit Außenminister Hurd, Bonn, 15. Mai 1990, abgedruckt in: *DESE*, Dok. 278, S. 1119 f.; Anruf des US-Außenministers bei Kanzler Kohl, 15. Mai 1990, vom britischen Außenministerium über Freedom-of-Information-Act freigegeben. Siehe Telefongespräch des Bundeskanzlers Kohl mit Präsident Gorbatschow, 7. September 1990, abgedruckt in: *DESE*, Dok. 415, S. 1528, wo Gorbatschow in seinem Gespräch mit Kohl auf die Schätzungen deutscher Experten der jährlichen Kosten für die Integration der DDR in die BRD von 50 Milliarden DM über zehn Jahre hinweg verweist (also insgesamt 500 Milliarden DM). Tatsächlich betrugen nach offiziellen Schätzungen des Bundesfinanzministeriums in den 1990er Jahren der Finanzausgleich bzw. die Finanztransfers zugunsten der neuen Länder pro Jahr netto ca. 120–140 Milliarden DM, in den 2000ern ca. 70–80 Milliarden Euro, und somit insgesamt ca. 1,3 Billionen über die ersten zwei Jahrzehnte nach der Einheit. »Eastern Germany is western Germany's trillion euro bet«, *DW* 24.9.2010; Jörg Bibow, »The Economic Consequences of German Unification: The Impact of Misguided Macroeconomic Policies«, *The Levy Economics Institute Public Policy Brief*, no. 67A (2001).

184 Gespräch des Ministerialdirektors Teltschik mit dem stellvertretenden Außenminister Kwizinski, Bonn, 28. August 1990, abgedruckt in: *DESE*, Dok. 402, S. 1505 ff.

185 Schreiben des Bundesministers Waigel an Bundeskanzler Kohl, 6. September 1990, abgedruckt in: *DESE*, Dok. 413, S. 1524 f. Vgl. Notiz des Referatsleiters Westerhoff für den Chef des Bundeskanzleramts Seiters, 6. September 1990, abgedruckt in: *DESE*, Dok. 414, S. 1526.

186 *DESE*, Dok. 415, S. 1527 f. Vgl. das sowjetische Transkript des Telefongesprächs zwischen Kohl und Gorbatschow, 7. September 1990, in: *MGDF:SD*, Dok. 110, S. 513–17.

187 *DESE*, Dok. 415, S. 1528 ff.

188 Begleitschreiben, Staatssekretär Köhler an Bundeskanzler Kohl, 9. September 1990; zusammen mit Argumentation für Überleitungsvertrag, ohne Datum, und Finanztableau, ohne Datum, alle abgedruckt in: *DESE*, Dok. 418–418B, S. 1534 ff.

189 Telefonat Gorbatschows mit Bundeskanzler Kohl, 10. September 1990 [Auszug], abgedruckt in: *MGDF:SD*, Dok. 113, S. 520–3, insb. S. 523; Teltschik, *329 Tage*, S. 361 ff. Vgl. Gespräch von Teltschik mit Terechow, Bonn, 15. September 1990, abgedruckt in: *DESE*, Dok. 422, S. 1541 f.

190 Zwei-plus-Vier-Ministertreffen in Moskau: Deutscher Wortlaut des »Vertrags über die abschließende Regelung in Bezug auf Deutschland vom 12. September 1990«, abgedruckt bsw. in: Kaiser, *Deutschlands Vereinigung*, S. 260–8. Vgl. Detailed account [includes text of the Treaty on the Final Settlement with Respect to Germany and Agreed Minute to the Treaty on the special military status of the GDR after unification], 12. September 1990, S. 1–21, 21 NSAEBB No. 613.

191 Genscher, *Erinnerungen*, S. 875 f.; Schewardnadse zitiert nach AdG, 12. September

1990, S. 34872. Dazu auch Serge Schmemann, »Moscow and Bonn in a ›Good Neighbor‹ Pact«, *NYT*, 14. September 1990.

192 Genscher, *Erinnerungen*, S. 880 f.; sowie Drahtbericht des Botschafters zur besonderen Verwendung, Graf zu Rantzau, New York (VN), 2. Oktober 1990, abgedruckt in: *DE*, Dok. 164, S. 743 ff. Thomas L. Friedman, »Allies Waive Occupation Rights, Clearing Way for German Unity«, *NYT*, 2. Oktober 1990.

193 Siehe Telefonat Gorbatschows mit Bundeskanzler Kohl, 7. September 1990, und Gespräch Gorbatschows mit US-Präsident Bush, Helsinki, 9. September 1990, beide abgedruckt in: *MGDF:SD*, Dok. 110 und 111, S. 517 und 519.

194 Zu den Feierlichkeiten anlässlich der Einheit siehe Kohl, *Ich wollte Deutschlands Einheit*, S. 475–83; derselbe, *Meine Erinnerungen*, S. 394–408; Genscher, *Erinnerungen*, S. 886 f. Vgl. Richard von Weizsäcker, *Von Deutschland nach Europa: Die bewegende Kraft der Geschichte*, Berlin 1991, S. 193–212. Serge Schmemann, »Two Germanys Unite after 45 Years with Jubilation and a Vow of Peace«, *NYT*, 3. Oktober 1990.

195 Beide Verträge sind abgedruckt in: Kaiser, *Deutschlands Vereinigung*, Dok. 67 und 68, S. 318–33. Siehe auch Ortez des Referatsleiters 012, Bettzuege (zum Aufenthalts- und Abzugsvertrag vom 12.10.1990), 18. Oktober 1990, abgedruckt in: *DE*, Dok. 168, S. 759–62.

196 Kohl, *Erinnerungen, 1990–1994*, S. 254 ff. John Tagliabue, »Germans and Poles Agree to Pact on Oder Border«, *NYT*, 9. November 1990.

197 Genscher, *Erinnerungen*, S. 890–5. Stephen Engelberg, »Poland and Germany Sign Border Guarantee Pact«, *NYT*, 15. November 1990. Vgl. Kohl, *Erinnerungen, 1990–1994*, S. 256. Siehe auch Tischvorlage Genschers für die Kabinettssitzung am 14.11.1990, 13. November 1990, abgedruckt in: *DE*, Dok. 169, S. 763 ff.

198 Mazowiecki zitiert in Engelberg, »Poland and Germany Sign Border Guarantee Pact«; teilweise zitiert in: AdG, 14. November 1990, S. 35039.

199 Genscher zitiert nach AdG, 14. November 1990, S. 35040; vgl. in Engelberg, »Poland and Germany Sign Border Guarantee Pact«. Siehe auch Archives of the Polish Ministry of Foreign Affairs (AMSZ), Dep. IV 15/94, Memorandum by the Polish Minister of Foreign Affairs, Krzysztof Skubiszewski, 11.11.1990, abgedruckt in: Marc Dierikx and Sacha Zala (Hg.), *When the Wall Came Down: The Perception of German Reunification in International Diplomatic Documents 1989–1990* [Diplomatic Documents of Switzerland (Dodis)], Bern 2019, doc. 63, S. 242–4.

200 Genscher, *Erinnerungen*, S. 890–5.

201 »Vertrag über gute Nachbarschaft, Partnerschaft und Zusammenarbeit zwischen der BRD und der UdSSR, 9. November 1990«, in Presse- und Informationsamt der Bundesregierung, *Bulletin* Nr. 133, 15. November 1990, S. 1379–82. Am 9. und 10. November 1990 sprach Gorbatschow mit Bundespräsident Richard von Weizsäcker, Kohl, Genscher und Waigel sowie mit dem SPD-Kanzlerkandidaten Oskar Lafontaine in Bonn. Zu den sowjetischen Gesprächsnotizen siehe *MGDF:SD*, Dok. 122-8, S. 551–79.

202 Serge Schmemann, »Gorbachev Signs Treaty in Bonn and is Hailed for His Unity Role«, *NYT*, 10. November 1990. Deutscher Wortlaut des Vertrags teilweise abgedruckt in: Kaiser, *Deutschlands Vereinigung*, Dok. 69, S. 334–42. Siehe auch Bundeskanzler Kohl – Ansprache bei einem Abendessen zu Ehren Gorbatschows auf dem Petersberg, in: *Bulletin* Nr. 133, (15. November 1990), S. 1375–7; Festansprachen von Gorbatschow und Bundeskanzler Kohl anlässlich der Unterzeichnung des deutschsowjetischen Partnerschaftsvertrags, 9. November 1990 [Auszug], abgedruckt in: *MGDF:SD*, Dok. 125, S. 568–71. Vgl. Bierling, *Wirtschaftshilfe für Moskau*, S. 98 ff.

203 Serge Schmemann, »Kohl's Coalition Elected to Lead Unified Germany«, *NYT*, 3. Dezember 1990; Stephen Kinzer, »4 New Women Named to Kohl's New Cabinet of 20«, *NYT*, 17. Januar 1991.

Kapitel 5:
Der Aufbau eines freien und ganzen Europas

1 R. W. Apple Jr., »East and West Sign Pact to Shed Arms in Europe«, *NYT*, 20. November 1990. Mitterrand zitiert nach AdG, 21. November 1990, S. 35069 f.

2 Vgl. JAB-SML, B115/F7, Meetings Agendas 1990, CSCE Summit, 22. Januar 1990.

3 Zu Kohls 10-Punkte-Plan siehe Deutscher Bundestag, *Stenographischer Bericht*, 177. Sitzung, 28. November 1989, S. 13510–4.

4 James A. Baker III, »From Revolution to Democracy: Central and Eastern Europe in the New Europe«, Ansprache an der Karls-Universität, Prag, 7. Februar 1990, *Current Policy* No. 1248, United States Department of State (US DoS); JAB-SML, B108/F14, Feb. 1990, Talking Points for Cabinet Meeting, 15. Februar 1990, S. 1; James A. Baker III, »A New Europe, a New Atlanticism: Architecture for a New Era«, Rede vor dem Berliner Presseclub, 12. Dezember 1989, *Current Policy* No. 1233, US DoS.

5 Mark Webber, *Inclusion, Exclusion and the Governance of European Security*, Manchester 2007, S. 38; Schewardnadse zitiert in: Neil Malcolm, *Russia and Europe: An End to Confrontation*, London 1994, S. 160. Vgl. »Excerpts From the Speech by Shevardnadze Before the General Assembly«, *NYT*, 27. September 1989.

6 Siehe Webber, *Inclusion*, S. 39. Vgl. Kapitel 5, Anm. 2 und 194; sowie Eduard Schewardnadses Rede vor dem politischen Ausschuss des Europäischen Parlaments, Brüssel, 19. Dezember 1989, in der er nicht nur einen gesamteuropäischen Gipfel vorschlug, um sich über die neue europäische politische und sicherheitspolitische Ordnung zu beraten, sondern auch die Gründung ständiger institutioneller Strukturen. Sie ist abgedruckt in: Auswärtiges Amt (Hg.), *Umbruch in Europa*, Bonn 1991, S. 146–53, insb. S. 150.

7 »Gorbachev Pushes ›Collective Security‹«, *WP/Orlando Sentinel*, 16. März 1990.

8 Zur Entwicklung von Genschers KSZE-Ideen in seinen öffentlichen Reden siehe Hans-Dietrich Genscher, *Unterwegs zur Einheit*. Zur Rede in Potsdam (9. Februar

1990), S. 242-56; zur WEU-Rede (23. März), S. 258-68. Genschers Rede in Tutzing (31. Januar 1990) ist abgedruckt in: *Der Bundesminister des Auswärtigen informiert. Mitteilungen für die Presse* Nr. 1026/90. Siehe auch Genscher, *Erinnerungen*, S. 299–323. Vgl. auch HIA-ZRP, Box 1, Zelikow to Genscher, 24. Januar 1995, S. 5; Teltschik, *329 Tage*, S. 182 f., 186. Telegraphic, Mallaby to Hurd, 28. März 1990, abgedruckt in: *DBPO III, VII, GU 1989/90*, doc. 184, S. 360 f.

9   Siehe Kapitel 4, S. 300–1.

10   Allocution prononcée par M. François Mitterrand, Président de la République, lors de la présentation de ses vœux, Paris, 31. Dezember 1989, Direction de l'Information Légale et Administrative – Discours-Vie Publique (DILA-DVP).

11   Zu Mitterrands Projekt einer »confédération européenne« und dessen Scheitern siehe Frédéric Bozo, »The Failure of a Grand Design: Mitterrand's European Confederation, 1989–1991«, in: *Contemporary European History* 17, 3 (2008), S. 391–412; derselbe, *Mitterrand, la fin de la guerre froide et l'unification allemande*, S. 344–61; Philip Short, *Mitterrand: A Study in Ambiguity*, London 2013, S. 482 f.; Schabert, *Wie Weltgeschichte gemacht wird*, S. 447–50; Pierre Favier und Michel Martin-Roland, *La Décennie Mitterrand*, S. 170–7. Zu Zeugenaussagen ehemaliger politischer Akteure siehe Roland Dumas, »Un projet mort-né: la Confédération européenne«, in: *Politique étrangère* 3 (2001), S. 687–703; Jean Musitelli, »François Mitterrand, architecte de la Grande Europe: le projet de Confédération européenne (1990–1991)«, in: *Revue internationale et stratégique* Nr. 82 (2011/12), S. 18–28; Andrei Grachev, »From the Common European Home to European Confederation: François Mitterrand and Mikhail Gorbachev in Search of a Road to a Greater Europe«, in: Bozo et al., (Hg.), *Europe and the End of the Cold War*. Zu einer externen Sichtweise vgl. Hutchings, *American Diplomacy and the End of the Cold War*, S. 172.

12   Allocution prononcée par M. François Mitterrand, Président de la République, lors de la présentation de ses vœux, Paris, 31. Dezember 1989, DILA-DVP.

13   Ebenda.

14   Bozo, »The Failure of a Grand Design«, S. 392.

15   Zur Beschleunigung der Geschichte siehe Ansprache von Jacques Delors vor dem Europakolleg, Brügge, 17. Oktober 1989, CVCE.EU.

16   Gespräch Gorbatschows mit dem französischen Staatspräsidenten Mitterrand, 6. Dezember 1989 [Auszug aus der sowjetischen Mitschrift], abgedruckt in: *MGDF:SD*, Dok. 62, S. 266–71, hier S. 268; »Mitterrand in Kiev, Warns Bonn not to Press Reunification Issue«, *NYT*, 7. Dezember 1989.

17   Vgl. Short, *Mitterrand*, S. 473–81; AD MAE CDP, Europe 1986–1990, ALL 1-2 Unification Allemande (L'Europe entre Malte et Strasbourg), N/89/134 Note: Construction européenne et bouleversements à l'Est, 29. November 1989.

18   Zum siebten Punkt in Kohls Zehn-Punkte-Plan siehe Deutscher Bundestag, *Stenographischer Bericht*, 177. Sitzung, 28. November 1989, S. 13510–14.

19   Siehe Bozo, »The Failure of a Grand Design«, S. 398.

20   Zu Delors konzentrischen Kreisen und seiner Rede zur EG-Ostpolitik auf dem Pariser

Sondergipfel am 18. November 1989 siehe Karen E. Smith, *The Making of EU Foreign Policy: The Case of Eastern Europe*, Basingstoke 2004, S. 90 f.

21 Julie M. Newton, »Gorbachev, Mitterrand, and the Emergence of the Post-Cold War Order in Europe«, in: *Europe-Asia Studies* 65, 2 (März 2013), S. 290–320, insb. S. 313 f. Vgl. Bozo, »The Failure of a Grand Design«, S. 397.

22 Julie M. Newton, *Russia, France and the Idea of Europe*, London 2003, S. 177 ff.; Marie-Pierre Rey, »Gorbatchev et la ›Maison Commune Européenne‹«, in: *Institut François Mitterrand, Lettre* no. 19, 12. März 2007; Newton, »Gorbachev«, S. 294, 314. Auffällig ist, dass William H. Hills Monographie *No Place for Russia*, New York 2018 – in der er die Entwicklung der europäischen Sicherheit nach dem Kalten Krieg nachzeichnet – keinen Platz für Mitterrands Modell einer Konföderation ließ. Das ist desto erstaunlicher, weil seine Studie sich vor allem darauf konzentriert zu zeigen, wie und warum Versuche, die Sowjetunion (später Russland) in eine vereinigte europäisch-atlantische Sicherheitsordnung einzubinden, nicht zuletzt über die KSZE/ OSZE, schrittweise von der NATO und der EU verdrängt wurden.

23 Ebenda; Anatolii S. Chernyaev, *My Six Years with Gorbachev*, University Park, PA 2000, S. 75.

24 Bozo, *Mitterrand, la fin de la guerre froide et l'unification allemande*, S. 170; Newton, »Gorbachev«, S. 297, 299 f.

25 Mitterrand brachte diese Idee auf seinem Besuch in Ost-Berlin am 20.–22. Dezember 1989 vor. Mitterrands Rede zum Dinner in Ost-Berlin, 20. Dezember 1989, abgedruckt in: Auswärtiges Amt (Hg.), *Umbruch in Europa*, S. 158–61, insb. S. 160. Siehe Michael Sutton, *France and the Construction of Europe, 1944–2007: The Geopolitical Imperative*, New York/Oxford 2007, S. 254.

26 Siehe etwa Mitterrands Begegnungen mit Genscher (30.11.1989), Gorbatschow (6.12.1989), Thatcher (8.12.1989), Bush (16.12.1989) und Kohl (4.1.1990).

27 Bozo, »France, ›Gaullism‹, and the Cold War«, in: Melvyn P. Leffler und Odd Arne Westad (Hg.), *Cambridge History of the Cold War*, Bd. 2: *Crisis and Détente*, Cambridge 2010, S. 158–78. Zur Vision De Gaulles eines »europäischen Europas«, die er in einer Rede am 4. Februar 1965, genau 20 Jahre nach Beginn der Konferenz von Jalta, darlegte, siehe Charles de Gaulle, *Discours et messages*, Paris 1970, Bd. IV, S. 325–42. Siehe auch Short, *Mitterand*, S. 481 ff.

28 Gespräch des Bundeskanzlers Kohl mit Staatspräsident Mitterrand, Latché, 4. Januar 1990, abgedruckt in *DESE*, Dok. 135, S. 682–90.

29 *DESE*, Dok. 135, S. 685 ff.

30 Ebenda, S. 683 f.

31 Ebenda, S. 684, 687.

32 Ebenda, S. 689 f. Siehe auch »MM. Kohl et Mitterrand sont d'accord sur l'idée de confédération européenne«, in: *Le Monde*, 6. Januar 1990.

33 Siehe Bozo, »The Failure of a Grand Design«, S. 400; vgl. Vojtech Mastny, »Germany's Unification, Its Eastern Neighbours, and European Security«, in: Bozo et al. (Hg.), *German Reunification*, S. 210 f.

34 Zu Dokumenten des Kanzleramts über die deutsche Wirtschafts- und Währungsunion siehe *DESE*, Dok. 163, 165–165b, 168, 169, 169a.

35 Delegationsgespräch des Bundeskanzlers Kohl mit Generalsekretär Gorbatschow,
Moskau, 10. Februar 1990, abgedruckt in: *DESE*, Dok. 175, S. 809 f.; dazu auch Dok.
192, S. 869. Vgl. Thomas L. Friedman mit Michael R. Gordon, »Steps to German
Unity: Bonn as a Power«, *NYT*, 16. Februar 1990. Zur Frage einer Friedenskonferenz
und eines Friedensvertrags gegenüber dem Zwei-plus-Vier-Prozess und einem »Ver-
trag über die abschließende Regelung in Bezug auf Deutschland«, siehe Christoph-
Matthias Brandt, *Souveränität für Deutschland: Grundlage, Entstehungsgeschichte und
Bedeutung des Zwei-plus-Vier-Vertrages vom 12. September 1990*, Köln 1993, S. 243–69.
Zur KSZE vgl. Vorlage des Ministerialdirektors Teltschik an Bundeskanzler Kohl
(nicht datiert), abgedruckt in: *DESE*, Dok. 166, S. 771–6.

36 *DESE*, Dok. 175, S. 810, Fn. 5 und 6.

37 Serge Schmemann, »Billions in Help for East Germany Approved by Bonn«, *NYT*,
15. Februar 1990. Siehe auch Mastny, »Germany's Unification, Its Eastern Neighbours, and European Security«, S. 208–11; Barbara Donovan, »Eastern Europe and
German Unity«, in: *Report on Eastern Europe*, 2. März 1990, S. 48–51.

38 Gespräch des Bundeskanzlers Kohl mit Staatspräsident Mitterrand, Paris, 15. Februar
1990, abgedruckt in: *DESE*, Dok. 187, S. 842–52.

39 *DESE*, Dok. 187, S. 849 f.

40 Ebenda, S. 851 f.

41 Eintrag, 17. August 1988, abgedruckt in: Jacques Attali, *Verbatim Tome III: Chro-
nique des années 1988–1991, première partie*, Paris 1995, S. 92.

42 Siehe Harold James, *Making the European Monetary Union*, Cambridge, MA, 2012,
Kap. 7; Dyson und Maes (Hg.), *Architects of the Euro*, Kap. 8 (über Pöhl) und 10 (über
Delors); Jonathan Story und Ingo Walter, *Political Economy of Financial Integration
in Europe: The Battle of the Systems*, Cambridge, MA, 1997, Kap. 1.

43 James, *Making the European Monetary Union*, S. 235 f.

44 Dyson und Featherstone, *The Road to Maastricht*, S. 29 f.

45 Harold James, »Karl-Otto Pöhl: The Pole Position«, in: Dyson und Maes (Hg.),
Architects of the Euro, S. 186.

46 »Pöhl Doubts Need for EC Bank«, *FT*, 1./2. Juli 1989.

47 Vgl. 54. Deutsch-französische Konsultationen, Bonn, 2./3. November 1989, und Vorlage des Vortragenden Legationsrats Bitterlich an Bundeskanzler Kohl, 2./3. Dezember 1989, beide abgedruckt in: *DESE*, Dok. 70 und 108, S. 472 f. und S. 596 ff.

48 Schreiben des Bundeskanzlers Kohl an Staatspräsident Mitterrand, 27. November
1989, und EG-Gipfel in Straßburg, 8./9. Dezember 1989 – Arbeitskalender für das
weitere Vorgehen bis 1993, beide abgedruckt in: *DESE*, Dok. 100 und 100a, S. 565
und S. 566 f. Siehe auch *DESE*, Dok. 108, S. 596 ff.

49 Niederschrift des bundesdeutschen Botschafters in Paris, Pfeffer, über das Gespräch
von Bundesaußenminister Genscher mit dem französischen Staatspräsidenten Mitterrand, Paris, 30. November 1989, abgedruckt in: *DDE*, Dok. 11, S. 59.

50 Schreiben des Staatspräsidenten Mitterrand an Bundeskanzler Kohl, 1. Dezember 1989, abgedruckt in: *DESE*, Dok. 108a, S. 599 f.

51 *DESE*, Dok. 108, S. 598.

52 Zum Hintergrund siehe Dyson und Featherstone, *The Road to Maastricht*, S. 46 f. Eine Studie unterschiedlicher Szenarien des französischen Außenministeriums, wie das europäische Projekt im Kontext der täglichen Unruhen Ende November 1989 vorangetrieben werden kann, findet sich unter AD, MAE CDP, Europe 1986–1990, ALL 1-2 Unification Allemande (L'Europe entre Malte et Strasbourg), N/89/133 Note – Faut-il réformer les institutions communautaires? 29. November 1989, S. 1–16. In der gleichen Akte über das weitere Vorgehen bei der EMU siehe auch N/89/131 Note – Faciliter la mise en place de L'UEM, 29. November 1989; C/89-34 Note pour le Ministre d'Etat – L'Europe entre Malte et Strasbourg: quatre propositions, 29. November 1989, S. 4 f.

53 Teltschik, *329 Tage*, S. 61; Bozo, Mitterrand, *la fin de la guerre froide et l'unification allemande*, S. 145.

54 Schreiben des Bundeskanzlers Kohl an Staatspräsident Mitterrand, 5. Dezember 1989, abgedruckt in: *DESE*, Dok. 111, S. 614 f.

55 Bozo, *Mitterrand, la fin de la guerre froide et l'unification allemande*, S. 151. Zum Kommuniqué des Ratstreffens der EG in Straßburg am 8./9. Dezember 1990 siehe *Bulletin of the European Communities* Nr. 12/1989. Siehe auch »EC Leaders Firmly Support Monetary Union, the Social Charter and Creation of European Development Bank«, in: *European Community News* Nr. 41/1989, 11. Dezember 1989.

56 »Excerpts From Statement By European Community«; zitiert nach AdG, 9. Dezember 1990, S. 34025. Siehe auch Alan Riding, »European Leaders Give Their Backing to Monetary Plan«.

57 Gespräch des Bundeskanzlers Kohl mit Außenminister Baker, Berlin (West), 12. Dezember 1989, abgedruckt in: *DESE*, Dok. 120, S. 638.

58 GHWBPL, Memcon of Mitterrand-Baker talks, 16. Dezember 1989, 13.30–15.00 Uhr, St. Martin, S. 7.

59 Stanley Hoffmann, »French Dilemmas and Strategies in the New Europe«, in: Robert O. Keohane et al. (Hg.), *After the Cold War: International Institutions and State Strategies in Europe, 1989–1991*, Cambridge, MA, 1993, S. 127–35; Bozo, *Mitterrand, la fin de la guerre froide et l'unification allemande*, S. 196 f.

60 Kohls Rede zum Thema »Die Deutsche Frage und die europäische Verantwortung« gehalten im Rahmen einer Konferenz des *Bureau international de liaison et de documentation* und des *Institut français des relations internationales*, Centre de conférences internationals, Paris, 17. Januar 1990, in: *Bulletin* no. 9, 19. Januar 1990, online.

61 TNA UK, PREM 19/3346, Letter, Powell to Wall (FCO) – Prime Minister's Meeting with President Mitterrand, Elysée-Palast, Paris, 20. Januar 1990, S. 1–5. Auch abgedruckt in: *DBPO III, VII, GU 1989/90*, doc. 103, S. 215–19, insb. S. 216 und 218.

62 »Arbeitsprogramm der Kommission 1990«, Einführungsrede von Präsident Jacques Delors vor dem Europäischen Parlament und Erwiderung nach Abschluss der parla-

mentarischen Aussprache, Straßburg, 17. Januar und 13. Februar 1990, abgedruckt
in: *Bulletin der Europäischen Gemeinschaften* 1 (1990), insbesondere S. 10, und 12 ff.

63 Bozo, *Mitterrand, the End of the Cold War, and German Unification*, S. 186 ff.; derselbe,
»France, German Unification and European Integration«, in: derselbe et al. (Hg.),
Europe and the End of the Cold War, S. 155 f.

64 »Arbeitsprogramm der Kommission 1990«, S. 71.

65 Ebenda, S. 71 f.

66 Gespräch Kohl mit Mitterrand, Paris, 15. Februar 1990, abgedruckt in: *DESE*, Dok.
187, S. 851.

67 *DESE*, Dok. 187, S. 849, 851. Zur anschließenden Pressekonferenz siehe AD, MAE
CDP, Europe 1986–1990, ALL 1-2 Unification Allemande (L'Europe entre Malte et
Strasbourg) Conférence de presse conjointe entre M. Le Président de la République
et M. Kohl Chancelier de la RFA, 15. Februar 1990, S. 1–6.

68 Ein besonderes Steckenpferd Mitterrands, das Kohl fast zur Weißglut brachte, war
die deutsche Anerkennung der Oder-Neiße-Linie. Siehe Telefongespräch Kohl mit
Mitterrand, 14. März 1990, abgedruckt in: *DESE*, Dok. 218, S. 943–97; Bozo, *Mitterrand, la fin de la guerre froide, et l'unification allemande*, S. 228–41, insb. S. 234 ff. Vgl.
Bundeskanzler Helmut Kohl zur »deutschen Frage und europäischen Verantwortung«, 17. Januar 1989, S. 416 f.

69 Bozo, *Mitterrand, the End of the Cold War, and German Unification*, S. 236.

70 Ebenda, S. 237, Fn. 135.

71 Interview de M. François Mitterrand, Président de la République, accordée à TF1
lors de l'émission »Sept sur Sept«, 25. März 1990, DILA-DVP.

72 Schreiben des Bundeskanzlers Kohl an Präsident Delors, 13. März 1990, abgedruckt
in: *DESE*, Dok. 215, S. 935 f.; Hanns Jürgen Küsters, »Deutsch-französische Europapolitik in der Phase der Wiedervereinigung«, in: Günter Buchstab, Hans-Otto Klein-
mann, Hanns Jürgen Küsters (Hg.), *Die Ära Kohl im Gespräch: eine Zwischenbilanz*,
Köln 2010, S. 153–67, insb. S. 163.

73 Message conjoint de François Mitterrand et Helmut Kohl adressé à M. Haughey sur
la nécessité d'accélérer la construction de l'Europe politique, Paris, 18. April 1990,
DILA-DVP.

74 Alan Riding, »*Europe United?*«, *NYT*, 28. April 1990.

75 Siehe Teltschik, *329 Tage*, S. 207 ff.; vgl. 55. Deutsch-französische Konsultationen in
Paris, 26. April 1990, abgedruckt in: *DESE*, Dok. 257, S. 1056–9. Kohl zitiert in: Craig
R. Whitney, »Europe's Alliance Seeks Closer Ties«, *NYT*, 29. April 1990. Mitterrand
zitiert nach dem französischen Transkript in Bozo, *Mitterrand, the End of the Cold
War, and German Unification*, S. 239.

76 Siehe beispielsweise TNA UK, PREM 10/3344, Letter, Charles Powell to Stephen Wall
(FCO) re: Prime Minister's Meeting with Monsieur Giscard d'Estaing, 19. Februar
1990, S. 1 f.

77 Zitat aus TNA UK, PREM 10/3344, Letter, Powell to Thatcher – Meeting with former
President Giscard d'Estaing, 16. Februar 1990, S. 1.

78 Special Meeting of the European Council, Dublin, 28. April 1990 – Presidency Conclusions, http://www.consilium.europa.eu/media/20571/1990_april__-_dublin__
   eng_.pdf.

79 Whitney, »Europe's Alliance Seeks Closer Ties«, S. 16. Thatcher war geradezu besessen von der Aussicht, dass »ein integriertes Europa ein deutsches Europa wäre«. In
   diesem Sinn hatte Downing Street den ganzen Winter über ernste Bedenken, dass
   die Bundesrepublik einfach »Ostdeutschland in die Europäische Gemeinschaft her-
   einhole« (oder, wie Douglas Hurd es ausdrückte, dass die DDR durch »Osmose« über
   die Wiedervereinigung Mitglied würde) – eine Option, die Delors zum Ärger der
   Briten offenbar »gebilligt« hatte. Darüber hinaus war es unerlässlich, dass Ostdeutschlands Aufnahme in die Gemeinschaft nicht »auf Kosten anderer« erfolgte. Mit
   Hilfe einer Verzögerungstaktik hoffte London, den »Blickwinkel der Gemeinschaft«
   als Mittel zu nutzen, um »das Tempo der de jure deutschen Integration und Wiedervereinigung« zu bremsen. Siehe TNA UK, PREM 19/3344, Letter, Powell to Thatcher –
   Meeting with former President Giscard d'Estaing, 16. Februar 1990, S. 1; PREM
   19/3346, Memorandum, Douglas Hurd for Thatcher on »the German Question«,
   16. Januar 1990, S. 4; PREM 19/3346, Letter, Powell to Wall (FCO) – Prime Minister's
   Meeting with President Mitterrand, Elysée-Palast, Paris 20. Januar 1990, S. 1, 4.

80 Ebenda; Special Meeting of the European Council, Dublin, 28. April 1990 – Presi-
   dency Conclusions, S. 2–3; Wilfried Loth, *Europas Einigung: Eine unvollendete
   Geschichte,* Frankfurt am Main 2014, S. 299 f.; Mark Gilbert, *Cold War Europe: The
   Politics of a Contested Continent,* Lanham, MD 2015, S. 277.

81 Riding, »Europe Hastening Integration Pace«.

82 Siehe Roland Vogt, *Personal Diplomacy in the EU: Political Leadership and Critical
   Junctures of European Integration,* London 2016, S. 154 ff.

83 Schwarz, *Helmut Kohl: Eine politische Biographie,* S. 142; Manfred Görtemaker,
   Geschichte der Bundesrepublik Deutschland: Von der Gründung bis zur Gegenwart,
   München 1999, S. 688; Helmut Kohl, *Ich wollte Deutschlands Einheit,* S. 13, 15–18.

84 Vogt, *Personal Diplomacy in the EU,* S. 154–7. Siehe auch Michael Stürmer, *Das ruhe-
   lose Reich: Deutschland 1866–1918 – Die Deutschen und ihre Nation,* Berlin 1983.

85 Zelikow und Rice, *Germany Unified and Europe Transformed,* S. 365.

86 Siehe Ilaria Poggiolini, »Thatcher's Double-Track to the End of the Cold War: The
   Irreconcilability of Liberalization and Preservation«, in: Frédéric Bozo et al. (Hg.),
   Visions of the End of the Cold War in Europe, 1945–1990, New York 2012, S. 266 ff.

87 Urban, *Diplomacy and Disillusion at the Court of Margaret Thatcher,* S. 104 f.

88 Siehe Patrick Salmon, »The United Kingdom: Divided Counsels, Global Concerns«,
   in: Bozo et al. (Hg.), *Europe and the End of the Cold War, S.* 153 ff. Vgl. Sir Julian
   Bullard, »Great Britain and German Unification«, in: Jeremy Noakes, Peter Wende
   und Jonathan Wright (Hg.), *Britain and Germany in Europe 1949–1990,* Oxford 2002,
   S. 219–29.

89 Telegraphic, Mallaby to Hurd, 5 Januar 1990, abgedruckt in: *DBPO III, VII, GU
   1989/90,* doc. 85, S. 190.

90   DBPO III, VII, GU 1989/90, doc. 103, S. 217.

91   Bush und Scowcroft, *A World Transformed*, S. 84; TNA UK, PREM 19/3346, Letter, Powell to Thatcher – Meeting with President Mitterrand, 16. Januar 1990, S. 1.

92   Siehe Kapitel 3. Vgl. Minute by Hurd, 27. Januar 1990; Telegraphic, Mallaby to Hurd, 1. Februar 1990; sowie Submission from Synnott to Weston, with Minute by Weston, 1. Februar 1990, alle abgedruckt in: *DBPO III, VII, GU 1989/90*, docs. 108, 115 und 116, S. 229 f., 238–43. Thatchers flammende Äußerungen über Deutschland in einem Interview für das *Wall Street Journal* am 24. Januar 1990, MTF.

93   *DBPO III, VII, GU 1989/90*, doc. 103, S. 217.

94   Ebenda, doc. 85, S. 190 f.

95   Siehe Stephen Wall, *A Stranger in Europe: Britain and the EU from Thatcher to Blair,* Oxford 2008, S. 85. Zum Bericht der französischen Botschaft, der Thatchers Äußerung gegenüber Mitterrand beim Dinner in London enthält (März 1990), siehe AD, MAE ASD 1985–1990, Box 16, TD Londres 370 ff., DSL Secret, Amb. Luc de Barre to Roland Dumas – Dîner avec Mme Thatcher: Réunification allemande et construction européenne, 13. März 1990.

96   TNA UK, PREM 19/3347, Letter, Powell to Wall (FCO), Thatcher's Meeting with the Prime Minister of France, London, 26. März 1990, S. 1, 4.

97   Margaret Thatcher, Speech to the College of Europe (»Rede von Brügge«), 20. September 1988, MTF.

98   Whitney, »Europe's Alliance Seeks Closer Ties«, S. 16; Margaret Thatcher, HC Statement – Dublin European Council, 1. Mai 1990, MTF. Siehe auch Alan Riding, »Britain ›Deeply Skeptical‹ of Plan by France and Germany on Unity«, *NYT*, 25. April 1990.

99   Riding, »Europe Hastening Integration Pace«; Craig R. Whitney, »Europeans Meeting Today on Unity«, NYT 25. Juni 1990.

100 Siehe Michael J. Turner, *Britain's International Role, 1970–1991,* London 2010, Kap. 6 (die letzten beiden Seiten); »A Europe Whole and Free«, Remarks to the Citizens in Mainz, Rheingoldhalle, Mainz, Deutschland, 31. Mai 1989, https://usa.usembassy. de/etexts/ga6-890531.htm; deutscher Wortlaut unter: »Ein ungeteiltes freies Europa«, Präsident George Bush, Rheingoldhalle, Mainz, CdMDA. Vgl. Andrew P. Hogue, George H. W. Bush, »A Whole Europe, A Free Europe« (31. Mai 1989), *Voices of Democracy* 3 (2008), S. 205–21.

101 Thomas L. Friedman, »U.S. Ties with West Germany Begin to Eclipse Relationship with Britain«, *NYT*, 10. Dezember 1989. Zu den Entscheidungen, die auf Dublin I mit Blick auf Osteuropa getroffen wurden (bzgl. der Ausdehnung der G-24-Maßnahmen auf die DDR, die Tschechoslowakei, Jugoslawien, Bulgarien und Rumänien sowie zukünftiger Assoziierungsabkommen), siehe S. 5 des Kommuniqués unter http://www.consilium.europa.eu/media/20571/1990_april__-_dublin__eng_.pdf. Vgl. GHWBPL, Memcon of Bush–Delors talks, 15.30–16.00 Uhr, 24. April 1990, The Cabinet Room/White House.

102 Friedman, »U.S. Ties with West Germany Begin to Eclipse Relationship with Britain«.

103 Short, *Mitterrand*, S. 474.

104 Zu Thatchers Sichtweise bezüglich des »Einbindens von Deutschland« in die NATO siehe beispielsweise Draft Paper by Policy Planning Staff (FCO), 15. Juni 1990; Telegraphic, Mallaby to Hurd, 20. Juni 1990; Budd (Bonn) to Powell (Policy Planning Staff), 22. Juni 1990, abgedruckt in: *DBPO III, VII, GU 1989/90*, docs. 210, 212 und 213, S. 418–22, 424 ff.

105 Zelikow und Rice, *Germany Unified and Europe Transformed*, S. 236; zitiert nach Kohl, *Ich wollte Deutschlands Einheit*, S. 340 f. Siehe auch Sir Christopher Mallaby recollections of the dinner abgedruckt in: »FCO Witness Seminar: Berlin in the Cold War 1949–1990 & German Unification 1989–1990«, Lancaster House, 16. Oktober 2009, S. 82 f, https://issuu.com/fcohistorians/docs/full_transcript_germany. Zu Thatchers Interview mit *Der Spiegel* siehe »›Alle gegen Deutschland – nein!‹ Die britische Premierministerin Margaret Thatcher über Europa und die deutsche Einheit«, in: *Der Spiegel* 13/1990, 26. März 1990, S. 182–7. Vgl. 20. Deutsch-britische Konsultationen, London, 30. März 1990, abgedruckt in: *DESE*, Dok. 238, S. 996–1001.

106 GHWBPL, Memcon of Thatcher–Bush talks, 13. April 1990, 10.44–15.30 Uhr, Bermuda, S. 1 f

107 Ebenda, S. 6.

108 Ebenda, S. 3, 8.

109 Ebenda, S. 5, 14.

110 News Conference of the President and Prime Minister Margaret Thatcher of the United Kingdom in Hamilton, Bermuda, 13. April 1990, APP.

111 Ebenda.

112 GHWBPL, Memcon of Thatcher–Bush talks, 13. April 1990, 10.44–15.30 Uhr, Bermuda, S. 4; Letter, Powell to Wall, 24. Februar 1990, abgedruckt in: *DBPO III, VII, GU 1989/90*, doc. 155, S. 310–14, insb. S. 311.

113 Paul Lewis, »Shevardnadze Calls for Meeting This Year on German Unification«, in: *NYT*, 16. Februar 1990.

114 GHWBPL, Memcon of Thatcher–Bush talks, Bermuda, 13. April 1990, 10.44–15.30 Uhr, S. 7, 11.

115 Ebenda, S. 4, 11.

116 Ebenda, S. 3. Zur Geschichte der NATO-Gipfeltreffen (27 Gipfel von 1949 bis 2017) siehe https://www.nato.int/cps/ua/natohq/topics_50115.htm.

117 GHWBPL, Memcon of Bush–Mitterrand talks (private), 19. April 1990, 11.30–13.05 Uhr, Key Largo, Florida, S. 2; Memcon of Bush–Delors talks, 24. April 1990, 15.30–16.00 Uhr, The Cabinet Room, S. 2; Memcon of Bush–Mitterrand talks (ganze Delegation), 19. April 1990, 13.07–14.15 Uhr, Key Largo, Florida, S. 2.

118 Memcon of Bush–Delors talks, 24. April 1990, 15.30–16.00 Uhr, The Cabinet Room, S. 2.

119 GHWBPL, Memcon of Bush–Mitterrand talks (private), 19. April 1990, 11.30–13.05 Uhr, Key Largo, Florida, S. 2.

120 GHWBPL, Memcon of Bush–Delors talks, 24. April 1990, 15.30–16.00 Uhr, The Cabinet Room, S. 3.

121 Ebenda, S. 3; Memcon of Bush–Mitterrand talks (ganze Delegation), 19. April 1990, 13.07–14.15 Uhr, Key Largo, Florida, S. 3.

122 R.W. Apple Jr., »Bush and Mitterrand Are Putting Moscow Ties Ahead of Lithuania«, *NYT*, 20. April 1990.

123 GHWBPL, Memcon of Bush–Mitterrand talks (ganze Delegation), 19. April 1990, 13.07–14.15 Uhr, Key Largo, Florida, S. 3; Memcon of Bush–Mitterrand talks (private), 19. April 1990, 11.30–13.05 Uhr, Key Largo, Florida, S. 3 f.

124 GHWBPL, Memcon of Bush–Wörner talks, 10.05–10.45 Uhr, Oval Office, 7. Mai 1990, S. 2 f.

125 Whitney, »Europe's Alliance Seeks Closer Ties«.

126 GHWBPL, Memcon of Bush–Mitterrand talks (ganze Delegation), 19. April 1990, 13.07–14.15 Uhr, Key Largo, Florida, S. 4.

127 Zelikow und Rice, *Germany Unified and Europe Transformed*, S. 238 ff. Siehe auch »Excerpts From Session By Bush on Arms Talks«, *NYT*, 4. Mai 1990; Andrew Rosenthal, »Bush, Europe and NATO: Bowing to the Inevitable as a New Germany Rises«, *NYT*, 4. Mai 1990.

128 Thomas L. Friedman, »Nato Adopts Plan to Revamp Itself for German Unity«, *NYT*, 4. Mai 1990.

129 Bush's Remarks at the Oklahoma State University Commencement Ceremony in Stillwater, 4. Mai 1990, APP.

130 Ebenda; Andrew Rosenthal, »Bush Sees Revamped NATO as Core of Europe's Power«, *NYT*, 5. Mai 1990.

131 »Excerpts From Session By Bush on Arms Talks«; Andrew Rosenthal, »Bush, Europe and NATO: Bowing to the Inevitable as a New Germany Rises«.

132 GHWBPL, Memcon of Bush–Wörner talks, 7. Mai 1990, 10.05–10.45 Uhr, Oval Office, S. 2 ff. Siehe auch TNA UK, PREM 19/4329, Memo, Douglas Hurd to Thatcher – NATO Strategy Review, 4. Juni 1990, S. 1–5. In einer Interpretation von Bushs Oklahoma-Rede für die Premierministerin sagte Hurd, der Begriff »Strategiebesprechung« bedeute zwei Dinge: »ein frischer Blick auf die gesamtpolitischen Ziele der NATO« und »eine engere Prüfung der Militärstrategie«. Beides, betonte er, sei »notwendig«, doch sie dürften keinesfalls verwechselt werden. Hurd wollte auch die Franzosen »so weit wie möglich« an dem Überprüfungsprozess beteiligen; ein Prozess, den Mitterrand ein »gemeinsames Nachdenken über die Zukunft der NATO« genannt hatte. Aber Hurd machte deutlich, dass es den Franzosen – auch wenn sie zu den »strammsten Verbündeten« zählten – nicht erlaubt werden dürfe, »das Bündnis nach ihren eigenen Vorstellungen umzugestalten«. Alles in allem bestand das Problem in den »tiefen Spaltungen unmittelbar unter der Oberfläche innerhalb des Bündnisses«. Deshalb tendierte London dazu, sich eng an Washington zu halten.

133 News Conference of President Bush and President François Mitterrand of France in Key Largo, Florida, 19. April 1990, APP.

134 Tagebucheintrag, 18. April 1990, abgedruckt in: Bush und Scowcroft, *Eine neue Welt*, S. 194.

135 Siehe Andrew Rosenthal, »Bush Delays Action on Lithuania, Not Wanting to Harm Gorbachev«, *NYT*, 25. April 1990.

136 Brief abgedruckt in: *Bulletin* Nr. 48, 28. April 1990, S. 384. Siehe auch *DESE*, Dok. 257, S. 1056–9; Teltschik, *329 Tage*, S. 209; Bozo, *Mitterrand*, S. 240 f. Siehe auch Alan Riding, »Lithuania Is Asked by Paris and Bonn to Halt Decisions«, *NYT*, 27. April, 1990; Bill Keller, »Lithuania Reports Promising Contact With Soviet Aides«, *NYT*, 28. April 1990.

137 Richard L. Berke, »9 G.O.P. Senators Attack Bush on Lithuania«, *NYT*, 28. April 1990; Alan Riding, »U.S. Reaches Trade Deal With Moscow«, *NYT*, 27. April 1990.

138 Zu Bushs Tagebucheinträgen (20. und 24. April 1990) und späteren Überlegungen zur Litauen-Krise siehe Bush und Scowcroft, *A World Transformed*, S. 224–7; deutsch teilweise in: *Eine neue Welt*, S. 196–200. Letter, Bush to Gorbachev, 29. April 1990, abgedruckt in: Bush, *All the Best*, S. 467 ff.

139 Bush und Scowcroft, *Eine neue Welt*, S. 200 f.

140 GHWBPL, Memcon of Bush–Kohl meeting, 17. Mai 1990, 10.30–11.35 Uhr, The Oval Office, S. 3 f. Es existiert keine deutsche Gesprächsnotiz über das Vieraugengespräch zwischen Bush und Kohl, nur ein amerikanisches Transkript.

141 Ebenda, S. 4 f.

142 Ebenda, S. 5. GHWBPL, Memcon of Bush–Kohl meeting incl. delegations, 17. Mai 1990, 11.40–12.55 Uhr, The Cabinet Room, S. 7.

143 GHWBPL, Memcon of Bush–Kohl meeting incl. delegations, 17. Mai 1990, 11.40–12.55 Uhr, The Cabinet Room, S. 5. Zum erheblich längeren deutschen Pendant dieses Transkripts der zweiten Sitzung mit der ganzen Delegation siehe *DESE*, Dok. 281, S. 1126–32, hier S. 1129.

144 Bush und Scowcroft, *Eine neue Welt*, S. 277 f.

145 Robert Shepard, »Gorbachev Details Soviet Changes«, *UPI*, 1. Juni 1990; William J. Easton, »Gorbachev Chides U.S. Over Trade: Economy: He tells congressmen of Soviet problems and presses for most-favored-nation status enjoyed by China«, *LA Times*, 2. Juni 1990. Vgl. Hearing Before the Committee on Finance, US Senate, 101st Congress, 2nd Session, 20. Juni 1990: Extending Most-Favoured-Nation Status to China, Washington, DC, 1991, 169 S.

146 Bush und Scowcroft, *Eine neue Welt*, S. 279 ff.; Andrew Rosenthal, »Bush and Gorbachev Sign Major Accords on Missiles, Chemical Weapons and Trade«, *NYT*, 2. June 1990; Clyde H. Farnsworth, »Trade Accord Holds Many Prizes, but Obstacles to Passage Remain«, *NYT*, 2. Juni 1990. Cable, U.S. Department of State to U.S. Embassies in NATO Capitals, Tokyo, Seoul, Canberra [and info to Moscow] – »Briefing Allies on Washington Summit«, 15. Juni 1990, S. 9, NSAEBB No. 320.

147 GHWBPL, Telcon Bush to Kohl, 1. Juni 1989, 16.03–16.23 Uhr, Oval Office, S. 2 f. Siehe auch GHWBPL, Telcon between Bush and Kohl, 3. Juni 1990, 15.39–15.48 Uhr, Oval Office. Es gibt bisher keine freigegebenen deutschen Protokolle zu diesen Telefongesprächen, lediglich Bushs Brief an Kohl vom 4. Juni 1990, in denen er auf sie Bezug nimmt. Siehe Fernschreiben des Präsidenten Bush an Bundeskanzler Kohl,

4. Juni 1990, abgedruckt in: *DESE*, Dok. 299, S. 1178 ff.; Bush und Scowcroft, *A World Transformed*, S. 279–89, insb. S. 287; vgl. dieselben, *Eine neue Welt*, S. 274–86.

148 Michael Dobbs, »Warsaw Pact Summit Urges Transformation«, *WP*, 8. Juni 1990. Vgl. BA SAPMO DC/20/I/3/3000, Record of the Political Consultative Committee Meeting in Moscow, 7. Juni 1990, abgedruckt in: Vojtech Mastny und Malcom Byrne (Hg.), *A Cardboard Castle? An Inside History of the Warsaw Pact, 1955–1991*, Budapest 2005, Dok. 153, S. 674–7.

149 GHWBPL, Memcon of Bush–de Maiziere talks, 11. Juni 1990, 11.36–12.08 Uhr, The Cabinet Room, S. 2 f.; das Gespräch zwischen Bush und de Maiziere ist auszugsweise abgedruckt in: Bush und Scowcroft, *Eine neue Welt*, S. 288 f.

150 Bush und Scowcroft, *Eine neue Welt*, S. 290–3. Zu Bushs Brief an Kohl (21. Juni 1990), dem amerikanischen Erklärungsentwurf für den NATO-Gipfel und Deutschlands Gegenentwurf siehe *DESE*, Dok. 321 + 321A, 326, und 330 +330A, S. 1234–41, 1256–61 und 1276–80. Siehe auch Brief, Scowcroft an Teltschik, 30. Juni 1990, und Memos für Kohl vor dem NATO-Gipfel, 5./6. Juli 1990, alle abgedruckt in: *DESE*, Dok. 335 und 344–344I, S. 1285 f. und 1309–23. Vgl. TNA UK, PREM 19/3466, Cable, Hannay (FM UK REP Brussels) to FCO (and advanced to PS) – Hurd's talks with Baker, Brussels, 4. Juli: NATO summit declaration, 4. Juli 1990, S. 1 f.; TNA UK, PREM 19/3102, Letter, Powell to 10 Downing Street – PM's meeting with NATO SG, 29. Juni 1990; Revised Annotated Conclusions on London Declaration, 20. Juni 1990; Appleyard (Cabinet Office) to Powell – Memo: NATO Summit – Key Issues (Secret), 29. Juni 1990.

151 GHWBPL, Telcon of Bush with PM Ruud Lubbers (NED), 3. Juli 1990, 13.28–13.35 Uhr, Kennebunkport, S. 1. Siehe auch GHWBPL, Telcon of Bush with PM Wilfried Martens (BEL), 3. Juli 1990, 8.44–8.51 Uhr, Kennebunkport; Telcon of Bush with PM Poul Schlueter (DK), 3. Juli 1990, 10.52–10.57 Uhr, Kennebunkport. Siehe auch JAB-SML, B109/F3, July 1990, Briefing of President on NATO summit, Walker's Point, 2. Juli 1990, S. 1.

152 GHWBPL, Memcon of Bush–Wörner talks, 5. Juli 1990, 9.15–9.45 Uhr, Lancaster House, England, S. 2 f.

153 »Declaration on a Transformed North Atlantic Alliance« – Issued by the Heads of State and Government participating in the meeting of the North Atlantic Council (»The London Declaration«), 5./6. Juli 1990, https://www.nato.int/cps/en/natohq/official_texts_23693.htm; auf Deutsch unter: »Londoner Erklärung« der Gipfelkonferenz der Staats- und Regierungschefs der NATO-Mitgliedstaaten vom 5. bis zum 6. Juli 1990 in London, siehe http://www.forost.ungarisches-institut.de/pdf/19900706-1.pdf.

154 Craig R. Whitney, »Nato Allies, After 40 Years, Proclaim End of Cold War; Invite Gorbachev to Speak«, *NYT*, 7. Juli 1990; Sarah Helm, Isabel Hilton und Christopher Bellamy, »Nato Declares Peace on the Warsaw Pact«, *Independent*, 7. Juli 1990.

155 Siehe Entwurf Gipfelerklärung (nicht datiert), abgedruckt in: *DESE*, Dok. 321A, S. 1237–41 (zum US-amerikanischen Entwurf der Gipfelerklärung); und Vorlage, Ludwig und Westdickenberg an Teltschik, 25. Juni 1990, und Entwurf: NATO- Gip-

felerklärung (nicht datiert), beide abgedruckt in: *DESE*, Dok. 326, S. 1256–61 (zur deutschen Analyse des US-Entwurfs) und Dok. 330A, S. 1276–80 (zum deutschen Gegenvorschlag).

156 »Londoner Erklärung« der Gipfelkonferenz der Staats- und Regierungschefs der NATO-Mitgliedstaaten vom 5. bis zum 6. Juli 1990 in London.

157 Ebenda.

158 Ebenda. Siehe auch R.W. Apple Jr., »An Alliance for a New Age: Has NATO Donned a Velvet Glove?«, *NYT*, 7. Juli 1990.

159 The President's News Conference Following the North Atlantic Treaty Organization Summit, London, 6. Juli 1990, APP.

160 Whitney, »Nato Allies, After 40 Years, Proclaim End of Cold War«.

161 Ebenda; Ann Devroy, »Allies Ask Gorbachev to NATO«, *WP*, 6. Juli 1990.

162 TNA UK, PREM 19/3466, Letter, Gorbachev to Thatcher, 4. Juli 1990, S. 1 f.

163 The President's News Conference Following the North Atlantic Treaty Organization Summit, London, 6. Juli 1990, APP.

164 Maureen Dowd, »Evolution in Europe; Bush Accepts Japanese Aid to China, With Limits«, *NYT*, 8. Juli 1990.

165 Tagebucheintrag, 24. Juni 1990, abgedruckt in: Bush, *All the Best*, S. 475.

166 Bushs schriftliche Stellungnahme zu den Verhandlungen um den Bundeshaushalt, 26. Juni 1990, APP.

167 Andrew Rosenthal, »*Bush Now Concedes A Need For ›Tax Revenue Increases‹ to Reduce Deficit in Budget*«, *NYT*, 27. Juni 1990.

168 Zelikow und Rice, *Germany Unified and Europe Transformed*, S. 324 f.; Bush und Scowcroft, *Eine neue Welt*, S. 294.

169 Maureen Dowd, »*Reporter's Notebook; The Welcome by Bush Is as Big as All Texas*«, *NYT*, 9. Juli 1990.

170 TNA UK, PREM 19/2945, Cover note, Powell to Wicks (Treasury) – Houston Economic Summit + Record of the Heads Discussion, S. 1–34, hier insb. S. 19.

171 Roberto Suro, »Summit is Divided on Aid to Moscow«, *NYT*, 11. Juli 1990.

172 Ebenda. Zu den »Studien« des IWF und der EG-Kommission zur Wirtschaft der Sowjetunion und deren Finanzbedarf siehe IMFA-AWP, JSSE, Boxes 1–3; IMFA, Office of Managing Director Michel Camdessus Papers, Chronological Files 1990 und 1992, Boxes 5–7. Anmerkung: Das Archiv des IWF hat die Michel Camdessus Papers – Chronological Files for 1991 noch nicht freigegeben.

173 GHWBPL, Memcon of Opening Session of the 16th Economic Summit of Industrialized Nations (G7), Montag, 9. Juli 1990, 14.30–16.35 Uhr, Founders Room, Rice University Houston, Texas, S. 2. TNA UK, PREM 19/2945, Cover note, Powell to Wicks (Treasury) – Houston Economic Summit + Record of the Heads Discussion, S. 1–34, hier insb. S. 1 ff.

174 R.W. Apple Jr., »U.S. Pushes to End Farming Subsidies«, *NYT*, 10. Juli 1990. Siehe GHWBPL, Memcon of Bush–Delors talks, 16.30–16.55 Uhr, Astro-Arena, Houston, 8. Juli 1990, S. 1–5, insb. S. 4. Siehe auch GHWBPL, Memcon of First Main Plenary

Session of the 16th Economic Summit of Industrialized Nations (G7), Dienstag, 10. Juli 1990, 9.00–12.03 Uhr, O'Conner Room, Herring Hall, Rice University Houston, Texas, S. 4 f.; sowie Memcon of Second Main Plenary Session of the 16th Economic Summit of Industrialized Nations (G7), Dienstag, 10. Juli 1990, 14.43–17.27 Uhr, O'Conner Room, Herring Hall, Rice University Houston, Texas, S. 10–13.

175 R. W. Apple Jr., »East and West Sign Pact to Shed Arms in Europe«.

176 R. W. Apple Jr., »The Houston Summit – A New Balance of Power: Compromise is the Theme as Kohl Breaks Washington's Domination«, *NYT*, 12. Juli 1990; Bushs Äußerungen bei der Begrüßungsfeier für den Wirtschaftsgipfel in Houston, 9. Juli 1990, APP.

177 Bush und Scowcroft, *Eine neue Welt*, S. 300 ff. Vgl. Bush und Scowcroft, *A World Transformed*, S. 299 f.

178 Tőkes, *Hungary's Negotiated Revolution*, S. 361–98; Paczkowski, *The Spring Will Be Ours*, S. 511–18; GHWBPL, Memcon of Bush–Havel talks, 30. September 1990, 18.00–18.20 Uhr, Waldorf Astoria Hotel, New York, S. 1.

179 Der 1956 gegründete Pariser Club ist eine informelle Gruppe von Geberländern, die sich darum bemühen, eine koordinierte und tragfähige Lösung für die Zahlungsschwierigkeiten von Schuldnerländern zu finden. Siehe http://www.clubdeparis.org.

180 Steven Greenhouse, »Poland's Foreign Lenders Accept Unusual Extension of Payments«, *NYT*, 17. Februar 1990; Clyde H. Farnsworth, »Poland – World Bank Approves Its First Loans to Warsaw, in Support of Economic Reforms«, *NYT*, 7. Februar 1990; GHWBPL, Memcon of Bush–Mazowiecki talks, 29. September 1990, 18.20–18.55 Uhr, Waldorf Astoria Hotel, New York, S. 3 f.

181 Steven Greenhouse, »Hungary Confident on Debt Payment«, *NYT*, 6. März 1990; Celestine Bohlen, »Democratic Hungary Nibbles on Political Fringes«, *NYT*, 9. Juli 1990.

182 GHWBPL, Memcon of Bush–Antall talks, 18. Oktober 1990, 11.43–12.02 Uhr, The Cabinet Room, S. 2 f.; Bohlen, »Democratic Hungary Nibbles on Political Fringes«.

183 Craig R. Whitney, »East Europe Joins the Market and Gets a Preview of the Pain«, *NYT*, 7. Januar 1990.

184 GHWBPL, Memcon of Havel–Bush talks, 18. November 1990, 10.00–10.40 Uhr, Hradschin, Prag, S. 1 f.; Memcon of Bush–Antall talks, 18. Oktober 1990, 11.43–12.02 Uhr, The Cabinet Room, S. 2.

185 Hutchings, *American Diplomacy and the End of the Cold War*, S. 165 ff.; Baker III, »From Revolution to Democracy«. In seiner Rede bot Baker der Tschechoslowakei lediglich ein ähnliches Wirtschaftshilfepaket an, wie das, was Washington Polen und Ungarn im Herbst 1989 gewährt hatte und aus technischer Unterstützung und Initiativen bestand, etwa die sofortige Aussetzung des Jackson-Vanik-Amendment sowie Unterstützung des Antrags der Tschechoslowakei auf Aufnahme im IWF und Maßnahmen. Siehe auch Thomas L. Friedman, »Upheaval in the East; Baker Offers Prague Economic Aid«, *NYT*, 7. Februar 1990. Vgl. JAB-SML, B108/F14, Februar 1990, Talking Points for Cabinet Meeting, 15. Februar 1990, S. 1.

186 Siehe Smith, *The Making of EU Foreign Policy*, S. 66–70, 80 ff. Siehe auch Ronald Tiersky, »The Rise and Fall of Attali«, in: *French Politics and Society* 11, 4 [Etats de la corruption: Politik, Moral und Korruption in Frankreich] (Herbst 1993), S. 105–16.

187 Bozo, »The Failure of a Grand Design«, S. 404–12.

188 GHWBPL, Memcon of Bush–Antall talks (expanded), 18. Oktober 1990, 11.43–12.02 Uhr, The Cabinet Room, S. 3.

189 GHWBPL, Memcon of Havel–Bush talks, 18. November 1990, 10.00–10.40 Uhr, Hradschin, Prag, S. 3. Siehe auch Henry Kamm, »Czecholsovakia – Prague Reclaiming Its Position at Center of Europe«, *NYT*, 8. Februar 1990.

190 GHWBPL, Memcon of Bush Mazowiecki talks, 29. September 1990, 18.20–18.55 Uhr, Waldorf Astoria Hotel, New York, S. 2 f.

191 »Soviets Ask Czechs To Extend the Time To Pull Out Troops«, *NYT/Reuters*, 8. Februar 1990.

192 GHWBPL, Memcon of Bush–Antall talks (private), 18. Oktober 1990, 10.45–11.40 Uhr, Oval Office, S. 2.

193 Siehe Vojtech Mastny, *The Helsinki Process and the Reintegration of Europe, 1986–1991: Analysis and Documentation*, London 1992, S. 222; Hutchings, *American Diplomacy and the End of the Cold War*, S. 192.

194 James A. Baker III, »CSCE: The Conscience of the Continent«, Rede vor der KSZE-Konferenz über die menschliche Dimension, Kopenhagen, 6. Juni 1990.

195 Andrew Rosenthal, »Bush Gives Czechs a Copy of Liberty Bell«, *NYT*, 18. November 1990. Bushs Äußerungen in Prag, Tschechoslowakei, auf einer Zeremonie zum Andenken an das Ende der kommunistischen Herrschaft, 17. November 1990, APP.

196 Bush und Scowcroft, *A World Transformed*, S. 404. GHWBPL, Memcon of Havel–Bush Talks, 17. November 1990, 9.40–9.55 Uhr, Hradschin, Prag, S. 1.

197 GHWBPL, Memcon of Havel–Bush talks (expanded), 18. November 1990, 10.00–10.40 Uhr, Hradschin, Prag, S. 3 f.

198 Apple Jr., »East and West Sign Pact to Shed Arms in Europe«; »Will Europe Spell Peace CSCE?«, *NYT* 19. November 1990.

199 Apple Jr., »East and West Sign Pact to Shed Arms in Europe«. William Drozdiak, »Arms Treaty, Paris Meeting Seal Conclusion of Cold War«, *WP*, 20. November 1990.

200 Charter of Paris for a New Europe, 21. November 1990, https://www.state.gov/t/isn/4721.htm; deutscher Wortlaut: »Charta von Paris für ein neues Europa«, unter https://www.bundestag.de/resource/blob/189558/21543d1184c1f627412a3426e86a9 7cd/charta-data.pdf.

201 Kohl zitiert in Apple Jr., »East and West Sign Pact to Shed Arms in Europe«, Vgl. AdG, 21. November 1990, S. 35071.

202 Rede des sowjetischen Präsidenten Michail Gorbatschow vor dem Zweiten Gipfel der KSZE-Staats- oder Regierungschefs in Paris, 19. November 1990, http://www.osce.org/mc/16155?download=true.

203 »Excerpts From the Charter of Paris for a New Europe as Signed Yesterday«, *NYT*, 22. November 1990.

204 Alan Riding, »The Question That Lingers on Europe: How Will Goals be achieved?«, *NYT*, 22. November 1990.

205 Bozo, *Mitterrand, the End of the Cold War and German Unification*, S. 299 f.

206 Steven Prokesch, »Thatcher Unable to Eliminate Foe by Party Elections«, *NYT*, 21. November 1990; Craig R. Whitney, »Change in Britain; Thatcher Says She'll Quit; 11 1/2 Years as Prime Minister Ended by Party Challenge«, *NYT*, 23. November 1990; derselbe, »Persuasion and Rigidity: How Her Chief Tool Became a Fatal Flaw«, *NYT*, 23. November 1990; sowie Thatcher's Press Conference at Paris CSCE Summit, British Embassy Ballroom, Paris, 19. November 1990, MTF. Zu den inoffiziellen Briefings der Premiers in Paris am 20./21. November 1990, MTF, https://www.margaretthatcher.org/archive/1990Novingham.asp.

207 Alan Travis, »Margaret Thatcher's resignation shocked politicians in US and USSR, files show«, *Guardian*, 30. Dezember 2016.

208 Siehe beispielsweise EST VM Poliitika V Prantsusmaa Juuni 1990-Märts 1993, Üleskirjutus vestlusest prantsuse välisminister Alexandre [sic! Richtig: Roland] Dumas'ga, 19. November 1990; Brief, Michel Pelchat [Vorsitzender der baltischen Studiengruppe der Parlamentarier] an Gorbatschow, 21. November 1990; Brief, Claude Huriet [Senator] an Gorbatschow, 21. November 1990; Republik Estland: Pariser Deklaration, 19. November 1990.

209 Gorbatschow zitiert in Apple Jr., »East and West Sign Pact to Shed Arms in Europe«.

210 Record of Bush–Gorbachev Conversation (Main Content), Paris, 19. November 1990, abgedruckt in: *TLSS*, doc. 116, S. 773–80, Zitat auf S. 777.

Kapitel 6: »Eine neue Weltordnung«

1   Bush's Address before a Joint Session of the Congress on the State of the Union, 29. Januar 1991, APP.

2   Ebenda.

3   Kennedys Inaugurationsrede, 20. Januar 1961, APP.

4   Maureen Dowd, »President, in State of Union Talk, Dwells on War and the Economy«, *NYT*, 30. Januar 1991.

5   Bush's Address before a Joint Session of the Congress on the State of the Union, 29. Januar 1991, APP.

6   Vgl. Cecil V. Crabb und Kevin V. Mulcahy, »George Bush's Management Style and Operation Desert Storm«, in: *Presidential Studies Quarterly* 25, 2 (Frühjahr 1995) [Leadership, Organization, and Security], S. 251–65; Engel, »A Better World«, S. 40–6.

7   Bush und Scowcroft, *A World Transformed*, S. 302.

8   Mark Fineman, »Iraq Remaps Kuwait as Province 19«, *LA Times*, 29. August 1990.

9   R. W. Apple Jr., »Invading Iraqis Seize Kuwait and Its Oil; US Condems Attack, Urges United Action«, *NYT*, 3. August 1990. Zum rapiden Anstieg des Ölpreises und dem

Einbruch des Dow Jones siehe Richard N. Haass, *War of Necessity, War of Choice: A Memoir of Two Iraq Wars*, New York 2009, S. 85. Siehe auch GHWBPL, NSC, Richard Haass Files, Working Files, Iraq 2/8/90-12/90 (8) [OA/ID CF01478], NSC Minutes, 6. August 1990, Cabinet Room, 17.05–18.00 Uhr, S. 1–6, MTF.

10 Tagebucheintrag, 4. Mai 1990, abgedruckt in: Bush, *All the Best*, S. 470.

11 Bush's Remarks and a Question-and-Answer Session with the Magazine Publishers of America, 17. Juli 1990, APP.

12 Tagebucheintrag, 4. Mai 1990, abgedruckt in: Bush, *All the Best*, S. 470.

13 Bush und Scowcroft, *A World Transformed*, S. 303.

14 Engel, *When the World Seemed New*, S. 378–85. Brands, *Making the Unipolar Moment*, Kapitel 5.

15 Engel, *When the World Seemed New*, S. 380; »Saddam Speech Marks Revolution's 22nd Anniversary«, 17. Juli 1990, in: *Daily Report. Near East & South Asia* (FBIS-NES-90-137).

16 Haass, *War of Necessity*, S. 60.

17 Vgl. ebenda, S. 62.

18 GHWBPL, NSC, Richard Haass Files [OA/ID CF CF0139 to CF01937], Box 42, Scowcroft to Bush, 6. August 1990.

19 Siehe Brands, *Making the Unipolar Moment*, S. 301 f.; derselbe, *From Berlin to Baghdad: America's Search for Purpose in the Post-Cold War World*, Lexington, KY, 2008, S. 49–52. Siehe auch Vladimir Nosenko, »Soviet Policy in the Conflict«, in: Alex Danchev und Dan Keohane (Hg.), *International Perspectives on the Gulf Conflict, 1990–91*, London 1994, S. 136–44, insb. S. 136.

20 Bush und Scowcroft, *A World Transformed*, S. 303.

21 Ebenda, S. 304.

22 Ebenda, S. 314. Clyde H. Farnsworth, »The Iraqi Invasion: Holding onto the Money – Bush, in Freezing Assets, Bars $ 30 Billion to Hussein«, *NYT*, 3. August 1990.

23 Paul Lewis, »The Iraqi Invasion; U.N. Condemns the Invasion With Threat to Punish Iraq«, *NYT*, 3. August 1990. Siehe auch Haass, *War of Necessity*, S. 60 f.

24 Bush und Scowcroft, *A World Transformed*, S. 314. Baker, *The Politics of Diplomacy*, S. 1–16. Siehe auch Shevardnadze, *The Future Belongs to Freedom*, S. 98–101. Zu Bakers Gesprächen mit Schewardnadse siehe JAB-SML, B109/F4, August 1990, JAB notes from 8/1-2/90 meetings w/USSR FM Shevardnadze, Irkutsk, USSR.

25 Bush's Remarks and an Exchange with Reporters on the Iraqi Invasion of Kuwait, 2. August 1990, APP.

26 Vgl. Grachev, *Gorbachev's Gamble*, S. 192 ff.; Taubman, *Gorbatschow*, S. 630.

27 Baker, *The Politics of Diplomacy*, S. 13–6.

28 Bill Keller, »Moscow Joins US in Criticising Iraq«, *NYT*, 4. August 1990; Baker, *Drei Jahre, die die Welt veränderten*, S. 30. Vgl. Schewardnadse, *The Future Belongs To Freedom*, S. 101 f.

29 James A. Baker III, »My friend, Eduard Shevardnadze«, *WP*, 8. Juli 2014. Siehe Palazhchenko, *My Years with Gorbachev and Shevardnaze*, S. 209 f.

30 Baker, *The Politics of Diplomacy*, S. 15, 331. Siehe auch Andrew Rosenthal, »Strategy: Embargo – U.S. Bets Its Troops Will Deter Iraq While Sanctions Do the Real Fighting«, *NYT*, 9. August 1990.

31 Meacham, *Destiny and Power*, S. 426 f.; Bush und Scowcroft, *A World Transformed*, S. 319 f. Vgl. Thatcher, *Downing Street No. 10*, S. 1134 ff. Ansprache und Fragerunde mit Journalisten in Aspen, Colorado, nach einem Treffen mit der britischen Premierministerin Margaret Thatcher, 2. August 1990, APP. Maureen Dowd, »The Longest Week: How President Decided to Draw the Line«, *NYT*, 9. August 1990. Siehe auch Haass, *War of Necessity*, S. 61 f.

32 GHWBPL, Telcon of Bush to King Hussein and President Mubarak call, 2. August 1990, 12.17–12.31 Uhr, aboard Air Force One enroute Aspen, Colorado, S. 2; Bush und Scowcroft, *A World Transformed*, S. 318 f.

33 GHWBPL, Telcon of Bush to King Fahd call, 2. August 1990, 18.43–19.21 Uhr, Oval Office, S. 1, 3; Bush und Scowcroft, *A World Transformed*, S. 320 f.; Meacham, *Destiny and Power*, S. 427 f. Man beachte: Bush erinnert sich, den Anruf in Aspen und nicht im Oval Office gemacht zu haben (Meacham berichtet dasselbe).

34 GHWBPL, NSC, Richard Haass Files, Working Files, Iraq 2/8/90–12/90 [OA/ID CF01478], Minutes of the NSC Meeting, 3. August 1990, 9.10–10.15 Uhr, The Cabinet Room, S. 1–12, insb. S. 3–4, MTF. Christopher Maynard, *Out of the Shadow: George H. W. Bush and the End of the Cold War*, College Station, TX, 2008, S. 76 f.

35 GHWBPL, Telcon of Bush to Mitterrand call, 3. August 1990, 16.32–16.57 Uhr, Oval Office, S. 3.

36 GHWBPL, Telcon of Bush to Özal call, 3. August 1990, 13.58–14.11 Uhr, Oval Office, S. 1 f..

37 GHWBPL, Telcon of Bush to Kaifu call, 3. August 1990, 20.00–20.22 Uhr, Camp David, S. 1–3.

38 Tagebucheinträge Bushs vom 3. und 4. August 1990, zitiert in: Meacham, *Destiny and Power*, S. 428–31. Siehe auch GHWBPL, Richard Haass Files, Working Files Iraq 2/8/90–12/90 (8) [OA/ID CF01478], NSC Minutes, 4. August 1990.

39 GHWBPL, Telcon Bush to Fahd, 4. August 1990, 13.50–14.42 Uhr, Camp David, S. 5; John Kifner, »Arabs' Summit Meeting Off; Iraqi Units In Kuwait Dig In; Europe Bars Baghdad's Oil«, *NYT*, 5. August 1990.

40 GHWBPL, Telcon of Bush to Mulroney call, 4. September 1990, 17.38–17.56 Uhr, Camp David, S. 2. Vgl. GHWBPL, Telcon of Bush to Özal call, 4. August 1990, 16.39–17.05 Uhr, Camp David.

41 Meacham, *Destiny and Power*, S. 431. Vgl. Haass, *War of Necessity*, S. 70; Dick Cheney mit Liz Cheney, *In My Time: A Personal and Political Memoir*, New York 2011, S. 189 ff.

42 Dowd, »The Longest Week«; Youssef M. Ibrahim, »Bush Sends US Force to Saudi Arabia as Kingdom Agrees to Confront Iraq; Saudis Make a Stand: Fear of Iraq Ends Their Long Reluctance to Acknowledge Interests Lie with West«, *NYT*, 8. August 1990; Michael E. Gordon, »Bush Aims: Deter Attack, Send a Signal«, *NYT*, 8. August

1990. Siehe auch: Colin Powell mit Joseph E. Persico, *My American Journey*, New York 1996, S. 453. Zwischen dem 2. und dem 6. August 1990 telefonierte Bush, zum Teil mehrmals, mit den Führern von Jordanien und Ägypten, Saudi-Arabien, dem Jemen, Japan, Deutschland, Frankreich, der Türkei, Großbritannien, Kuwait, Kanada und Italien. Vgl. GHWBPL, NSC, Richard Haass Files, Working Files Iraq 2/8/90–12/90 [OA/ID CF01478], Konferenz des NSR, 5. August 1990, Cabinet Room, 17.00–18.30 Uhr, MTF.

43 Tagebucheintrag 5. August 1990, abgedruckt in: Bush, *All the Best*, S. 476; Meacham, *Destiny and Power*, S. 431 f.

44 Bush's Remarks and an Exchange with Reporters on the Iraqi Invasion of Kuwait, 5. Oktober 1990, APP; Powell, *My American Journey*, S. 453.

45 Siehe Paul Lewis, »Washington Calls on U.N. to Impose Boycott on Iraq«, *NYT*, 4. August 1990.

46 GHWBPL, Telcon Bush to Andreotti call, 6. August 1990, 11.33–11.47 Uhr, Oval Office, S. 2.

47 JAB-SML, B109/F4, August 1990, Telcon of Baker-Shevardnadze call, 11.30 Uhr, 6. August 1990, S. 1–4.

48 Remarks and an Exchange with Reporters Following Bush's Meeting with Prime Minister Margaret Thatcher of the United Kingdom and Secretary General Manfred Wörner of the North Atlantic Treaty Organization, 6. August 1990, APP. Thomas L. Friedman, »Security Council Votes 13 to 0 to Block Trade with Baghdad; Facing Boycott, Iraq Slows Oil: The Iraqi Invasion; Blockade Is Hinted«, *NYT*, 7. August 1990. Zu Thatcher siehe auch Haass, *War of Necessity*, S. 71 f.; und Thatcher, *The Downing Street Years*, S. 820 ff.; Thatcher Archive, COI transcript, Press Conference ending visit to US, 6. August 1990, MTF.

49 Dazu, wie die Rede im Oval Office verfasst und präsentiert wurde, siehe Haass, *War of Necessity*, S. 73 ff.

50 Bush's Address to the Nation Announcing the Deployment of United States Armed Forces to Saudi Arabia, 8. August 1990, 9 Uhr, APP; The President's News Conference, 8. August 1990, 12 Uhr, APP; Friedman, »Security Council Votes 13 to 0 to Block Trade with Baghdad«, S. 1.

51 GHWBPL, Telcon of Özal to Bush call, 8. August 1990, 15.38–15.40 Uhr, Oval Office, S. 1.

52 GHWBPL, Telcon of Thatcher to Bush call, 9. August 1990, 10.02–10.16 Uhr, Oval Office, S. 1, 4.

53 John Kifner, »Arab Vote to Send Troops to Help Saudis: Boycott of Iraqi Oil is Reported Near 100%«, *NYT*, 1. August 1990; »How the Arab League Voted in Cairo«, *NYT*, 11. August 1990; »Excerpts from Hussein's Statement Declaring a Holy War«, *NYT*, 11. August 1990.

54 Zu den Verbrechen siehe GHWBPL, Telcon of Bush to Zheikh Zayyid of UAE call, 8. August 1990, 13.36–14.00 Uhr, Oval Office, S. 2; Michael Wines, »Largest Force since Vietnam Committed in 15-Day Flurry«, *NYT*, 19. August 1990.

55 Max Boot, *War Made New: Technology, Warfare, and the Course of History, 1500 to Today,* New York 2006, S. 337 f. Für Zahlen über den amerikanischen Truppentransfer an den Golf im Herbst 1990 siehe auch: »Defense Spending Held to $288 Billion«, in: *CQ Almanac 1990,* 46. Ausgabe, Washington, DC, 1991, S. 812–26, insb. S. 812, 814.

56 Colin Powell, *Mein Weg,* München 1995, S. 502; Siehe auch Roy Allison (Hg.), *Radical Reform in Soviet Defence Policy,* New York 1992, S. 173; Tim Kane, »The Decline of American Engagement: Patterns of U.S. Troop Deployments«, Hoover Institution Economics Working Paper #16101, 11. Januar 2016. Susan F. Rasky, »New Deployment in the Gulf May Slow Drive for Deep Cuts in Military Budget«, *NYT,* 12. August 1990. Vgl. »Defense Spending Held to $288 Billion«, S. 819; Bryan T. van Sweringen, »Variable Architectures for War and Peace: U.S. Force Structure and Basing in Germany, 1945–1990«, in: Detlef Junker et al. (Hg.), *The United States and Germany in the Era of the Cold War, 1945–68,* Bd. 1, Cambridge 2004, S. 223 f.; Steve Vogel, »US VII Corps Bids Goodbye to Germany after Four Decades«, *WP,* 19. März 1992.

57 GHWBPL, National Security Directive 45 – U.S. Policy in Response to the Iraqi Invasion of Kuwait, 20. August 1990.

58 Michael Wines, »Largest Force Since Vietnam«; derselbe, »U.S. Aid Helped Hussein's Climb; Now, Critics Say, the Bill is Due«, *NYT,* 13. August 1990; Thomas L. Friedman, »U.S. Gulf Policy: Vague ›Vital Interest‹«, *NYT,* 12. August 1990; Michael Oreskes, »Poll on Troop Move Shows Support (and Anxiety)«, *NYT,* 12. August 1990.

59 Siehe Powell, *My American Journey,* S. 456 f.

60 Bush und Scowcroft, *A World Transformed,* S. 490 f.

61 Friedman, »U.S. Gulf Policy: Vague ›Vital Interest‹«, S. 1, 10. Zitate aus Alan Riding, »Allies Reminded of Need for U.S. Shield«, *NYT,* 12. August 1990.

62 David Evans, »U.S. Finds $50 Billion ›Surplus‹: Agencies Put Unspent Cash in Accounts«, *CT,* 22. Mai 1990; R. W. Apple Jr., »Bush Briefs Legislators on Crisis and They Back His Gulf Strategy«, *NYT,* 29. August 1990. Wines, »Largest Force Since Vietnam. Siehe auch Powell, *My American Journey,* S. 456, 459.

63 The President's News Conference on the Persian Gulf Crisis, 30. August 1990, APP. Siehe auch Andrea K. Grove, *Political Leadership in Foreign Policy: Manipulating Support Across Borders,* New York 2007, S. 53 f.; »Defense Spending Held to $288 Billion«, S. 818.

64 GHWBPL, Telcon of Bush to Kaifu call, 13. August 1990, 18.55–19.15 Uhr, Kennebunkport, Maine, S. 1–3.

65 GHWBPL, Telcon of Bush to Kaifu call, 29. August 1990, 7.02–7.17 Uhr, Oval Office, S. 1 f.; Telcon Kaifu to Bush call, 29. August 1990, 20.39–20.44 Uhr, Oval Office, S. 1. Vgl. Steven R. Weisman, »Japan Promises Grants and Food, but Lack of Arms Aid Nettles U.S.«, *NYT,* 30. August 1990.

66 GHWBPL, Telcon of Bush to Kohl call, 22. August 1990, 8.15–8.36 Uhr, Kennebunkport, Maine, S. 1. Siehe auch GHWBPL, Telcon of Bush to Kohl, 30. August 1990 call, 14.45–14.55 Uhr, White House Situation Room, S. 1 f.; Horst Teltschik, *329 Tage,* S. 350, 354.

67 Gespräch des Bundeskanzlers Kohl mit Außenminister Baker, Ludwigshafen, 15. September 1990, abgedruckt in: *DESE*, Dok. 423, S. 1542 ff. Baker, *Drei Jahre, die die Welt veränderten*, S. 282 f.; Teltschik, *329 Tage*, S. 366.

68 Baker, *Drei Jahre, die die Welt veränderten*, S. 273 f. Siehe zum Beispiel Peter Grier, »US Begins Mission of Pressing Allies to Help Pay for Gulf Costs«, in: *CSM*, 6. September 1990. Vgl. Brands, *Making the Unipolar Moment*, S. 304; derselbe, *From Berlin to Baghdad*, S. 52 f.

69 Zum Wahlverhalten der UdSSR und Chinas bei der UNO siehe auch Elaine Sciolino mit Eric Pace, »Putting Teeth in an Embargo: How U.S. Convinced the U.N.«, *NYT*, 30. August 1990.

70 US Telcon of Baker to Shevardnadze call, 13.29 Uhr, 7. August 1990, abgedruckt in: *TLSS*, doc. 105, S. 723 f.

71 »Wo wir in ein oder zwei Jahren sind, darüber möchte ich nicht spekulieren«, sagte Verteidigungsminister Dick Cheney am Freitag, den 17. August 1990, im Kongress. Zitiert in: Wines, »Largest Force Since Vietnam«.

72 *TLSS*, doc. 105, S. 724.

73 Chernyaev, *My Six Years with Gorbachev*, S. 334. Siehe auch Grachev, *Gorbachev's Gamble*, S. 192 f.; Taubman, *Gorbatschow*, S. 630.

74 Baker, *Drei Jahre, die die Welt veränderten*, S. 299.

75 E. M. Primakov, *Minnoe pole politiki*, Moscow 2007, S. 61–86. Vgl. Baker, *The Politics of Diplomacy*, S. 396–402; Palazhchenko, *My Years with Gorbachev and Shevardnaze*, S. 211 f. Siehe auch Service, *The End of the Cold War 1985–1991*, S. 464.

76 Bush und Scowcroft, *A World Transformed*, S. 352 f. Vgl. Thatcher, *Downing Street No. 10*, S. 1143 f.

77 Baker, *The Politics of Diplomacy*, S. 396–402; Sciolino, »Putting Teeth in an Embargo«, S. 1, 15. GHWBPL, NSC, Richard Haass Files, Box 43 [OA/ID, CF01937 to CF01478], Presidential Remarks to Congressional Leaders, White House, 29. August 1990.

78 Letter, Bush to Gorbachev, 29. August 1990, abgedruckt in: *TLSS*, doc. 107, S. 727 f.

79 Memorandum from Scowcroft for the President: Your Meeting with Gorbachev in Helsinki, etwa Anfang September 1990, abgdruckt in: *TLSS*, doc. 108, S. 729 ff.

80 Ebenda; Blanton und Savranskaya (Hg.), *The Last Superpower Summits*, S. 713.

81 Bill Keller, »Bush and Gorbachev, in Helsinki, Face the Gulf Crisis«, *NYT*, 9. September 1990.

82 Bush's Remarks at the Arrival Ceremony in Helsinki, Finnland, 8. September 1990, APP.

83 Baker, *The Policy of Diplomacy*, S. 291. Siehe Soviet Memcon of Bush–Gorbachev, Private Meeting (morning session), Helsinki, 9. September 1990, abgedruckt in: *TLSS*, doc. 109, S. 732–47. Für die amerikanischen Aufzeichnungen siehe GHWBPL, Scowcroft Collection, Separate USSR Notes Files – Gorbachev Files: Gorbachev (Dorbynin) sensitive, Juli–Dezember 1990 [OA/ID 91128, folder 91128-003], Memcon of Bush–Gorbachev talks, 9. September 1990, 10.00–12.45 Uhr, Helsinki, Finland, S. 1–11.

84 Tagebucheintrag, 7. September 1990, abgedruckt in: Bush und Scowcroft, *A World*

Transformed, S. 363–4; GHWBPL, Memcon of Bush–Gorbachev talks (morning session), 9. September 1990, S. 1 f. Vgl. *TLSS*, doc. 109, S. 732 f.

85 *TLSS*, doc. 109, S. 732 f.; GHWBPL, Memcon of Bush–Gorbachev talks (morning session), 9. September 1990, S. 1 f.; Bush und Scowcroft, *A World Transformed*, S. 364.

86 Bush und Scowcroft, *A World Transformed*, S. 264. Vgl. Carl S. Leubsdorf, »Bush, Gorbachev – such good friends; Past meetings stand leaders in good stead«, *The Baltimore Sun*, 10. September 1990.

87 *TLSS*, doc. 109, S. 735 f. Vgl. GHWBPL, Memcon of Bush–Gorbachev talks, 9. September 1990 (morning session), S. 2 f.

88 *TLSS*, doc. 109, S. 736 ff. GHWBPL, Memcon of Bush–Gorbachev talks (morning session), 9. September 1990, S. 3 ff.

89 *TLSS*, doc. 109, S. 739, 741. GHWBPL, Memcon of Bush–Gorbachev talks (morning session), 9. September 1990, S. 5 f.

90 *TLSS*, doc. 109, S. 737. GHWBPL, Memcon of Bush–Gorbachev talks (morning session), 9. September 1990, S. 4.

91 *TLSS*, doc. 109, S. 741. GHWBPL, Memcon of Bush–Gorbachev talks, 9. September 1990 (morning session), S. 6.

92 *TLSS*, doc. 109, S. 744. GHWBPL, Memcon of Bush–Gorbachev talks, 9. September 1990 (morning session), S. 8.

93 Ebenda, S. 744 f.; kein Bezug auf die Dreißigerjahre in der amerikanischen Gesprächsnotiz.

94 Bush und Scowcroft, *A World Transformed*, S. 366.

95 Baker, *Drei Jahre, die die Welt veränderten*, S. 275 f., Bush und Scowcroft, *A World Transformed*, S. 366 f. Siehe auch GHWBPL, Memcon of Bush–Gorbachev talks, plenary meeting, 9. September 1990, 14.30–17.00 Uhr, Presidential Palace, Helsinki, Finland, S. 1 ff.; für die sowjetischen Gesprächsnotizen siehe *TLSS*, doc. 110, S. 748–55; Soviet Union–United States Joint Statement on the Persian Gulf Crisis, 9. September 1990, APP.

96 Baker, *The Politics of Diplomacy*, S. 293 f.

97 GHWBPL, Memcon of Bush–Gorbachev talks, plenary meeting, 9. September 1990, 14.30–17.00 Uhr, Presidential Palace, Helsinki, Finland, S. 4 f.

98 Maureen Dowd, »Reporter's Notebook: The Two New Friends Come Smiling Through«, *NYT*, 10. September 1990; Andrew Rosenthal, »Bush, reversing U.S. Policy, won't oppose a soviet role in middle east peace talks«, *NYT*, 11. September 1990.

99 »Joint News Conference of President Bush and Soviet President Mikhail Gorbachev in Helsinki, Finland«, 9. September 1990, APP. Siehe auch Bill Keller, »Junior Partner No More, Gorbachev Raises Role to Major Player in Crisis«, *NYT*, 11. September 1990. Vgl. derselbe, »Bush and Gorbachev say Iraqis must obey U.N. and quit Kuwait«, *NYT*, 10. September 1990.

100 Dowd, »The Two New Friends Come Smiling Through«.

101 Siehe Presidential Job Approval – F. Roosevelt (1941) – Trump, George Bush (24.1.1989–11.1.1993), APP.

ANMERKUNGEN

R. W. Apple Jr., »Bush & Gorbachev Inc.«, *NYT*, 11. September 1990.

103 GHWBPL, Telcon of Bush to Fahd call, 10. September 1990, 10.30–11.00 Uhr, Oval Office, S. 1 f.

104 GHWBPL, Telcon of Kohl to Bush call, 11. September 1990, 12.36–12.46 Uhr, Oval Office, S. 1.

105 Bush's Address Before a Joint Session of the Congress on the Persian Gulf Crisis and the Federal Budget Deficit, 11. September 1990, APP; Wilson's Fourteen Points Speech (1918) siehe https://usa.usembassy.de/etexts/democrac/51.htm. Siehe auch Erez Manela, *The Wilsonian Moment: Self-Determination and the International Origins of Anticolonial Nationalism*, Oxford 2007.

106 »A Gulf Pep Rally«, *NYT*, 13. September 1990; R. W. Apple Jr., »Bush's Two Audiences«, *NYT*, 12. September 1990; Mortimer B. Zuckerman, »Are We Willing to Act Alone?«, *U.S. News and World Report*, 24. September 1990, S. 100. Bruce W. Nelan, »Call to Arms«, *Time*, 24. September 1990, S. 32. Siehe auch Rozell, *The Press and the Bush Presidency*, S. 71.

107 Bush und Scowcroft, *A World Transformed*, S. 370 f.

108 Bush's Address Before a Joint Session of the Congress on the Persian Gulf Crisis and the Federal Budget Deficit, 11. September 1990, APP.

109 Tagebucheintrag, 4. Mai 1990, abgedruckt in: Bush, *All the Best*, S. 470.

110 Paul A. Gigot, »Two Faced Bush – Tough Abroad, Squishy at Home«, *WSJ*, 14. September 1990, S. 14. Vgl. Ann McDaniel und Evan Thomas, »The First Test of Our Mettle«, in: *Newsweek*, 24. September 1990, S. 27.

111 Tagebucheinträge, 25. September und 6. Oktober 1990, abgedruckt in: Bush, *All the Best*, S. 480 f. Siehe auch Andrew Rosenthal, »Pivotal Moment for Bush«, *NYT*, 3. Oktober 1990; Michael Oreskes, »Budget Boomerang«, *NYT*, 6. Oktober 1990; David E. Rosenbaum, »Bush Rejects Stopgap Bill after Budget Pact Defeat; Federal Shutdown Begins, Congress is Pushed«, *NYT*, 6. Oktober 1990; »Countdown to Crisis: Reaching a 1991 Budget Agreement«, *NYT*, 9. Oktober 1990.

112 Bush, *All the Best*, S. 482 f.

113 David E. Rosenbaum, »Leaders Reach a Tax Deal and Predict Its Approval; Bush Awaits Final Details «, *NYT*, 25. Oktober 1990; Susan F. Rasky, »Aides Say Bush Faced Choice: A Deal on Taxes, or a Fiasco«, *NYT*, 25. Oktober 1990; Rosenbaum, »Budget Passed By Congress, Ending a 3-Month Struggle Bush Says He's Pleased«, *NYT*, 28. Oktober 1990.

114 Siehe Rosenbaum, »Leaders Reach a Tax Deal«; R. W. Apple Jr., »Much Ventured, for Little«, *NYT*, 7. November 1990. Siehe auch Presidential Job Approval – F. Roosevelt (1941) – Trump, George Bush (24.1.989–11.1.1993), APP. Zur unendlichen Geschichte des Haushalts siehe auch Barbara Sinclair, »The Offered Hand and the Veto Fist: George Bush, Congress and Domestic Policy Making«, in: Nelson und Perry, *41*, S. 143–66, insb. 160–5.

115 Michael R. Gordon, »Bush Sends New Units to Gulf to Provide ›Offensive Option‹; US Force Could Reach 380 000«, *NYT*, 9. November 1990; derselbe, »US Says its Troops Won't Be Rotated until Crisis is over«, *NYT*, 10. November 1990. Siehe

auch Powell, *My American Journey,* S. 474 ff.; Baker, *The Politics of Diplomacy,* S. 303.

116 Tagebucheintrag, 22. September 1990, abgedruckt in: Bush und Scowcroft, *A World Transformed,* S. 374. Zu den irakischen Gräueltaten vgl. einen im Dezember 1990 publizierten 82-seitigen Bericht von Amnesty International, den Bush überall zirkulieren ließ – hrsg. Dezember 1990 mit dem Titel: »Iraq/Occupied Kuwait – Human Rights Violations Since 2 August« (AI Index: MDE 14/16/90; Bush und Scowcroft, *A World Transformed,* S. 427.

117 Bush und Scowcroft, *A World Transformed,* S. 374 f. und S. 385.

118 Ebenda, S. 376. Siehe auch Nora Boustany, »Mitterrand, Soviet Envoy to the Gulf«, *WP,* 4. Oktober 1990.

119 Bush und Scowcroft, *A World Transformed,* S. 383; GHWBPL, Memcon of Bush–Shevardnadze talks, 1. Oktober 1990, 13.15–13.50 Uhr, Waldorf Astoria Hotel, New York, S. 2.

120 Siehe Boustany, »Mitterrand, Soviet Envoy to the Gulf«. Vgl. Blanton und Savranskaya (Hg.), *The Last Superpower Summits,* S. 717 f.; Service, *The End of the Cold War 1985–1991,* S. 470 f.; Baker, *The Politics of Diplomacy,* S. 397–400; und Evguéni Primakov, *Missions à Bagdad: Histoire d'une négociation secrète,* Paris 1991, S. 45–55.

121 Soviet Record of a Conversation between Gorbachev and Mitterrand, Rambouillet, 29. Oktober 1990, National Security Archive, DAWC. Tagebucheintrag und persönliche Notizen über die Gespräche Zweiter Weltkrieg Gorbatschow und Mitterrand am 29. Oktober 1990, abgedruckt in: Jacques Attali, *Verbatim III: Deuxième partie, 1990–1991,* S. 781–91.

122 Alan Riding, »Gulf Talk: Gorbachev and Mitterrand«, *NYT,* 29. Oktober 1990; derselbe, »Gorbachev, in France, Says His Envoy Found Signs of Shift by Iraq«, *NYT,* 30. Oktober 1990. Für eine andere Mission Primakows vor den Gesprächen zwischen Gorbatschow und Mitterrand vgl. Paul Lewis, »Kremlin Signals Hope in Standoff by Sending an Envoy to Baghdad«, *NYT,* 28. Oktober 1990. Siehe auch Letter, Gorbachev to Bush, 6. November 1990; und Letter, Bush to Gorbachev, 20. Oktober 1990, beide abgedruckt in: *TLSS,* doc. 114 und 113, S. 764–67 und S. 762 f.

123 Tagebucheintrag, 17. Oktober 1990, abgedruckt in: Bush und Scowcroft, *A World Transformed,* S. 383, siehe dort auch S. 384 f.; Baker, *The Politics of Diplomacy,* S. 303 f. Vgl. Thatcher, *Downing Street No. 10,* S. 1040 f., 1144 f.

124 Baker, *Drei Jahre, die die Welt veränderten,* S. 288 f.

125 Thomas L. Friedman, »Bush and Baker Explicit in Threat to Use Force«, *NYT,* 30. Oktober 1990; Bakers Rede vor dem Los Angeles World Affairs Council, Los Angeles, in: US Department of State, in: *Dispatch* [Why America Is in the Gulf], Bd. 1, Nr. 10 (5. November 1990).

126 Thomas L. Friedman, »Baker Seen as a Balance to Bush on Crisis in Gulf«, *NYT,* 3. November 1990; Baker, *Drei Jahre, die die Welt veränderten,* S. 303.

127 Baker, *Drei Jahre, die die Welt veränderten,* S. 286 ff. Siehe auch derselbe, *The Politics of Diplomacy,* S. 303–5.

128 Siehe Michael R. Gordon, »Bush Sends New Units to Gulf to Provide ›Offensive Option‹«, *NYT*, 9. November 1990.

129 Baker, *Drei Jahre, die die Welt veränderten*, S. 290f. Friedman, »Baker Seen as a Balance to Bush on Crisis in Gulf«; Bush und Scowcroft, *A World Transformed*, S. 392f.

130 GHWBPL, NSC, Richard Haass Files – Working Files, Iraq – November 1990 [OA/ID CF01584], Memorandum for the President: Gulf Trip, 6. November 1990, MTF.

131 GHWBPL, NSC, Richard Haass Files – Working Files, Iraq – November 1990 [OA/ID CF01584], Memorandum for the President: Cairo Meetings, 6. November 1990, MTF.

132 Baker, *Drei Jahre, die die Welt veränderten*, S. 294f.

133 Suettinger, *Beyond Tiananmen*, S. 112. Siehe auch Lena H. Sun, »Chinese Foreign Minister Will Visit Middle East; Beijing Using Gulf Crisis to End Isolation«, *WP*, 4. November 1990, S. 32; Michael Pillsbury, *China Debates the Future Security Environment*, Washington, DC, 2000, S. xxxv–vi.

134 Baker, *Drei Jahre, die die Welt veränderten*, S. 294f.; Suettinger, *Beyond Tiananmen*, S. 113; David Hoffman, »China Signals Assent to UN Vote on Force«, *WP*, 7. November 1990, S. A7; Thomas L. Friedman, »Baker Gets Help from China on Gulf«, *NYT*, 7. November 1990.

135 GHWBPL, NSC, Richard Haass Files, Working Files, Iraq – November 1990 [OA/ID CF01584], Baker's Memorandum for the President: My Day in Moscow, 8. November 1990, S. 1–7, insb. S. 5, 4, 3, MTF. Vgl. Baker, *Drei Jahre, die die Welt veränderten*, S. 295–9; Thomas L. Friedman, »Moscow Refuses to Rule Out Force«, *NYT*, 11. November 1990.

136 GHWBPL, NSC, Richard Haass Files, Working Files, Iraq – November 1990 [OA/ID CF01584], Baker's Memorandum for the President: London Meetings – top secret, 10. November 1990, S. 1f., MTF.

137 GHWBPL, NSC, Richard Haass Files, Working Files, Iraq – November 1990 [OA/ID CF01584], Baker's Memorandum for the President: Paris Meetings – top secret, 10. November 1990, S. 1f., MTF.

138 GHWBPL, Memcon of Bush–Thatcher Talks, 19. November 1990, 8:00–9:00 Uhr, Ambassador Curley's Residence, Paris, S. 1ff, insb. S. 1; Bush und Scowcroft, *A World Transformed*, S. 407. Baker, *The Politics of Diplomacy*, S. 316f.; Soviet Record of the Main Content of Gorbachev–Bush talks, Paris, 19. November 1990, abgedruckt in: *TLSS*, doc. 116, S. 777f. Bislang ist noch keine US-Gesprächsnotiz offengelegt worden.

139 *TLSS*, doc. 116, S. 777f.

140 Baker, *Drei Jahre, die die Welt veränderten*, S. 303; Suettinger, *Beyond Tiananmen*, S. 113.

141 *TLSS*, doc. 116, S. 779.

142 Brands, *Making the Unipolar Moment*, S. 307; Suettinger, *Beyond Tiananmen*, S. 113; Baker, *The Politics of Diplomacy*, S. 588.

143 GHWBPL Scowcroft Collection, Special Separate China Notes Files, File: China 1990 (sensitive) (OA/ID 91137-004), Letter, Bush to Deng, 30. August 1990, S. 2. Der Brief

wurde in einem mit »EYES ONLY« beschrifteten Umschlag persönlich übergeben samt den Vermerken »kein anderer Verteiler« und »keine Kopien vom Büro des Präsidenten«. GHWBPL Scowcroft Collection, Special Separate China Notes Files, File: China 1990 (sensitive) (OA/ID 91137-004), Note for file re Deng letter, by Wilma, 30. August 1990. Baker, *The Politics of Diplomacy*, S. 588.

144 Suettinger, *Beyond Tiananmen*, S. 117 ff. Siehe auch Clifford Krauss, »Democratic Leaders Divided on China Trade«, *NYT*, 9. Oktober 1990.

145 GHWBPL Scowcroft Collection, Special Separate China Notes Files, File: China 1990 (sensitive) (OA/ID 91137-004), Note, Bush to Scowcroft, SUBJECT CHINA (ramblings from the Oval Office), 13. September 1990, S. 1.

146 Bush und Scowcroft, *A World Transformed*, S. 414 f.; Paul Lewis, »UN Gives Iraq Until Jan. 15 to Retreat or Face Force Hussein Says He Will Fight«, *NYT*, 30. November 1990. Siehe auch »Gulf Crisis Grows into War with Iraq«, in: *CQ Almanac 1990*, S. 717–56.

147 Lewis, »UN Gives Iraq Until Jan. 15 to Retreat«. Zu Bakers Ansprache siehe: »Excerpts From U.S., Kuwaiti, Iraqi and Chinese Remarks on the Resolution«, *NYT*, 30. November 1990; Resolution 678, Vereinte Nationen Sicherheitsrat, S/RES/678 (1990).

148 Bush und Scowcroft, *A World Transformed*, S. 414 f. Zu Qian Qichens Erklärung siehe, »Excerpts From U.S., Kuwaiti, Iraqi and Chinese Remarks on the Resolution«, S. 10; Suettinger, *Beyond Tiananmen*, S. 114. Vgl. Baker, *The Politics of Diplomacy*, S. 323 f.

149 GHWBPL, Memcon of Bush–Qian Qishen talks, 30. November 1990, 13.44–14.20 Uhr, Cabinet Room, S. 1–5. Siehe auch Robert Pear, »Bush, Meeting Foreign Minister, Lauds Beijing Stand Against Iraq«, *NYT*, 1. Dezember 1990.

150 Botschafter Lilley zitiert in: Sparrow, *The Strategist*, S. 472. Siehe auch Suettinger, *Beyond Tiananmen*, S. 114 f.; Engel, *When the World Seemed New*, S. 411.

151 Zitate in: Brands, *From Berlin to Baghdad*, S. 56.

152 GHWBPL, NSC, Richard Haass Files, Working Files, Iraq 2/8/90–12/90 [OA/ID CF01478], Meeting of NSC: Minutes, 6. August 1990, Cabinet room, White House, S. 1–6, insb. S. 4, MTF.

153 Thomas L. Friedman, »Lighting the fuse? Will U.N. Action Make a War Likely or Add to Diplomatic Maneuvering?«, *NYT*, 30. November 1990. Siehe auch Andrew Rosenthal, »Neutralizing Iraq's Threat – For Bush, Toppling Hussein Isn't Required«, *NYT*, 29. August 1990. Brands, *From Berlin to Baghdad*, S. 57.

154 GHWBPL, NSC, Richard Haas Files, Working Files, Iraq – January 1991 [OA/ID CF01584], Responding to Saddam's pre-Jan. 15 Initiatives – Deputies Committee Top Secret Working Paper, 31. Dezember 1990.

155 Baker, *Drei Jahre, die die Welt veränderten*, S. 307.

156 GHWBPL, NSC, Richard Haass Files, Working Files, Dezember 1990 [OA/ID CF01584], Memcon of One-on-One Meeting Bush-Shamir, 11. Dezember 1990, 10.00–11.00 Uhr, Oval Office, S. 1, 2. Vgl. GHWBPL, Telcon of Bush–Shamir call, 7. Januar 1991, 15.00–15.10 Uhr, The White House, S. 1–3. Haass, *War of Necessity*, S. 104.

157 Service, *The End of the Cold War 1985–1991*, S. 475–9, Zitat Schewardnadse S. 477. Siehe auch Shevardnadze, *The Future Belongs to Freedom*, S. 197 ff., 201–4; Palazh-chenko, *My Years with Gorbachev and Shevardnadze*, S. 237–44.

158 Bush und Scowcroft, *A World Transformed*, S. 430 f.; Blanton und Savranskaya (Hg.), *The Last Superpower Summits*, S. 721.

159 Vgl. Engel, *When the World Seemed New*, S. 420 f., 428 f. Service, *The End of the Cold War 1985–1991*, S. 475 ff.; Bush und Scowcroft, *A World Transformed*, S. 430 f.

160 Bushs Tagebucheintrag vom 28. November 1990, zitiert in: Meacham, *Destiny and Power*, S. 451.

161 Maureen Dowd, »US Weighs Timing of Attack against Iraq as Deadline Passes and Diplomacy Fails«, *NYT*, 16. Januar 1991. Vgl. Col. Kenneth Ervin King, »Operation Desert Shield: Thunder Storms of Logistics: Did We Do Any Better during Post Cold War Interventions?«, U.S. Army War College Strategy research project (30. März 2007), S. 6 f., www.dtic.mil/get-tr-doc/pdf?AD=ADA467240; Meacham, *Destiny and Power*, S. 450; Brands, *Making the Unipolar Moment*, S. 304; derselbe, *From Berlin to Baghdad*, S. 53; Engel, *When the World Seemed New*, S. 417.

162 Meacham, *Destiny and Power*, S. 450 f.; Haass, *War of Necessity*, S. 96 f.; Steven Casey, *When Soldiers Fall: How Americans Have Confronted Combat Losses from World War I to Afghanistan*, New York 2014, S. 207. Vgl. Walter LaFeber, »The Rise and Fall of Colin Powell and the Powell Doctrine«, in: *Political Science Quarterly*, 124, 1 (Früh-jahr 2009), S. 71–93.

163 Siehe David W. Moore, »Americans Believe U.S. Participation in Gulf War a Decade Ago Worthwhile«, *Gallup News Service*, 26. Februar 2001.

164 The President's News Conference, 30. November 1990, 11.00 Uhr, Briefing Room, White House, APP; Baker, *The Politics of Diplomacy*, S. 346–55; Bob Woodward, *The Commanders*, New York 1991, S. 335 f.; Richard Morin, »Public Supports Move for Talks«, *WP*, 4. Dezember 1990; Haass, *War of Necessity*, S. 103; Bush und Scowcroft, *A World Transformed*, S. 419–21. Siehe auch Cheney, *In My Time*, S. 205.

165 Gordon S. Black, *USA Today* Poll, 2. Dezember 1990.

166 Bush und Scowcroft, *A World Transformed*, S. 425.

167 Casey, *When Soldiers Fall*, S. 206 f. Siehe auch Benjamin Weiser, »Computer Simula-tions: Attempting to Predict the Price of Victory«, *WP*, 20. Januar 1991; Michael Oreskes, »A Debate Unfolds about Going to War against the Iraqis«, *NYT*, 12. Novem-ber 1990; Richard Morin, »How Much War Will Americans Support?«, *WP*, 2. Sep-tember 1990, S. B1.

168 Bush und Scowcroft, *A World Transformed*, S. 417 f.; Woodward, *The Commanders*, S. 331 ff.

169 R. W. Apple Jr., »Washington Talk; Presidency on the Brink of a Make or Break Year«, *NYT*, 1. Januar 1991.

170 Titelgeschichten des Nachrichtenmagazins *Time* über Präsident Bush als »Man of the Year 1990«: George J. Church, »Cover Stories: A Tale of Two Bushes«, in: *Time*, 7. Januar 1991; Dan Goodgame, »In The Gulf: Bold Vision – What If We Do Nothing?«,

in: *Time*, 7. Januar 1991; Michael Duffy, »At Home: No Vision – A Case of Doing Nothing«, in: *Time*, 7. Januar 1991.

171 »Gulf Crisis Grows into War with Iraq«, S. 717–56. Vgl. Haass, *War of Necessity*, S. 110–13; Bush und Scowcroft, *A World Transformed*, S. 438–41.

172 Bush und Scowcroft, *A World Transformed*, S. 440 ff.; »Gulf Crisis Grows into War with Iraq«, *CQ Almanac 1990*; Baker, *Drei Jahre, die die Welt veränderten*, S. 341–51.

173 Michael Wines, »Bush Deplores Soviet Crackdown but Takes No Steps in Response«, *NYT*, 14. Januar 1991; Bill Keller, »Soviet Loyalists in Charge after Attack in Lithuania; 13 Dead – Curfew is Imposed«, *NYT*, 14. Januar 1991; »Europeans Issue Warning«, *NYT*, 14. Januar 1991; GHWBPL, Telcon of Bush–Gorbachev call, 18. Januar 1991, 9.23–10.34 Uhr, Oval Office, S. 1–6, insb. S. 6; Bush und Scowcroft, *A World Transformed*, S. 444. Vgl. GHWBPL, Telcon of Bush–Gorbachev call, 11. Januar 1991, 8.02–8.25 Uhr, Oval Office, S. 1 ff., insb. S. 2; Service, *The End of the Cold War 1985–1991*, S. 483.

174 »Gulf Crisis Grows into War with Iraq«, *CQ Almanac 1990*; Bush und Scowcroft, *A World Transformed*, S. 443–446.

175 Bushs Tagebucheintrag, 4. Januar 1991, zitiert in: Meacham, *Destiny and Power*, S. 453. Siehe auch Bush und Scowcroft, *A World Transformed*, S. 446; Haass, *War of Necessity*, S. 113 ff. Man beachte: Verteidigungsminister Dick Cheney war dagegen, dass Bush die Sache vor den Kongress brachte, obwohl er selbst einmal Kongressabgeordneter gewesen war. Cheney, *In My Time*, S. 205, 207 ff.; Haas, *War of Necessity*, S. 109 f.

176 GHWBPL, NSD 54 – Responding to Iraqi Aggression in the Gulf, 15. Januar 1991. Für die Notizen des Präsidenten über »Themes for Pre H-Hour Calls to Foreign Leaders and Congressional Leadership, 11 am, 16 Jan. 1991«, siehe GHWBPL, NSC, Richard Haass Files, Working Files, Iraq – January 1991 [OA/ID CF01584], MTF.

177 Bush's Address to the Nation Announcing Allied Military Action in the Persian Gulf, 16. Januar 1991, APP; Haass, *War of Necessity*, S. 116 f.

178 James Barron, »US and Allies Open Air War on Iraq; Bomb Baghdad and Kuwaiti Targets; ›No Choice‹ but Force, Bush Declares – A Tense Wait Ends «, *NYT*, 17. Januar 1991; Philip Shenon, »Rumble in the Sky Ends a 5-Month Wait«, *NYT*, 17. Januar 1991.

179 Michael R. Gordon, »Raids, on a Huge Scale, Seek to Destroy Iraqi Missiles«, *NYT*, 17. Januar 1991. Für eine Einschätzung der CIA zu Iraks chemischen und biologischen Waffen siehe GHWBPL, NSC, Richard Haass Files, Working Files, Iraq – January 1991 OA/ID CF01584], Robert L. Foord to Director of CIA: Response to Questions Concerning Iraqi CBW, undated (response to 22 Jan. questions), MTF.

180 Thomas L. Friedman, »The U.S. and Israel – Barrage of Iraqi Missiles on Israel Complicates U.S. Strategy in Gulf«, *NYT*, 18. Januar 1991; Joel Brinkley, »Israel Says It Must Strike at Iraqis But Indicates Willingness to Wait«, *NYT*, 20. Januar 1991; Thomas L. Friedman, »Hard Times, Better Allies«, *NYT*, 21. Januar 1991.

181 Am 20. Januar sagte Bush zu Mitterrand am Telefon: »Unsere Leute sagen uns, dass

unsere Luftwaffe die absolute Lufthoheit hat. Das Verhältnis bei den Luftgefechten beträgt 11 zu 0.« GHWBPL, Telcon between Bush and Mitterrand, 20. Januar 1991, 13.17–13.34 Uhr, Camp David, S. 1–4, insb. S. 3.

182 Philip Shenon, »Iraq Sets Oil Refineries Afire as Allies Step Up Air Attacks; Missile Pierces Tel Aviv Shield«, *NYT*, 23. Januar 1991; Brands, *Making the Unipolar Moment*, S. 310.

183 Haass, *War of Necessity*, S. 117. R. W. Apple Jr., »Reporter's Notebook – Hueys and Scuds: Vietnam And Gulf Are Wars Apart«, *NYT*, 23. Januar 1991.

184 Alan Riding, »French Defense Chief Quits, Opposing Allied War Goals«, *NYT*, 30. Januar 1991; Siehe auch Baker, *Drei Jahre, die die Welt veränderten*, S. 355 f.

185 Zu Gorbatschows Anrufen siehe Service, *The End of the Cold War, 1985–1991*, S. 480; Baker, *The Politics of Diplomacy*, S. 402. Vgl. Tagebucheintrag 18. Januar 1991, in: *The Diary of Anatoly S. Chernyaev, 1991*, S. 14 f., NSAEBB No. 345. Zum deutschen (finanziellen und militärischen) Beitrag zu den Kriegsanstrengungen siehe GHWBPL, Telcon of Bush to Kohl call, 28. Januar 1991, 11.50–11.57 Uhr, Oval Office, S. 1 f; Ferdinand Protzman, »Kohl Says Gulf War May Bring Tax Rises«, *NYT*, 24. Januar 1991; Stephen Kinzer, »Genscher at Eye of Policy Debate«, *NYT*, 22. März 1991; John M. Gohko, »Germany to Complete Contribution Toward Gulf War Costs Thursday«, *WP*, 27. März 1991. Man beachte: Bis 1994 hatte sich die deutsche Haltung zur Teilnahme an »Out-of-area-Einsätzen« geändert. Das Bundesverfassungsgericht entschied, dass eine Mehrheitsentscheidung des Bundestags ausreichen würde, um mit deutschen Truppen an Militäraktionen teilzunehmen, die durch kollektive Sicherheitsabkommen abgedeckt waren, und dass das Grundgesetz die deutsche Teilnahme an multilateralen Friedenserhaltungs- oder Kampfoperationen nicht verbot.

186 Bush und Scowcroft, *A World Transformed*, S. 460 f.; Baker, *Drei Jahre, die die Welt veränderten*, S. 378–83. Für die gemeinsame Erklärung siehe http://mfa.gov.il/MFA/ForeignPolicy/MFADocuments/Yearbook8/Pages/182%20Statement%20on%20the%20Gulf%20War%20and%20the%20Middle%20East.aspx.

187 Bush schrieb zwei Briefe an Gorbatschow. GHWBPL, NSC, Richard Haass Files, Working Files, Iraq—February 1991 LOA/ID CF01584], Bush's letter to Gorbachev, 18. Februar 1991, MTF; und Bush's letter to Gorbachev (further reservations), 19. Februar 1991, MTF. In derselben Akte befindet sich auch Bushs Brief an die politischen Führer der Koalition (Gorbachev's negotiations with Saddam), 19. Februar 1991, MTF.

188 GHWBPL, Telcon of Bush–Gorbachev call, 23. Februar 1991, 11.15–11.43 Uhr, Camp David, S. 1–4. Siehe auch Telcons of Bush–Gorbachev calls of 21. and 22. Februar 1991.

189 Chernyaev, *My Six Years with Gorbachev*, S. 331–2. Vgl. Eintrag vom 25. Februar 1991, in: *The Diary of Anatoly S. Chernyaev, 1991*, S. 32, NSAEBB No. 345.

190 R. W. Apple Jr., »Allied Units Surge Through Kuwait; Troops Confront Elite Force in Iraq; Bush Spurns Hussein's Pullout Move American and British Troops Gird For an Iraqi Last Stand«, *NYT*, 27. Februar 1991; derselbe, »The Battleground; Death Stalks Desert Despite Cease-Fire«, *NYT*, 2. März 1991.

191 Bush und Scowcroft, *A World Transformed*, S. 485 f.; Meacham, *Power and Destiny*, S. 465.

192 Bush's Address to the Nation on the Suspension of Allied Offensive Combat Operations in the Persian Gulf, 27. Februar 1991, 9.02 Uhr, Oval Office, APP.

193 Tagebucheintrag, 26. Februar 1991, abgedruckt in: Bush und Scowcroft, *A World Transformed*, S. 484; Inaugural Address, 20. Januar 1989, APP; Remarks to the American Legislative Exchange Council, 1. März 1991, APP; und Radio Address to United States Armed Forces Stationed in the Persian Gulf Region, 2. März 1991, APP. Eine aktuelle Reflexion des Vietnam-Syndroms ist George C. Herring, »America and Vietnam: The Unending War«, in: *Foreign Affairs* 70, 5 (Winter 1991/92), S. 104–19.

194 Bush und Scowcroft, *A World Transformed*, S. 487; Meacham, *Power and Destiny*, S. 466; Brands, *Making the Unipolar Moment*, S. 304.

195 Jim Meyers, »George H.W. Bush Poll Numbers Swung Wildly during Presidency«, in: *Newsmax*, 12. August 2014. Zur ABC-Umfrage vom 4. März siehe David S. Broder und Richard Morin, »Bush Popularity Surges With Gulf Victory«, *WP*, 6. März 1991; Robin Toner, »Political Memo; Bush's War Success Confers an Aura of Invincibility in '92«, *NYT*, 27. Februar 1991.

196 Tagebucheintrag, 28. Februar 1991, abgedruckt in: Bush und Scowcroft, *A World Transformed*, S. 486 f.

197 GHWBPL, Memcon of Genscher–Bush talks, 1. März 1991, (10.37–11.00 Uhr?), Oval Office, S. 1. Siehe auch Meacham, *Destiny and Power*, S. 464–7; Palazhchenko, *My Years with Gorbachev and Shevardnadze*, S. 268 f.

198 Malcolm W. Browne, »Invention that Shaped the Gulf War: the Laser-Guided Bomb«, *NYT*, 6. Februar 1991; Suettinger, *Beyond Tiananmen*, S. 116. Zu den Waffenlieferungen der UdSSR an den Irak siehe auch HIA-TSMP, box 5, Stepanov–Marmaladze Diary, 17. Dezember 1990.

199 »Gates Tells Canada U.S. Is No. 1«, *Washington Times*, 8. Mai 1991, GHWBPL, NSC, Nancy Bearg Dyke files [OA/ID CF01473], Gates, »American Leadership in a New World Order«, 7. Mai 1991.

200 GHWBPL, Telcon of Kohl to Bush call, 7. März 1991, 9.47–10.05 Uhr, Oval Office, S. 2.

201 Ebenda, S. 2 f.

202 GHWBPL, Memcon of Bush–Baker talks with Shevardnadze, 6. Mai 1991, 13.40–14.25 Uhr, Oval Office, S. 1–7, insb. S. 1, 3 f.

Kapitel 7: Russische Revolution

1   Tagebucheintrag, 21. August 1990, abgedruckt in: Bush und Scowcroft, *Eine neue Welt*, S. 344.

2   GHWBPL, Telcon of Gorbachev to Bush call, 21. August 1991, 12.19–12.31 Uhr, Kennebunkport, Maine, S. 1 ff.; vgl. Bush und Scowcroft, *Eine neue Welt*, S. 344 f.

3   Siehe Taubman, *Gorbatschow*, S. 707–20.

4   Tagebucheintrag, 19. August 1991, abgedruckt in: Bush und Scowcroft, *Eine neue Welt*, S. 338 f. Vgl. mit dem Original in: dieselben, *A World Transformed*, S. 526–7

5   Taubman, *Gorbatschow*, S. 718.

6   Eintrag »Three Days in Foros – August 21, 1991, Crimea, Dacha ›Zarya‹«, *The Diary of Anatoly S. Chernyaev, 1991*, S. 97–115, insb. S. 111, NSAEBB No. 345; teilweise auf Deutsch in: Anatoli Tschernajew, *Die letzten Jahre einer Weltmacht*, München 1993, S. 401–21, hier S. 418.

7   Taubman, *Gorbatschow*, S. 718 f.

8   GHWBPL, Telcon of Gorbachev's call to Bush, 21. August 1991, 12.19–12.31 Uhr, Kennebunkport, S. 3; teilweise wiedergegeben in Bush und Scowcroft, *Eine neue Welt*, S. 345.

9   GHWBPL, Telcon of Bush–Yeltsin talks, 21. August 1991, 8.30–9.05 Uhr, Kennebunkport, S. 1–4. Vgl. Bush und Scowcroft, *Eine neue Welt*, S. 340 f.

10   GHWBPL, Telcon of Bush's call to Yeltsin, 20. August 1991, 8.18–8.35 Uhr, Oval Office, S. 1–3. Auszüge abgedruckt in: Bush und Scowcroft, *Eine neue Welt*, S. 338 f.

11   GHWBPL, Telcon of Bush–Yeltsin talks, 21. August 1991, 8.30–9.05 Uhr, Kennebunkport, S. 1–4. Bush und Scowcroft, *Eine neue Welt*, S. 341 ff.

12   Bush und Scowcroft, *Eine neue Welt*, S. 343. Vgl. die stark bearbeitete Aufzeichnung des Gesprächs in: GHWBPL, Telcon of Bush to Major call, 21. August 1991, 10.00–10.14 Uhr, Kennebunkport.

13   Brown, *Seven Years that Changed the World*, S. 197 ff.; Reynolds, *One World Divisible*, S. 569.

14   Andrei Shleifer und Robert W. Vishny, »Reversing the Soviet Economic Collapse«, in: *Brookings Papers on Economic Activity* 2 (1991), S. 340–60, insb. S. 344–7. Siehe auch IMFA, AWP, JSSE, B3/F1 Fact Finding Mission to Moscow (1990), USSR: Aug. 1990 Fact-Finding Staff Visit – Minutes of Real Sector Meeting R-4, 14. August 1990, 11.00 Uhr, Gosplan, Moskau, S. 1 ff.; Minutes of Monetary Policy M1, 14. August 1990, 15.30 Uhr, Gosbank, Moskau, S. 1–4; und Minutes of Real Sector Meeting R-6, 14. August 1990, 15.00–17.00 Uhr, und 15. August 1990, 17.00–18.20 Uhr, Goskomzen, Moskau, S. 1–4.

15   NIE 11-18-89, November 1989, The Soviet System in Crisis: Prospects for the Next Two Years, in: Fischer (Hg.), *At Cold War's End*, S. 53.

16   Zum »Haushaltsdefizit« in den Jahren 1985 und 1989 siehe IMFA, AWP, JSSE, B3/F1, USSR: Aug. 1990 Fact-Finding Staff Visit – Minutes of Fiscal Meeting F-1, 14. August 1990, 16.00 Uhr, Finanzministerium, Moskau, S. 3; und Minutes of Real Sector Meeting R-22, 20. August 1990, 17.00 Uhr, Ministerrat, Moskau, S. 1–3. Zu den Zahlen von 1990 & 1991 und Prognosen siehe IMFA, AWP, JSSE, B1/F6 EC Relations 1990, IMF/IBRD/OECD/EBRD – USSR-Meeting with EC Delegation, 8. Dezember 1990, 10.00 Uhr, IMF Paris, Office 1, S. 2. Siehe auch NIE 11-18-89, S. 50–81, insb. S. 68–70; Shleifer und Vishny, »Reversing the Soviet Economic Collapse«, S. 342. Vgl. »Soviets Foresee Budget Deficit of $162 Billion«, *NYT/AP*, 22. Januar 1991. Zu Gorbatschows Vorstellungen von »Privateigentum« siehe Michael Dobbs, »Gorbachev Rebukes Estonia

on Soviet ›Crisis‹«, *WP*, 28. November 1988. Siehe auch Brown, *Seven Years that Changed the World*, S. 203.

17 Michail Gorbatschow, *Sobranije Sotschineni*, Bd. 14 [April–Juni 1989], Moskau 2009, S. 295.

18 Siehe IMFA, AWP, JSSE, B3/F3, Second Fact Finding Mission to Moscow Sept. 1990, Teresa M. Ter-Minassian to the IMF Managing Director: Missions to Moscow – Back-to-office Report, 8. September 1990, S. 2 f.; Memo, Soviet Union – Real Sector Prospects for 1990, 8. September 1990, S. 4; und Memo, Soviet Union – Meeting with Academician Aganbegyan, 7. September 1990, S. 1 f. (zum »Stabilisierungsplan« und dem »Schatalin-Programm«). Siehe auch IMFA, AWP, JSSE, B3/F5, Fourth Fact Finding Mission to Moscow Dec. 1990, IMF – USSR: Staff Visit, 3.–7. Dezember 1990, Minutes of Meeting No. 2, 3. Dezember 1990, 15.00 Uhr, Finanzministerium, Moskau, S. 1 f. Shleifer und Vishny, »Reversing the Soviet Economic Collapse«, S. 343; »The Deepening Crisis in the USSR: Prospects for the Next Year, November 1990, NIE 11-18-1990«, in: Fischer, *At Cold War's End*, S. 101 ff.

19 Brown, *Seven Years that Changed the World*, S. 202; Michail Gorbatschow, *Umgestaltung und neues Denken für unser Land und für die ganze Welt*, Berlin 1988, S. 75; Ha-Joon Chang, Peter Nolan (Hg.), *The Transformation of the Communist Economies: Against the Mainstream*, Basingstoke 1995, S. 34.

20 Gorbatschow, *Erinnerungen*, S. 412.

21 Ebd., S. 414 ff.; Transcript of CC CPSU Politburo Session »Outcome of the USSR People's Deputies Elections, 28 March 1989«, abgedruckt in: *MoH:1989*, doc. 53, S. 420–31; Taubman, *Gorbatschow*, S. 508–15. Gorbatschow, *Sobranije Sotschineni*, Bd. 13 [Dezember 1988–März 1989], Moskau 2009, S. 426 ff., 431, 444 f.

22 Zitat aus Taubman, *Gorbatschow*, S. 508; Vgl. Kapitel 6 »The Lost Year«, in: Chernyaev, *My Six Years with Gorbachev*, insb. S. 201 ff.; sowie Tschernajew, *Die letzten Jahre einer Weltmacht*, »1989: Das verlorene Jahr«.

23 Gorbatschow, *Sobranije Sotschineni*, Bd. 18 [Dezember 1989–März 1990], Moskau 2011, S. 63. Vgl. Eintrag vom 2. Januar 1990, *The Diary of Anatoly S. Chernyaev, 1990*, S. 3, NSAEBB No. 317.

24 David Remnick, »Protesters Throng Moscow Streets to Demand Democracy«, *WP*, 5. Februar 1990; derselbe, *Lenin's Tomb: The Last Days of the Soviet Empire*, New York 1993, S. 302; Boris Jelzin, *Sapiski Presidenta*, Moskau 2008, S. 39; deutsch: *Auf des Messers Schneide. Tagebuch des Präsidenten*, Berlin 1994, S. 24 f.; Gorbatschow, *Sobranije Sotschineni*, Bd. 14, S. 116 f.; Kramer, »The Collapse of East European Communism and the Repercussions within the Soviet Union (Part 3)«, S. 3–96, insb. S. 10; Anmerkung: Die vollständigen Protokolle und zugehörigen Dokumente aus diesem ZK-Plenum sind verfügbar unter »Plenum Zentralnogo Komiteta Kommunistitscheskoi Partii Sowetskogo Sojusa: Materialy Plenuma Zentralnogo Komiteta KPSS, 5–7 fewralja 1990 goda«, 5.–7. Februar 1990 (Streng Geheim), in: Rossiski Gossudarstwenny Archiw Nowejschej Istorii (RGANI), Fond (F.) 2, Opis (Op.) 5, Dela (Dd.) 395–451, http://militera.lib.ru/docs/0/pdf/plenum1990-02.pdf.

25   Richard Sakwa, *Russian Politics and Society*, London 2002, S. 13. Siehe auch Brenda
      Horrigan und Theodore Karasik, »The Rise of Presidential Power under Gorbachev«,
      in: Eugene Huskey (Hg.), *Executive Power and Soviet Politics: The Rise and Decline of
      the Soviet State*, London 1992, Kap. 4.

26   Der Begriff wurde für die USA von Arthur M. Schlesinger Jr. ins Spiel gebracht,
      siehe derselbe, *The Imperial Presidency*, Boston, MA, 1973. Siehe auch Richard
      Aldous, *The Imperial Historian*, New York 2017, S. 353–7; Paul Quinn-Judge, »Impe-
      rial Presidency for Gorbachev: Soviet Vote Radically Reforms Power Structure«, *CSM*,
      2. Dezember 1988.

27   Siehe William Zimmerman, *Ruling Russia: Authoritarianism from the Revolution to
      Putin*, Princeton, NJ, 2014, S. 174–8, insb. S. 176, 178; deutsch: *Russland regieren:
      Von Lenin bis Putin*, Darmstadt 2015, S. 180–6.

28   Reynolds, *One World Divisible*, S. 549f. Vgl. Brown, *Seven Years that Changed the
      World*, S. 142–5, 203–8. Vgl. Richard Sakwa, *Soviet Politics in Perspective*, London
      1998, S. 154f.

29   Siehe Lars Fredrik Stöcker, »Paths of Economic ›Westernization‹ in the Late Soviet
      Union: Estonian Market Pioneers and their Nordic Partners«, in: *Ajalooline Ajakiri*,
      2016, 3/4 (157/158), S. 447–76. Siehe auch Michael Parks, »Parliament in Estonia
      Declares ›Sovereignty‹«, *LA Times*, 17. November 1988. Vgl. EST Rahvusarhiiv, 1-43-
      153, »IME Probleemn[otilde]ukogu, märts 1989«; und EST Rahvusarhiiv, 1-44-90,
      »Arvamusi poliitilise situatsiooni kujunemise kohta peala EKP KK xiv pleenumit«,
      4. Mai 1989.

30   Siehe Gorbatschow, *Sobranije Sotschineni*, Bd. 14, S. 151, 157, 194f. Vgl. HIA, Russian
      Archives Collection, Fond 89, Decision of the Politburo of the CPSU CC – On anti-
      democratic acts and human rights violations in the Lithuanian SSR, 16. November
      1990; Annex to the Decree of the Secretariat of the Central Committee of the CPSU,
      7. Februar 1991; »A Statement« by the Council of Secretaries of the CPSU CC of Lithu-
      ania, Latvia and Estonia to members of the Politburo in Moscow, 19. Januar 1991,
      Riga. Siehe auch Dobbs, »Gorbachev Rebukes Estonia on Soviet ›Crisis‹«. Ben
      Fowkes, *The Disintegration of the Soviet Union: A Study in the Rise and Triumph of
      Nationalism*, London 1996, Kap. 6. Zu den Ergebnissen im Baltikum bei den Wahlen
      zum Kongress der Volksdeputierten 1989 siehe Roger East und Jolyon Pontin, *Revo-
      lution and Change in Central and Eastern Europe*, London 2016, S. 313.

31   Eintrag vom 2. Mai 1989, veröffentlicht in: Anatoli Tschernajew, *1991 god: Dnewnik
      pomoschtschnika Presidenta SSSR*, Moskau 1997, S. 9, 10, sowie auszugsweise auf
      English unter DAWC. Vgl. mit einer anderen englischen Übersetzung: Eintrag vom
      2. Mai 1989, *The Diary of Anatoly S. Chernyaev, 1989*, S. 18, NSAEBB No. 275. »Über-
      haupt habe ich Angst und bin beunruhigt. Ich nehme eine Krise der Gorbatschow-
      Phase wahr. [...] Die Verweise auf die ›sozialistischen Werte‹ und ›die Ideale des
      Oktobers‹ ... sobald er anfängt, sie zu zitieren, klingen sie in informierten Ohren
      ironisch – es steckt einfach nichts dahinter.«

32   CPSU Politburo Discussion of the Memorandum of Six Politburo members on the

Situation in the Baltic Republics, 11. Mai 1989, Archive of the Gorbachev Foundation, Fond 4, opis 1, Notes of V. A. Medvedev Fond 2, opis 3, Notes of A. S. Chernyaev, DAWC. Siehe auch Gorbatschow, *Sobranije Sotschineni*, Bd. 14, S. 194 f.

33 Ebenda; teilweise wiedergegeben in: Tschernajew, *Die letzten Jahre einer Weltmacht*, S. 253.

34 »Declaration of the Rights of the Baltic Nations«, Tallinn, 14. Mai 1989, erhältlich unter http://www.letton.ch/lvx_tall1.htm. Siehe auch Mall Laur und Riina Löhmus, »The May 1989 Baltic Assembly«, in: *Nationalities Papers – The Journal of Nationalism and Ethnicity* 16, 2, (1988), S. 242–58.

35 Forderungen nach größerer Autonomie von Georgien waren auch unter den Abchasen und Südosseten lauter geworden. Wie Serhii Plokhy knapp drei Jahrzehnte später unterstreicht: »Die eingefrorenen oder halb eingefrorenen Konflikte in Transnistrien, Abchasien, Südossetien, Berg-Karabach und der halb-unabhängige Zustand Tschetscheniens« sowie »der anhaltende Krieg in der Ost-Ukraine« dienen als Erinnerung daran, dass der Zerfallsprozess der Sowjetunion noch nicht abgeschlossen ist. Siehe Serhii Plokhy, »The Soviet Union is still Collapsing«, in: *Foreign Policy*, 22. Dezember 2016, online.

36 Jack Matlock Jr., *Autopsy on an Empire: The American Ambassador's Account of the Collapse of the Soviet Union*, New York 1997, S. 238; Service, *The End of the Cold War 1985–1991*, S. 370 f. Siehe auch Protokollentwurf des Verteidigungsrats der Georgischen SSR, 8. April 1989, »Antisowjetische Demonstrationen in Tiflis: Schickte Gorbačev die Sondertruppen nach Georgien?«; und Protokollentwurf des Verteidigungsrats der Georgischen SSR, 8. April 1990, »Der Gewalteinsatz von Tiflis wird vor Ort entschieden«, beide abgedruckt in: *DKDW:1989*, Dok. 46 und 47, S. 320–4 und 324–9.

37 Tagebucheintrag von T. Stepanow-Mamaladse, 10. April 1989, »Schock in der sowjetischen Führung: In Tiflis wird auf Demonstranten geschossen; Krisensitzung am Tag danach: Wer trägt die Verantwortung?«, abgedruckt in: *DKDW:1989*, Dok. 48, S. 329–32.

38 »Findings of the Commission of the USSR Congress of People's Deputies to Investigate the Events which Occurred in the City of Tbilisi on 9 April 1989«, Mai 1989, ZChSD, F. 89, Dokumentensammlung, (Kopien), veröffentlicht in: *Istoritscheski Archiw* 3 (1993), S. 102–20, DAWC.

39 Eintrag vom 16. April 1989, *The Diary of Anatoly S. Chernyaev, 1989*, S. 15, NSAEBB No. 275.

40 Gorbatschow, *Sobranije Sotschineni*, Bd. 14, S. 116 f., 97 f. Vgl. Diskussion des KPdSU-Politbüros über den Bericht von Eduard Schewardnadse zum Einsatz von Gewalt in Tiflis, 20. April 1989, AGF, Fond 2, Opis 3. Notizen von A. S. Chernyaev. Veröffentlicht als: »The Union Could be Preserved«, DAWC.

41 Mark Kramer und Vit Smetana (Hg.), *Imposing, Maintaining, and Tearing Open the Iron Curtain: The Cold War and East-Central Europe, 1945–1989*, Lanham, MD, 2014, S. 466 f.; Service, *The End of the Cold War 1985–1991*, S. 371. Politbürositzung, 14. Juli 1989, abgedruckt in: *W Politbjuro ZK KPSS*, S. 510–18.

42 Aus dem Plenum des Zentralkomitees der KPdSU zur nationalen Politik, 19./20. September 1989, abgedruckt in: *W Politbjuro ZK KPSS*, S. 525–33. Siehe auch Service, *The End of the Cold War 1985–1991*, S. 458.

43 Sitzung des Politbüros des ZK der KPdSU, 9. November 1989, AGF, Fond 2, Opis 2, NSAEBB No. 293; Tagebucheintrag von T. Stepanow-Mamaladse, 18. November 1990, »Wir haben den deutschen Nationalismus unterschätzt«, abgedruckt in: *DKDW:1989*, Dok. 84, S. 514 f.; GHWBPL, Memcon of Bush–Gorbachev talks, second restricted bilateral meeting, 3. Dezember 1989, 11.45–12.45 Uhr, Maxim Gorki Kreuzfahrtschiff, Malta, S. 1.

44 Vgl. Astrid S. Tuminez, »The Soviet Union's ›Small‹ Dictators«, *CSM*, 3. Mai 1991.

45 Scowcroft zitiert in: Michael R. Beschloss und Strobe Talbott, *At the Highest Levels*, London 1993, S. 201.

46 Reynolds, *One World Divisible*, S. 571; Taubman, *Gorbatschow*, S. 591 f. Siehe auch Stephen Lovell, *Destination in Doubt: Russia since 1989*, New York 2006, S. 22 f.

47 Ebenda. Zum Nationalismus und Russland, vgl. Stephen Lovell, *Shadow of War: Russia and the USSR, 1941 to the present*, Oxford 2010, Kap. 7, insb. S. 221 ff.

48 Siehe Kevin O'Connor, *Intellectuals and Apparatchiks: Russian Nationalism and the Gorbachev Revolution*, Lanham, MD, 2008, S. 186–91.

49 Chernyaev, *My Six Years with Gorbachev*, S. 275 f.; Eintrag vom 24. Juni 1990, *The Diary of Anatoly S. Chernyaev, 1990*, S. 34 f., NSA No. 317. Siehe auch »O wneschnej politike«, *Prawda* (Moskau), 26. Juni 1990, S. 3.

50 Taubman, *Gorbatschow*, S. 601. Siehe auch Yitzhak M. Brudny, »The Dynamics of ›Democratic Russia‹, 1990–1993«, in: *Post-Soviet Affairs* 9, 2 (1993), S. 141–70.

51 Timothy J. Colton, *Yeltsin: A Life*, New York 2008, S. 129–32; Marc Zlotnik, »Yeltsin and Gorbachev: The Politics of Confrontation«, in: *JCWS* 5, 1 (Winter 2003), S. 128–64, hier insb. S. 130.

52 Zlotnik, »Yeltsin and Gorbachev«, S. 131–8; John Dunlop, »One of a Kind: The Gorbachev-to-Yel'tsin Transition«, in: Uri Ra'naan, *Flawed Succession: Russia's Power Transfer Crises*, Lanham, MD, 2006, S. 103 ff.; Service, *The End of the Cold War 1985–1991*, S. 322. Siehe auch »Excerpts From Tass Account Of Gorbachev Talk on Yeltsin«, *NYT*, 13. November 1987; »Francis X. Clines, ›Moscow Talk: Leader's Fall from Heights‹«, *NYT*, 13. November 1987.

53 Siehe Boris Yeltsin, *Against the Grain: An Autobiography*, New York 1990, S. 199 f.; deutsch: Boris Jelzin, *Aufzeichnungen eines Unbequemen*, München 1990.

54 Andrei S. Grachev, *Final Days: The Inside Story of the Collapse of the Soviet Union*, Boulder 1995, S. 72; Zlotnik, »Yeltsin and Gorbachev«, S. 138. Vgl. Jelzin, *Auf des Messers Schneide*, S. 23; sowie das russische Original: derselbe, *Sapiski presidenta*, S. 32.

55 David Remnick, »Yeltsin Wins Landslide Victory in Moscow«, *WP*, 28. März 1989; Michael Dobbs, »Yeltsin Wins Presidency of Russia«, *WP*, 30. Mai 1990. Taubman, *Gorbatschow*, S. 512 f., 605–9.

56 Leon Aron, »Yeltsin Russia's Rogue Populist«, *WP*, 3. Juni 1990.

57 Georgi Schachnasarows Notizen der Politbürositzung vom 20. April 1990, abge-

druckt in seinem Buch: *S woschdjami i bes nich,* Moskau 2001, S. 383; zitiert nach Taubman, *Gorbatschow,* S. 607.

58 Schachnasarow zitiert in Taubman, *Gorbatschow,* S. 607 f.

59 Gorbatschow, *Sobranije Sotschineni,* Bd. 20 [Mai–Juni 1990], Moskau 2011, S. 166 f.; zitiert nach Taubman, *Gorbatschow,* S. 607. Matlock Jr., *Autopsy on an Empire,* S. 367 f.

60 Bessmertnych zitiert in David Pryce-Jones,

61 Service, *The End of the Cold War 1985–1991,* S. 435.

62 Colton, *Yeltsin,* S. 184; Micheal Dobbs, »Yeltsin Quits Communist Party«, *WP,* 13. Juli 1990; Jelzin, *Auf des Messers Schneide,* S. 41.

63 Zur Lage der sowjetischen Wirtschaft und Schätzungen der Deutschen Bank im Juli/ August 1990 siehe IMFA, AWP, JSSE, B2/F42, Mr. Whittome's Visit to Europe, Memo, Whittome's meeting with Dr Storf (Deutsche Bank), 15.00 Uhr, 7. August 1990, S. 1–3.

64 Gorbatschow, *Sobranije Sotschineni,* Bd. 20, S. 62, zitiert nach Taubman, *Gorbatschow,* S. 615. Dieses Zitat stammt aus den abschließenden Kommentaren Gorbatschows auf einer gemeinsamen Sitzung des Präsidial- und Föderationsrats am 22. Mai 1990.

65 IMFA, AWP, JSSE, B3/F1, USSR: Aug. 1990 Fact-Finding Staff Visit – Minutes of Real Sector Meeting R-4, 14. August 1990, 11.00 Uhr, Gosplan, Moskau, S. 3 f. Brian G. Martin, *The Soviet Union at the Crossroads: Gorbachev's Reform Program* [Foreign Affairs Research Group, Parliamentary Research Service, Australian Parliament], 7. August 1990, S. 6, 7. Vgl. Taubman, *Gorbatschow,* S. 615 f.

66 Taubman, *Gorbatschow,* S. 533 f.

67 Bobo Lo, *Soviet Labour Ideology and the Collapse of the State,* London 2000, S. 142.

68 Nikolai Petrakow, *Russkaja ruletka,* Moskau 1998, S. 133–9.

69 Zum »Schatalin-Plan« siehe IMFA, AWP, JSSE, B3/F3, Memorandum for Files, Soviet Union – Meeting with Academician Aganbegyan, 7. September 1990, S. 1–3. Taubman, *Gorbatschow,* S. 617–22; Remnick, *Lenin's Tomb,* S. 359.

70 Chernyaev, *My Six Years with Gorbachev,* S. 284 f. IMFA, AWP, JSSE, B3/F1, IMF – USSR: August 1990 Fact-Finding Staff Visit, Minutes of Meeting F-21, 21. August 1990, 17.00 Uhr, Finanzministerium der RSFSR, S. 1 f.

71 Taubman, *Gorbatschow,* S. 618 ff.; Tschernajew, *Die letzten Jahre einer Weltmacht,* S. 310. Siehe auch Michael McFaul, *Russia's Unfinished Revolution: Political Change from Gorbachev to Putin,* Ithaca, NY, 2001, S. 98 ff.

72 Zu Schatalins »500-Tage-Plan«, wie er am 4. September 1990 in der *Iswestija* erschien, und anschließend auf Englisch im *Current Digest of the Soviet Press,* XLII, 35 (31. Oktober 1990), S. 4–7. Siehe auch G. Yavlinsky et al., *500 Days: Transition to the Market,* New York 1991.

73 Michael Dobbs, »A Plan For a Two-Year Revolution«, *WP,* 14. September 1990. Siehe auch David Remnick, »Gorbachev Shits on Economy«, *WP,* 13. September 1990.

74 Zum »Schatalin-Plan« siehe IMFA, AWP, JSSE, B3/F3, Teresa M. Ter-Minassian to the IMF Managing Director: Missions to Moscow – Back-to-office Report, 8. September

1990, S. 3–6. Michael Dobbs, »Gorbachev's Middle Way«, *WP*, 20. September 1990. Siehe auch Service, *The End of the Cold War 1985–1991*, S. 469.

75 »Flying Blind in the Kremlin«, *NYT*, 30. September 1990; zitiert nach Gorbatschow, *Erinnerungen*, S. 554.

76 Taubman, *Gorbatschow*, S. 622–5; Dobbs, »A Plan for a Two-Year Revolution«. Siehe auch Bill Keller, »Gorbachev's Economic Plan Approved«, *NYT*, 20. Oktober 1990, und »Excerpts From Gorbachev's Speech on His Plan for a Market Economy«, *NYT*, 20. Oktober 1990.

77 Taubman, *Gorbatschow*, S. 625.

78 Ebenda, S. 626 ff.

79 Bill Keller, »Conceding a Crisis, Gorbachev Vows to Shift Leaders«, *NYT*, 17. November 1990; derselbe, »Gaining Some Vital Time: Gorbachev Takes Charge to Win Respite from Talk of Coup and Investor's Fears«, *NYT*, 18. November 1990.

80 Brown, *Seven Years That Changed the World*, S. 255; Taubman, *Gorbatschow*, S. 628.

81 Zum »Acht-Punkte-Programm« siehe IMFA, AWP, JSSE, B3/F5, IMF – USSR: Staff Visit, 3.–7. Dezember 1990, Minutes of Meeting No. 1, 3. Dezember 1990, 11 Uhr, Gosplan, Moskau, S. 3. Zur Verfassung der UdSSR, wie sie im Dezember 1990 geändert wurde, siehe David Lane, *Soviet Society Under Perestroika*, London 2002, S. 393–432 (Anhang). Bill Keller, »Soviets Adopt Emergency Plan to Center Power in Gorbachev and Leaders of the Republics«, *NYT*, 18. November 1990.

82 Keller, »Gaining Some Vital Time«; Francis X. Clines, »Yeltsin Rejects Gorbachev's Reorganization Plan«, *NYT*, 18. November 1990.

83 Keller, »Gaining Some Vital Time«; derselbe, »Soviets Adopt Emergency Plan to Center Power in Gorbachev and Leaders of the Republics«; derselbe, »Yeltsin Rejects Gorbachev's Reorganization Plan«.

84 Keller, »Gaining Some Vital Time«. Taubman, *Gorbatschow*, S. 628 f.

85 Eintrag vom 2. Januar 1990, *The Diary of Anatoly S. Chernyaev, 1990*, S. 4, NSAEBB No. 317; vgl. Tschernajew, *Die letzten Jahre einer Weltmacht*, S. 273 ff.

86 Keller, »Gaining Some Vital Time«.

87 R. W. Apple Jr., »34 Leaders Adopt Pact Proclaiming a United Europe«, *NYT*, 22. November 1990.

88 Ebenda; und IMFA, AWP, JSSE, B1/F6, IMF/IBRD/OECD/EBRD–USSR-Meeting with EC Delegation, 8. Dezember 1990, 10 Uhr, IMF Paris, Office 1, S. 3. Die EG sah ein »starkes und zunehmendes *politisches* Argument für Nothilfe (das wirtschaftliche Argument … war nicht sonderlich offensichtlich)«. Moskau hatte die Gemeinschaft um Nothilfe in Höhe von 2 Milliarden ECU und um Lebensmittelimporte im Wert von 3–4 Milliarden ECU gebeten. Doch eine Hilfe in dem gigantischen Ausmaß, wie die UdSSR sie erbeten hatte, würde eindeutig nicht gewährt werden.

89 Kohl zitiert in Ferdinand Protzman, »Kohl Pledges Help in Soviet Food Crisis«, *NYT*, 16. November 1990.

90 Helmut Kohl, *Erinnerungen, 1990–1994*, München 2007, S. 258–66; Protzman, »Kohl Pledges Help in Soviet Food Crisis«, S. 17; Clyde Haberman, »Europe Supports $2.4

Billion Plan to Assist Kremlin«, *NYT*, 15. Dezember 1990; David Remnick, »Kohl, Gorbachev Sign Historic Treaty of Nonaggression«, *WP*, 10. November 1990. Zu dem drastischen Rückgang der sowjetischen Rohöllieferungen an die RGW-Länder siehe IMFA, AWP, JSSE, B3/F3, Vibe Christensen's Memo, USSR – CMEA Systems, 10. September 1990, S. 1–4; und B3/F5, IMF – USSR: Staff Visit, 3.–7. Dezember 1990, Minutes of Meeting No. 4, 4. Dezember 1990, 14.30 Uhr, Goskomstat, Moskau, S. 1.

91   Bierling, *Wirtschaftshilfe für Moskau*, S. 107–10, Zitat auf S. 107. Siehe auch Remnick, »Kohl, Gorbachev Sign Historic Treaty of Nonaggression«.

92   »800 Million Mark für Sowjetbürger gespendet«, *SZ*, 20. Dezember 1990; »Spendenrekord bei ›Russland-Hilfe‹«, *FAZ*, 9. Januar 1991, S. 11; »Hilfsaktionen: Von Mensch zu Mensch – Winterhilfe für Gorbatschow: Eine Welle der Hilfsbereitschaft hat die Deutschen erfasst«, *Der Spiegel* 48/1990, 26. November 1990, S. 23; Stephen Kinzer, »Germans Mobilize to Feed Russians«, *NYT*, 29. November 1990.

93   Siehe allgemeiner Service, *The End of the Cold War 1985–1991*, S. 475 f.

94   Francis X. Clines, »Getting Tougher, Gorbachev Shakes Up the Soviet Police«, *NYT*, 3. Dezember 1990; siehe auch Anthony Lewis, »Abroad at Home; Politics by Command«, *NYT*, 28. Dezember 1990. Vgl. Jelzin, *Auf des Messers Schneide*, S. 24. IMFA, AWP, JSSE, B1/F2 USSR Political 1990–1991, Decree of the USSR Supreme Soviet on the Situation in the Country, signed A. Lukyanov, Chair, 23. November 1990, S. 1–4.

95   David Remnick, »Gorbachev Unveils his New Union Treaty«, *WP*, 24. November 1990.

96   Brown, *Seven Years that Changed the World*, S. 295. Remnick, »Gorbachev Unveils his New Union Treaty«. Vgl. Service, *The End of the Cold War 1985–1991*, S. 462; Eintrag vom 19. Dezember 1990, *Sir Rodric Braithwaite's Diary, 1988–1992*.

97   Taubman, *Gorbatschow*, S. 630 f.; GHWBPL, Scowcroft, Special Separate USSR Notes Files – Gorbachev Files: Gorbachev (Dobrynin) sensitive, July–Dec 1990 OA/ ID91128-005, Letter from Gorbachev to Bush, 27. Dezember 1990. Siehe auch Eintrag vom 21. Dezember 1990, *The Diary of Anatoly S. Chernyaev, 1990, S.* 74 f., NSAEBB No. 317, sowie die Einträge vom 20. und 21. Dezember 1990, *Sir Rodric Braithwaite's Diary, 1988–1992*.

98   Remarks on the Waiver of the Jackson-Vanik Amendment and on Economic Assistance to the Soviet Union, 12. Dezember 1990, APP. Andrew Rosenthal, »Bush Lifting 15-Year Old Ban, Approves Loans for Kremlin to Help Ease Food Shortages«, *NYT*, 13. Dezember 1990; Haberman, »Europe Supports $2.4 Billion Plan to Assist Kremlin«.

99   GHWBPL, Scowcroft, Special Separate USSR Notes Files – Gorbachev Files: Gorbachev (Dobrynin) sensitive, July–Dec. 1990 OA/ID91128-005, Handwritten notes on yellow pad by Scowcroft on Bessmertnykh's delivery of Gorbachev's letter (vom 27. Dezember 1990) to Bush, 3 S., 27. Dezember 1990.

100   Chernyaev, *My Six Years with Gorbachev*, S. 304.

101   GHWBPL, Scowcroft, Special Separate USSR Notes Files – Gorbachev Files: Gorbachev (Dobrynin) sensitive, July–Dec. 1990 OA/ID91128-005, Handwritten notes on

yellow pad by Scowcroft on Bessmertnykh's delivery of Gorbachev's letter (27.12.1990) to Bush, 3 S., 27. Dezember 1990.

102 GHWBPL, Telcon of Bush to Gorbachev call, 1. Januar 1991, 8.00–8.13 Uhr, Camp David, S. 1 f.

103 Eintrag vom 2. Januar 1991, *The Diary of Anatoly S. Chernyaev, 1991*, S. 1, NSAEBB No. 345.

104 Bush's New Year's Message to the People of the Soviet Union, 1. Januar 1991, APP.

105 Eintrag vom 2. Januar 1991, *The Diary of Anatoly S. Chernyaev, 1991*, S. 1 f., NSAEBB No. 345.

106 Matlock, *Autopsy on an Empire*, S. 434, 453.

107 Michael Dobbs, »Soviet Premier's Heart Attack Symbolizes Changing of the Guard«, *WP*, 27. Dezember 1990; Eintrag vom 2. Januar 1991, *The Diary of Anatoly S. Chernyaev, 1991*, S. 1 f., NSAEBB No. 345. Zu Pawlow und seinen politischen Maßnahmen siehe IMFA, AWP, JSSE, B1/F2, Memo, T. Ter-Minassian to Whittome, USSR: Mr Pavlov's Interview, 13. Februar 1991, S. 1 f.; Matlock, *Autopsy on an Empire*, S. 463 ff.; »Soviet Economic Change Isn`t Reform«, *CT*, 19. Februar 1991; Quentin Peel, »Pavlov Accuses Western Banks of Anti-Soviet Plot«, *FT*, 13. Februar 1991.

108 Eintrag vom 7. Januar 1991, *The Diary of Anatoly S. Chernyaev, 1991*, S. 9, NSAEBB No. 345.

109 Eintrag vom 4. Januar 1991, *The Diary of Anatoly S. Chernyaev, 1991*, S. 4, NSAEBB No. 345; Andrej Gratschow, *Gorbatschow,* Moskau 2001, S. 339. Vgl. Taubman, *Gorbatschow,* S. 675.

110 GHWBPL, Telcon of Gorbachev–Bush talks, 11. Januar, 1991, 8.02–8.25 Uhr, Oval Office, S. 1–3.

111 HIA, Estonian Subject Collection, Box 1, »BATUN (Baltic Appeal to the United Nations) – Baltic Chronology, January 1991«. Siehe auch Matlock, *Autopsy of an Empire*, S. 449 f., Bush und Scowcroft, *A World Transformed*, S. 444, EST-VM USA I 1990–1991, »Text from the White House spokesman Marlin Fitzwater's statement on the use of Soviet troops to enforces the draft«, 8. Januar 1991.

112 Spohr, *Germany and the Baltic Problem*, S. 32 f.; EST-VM Islandi 1990–1992, »Meetings with Baltic representatives«.

113 Siehe Vytautas Landsbergis, *Jahre der Entscheidung: Litauen auf dem Weg in die Freiheit – eine politische Autobiographie*, Ostfildern 1997, S. 289–306; Wílliam E. Odom, *The Collapse of the Soviet Military*, New Haven, CT, 1998, S. 268–71; Anatol Lieven, *The Baltic Revolution: Estonia, Latvia and Lithuania and the Path to Independence*, New Haven, CT, 1993, S. 244–55. Siehe auch Andrejs Vaisbergs, Jonathan Steele und John Rettie, »Latvia's Interior Ministry Seized by Soviet Forces«, *Guardian*, 21. Januar 1991; Francis X. Clines, »Latvia to Create Self-Defense Unit«, *NYT*, 22. Januar 1991.

114 Ainius Lasas, »Bloody Sunday: What Did Gorbachev Know About the January 1991 Events in Vilnius and Riga?«, in: *Journal of Baltic Studies* 38, 2 (2007), S. 179–94. Vgl. Matlock, *Autopsy of an Empire*, S. 454–63. Baker meinte, Gorbatschow sei – in seiner

Verzweiflung – ein »Glücksspiel« eingegangen, als er in die Richtung seiner konservativen Kritiker einschwenkte, siehe Baker, *The Politics of Diplomacy*, S. 380 f.; deutsch: *Drei Jahre, die die Welt veränderten*, S. 166.

115 Eintrag vom 13. Januar 1991, *The Diary of Anatoly S. Chernyaev, 1991*, S. 5 ff., NSAEBB No. 345.

116 Eintrag vom 14. Januar 1991, *The Diary of Anatoly S. Chernyaev, 1991*, S. 8, NSAEBB No. 345; zitiert nach: Tschernajew, *Die letzten Jahre einer Weltmacht*, S. 344; Service, *The End of the Cold War 1985–1991*, S. 483.

117 Siehe Lasas, »Bloody Sunday«, S. 190; Brian D. Taylor, »The Soviet Military and the Disintegration of the USSR«, in: *JCWS* 5, 1 (Jan. 2003), S. 40–3; Anthony D'Agostino, *Gorbachev's Revolution*, New York 1998, S. 289–92; Edward W. Walker, *Dissolution: Sovereignty and the Breakup of the Soviet Union*, Lanham, MD, 2003, S. 77; Mark Kramer, »The Collapse of East European Communism and the Repercussions within the Soviet Union (Part 2)«, in: *Journal of Cold War Studies* 6,4 (2004), S. 40. Vgl. Brown, *The Gorbachev Factor*, S. 280; Amy Knight, »The KGB, Perestroika, and the Collapse of the Soviet Union«, in: *JCWS* 5, 1 (Jan. 2003), S. 81. Siehe auch Una Bergmane, »French and US reactions facing the disintegration of the USSR: the case of the Baltic states (1989–1991)«, Dissertation, Sciences Po, 2016, S. 242 f.

118 Andreas Oplatka, *Lennart Meri: Ein Leben für Estland – Dialog mit dem Präsidenten*, Zürich 1999, S. 324–7; zur estnischen Version des »3+1-Paktes« siehe EST-VM USA I 1990–1991, »Vertrag über die zwischenstaatlichen Beziehungen zwischen der RSFSR und der Republik Estland«, 13. Januar 1991.

119 Spohr, *Germany and the Baltic Problem*, S. 33. Siehe auch Einträge vom 13. und 14. Januar 1991, *Sir Rodric Braithwaite's Diary*, 1988–1992. Siehe auch Edijs Boš, »The Baltic-American Alliance: The Evolving Post-Cold War Security Policies of Estonia, Latvia and Lithuania, 1988–1998«, Dissertation, Cambridge University, Juli 2009, S. 76 ff.

120 Siehe HIA, Russian Archives Project, Fond 1989, Pronouncement – »Über die Ereignisse in der Republik Litauen« des Präsidiums des Kiewer Bezirksrats der Volksdeputierten, 15. Januar 1991; Erklärung im Zusammenhang mit den Ereignissen in Vilnius am 13. Januar 1991 des Bezirksrats der Volksdeputierten von Krasnogwardej, 15. Januar 1991; Telegramm an Gorbatschow – »Eine Deklaration« des Präsidiums des Stadtrats der Volksdeputierten von Sosnowsk, 15. Januar 1991, befürwortet auf einer Stadtkundgebung am 16. Januar 1991. Siehe auch Elizabeth Shogren, »Soviets Angry, Fearful Over Lithuania Clash; Protests: Thousands rally against what they say is a threat of dictatorship. More disapproval pours in from across Europe«, *LA Times*, 14. Januar 1991; Michael Dobbs, *Down with Big Brother: The Fall of the Soviet Empire*, London 1997, S. 345.

121 Einträge vom 15. und 17. Januar 1991, zitiert nach Tschernajew, *Die letzten Jahre einer Weltmacht*, S. 342–8 und 351; vgl. *The Diary of Anatoly S. Chernyaev, 1991*, S. 8–12 und 14, NSAEBB No. 345.

122 Taubman, *Gorbatschow*, S. 677; Grachev, *Final Days*, S. xvii f.

123 Zu den Aktionen Islands siehe EST-VM Islandi 1990–1992, »Treffen mit baltischen

Repräsentanten«; »Brief von Islands Regierungschef an Gorbatschow«, 13. Januar 1991; »Althingis Resolution, die den Gewalteinsatz der sowjetischen Streitkräfte in Litauen verurteilt«, 14. Januar 1991; »Gemeinsame Erklärung der Außenminister Islands und Estlands am 21. Januar 1991«. Eintrag vom 17. Januar 1991, *The Diary of Anatoly S. Chernyaev, 1991,* S. 14, NSAEBB No. 345; Taubman, *Gorbatschow,* S. 677 f. Beschloss und Talbott, *Auf höchster Ebene,* S. 404. Siehe auch Jón Baldvin Hannibalssons Memoirenaufsatz mit dem Titel »The Baltic Road to Freedom and the Fall of the Soviet Union«, in: Daniel S. Hamilton und Kristina Spohr (Hg.) *Exiting the Cold War, Entering a New World,* Washington, DC, 2019.

124 Serge Schmemann, »War in the Gulf: The Kremlin; Gorbachev Denies Any Shift away from Liberalization«, *NYT,* 23. Januar 1991. Siehe auch Francis X. Clines, »Lithuania Feels Betrayed by ›Bad King‹ Gorbachev«, *NYT,* 23. Januar 1991. Vgl. HIA, Russian Archives Project, Fond 89, »Ein Appell an den Obersten Sowjet der RSFSR, Volksdeputierte Russlands«, von baltischen konservativen kommunistischen Führern, 19. Januar 1991, Riga; »Geheimer Zusatz« der Verwaltung für Nationalitätenpolitik des ZK der KPdSU – »Zur Lage in den baltischen Republiken«, zugehörig zum »Dekret des Sekretariats des ZK der KPdSU«, 7. Februar 1991. Matlock, *Autopsy on an Empire,* S. 454–63. Siehe auch Taubman, *Gorbatschow,* S. 677 ff.

125 Alan Riding, »*Baltic Assaults Lead Europeans To Hold Off Aid*«, *NYT,* 23. Januar 1991.

126 Englisches Zitat in: ICE-MFA Iceland 8.G.2–6 Icelandic embassy Bonn Bad-Goderberg to MFA Reykjavik 17. Januar 1991 – laut den Notizen Gudni Johannessons, die der Autorin vorliegen, sowie im »Tagebuch« von Michael Mertes – eines Mitarbeiters im Kanzleramt – welches die Autorin einsehen konnte.

127 Ebenda; Spohr, *Germany and the Baltic Problem,* S. 34. EST-VM Prantsusmaa 1991.a–1993.a, Kohli ja Mitterrandi kohtumine (Lille), 29./30. März 1991.

128 GHWBPL, NSC, Condoleezza Rice papers: SU/USSR Subject Files, CFO0718-009; Baltics, Memos from Rice to Scowcroft, 15. und 21. Januar 1991.

129 David Binder, »Washington: Baltic Officials Meet with Baker and Congressional Panel on Crisis«, *NYT,* 23. Januar 1991. Bush war im Januar wegen des harten Vorgehens im Baltikum eindeutig relativ nachsichtig gegenüber Gorbatschow gewesen. Wie Baker in seinen Memoiren trefflich festhielt: »Wir konnten das Verhalten der Sowjets [im Baltikum] keinesfalls ignorieren, aber wir konnten es uns auch nicht leisten, sie am Vorabend des Golfkrieges als Partner zu verlieren. Dies war eines der vielen Beispiele, wie wir ständig mit Prinzipien und Interessen, Realismus und Idealismus jonglieren mussten, um kreative Diplomatie betreiben zu können.« Baker, *Drei Jahre, die die Welt veränderten,* S. 367. Siehe auch Matlock, *Autopsy on an Empire,* S. 469–73. Zum Schreiben von Bush siehe GHWBPL, NSC, Nicholas Burns Files, Subject Files, Bush–Gorbachev Correspondence [3], Rice to Scowcroft, »Letter to Gorbachev Regarding the Baltic Situation«, 22. Januar 1991. Siehe auch Bošs, »The Baltic-American Alliance«, S. 78 ff.

130 Francis X. Clines, »Gorbachev Bans Moscow Rallies«, *NYT,* 26. März 1991.

131 Siehe den Abschnitt »Pavlov's Fog« in Matlock, *Autopsy on an Empire*, S. 473 ff. Serge Schmemann, »Ruble Recall Deepens Soviet Hardships«, *NYT*, 24. Januar 1991.

132 »Soviet Economic Change Isn't Reform«: Siehe auch IMFA, AWP, JSSE, B1/F4, Memo, USSR – Meeting of Soviet Delegation with Whittome, 7. Februar 1991 (vertraulich), S. 1–3; Memo, Whittome to Managing Director, 6. Februar 1991. Whittome fragte sich auch, was die Pawlow-Anhänger in der Praxis meinten, wenn sie davon sprachen, »zu einer Marktwirtschaft in einer staatlich gelenkten Form überzugehen«.

133 Tagebucheintrag vom 19. Januar 1991, *The Diary of Anatoly S. Chernyaev, 1991*, S. 28, NSAEBB No. 345; Francis X. Clines, »Yeltsin, Criticizing Failures, Insists that Gorbachev Quit«, *NYT*, 20. Februar 1991.

134 Serge Schmemann, »Strike by Soviet Miners Spreads in Rising Challenge to Kremlin«, *NYT*, 28. März 1991.

135 Clines, »Gorbachev Bans Moscow Rallies«.

136 Remnick, *Lenin's Tomb*, S. 420 ff.; Serge Schmemann, »100,000 Join Moscow Rally, Defying Ban by Gorbachev to Show Support for Rival«, *NYT*, 29. März 1991; Francis X. Clines, »Rally Takes Kremlin Terror and Turns It into Burlesque«, *NYT*, 29. März 1991.

137 Matlock, *Autopsy on an Empire*, S. 471; Michail Gorbatschow, *Der Staatsstreich*, München 1991, S. 12 f.; Tagebucheinträge vom 14. und 20. März 1991, *The Diary of Anatoly S. Chernyaev, 1991*, S. 39, 42, NSAEBB No. 345.

138 Celestine Bohlen, »Warsaw Pact Agrees to Dissolve Its Military Alliance by March 31«, *NYT*, 26. Februar 1991. Erst Ende Oktober 1992 verließen die letzten russischen Kampftruppen Polen und bestätigten damit endgültig die polnische Souveränität. Damit schloss sich, wie der stellvertretende polnische Verteidigungsminister erklärte, »ein wichtiges Kapitel in der Geschichte Mitteleuropas«. Siehe »Last Russian Combat Troops Are Withdrawn from Poland«, *Reuters*, 29. Oktober 1992.

139 Matlock, *Autopsy on an Empire*, S. 492 ff.; Francis X. Clines, »Gorbachev Given a Partial Victory in Voting on Unity«, *NYT*, 19. März 1991.

140 Francis X. Clines, »Soviets in Millions Deciding on Unity«, *NYT*, 18. März 1991.

141 Zbigniew Brzezinski und Paige Sullivan (Hg.), *Russia and the Commonwealth of Independent States: Documents, Data, and Analysis*, London 1997, Kapitel 1, insb. S. 13 f. Gorbatschow selbst bevorzugte die Variante 1+9 statt 9+1, was darauf hindeutete, wo sich für ihn immer noch die Macht befand: im Zentrum und bei ihm, nicht bei den verbleibenden Republiken. Vgl. Brown, *Seven Years that Changed the World*, S. 305.

142 Taubman, *Gorbatschow*, S. 682 f.; Jelzin, *Auf des Messers Schneide*, S. 32 f.

143 Taubman, *Gorbatschow*, S. 685 f.; Grachev, *Gorbachev*, S. 358 f.; Tagebucheintrag vom 27. April 1991, *The Diary of Anatoly S. Chernyaev, 1991*, S. 52 f., NSAEBB No. 345; David Remnick, »Gorbachev, Yeltsin Sign Crisis Pact«, *WP*, 25. April 1991; Serge Schmemann, »Gorbachev Offers to Resign as Party's Chief, but is Given a Vote of Support«, *NYT*, 26. April 1991.

144 Michael Dobbs, »Gorbachev Escapes Again, but Economy's Grip May Be Tightening«, *WP*, 28. April 1991.

145 Schachnasarow zitiert in Taubman, *Gorbatschow,* S. 683.

146 Colton, *Yeltsin,* S. 193 f. Siehe auch Brown, *Seven Years that Changed the World,* S. 204.

147 Beschloss und Talbott, *Auf höchster Ebene,* S. 519, 525; Remnick, *Lenin's Tomb,* S. 428 f.; Bush und Scowcroft, *Eine neue Welt,* S. 317. Taubman, *Gorbatschow,* S. 686 f.; Service, *The End of the Cold War 1985–1991,* S. 487; Matlock, *Autopsy on an Empire,* S. 539–6. Siehe auch GHWBPL, Telcon of Bush–Gorbachev talks, 21. Juni 1991, 10.00–10.38 Uhr, The Oval Office. Vgl. Serge Schmemann, »*Gorbachev to Mix Plans on Economy of Left and Right*«, *NYT,* 22. Juni 1991. Auch zu Kohl sagte Gorbatschow am 5. Juli bei einem Treffen in Kiew, was die Gerüchte »eines Putsches gegen die jetzige Kemlführung« anging, sei nichts dran; es handle sich bei den »genannten Männern« um »eine unfähige Bande von Alkoholikern«. Aus dem »Tagebuch« von Michael Mertes.

148 Taubman, *Gorbatschow,* S. 683 f.; Remnick, *Lenin's Tomb,* S. 439 f.

149 Zitiert nach Gorbatschow, *Erinnerungen,* S. 1065; Remnick, *Lenin's Tomb,* S. 438 f.; Tagebucheintrag vom 23. Juli 1991, *The Diary of Anatoly S. Chernyaev, 1991,* S. 92, NSAEBB No. 345; zum neuen Parteiprogramm siehe Serge Schmemann, »Gorbachev Offers Party a Charter that Drops Icons«, *NYT,* 26. Juli 1991; derselbe, »Leadership of Communists Approves Gorbachev Plan«, *NYT,* 27. Juli 1991.

150 Baker, *Drei Jahre, die die Welt veränderten,* S. 465 f.

151 Beschloss und Talbott, *Auf höchster Ebene,* S. 458.

152 Baker, *Drei Jahre, die die Welt veränderten,* S. 466 f.; Bush und Scowcroft, *A World Transformed,* S. 500. Vgl. Soviet Record of Conversation between Gorbachev and Baker (excerpt), Moskau, 15. März 1991, abgedruckt in: *TLSS,* doc. 122, S. 814–9. Siehe auch JAB-SML, B110/F2, März 1991, JAB notes from 3/15/91 meeting w/USSR Pres. Gorbachev, The Kremlin, Moscow, USSR, S. 1 f.

153 Baker, *Drei Jahre, die die Welt veränderten,* S. 467; Beschloss und Talbott, *Auf höchster Ebene,* S. 454.

154 Tagebucheintrag vom 17. März 1991, abgedruckt in: Bush und Scowcroft, *A World Transformed,* S. 500.

155 Ebenda, S. 501; Service, *The End of the Cold War 1985–1991,* S. 485 f. Zu den Wirt-schaftsreformen siehe Peter Reddaway und Dmitri Glinski, *The Tragedy of Russia's Reforms: Market Bolshevism Against Democracy,* Washington, DC, 2001, S. 178 ff.; Matlock, *Autopsy on an Empire,* S. 534–9 und 547–51.

156 Zum »joint report« von IWF–Weltbank–OECD–EBWE siehe IMFA, AWP, JSSE, B3/F5 und B1/F2. Siehe auch IMFA, Michel Camdessus Papers – Chronological Files, Boxes 5 and 6, January–September 1990 und October–December 1990. Entwürfe des gemeinsamen Berichts selbst sind vom IWF nicht veröffentlicht worden. JAB-SML, B115/F7 Proposed Agenda for Meeting with the President, 19. Dezember 1990, 13.30 Uhr, S. 1–3. GHWBPL Council of Economic Advisers – Michael Boskin Files: Interagency Meeting on IMF-led Study (CF01113–023), 9. August 1990. Walter S. Mossberg & Gerald F. Seib, »White House Intends to Aid Kremlin if it Follows US Advice on Reforms«, *WSJE,* 3. Juni 1991; Felicity Barringer, »Fiscal Epic by Moscow

and Harvard Gets Skeptical Reviews«, *NYT,* 3. Juni 1991; Lloyd Grove, »The Professor's Soviet Solution«, *WP,* 26. August 1991. Siehe auch Bierling, *Wirtschaftshilfe für Moskau,* S. 122.

157 »30 Milliarden mehr«, in: *Wirtschaftswoche,* 17. Mai 1991; Beschloss und Talbott, *Auf höchster Ebene,* S. 496. Siehe auch John T. Dahlburg, »Gorbachev Urges World to Help Save Perestroika«, *LA Times,* 18. April 1991.

158 JAB-SML, B115/F8, Proposed Agenda for Meeting with the President, 26. Juni 1991, S. 1.

159 GHWBPL, Telcon of Bush–Gorbachev call, 11. Mai 1991, 9.03–9.47 Uhr, Camp David, S. 1–6, insb. S. 2, 4. Siehe auch TNA UK, PREM 19/3279, Memorandum by Wicks to PM, London Economic Summit: Soviet Union and Associating President Gorbachev, 7. Mai 1991, S. 1–3.

160 GHWBPL, Telcon of Bush–Gorbachev call, 27. Mai 1991, 16.30–16.49 Uhr, Kennebunkport, S. 1–3.

161 Thomas L. Friedman, »U.S. and Soviets Bridge Gap on Conventional Weapons and Plan for Summit Soon – Soviets' Real Issue: Aid«, *NYT,* 2. Juni 1991; Alan Riding, »Bush Hails Accord«, *NYT,* 2. Juni 1991.

162 Thomas L. Friedman, »Bush Clears Soviet Trade Benefits and Weighs Role in London Talks«, *NYT,* 4. Juni 1991; William E. Schmidt, »Europeans Want Gorbachev at Talks«, *NYT,* 2. Juni 1991; derselbe, »Britain Is Proposing to Invite Gorbachev to London Talks«, *NYT,* 7. Juni 1991. Bush und Scowcroft, *Eine neue Welt,* S. 313 f. Siehe auch TNA UK, PREM 19/3279, Memorandum by Wicks to Bayne, London Economic Summit: Possible Association of President Gorbachev, 30. Mai 1991, S. 1 f.; Letter, Cradock to Wall (confidential), Soviet Union: a Grand Bargain with the G7?, 31. Mai 1991, S. 1–4. Letter, Wall to Gozney (restricted), Telephone Call from Bush: Gorbachev's Attendance at the G7 summit – and other issues, 4. Juni 1991, S. 1 f.; Wicks to Wall (confidential), Sherpas: Gorbachev and the Economic Summit, 8. Juni 1991, S. 1 f., einschl. Chairman's non-paper – Gorbachev and the summit (confidential, undated), S. 1–3.

163 GHWBPL, Memcon of Bush–Yeltsin talks, 20. Juni 1991, 15.00–16.40 Uhr, Cabinet Room, S. 1–9, insb. S. 4, 6; Bush und Scowcroft, *Eine neue Welt,* S. 315 ff.

164 GHWBPL, Telcon of Bush–Gorbachev call, 21. Juni 1991, 10.00–10.38 Uhr, Oval Office, S. 1–4, insb. S. 1, 4.

165 TNA UK, PREM 19/3283, Letter, Bishop to Wall (confidential), Gorbachev Visit 16.–19. Juli: Some Interpreter's-eye Impressions, 22. Juli 1991, S. 6. R. W. Apple Jr., »Pact is Reached to Reduce Nuclear Arms; Bush and Gorbachev to Meet this Month; 7 Powers Give Soviets New Economic Role«, *NYT,* 18. Juli 1991; Francis X. Clines, »Gorbachev's Big Gamble«, *NYT,* 17. Juli 1991.

166 GHWBPL, G-7 Meeting with President Gorbachev, 17. Juli 1991, 14.20–18.15 Uhr, Music Room, Lancaster House, London, England, S. 1–13, hier insb. S. 13; Gorbatschow, *Erinnerungen,* S. 824–7. Vgl. TNA UK, PREM 19/3284, Meeting of Heads of States and President Gorbachev, 17. Juli 1991, 14.30–18.15 Uhr, S. 1–15.

167 GHWBPL, Memcon of Second Plenary, London Economic Summit, 16. Juli 1991, 15.40–17.30 Uhr, Long Gallery, Lancaster House, London, England, S. 1–8, insb. S. 3.

168 Stephen Kinzer, »Weakened Kohl Frustrated by Summit Colleagues«, NYT, 19. Juli 1991.

169 Bierling, Wirtschaftshilfe für Moskau, S. 127.

170 GHWBPL, Memcon of Second Plenary, 16. Juli 1991, 15.40–17.30 Uhr, Long Gallery, Lancaster House, London, S. 1, 3; Memcon of Opening Session of the London Economic Summit, 15. Juli 1991, 14.20–17.40 Uhr, Music Room, Lancaster House, London, S. 3; Bush und Scowcroft, A World Transformed, S. 503; Serge Schmemann, »Soviet Economist who Urged Change Calls Gorbachev and West ›Foggy‹«, NYT, 19. Juli 1991. Vgl. Letter, Bush to Gorbachev, Anfang Juli 1990, abgedruckt in: TLSS, doc. 130, S. 845–8. TNA UK, PREM 19/3282-1, Memo, Wicks to PM, Heads of Delegation Lunch, 16. Juli 1991, S. 1 f. incl. Memo, Economic Summit: Handling of Gorbachev – Point to Make [at Lunch] (undated), S. 1–4.

171 GHWBPL, Memcon of the Opening Session of the London Economic Summit, 15. Juli 1991, 14.20–17.40 Uhr, Music Room, Lancaster House, London, England, S. 1–11, hier S. 3; Craig R. Whitney, »Toward a Smaller World«, NYT, 18. Juli 1991.

172 GHWBPL, G-7 Meeting with President Gorbachev, 17. Juli 1991, 14.20–18.15 Uhr, Music Room, Lancaster House, London, England, S. 8.

173 Ebenda, S. 12 f.

174 GHWBPL, Memcon of Bush–Gorbachev talks, 17. Juli 1991, Winfield House, London, S. 1–4, insb. S. 1 f. Vgl. Taubman, Gorbatschow, S. 698 f. Francis X. Clines, »Gorbachev Pleads for $100 Billion in Aid from West«, NYT, 23. Mai 1991.

175 TNA UK, PREM 19/3283, Letter, Bishop to Wall (confidential), Gorbachev Visit 16–19 July: Some Interpreter's-eye Impressions, 22. Juli 1991, S. 1–6.

176 TNA UK, PREM 19/3283, Letter, Heywood to Wall (confidential), The Economic Summit and the Soviet Union, 22. Juli 1991, S. 1 f. Keith Bradsher, »Soviets, in Surprise, Apply for Full World Bank Status«, NYT, 24. Juli 1991; derselbe, »Soviet Bid to Join I.M.F. Still a Puzzle«, NYT, 29. Juli 1991.

177 Zu Start I siehe https://www.armscontrol.org/factsheets/start1.

178 Remarks by President Gorbachev and President Bush at the Signing Ceremony for the Strategic Arms Reduction Talks Treaty in Moscow, 31. Juli 1991. Siehe auch TNA UK, PREM 19/3760, Letter, Gorbachev to Major, 7. August 1991, S. 4, in dem Gorbatschow schrieb: »Ich kann voller Zuversicht erklären, dass der sowjetisch-amerikanische Gipfel in Moskau eine neue Phase der Interaktion und Zusammenarbeit zwischen unseren beiden Nationen begonnen hat. … Nach meiner Erfahrung … ist das, was für die sowjetisch-amerikanischen Beziehungen gut ist, auch für die internationale Gemeinschaft gut und wird dem Prozess der Schaffung einer neuen, friedlichen Weltordnung im Interesse aller Länder dienen.«

179 Memorandum from Eagleburger for the President: »Your Visit to the USSR«, 25. Juli 1991, abgedruckt in: TLSS, doc. 134, S. 864–7, hier S. 865.

180 Francis X. Clines, »Chinese Party Chief Mending Relations in Moscow«, NYT, 16. Mai 1991.

181 Soviet Record of Main Content of Conversation between Bush and Gorbachev, Nowo-Ogarjowo, 31. Juli 1991, abgedruckt in: *TLSS*, doc. 139, S. 893; vgl. GHWBPL, Memcon of Gorbachev–Bush talks, 31. Juli 1991, 10.55–14.55 Uhr, Nowo-Ogarjowo, USSR, S. 1–8.

182 Remarks at the Arrival Ceremony in Moscow, 30. Juli 1991, APP; The President's News Conference With Soviet President Mikhail Gorbachev in Moscow, 31. Juli 1991, APP.

183 Soviet Record of Main Content of Conversation between Gorbachev and Bush, First Private Meeting, Moskau, 30. Juli 1991, *TLSS*, doc. 135, S. 868–79, hier S. 876 f. Ein amerikanisches Transkript dieser Diskussion ist bislang nicht freigegeben worden.

184 The President's News Conference with Soviet President Mikhail Gorbachev in Moskau, 31. Juli 1991, APP. Vgl. Keith Badger, »Soviet Trade Favor Costs U.S. Little«, *NYT*, 31. Juli 1991.

185 *TLSS*, doc. 139, S. 893. Ein amerikanisches Transkript bietet GHWBPL, Memcon of Gorbachev–Bush talks, 31. Juli 1991, 10.55–14.55 Uhr, Nowo-Ogarjowo, UdSSR, S. 1–8.

186 *TLSS*, doc. 135, S. 874.

187 Bill Keller, »Gunmen Kill 6 Lithuania Border Guards«, *NYT*, 1. August 1991. Siehe auch Bush und Scowcroft, *Eine neue Welt*, S. 325 f.

188 *TLSS*, doc. 139, S. 900 f. Vgl. das längst nicht so ausführliche US-Transkript, GHWBPL, Memcon of Gorbachev–Bush talks, 31. Juli 1991, 10.55–14.55 Uhr, Nowo-Ogarjowo, USSR, S. 8.

189 *TLSS*, doc. 135, S. 869 f., 874.

190 Bush und Scowcroft, *A World Transformed*, S. 515 f.; Beschloss und Talbott, *Auf höchster Ebene*, S. 544 f.

191 Bush's Remarks to the Supreme Soviet of the Republic of the Ukraine in Kiev, Soviet Union, 1. August 1991, APP; zitiert nach AdG, 1991, S. 35898, A3; vgl. Taubman, *Gorbatschow*, S. 703 f. Das Urteil in der US-Presse fiel lauwarm aus, und die ukrainisch-amerikanische Lobby für eine Unabhängigkeit wies vehement zurück, was sie für Bushs Arschkriecherei bei Gorbatschow hielten. Siehe beispielsweise Francis X. Clines, »Bush, in Ukraine, Walks Fine Line on Sovereignty«, *NYT*, 2. August 1991. Ein paar Wochen später ließ der Kolumnist der *New York Times* und ehemalige Redenschreiber Nixons William Safire in einem Artikel mit der Überschrift »After the Fall« kein gutes Haar an Bush. Dessen Rede nannte er die »entsetzliche ›Kiewer Angsthasen‹-Rede«. Was immer Safire bezweckt haben mochte, das Bild blieb wie Pech an Bush kleben. Und es beflügelte die Fantasie der Amerikaner – da es Bushs Unentschlossenheit und Mangel an einer eigenen Vision in der Außenpolitik widerspiegelte. Letztlich habe Bush, behauptete Safire, »den Ukrainern einen Vortrag gegen Selbstbestimmung gehalten und Washington törichterweise auf die Seite Moskaus gestellt«. William Safire, »Essay – After the Fall«, *NYT*, 29. August 1991.

192 Schreiben, Bush an Gorbatschow, 1. August 1991, abgedruckt in: Bush, *All the Best*, S. 530; Bush und Scowcroft, *Eine neue Welt*, S. 326 f.

193 *TLSS*, doc. 135, S. 879.

194 Michael Wines, »Bush Says Only Bad Health Would Bar Candidacy in '92«, *NYT*, 3. August 1991; The President's News Conference, 2. August 1991, APP; Tagebucheinträge vom 28. Februar 1991, 15. April, 4. Mai, 5. Mai, 10. Juni (Beisetzungsanweisungen), 27. Juni, 7. Juli und 25. Juli 1991, alle abgedruckt in: Bush, *All the Best*, S. 514–18, 525 f., 528 f.

195 Adam Clymer, »President is Sent Measure to Widen Jobless Benefits«, *NYT*, 3. August 1991; Robert D. Hershey Jr., »Economy Turns Up with Gain of 0,4% In The 2d Quarter«, *NYT*, 27. Juli 1991; Michael deCourcy Hinds, »States and Cities Fight Recession with New Taxes«, *NYT*, 27. Juli 1991. Siehe auch Presidential Job Approval, George Bush 1989–1993, APP.

196 Bush und Scowcroft, *A World Transformed*, S. 517.

197 Eintrag vom 3. August 1991, *The Diary of Anatoly S. Chernyaev, 1991*, S. 94 f., NSAEBB No. 345; Bush und Scowcroft, *A World Transformed*, S. 511, 514, 517; Gorbatschow, *Erinnerungen*, S. 834 f., 1067 f.; Francis X. Clines, »Economy Sulks as Gorbachev Enjoys His Encore«, *NYT*, 28. Juli 1991, S. 10; Taubman, *Gorbatschow*, S. 709.

198 Tagebucheintrag vom 12. August 1991, abgedruckt in: Bush, *All the Best*, S. 532 f.

199 Vgl. Tschernajew, *Die letzten Jahre einer Weltmacht*, S. 398. Siehe auch Engel, *When the World Seemed New*, S. 453 f., und Taubman, *Gorbatschow*, S. 709–12.

200 Tagebucheinträge vom 1. und 19. August 1991, abgedruckt in: Bush, *All the Best*, S. 529 f. und 533. Siehe auch Schreiben, Bush an Gorbatschow, 1. August 1991, abgedruckt in: Bush, *All the Best*, S. 530, sowie Bush und Scowcroft, *Eine neue Welt*, S. 328 f.

201 Taubman, *Gorbatschow*, S. 713 ff.; Eintrag vom 19. August 1991, *Sir Rodric Braithwaite's Diary, 1988–1992*. Vgl. Plokhy, *The Last Empire*, S. 87–90.

202 Tagebucheintrag vom 19. August 1991, abgedruckt in: Bush und Scowcroft, *Eine neue Welt*, S. 335. Dieser Text weicht von dem längeren Auszug aus dem Tagebucheintrag vom 19. August 1991 ab, der abgedruckt ist in: Bush, *All the Best*, S. 533 f.

203 Note – Matters to address today, 20. August 1991, abgedruckt in: Bush, *All the Best*, S. 534. Bush und Scowcroft, *A World Transformed*, S. 518 f.

204 Tagebucheinträge vom 20. und 21. August 1991, abgedruckt in: Bush, *All the Best*, S. 534 ff. GHWBPL, Telcon of Bush–Yeltsin call, 20. August 1991, 8.18–8.35 Uhr, Oval Office; Telcon of Bush–Yeltsin call, 21. August 1991, 8.30–9.05 Uhr, Kennebunkport.

205 Siehe GHWBPL, Telcon of Yeltsin–Bush talks, 21. August 1991, 21.20–21.31 Uhr, Kennebunkport.

206 Remnick, *Lenin's Tomb*, S. 494 f.; Taubman, *Gorbatschow*, S. 728 ff.; Francis X. Clines, »After the Coup: Yeltsin is Routing Communist Party From Key Roles Throughout Russia – He Forces Vast Gorbachev Shake-Up; Soviet President is Heckled by the Republic's Parliament«, *NYT*, 24. August 1991. Ein englischsprachiges Transkript der Parlamentssitzung vom 23. August enthält: »Gorbachev's Speech to Russians: ›A Major Regrouping of Political Forces‹«, *NYT*, 24. August 1991.

207 Beschloss und Talbott, *Auf höchster Ebene*, S. 573.

208 GHWBPL, NSC, Susan Koch Files, Subject Files, Folder: After the [Soviet] Coup, AmEmbassy Moscow to State, »The USSR Two Weeks After the Failed Coup«, 6. September 1991.

209 Tagebucheintrag vom 2. September 1991, abgedruckt in: Bush, *All the Best*, S. 536.

210 David Binder, »Baltics' Campaign is Gaining in West«, *NYT*, 23. August 1991. Siehe auch Tagebucheintrag vom 2. September 1991, abgedruckt in: Bush, *All the Best*, S. 536 f. Ein ausführlicherer Auszug ist abgedruckt in: Bush und Scowcroft, *A World Transformed*, S. 539, und allgemeiner S. 537–40; in der deutschen Übersetzung: *Eine neue Welt*, S. 354.

211 GHWBPL, NSC, Susan Koch Files, Subject Files, Folder: After the [Soviet] Coup, AmEmbassy Moscow to State, »The USSR Two Weeks After the Failed Coup«, 6. September 1991.

212 Remnick, *Lenin's Tomb*, S. 495. Siehe auch Tagebucheintrag vom 2. September 1991, abgedruckt in: Bush und Scowcroft, *A World Transformed*, S. 539.

213 Remnick, *Lenin's Tomb*, S. 498 f.; Taubman, *Gorbatschow*, S. 737; Eintrag vom 1. Dezember 1991, *The Diary of Anatoly S. Chernyaev, 1991*, S. 174 f., NSAEBB No. 345; Grachev, *Final Days*, S. 106–11, insb. S. 108, und 119–26; Plokhy, *The Last Empire*, S. 293 f.

214 Beschloss und Talbott, *Auf höchster Ebene*, S. 583; Palazhchenko, *My Years with Gorbachev and Shevardnadze*, S. 339. Vgl. Soviet Record of Dinner Conversation between Gorbachev, Bush, Gonzalez and King Juan Carlos of Spain, 29. Oktober 1991, abgedruckt in: *TLSS*, doc. 150, S. 953.

215 »Lange Zeit lautete die Antwort auf Bedenken wegen Jelzin und sicherheitspolitische Befürchtungen um den Zerfall der Sowjetunion, Gorbatschow zu stützen«, sagte ein US-Regierungsvertreter der *New York Times*. Andrew Rosenthal, »Bush Reluctantly Concludes Gorbachev Tried to Cling to Power Too Long«, *NYT*, 25. Dezember 1991. Siehe auch James M. Goldgeier uand Michael McFaul, *Power and Purpose: U.S. Policy Toward Russia after the Cold War*, Washington, DC, 2003, S. 73.

216 Hutchings, *American Diplomacy and the End of the Cold War*, S. 331, 335.

217 Ebenda, S. 331.

218 Baker, *Drei Jahre, die die Welt veränderten*, S. 555 f.

219 Ebenda, S. 550, 554. Siehe auch David Hoffman, »Baker: U.S. Must Resist Temptation to Move Toward Isolationism«, *WP*, 8. Dezember 1991.

220 JAB-SML, B115/F8, Soviet Points for Meeting with the President, 10. Dezember 1991, S. 1 f.

221 Thomas L. Friedman, »Baker Presents Steps to Aid Transition by Soviets«, *NYT*, 13. Dezember 1991; Baker, *Drei Jahre, die die Welt veränderten*, S. 556 f.

222 »Baker Sees Opportunities and Risks as Soviet Republics Grope for Stability – Excerpts from Baker's Princeton Speech«, *NYT*, 13. Dezember 1991; Vgl. GHWBPL, Telcon of Bush–Yeltsin call, 13. Dezember 1991, 10.49–11.15 Uhr, Oval Office, S. 3. Technische Unterstützung kam zusätzlich zu den vom Kongress gebilligten 100 Millionen Dollar an »humanitärer Unterstützung« für die sowjetischen Republiken,

siehe GHWBPL, NSC, Nicholas Burns Files, Subject File – USSR Food Grant Aid (CF01498-002), Options for Use of the $100 million to support humanitarian assistance for the Soviet Union and the republics, 8. Dezember 1991, S. 1–5.

223 GHWBPL, Telcon of Bush–Gorbachev call, 13. Dezember 1991, 15.37–16.11 Uhr, Oval Office, S. 4.

224 GHWBPL, Telcon of Bush–Yeltsin call, 13. Dezember 1991, 10.49–11.15 Uhr, Oval Office, S. 1.

225 Baker, *Drei Jahre, die die Welt veränderten*, S. 555.

226 Francis X. Clines, »U.S. Envoy Urges Debt Relief for Soviets«, *NYT*, 19. November 1991. Vgl. GHWBPL, NSC, Burns-Hewett Files, Subject File, POTUS Meetings November 1991: POTUS Meeting on Debt Situation in the USSR 11/5/91 (OA/ID CF01422-039), Scowcroft Memo to Bush on »Meeting on Soviet Debt«, 5. November 1991, 14.00–17.00 Uhr, Cabinet Room, S. 1–3 + Anhänge. Wie Scowcroft Bush schrieb: »Kurzum, es sieht so aus, als ständen die Sowjets am Rand einer ernsten Finanzkrise ... wir werden jetzt gebeten, außerordentliche Hilfen zur Zahlungsbilanz für November und Dezember zu gewähren, und womöglich für ganz 1992. Ich hatte gehofft, wir könnten es vermeiden, in größere finanziellen Transfers an die Sowjets hineingezogen zu werden, aber bei der Wahrscheinlichkeit eines sowjetischen Zahlungsausfalls ohne Maßnahmen des Westens stehen uns einige unerfreuliche Entscheidungen bevor.«

227 Goldgeier und Mc Faul, *Power and Purpose*, S. 48 f.; Baker, *Drei Jahre, die die Weltveränderten*, S. 555–77, Zitat auf S. 577. Zur »Chance«, die Demokratie zu exportieren, siehe auch »Baker Sees Opportunities and Risks as Soviet Republics Grope for Stability – Excerpts from Baker's Princeton Speech«.

228 Baker, *Drei Jahre, die die Welt veränderten*, S. 564; GHWBPL, NSC, Craig Chellis Files, (59) NATO-EE/Soviet Liaison [1] (CF01436-009), Cable, Secstate to Europan Pol. Collective – Genscher–Baker Statement, 2. Oktober 1991, S. 1–3; TNA UK, PREM 19/3760, Memo, Letter, Gass to Wall – The Baker-Genscher Declaration, 5. November 1992, S. 1 f.; JAB-SML, B115/F8, Proposed Agenda for Meeting with the President, 31. Dezember 1991, 11.00 Uhr, S. 1 f.; GHWBPL, NSC, Barry Lowenkron Files, NATO: Wörner (CF01526-021), Memo by Scowcroft for Bush – re: President's 11 Oct. Meeting with Wörner, 9. Oktober 1991, S. 2; Memcon of Bush–Wörner talks, 11. Oktober 1991, 11.30–12.00 Uhr, The Oval Office, S. 1–5. TNA UK, PREM 19/4329, Memo, Weston to Goulden (confidential) – The Future of NATO – The Question of Enlargement, 3. März 1992, S. 1–7. Hutchings, *American Diplomacy and the End of the Cold War*, S. 290 f.; Genscher, *Erinnerungen*, S. 978; Norman Kempster, »Baker Proposes New Partnership for East, West«, *LA Times*, 19. Juni 1991; Liz Sly, »Baker Wants Soviets in U.S.-Europe Alliance«, *CT*, 19. Juni 1991.

229 Baker, *Drei Jahre, die die Welt veränderten*, S. 564, 578. Vgl. GHWBPL, NSC, Barry Lowenkron Files, NATO: Wörner (CF01526-021), Memcon of Bush–Wörner talks, 11. Oktober 1991, 11.30–12.00 Uhr, The Oval Office, S. 4 f.

230 Ebenda, S. 578. Vgl. Genscher, *Erinnerungen*, S. 978.

231 Thomas L. Friedman, »Yeltsin Says Russia Seeks to Join NATO«, *NYT,* 21. Dezember
     1991.

232 Hutchings, *American Diplomacy and the End of the Cold War,* S. 292.

233 GHWBPL, NSC, Barry Lowenkron Files, NATO Files, NATO: NAC/NACC Ministerials –
     Dec. 1991 Brussels, Cable, US Mission NATO to SecState, NATO: NACC Ministerial,
     Summary Report, 20. Dezember 1991, S. 1–3 + NACC Ministerial Declaration – Soviet
     Union ends as Meeting Ends, S. 4 ff. »Dissolution of the Soviet Union Announced at
     Nato Meeting, 1 Jan 1991«, NATO. Friedman, »Yeltsin Says Russia Seeks to Join
     NATO«. Zur Erklärung »North Atlantic Cooperation Council Statement on Dialogue,
     Partnership and Cooperation«, Press Communiqué M-NACC-1(91)111, NAC,
     20. Dezember 1991, NATO.

234 Plokhy, *The Last Empire, S.* 295–316; Reynolds, *One World Divisible,* S. 575.

235 GHWBPL, Telcon of Bush–Gorbachev talks, 25. Dezember 1991, 10.03–10.25 Uhr,
     Camp David, S. 1–3. Bush und Scowcroft, *Eine neue Welt,* S. 381–4.

236 Bush's Address to the Nation on the Commonwealth of Independent States,
     25. Dezember 1991, APP.

237 Tagebucheintrag vom 2. September 1991, abgedruckt in: Bush, *All the Best,* S. 537.

238 Letter, Bush to Senator Al Simpson, 21. Oktober 1991, abgedruckt in: Bush, *All the
     Best,* S. 539.

239 Robin Toner, »Buchanan, Urging New Nationalism, Joins '92 Race«, *NYT,* 11. Dezem-
     ber 1992.

Kapitel 8: »Anbruch einer neuen Ära«

1   GHWBPL, Scowcroft Special Separate USSR Notes Files – Yeltsin Files: Yeltsin (Janu-
     ary–December 1992) (OA/ID 91131–008), Letter from Yeltsin to Bush, 30. Dezember
     1992.

2   Michael Wines, »Bush Off on Foreign Trip, with Russia on Agenda«, *NYT,* 31. Dezem-
     ber 1992. Wegen eines schweren Schneesturms wurde die Unterzeichnung des START-
     II-Abkommens in letzter Minute von Sotschi am Schwarzen Meer nach Moskau ver-
     legt. So wurde der erwartete grandiose Gipfel eher zu einem Low-Key-Ereignis. Siehe
     GHWBPL, NSC, Burns–Hewett Files, Subject Files, POTUS Telcons CIS Leaders 1992:
     Telcon with Yeltsin 12/20/92 (OA/ID CF01421-037), Telcon of Bush–Yeltsin call,
     20. Dezember 1992, 8.06–8.38 Uhr, Camp David, S. 1–4; Serge Schmemann, »Bush's
     Last Hurrah in Cold, Wintry Moscow«, *NYT,* 3. Januar 1993; The President's News
     Conference with President Boris Yeltsin of Russia in Moscow, 3. Januar 1993, APP.

3   Hutchings, *American Diplomacy and the End of the Cold War,* S. 236 ff. Mary Battita,
     »Czech, Slovak Leaders Agree on Plan to Split their Federation«, *WP,* 24. Juli 1992;
     Peter Maas, »After Their Civil Divorce, Czechs and Slovaks are Still Friends«, *WP,*
     10. August 1993. Bush's Joint Statement with Prime Minister John Major of the Uni-
     ted Kingdom on the Former Yugoslavia, 20. Dezember 1992, APP.

4   »Dawn of a New Era«, *NYT*, 2. Februar 1992.

5   Bush's Statement on the Resignation of Mikhail Gorbachev as President of the Soviet Union, 25. Dezember 1991, APP.

6   The President's News Conference, 26. Dezember 1991, APP.

7   Taubman, *Gorbatschow*, S. 748–53, 765 f.

8   Ebenda, S. 764 ff.; Olga Kryshtanovskaya und Stephen White, »From Soviet Nomenklatura to Russian Elite«, in: *Europe-Asia Studies* 48, 5 (Juli 1996) S. 711–33.

9   Tatsächlich hatte Jelzin schon bei Bushs Anruf zu Weihnachten am 23. Dezember vorgeschlagen, sich bald zu treffen, und der amerikanische Präsident hatte positiv darauf reagiert: »Das wäre sehr konstruktiv, um eine grundsätzliche Antwort zu geben. Natürlich möchten wir das.« GHWBPL, Telcon of Bush–Yeltsin call, 23. Dezember 1991, 8.08–8.31 Uhr, The Oval Office.

10 GHWBPL, NSC, Burns Files, Subject Files, Yeltsin (OA/ID CF01487-006), Note from Burns to Scowcroft re: letter from Yeltsin regarding proposed Washington, DC summit, 31. Dezember 1991. »Bush to Meet with Yeltsin at Camp David«, *UPI*, 23. Januar 1992; Paul Lewis, »Security Council to Chart Post-Cold-War Path«, *NYT*, 8. Januar 1992.

11 Vgl. AdG, 1992, S. 36426; dazu auch: Dimitris Bourantonis und Georgios Kostakos, »Diplomacy at the United Nations: The Dual Agenda of the 1992 Security Council Summit«, in: *Diplomacy and Statecraft*, 11, 3 (2000), S. 212–26, Zitat auf S. 213.

12 »United Nations: Security Council Summit Statement Concerning the Council's Responsibility in the Maintenance of International Peace and Security«, in: *International Legal Materials* 31, 3 (Mai 1992), S. 758–62, insb. S. 760, 762. Paul Lewis, »Leaders Want to Enhance UN's Role«, *NYT*, 31. Januar 1992.

13 Annika Savill, »UK Finds a Way to Hold on to the Mother of all Seats«, *Independent*, 7. Januar 1992, S. 8.

14 Major, zitiert in Bourantonis und Kostakos, »Diplomacy at the United Nations«, S. 216. Siehe auch Stavros Blavoukos und Dimitris Bourantonis, »Pursuing National Interests: The 1992 British Presidency of the UN Security Council and the Soviet Permanent Seat«, in: *British Journal of Politics and International Relations* 16, 2 (2014), S. 349–65, insb. S. 356–60.

15 Bush's Address Before a Joint Session of the Congress on the State of the Union, 28. Januar 1992, APP; auszugsweise zitiert in AdG, 1992, 36412 f., A.

16 Jeane Kirkpatrick, »A Normal Country in a Normal Time«, in: *The National Interest* (Herbst 1990), S. 40–3; Robert W. Tucker und David C. Hendrickson, *The Imperial Temptation: The New World Order and America's Purpose,* New York 1992, S. 15, 205.

17 Bush's Address Before a Joint Session of the Congress on the State of the Union, 28. Januar 1992, APP; zitiert nach AdG, 36412 f., A.

18 Bush und Scowcroft, *A World Transformed*, S. 564.

19 Zur Stärke Amerikas als einziger Hegemonialmacht und seinen Militärausgaben (100%) im Vergleich zu Russland (26%), Japan (17%), Frankreich (17%), Deutschland (14%), Großbritannien (13%) und China (13%) als die folgenden sechs Länder

siehe William Wohlforth, »The Stability of a Unipolar World«, in: *International Security* 24, 1 (Sommer 1999), S. 5–41, insb. die Tabellen auf S. 12 (Angaben für 1996). Siehe auch Bush's Address before a Joint Session of the Congress on the State of the Union, 28. Januar 1992. Man beachte: 1989 betrugen die Militärausgaben der USA 427 Milliarden Dollar, 1992 dann 379 Milliarden und 358 Milliarden im Jahr darauf. Mit anderen Worten, unter Präsident Bush waren sie um rund 50 Milliarden Dollar gekürzt worden. Bis 1999 kam es zu weiteren Kürzungen (298 Milliarden Dollar), nach denen die Rüstungsausgaben im folgenden Jahrzehnt wiederum unaufhaltsam stiegen. Siehe https://www.infoplease.com/us/military-personnel/us-military-spending-1946-2009; und »Trends in U.S. Military Spending«, *Council on Foreign Relations*, 15. Juli 2014, https://www.cfr.org/report/trends-us-military-spending.

20   Vgl. GHWBPL, NSC, Burns–Hewett Files, Subject Files, Yeltsin [Meeting with President] – Camp David, [1.] Februar 1992, (OA/ID CF01408-019), Scowcroft's Note to President – Key Objectives for the Yeltsin Visit, 1. Februar 1992, 10.00 Uhr, Camp David [One-on-One Meeting], S. 1–5 + Anhang; sowie Warning Report and Forecast, From Robert Blackwell, to Director of CIA, Subj: Russian Foreign Policy and Economic Reform, 23. Januar 1992, S. 1–4.

21   Allison Mitchell, »Yeltsin, on Summit's Stage, Stresses His Russian Identity«, *NYT*, 1. Februar 1992; Paul Lewis, »World Leaders, at the U.N., Pledge to Expand Its Role to Achieve Lasting Peace«, *NYT*, 1. Februar 1992; Terry Atlas, »Yeltsin's Troubled Debut«, *CT*, 6. April 1992. Jelzins Rede wird auszugsweise zitiert in AdG, 1992, S. 36424 f., A; und 36433, A2.

22   Boris N. Yeltsin in: »Excerpts from Speeches by Leaders of Permanent Members of the U.N. Security Council«, *NYT*, 1. Februar 1992.

23   Baker, *Drei Jahre, die die Welt veränderten*, S. 622.

24   GHWBPL, NSC, Burns–Hewett Files, Subject Files, POTUS Meetings Feb. 1992–April 1992: [POTUS] Yeltsin Meeting, Camp David, 2/1/92, (OA/ID CF01421-009), Memcon of Bush–Yeltsin talks, 1. Februar 1992, 11.15–12.35 Uhr, Camp David, S. 2 f.; Goldgeier und McFaul, *Power and Purpose*, S. 65 f. Vgl. Yegor Gaidar, *Days of Defeat and Victory*, Washington, DC, 1999. Siehe auch GHWBPL, NSC, Burns–Hewett Files, Subject Files, Yeltsin [Meeting with President] – Camp David Feb. [1], 1992, (OA/ID CF01408-019), Economic reform in the Former Soviet Union, 24. Januar 1992, S. 1–2; NSC, Burns–Hewett Files, Subject File, Russia – IMF #1 [2] (OA/ID CF01408-005), Memorandum of Economic Policies (Document of IMF – not for public use), 11. März 1992, S. 1–3. Fred Hiatt, »Russia's Controversial Course: Economic Reforms Face Critical Test of the People«, *WP*, 12. Januar 1992.

25   GHWBPL, NSC, Burns–Hewett Files, Subject Files, POTUS Meetings Feb. 1992–April 1992: [POTUS] Yeltsin Meeting, Camp David, 2/1/92, CF01421-009, Memcon of Bush–Yeltsin talks, 1. Februar 1992, 11.15–12.35 Uhr, Camp David, S. 2. Zur sowjetischen Wirtschaftsleistung siehe auch GHWBPL, NSC, Burns–Hewett Files, Subject Files, Yeltsin [Meeting with President] – Camp David Feb. [1], 1992, (OA/ID CF01408-019), Economic reform in the Former Soviet Union, 24. Januar 1992, S. 2.

26 Ebenda S. 10; Vgl. Baker, *Drei Jahre, die die Welt veränderten*, S. 624.

27 Ebenda; GHWBPL, NSC, Burns–Hewett Files, Subject Files, POTUS Meetings Feb. 1992–April 1992: [POTUS] Yeltsin Meeting, Camp David, 2/1/92, CF01421-009, Camp David Declaration on New Relations by President Bush and President Yeltsin, S. 1–3. Siehe auch Joint Declaration (AP) in: »Presidents Bush and Yeltsin: ›Dawn of a New Era‹«; The President's News Conference with President Boris Yeltsin of Russia, 1. Februar 1992, APP.

28 Michael Wines, »Bush and Yeltsin Declare Formal End to Cold War; Agree to Exchange Visits«, *NYT*, 2. Februar 1992.

29 Baker, *Drei Jahre, die die Welt veränderten*, S. 622 ff.

30 Tagebucheintrag vom 2. März 1992 und Notizen für Redenschreiber, 14. März 1992, abgedruckt in: Bush, *All the Best*, S. 549 und S. 551.

31 Bush's Remarks to the Polish National Alliance in Chicago, Illinois, 16. März 1992, APP.

32 Baker hatte nach einer Reise in die ehemalige Sowjetunion [engl. abgekürzt: FSU] Ende Februar in einer Gedächtnisstütze für sich vor einem Treffen mit dem Präsidenten notiert: »Ich glaube, ich muss Rede über den Zusammenhang von all dem [US-amerikanische Hilfsbemühungen für ehemalige SU und Themen der Rüstungskontrolle] mit unserem eigenen Wohlstand halten.« JAB-SML, B115/F9, Key Impressions from the Trip [to FSU], 18. Februar 1992, S. 3.

33 Thomas L. Friedman, »Baker Spells Out U.S. Approach: Alliances and ›Democratic Peace‹«, *NYT*, 22. April 1992.

34 JAB-SML, B115/F9, Proposed Agenda for Meeting with the President 14.1.1992 (Coordinating Conference, Soviet Debt), S. 1 ff.; Proposed Agenda for Meeting with the President 24.1.1992 (Coordinating Conference, Econ. Reform in Russia & the Other Republics), S. 1 f. Siehe auch Baker, *Drei Jahre, die Welt veränderten*, S. 614–18; Bierling, *Wirtschaftshilfe für Russland* S. 196–201; Thomas L. Friedman, »US Is Criticised on Aid to Russia«, *NYT*, 22. Januar 1992.

35 Marc Fisher, »Bonn on Russian Aid: Put Up or Shut Up«, *WP*, 16. Januar 1992. Siehe auch »Ein feiner Geruch deutscher Arroganz«, *SZ*, 25. Januar 1992. Vgl. GHWBPL, NSC, Burns–Hewett Files, Subject Files, Yeltsin [Meeting with President] – Camp David Feb. [1], 1992, (OA/ID CF01408-019), Memorandum from Hewett to Scowcroft and Howe, Subj: Results of the Coordinating Conference, 24. Januar 1992.

36 GHWBPL, NSC, Burns–Hewett Files, Subject Files, Yeltsin [Meeting with President] – Camp David Feb. [1], 1992, (OA/ID CF01408-019), Note, Scowcroft to Bush – Points to be made, meeting with Yeltsin on 1 Feb. 1991, Tab A, S. 2 f., 29. Januar 1992; und Coordinating Conference, Technical Assistance Fact Sheet, 23. Januar 1992, S. 1–3; U.S. Department of State – OAS/Spokesman, Fact Sheet; Operation Provide Hope, 23. Januar 1992; United States Government Initiatives – Medicine, 23. Januar 1992. GHWBPL, NSC, Burns–Hewett Files, Subject Files, POTUS Meetings Feb. 1992–April 1992: [POTUS] Yeltsin Meeting, Camp David, 2/1/92, (OA/ID CF01421-009), U.S. technical Assistance for the Russian Federation (nicht datiert, Ende Januar 1992), S. 1–4. Siehe auch Thomas L Friedman, »Ex-Soviet Lands to Get Swift Aid«, *NYT*, 24. Januar

1992; Yegor Gaidar, »Russia Needs Three Kinds of Economic Aid – and Quickly«, *FT*, 22. Januar 1992; Gennady Burbulis, »Come, Make Goods and Sell Them«, *WP*, 23. Januar 1992, S. 21. Baker, *Drei Jahre, die die Welt veränderten*, S. 616. Vgl. »Unmut bei der Operation Hoffnung«, in: *Der Spiegel* 8/1992, 17. Februar 1992. Zum Vorgehen des IWF siehe GHWBPL, NSC, Burns–Hewett Files, Subject Files, Yeltsin [Meeting with President] – Camp David Feb. [1], 1992, (OA/ID CF01408-019), Jeff Sachs to Ed Hewitt, 21. Januar 1992; sowie Fund Activities in the Former USSR Republics, November/ Dezember 1991.

37 JAB-SML, B115/F9, Proposed Agenda for Meeting with the President, 19 Feb. 1992, (Trip to FSU, Note on CCC credits), S. 1; »Operation Hoffnung«, in: *Der Spiegel* 5/1992, 27. Januar 1992, S. 30–2.

38 Siehe GHWBPL, NSC, Holl Files, Subject File, NATO and European Security Jan.– June 1992 (CF01398-018), US Mission at NATO Amb Taft to SecState, Coordinating Conference – Time to Decide NATO's Role, 10. Januar 1992. »Unmut bei der ›Operation Hoffnung‹«, in: *Der Spiegel* 8/1992, 17. Februar 1992.

39 Ian Mather, »Supplies Rot as NATO and EC Wrangle«, in: *The European*, 27. Februar – 4. März 1992; Sarah Lambert, »NATO Disbands Unit that Send Aid to Its Old Foe«, *Independent*, 1. April 1992.

40 Washington sagte 1,5 Milliarden Dollar für den Stabilisierungsfonds des Rubels in Höhe von 6 Milliarden Dollar zu sowie einen Anteil von 2 Milliarden Dollar an bilateralen Hilfszahlungen in Höhe von 11 Milliarden und über eine halbe Milliarde für den Topf mit 4,5 Milliarden Dollar an Bankkrediten des IWF und der Weltbank. Andrew Rosenthal, »Bush and Kohl Unveil Plan for 7 Nations to Contribute $24 Billion In Aid For Russia«, *NYT*, 2. April 1992; Steven Greenhouse, »Buying Time for Yeltsin«, *NYT*, 2. April 1992. Vgl. JAB-SML, B115/F9, Proposed Agenda for Meeting with the President, 20. März 1992 (Follow-Up on FSU; Kohl Visit: Russian Economic Reform), S. 1–2. GHWBPL, NSC, Burns–Hewett Files, Subject Files, Working Papers for June Summit 1992 (Bush–Yeltsin) [2] (OA/ID CF01408-018), G-7 Financial Support for Russia, 29. Mai 1992, S. 1–3. Zu Bushs Stellungnahme siehe: The President's News Conference on Aid to the States of the Former Soviet Union, 1. April 1992, APP.

41 Celestine Bohlen, »The Pain's Good for Russia, Parliament is Told«, *NYT*, 9. April 1992. GHWBPL, NSC, Burns Files, Subject Files, Yeltsin (OA/ID CF01487-006), Telcon of Bush–Yeltsin call, 1. April 1992, 9.00–9.17 Uhr, Oval Office, S. 1. Vgl. GHWBPL, NSC, Burns–Hewett Files, POTUS Telcon CIS Leaders 1992 – Yeltsin 3/19/1992 (OA/ID CF01421-052), Memorandum from Howe to Bush, Subj: Phone call from Yeltsin (nicht datiert, März 1992) + talking points, S. 1 (cover note), S. 2 (talking points doc). Die Bush-Administration war sich durchaus darüber im Klaren, unter welchem Druck Jelzin seitens des russischen Parlaments stand. In Anbetracht dieser »ernsten Prüfung für Jelzin« rechnete man damit, dass er »unsere Unterstützung zu diesem kritischen Zeitpunkt schätzen wird«. Die Vereinigten Staaten beeilten sich, Jelzin zu versichern: »Wir werden uns darum bemühen, Ihnen die Ressourcen [vom IWF] zu verschaffen, wie hoch Ihr Anteil auch ausfallen mag.« GHWBPL, NSC, Burns–Hewett

Files, POTUS Telcon CIS Leaders 1992 – Yeltsin 3/19/1992 (OA/ID CF01421-052), Tel-con of Bush to Yeltsin call, 19. März 1992, 11.49–12.17 Uhr, Oval Office, S. 2.

42 Goldgeier und McFaul, *Power and Purpose*, S. 66 f. und 81 f. Vgl. Stephen Engelberg, »21 months of ›Shock Therapy‹ Resuscitates Polish Economy«, *NYT*, 17. Dezember 1992. Siehe auch PREM 19/3922-2, Memo, Barder (Treasury) to Wall – Financial Assistance to Russia: Proposal for a G7 Announcement for a Rouble Stabilisation Fund, 31. März 1992, 5 S.

43 GHWBPL, NSC, Burns–Hewett Files, Subject File, Russia IMF #2 (CF01408-006), Cable, From US Emb. Moscow to Baker, Re: Russia's negotiations with IMF on Econo-mic Programme, 26. Februar 1992, 5 S.; NSC, Burns–Hewett Files, Subject File, Russia IMF #1 [2] (CF01408-005), Memo of Econ. Policies (between IMF and Russia), 11. März 1992, 16 S. Zur Diplomatie im Umfeld des G7-Gipfels und zur Hilfe des IWF/der Welt-bank für Russland im Januar–März 1992 siehe auch TNA UK, PREM 19/3670 und 19/3672-1. Steven Erlanger, »Aid to Russia – Thankful Russia Still Wary of Daunting Tasks Ahead«, *NYT*, 2. April 1992.

44 Margaret Shapiro, »Yeltsin's Inner Circle of ›Young Turks‹«, *WP*, 9. April 1992.

45 Baker zitiert in JAB-SML, B115/F9, Key Impressions from the Trip [to the FSU], 18. Februar 1992, S. 2; Scowcroft zitiert in Brands, *Making the Unipolar Moment*, S. 320; Waigel zitiert in: »Wir müssen einen Pakt der Vernunft und der Solidarität abschließen«, Rede des Bundesministers der Finanzen anlässlich der ersten Beratung des Bundeshaushalts 1993 am 8. September 1992 im Deutschen Bundestag, *CDU Dokumentation* 26/1992, S. 20; Steven Greenhouse mit Thomas L. Friedman, »Aid for Yeltsin and Russians: A Package with Loose Ends«, *NYT*, 9. April 1992.

46 Erlanger, »Aid to Russia«; Greenhouse mit Friedman, »Aid for Yeltsin and Russians«; Julian Gewirtz, *Unlikely Partners*, Cambridge, MA, 2017, S. 1–10.

47 Greenhouse, »Buying Time for Yeltsin«.

48 »Yeltsin Calls for Strong Authority«, *CT*, 6. April 1992. Zu den russischen Kongressen siehe Jeffrey Gleisner, Leonti Byzov, Nikolai Biryukov und Victor Sergeyev, »The Parliament and the Cabinet: Parties, Factions and Parliamentary Control in Russia (1900–93)«, in: *Journal of Contemporary History* 31, 3 (Juli 1996), S. 427–61, hier S. 435–39.

49 Michael Dobbs, »Yeltsin Shifts Aides on Eve of Congress – Russian Leader Tightens Control on Troops«, *WP*, 4. April 1992; derselbe, »Russians Reach Compromise on Reform Dispute«, *WP*, 15. April 1992; Serge Schmemann, »Russian Cabinet Wins Shaky Support of Assembly«, *NYT*, 16. April 1992. Vgl. GHWBPL, Memcon of Bush's talks with Gaidar, 28. April 1992, 14.36–14.55 Uhr, Oval Office.

50 Letter from Bush to Nixon, 5. März 1992, abgedruckt in: Bush, *All the Best*, S. 549; Thomas, L. Friedman, »Nixon's ›Save Russia‹ Memo: Bush Feels the Sting«, *NYT*, 11. März 1992; derselbe, »Nixon Scoffs at Level of Support for Russian Democracy by Bush«, *NYT*, 10. März 1992; Henry Kissinger, »Proposals, like Nixon's, to Send Money to Save Democracy in Russia Won't Work«, *LA Times*, 30. März 1992. Carroll Bogert, »The ›Who Lost Russia‹ Debate«, *Newsweek*, 22. März 1992. Siehe auch Mar-

vin Kalb, *The Nixon Memo: Political Respectability, Russia, and the Press*, Chicago, IL 1994, S. 80 ff.

51 The President's News Conference on Aid to the States of the Former Soviet Union, 1. April 1992, APP.

52 Ebenda. JAB-SML, B 115/F8, Soviet Points for Meeting with the President, 10. Dezember 1991.

53 Siehe JAB-SML, B115/F9, Proposed Agenda for Meeting with the President (FSU-Freedom Bill), 31. März 1992, S. 1; und Proposed Agenda for Meetings with the President (Aid to the FSU), 8., 10. und 15. April 1992, S. 1 (jeweils).

54 Thomas L. Friedman, »Bush and Baker Press Aid to Russia but Meet Worries About Costs«, *NYT*, 10. April 1992; Remarks to the American Society of Newspaper Editors, 9. April 1992, APP.

55 Seth Mydans, »23 Dead After 2nd Day of Los Angeles Riots; Fires and Looting Persist Despite Curfew – 900 Reported Hurt«, *NYT*, 1. Mai 1992; Leslie Berger, »A City in Crisis«, *LA Times*, 3. Mai 1992. Thomas L. Friedman, »Baker on Hill, Passes Hat for Russia«, *NYT*, 1. Mai 1992.

56 Friedman, »Bush and Baker Press Aid to Russia but Meet Worries About Costs«.

57 Zu den Beschwerden der Ukraine wegen der russischen »Aggression«, als die Schwarzmeerflotte durch Jelzins Dekret vom 7. April dessen Jurisdiktion unterstellt wurde, siehe Bohlen, »The Pain's Good for Russia«; GHWBPL, Telcon of Bush and President Leonid Kravchuk of Ukraine call, 10. April 1992, 8.05–8.13 Uhr, Oval Office, S. 1 f. Siehe auch Eleanor Randolph, »Yeltsin Challenges Ukraine on Fleet: Kiev Postpones Its Demand of Allegiance from Crews of Black Sea Vessels«, *WP*, 10. Januar 1992. Zu den Äußerungen von Jelzins nationalistischem Vizepräsidenten Ruzkoi bezüglich der russischen Ansprüche auf die Krim (und Sewastopol, den Heimathafen der Flotte) siehe Bohlen, »Russian Vice President Wants to Redraw Borders«, *NYT*, 31. Januar 1992.

58 Baker, *Drei Jahre, die die Welt veränderten*, S. 665–73. Baker zitiert in Barbara Crossette, »4 Ex-Soviet States and U.S. in Accord on 1991 Arms Pact«, NYT, 24. Mai 1992. Vgl. GHWBPL, NSC, Burns–Hewett Files, POTUS Telcon CIS 1992 – Yeltsin (OA/ID CF01421-050), Telcon of Bush to Yeltsin call, 23. März 1992, 10.55–11.14 Uhr, Oval Office.

59 Zu US-amerikanischen und russischen Vorschlägen im Winter und Frühjahr für den Abbau von Atomwaffen, insbesondere die »nuklearen Initiativen« von Bush und Jelzin Ende Januar 1992 siehe GHWBPL, NSC, Davis Files, Subject Files, Yeltsin / Bush – January 1992 (OA/ID CF01589-009).

60 GHWBPL, NSC, Susan Koch Files, [Bush/Yeltsin Washington] Summit [June 15–18] 1992 [2] (OA/ID CF01339-002), Joint Understanding, 16. Juni 1992.

61 Bush's Remarks with President Boris Yeltsin of Russia Announcing Strategic Arms Reductions and an Exchange with Reporters, 16. Juni 1992, APP; Joint Understanding on Reductions in Strategic Offensive Arms, 17. Juni 1992, APP. Baker, *Drei Jahre, die die Welt veränderten*, S. 679 f.; Michael Wines, »Bush and Yeltsin Agree to Cut

Long-Range Atomic Warheads; Scrap Key Land-Based Missiles«, *NYT*, 17. Juli 1992. Vgl. zu den amerikanischen Zweifeln bis zur letzten Minute, ob es gelingen würde, auf dem Washingtoner Gipfeltreffen START-II abzuschließen, siehe GHWBPL, NSC, Susan Koch Files, [Bush/Yeltsin Washington] Summit [June 15–18] 1992 [3](OA/ID CF01339-003), Scowcroft to Bush, Overview for Your Upcoming Meetings with Boris Yeltsin, June 16–17 (nicht datiert, Anfang Juni 1992), S. 1 f.; Burns to Gordon, Koch and Gompert, Points to Be Made: Military and Security Issues, 11. Juni 1992, S. 1.

62 R. W. Apple Jr., »And Now, the Political Plowshares; Boost for Bush Campaign, but Will It Last?«, *NYT*, 17. Juni 1992.

63 Remarks at the Arrival Ceremony for President Boris Yeltsin of Russia, 16. Juni 1992, APP.

64 Andrew Rosenthal, »Yeltsin Cheered at Capitol as he Pledges Era of Trust and Asks for Action on Aid«, *NYT*, 18. Juni 1992; und »Excerpts From Yeltsin's Speech: ›There Will Be No More Lies‹«, *NYT*, 18. Juni 1992.

65 »Bush Signs Freedom Support Act«, in: *CQ Almanac 1992*, S. 523–32; Thomas L. Friedman, »Shaping a New Agenda«, *NYT*, 18. Juni 1992; Clifford Krauss, »Yeltsin Speaks, Congressional Wall Tumbles«, *NYT*, 18. Juni 1992.

66 Rosenthal, »Yeltsin Cheered at Capitol as He Pledges Era of Trust«; Steven Greenhouse, »Russia is Given Most-Favored Status«, *NYT*, 18. Juni 1992.

67 Zu »A Charter for American-Russian Partnership and Friendship«: *The White House Press Release*, 17. Juni 1992. Vgl. zur Charta auch GHWBPL, NSC, Burns–Hewett Files, Subject Files, Working Papers for June Summit 1992 (Bush–Yeltsin) [1] (OA/ID CF01408-017), Baker to Bush, Subj: Your Meetings with Boris Yeltsin (nicht datiert, Juni 1992), S. 1.

68 Bush's Remarks at the Arrival Ceremony for President Boris Yeltsin of Russia, 16. Juni 1992, APP; The President's News Conference with President Boris Yeltsin of Russia, 17. Juni 1992, APP.

69 Siehe auch »Senate Votes $981 Million in Aid for Ex-Soviet Bloc«, *NYT, 3*. Juli 1992. Man beachte, dass die »Wirtschaftserklärung« des Münchner G7-Treffens vom 8. Juli beispielsweise ausdrücklich von der Kategorie des »Mittel- und osteuropäischen Europas einschließlich der baltischen Staaten« sprach – eine Gruppe von Ländern, die im Gegensatz zu den neuen unabhängigen Staaten der ehemaligen Sowjetunion (einschließlich Russlands) beträchtliche Finanzhilfen über die EBWE und die G24 erhielten und im Begriff waren, förmliche Beziehungen zur EG und EFTA zu entwickeln; siehe http://worldjpn.grips.ac.jp/documents/texts/summit/19920708. D1E.html.

70 Henry Kissinger, »Charter of Confusion«, *WP*, 5. Juli *1992*. Zur Sichtweise des Weißen Hauses (»Was steht für uns auf dem Spiel«), was den Bush-Jelzin-Gipfel anging, und dazu, dass Jelzin »das Beste war, worauf wir hoffen können«, siehe GHWBPL, NSC, Burns–Hewett Files, Subject Files, Working Papers for June Summit 1992 (Bush–Yeltsin) [1] (OA/ID CF01408-017), Draft Outline for Scowcroft Memo (nicht datiert), S. 1–5.

71   Siehe US Senate »Floor Action« am 2. Juli 1992, abgedruckt in: »Bush Signs Freedom
      Support Act«, in: CQ Almanac 1992. Siehe auch »Senate Votes $981 Million in Aid
      for Ex-Soviet Bloc«. Vgl. Bush hatte Jelzin am 27. Juni mitgeteilt, dass inzwischen
      der Weg frei sei, um eine Abstimmung für den »FREEDOM Support Act« zu bekom-
      men. GHWBPL, NSC, Burns–Hewett Files, Subject Files, POTUS Telcons CIS Leaders
      1992: Telcon with Yeltsin 6/27/92 (OA/ID CF01421-045), Memcon of Bush–Yeltsin call,
      27. Juni 1992, 10.05–10.28 Uhr, Camp David, S. 2.

72   Siehe House »Floor Action« am 6. August 1992, abgedruckt in: »Bush Signs Freedom
      Support Act«, in: CQ Almanac 1992. Vgl. GHWBPL, NSC, Burns Files, Subject Files,
      Yeltsin (OA/ID CF01487-006), Memcon of Bush–Yeltsin talks (expanded meeting),
      16. Juni 1992, 16.10 Uhr, Cabinet Room, S. 5. Wie Bush am 16. Juni zu Jelzin gesagt
      hatte: »Es liegt in unserem Interesse, dieses Gesetz durchzubringen, um Ihren Erfolg
      zu sehen. Wir machen das nicht einfach nur, weil wir so nett sind. Es liegt auch im
      Interesse der Vereinigten Staaten. Wir haben ein Defizit in Höhe von 400 Milliarden
      Dollar. Die Menschen kritisieren uns und fragen, warum ich es verloren habe.
      Warum geben wir Russland Geld, fragen sie, warum nicht Los Angeles?«

73   Siehe House »Floor Action« am 6. August 1992, abgedruckt in: ebenda.

74   GHWBPL, NSC, Burns Files, Subject Files, Yeltsin (OA/ID CF01487-006), Message [incl.
      presidential statement praising Congress for its vote], Bush to Yeltsin (sent via pri-
      vacy channels), 6. August 1992. Siehe auch Adam Clymer, »House Votes Billions in
      Aid to Ex-Soviet Republics«, NYT, 7. August 1992. Siehe auch derselbe, »House
      Democrats Agree to a Vote on Russian Aid«, NYT, 6. August 1992.

75   Statement on Signing the FREEDOM Support Act, 24. Oktober 1992, APP. Siehe auch
      GHWBPL, NSC, Burns–Hewett Files, Subject Files, POTUS Telcons with CIS Leaders
      1992: Telcon Yeltsin 10/29/92 (OA/ID CF01421-041), Telcon of Bush–Yeltsin call,
      29. Oktober 1992, 10.34–10.51 Uhr, Detroit, Michigan, S. 1.

76   Steven Greenhouse, »Unemployment Up Sharply, Prompting Federal Reserve to Cut
      Its Key Lending Rate«, NYT, 3. Juli 1992; Robin Toner, »Democrats Display a New
      Optimism, Reflected in Poll«, NYT, 13. Juli 1992.

77   Baker, Drei Jahre, die die Welt veränderten, S. 680; Andrew Rosenthal, »Baker Leaving
      State Dept. to Head White House Staff and Guide Bush's Campaign«, NYT, 14. August
      1992. R. W. Apple Jr., »Friend in a Time of Need«, NYT, 14. August 1992; Andrew
      Rosenthal, »Pressure is Growing on President to Bring Baker In for Campaign«, NYT,
      31. Mai 1992; Tagebucheintrag vom 13. September 1992, abgedruckt in: Bush, All the
      Best, S. 567. Vgl. den Tagebucheintrag vom 3. September 1992, abgedruckt in:
      ebenda, S. 566.

78   Zur Umbildung der russischen Regierung siehe GHWBPL, NSC, Burns–Hewett Files,
      Subject Files, Working Papers for June Summit 1992 (Bush–Yeltsin) [1] (OA/ID
      CF01408-017), NSC, Subj: Power and Palace Politics in the Renewed Russian Govern-
      ment – A Profile, AmEmb Moscow, Strauss to White House, 8. Juni 1992, S. 1–6.
      Strauss schrieb: »Mit den neuen Berufungen in die Regierung vom 1.–6. Juni hat
      Jelzin eine dritte Achse der Macht zu dem bislang prekären Gleichgewicht innerhalb

des Kremls und des Staraja Ploschtschads zwischen tatkräftigen, jungen Reformern und erfahreneren, konservativen Apparatschiks hinzugefügt. Industrielle Technokraten kommen an die Macht, mit Wertpapieren und Einfluss, die bislang im russischen Politik-Mix fehlten.«

79 Siehe JAB-SML, B115/F9, Note, Zoellick to Baker – Russia Economic Reform and the IMF, 2. Juni 1992, S. 1–3. Steven Greenhouse, »U.S. Backs Easier Terms for Russian Aid – Presses I.M.F. to Bolster Efforts by Yeltsin«, *NYT*, 19. Juni 1992.

80 Louis Uchitelle, »I.M.F. and Russia Reach Accord On Loan Aid and Spending Limits«, *NYT*, 6. Juli 1992. Anmerkung: Das IWF-Darlehen in Höhe von 1 Milliarde Dollar wurde am 5. August vom Vorstand des IWF ratifiziert – zufällig einen Tag vor der Billigung des Unterstützungsgesetzes durch das Repräsentantenhaus. Zu einem Überblick über die Entwicklung zwischen Russland und IWF siehe IMFA, Accession 1996-0187-0006, OMD-AD, Box 9110, Russia (3) 1992, Memo, Odling-Smee to the Managing Director – Russian Federation: Back-To-Office Report, 8. Juli 1992; TNA UK, PREM 19/3923 and 19/3924; und GHWBPL, NSC, Burns–Hewett Files, Subject File, Russia – IMF #2 (CF01408-006). Vgl. James M. Boughton, *Tearing Down Walls: The International Monetary Fund 1990–1999*, Washington, DC, 2012, Kap. 6–8.

81 Zur Erklärung »G7 Economic Declaration, München, 8. Juli 1992« siehe http://worldjpn.grips.ac.jp/documents/texts/summit/19920708.D1E.html. Zur Einigung zwischen Bush und Miyazawa vom 1. Juli, um den IWF bei der Freigabe der 1 Milliarde Dollar als erste Tranche für Russland zu bestärken, siehe GHWBPL, Memcon of Bush–Miyazawa talks, 1. Juli 1992, 15.40–16.30 Uhr, Cabinet Room, S. 5. Siehe auch GHWBPL, NSC, H-Files, NSC/DC Meeting Files, NSC/DC 389 – Nov. 6, 1992 – NSC/DC Meeting on US Policy toward Russia (OA/ID 90023-034), The IMF and Russian Reform (nicht datiert; vermutlich November 1992), S. 1–3; Russia – Rescheduling the USSR Debt, 4. November 1992, S. 1–4.

82 Zur deutschen Wirtschaft siehe auch TNA UK, PREM 19/4500, Memo by Wall – Visit by Alan Greenspan, 12. Mai 1992, S. 2 f. »Mr. Greenspan meinte, die Lage in Deutschland werde in den kommenden zwei Jahren ziemlich unangenehm werden.« Der britische Premierminister John Major stimmte zu: »Es besteht kein Zweifel daran, der ostdeutsche Anpassungsprozess war ein echter Mühlstein um Kohls Hals … Ostdeutschland würde noch länger ein riesiges Loch sein … Wenn Ostdeutschland keinen Erfolg hatte, welche Hoffnung bestand dann für Russland?«. JAB-SML, B115/F9, Agenda for Meeting with the President (German economy), 22. April 1992. Craig R. Whitney, »Economic Powers Facing Their Limits At Munich Summit«, *NYT*, 5. Juli 1992.

83 Ebenda; Don Oberdorfer, »Face of Doubts, Bush Defends Role as Low-Key Summit Leader«, *WP*, 9. Juli 1992. Zu den britischen und US-amerikanischen Problemen siehe auch GHWBPL, Telcon between Bush and Major, 6. März 1992, 9.02–9.19 Uhr, White House, S. 1. Zu den wirtschaftlichen und politischen Sorgen Kohls siehe Memcon of Bush's talks with v. Weizsäcker, 29. April 1992, 10.30–10.55 Uhr, Oval Office, S. 1–3. Zu Japan siehe GHWBPL, Memcon of Bush–Miyazawa talks, 1. Juli 1992,

15.40–16.30 Uhr, Cabinet Room, S. 1–6. Vgl. Telcon of Bush–Miyazawa call, 28. Juni 1992, 21.02–21.11 Uhr, S. 1–2, The Residence. Zu den Kurilen siehe auch Mark Kramer und Gareth Cook, »The Last Russo-Japanese War: Should America Encourage a Kurile Islands Settlement?«, *WP*, 13. September 1992; Steven R. Weisman, »Dispute Over Seized Islands Delays Tokyo Aid to Russia«, *NYT*, 7. Februar 1992.

84 Roger Cohen, »Industrial Nations Fighting Deadlock on Farm Subsidies«, *NYT*, 7. Juli 1992; Marc Fisher und Stuart Auerbach, »7 Leaders Pledge Aid for Yeltsin: Support Promised For Debt, A-Plants«, *WP*, 9. Juli 1992; Tom Redburn, »Unpopular G-7 Leaders Keep Bickering on Issues – Discord is Theme of Annual Summit«, *International Herald Tribune*, 6. Juli 1992.

85 JAB-SML, B115/F9, Proposed Agenda for Meeting with the President (Miyazawa Visit [»G8«]), 26. Juni 1992, S. 3. Cohen, »Industrial Nations Fighting Deadlock on Farm Subsidies«.

86 GHWBPL, Memcon of Bush–Kohl talks, 21. März 1992, 11.50–16.00 Uhr, Camp David, S. 1–17, Zitate auf S. 13, 15.

87 Serge Schmemann, »Yeltsin's Song: Summit Blues; 7 Pats on the Back – And Some Token Aid«, *NYT*, 9. Juli 1992. Vgl. GHWBPL, NSC, Burns–Hewett Files, POTUS Telcon CIS 1992 – Yeltsin (OA/ID CF01421-050), Telcon of Bush to Yeltsin call, 23. März 1992, 10.55–11.14 Uhr, Oval Office, S. 2 f. Zu Jelzins Anstrengungen um eine Einladung zu den G7 siehe GHWBPL, NSC, Burns–Hewett Files, POTUS Telcon CIS 1992 – Yeltsin (OA/ID CF01421-052), Telcon of Bush to Yeltsin call, 19. März 1992, 11.49–12.17 Uhr, Oval Office, S. 3 f.

88 Siehe Angela Stent, *Russia and Germany Reborn: Unification, the Soviet Collapse and the New Europe*, Princeton, NJ, 2000, S. 186 f. GHWBPL, Memcon of Bush–Mitterrand talks, 5. Juli 1992, 20.30–22.30 Uhr, München, S. 1–9, hier S. 6.

89 GHWBPL, NSC, Burns–Hewett Files, Subject Files, Working Papers for June Summit 1992 (Bush–Yeltsin) [1] (OA/ID CF01408-017), NSC, Subj: Yeltsin's world, AmEmb Moscow, Strauss to White House, 9. Juni 1992, S. 1–7, insb. S. 2 f.

90 Apple Jr., »And Now, the Political Plowshares«, S. 11; Schmemann, »Yeltsin's Song«, S. 12.

91 Interview mit Andrej Kosyrew in *Nowyje Wremena* (Neue Zeiten), Nr. 3 (1992), S. 20–4. An dieser Stelle muss man darauf hinweisen, dass Russland 1993 die Aufnahme in GATT beantragte und der neu gegründeten WTO erst im Dezember 2011 beitrat – nach 18-jährigen Verhandlungen, und damit zehn Jahre später als die Volksrepublik China.

92 Interview mit Andrej Kosyrew in *Moscow News*, 7.–14. Juni 1992, S. 14, Kosyrew zitiert in *Moscow Interfax*, 25. November 1992 Daily Report. Central Eurasia (FBIS-SOV-92-229), S. 16, und in »Kozyrev Article in U.S. Journal Reported«, *Itar-TASS*, 9. April 1992, FBIS-SOV-92-070 (10. April 1992); Andrej Kosyrew, *Preobraschenije*, Moskau 1995, S. 230. Siehe auch »Domestic Conjectures, the Russian State, and the World Outside, 1700–2006«, in: Robert Legvold (Hg.), *Russian Foreign Policy in the Twenty-First Century and the Shadow of the Past*, New York 2007, S. 179.

93 Kosyrew zitiert in Stent, *Russia and Germany Reborn*, S. 189. Zur Sichtweise des ukrainischen Präsidenten Krawtschuk bezüglich »gleichberechtigter Beziehungen« und zu seiner Bitte an Bush, dass »jede Unterstützung durch die USA für Russland auf keinen Fall einen Imperialismus fördern« dürfe, siehe GHWBPL, Memcon of Bush–Kravchuk talks, 6. Mai 1992, 12.00–12.45 Uhr, Old Family Dining Room, S. 2, 4, 6; Memcon of Bush's meeting with presidents Rüütel (EST), Gorbunovs (LAT) and Landsbergis (LIT), 10. Juli 1992, 10.25–10.55 Uhr, Helsinki Fair Center, Finnland, S. 1–5, hier S. 4.

94 Vgl. Michael Dobbs, »Russia Redux: What Yeltsin's Revolution Didn't Change«, *WP*, 4. Juni 1992; Hannes Adomeit, »Russia as a ›Great Power‹ in World Affairs: Images and Reality«, in: *International Affairs* 71, 1 (Januar 1995), S. 35–68.

95 Vgl. TNA UK, PREM 19/3924, Memo, Braithwaite to Butler, Russia: Internal, 28. Oktober 1992, S. 1; GHWBPL, NSC, H-Files, MSC/DC Meeting Files, NSC/DC 389 – 6. November, 1992 – NSC/DC Meeting on US Policy toward Russia (OA/ID 90023-034), U.S. Response to Situation in Russia, 2. November 1992, S. 1–9.

96 TNA UK, PREM 19/3927, Memo, N.L. (Treasury) to Prime Minister – The State of Economic Reform in Russia, 26. Oktober 1992, 10 S., insb. S. 1–3.

97 Matlock, *Autopsy on an Empire*, S. 680–683, 734–5; Michael Dobbs, »Yeltsin, Congress Reach Power-Sharing Compromise – Status Quo Frozen Until New Constitution Adopted«, *WP*, 13. Dezember 1992; derselbe, »Russian Leader's Public Appeal is Age old Gambit«, *WP*, 13. Dezember 1992; Steven Erlanger, »Kremlin's Technocrat: Viktor Stepanovich Chernomyrdin«, *NYT*, 15. Dezember 1992; Serge Schmemann, »Yeltsin Abandons his Principal Aide to Placate Rivals«, *NYT*, 15. Dezember 1992.

98 »Kohl Grants Debt Relief to Russia And Offers Confidence in Yeltsin«, *NYT*, 17. Dezember 1992. Siehe auch Kohl, *Erinnerungen, 1990–1994*, S. 511–15. Laut Kohls Memoiren waren es zähle Verhandlungen, ein regelrechter Marathon. Jelzin forderte 850 Millionen DM für die Rückkehrer, Kohl gestand zusätzliche 550 Millionen DM zu den bereits 1990 für den Wohnungsbau bewilligten 7,8 Milliarden DM zu. Vgl. Kapitel 4, S. 329–30. Bemerkenswert ist, dass auch Bush nach einem Telefongespräch am 29. Oktober mit Jelzin vorhatte, konzertierte Anstrengungen der G7 zu befürworten, die Belastungen der Sowjetunion umzuschulden. Er betonte gleichzeitig, dass ein gesetzlicher Rahmen ausgearbeitet werden müsse, der die Interessen sowohl Russlands als auch der Ukraine wahrte. GHWBPL, NSC, Burns Files, Subject Files, Yeltsin (OA/ID CF01487-006), Letter, Bush to Yeltsin (via privacy channels), 11. November 1992, S. 1 f.

99 Ordnungsgemäß hatte die KSZE 53 Mitgliedstaaten, aber Serbiens Mitgliedschaft war im Mai ausgesetzt worden und Belgrad blieb noch nach dem Ende von Helsinki-II weitere drei Monate ausgeschlossen.

100 GHWBPL, Memcon of Bush–Shevardnadze talks, 9. Juli 1992, 20.05–20.25 Uhr, Guest House, Helsinki, S. 1.

101 Siehe »NATO and Eastern Lands Initial Troop Pact«, *NYT*, 7. Juli 1992.

102 Vgl. GHWBPL, NSC, Holl Files, Subject File, NATO and European Security Jan.–June

1992 (CF01398-018), 984 – Secret – Continuing Momentum for European Security Identity (nicht datiert, 1992). Das Arbeitspapier deutete an: »Der Wunsch der Europäer, an der Sicherheitsarchitektur herumzubasteln – einschließlich der KSZE, NATO und NAKR – dürfte nach dem Juli-KSZE-Gipfel drastisch abnehmen, und sie werden sich verstärkt darauf konzentrieren, wie man mit Hilfe dieser Institutionen bestimmte Quellen der Instabilität in den Griff bekommt.« Hinzu kam in den Augen Washingtons: »Für die absehbare Zukunft« wären die Europäer »bei jedem größeren militärischen Unternehmen auf US-amerikanische Unterstützung über NATO-Strukturen angewiesen«.

103 KSE-Zahlen und Zitat von Havel aus Craig R. Whitney, »NATO and Europe Tighten Sanctions Against Yugoslavs«, *NYT*, 11. Juli 1992. Vgl. GHWBPL, Memcon of Bush–Havel talks, 9. Juli 1992, 16.30–16.50 Uhr, Helsinki Fair Center, Helsinki, Finnland, S. 1–3.

104 Ebenda; Craig R. Whitney, »Belgrade Suspended by European Security Group«, *NYT*, 9. Juli 1992; und Andrew Rosenthal, »Bush Vows to Get Supplies to Bosnia«, *NYT*, 10. Juli 1992.

105 Man beachte: Die KSZE war ursprünglich natürlich nicht als klassische internationale »Organisation« gegründet worden, sondern als »dynamischer politischer Prozess«. Auf Helsinki-II erklärten die Mitglieder die Sicherheitskonferenz zu einer regionalen Organisation unter der UN-Charta (was der Gruppe die Befugnis verlieh, in Absprache mit der UNO, die NATO, die WEU und Streitkräfte einzelner Länder aufzurufen, Friedenstruppen zu stellen) und billigten eine 80 Seiten umfassende Erklärung mit dem Titel »The Challenges of Change«. Als dauerhaftes Gremium hatte die KSZE bereits einen ständigen Rat der (Außen-)Minister gegründet, der zum ersten Mal am 19./20. Juni 1991 in Berlin zusammenkam. Aber natürlich konnte die KSZE ihren Mitgliedern keine »harte Sicherheit« bieten. Uwe Andersen und Wichard Woyke (Hg.), *Handwörterbuch Internationale Organisationen*, Wiesbaden 1995, S. 267. Siehe auch Th. J. W. Sneek, »The CSCE in the new Europe: From Process to Regional Arrangement«, in: *Indiana International & Comparative Law Review* 5, 1 (1994), S. 1–73. Vgl. zur Beziehung von KSZE und NATO/NAKR sowie zur einzigartigen Kapazität der NATO, Sicherheit zu gewährleisten, siehe GHWBPL, NSC, John Gordon Files, Subject Files, NACC – November 1991 (OA/ID CF01652-021), AmEmb Warsaw, Hornblow to SecState, Subj: Giving Life to the NACC – Some Thoughts from Warsaw, 22. November 1991, S. 1–7.

106 Baker zitiert in GHWBPL, Memcon of Bush's meeting with v. Weizsäcker, 29. April 1992, 10.58–11.40 Uhr, The Cabinet Room, S. 4. Siehe auch GHWBPL, NSC Gompert Files – European Strategy [Steering] Group (ESSG) (CF01301–009) NACC-CSCE relationship – drafted by S. McGinnis, 4 S. (nicht datiert, um Februar 1992). Das Arbeitspapier konstatierte, dass in »der ineinander verflochtenen Reihe von Organisationen, die sich in der Ära nach dem Kalten Krieg entwickelten« – NATO, EG und KSZE – die »konkreten Funktionen« und »überschneidenden Zuständigkeiten« der Letzteren folgendermaßen beschrieben werden können: »einbindend; liefert ein Gefühl für

die Richtung und Werte – einen Satz Standards, an denen man die europäischen Entwicklungen messen kann: das ›Gewissen des Kontinents‹«, S. 1.

107 Blaine Harden, »Slovenia, Belgrade Declare Cease-Fire«, *WP*, 29. Juni 1991. Chuck Sudetic, »2 Yugoslav States Agree to Suspend Secession Process«, *NYT*, 29. Juni 1991. Siehe auch GHWBPL, NSC, Chellis Files, Subject File, CSCE – Yugoslavia Crisis (OA/ ID CF01441-002), AmEmbassy Luxembourg to SecState, EC Strategy, Position at August 8 CSCE Meeting, 7. August 1991, S. 1–3.

108 Zur frühen, pathetischen und verworrenen Historiografie über Jugoslawien siehe Gale Stokes, John Lampe, Dennison Rusinow und Julie Mostov, »Instant History: Understanding the Wars of Yugoslav Succession«, in: *Slavic Review* 55, 1 (Frühjahr 1996), S. 136–60. Vgl. Armina Galijaš, Rory Archer, Florian Bieber (Hg.), *Debating the End of Yugoslavia*, London 2014. Nützliche Schilderungen der Nachfolgekriege bieten ferner Laura Silber und Alan Little, *Yugoslavia: Death of a Nation*, New York 1997; Micha Glenny, *The Fall of Yugoslavia: The Third Balkan War*, New York 1996. Siehe auch Marc Weller, »The International Response to the Dissolution of the Socialist Federal Republic of Yugoslavia«, in: *The American Journal of International Law*, 86, 3 (Juli 1992), S. 569–607.

109 Siehe John R. Lampe, *Twice There Was a Country*, Cambridge 2000; Reynolds, *One World Divisible*, S. 621.

110 Siehe beispielsweise Igor Štiks, *Nations and Citizens in Yugoslavia and the Post-Yugoslav States: One Hundred Years of Citizenship*, London 2015; Dejan Jović, *Yugoslavia: A State that Withered Away*, West Lafayette, IN, 2009; Susan L. Woodward, *Balkan Tragedy: Chaos and Dissolution after the Cold War*, Washington, DC, 1995.

111 Human Rights Watch, *Human Rights Watch World Report 1990 – Yugoslavia*, 1. Januar 1991, http://www.refworld.org/docid/467fca3a1d.html. Siehe auch Josip Glaurdić, *The Hour of Europe: Western Powers and the Breakup of Yugoslavia*, New Haven, CT, 2011, S. 69–118.

112 Siehe dazu Holm Sundhaussen, *Jugoslawien und seine Nachfolgestaaten: Eine ungewöhnliche Geschichte des Gewöhnlichen*, Wien, Köln, Weimar 2012, S. 309–15.

113 Glaurdić, *The Hour of Europe*, S. 119–43, 148–57.

114 Zu Erklärungsversuchen siehe etwa James Gow, *Triumph of the Lack of Will: International Diplomacy and the Yugoslav War*, New York 1997; Brendan Simms, *Unfinest Hour: Britain and the Destruction of Bosnia*, London 2001. Vgl. Michael Rose, *Fighting for Peace: Bosnia 1994*, London 1998; Susan L. Woodward, »Costly Disinterest: Missed Opportunities for Preventive Diplomacy in Croatia and Bosnia Herzegovina, 1985–1991«, in: Bruce W. Jentleson (Hg.), *Opportunities Missed, Opportunities Seized: Preventive Diplomacy in the Post-Cold War World*, Landham, MD, 2000.

115 Vgl. »Charta von Paris für ein neues Europa«, unter https://www.bundestag.de/ resource/blob/189558/21543d1184c1f627412a3426e86a97cd/charta-data.pdf.

116 *TLSS*, doc. 139 (Record of Main Content of Conversation between Bush and Gorbachev, Novo-Ogarevo, 31 July 1991 – Soviet transcript), S. 900 f. Zu einem US-amerikanischen Transkript siehe GHWBPL, Memcon of Gorbachev–Bush talks, 31. Juli

1991, 10.55–14.55 Uhr, Nowo-Ogarjowo, USSR, S. 1–8; vgl. Gorbatschow, *Erinnerungen*, S. 833 f.

117 Baker, *Drei Jahre, die die Welt veränderten*, S. 637 f.

118 Siehe Kapitel 6.

119 Bush's Address Before a Joint Session of the Congress on the Cessation of the Persian Gulf Conflict, 6. März 1991, APP.

120 Bush's Remarks at Maxwell Air Force Base War College in Montgomery, Alabama, 13. April 1991, APP.

121 Siehe etwa Bushs Äußerung am 11. April 1991, als er das »gemeinsame Interesse« der USA und der EG betonte, »ein Jugoslawien zu sehen, das ohne Gewalt und mit Reformen zusammengehalten werde«. GHWBPL, Memcon of Bush's meeting with PM Jacques Santer and EC President Jacques Delors, 11. April 1991, 11.00–13.30 Uhr, Cabinet Room and Old Family Room, S. 1–10, insb. S. 4. Siehe auch Norbert Both, *From Indifference to Entrapment: The Netherlands and the Yugoslav Crisis 1990–1995*, Amsterdam 2000, S. 95.

122 Erklärung der KSZE-Außenminister zitiert nach AdG, 1991, S. 35760, B. Baker, *Drei Jahre, die die Welt veränderten*, S. 469–74, 636 f.; Hutchings, *American Diplomacy and the End of the Cold War*, Washington, DC, 1997, S. 309–12; Warren Zimmermann, *Origins of a Catastrophe: Yugoslavia and Its Destroyers – America's Last Ambassador Tells What Happened and Why*, New York 1996, S. 133–7.

123 Hutchings, *American Diplomacy and the End of the Cold War*, S. 310.

124 Zimmermann, *Origins of a Catastrophe*, S. 137. Beachte: Der NATO-Oberbefehlshaber General John Galvin erklärte, dass »Jugoslawien nicht in der Verteidigungszone der NATO« liege, und führte weiter aus, dass sich bei Militäroperationen »die operative Zone der Streitkräfte innerhalb der Grenzen der NATO-Mitgliedstaaten erstreckt«. Siehe FBIS Daily Report – East Europe FBIS-EEU-91-106, (3. Juni 1991), »NATO Will Not Intervene in Country«, Belgrad der Nachrichtenagentur *TANJUG* auf Englisch (1. Juni 1991).

125 Tagebucheintrag vom 2. Juli 1991, abgedruckt in: Bush, *All the Best*, S. 527 f.

126 Robert Dover, »The EU and the Bosnian Civil War 1992–95: The Capabilities-Expectations Gap at the Heart of EU Foreign Policy«, in: *European Security* 14, 3 (2005), S. 297–318.

127 Alan Riding, »Conflict in Yugoslavia; Europeans Send High-Level Team«, *NYT*, 29. Juni 1991. Das vollständige Zitat ist enthalten in Mark Wintz, *Transatlantic Diplomacy and the Use of Military Force in the Post-Cold War Era*, New York 2010, S. 33.

128 George F. Kennan, *The Decline of Bismarck's European Order: Franco-Russian Relations, 1875–1890*, Princeton 1979, S. 3; deutsch: *Bismarcks europäisches System in der Auflösung: Die französisch-russische Annäherung 1875–1890*, Frankfurt am Main 1981, S. 12.

129 Beispielsweise erklärten die EG-Außenminister am 26. März 1991, dass »ein vereintes und demokratisches Jugoslawien sehr gute Chancen habe, sich harmonisch in das neue Europa einzufügen«. Siehe Both, *From Indifference to Entrapment*, S. 95. Glaurdić, *The Hour of Europe*, S. 145.

130 Glaurdić, *The Hour of Europe*, S. 165 f.

131 Lawrence Eagleburger zitiert in David Binder, »Europeans Warn on Yugoslav Split: US Deplores Moves«, *NYT*, 26. Juni 1991; Alan Riding, »Europeans Warn on Yugoslav Split«, *NYT*, 26. Juni 1991. Siehe auch Joshua Muravchik, *The Imperative of American Leadership: A Challenge to Neo-isolationism: A Challenge to Neo-Isolationism*, Washington, DC, 1996, S. 89.

132 Zitate von Dumas aus Glaurdić, *The Hour of Europe*, S. 174; Riding, »Europeans Warn on Yugoslav Split«, sowie Mark Almond, *Europe's Backyard War: The War in the Balkans*, London 1994, S. 237.

133 Mark Lennox-Boyd, parlamentarischer Untersekretär für außenpolitische Angelegenheiten, zitiert in der Debatte im House of Commons zu Jugoslawien, in: *Hansard*, 27. Juni 1991, Bd. 193, Sp. 1137 f. Hurd zitiert in Noel Malcolm, »Bosnia and the West: A Study in Failure«, in: *National Interest*, 1. März 1995, online.

134 Mitterrand befürchtete Stammeskriege: *»la guerre des tribus«*.

135 Die Franzosen sprachen von »la dérive vers l'Est de l'Allemagne«.

136 Siehe Kapitel 5; Hans Stark, »La Yougoslavie et les dissonances franco-allemandes«, in: Henri Ménudier (Hg.), *Le couple franco-allemand en Europe*, Paris 1993, S. 197–205; Hanns W. Maull und Bernhard Stahl, »Durch den Balkan nach Europa? Deutschland und Frankreich in den Jugoslawienkriegen«, in: *Politische Vierteljahresschrift* 43, 1 (März 2002), S. 82–111, insb. S. 85; William Drozdiak, »Conflicts over Yugoslav Crisis Surface in Europe«, *WP*, 5. Juli 1991.

137 Siehe Stephen Kinzer, »Germans in Warning on Yugoslav Economy«, *NYT*, 28. Juni 1991.

138 William Drozdiak, »West Europeans Send Envoys, Debate Yugoslav Crisis«, *WP*, 29. Juni 1991. Zur Sichtweise Amerikas siehe auch GHWBPL, Bush's »Three-on Three Meeting« with Gorbachev, 31. Juli 1991, 10.55–14.55 Uhr, Nowo-Ogarjowo, UdSSR, S. 7 f.

139 Baker, *Drei Jahre, die die Welt veränderten*, S. 637 f. Eagleburger zitiert in Simms, *Unfinest Hour*, S. 54. GHWBPL, NSC, Holl Files, Subject Files, Yugoslavia – EC [2] (OA/ID CF01476-016), Sensitive (need to know basis), AmEmb Belgrade Amb Warren Zimmermann to Baker (as well as Eagleburger, Zoellick and Scowcroft), Subj: A Plan for Yugoslavia, 30. September 1991, S. 1–9, insb. S. 2. Zu den US-amerikanischen Zweifeln bezüglich der Position Frankreichs vgl. GHWBPL, NSC, Barry Lowenkron Files, NATO File, NATO: Wörner (CF01526-021), Memcon of Bush–Wörner talks, 25. Juni 1991, 14.45–15.15 Uhr, Oval Office, S. 1–3. GHWBPL, Memcon of Bush–Mitterrand talks, 5. Juli 1992, 20.30–22.30 Uhr, München, S. 1–9.

140 Hutchings, *American Diplomacy and the End of the Cold War*, S. 313. Siehe auch GHWBPL, NSC, Chellis Files, Subject File, CSCE – Yugoslavia Crisis (OA/ID CF01441-002), Cable, AmEmb Bonn Amb Walters to SecState, Germans wants Prague COSO to endorse continued EC/WEU roles, 7. August 1991, S. 1 f.

141 Zur Vorlage der Jugoslawienkrise vor den UN-Sicherheitsrat siehe GHWBPL, NSC, Holl Files, Subject Files Yugoslavia–EC [3] (CF01476-017), Cable, AmEmb The Hague

Amb Wilkins to SecState, Subj: EC/Yugoslavia: EC/WEU Ministerials (September 9), 20. September 1991, S. 1–7; US Mission New York Amb Pickering to Sec State, Subj: European Security Council Initiative, 22. September 1991, S. 1–4.

142 Zu Resolution 713 siehe AdG, 1991, S. 36204, A3. Daniel Bethlehem und Marc Weller (Hg.), *The Yugoslav Crisis in International Law, General Issues – Part 1*, Cambridge 1997, S. 1 f. Weller, »The International Response to the Dissolution of the Socialist Federal Republic of Yugoslavia«, S. 578–81.

143 Weller, »The International Response to the Dissolution of the Socialist Federal Republic of Yugoslavia«, S. 581 ff.; und Hutchings, *American Diplomacy and the End of the Cold War*, S. 313.

144 Glaurdić, *The Hour of Europe*, S. 185 ff. Vgl. Genscher, *Erinnerungen*, S. 938 ff. Zur Politik Deutschlands siehe auch Michael Libal, *Limits of Persuasion: Germany and the Yugoslav Crisis, 1991–1992*, Westport, CT, 1997; Hanns W. Maull, »Germany in the Yugoslav Crisis«, in: *Survival* 37, 4 (1995), S. 99–130.

145 Beverly Crawford, »German Foreign Policy and European Political Cooperation: The Diplomatic Recognition of Croatia in 1991«, in: *German Politics & Society*, 13, 2 (Sommer 1995), S. 1–34, hier insb. S. 6 f., 16 f.; William Drozdiak, »Germany Criticizes European Community Policy on Yugoslavia«, *WP*, 2. Juli 1991.

146 Crawford, »German Foreign Policy and European Political Cooperation«, S. 16–23.

147 GHWBPL, NSC, Holl Files, Subject Files, Yugoslavia – EC [2] (OA/ID CF01476-016), Cable, AmEmb The Hague Wilkins to SecState Subj: EC Monitors' 10/24 updated on Yugoslav situation, 24. Oktober 1991, S. 1–5; Cable, no subj., 12. November 1991, S. 1. Glaurdić, *The Hour of Europe*, S. 215.

148 Richard Caplan, *Europe and the Recognition of New States in Yugoslavia*, Cambridge 1995, S. 19 f. Siehe auch GHWBPL, NSC, Holl Files, Subject Files, Yugoslavia – EC [2] (OA/ID CF01476-016), Cable, AmEmb The Hague Amb Wilkins to WH router, Subj: EC/Yugoslavia: Yugoslav Leaders agree on one month JNA Withdrawal, Talks timetable, 11. Oktober 1990, S. 1–7. Siehe auch GHWBPL, NSC, Holl Files, Subject Files, Yugoslavia – EC [2] (OA/ID CF01476-016), Bale, AmEmb Belgrade Amb Zimmermann to SecState, Note: EC-proposed compromise on Yugoslavia's future: The devil's in the details, 18. Oktober 1991, S. 1–7.

149 Genscher, *Erinnerungen*, S. 951–4; »In zwei Monaten entscheiden wir über die Anerkennung«, *Die Presse*, 18. Oktober 1991. Siehe auch »Declaration on Yugoslavia«, Extraordinary EPC Ministerial Meeting (Rome), EPC Press Release P. 109/91, 8. November 1991. Die Sitzung des EG-Ministerrats am Rand des NATO-Gipfels in Rom bestätigte die Franzosen und Briten in ihrer Auffassung, dass »die Aussicht einer Anerkennung der Unabhängigkeit jener Republiken, die sie anstreben, lediglich im Rahmen einer Gesamtlösung ins Auge gefasst werden kann«. Die Frist vom 10. Dezember wurde mit keinem Wort erwähnt; tatsächlich warnte die Mehrheit der Minister vor einer »voreiligen Anerkennung« Sloweniens und Kroatiens. Siehe auch Henry Wynaendts, *L'Engrenage: Chroniques Yougoslaves, juillet 1991–août 1992*, Paris 1993, S. 132 f.; Glaurdić, *The Hour of Europe*, S. 233.

150 GHWBPL, NSC, Holl Files, Subject Files, Yugoslavia – EC [2] (OA/ID CF01476-016), Cable, AmEmb Belgrade Amb Zimmermann to SecState, Subj: Serbian Reactions to EC Hague Proposal, 22. Oktober 1991, S. 1–7.

151 Zu den Bundestagsreden Kohls und Genschers siehe Deutscher Bundestag, Stenografischer Bericht, 60. Sitzung, Plenarprotokoll, 27. November 1991, S. 5007-17C, insb. S. 5014-15C und 5056Bff. Siehe auch TNA UK, PREM 19/3353, Memo, Wall to Gozney – PM's meeting with Chancellor Kohl, 27. November 1991, S. 1 f.; Glaurdić, The Hour of Europe, S. 234 f. Libal, Limits of Persuasion, S. 78 f.; Genscher, Erinnerungen, S. 958.

152 Both, From Indifference to Entrapment, S. 131 f.; Hella Pick, »Early Recognition ›Is Unstoppable‹«, Guardian, 5. Dezember 1991, S. 12.

153 Serge Schmemann, »Declaring Death of Soviet Union, Russia and 2 Republics Form New Commonwealth«, NYT, 9. Dezember 1991; Celestine Bohlen, »The Union is Buried: What's Being Born?«, NYT, 9. Dezember 1991. David C. Gompert, »Bonfire of the Vanities: An American Insider's Take on the Collapse of the Soviet Union and Yugoslavia«, in: Hamilton und Spohr (Hg.), Exiting the Cold War, Entering a New World, S. 13 f.

154 Glaurdić, The Hour of Europe, S. 259 f.

155 Kohl, Erinnerungen, 1990–1994, S. 385–90; Favier und Martin-Roland, La Décennie Mitterrand, iv, S. 227–33. Vgl. Alan Riding, »The European Summit; West Europeans Gather to Seek a Tighter Union«, NYT, 9. Dezember 1991; derselbe, »Europeans Accept a Single Currency and Bank by 1999«, NYT, 10. Dezember 1991; derselbe, »Europe at Crossroads – Leaders Return From Meetings Confident that Region Will Move Onward to Union«, NYT, 12. Dezember 1991. Siehe auch Craig R. Whitney, »British Bend on Single Currency but Resist Full European Unity«, NYT, 14. November 1991.

156 Zur »verdienten Anerkennung«, siehe GHWBPL, NSC, H-Files, NSC/DC Meetings Files, NSC/DC 325 – 13. Dezember, 1991 – NSC/DC Meeting re: Yugoslavia (OA/ID 90021-013), Summary of Conclusions for Meeting of DeputieS. Committee, 13. Dezember 1991, 13.00–14.00 Uhr, White House Situation Rooms, S. 1 f. GHWBPL, Rostow Files, Subject Files, Yugoslavia (UN) [OA/ID CF-1320-024], Deputies Meeting, 23. Dezember 1991, 10.30 Uhr, White House Situation Room, Attachment: Yugoslavia Policy Paper, S. 1–5.

157 Baker, Drei Jahre, die die Welt veränderten, S. 639 f.; Bethlehem und Weller (Hg.), The Yugoslav Crisis in International Law, S. 481. Ein längerer Auszug aus Pérez de Cuéllars Schreiben vom 10. Dezember 1991 an van den Broek ist enthalten in: Steven L. Burg und Paul S. Shoup, The War in Bosnia-Herzegovina: Ethnic Conflict and International Intervention, London 1999, S. 94; John Tagliabue, »Germany Insists It Will Recognize Yugoslav Republics' Sovereignty«, NYT, 15. Dezember 1991. Vgl. GHWBPL, NSC, H-Files, NSC/DC Meetings Files, NSC/DC 325 – 13. Dezember 1991 – NSC/DC Meeting re: Yugoslavia (OA/ID 90021-013), Director of Intelligence, Report, Yugoslavia: Implications of International Recognition, 11. Dezember 1991, S. 1–3; Back-

ground Paper (nicht datiert, Anfang Dezember 1991), S. 1–3; Director of Intelligence, Report, The Yugoslav Crisis: Where Does It Go from Here?, 10. Dezember 1991, S. 1–4. Die Vereinigten Staaten waren wegen des Konfliktes besorgt, wegen der Notwendigkeit, sich militärisch zu engagieren, und, falls sie es nicht taten, wegen des Verlusts des US-amerikanischen Einflusses in Europa und der Gefahr für den Zusammenhalt Europas, falls sich der Jugoslawienkonflikt ausbreiten sollte.

158 Zu den britisch-französisch-amerikanischen Machenschaften bei der UNO siehe auch Glaurdić, *The Hour of Europe*, S. 266. Tagliabue, »Germany Insists It Will Recognize Yugoslav Republics' Sovereignty«, S. 1, 14.

159 Tagliabue, »Germany Insists It Will Recognize Yugoslav Republics' Sovereignty«. Siehe auch derselbe, »European Ties for Slovenia and Croatia«, *NYT*, 17. Dezember 1991.

160 Paul Lewis, »U.N. Yields to Plans by Germany To Recognize Yugoslav Republics«, *NYT*, 16. Dezember 1991. Siehe auch »RESOLUTION 724 (1991), Adopted by the Security Council at its 3032rd meeting, 15 Dec. 1991«, abgedruckt in: Snežana Trifunovska, *Yugoslavia Through Documents: From Its Creation to Its Dissolution*, Dordrecht 1994, S. 429 f.

161 Favier und Martin-Roland, *La Décennie Mitterrand, iv*, S. 244.

162 Lewis, »U.N. Yields to Plans by Germany To Recognize Yugoslav Republics«.

163 Zur beschönigten Version Genschers siehe seine *Erinnerungen*, S. 952, 959–62; Both, *From Indifference to Entrapment*, S. 134 f.; Douglas Hurd, *Memoirs*, London 2004, S. 450 f. Zur Frist von zwei Monaten vgl. Ian Traynor, »Bonn Launches Campaign to Isolate Serbia«, *Guardian*, 5. Dezember 1991, S. 12.

164 Both, *From Indifference to Entrapment*, S. 135; Tagliabue, »European Ties for Slovenia and Croatia«.

165 »EC Declaration Concerning the Conditions For Recognition of New States, Adopted at the Extraordinary EPC Ministerial Meeting, Brussels, 16 Dec. 1991«, abgedruckt in: Trifunovska, *Yugoslavia Through Documents: From Its Creation to Its Dissolution*, S. 431 f.

166 John Tagliabue, »Kohl to Compromise on Yugoslavia«, *NYT*, 18. Dezember 1991.

167 Derselbe, »European Ties for Slovenia and Croatia«; und »Kohl to Compromise on Yugoslavia«.

168 Ebenda.

169 Ebenda. Siehe auch Kohl, *Erinnerungen, 1990–1994*, S. 391–7.

170 »Woman from East Elected as Kohl's Deputy«, *NYT*, 16. Dezember 1991.

171 Glaurdić, *The Hour of Europe*, S. 269.

172 Beachte: Lediglich Serbien und Montenegro beschlossen, keinen Antrag auf Anerkennung bis zum 23. Dezember bei der Gemeinschaft einzureichen. Mazedonien hatte am 19. Dezember dafür gestimmt, die Anerkennung der EG zu beantragen, nachdem es auch mit großer Mehrheit im September ein Referendum über die Abspaltung von Jugoslawien befürwortet hatte. Der Fall Mazedoniens war jedoch, ähnlich wie der Bosniens, wegen der schwierigen historischen Beziehung zu Grie-

chenland nicht einfach. Athen wollte gewährleisten, dass Mazedonien sich förmlich verpflichtete, keine territorialen Ansprüche gegen seinen »benachbarten Staat der Gemeinschaft« zu erheben. Siehe Chuck Sudetic, »Yugoslav Breakup Gains momentum«, *NYT*, 21. Dezember 1991. Caplan, *Europe and the Recognition of New States in Yugoslavia*, S. 24.

173 Georg Brock, »Kohl Hijacks Brussels Policy«, *Times*, 18. Dezember 1991; Hella Pick, »A Master Germany Wants to Lose«, *Guardian*, 10. Januar 1992, S. 19. Siehe auch Caplan, *Europe and the Recognition of New States in Yugoslavia*, S. 24 f.; derselbe, »Conditional Recognition as an Instrument of Ethnic Conflict Regulation: The European Community and Yugoslavia«, in: *Nations and Nationalism* 8, 2 (2002), S. 157–77, hier S. 171.

174 Siehe Richard Holbrooke, *To End a War*, New York 1998, S. 31 f.; deutsch: *Meine Mission: Vom Krieg zum Frieden in Bosnien*, München 1998, S. 52 f. Vgl. Wolfgang Krieger, »Toward a Gaullist Germany? Some Lessons from the Yugoslav Crisis«, in: *World Policy Journal* 11, 1 (Frühjahr 1994), S. 26–38. John Tagliabue, »Bold New Germany: No Longer a Political ›Dwarf‹«, *NYT*, 16. Dezember 1991.

175 Hutchings, *American Diplomacy and the End of the Cold War*, S. 314 f.; Daniel Brössler, »Genschers Alleingang«, *SZ*, 23. November 2011. Siehe auch Caplan, der aus einem Memorandum des Auswärtigen Amtes zur Anerkennung der jugoslawischen Nachfolgestaaten (10. März 1993) zitiert. Dort hieß es, dass Deutschland nur zwei Optionen für die internationale Gemeinschaft angesichts dessen sah, was Bonn nicht als einen Bürgerkrieg, sondern als einen Eroberungskrieg durch Serbien einstufte: entweder militärische Eindämmung Serbiens oder die »Internationalisierung des Konflikts« durch politische Mittel über die formale Anerkennung der bedrohten Republiken, um sämtliche Hoffnungen zu vereiteln, die Belgrad womöglich hatte, dass durch den Einsatz von Gewalt geschaffene *faits accomplis* geduldet würden. Caplan, *Europe and the Recognition of New States in Yugoslavia*, S. 28. Siehe auch Stephen Engelberg, »Yugoslav Ethnic hatreds Raise Fears of a War Without End«, *NYT*, 23. Dezember 1991.

176 »Ein großer Erfolg für uns«, in: *Der Spiegel* Nr. 51/1991, 23. Dezember 1991, S. 18–20. Siehe auch Stephen Kinzer, »Slovenia and Croatia Get Bonn's Nod«, *NYT*, 24. Dezember 1991.

177 UK House of Commons, »Supplementary Estimates 1991–1992: Class II, Vote 2: Yugoslavia«, in: *Hansard*, Bd. 205. Sp. 470, 5. März 1992.

178 Kinzer, »Slovenia and Croatia Get Bonn's Nod«.

179 Glaurdić, *The Hour of Europe*, S. 270–5. Siehe auch Kohl, *Erinnerungen, 1990–1994*, S. 407; Genscher, *Erinnerungen*, S. 960–8.

180 Siehe Kapitel 7. Siehe auch Keith Bradsher, »Noting Soviet Eclipse, Baker Sees Arms Risk«, *NYT*, 9. Dezember 1991. Vgl. Andrew Rosenthal, »Bush Reluctantly Concludes Gorbachev Tried to Cling to Power Too Long«, *NYT*, 25. Dezember 1991. GHWBPL, Rostow Files, Subject Files, Yugoslavia (UN) [OA/ID CF-1320-024], Hutchings to Howe. Subj: DC Meeting on Yugoslavia, 21. Dezember 1991 S. 1 f.

181 Bush und Scowcroft, *A World Transformed*, S. 541, 544.

182 Daniele Conversi, *German-Bashing and the Break-up of Yugoslavia*, Seattle 1998. Kohl, *Erinnerungen, 1990–1994*, S. 407.

183 Siehe TNA UK PREM 19/4164–2 Memo from Mallaby to Hurd – Germany: United but Troubled, 18. Dezember 1992, S. 1–8.

184 GHWBPL, Memcon of Bush–Kohl talks, 21. März 1992, 11.50–16.00 Uhr, Camp David, S. 1, 3 f.; Kohl, *Erinnerungen, 1990–1994*, S. 428 f., 440. Siehe auch *Arbeitsmarkt – Registrierte Arbeitslose, Arbeitslosenquote nach Gebietsstand*, Statistik der Bundesagentur für Arbeit, Arbeitslosigkeit im Zeitverlauf (1950–2017); sowie »Arbeitsmarkt in Zahlen – Entwicklung der Arbeitslosenquote für Deutschland, West- und Ostdeutschland von 1991 bis heute«, Statistik der Bundesagentur für Arbeit, Nürnberg 2008.

185 GHWBPL, Memcon of Bush's meeting with v. Weizsäcker, 29. April 1992, 10.30–10.55 Uhr, Oval Office, S. 2; Craig R. Whitney, »50,000 in Germany Protest Violence Against Migrants«, *NYT*, 9. November 1992; Stephen Kinzer, »Germany Agrees on Law to Curb Refugees and Seekers of Asylum«, *NYT*, 8. Dezember 1992. Vgl. Steven Erlanger, »Germany Pays to Keep Ethnic Germans in Russia«, *NYT*, 9. Mai 1993. Zum Flüchtlings- und Minderheitenproblem in Mitteleuropa (insb. die Nachbarländer Jugoslawiens, hier Ungarn) siehe auch GHWBPL, Telcon of Bush–Antall call, 20. September 1991, 12.59–13.29 Uhr, an Bord von Air Force One, S. 1–3.

186 GHWBPL, Memcon of Bush's meeting with v. Weizsäcker, 29. April 1992, 10.30–10.55 Uhr, Oval Office, S. 2. Bemerkenswert ist, dass sich Frankreich, Italien und Spanien im Gegensatz zu Deutschland vor allem wegen der Migration aus Nordafrika Sorgen machten.

187 Zu Grass' Ansichten siehe Günter Grass, »Ich bin ein umgänglicher Mensch«, in: *Die Zeit*, Nr. 20, 8. Mai 2014; dazu auch Alan Riding, »At East-West Crossroads, Western Europe Hesitates«, *NYT*, 25. März 1992.

188 GHWBPL, Memcon of Bush–Kohl talks, 21. März 1992, 11.50–16.00 Uhr, Camp David, S. 3.

189 Siehe »Entwurf des Bundeshaushalts 1993 und Finanzplan 1992 bis 1996«, in: *Bulletin* 72-92, 2. Juli 1992; Wissenschaftlicher Dienst, *Entwicklung der Staatsverschuldung von 1970 bis 2013*, Deutscher Bundestag 2009. Siehe auch Oliver Schwinn, *Die Finanzierung der deutschen Einheit: Eine Untersuchung aus politisch-institutionalistischer Perspektive*, Wiesbaden 1997, Kap. 4; »Ein schwerer Fehler«, in: *Der Spiegel* 10/1991, 4. März 1991, S. 18–21.

190 Kohl, *Erinnerungen, 1990–1994*, S. 414–21. Benjamin Stahl, »Türkei-Panzer-Affäre«, in: *Das Parlament*, 31. März 1992. Siehe auch Stephen Kinzer, »The Costs of Unification; For Kohl Ending the Strike was Just the First Step«, *NYT*, 10. Mai 1992.

191 Genscher, *Erinnerungen*, S. 999–1007, insb. S. 1002 f. Siehe auch »As Goes Germany«, *NYT*, 30. April 1992.

192 Man ging davon aus, dass Estland, Lettland und Litauen als Nächste unterzeichnen würden. Am 1. Januar 1992 wurden sie in das Programm PHARE der EG (ursprüng-

ANMERKUNGEN

lich 1989 als »Poland and Hungary: Assistance for Restructuring their Economies« ins Leben gerufen) aufgenommen. Am 12. Juni 1995 unterschrieben sie Assoziierungsabkommen mit der EU – http://europa.eu/rapid/press-release_PRES-95-173_ en.htm.

193 Genscher, *Erinnerungen, S.* 1003–9; John Tagliabue, »European Ties for Slovenia and Croatia«, *NYT*, 17. Dezember 1991; Alan Riding, »At East-West Crossroads, Western Europe Hesitates«.

194 Glaurdić, *The Hour of Europe,* S. 279–91. Siehe auch GHWBPL NSC Gompert Files – Subject Files: Bosnia I [4] (OA/ID CF01301 004) AmEmb Belgrade to Baker: Note – Concentration Camps in Bosnia-Herzegovina 4. August 1992, S. 1–4.

195 Glaurdić, *The Hour of Europe,* S. 281, 292 f., 397; Baker, *Drei Jahre, die die Welt veränderten,* S. 642 ff.; GHWBPL, Telcon of Bush–Major call, 6. März 1992, 9.02–9.19 Uhr, White House, S. 4. GHWBPL, NSC, Chellis Files, Subject File, CSCE – Yugoslavia Crisis (OA/ID CF01441-002), Yugoslavia political situation (nicht datiert, Anfang 1992).

196 Bush's Statement on United States Recognition of the Former Yugoslav Republics, 7. April 1992, APP. Hutchings, *American Diplomacy and the End of the Cold War,* S. 316; »Bosnia: All Fall Down«, in: *WhiteHall Papers,* 19, 1 (1993), S. 61–73. Der Helsinki-Human-Rights-Watch-Bericht vom August 1992 stellte ebenfalls eindeutig fest, dass auf dem Balkan schwere Kriegsverbrechen begangen wurden. Tatsächlich drängte er den UN-Sicherheitsrat dringend, »unter seiner Vollmacht gemäß der Konvention zur Verhinderung und Bestrafung des Verbrechens des Völkermordes von 1951 in Bosnien-Herzegovina zu intervenieren, um einen Völkermord zu verhindern«. Helsinki Watch, *War Crimes in Bosnia-Hercegovina* (August, 1992), S. 1 f. Baker deutete auch die Absicht der USA an, Mazedonien anzuerkennen, doch der Fall Mazedonien war wegen der Gebietsstreitigkeiten mit Griechenland komplexer. Tatsächlich kam es erst 1994 zu einer formalen Anerkennung, und die Länder nahmen 1995 volle diplomatische Beziehungen auf.

197 Zu UN-Resolution 757 am 30. Mai 1992 siehe GHWBPL, Rostow Files – Subject Files: Yugoslavia (UN) (OA/ID CF01320–024), UN SC Resolution 757, S. 1–6. Zur UN SC Res. 757 und humanitärer Hilfe siehe GHWBPL, NSC, Gompert Files: Subject Files – Bosnia I [4] (OA/ID CF01301–004), Humanitarian Aid to Bosnia Hercegovina, 2. Juni 1992, S. 1–4.

198 Baker, *Drei Jahre, die die Welt veränderten,* S. 652 ff.; Paul Lewis, »U.N. Votes 13-0 For Embargo On Trade With Yugoslavia Air Travel And Oil Curbed«, *NYT*, 31. Mai 1992; »Excerpts From U.N. Resolution: ›Deny Permission‹«, *NYT*, 31. Mai 1992. Zur russischen Unterstützung der amerikanischen Position siehe GHWBPL, NSC, Burns Files, Subject Files, Yeltsin (OA/ID CF01487-006), Telcon of Bush–Yeltsin call, 27. Juni 1992, 10.05–10.28 Uhr, Camp David, S. 2 f. Bush sagte zu Jelzin: »Wir denken alle allmählich, dass möglicherweise ein militärisches Eingreifen für eine humanitäre Anstrengung erforderlich sein könnte«, machte jedoch deutlich, dass er nicht die Absicht habe, eine Änderung der UN-Resolution zu beantragen, um »die politische Lage in Bosnien zu verändern oder zu sondieren«. Sein Hauptanliegen war es, »dafür zu sorgen, dass die Hilfsbemühungen« nicht länger blockiert werden. »Wenn wir uns

an die UNO wenden, hoffe ich, Sie werden imstande sein, uns bei der Verhinderung eines massenhaften Hungertods in Sarajevo zu helfen.« Jelzin versicherte Bush: »Wir werden nicht aussteigen. Wir werden alle zusätzlichen Schritte und Maßnahmen unterstützen. Humanitäre ebenso wie militärische.«

199 GHWBPL, NSC, H-Files, NSC-DC Meeting Files: NSC/DC 363, 10.7.1992 – NSC/DC Meeting on NATO Role in Assistance to Bosnia (OA/ID 90023–001), DC Meeting on NATO – Bosnia, 10. Juli 1992, S. 1 f.

200 GHWBPL, Memcon of Bush–Weizsäcker plenary talks, 29. April 1992, 10.58–11.40 Uhr, The Cabinet Room, S. 3 ff.; Memcon of Bush–Mitterrand talks, 5. Juli 1992, 20.30–22.30 Uhr, München, S. 1–9. Siehe auch GHWBPL, NSC, Gompert Files, Subject Files, Bosnia I [4] (OA/ID 01301-004), Memorandum, From Lowenkron/Holl to Scowcroft, Subj: NATO and the Bosnian Crisis, 2. Juli 1992, S. 1 ff.

201 GHWBPL, Memcon of Bush–Wörner talks, 9. Juli 1992, 11.00–11.30 Uhr, Helsinki Fair Center, Finnland, S. 2 f. Siehe auch Bushs Äußerung gegenüber Kohl am 28. Juni über die Option einer »Luftunterstützung« und »Seeblockade«, falls die Vereinten Nationen dies für hilfreich hielten: »Mein Instinkt sagt mir, dass keine der beiden Seiten US-Bodentruppen begrüßen würde«, aber »es könnte sein, dass wir mit anpacken und bei der Lösung helfen müssen... Wir sind nicht gerade begeistert über militärische Unterstützung, aber wir müssen etwas tun.« GHWBPL, Telcon of Bush with Kohl, 28. Juni 1992, 14.00–14.16 Uhr, Camp David, S. 2.

202 GHWBPL, Memcon of Bush–Wörner talks, 9. Juli 1992, S. 3.

203 GHWBPL, Memcon of Bush–Weizsäcker plenary talks, 29. April 1992, 10.58–11.40 Uhr, The Cabinet Room, S. 3 ff; Memcon of Bush–Mitterrand talks, 5. Juli 1992, 20.30–22.30 Uhr, München, S. 1–9, insb. S. 5 f.

204 Genscher zitiert in GHWBPL, Memcon of Bush–Weizsäcker plenary talks, 29. April 1992, 10.58–11.40 Uhr, The Cabinet Room, S. 4 f. Zu Genschers Anteil an der Gründung des NAKR im Jahr 1991 siehe auch seine *Erinnerungen*, S. 978, sowie Kapitel 7.

205 GHWBPL, Memcon of Bush–Antall talks, 10. Juli 1992, 11.40–12.10 Uhr, Helsinki Fair Center, Finnland, S. 1 f., 4. Vgl. Helmut Kohls Äußerung gegenüber John Major schon am 10. November 1991, der erklärte, dass es außergewöhnlich sei, wie energisch Ministerpräsident Antall von Ungarn eine Mitgliedschaft in der NATO anstrebe. Schon allein das zeige, wie grundlegend sich die Welt verändert habe. TNA UK, PREM 19/3353, Memo, Wall to Gozney, PM's talks with Kohl, Bonn, 10. November 1991, S. 2.

206 NAC, »Statement on NATO Maritime Operations«, Helsinki, 10. Juli 1992, NATO website; WEU Council of Ministers, »Extraordinary Meeting on the Situation in Yugoslavia«, Helsinki, 10. Juli 1992, WEU website. Siehe auch Tarcisio Gazzini, »NATO Coercive Military Activities in the Yugoslav Crisis (1992–1999)«, in: *European Journal of International Law*, 12, 3 (2001), S. 391–435, insb. S. 392 f. Siehe auch Whitney, »NATO and Europe Tighten Sanctions Against Yugoslavs«, S. 1.

207 Zu den Schwierigkeiten mit dem Informationsfluss wegen Kriegsverbrechen vgl. GHWBPL NSC Rostow Files – Subject Files: Yugoslavia (War Crimes) (OA/ID CF1320–

026) NSC Cable – UN Secretariat Responsibility for Disseminating Information on War Crimes in the Former Yugoslavia, 23. Oktober 1992, S. 1 ff.

208 Baker, *Drei Jahre, die die Welt veränderten*, S. 650; Kurt Schoker, »American Killed as Snipers Attack Panic's Convoy«, *Independent*, 14. August 1992. Siehe auch GWHBPL, NSC, Gompert Files, Subject Files, Bosnia I [2] (OA/ID CF01301-002), Assessment of Humanitarian Situation in Bosnia and Herzegovina, 9. September 1992, S. 1 ff.; U.S. Actions in the Yugoslav Crisis Checklist (nicht datiert, als Fax abgesendet am 6. August 1992), S. 1 ff.

209 Thomas L. Friedman, »›Realists‹ vs. ›Idealists‹ – It's Harder Now to Figure Out Com pelling National Interests«, *NYT*, 31. Mai 1992.

210 »Campaign '92: Transcript of the First Presidential Debate«, *WP*, 12. Oktober 1992. Vgl. GHWBPL, NSC, Gompert Files, Subject Files, Bosnia I [4] (OA/ID 01301-004), Remarks by the President upon Departure, Peterson Air Force Base, Colorado Springs, 6. August 1992, S. 1 f. Bush wollte den Konflikt unbedingt über internationale Kooperation (UN, NATO, EG, KSZE) »entschärfen und eindämmen«.

211 Ebenda; GHWBPL, Memcon of Bush–Antall talks, 10. Juli 1992, 11.40–12.10 Uhr, Helsinki Fair Center, Finnland, S. 1 f., 4. Vgl. GHWBPL, Telcon of Bush–Antall call, 20. September 1991, 12.59–13.29 Uhr, an Bord von Air Force One, S. 1–5. Man beachte, dass Ungarn sich ebenso große Sorgen wegen möglicher russischer Muskelspiele wie wegen des Ausbruchs ethnischer Rivalitäten in den neuen unabhängigen Staaten machte. Darüber hinaus war Budapest auch wegen der Rechte der ungarischen Minderheit in den ehemaligen jugoslawischen Republiken, wegen der Ausbreitung der Gewalt von Kroatien und Bosnien und der Flut von Flüchtlingen besorgt, die vom Balkan in die Nachbarländer strömen könnten.

212 Ioan Lewis und James Mayall, »Somalia«, in: Mats Berdal und Spyros Economides (Hg.), *United Nations Interventionism, 1991–2004*, Cambridge 2009, S. 118–21.

213 Boutros Boutros-Ghali, *The United Nations and Somalia, 1992–1996*, New York 1996, S. 5; Don Oberdorfer, »U.S. Took Slow Approach to Somali Crisis«, *WP*, 24. August 1992.

214 Lewis und Mayall, »Somalia«, S. 121.

215 Boutros Boutros-Ghali zitiert in Trevor Rowe, »Aid to Somalia Stymied«, *WP*, 29. Juli 1992; zur Besorgnis des Generalsekretärs herrschte allgemein »die Wahrnehmung« vor, dass die Vereinten Nationen »in Jugoslawien/Europa auf Kosten des Südens« handelten, siehe GHWBPL, Memcon of Working Lunch between Bush and Boutros-Ghali, 12. Mai 1992, 12.00–13.00 Uhr, Old Family Dining Room; Written Statement Andrew S. Natsios, Assistant Administrator for Food and Humanitarian Assistance (AID), »Somalia: The Case for Action«, Select Committee on Hunger, House of Representatives, 22. Juli 1992, Serial No. 102-35, S. 100; »The Hell Called Somalia«, *NYT*, 23. Juli 1992.

216 Siehe Kenneth R. Rutherford, *Humanitarianism Under Fire: The US and UN Intervention in Somalia*, Sterling, VA, 2008, S. 43; Don Oberdorfer, »The Path to Intervention«, *WP*, 6. Dezember 1992.

217 Oberdorfer, »U.S. Took Slow Approach to Somali Crisis«. Siehe auch Walter H. Kanstiner, »US Policy in Africa in the 1990s«, in: Jeremy R. Azrael und Emil A. Payin (Hg.), *US and Russian Policymaking with Respect to the Use of Force,* Santa Monica, CA, 1996, S. 107. Vgl. Oberdorfer, »The Path to Intervention«. Vgl. Smith Hempstone, »Dispatch From a Place Near Hell; The Killing Drought in Kenya, As Witnessed by the U.S. Ambassador«, *WP,* 23. August 1992.

218 Siehe Rutherford, *Humanitarianism under Fire,* S. 43 f.

219 Stefano Recchia, »Pragmatism over principle: US intervention and burden shifting in Somalia, 1992–1993«, in: *Journal of Strategic Studies* (Feb. 2018, online), S. 5 f.; Rowe, »Aid to Somalia Stymied«. Zu Resolution 775 des UN-Sicherheitsrats vom 28. August 1992, die 3000 zusätzliche Blauhelme bewilligte, UN website; »Statement by Press Secretary Fitzwater on Additional Humanitarian Aid for Somalia«, 14. August 1992, APP.

220 Andrew Rosenthal, »Clinton Attacked On Foreign Policy«, *NYT,* 28. Juli 1992; Walter S. Poole, *The Effort to Save Somalia: August 1992 – March 1994,* Washington, DC, 2005, S. 8 f.; Michael R. Gordon, »With U.N.'s Help, U.S. Will Airlift Food to Somalia«, *NYT,* 15. August 1992.

221 Jane Perlez, »As Much of a Nation Starves, A Young Somali Grasps Life«, *NYT,* 17. August 1992. Vom 17. bis zum 23. August wurden die Titelseiten der *New York Times* von den Schlagzeilen des Wahlkampfs beherrscht; vom 24. August bis 2. September dominierte Hurrikan Andrew die Nachrichten.

222 Holly Burkhalter, »What Took Us so Long in Somalia?«, *WP,* 6. September 1992. Siehe auch Lewis und Mayall, »Somalia«, S. 122; sowie Glenn M. Harned, *Stability Operations in Somalia 1992–1993: A Case Study* [PKSOI-Paper], Carlisle Barracks, PA, 2016, S. xi.

223 GHWBPL, NSC, H-Files, NSC/DC Meeting Files: NSC/DC 395 – 20.11.1992 – NSC/DC Meeting on Somalia (OA/ID 90024–004) Memo – Somalia: The Threat to the UN's Pakistani Battalion in Mogadishu, 18. November 1992, S. 1–4; sowie John M. Ordway to Jonathan T. Howe: Memo – DC Meeting on Somalia (on 20.11.1992), 19. November 1992, S. 1–4; und CIA: NSC Memorandum – Can the United Nations Successfully Carry Out Their Mission in Somalia? S. 1–4. Vgl. Oberdorfer, »The Path to Intervention«, und GHWBPL, NSC, H-Files, NSC/DC Meetings Files: NSC/DC 385 – 21. Oct. 1991 – NSC/DC Meeting on Somalia (OA/ID 90023–029), Interagency Planning Group Status Report by Vincent D. Kern (Africa Region OSD/ISA), 15. Oktober 1992, S. 1

224 National Security Directive 74, 24 November 1992, https://fas.org/irp/offdocs/nsd/nsd74.pdf.

225 Lewis und Mayall, »Somalia«, S. 123; Zitat aus Recchia, »Pragmatism over Principle«, S. 6. Siehe auch GHWBPL, NSC, H-Files – NSC/DC Meeting Files: NSC/DC 395 – 20. Nov. 1992 (OA/ID 90024–004) State Discussion Paper for the DC – The Need for Action in Somalia (nicht datiert), S. 1–5, insb. S. 4.

226 Zu den ersten Ansichten Bushs über Perot siehe Tagebucheintrag vom 31. März 1992, abgedruckt in: Bush, *All the Best,* S. 555. Vgl. Timothy J. McNulty, »Bush Focuses

Attack on Perot«, *CT*, 26. Juni 1992. Die ABC-Sendung *20/20* mit dem Interview von George und Barbara Bush wurde am Freitag, dem 26. Juni 1992, ausgestrahlt.

227 Oberdorfer, »The Path to Intervention«. Siehe auch Robert G. Patman, *Strategic Shortfall: The Somalia Syndrome and the March to 9/11*, Santa Barbara, CA, 2010, S. 32 f. Siehe auch David Jeremiah Oral History, Commander of the Pacific Fleet; Vice Chairman and Acting Chairman of the Joint Chiefs of Staff – Transcript, 15. November 2000, Miller Center. Zur Frage, ob der Präsident die Strategie bezüglich einer US-Intervention in Somalia vorantreibe, antwortete Jeremiah ganz klar: »Nein.«

228 Das NSC Deputies Committee (DC) ist ein Ausschuss des Sicherheitsrats und das höchste behördenübergreifende Forum unter der Kabinettsebene zur Erwägung sicherheitspolitischer Fragen durch die US-Regierung. Das Komitee wurde 1989 von dem neuen Präsidenten George H. W. Bush ernannt und hat jede Neuorganisation des Nationalen Sicherheitsrats überstanden.

229 Zu den Optionen siehe GHWBPL, NSC, H-Files, NSC/DC Meeting Files, NSC/DC 396 – 23 Nov. 1992 (OA/ID 90024-005), Next Steps in Somalia (nicht datiert), S. 1–4.

230 Ebenda, insb. S. 3; und GHWBPL, NSC, H-Files, NSC/DC Meeting Files, NSC/DC 395 – 20 Nov. 1992 (OA/ID 90024-004), Minutes for the DC Meeting on Somalia, 20. November 1990, S. 1–6; Oberdorfer, »The Path to Intervention«; Patman, *Strategic Shortfall*, S. 32 ff. Zu den unterschiedlichen Argumenten, weshalb die USA beschlossen, sich in Somalia zu engagieren, vgl. beispielsweise Brands, *From Berlin to Baghdad*, S. 94, der andeutet, Somalia sei eine Bosnien vorzuziehende Mission gewesen (weil es »einfacher« war), und Recchia, der in seinem Aufsatz »Pragmatism over Principle« UNITAF als pragmatische Antwort des US-Militärs ausgibt, um das Vakuum einer scheiternden UN-Friedensmission zu füllen. Siehe auch Lidwie Kapteijns, »Test-firing the ›New World Order‹ in Somalia: The US/UN Military Humanitarian Intervention of 1992–1995«, in: *Journal of Genocide Research* 15, 4 (2013), S. 421–44.

231 Siehe Frank G. Hoffman, *Decisive Force*, Westport, CT, 1996, S. 100 f.; derselbe, »A Second Look At the Powell Doctrine«, in: *War on The Rocks*, 20. Februar 2014. Zur *National Military Strategy of the United States 1992* siehe https://history.defense. gov/Portals/70/Documents/nms/nms1992.pdf?ver=2014-06-25-123420-723.

232 Wortlaut der Resolution 794 auf Deutsch nach AdG, 1992, S. 37382 f. Michael R. Gordon, »U.N. Backs a Somalia Force As Bush Vows a Swift Exit; Pentagon Sees Longer Stay«, *NYT*, 4. Dezember 1992; Paul Lewis, »First U.N. Goal is Security; Political Outlook is Murky«, *NYT*, 4. Dezember 1992; »Excerpts From a Resolution On Delivering Somalia Aid«, *NYT*, 4. Dezember 1992. Siehe auch Bushs Schreiben an Boutros-Ghali, 4. Dezember 1992, abgedruckt in: Bush, *All the Best*, S. 579 f.

233 Siehe etwa GHWBPL, Telcon of Bush–Miyazawa call, 2. Dezember 1992, 17.57 18.07 Uhr, White House, S. 1 ff.; Telcon of Bush with Mulroney, 2. Dezember 1992, 16.45–16.54 Uhr, Oval Office, S. 1 f.; Telcon of Bush–Amato call, 3. Dezember 1992, 8.58–9.03 Uhr, Oval Office, S. 1 f.; Telcon of Bush–King Fahd call, 3. Dezember 1992, 7.25–7.44 Uhr, Oval Office, S. 1 ff.; Telcon of Bush–Mitterrand call, 3. Dezember 1992, 8.14–8.23 Uhr, Oval Office, S. 1 ff.

234 Bush's Address to the Nation on the Situation in Somalia, 4. Dezember 1992, APP; David Halberstam, *War in a Time of Peace: Bush, Clinton and the Generals*, New York 2001, S. 251 f. Siehe auch Michael Wines, »Bush Declares Goal in Somalia to ›Save Thousands‹ – Force to Remain into Clinton Presidency«, *NYT*, 5. Dezember 1992; Michael R. Gordon, »U.S. Is Sending Large Force As Warning to Somali Clans«, *NYT*, 5. Dezember 1992; Don Oberdorfer, »Bush Sends Forces to Help Somalia«, *WP*, 5. Dezember 1992. Zu den Zitaten von friedensschaffend zu friedenssichernd siehe GHWBPL, NSC, Burns–Hewett Files, Subject Files, POTUS Telcons with CIS Leaders 1992: Telcon with Yeltsin 12/6/1992 (OA/ID CF01421-038), Points to be made – telephone call with President Boris Yeltsin, 4. Dezember 1992.

235 GHWBPL, Telcon of Bush–Boutros call, 8. Dezember 1992, 12.22–12.29 Uhr, The Oval Office, S. 1 ff., hier S. 2. Vgl. GHWBPL, Telcon of Bush–Boutros call, 4. Dezember 1992, 12.05–12.14 Uhr, The Oval Office, S. 1 f. Siehe auch John S. Brown, *The United States Army in Somalia 1992–1994*, US Army Center of Military History 2003, S. 14. Siehe auch GWHBPL, NSC, H-Files, NSC/DC Meetings Files, NSC/DC 403A – 3. Dezember 1992 (OA/ID 90024-013), Minutes, Meeting of the NSC Deputies Small Group, 3. Dezember 1992, 17.32–18.30 Uhr, SVTS Room, S. 9. Wie Admiral Jeremiah in der Sitzung sagte: »Wenn wir an das 100-Tage-Programm glauben, dann gibt es keinen Grund zu der Annahme, dass es im Norden eine humanitäre Katastrophe gibt … Boutros-Ghali möchte uns unbedingt nach Norden schicken zu Entwaffnungs- und Minenräumeinsätzen. Das ist beängstigend. Wenn es einen Grund gibt, nach Hargeisa zu gehen, dann ist das in Ordnung, aber wir müssen das klar definieren.«

236 Minutes of the NSC Meeting on Somalia, 3. Dezember 1992, S. 1, zitiert in Recchia, »Pragmatism over Principle«, S. 16. »Durchführbare Mission« zitiert in GHWBPL, NSC, H-Files, NSC/DC Meeting Files, NSC/DC 395 – 20. November 1992 (OA/ID 90024-004), Minutes for the DC Meeting on Somalia, 20. November 1992, S. 6. Siehe auch »Somalia: Transition from U.S. to United Nations Command – Statement by Deputy Assistant Secretary of State for African Affairs Robert Houdek, Feb. 17, 1993«, in: *Foreign Policy Bulletin* 3, 6 (Mai 1993), S. 44–8. Zu UNOSOM I und UNITAF: UN website. Beachte: UNITAF wurde offiziell am 4. Mai 1993 aufgelöst. Der Übergang zu UNOSOM II wurde nach Resolution 814 des UN-Sicherheitsrats am 26. März eingeleitet, sowie die Erfüllung des Versprechens seines Vorgängers durch die Clinton-Administration, das Land nach der Übergabe an eine schnelle Eingreiftruppe (2500 Mann) vor der Küste Somalias zu verlassen. Am Ende stimmte Boutros-Ghali dem Übergang zu UNOSOM II erst zu, nachdem Washington weitere 4000 US-Soldaten für die logistische Unterstützung im Landesinneren zugesagt hatte.

237 Siehe etwa Bushs Kommentar zu dem Briefing Clintons in GHWBPL, Telcon of Bush–Mulroney call, 2. Dezember 1992, 16.45–16.54 Uhr, Oval Office, S. 2.

238 Michael Wines, »Bush Declares Goal in Somalia to Save Thousands«, S. 4.

239 Clinton's Address to the Nation on Somalia, 7. Oktober 1993, APP.

240 Bush und Scowcroft, *A World Transformed*, S. 355; Address Before a Joint Session of

the Congress on the Persian Gulf Crisis and the Federal Budget Deficit, 11. September 1990, APP.

241 Remarks at Texas A&M University in College Station, Texas, 15. Dezember 1992, APP.

242 Siehe Thomas l. Friedman, »It's Harder Now to Figure Out Compelling National Interests«, *NYT*, 31. Mai 1992.

243 Bush und Scowcroft, *A World Transformed*, S. 400.

244 GHWBPL, White House Office of Communications, Paul McNeill Files, Persian Gulf Working Group: Notebooks of David Demarest [6] (OA/ID 03195), Gulf Policy Themes, überarbeitet am 14. Dezember 1990.

245 Bush und Scowcroft, *A World Transformed*, S. 564.

246 Remarks at Texas A&M University in College Station, Texas, 15. Dezember 1992, APP.

247 Michael Wines, »Bush Rebounds to Center of the World Stage«, *NYT*, 4. Dezember 1992.

248 GHWBPL NSC Holl Files – Subject Files: NATO and European Security (General 1991) (CF01397–005) The Rome Summit and NATO's Mission (nicht datiert, circa Oktober/November 1991), S. 1–5. GHWBP NSC Gompert Files – European Strategy [Steering] Group (ESSG) (CF01301–009) The NACC in the New Europe 7 S. + cover note Gompert to Tim Niles et al., 31. März 1992; Memorandum from Lowenkron to Howe, 26. März 1992; Memorandum from Gompert to Zoellick et al. – US National Security Interests in Europe Beyond the NATO Area, 7. Februar 1992; NATO and the East: Key issues (Secret) 7 S. (nicht datiert [Anfang 1992] – kein Autor). Siehe auch Daniel S. Hamilton und Kristina Spohr (Hg.), *Open Door*, Washington, DC, 2019, Einleitung; Gompert, »Bonfire of the Vanities«.

249 Vgl. Piers Robinson, *The CNN Effect: The Myth of News, Foreign Policy and Intervention*, London 2002; derselbe, »The CNN Effect: Can the News Media Drive Foreign Policy?«, in: *Review of International Studies* 25, 2 (Apr. 1999), S. 301–9; Jonathan Mermin, »Myth of Media-Driven Foreign Policy«, in: *Political Science Quarterly* 112, 3 (Herbst 1997), S. 385–403; Steven Livingston und Todd Eachus, »Humanitarian crises and U.S. foreign policy: Somalia and the CNN effect reconsidered«, in: *Political Communication* 12, 4 (1995), S. 413–29; Bernard C. Cohen, »A View from the Academy«, in: W. Lance Bennett und David L. Paletz (Hg.), *Taken By Storm: The Media, Public Opinion, and U.S. Foreign Policy in the Gulf War*, Chicago 1994, S. 9 f.; Michael Mandelbaum, »The Reluctance to Intervene«, in: *Foreign Policy*, 95 (Sommer 1994), S. 3–18; Adam Roberts, »Humanitarian War: Military Intervention and Human Rights«, in: *International Affairs*, 69 (Juli 1993), S. 429–49; George F. Kennan, »Somalia, Through a Glass Darkly«, *NYT*, 30. September 1993.

250 Auszüge aus dem Entwurf von 1992 »Defense Planning Guidance« für die Haushaltsjahre 1994–1999, PBS; »Excerpts From Pentagon's Plan: ›Prevent the Re-Emergence of a New Rival‹ (18 Feb. draft)«, *NYT*, 8. März 1992, S. 14; Vgl. Patrick E. Tyler, »U.S. Strategy Plan Calls For Insuring No Rivals Develop«, *NYT*, 8. März 1992. Eine spätere Fassung vom April 1992 »DPG, FY 1994–1999« ist erhältlich unter: https://www.archives.gov/files/declassification/iscap/pdf/2008-003-docs1-12.pdf.

Siehe auch »»Prevent the Reemergence of a New Rival‹ – The Making of the Cheney Regional Defense Strategy, 1991–1992«, NSAEBB Nr. 245.

251 Bush's News Conference with President Boris Yeltsin of Russia in Moscow, 3. Januar 1993, APP; Presseerklärung teilweise zitiert in AdG, 1993, S. 35031 A.

Kapitel 9: Ein erster Ausblick auf ein »Pazifisches Jahrhundert«

1   Bush's Exchange with Reporters in Sydney, Australia, 1. Januar 1992, APP.

2   Michael Wines, »Reporter's Notebook; For Bush, Jog Overseas Beats Running at Home«, NYT, 5. Januar 1992; John E. Yang, »Bush Discounts Fears About Collapse«, WP, 9. Januar 1992.

3   Für eine komplette Liste der Auslandsreisen Bushs siehe US DoS Office of the Historian website.

4   Bush's Address Accepting the Presidential Nomination at the Republican National Convention in New Orleans, 18. August 1988, APP.

5   Engel, When the World Seemed New, S. 104 f. Vgl. Stephen W. Bosworth, »The United States and Asia«, in: Foreign Affairs 71, 1 (1991/1992) [America and the World 1991/92], S. 113–29.

6   Siehe GHWBPL, NSC, H-Files, NSC/DC Meeting Files: NSC/DC 221, 13. November 1990 – NSC/DC Meeting on Korea (OA/ID 90017-017), US Policy Toward North Korea (nicht datiert), S. 1; Steve R. Weisman, »In North Korea, the 1990s Have Not Arrived«, NYT, 23. Dezember 1991.

7   Zu den verschiedenen Versuchen Nordkoreas, die Spiele zu behindern, einschließlich des vergeblichen Versuchs, China und die Sowjetunion zu einem Boykott der Spiele zu bewegen, siehe Olivia B. Waxman, »How Drama Between North and South Korea Threatened the Olympics 30 Years Ago«, Time, 8. Februar 2018.

8   Weisman, »In North Korea, the 1990s Have Not Arrived«, S. 1.

9   Sergey Radchenko, »Russia's Policy in the Run-Up to the First North Korean Nuclear Crisis 1991–1993«, NPIHP Working Paper #4 2/2015, S. 8.

10 Radchenko, Unwanted Visionaries, S. 244.

11 Zuvor hatten Nord- und Südkorea bei den Vereinten Nationen nur einen Beobachterstatus ohne Stimmrecht gehabt.

12 David E. Sanger, »North Korea Reluctantly Seeks U.N. Seat«, NYT, 29. Mai 1991; GHWBPL, Memcon of Bush–Roh talks, 17. Oktober 1989, 11.00–13.13 Uhr, Oval Office/Cabinet Room, Old Family Dining Room, S. 3. Siehe auch GHWBPL, NSC, H-Files, NSC/DC Meeting Files: NSC/DC 221, 13. November 1990 – NSC/DC Meeting on Korea (OA/ID 90017-017), U.S. Policy Toward North Korea (nicht datiert, vielleicht 1990), S. 1.

13 GHWBPL, Memcom of Bush–Roh talks, 2. Juli 1991, 10.30–11.30 Uhr, Oval Office and Cabinet Room, S. 2.

14   Ebenda., S. 4.

15   David E. Sanger, »Koreas Sign Pact Renouncing Force in a Step to Unity«, *NYT*, 13. Dezember 1991.

16   Bruce Cumings, »Spring Thaw for Korea's Cold War?«, in: *The Bulletin of Atomic Scientists* (April 1992), S. 14; »2 Koreas Agree on Nuclear Ban, But Not on Method of Inspections«, *NYT*, 2. Dezember 1991.

17   Bush's Address to the Nation on Reducing United States and Soviet Nuclear Weapons, 27. September 1991, APP. GHWBPL, Telcon of Bush–Gorbachev call, 27. September 1991, Oval Office, S. 1–3. Siehe auch DoD Secretary of Defense – Memorandum for Secretaries of the Military Departments: Reducing the US Nuclear Arsenal (Secret), 28. September 1991, NSAEBB No. 561: Andrew Rosenthal, »US to Give Up Short-Range Nuclear Arms – Bush Seeks Soviet Cuts and Further Talks«, *NYT*, 28. September 1991; Michael R. Gordon, »Bush's Arms Plan; Why US Was Worried«, *NYT*, 28. Dezember 1991.

18   GHWBPL, Telcon of Bush–Gorbachev call, 5. Oktober 1991, Camp David, S. 1–3. Bush und Scowcroft, *A World Transformed*, S. 542, 544 ff.; Plokhy, *The Last Empire*, S. 201, 209–11. Serge Schmemann, »Gorbachev Matches US on Nuclear Cuts and Goes Further on Strategic Warheads«, *NYT*, 6. Oktober 1991; Michael R. Gordon, »Room for Differences – Amid Accord over Tactical Nuclear Arms, Less Progress to Cut Long-Range Weapons«, *NYT*, 7. Oktober 1991; Don Oberdorfer, »US Decides to Withdraw A-Weapons from S. Korea«, *WP*, 19. Oktober 1991.

19   Zum Zusammenhang zwischen den Initiativen zur Abrüstung von SNF und den späteren Verhandlungen über START II siehe GHWBPL, NSC Burns Files – Subject Files: Yeltsin (OA/ID CF01487-006), Cable by Scowcroft to Amb. Strauss at AmEmb Moscow, incl. cover note and letter from Bush to Yeltsin, 14. Februar 1992, S. 1 f. und S. 1–4. Siehe auch Susan J. Koch, *The Presidential Nuclear Initiatives of 1991–1992*, Center for the Study of Weapons of Mass Destruction Case Study #5, National Defense Univ. Press (September 2012) NSAEBB No. 561.

20   Steven R. Weisman, »South Korea to Keep Out All Atom Arms«, *NYT*, 9. November 1991. Siehe auch Terence Roehrig, »The US Nuclear Umbrella over South Korea: Nuclear Weapons and Extended Deterrence«, in: *Political Science Quarterly* 132, 4 (2017–2018), S. 667 f.

21   Siehe »North Korea and Nuclear Weapons: The Declassified US Record«, NSAEBB No. 87.

22   Markku Anttila, »Pohjois-Korean ydinaseohjelma ja sen taustaa«, Oktober 2018, S. 1–3 (wissenschaftliche Arbeit im Besitz der Autorin); Bruce Cumings, *Korea's Place in the Sun: A Modern History*, New York 1997, S. 465 f., 469; Peter Hayes und Young Whan Kihl (Hg.), *Peace and Security in Northeast Asia: Nuclear Issue and the Korean Peninsula*, London 1996, Kap. 2; CIA, *East Asia Brief*, 27. Dezember 1985, NSAEBB No. 87; GHWBPL, Memcom of Bush–Roh talks, 2. Juli 1991, 10.30–11.30 Uhr, Oval Office and Cabinet Room, S. 3.

23   Steven R. Weisman, »Leader of North Korea Denies Atom Arms Plan«, *NYT*,

20. Dezember 1991. GHWBPL, Memcon of Bush–Roh talks, 6. Juni 1990, Oval Office, S. 2. Zwei Tage vor dem Treffen mit Roh hatte Bush zu Kaifu gesagt: »Wir wollen immer noch keine direkten Konsultationen mit Nordkorea. Wir wollen denen klarmachen, dass die Unterzeichnung eines Vertrags mit der IAEO absolut notwendig ist, bevor wir auf irgendeine Art mit der Normalisierung beginnen.« Siehe GHWBPL, Telcon between Bush and Kaifu, 4. Juni 1990, 19.08–19.36 Uhr, Oval Office, S. 3.

24 Cumings, *Korea's Place in the Sun*, S. 466f.

25 Radchenko, *Unwanted Visionaries*, S. 225, 244f.; »Letter from G. F. Kunadze to R. I. Khazbulatov«, 15. November 1991, State Archive of the Russian Federation (GARF), f. 10026, op. 5, d. 157 l. 17–19, DAWC. Siehe auch GHWBPL, NSC, H-Files, NSC/DC Meeting Files: NSC/DC 221, 13. November 1990 – NSC/DC Meeting on Korea (OA/ID 90017-017) US Policy Toward North Korea (nicht datiert), S. 3. Vgl. Baker, *Drei Jahre, die die Welt veränderten,* S. 590. Er stellt den Druck, den Russland und China auf ihren nordkoreanischen Klientelstaat ausübten, einfach als Ergebnis einer von den USA konzipierten Politik dar.

26 »Record of Conversation between G. F. Kunadze and Yu Hongliang«, 8. Oktober 1991, (GARF), f. 10026, op. 1, d. 2290, l. 36–38, DAWC. Siehe auch Cable from Baker (DoS) to Cheney Subject: Dealing with the North Korean Nuclear Problem; Impressions from My Asia Trip, 18. November 1991, NSAEBB No. 87.

27 Taik-young Hamm, »North-South Korean Reconciliation and Security on the Korean Peninsula«, in: *Asian Perspective* 25, 2 (2001), S. 130f.; Clayton Jones, »China to Recognise South Korea«, *CT,* 24. August 1992; GHWBPL, Memcon of Roh–Bush talks (one-on-one) 27. Februar 1989, 12.47–13.26 Uhr, Ching Wa Dae (Blue House) Seoul, S. 3. Vgl. Emma Chanlett-Avery et al., »Sino-Japanese Relations: Issues for US Policy«, *CRS report for Congress* 19. Dezember 2008, S. 5f.; Seongho Sheen, »Japan-South Korea Relations: Slowly Lifting the Burden of History?«, in: *Occasional Papers – Asia-Pacific Center for Security Studies* (Oktober 2003). Zum »Beginn einer neuen Ära« zwischen Japan und South Korea, siehe auch GHWBPL, Telcon of Bush–Kaifu talks, 10. Januar 1991, 7.42–7.55 Uhr, Oval Office, S. 2; Memcom of Bush–Roh talks, 6. Juni 1990, 10.00–11.00 Uhr, Oval Office, S. 4f. Siehe auch Memcon of Bush's talks with Prime Minister Noboru Takeshita of Japan, 23. Februar 1989, 15.58–16.42 Uhr, Akasaka Palace, Tokyo.

28 Cumings, *Korea's Place in the Sun, S.* 466. Zur Reaktion der Regierung Bush auf das nordkoreanische Atomprogramm siehe: Briefing Book for NSC/DC 327 – Meeting on Korea Nuclear Program (to be held on 17. Dezember 1991), 13. Dezember 1991 (Secret) 34 S. NSAEBB 610.

29 Leonard S. Spector und Jacqueline R. Smith, »North Korea: The Next Nuclear Nightmare?«, in: *Arms Control Today* 21, 2 (März 1991), S. 8–13; Leslie H. Gelb, »The Next Renegade State«, *NYT,* 10. April 1991. Präsident Bush machte die Bedrohung durch sogenannte »abtrünnige Regime« bereits am 2. August 1990 in einer Rede in Aspen, Colorado, zum Thema. Er dachte damals an Saddam Hussein, der gerade in Kuwait einmarschiert war. Siehe: Remarks at the Aspen Institute, Symposium in Aspen

Colorado, 2. August 1990, APP. Präsident Clinton wiederum sprach in der *National Security Strategy of Engagement and Enlargement* (vom Juli 1994 und 1995) von »Schurkenstaaten«, »die in vielen Regionen der Erde eine ernste Bedrohung für die regionale Stabilität darstellen«. Generell verwenden amerikanische Kommentatoren und Politiker auch Begriffe wie »*outlaw*«, »*pariah*« or »*backlash states*« (im deutschen alles mit »Schurkenstaat übersetzt). In ihren Augen gehörten in den Neunzigerjahren zu dieser laut Robert Litwak »spezifischen Kategorie« von Staaten Nordkorea, der Iran, der Irak und Libyen. Siehe William J. Clinton, *National Security Strategy of Engagement and Enlargement*, Weißes Haus, Juli 1994, und Robert Litwak, *Rogue States and US Foreign Policy*, Washington, DC, 2000, S. xiii und Einleitung. Vgl. Michael Klare, *Rogue States and Nuclear Outlaws: America's Search for a New Foreign Policy*, New York 1995; Anthony Lake, »Confronting Backlash States«, in: *Foreign Affairs* 73, 2 (März/April 1994), S. 45–55.

30 Siehe zum Beispiel »Engaging North Korea: Evidence from the Bush I Administration«, NSAEBB No. 610.

31 Bush's Remarks to the Korean National Assembly in Seoul 6. Januar 1992, APP.

32 Memorandum by Pendley to Undersecretary of Defense for Policy – Subject: North Korea Nuclear Issue – Where are We Now? (Secret), 27. Oktober 1992, NSAEBB No. 610; Anon., »North Korea's Nuclear Power Programme Revealed« in: *Nuclear Engineering International* 37, 456 (1992), S. 2 f.; Duk-ho Moon, »North Korea's Nuclear Weapons Program: Verification Priorities and New Challenges«, *Cooperative Monitoring Center Occasional Paper* no. 32 (2003), S. 7; J. B. Wolfsthal, »North Korea Threatens Withdrawal from Non-Proliferation Treaty«, in: *Arms Control Today* 23, 3 (1993), S. 22; »KCNA, ›Detailed Report«, Explains NPT Withdrawal‹, Pyongyang KCNA 22. Januar 2003. Siehe auch GHWBPL, NSC, H-Files, NSC/DC Meeting Files: NSC/DC 341, 20. März 1992 – NSC/DC Meeting on Korean Nuclear Programme (OA/ID 90021-029), Illustrative Timeline – DPRK could »plausibly«, delay IAEA inspections (nicht datiert, vielleicht März 1992), S. 1 f.

33 Bush's Remarks to the Korean National Assembly in Seoul, 6. Januar 1992, APP.

34 Baker, *Drei Jahre, die die Welt veränderten*, S. 58. Derselbe, »America in Asia: Emerging Architecture for Pacific Community«, in: *Foreign Affairs* 70, 5 (Winter 1991) [America and the Pacific, 1941–1991], S. 1–18.

35 Reynolds, *One World Divisible*, S. 411–20. Siehe auch Ezra Vogel, *Japan as Number One*, Cambridge, MA, 1979; und Paul Kennedy, *The Rise and Fall of Great Powers*, New York 1987, Kap. 8. Siehe die Titelseite »Special Report – The Pacific Century: Is America In Decline?«, in: *Newsweek*, 22. Februar 1988.

36 Kennedy, *The Rise and Fall of Great Powers*, Kap. 8 (»The Japanese Dilemma«).

37 Rosemary Foot und Andrew Walter, »Whatever Happened to the Pacific Century?«, in: *Review of International Studies* 25, 5 (1999), S. 245–69; Jeffrey A. Frankel und Miles Kahler (Hg.), *Regionalism and Rivalry: Japan and the US in Pacific Asia*, Chicago, IL, 1993; Rüdiger Dornbusch, »The Dollar in the 1990s: Competitiveness and the Challenges of New Economic Blocs«, in: *Monetary Policy Issues in the 1990s*, Kansas City, MO, 1989, S. 245–90.

38 Foot und Walter, »Whatever Happened to the Pacific Century?«, S. 251.

39 Saori N. Katada, *Banking on Stability: Japan and the Cross-Pacific Dynamics of International Financial Crisis Management*, Ann Arbor, 2001, Kap. 5; vgl. Barbara Stallings, »The Reluctant Giant: Japan and the Latin American Debt Crisis«, in: *Journal of Latin American Studies* 22, 1 (Februar 1990), S. 1–30; Reynolds, *One World Divisible*, S. 459–71. Zu den Drogenkartellen siehe Eugene Robinson, »The Other Cartel in Colombia«, *WP*, 28. Januar 1990. Zum Drogenproblem, für Bush eine »moderne Pest«, siehe GHWBPL, Memcon of Plenary Meeting of Bush–Kaifu talks (plenary), 1. September 1989, 11.40–12.20 Uhr, Oval Office, S. 4.

40 Brands, *Making the Unipolar Moment*, S. 325. Bakers Rede, »Building a Newly Democratic International Society«, auf dem World Affairs Council, Dallas, 30. März 1990, in: *American Foreign Policy Current Documents 1990,* Washington, DC, 1991, S. 12–17, US DoS.

41 »Brady-Bonds« wurden 1989 eingeführt. Gemäß dem sogenannten Brady-Plan sollten die USA und mulitlaterale Kreditgeber wie der IWF und die Weltbank mit kommerziellen Bankkreditgebern kooperieren, um Kredite von Entwicklungsländern umzuschulden und zu reduzieren, wenn diese die von IWF und Weltbank befürworteten Strukturanpassungs- und Wirtschaftsprogramme durchführten. Brady-Bonds wurden aufgelegt, indem notleidende Obligationen in Brady-Bonds umgewandelt wurden, die durch Null-Coupon-Anleihen des amerikanischen Finanzministeriums gesichert waren. Zum Thema Brady-Bonds siehe investopedia.com/terms/b/bradybonds.asp#ixzz5W5P74xLQ.

42 Katada, *Banking on Stability*, S. 127–30; derselbe, »Japan's Two-Track Aid Approach: The Forces behind Competing Triads«, in: *Asian Survey* 42, 2 (März/April 2002), S. 320–42; Erik Lundsgaarde et al., »Trade Versus Aid: Donor Generosity in an Era of Globalisation«, in: *Policy Sciences* 40, 2 (2007), S. 157 f. Siehe auch GHWBPL, Memcon of Bush–Kaifu talks, 11. Juli 1991, 15.00–17.00 Uhr, Walker's Point, S. 3; Memcon of Plenary Meeting of Bush–Kaifu talks (plenary), 1. September 1989, 11.40–12.20 Uhr, Oval Office, S. 5; Memcon of Bush–Takeshita talks, 23. Februar 1989, 15.58–16.42 Uhr, Akasaka Palace, Tokyo, S. 3 ff. Zur der US-amerikanischen Einstellung »Handel ist besser als Hilfe« siehe GHWBPL, Memcon of Bush–Miyazawa talks, 1. Juli 1992, 15.40–16.30 Uhr, Cabinet Room, S. 2.

43 Bush's Remarks on Signing the North American Free Trade Agreement, 17. Dezember 1992, APP.

44 GHWBPL, Memcon of Bush–Kaifu talks, 11. Juli 1991, 15.000–17.00 Uhr, Walker's Point, S. 4.

45 James A. Baker, »A New Pacific Partnership: Framework for the Future«, Asia Society New York, 26. Juni 1989, S. 2, in: *Current Policy* No. 1185, US DoS.

46 Ebenda, S. 1, 4. Man beachte: Reagan hatte 1983 dafür geworben, dass sich Japan den USA in einer »starken Partnerschaft für das Gute« anschließen solle. Francis X. Clines, »Reagan Urges Japan to Join US in a Global ›Partnership For Good‹, *NYT*, 11. November 1983. Siehe auch Hyung-Kook Kim, »US-Japan Relations: A Global

Partnership ›in Preparation‹«, in: *Asian Perspective* 23, 2 (1999) [Special Issue on the Dynamics of Northeast Asia and the Korean Peninsula] S. 143–62, hier insb. S. 145; und Warren S. Hunsberger (Hg.), *Japan's Quest: The Search for International Role, Recognition, and Respect*, London 2016.

47 Siehe GHWBPL, Memcon of Plenary Meeting of Bush–Kaifu talks, 1. September 1989, 11.40–12.20 Uhr, Oval Office, S. 2 f.; Memcon of Bush/Scowcroft talks with Matsunaga, 11. Januar 1990, 10.15–11.00 Uhr, Brent Scowcroft's Office, S. 3 f. Zur SII siehe Mitsuo Matsushita, »The Structural Impediments Initiative: An Example of Bilateral Trade Negotiation«, in: *Michigan Journal of International Law* 12, 2 (1991), S. 436 49; Michael Mastanduno, »Framing the Japan Problem: The Bush Administration and the Structural Impediments Initiative«, in: *International Journal* XLVll (Frühjahr 1992), S. 235 f.

48 Foot und Walter, »Whatever Happened to the Pacific Century?«, S. 263.

49 GHWBPL, Memcon of plenary meeting between Bush and Takeshita, 2. Februar 1989, 11.10–12.00 Uhr, Cabinet Room, S. 3; Telcon of Bush–Miyazawa call, 20. Dezember 1991, 7.30 Uhr, Oval Office, S. 1.

50 GHWBPL, Memcon of Bush–Kaifu meeting, 1. September 1991, 11.40–12.20 Uhr, Oval Office, S. 3.

51 Clines, »Reagan Urges Japan to Join US in a Global ›Partnership For Good‹«.

52 GHWBPL, Telcon of Kaifu–Bush talks (one-on-one), 28. Februar 1991, 7.03–7.15 Uhr, Oval Office, S. 1 f.; Memcon of Bush–Kaifu talks (one-on-one), 4. April 1991, 13.50–15.00 Uhr, Newport Beach, CA, S. 1, 4.

53 GHWBPL, Memcon of Bush–Ozawa talks, 28. März 1991, 15.30–16.05 Uhr, Brent Scowcroft's Office, S. 2.

54 GHWBPL, Memcon of Bush–Takeshita talks (Luncheon), 2. Februar 1989, 12.22–13.25 Uhr, Family Dining Room/The Residence, S. 2 ff.

55 James A. Baker, »A New Pacific Partnership: Framework for the Future«, S. 3; Cynthia Gorney, »Gorbachev Meets With Roh«, *WP*, 5. Juni 1990; Jim Mann, »Gorbachev, Roh Hold Historic Post-war Talks«, *LA Times*, 5. Juni 1990.

56 GHWBPL, Memcon of plenary meeting between Bush and Takeshita, 2. Februar 1989, 11.10–12.00 Uhr, Cabinet Room, S. 4; Memcon of Bush–Takeshita talks (Luncheon), 2. Februar 1989, 12.22–13.25 Uhr, Family Dining Room/The Residence, S. 2.

57 GHWBPL, Memcon of Working Lunch with Japanese Prime Minister Toshiki Kaifu, 7. Juli 1990, 12.15–13.30 Uhr, Manor House Hotel, Houston, S. 4 f. Kaifu hatte zwei weitere Gründe genannt, warum Japan zu diesem Zeitpunkt nicht scharf darauf war, den Sowjets Hilfe anzubieten. Erstens sagte er: »Wir müssen sehen, ob die sowjetischen Reformanstrengungen echt sind oder nicht.« Und zweitens vertrat er die Ansicht: »Wir berücksichtigen auch die sowjetische Unterstützung für Kuba und Vietnam. Wir würden es gerne sehen, wenn die Sowjetunion solchen Ländern ihre Hilfeleistungen entzöge. Das ist für uns ein sehr wichtiges Anliegen.«

58 Radchenko, *Unwanted Visionaries*, Kap. 8 und S. 309 f.; Tuomas Forsberg, »Explaining Territorial Disputes: From Power Politics to Normative Reasons«, in: *Journal of*

Peace Research 33, 4 (November 1996), S. 440–5; und derselbe, »Economic Incentives, Ideas, and the End of the Cold War: Gorbachev and German Unification«, in: *JCWS* 7, 2 (Frühjahr 2005), S. 158–64.

59 Radchenko, *Unwanted Visionaries*, S. 274 f., 292–5; Tsuyoshi Hasegawa, »Gorbachev's Visit to Japan and Soviet-Japanese relations«, in: *Acta Slavica Iaponica* 10 (1992), S. 65–91; GHWBPL, Memcon of Bush–Ozawa talks, 28. März 1991, 15.30–16.05 Uhr, Brent Scowcroft's Office, S. 5.

60 GHWBPL, Memcon of Bush–Kaifu talks, 11. Juli 1991, 15.00–17.00 Uhr, Walker's Point, S. 1.

61 GHWBPL, Memcon of G7 Meeting with President Gorbachev, 17. Juli 1991, 14.20–18.15 Uhr, Music Room Lancaster House, London, S. 9.

62 GHWBPL, Memcon of Gorbachev–Bush talks (three-on-three meeting), 31. Juli 1991, 10.55–14.55 Uhr, Nowo-Ogarjowo, S. 2 f.

63 JAB-SML B115/F9, Proposed Agenda for Meeting with the President, 26. Juni 1992, S. 3. Baker führte das US-amerikanische Kalkül wie folgt weiter aus: »Eine G8 unter Einschluss Russlands könnte tatsächlich gut für uns sein. Die G7 ist zu stark von der EU dominiert; wenn man Russland hereinholt, wird das gebrochen. Es könnte helfen, einen Durchbruch bei den Nördlichen Territorien zu erzielen.«

64 GHWBPL, Memcon of Bush–Giuliano Amato (PM of Italy) talks, 6. Juli 1992, München, S. 3. Vgl TNA UK PREM 19/3924 Memo – Braithwaite to Prime Minister: Russia (restricted), S. 1 ff.,

65 GHWBPL, Memcon of Bush–Delors talks 7. Juli 1992, 7.45–8.15 Uhr, München, S. 3 f.; TNA UK PREM 10/3924, Memo – Heywood to Wall, Russia and the IMF, 31. Juli 1992, S. 1 ff.

66 Eleanor Randolph, »Yeltsin Scraps Japan Trip; Tokyo Irked«, *WP*, 10. September 1992; Peter Pringle, »Yeltsin Cancels visit to Japan«, *Independent*, 10. September 1992; Jim Hoagland, »The Yen for Small Islands«, *WP*, 17. September 1992. Siehe auch GHWBPL, Memcon of Bush's talks with Deputy Foreign Minister Kunihiko Saito of Japan, 9. Juni 1992, 16.46–17.10 Uhr, Brent Scowcroft's, Office, S. 3; Memcon of Bush–Miyazawa talks, 1. Juli 1992, 15.40–16.30 Uhr, Cabinet Room, S. 3. Vgl. Peggy Falkenheim Meyer, »Moscow's Relations with Tokyo: Domestic Obstacles to a Territorial Agreement«, in: *Asian Survey* 33, 10 (October 1993), S. 953–67.

67 Duckjoon Chang, »Breaking Through Stalemate? A Study Focusing on the Kuril Islands Issue in Russo-Japanese Relations«, in: *Asian Perspective* 22, 3 (1998), S. 177–83. Vgl. Peter Berton, »A New Russo-Japanese Alliance? Diplomacy in the Far East during World War I«, in: *Acta Slavica Iaponica* 11 (1993), S. 57; Harry Gelman, »Russo-Japanese Relations and the Future of the US Japanese Alliance«, *Rand – Project AIR FORCE* Rand 1993, S. i–xxv; GHWBPL, Telcon of Bush and Yeltsin, 10. September 1992, 8.01–8.15 Uhr, Oval Office, S. 1 f.

68 June Teutel Dreyer, *Middle Kingdom and Empire of the Rising Sun: Sino-Japanese Relations Past and Present,* Oxford, 2016, S. 263–6, 292; Kerry Brown, »The Most Dangerous Problem in Asia: China-Japan Relations«, in: *The Diplomat,* 31. August 2016; Radchenko, *Unwanted Visionaries*, S. 310.

69 GHWBPL, Memcon of Bush–Mitsuzuka talks, 26. Juni 1989, 13.10–13.25 Uhr, Oval Office, S. 2; Memcon of Plenary Meeting of Bush–Kaifu talks, 1. September 1989, 11.40–12.20 Uhr, Oval Office, S. 2; Memcon of Working Lunch with Kaifu 7. Juli 1990, 12.15–13.30 Uhr, Manor House Hotel, Houston, S. 4. Zu Japans nach wie vor aktuellem Bestreben, China bei der »Modernisierung« zu helfen, siehe auch GHWBPL, Memcon of Bush–Takeshita talks, 23. Februar 1989, 15.58–16.42 Uhr, Akasaka Palace, Tokyo, S. 5.

70 Ein Paket von etwa 6,28 Milliarden auf 5 Jahre. »Japan Loans to China«, NYT, 5. November 1990.

71 Außerdem erhoben die Chinesen erneut Anspruch auf die Senkaku-Inseln im Ostchinesischen Meer, die in der VRC als Diaoyutai-Inseln bezeichnet werden, und die Japan als sein Territorium betrachtete. Am 25. Februar 1992 wurde in Peking ein Gesetz verabschiedet, das die Inseln zu chinesischem Territorium erklärte. Siehe »Foreign Minister on Disputes with PRC, Russia«, Tokyo KYODO, 28. März 1992, in: Daily Report – East Asia, FBIS-EAS-92-061, (30. März 1992), S. 4.

72 Teufel, Middle Kingdom and Empire of the Rising Sun, S. 190 f.; Emma Chanlett-Avery et al., »Sino-Japanese Relations: Issues for US Policy«, in: CRS Report for Congress 19. Dezember 2008, S. 6. Zu Japans schwieriger Geschichte mit China siehe auch GHWBPL, Memcon of Bush–Deng talks, 26. Februar 1989, 11.00–12.00 Uhr, Great Hall of the People Beijing, Fujian Room, Beijing, S. 2, 5; und die Beiträge von Ezra F. Vogel und Gilbert Rozman, »The US-Japan-China Triangle: Who's the Odd Man Out?«, in: Asia Program Special Report No. 113 (Juli 2003), S. 5 f., 9 f. Zu den gegenseitigen Besuchen von Jiang und dem japanischen Kaiser siehe Nicholas D. Kristof, »China's Party Chief Plans Trip to Japan«, NYT, 5. Januar 1992.

73 Jian Yang, »Sino-Japanese Relations: Implications for Southeast Asia«, in: Contemporary Southeast Asia 25, 2 (August 2003), S. 311; Steven R. Weisman, »Japan Leaders Are in Disarray on Troop Role«, NYT, 11. Dezember 1991.

74 Es ist bemerkenswert, dass Bush in jeder Hauptstadt, die er besuchte, also in Canberra, Singapur, Seoul und Tokio, das dauerhafte amerikanische Engagment und seine persönlichen Verbindungen zur Region unterstrich. »Lassen Sie es mich offen sagen: Ich habe in Kriegs- und Friedenszeiten in Asien gedient ... Unsere Rolle und unser Ziel als pazifische Macht werden konstant bleiben ... Wir werden engagiert bleiben.« Siehe Michel Wines, »Bush Assures Australians of His Support«, NYT, 2. Januar 1992. Zu den ökonomischen Problemen Japans siehe Mariko Fujii und Masahiro Kawa, »Lessons from Japan's Banking Crisis, 1991–2005«, ADBI (Asian Development Bank Institute) Working Paper Series no. 222 (Juni 2010), S. 2 f.; Mitsuhiro Fukao, »Financial Crisis and Long-term Stagnation in Japan: Fiscal Consolidation under Deflationary Pressures«, Referat für einen Workshop an der New York University, 7.–8. Oktober 2010, S. 1–23. Zur amerikanischen Perspektive siehe Steven R. Weisman, »Japan's Chief Regrets Scrapping of Bush Trip«, NYT, 7. November 1991; derselbe, »Japan Irked as Bush Visit Turns into a Trade Quest«, NYT, 22. Dezember 1991; Michael Wines, »Bush's Asian Trip Recast to Stress Jobs and

Exports«, *NYT*, 29. Dezember 1991. Vgl. Michael Wines, »Bush Returns, Hailing Gains in Japan Agreement«, *NYT*, 11. Januar 1992, und Ezra F. Vogel, »Japanese-American Relations after the Cold War«, in: *Daedalus* 121, 4 (Herbst 1992) [Immobile Democracy?], S. 43 f.

75 Timothy J. McNulty, »Bush Ups Price Of Pacific Security«, *CT*, 5. Januar 1992; Wines, »Bush's Asian Trip Recast«; James Sterngold, »The Quandary in Japan«, *NYT*, 6. Januar 1992.

76 Michael Wines, »Bush Opens Singapore Trip with Announcements«, *NYT*, 4. Januar 1992; derselbe, »Reporter's Notebook; For Bush, Jog Overseas Beats Running at Home«, *NYT*, 5. Januar 1992.

77 Bush war nach dem Besuch Lyndon B. Johnsons im Jahr 1967 erst der zweite US-Präsident, der das Land besuchte. Timothy J. McNulty, »Australians Rail at Bush Over Farm Subsidies«, *CT*, 2. Januar 1992.

78 John E. Yang, »Bush Discounts Fears About Collapse«, *WP*, 9. Januar 1992; David E. Sanger, »Nuclear Deal, Seoul Halts War Game with US«, *NYT*, 7. Januar 1992; McNulty, »Australians Rail at Bush«; Wines, »Bush's Asian Trip Recast«.

79 Sterngold, »The Quandary in Japan«.

80 Michael Wines, »Japanese Visit, on the Surface: Jovial Bush, Friendly Crowds«, *NYT*, 8. November 1992; Rowland Evans und Robert Novak, »Bush's Tokyo Fall«, *WP*, 10. Januar 1992.

81 Siehe GHWBPL, NSC Patterson Files – Subject File [President Pacific Trip 30 December 1991–10 January 1992] (OA/ID CF01492-009), The White House – Press Release Fact Sheet: US-Japan Achievements on Economic issues, 9. Januar 1992; The Tokyo Declaration on the US-Japan Global Partnership, S. 1–4; Global Partnership Plan of Action (Part I) and (Part II), S. 1–11 und S. 1–7; und »Action by the Japanese and US Sides plus Joint Action«, S. 1–7. Siehe auch David E. Sanger, »A Trade Mission Ends in Tension as the ›Big Eight‹ of Autos Meet«, *NYT*, 10. Januar 1992; Michael Wines, »Bush Reaches Pact with Japan, But Auto Makers Denounce It – Export Goal Unmet«, *NYT*, 10. Dezember 1992.

82 Wines, »Bush Reaches Pact With Japan»; derselbe, »Bush Returns, Hailing Gains in Japan Agreement«.

83 Tagebucheintrag 9. Januar 1992, abgedruckt in: Bush, *All the Best*, S. 545.

84 Ebenda, S. 546.

85 Zum Verlauf des Dinners siehe John E. Yang, »Bush Discounts Fears about Collapse«, *WP*, 9. Januar 1992; Michael Wines, »Bush Collapses at State Dinner with the Japanese«, *NYT*, 9. Januar 1992; T. R. Reid, »New Tape Shows Bush's Dinner Fall; Media: Dramatic footage was shot by Japanese network that defied a ban and left cameras running – Film has not been broadcast«, *LA Times* 11. Januar 1992.

86 Wines, »Bush Collapses at State Dinner with the Japanese«.

87 Yang, »Bush Discounts Fears about Collapse«.

88 Brief von Bush an Ellis, 12. Januar 1992, abgedruckt in: Bush, *All the Best*, S. 547.

89 Ebenda; Wines, »Bush Collapses at State Dinner with the Japanese«.

90 Yang, »Bush Discounts Fears about Collapse«; Tagebucheintrag, 9. Januar 1992, abgedruckt in: Bush, *All the Best*, S. 545 f.

91 Anne McDaniel, »25 Years Ago Today, George H. W. Bush Vomited on the Prime Minister of Japan«, *Newsweek*, 8. Januar 2017; Tagebucheintrag, 9. Januar 1992, abgedruckt in: Bush, *All the Best*, S. 546.

92 Zum »Hüpfkästchenspiel« siehe Wines, »Bush's Asian Trip Recast«; zur »Höllenfahrt« siehe »Die Höllenfahrt des Präsidenten«, *Der Spiegel* 3/1992, 13. Januar 1992.

93 GHWBPL, Memcon of Bush–Miyazawa talks, 1. Juli 1992, 15.40–16.30 Uhr, Cabinet Room, S. 3.

94 Fukao, »Financial Crisis and Long-term Stagnation in Japan«.

95 GHWBPL, Memcon of Bush with Wan Li (Chairman of the Standing Committee of the National People's Congress and Member of the Politburo) talks, 23. Mai 1989, 14.30–15.45 Uhr, Oval Office, Cabinet Room, and Residence, S. 2.

96 Richard Madsen, *China and the American Dream: A Moral Inquiry*, Berkeley, CA, 1995, S. xvi, 4; Suettinger, *Beyond Tiananmen*, S. 85; UPI, »China's Deng is Chosen Time's Man of the Year«, *CT*, 30. Dezember 1985; Bush's Inaugural Address, 20. Januar 1989, APP.

97 Lampton, *Same Bed*, S. 21 ff. Bush und Scowcroft, *A World Transformed*, S. 98–105. Zum »Fortschritt in Bezug auf die Menschenrechte siehe Martin Tolchin, »House, Breaking With Bush, Votes China Sanctions«, *NYT*, 30. Juni 1989. Andrew Glass, »House Sanctions Post-Tiananmen China June 29, 1989«, in: *Politico*, 28. Juni 2011. Vgl. Thomas Lum, »Human Rights in China and US Policy«, in: *CPS Report for Congress*, 18. Juli 2011.

98 Tagebucheintrag, 24. Juni 1989, abgedruckt in: Bush und Scowcroft, *A World Transformed*, S. 104 f.; David Skidmore und William Gates, »After Tiananmen: The Struggle over US Policy toward China in the Bush Administration«, in: *Presidential Studies Quarterly* 27, 3 (Sommer 1997) [The Presidency in the World], S. 514–39.

99 »Worried Chinese Leadership Says Gorbachev Subverts Communism«, *NYT*, 28. Dezember 1989.

100 Willy Wo-Lap Lam, *China After Deng Xiaoping: The Power Struggle in Beijing Since Tiananmen*, Hoboken, NJ, 1995, S. 54; Siehe auch Suettinger, *Beyond Tiananmen*, S. 93, 124.

101 Suettinger, *Beyond Tiananmen*, S. 92 f.; Lam, *China*, S. 62 ff.; Chris Miller, *The Struggle to Save the Soviet Economy*, Chapel Hill, NC, 2016, S. 164, 170. Siehe auch David Shambaugh, »China in 1990: The Year of Damage Control«, in: *Asian Survey* 31, 1 (Januar 1991) [A Survey of Asia in 1990: Part I], S. 36–49, hier insb. S. 37.

102 Steven Erlanger, »Top Aides to Bush are Visiting China to Mend Relations«, *NYT*, 10. Dezember 1989.

103 Ebenda.

104 GHWBPL, Scowcroft Collection, SSCNF-CF, China 1989 (sensitive) (OA/ID 91136-003), Memcon of Jiang–Scowcroft talks, 10. Dezember 1989, 9.45–10.47 Uhr, Beijing, S. 8.

105 GHWBPL, Scowcroft Collection, SSCNF-CF, China 1989 (sensitive) (OA/ID 91136-003),

Memcon of Private Meeting between Scowcroft and Qian, 10. Dezember 1989, 14.13–
14.50 Uhr, Diaoyutai Guest House No. 9, Beijing, S. 1.

106 »Yang Says China Will Sell Saudi Arabia Missiles«, UPI, 27. Dezember 1989; Kenneth
Kaplan, »Syria China Sign Missile Deal«, *Jerusalem Post,* 12. Dezember 1989.

107 Andrew Rosenthal, »President Waives some China Curb«, *NYT,* 20. Dezember 1989.

108 Suettinger, *Beyond Tiananmen,* S. 100 ff.; Robert Pear, »US Easing Curbs as China
Declares Martial Law Over«, *NYT,* 11. Januar 1990; Daniel Southerland, »China
Announces Release of 573 Detainees«, *WP,* 19. Januar 1990. Vgl. GHWBPL, Memcon
of Bush–Qian talks 30. November 1990, 13.44–14.20 Uhr, Cabinet Room, S. 4.

109 Siehe GHWBPL, Scowcroft Collection, SSCNF–CF, China 1989 (sensitive) (OA/ID
91137-003), Talk by Douglas H. Paal (NSC), »An Update on US Policy Toward China«,
at the Asia Society, Washington, DC, 19. Januar 1990.

110 Robert Pear, »US Official Urges ›Real World‹ View of China«, *NYT,* 8. Februar 1990;
John M. Goshko, »Eagleburger Defends China Policy, Senators Unconvinced«, *WP,*
8. Februar 1990; Robert Pear, »Bush Distressed as Policy Fails to Move China«, *NYT,*
11. März 1990; Baker, *Drei Jahre, die die Welt veränderten,* S. 581. Vgl. Steven Erlanger,
»China Line: No Thawing«, *NYT,* 29. Dezember 1989; GHWBPL, Memcon of Bush–
Qian talks, 30. November 1990, 13.44–14.20 Uhr, Cabinet Room, S. 5.

111 GHWBPL, First Main Plenary Session of the 16th Economic Summit of Industrialised
Nations (G7), 10. Juli 1990, 9.00–12.03 Uhr, O'Conner Room – Herring Hall, Rice
University, Houston, S. 2, 6; Vgl. auch das britische Protokoll TNA UK, PREM
10/2945. Ein deutsches ist noch nicht deklassifiziert.

112 Suettinger *Beyond Tiananmen,* S. 111.

113 Baker, *Drei Jahre, die die Welt veränderten,* S. 581; Engel, *When the World Seemed
New,* S. 197 f. Siehe auch GHWBPL, Memcon of Bush's talks with Former Chinese
Foreign Minister Huang Hua, 23. Januar 1991, 15.09–16.05 Uhr, West Wing and Oval
Office, S. 1–6.

114 Frank Frost, »The Peace Process in Cambodia: The First Stage«, *Background Paper*
#14 (1992), Parliamentary Research Service, Canberra, Australia, S. 2.

115 Frost, »The Peace Process in Cambodia«, S. 3 f. M. Taylor Fravel, »China's Attitude
toward UN Peacekeeping Operations since 1989«, in: *Asian Survey* 36, 11 (November
1996), S. 1102–21, insb. 1109 f. Über die UdSSR und China, die »die Schlüssel für den
Frieden in Kambodscha« besitzen, weil sie »einen Stellvertreterkrieg führen«, siehe
Mitterrands Bemerkungen auf dem Houstoner Gipfel der G7 im Juli 1990. Mitterrand vertrat die Ansicht: »China ist der Hauptschuldige, weil es den Roten Khmer
hilft. Früher war die UdSSR das Hauptproblem, aber heute ist es China. Wie können
wir auf China Druck ausüben?«, GHWBPL, First Main Plenary Session of the 16th
Economic Summit of Industrialised Nations (G7), 10. Juli 1990, 9.00–12.03 Uhr,
O'Conner Room – Herring Hall, Rice University, Houston, S. 14.

116 Chien-peng Chung, »Designing Asia – Pacific Economic Cooperation«, *Centre for
Asian and Pacific Studies,* Working Paper No. 189 (October 2007), S. 5 f.

117 Baker, *Drei Jahre, die die Welt veränderten,* S. 581 ff.

118   Ebenda, S. 582, 589.

119   GHWBPL, Memcon of Bush–Roh talks, 2. Juli 1991, 10.30–11.30 Uhr, Oval Office and Cabinet Room, S. 2.

120   GHWBPL, Telcon of Bush–Kaifu call, 19. August 1991, 8.50–9.03 Uhr, Kennebunkport, S. 2; Opening Session of the London Economic Summit (G7) 15. Juli 1991, 14.20–17.40 Uhr, Music Room Lancaster House, London, S. 7. Siehe auch Robert Benjamin, »Kaifu Visit Highlights China's Rebound, Ties Restored in Wake of 1989 Massacre«, The Baltimore Sun, 9. August 1991.

121   David Holley, »British Leader Visits Beijing, Easing Sanctions«, LA Times, 3. September 1991; derselbe, »Britain and China Clash over Rights«, LA Times, 4. September 1991.

122   Thomas L. Friedman, »US Calls North Korea Atom Plan a Global Concern«, NYT, 14. November 1991. Siehe auch Elaine Sciolino mit Eric Schmitt, »Algerian Reactor Came from China«, NYT, 15. November 1991. Siehe auch David R. Schweisberg, »China Vows to Join Nuclear Non-Proliferation Treaty«, UPI, 10. August 1991.

123   Baker, Drei Jahre, die die Welt veränderten, S. 583, 585.

124   Ebenda, S. 583 f.

125   Ebenda, S. 584; Thomas L. Friedman, »Baker Asks China to Free Prisoners«, NYT, 16. November 1991, S. 3.

126   Baker, Drei Jahre, die die Welt veränderten, S. 585 f.; Thomas L. Friedman, »Baker Fails to Win Any Commitments in Talks in Beijing«, NYT, 17. November 1991. Zu Chinas Streben nach einer Wiederaufnahme in die Handelsorganisation GATT und einer Aufrechterhaltung seines Meistbegünstigungsstatus siehe GHWBPL, Memcon of Scowcroft–Zhu Qizhen talks, 25. Juni 1991, 17.47–18.05 Uhr, West Wing, S. 1–3.

127   Baker, Drei Jahre, die die Welt veränderten, S. 587; Thomas L. Friedman, »Baker's China Trip Fails to Produce Pledge on Rights«, NYT, 18. November 1991. Chinas Beiträge zur weltweiten Weiterverbreitung von Atomwaffen waren unter anderem: Lieferung von für den Bau von Atomwaffen relevanter Technologie und von Bauplänen für Atomwaffen an Argentinien, Brasilien, Indien, Südafrika. Außerdem wurden die Chinesen gerügt, weil sie waffenfähiges Uran nach Johannesburg und Islamabad verkauften, welche die Atomwaffenbaupläne wiederum an Libyen weitergaben. Siehe Gary Milhollin und Gerard White, »A New China Syndrome Beijings Atomic Bazaar«, WP, 12. Mai 1991; Sciolino mit Schmitt, »Algerian Reactor Came From China«.

128   China ratifizierte den Atomwaffensperrvertrag im März 1992. Es unterzeichnete damit als letzte der anerkannten Atommächte. Siehe auch Haotan Wu, »China's Nonproliferation Policy and the Implementation of WMD Regimes in the Middle East«, in: Asian Journal of Middle Eastern and Islamic Studies, 11, 1 (2017), S. 65–82.

129   Baker, Drei Jahre, die die Welt veränderten, S. 587–9. Friedman, »Baker's China Trip Fails To Produce Pledge On Rights«; Adam Clymer, »China Rebuff Seems Unlikely to Hurt Trade Status«, NYT, 19. November 1991.

130   Lampton, Same Bed, S. 31.

131 Ebenda; Friedman, »Baker Fails to Win Any Commitments in Talks in Beijing«. Siehe auch Nicholas D. Kristof, »Visit to China: Vexing Ritual«, *NYT*, 19. November 1991.

132 Qian Qichen, zitiert in: Bush und Scowcroft, *A World Transformed*, S. 177.

133 »China Extends a Friendly Loan to Moscow«, *NYT*, 16. März 1991.

134 Li Peng zitiert in: Radchenko, *Unwanted Visionaries*, S. 183.

135 Siehe Radchenko, *Unwanted Visionaries*, S. 181, 183 f.; Lampton, *Same Bed*, S. 30 f. Siehe auch Nicholas D. Kristof, »Chinese Premier Defends ›89 Crackdown on Protestors‹«, *NYT*, 10. April 1991.

136 Jim Mann, »Official Dilemma: Should Bush Meet China's Li?«, *LA Times*, 25. Januar 1992; Barbara Crossette, »Despite Criticism, Bush Will Meet Chinese Premier«, *NYT*, 30. Januar 1992; »Mr Bush Meets Mr Li«, *WP*, 31. Januar 1992; Robert D. McFadden, »Leaders Gather in New York to Chart a World Order«, *NYT*, 31. Januar 1992.

137 Barbara Crossette, »State Department Cites China and Other Nations for Human Rights Abuses«, *NYT*, 1. Februar 1992.

138 »Excerpts from Speeches by Leaders of Permanent Members of UN Council«, *NYT*, 1. Februar 1992.

139 Über das Gespräch ist kein Memcon freigegeben oder im Moment in der GHWBPL zu finden.

140 Seth Faison Jr., »Bush and Chinese Prime Minister Meet Briefly at UN Amid Protests«, *NYT*, 1. Februar 1992. Siehe auch Elaine Sciolino, »US Lifts Its Sanctions on China over High-Technology Transfers«, *NYT*, 2. Februar 1992.

141 Ebenda.

142 Suettinger widmet in seinem Buch *Beyond Tiananmen* das vierte Kapitel der Periode 1989–1992, die er als »The Slow Road to Recovery« (»Der langsame Weg zur Erholung«) bezeichnet.

143 Gewirtz, *Unlikely Partners*, S. 236–9; Baum, *Burying Mao*, S. 321.

144 Suettinger, *Beyond Tiananmen*, S. 122–9, 134–8; Lampton, *Same Bed*, S. 31; Gewirtz, *Unlikely Partners*, S. 241, 243, 245–50. Siehe auch Lyman Miller, »Overlapping Transitions in China's Leadership«, in: *SAIS Review* 16, 2 (Sommer/Herbst 1996), S. 21–42.

145 Suettinger, *Beyond Tiananmen*, S. 136 f.; Gewirtz, *Unlikely Partners*, S. 241, 251 f., 136 ff. Siehe auch »Full Text of Jiang Zemin's Report at 14th Party Congress«, http://www.bjreview.com.cn/document/txt/2011-03/29/content_363504.htm.

146 GHWBPL, Memcon of Bush–Zhu Qizhen talks 3. August 1992, 15.49 Uhr, Residence, S. 2; Peter Mattis, »From Engagement to Rivalry: Tools to Compete with China«, in: *Texas National Security Review*, 21. August 2018.

147 Nicholas D. Kristof, »China Worried by Clinton's Linking of Trade to Human Rights«, *NYT*, 9. Oktober 1992; Präsidentschaftsdebatte auf C-Span, 12. Oktober 1992 (Video und Transkript) https://www.c-span.org/video/?33071-1/1992-presidential-candidates-debate.

148 Nicholas D. Kristof, »China Signs US Oil Deal for Disputed Waters«, *NYT*, 18. Juni 1992; Marc J. Valencia, »The Spratly Imbruglio in the Post-Cold War Era«, in Bruce

Burton und David Wurfel (Hg.), *Southeast Asia in the New World Order: The Political Economy of a Dynamic Region*, New York 1996, S. 248; Sanqiang Jian, »Multinational oil companies and the Spratly Dispute«, *Journal of Contemporary China* 6, 16 (1997), S. 591–601. Siehe auch Christopher Helman, »Whatever Is Behind China's Spratly Island Showdown, It Isn't Drilling for Oil«, in: *Forbes*, 27. Mai 2015.

149 Das ist es, was Verteidigungsminister Jasow und Generalstabschef Michail Moissejew eine Woche *vor* dem Putsch einer chinesischen Militärdelegation sagten. Zitat aus Radchenko, *Unwanted Visionaries*, S. 185.

150 Miller, *The Struggle, S.* 168–71. Zu den Zahlen über die Militärausgaben der Sowjetunion (basierend auf sowjetischen Quellen und den ein paar Prozent höheren Schätzungen der CIA) siehe Mark Harrison, »A No-Longer-Useful Lie«, in: *Hoover Digest* no. 1 (2009); *derselbe*, »Secrets, Lies, and Half Truths: The Decision to Disclose Soviet Defense Outlays«, *PERSA Working Paper,* Nr. 55 (September 2008). Zu den Zahlen und den Problemen mit Daten aus der VRC (die offizielle Zahl für die chinesischen Verteidigungsausgaben war 2,5 Prozent des BIP) siehe Shaoguang Wang, »Estimating China's Defence Expenditure: Some Evidence from Chinese Sources«, in: *The China Quarterly* 147 (September 1996), S. 889–911, hier insb. S. 895 f. Vgl. derselbe, »The Military Expenditure of China, 1989–98«, S. 15, https://web.duke.edu/pass/pdf/warpeaceconf/p-wangs.pdf; Richard A. Bitzinger und Chong-Pin Lin, »The Defense Budget of the People's Republic of China«, *The Defense Budget Project*, Washington, November 1994, S. 2.

151 Zhang Zhen quoted in Radchenko, *Unwanted Visionaries*, S. 188.

152 Siehe Kapitel 8, S. 613–6; Alison Mitchell, »Yeltsin, on Summit's Stage, Stresses His Russian Identity«, *NYT*, 1. Februar 1992; Paul Lewis, »World Leaders, at the UN, Pledge to Expand Its Role to Achieve a Lasting Peace«, *NYT*, 1. Februar 1992.

153 William Safire, »On Language; The Near Abroad«, *NYT Magazine* 22. Mai 1994.

154 Bobo Lo, »China and Russia: Common Interests, Contrasting Perceptions«, *CLSA-Asia Pacific Markets – Asian Geopolitics: Special Report* (Mai 1996), S. 1–31, hier S. 8.

155 Kosyrew, zitiert in: Jeanne L. Wilson *Strategic Partners: Russian-Chinese Relations in the Post-Soviet*, New York 2004, S. 145.

156 Yuri Davenkov, »Foreign Ministry on Kozyrev's Asia Trip Result«, *Moscow Rossiyskaya Gazeta* 27. März 1992, Daily Report – Central Eurasia FBIS-SOV-92-228 (31. März 1992); »Moscow Plans on Expanding Trade With PRC«, *Moscow INTERFAX* 2. April 1992, Daily Report – Central Eurasia FBIS-SOV-92-228 (3. April 1992); Helen Belopolsky, *Russia and the Challengers: Russian Alignment with China, Iran and Iraq in the Unipolar Era,* New York 2009, S. 66.

157 Mette Skak, »Post-Soviet Foreign Policy: The Emerging Relationship Between Russia and North East Asia«, in: *Journal of East Asian Affairs* 7, 1 (Winter/Frühjahr 1993), S. 137–85, hier insb. S. 164; »Yeltsin Hails New Era in Relations with China«, Daily Report – Central Eurasia FBIS-SOV-92-228 (25. November 1992). NOTE: im FBIS lautet die Übersetzung von *Itar-TASS* ins Englische »a new and historical era«.

158 Alexander Lukin, *China and Russia: The New Rapprochement,* Cambridge 2018, Kap. 4.

159 Wilson, *Strategic Partners*, S. 146.

160 Elizabeth Wishnick, »Russia and China: Brothers Again?«, in: *Asian Survey* 41, 5 (September/October 2001), S. 797–821, hier insb. S. 799 f.; Gilbert Rozman, »China's Quest for Great Power Identity«, in: *Orbis* 43, 3 (Sommer 1999), S. 383–402. Siehe auch Martin A. Smith, »Russia and Multipolarity since the end of the Cold War«, in: *East European Politics* 29, 1 (2013), S. 36–51. Siehe auch Pierre Lagayette, *Exchange: Practices and Representations*, Paris, 2005, S. 46; und Bobo Lo, *Axis of Convenience: Moscow, Beijing, and the New Geopolitics*, Washington, DC, 2008.

Epilog: Post-Mauerfall, Post-Tiananmen: Eine neu gestaltete Welt?

1 Bush's Remarks at Texas A&M University in College Station Texas, 15. Dezember 1992, APP.

2 Zu den Konzepten der »Wahlrevolution« (*electoral revolution*) und der zwischenstaatlichen oder transnationalen »Ausbreitung« (*diffusion*) siehe Valerie Bunce und Sharon L. Wolchik, »Transnational Networks, Diffusion Dynamics, and Electoral Revolutions in the Postcommunist World«, in: *Physica* A 378 (2007), S. 92–9; Padraic Kenney, »Opposition Networks and Transnational Diffusion in the Revolutions of 1989«, in: Gerd-Rainer Horn und Padraic Kenney, *Transnational Moments of Change: Europe 1945, 1968, 1989*, Lanham, MD, 2004 S. 207–23.

3 Gespräch des Bundeskanzlers Kohl mit Präsident Gorbatschow, Moskau 15. Juli 1990, abgedruckt in: *DESE*, Dok. 350, S. 1340 f. Vgl. Delegationsgespräch des Bundeskanzlers Kohl mit Präsident Gorbatschow, 15. Juli 1990, abgedruckt in: *DESE*, Dok. 352, S. 1354.

4 Zum Thema der politischen Entscheidungsfindung siehe auch Zelikow und Rice, *To Build a Better World*.

5 Russland schloss sich der WTO (zuvor GATT) im Jahr 2012 nach 19 Jahren »quälender Verhandlungen« an und China im Jahr 2001 nach 15-jährigen Gesprächen. Catherine Belton, »Russia joins WTO after nineteen years of talks«, *FT*, 22. August 2012; »China Joins WTO Ranks«, *NYT*, 12. Dezember 2001. Fukuyama »The End of History?« S. 4, und derselbe, *The End of History*, S. 330.

6 GHWBPL, Scowcroft SSCNF-CF China 1989 (sensitive) (OA/ID 91136-001), Memcon of Deng–Scowcroft talks, 2. Juli 1989, 10.00 Uhr, Great Hall of the People Beijing, S. 5.

7 Bush und Scowcroft, *A World Transformed*, S. 9.

8 Jan Orbie, »Civilian Power Europe – Review of the Original and Current Debates«, in: *Cooperation and Conflict* 41, 1 (2006), S. 123–8; Smith, »Beyond the Civilian Power EU Debate«, S. 63–82.

9 Siehe David S. Yost, »The New NATO and Collective Security« in: *Survival* 40, 2 (Sommer 1998), S. 135–60; Hamilton und Spohr (Hg.), *Open Door*, S. xv. Siehe auch

Tarcisio Gazzini, »NATO's Role in the Collective Security System«, in: *Journal of Conflict & Security Law* 8, 2 (Oktober 2003), S. 231–63.

10   Walter Clarke und Jeffrey Herbst, »Somalia and the Future of Humanitarian Intervention«, in: *Foreign Affairs* 76, 2 (März/April 1996), S. 70 f.

11   GHWBPL, NSC, Gompert Files, ESSG (CF01301-009), US Security and Institutional Interest in Europe and Eurasia in the post-Cold War era (undatiert, ca. Februar 1992), S. 2 [with cover note from Gompert to Zoellick et al., 19.2.1992]; US National Security Interest in Europe and Beyond the NATO Area (undatiert, ca. Februar 1992) S. 1–4 [with cover note from Gompert to Zoellick et al., 7.2.1992]; NACC – CSCE Relationship (undatiert, Anfang 1992, EUR/RPM: S. McGinnis), S. 1–4.

12   William H. Hill, *No Place for Russia: European Security and Institutions Since 1989*, New York 2018.

13   GHWBPL, NSC, Gompert Files, ESSG (CF01301-009), Memorandum from Lowenkron to Howe – Subj.: ESSG Mtg 30.3.1992, SitRoom, 26. März 1992, S. 2 (»Handling Russia«). Francis X. Clines, »Gorbachev Pleads for $ 100 Billion in Aid from West«, *NYT*, 23. Mai 1991.

14   Zelikow und Rice, *Germany Unified*, S. 370, 368. Vgl. Mary Elise Sarotte, »Mourning a President, and Much Else Besides: George H. W. Bush and the Lost Art of Transatlantic Statecraft«, in: *Foreign Affairs* (5. Dezember 2018), online.

15   Bush's Address Before a Joint Session of the Congress on the Persian Gulf Crisis and the Federal Budget Deficit, 11. September 1990, APP.

16   Siehe Andrew Rosenthal, »Bush Reluctantly Concludes Gorbachev Tried to Cling to Power Too Long«, *NYT*, 25. Dezember 1991.

17   Russlands Beteiligung an der G7 durch das G7 + 1-Format und ab 1997 seine offizielle Aufnahme in die nun G8 genannte Gruppe basierten auf der Prämisse, dass sich das Land demokratisierte. Wie 1992 auf dem Treffen der G7 in München argumentiert worden war, definierte sich die Gruppe wie folgt: nämlich dass ihr die acht größten »demokratischen« Staaten angehörten, was die Aufnahme Russlands und den Ausschluss Chinas ermöglichte. Im März 2014, nach der russischen Annexion der Krim, wurde die russische Mitgliedschaft ausgesetzt und die Gruppe nahm wieder ihren ursprünglichen Namen G7 an. Inzwischen hat zwar das Gewicht der (1999 zur Förderung der internationalen finanzwirtschaftlichen Stabilität gegründeten) G20 zugenommen, doch die G7 ist als Steuerungsgruppe des Westens immer noch von zentraler Bedeutung, wobei Japan (als einziges asiatisches Mitglied) eine besondere Position zugeschrieben wird.

18   Charles Krauthammer, »The Unipolar Moment«, *WP*, 20. Juli 1990.

19   Richard Spielman, »The Emerging Unipolar World«, *NYT*, 21. August 1990.

20   Für Krauthammers revidierte Sicht der Dinge im Winter 1991, dass der »Mythos« des Sommers 1990 geplatzt sei und die »neuen Rivalen, die großen Pfeiler einer multipolaren Welt Japan und Deutschland (und/oder Europa) sein würden«, da, wie Krauthammer es nun sah, »der Gedanke, dass sich wirtschaftliche Macht unvermeidlich in geopolitischen Einfluss übersetzt eine materialistische Illusion ist«, siehe sei-

nen Artikel »The Unipolar Moment«, in: *Foreign Affairs* 70, 1 (1990/1) [America and the World 1990/91], S. 23 f. Kritik an Krauthammers unipolarem Moment in Verbindung mit unilateralen Aktionen der USA übt zum Beispiel: Barbara J. Falk, »1989 and Post-Cold War Policymaking: Were the ›Wrong‹ Lessons Learned from the Fall of Communism?«, in: *International Journal of Politics, Culture, and Society* 22, 3 (September 2009), S. 293 ff. Vgl. Charles Krauthammer, »The Unipolar Moment Revisited«, in: *The National Interest* 70 (Winter 2002/03), S. 5–17, und Brands, *Making the Unipolar Moment*.

21 Maull, »Germany and Japan«, S. 106.

22 Bush's Address to the Nation Announcing Allied Military Action in the Persian Gulf, 16. Januar 1991, APP. Bagger, »The World According to Germany«, S. 57.

23 Tong Shi, »Xi Jinping Lays Out Blueprint to Make China a Global Superpower by 2050«, in: *National Post*, 18. Oktober 2017.

24 John Movroydis, »Synopsis: The Rise of Xi Jinping and China as Global Player«, 26. Juni 2018, Richard Nixon Presidential Library and Museum.

25 Jonathan Hillman, »A Chinese World Order«, *WP*, 23. Juli 2018.

26 Vgl. Westad, »The Cold War and America's Delusion of Victory«.

27 In Bezug auf Europa wurde diese Ära auch als eine Epoche des »Kalten Friedens« bezeichnet – als eine Zeit, in der ein Friedenssystem bestand, das durch die Spannung zwischen kooperativem und kompetitivem Verhalten Russlands und der atlantischen Gemeinschaft geprägt war und 1992–2014 Bestand hatte. Bis die Krise in der Ukraine ausbrach und das auslöste, was manche als einen »neuen Kalten Krieg« bezeichnen. Siehe Richard Sakwa, *Russia Against the Rest: The Post-Cold War Crisis of World Order*, Cambridge 2017. Vgl. Horst Teltschik, *Russisches Roulette, vom Kalten Krieg zum Kalten Frieden*, München 2019.

28 GHWBPL, Scowcroft SSCNF-CF China 1989 (sensitive) (OA/ID 91136-001), Memcon of Deng–Scowcroft talks 2. Juli 1989, 10.00 Uhr, Great Hall of the People Beijing, S. 5.

29 »The World's top 10 Largest Economies 2018«, https://www.focus-economics.com/blog/the-largest-economies-in-the-world.

30 Jeff Stein, »US Military Budget Inches Closer to $1 Trillion Mark, as Concerns over Federal Deficit Grow«, *WP*, 19. Juni 2018; »China Raises 2018 Military Budget by 8.1 %«, *Reuters*, 4. März 2018; Craig Caffrey, »Russia Adjusts Defence Spending Upward«, in: *Jane's Defence Weekly*, 21. März 2018.

31 David Vine nennt 516 US-amerikanische Militärstützpunkte, 271 US-amerikanische *lily pads* (kleine Militärstützpunkte fast ohne Soldaten, die vom Gastgeberland oder im Auftrag des US-Militärs von Privatunternehmen betrieben werden) und 56 von den USA finanzierte Stützpunkte der Gastländer – insgesamt also fast 800 von den USA kontrollierte Militärstützpunkte in Übersee. Siehe David Vine, »List of US Military Bases Abroad, 2017, derived from research for *Base Nation: How US Military Bases Abroad Harm America and the World* [New York 2015]«; derselbe, »Where in the World Is the US Military?«, in: *POLITICO Magazine*, Juli/August 2015; Damien Sharkov, »Russia's Military Compared to the US: Which Country Has More Military Bases across the World?« in: *Newsweek*, 3. Juli 2018.

32 William T. R. Fox, *The Super-Powers: The United States, Britain, and the Soviet Union – Their Responsibility for Peace*, New York 1944, S. 21.

33 Current United States Counterterror War Locations Map, Costs of War Project, Watson Institute for International and Public Affairs website; Tom Engelhardt, »Mapping a World From Hell: 76 Countries Are Now Involved in Washington's War on Terror«, *TomDispatch and Watson Institute*, 4. Januar 2018.

34 David Brennan, »9/11 Anniversary: How Safe Is America after 17 Years of War on Terror?«, in: *Newsweek*, 11. September 2018.

35 Bush's Address Before a Joint Session of the Congress on the State of the Union, 29. Januar 1991, APP.

36 John A. Thompson, »Wilsonianism: The Dynamics of a Conflicted Concept«, in: *International Affairs* 86, 1 (2010), S. 27–48, insb. S. 27–30, 44 f.

37 Remarks by President George W. Bush at the 20th Anniversary of the National Endowment for Democracy at the US Chamber of Commerce in Washington DC, 6. November 2003, GWB WH Archives website.

38 Hillary Clinton's Keynote Address for the National Democratic Institute's 2011 Democracy Awards Dinner at the Andrew W. Mellon Auditorium in Washington DC, 7. November 2011, USDoS 2009–2017 website; Clinton embraces the freedom agenda, 7. November 2011, Freedom House website.

39 Clinton's Keynote at the National Democratic Institute's 2011 Democracy Awards Dinner, 6. November 2003.

40 Ebenda; Mark Galeotti »(Mis)Understanding Russia's Two ›Hybrid Wars‹«, in: *Critique & Humanism* 49, 1 (2018) [Media, Conspiracies and Propaganda in the post-Cold War World], 29. November 2018. Die Euromaidan-Revolte in der Ukraine knüpfte an die »Farbrevolutionen« an, die ein Jahrzehnt zuvor stattgefunden hatten. Vgl. Tristan Landry, »The Colour Revolutions in the Rear-view Mirror: Closer Than They Appear«, in: *Canadian Slavonic Paper/Revue Canadienne des Slavistes* 53, 1 (März 2011), S. 1–24; Melinda Haring und Michael Cecire, »Why the Colour Revolutions Failed«, in: *Foreign Policy* (18. März 2013), online.

41 Vgl. Brian Grodsky, »Trump, Clinton and the Future of Global Democracy«, in: *The Conversation*, (25. September 2016), online.

42 Glenn Plaskin, »The 1990 *Playboy* Interview with Donald Trump«, in: *Playboy*, 1. März 1990.

43 »Transcript: Donald Trump's Foreign Policy Speech«, *NYT*, 27. April 2016.

44 Michael H. Fuchs, »Donald Trump's doctrine of Unpredictability has the World on Edge«, *Guardian*, 13. Februar 2017.

45 Nicole Gaouette, »Russia, China Use UN Stage to Push Back on a US-led World Order«, *CNN*, 21. September 2017; Joel Gehrke, »Russia: ›We Are in the post-West World Order‹«, *Washington Examiner*, 29. Juni 2018; derselbe »Russia Calls for ›post-West World Order‹«, *Washington Examiner*, 18. Februar 2017; »Vladimir Putin Says Liberalism ›Has Become Obsolete‹«, *FT*, 27. Juni 2019.

46 Bush's Remarks at Texas A&M University in College Station Texas, 15. Dezember 1992, APP.

DANK ZUR DEUTSCHEN AUSGABE

Dieses Buch hätte ohne die Hilfe, die Ermutigung und den Rat vieler Menschen und Organisationen nicht geschrieben werden können.

Andrew Gordon (von David Higham Associates) und sein Team haben mich und mein Projekt großartig vertreten. Ohne sie würde es *Wendezeit: Die Neuordnung der Welt nach 1989* in seinen verschiedenen Inkarnationen nicht geben. Meine DVA-Lektorin Karen Guddas hatte von Anfang ein großes und konstruktives Interesse an dem Projekt und hat es über alle Etappen hinweg mit viel Enthusiasmus begleitet. Ich danke Helmut Dierlamm und Norbert Juraschitz für ihren Einsatz und ihr Einfühlungsvermögen bei der Übersetzung aus dem Englischen. Ein besseres Duo und eine schönere Zusammenarbeit hätte ich mir gar nicht wünschen können. Heike Specht war bei der redaktionellen Arbeit wunderbar genau, effektiv und beim Feinschliff der Prosa eine hervorragende Partnerin. Und selbst die Tatsache, dass mich samt Fahrrad kurz vor Schluss ein Auto über den Haufen fuhr, was ein Gipsbein zur Folge hatte, konnte der großartigen Teamarbeit mit ihr keinen Abbruch tun. In der Produktionsphase verwandelten Annette Anton, Susanne Maier, Andrea Mogwitz, Peter Palm und Brigitte Wormer mit dem Büro Jorge Schmidt das Buch in ein Kunstwerk.

Was die Primärquellen, Bilder und Karikaturen betrifft, danke ich herzlich den hilfreichen Archivaren und ihrem Stab im Bundesarchiv, bei der Bundesbildstelle, im Politischen Archiv des Auswärtigen Amts (PAAA), bei der Deutschen Presse-Agentur (DPA), in der George H. W. Bush Presidential Library (GHWBPL), in der Seeley Mudd Library (SML), im National Security Archive an der George Washington University (NSA-GWU), im Wilson Center (WC), in den UK National Archives (TNA), im Churchill Archives Center (CAC), bei der Margaret Thatcher Foundation, im Foreign and Commonwealth Office (FCO), im Centre des

Archives diplomatiques du ministère des Affaires étrangères (MAE), im Eesti Rahvusarhiiv, im Eesti Välisministererium (EST VM) und im McCord Museum. Besonders dankbar bin ich Cody McMilian und Cori Conrad (GHWBPL), Knut Piening (PAAA), Alan Packwood und Andrew Riley (CAC), Daniel S. Linke und Christa Cleeton (SML), Kadri Linnas (EST VM), Charles Kraus (WC) und Peter Stroh (DPA) für ihre Hilfe bei Anträgen zur Aufhebung der Geheimhaltung von Dokumenten und für besondere Recherchen.

Dank schulde ich auch Meelis Maripuu und Indrek Elling (in Estland) für ihre Unterstützung beim Note-taking in den Archiven von Tallinn; Olga Kutscherenko (in Frankreich) für die Übersetzung eines Berges von sowjetischen Quellen und für die Jagd nach Gesprächsnotizen des Quai d'Orsay; Mary Sarotte, Stephan Kieninger und Liviu Horowitz (an der SAIS), Stefano Recchia (in Cambridge), Patrick Salmon (beim FCO), Ilse Dorothee Pautsch (in Berlin) sowie Gudni Johannesson und Jón Baldvin Hannibalsson (in Island) für das Teilen von und den schnellen Zugriff auf Dokumente; Zhong Zhong Chen (an der LSE) und Julian Gewirtz (an der Harvard University) für detaillierte Hinwiese auf chinesisches Material; Matthew Wilson (bei SAIS/USAF) für das Zusammenstellen der Bibliographie; Sir Rodric Braithwaite, der mich sein »Moscow Diary« lesen ließ; James A. Baker III., der mir Zugang zu seinen Papieren gewährte; Michael Mertes für Einsicht in Ausschnitte seines Tagebuchs (1989–1991); Joachim Bitterlich und Markus Meckel sowie Andrei Kozyrew und Pavel Palazchenko für regen informellen Gedankenaustausch zu den Umbruchsjahren; und neben vielen anderen Politikern insbesondere mehreren verstorbenen deutschen Staatsmännern, die mir ihre Zeit für Interviews opferten: Hans-Dietrich Genscher, Egon Bahr, Richard von Weizsäcker und Ulrich Weisser.

Folgende Institutionen und Fördereinrichtungen haben die Forschung und das Schreiben dieses Buches großzügig unterstützt: das Henry A. Kissinger Center for Global Affairs an der School of Advanced International Studies (SAIS) der Johns Hopkins University in Washington, DC, wo ich unter Direktor Francis Gavin als Helmut-Schmidt-Ehrenprofessorin tätig bin – eine vom deutschen akademischen Auslandsdienst (DAAD) unterstützte und vom deutschen Auswärtigen Amt (AA) finanzierte Initiative; die Leverhulme Foundation mit einem

Stipendium für 2017–2018 (Grant RF-2016-318); das Churchill College Cambridge, das mich zum Archives By-Fellow wählte; das Christ's College Cambridge mit seiner steten Gastfreundschaft gegenüber seinen früheren Fellows; sowie die London School of Economics and Political Science (LSE) und meine heimatliche Abteilung für internationale Geschichte, die unter der Leitung von Janet Hartley and Matthew Jones meine Abwesenheit tolerierten, während Robert Brier und Una Bergmane meine Lehrverpflichtungen hervorragend übernahmen und Keri Rowsell zusammen mit Demetra Frini und Nayna Bhatti effizient die Forschungsstipendien managte.

Besonderen Dank schulde ich Andreas Görgen (AA), Margret Wintermantel (DAAD), Vali Nasr und Eliot Cohen (SAIS) sowie Christopher Crosbie, Diane Bernabei, Mary Gronkiewicz, Robin Forsberg und *last not least* Jason Moyer (HKC und FPI, SAIS) für ihre Unterstützung in meinem Schaffensprozess.

Das Buch profitierte von drei an der SAIS durch das AA/DAAD geförderten Workshops mit Autoren und Zeitzeugen über Ost-West-Beziehungen in den Achtziger- und Neunzigerjahren, die ich mit organisiert habe; ihre Themen und die teilnehmenden Politiker sind in den Anmerkungen aufgelistet. Diese Projekte wären nicht möglich gewesen ohne die Beiträge und Kongenialität »meiner« Post-Doktoranden John-Michael Arnold, Elias Götz, Wencke Meteling, Cengiz Günay sowie die bereits erwähnten Liviu und Stephan. Zudem hatte ich das Glück, viele spannende Diskussionen führen zu können, sowohl mit mehreren Generationen von Studenten als auch mit meinen Historikerkollegen Martin Albers, Gundula Bavendamm, Frédéric Bozo, Tuomas Forsberg, Stefan Forss, Dominik Geppert, Bridget Kendall, Mark Kramer, Hanns-Jürgen Küsters, Jaakko Lehtovirta, Vojtech Mastny, Sönke Neitzel, Andreas Rödder, Jyrki Vesikansa und Arne Westad.

Im Lauf der vergangenen Jahre habe ich riesige »Schulden« bei Freunden, Kollegen und der Familie aufgehäuft, ohne deren Unterstützung ein solches internationales Unternehmen und globales Buchprojekt nicht möglich gewesen wäre.

Ich danke David Reynolds, der zwischen der Abfassung von *The Kremlin Letters* und *Island Stories* immer noch die Zeit fand, unermüdlich Entwürfe zu lesen und die politischen Vorstöße von Mrs. T. oder

Frau M. gegenüber Helmut oder Donald zu debattieren. Dankbar bin ich auch Zara Steiner und David Stevenson sowie Sirpa Nyberg, Robert Blackwill, Steve Casey, Dan Hamilton und Philip Zelikow für ihre fein nuancierten und stimulierenden Kommentare zum gesamten ersten Entwurf oder zu Teilen desselben.

Auf dieser Reise von Wintex 89 (über Taiping und 1848) nach Washington war Christopher Clark nicht nur mein kritischster Leser, was diesem Buch sehr zugute kam, sondern auch ein inspirierender Partner. Nicht zuletzt dank ihm war auch die zeitnahe Vollendung der *Wendezeit* möglich.

Über alles Historische hinaus möchte ich meinen Eltern danken: »Tehtävä on suoritettu.« Durch diese Geschichte möchte ich sie an Augenblicke in ihrem Leben erinnern, die zugleich von globaler Bedeutung waren und in denen sie durch seltsame historische Zufälle gerade auf der anderen Seite des Eisernen Vorhangs weilten (in Kiew, Warschau und Murmansk). Besonderen Dank schulde ich auch meinen Cousins Kalle und Teemu Kinnari (mit erweiterter Familie), mit denen ich herrliche finnische Sommertage habe erleben dürfen auf dem Hof der Familie und am See; und Sanna Vesikansa, Dorle Sanwald, Lizzie Watson, Gavin Hyman, Sarah Windheuser, Uli Volp, Alexia Holstein-Volp, Torsten Krude, Astrid Langer, Nick Gay, Jochen Starke und Jakob von Weizsäcker, liebe Freunde allesamt.

Beim Verfassen dieses Buchs und bei meinen vielen Forschungsreisen und -aufenthalten auf verschiedenen Kontinenten, habe ich häufig an mehrere Menschen voller Lebensfreude und Energie und mit erstaunlichen Lebensgeschichten gedacht, was mich immer wieder neu angespornt hat. *In memoriam* Kyllikki und Toivo Anttila (Hollola), Ilse Kempgen, Hatto Küffner, Sol Wainstein (Düsseldorf) und Anna Skinnari (Coral Gables). Ähnlich wichtig für meinen persönlichen Weg hinaus aus der Ära des Kalten Krieges, weil sie mir diese Welt durch künstlerische und wissenschaftliche Augen gezeigt haben, waren meine Geigenlehrerin Rosa Fain (eine ursprünglich aus Odessa stammende Konzertmusikerin) und mein finnischer Onkel Markku Anttila (ein Atomphysiker).

Von all diesen Personen habe ich wunderbar verschiedene Dinge gelernt.

Dieses Buch ist meinen vier lieben Patenkindern gewidmet. Die Zeit, die ich mit ihnen verbringe, ist stets glücklich und bereichernd. Ich danke ihren Eltern Dagmar und Gene Schäfer-Gehrau, Kathryn und Antony Rix sowie Ariel und Peter Speicher für das Vertrauen, das sie vor vielen Jahren in mich gesetzt haben. Anna Lisa, Daniel, James und Clio wurden im Europa nach dem Mauerfall geboren, in die Welt post-Tiananmen. Wenn sie in dieser unsicheren Zeit von heute aufbrechen, um ihre Zukunft zu gestalten und ihre Träume zu verfolgen, hoffe ich, dass ihnen die folgenden Seiten ein Gefühl dafür vermitteln, wie ihre Welt entstanden ist: durch Kooperation, nicht Konflagration, durch Frieden, nicht Krieg.

ARKS, 1.9.2019 in Cambridge

PERSONENREGISTER

A

Achromejew, Sergej 311

Adenauer, Konrad 178, 213, 226, 233, 348 f., 369

Afanassjewski, Nikolai N. 595 f.

Aidid, Mohammed Farrah Hassan 685, 688

Akashi, Yasushi 747

Akihito (japanischer Kaiser) 728

Allison, Graham 569

Andreotti, Giulio 225, 235, 360 f., 440

Andropow, Juri 27

Antall, József 410, 681, 684

Apple, R. W. 406, 463, 487, 629

Attali, Jacques 411

Augstein, Rudolf 209, 213

Aziz, Tariq 485 f., 488 f., 545, 549

B

Bahr, Egon 210 f., 217, 286, 302

Bakatin, Wadim 540

Baker, James A. 14, 40 ff., 66, 133, 137, 215, 256, 271–278, 280, 286–292, 294 ff., 298, 299, 300 ff., 305, 308, 312 ff., 323, 327, 331, 337, 341 f., 358, 375, 381 f., 385, 388, 394, 401 f., 406, 411, 413, 431–434, 440 f., 445, 449–452, 455, 460, 462, 471–479, 473, 458 f., 488, 493, 495 f., 500, 544, 549, 557, 567 ff., 591–595, 614–618, *619*, 622 f., 626 ff., 633, 635, 645, 649 ff., 655, 662, 670, 677, 680, 682, 687, 697, 717 f., 720, 722, 745 f., 748–754, 756 f.

Bessmertnych, Alexander 496, 528, 544 ff., 555

Bismarck, Otto von 220, 316, 770

Bisztyga, Jan 95

Bitterlich, Joachim 355

Blackwill, Robert 569

Bod, Peter 409

Bohley, Bärbel 194, 199

Boldyrew, Juri 527

Bolton, John 686

Bonior, David 628

Boutros-Ghali, Boutros 608, 685, 690, 692 f.

Brady, Nicolas 721

Braithwaite, Gillian 585

Brands, Hal 938

Brandt, Willy 176, 178 f., 211, 216, 246, 283

Breschnew, Leonid 27 f., 31, 60, 83, 96, 103, 117, 145, 201, 262, 265, 512, 641

Brock, Bill 405

Broek, Hans van den 597, 659, 665

Browlkow, Wladimir 516

Brown, Archie 542

Brundtland, Gro Harlem 340

Brzezinski, Zbigniew 42, 45, 52

BILDNACHWEIS